„Landschaft, Besiedlung und Siedlung"
Archäologische Studien im nordeuropäischen Kontext

Festschrift für Karl-Heinz Willroth

Herausgegeben von Immo Heske, Hans-Jörg Nüsse und Jens Schneeweiß

GÖTTINGER SCHRIFTEN ZUR VOR- UND FRÜHGESCHICHTE

Herausgegeben vom Seminar für Ur- und Frühgeschichte der Georg-August-Universität Göttingen
durch Karl-Heinz Willroth

Band 33

Schriftenreihe des Heimatkundlichen Arbeitskreises Lüchow-Dannenberg

Herausgegeben von Wolfgang Jürries

Band 20

ISSN 0931-6086

„Landschaft, Besiedlung und Siedlung"
Archäologische Studien im nordeuropäischen Kontext

Festschrift für
Karl-Heinz Willroth
zu seinem 65. Geburtstag

Herausgegeben von
Immo Heske, Hans-Jörg Nüsse und Jens Schneeweiss

2013
WACHHOLTZ VERLAG, NEUMÜNSTER/HAMBURG

Dieser Band wurde gefördert durch die Landschaft des vormaligen Fürstentums Lüneburg und den Heimatkundlichen Arbeitskreis Lüchow-Dannenberg.

Landschaft des
vormaligen Fürstentums
Lüneburg

Wir danken den folgenden Personen und Institutionen für die großzügige finanzielle Unterstützung:

Almuth Alsleben, Schleswig
Jan Bock, Göttingen
Gerald Bredemann, Hannover
Jan-Heinrich Bunnefeld, Göttingen
Sandra Busch-Hellwig, Göttingen
Claus von Carnap-Bornheim, Schleswig
Michael Geschwinde, Braunschweig
Immo Heske, Göttingen
Elke Kaiser, Berlin
Dietrich Meier, Schleswig
Doris und Carsten Mischka, Erlangen
Hans-Jörg Nüsse, Berlin
Lothar Schulte, Berlin
Jens Schneeweiß, Göttingen
ArchaeoFirm Poremba & Kunze GbR, Isernhagen
Posselt & Zickgraf Prospektionen GbR, Marburg/Traisa
Streichardt & Wedekind Archäologie GbR, Göttingen
Archäologische Kommission für Niedersachsen e.V.
Georg-August-Universität Göttingen
Johann Wolfgang Goethe-Universität Frankfurt/Main

Redaktionelle Unterstützung: Dorothea Feiner, Jana Woyzek

Bildredaktion: Jan Klauke

Layout und Satz: Heiko Marx

ISBN 978 3 529 01533 5

© Wachholtz Verlag, Neumünster/Hamburg 2013
Das Werk, einschließlich aller seiner Teile, ist urheberrechtlich geschützt.
Jede Verwertung ist ohne Zustimmung des Verlags unzulässig.
Das gilt insbesondere für Vervielfältigungen, Übersetzungen,
Mikroverfilmungen und die Einspeicherung und Verarbeitung in
elektronischen Systemen.

Gesamtherstellung: Wachholtz Verlag
Printed in Germany
www.wachholtz-verlag.de

INHALTSVERZEICHNIS

Zum Geleit 9
Schriftenverzeichnis von Karl-Heinz Willroth 13
Verzeichnis der von Karl-Heinz Willroth betreuten Hochschulschriften 17

Siedlungs- und Landschaftsarchäologie
zwischen Aller, Weser und Ems

Robert Hintz
  Die jungbronzezeitliche Siedlung an der Walkemühle bei Göttingen und ihre Kontakte zur Unstrut-Gruppe 23

Immo Heske
  Waren und Leben – Skizzen zu einer Mobilität zwischen den Landschaften 33

Martin Posselt
  Geophysikalische Prospektion und archäologische Interpretation
  auf dem spätbronze- bis früheisenzeitlichen Gräberfeld von Beierstedt 45

Sandra Busch-Hellwig und Sebastian Kriesch
  Das eisenzeitliche Umfeld des Gräberfeldes von Leese, Ldkr. Nienburg 51

Hans-Georg Stephan
  Sachsen und Franken, Slawen und Wikinger, Heiden und Christen –
  Ungewöhnliche archäologische Funde der Karolingerzeit im Tal der Oberweser und
  im Solling und ihre Verbindungen zur karolingischen Reichsgeschichte in Sachsen und an der Niederelbe 69

Stefan Teuber, Gwendolyn Peters und Wiebke Kirleis
  Archäologische und archäobotanische Einsichten
  in die Raumnutzung der mittelalterlichen und frühneuzeitlichen Stadt Einbeck 83

zwischen Oste, Elbe und Oder

Daniela Wittorf
  Kapern 21 – Ein Siedlungsplatz der Schönfelder Kultur im Hannoverschen Wendland 99

Jan Joost Assendorp
  Grubenwolken: Ein jungbronzezeitliches Siedlungsphänomen im Elbegebiet 109

Mario Pahlow
  Gledeberg, Ldkr. Lüchow-Dannenberg –
  Ein Siedlungsplatz der jüngeren Bronzezeit mit Metallhandwerk 119

Hans-Jörg Nüsse
  Die befestigte Siedlung von Rathsdorf am niederen Oderbruch –
  Zur Charakterisierung eines zentralen Ortes der jüngeren Bronze- und frühen Eisenzeit 127

Ines Beilke-Voigt
  Die früheisenzeitlichen Opferschächte von Lossow –
  Zum Forschungsstand, den Befunden und deren Deutung 139

Achim Leube
  Der Teltow und seine germanische Besiedlung im 1. bis 5./6. Jahrhundert n. Chr. 155

Florian Baack
  Die eisenzeitlichen Befunde der Siedlung von Klein Hesebeck
  bei Bad Bevensen (Ldkr. Uelzen) im Rahmen der DOW-Pipelinetrasse 167

Jens Schneeweiss
  Hirschkult bei den Germanen? Die Deponierung von Hirschgeweih und Feuerbock aus Vietze an der Elbe 177

Ivonne Baier
  „Das Haus auf dem Hügel ..." – Die Ausgrabungen von Hitzacker-Marwedel 2010 und 2011 191

Julia Opitz
  Die Keramik der Römischen Kaiserzeit der Siedlung
  Hitzacker-Marwedel, Ldkr. Lüchow-Dannenberg, am Beispiel der Grubenhäuser 23 und 48 201

Jan Bock
  Der kaiser- und völkerwanderungszeitliche Siedlungsplatz Groß Meckelsen,
  Ldkr. Rotenburg (Wümme) – Bedeutung und Perspektiven seiner Erforschung 209

Lothar Schulte
  Die Altmark und der Norden – Zu technischen Adaptionen der jüngeren Römischen Kaiserzeit 217

Jochen Fahr
  Strichfigur, Schriftzeichen oder doch etwas völlig anderes? Besondere Gefäßreste
  vom früh- bis hochmittelalterlichen Fundplatz Latdorf bei Bernburg (Salzlandkreis) 233

Andreas Kieseler
  Mittelalterliche Fass- und Kastenbrunnen aus Plüggentin auf Rügen 241

DOROTHEA FEINER
  Wohnen unter einem Dach? Zum Verhältnis von Slawen und Deutschen
  der Ostsiedlungszeit am Beispiel der aktuellen Ausgrabungen in Hitzacker/Elbe 255
KATHARINA MÖLLER
  Überlegungen zum Umfeld des spätslawischen Gräberfeldes
  von Güstritz, Ldkr. Lüchow-Dannenberg 267
SUSANNE JAHNS, HANS-JÜRGEN BEUG, JÖRG CHRISTIANSEN, WIEBKE KIRLEIS und FRANK SIROCKO
  Pollenanalytische Untersuchungen am Rudower See und Rambower Moor zur
  holozänen Vegetations- und Siedlungsgeschichte in der westlichen Prignitz, Brandenburg 277

im Nord- und Ostseeraum

DORIS MISCHKA
  Die sozioökonomische Bedeutung von Pflugspuren im Frühneolithikum des nördlichen Mitteleuropas 295
ANJA SCHAFFERNICHT
  Überlegungen zu Metallvorkommen und -verarbeitung in älterbronzezeitlichen Siedlungen Dänemarks 307
DIETRICH MEIER
  Bronzezeitliche Feuergruben in ungewöhnlicher Anordnung 319
KIRSTI STÖCKMANN
  Die älter- und mittelbronzezeitlichen Metallfunde im Gebiet des ehemaligen Ostpreußens 331
JENS-PETER SCHMIDT
  Ein „Nebenprodukt" der Siedlungsforschung: Keramische Becken und Gürtelbuckel aus Mecklenburg-Vorpommern 343
SEBASTIAN MESSAL and ROMAS JAROCKIS
  The Iron Age hill-fort/settlement-complex of Opstainis-Vilkyškiai in south-western Lithuania 355
THOMAS SCHATZ
  Zur Anwendung von OSL-Datierungen bei Auensedimenten unter Berücksichtigung der mittleren Bodenfeuchte 363
MICHAEL MÜLLER-WILLE
  Russie viking 369
ALMUTH ALSLEBEN
  Mittelalterliche Essgewohnheiten im Wandel – Am Beispiel Novgorods und anderer Städte an der südlichen Ostseeküste 383
HANNA KÓČKA-KRENZ
  Die Bedeutung Poznańs im frühen Piasten-Staat 393

KULTURTRANSFER UND SOZIALGESCHICHTE

JULIA GOLDHAMMER
  Flint in Grab und Siedlung – Die Bedeutung von Feuerstein in Spätneolithikum und älterer Bronzezeit 403
JAN-HEINRICH BUNNEFELD
  Häuptlinge oder freie Bauern? – Versuch einer quantitativen Auswertung
  bronzezeitlicher Schwerter der Perioden II und III in Dänemark und Schleswig-Holstein 417
RÜDIGER KRAUSE unter Mitarbeit von JOCHEN FORNASIER, LUDMILA N. KORJAKOVA, LISA RÜHL und ASTRID STOBBE
  Die bronzezeitliche Sintašta-Kultur im Trans-Ural – Impulsgeber in der Eurasischen Steppe 427
JAN DĄBROWSKI
  Symbolische Grabbeigaben in der Urnenfelderzeit 439
HENRIK THRANE
  Scrap metal razors. Late Bronze Age razors made of scrap metal – another source for the study of imported bronze vessels ... 445
SIGMUND OEHRL
  Das Uroboros-Motiv im germanischen Altertum und seine Kontexte – Eine Übersicht 455
PETER ETTEL
  Burg und Raum im Früh- und Hochmittelalter – Burgen und ihre Rolle
  im Rahmen von Raumerfassung und -erschließung anhand von Fallbeispielen in Bayern 469
TOBIAS GÄRTNER
  Zur Soziologie hochmittelalterlicher ländlicher Siedlungen nach archäologischen Quellen 483
FELIX BIERMANN und BETTINA JUNGKLAUS
  „Totenfeuer" und andere Brandriten in spätslawischen Körpergräbern Nordostdeutschlands 491
SEBASTIAN BRATHER
  ‚Slawische' und ‚deutsche' Keramik im 12./13. Jahrhundert – Handwerk, Chronologie und Identität 501
CHRISTOPH KÜHNE
  Zu den Auswirkungen der Pest auf die wirtschaftliche und demografische Entwicklung
  Paderborns unter besonderer Berücksichtigung des westfälischen Livlandhandels 513
Autorenverzeichnis 527

Zum Geleit

Mit der vorliegenden Festschrift wird Prof. Dr. Karl-Heinz Willroth zu seinem 65. Geburtstag geehrt. Sie ist sowohl Ausdruck seiner fast 25-jährigen Tätigkeit als Hochschullehrer als auch seines Wirkens als Promotor der archäologischen Forschung in Deutschland in den letzten zwei Jahrzehnten. Wir haben den Band nicht ohne Grund mit „*Landschaft, Besiedlung und Siedlung*" überschrieben. Dieses Zitat greift einen Titel auf, den Karl-Heinz Willroth 1996 einem seiner Beiträge im Begleitband zur Ausstellung „Leben – Glauben – Sterben vor 3000 Jahren. Bronzezeit in Niedersachsen" gegeben hat. Er umschreibt einen ganz wesentlichen Teil der Forschungstätigkeit des Jubilars – die Siedlungsarchäologie im weitesten Sinne. Sein Aufsatz bezog sich auf Niedersachsen, seiner damals neuen Heimat; wir möchten diesen Titel jedoch weiter verstanden wissen, sowohl inhaltlich als auch räumlich. *Archäologische Studien im nordeuropäischen Kontext* umreißt nur ungefähr den Rahmen, in dem Karl-Heinz Willroth sich fachlich bewegt. 1981 wurde er als zweiter Schüler von Bernhard Hänsel mit einer Dissertation zu den Hortfunden der älteren Bronzezeit in Südschweden und auf den dänischen Inseln promoviert. Doch während er durch die Mitarbeit und später auch Herausgabe der von E. Aner und K. Kersten begründeten renommierten Reihe „Die Funde der älteren Bronzezeit des nordischen Kreises in Dänemark, Schleswig-Holstein und Niedersachsen" bis heute sowohl räumlich als auch inhaltlich direkt an sein Dissertationsthema anschloss, so ließ er sich doch nicht darauf festlegen. Am Ende seiner Assistenzzeit bei Michael Müller-Wille in Kiel hatte er 1989 sein Tätigkeitsfeld mit seiner Habilitation zur Besiedlungsgeschichte von Angeln und Schwansen von der älteren Bronzezeit bis zum frühen Mittelalter erweitert.

Seine breites fachliches Wissen und diachrones Interesse spiegelt sich in den Themen der zahlreichen Abschlussarbeiten wider, die er im Laufe seiner anschließenden Hochschullehrerlaufbahn betreute, von 1989 bis Anfang 1993 zunächst in Frankfurt/Main, und nun seit über zwei Jahrzehnten als Lehrstuhlinhaber in Göttingen. Materialarbeiten spielen dort ebenso eine Rolle wie landschafts- und siedlungsarchäologische oder kulturgeschichtliche Problemstellungen. Doch nicht nur in der Lehre vertritt Karl-Heinz Willroth ein enormes Spektrum. Auch seine zahlreichen Forschungsprojekte lassen sich unmöglich auf einen Schwerpunkt festlegen. Materialbezogene Fragestellungen zu Funden der älteren Bronzezeit sind hier ebenso vertreten wie siedlungsarchäologische und paläoökologische Untersuchungen zu Bronzezeit und slawischem Mittelalter sowie sozialgeschichtliche Aspekte der Römischen Kaiserzeit, um nur einige Beispiele zu nennen. Das machte unser Vorhaben zu einer Herausforderung. Einerseits sollte eine Festschrift für Karl-Heinz Willroth genau diese Breite und Vielfalt widerspiegeln, doch andererseits war es unser Bestreben, die Beiträge möglichst so miteinander zu verbinden, dass der Sammelband als Ganzes einen wichtigen Forschungsbeitrag zu leisten in der Lage sein würde, um dem Jubilar vor allem dadurch zur Ehre zu gereichen. Der räumliche Schwerpunkt erlaubt eine diachron angelegte Zusammenschau aktueller Forschungsergebnisse zur Siedlungsforschung im nördlichen Mitteleuropa und im Ostseeraum. Die exemplarische Kartierung der Orte, die in den Beiträgen der Festschrift behandelt werden, verdeutlicht dies in anschaulicher Weise (Abb. 1). Hier zeichnet sich darüber hinaus das nordöstliche Niedersachsen als ein besonderer räumlicher Schwerpunkt ab, in dem durch die noch andauernden diachronen Forschungen des Göttinger Lehrstuhls seit mehr als einem Jahrzehnt bereits erhebliche Fortschritte gemacht werden konnten. Ausdruck dessen ist auch der Umstand, dass der vorliegende Band zugleich in der Schriftenreihe des Heimatkundlichen Arbeitskreises Lüchow-Dannenberg erscheint, dem für die Unterstützung bei der Drucklegung zu danken ist.

Der erste Hauptteil des vorliegenden Bandes vereint Beiträge zum Oberthema *Siedlungs- und Landschaftsarchäologie* aus unterschiedlichen ur- und frühgeschichtlichen Epochen, die regional in drei große Siedlungsräume untergliedert sind. Der zweite Hauptteil widmet sich Fragen zu *Kulturtransfer und Sozialgeschichte*, die keinen engen regionalen oder siedlungsarchäologischen Bezug aufweisen. Angesichts der Rolle, die Forschung, Forschungsförderung und Lehre im Schaffen Karl-Heinz Willroths spielen, ist es uns eine besondere Freude, dass wir viele seiner jüngeren Schüler und Projektmitarbeiter gewinnen konnten, über ihre Forschungsergebnisse zu berichten. Sie bieten dadurch ein lebendiges Abbild des wissenschaftlichen Nachwuchses, der gleichberechtigt neben langjährigen Kollegen und befreundeten Wissenschaftlern stehen kann.

Nicht unerwähnt bleiben darf die Gremienarbeit und vor allem die umfangreiche Gutachtertätigkeit Karl-Heinz Willroths, durch die er die Forschungslandschaft in Deutschland aktiv gestaltete. Er ist ordentliches Mitglied des Deutschen Archäologischen Instituts (DAI), Mitglied der Römisch-Germanischen Kommission des DAI und Sachverständiger für Ur- und Frühgeschichte der Akademie der Wissenschaften und der Literatur Mainz. Von 1996–2004 war er gewählter Fachgutachter der Deutschen Forschungsgemeinschaft (DFG),

▲ *Lage der in den Beiträgen dieses Bandes besprochenen Fundorte. Hervorgehoben ist die untere Elbregion, die einen besonderen Schwerpunkt darstellt. Grafik: H.-J. Nüsse.*

von 2000–2004 weiterhin Fachausschussvorsitzender „Alte und orientalische Kulturen (Altertumswissenschaften)" der DFG. Darüber hinaus ist er Vertrauensdozent der DFG an der Georg-August-Universität Göttingen.

Doch Karl-Heinz Willroth ist nicht auf direktem Wege zur Archäologie gekommen, denn er hat erst in seinem 27. Lebensjahr das Studium der Ur- und Frühgeschichte, der Biblischen Archäologie und Volkskunde an der Christian-Albrechts-Universität zu Kiel aufgenommen. Zuvor hatte er bereits eine Ausbildung im Verwaltungswesen abgeschlossen. So sehr er sich in der Folgezeit auch der ur- und frühgeschichtlichen Archäologie verschrieb – das Interesse und die Begeisterung an Dingen, die jenseits seiner eigenen Forschungen liegen und sogar weit jenseits unseres Faches, sind ihm bis heute nicht verloren gegangen. Seine Freude am Pilze sammeln, an ausgedehnten Fahrradtouren oder bei der Gartenarbeit zeigt den Menschen neben der wissenschaftlichen Autorität, die Karl-Heinz Willroth verkörpert. Wir möchten seiner Vorliebe für moderne Kunst Rechnung tragen, indem wir Bilder des Hamburger Künstlers Hans Sperschneider (1928-1995) in die Festschrift aufgenommen haben. Sperschneider konnte sich dem Reiz der

Landschaften Schleswig-Holsteins und der dänischen Inseln nicht entziehen und hat sie vielfach festgehalten, besonders in seinen späteren Werken. Karl-Heinz Willroth hat die Verbindung zu seiner Heimat in der Holsteinischen Schweiz immer aufrecht erhalten und auch mit Dänemark ist er eng verbunden. Wir haben für ihn zwei Landschaftsbilder Sperschneiders ausgewählt, die bronzezeitliche Grabhügel zeigen, und damit den persönlichen und fachlichen Schwerpunkt Karl-Heinz Willroths auf ideale Weise künstlerisch miteinander verbinden. Für die Überlassung und Druckgenehmigung sind wir Prof. Dr. Claus von Carnap-Bornheim, Stiftung Schleswig-Holsteinische Landesmuseen Schloss Gottorf, sehr zu Dank verpflichtet.

Die Brücke zu Bronzezeit und Dänemark schlägt auf gänzlich andere Weise das Porträt des Jubilars, das Thomas Bredsdorff, Zeichner und Koordinator des Projekts „Funde der älteren Bronzezeit" am Nationalmuseum Kopenhagen, in freundschaftlicher Verbundenheit für Karl-Heinz Willroth fertigte.

Zum Entstehen der Festschrift haben zahlreiche weitere Personen ihren Beitrag geleistet. Bei der redaktionellen Bearbeitung unterstützten uns Dorothea Feiner und Jana Woyzek, die Bildredaktion besorgte Jan Klauke. Die Erstellung des Layouts lag in den Händen von Heiko Marx. Ohne die vielen Spenden von Freunden, Kollegen, Schülern und Einrichtungen hätte der Band nicht in dieser Form erscheinen können. Sie sind alle an anderer Stelle genannt. Hervorzuheben ist die große Unterstützung des Wachholtz-Verlages, die es einerseits ermöglichte, die Festschrift ohne das Wissen des Jubilars in die Reihe der Göttinger Schriften aufzunehmen, und die andererseits die enge, jahrelange Verbundenheit Karl-Heinz Willroths zu diesem Verlag dokumentiert. Unser ganz besonderer Dank für die gute Zusammenarbeit gilt hier in erster Linie Renate Braus.

Wir gratulieren Karl-Heinz Willroth mit dieser Festschrift zu seinem Geburtstag und wünschen ihm für die Zukunft eine stabile Gesundheit und weiterhin viel Freude am Schaffen und Gestalten!

Immo Heske

Hans-Jörg Nüsse

Jens Schneeweiß

Schriftenverzeichnis von Karl-Heinz Willroth

zusammengestellt von Maria Hientzsch und Jens Schneeweiß

Herausgeberschaft

Zeitschriften und Reihen

Göttinger Schriften zur Vor- und Frühgeschichte (seit 1992).

Neue Ausgrabungen und Forschungen in Niedersachsen (seit 1999).

Prähistorische Zeitschrift (seit 2001), mit F. Bertemes, B. Hänsel (bis 2007), K. Peschel (bis 2007), W. Schier (seit 2008), Ph. della Casa (seit 2010), M. Wemhoff (seit 2010).

Funde der älteren Bronzezeit des nordischen Kreises in Dänemark, Schleswig-Holstein und Niedersachsen (seit 2001).

Göttinger Forschungen zur Ur- und Frühgeschichte (seit 2011).

Studien zur nordeuropäischen Bronzezeit (seit 2013).

Einzelpublikationen

Unter Mitwirkung von Steen, H.-H. (begründet durch Aner, E./Kersten, K.), Kreis Steinburg. Die Funde der älteren Bronzezeit des nordischen Kreises in Dänemark, Schleswig-Holstein und Niedersachsen 18 (Neumünster 1993).

Mit Koch, E. (begründet durch Aner, E./Kersten, K.), Ringkøbing Amt. Die Funde der älteren Bronzezeit des nordischen Kreises in Dänemark, Schleswig-Holstein und Niedersachsen 10 (Neumünster 1995).

Mit Koch, E. (begründet durch Aner, E./Kersten, K.), Thisted Amt. Die Funde der älteren Bronzezeit des nordischen Kreises in Dänemark, Schleswig-Holstein und Niedersachsen 11 (Neumünster 2001).

(begründet durch Aner, E./Kersten, K.), Kreis Rendsburg-Eckernförde (südlich des Nord-Ostsee-Kanals) und die kreisfreien Städte Kiel und Neumünster. Die Funde der älteren Bronzezeit des nordischen Kreises in Dänemark, Schleswig-Holstein und Niedersachsen 19 (Neumünster 2005).

(begründet durch Aner, E./Kersten, K.), Viborg Amt. Die Funde der älteren Bronzezeit des nordischen Kreises in Dänemark, Schleswig-Holstein und Niedersachsen 12 (Neumünster 2008).

(begründet durch Aner, E./Kersten, K.), Kreis Segeberg. Die Funde der älteren Bronzezeit des nordischen Kreises in Dänemark, Schleswig-Holstein und Niedersachsen 20 (Neumünster 2011).

(mit Schneeweiss, J.), Slawen an der Elbe. Göttinger Forschungen zur Ur- und Frühgeschichte 1 (Göttingen 2011).

Siedlungen der älteren Bronzezeit. Beiträge zur Siedlungsarchäologie und Paläoökologie des zweiten vorchristlichen Jahrtausends in Südskandinavien, Norddeutschland und den Niederlanden. Workshop vom 7. bis 9. April 2011 in Sankelmark. Studien zur nordeuropäischen Bronzezeit 1 (Neumünster 2013).

(mit Beug, H.-J., Lüth, F., Schopper, F. unter Mitwirkung von Messal, S. u. Schneeweiss, J.), Slawen an der unteren Mittelelbe. Untersuchungen zur ländlichen Besiedlung, zum Burgenbau, zu Besiedlungsstrukturen und zum Landschaftswandel. Beiträge zum Kolloquium vom 7. bis 9. April 2010 in Frankfurt (a. M.). Frühmittelalterliche Archäologie zwischen Ostsee und Mittelmeer 4 (Wiesbaden 2013).

Beiträge in Zeitschriften und Reihen

1983

(mit Müller-Wille, M.), Zur eisenzeitlichen und frühmittelalterlichen Besiedlung von Angeln und Schwansen. Offa 40, 1983, 275–319.

(mit Müller-Wille, M./Reichstein, J.), Zur vor- und frühgeschichtlichen Besiedlung von Schwansen, dargestellt am Beispiel der Gemeinde Kosel, Kreis Rendsburg-Eckernförde. Offa 40, 1983, 321–344.

Bronzezeit. In: Kreis Herzogtum Lauenburg. Teil I: Einführende Aufsätze und Exkursion I. Führer zu archäologischen Denkmälern in Deutschland 1 (Stuttgart 1983) 71–79.

Grabhügel Päpersberg bei Hasenthal. In: Kreis Herzogtum Lauenburg. Teil II: Exkursion II-IV. Führer zu archäologischen Denkmälern in Deutschland 2 (Stuttgart 1983) 26–29.

Totenhaus von Grünhof Tesperhude. In: Kreis Herzogtum Lauenburg. Teil II: Exkursion II-IV. Führer zu archäologischen Denkmälern in Deutschland 2 (Stuttgart 1983) 29–32.

1984

Rezension: Journal of Danish Archaeology 1, 1982. Offa 41, 1984, 237–239.

1985

Aspekte älterbronzezeitlicher Deponierungen im südlichen Skandinavien. Germania 63, 1985, 361-400.

Das Lübecker Becken im frühen Mittelalter. Eine Bestandsaufnahme slawischer Fundstellen. Lübecker Schriften zur Archäologie und Kulturgeschichte 11, 1985, 7–51.

Die Hortfunde der älteren Bronzezeit in Südschweden und auf den dänischen Inseln. Untersuchungen aus dem Schleswig-Holsteinischen Landesmuseum für Vor- und Frühgeschichte Schleswig, dem Landesamt für Vor- und Frühgeschichte von Schleswig-Holstein in Schleswig und dem Institut für Ur- und Frühgeschichte der Universität Kiel 55 (Neumünster 1985).

Zu den Meißeln der älteren nordischen Bronzezeit. Offa 42, 1985, 393–430.

Schriftenverzeichnis von Karl Kersten. Monographien, Aufsätze, Beiträge. Offa 42, 1985, 9–12.

1986

Landwege auf der cimbrischen Halbinsel aus der Sicht der Archäologie. Siedlungsforschung. Archäologie, Geschichte, Geographie 4, 1986, 9–44.

Rezension: Ausgewählte Bibliographie zur Vorgeschichte von Mitteleuropa, hrsg. R. Hachmann. Stuttgart 1984. Offa 43, 1986, 371–372.

Rezension: Ausgrabungen in Niedersachsen. Archäologische Denkmalpflege 1979–1984. Stuttgart 1984. Offa 43, 1986, 372–374.

Rezension: Ausgrabungen und Funde in Westfalen-Lippe 1, 1983, Mainz 1984; 2, 1984, Mainz 1985. Offa 43, 1986, 374–375.

Siedlungsarchäologische Untersuchungen in Angeln und Schwansen (Eisenzeit und frühes Mittelalter). Bericht der Römisch-Germanischen Kommission 67, 1986, 397–428.

1987

Eine frühmittelalterliche Siedlung bei Gammelby, Kreis Rendsburg-Eckernförde. Die Heimat: Zeitschrift für Natur- und Landeskunde von Schleswig-Holstein und Hamburg 94, 1987, 50–60.

Rezension: Archaeological Formation Processes. The representativity of archaeological remains from the Danish Prehistory, hrsg. K. Kristiansen. København 1985. Offa 47, 1987, 267–270.

Rezension: Montelius, O., Dating in the Bronze Age with special reference to Scandinavia. Stockholm 1986. Offa 44, 1987, 267.

1988

Slawische Keramik vom Lübecker Stadthügel. Lübecker Schriften zur Archäologie und Kulturgeschichte 17, 1988, 57–59.

1989

Nogle betragtninger over de regionale forhold i Slesvig og Holsten i bronzealderens periode II. Jysk Arkaeologisk Selskabs skrifter 24, 1989, 89–100.

Rezension: Bibliographie zur Vor- und Frühgeschichte in der Bundesrepublik Deutschland und Berlin (West). Das Schrifttum der Jahre 1980 und 1981. Stuttgart 1987. Offa 46, 1989, 405–406.

1990

Schleswig-Holstein während der älteren Bronzezeit: Anmerkungen zur Gliederung der Grabfunde der Perioden 2 und 3. Beiträge zur Geschichte und Kultur der Mitteleuropäischen Bronzezeit 2, 1990, 537–555.

1991

(mit STEEN, H.-H.) Mitwirkung an ANER, E./ KERSTEN, K., Dithmarschen. Die Funde der älteren Bronzezeit des nordischen Kreises in Dänemark, Schleswig-Holstein und Niedersachsen 17 (København 1991).

1992

(mit DÖRFLER, W./KROLL, H./MEIER, D.), Von der Eisenzeit zum Mittelalter: Siedlungsforschung in Angeln und Schwansen. In: M. Müller-Wille/S. Backer (Hrsg.), Der Vergangenheit auf der Spur. Archäologische Siedlungsforschung in Schleswig-Holstein (Neumünster 1992) 111–140.

Archäologische Landesaufnahme und Siedlungsarchäologie im südlichen Schleswig. In: Archäologie in Schleswig 2. 2. Symposium St. Jyndevad, 20.-22.3.1992 (Haderslev 1992) 181–184.

Untersuchungen zur Besiedlungsgeschichte der Landschaften Angeln und Schwansen von der älteren Bronzezeit bis zum frühen Mittelalter. Eine Studie zur Chronologie, Chorologie und Siedlungskunde. Offa-Bücher 72 (Neumunster 1992).

1993

(unter Mitwirkung von STEEN, H.-H.) ANER, E./KERSTEN, K., Kreis Steinburg. Die Funde der älteren Bronzezeit des nordischen Kreises in Dänemark, Schleswig-Holstein und Niedersachsen 18 (Neumünster 1993).

Frühstädtische Siedlungen und Handelsplätze des südlichen Ostseegebietes und ihr Umland. Anmerkungen zu Distribution und Diffusion. In: M. Gläser (Hrsg.), Archäologie des Mittelalters und Bauforschung im Hanseraum. Eine Festschrift für Günter P. Fehring (Rostock 1993) 277–288.

1995

(mit Koch, E.) Aner, E./Kersten, K., Ringkøbing Amt. Die Funde der älteren Bronzezeit des nordischen Kreises in Dänemark, Schleswig-Holstein und Niedersachsen 10 (Neumünster 1995).

1996

Bronzezeit als historische Epoche. In: G. Wegner (Hrsg.), Leben – Glauben – Sterben vor 3000 Jahren: Bronzezeit in Niedersachsen. Begleithefte zu Ausstellungen der Abteilung Urgeschichte des Niedersächsischen Landesmuseums Hannover 7 (Oldenburg 1996) 1–36.

Landschaft, Besiedlung, Siedlung. In: G. Wegner (Hrsg.), Leben – Glauben – Sterben vor 3000 Jahren: Bronzezeit in Niedersachsen. Begleithefte zu Ausstellungen der Abteilung Urgeschichte des Niedersächsischen Landesmuseums Hannover 7 (Oldenburg 1996) 37–53.

Metallversorgung und -verarbeitung. In: G. Wegner (Hrsg.), Leben – Glauben – Sterben vor 3000 Jahren: Bronzezeit in Niedersachsen. Begleithefte zu Ausstellungen der Abteilung Urgeschichte des Niedersächsischen Landesmuseums Hannover 7 (Oldenburg 1996) 67–81.

Überlegungen zur bronzezeitlichen Bevölkerung. In: G. Wegner (Hrsg.), Leben – Glauben – Sterben vor 3000 Jahren: Bronzezeit in Niedersachsen. Begleithefte zu Ausstellungen der Abteilung Urgeschichte des Niedersächsischen Landesmuseums Hannover 7 (Oldenburg 1996) 167–172.

Verkehr und Warenaustausch. In: G. Wegner (Hrsg.), Leben – Glauben – Sterben vor 3000 Jahren: Bronzezeit in Niedersachsen. Begleithefte zu Ausstellungen der Abteilung Urgeschichte des Niedersächsischen Landesmuseums Hannover 7 (Oldenburg 1996) 133–145.

1997

Metallherren und Burgenbauer. Archäologie in Deutschland, 1/1997, 16–17.

Prunkbeil oder Stoßwaffe, Pfriem oder Tätowierstift, Tüllengerät oder Treibstachel? Anmerkungen zu einigen Metallobjekten der älteren nordischen Bronzezeit. In: C. Becker/M.-L. Dunkelmann/C. Metzner-Nebelsick u. a. (Hrsg.), Chronos. Beiträge zur prähistorischen Archäologie zwischen Nord- und Südosteuropa. Festschrift für Bernhard Hänsel. Internationale Archäologie. Studia honoraria 1 (Espelkamp 1997) 469–495.

1998

Die Fibeln der römischen Kaiserzeit und die Frage der ethnischen Deutung. In: J. Kunow (Hrsg.), 100 Jahre Fibelformen nach Oscar Almgren. Internationale Arbeitstagung 25. - 28. Mai 1997, Kleinmachnow, Land Brandenburg. Forschungen zur Archäologie im Land Brandenburg 5 (Wünsdorf 1998) 513–522.

Siedlungen und Gräber als Spiegel der Stammesbildung. Gedanken zur Abgrenzung germanischer Stämme in der ausgehenden vorrömischen Eisenzeit in Norddeutschland und Südskandinavien. In: A. Wesse (Hrsg.), Studien zur Archäologie des Ostseeraumes. Von der Eisenzeit zum Mittelalter. Festschrift für Michael Müller-Wille (Neumünster 1998) 359–371.

1999

Krieger, Häuptlinge oder „nur" freie Bauern. Zum Wandel in der Bronzezeitforschung. In: W. Budesheim (Hrsg.), Zur Bronzezeit in Norddeutschland. Beiträge für Wissenschaft und Kultur 3 (Neumünster 1999) 39–66.

„Nordostniedersachsen … bis zum frühen Mittelalter". Offa 56, 1999, 81–91.

Siedlungs- und Landschaftsarchäologie an der südlichen Nordseeküste. Emder Jahrbuch für historische Landeskunde 79, 1999, 7–27.

2000

Das Hannoversche Wendland um 1000. In: A. Wieczorek/H.-M. Hinz (Hrsg.), Europas Mitte um 1000 (Stuttgart 2000) 723–726.

2001

(mit Koch, E.) Aner, E./Kersten, K., Thisted Amt. Die Funde der älteren Bronzezeit des nordischen Kreises in Dänemark, Schleswig-Holstein und Niedersachsen 11 (Neumünster 2001).

Ernst Sprockhoff und die nordische Bronzezeit. In: H. Steuer (Hrsg.), Eine hervorragend nationale Wissenschaft. Deutsche Prähistoriker zwischen 1900 und 1995. Ergänzungsbände zum Reallexikon der germanischen Altertumskunde 29 (Berlin 2001) 109–149.

Haus, Acker und Grabhügel. Variable Konstanten im Siedlungsgefüge der älteren nordischen Bronzezeit. In: M. Meyer (Hrsg.), „… trans Albim fluvium". Forschungen zur vorrömischen, kaiserzeitlichen und mittelalterlichen Archäologie. Festschrift für Achim Leube zum 65. Geburtstag. Internationale Archäologie. Studia honoraria 10 (Rahden in Westf. 2001) 113–124.

Die Erforschung der Hünenburg bei Watenstedt. Ein vorläufiges Resümee. Informationen und Berichte (Braunschweigisches Landesmuseum) 3-4, 2001, 40–45.

2002

Die nordische Bronzezeit. Anmerkungen zu ihrer Herausbildung. Bericht der Römisch-Germanischen Kommission 83, 2002, 99–122.

Ein neuer Werkstoff, eine neue Zeit? In: U. v. Freeden/S. v. Schnurbein (Hrsg.), Spuren der Jahrtausende. Archäologie und Geschichte in Deutschland (Stuttgart 2002) 192–209.

2003

Auswirkungen von singulären und periodischen Großveranstaltungen auf vor- und frühgeschichtliche Standorte. Siedlungsforschung. Archäologie, Geschichte, Geographie 21, 2003, 27–41.

Klaus Raddatz, 1914-2002. Archäologische Nachrichten 8, 2003, 238.

2005

ANER, E./KERSTEN, K., Kreis Rendsburg-eckernförde (südlich des Nord-Ostsee-Kanals) und die kreisfreien Städte Kiel und Neumünster. Die Funde der älteren Bronzezeit des nordischen Kreises in Dänemark, Schleswig-Holstein und Niedersachsen 19 (Neumünster 2005).

2007

DFG-Projekt: Die slawische Besiedlung an der unteren Mittelelbe. Untersuchungen zur ländlichen Besiedlung, zum Burgenbau, zu Besiedlungsstrukturen und zum Landschaftswandel. Archäologisches Nachrichtenblatt 12, 2007, 261–279.

2008

ANER, E./KERSTEN, K., Viborg Amt. Die Funde der älteren Bronzezeit des nordischen Kreises in Dänemark, Schleswig-Holstein und Niedersachsen 12 (Neumünster 2008).

Spätneolithischer oder frühbronzezeitlicher Landesbau? – Schleswig-Holstein zwischen Neolithikum und Bronzezeit. In: M. Mogielnicka-Urban (Hrsg.), Opera ex aere: studia z epoki brązu i wczesnej epoki żelaza dedykowane profesorowi Janowi Dąbrowskiemu przez przyjaciół, uczniów i kolegów z okazji siedemdziesięciolecia urodzin (Warszawa 2008) 111–126.

2010

Die Opferhorte der älteren Bronzezeit in Südskandinavien. Frühmittelalterliche Studien 18, 2010, 48–72.

2011

ANER, E./KERSTEN, K., Kreis Segeberg. Die Funde der älteren Bronzezeit des nordischen Kreises in Dänemark, Schleswig-Holstein und Niedersachsen 20 (Neumünster 2011).

Die Beile der älteren Bronzezeit - Ein Arbeitsbericht. In: U. L. Dietz/A. Jockenhövel (Hrsg.), Bronzen im Spannungsfeld zwischen praktischer Nutzung und symbolischer Bedeutung. Beiträge zum internationalen Kolloquium am 9. und 10. Oktober 2008 in Münster. Prähistorische Bronzefunde. Abteilung XX 13 (Stuttgart 2011) 279–290.

„Germanen – Slawen – Deutsche …" Eine unendliche Forschungsgeschichte. In: K.-H. Willroth/J. Schneeweiß (Hrsg.), Slawen an der Elbe. Göttinger Forschungen zur Ur- und Frühgeschichte 1 (Göttingen 2011) 1–14.

Neue Untersuchungen zur Frühgeschichte der Slawen an der unteren Mittelelbe. In: K.-H. Willroth/J. Schneeweiß (Hrsg.), Slawen an der Elbe. Göttinger Forschungen zur Ur- und Frühgeschichte 1 (Göttingen 2011) 233–246.

2013

Slawen an der unteren Mittelelbe – Zur Geschichte einer Region vom 6./7. bis zum 12. Jahrhundert. In: K.-H. Willroth, H.-J. Beug, F. Lüth, F. Schopper unter Mitwirkung von S. Messal u. J. Schneeweiß (Hrsg.), Slawen an der unteren Mittelelbe. Untersuchungen zur ländlichen Besiedlung, zum Burgenbau, zu Besiedlungsstrukturen und zum Landschaftswandel. Beiträge zum Kolloquium vom 7. bis 9. April 2010 in Frankfurt (a. M.). Frühmittelalterliche Archäologie zwischen Ostsee und Mittelmeer 4 (Wiesbaden 2013) 269–288.

Einführung. In: K.-H. Willroth (Hrsg.), Siedlungen der älteren Bronzezeit. Beiträge zur Siedlungsarchäologie und Paläoökologie des zweiten vorchristlichen Jahrtausends in Südskandinavien, Norddeutschland und den Niederlanden. Workshop vom 7. bis 9. April 2011 in Sankelmark. Studien zur nordeuropäischen Bronzezeit 1 (Neumünster 2013) 7–8.

Verzeichnis der von Karl-Heinz Willroth betreuten Hochschulschriften

Habilitation

1993

MÜLLER, ROSEMARIE: Zur Besiedlung Mitteldeutschlands im ersten Jahrtausend v. Chr. Vor dem Zeugnis historischer Namen.

1995

SIEGMUND, FRANK: Alamannen und Franken. Archäologische Studie zu Ethnien und ihren Siedlungsräumen in der Merowingerzeit.

2005

SAILE, THOMAS: Slawen in Niedersachsen. Zur westlichen Peripherie der slawischen Ökumene vom 6. bis 12. Jahrhundert.

Dissertation

2000

RINNE, CHRISTOPH: Das jungsteinzeitliche Kollektivgrab Odagsen I, Stadt Einbeck, Ldkr. Northeim.

2001

SCHUSTER, JÖRN: Die Buntmetallfunde der Grabung Feddersen Wierde: Chronologie – Chorologie – Technologie.

2002

NÜSSE, HANS-JÖRG: Untersuchung zur Besiedlung des Hannoverschen Wendlands von der jüngeren vorrömischen Eisen- bis zur Völkerwanderungszeit.

2004

HESKE, IMMO: Die Hünenburg bei Watenstedt, Landkreis Helmstedt – Eine ur- und frühgeschichtliche Befestigung und ihr Umfeld.

2007

TEUBER, STEFAN WALTER: Einbeck - Petersilienwasser. Befunde und Bebauungsstrukturen des 13. bis 20. Jahrhunderts.

2008

OEHRL, SIEGMUND: Vierbeinerdarstellungen auf schwedischen Runensteinen. Studien zur nordgermanischen Tier- und Fesselungsikonografie.

2009

SCHULTE, LOTHAR: Die Fibeln mit hohem Nadelhalter (Almgren Gruppe VII).

2013

GOLDHAMMER, JULIA: Studien zu den Steinartefakten der Bronzezeit - Siedlungsinventare aus Nord- und Südschleswig im Vergleich.

HALBWIDL, ERICH: Siedlungsmuster der Bronzezeit. Landschaftsarchäologische Studien zu Standortfaktoren und Besiedlungsstrategien im Süden der Cimbrischen Halbinsel während der Bronzezeit.

PAHLOW, MARIO: Nordostniedersachsen während der Jüngeren Bronze- und älteren Eisenzeit.

Magister Artium

1994

WALTHER, NORBERT: Kugelamphoren - Gefäße, Leute, Archäologische Gruppierung oder Kultur? Methodologische Erörterungen zu einem Fallbeispiel.

1995

AULL, CHRISTINE: Frühbronzezeitliche Nadeln in Baden-Württemberg.

MANGOLD, UTE: Die latènezeitlichen Siedlungsfunde aus Schöneck-Büdesheim, Main-Kinzig-Kreis.

SCHANZ, ULRIKE: Das fränkische Gräberfeld von Dauborn, Kr. Limburg-Weilburg.

1996

HOFMANN, ANDREA: Die Keramik einer Siedlung der vorrömischen Eisenzeit bei Agathenburg, Ldkr. Stade.

Posselt, Martin: Hallstattzeitliche Siedlungsfunde aus Wiesbaden-Erbenheim, Kreuzberger Ring.

Rambuscheck, Ulrike: Untersuchungen zur vorrömischen Eisenzeit in den Kreisen Rotenburg/Wümme und Soltau-Fallingbostel im Gebiet zwischen Wümme und Böhme.

Rinne, Christoph: Das jungsteinzeitliche Kollektivgrab II auf dem Feldberg bei Großenrode, Stadt Moringen, Landkreis Northeim.

Rühl, Gerald: Urnenfelderzeitliche Siedlungsreste aus Wiesbaden-Erbenheim, Flur Kalkhofen.

1997

Berensen-Galler, Ona: Die Bronzezeit im Altkreis Münden.

Rosenplänter, Petra: Neue archäologische Untersuchungen zu den spätmittelalterlichen Ausbausiedlungen im Jümmiger Hammrich.

1998

Heske, Immo: Die jungbronzezeitliche Siedlung von Süpplingen-Nordschacht, Landkreis Helmstedt.

Kaltofen, Anja: Die linienbandkeramische Siedlung von Schwiegershausen (Fundstelle 39), Landkreis Osterode am Harz.

Teuber, Stefan: Die Einlagenkämme der römischen Kaiserzeit und der Völkerwanderungszeit im freien Germanien.

1999

Hainski, Stefan: Die linienbandkeramische Siedlung von Sülbeck, Stadt Einbeck, Landkreis Northeim.

Nüsse, Hans-Jörg: Die kaiser- und völkerwanderungszeitliche Siedlung bei Rebenstorf, Ldkr. Lüchow-Dannenberg. Aspekte der Besiedlungsgeschichte des Örings im südlichen Hannoverschen Wendland.

2000

Cott, Eva: Groß Fredenbeck, Ldkr. Stade, eine völkerwanderungszeitliche Siedlung auf der Stader Geest.

2002

Engel, Christoph: Der mehrperiodige Siedlungsplatz Hitzacker-See bei Hitzacker, Ldkr. Lüchow-Dannenberg. Auswertung der Grabungsfläche Straßentrasse.

Fehren-Schmitz, Lars: Die Kloake des Hauses Johannisstraße 28 in Göttingen. Auswertung eines umwelt- und sozialhistorischen Archivs.

Fuss, Thorsten: Die vorgeschichtliche Siedlung Göttingen-Walkemühle. Ergebnisse der Grabung 1996.

2003

Bleicher, Niels: Von Hölzle auf Stöckle. Die Kleinhölzer der neolithischen Feuchtbodensiedlung Hornstaad-Hörnle 1 A am Bodensee.

Sprenger, Sönke: Das Mittelwesergebiet während der jüngeren Bronzezeit und der vorrömischen Eisenzeit - Untersuchungen zur Raumnutzung.

2004

Hildebrandt, Christian: Eine eisenzeitliche Siedlungsstelle Vogelbeck „Auf dem Nahwege", Stadt Einbeck, Landkreis Northeim.

Oehrl, Sigmund: Zur Deutung anthropomorpher und theriomorpher Bilddarstellungen auf den spätwikingerzeitlichen Runensteinen Schwedens.

Wedekind, Frank: Gutingi - vom Dorf zur Stadt. Untersuchungen zur Geschichte Göttingens im frühen und hohen Mittelalter auf der Grundlage archäologischer und historischer Quellen.

Wittorf, Daniela: Der neolithische Fundplatz von Hamburg-Curslack 55.

2005

Helms, Tobias: Backemoor, Collinghorst und Schatteburg. Drei urgeschichtliche Fundplätze im Landkreis Leer (Ostfriesland).

Höske, Andrea: Kissenbrück, Kreis Wolfenbüttel. Eine Siedlung der römischen Kaiserzeit im nördlichen Harzvorland.

Kreibig, Nina: Die bronzezeitliche und die kaiserzeitliche Siedlung von Nenndorf, Landkreis Wittmund.

2006

BROSE, GREGOR: Der kaiserzeitliche Fundplatz von Holtgast, Lkr. Wittmund.

BUSCH-HELLWIG, SANDRA: Die kaiserzeitliche Siedlung von Backemoor, Gde. Rhauderfehn, Ldkr. Leer.

2007

FÜHRER, DÖRTHE: Die Aunjetitzer Siedlung und Bestattung von Werlaburgdorf (Ldkr. Wolfenbüttel) in ihrem kulturellen Umfeld.

KAUFFMANN, IRIS: Die eisenzeitliche Siedlung Gristede, Lkr. Ammerland. Auswertung der Baubefunde (Wohn- und Wirtschaftsgebäude).

2008

LINNEMANN, SOPHIE: Die slawischen Befunde der Siedlung Hitzacker-See (Kr. Lüchow-Dannenberg).

MÄDEL, MARVIN: Das Gräberfeld der Rössener Kultur von Osterwieck/Ldkr. Halberstadt.

REICHLER, SABRINA: Die linienbandkeramische Siedlung vom Glockberg bei Helmstedt.

2009

BREDEMANN, GERALD: Die Besiedlung im Stadtgebiet von Seelze während der jüngeren vorrömischen Eisenzeit und der römischen Kaiserzeit.

SWART, ALEXANDRA: Das Wehrgehänge der älteren nordischen Bronzezeit. Organische Scheiden und bronzene Beschläge.

2010

BRAUN, INGRAM: Modellbildung und Simulation in der Archäologie.

BROSE, CHRISTIANE: Die Briquetagefunde der bronzezeitlichen Siedlung Runstedt, Landkreis Helmstedt, in ihrem zeitlichen und räumlichen Umfeld.

STACHNICK, ENNO: Ringwallanlagen des 10. und 11. Jahrhunderts in der norddeutschen Tiefebene zwischen Ems und Oder.

STÖCKMANN, KIRSTI: Die bronzezeitlichen Metallfunde im Gebiet des ehemaligen Ostpreußens. Forschungs- und Überlieferungsgeschichte, Typologie und Chronologie (unter besonderer Berücksichtigung der Tüllenbeile).

THÜNE, SILVIA: Möglichkeiten und Grenzen der archäologischen und anthropologischen Gräberfeldanalyse, dargestellt am Beispiel der Nekropole der Glockenbecherkultur von Rothenschirmbach.

2011

BAACK, FLORIAN: Die bronze- und eisenzeitlichen Fundplätze im Mühlbachtal und am Lindener Berg bei Bad Bevensen, Lkr. Uelzen.

LUBINSKI, NADINE: Der kaiserzeitliche Siedlungsplatz von Haverlah, Kr. Wolfenbüttel.

MARR, ANNIKA: Studien zu bronzezeitlichen Metallfunden und Hügelgräbern im ehemaligen Regierungsbezirk Hannover.

2012

BÖKE, NINA CAROLIN: Soziale Strukturen im ländlichen Siedlungsgefüge des ostfränkisch-deutschen Raumes vom 8. bis 15. Jahrhunderts.

FEINER, DOROTHEA: Die Keramik vom slawischen Burgwall Friedrichsruhe, Kr. Parchim.

MÖLLER, KATHARINA: Das spätslawische Gräberfeld von Güstritz, Lkr. Lüchow-Dannenberg.

2013

BEERMANN, SEBASTIAN: Bärenkrallen und Bärenfelle als Grabbeigabe in Brand- und Körpergräbern in Mittel- und Nordeuropa. Studien zu einer Grabsitte am Beispiel der vorrömisch-eisenzeitlichen bis völkerwanderungszeitlichen Funde.

DITTRICH, KATHARINA: Untersuchungen zu „schusselen und becken mit malwerk und außstreichungen". Die dekorierte Renaissance-Keramik vom Typ Weserware aus Göttingen.

ERDMANN, CHRISTIAN JÖRG: Felsgesteingeräte der jüngeren Bronzezeit. Eine Analyse von Funden aus Grabungen im Kreis Helmstedt.

FRIEBE, SWANTJE: Die bandkeramische Siedlung Göttingen-Grone 6521/026 unter besonderer Berücksichtigung der Siedlungsbesatttungen.

GÖSSNER, KAI: Die Gefäßkeramik des 7./8.-12. Jahrhunderts der Fundstelle Kurze Geismarstraße 26-30 in Göttingen.

HENTE, VALESKA: Mittelalterliche Knochen-Geweih- und Hornverarbeitung in Gutingi. Archäozoologische, technologisch-methodische und formenkundliche Analysen am Fundmaterial der Siedlung Gutingi bei Göttingen.

HINTZ, ROBERT: Die Keramik des bronzezeitlichen Siedlungsplatzes Göttingen Walkemühle.

JANKOWIAK, HONORATA: Die Hallstattzeit in Polen unter besonderer Berücksichtigung der Kontakte zur Hallstattkultur.

JORDAN, FELIX: Der eisenzeitliche Siedlungsplatz von Donstorf, Lkr. Diepholz. Die Auswertung der Grabung 2011 und Phosphatanalysen der Fundstelle 27.

KLAUKE, JAN: Der römisch-kaiserzeitliche Fundplatz Eppingawehr, Ldkr. Leer.

LINDE, LENNART: Die Funde und Befunde der Bronze- und älteren vorrömischen Eisenzeit aus der Pipeline Stade-Teutschenthal – Die Kreise Stade und Harburg.

OPITZ (GEB. DIRKS), JULIA: Die Keramik der römischen Kaiserzeit der Siedlung Hitzacker-Marwedel, Lkr. Lüchow-Dannenberg, am Beispiel der Grubenhäuser 1, 2, 8, 23, 35 und 48.

OTTE, ASTRID: Kulturelle Kontakte in der frühen Bronzezeit zwischen westlichem Ostseegebiet und Mitteldeutschland. Eine vergleichende Untersuchung der Deponierungssitten.

PÖHLMANN, ULRIKE: Die Keramik des slawischen Siedlungsplatzes bei Göhl, Kr. Ostholstein.

SCHOLZ, TOBIAS: Ein Sodenwandhaus der Völkerwanderungszeit bei Tinnum auf Sylt.

STREICHARDT, SILVANA: Die frühmittelalterliche Siedlung Bassum 85, Lkr. Diepholz.

WODITSCHKA, STEFANIE: Vegetationsgeschichte und Siedlungsgang im überregionalen Vergleich am Beispiel von Regionalstudien in Holstein, Mecklenburg-Vorpommern, Südniedersachsen und Schonen.

WOYZEK, JANA: Eine Untersuchung der transversalen Schmelzhypoplasien von Lübecker Pestopfern als Indikator für eine Subsistenzkrise.

Master of Arts

2012

NEUMANN, KATRIN: Einschiffige Hausgrundrisse des Frühen Mittelalters von den Niederlanden bis Südskandinavien.

2013

VOSS (GEB. SCHAPER), JULIA: „zerrupfte" Bestattungen des Endneolithikums und der frühen Bronzezeit im Mittelelbe-Saale-Gebiet.

Bachelor of Arts

2009

SCHNEIDER, SVEN: Homo neanderthalensis und Homo sapiens sapiens - Ihr zeitliches und räumliches Verhältnis.

2010

BEYER, ALINA MAREIKE: Ein tönerner Kammhelm aus der Sammlung des Archäologischen Instituts der Universität Göttingen.

FRANKE, MARTINA: Kulturaustausch - Symposien nördlich der Alpen?

MOST, SERGEJ: Frühes Christentum im Bereich der Elbslawen. Historische und archäologische Belege.

VOSS (GEB. SCHAPER), JULIA: Die Glockenbecherkultur nördlich der Elbe.

2011

GEBÜHR, ULRIKE: Ein bemerkenswerter Fundkomplex vom eisenzeitlichen Gräberfeld Nienbüttel, Kr. Uelzen.

Siedlungs- und Landschaftsarchäologie

„*Im flachgewellten Langelands Sønder-Herred liegen nur wenige Grabhügel durchweg auf dem Mittelteil der Insel auf Moränenkuppen, die Megalithgräber dagegen oft in Nähe der Küsten locker über das Land verstreut.*" (ANER/KERSTEN 1977, 177)

„Bei Kinderballe"
Hans Sperschneider (1928-1995), 1985. 119 x 173 cm (Farbradierung)

T. GÄDEKE, Hans Sperschneider. Bilder von Nord- und Ostsee 1956-1995. Katalog und Werkverzeichnis der Druckgraphik II. Schleswig-Holsteinisches Landesmuseum 1997. Kat.-Nr. 510. Der Druck erfolgt mit freundlicher Genehmigung des Schleswig-Holsteinischen Landesmuseums, Schloss Gottorf, Schleswig.

Die jungbronzezeitliche Siedlung an der Walkemühle bei Göttingen und ihre Kontakte zur Unstrut-Gruppe

von Robert Hintz

Einleitung

Die Siedlung von der Walkemühle bei Göttingen zählt zu den sehr früh ausgegrabenen jungbronzezeitlichen Siedlungsplätzen in der mittleren Mittelgebirgszone und hat aufgrund ihres vielfältigen Fundgutes eine besondere Bedeutung für die Erforschung des bronzezeitlichen Siedlungswesens.[1] Immer noch fungiert der Fundplatz als Referenzort für die chronologische Gliederung des Fundmaterials und liefert zudem Hinweise auf die Einbindung in Kontakt- sowie Kommunikationszonen. Der Siedlungsplatz liegt im Leinetal, das in verschiedenen Epochen der Ur- und Frühgeschichte ein bedeutender Fernverbindungsweg war. Eine zusätzliche Bedeutung erhält die Siedlung von der Walkemühle durch die aktuellen Forschungen im Umfeld der Lichtensteinhöhle bei Dorste/Harz mit seinem einzigartigen Höhlenbegräbnisplatz.[2] Durch diese neuen Untersuchungen rücken Fragen zu den Kulturkontakten und zur chronologischen Entwicklung der Sachkultur, in erster Linie der Keramik, wieder ins Spektrum drängender Fragestellung. Für weitere Forschungen ist daher die vollständige Aufarbeitung des Fundgutes von der Walkemühle unter besonderer Berücksichtigung der chronologischen und typologischen Einordnung der Keramik und seiner kulturellen Bezugspunkte ein drängendes Desiderat. Ebenfalls waren die zeitliche Tiefe der bronzezeitlichen Siedlung und die Dauer der einzelnen Besiedlungsphasen zu ermitteln.[3] Mit der Neubearbeitung wurden auch durch die jüngeren Arbeiten in angrenzenden Regionen die Einflüsse und Kontakte der Bewohner der Walkemühle berücksichtigt.

Topographie und Forschungsgeschichte

Der Fundplatz Walkemühle befindet sich im südlichen Stadtgebiet von Göttingen. Das Siedlungsareal war zwischen 1964 und 1996 wiederholt Gegenstand archäologischer Ausgrabungen. Ein Großteil der untersuchten Flächen lag zwischen dem Leinekanal und dem Windausweg (Abb. 1). Lediglich kleinere Flächen wurden auch östlich dieses Weges untersucht.[4] Morphologisch befindet sich die Siedlungsstelle in einer Talaue am Rande des Ostflügels der Göttinger Flachhänge, welche zur Leine-Ilme-Senke gehört. Dort hat sich eine Löß-Schwarzerde-Insel gebildet, in der die urgeschichtlichen Siedlungs- bzw. Abfallgruben angelegt wurden. In diesen konnten verschiedene Sedimente festgestellt werden; neben homogener Schwarzerdeverfüllung lagerte sich ebenfalls ein dunkelbraunes bis schwarzbraunes Lößderivat ab. Darüber hat sich nach dem Ende der Siedlungstätigkeit Auelehm abgelagert.[5] Damit liegt der Siedlungsplatz unmittelbar im Uferbereich der Leine, also direkt an deren Wasserlauf, aber auf einer Talsandinsel.

Erstmals wurden bei Kanalarbeiten im Jahr 1962 urgeschichtliche Befunde auf dem Gelände der Walkemühle entdeckt, dabei wurde ein 370 m langes Profil bodenkundlich untersucht.[6] Angeregt durch diese Funde erfolgten 1963 und 1964 Voruntersuchungen durch Maier.[7] Die erste Bestimmung und Einordnung der Keramik ergab

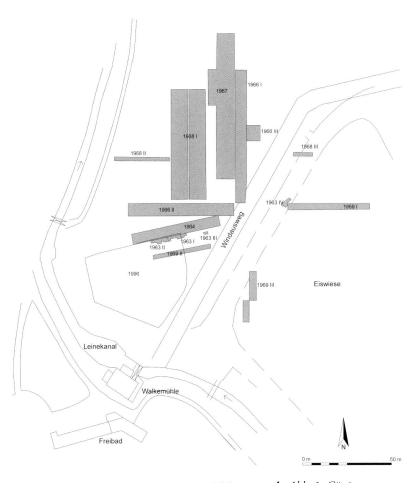

▲ *Abb. 1: Göttingen-Walkemühle: Gesamtplan der untersuchten Flächen (grau unterlegt: bearbeitete Flächen).*

---

1 Maier 1964a. Busch 1975.
2 Flindt 1997, 188.
3 Hintz in Vorb. a.
4 Busch 1975, Taf. 1. Fuss 2002, Taf. 1. Hintz 2012; in Vorb. a.
5 Rohdenburg u. a. 1962, 46. Busch 1975, 12.
6 Rohdenburg u. a. 1962, 37.
7 Maier 1964a, 19; 1964b, 85.

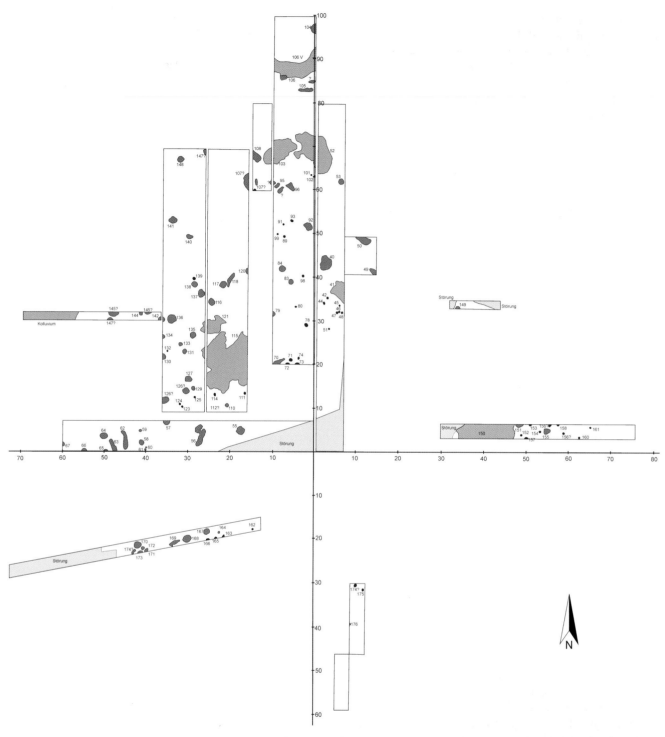

▲ Abb. 2: Göttingen-Walkemühle: Flächenplan mit den Befunden aus den Jahren 1966 – 1969.

eine Datierung in die ältere bis mittlere Bronze- und frühe Urnenfelderzeit.[8]

Weitere umfangreiche Ausgrabungen auf dem Gelände der Walkemühle fanden in den Jahren 1966 bis 1969 durch R. Busch statt (Abb. 2). Im Jahr 1975 legte er das Siedlungsmaterial monographisch im Rahmen seiner Dissertation vor. Die Publikation war für knapp zwei Jahrzehnte eine der wenigen in größerem Umfang publizierten jungbronzezeitlichen Siedlungen im nördlichen Deutschland.[9] Allerdings lieferte der von Busch publizierte Fundkatalog nur einen sehr begrenzten Einblick in das Fundspektrum.[10]

Anlässlich des Neubaus des Göttinger Schwimmbades „Eiswiese" fanden im Jahr 1996 erneut Ausgrabungen auf dem Gelände der Walkemühle statt. Das Gebäude wurde zwischen dem Leinekanal und der Lotzestraße unmittelbar nördlich der historischen Walkemühle errichtet. Damit grenzte die neu zu untersuchende Fläche direkt an die nördlich gelegenen Grabungsschnitte an (Abb. 1). Das Fundmaterial wurde nach der Ausgrabung im Rahmen einer Magisterarbeit

---

8 Maier 1964a, 38.
9 Horst 1985. Heske 2006. Peters 2006. Precht 2008.
10 Busch 1975, 66.

durch T. Fuß erfasst und ausgewertet.[11] Dabei war es zwingend erforderlich, sich zu Vergleichszwecken mit den Funden und Publikationen der Grabung aus den 60er Jahren zu beschäftigen. Hierbei wurden erste erhebliche Unstimmigkeiten der Bearbeitung durch Busch festgestellt.[12] Besonders gravierend waren die mitunter falsche Zuweisung der Fundstücke zu Befunden sowie zahlreiche fehlerhafte Abbildungen im Hinblick auf Ausrichtung und Zusammengehörigkeit der Gefäßeinheiten.

Das keramische Fundmaterial wurde vollständig in einem Fundkatalog erfasst und typologisiert[13]. Damit liegt nun eine verlässliche Grundlage für Studien zum bronzezeitlichen Siedlungsgeschehen vor. Die Analyse des keramischen Fundmaterials erbrachte eine erhebliche chronologische Tiefe. Diese wurde bereits von Maier postuliert,[14] jedoch von Busch nicht mehr berücksichtigt.[15] Ebenso wurde das kulturelle Bezugsnetz auf Basis aktueller Forschungen untersucht, um hierdurch Ansatzpunkte für die überregionale Vernetzung der Regionen am Westharz und im Leinetal zu gewinnen.

Befundsituation

Auf dem bis 1969 untersuchten Gelände konnten verschiedene Befunde aufgedeckt werden, bei denen es sich um große Grubenkomplexe, Vorratsgruben und Pfostenstandspuren handelt (Abb. 2). Die polymorphen, eine Ausdehnung von mehreren Metern einnehmenden Grubenkomplexe,[16] konnten bei der damaligen Ausgrabung nicht kleinteilig differenziert werden. Stattdessen bediente man sich seinerzeit eines Koordinatensystems, in welches die einzelnen Fundkonzentrationen eingemessen wurden.[17]

Die regelmäßigen Gruben, die einen annähernd runden Grundriss, senkrechte Grubenwände und eine ebene Sohle aufweisen, können sehr wahrscheinlich als Vorratsgruben identifiziert werden.[18] Jedoch sind es nicht die typischen spätbronzezeitlichen Kegelstumpfgruben, wie sie während der Grabung auf dem Gelände der Walkemühle-Siedlung im Jahr 1996 [19] und z. B. in der (Außen-) Siedlung an der Hünenburg, bei Watenstedt, Ldkr. Helmstedt dokumentiert werden konnten.[20] Stattdessen weisen die meisten eine eher muldenartige Form auf. Sie wurden wahrscheinlich als Speicher benutzt, um Getreidevorräte anzulegen.

Es war nicht möglich, aus den erfassten Pfostengruben Hausgrundrisse zu rekonstruieren. Vermutlich liegt dieser Umstand an den zu kleinen Grabungsflächen, so dass keine Wandfluchten erfasst werden konnten, aber auch eine starke Erosion und ein damit verbundenes „Verschwinden" der ehemaligen Pfostengruben wäre denkbar. Bei den noch vorhandenen Pfostengruben waren keine regelmäßigen Abstände feststellbar.

Die Mehrphasigkeit des Siedlungsplatzes spiegelt sich in den Befunden wider. Die Inventare weisen teilweise eine erhebliche zeitliche Tiefe auf. Die Fundkonzentrationen innerhalb der einzelnen Befunde wurden jeweils durchgesehen und in ihrem vorhandenen Fundmaterial ausgewertet. Häufig dürften die älteren Befunde durch Aktivitäten in nachfolgender Zeit bei einer mehrphasigen Nutzung gestört worden sein. Ältere Gruben wurden durch zeitlich jüngere Befunde geschnitten, wobei bei der Verfüllung ältere und jüngere Funde zusammen in denselben Befund gelangt sind. So erbrachte z. B. die Fundkonzentration XXXII des Befundes 103 größere Mengen jungbronzezeitlicher Gefäßfragmente sowie einen endneolithischen, schnurverzierten Becher.[21] Aufschlussreich ist ebenso eine Befundkonzentration, die etwas randlich liegt und keine Befundüberschneidungen aufweist. Diese während der Grabung 1964 aufgedeckten Gruben erbrachten ausschließlich mittelbronzezeitliches Fundmaterial.[22] Damit liegen neben der jungbronze- und früheisenzeitlichen Siedlung noch Hinweise auf eine endneolithische, früh- und mittelbronzezeitliche Belegung des Siedlungsplatzes vor.

Funde

Das Fundgut des Siedlungsareals Göttingen-Walkemühle umfasst Keramik, Steingeräte, Tierknochen und Knochenartefakte, Brandlehm sowie Bronzefunde. Besonders hervorzuheben sind dabei die 17 Bronzeobjekte, bei denen es sich mit Ausnahme eines Rasiermessers um überwiegend fragmentierte Objekte handelt. Diese können als Verlustfunde angesehen werden,[23] ob es sich hierbei zusätzlich um ‚Recyclingabfall' handelt, kann lediglich vermutet werden, da die Objekte ebenfalls aus verschiedenen Grubeninhalten stammen. Der relativ hohe Fundniederschlag dieser Materialgruppe liefert jedoch nur wenige Hinweise auf eine engere chronologische Einordnung. Für die Interpretation der Siedlung sind ebenfalls die Gießformfragmente heranzuziehen,[24] die für gut 30 Jahre den einzigen nennenswerten Hinweis auf ein regionales Bronzehandwerk in Niedersachsen lieferten.[25] Entsprechend erfolgte die

---

11 Fuss 2002.
12 Busch 1975.
13 Hintz 2012; in Vorb. a.
14 Maier 1964a, 38; 1964b, 86.
15 Busch 1975, 34.
16 Befunde 52, 103, 115 und 150.
17 Busch 1975, 13.
18 Busch 1975, 18; Taf. 4.10; Taf. 5.4; Taf. 76.3.
19 Fuss 2002, 21; Taf. 6.1; Taf. 7.1.2.
20 Heske u. a. 2010, 168 Abb. 8.

21 Hintz 2012, Taf. 30D; in Vorb. a.
22 Maier 1964a, 38; 1964b, 85.
23 Drescher 1988, 156.
24 Busch 1975, 23. Drescher 1988.
25 Heske 2007. Jantzen 2008, 338.

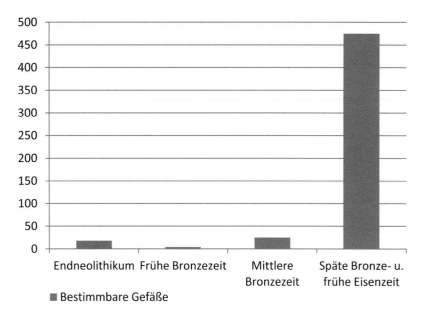

▲ Abb. 3: Verteilung der bestimmbaren Gefäßeinheiten auf die verschiedenen Zeitabschnitte.

▼ Abb. 4: 1 Kat.-Nr. 245 und 2 Kat.-Nr. 250. M. 1:3. (nach HINTZ 2012).

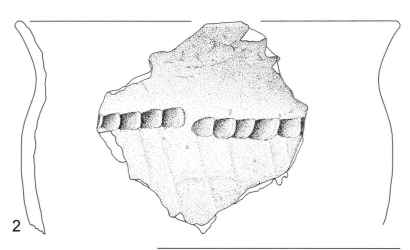

vollständige Durchsicht auch unter dem Aspekt, weitere Gießformreste zu identifizieren. Hierbei konnten keine zusätzlichen Stücke erkannt werden. Damit ist der Umfang der Metallverarbeitung für die Siedlung Göttingen-Walkemühle klar und eng zu umreißen.

Der überwiegende Anteil des Fundgutes nimmt die Keramik ein. Die Fundaufnahme orientierte sich an dem für Siedlungen üblichen Verfahren, welches die Kleinteiligkeit bzw. den hohen Zerscherbungsgrad der Keramik berücksichtigt.[26] Nach der vollständigen Aufnahme und Aufarbeitung des bronzezeitlichen Fundmaterials der Ausgrabungen an der Walkemühle (1964–69) wurde eine typologische Gliederung erarbeitet. Nur selten waren vollständige Gefäßprofile zu rekonstruieren. Die relevanten, aussagefähigen Funde bestehen aus verzierten Wandscherben und größeren Randscherben. Die typologische Einteilung der Gebrauchskeramik erfolgte anhand der Rand-Hals-Partie. Grundlage für die Typologie bilden dabei aktuelle Fundvorlagen niedersächsischer, jungbronzezeitlicher Siedlungen, die modifiziert zur Anwendung kamen.[27]

Das keramische Material aus den Siedlungsgruben der Walkemühle weist trotz seiner zeitlichen Tiefe in seiner Verarbeitung große Ähnlichkeit auf. Bereits Fuß hat für die Funde der Grabung des Jahres 1996 entsprechende Beobachtungen formuliert.[28] Auch für das neu bearbeitete Fundmaterial lassen sich für den Abschnitt vom ausgehenden Neolithikum bis in die frühe Eisenzeit diese Ausführungen bestätigen. Hierdurch wird die typologische Einordnung kleinerer Randfragmente deutlich erschwert. Grundlage für die Zuweisung zu dem entsprechenden Typ war demnach der Nachweis von größeren Fragmenten, die eindeutig in das aufgestellte Typologieschema einzugliedern waren. Die kleinteilig zerscherbten Bruchstücke wurden nach dieser Maßgabe zugeordnet. Die Mehrphasigkeit des Platzes ist dabei zu berücksichtigen (Abb. 3). Für das lokale Umfeld ist dabei mit einer Nutzung vergleichbarer Tonvorkommen zu rechnen.

Die zeitliche Gliederung des Fundmaterials: Gefäßformen und Typenspektrum
Endneolithikum und frühe Bronzezeit

Siedlungsfunde des Endneolithikums von der Walkemühle waren vor der erneuten Fundaufarbeitung so gut wie unbekannt bzw. als jungbronzezeitlich bestimmt worden. Die vorherrschende Keramikform des Endneolithikums in den untersuchten Flächen der Walkemühle war der Becher. Hier können schlanke Becherformen, gedrungene, ausladende bzw. weitmundige Becher sowie mit leichtem Bauchknick unterschieden werden.

Die gedrungenen Becher von der Walkemühle haben einen ausladenden, leicht trichterförmigen Rand und einen kugeligen Bauch. Dadurch ist das Gefäßprofil s-förmig geschweift (Abb. 4,1). Die Schulter ist mit einer horizontalen breiten Fingertupfenwulstreihe verziert. Eine Parallele weist dieser Typ mit der Form B2.7 nach Gebers auf.[29] Eine weitere vorkommende Becherform besitzt ein kurzes Oberteil, der Rand ist ausbiegend und entweder rundlich oder leicht konisch verlaufend (Abb. 4,2). Außerdem trägt der Rand Fingernagelkerben und der Hals des Bechers ist schnurverziert. Einzelne Scherben mit Schnurverzierung wurden noch von Busch als Wandscherben mit Ringabrollung angesprochen.[30]

---

26 Fuss 2002, 41. Heske 2006, 58. Precht 2008, 200.
27 Heske 2006. Precht 2008.
28 Fuss 2002, 23.
29 Gebers 1984, 30.
30 Busch 1975, 30.

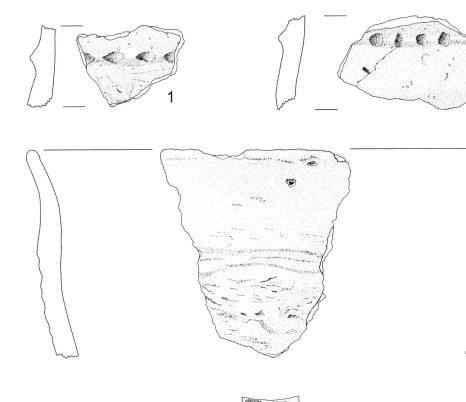

◀ Abb. 5: 1 Kat.-Nr. 12, 2 Kat.-Nr. 13, 3 Kat.-Nr. 14 und 4 Kat.-Nr. 15. M 1:3. (nach HINTZ 2012).

Die Gefäßformen der frühen Bronzezeit sind im Gegensatz zum Endneolithikum nicht eindeutig zu fassen. Ohne die Einflüsse der Aunjetitzer Kultur mit ihrem deutlich abgrenzbaren Formenvorrat[31] ist für eine Einordnung nur auf Arbeiten aus weit entfernt liegenden Regionen zurückzugreifen. Im Arbeitsgebiet liegen noch keine Anhaltspunkte für eine engere zeitliche Gliederung vor.[32]

Mittlere Bronzezeit

Zur Bestimmung der Gefäße der mittleren Bronzezeit wurden süddeutsche Parallelen herangezogen, da für das südliche Niedersachsen bis auf die lediglich in kleinen Vorberichten publizierte Siedlung Dreischeuwer bei Hemeln, Ldkr. Göttingen, kein vergleichbares Siedlungsmaterial bekannt ist.[33] Die wenigen sicher der mittleren Bronzezeit zuweisbaren Gefäße stammen aus Gräbern und werden wegen ihrer schlechten Machart, Verarbeitung und Verzierungsarmut auch als Kümmerkeramik bezeichnet. Diese sind jedoch aus deutlich nördlicher liegenden Regionen bekannt und können nicht als Vergleichsmaterial dienen.[34]

Es können verschiedene Gefäßtypen der mittleren Bronzezeit ausgemacht und näher beschrieben werden. Allerdings lassen sich die Gefäßformen häufig nur allgemein der mittleren Bronzezeit zuweisen und nicht näher chronologisch fassen, da sie von ihren süddeutschen Vorbildern etwas abweichen.[35] Hierbei konnten fass- bzw. tonnenförmige Gefäße sowie Kegel- und Zylinderhalsgefäße (Abb. 5,1 und 5,2) erfasst werden. Daneben treten auch noch Schalen (Abb. 5,3 und 5,4) und s-förmig geschwungene Gefäße auf. Diese Gefäßarten sind häufig mit einer plastischen Leiste verziert.

Für die siedlungsgeschichtliche Analyse bleibt hervorzuheben, dass sich im Gegensatz zu den endneolithischen Fragmenten die mittelbronzezeitlichen Gefäße auf mehrere kleine Befunde beschränken (Befund 3 und 4, vgl. Abb. 2). Damit liegen Hinweise auf eine Siedlung der mittleren Bronzezeit vor, die jedoch ebenfalls lediglich kurzzeitig genutzt wurde.

---

31 ZICH 1996.
32 WERBEN 1995, 8.
33 JÜNEMANN 1957. FUSS 2002, 38.
34 SPROCKHOFF 1941, 15. HOFMANN 2008, 242.
35 KRUMLAND 1998.

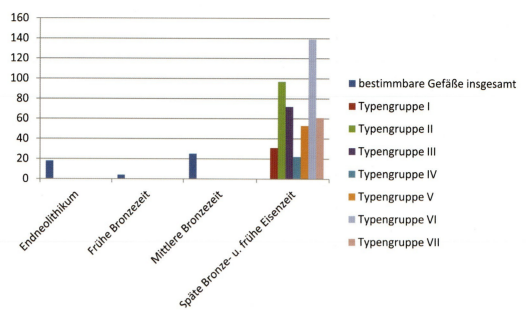

◀ Abb. 6: Göttingen-Walkemühle: Verteilung der jungbronze- und früheisenzeitlichen Typengruppen im Fundmaterial.

Jüngere Bronze- und frühe Eisenzeit

Bei der Einteilung der Gefäßformen wurde die Typologie der jüngeren Bronze- und frühen Eisenzeit, die für das Fundmaterial im Nordharzvorland aufgestellt worden ist,[36] in modifizierter Form verwendet. Die regionalen Keramiklandschaften und unterschiedlichen Forschungstraditionen bestimmen die Nomenklatur der Gefäße. Eine weiträumig akzeptierte und anerkannte jungbronzezeitliche Keramiktypologie besteht bis heute nicht und ein Vergleich der zumeist für lediglich einen Fundplatz aufgestellten Typologien ist wegen der unterschiedlichen Benennungen nicht einheitlich und damit mitunter problematisch.[37]

Für die Keramik der jüngeren Bronze- und frühen Eisenzeit von der Walkemühle wurden sieben Typengruppen zusammengefasst, die in unterschiedlicher Quantität vorhanden sind (Abb. 6): Terrinen der feinen Machart mit oder ohne abgesetztes Halsfeld (Typengruppe I), Töpfe der mittleren und groben Ware (Typengruppe II und III, Abb. 7), Großgefäße der feinen Machart (Typengruppe IV), Doppelkoni und Zylinderhalsgefäße (Typengruppe V), Schalen (Typengruppe VI, Abb. 8), Schrägrandgefäße (Typengruppe VII) und Miniaturgefäße (Typengruppe VIII). Diese Formen treten in unterschiedlicher Qualität und Quantität auch auf anderen jungbronze- und früheisenzeitlichen Fundplätzen auf.[38]

Der Verzierungsumfang und das -spektrum sind in den Regionalgruppen unterschiedlich ausgeprägt. Im Fundmaterial der Walkemühle weisen, wenn überhaupt, meistens Randscherben eine Verzierung auf. Der Gefäßkörper, besonders bei den Typengruppen I, IV und V, bei denen dieser i. d. R. geglättet bzw. zuweilen sogar poliert ist, lässt häufig nur sehr wenige Verzierungsarten erkennen. Es konnten dennoch verschiedene Verzierungsmuster dokumentiert werden. Am häufigsten sind Fingerkuppen, -tupfen und -nagelzier auf dem Rand, dem Hals und auch auf dem Bauch der Gefäße angebracht. Als charakteristisch spätbronzezeitliches Verzierungselement ist die Kannelure im Walkemühle-Material zu finden, sie treten als Girlandenverzierung mit Kreisauge und horizontaler Schulterverzierung auf und weist in die östlich und südöstlich angrenzenden Gebiete.[39] Ebenfalls dorthin verweist die Riefe als ‚klassische' jungbronzezeitliche Verzierung. Des Weiteren kommen noch Griffzapfen, vermutlich in Schulterhöhe angebracht, eine Tupfenreihe zwischen Hals und Schulter oder an der gleichen Stelle eine Leiste, welche häufig mit Fingertupfen verziert ist, vor.[40]

Außerdem ist die von Busch postulierte Ringabrollung zu nennen.[41] Die verzierten Scherben, welche eindeutig eine Schnurverzierung aufweisen und damit ins Endneolithikum datieren, wurden dabei nicht mitgezählt. Die Ringstärke auf den Scherben schwankt zwischen 2,7 und 3,1 mm und gehört damit zur Form 1 nach Tuitjer.[42] Sie datieren in die Stufe Ha B. Dazu passt auch gut die Datierung der Lappenschalen (Typ VI.7, Abb. 9).

Die feinchronologische Gliederung des Fundmaterials bereitet auch weiträumig weiterhin Schwierigkeiten.[43] Das ist u. a. darin begründet, dass die Keramik im Gegensatz zu Metallgegenständen häufig nicht feinchronologisch datierbar ist.[44] Das Gros der Gefäße bilden langlebige For-

---

36 Heske 2006, 59.
37 Hofmann 2008, 202.
38 Heske 2006, 58. Precht 2008. Peters 2006, 34.

39 Hintz 2012, Taf. 34D; 49C; in Vorb. a.
40 Vgl. Peschel 1987, 117.
41 Busch 1975, 30.
42 Tuitjer 1987, 14.
43 Peschel 1987, 124. Schwarz 2012, 124.
44 Peschel 2006, 38.

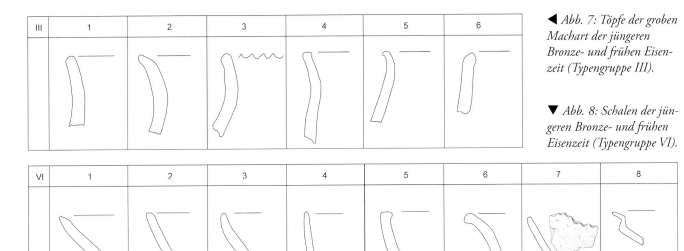

Abb. 7: Töpfe der groben Machart der jüngeren Bronze- und frühen Eisenzeit (Typengruppe III).

Abb. 8: Schalen der jüngeren Bronze- und frühen Eisenzeit (Typengruppe VI).

men, die seit dem Beginn der jüngeren Bronzezeit, teilweise vermutlich bereits seit der mittleren Bronzezeit, bis an das Ende der entwickelten Eisenzeit benutzt wurden und keinem raschen Formenwechsel unterzogen sind.[45] Es handelt sich um chronologisch unempfindliche Typen, wie beispielsweise die Schale, die in der gesamten Bronzezeit vorkommt und meistens keiner konkreten Kulturgruppe zugeordnet werden kann.[46] Die zeitliche Einordnung der Gebrauchskeramik gelingt in erster Linie über den typologischen Vergleich.[47]

Für das Nordharzvorland können mittlerweile über kurzfristig genutzte Siedlungen Hinweise auf das Formenspektrum eines engeren Zeitabschnitts der jüngeren Bronzezeit gewonnen werden.[48] Auf dieser Basis ist in Korrelation mit naturwissenschaftlichen Datierungen und bei einem deutlich erweiterten Verzierungsspektrum auch die Horizontierung weiterer Perioden gegeben.[49] Eine Analyse des Materials von der Walkemühle lassen bei einem geringen Verzierungsspektrum und den mitunter vermischten Befunden jedoch keine engeren Datierungshinweise gewinnen. Die von Busch[50] publizierten ^{14}C-Datierungen entsprechen nicht mehr modernen Ansprüchen und lassen sich aufgrund der Datenlage nicht mehr nachträglich kalibrieren. Diese liefern damit keine weiter führenden Hinweise für die Datierung einzelner Befunde.

Kulturelle Einflüsse

Es lassen sich verschiedene kulturelle Einflüsse im Fundgut der Walkemühle fassen. Die Siedlungskeramik wurde durch den Nordischen Kreis und die Urnenfelder Kultur beeinflusst.[51] Des Weiteren ist die Unstrut-Gruppe mit einigen Typen vertreten.[52] Nord- und nordwestdeutsche Gefäßformen, wie Doppelkoni und Zylinderhalsgefäße,[53] sind mit Adaptionen von süddeutschen urnenfelderzeitlichen Schrägrandgefäßen vergesellschaftet. Dazu kommen noch Töpfe mittlerer und grober Machart vor, sowie Schalen, welche in allen aufgezählten Kulturgebieten zu finden sind.[54] Vergleiche müssen in mehreren Himmelsrichtungen gesucht werden, nur eine kulturelle Strömung liefert nicht die alleinige Erklärung.[55] Es handelt sich bei diesen Strömungen jedoch sehr wahrscheinlich nicht um Importstücke, sondern vielmehr um Nachahmungen. Der Großteil der Keramik ist wohl regional eigenständig und weist weder Gefäßformen noch Verzierungsarten aus weiter entfernt liegenden Gebieten auf.

Im Folgenden soll auf die verwandten Zusammenhänge mit der östlich angrenzenden Region aufmerksam gemacht werden.[56] Das Ursprungsbzw. Kerngebiet der Unstrut-Gruppe basiert sehr

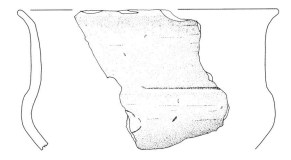

Abb. 9: Schulterbecher der Unstrut-Gruppe Kat.-Nr. 49. M.1:3. (nach HINTZ 2012).

---

45 PRECHT 2008, 199, 234.
46 HUCK 2004, 33.
47 Z. B. PRECHT 2008, 197.
48 HESKE 1998; 2006.
49 HESKE u. a. 2010.
50 BUSCH 1975, 40.

51 EGGERT 1976, 33. DEHN 1972, 18. PESCHEL 1987, 111. PRECHT 2008, 197. WENDT 1998, 159.
52 PESCHEL 1987, 111. WENDT 1998, 159.
53 HINTZ in Vorb. b.
54 FUSS 2002, 40.
55 PESCHEL 2007, 170.
56 PESCHEL 1987, 111.

wahrscheinlich auf der an Gera und Unstrut verbreiteten regionalen Hügelgräberkultur.[57] Es weitet sich erst in einer entwickelten Phase bis zur Werra aus und reicht damit an den Westrand des Thüringer Waldes heran. Die Bestimmung der Unstrut-Gruppe gelingt überwiegend nach ihren Keramikformen.[58]

Die Tonware der Unstrut-Gruppe ist einheitlich und im Gefäßspektrum sind, wie bei den anderen jungbronzezeitlichen Kulturgruppen auch, schlauchförmige Töpfe, Schalen, Terrinen und Amphoren bzw. Großgefäße die dominierenden Gefäßformen.[59] Diese Kulturgruppierung ist anhand einzelner Gefäßtypen im Fundmaterial der Walkemühle fassbar. Die kleinen Töpfe mit leicht s-förmig geschwungenem Profil (Typ II.1) finden Parallelen in einem hohen ei- bzw. schlauchförmigen Topf aus einer Siedlungsgrube von Jena-Wöllnitz.[60] Dort sind sie mit Terrinen und Schalen vergesellschaftet. Des Weiteren gibt es Vergleichsfunde für die Doppelkoni und Zylinderhalsgefäße (Typengruppe V) in Thüringen.[61] Die Keramik der Unstrut-Gruppe lässt deutlich Gemeinsamkeiten und Berührungspunkte mit der Urnenfelderkultur erkennen.[62]

Außerdem konnte ein Schulterbecher im Fundgut der Walkemühle identifiziert werden (Abb. 9). Dieser besitzt eine betonte Zweigliedrigkeit mit dem abgesetzten Halsfeld. Der Hals ist steil, die Schulter kräftig ausladend und der Körper bauchig. Vergleichsfunde können aus Sättelstädt, Wartburgkreis, herangezogen werden.[63]

Die Datierungen der Gefäße in der Unstrut-Gruppe gelingen meistens über die Einordnung der Verzierungsmuster.[64] Das keramische Material von der Walkemühle weist mehr nach Nordhessen und ist wenig verziert. Im Gegensatz zu den weitgehend vollständig rekonstruierbaren Gefäßen aus Gräbern fällt eine feinchronologische Einteilung sehr schwer. Die im Fundgut der Walkemühle vorkommenden Fingertupfen und –eindrücke auf dem Rand treten auch im Gebiet der Unstrut-Gruppe auf.[65] Genau wie im Nordharzvorland ist deshalb eine gewisse Eigenständigkeit gegenüber dem Unstrutgebiet abzulesen.[66] Die konkrete Kulturgruppengliederung mit den Keramikkreisen fällt immer noch schwer und wird teilweise unterschiedlich vertreten.[67]

Resümee

Die Mittlerfunktion des Leinetales als verkehrstechnisch wichtiger Knotenpunkt zwischen der norddeutschen Tiefebene und der hessischen Senke war wiederholt Gegenstand der Forschung.[68] Für die jungbronzezeitliche Siedlung an der Walkemühle spiegeln sich im Fundgut der Gebrauchskeramik süddeutsche Einflüsse der Urnenfelder Kultur wider[69] und sind vergesellschaftet mit nord- und nordwestdeutschen Formen des Nordischen Kreises.[70] Außerdem lassen sich Verbindungen anhand der Keramik in die östlich angrenzende Unstrut-Gruppe feststellen.[71] Diese Verbindungen nach Norden, Süden und Osten zeigen die Mittlerfunktion der Siedlung auf dem Gelände der Walkemühle. Es liegt damit ein Gefäßspektrum vor, welches sich auch im bisher publizierten Bestand der Lichtensteinhöhle bei Dorste findet.[72] Mit Terrinen der Unstrut-Gruppe und Lappenschalen der norddeutschen Tiefebene lassen sich die Kommunikationswege teilweise rekonstruieren. Der überwiegende Anteil zeigt jedoch deutlich die Bezüge in den nordhessischen Raum.[73] Hier ist die lokale Verankerung zu suchen, die es mit dem nun vorliegenden Material gestattet, bei zukünftigen Grabungen bzw. Fundaufarbeitungen das jungbronzezeitliche Siedlungsmaterial in seiner Bedeutung einzuordnen und die Siedlungsgeschichte des Leinetals zu vervollständigen.

Literatur

Aschemeyer 1966

H. Aschemeyer, Die Gräber der jüngeren Bronzezeit im westlichen Westfalen. Bodenaltertümer Westfalens 9. Münster 1966.

Baudou 1960

E. Baudou, Die regionale und chronologische Einteilung der jüngeren Bronzezeit im Nordischen Kreis. Studies in North-European Archaeology 1. Stockholm u. a. 1960.

Busch 1975

R. Busch, Die spätbronzezeitliche Siedlung an der Walkemühle in Göttingen. Teil 1 Archäologische Untersuchungen. Göttinger Schriften zur Vor- und Frühgeschichte 16. Neumünster 1975.

Dehn 1972

R. Dehn, Die Urnenfelderkultur in Nordwürttemberg. Forschungen und Berichte zur Vor- und Frühgeschichte Baden-Württemberg 1. Stuttgart 1972.

Drescher 1988

H. Drescher, Die Gießereifunde der Siedlungsgrabung an der Walkemühle in Göttingen. Neue Ausgrabungen und

---

57 Peschel 2007, 169.
58 Peschel 2007, 173.
59 Huck 2004, 33. Peschel 1987, 115; 2007, 173; 183. Schunke 2004, 294. Wendt 1998, 159.
60 Peschel 1987, 116 Abb. 3.5.
61 Peschel 1987, 123; 2006, 37. Wendt 1998, 161.
62 Schunke 2004, 294.
63 Peschel 2007, 175 Abb. 12.10.
64 Peschel 2007, 175.
65 Wendt 1998, 160 Abb. 25.4–7; 28.2.
66 Heske 2006, 102.
67 Schunke 2004, 293.

68 Heege 1992, 65. Saile 1997, 161. Tuitjer 1987, 14. Fuss 2002, 40.
69 Aschemeyer 1966. Herrmann 1966. Fuss 2002, 40.
70 Baudou 1960. Harck 1972. Precht 2008. Schmidt 1993. Schwarz 2012.
71 Huck 2004, 33. Peschel 1987, 111; 2007, 173; 183. Wendt 1998, 159.
72 Flindt 1997, 188.
73 Wendt 1998, 160.

Forschungen in Niedersachsen 18, 1988, 147–166.

Eggert 1976
M. K. H. Eggert, Die Urnenfelderkultur in Rheinhessen. Veröffentlichung des Institutes für Geschichte und Landeskunde. Johann Gutenberg-Universität Mainz 13. Wiesbaden 1976.

Flindt 1997
S. Flindt, Die Lichtensteinhöhle: eine Opferhöhle der jüngeren Bronzezeit aus Niedersachsen. In: J. J. Assendorp (Hrsg.), Forschungen zur bronzezeitlichen Besiedlung in Nord- und Mitteleuropa: internationales Symposium vom 9.-11. Mai 1996 in Hitzacker. Internationale Archäologie 38. Espelkamp 1997, 177–188.

Fuss 2002
T. Fuß, Die vorgeschichtliche Siedlung Göttingen-Walkemühle. Ergebnisse der Grabung 1996. Unveröffentlichte Magisterarbeit. Univ. Göttingen 2002.

Gebers 1984
W. Gebers, Endneolithikum und Frühbronzezeit im Mittelrheingebiet. Das Endneolithikum im Mittelrheingebiet. Beiträge zur Altertumskunde 27. Bonn 1984.

Harck 1972
O. Harck, Nordostniedersachsen vom Beginn der jüngeren Bronzezeit bis zum frühen Mittelalter. Materialhefte zur Ur- und Frühgeschichte in Niedersachsen 7. Hildesheim 1972.

Heege 1992
A. Heege, Nur eine Kreisstraße. – Archäologische Funde und Befunde beim Ausbau der Kreisstraße 425 Moringen – Großenrode 1988 – 1990. Neue Ausgrabungen und Forschungen in Niedersachsen 20, 1992, 27–80.

Herrmann 1966
F. R. Herrmann, Die Funde der Urnenfelderkultur in Mittel- und Südhessen. Bd. 1 und 2. Berlin 1966.

Heske 1998
I. Heske, Die jungbronzezeitliche Siedlung von Süpplingen-Nordschacht, Ldkr. Helmstedt. Unveröffentlichte Magisterarbeit. Univ. Göttingen 1998.

Heske 2006
I. Heske, Die Hünenburg bei Watenstedt, Ldkr. Helmstedt: Eine ur- und frühgeschichtliche Befestigung und ihr Umfeld. Göttinger Schriften zur Vor- und Frühgeschichte 29. Neumünster 2006.

Heske 2007
I. Heske, Eine steinerne Sichelgussform aus der jungbronzezeitlichen Außensiedlung der Hünenburg bei Watenstedt, Kr. Helmstedt. Nachrichten aus Niedersachsens Urgeschichte 76, 2007, 29–39.

Heske u. a. 2010
I. Heske, S. Grefen-Peters, M. Posselt, J. Wiethold, Die jungbronzezeitliche Außensiedlung der „Hünenburg" bei Watenstedt, Ldkr. Helmstedt. Vorbericht über die Ausgrabungen 2005-2007. Prähistorische Zeitschrift 2, 2010, 159–190.

Hintz 2012
R. Hintz, Die Keramik des bronzezeitlichen Siedlungsplatzes Göttingen-Walkemühle. Unveröffentlichte Magisterarbeit. Univ. Göttingen 2012.

Hintz in Vorb. a
R. Hintz, Die Keramik des bronzezeitlichen Siedlungsplatzes Göttingen-Walkemühle. Universitätsforschungen zur Prähistorischen Archäologie. In Vorbereitung.

Hintz in Vorb. b
R. Hintz, Der seltene Weg nach Norden. Die Keramik der jungbronzezeitlichen Siedlung Göttingen-Walkemühle in seinem kulturellen Umfeld. In: K.-H. Willroth, I. Heske (Hrsg.), Die Bronzezeit im nördlichen Harzvorland. Göttinger Forschungen zur Ur- und Frühgeschichte 2. In Vorbereitung.

Hofmann 2008
K. Hofmann, Der rituelle Umgang mit dem Tod, Untersuchungen zu bronze- und früheisenzeitlichen Brandbestattungen im Elb-Weser-Dreieck. Schriftenreihe des Landschaftsverbandes der ehemaligen Herzogtümer Bremen und Verden 32. Archäologische Berichte des Landkreises Rotenburg/Wümme 14. Oldenburg 2008.

Horst 1985
F. Horst, Zedau – eine jungbronzezeitliche und früheisenzeitliche Siedlung in der Altmark. Schriften zur Ur- und Frühgeschichte der Akademie der Wissenschaft 36. Berlin 1985.

Huck 2004
T. Huck, Die spätbronzezeitliche Siedlung Gotha-„Hundert Äcker". Alt-Thüringen 37, 2004, 31–39.

Jantzen 2008
D. Jantzen, Quellen zur Metallverarbeitung im Nordischen Kreis der Bronzezeit. Prähistorische Bronzefunde XIX, 2. Stuttgart 2008.

Jünemann 1957
F. B. Jünemann, Zur bronzezeitlichen Siedlung I auf dem Dreischeuwer bei Hemeln. Urgeschichtliche Bodendenkmalpflege im Kreis Münden 7, 1957, 11–18.

Krumland 1998
J. Krumland, Die bronzezeitliche Siedlungskeramik zwischen Elsaß und Böhmen. Internationale Archäologie 49. Rahden/Westf. 1998.

Maier 1964a
R. Maier, Bericht über die Voruntersuchungen einer bronzezeitlichen Siedlung an der Walkemühle zu Göttingen in den Jahren 1963 und 1964. Göttinger Jahrbuch 12, 1964, 19–38.

Maier 1964b
R. Maier, Bericht über die Probegrabung bei Göttingen – Walkemühle 1963. Nachrichten aus Niedersachsens Urgeschichte 33, 1964, 85–86.

Peschel 1987
K. Peschel, Zu den Grundlagen der jüngeren Bronzezeit in Thüringen. In: Archäologisches Institut der Tschechoslowakischen Akademie der Wissenschaften (Hrsg.), Die Urnenfelderkultur Mitteleuropas. Symposium Liblice 1985. Prag 1987, 111–127.

Peschel 2006
K. Peschel, Der Eselsberg bei Großdraxdorf in urgeschichtlicher Zeit – ein Beitrag zur Forschungsgeschichte in Thüringen. Alt-Thüringen 39, 2006, 5–68.

Peschel 2007
K. Peschel, Grabfunde der Bronzezeit von Sättelstedt, Wartburgkreis. Alt-Thüringen 40, 2007, 169–204.

Peters 2006
S. Peters, Die jüngstbronze- bis altereisenzeitliche Siedlung Wustermark 14, Ldkr. Havelland. Forschungen zur

Archäologie im Land Brandenburg 9. Wünsdorf 2006.

PRECHT 2008

G. Precht, Die Keramik der jungbronze- bis früheisenzeitlichen Siedlung Rodenkirchen-Hahnenknooper Mühle, Ldkr. Wesermarsch. Probleme der Küstenforschung im südlichen Nordseegebiet 32, 2008, 197–242.

ROHDENBURG u. a. 1962

H. Rohdenburg, B. Meyer, U. Willerding, H. Jankuhn, Quartärgeomorphologische, bodenkundliche, paläobotanische und archäologische Untersuchungen an einer Löß-Schwarzerde-Insel mit einer wahrscheinlich spätneolithischen Siedlung im Bereich der Göttinger Leineaue. Göttinger Jahrbuch 10, 1962, 37–56.

SAILE 1997

T. Saile, Eine spätneolithische Siedlung beim Reinshof im Leinegraben (Gde. Friedland, Ldkr. Göttingen). Nachrichten aus Niedersachsens Urgeschichte 66, 1997, 157–186.

SCHMIDT 1993

J. P. Schmidt, Studien zur jüngeren Bronzezeit in Schleswig-Holstein und dem nordelbischen Hamburg. Universitätsforschungen zur Prähistorischen Archäologie 15. Bonn 1993.

SCHUNKE 2004

T. Schunke, Der Hortfund von Hohenweiden-Rockendorf, Saalkreis, und der Bronzekreis Mittelsaale. Ein Beitrag zur jungbronzezeitlichen Kulturgruppengliederung in Mitteldeutschland. Jahresschrift für mitteldeutsche Vorgeschichte 88, 2004, 219–339.

SCHWARZ 2012

W. Schwarz, Siedlung und Gräber der jüngeren Bronze- bis älteren Vorrömischen Eisenzeit bei Weener, Ldkr. Leer (Ostfriesland). Siedlungs- und Küstenforschung im südlichen Nordseegebiet 35, 2012, 17–200.

SPROCKHOFF 1941

E. Sprockhoff, Niedersachsens Bedeutung für die Bronzezeit Westeuropas. Zur Verankerung einer neuen Kulturprovinz. Berichte der Römisch-Germanischen Kommission 31, 1941, 1–138.

TUITJER 1987

H. G. Tuitjer, Hallstättische Einflüsse in der Nienburger Gruppe. Veröffentlichungen der urgeschichtlichen Sammlungen des Landesmuseums Hannover 32. Hildesheim 1987.

WENDT 1998

K. P. Wendt, Siedlungsfunde der Wartbergkultur und der Unstrutgruppe in Heroldishausen, Unstrut-Heinrich-Kreis. Alt-Thüringen 32, 1998, 143–185.

WERBEN 1995

U. Werben, Ein Glockenbecher aus Einbeck, Ldkr. Northeim. Nachrichten aus Niedersachsen Urgeschichte 64, 1995, 3–16.

ZICH 1996

B. Zich, Studien zur regionalen und chronologischen Gliederung der Aunjetitzer Kultur. Vorgeschichtliche Forschungen 20. Berlin, New York 1996.

Waren und Leben –
Skizzen zu einer Mobilität zwischen den Landschaften

von Immo Heske

Mit den Forschungen am bronzezeitlichen Herrschaftssitz der Hünenburg bei Watenstedt, Ldkr. Helmstedt, am Nordharz, gelang der erstmalige Nachweis einer Außensiedlung in Mitteleuropa. Im Rahmen des DFG-Projektes „Die Hünenburg bei Watenstedt, Kr. Helmstedt. Ein Herrschaftssitz in der Kontaktzone zwischen Nordischer Bronzezeit und Lausitzer Kultur" war von Beginn an eine enge Zusammenarbeit mit Archäobotanik, Vegetationsgeschichte, Osteologie, Dendrochronologie und Archäometallurgie vorgesehen. Hiermit wird auf breiter Front der Forschungs- und Wissenschaftsansatz des Jubilars deutlich. Nicht der einzelne Fund oder das kostbare, Aufsehen erregende Objekt stand und steht im Mittelpunkt des Interesses, sondern vielmehr die Siedlungs- und Landschaftsarchäologie mit ihrem mitunter spröden Material und diffizilen Befundsituationen. Dabei fand das ländliche Siedlungsgeschehen ebenso Berücksichtigung wie die frühstädtische Entwicklung.

Einleitung

Für die Hünenburg bei Watenstedt entwickelte sich nach der Neuaufnahme der Forschungen im Jahr 1998 die zunächst allein stehende Befestigung zuerst zu einem ländlichen kleinräumigen Siedlungsareal und später zu einem großräumig gegliederten zentralörtlichen Siedlungskomplex.[1] Die in der Frühphase des Projektes formulierten Überlegungen zum überregionalen Zentrumscharakter des Siedlungskomplexes konnten in der Folge mit einem differenzierten Fundgut untermauert werden und lieferten Aufschlüsse zur Intensität des Kontaktes der Nordharzgruppe zu den nördlich und südöstlich angrenzenden dynamischen Zentren auf den Ebenen Herrschaft, Kult und Sachkultur (Abb. 1).[2]

Zu konkretisieren bleibt die formulierte Intensität des Kontaktes. Dabei sind häufig verwendete Schlagwörter wie „Drehscheibenfunktion der Regionen", „Mittler zwischen den Kulturen" oder „Übergangsregion" zu hinterfragen. Ebenso bleibt für die Bronzezeit zu prüfen, inwieweit sich

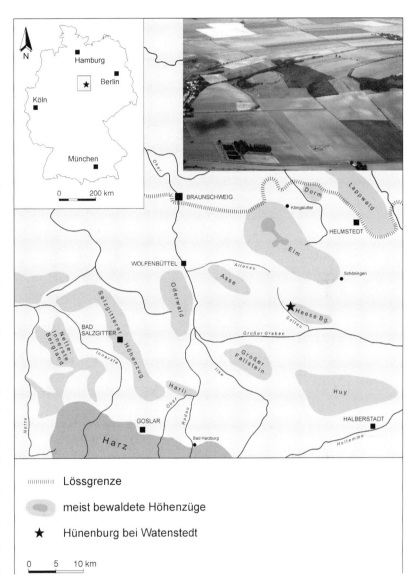

in einem Siedlungsverband Hinweise auf „Fremde Krieger", „Fremde Frauen"[3] oder „Fremde Gruppen" erkennen lassen. Kontakt spielt sich immer direkt zwischen Menschen ab. Dabei sind die Befestigungsanlagen mit ihrer zentralen Funktion in der bronzezeitlichen Siedlungslandschaft die Kristallisationspunkte des Zusammenkom-

▲ *Abb. 1: Naturräumliche Gliederung des Braunschweiger Landes und Luftbild der Hünenburg von Südwesten mit den Grabungsflächen 2011. Kartengrundlage: Meibeyer 1997, 1, Grafik: H. Marx. Foto: A. Grüttemann.*

---

1 Steinmetz 1999. Heske 2003; 2006. Heske u. a. 2010.

2 Die besondere geographische Stellung des nördlichen Harzvorlandes mit seinen fruchtbaren Lößlandschaften und die Nutzung der vorhandenen Rohstoffe und Ressourcen werden ab dem Jahr 2012 in dem von der DFG und dem MWK Niedersachsen geförderten Projekt „Landschafts- und Ressourcennutzung in der jüngeren Bronzezeit am Heeseberg im Spannungsfeld zwischen Herrschaft, Handwerk und Kult" durch das Göttinger Seminar eingehend erforscht.

3 Es bleibt in der Entwicklung der bronzezeitlichen Gesellschaft von der mittleren zur jüngeren Bronzezeit durchaus in die Überlegungen mit einzubeziehen, dass für eine Verheiratung von Frauen in andere Landstriche nicht nur ein entsprechendes Kommunikationsnetz existiert haben sollte, sondern ob die Frauen alleine und nicht vielleicht sogar mit einigen weiteren Personen vor Ort verblieben. Dieses wäre besonders für die jungbronzezeitlichen Befestigungen mit ihrer postulierten gestaffelten Sozialstruktur zu erwarten.

mens.⁴ Jedes in anderen Regionen aufgefundene Objekt ist das Ergebnis von menschlichen Handlungen. Dieses setzt zweifelsohne eine Bewegung nicht nur des Objektes sondern damit verbunden auch von einer Person bis zu einer unbekannten Anzahl von Menschen voraus. Durch deren Hände gelangte das Objekt an den endgültigen Auffindungsort.⁵ Für das Fallbeispiel des Siedlungskomplexes Hünenburg wird daher Kontakt mit Mobilität verknüpft, gilt es doch, Distanzen zwischen ausgewählten Regionen zu überwinden. Dabei ist zwischen der Mobilität von Einzelnen, oder vielmehr Kleingruppen, und der Migration von größeren Siedelverbänden deutlich zu unterscheiden. Die Intensität des Kontaktes ist anhand der Fundkategorien in ihrer Funktion und jeweiligen Nutzung sowie evtl. den Befunden einzugrenzen. Für die Nordische Bronzezeit sind erwartungsgemäß die Nord-Süd-Kontakte zu behandeln.⁶

Die Menschen oder Kleingruppen bringen von den Unternehmungen jeglicher Art etwas mit, dieses kann in Form von sachlichen Objekten oder von Gedanken sowie der Vorstellung von Dingen oder Handlungen geschehen. Vorausgesetzt wird somit ein Aufenthalt von Personen an einem oder mehreren anderen Orten für einen kürzeren oder längeren Zeitraum, der Tage, Monate oder Jahre umfassen kann und selbstverständlich für einige Personen nicht immer mit einer Rückkehr in die angestammten Gebiete verbunden gewesen ist.⁷ Die Richtung der Mobilität von Personen bleibt bei einem einzelnen Objekt nicht abzulesen. Es kann sowohl aus dem Hauptverbreitungsgebiet bei der Rückkehr einer Person in die heimische Region mitgebracht oder aber auch von „Fremden" auf ihren Unternehmungen mitgeführt werden. Die Intensität des Kontaktes spiegelt sich dann in der Quantität und Qualität der Objekte aus einer Region wider, die über den einzelnen Fund deutlich hinaus geht. Dieses ist für Aufschlüsse zur Intensität und Dauer des Kontaktes zu fordern und mit Regionalstudien zu belegen.⁸ Ebenfalls wäre im Idealfall im Herkunftsgebiet mit dem Auftreten von „fremden" Formen zu rechnen, die dann wiederum in der Auffindungsregion der „Ex- und Importgegenstände" anzutreffen sind. Beispiele für Einzelfunde, denen eine besondere Aussagekraft für die Bronzezeit zukommt, sind die mykenische Bronzetasse aus Dohnsen, Ldkr. Aller, sowie die Figurine aus Schernen, Ldkr. Memel (heute: Šernai, raj. Klaipedos, LT).⁹ Ein eindrucksvolles Beispiel für zwei annähernd identische Objekte aus weit entfernt liegenden Regionen sind die „Trommeln" aus Balkåkra (Südschweden) und Haschendorf (Österreich).¹⁰ Für die Importkeramik der westlichen Hallstattkultur sind die Bezugsebenen wiederholt diskutiert worden und liefern abermals eine erweiterte Argumentationsbasis.¹¹

Methodisch bleibt zwischen zerbrechlicher Keramik, leicht transportablen und robusten Gütern wie Bronze- oder Steinobjekten sowie Dingen zu trennen, bei denen eine spezifische Verwendung mit dem dahinter stehenden Wissen verknüpft ist.¹² Der häufig herangezogene Austausch von organischen Materialien wie Holz, Bernstein oder Frauenhaar kann theoretisch mitgedacht werden, soll aber nicht als Äquivalent für andere Objekte herangezogen werden. Bisher gestatten nur sehr selten für die Bronzezeit ausgewählte Analysemethoden bei vorteilhaften Erhaltungsbedingungen den Nachweis auch von transportierten, organischen Materialien.¹³ Als weitere Kategorie lassen sich Befunde oder Konstruktionsprinzipien anführen, die ein tiefer gehendes Verständnis von der Errichtung, Funktion und Nutzung voraussetzen. Diese Gliederung ist entsprechend kritisch zu hinterfragen und jeweils eng in der Argumentation zu führen.

Für die folgende Skizze zu einer Mobilität zwischen den Landschaften, ausgehend vom Herrschaftskomplex bei Watenstedt, ist hiermit ein Arbeitsrahmen umrissen. Die Befestigung hatte bereits seit der ausgehenden Periode III bestand und entwickelte sich in einer spätestens ab der frühen Periode III erschlossenen Siedlungslandschaft. Für den Südhang unterhalb der Hünenburg belegen die Funde aus den Grabungen zwischen 2006 und 2010 zahlreiche Hinweise für eine Nutzung spätestens ab der frühen Periode III.¹⁴

Die Steinmauer – Prestige und Wohlstand (Periode V)

Am Übergang von der Periode IV zu Periode V erfolgt eine deutliche Verbreiterung des Befestigungswalles der Hünenburg durch die Aufbringung großflächiger Anschüttungen. Nach außen wird der Wall von einer zweireihigen Steinmauer abgeschlossen. Die Konstruktion der Mauer zeigt eine Errichtung in anspruchsvoller Trockenmau-

---

4   Simon 1984. Jockenhövel 1990. Steinmetz 2008. Die Ausstrahlungskraft der Zentralorte in die umliegenden unbefestigten Siedlungen ist ein zentraler Forschungsansatz für das DFG-Projekt „Landschafts- und Ressourcennutzung in der jüngeren Bronzezeit am Heeseberg im Spannungsfeld zwischen Herrschaft, Handwerk und Kult".
5   Hansen 1995. Schneider 2012, 22; 47.
6   Montelius 1910, 264. Thrane 1975, 250. Kristiansen 2000, 161. Schneider 2012, 30.
7   Willroth 1996, 143. Kristiansen 2000, 161.
8   Schneider 2012, 231.
9   Wegner 1996, 272. Heske 2008a, 314 Abb. 2. Kristiansen/Larsson 2011, 308 fig. 142.
10 Zipf 2004. Primas 2008, 152.
11 Fischer 1973, 441; 447. Kimmig 1983, 43; 36 Abb. 27; 37 Abb. 28. Pape 2000, 139. Eggert 2010, 44.
12 Die unterschiedliche Verwendung von alltäglichen Objekten in abgegrenzten Kulturregionen findet hier keine Berücksichtigung. Innerhofer 2000, 317.
13 Nosch u. a. 2013, 474.
14 Heske 2006, 88; 132; in Vorb. a.

ertechnik wobei die Außenseite bündig gearbeitet wurde.[15] Im Rahmen der Auswertung der Heunischenburg bei Kronach, Ldkr. Kronach, hat ABELS[16] nach einer kritischen Durchsicht der Befunde auf die geringe Anzahl von urnenfelderzeitlichen Befestigungen verwiesen. Entsprechend ist die Seltenheit von sicher datierten Steinmauern der Urnenfelderzeit zu betonen. Dabei wird bei den verbliebenen Anlagen nicht nur die fortifikatorische Funktion sondern ebenfalls das Prestige des Bauwerks von großer Bedeutung gewesen sein. Für die Hünenburg mit ihrer steinernen Vorblendung zeigt sich dieses besonders deutlich anhand der Außenseite der Steinfront. Die Erneuerung und der Umbau der Befestigung können als Symbol für einen Bedeutungsgewinn des gesamten Siedlungskomplexes oder auch als besondere Innovation unter Führung einer kleinen Herrschergruppe gedeutet werden, an der die weiteren zahlreichen Bewohner nicht partizipierten.[17] Für eine Sozialstruktur des gesamten Siedlungskomplexes bleibt eine Elite heranzuziehen, die sich aus einer größeren Anzahl von Familien zusammensetzen dürfte. Diese wirkte in die weiteren Sozialgruppen hinein.[18]

Mit dem Umbau der Befestigung geht eine deutliche Vergrößerung der Außensiedlung einher, wie die Prospektionen und Grabungen ausgewählter Flächen belegen. In diesem Zeitabschnitt lässt sich ebenfalls eine Neuausrichtung der Kontakte nachvollziehen.

Mit den Kartierungen Sprockhoffs[19] zu den Nordischen Bronzen in der Periode IV und V zeigen sich deutliche Unterschiede in deren Verbreitung, wobei hier für die Mikroregionen selbstverständlich verschiedene Niederlegungsbräuche zu berücksichtigen sind. Besonders deutlich wird die Veränderung der Hortlandschaften bei den Bronzedosen und gegossenen Bronzebecken, denen für die nordische Bronzezeit eine herausgehobene Bedeutung zukommt. Für die ältere Phase hat Willroth[20] die enge Verbindung in der Ausstattung zwischen den Gräbern und den Horten herausgearbeitet, sowie die Bedeutung der Goldspiralen in den Horten betont. Die Dosen bleiben in diesem Zeitraum auf Jütland, die dänischen Inseln und das Ostseeküstengebiet zwischen Elbe und Oder beschränkt. Im Einzugsgebiet der großen Flussläufe können diese auch kleinräumig überschritten werden.[21] Auch in der

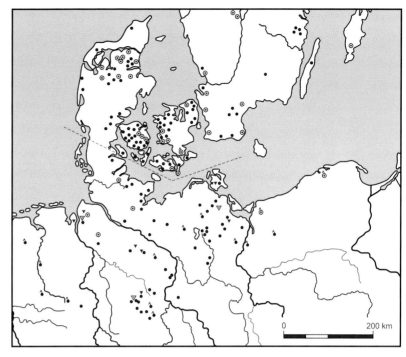

Die gegossenen Bronzebecken der Periode V
- Funde mit einem Bronzebecken
- ⊙ Funde mit zwei oder mehr Bronzebecken
- ♠ Funde des Übergangshorizontes Per. V spät/ Per. VI früh
- ▼ Funde mit einem keramischen Becken
- ▽ Funde mit zwei oder mehr keramischen Becken
- -- Keramische Becken nicht kartiert

▲ Abb. 2: Die Verbreitung der gegossenen Bronzebecken und der keramischen Becken im südlichen Ostseegebiet. HESKE 2008, m. Ergänzungen für das südliche Ostseegebiet.

Periode IV bilden die gegossenen Bronzebecken die Südzone des Nordischen Kreises deutlich ab. Die Fundkonzentration in der Lüneburger Heide hat sich verdichtet. Diese Region beiderseits der Elbe zeigt dabei in der Ausstattung und im Formengut der Horte enge Beziehungen.[22] Sie ist ebenso für die Verbreitung der Halskragen des Typs Bebertal heranzuziehen.[23]

Mit der Periode V geht die allgemeine Südausbreitung der Südzone des Nordischen Kreises einher, die bisher überwiegend mit Bronzeobjekten und besonders den gegossenen Bronzebecken nachvollzogen werden konnte. Diese war wiederholt Gegenstand der Diskussion und verschiedenen Deutungsmustern unterworfen.[24] Sehr deutlich wird die Erweiterung des Kommunikationsgebietes der Nordischen Bronzezeit anhand der Verbreitung der gegossenen Bronzebecken (Abb. 2). Die Kartierung der Ausstattungsmuster der Horte mit gegossenen Bronzebecken lässt weiterhin einzelne Regionalgruppen erkennen. So zeigt die Gruppe um Lübeck eine Ausstattung mit Buckeln, im Elb-Havel-Gebiet sind bronzene Gefäße bzw. deren Reste besonders häufig vertreten und östlich der Oder sind Nierenringe regelmäßiger Bestandteil der Horte.[25] Mit der

---

15 HESKE 2006, 41; Taf. 69; 2008c.
16 ABELS 2002, 71.
17 Vgl. hierzu die Bemerkungen von FISCHER (2000, 217): „dass die Stadtherrscher-Institution dadurch legitimiert [ist], dass sie die Daseins-Vorsorge für ihre Gemeinschaft erfolgreich organisieren und zu sichern vermochte." Vgl. VEIT 2012, 126.
18 HESKE 2010a, 286; 287 Abb. 2.
19 SPROCKHOFF 1937, Karte 28; 1956, Karte 1.
20 WILLROTH 1985a, 379; 1985b, 181; Karte 50.
21 HUNDT 1944–50, 208; Karten 1–2.

22 SPROCKHOFF 1937, 53; Karte 28. HUNDT 1944–50, 208. HESKE 2009, 172; in Vorb. b.
23 WROBEL NØRGAARD 2011, 122; 123 Abb. 88.
24 SPROCKHOFF 1956, 277; 286. WROBEL NØRGAARD 2011, 124.
25 HESKE 2009, 173; in Vorb. b.

◀ Abb. 3: Watenstedt, Ldkr. Helmstedt. Das gegossene Bronzebecken aus dem Depot von 1901 und die anpassende Formschale aus der Grabung 2008. Foto: H. Marx.

Kartierung der gegossenen Bronzebecken der Periode V zeigt sich zusätzlich eine überraschend massive Fundkonzentration am Nordharz, die in der Quantität dem Auftreten auf den dänischen Inseln entspricht. Hervorzuheben bleibt, dass am Ost- und Südharz diese Fundgruppe nicht vorhanden und somit eine scharfe Grenze zu konstatieren ist. Die Gruppe am Nordharz belegt mit ihrer Ausstattung der Horte das Verständnis des Kerngebietes der Nordischen Bronzezeit.[26] Eine Herstellung von gegossenen Bronzebecken in dieser Region war mehrfach in die Überlegungen einbezogen worden, obwohl bisher die einzigen Belege für eine Herstellung der gegossenen Bronzebecken aus Dänemark vorlagen.[27] Mit den Unternehmungen im Rahmen des DFG-Projektes zur Hünenburg bei Watenstedt konnten neue Anhaltspunkte für die Intensität des Kontaktes am Nordharz mit dem westlichen Ostseegebiet in der Periode V gewonnen werden. Das umfangreiche Fundgut der Hünenburg-Außensiedlung umfasst ein breites Spektrum an Gießformen aus Keramik und Stein. Die Herstellung von verschiedenen Bronzeobjekten, von der Nadel bis zum Schwert, von der Sichel bis zur Phalere konnte nachgewiesen werden, wobei hervorzuheben ist,

dass absolutchronologische Daten und das Typenspektrum eine lange ausgeübte Gießereitätigkeit belegen. Unter den Gießformfragmenten konnten zwei Bruchstücke den Bronzebecken zugewiesen werden. Von besonderer Bedeutung ist dabei, dass ein großformatiges Bruchstück zu einer Formschale gehören dürfte, die als Model für mehrere Becken diente (Abb. 3). Exakt in die Form passt dabei das Becken Watenstedt I, welches zu Beginn des 20. Jahrhunderts in einem Hort nur wenige hundert Meter weiter südlich gefunden worden ist.[28] Das Becken Watenstedt II zeigt sehr große Parallelen zu dem Exemplar Deersheim I, wobei die Distanz zwischen beiden Fundorten nur ca. 15 km beträgt. Für diese beiden Exemplare kann die Herstellung in einer Werkstatt postuliert werden, wobei ein weiteres, weit entfernt liegendes Bronzebecken ebenfalls in diesen Zusammenhang gestellt werden kann.[29] Es handelt sich um die Fragmente des Exemplars aus Petit-Villatte, Dep. Cher, für welches bereits Höckmann[30] eine Herstellung im Raum zwischen Magdeburg und Braunschweig vorgeschlagen hatte. Übersehen blieb dabei eine weitere Parallele zwischen den Regionen, die im Hortfund mit gegossenem Bronzebecken „Aus dem Elz" bei Helmstedt vorhanden ist.[31] Das Depot enthielt eine große Phalere mit hohem gekerbtem Kopf, die zuletzt von Metzner-Nebelsick[32] bei der Bearbeitung der Fernbeziehungen des „Königsgrabes" von Seddin Berücksichtigung fand. Die Gruppe dieser Phaleren umfasst Funde aus Pfullingen, Ldkr. Reutlingen, dem Nidau-Büren-Kanal, Auvernier sowie Corcelettes vom Bieler See bzw. Lac de Neuchâtel, und ebenso aus Petit-Villatte, Dep. Cher (F). Von Merhart und Sprockhoff folgend,[33] wird für diese Phaleren eine Herkunft aus dem südwestdeutschen Raum, bzw. der schweizerischen Urnenfelderkultur angenommen. Bei Metzner-Nebelsick[34] fehlt der Fund aus Corcelettes, der in diesem Zusammenhang von besonderer Bedeutung ist. Aus Corcelettes liegen ein vollständiges gegossenes Bronzebecken sowie das Fragment eines weiteren Exemplars vor.[35] Die Bronzebecken, die weit außerhalb des Nordischen Kreises aufgefunden worden, stammen von Fundorten, die ebenfalls Phaleren des Typs erbrachten, wie sie im Hort „Aus dem Elz" bei Helmstedt und dem Königsgrab von Seddin vorhanden sind. Es dürfte sich dabei um die „Importe" handeln, die von Merhart[36] aufgrund

▼ Abb. 4: Watenstedt, Ldkr. Helmstedt. Fläche 5, Quadrant S IV B 056, Keramisches Becken. – M. 1:2. Zeichnung: H. Späth.

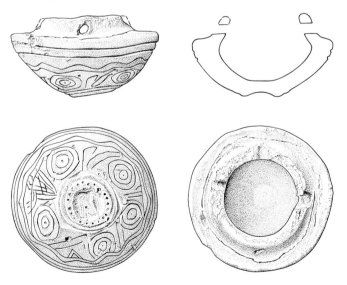

---

26 VON BRUNN 1980, 99. HESKE 2008b.
27 SPROCKHOFF 1966, 110. HÖCKMANN 1974, 90. JANTZEN 2008, 70.

28 VOGES 1901.
29 HESKE 2008a, 31; 33.
30 HÖCKMANN 1974, 90.
31 SPROCKHOFF 1956, 29. HESKE 2006, 103 Abb. 33; 2008a, 29.
32 METZNER-NEBELSICK 2003, 47; 49 Abb. 11.
33 VON MERHART 1956, 49; 53 Karte. SPROCKHOFF 1956, 268.
34 METZNER-NEBELSICK 2003, 49 Abb. 11.
35 SPROCKHOFF/HÖCKMANN 1979, 116.
36 VON MERHART 1956, 49.

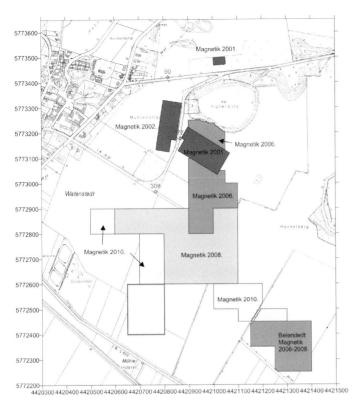
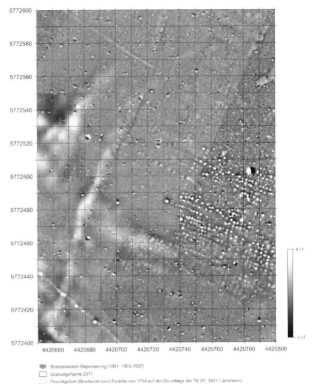

▲ Abb. 5: Watenstedt, Ldkr. Helmstedt. Übersicht über die in den Jahren 2001 bis 2010 geomagnetisch prospektierten Flächen am Heeseberg; farbig markiert die Detailansicht mit Gargrubenareal und ehemaligem Wasserlauf. Grafik: M. Posselt, H. Marx.

der Verbreitung der Bronzeamphoren des Typs Seddin-Gevelinghausen so schmerzlich vermisst hat. Das mit der Hünenburg und ihrem Umfeld eng verknüpfte Rhein-Main-Gebiet liefert mit den Funden von Dossenheim, Ldkr. Heidelberg, und Kaiserslautern ebenfalls die Fragmente von weiteren gegossenen Bronzebecken.[37] Der Erhaltungszustand und die Auffindungssituation dieser genannten Funde deuten aber an, dass das Verständnis der kultgerechten Niederlegung nicht mehr vorhanden war bzw. die Objekte ihrem Sinnzusammenhang entledigt in den Boden gelangten. Die Zuordnung der Fragmente aus Petit-Villattes zu der Bronzegießerwerkstatt bei Watenstedt lässt sich mit der engen Verknüpfung der Phaleren weiter eingrenzen, zumal der Fund aus Seddin den hohen sozialen Stellenwert dieser Objektgruppe verdeutlicht. Mit dieser Personengruppe wird ein enger Zusammenhang zum „herrschaftlichen Fahren und Reiten", wie es in dem gleichzeitigen Grab von Pfullingen als pars-pro-toto-Beigabe deutlich wird, bestanden haben.[38]

Die Fundverbreitung und Auffindungssituationen lassen über die Südausbreitung der Nordischen Bronzezeit hinaus bis in das nördliche Harzvorland eine Kommunikation in der Periode V erschließen, für welche die gegossenen Bronzebecken ein Zeugnis ablegen. Für das Nordharzvorland lässt sich mit der Herstellung der gegossenen Bronzebecken eine besonders enge Anbindung an den Norden postulieren. Flankierend hierzu fungieren die keramischen Nachbildungen der gegossenen Bronzebecken. War diese Fundgruppe bisher nur von vereinzelten Fundplätzen bekannt,[39] erbrachte die Fundzusammenstellung für das südliche Ostseegebiet eine mit den bronzenen Exemplaren identische Fundverbreitung.[40] Für den jungbronzezeitlichen Herrschaftskomplex bei Watenstedt liegen dabei bisher nicht nur zehn Exemplare vor, sondern die an den Bronzebecken eng orientierte Verzierung der keramischen Exemplare zeigt einmal mehr das tiefer gehende Verständnis dieser Objekte von den bei Watenstedt lebenden Personen in der Periode V (Abb. 4). Als weitere Keramikgattung sind hier die Lappenschalen anzuschließen, für welche ebenfalls Belege aus der Hünenburg-Außensiedlung vorliegen.[41]

Dass hier mit dem Zuzug einer größeren Bevölkerungsgruppe zu rechnen ist, verdeutlicht eine zunächst unscheinbare Befundgattung. Für die Hünenburg bei Watenstedt konnte die Ausdehnung der Außensiedlung bisher auf über 17 ha nachgewiesen werden, wobei bis zum Sommer 2010 im Süden, Westen und Osten die Grenzen noch nicht erreicht worden waren. Die Erweiterung der prospektierten Fläche zum Abschluss des DFG-Projektes im Herbst 2010 nach Süden bis in den Bereich der Soltau-Niederung, eines Bachlaufs, der von Westen kommend durch die Salzwiesen bei Barnstorf hindurch führt und in das Große Bruch entwässert, erbrachte statt

---

37 SPROCKHOFF/HÖCKMANN 1979, 109; 117.
38 CLAUSING 1997. METZNER-NEBELSICK 2003, 47.
39 HESKE 2000.
40 HESKE im Druck, Abb. 12. Vgl. Beitrag SCHMIDT in diesem Band.
41 HESKE 2002. HOFMANN 2008, 349; 350 Abb. 119.

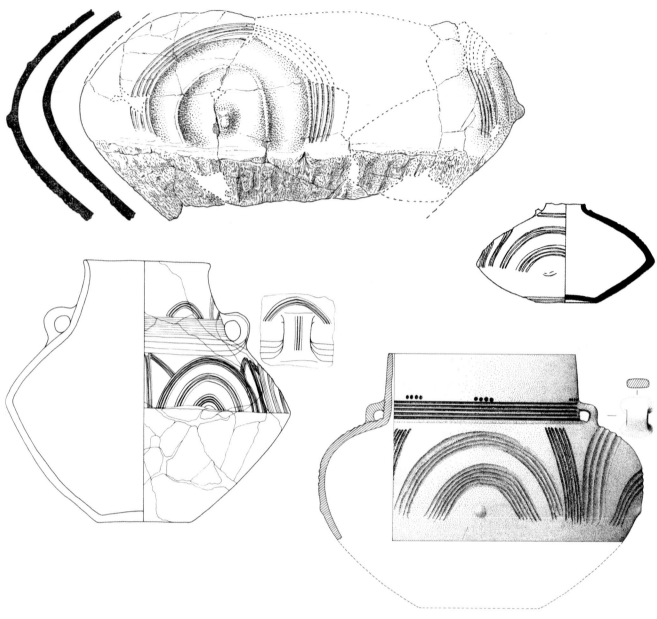

▲ Abb. 6: Terrinen vermutlich sächsischer Herstellung aus Walda, Ldkr. Riesa-Großenhain, Radeburg, Ldkr. Meißen; Beierstedt, Ldkr. Helmstedt und Voldtofte, Odense Amt (DK). Nach, von oben nach unten: GEUPEL-SCHISCHKOFF 1987, 112 Abb. 21,4; GRÜNBERG 1943 Taf. 41:2; WENDORFF 1981, 127 Abb. 5,10; THRANE 2004, Pl. 15,1. M. 1:4.

einem Ausbleiben der Befunde völlig neue Einblicke in die Struktur der Außensiedlung. An der Geländekante zur ehemals breit mäandrierenden Soltau und unmittelbar an einem in jüngeren Zeiten verfüllten, sich Nord-Süd erstreckenden Wasserlauf zeigte sich in der Geomagnetik eine Vielzahl an mehrreihigen, strukturiert ausgerichteten Befunden (Abb. 5). Die anschließenden Prospektionsgrabungen konnten nachweisen, dass es sich bei den Anomalien um steinerne Gargruben handelt. Diese sind auf einer Fläche von mindestens 5600 m² vorhanden und liegen mit über 350 Befunden vor. Nach Osten sind die Grenzen dieses Gargrubenfeldes noch nicht erreicht.[42] Die Befunde entsprechen den im südlichen Ostseegebiet und in Dänemark regelmäßig vorhandenen Befunden mit erhitzten Steinen bzw. sogenannten "kogegruber". In den zurückliegenden Jahren erfolgte eine intensive Aufarbeitung dieser Befundgruppe, wobei die räumliche Verbreitung eine weitgehende Übereinstimmung mit der Nordischen Bronzezeit und ihrer Südzone erkennen lässt.[43] Im Vergleich mit den nördlich angrenzenden Regionen handelt es sich in Watenstedt um die höchste Fundquantität außerhalb der dänischen Inseln. Im zentralen Verbreitungsgebiet sind die geregelten Gargrubenplätze mit drei oder mehr parallel verlaufenden Reihen ebenfalls sehr selten. Auf dem größten bisher bekannten Fundplatz von Rønninge Søgård, Rønninge sogn, auf Fünen (DK), sind über 300 Kochgruben ausgegraben worden und es ist von ca. 1600 Befunden auszugehen.[44] Eine Funktion der Befunde im Rahmen einer besonderen Form des Kultes, die mit der Verköstigung kleinerer oder größerer Menschengruppen in Verbindung gestanden

---

42 HESKE u. a. 2012.

43 SCHMIDT/FORLER 2003, 39. Siehe Beitrag MEIER in diesem Band.
44 THRANE 1974. HENRIKSEN 2005, 83 Fig. 10. Die Untersuchungen auf diesem Fundplatz dauern an (freundliche Mitteilung H. Thrane, April 2012).

haben dürfte, konnte mit jüngeren Studien wahrscheinlich gemacht werden.[45] Die regelhaft angeordneten Befunde aus Watenstedt sind in diesem Zusammenhang zu deuten.

Der Weg nach Norden aus Watenstedt lässt sich dabei zusätzlich mit Keramikfunden verdeutlichen, die für die Periode V noch einmal die Einbindung in die überregionalen Kommunikationsnetze belegen (Abb. 6). Von dem Gräberfeld von Beierstedt, welches nur 400 m östlich der Außensiedlung liegt und ab der Periode V Steinkisten und Grablegen mit bedeutenden Funden erbrachte,[46] liegt aus den Grabungen 1891/92 aus Grab 23 ein reich verziertes Gefäß vor, welches sehr gute Parallelen in der Region um Riesa und Großenhain am Elbelauf nur wenig nördlich des Erzgebirges findet.[47] Wie weit diese Verbindung nach Norden gereicht hat, zeigt eindrucksvoll ein bisher wenig beachtetes Gefäß aus dem Lusehøj, Flemløse sb 16, høj GØ, Grab BY auf Fünen (DK). Dieses Gefäß steht unter den vollständig für Fünen vorgelegten Grabinventaren weitgehend allein da. Von Thrane allgemein als Zylinderhalsurne mit „Lausitzer"-Ornament beschrieben, zeigt es gute Parallelen zu dem Exemplar aus Beierstedt.[48] Ebenfalls sind hier Funde aus Grab 5 (1928) von Radeburg, Ldkr. Meißen, sowie der Siedlung bei Walda, Gde. Walda-Kleinthiemig, Ldkr. Riesa-Großenhain, zu nennen.[49] Wie eng die Verbindung in das Nordharzgebiet gewesen sein mag, deutet ebenfalls ein großformatiges Gefäß aus der Befestigung auf dem Kleinen Gegenstein bei Ballenstedt, Ldkr. Quedlinburg, an.[50]

Die wiederholt in der Literatur herausgestellte enge Verbindung zwischen dem Zentralgrab aus dem Lusehøj bei Voldtofte und dem Königsgrab von Seddin in der Prignitz belegt die enge Kommunikation auf der Ebene der Herrschaft,[51] die sich mit den vorgelegten Befunden auch auf das Handwerk und den Kult ausweiten lässt. Es handelt sich dabei jeweils um Spezialisten bzw. Personen mit herausragenden Kenntnissen, die ebenfalls weite Strecken zurücklegten und diverse Gegenstände mit sich führten. Insofern liefert die Auffindung des sächsischen Gefäßes nicht nur auf dem Gräberfeld von Beierstedt, sondern auch im Lusehøj deutliche Hinweise für die Teilhabe am oder Zugehörigkeit zum engeren Elitenzirkel.

Umbau und Fortbestand

Die Kontinuität der Hünenburg bis weit in die frühe Eisenzeit hinein belegen Befunde im Wall mit einer weiteren Erneuerung der Befestigung und Funden aus dem Innenraum.[52] Ebenso sind zahlreiche Siedlungsgruben in der Außensiedlung in diesen Zeitraum zu stellen. Weiterhin wird das Gräberfeld von Beierstedt bis in die Periode VI/HaD1 belegt.[53] Der Hünenburg-Siedlungskomplex fügt sich damit in die Grundtendenzen der siedlungsgeschichtlichen Entwicklung am Nordharz ein. Die Funde von den weiteren Befestigungsanlagen am Nordharz liefern ebenfalls ein über die Periodengrenzen hinüber reichendes Fundgut.[54] Ein Hiatus zwischen der Saalemündungsgruppe und der Hausurnenkultur besteht nicht, vielmehr sind diese archäologisch als eine Kultur aufzufassen.[55] Das weiterhin intakte Siedlungsgefüge bei Watenstedt verdeutlichen zahlreiche Funde. In der frühen Eisenzeit bleiben die engen Verbindungen zu den süddeutschen und südwestdeutschen Regionen bestehen und können mit Funden aus dem Gräberfeld von Beierstedt, der Außensiedlung und dem Wasserlauf nachgewiesen werden.

Das Gräberfeld erbrachte neben einer Vielzahl an eisernen Rasiermessern und Nadeln, die insgesamt eine besondere Fundqualität belegen, ebenfalls eine reich verzierte Glasperle, die mit hoher Wahrscheinlichkeit aus Norditalien und hier aus dem etruskischen Raum stammen dürfte.[56] Weiterhin zählen zu den schichtspezifischen Gegenständen der frühen Eisenzeit eiserne Toilettebestecke, die aus Pinzette, Nagelkratzer und Ohrlöffel bestehen.[57] Sie belegen einen besonderen, gehobenen Lebensstil und sind fast ausnahmslos in reich ausgestatteten Gräbern zu finden. Dieses gilt besonders für den süddeutschen Raum, wo aus Franken und der Oberpfalz entsprechende Funde vorliegen.[58] Die in Beierstedt vertretene Kombination mit einer Schwanenhalsnadel mit doppelkonischem Kopf findet ihr Pendant in der Ausgrabung 1894, Grab 1 von Schwend, Ldkr. Sulzbach-Rosenberg (Abb. 7).[59] Auf die Verbindungen von Oberfranken in den südwestdeutschen Raum ist Ettel[60] eingegangen und hat auch die Anlehnungen aus der Keramik exemplarisch mit angeführt. Die Toilettebestecke treten nördlich der Mittelgebirgsschwelle nur sehr selten auf und hier bleibt auf die weitgehend vollständigen Ensembles einzugehen. Besonders tritt das Ge-

---

45 Henriksen 1999, 94. Lindemann 2008, 61.
46 Fuhse 1917. Heske 2010b.
47 Grünberg 1943, Taf. 42,25; 53,7. Wendorff 1981, 127 Abb. 5,10. Heske 2006, 147.
48 Thrane 1975, 178 Fig. 113; 2004, 73 Fig. 73; Pl. 15,1.
49 Grünberg 1943, Taf. 41,2. Geupel-Schischkoff 1987, 112 Abb. 21,4.
50 Schmidt/Nitzschke 1977, 210 Abb. 1.
51 Metzner-Nebelsick 2003, 44; 54.

52 Heske 2006, 35; 42; 175.
53 Heske 2006, 151; 152 Abb. 56; 2010, 98.
54 Schmidt 1982. Steinmetz 2003, 354; 357 Abb. 11–12. Heske 2006, 179; 180 Abb. 64.
55 Heske 2008c, 95.
56 Heske 2010b, 97–98; 99 Abb. 12–13.
57 Torbrügge 1979, 72. Heske 2010b, 100; 101 Abb. 16.
58 Torbrügge 1979, 72. Ettel 1996, 106.
59 Torbrügge 1979, 72; 75; 389 Kat.-Nr. 303B; Taf. 168.
60 Ettel 1996, 176.

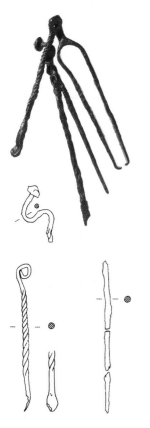

▲ Abb. 7: Toilettebesteck identischer Zusammensetzung aus Beierstedt, Ldkr. Helmstedt, und Schwend, Ldkr. Sulzbach-Rosenberg. Foto: H. Marx, TORBRÜGGE 1979, Taf. 168.

▲ Abb. 8 (rechts): Watenstedt, Ldkr. Helmstedt. Eiserner Bratspieß aus dem Feuchtbodenareal, Grabung 2011. Foto: S. Spantikow, BLM-UFG; Zeichnung: A. Palka.

biet der Hausurnenkultur mit Funden von Hoym, Ldkr. Aschersleben-Staßfurt, sowie Wulfen, Ldkr. Köthen, hervor.[61] Weiter nach Norden lässt sich diese Objektkombination ebenfalls wiederum auf Fünen nachweisen. Hier stammt ein vollständiges Toilettebesteck sowie eine stark korrodierte Schwanenhalsnadel mit nicht mehr erhaltenem Kopf aus Lerbjerg, Håstrup sb 10, Grab 1.[62]

Herausragend kann hier erstmalig aus dem verfüllten Wasserlauf in unmittelbarem Zusammenhang mit den Gargruben ein Eisenstab vorgelegt werden, bei dem es sich um einen Bratspieß handeln dürfte. Das Objekt lag horizontal in der Fläche. Der Fund umfasste in situ eine Länge von 41,5 cm und zeigte bei der Freilegung einen annähernd quadratischen Querschnitt von knapp 1 cm. Trotz der starken Fragmentierung lässt sich an einem Ende noch eine leichte Torsion erkennen (Abb. 8). Durch die Lage im Wasserlauf ist der Erhaltungszustand als sehr schlecht zu bezeichnen.

Die Funde des vollständigen Toilettebestecks lassen bereits Beziehungen in die Oberpfalz und nach Franken erkennen.[63] Aus diesen Räumen liegen aus Grab 74, Im Ried-West, Ldkr. Beilngries für das 8./7. Jahrhundert v. Chr. und aus „Grab 14 [?]" von Großeibstadt 2, Ldkr. Rhön-Grabfeld, für das 6./5. Jahrhundert v. Chr. Bratspieße aus Gräbern vor.[64] Ebenso sind hier die Funde aus der Heuneburg anzuführen.[65] Weiterhin ist ein nicht mehr erhaltenes und mit einer Gedächtnisskizze publiziertes Exemplar vom Alten Gleisberg bei Graitschen, Ldkr. Saale-Holzlandkreis, zu nennen[66]. Zusätzlich ist das Fragment eines Eisenstabes aus Niederröblingen, Ldkr. Sangerhausen, anzuführen. Mit einem Querschnitt von 1,0 x 0,9 cm und einer Länge von mindestens 20 cm könnte es sich um das Fragment eines Bratspießes handeln (Abb. 9). In der Publikation als Barren angesprochen, bleibt die nun vorgeschlagene Deutung erst nach einer vollständigen Abbildung des Objektes mit möglichen vorhandenen Enden zu prüfen.[67] Eine Nutzung des Siedlungsareals auch in der älteren Eisenzeit kann anhand entsprechender Keramik belegt werden. Ebenso zeigen die Funde aus Niederröblingen die Einbindung in die Kommunikationsnetze an.[68] Die Bratspieße sind zweifellos „schichtspezifische" Objekte und einer Elite zuzurechnen. Das zeigen die Funde in den Türmen der Heuneburg und in den Gräbern von „Im Ried-West" und Großeibstadt deutlich. Einer Funktion als prämonetäres Zahlungsmittel soll hier nicht gefolgt werden.[69]

Mit dem Fund eines Bratspießes als Niederlegung in einem ehemaligen Wasserlauf wird der besondere Charakter dieses Objektes deutlich. Er versinnbildlicht auch für die Spätphase der Hünenburg mit ihrer Außensiedlung die Einbindung in die von den Eliten unterhaltenen Kommunikationsnetzwerke.

Resümee

Die Befundsituation am Südhang des Heeseberges lässt eine Entwicklung erkennen, die von einer kleinräumigen Ansiedlung in der Periode III

---

61 Heske 2010b, 100.
62 Thrane 2004, Taf. 76,6–7.10–11.
63 Kohler 2000, 197, 195 Abb. 4–5.
64 Torbrügge 1965, 85; Taf. 27,8–14; 28.1.2. Wamser 1981, 246.
65 Sievers 1984, 67.
66 Simon 1999, 91 Abb. 23,3.
67 Petersen 2011, 130, 129 Abb. 5.
68 Ganslmeier 2011, 137, 137 Abb. 10–12. Schneider 2012, 42.
69 Teržan 2004, 189. Kneisel 2006, 464.

ausgehend sich zu einem vielschichtigen und weiträumigen Siedlungssystem erweiterte. Für die verschiedenen Phasen des Bestehens, die mit der Errichtung einer Befestigung mit einer Innenfläche von ca. 2,5 ha am Übergang von Periode III zu IV einen ersten Höhepunkt aufweist, liegen sichere Hinweise auf die Einbindung in überregionale Kommunikationsnetze vor. Dabei sind es nicht nur einzelne Metallobjekte, sondern ebenso Keramikgefäße und vielfältige Befunde, die sich heranziehen lassen.[70] Die Bronzen aus den Horten lassen dabei an der Hünenburg und in der näheren Umgebung auch ein Verständnis der Sitten und Gebräuche, also des rechten Umgangs mit den Dingen erkennen. Hinzu treten weitere Niederlegungen, die ein Verständnis von in weit entfernt liegenden Regionen ausgeübten rituellen Handlungen anzeigen. Das umfangreiche Spektrum reicht von einem Bronzeschild über Gargruben bis zu einem vollständigen Toilettebesteck. Gemeinsam mit der wiederholt nachgewiesenen Importkeramik werden die vielschichtigen Kontakte deutlich. Dabei gehen diese weit über einen kurzfristigen Austausch von Gaben hinaus, sondern lassen im Zusammenspiel mit den Objekten aus dem Nordharzvorland, die wiederum in anderen Regionen nachgewiesen werden konnten, einen beständigen Kontakt erkennen. Damit deutet sich die Hünenburg nicht nur als Zentrum einer bronze- und später auch früheisenzeitlichen Elite an, sondern ebenso als eines der Zentren, an denen der Kontakt sich manifestiert. Am Übergang von der Periode IV zu V deutet sich eine Neuausrichtung der Kommunikationswege an. Die Funde lassen dabei eine Mobilität von einzelnen Personen und Migrationen größerer Personengruppen greifbar werden. Die Anregungen zur Errichtung der Befestigungsanlagen und einer Herkunft ihrer Erbauer aus Südwestdeutschland sind in einem weiteren Schritt zu diskutieren. Hierbei sind für den Raum am Nordharz in Zukunft die Rohstoffe und Ressourcen als entscheidende Standortfaktoren mit einzubeziehen.

Literatur

Abels 2002
B.-U. Abels, Die Heunischenburg bei Kronach. Eine späturnenfelderzeitliche Befestigung. Regensburger Beiträge zur Prähistorischen Archäologie 9. Bonn, Regensburg 2002.

von Brunn 1980
W. A. v. Brunn, Eine Deutung spätbronzezeitlicher Hortfunde zwischen Elbe und Weichsel. Bericht der Römisch-Germanischen Kommission 61, 1980, 91–150.

Clausing 1997
C. Clausing, Ein späturnenfelderzeitlicher Grabfund mit Wagenbronzen von Pfullingen, Baden-Württemberg. Archäologisches Korrespondenzblatt 27, 1997, 567–582.

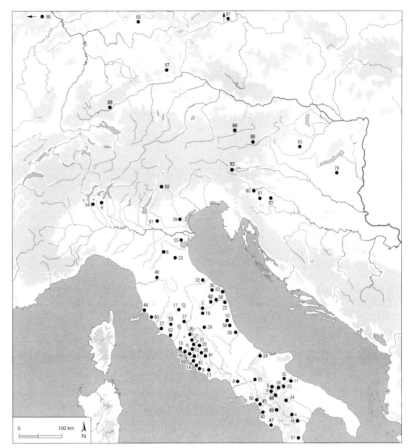

▲ Abb. 9: Karte der früheisenzeitlichen Bratspieße, 8. bis 5. Jahrhundert v. Chr. Nach: Kohler 2000, 203 Abb. 3, Fundortnachweis ebd.

Eggert 2010
M. K. H. Eggert, Früheisenzeitlicher „Handel" aus kulturanthropologischer Sicht. In: D. Krausse (Hrsg.), „Fürstensitze" und Zentralorte der frühen Kelten. Abschlusskolloquium des DFG-Schwerpunktprogramms 1171 in Stuttgart, 12.–15. Oktober 2009. Stuttgart 2010, 40–45.

Ettel 1996
P. Ettel, Gräberfelder der Hallstattzeit aus Oberfranken. Materialhefte zur bayerischen Vorgeschichte, Reihe A, Fundinventare und Ausgrabungsbefunde 72. Kallmünz/Opf 1996.

Fischer 1973
F. Fischer, ΚΕΙΜΕΛΙΑ. Bemerkungen zur kulturgeschichtlichen Interpretation des sogenannten Südimports in der späten Hallstatt- und frühen Latène-Kultur des westlichen Mitteleuropa. Germania 51, 1973, 436–459.

Fuhse 1917
F. Fuhse, Gräberfelder der ältesten und älteren Eisenzeit aus der Gegend von Braunschweig. Mannus VIII, 1917, 134–210.

Ganslmeier 2011
R. Ganslmeier, Funde der Mittel- und Jungbronzezeit sowie der älteren Eisenzeit in Schnitt 15 (Tell). Kultur in Schichten. Ausgrabungen am Autobahndreieck Südharz (A 71). Archäologie in Sachsen-Anhalt, Sonderbd. 14, 2011, 133–138.

Geupel-Schischkoff 1987
K. Geupel-Schischkoff, Bronzezeitliche Siedlungsreste in Walda, Kr. Grossenhain. Arbeits- und Forschungsberichte zur sächsischen Bodendenkmalpflege 31, 1987, 73–135.

Grünberg 1943
W. Grünberg, Die Grabfunde der jüngeren und jüngsten

---

70 Heske in Vorb. a.

Bronzezeit im Gau Sachsen. Vorgeschichtliche Forschungen 13. Berlin 1943.

Hansen 1995

S. Hansen, Aspekte des Gabentauschs und Handels während der Urnenfelderzeit in Mittel- und Nordeuropa im Lichte der Fundüberlieferung. In: B. Hänsel (Hrsg.), Handel, Tausch und Verkehr im bronze- und früheisenzeitlichen Südosteuropa. Südosteuropa Schriften 17. Prähistorische Archäologie in Südosteuropa 11. München, Berlin 1995, 67–80.

Henriksen 1999

M. B. Henriksen, Bål i lange baner – om brugen af kogegruber i yngre bronzealder og ældre jernalder. Fynske Minder 1999, 93–128.

Henriksen 2005

M. B. Henrisken, Danske kogegruber og kogegruberfelter fra yngre bronzealder og ældre jernalder. In: L. Gustafson, T. Heibrenn, J. Martens (Hrsg.), De gåtefulle kokegroper. Kulturhistoriks Museum Fornminneseksjonen, Varia 58. Oslo 2005, 77–102.

Heske 2000

I. Heske, Ein keramisches Miniaturbecken aus einer jungbronzezeitlichen Siedlung bei Süpplingen, Ldkr. Helmstedt. Nachrichten aus Niedersachsens Urgeschichte 69, 2000, 99–104.

Heske 2002

I. Heske, Jungbronzezeitliche Lappenschalen im östlichen Braunschweiger Land. Neue Ausgrabungen und Forschungen in Niedersachen 23, 2002, 103–124.

Heske 2003

I. Heske, Die Hünenburg bei Watenstedt, Ldkr. Helmstedt (Niedersachsen). Vorbericht über die Prospektionsgrabungen der Jahre 1998–2000. Nachrichten aus Niedersachsens Urgeschichte 73, 2003, 15–27.

Heske 2006

I. Heske, Die Hünenburg bei Watenstedt, Ldkr. Helmstedt. Eine ur- und frühgeschichtliche Befestigung und ihr Umfeld. Göttinger Schriften zur Vor- und Frühgeschichte 29. Neumünster 2006.

Heske 2008a

I. Heske, Die bronze- und früheisenzeitlichen Funde der ehemaligen Prussia-Sammlung. Zur Bestandserfassung und wissenschaftlichen Auswertung. Archäologisches Nachrichtenblatt 13, 2008, 312–319.

Heske 2008b

I. Heske, Identifizierung und Datierung von Bronzefragmenten aus Börssum, Kr. Wolfenbüttel – Zur Fundkonzentration der gegossenen Bronzebecken am Nordharz. Neue Ausgrabungen und Forschungen in Niedersachsen 27, 2008, 25–38.

Heske 2008c

I. Heske, Zur Diskontinuität und Kontinuität zwischen Saalemündungsgruppe und Hausurnenkultur. In: F. Falkenstein, M. Schönfelder, H. Stäuble (Hrsg.), Langfristige Erscheinungen und Brüche von der Bronze- zur Eisenzeit. Sitzung AG Bronzezeit und Eisenzeit beim 5. Deutschen Archäologenkongress Frankfurt/O. Beiträge zur Ur- und Frühgeschichte Mitteleuropas 51. Langenweißbach 2008, 89–95.

Heske 2009

I. Heske, Kultpersonal in einer fremden Welt. – Deponierungen mit gegossenen Bronzebecken an der Peripherie der Nordischen Bronzezeit. In: A. Krenn-Leeb, H.-J. Beier, E. Claßen, F. Falkenstein, S. Schwenzer (Hrsg.), Varia neolithica V. Mobilität, Migration und Kommunikation in Europa während des Neolithikums und der Bronzezeit. Tagung AG Neolithikum/Bronzezeit Xanten, Juni 2006. Beiträge zur Ur- und Frühgeschichte Mitteleuropas 53. Langenweissbach 2009, 171–179.

Heske 2010a

I. Heske, Herrschaftssitz oder Elitenort? Zum Nachweis einer jungbronzezeitlichen Außensiedlung an der Hünenburg bei Watenstedt, Kr. Helmstedt, und ihre Bedeutung im überregionalen Vergleich. In: B. Horejs, T. Kienlin (Hrsg.), Siedlung und Handwerk. Studien zu sozialen Kontexten in der Bronzezeit. Beiträge AG Bronzezeit 2007 und 2008. Universitätsforschungen zur prähistorischen Archäologie 194. Bonn 2010, 285–300.

Heske 2010b

I. Heske, Das Gräberfeld von Beierstedt, Kr. Helmstedt. Bericht über die Ausgrabungen auf einem jungbronze- und früheisenzeitlichen Bestattungsplatz der Hausurnenkultur in den Jahren 2007 und 2008. Nachrichten aus Niedersachsens Urgeschichte 79, 2010, 85–111.

Heske im Druck

I. Heske, Zwei verzierte keramische Nachbildungen von gegossenen Bronzebecken aus der Hünenburg-Außensiedlung bei Watenstedt, Kr. Helmstedt, und deren Verbreitung in der Südzone der nordischen Bronzezeit. Germania. Im Druck.

Heske in Vorb. a

I. Heske, Zur Entstehung der Befestigung der Hünenburg. Kontaktzonen und Mobilitätsräume in der mittleren Bronzezeit. Göttinger Forschungen zur Ur- und Frühgeschichte 2. In Vorbereitung.

Heske in Vorb. b

I. Heske, Die jungbronzezeitliche Außensiedlung der Hünenburg bei Watenstedt, Kr. Helmstedt. In Vorbereitung.

Heske u. a. 2010

I. Heske, S. Grefen-Peters, M. Posselt, J. Wiethold, Die jungbronzezeitliche Außensiedlung der „Hünenburg" bei Watenstedt, Lkr. Helmstedt. Vorbericht über die Ausgrabungen 2005–2007. Prähistorische Zeitschrift 85, 2010, 159–190.

Heske u. a. 2012

I. Heske, P. Lüth, M. Posselt, Deponierungen, Gargruben und ein verfüllter Wasserlauf. Zur Infrastruktur der Hünenburg-Außensiedlung bei Watenstedt, Lkr. Helmstedt. Vorbericht über die Grabung 2011. Prähistorische Zeitschrift 87, 2012, 308–337.

Höckmann 1974

O. Höckmann, Zu den Resten nordischer Bronzebecken aus dem Fund von Petit-Villatte. In: A. Alföldi, K. Tackenberg (Hrsg.), Festgabe K. Tackenberg zum 75. Geburtstag, Antiquitas, Reihe 2. Bonn 1974, 85–109.

Hofmann 2008

K. P. Hofmann, Der rituelle Umgang mit dem Tod. Untersuchungen zu bronze- und früheisenzeitlichen Brandbestattungen im Elbe-Weser-Dreieck. Archäologische

Berichte des Landkreises Rotenburg (Wümme) 14. Schriftenreihe der Ehemaligen Herzogtümer Bremen und Verden 30. Oldenburg 2008.

Hundt 1944–50

H.-J. Hundt, Die Bronzedosen der älteren Bronzezeit in Mecklenburg. Germania 28, 1944–1950, 197–209.

Innerhofer 2000

F. Innerhofer, Die mittelbronzezeitlichen Nadeln zwischen Vogesen und Karpaten. Studien zur Chronologie, Typologie und regionalen Gliederung der Hügelgräberkultur. Universitätsforschungen zur prähistorischen Archäologie 71. Bonn 2000.

Jantzen 2008

D. Jantzen, Quellen zur Metallverarbeitung im Nordischen Kreis der Bronzezeit. Prähistorische Bronzefunde XIX, 2. Stuttgart 2008.

Jockenhövel 1990

A. Jockenhövel, Bronzezeitlicher Burgenbau in Mitteleuropa. Untersuchung zur Struktur frühmetallzeitlicher Gesellschaften. In: Orientalisch-Ägäische Einflüsse in der europäischen Bronzezeit – Ergebnisse eines Kolloquiums. Römisch-Germanisches Zentralmuseum, Monographien 15. Bonn 1990, 209–228.

Kimmig 1983

W. Kimmig, Die griechische Kolonisation im westlichen Mittelmeergebiet und ihre Wirkung auf die Landschaften des westlichen Mitteleuropa. Jahrbuch des Römisch-Germanischen Zentralmuseum 30, 1983, 5–78.

Kneisel 2012

J. Kneisel, Anthropomorphe Gefäße in Nord- und Mitteleuropa während der Bronze- und Eisenzeit. Studien zu den Gesichtsurnen – Kontaktzonen, Chronologie und sozialer Kontext. Studien zur Archäologie in Ostmitteleuropa 7. Bonn 2012.

Kohler 2000

C. Kohler, Die Obeloi der Heuneburg. In: W. Kimmig (Hrsg.), Importe und mediterrane Einflüsse auf der Heuneburg. Heuneburgstudien XI. Römisch-Germanische Forschungen 59. Mainz 2000, 197–213.

Kristiansen 2000

K. Kristiansen, Europe before history. New Studies in Archaeology. Cambridge 2000.

Kristiansen/Larson 2001

K. Kristiansen, T. B. Larson, The rise of Bronze Age society. Travels, transmissions and transformations. Oxford 2001[4].

Lindemann 2009

M. Lindemann, Gargruben, eine Erklärung von eingetieften Feuerstellen? Experimentelle Archäologie in Europa, Bilanz 2008:7. Oldenburg 2008, 49–65.

von Merhart 1956

G. v. Merhart, Über blecherne Zierbuckel (Faleren). Jahrbuch Römisch-Germanisches Zentralmuseum Mainz 3, 1956, 28–116.

Metzner-Nebelsick 2003

C. Metzner-Nebelsick, Das „Königsgrab" von Seddin in seinem europäischen Kontext. In: Das Königsgrab von Seddin in der Prignitz. Kolloquium anlässlich des 100. Jahrestages seiner Freilegung. Arbeitshefte zur Bodendenkmalpflege in Brandenburg 9, 2003, 35–60.

Montelius 1910

O. Montelius, Der Handel der Vorzeit mit besonderer Berücksichtigung auf Skandinavien und die Zeit vor Christi Geburt. Prähistorische Zeitschrift 2, 1910, 249–291.

Nosch u. a. 2013

M.-L. Nosch, U. Mannering, E. Andersson Strand, K. M. Frei, Travels, transmissions and transformation – and textiles. In: S. Sabatini, S. Bergerbrant (Hrsg.), Counterpoint: Essays in archaeology and heritage studies in honour of Professor Kristian Kristiansen. British Archaeological Reports, International Series 2508. Oxford 2013, 469–476.

Pape 2000

J. Pape, Die attische Keramik der Heuneburg und der keramische Südimport in der Zone nördlich der Alpen während der Hallstattzeit. In: W. Kimmig (Hrsg.), Importe und mediterrane Einflüsse auf der Heuneburg. Heuneburgstudien XI. Römisch-Germanische Forschungen 59. Mainz 2000, 71–175.

Petersen 2011

U. Petersen, Fundstücke aus Metall innerhalb der Siedlung. Kultur in Schichten. Ausgrabungen am Autobahndreieck Südharz (A 71). Archäologie in Sachsen-Anhalt, Sonderbd. 14, 2011, 127–132.

Primas 2008

M. Primas, Bronzezeit zwischen Elbe und Po. Strukturwandel in Zentraleuropa 2200–800 v. Chr. Universitätsforschungen zur prähistorischen Archäologie 150. Bonn 2008.

Schmidt 1982

B. Schmidt, Jungbronzezeitliche Burgen und Höhensiedlungen im nordöstlichen und östlichen Harzvorland. In: B. Chropovsky, J. Herrmann (Hrsg.), Beiträge zum bronzezeitlichen Burgenbau in Mitteleuropa. Tagung Dresden 19.–23. April 1982. Berlin, Nitra 1982, 345–354.

Schmidt/Forler 2003

J.-P. Schmidt, D. Forler, Ergebnisse der archäologischen Untersuchungen in Jarmen, Ldkr. Demmin. Die Problematik der Feuerstellenplätze in Norddeutschland und im südlichen Skandinavien. Bodendenkmalpflege in Mecklenburg-Vorpommern 51, 2003, 7–79.

Schmidt/Nitzschke 1977

B. Schmidt, W. Nitzschke, Jungbronzezeitliche Höhensiedlungen auf den Gegensteinen bei Ballenstedt/Harz. Ausgrabungen und Funde 22, 1977, 209–211.

Schneider 2012

R. B. Schneider, Kommunikation und Interaktion – Kontakt- und Einflusssphären während der Jüngeren Bronze- und Älteren Eisenzeit Europas. Diss. Kiel 2012. http://eldiss.uni-kiel/macau/receive/dissertation-diss_00008523.

Sievers 1984

S. Sievers, Die Kleinfunde der Heuneburg. Die Funde aus den Grabungen von 1950–1979. Heuneburgstudien V. Römisch-Germanische Forschungen 42. Mainz 1984.

Simon 1984

K. Simon, Höhensiedlungen der Urnenfelder- und Hallstattzeit in Thüringen. Alt Thüringen 20, 1984, 23–80.

Simon 1999

K. Simon, Ein Bucchero-Fragment vom Alten Gleisberg bei Bürgel (Thüringen). Arbeits- und Forschungsberichte zur sächsischen Bodendenkmalpflege 41, 1999, 61–96.

SPROCKHOFF 1937

E. Sprockhoff, Jungbronzezeitliche Hortfunde Norddeutschlands. Kataloge des Römisch-Germanischen Zentralmuseums 12. Mainz 1937.

SPROCKHOFF 1956

E. Sprockhoff, Jungbronzezeitliche Hortfunde der Südzone des Nordischen Kreises (Periode V). Kataloge des Römisch-Germanischen Zentralmuseums 16. Mainz 1956.

SPROCKHOFF 1966

E. Sprockhoff, Ein Geschenk aus dem Norden. In: R. Degen, W. Drack, R. Wyss (Hrsg.), Helvetia Antiqua [Festschrift Emil Vogt]. Zürich 1966, 101–110.

SPROCKHOFF/HÖCKMANN 1979

E. Sprockhoff, O. Höckmann, Die gegossenen Bronzebecken der jüngeren nordischen Bronzezeit. Römisch-Germanisches Zentralmuseum. Kataloge vor- und frühgeschichtlicher Altertümer 19. Mainz 1979.

STEINMETZ 1999

W.-D. Steinmetz, Die Hünenburg bei Watenstedt. Bronzezeitliche Siedlung und altsächsischer Fürstensitz. Archäologie in Niedersachsen 2, 1999, 38–41.

STEINMETZ 2003

W.-D. Steinmetz, Zur ur- und frühgeschichtlichen Besiedlung des Braunschweiger Landes. Ein Vergleich der archäologischen Quellen mit den vegetationsgeschichtlichen Ergebnissen aus dem Bullenteich bei Braunschweig. Neue Ausgrabungen und Forschungen in Niedersachsen 24, 2003, 325–376.

STEINMETZ 2008

W.-D. Steinmetz, Die archäologischen Ausgrabungen auf dem Burgwall von Isingerode 2006–2008. Informationen und Berichte des Braunschweigischen Landesmuseums 2, 2008, 3–46.

TERŽAN 2004

B. Teržan, Obolos – mediterrane Vorbilder einer prämonetären "Währung" der Hallstattzeit? In: B. Hänsel (Hrsg.), Parerga Praehistorica. Jubiläumsschrift zur Prähistorischen Archäologie – 15 Jahre UPA. Universitätsforschungen zur Prähistorischen Archäologie 100. Bonn 2004, 161–202.

THRANE 1974

H. Thrane, Hundredvis af energikilder fra yngre broncealder. Fynske Minder 1974, 96–114.

THRANE 1975

H. Thrane, Europæiske forbindelser. Bidrag til studiet af fremmede forbindelser i Danmakrs yngre broncealder (periode IV–V). København 1975.

THRANE 2004

H. Thrane, Fyns Yngre Broncealdergrave. Fynske Studier 20. Odense 2004.

TORBRÜGGE 1965

W. Torbrügge, Die Hallstattzeit in der Oberpfalz. II: Die Funde und Fundplätze in der Gemeinde Beilngries. Materialhefte zur bayerischen Vorgeschichte 20. Kallmünz/Opf 1965.

TORBRÜGGE 1979

W. TORBRÜGGE, Die Hallstattzeit in der Oberpfalz. Materialhefte zur bayerischen Vorgeschichte, Reihe A. Fundinventare und Ausgrabungsbefunde 39. Kallmünz/Opf 1979.

VEIT 2012

U. Veit, Methodik und Rhetorik in der Sozialarchäologie. Einige grundsätzliche Überlegungen zur deutschsprachigen Debatte. In: T. L. Kienlin, A. Zimmermann (Hrsg.), Beyond elites. Alternatives to hierarchical systems in modelling social formations. Universitätsforschungen zur Prähisotrischen Archäologie 215. Bonn, 125–136.

VOGES 1901

T. Voges, Der Depotfund von Watenstedt. Nachrichten über Deutsche Altertumsfunde 12, 1901, 81–90

WAMSER 1981

L. Wamser, Wagengräber der Hallstattzeit in Franken. Frankenland NF 33, 1981, 225–261.

WEGNER 1996

G. Wegner (Hrsg.), Leben-Glauben-Sterben vor 3000 Jahren: Bronzezeit in Niedersachsen. Begleithefte zu Ausstellungen der Abteilung Urgeschichte des Niedersächsischen Landesmuseums Hannover 7. Oldenburg 1996, 272.

WENDORFF 1981

C. Wendorff, Die Gräberfelder der Hausurnenkultur von Beierstedt, Kr. Helmstedt, und Eilsdorf, Kreis Halberstadt, im Harzvorland. Neue Ausgrabungen und Forschungen in Niedersachsen 14, 1981, 115–219.

WILLROTH 1985a

K.-H. Willroth, Aspekte älterbronzezeitlicher Deponierungen im südlichen Skandinavien. Germania 1985, 361–400.

WILLROTH 1985b

K.-H. Willroth, Die Hortfunde der älteren Bronzezeit in Südschweden und auf den dänischen Inseln. Offa-Bücher 55. Neumünster 1985.

WILLROTH 1996

K.-H. Willroth, Verkehr und Warenaustausch. In: G. Wegner (Hrsg.), Leben-Glauben-Sterben vor 3000 Jahren: Bronzezeit in Niedersachsen. Begleithefte zu Ausstellungen der Abteilung Urgeschichte des Niedersächsischen Landesmuseums Hannover 7. Oldenburg 1996, 133–145.

WROBEL NØRGAARD 2011

H. Wrobel Nørgaard, Die Halskragen der Bronzezeit im nördlichen Mitteleuropa und Südskandinavien. Universitätsforschungen zu Prähistorischen Archäologie 200. Bonn 2011.

ZIPF 2004

G. Zipf, Zwei mysteriöse Objekte. In: H. Meller (Hrsg.), Der geschmiedete Himmel. Die weite Welt im Herzen Europas vor 3600 Jahren. Stuttgart 2004, 74–77.

Geophysikalische Prospektion und archäologische Interpretation auf dem spätbronze- bis früheisenzeitlichen Gräberfeld von Beierstedt

von Martin Posselt

Die befestigte Höhensiedlung der Hünenburg bei Watenstedt, Ldkr. Helmstedt, war in der Spätbronze- und frühen Eisenzeit ein Herrschaftssitz am Nordrand des Harz. Um die auf dem westlichen Plateau des Höhenrückens des Heeseberges gelegene Wallanlage der Hünenburg finden sich weitere teilweise zeitgleiche Fundstellen. An den zur Bachaue der Soltau auslaufenden Hängen südwestlich des Heeseberges liegt südlich der Befestigung, neben einem ausgedehnten Siedlungsareal in südöstlicher Richtung nahe der Ortschaft Beierstedt, ein weitgehend zeitgleiches Gräberfeld.

Seit dem Jahr 2001 werden geophysikalische Untersuchungen in der Umgebung der Hünenburg bei Watenstedt vorgenommen (Abb. 1).[1] Die Aufgabe der Magnetometer-Prospektion war die Erkundung eines Areals mit Lesefunden am Fuße der Hünenburg. Das Ziel wurde formuliert, zerstörungsfrei eine Aussage zu erhalten, ob neben der Höhensiedlung eine zeitgleiche offene Besiedlung existierte. Die Hoffnung war dabei, detaillierte Befunde zu detektieren, die eine eindeutige Interpretation zuließen. Hierbei waren besonders Hausgrundrisse mit Pfostenstellungen zu erwarten. Doch die ersten Ergebnisse der magnetischen Geländearbeiten enttäuschten zunächst die Hoffnungen. Neben zahlreichen kleinen Befunden unbestimmbarer Funktion und Datierung waren vor allem großflächige Areale – in der Größenordnung von dutzenden bis hunderten Metern Ausdehnung – mit geringer magnetischer Amplitude wahrnehmbar, die eher an geologische Phänomene erinnerten. Erste Grabungen an den magnetisch detektierten Strukturen zeigten jedoch, dass es sich im Falle der kleinen magnetischen Anomalien um Befunde wie z. B. Vorratsgruben und Herdstellen handelte. Das überraschende Ergebnis stellte sich jedoch bei der Untersuchung der großflächigen Areale ein. Sie ließen sich als mehrere Dezimeter mächtige Abfolge von einer Kulturschicht und von Kolluvien in den Profilen der Grabungsschnitte identifizieren, die einige Grubenbefunde überlagerten und von anderen Gruben geschnitten wurden.[2]

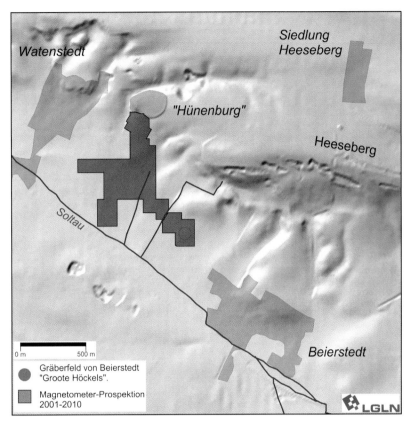

▲ Abb. 1: Übersichtsplan der Hünenburg und Umgebung mit der Lage der Magnetometerprospektion 2001–2010 und des Gräberfeldes von Beierstedt „Groote Höckels". Datengrundlage: DGM5: Auszug aus den Geobasisdaten der Niedersächsischen Vermessungs- und Katasterverwaltung.

Die Ausgrabungen erbrachten, dass sich unterhalb und innerhalb der Kulturschicht weitere Befunde verbargen, die mithilfe der Magnetometer-Prospektion nicht detektiert wurden. So konnten Pfostengruben von Hausgrundrissen im Planum der Grabungsflächen beobachtet werden.[3] Bei einer zu hohen Dichte an Befunden und Kulturschichten lassen sich archäologische Strukturen im Magnetogramm – unabhängig von Form und lateraler Ausdehnung – nicht mehr differenzieren, wenn sie keine besondere Amplitude, z. B. aufgrund remanenter Magnetisierung durch Erhitzen, aufweisen. Weitere Magnetometerprospektionen zeigten, dass sich Befunde und Kulturschichten, wie sie in den ersten Grabungsschnitten angetroffen wurden, über weite Strecken am südwestlichen Hang des Heeseberges nachweisen lassen.[4] Die bisherigen Grabungen, die an verschiedenen Stellen der bislang rund 30 ha großen magnetischen Untersuchungsfläche des Siedlungsareals vorgenommen worden sind, haben ein Fundmaterial erbracht, das auf ein zeitliches

---

1   2001 erfolgte eine Bereitstellung von Mitteln durch das Niedersächsische Ministerium für Wissenschaft und Kultur. Ab dem Jahr 2006 konnten im Rahmen des DFG-Projektes „Die Hünenburg bei Watenstedt, Kreis Helmstedt. – Ein Herrschaftssitz in der Kontaktzone zwischen Lausitzer Kultur und Nordischer Bronzezeit" die geomagnetischen Prospektionen deutlich ausgeweitet werden.

2   Heske u. a. 2010, 164; 167 Abb. 6; 168 Abb. 8.

3   Heske u. a. 2010, 172; 173 Abb. 13.

4   Heske/Posselt 2009, 138.

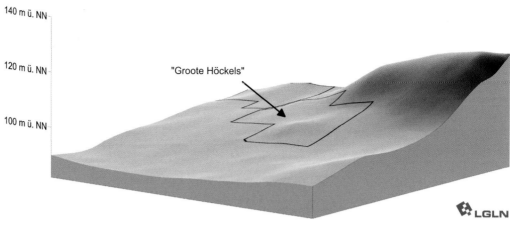

▶ Abb. 2: Lage der leichten Erhebung an der Fundstelle „Groote Höckels" in der 3D-Reliefdarstellung Blick von SE, dargestellter Geländeausschnitt 600 x 600 m, Relief fünffach überhöht. Datengrundlage DGM5: Auszug aus den Geobasisdaten der Niedersächsischen Vermessungs- und Katasterverwaltung.

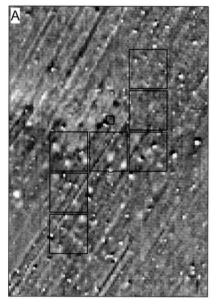
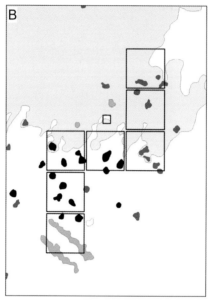

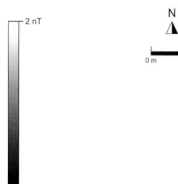
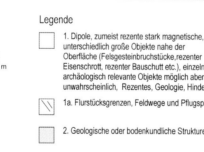
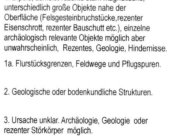

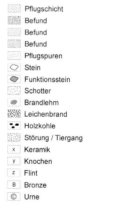

▲ Abb. 3: Gräberfeld von Beierstedt „Groote Höckels". A Detail des Magnetogramms mit Lage der Grabungsflächen 2007–2008, B interpretierende Umzeichnung der Magnetik mit Lage der Grabungsflächen 2007–2008, C Befundplan der Grabung 2007–2008.

Nebeneinander von befestigter Höhensiedlung und Außensiedlung schließen lässt. Der Gewinn des Einsatzes der Magnetik an der Hünenburg liegt weniger in der Fähigkeit, die Fundstelle mit ihren einzelnen Befunden möglichst detailliert abzubilden. Vielmehr gelingt es ihr, die Lage und Begrenzungen von großräumigen Siedlungs- bzw. Nutzungsarealen zu bestimmen und nicht nur die Zielrichtung der Geländearbeiten sondern gar die Forschungsstrategie[5] zu leiten. Besonders der großflächige Einsatz der Methode lässt teilweise unerwartete und weit über das übliche Siedlungsspektrum hinausgehende Strukturen erkennen.[6]

In einer Entfernung von ca. 800 m von der Wallanlage aus in südsüdöstlicher Richtung liegt das Gräberfeld „Groote Höckels" bei Beierstedt, Ldkr. Helmstedt, welches im Gelände durch eine leichte, dennoch markante Erhebung wahrnehmbar ist (Abb. 2). Im Zuge von Grabungen, die bereits in den Jahren 1891/92 stattfanden, sind

---

5 WILLROTH 2003, 45. MEYER 2007, 225.

6 HESKE u. a. 2012, 313 Abb. 4. MEIER 2013, 96 Abb. 4.

Geophysikalische Prospektion und archäologische Interpretation

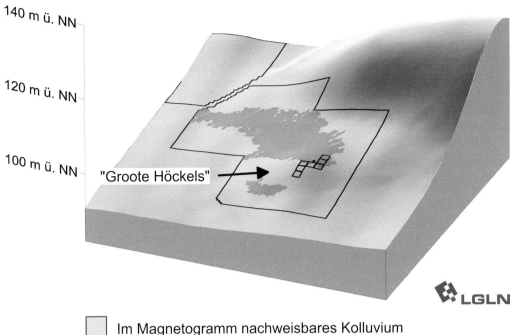

◀ Abb. 4: Übersicht des Magnetogramms am „Groote Höckels" Lage der Magnetometerprospektion in der 3D-Reliefdarstellung (Blick von SE, dargestellter Geländeausschnitt 400 x 400 m, Relief fünffach überhöht) mit Lage der Grabungsflächen 2007–2008 und Ausdehnung des mutmaßlichen Kolluviums. Datengrundlage DGM5: Auszug aus den Geobasisdaten der Niedersächsischen Vermessungs- und Katasterverwaltung.

68 Gräber bekannt geworden, von denen jedoch lediglich 56 im Gesamtplan kartiert sind. Es handelt sich um Brandbestattungen in Urnen, die in der Mehrzahl in Steinkisten gesetzt waren.[7] Chronologische Untersuchungen der bisherigen Grabungen lassen die Belegung des Gräberfeldes in Periode V beginnen und in Periode VI abbrechen.[8] Demgegenüber wird die Nutzung der Hünenburg nach Periode IV bis VI datiert.[9] Ausgehend von diesem phasenweise zeitgleichen Bestehen der befestigten Höhensiedlung und eines Gräberfeldes lässt sich mit der Hünenburg als Zentralort eine Kleinlandschaft im Nordharzgebiet am Ende der Bronze- und Beginn der Eisenzeit untersuchen. Im Zusammenhang mit den Forschungen an der Hünenburg wurde in den Jahren 2007 und 2008 die Erkundung des Gräberfeldes von Beierstedt wieder aufgegriffen. Die Untersuchungen werden geleitet von Fragen nach der Ausdehnung des Bestattungsplatzes, der Größe der Bestattungsgemeinschaft bis hin zu Überlegungen zur sozialen Hierarchisierung. Im Vorfeld und als Ergänzung der Grabungen des Jahres 2007 und 2008 wurden ab dem Jahr 2006 Magnetometer-Prospektionen auf dem Gräberfeld von Beierstedt vorgenommen.[10]

Zunächst sollte die Magnetometer-Prospektion[11] lediglich ein Areal von ca. 1 ha mit den alt gegrabenen Bestattungen im Zentrum untersuchen. Aufgabe der geophysikalischen Prospektion war einerseits den Bestattungsplatz im Magnetogramm zu identifizieren und neben den alt gegrabenen Bestattungen weitere, soweit vorhanden, neue Bestattungen zu detektieren. Aufgrund der landwirtschaftlichen Nutzung war dabei sogar mit einer bereits erfolgten Zerstörung des Fundplatzes zu rechnen.

Im Ergebnis (Abb. 3 A–B) zeigte sich neben zahlreichen einzelnen Anomalien, die auf kleinere archäologische Befunde hindeuteten, eine großflächige Anomalie, die sich in der nachfolgenden Grabung als Kolluvium herausstellte. Vereinzelte stärkere Anomalien innerhalb der großen Anomalie und an ihren Randbereichen deuten daraufhin, dass hier eine durch akkumuliertes Material überdeckte Fundstelle vorhanden ist. Eventuell hat die leichte Erhebung des „Groote Höckels" (Abb. 2) die Bildung des Kolluviums an dieser Stelle begünstigt (Abb. 4). Jenseits des südöstlichen Rands der großflächigen Anomalie ist eine Reihe von weiteren kleinen Anomalien zu erkennen. Sie deuten auf archäologische Befunde hin, die einen lateralen Durchmesser von ca. einem Meter aufweisen. Ohne weiteres Vorwissen ist es jedoch lediglich aufgrund des Magnetogramms nicht erkennbar, dass es sich bei den magnetischen Anomalien um Bestattungen eines

---

7 FUHSE 1917, 136 Abb. 1. WENDORFF 1983, 122 Abb. 3.
8 HESKE 2006, 152 Abb. 56.
9 HESKE 2006, 172; 175.
10 HESKE 2010, 91. Die geomagnetischen Prospektionen und anschließenden Geländearbeiten in den Jahren 2007/08 wurden durch verschiedene Spender aus der Region und eine Förderung des Niedersächsischen Ministeriums für Wissenschaft und Kultur im Rahmen des Projektes „Das Gräberfeld von Beierstedt, Kr. Helmstedt. Der Bestattungsplatz eines spätbronze- und früheisenzeitlichen Herrschaftssitzes" unterstützt. Die Auswertung erfolgt aktuell durch eine studentische Abschlussarbeit.

11 Durchführung PZP (S. Pfnorr, M. Posselt) GbR im Auftrag des Seminars für Ur- und Frühgeschichte Göttingen finanziert durch MWK. Mitarbeit von mehreren studentischen Grabungsmitarbeitern. Die Messungen wurden mit einem Fluxgategradiometer Förster Ferex 4.032 DLG mit vier Sonden vorgenommen. Das Messraster betrug 0,2 inline und 0,5 m crossline.

◂ Abb. 5: Beierstedt, Ldkr. Helmstedt. Quadrant S III N 792, Bef. 2, 10. Ansammlung von zwei ungeschützten Urnen mit zugerichteten Gefäßabdeckungen bzw. Deckschalen und Beigefäßen (Grabung 2008). Foto: UFG Göttingen

Gräberfeldes handelt. Erst die Ausgrabungsarbeiten der Jahre 2007–2008 zeigten, dass neben zahlreichen bislang unbekannten Bestattungen auch solche detektiert sind, die bereits 1891/92 gegraben wurden. Innerhalb der im Magnetogramm an diese Befunde sich nach Nordwesten anschließenden großflächigen Anomalie (Abb. 3 A und B) zeigten sich jedoch keine vergleichbaren Hinweise auf weitere Bestattungen. In diesem Bereich sind in der neuen Grabung der Jahre 2007–2008 (Abb. 3 C) zahlreiche Brandgräber angetroffen worden, die unter dem Kolluvium offensichtlich vor der Zerstörung durch den Pflug geschützt wurden,[12] auch wenn sie als separate Befunde magnetisch unsichtbar geblieben waren (Abb. 5). Damit hat das überlagernde Kolluvium zwar die Detektion einzelner Bestattungen verhindert, dennoch erlaubt die Ausdehnung des Kolluviums eine archäologische Interpretation dahingehend, dass hier mit ungewöhnlich guten Erhaltungsbedingungen für Befunde zu rechnen ist. Zwar bleibt die tatsächliche Ausdehnung des Gräberfeldes unter dem Kolluvium innerhalb des Magnetogramms ungeklärt, ein Einsatz weiterer gezielter Grabungsschnitte innerhalb der großflächigen magnetischen Anomalie sollte hier jedoch für Klärung sorgen können.

Der Gewinn des Einsatzes von Geophysik am Gräberfeld von Beierstedt, wie generell am Heeseberg mit seinen zahlreichen Fundstellen, ist weniger in der Detektion einzelner Befunde zu sehen. Dies kann in der speziellen Situation der Fundstelle Hünenburg und ihres Umfeldes nur in begrenztem Umfang erreicht werden. So können zwar im Bereich der Altgrabung von Beierstedt zahlreiche kleinere Befunde im Magnetogramm sichtbar gemacht werden, die den archäologischen Vorinformationen zufolge wahrscheinlich alt gegrabene oder bislang unbekannte Bestattungen darstellen. Dies ist jedoch keine überraschende Information und zudem bleiben nicht wenige Befunde aufgrund geringer Größe und magnetischen Kontrasts unsichtbar. Vielmehr gelingt es der Magnetik Phänomene – im vorliegenden Fall die Überdeckung eines Teils des Gräberfeldes von Beierstedt durch ein Kolluvium – aufzuzeigen, die nicht nur auf die Existenz von an der heutigen Oberfläche nicht wahrnehmbaren Fundstellen und Befunde hinweisen, zusätzlich erlauben diese Messergebnisse Aussagen über den Erhaltungszustand von möglichen Befunden. Entscheidend ist dabei die inhaltliche Zusammenarbeit von geophysikalischer Prospektion und archäologischer Ausgrabung. Während die Magnetometerprospektion mit ihrer großflächigen Arbeitsweise neben einzelnen Befunden auch ausgedehnte Elemente der Kulturlandschaft, wie z. B. verlandete Bachläufe, Altwege und Flursysteme detektieren kann,[13] bietet die Ausgrabung eine gezielte Überprüfung und Erörterung innerhalb kleiner, aber exakt platzierter Sondagen. So lassen sich Funktion und Datierung der zerstörungsfrei lokalisierten Strukturen ermitteln. Durch die Extrapolation der Grabungsergebnisse auf das restliche Magnetogramm können auch die nur magnetisch nachgewiesenen Befunde und Strukturen annäherungsweise archäologisch interpretiert werden.

Auch wenn das Magnetogramm zahlreiche archäologische Informationen und Tendenzen ankündigt, bleiben einige Fragen bisher unbeantwortet. So kann zwar deutlich gemacht werden, wo und mit welcher Ausdehnung ausgehend vom Gräberfeld von Beierstedt mit archäologischen Befunden zu rechnen ist, jedoch bleibt die Frage offen, wo genau die Grenze zwischen dem Gräberfeld im Südosten und den Siedlungsstrukturen in Nordwesten verläuft. Dazwischen befinden sich noch Hinweise auf eine alte Wegeverbindung, die von weiteren punktuellen Anomalien flankiert werden. Es können nur in wenigen Fällen einzelne Befunde innerhalb des Kolluviums erkannt werden oder eine Identifizierung als Gräber, Siedlungsbefunde sowie Befunde anderer Funktion vorgenommen werden. Belegungsdichte und räumliche Relation zu Befunden anderer Funktion und Zeitstellung bleiben offen. Die Magnetometerprospektion dient jedoch als wichtiger Ratgeber bei der Planung von Grabung und anderen Forschungsaktivitäten. Sie zeigt das Potential der Fundstelle auf und hilft beim Platzieren von Grabungsflächen. Dabei bleibt ihr Wert nicht auf eine rein technische Hilfestellung begrenzt, sondern sie spielt eine nicht zu unterschätzende Rolle bei der Formulierung von For-

---

12 Heske 2010, 94; 95 Abb. 8.

13 Heske u. a. 2012, 316 Abb. 6.

schungsstrategien, speziell bei Projekten zur Untersuchung ganzer Kleinlandschaften.[14]

Literatur

FUHSE 1917
F. Fuhse, Gräberfelder der ältesten und älteren Eisenzeit aus der Gegend von Braunschweig. Mannus VIII, 1917, 134–210.

HESKE 2003
I. Heske, Die Hünenburg bei Watenstedt, Ldkr. Helmstedt. Vorbericht über die Prospektionsgrabungen der Jahre 1998 bis 2000. Nachrichten aus Niedersachsens Urgeschichte 72, 2003, 15–27.

HESKE 2006
I. Heske, Die Hünenburg bei Watenstedt, Kr. Helmstedt. Eine ur- und frühgeschichtliche Befestigung und ihr Umfeld. Göttinger Schriften zur Vor- und Frühgeschichte 29. Göttingen 2006.

HESKE 2010
I. Heske, Das Gräberfeld von Beierstedt, Ldkr. Helmstedt. Bericht über die Ausgrabungen auf einem jungbronze- und früheisenzeitlichen Bestattungsplatz der Hausurnenkultur in den Jahren 2007 und 2008. Nachrichten aus Niedersachsens Urgeschichte 79, 2010, 85–111.

HESKE/POSSELT 2009
I. Heske, M. Posselt, Archaeology and landscape features in magnetometer data. Archeo sciences, revue d'archéométrie 33, 2009, 137–139.

HESKE u. a. 2010
I. Heske, S. Grefen-Peters, M. Posselt, J. Wiethold, Die jungbronzezeitliche Außensiedlung der „Hünenburg" bei Watenstedt, Lkr. Helmstedt. Vorbericht über die Ausgrabungen 2005–2007. Prähistorische Zeitschrift 85, 2010, 159–190.

HESKE u. a. 2012
I. Heske, P. Lüth, M. Posselt, Deponierungen, Gargruben und ein verfüllter Wasserlauf. Zur Infrastruktur der Hünenburg-Außensiedlung bei Watenstedt, Lkr. Helmstedt. Vorbericht über die Grabung 2011. Prähistorische Zeitschrift 87, 2012, 308–337.

MEIER 2013
D. Meier, Eine Siedlung der älteren Bronzezeit in Schleswig-Holstein. In: K.-H. Willroth (Hrsg.), Siedlungen der älteren Bronzezeit. Beiträge zur Siedlungsarchäologie und Paläoökologie des zweiten vorchristlichen Jahrtausends in Südskandinavien, Norddeutschland und den Niederlanden. Studien zur nordeuropäischen Bronzezeit 1. Neumünster 2013, 91–118.

MEYER 2007
J.-W. Meyer, Veränderungen der Grabungsstrategie in Tell Chuera (Syrien) aufgrund der Ergebnisse der geomagnetischen Prospektion. In: M. Posselt, B. Zickgraf, C. Dobiat (Hrsg.), Geophysik und Ausgrabung. Einsatz und Auswertung zerstörungsfreier Prospektion in der Archäologie. Internationale Archäologie. Naturwissenschaft und Technologie 6. Rahden/Westf. 2007, 223–236.

POSSELT 2003
M. Posselt, Spurensuche mit dem Magnetometer an der Hünenburg. In: G. Biegel, A. Klein (Hrsg.), Die Hünenburg bei Watenstedt. Ausgrabungsergebnisse 1998–2001. Braunschweigisches Landesmuseum, Informationen und Berichte 3–4/2001. Braunschweig 2003, 26–29.

WENDORFF 1983
C. Wendorff, Die Grabfunde der ausgehenden Bronze- und älteren vorrömischen Eisenzeit im nordwestlichen Harzvorland. Neue Ausgrabungen und Forschungen in Niedersachsen 16, 1983, 215–362.

WILLROTH 2003
K.-H. Willroth, Die Erforschung der Hünenburg bei Watenstedt. Ein vorläufiges Resümee. In: G. Biegel, A. Klein (Hrsg.), Die Hünenburg bei Watenstedt. Ausgrabungsergebnisse 1998–2001. Braunschweigisches Landesmuseum, Informationen und Berichte 3–4/2001. Braunschweig 2003, 40–45.

---

14 Die Arbeiten am Gräberfeld von Beierstedt sind Teil eines Forschungsprojektes, das unter der Leitung von Prof. Dr. K.-H. Willroth steht. Seit dem Beginn seines Studiums hat der Verfasser den Jubilar in der Zeit seiner Professur an der Johann Wolfgang Goethe-Universität in Frankfurt am Main begleitet. Die Magisterarbeit betreute K.-H. Willroth noch nachdem er bereits den Ruf an die Georg-August-Universität Göttingen erhalten hatte. In dieser Zeit habe ich wichtige Impulse für die berufliche Karriere erfahren. Auch nach Abschluss des Studiums arbeitete ich unter seiner Leitung an zahlreichen Projekten des Instituts für Ur- und Frühgeschichte in Göttingen mit. Ich bin dem Jubilar zu tiefem Dank verpflichtet, dass er nicht nur erheblich dazu beigetragen hat, intensive Erfahrungen im Bereich der geophysikalischen Prospektion in der Archäologie sammeln zu können, sondern auch, dass er die Ergebnisse und Interpretationen dieser Arbeiten geschätzt hat.

Das eisenzeitliche Umfeld des Gräberfeldes von Leese, Ldkr. Nienburg

von Sandra Busch-Hellwig und Sebastian Kriesch

Einleitung

In der eisenzeitlichen Landschaft Niedersachsens spielt das Gräberfeld von Leese, Ldkr. Nienburg, eine herausragende Rolle. In Leese wurden in den Jahren von 1979 bis 1980 in mehreren Grabungskampagnen über 1000 eisenzeitliche Brandbestattungen geborgen. Damit ist es das größte modern ausgegrabene, eisenzeitliche Gräberfeld in Niedersachsen und in einem Zug mit Großgräberfeldern wie Mühlen-Eichsen, Schwissel oder Groß Timmendorf zu nennen.[1] Es ist davon auszugehen, dass es in der unmittelbaren Umgebung des Fundplatzes eisenzeitliche Siedlungsspuren und eventuell weitere Gräberfelder gibt. Für den vorliegenden Beitrag wurden die entsprechenden Fundstellen zusammengestellt und als Grundlage für die Herausarbeitung der tendenziellen Besiedlungsentwicklung verwendet.[2] Denn einmal mehr zeigten sich die großen Forschungslücken v. a. bezüglich eisenzeitlicher Siedlungen im nordwestdeutschen Flachland bei den Untersuchungen in den Jahren 2010–2012 auf der weiter nordwestlich verlaufenden NEL-Trasse, die eine Vielzahl an neuen Fundstellen auch der Vorrömischen Eisenzeit erbrachten. Insofern soll mit diesem Beitrag besonders das archäologische Potential dieses Kleinraumes hervorgehoben werden.

Ausgangspunkt: Das Gräberfeld von Leese

Nördlich des heutigen Ortes Leese wurden bereits in den 1920er und 1930er Jahren erste Funde im Rahmen archäologischer Ausgrabungen geborgen. Ende der 1970er bis in den Beginn der 1980er Jahre wurde schließlich, nachdem eine Bebauungsmaßnahme für das Gräberfeldareal beschlossen worden war, eine moderne großflächige Ausgrabung durchgeführt.[3] Insgesamt konnten etwa 1130 Bestattungen, die sich auf einer Fläche von ca. 1,75 ha in mehreren Grabgruppen verteilen, festgestellt werden. Es handelt sich ausschließlich um Brandbestattungen. Dabei sind etwa drei Viertel der Toten in Urnen beigesetzt, der Rest in Brandgruben verschiedener Form. Die Gräber sind häufig mit Metallbeigaben ausgestattet, die oft in einem guten Zustand geborgen werden konnten. Diese Beigaben erlauben eine Datierung des Fundplatzes von der ausgehenden älteren Vorrömischen Eisenzeit bis in die beginnende jüngere Vorrömische Eisenzeit. Die Menschen, die in Leese bestattet wurden, scheinen weitreichende Kontakte besessen zu haben oder waren selbst sehr mobil.[4] Denn es fanden sich mehrere Bestattungen in Bronzegefäßen süd- oder westdeutscher Provenienz, sowie ein Schiffsmodell.[5] Auch eine Bestattung in einer Steinkiste weist auf Menschen hin, die nicht aus dem unmittelbaren Umfeld des Gräberfeldes stammten, da sie einen für die nordöstlich angrenzende Jastorf-Kultur typischen Bestattungsbrauch pflegten. In erster Linie verweisen die meisten Funde und Befunde jedoch auf das regionale Umfeld der Nienburger Gruppe[6], in deren Bereich sich das Leeser Gräberfeld befindet.

Datenaufnahme
Archäologische Daten

Um das Umfeld des Leeser Gräberfeldes zu erfassen, wird der in dieser Studie zugrunde gelegte Untersuchungsraum durch einen Kreis mit 5 km Radius festgelegt, in dessen Mittelpunkt sich das östlich der Weser gelegene Gräberfeld befindet (Abb. 1).

Als Grundlage für den Fundplatzkatalog dienten die Ortsakten und Luftbilder aus dem Archiv des Niedersächsischen Landesamtes für Denkmalpflege Hannover, die ADABweb[7] sowie der unpublizierte Fundstellenkatalog für den Landkreis Nienburg.[8] Alle Fundmeldungen sind in Hannover nach denkmalpflegerischen Gesichtspunkten inventarisiert.[9] Für siedlungs- und landschaftsarchäologische Analysen müssen die einzelnen Meldungen zu Fundstellen zusammengefasst werden. Dies erfolgte in Anlehnung an die

---

1 Ettel 2008. Behrends 1968. Fischer 2001.
2 Grundlage für die Auswertung der eisenzeitlichen Fundplätze um Leese sind die Arbeiten von S. Busch-Hellwig im Rahmen des Moora-Projektes und ihrer Dissertation „Die Vorrömische Eisenzeit zwischen Weser und Hunte – eine GIS-gestützte Fundstellenanalyse" an der Universität Göttingen.
3 Vorberichte zu diesen Grabungen u. a. von Maier (1985). Aktuell werden die Grabungen und die Funde im Rahmen einer Dissertation an der Universität Göttingen durch S. Kriesch ausgewertet.
4 Kriesch 2011.
5 Maier 1981.
6 Zusammenfassend zur Nienburger Gruppe: Hässler 1988.
7 Im Zuge der Aufnahme für die Dissertation (Busch-Hellwig) wurden sämtliche Ortsakten aufgearbeitet und die ADABweb-Einträge korrigiert bzw. neu erstellt. Für die gute Zusammenarbeit sei G. Bredemann, H. Nelson u. a. gedankt.
8 Adameck 1993. Daten zu den auf westfälischem Gebiet gelegenen Fundstellen wurden freundlicherweise von Herrn D. Bérenger zur Verfügung gestellt.
9 Besonders das von H.-G. Peters (1979) initiierte und in den 70er Jahren durchgeführte „Siedlungsarchäologische Forschungsprogramm Mittelweser" führte zu einer Vielzahl von Fundmeldungen.

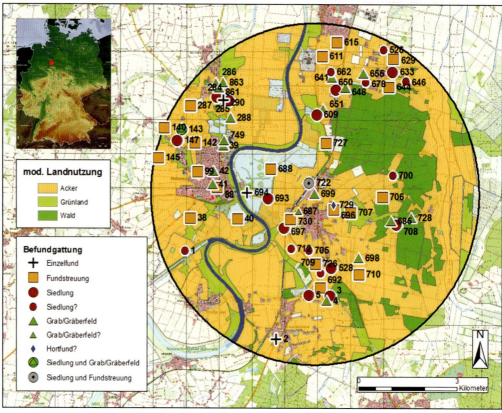

▶ Abb. 1: Verteilung aller Fundplätze auf die moderne Landnutzung.

▶ Tab. 1: Übersicht über die in dieser Arbeit verwendeten Datierungen. [1] Hier wurde chronologisch nicht feiner unterschieden, „ältere" und „frühe" Eisenzeit werden äquivalent verwendet.

Epoche	Periode	gängige Chronologiesysteme
Eisenzeit	„Übergang von der jüngeren Bronze- in die frühe oder ältere Eisenzeit"[1] (Periode I)	Spätbronzezeit, Wessenstedt nach Schwantes, Stufe Ia nach Harck
	„frühe oder ältere Eisenzeit" (Periode II)	Jastorf a-c nach Schwantes, Stufen Ib bis Id nach Harck, eigentliche Nienburger Gruppe nach Nortmann und Tackenberg
	„jüngere Eisenzeit" (Periode III)	Horizont 4 und 5 nach Nortmann, Ripdorf und Seedorf nach Schwantes, Stufen IIa-d nach Harck
	„Übergang bzw. Ende der jüngeren Eisenzeit und Beginn der älteren Römischen Kaiserzeit" (Periode IV)	etwa Ende Seedorf nach Schwantes bzw. noch Stufe IId nach Harck und Beginn der Römischen Kaiserzeit

Arbeit von Pankau[10], indem aus Fundmeldungen, die in weniger als 100 m Abstand zueinander beobachtet worden sind, Analyseeinheiten gebildet wurden. Dabei waren für mehrperiodige Fundplätze (räumliche Einheit) mehrere Fundstellen (zeitliche Unterteilung) zu erstellen, die zwar zeitlich aber nicht funktional begründet sind. Die chronologische Ansprache erfolgte auf zwei Hierarchieebenen, so dass auch nur grob in die Eisenzeit datierte Fundstellen in die Untersuchung einbezogen werden konnten.[11] Dabei basiert die zeitliche Einordnung primär auf den Angaben in den Ortsakten und der Literatur sowie mit Einschränkungen auf den Darstellungen des Adameck-Kataloges. Teilweise musste auf die eigene Fundsichtung zurückgegriffen werden.[12] Für die Periodeneinteilung wurden einerseits die von Tackenberg und Nortmann für die Nienburger Gruppe vorgeschlagenen Chronologiesysteme verwendet, andererseits wurden Datierungen aus dem angrenzenden und besser datierten Jastorf-Raum nach Schwantes und Harck übernommen und entsprechend Tab. 1 angewendet.[13]

---

10 PANKAU 2007.

11 Die Fundstellen, deren Datierung im Katalog als fraglich angegeben wird, werden in den Analysen wie die sicher datierbaren behandelt.

12 Die Überprüfung der Datierungen vorzugsweise der Fundstreuungen aus den Ortsakten und bei Adameck ist ein Aspekt in der Dissertation (Busch-Hellwig) zur Quellenkritik und soll hier grundsätzlich noch nicht einfließen. Es sei aber bezüglich der Altfunde nachdrücklich auf die Schwierigkeiten bei der „Übersetzung" früherer Datierungs-Termini hingewiesen. Dieser Aspekt betrifft v. a. die Siedlungs- und Streufunde der Periode I.

13 TACKENBERG 1934. NORTMANN 1983. SCHWANTES 1909; 1911; 1955. HARCK 1972.

Das eisenzeitliche Umfeld des Gräberfeldes von Leese

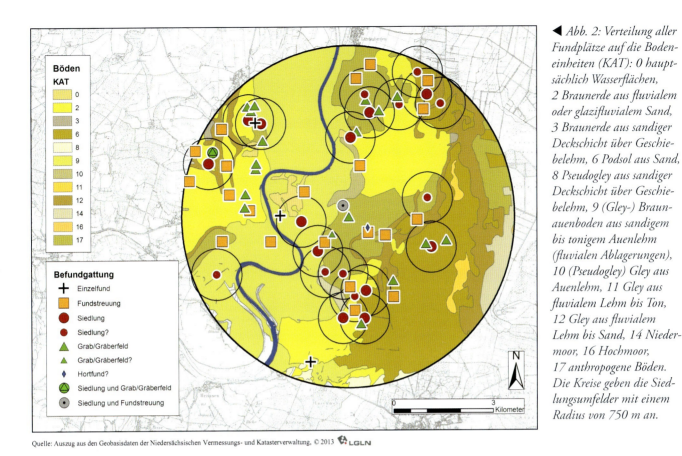

◀ Abb. 2: Verteilung aller Fundplätze auf die Bodeneinheiten (KAT): 0 hauptsächlich Wasserflächen, 2 Braunerde aus fluvialem oder glazifluvialem Sand, 3 Braunerde aus sandiger Deckschicht über Geschiebelehm, 6 Podsol aus Sand, 8 Pseudogley aus sandiger Deckschicht über Geschiebelehm, 9 (Gley-) Braunauenboden aus sandigem bis tonigem Auenlehm (fluvialen Ablagerungen), 10 (Pseudogley) Gley aus Auenlehm, 11 Gley aus fluvialem Lehm bis Ton, 12 Gley aus fluvialem Lehm bis Sand, 14 Niedermoor, 16 Hochmoor, 17 anthropogene Böden. Die Kreise geben die Siedlungsumfelder mit einem Radius von 750 m an.

Geodaten

Aufgrund des spezifischen Naturraumes schieden diverse topologische Faktoren wie Reliefform, Hangneigung und Exposition für die Analysen aus. Das gleiche gilt für die Gewässer. Nach Gerlach sind „Entfernungen zum Fluss" sowie „Hochwassergefährdungen ... in der Aue Faktoren, die sich so rasant geändert haben, dass sich Rückschlüsse ... von selbst verbieten".[14]

Um festzustellen, ob bestimmte Böden bevorzugt oder gemieden wurden, sind aus der digitalen BÜK50 des Landesamtes für Bergbau, Energie und Geologie, Hannover, und der digitalen BK50 des Geologischen Dienstes Nordrhein-Westfalen, Krefeld, Bodengesellschaften bzw. Bodeneinheiten (KAT) gebildet worden (Abb. 2). Diese wurden in Anlehnung an Saile und Pankau[15] zu Leitbodenassoziationen zusammengefasst, die sich in unterschiedlicher Weise für die Landwirtschaft eignen:

- Auen (Auenböden, Gleye, Niedermoore, KAT 9, 10, 11, 12, 14, 42 % des Untersuchungsgebietes) = günstige Grünlandstandorte
- Braunerde (KAT 2, 3, 22 % des Untersuchungsgebietes) = in diesen Ausprägungen guter Ackerboden
- Podsole (Podsole, Pseudogleye, KAT 6, 8, 20 % des Untersuchungsgebietes) = für Viehzucht geeignetes Substrat

außerdem sind relevant:
- anthropogene Böden (v. a. Plaggenböden, KAT 17, 14 % des Untersuchungsgebietes)

Naturräumliche Charakteristika

Das hier untersuchte Umfeld ist vor allem durch das ca. 2,5 bis 3 km breite Wesertal gekennzeichnet. Der bereits in prähistorischer Zeit für Warenaustausch und Kommunikation bedeutende Flusslauf unterteilt den Raum in einen westlichen und einen östlichen Bereich. Die sich bis zu 4 m über die Talaue erhebende Terrassenfläche erstreckt sich im Osten von Leese bis über Nienburg hinaus in nahezu gleicher Breite. Westlich von Stolzenau zeigt sie sich großflächiger und ist von ehemaligen Weserläufen durchzogen.[16] Am östlichen Rand des Arbeitsgebietes befindet sich die Steinhuder Meerbach-Niederung und das heute weitgehend kultivierte Hüttenmoor.

Ergebnisse
Archäologische Grundlagen

Insgesamt wurden 66 Fundplätze mit 74 Fundstellen herausgearbeitet, die in einen Zeitrahmen datiert werden, der den Übergang von der späten Bronzezeit in die frühe Eisenzeit bis zum Übergang von der späten Eisenzeit in die frühe Römische Kaiserzeit umfasst. Die meisten der niedersächsischen Fundstellen konnten innerhalb dieses Rahmens chronologisch gegliedert werden

---

14 Gerlach 2003, 94.
15 Saile 1997, 223. Pankau 2007, 203ff.
16 Tickert 1959, 4.

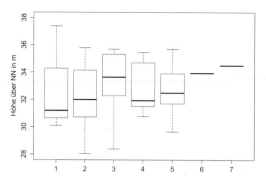

▶ Abb. 3: Verteilung der Befundgattungen auf die Höhenlagen. 1 Einzelfund, 2 Fundstreuung, 3 Siedlung?, 4 vermutl. Siedlung, 5 Grab/Gräberfeld, 6 Grab/Gräberfeld?, 7 Hortfund?.

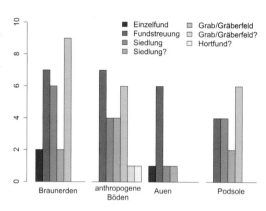

▶ Abb. 4: Verteilung der Befundgattungen (Anzahl der Fundstellen) auf die Leitbodenassoziationen und auf anthropogene Böden.

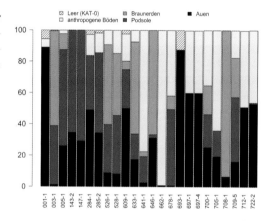

▶ Abb. 5: Prozentuale Anteile der Leitbodenassoziationen und der anthropogenen Böden an den Siedlungsumfeldern.

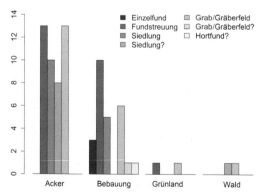

▶ Abb. 6: Verteilung der Befundgattungen (Anzahl der Fundstellen) auf die moderne Landnutzung.

und ermöglichen somit eine zeitlich-funktionale Auswertung des vorhandenen Materials. Für die westfälischen Fundstellen lagen hingegen keine Datierungen auf Periodenebene vor. Insgesamt sind 21 Fundstellen als sichere Grabfunde und ein Fund als eventuelles Grab anzusprechen. Der Rest verteilt sich auf Einzelfunde (n = 3), Fundstreuungen (n = 24), sichere bzw. wahrscheinliche Siedlungsstellen (n = 15 bzw. n = 9)[17] sowie einen wahrscheinlichen Hortfund (Abb. 1 und 7–10).

Für eine landschaftsarchäologische Auswertung der eisenzeitlichen Fundstellen ist das in der vorliegenden Studie zugrunde gelegte Gebiet eigentlich zu klein und naturräumlich zu homogen. Zudem ist die erfasste Fundstellenanzahl vergleichsweise gering, um Aussagen in Bezug auf die eisenzeitliche Siedlungs- und Bestattungsplatzwahl statistisch zu untermauern, doch ergeben sich zumindest auf Epochenebene Erkenntnisse zur räumlichen Verteilung in Bezug auf bestimmte Geofaktoren.[18]

Lagebeobachtungen

Wie zu erwarten, streuen die Höhenwerte der Fundstellen lediglich zwischen 28 und knapp 37,5 m ü. NN (vgl. Abb. 3). Grab- und Siedlungsfunde weisen in ihrer Masse keine großen Unterschiede auf. Trotzdem ist bei den Siedlungs- und Streufunden eine größere Varianz in den Höhen feststellbar. Sie treten teilweise auch in tieferen Lagen als die Grabfunde auf. Grund für die Auswahl höherer Lagen dürfte die Gefahr von potentiellen Überschwemmungen sein, die für sämtliche Befundgattungen gilt.[19] Für die Gräberfelder ist zusätzlich auch eine bessere Sichtbarkeit denkbar.

Darüber hinaus kann festgestellt werden, dass Siedlungen vorzugsweise auf Braunerden angelegt wurden, gefolgt von Podsolen (siehe Abb. 2 und 4). Das gleiche Bild ergibt sich bei der Verteilung der Fundstreuungen, bei denen es sich in den meisten Fällen wohl um Siedlungsreste handelt. Werden die anthropogenen Böden des Arbeitsgebietes, bei denen es sich nach Erbe hauptsächlich um Plaggenböden über podsolierten Sandböden und über podsoliger Braunerde handelt, den Podsolen zugerechnet, kann sogar eine Favorisierung der ackerbaulich schlechteren Podsole gegenüber den ackerbaulich besseren Braunerden konstatiert werden.[20] Auenböden sind bei den genannten Befundgattungen zwar unterrepräsentiert[21], aber vorhanden und untermauern damit die Auffassung mehrerer Autoren[22], dass mit

---

17 Sind Befunde vorhanden, handelt es sich um „Siedlungen". Befindet sich im Lesefundspektrum eindeutiges Siedlungsmaterial, wie Brandlehm, Spinnwirtel, Webgewichte usw., wurden die Fundstreuungen als „Siedlungen?" angesprochen.

18 Auf standardmäßig in GIS-Arbeiten durchgeführte Analysen bestimmter Quellenfilter oder anderer Einflussfaktoren sowie auf Fragen nach der Übertragbarkeit moderner Geodaten auf prähistorische Zeiträume kann hier nicht eingegangen werden. Hierzu sei auf die laufende Dissertation (Busch-Hellwig) verwiesen.

19 Aus der Erfahrung vor Ort lässt sich ergänzen, dass die Siedlungen zumeist auf kleinen Geländekuppen angelegt wurden, die im DGM25 nicht erfasst werden.

20 ERBE 1959, Abb. 19; 62f.

21 Der relativ hohe Anteil bei den Fundstreuungen in der Aue ist auf Kieswerkfunde zurückzuführen, bei denen es sich im Grunde um mehrere umgelagerte Einzelfunde handelt.

22 U. a. MISCHKA 2007, 145. PANKAU 2007, 204f.

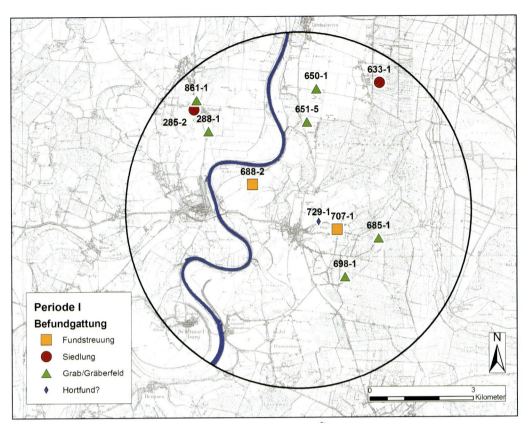

◀ Abb. 7: Fundstellenverteilung in der Periode I (Übergang von der jüngeren Bronze- in die frühe oder ältere Eisenzeit).

Quelle: Auszug aus den Geobasisdaten der Niedersächsischen Vermessungs- und Katasterverwaltung, © 2013 LGLN

einer zumindest zeitweisen Nutzung der Aue zu Siedlungszwecken gerechnet werden muss, zumal die Auffindungschancen durch Verlagerung und Überdeckung mit Auenlehm denkbar schlecht sind.[23] Gräberfelder hingegen befinden sich auf Braunerden und mit leicht höherem Anteil auf Podsolen/anthropogenen Böden.

Für die Darstellung der wirtschaftlichen Nutzbarkeit der umgebenden Flächen einer Siedlung wurde für die jeweilgen Fundstellen ein kreisförmiges Umfeld mit einem Radius von 750 m angenommen[24] (Abb. 2) und die prozentualen Anteile der Leitbodenassoziationen und der anthropogenen Böden bestimmt (Abb. 5). Dabei wurden nur die sicheren und wahrscheinlichen Siedlungen in die Auswertung einbezogen. Fundstreuungen bleiben aufgrund ihrer definitionsgemäß unsicheren Funktionszuweisung außen vor. Demnach setzen sich die Siedlungsumfelder zu 32 % aus Auenböden, zu 24 % aus Braunerden, zu 18 % aus Podsolen und zu 25 % aus anthropogenen Böden zusammen. 1 % wird hauptsächlich von Wasserflächen eingenommen. In Bezug auf die prozentualen Anteile am Arbeitsgebiet sind Auen etwas unter- und anthropogene Böden etwas überrepräsentiert. Letztlich sind gut ein Viertel der potentiellen Nutzflächen für Ackerbau geeignet, drei Viertel der Flächen sind günstige Grünlandstandorte bzw. für Viehzucht geeignet. Angesichts des hohen Anteils an Auenböden kann zu überflutungsfreien Zeiten eine zusätzliche Nutzung der fruchtbaren Auenlehme als Ackerland angenommen werden.[25]

Interpretation 1: Repräsentativität des Kartenbildes

Wird die moderne Landnutzung als Quellenfilter und damit die Auffindungswahrscheinlichkeit betrachtet[26], ist festzustellen, dass Fundstreuungen, Siedlungs- und Grabfunde zum überwiegenden Teil auf Ackerflächen gemacht wurden (Abb. 1 und 6). Darüber hinaus wurden sie relativ häufig in bebautem Gebiet[27] dokumentiert. Erwartungsgemäß wirken sich Bebauung und Beackerung positiv auf die Auffindung unterirdischer Denkmäler aus. Demzufolge ist das Defizit an Siedlungsplätzen und Flachgräbern auf Ackerflächen außerhalb der Weseraue im Süden und Südosten des Arbeitsgebietes nicht ursächlich mit der modernen Landnutzung zu begründen. Im Gegensatz dazu begünstigt Bewaldung in der Regel die

---

23 In diesem Zusammenhang sei auf die Ende der 1950er Jahre durchgeführten Untersuchungen zur Gliederung der holozänen Auelehmsedimente im nördlich von Leese gelegenen Wellie hingewiesen. Dabei konnte das Ende der Sedimentation des ältesten in diesem Bereich aufgefundenen Auelehms durch jüngereisenzeitliche (2. Jahrhundert v. Chr.) Siedlungsbefunde datiert werden (STRAUTZ 1959. TACKENBERG 1959).

24 Vgl. MISCHKA 2007, 141. PANKAU 2007, 187f. SAILE 1997, 221ff.

25 MISCHKA 2007, 145.

26 Sammlerterritorien kommen aufgrund der umfangreichen Feldbegehungen, die hier im Rahmen des Mittelweser-Projektes (vgl. Anm. 9) durchgeführt wurden, nicht zum Tragen.

27 Zur Bebauung zählen Siedlungsflächen, Ortslagen, Industrieflächen, Tagebau und Gruben.

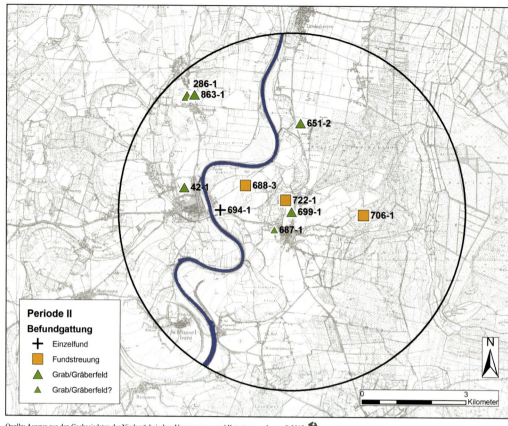

Abb. 8: Fundstellenverteilung in der Periode II (frühe oder ältere Eisenzeit).

Quelle: Auszug aus den Geobasisdaten der Niedersächsischen Vermessungs- und Katasterverwaltung, © 2013 LGLN

Erhaltung obertägiger Denkmäler, so dass das weitgehende Fehlen von Grabhügeln, die eisenzeitliche Bestattungen enthalten könnten, überrascht. Da Grabhügel unter Wald in den seltensten Fällen untersucht und datiert sind, müssten sämtliche undatierten Grabhügel in die Betrachtung einbezogen werden. Demnach scheinen in dem nordöstlich von Leese gelegenen größeren Waldgebiet grundsätzlich keine Grabhügel zu existieren, wogegen sich östlich der Ortschaft mehrere Grabhügel z. T. auf kleineren bewaldeten Flächen von Nord nach Süd aneinanderreihen.[28]

Interpretation 2: Die Besiedlung und die Grabfunde des Leeser Raumes am Ende der jüngeren Bronzezeit und in der älteren Vorrömischen Eisenzeit

In der ersten Periode, am Übergang von der jüngeren Bronzezeit zur älteren Eisenzeit, war das Leeser Gräberfeld vermutlich noch nicht in Benutzung, denn bronzezeitliche Funde fehlen hier. Allerdings liegen im Arbeitsgebiet mehrere Grabfunde vor, die eventuell als Vorläufer von Leese gelten können (Abb. 7). Interessanterweise liegen sie nicht in der Nähe des späteren Großgräberfeldes, sondern im nördlichen Bereich einmal westlich der Weser und einmal östlich davon, sowie im südöstlichen Viertel des Arbeitsgebietes. Bei dem Kiesgrubenfund Kat.Nr. 288-1 westlich der Weser handelt es sich wohl um ein kleineres Gräberfeld mit wenigen Bestattungen, das scheinbar nur kurz genutzt wurde. Fundplatz Kat.Nr. 650-1 dürfte ebenfalls ein kleinerer Bestattungsplatz gewesen sein, da hier auch nur zwei Urnen geborgen wurden. Auf dem Klüthberg (Kat.Nr. 651) scheint es sich dagegen um einen länger belegten Platz zu handeln. So sind sowohl bronzezeitliche als auch früh- und späteisenzeitliche Bestattungen geborgen worden (Kat.Nr. 651-2, -3, -5). Es ist die Rede von „zahlreichen Urnenresten", die verteilt auf einem 30 000 m² großen Gelände gefunden wurden. Möglicherweise hat Gärtner also Recht mit der Annahme, dass in unmittelbarer Nähe von Leese ein weiteres Großgräberfeld lag.[29] Allerdings ist die Zahl der tatsächlich gesichert überlieferten Gräber mit 20 Stück nicht annähernd zu vergleichen. Weiterhin lässt sich auch nicht mehr rekonstruieren, ob alle Bestattungen zu einem Gräberfeld gehören (es ist auch die Rede von Grabhügeln in der Nähe) oder ob die Belegung tatsächlich so kontinuierlich war, wie sie anhand der Datierungen erscheint. Da der Fundplatz heute weitgehend zerstört ist, werden sich diese Fragen auch nicht mehr klären lassen. Sicher ist nur, dass es bereits am Beginn der Vorrömischen Eisenzeit Bestattungen an diesem Fundplatz gab. Im südöstlichen Bereich unseres Arbeitsgebietes finden sich mehrere Grabhügel (auf dem Osterberg (Kat.Nr. 685)

---

28 ADABweb, letzter Zugriff 01/2013.

29 GÄRTNER 2010, 47.

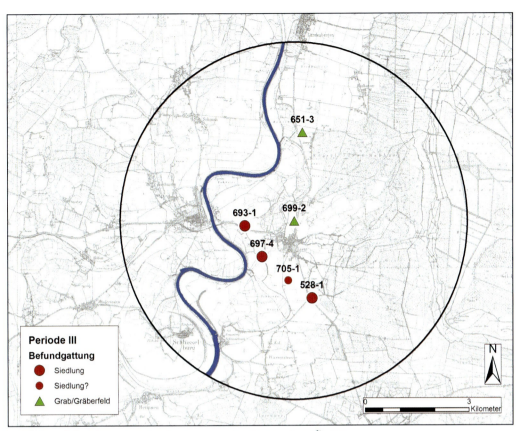

◀ Abb. 9: Fundstellenverteilung in der Periode III (jüngere Eisenzeit).

und in der „Pickels Heide" (Kat.Nr. 698)), deren Funde ebenfalls an den Beginn der frühen Eisenzeit weisen. Die herausgearbeitete Siedlungsverteilung dieser Periode ist dünn. Zum Einen handelt es sich bei Kat.Nr. 688-2 um Kieswerkfunde, d. h. um verlagerte Einzelfunde. Zum Anderen ist die Datierung der restlichen drei Fundstellen auf Periodenebene problematisch.[30] Dennoch ist die räumliche Nähe der am Rande der Aue gelegenen Fundstelle Kat.Nr. 285-2 zu den Bestattungsplätzen Kat.Nr. 861-1 und 288-1 auffällig. Beide befinden sich innerhalb des Siedlungsumfeldes von 750 m, so dass eine Zusammengehörigkeit prinzipiell möglich, aber aufgrund der ungenügenden Datierungsgrundlage nicht unbedingt haltbar ist. Ähnliches gilt für die Fundstelle Kat.Nr. 707-1, in deren Nachbarschaft zudem ein Gefäßdepot oder eine Körperbestattung zutage trat (Kat.Nr. 729-1), und für die Fundstelle im Eichheister Bruch (Kat.Nr. 633-1).

Erst in der zweiten Periode (Abb. 8) taucht das Gräberfeld von Leese auf (Kat.Nr. 699-1). Denn die Funde lassen zwar eine Datierung in die ältere Vorrömische Eisenzeit zu, aber eher an deren Ende. In unmittelbarer Nähe zu Leese erscheint der Fundplatz Kat.Nr. 687-1, der als möglicher Grabfund angesprochen wird. Da es sich lediglich um ein einzelnes Gefäß ohne Leichenbrand handelte, das laut Finder auch noch in der Nähe einer Siedlung gelegen haben soll, kann über den Bezug zu Leese nur gemutmaßt werden. Erst in einer Entfernung von etwa 2,5 km ist weiterhin der Bestattungsplatz auf dem Klüthberg (Kat.Nr. 651-2, siehe oben) zu finden, von dem zwar sicher früheisenzeitliche Gräber überliefert sind, dessen Ausmaße und damit auch dessen Bedeutung aber unbekannt sind. Sicher scheint nur, dass es ein weiteres größeres Gräberfeld in der Nähe von Leese in der frühen Eisenzeit gab, wenn auch in einer gewissen Entfernung. Möglicherweise waren die Gräberfelder für verschiedene Siedlungskammern angelegt. Weitere früheisenzeitlichen Grabfundplätze liegen westlich der Weser (Kat.Nr. 42-1, 286-1 und 863-1). Sie sind scheinbar nicht sehr groß, da nur wenige Bestattungen gefunden wurden, und dürften anderen westlich der Weser gelegenen Siedlungskammern zuzuweisen sein. Denn es fanden sich in ihrer Nähe weitere Fundstreuungen und Siedlungen, die nicht genauer datiert werden konnten (vgl. Abb. 1). Außerdem wäre es denkbar, dass die Fundstelle Kat.Nr. 285-2 noch länger belegt war. Von den drei Fundstreuungen, die alle in einem Radius von etwa 2 km um Leese liegen, gehört eine wiederum zu den Kieswerkfunden und fällt als potentielle Siedlung aus (Kat.Nr. 688-3). Das ältereisenzeitliche Fundmaterial des Zapfenberges (Kat.Nr. 722-1), einem v. a. am Übergang von der jüngeren Eisen- zur älteren Römischen Kaiserzeit besiedelten Geestsporn am Rande der Aue, kann zudem nicht eindeutig in seiner Funktion bestimmt werden. Lediglich die

---

30 Vgl. Anm. 12.

Streufunde des 2 km entfernt gelegenen Fundplatzes Kat.Nr. 706 sind eventuell mit der ältesten Phase des Großgräberfeldes zu parallelisieren. Es ist jedoch nicht ausgeschlossen, dass einige der nur grob datierten, in ähnlicher Entfernung gelegenen Siedlungen (u. a. Kat. Nr. 700, 708, 712, vgl. Abb. 1) bereits in dieser Periode bestanden und den Bestattungsplatz nutzten.

Anhand von Pollenanalysen in der Nähe des Arbeitsgebietes stellt Caspers für die Eisenzeit generell fest, dass es in der Region um Leese zunächst eine Zunahme der Besiedlungsanzeiger für die ältere Eisenzeit gibt.[31] Allerdings kann solch eine Zunahme mit dem Bild der Siedlungsfunde in den ersten beiden Perioden nicht bestätigt werden. Einschränkend muss jedoch auf die fehlende bronzezeitliche Vergleichsbasis und die bereits erwähnte dünne Befundlage gerade für die Periode I verwiesen werden. Entsprechend ist eine intensivere Landnutzung grundsätzlich möglich, die sich aber in den archäologischen Befunden (noch) nicht zeigt.

Die Besiedlung und die Grabfunde des Leeser Raumes in der jüngeren Vorrömischen Eisenzeit bis zum Beginn der älteren Römischen Kaiserzeit

In die dritte Periode, den Beginn der jüngeren Vorrömischen Eisenzeit, fallen die jüngeren Fundstücke aus Leese (Abb. 9, Kat.Nr. 699-2). In diesem Zeitraum tritt außerdem nördlich von Leese weiterhin der Fundplatz auf dem Klüthberg (Kat.Nr. 651) in Erscheinung. Zu dem Leeser Gräberfeld dürften die Siedlungsfunde, die sicher in die jüngere Eisenzeit datierbar sind, gehören. Sie reihen sich wie eine Kette mehr oder weniger direkt entlang der Weserniederung. Eventuell spiegeln sich diese Siedlungen auch in der Verteilung der Gräber auf dem Friedhof selbst wider: die Bestattungen wurden in Gruppen angelegt und sind zum Teil räumlich deutlich voneinander getrennt. Bedeutsam sind hier die Siedlungsbefunde in der Aue (Kat.Nr. 693-1), die möglicherweise auf einen nur zeitweise bewohnten Handelsplatz verweisen könnten. Leider haben hier keine genaueren Untersuchungen stattgefunden. Forschungsbedarf in Bezug auf Kontinuitätsfragen besteht auch auf dem Marschberg (Kat.Nr. 697-4), der neben einer latènezeitlichen Kulturschicht auch Siedlungshorizonte mit Hausgrundrissen der folgenden Periode sowie der jüngeren Römischen Kaiserzeit erbrachte.[32] Ähnliches gilt für den Fundplatz Kat.Nr. 528-1, zumal die im Jahre 2010 durchgeführte Grabung lediglich den Randbereich der Siedlung erfasste und mehrere Befunde bereits durch Spargelanbau zerstört worden sind. Zusammen mit den umfangreichen Lesefunden der Fundstelle Kat.Nr. 705-1 sind im Hinblick auf das Großgräberfeld in dieser Periode die wohl interessantesten Aufschlüsse zu erwarten, zumal auch hier einige nur grob datierte Siedlungen und Fundstreuungen im engeren Umfeld zu finden sind. Auffallend ist auch, dass es für die dritte Periode westlich der Weser scheinbar keine Fundplätze gibt.

Es ist bemerkenswert, dass für die Übergangszeit (Periode IV) nur ein einzelner Grabfund – eine mutmaßliche Brandgrube – im Arbeitsgebiet vorliegt (Abb. 10). Dieser Umstand deckt sich jedoch mit gleichfalls nur sporadisch dokumentierten späteisen- und kaiserzeitlichen Bestattungsplätzen in großen Teilen des mittel- und südniedersächsischen Gebietes und dürfte auf eine Änderung der Bestattungssitte zurückzuführen sein.[33] Diese Änderung ist in dem verstärkten Auftreten von Brandgrubengräbern zu fassen – eine Grabform, die Auffindung und Datierung erschwert. Die Siedlungen sind dagegen zahlreicher belegt, womit zumindest sichergestellt ist, dass das Arbeitsgebiet weiterhin besiedelt war und es keinen Bevölkerungsabbruch gab, wie durch die Pollenanalysen vermutet. Caspers weist selbst darauf hin, dass diese scheinbare Abnahme der Siedlungsaktivität in der jüngeren Eisenzeit im Gegensatz zu den archäologischen Befunden steht.[34] Möglicherweise ist hier eine Veränderung in der Wirtschaftsweise zu sehen, die weg von der Subsistenz zu ausgeprägteren Handelsaktivitäten ging. Die Siedlungen reihen sich rechts der Weser in ähnlichen Abständen entlang der Niederterrassenkante. Lediglich die Fundstellen Kat.Nr. 730-1 und 697-1 liegen sehr nah beieinander. Letztere, auf dem Marschberg gelegene Siedlung sei aufgrund ihrer Vorgängerbesiedlung und ihrer Hausgrundrisse nochmals hervorgehoben. Bei der nördlich angrenzenden Fundstreuung Kat.Nr. 727-1 soll es sich hingegen um verschlepptes Fundmaterial handeln. Die Siedlungsreste der Fundstelle Kat.Nr. 609-1 liegen zwar in unmittelbarer Nähe des Gräberfeldes Kat.Nr. 651, sind mit Selbigem zeitlich jedoch nicht zu verbinden. Bei dem am weitesten im Süden gelegenen Fundplatz Kat.Nr. 709 wären weitere Untersuchungen angesichts der Luftbilder und mehrerer Fundaufschlüsse, die eisen-, übergang- und kaiserzeitliches Material lieferten, sehr erfreulich, zumal an dieser ehemaligen Weserschleife für die vorhergehende Periode eine Siedlung belegt ist (Kat.Nr. 528-1) sowie weitere, z. T. bereits auf westfälischem Gebiet liegende Siedlungen bestanden, für die keine feineren Datierungen vorlagen. Abseits dieser Linie sind lediglich einige Streufunde dokumentiert (Kat.Nr. 678-1, 696-1). Für die nahezu gleichmäßige Fundstellenverteilung links

---

31 CASPERS 1993, 55.
32 Dieser Fundplatz ist vor allem im Zusammenhang mit dem eventuell kaiserzeitlichen „Angrivarierwall" bei Leese untersucht worden (siehe HEGEWISCH 2012).

33 HÄSSLER 1991, 237.
34 CASPERS 1993, 61.

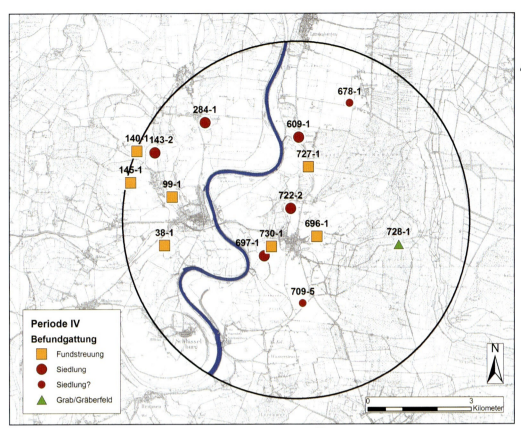

◄ Abb. 10: Fundstellenverteilung in der Periode IV (Übergang bzw. Ende der jüngeren Eisenzeit und Beginn der älteren Römischen Kaiserzeit).

der Weser könnten u. U. die Altarme verantwortlich sein. Zudem ist das scheinbare Fehlen von Besiedlungsstrukturen in den vorangehenden Perioden auffällig, auch wenn hier die meisten nur grob datierten Grab- und Siedlungsfunde dokumentiert sind. Aufschluss könnten geowissenschaftliche und paläobotanische Untersuchungen zur Datierung der Altarme geben. Erwähnenswert wären die Siedlung Kat.Nr. 143-2 und die direkt an der Auenkante gelegene Fundstreuung Kat.Nr. 38, für die Luftbilder mit wahrscheinlich zugehörigen Befunden vorliegen. Für Fundplatz Kat.Nr. 143 ist auch eine eisenzeitliche Urnenbestattung belegt (Kat.Nr. 143-1). Kat.Nr. 99 ist in seiner Datierung sehr fraglich und wohl jünger anzusetzen. Unter den restlichen Fundstellen befindet sich ein spätlatènezeitlicher Siedlungshorizont, der bei neueren Untersuchungen im Kloster Schinna erfasst wurde (Kat.Nr. 284-1).

Tendenzen der Besiedlungsgeschichte während der Vorrömischen Eisenzeit

Betrachtet man allgemein das Bild der Fundplätze, so scheint es, ausgehend von der Verteilung der Gräberfelder, mehrere Siedlungskammern oder neutraler formuliert „Fundplatzkonzentrationen" im Arbeitsgebiet gegeben zu haben. Leese steht definitionsgemäß im Zentrum mit einigen Siedlungen im unmittelbaren (südlichen) Umfeld. Dann liegt im Südosten eine Gruppe von kleineren Grabhügeln vor, die vermutlich für die Bestattungen einer benachbarten Siedlungsgemeinschaft genutzt wurden. Scheinbar ist dieser Bereich vor allem in der älteren Phase der Vorrömischen Eisenzeit besiedelt worden, auch wenn es hier gegen Ende der jüngeren Eisenzeit einen einzelnen Grabfund gibt, der darauf hindeuten könnte, dass diese Kleinregion nach dem Ende des Leeser Gräberfeldes wieder erneut aufgesiedelt wurde.[35] Für die frühe Eisenzeit kann man hier also möglicherweise eine Siedlungsverlagerung von Osten nach Westen mit einer stärkeren Orientierung zur Weser hin annehmen, die mit der Anlage des Großgräberfeldes von Leese zusammenfällt. Dabei fällt auf, dass sogar die Weseraue besiedelt wurde. Caspers vermutet, dass während der Eisenzeit zum ersten Mal ein weitgehend waldfreier Streifen entlang der Weseraue bestand und landwirtschaftlich (vor allem für Weidewirtschaft) genutzt wurde.[36] Weiterhin ist diese Siedlungsverlagerung wahrscheinlich auch mit einer Zunahme des Handels über die eisenzeitliche „Verkehrsader" Weser zu begründen, der in den Import- und „Fremdfunden" in den Gräbern von Leese seine Entsprechung findet.[37] Parallel dazu gibt es im Norden von Leese eine größere Konzentration sowohl von Siedlungs- und Streufunden als auch von Bestattungsplätzen, die eine weitere Kleinregion gebildet haben dürften, die wahrscheinlich ebenfalls über die

---

35 Eventuell sind hier auch noch weitere eisenzeitliche Fundplätze zu erwarten, da es sich heute vorwiegend um Waldgebiete handelt.
36 CASPERS 1993, 56.
37 CASPERS (1993, 65) vermutet sogar, dass die Siedlungsfunde in der Aue nur saisonal genutzte Handelsplätze gewesen sein könnten.

gesamte Eisenzeit besiedelt war. Eventuell hatte das Gräberfeld auf dem Klüthberg (Kat.Nr. 651) hier eine zentrale Rolle, in welchem Ausmaß auch immer. Auch im Nordwesten des Arbeitsgebietes, am anderen Ufer der Weser von Leese aus gesehen, scheint immer wieder eine Besiedlung während der Eisenzeit, d. h. besonders zu Beginn und zum Ende der Epoche, bestanden zu haben. Vielleicht wurden im Zusammenhang mit der Konzentration der Besiedlung östlich der Weser und der Nutzung des Leeser Gräberfeldes die Gebiete im Westen aufgegeben, und erst nach dem Ende dieses Besiedlungsabschnittes wieder stärker aufgesucht.

Zusammenfassung und Ausblick

Hauptziel der vorliegenden Studie war zunächst die Aufarbeitung und Vorlage sämtlicher eisenzeitlicher Fundplätze, die sich in einem Radius von 5 km um das große Gräberfeld in Leese befinden. In einem zweiten Schritt wurden die Fundstellen, soweit möglich, chronologisch gegliedert, um mögliche Besiedlungsstrukturen herauszuarbeiten und in ihrer zeitlichen Abfolge zu interpretieren. Dabei traten die methodischen Schwierigkeiten deutlich zutage. Grundlage einer solchen Untersuchung müssten feinst-chronologische Datierungen der Siedlungen sein, um festzustellen, zu welcher Zeit die einzelnen Fundstellen bestanden haben, ob sie gleichzeitig sind oder sich gegenseitig abgelöst haben. Dennoch konnten gewisse Tendenzen herausgearbeitet werden und der Bezug zwischen bestimmten Siedlungsstellen und Grabfunden wahrscheinlich gemacht werden, darunter das Gräberfeld von Leese als Ausgangspunkt dieser Untersuchung. So scheint es im Arbeitsgebiet während der Eisenzeit mindestens drei verschiedene Fundplatzkonzentrationen gegeben zu haben, die Siedlungskammern gebildet haben könnten. Ebenso ist eine Verlagerung zur Weser hin auszumachen, was für eine steigende Bedeutung des Handels im Verlaufe der Eisenzeit sprechen könnte. In einem letzten Schritt war es vor allem auch hinsichtlich des Einflusses bestimmter Quellenfilter auf das Kartenbild unerlässlich, die Verteilung der Fundstellen in Bezug auf die naturräumlichen Gegebenheiten zu untersuchen. Dabei konnten, neben der Dominanz der Weser als Standortfaktor, gewisse Präferenzen für die Siedlungsplatzwahl herausgearbeitet werden, die aber aufgrund fehlender Vergleichsmöglichkeiten mit vorangehenden und nachfolgenden Epochen zunächst eher statistische Züge tragen.

Zusammengenommen stellt das Umfeld des Gräberfeldes von Leese ein umfangreiches Bodenarchiv dar, welches das Wissen über die Vorrömische Eisenzeit in der Region wesentlich bereichert, auch ohne dass die Vielzahl an nur ungenau datierten Fundstellen berücksichtigt wurde. Daneben zeigten die Ausführungen, dass mit weiteren archäologischen Hinterlassenschaften besonders in der Aue und unter den Plaggenaufträgen gerechnet werden kann. Es bleibt zu hoffen, dass dieses Potential erkannt und mit Hilfe weiterer, möglichst interdisziplinärer Untersuchungen genutzt wird, zumal archäologische Befunde durch den intensiven Spargelanbau in der Region massiv bedroht sind.

Literatur

ADAMECK 1993
  M. Adameck, Katalog der archäologischen Fundstellen und Funde des Landkreises Nienburg/Weser. 1993 Unpubl.

ADAMECK 1998
  M. Adameck, Schinna – für Archäologen bundesweit ein Begriff. In: Gemeinde Schinna (Hrsg.), 850 Jahre Schinna. Ein Dorf in Wort und Bild. Schriftenreihe der Gemeinde Stolzenau 2. o. O. 1998.

BEHRENDS 1968
  R.-H. Behrends, Schwissel. Ein Urnengräberfeld der vorrömischen Eisenzeit aus Holstein. Offa-Bücher 22. Neumünster 1968.

BERSU u. a. 1926
  G. Bersu, G. Heimbs, H. Lange, C. Schuchhardt, Der Angrivarisch-cheruskische Grenzwall und die beiden Schlachten des Jahres 16 nach Chr. zwischen Arminius und Germanicus. Prähistorische Zeitschrift 17, 1926, 100–131.

BERTHOLD 2009
  J. Berthold, Abschlussbericht Klosterkirche Schinna 2009. Konzepte und Berichte der Kommunalarchäologie Schaumburger Landschaft 6. Bückeburg 2009. Unpubl.

BERTHOLD 2011
  J. Berthold, In: Fundchronik 2008/09. Nachrichten aus Niedersachsens Urgeschichte Beiheft 14, 2011.

BERTHOLD/GÄRTNER 2010
  J. Berthold, T. Gärtner, Abschlussbericht zur Ausgrabung eines eisenzeitlichen Siedlungsausschnittes beim Ausbau der B 482/B 441 bei Leese. Konzepte und Berichte der Kommunalarchäologie Schaumburger Landschaft 13. Bückeburg 2010. Unpubliziert.

BERTHOLD/KRIESCH 2013
  J. Berthold, S. Kriesch, In: Fundchronik Niedersachsen 2011. Nachrichten aus Niedersachsens Urgeschichte Beiheft 16, 2013.

BERTHOLD u. a. 2010
  J. Berthold, S. Neupert, B. Päffgen, Abschlussbericht Kloster Schinna 2010. Konzepte und Berichte der Kommunalarchäologie Schaumburger Landschaft 20. Bückeburg 2010. Unpubliziert.

BERTHOLD u. a. 2012
  J. Berthold, S. Neupert, B. Päffgen, In: Fundchronik 2010. Nachrichten aus Niedersachsens Urgeschichte Beiheft 15, 2012.

BRAUNE 1991
  M. Braune, Landkreis Nienburg. Nachrichten aus Niedersachsens Urgeschichte 60, 1991, 225–226.

CASPERS 1993
  G. Caspers, Vegetationsgeschichtliche Untersuchungen zur Flußauenentwicklung an der Mittelweser im Spätgla-

zial und Holozän. Abhandlungen aus dem Westfälischen Museum für Naturkunde 55, 1993, 3–101.

Cosack 1976
E. Cosack, Ein bronzener Gürtelhaken aus Leese, Kr. Nienburg. Nachrichten aus Niedersachsens Urgeschichte 45, 1976, 371–374.

Cosack 1996
E. Cosack, In: Fundchronik 1995. Nachrichten aus Niedersachsens Urgeschichte 65:2, 1996.

Einfeld 1854
C. Einfeld, Ueber einige, im Königreich Hannover gefundene, römische Bronzearbeiten in der Sammlung des historischen Vereins. Zeitschrift des historischen Vereins für Niedersachsen, 1854, 1–59.

Erbe 1959
J. Erbe, Böden. In: H. Tickert (Hrsg.), Der Landkreis Nienburg (Weser). Die Landkreise in Niedersachsen 17. Bremen-Horn 1959, 51–63.

Ettel 2008
P. Ettel, 5000 Bestattungen in Mühlen-Eichsen - das größte Gräberfeld der Jastorfkultur? In: F. Falkenstein, M. Schönfelder, H. Stäuble (Hrsg.), Langfristige Erscheinungen und Brüche von der Bronze- zur Eisenzeit. Gemeinsame Sitzung der Arbeitsgemeinschaften Bronze- und Eisenzeit beim 5. Deutschen Archäologen-Kongress in Frankfurt (Oder) 2005. Beiträge zur Ur- und Frühgeschichte Mitteleuropas 51. Langenweißbach 2008, 43–60.

Fischer 2001
L. Fischer, Das große Vorbild? Der Übergang zur jüngeren vorrömischen Eisenzeit im Kerngebiet der Jastorfkultur und das Verhältnis zum keltischen Süden. Archäologische Informationen 24, 2001, 247–270.

Freese 1999
H.-D. Freese, In: Fundchronik 1998. Nachrichten aus Niedersachsens Urgeschichte Beiheft 2, 1999.

Freese 2002
H.-D. Freese, In: Fundchronik 2001. Nachrichten aus Niedersachsens Urgeschichte Beiheft 8, 2002.

Gärtner 2010
T. Gärtner, Ausgrabung auf einem Fundplatz der vorrömischen Eisenzeit bei Leese, Ldkr. Nienburg/Weser. Die Kunde NF 61, 2010, 39–52.

Gärtner 2012
T. Gärtner, In: Fundchronik 2010, Nachrichten aus Niedersachsens Urgeschichte Beiheft 15, 2012.

Genrich 1964
A. Genrich, Eine Siedlung der römischen Kaiserzeit in der Gemarkung Leese, Kr. Nienburg. Nachrichten aus Niedersachsens Urgeschichte 33, 1964, 102–103.

Gerlach 2003
R. Gerlach, Wie dynamisch sind die geogenen Grundlagen einer archäologischen Prognose. Die Veränderungen von Relief, Boden und Wasser seit dem Neolithikum. In: J. Kunow, J. Müller (Hrsg.), Archäoprognose Brandenburg I. Forschungen zur Archäologie im Land Brandenburg 8. Wünsdorf 2003, 89–96.

Grunwald 2003
L. Grunwald, Flugprospektion in Niedersachsen, Luftbilder der Jahre 1989–1996, Teil III. Regierungsbezirk Hannover. Nachrichten aus Niedersachsens Urgeschichte Beiheft 7, 2003.

Gummel 1928
H. Gummel, Arbeitsgebiet des Provinzmuseums Hannover. Germania 11, 1928, 170.

Hässler 1988
H.-J. Häßler, Zur Nienburger Kultur während der vorrömischen Eisenzeit in Nordwestdeutschland. In: F. Horst, F. Schlette (Hrsg.), Frühe Völker in Mitteleuropa. XII. Tagung der Fachgruppe Ur- und Frühgeschichte vom 8. – 10. November 1983, Meiningen. Berlin 1988, 307–341.

Hässler 1991
H.-J. Häßler (Hrsg.), Ur- und Frühgeschichte in Niedersachsen. Stuttgart 1991.

Hässler 1992
H.-J. Häßler, Ein neuer Rippenzistenfund aus den Weserkiesen bei Leese, Ldkr. Nienburg. Die Kunde NF 43, 1992, 149–159.

Harck 1972
O. Harck, Nordostniedersachsen vom Beginn der jüngeren Bronzezeit bis zum frühen Mittelalter. Materialhefte zur Ur- und Frühgeschichte Niedersachsens Reihe A 7. Hildesheim 1972.

Hegewisch 2012
M. Hegewisch, Von Leese nach Kalkriese? Ein Deutungsversuch zur Geschichte zweier linearer Erdwerke. In: E. Baltrusch, M. Hegewisch, M. Meyer, U. Puschner, C. Wendt (Hrsg.), 2000 Jahre Varusschlacht. Geschichte, Archäologie, Legenden. Topoi 7. Berlin 2012, 177–209.

Heimbs 1925
G. Heimbs, Der Angrivarierwall bei Leese. Prähistorische Zeitschrift 16, 1925, 59–64.

Heimbs 1927
G. Heimbs, Die Steinfunde bei Leese und ihre Beziehung zum angrivarischen Grenzwall. Mannus 19, 1927, 188–192.

Hesse 2001
S. Hesse, In Fundchronik 2000. Nachrichten aus Niedersachsens Urgeschichte Beiheft 6, 2001.

Jacob-Friesen 1925
K. H. Jacob-Friesen, Ein früheisenzeitliches Hügelgrab bei Leese, Kr. Stolzenau. Nachrichtenblatt für Niedersachsens Vorgeschichte NF 2, 1925, 19–28.

Kriesch 2011
S. Kriesch, Leese – Ein eisenzeitlicher „Fernfahrerfriedhof"? Archäologie in Niedersachsen 14, 2011, 38–40.

Kriesch in Vorb.
S. Kriesch, Das eisenzeitliche Brandgräberfeld Leese, Ldkr. Nienburg/Weser. Diss. Univ. Göttingen. In Vorbereitung.

Küntzel 2003
T. Küntzel, In: Fundchronik 2002. Nachrichten aus Niedersachsens Urgeschichte Beiheft 9, 2003.

Maier 1981
R. Maier, Ein schiffsförmiges Tongefäß aus einem eisenzeitlichen Urnengrab von Leese, Ldkr. Nienburg (Weser). Nachrichten aus Niedersachsens Urgeschichte 50, 1981, 93–124.

Maier 1985
R. Maier, Ein eisenzeitlicher Brandgräberfriedhof in Leese, Ldkr. Nienburg (Weser). In: K. Wilhelmi (Hrsg.), Ausgrabungen in Niedersachsen. Archäologische Denkmalpflege 1979–1984. Stuttgart 1985, 181–185.

MISCHKA 2007

D. Mischka, Methodische Aspekte zur Rekonstruktion prähistorischer Siedlungsmuster. Landschaftsgenese vom Ende des Neolithikums bis zur Eisenzeit im Gebiet des südlichen Oberrheins. Freiburger Archäologische Studien 5. Rahden/Westf. 2007.

MÜLLER/REIMERS 1893

J. H. Müller, J. Reimers, Vor- und frühgeschichtliche Alterthümer der Provinz Hannover. Hannover 1893.

NORTMANN 1983

H. Nortmann, Die vorrömische Eisenzeit zwischen unterer Weser und Ems. Ammerlandstudien I. Römisch-Germanische Forschungen 41. Mainz 1983.

PANKAU 2007

C. Pankau, Die Besiedlungsgeschichte des Brenz-Kocher-Tals (östliche Schwäbische Alb) vom Neolithikum bis zur Latènezeit. Universitätsforschungen zur prähistorischen Archäologie 142. Bonn 2007.

PETERS 1979

H.-G. Peters, Ein siedlungsarchäologisches Forschungsprogramm im Gebiet der Mittelweser, südlich von Nienburg. Nachrichten aus Niedersachsens Urgeschichte 48, 1979, 127–133.

SAILE 1997

T. Saile, Landschaftsarchäologie in der nördlichen Wetterau (Hessen): Umfeldanalysen mit einem Geographischen Informationssystem (GIS). Archäologisches Korrespondenzblatt 27, 1997, 221–232.

SCHWANTES 1909

G. Schwantes, Die Gräber der ältesten Eisenzeit im östlichen Hannover. Prähistorische Zeitschrift 1, 1909, 140–162.

SCHWANTES 1911

G. Schwantes, Die ältesten Urnenfriedhöfe bei Uelzen und Lüneburg. Die Urnenfriedhöfe in Niedersachsen 1. Hannover 1911.

SCHWANTES 1955

G. Schwantes, Jastorf und Latène. Kölner Jahrbuch für Vor- und Frühgeschichte 1, 1955, 75–112.

STRAUTZ 1959

W. Strautz, Früheisenzeitliche Siedlungsspuren in einem älteren Auelehm des Wesertales bei Wellie (Kreis Nienburg). Nachrichten aus Niedersachsens Urgeschichte 10, 1959, 69–85.

TACKENBERG 1931

K. Tackenberg, Bericht über die Tätigkeit des Vertrauensmannes für die kulturgeschichtlichen Bodenaltertümer der Provinz Hannover im Jahre 1930. Nachrichtenblatt für deutsche Vorzeit 7, 1931, 199–201.

TACKENBERG 1934

K. Tackenberg, Die Kultur der frühen Eisenzeit in Mittel- und Westhannover. Die Urnenfriedhöfe in Niedersachsen I,3.4. Hildesheim, Leipzig 1934.

TACKENBERG 1959

K. Tackenberg, Die Scherben der Grabung Wellie. Nachrichten aus Niedersachsens Urgeschichte 10, 1959, 87–90.

TICKERT 1959

H. Tickert, Allgemeine Charakterisierung. In: Ders. (Hrsg.), Der Landkreis Nienburg (Weser). Die Landkreise in Niedersachsen 17. Bremen-Horn 1959, 1–9.

TUITJER 1987

H.-G. Tuitjer, Hallstättische Einflüsse in der Nienburger Kultur. Veröffentlichungen der urgeschichtlichen Sammlungen des Landesmuseums zu Hannover 32. Hildesheim 1987.

WÄCHTER 1841

J. K. Wächter, Statistik der im Königreiche Hannover vorhandenen heidnischen Denkmäler. Hannover 1841.

WILHELMI 1967

K. Wilhelmi, Beiträge zur einheimischen Kultur der jüngeren vorrömischen Eisenzeit und der älteren römischen Kaiserzeit zwischen Niederrhein und Mittelweser. Bodenaltertümer Westfalens 11. Münster 1967.

ZIPPEL 1977

D. Zippel, Ein bronzener Wendelring aus Leese, Kr. Nienburg (Weser). Nachrichten aus Niedersachsens Urgeschichte 46, 1977, 217–219.

Fundplatzkatalog

Abkürzungsverzeichnis

ADABweb=*Allgemeine Denkmaldatenbank webbasiert*, IfD=*Institut für Denkmalpflege Hannover (bis 01.01.1998)*, FM=*Focke Museum Bremen*, LMH=*Niedersächsisches Landesmuseum Hannover*, LWL-AfW=*Landschaftsverband Westfalen Lippe-Archäologie für Westfalen*, Mus.Ni.=*Museum Nienburg*, NLD-OAA=*Niedersächsisches Landesamt für Denkmalpflege Hannover-Ortsaktenarchiv*, Verbl.=*Verbleib*, L/F=*Lage/Fundgeschichte*, FU=*Fundumstände*, Auff.=*Auffindung*, Fi=*Finder*, Lit.=*Literatur*, BefG= *Befundgattung*, OF=*Oberflächenfunde*, H=*Höhe ü. NN* Paläo.=*Paläolithikum*, Meso.=*Mesolithikum*, Neo.=*Neolithikum* (TBK=*Trichterbecherkultur*, EGK=*Einzelgrabkultur*), BZ=*Bronzezeit* (HGZ=*Hügelgräberzeit*, UFZ=*Urnenfelderzeit*), EZ=*Eisenzeit* (HaZ=*Hallstattzeit*, LTZ=*Latènezeit*), RKZ=*Römische Kaiserzeit*, VWZ=*Völkerwanderungszeit*, MA=*Mittelalter*, BL=*Brandlehm*, fragm.=*fragmentiert/-fragment*, HK=*Holzkohle*, LB=*Leichenbrand*, RS, WS, BS=*Rand-, Wand-, Bodenscherbe*, sek. gebr.=*sekundär gebrannt*

Bemerkungen zum Fundplatzkatalog

Die Katalognummern der Fundplätze (kleinste räumliche Einheit) aus der laufenden Arbeit von Busch-Hellwig wurden beibehalten, um später eine bessere Vergleichbarkeit zu haben. Die jeweiligen Fundstellen (kleinste zeitliche Einheit) sind mit Unternummern versehen, auch wenn nur eine Fundstelle vorhanden ist, da nur so Fundplätze von Fundstellen zu unterscheiden sind. Wurden verschiedene Befundgattungen zeitlich unterschiedlich fein angesprochen, sind mehrere Fundstellen gebildet worden (z. B. Kat.Nr. 143). Die westfälischen Daten (Kat.Nr. 001-005) sind hingegen als Fundplätze mit je einer Fundstelle aufgefasst worden. Die Sortierung erfolgte nach Gemeinden und folgend nach Gemarkungen.

Für jeden Fundplatz sind Angaben zur räumlichen Lage und Fundgeschichte (**L/F**) aufgelistet. Die Fundplatz-Koordinaten sind die gemittelten Koordinaten der Fundstellen. Bei einigen Alt-Fundplätzen ist die genaue Lage nicht bekannt, so dass der Mittelpunkt der Örtlichkeit angegeben wurde („i.M." hinter den Koordinaten).

Vor der Angabe des zuständigen Denkmalamtes, in welchem die Fundstellen archiviert sind (incl. Aktenzeichen der Fundstelle[38] und des Luftbildes), wird der Aufbewahrungsort des Fundmaterials genannt. Da in den Ortsakten nicht selten die Inventarnummern fehlen und die Hinweise im Adameck-Katalog nicht ohne Weiteres übernommen werden können, sind die Inventarnummern z. Z. nicht in jedem Fall zweifelsfrei zugehörig und entsprechend gekennzeichnet.[39] Die Literaturangaben beziehen sich auf die behandelte Epoche. Vollständig werden nur die Fundchronik-Berichte im Katalog zitiert.

Letztlich werden die erhobenen naturräumlichen Daten genannt (moderne Landnutzung, Bodeneinheit (punktuell), prozentuale Anteile der Bodeneinheiten (KAT) am 750 m Umfeld von Siedlungen, absolute Höhe in m ü. NN). Es folgen Hinweise zur Datierung von Funden und Befunden außerhalb der behandelten Zeitspanne.

Die wesentlichen Details zu den Fundumständen (Art und Zeit der Erstauffindung, Sammler) sind für die Fundstellen aufgeführt. Die Rubrik Funde/Befunde gibt die für die Datierung und Befundgattung/Funktion wesentlichen Informationen, d. h. es erfolgt keine vollständige Auflistung des Fundmaterials und der Befundbeschreibung.

Nach der funktionalen Zuordnung in der Rubrik Befundgattung (vgl. Anm. 10) erfolgt die zeitliche Einordnung der Fundstelle auf Epochen- und Periodenebene. Bei Unsicherheiten wurden die Angaben mit einem „?" versehen.

---

38 In Klammern wird die alte FSt.Nr. des Provinzialmuseums (alt) und die Fundmeldungsnummer H. J. Killmanns (K) angegeben.

39 Die Zuordnung der jeweiligen Inventarnummern befindet sich in Arbeit. U. Weller sei für ihre umfangreiche Unterstützung gedankt.

Das eisenzeitliche Umfeld des Gräberfeldes von Leese

Gemeinde Stolzenau
Gemarkung Stolzenau

Kat.Nr.: 038
TK25: 3420; **TK5:** -33; **R:** 3504190; **H:** 5819010
L/F: erhöhter Ufersaum eines ehem. Weserarms, Begehung 1974. Luftbild von 1992: runde und eckige Gruben, die in die NLD-FStNr. 2 und 4 übergehen; **Verbl.:** LMH 256:92; **Archiv:** NLD-OAA und ADAB FStNr. Stolzenau 5 (K5); Lubi 3520/00017-001 (01), 3520/00017-003 (01); **Lit.:** ADAMECK 1993, Kat.Nr. 2545, GRUNWALD 2003, Kat.Nr. H 575f.; **Nutzung:** Acker; **Boden:** 17; **H:** 34,7; **weitere Dat.:** MA

038-1
FU: Begehung; **Auff.:** 1974; **Fi:** H. J. Killmann
Funde/Bef.: Einige SLTZ/RKZ-Scherben, darunter RS mit Kegelhals, RS einer Schale mit verdicktem, schräg nach innen abgestrichenem Rand, WS mit flächig mitwinklig angeordnetem Kammstrich, WS mit umlaufender Reihe Fingertupfen, ein Schleifsteinfragm., Schlacke; **BefG:** Fundstreuung
Epoche: EZ; **Periode:** jüngEZ-ältRKZ

Kat.Nr.: 039
TK25: 3420; **TK5:** -27; **R:** 3505186; **H:** 5821130
L/F: Sandgrube Menze. 1954: Bergung einer EZ-Urnenbestattung sowie an den abfallenden Seiten der Bodenerhebung eine 40-50cm mächtige ma. Kulturschicht. 1956: Funde der jüngRKZ, die auf ein Gräberfeld verweisen. 1974 Begehung: u. a. ma. Fundmaterial; **Verbl.:** LMH 172:53, 2-6:56, 261:92; **Archiv:** NLD-OAA, ADAB FStNr. Stolzenau 12 (alt 4, K10); **Lit.:** ADAMECK 1993, Kat.Nr. 2537; **Nutzung:** Industriefläche; **Boden:** 2; **H:** 31,7; **weitere Dat.:** RKZ, MA
039-1
FU: Rohstoffgewinnung; **Auff.:** 1954; **Fi:** ?; **Funde/Bef.:** Urne mit Beigefäß. **BefG:** Grab/Gräberfeld; **Epoche:** EZ?

Kat.Nr.: 040
TK25: 3420; **TK5:** -33; **R:** 3505630; **H:** 5819000
L/F: Begehung 1977 auf erhöhter Uferzone der Weser; **Verbl.:** LMH 267:92; **Archiv:** NLD-OAA und ADAB FStNr. Stolzenau 25 (K21); **Lit.:** ADAMECK 1993, Kat.Nr. 2560; **Nutzung:** Tagebau u. a.; **Boden:** 9; **H:** 28,1;
040-1
FU: Begehung; **Auff.:** 1977; **Fi:** H. J. Killmann; **Funde/Bef.:** Einige Scherben, darunter eine RS mit Kegelhals, gerade abgestrichem Rand und leicht ausbiegender Randlippe, Schlacken.; **BefG:** Fundstreuung; **Epoche:** EZ

Kat.Nr.: 041
TK25: 3420; **TK5:** -27/-33; **R:** 3504860; **H:** 5819995 i.M.
L/F: Auf dem Sünkenberg (Sänneckenberg u. a.) wurden 1824-1884 viele Urnen u. a. bei der Anlage eines Weges und der Einrichtung eines Friedhofs gefunden. 1931 beim Hausbau Beigefäß entdeckt. Ein größeres Gefäß soll zerfallen sein. 1966 Meldung einer bei der Anlage einer Sandgrube gefundenen Urne aus dem Nachlass von Dr. Nowothnig; **Verbl.:** LMH 14623, 14682, 557:31, 24:72; **Archiv:** NLD-OAA und ADAB FStNr. Stolzenau 34; **Lit.:** ADAMECK 1993, Kat.Nr. 2566, 2597. EINFELD 1854, 25. MÜLLER/REIMERS 1893, 24-26. TACKENBERG 1934, Beil. 8,12. WÄCHTER 1841, 94. **Nutzung:** Ortslage; **Boden:** 2; **H:** 32,5; **weitere Dat.:** Neo.
041-1
FU: Baumaßnahme; **Auff.:** 1824; **Fi:** Ecker (vor 1966); **Funde/Bef.:** 19. Jh.: große Zahl an Urnen mit LB, Beigefäßen und Deckschalen (mind. 80 Gefäße, darunter verziert), Bronzenadel, Bronzekette aus fünf ringförmig gebogenen Gliedern, kleiner Bronzedrahtring, Schmucknadel, einige unkenntliche Bronzefragm. 1931: Henkelnapf mit getupftem Rand. Vor 1966: Kegelhalsurne mit LB; **BefG:** Grab/Gräberfeld; **Epoche:** EZ

Kat.Nr.: 042
TK25: 3420; **TK5:** -27; **R:** 3504885; **H:** 5820385
L/F: 1937 beim Ausgraben einer Baumgrube Funde von älterEZ-Scherben. 1950 Bestattungsreste der EZ. Mitte der 1970er Jahre trat beim Aushub einer Baugrube weitere eisenzeitliche Urnenbestattung; **Verbl.:** LMH 202:37, 209-210:51, privat Lomberg (Urnen), 99:84; **Archiv:** NLD-OAA und ADAB FStNr. Stolzenau 37-T001 bis -003 (alt 1, 2); **Lit.:** ADAMECK 1993, Kat.Nr. 2529 (Holzhausen), 2540-41, 2566, 2592; **Nutzung:** Ortslage; **Boden:** 2; **H:** 32,5
042-1
FU: Zufallsfund; **Auff.:** 1937; **Fi:** H. Müller (1937), F. Nordmeier (1974); **Funde/Bef.:** Die Scherben von 1937 gehören zu einer steilkonischen Schale mit senkrechter Ösenknubbe. Für 1950 wurden "2 Urnen und ein Trinkgefäß" gemeldet; im LMH sind nur zwei Beigefäße (Henkeltasse, Napf) inventarisiert. 1974 fanden sich Reste eines Rautopfes, einer Deckschale und LB; **BefG:** Grab/Gräberfeld; **Epoche:** EZ; **Periode:** ältEZ?

Kat.Nr.: 088
TK25: 3420; **TK5:** -33; **R:** 3505010; **H:** 5819910
L/F: 1937 meldet Ecker eine "eisenzeitliche Siedlung"; **Archiv:** NLD-OAA und ADAB FStNr. Stolzenau 35 (alt blau); **Nutzung:** Ortslage; **Boden:** 2; **H:** 31,7
088-1
FU: unbekannt; **Auff.:** 1937; **Fi:** Ecker?; **Funde/Bef.:** ?; **BefG:** Fundstreuung; **Epoche:** EZ?

Kat.Nr.: 749
TK25: 3420; **TK5:** -27; **R:** 3505203; **H:** 5821281
L/F: Auf einer länglichen kleinen Bodenerhöhung 1975 Reste einer zerstörten Urnenbestattung; **Verbl.:** LMH 260:92; **Archiv:** NLD-OAA und ADAB FStNr. Stolzenau 13 (K12); **Lit.:** ADAMECK 1993, Kat.Nr. 2537; **Nutzung:** Grünland; **Boden:** 2; **H:** 31,0; **weitere Dat.:** Neo. (K13)
749-1
FU: Begehung; **Auff.:** 1975; **Fi:** H. J. Killmann; **Funde/Bef.:** Scherben, etwas LB; **BefG:** Grab/Gräberfeld; **Epoche:** EZ?

Gemarkung Holzhausen

Kat.Nr.: 099
TK25: 3420; **TK5:** -27; **R:** 3504410; **H:** 5820370 i.M.
L/F: vor 1957 hauptsächlich ma. Gefäßscherben im Schulgarten im ehemaligen Kirchhof; **Verbl.:** Mus.Ni.?; **Archiv:** NLD-OAA und ADAB FStNr. Holzhausen 45; **Lit.:** KÜNTZEL 2003, Kat.Nr. 223, Abb. 177; **Nutzung:** Ortslage; **Boden:** 2; **H:** 32,0; **weitere Dat.:** frühMA
099-1
FU: unbekannt; **Auff.:** vor 1957; **Fi:** ?; **Funde/Bef.:** Nach Ortsakte sollen Scherben auch um Chr. Geb./vmtl. jünger datieren; **BefG:** Fundstreuung; **Epoche:** EZ?; **Periode:** jüngEZ-ältRKZ?

Kat.Nr.: 140
TK25: 3420; **TK5:** -26; **R:** 3503400; **H:** 5821655
F: 1974 auf einer flachen Bodenwelle mit Neigung zu einer ehem. Weserschleife entdeckt; **Verbl.:** LMH 483:92; **Archiv:** NLD-OAA und ADAB FStNr. Holzhausen 8 (K8); **Lit.:** ADAMECK 1993, Kat.Nr. 2506; **Nutzung:** Acker; **Boden:** 2; **H:** 33,5
140-1
FU: Begehung; **Auff.:** 1974; **Fi:** H. J. Killmann; **Funde/Bef.:** Einige Scherben, darunter RS mit kurzem verdickten und leicht nach innen abgestrichenen Rand, WS mit netzartigem Ritzlinienmuster.; **BefG:** Fundstreuung; **Epoche:** EZ; **Periode:** jüngEZ-ältRKZ

Kat.Nr.: 142
TK25: 3420; **TK5:** -27; **R:** 3504330; **H:** 5821220
F: Auf einer weiten Bodenerhebung las Killmann 1975 Fundgut auf; **Verbl.:** LMH 490:92; **Archiv:** NLD-OAA und ADAB FStNr. Holzhausen 16 (K16); **Lit.:** ADAMECK 1993, Kat.Nr. 2512; **Nutzung:** Ortslage; **Boden:** 2; **H:** 32,0;
142-1
FU: Begehung; **Auff.:** 1975; **Fi:** H. J. Killmann; **Funde/Bef.:** Einige Scherben (z. T. schlickgeraut), darunter RS leicht schräg nach innen abgestrichen; **BefG:** Fundstreuung; **Epoche:** EZ?

Kat.Nr.: 143
TK25: 3420; **TK5:** -26; **R:** 3503915; **H:** 5821610
L/F: in der Flur „Ardling" auf dem Niederterrassenrand eines Altarmes der Weser (Bruchgraben); mehrmalige Begehungen: vor 9/1956 (1956 um Chr. Geb./vmtl. jünger) und 4/1960 sowie Überprüfung 1956, nachdem bei Sandgewinnung Funde entdeckt wurden. 1960 Urnenbestattung der EZ. 1975 an zwei Stellen SLTZ/RKZ-Bef. und -Funde. 1999, 2003, 2008 Befliegung. Die Luftbilder zeigen Siedlungsgruben bzw. Grubenhäuser als positive Bewuchsmerkmale. Das Areal ist nur bedingt vom Fundkomplex NLD-FStNr. 9 und 10, der auch neol. und RKZ-Material erbrachte, abzugrenzen.; **Verbl.:** Mus. Ni. 183-184:60, 290:60, 311:60; LMH 494-495:92; **Archiv:** Schule Holzhausen; NLD-OAA und ADAB FStNr. Holzhausen 20, 21 (alt 2, K20, K21); Mus. Ni.; Lubi 3520/00023-002 (01), 3520-FAN-020 (1-2); **Lit.:** ADAMECK 1993, Kat.Nr. 2509; HESSE 2001, 368 Kat.Nr. L150, Abb. L22; **Nutzung:** Acker; **Boden:** 2; **Boden-Umfeld in %: 2:** 61; **3:** 4; **12:** 34; **14:** 1; **H:** 34,3; **weitere Dat.:** spätNeo-frühBZ (Pfeilspitze)
143-1
FU: unbekannt; **Auff.:** 12/1960; **Fi:** Korte/J. Tüxen; **Funde/Bef.:** Schlanke, terrinenartige Urne mit abgesetztem Kegelhals, LB; die Zugehörigkeit eines Beigefäßes mit Tupfenrand ist unklar; **BefG:** Grab/Gräberfeld; **Epoche:** EZ
143-2
FU: Begehung; **Auff.:** vor/1956; **Fi:** J. Tüxen (vor 9/1956, 4/1960); H. J. Killmann (1975); **Funde/Bef.:** inventarisiert: vor 9/1956: u. a. tellerartige Fragm.e mit dickem Schrägrand; 4/1960: eisernes, wohl latènezeitliches Fibelfragm. mit Armbrustkonstruktion. Einige Scherben (z. T. sek. gebr., RS mit kurzem verdickten und nach außen biegenden Rand, gerstenkorn- und kammstrichverzierte WS), BL, Schlacke, Scheifsteinfragm. und ein Reibstein als OF von 1975 bzw. aus einer Brandstelle (ca. 3 m Dm); **BefG:** Siedlung; **Epoche:** EZ; **Periode:** jüngEZ-ältRKZ

Kat.Nr.: 145
TK25: 3420; **TK5:** -26; **R:** 3503220; **H:** 5820770
L/F: 1975 OF auf einer Bodenwelle; **Verbl.:** LMH 501:92; **Archiv:** NLD-OAA und ADAB FStNr. Holzhausen 27 (K27); **Lit.:** ADAMECK 1993, Kat.Nr. 2520, 2526.; **Nutzung:** Acker; **Boden:** 2; **H:** 34,3;
145-1
FU: Begehung; **Auff.:** 1975; **Fi:** H. J. Killmann; **Funde/Bef.:** Einige Scherben, darunter RS mit kurzem ausbiegenden und gerundeten Rand; **BefG:** Fundstreuung; **Epoche:** EZ; **Periode:** jüngEZ-ältRKZ

Kat.Nr.: 147
TK25: 3420; **TK5:** -26; **R:** 3503790; **H:** 5821285
L/F: im Neubaugebiet „Ardlingsfeld" auf einer Geländekuppe an Altarm der Weser. Hier fanden sich Auelehmablagerungen von über 1 m Stärke. Wenige Scherben bei Baubegleitung 1998. Im Bereich der geplanten Stichstraßen nach Entfernung von ca. 0,5 m Auelehm mehrere SiedlungsBef. hptsl. der EZ. Bef. anderer Zeitstellung nicht ausgeschlossen.; **Verbl.:** LMH 2198:92 (nicht aufgef.), 992-994:98 (32:97?); **Archiv:** NLD-OAA und ADAB FStNr. Holzhausen 39; **Lit.:** FREESE 1999, Kat.Nr. 225; **Nutzung:** Ortslage; **Boden:** 2; **Boden-Umfeld in %: 2:** 70; **3:** 1; **12:** 27; **14:** 2; **H:** 33,3
147-1
FU: Baumaßnahme; **Auff.:** 1998; **Fi:** H.-D. Freese; **Funde/Bef.:** Anthropogene Bef. an 10 Stellen: HK-Konz. ohne/mit Ker., Scherbenkonz. ohne Bodenverfärbungen (wohl ehemalige Gruben), Siedlungsgruben. Fundmaterial: RS, WS mehrerer Gefäße (z. T. sek. gebr.), darunter ein Gefäß mit Henkel, ein Gefäß mit Fingertupfenrand, Wetzsteine?, Schlacke; **BefG:** Siedlung; **Epoche:** EZ

Gemarkung Schinna

Kat.Nr.: 284
TK25: 3420; **TK5:** -21; **R:** 3505350; **H:** 5822450
L/F: Im ehem. Kloster Schinna wurden 1990, 2009, 2010 mehrere Grabungen bzw. kleinere, teils baubegleitende Schnitte angelegt. 2010 Georadar-Prospektion im Kernbereich der Anlage. MA Bef. griffen in Siedlungshorizont der EZ ein;

Verbl.: LMH 147:2002, z. Z. Uni München; **Archiv:** NLD-OAA und ADAB FStNr. Schinna 2; **Lit.:** Braune 1991, Kat.Nr. 17. Berthold 2009; 2011, Kat.Nr. 233, Abb. 154. Berthold u. a. 2010; 2012, Kat.Nr. 222, Abb. 123F; **Nutzung:** Ortslage; **Boden:** 2; **Boden-Umfeld in %: 2:** 35; **9:** 49; **17:** 14; **0:** 3; **H:** 32,2; **weitere Dat.:** spätNeo (Pfeilspitze), 12./13. Jh.
284-1
FU: Notbergung; **Auff.:** 1990 **Fi:** Braune (1990), J. Berthold (2009), J. Berthold/ S. Neupert/B. Päffgen (2010); **Funde/Bef.:** 1990 fand sich spätlatènezeitliche Ker.; **BefG:** Siedlung; **Epoche:** EZ; **Periode:** jüngEZ-ältRKZ

Kat.Nr.: 285
TK25: 3420; **TK5:** -21; **R:** 3504980; **H:** 5822555
L/F: 1952 wurde eine nach Claus (1952) wohl frühEZ, ca. 80 cm mächtige Siedlungsschicht gefunden. Im Jahre 1991 beflog Braasch das Gebiet südlich der Landstraße L349 am westlichen Ortsrand von Schinna. Auf dem Luftbild sind Grab- oder Siedlungsgruben als positive Bewuchsmerkmale zu erkennen. Zum Fundplatz gehört ein Gräberfeld des 4.-8. Jh., das 1858 von Pape ausgegraben worden ist. Es sollen auch jüngerBZ Brandgräber dokumentiert worden sein (NLD-FStNr. 4); **Verbl.:** LMH 229:52; **Archiv:** NLD-OAA und ADAB FStNr. Schinna 28 (alt 10); Lubi 3520/00023-001 (01); **Lit.:** Adameck 1993, Kat.Nr. 2390. Grunwald 2003, H 569; **Nutzung:** Acker; **Boden:** 2; **Boden-Umfeld in %: 2:** 51; **9:** 21; **12:** 13; **17:** 13; **0:** 2; **H:** 32,4; **weitere Dat.:** jüngBZ, VWZ, frühMA
285-2
FU: Zufallsfund; **Auff.:** 1952; **Fi:** J. Tüxen/M. Claus; **Funde/Bef.:** Einige atypische Scherben; **BefG:** Siedlung; **Epoche:** EZ?; **Periode:** jüngBZ-ältEZ?

Kat.Nr.: 286
TK25: 3420; **TK5:** -21; **R:** 3504950; **H:** 5822950
L/F: Für 1938 wurde eine Urne der ältEZ gemeldet; **Verbl.:** LMH E21:38; **Archiv:** NLD-OAA und ADAB FStNr. Schinna 35 (alt 7); **Lit.:** Adameck 1993, Kat.Nr. 2376; 1998, 40ff. **Nutzung:** Acker; **Boden:** 2; **H:** 32,2;
286-1
FU: unbekannt; **Auff.:** 1938; **Fi:** ?; **Funde/Bef.:** Terrine; **BefG:** Grab/Gräberfeld; **Epoche:** EZ; **Periode:** ältEZ;

Kat.Nr.: 287
TK25: 3420; **TK5:** -21; **R:** 3504185; **H:** 5822295
L/F: 1975 von Killmann bei Feldbegehung entdeckt; **Verbl.:** LMH 250:92; **Archiv:** NLD-OAA und ADAB FStNr. Schinna 11 (K11); **Lit.:** Adameck 1993, Kat.Nr. 2372; **Nutzung:** Acker; **Boden:** 12; **H:** 29,9
287-1
FU: Begehung; **Auff.:** 1975; **Fi:** H. J. Killmann; **Funde/Bef.:** Einige Scherben, darunter RS mit leicht ausbiegendem Rand und Fingertupfen auf der Randinnenkante, RS mit Kegelhalsrand, WS mit runder Delle verziert, Henkelfragm.; **BefG:** Fundstreuung; **Epoche:** EZ

Kat.Nr.: 288
TK25: 3420; **TK5:** -27; **R:** 3505400; **H:** 5821945
L/F: beim Abdecken der Humusschicht in einer Kiesgrube entdeckt. Juni 1939 fanden Arbeiter eine eiserne Lanzenspitze, kleinere nicht mehr lokalisierbare „Brandnester" und in der Nähe eine größere Zahl Urnenscherben (darunter ca. fünf Urnen). 50 m entfernt wurde im Juli den Fund eines Bronzegießers der P V Mont., evt. zwei Pfostenlöcher sowie eine große Urne entdeckt (NLD-FStNr. 22-T002); **Verbl.:** LMH 125-126:39, 209:39; **Archiv:** NLD-OAA und ADAB FStNr. Schinna 22-T001-T002 (alt 8); **Lit.:** Adameck 1993, Kat.Nr. 2385. Tuitjer 1987, 157 Katnr. 202, 204, Taf. 57,8; 58,1; **Nutzung:** Acker; **Boden:** 17; **H:** 29,7; **weitere Dat.:** jüngBZ
288-1
FU: Rohstoffgewinnung; **Auff.:** 06/1939; **Fi:** Baustellenarbeiter; **Funde/Bef.:** Ins LMH wurde eine schlanke doppelkonische Urne sowie eine weitere mit LB eingeliefert. Die angeblich zum Hortfund gehörige Terrine mit kegelstumpfförmigem Hals könnte ebenfalls in diese Periode gehören; **BefG:** Grab/Gräberfeld; **Epoche:** EZ; **Periode:** jüngBZ-ältEZ;

Kat.Nr.: 290
TK25: 3420; **TK5:** -21; **R:** 3505180; **H:** 5822470
L/F: Bei Erdarbeiten wurde eine nach König (2003) EZ-Scherbe gefunden; **Verbl.:** LMH 425:02; **Archiv:** NLD-OAA und ADAB FStNr. Schinna 32; **Nutzung:** Ortslage; **Boden:** 2; **H:** 31,2
290-1
FU: Baumaßnahme; **Auff.:** 2003; **Fi:** Brandt; **Funde/Bef.:** Scherbe; **BefG:** Einzelfund; **Epoche:** EZ

Kat.Nr.: 861
TK25: 3420; **TK5:** -21; **R:** 3505060; **H:** 5822820
L/F: am Rand des Überschwemmungsgebietes der Weser an einer Wiesenniederung. 1928 Urnenbestattungen beim Hausbau in einem höher gelegenen Sandrücken. Eine weitere 1937 beim Bau eines Futtersilos. 1938 angeblich EZ-Scherben und Flint. 1938–1947 vier weitere Urnenfunde. **Verbl.:** LMH 1238-1239:38, 1383:38, 345-347:48; **Archiv:** NLD-OAA und ADAB FStNr. Schinna 5, 25-T001-002 (alt 3, 4, 5, 6); **Lit.:** Adameck 1993, Kat.Nr. 2389, 2388, 2380. Tuitjer 1987, 157 Kat.Nr. 205, Taf. 58,3.4.5; **Nutzung:** Ortslage; **Boden:** 2; **H:** 31,5;
861-1
FU: Baumaßnahme; **Auff.:** 1928; **Fi:** Horstmann (1928, 1937), Ecker (1938); **Funde/Bef.:** Drei der 1938-1947 gefundenen Gefäße sind inventarisiert: tonnenförmiges Gefäß mit ausbiegendem Rand, weitmundige Terrine mit Kegelhals, ein weiteres Gefäß mit ausbiegendem Rand. Unter den wenigen Scherben von 1938 befindet sich eine WS mit Delle.; **BefG:** Grab/Gräberfeld; **Epoche:** EZ; **Periode:** jüngBZ-ältEZ;

Kat.Nr.: 863
TK25: 3420; **TK5:** -21; **R:** 3505168; **H:** 5822981; **L/F:** Auf der erhöhten Uferzone eines ehemaligen Weserlaufes wurden im Februar 1943 zwei Urnenbestattungen gefunden. Im Mai las Ecker einige undatierte Streufunde in unmittelbarer Nähe auf. 10 Jahre später fanden sich unmittelbar am Hochufer zwei atypische Scherben. 1974 sammelte Killmann auf diesen Äckern SiedlungsKer.. **Verbl.:** priv. Keunecke, LMH 243:92 (244:92?); **Archiv:** NLD-OAA und ADAB FStNr. Schinna 30 (alt 9), K4); **Lit.:** Adameck 1993, Kat.Nr. 2371, 2380; **Nutzung:** Acker; **Boden:** 2; **H:** 30,0
863-1
FU: unbekannt; **Auff.:** 1943; **Fi:** ?; **Funde/Bef.:** Für 2/1943 sind nach Bredemann (2008) inventarisiert: ein jastorfähnliches, kugeliges Gefäß und eine am Rande ausgebrochene Situlaform; **BefG:** Grab/Gräberfeld; **Epoche:** EZ?; **Periode:** ältEZ?

Gemeinde Landesbergen

Kat.Nr.: 526
TK25: 3420; **TK5:** -24; **R:** 3510062; **H:** 5823943; **L/F:** An drei Stellen wurde 1976 von Killmann Fundmaterial aufgelesen.; **Verbl.:** LMH 914:79 u./o. 935:79, 930:79, 1009:79; **Archiv:** NLD-OAA und ADAB FStNr. Landesbergen 77, 78?, ? (K77, 78, 108); **Lit.:** Adameck 1993, Kat.Nr. 1837; **Nutzung:** Acker; **Boden:** 6; **Boden-Umfeld in %: 2:** 31; **6:** 51; **12:** 9; **17:** 9; **H:** 30,8; **weitere Dat.:** Neo. (EGK), MA
526-1
FU: Begehung; **Auff.:** 1976; **Fi:** H. J. Killmann; **Funde/Bef.:** einige Scherben (z. T. schlickgeraut), darunter RS mit plastischer Finfertupfenleiste unter gerade abgestrichenem Rand, RS mit weitabständigen Fingertupfenrändern, Spinnwirtelfragm., wenige Flintartefakte, gebr. Schleifsteinfragm., BL Im Fundbereich zwei bis drei helle Verfärbungen mit Dm. bis 20 m; **BefG:** Siedlung?; **Epoche:** EZ

Kat.Nr.: 609
TK25: 3420; **TK5:** -22,-23,-23,-28,-29; **R:** 3508047; **H:** 5822037
L/F: Nahe am Steilufer zur Wesermarsch, in der Flur „Jagdmeyers Fuhren". 1930 Suchschnitte von Jacob-Friesen: ca. 150 m westlich der Straße zwei Gruben. Später Begehungen. Aufgrund des Sandabbaus 1990 erneut Begehung, wobei die Fläche entlang der Abbruchkante stark mit OF übersät gewesen sein soll. **Verbl.:** LMH 478-489:30, 910:79, 1027-1028:79, 1029:79?, 52:90; **Archiv:** NLD-OAA und ADAB FStNr. Landesbergen 6-T001 (= Hahnenberg 4), 34, 166-T003 (alt 5, K1, K2, K1 Hahnenberg); **Lit.:** Adameck 1993, Kat.Nr. 1856, 1881, 1896. Tackenberg 1931, 201. Wilhelmi 1967, 147 Kat.Nr. 130; Taf. 2,27; 14,36-39.44-46; **Nutzung:** Acker; **Boden:** 6; **Boden-Umfeld in %: 2:** 25; **6:** 5; **9:** 43; **10:** 7; **17:** 17; **0:** 2; **H:** 32,5;
609-1
FU: Grabung; **Auff.:** 1930; **Fi:** K. H. Jacob-Friesen (1930), H. J. Killmann (1974-1975), IfD (1990); **Funde/Bef.:** Herdgrube und Abfallgrube. Letztere enthielt u. a. ein sek. gebr. Gefäß mit verdicktem Rand, zwei gegen- und randständigen Henkeln, Unterteil flächig mit Fingertupfen verziert (spätLT), RS eines gelb-roten, schlickgerauten Gefäßes mit ausbiegendem kurzen Rand, rissig (spätLTZ), WS mit Knubben, WS mit kl. Dellen, WS mit flächigen gerstenkornartigen Eindrücken. OF: RS von schwarzen, kräftig profilierten Gefäßen, WS mit fünf umlaufenden Riefen und kleinen Tupfen, WS mit dreimaliger Durchbohrung. 1970er und 1990er Jahre: mehrere RS und WS, darunter eine WS mit vier kleinen runden Eindrücken (Kreismotiv), ein verz. doppelkonischer Spinnwirtel sowie Schlacken, Schleifsteinfragm. und BL überliefert; **BefG:** Siedlung; **Epoche:** EZ; **Periode:** jüngEZ-ältRKZ;

Kat.Nr.: 611
TK25: 3420; **TK5:** -23; **R:** 3508220; **H:** 5823760
L/F: 1974 auf einer flachen Bodenwelle entdeckt. **Verbl.:** LMH 1016:79; **Archiv:** NLD-OAA und ADAB FStNr. Landesbergen 11 (K11); **Lit.:** Adameck 1993, Kat. Nr. 1826; **Nutzung:** Acker; **Boden:** 17; **H:** 31,5
611-1
FU: Begehung; **Auff.:** 1974; **Fi:** H. J. Killmann; **Funde/Bef.:** Scherben, darunter RS mit Kegelhalsrand , WS z. T. schwach schlickgeraut.; **BefG:** Fundstreuung; **Epoche:** EZ

Kat.Nr.: 615
TK25: 3420; **TK5:** -17; **R:** 3508657; **H:** 5824165
L/F: Streufunde auf einer flachen Bodenerhöhung; **Verbl.:** LMH 912:79, 964:79; **Archiv:** NLD-OAA und ADAB FStNr. Landesbergen 22 (K22); **Lit.:** Adameck 1993, Kat.Nr. 1815; **Nutzung:** Acker; **Boden:** 17; **H:** 31,2; **weitere Dat.:** jungPaläo./Meso.
615-1
FU: Begehung; **Auff.:** 1975; **Fi:** H. J. Killmann; **Funde/Bef.:** U.a. RS einer Schale mit aufbiegendem, gerade abgestrichenem Rand. **BefG:** Fundstreuung; **Epoche:** EZ?

Kat.Nr.: 629
TK25: 3420; **TK5:** -24; **R:** 3510372; **H:** 5823680
L/F: 1075-76 OF an 12 teilweise auf flachen Bodenwellen oder -erhöhungen gelegenen Stellen Das Material z. T. nur grob in die EZ/RKZ datierbar. **Verbl.:** LMH wohl 912/914:78; 919/923-924/928/931/932?/938?/968/971/wohl 977/987/991/993/1010 :79; Mahlstein Böhnig; **Archiv:** NLD-OAA und ADAB FStNr. Landesbergen 45, 63, 66, 69, 70, 71, 107, 114, ? (K45, 63, 64, 66, 69, 70, 71, 91, 92, 96, 107, 114); **Lit.:** Adameck 1993, Kat.Nr. 1840, 1842, 1845-47, 1850. **Nutzung:** Acker; **Boden:** 6; **H:** 31,1 **weitere Dat.:** Neo (EGK)
629-1
FU: Begehung; **Auff.:** 1976; **Fi:** H. J. Killmann; **Funde/Bef.:** Scherben, darunter RS einer Schale mit nach innen abgestrichenem Rand, RS mit Fingertupfenrand, mehrere WS schlickgeraut. **BefG:** Fundstreuung; **Epoche:** EZ

Kat.Nr.: 633
TK25: 3420; **TK5:** -24; **R:** 3510337; **H:** 5823296
L/F: im Eichheister Bruch gelegen. Begehungen 1933, nachdem immer wieder Scherbenfunde gemeldet wurden. 1976 Streufunde der EZ/RKZ an 10 häufig auf flachen Bodenerhöhungen und -wellen gelegenen Stellen. Beim Tiefpflügen einer Spargelfläche 1998 zwei Siedlungsgruben der EZ, von denen eine untersucht wurde. Der Grubeninhalt war bereits vollständig umgelagert. **Verbl.:** LMH 356-357:32, 367-368:32; 921/922/925?/926/927/929/933/936?/939/941/973/98 8/998:79; 2291:97; **Archiv:** NLD-OAA und ADAB FStNr. Landesbergen 68, 72, 73, 74-T001-002, 75, 76, 93, 94, 95, 115? (alt 9, 16, K68, 72, 73, 74, 75, 76, 93, 94, 95, 115); **Lit.:** Adameck 1993, Kat.Nr. 1842, 1844, 1847-1849, 1903. Freese 1999, Kat.Nr. 227; **Nutzung:** Acker; **Boden:** 6; **Boden-Umfeld in %: 2:** 16; **6:** 59; **12:** 17; **17:** 8; **H:** 31,2; **weitere Dat.:** wohl Meso., Neo., MA

633-1
FU: Feldarbeiten; **Auff.:** vor 1933; **Fi:** K. Tackenberg (03/1933), Killmann (1976), H.-D Freese (1998); **Funde/Bef.:** 03/1933: Nach Tackenberg (1933) frühEZliche Ker., Mahlsteinfragm. Aus der wahrscheinlich zugehörigen Grube stammen 4 kg Ker. von mindestens vier Gefäßen, v.a. von einem Rautopf mit geglättetem Hals und Fingertupfenrand; **BefG:** Siedlung; **Epoche:** EZ; **Periode:** jüngBZ-ältEZ

Kat.Nr.: 641
TK25: 3420; TK5: -23; R: 3508624; H: 5822764
L/F: Beim Ausschachten für einen Stromleitungspfeiler fand man in einer Tiefe von 1,20 m eine Siedlungsgrube. **Verbl.:** priv. Böhnig, LMH?; **Archiv:** NLD-OAA und ADAB FStNr. Landesbergen 84 (K84); **Lit.:** ADAMECK 1993, Kat.Nr. 1884; **Nutzung:** Industriefläche; **Boden:** 17; **Boden-Umfeld in %: 2:** 17; **6:** 3; **9:** 5; **17:** 78; **H:** 32,0
641-1
FU: Baumaßnahme; **Auff.:** 1975; **Fi:** Bauleute/ Pfleger J. Böhnig; **Funde/Bef.:** Aus trichterförmiger Grube (Dm 1,50 m, T: 0,80 m): Reste mehrerer Gefäße, darunter ein Gefäßteil mit leicht eingezogenem Hals und zum Boden stark verjüngendem Unterteil; **BefG:** Siedlung; **Epoche:** EZ

Kat.Nr.: 644
TK25: 3420; TK5: -24; R: 3510237; H: 5822858
L/F: OF 1976 an drei, z. T. auf flachen Bodenerhöhungen, z. T. auf einer Spargelplantage gelegenen Stellen. Z. T. nur grob der EZ/RKZ zuzuweisen; **Verbl.:** LMH 920:79, 942:79, 975:79; **Archiv:** NLD-OAA und ADAB FStNr. Landesbergen 55, 82, 97 (K55, 82, 97); **Lit.:** ADAMECK 1993, Kat.Nr. 1890-1891; **Nutzung:** Acker; **Boden:** 6; **H:** 31,3; **weitere Dat.:** Steinzeit
644-1
FU: Begehung; **Auff.:** 1976; **Fi:** H. J. Killmann; **Funde/Bef.:** Mehrere Scherben (z. T. schlickgeraut), darunter RS mit Tupfenrand, RS mit einziehender Wandung und ausbiegendem, gerundetem Rand, WS mit stumpf-dreieckigen Eindrücken verziert; **BefG:** Fundstreuung; **Epoche:** EZ

Kat.Nr.: 646
TK25: 3420; TK5: -24; R: 3510748; H: 5823031
L/F: 1935 bei Kultivierungsarbeiten mehrere Scherben gefunden. Nachbegehung 04/1935 und 1938, ebenfalls Ker. aufgelesen. OF Mitte 1970er Jahre von zwei Stellen. Das Material ist sämtlich in die EZ datiert worden; **Verbl.:** LMH 1261:38, 914 u./o. 918:79, 1008:79; **Archiv:** NLD-OAA und ADAB FStNr. Landesbergen 96?, 98, (alt 15, 17, K90, 98); **Lit.:** ADAMECK 1993, Kat.Nr. 1893, 1911; **Nutzung:** Acker; **Boden:** 6; **Boden-Umfeld in %: 2:** 2; **6:** 67; **12:** 31; **H:** 31,1
weitere Dat.: Neo.
646-1
FU: Feldarbeiten; **Auff.:** vor 1935; **Fi:** IfD (04/1935), Ecker? (1938?), H. J. Killmann (1976)
Funde/Bef.: Die mutmaßlichen Ecker-Funde bestehen aus z. T. schlickgerauten Scherben und Bl.. Killmann fand Ker. (z. T. schlickgeraut), darunter WS mit Ritzlinien verziert, WS mit gewölbtem Umbruch und mit Winkelband aus Ritzlinienbündeln verziert, das nach oben durch eine umlaufende Ritzlinie begrenzt wird; **BefG:** Siedlung? **Epoche:** EZ

Kat.Nr.: 648
TK25: 3420; TK5: -23; R: 3508916; H: 5822814
L/F: 1977 beim Planieren Zerstörung einer Urnenbestattung an der Ölleitungstrasse Leeseringen-Leese; **Verbl.:** LMH 909:79; **Archiv:** NLD-OAA und ADAB FStNr. Landesbergen 108? (K U120); **Lit.:** ADAMECK 1993, Kat.Nr. 1898; **Nutzung:** Acker; **Boden:** 17; **H:** 31,8
648-1
FU: Baumaßnahme; **Auff.:** vor/1977; **Fi:** ? **Funde/Bef.:** Unterteil einer Urne; **BefG:** Grab/Gräberfeld; **Epoche:** EZ?

Kat.Nr.: 650
TK25: 3420; TK5: -23; R: 3508507; H: 5823134
L/F: 1968 zwei Brandgräber am Südrand des Eichheisterfeldes beim Ausheben von Mastlöchern für Starkstromleitungen. **Verbl.:** Mus.Ni. 11:87; **Archiv:** NLD-OAA und ADAB FStNr. Landesbergen 156 (alt 27); **Lit.:** ADAMECK 1993, Kat.Nr. 1831, 1926; **Nutzung:** Acker; **Boden:** 17; **H:** 32,1
650-1
FU: Baumaßnahme; **Auff.:** 1968; **Fi:** Arbeiter; **Funde/Bef.:** Unterteile zweier gerauter Urnen, Deckschalenreste, zwei kleine Henkelgefäße, LB; **BefG:** Grab/Gräberfeld; **Epoche:** EZ; **Periode:** jüngBZ-ältEZ

Kat.Nr.: 651
TK25: 3420; TK5: -23; R: 3508233; H: 5822200
L/F: langgestreckter Dünenzug („Klüthberg"), der zum Sandabbau genutzt wurde. Höchste Erhebung: etwa 2 m hoher und im Dm. 16 m großer Hügel von viereckiger Form, der – noch zu Brandbestattungszeiten (Heimbs 1929) – auf die Kuppe des früher brotlaibförmigen Hügels aufgebracht worden war. Nordöstlich drei Grabhügel (NLD-FStNr. 85-87). 1925 beim Sandgraben eine Urnenbestattung. Nachbegehungen: viele Urnen- und LBreste auf dem. 3ha großen Gelände; Funde des Neo., der EZ- und RKZ. Grabung Juli 1927. In der Mitte des Kernhügels fundleere Grube (2,50 x1,50 m). Nördlich angrenzend ein jüngerBZ Flachgrab (PIV/V Mont., NLD-FStNr. 157-T002, alt 3), ein frühEZ Urnengrab, eine Knochenpackung sowie 10 Brandgrubengräber der jüngeren EZ. Augusteisches Doppelgrabensystem um den höchsten Punkt des Geländes. 1929 bei Grabung Heimbs am viereckigen Hügel vier Brandbestattungen (mind. eine Urnenbestattung). Zwei der Bestattungen lagen übereinander (dazwischen 10 cm Humus), die untere enthielt u. a. verbrannte blaue und grüne Glasperlen sowie Fragmente einer Bronzespirale. 1930-1933 Fundmeldungen der EZ, RKZ und FMA. Vor 1932 Fund einer vermutlich vwz Glasperle. Vor 1934 angeblich frühEZ (?) Scherben aus der „Sandkuhle Hahnenberg" (wohl Klüthberg). 1934 Grabung: zwei Brandgrabstellen (eines ältEZ Gefäßes). 1952 Scherben eines EZ Gefäßes. 1956 Meldung über Abbau des Klüthberges. 1990 erneute Begehung: zerpflügter Grabhügel (?) und EZ Ker.; **Verbl.:** LMH 26916-26938, 942a-c, 1055-59:29, 1060-61:29, 490:30, 554-556:31, 31:32, 66-76:79, 33, 92-93:33, 940:34, 234:52, 53:90, Mus.Ni.?; nach Adameck zugehörig: LMH 19:54, 433-434:34, 499:30; **Archiv:** NLD-OAA und ADAB FStNr. Landesbergen 6-T002, 157, 157-T001, 157-T003-

004 (alt 2, 4, 7, 18); **Lit.:** ADAMECK 1993, Kat.Nr. 1857, 1859, 1881. GUMMEL 1928. HEGEWISCH 2012, 204ff. TACKENBERG 1934, Beil 46,42; Taf. 7,8; 25,15. TUITJER 1987, 131 Nr. 118. WILHELMI 1967, 147 Kat.Nr. 129; Taf. 16,3.23; **Nutzung:** Acker; **Boden:** 6; **H:** 32,8; **weitere Dat.:** Meso., Neo. (EGK, SchnurKer.), jüngBZ, RKZ, VWZ, frühMA
651-2
FU: Grabung; **Auff.:** 1927; **Fi:** G. Heimbs/ K. H. Jacob-Friesen (1927), G. Heimbs/ Heimbs jr. (1930-1933), Heimbs jr./Göthert (1934); **Funde/Bef.:** Sicher in diese Periode gehört u. a. eine eiserne gekröpfte Nadel mit anhaftendem LB (Brandgrube? 1934). Dazu kommt eine Scherbe der Nienburger Kultur mit Buckeldelle (Lesefund vor 1932). Ebenfalls ein Nienburger Typ sind Scherben mit von Kreisfurchen umgebenen, unter dem Halsabsatz aufgesetzten Knubben (Lesefund während der Grabung 1927). Wahrscheinlich in die Periode gehört nach TACKENBERG (1931) eine Scherbe mit schwach eingeritzten Schrägstrichen (Lesefund 1931); **BefG:** Grab/Gräberfeld; **Epoche:** EZ; **Periode:** ältEZ
651-3
FU: Grabung; **Auff.:** 1927; **Fi:** G. Heimbs/ K. H. Jacob-Friesen (1927); **Funde/Bef.:** In die Periode datiert nach JACOB-FRIESEN (1927) u. a.: Reste eines hohen weitmündigen Ripdorf-Gefäßes vergesellschaftet mit dem Bruchstück einer Bronzefibel wohl FLS-MLS und dem Teil einer Spiralrolle (Brandgrube 1927), eine eiserne Fibel MLS zusammen gefunden mit einigen untypischen Scherben und LB (Brandgrube 1927), die Reste zweier bronzener Segelohrringe (OF während der Grabung 1927); **BefG:** Grab/Gräberfeld; **Epoche:** EZ; **Periode:** jüngEZ
651-5
FU: Begehung; **Auff.:** 1925-1927; **Fi:** wohl G. Heimbs (1925-1927), G. Heimbs/ K. H. Jacob-Friesen (1927), G. Heimbs/ Heimbs jr. (1930-1933), Lehrer Sölter (vor 1934); **Funde/Bef.:** In die Periode gehören nach Jacob-Friesen (1927) u. a.: 2 RS mit abgesetztem Schulterrand (Brandgrube 1927), kleiner Harpstedter Rautopf (Urnengrab 1927), Reste einer beim Sandgraben zerstörten Urne (Lesefund 1925-1927). Wohl frühEZ (?) ist nach Tackenberg (1931) eine Scherbe mit Strichgruppe, die in der Nähe eines Knochenhaufens (wohl ehem. Urne) lag (Lesefund 1931). Unter den angeblich frühEZ Scherben (?) soll zu viel Rautopfware Bef.nr. haben (Lesefund vor 1934); **BefG:** Grab/Gräberfeld; **Epoche:** EZ; **Periode:** jüngBZ-ältEZ

Kat.Nr.: 655
TK25: 3420; TK5: -23; R: 3509460; H: 5823237
L/F: Anfang des 20. Jh. sollen „Urnen" bei der Abtragung einer länglichen Anhöhe gefunden worden sein. Weitere Urnenbestattungen vor 1958 bei der Anlage von Spargelbeeten; **Verbl.:** LMH 962:79?; Schule Landesbergen; **Archiv:** NLD-OAA und ADAB FStNr. Landesbergen 158 (alt 26); **Lit.:** ADAMECK 1993, Kat.Nr. 1835; **Nutzung:** Acker; **Boden:** 17; **H:** 31,2
655-1
FU: Rohstoffgewinnung; **Auff.:** Anfang 19 Jh.; **Fi:** ?; **Funde/Bef.:** Einige der verschollenen „Urnen" sind schnurverziert, andere haben Henkel. Die Scherben in der Schule stammen von Rautöpfen und Deckschalen; **BefG:** Grab/Gräberfeld; **Epoche:** EZ

Kat.Nr.: 662
TK25: 3420; TK5: -23; R: 3508480; H: 5823300
L/F: 1987 wurde auf einem Spargelfeld eine Begehung durchgeführt. noch 13 runde Verfärbungen erkennbar; **Verbl.:** LMH 288:88; **Archiv:** NLD-OAA und ADAB FStNr. Landesbergen 169-T001; **Lit.:** ADAMECK 1993, Kat.Nr. 1830; **Nutzung:** Acker; **Boden:** 17; **Boden-Umfeld in %: 9:** 1; **17:** 99; **H:** 31,9;
662-1
FU: Begehung; **Auff.:** 1987; **Fi:** H. J. Hünecke; **Funde/Bef.:** Mehrere Scherben (z. T. schlickgeraut), darunter gerade abgestrichene RS mit Zylinderhalsrand, schlickgeraut, Fingertupfen-RS eines Rautopfes, RS mit Kegelhals, leicht nach außen verdickt und gerade abgestrichen, Rautopffragm. mit steil konischem Unterteil und gewölbter, stark einziehender Schulter, Scherbe einer Schale, Rautopfscherben mit leicht gewölbter, schwach einziehender Schulter und abgesetztem Kegelhals. Nach ADAMECK (1993) zudem: Urne, Deckschale (NLD-FStNr. 169-T002); **BefG:** Siedlung; **Epoche:** EZ

Kat.Nr.: 678
TK25: 3420; TK5: -23; R: 3509516; H: 5822999; **L/F:** spätLTZ/RKZ OF 1975, 1977 an zwei Stellen auf Spargelbeeten.; **Verbl.:** LMH 914:79?, 965:79, 1001:79; **Archiv:** NLD-OAA und ADAB FStNr. Landesbergen 25, 116 (K 25, 116); **Lit.:** ADAMECK 1993, Kat.Nr. 1885; **Nutzung:** Acker; **Boden:** 2; **Boden-Umfeld in %: 2:** 49; **6:** 9; **12:** 1; **17:** 42; **H:** 31,5; **weitere Dat.:** MA
678-1
FU: Begehung; **Auff.:** 1975; **Fi:** H. J. Killmann; **Funde/Bef.:** Streufunde, darunter: RS eines Gefäßes mit gerundetem Rand, darauf rechteckige Eindrücke (HenkelKer.), RS mit nach außen knickendem, gerundetem Rand, RS mit einziehender Wandung und leicht verdicktem, leicht ausbiegendem, gerundetem Rand. Dazu Schlacke, ein Mahlsteinfragm.; **BefG:** Siedlung?; **Epoche:** EZ; **Periode:** jüngEZ-ältRKZ

Gemeinde Leese

Gemarkung Leese

Kat.Nr.: 528
TK25: 3520; TK5: -05; R: 3508495; H: 5817558
L/F: südlich von Leese, beidseitig der B441. Bereits vor 1927 entdeckt, 1932 erneut begangen. Weitere Begehungen 1975, 1977, 1985-1987. Material gehört zumeist in die EZ. 2010 archäol. Voruntersuchung (ca. 950 m²) westlich der B441: 14 SiedlungsBef., die z. T. in die mittlere EZ datiert werden (GÄRTNER 2010, 44). In Grabung nur Randbereich der Siedlung erfasst; mehrere Bef. durch die Landwirtschaft zerstört. Östlich der B441 keine Bef.erhaltung durch Spargelanbau; **Verbl.:** LMH 179:32, 1179:79, 1804/1806/1810-1811/1814:85, 915:88, Komm. Arch. SL; **Archiv:** NLD-OAA und ADAB FStNr. Leese 121, 171, 172 (alt 3, K40, 41, 87, 88); **Lit.:** ADAMECK 1993, Kat.Nr. 2067-2068, 2072. BERSU u. a. 1926, 101, Abb. 1. BERTHOLD/GÄRTNER 2010. GÄRTNER 2010; 2012, Kat.Nr. 218. **Nutzung:** Acker; **Boden:** 2; **Boden-Umfeld in %: 2:** 37; **6:** 40; **12:** 7; **14:** 2; **17:** 15; **H:** 35,3
528-1
FU: Begehung; **Auff.:** 1932; **Fi:** K. H. Jacob-Friesen (1932), H. J. Killmann (1975), E. Brohmann/O. Klose/D. Winkelmann/Neubauer (1985),

E. Brohmann/ O. Klose (1985-1987), T. Gärtner (2010); **Funde/Bef.:** OF: 2700 Scherben, z. T. geschlickt, darunter viele Tupfen-RS und RS mit gerundetem oder gerade abgestrichenem Rand, WS mit Kammstrich, Ritzlinien, Besenstrich und netzförmiger Ritzlinienverzierung. Dazu BL, Flintartefakte und Knochen. Bei den ausgegrabenen Bef.n handelt es sich um bis zu ca. 1 m in den C-Horizont eingetiefte Vorratsgruben sowie Pfostenlöcher. Es liegen über 500 Scherben vor, darunter Harpstedter Rautöpfe und mehrere Schalen. Zeitlich näher zu fassen: dreigliedriges Gefäß vom Typ Lauingen, zwei Schrägrandgefäße. Dazu wenige BL-Brocken und ein Mahlsteinfragm.; **BefG:** Siedlung; **Epoche:** EZ; **Periode:** jüngEZ

Kat.Nr.: 685

TK25: 3420; **TK5:** -36; **R:** 3510300; **H:** 5818930

L/F: Vor 1924 Meldung von sechs Grabhügeln auf einem Sandrücken (Osterberg) östlich von Leese. 1924 Grabung des nordöstlichsten Grabhügels mit frühEZ Urnenbestattung. Mitte 1970er Jahre Begehungen; **Verbl.:** LMH 24381-385; **Archiv:** NLD-OAA und ADAB FStNr. Leese 14 (alt 12, K14); **Lit.:** Adameck 1993, Kat.Nr. 2038. Bersu u. a. 1926, 115f. Heimbs 1927. Jacob-Friesen 1925. Tuitjer 1987, 132 Kat.Nr. 123; **Nutzung:** Wald; **Boden:** 6; **H:** 35,6

685-1

FU: Grabung; **Auff.:** 1924; **Fi:** Jacob-Friesen; **Funde/Bef.:** Nach Jacob-Friesen (1924) zeigte sich in der Mitte des aus Plaggen errichteten, im Dm. 16 m großen und 1 m hohen Grabhügels eine beigabenlose Grube (2,7 x 1,2 x 0,5 m, Brandgrube?). In der Nähe sechs verkohlte Balkenreste und drei Gruben (Opfergruben?). 2 m entfernt fand sich ein Rautopf Typ Tackenberg I mit LB und Deckschale. Von verschiedenen Stellen im Hügel drei Beigefäße geborgen; **BefG:** Grab/Gräberfeld; **Epoche:** EZ; **Periode:** jüngBZ-ältEZ

Kat.Nr.: 687

TK25: 3420; **TK5:** -34; **R:** 3507490; **H:** 5819210

L/F: An der ehemaligen Trasse der Steinhuder Meer-Bahn wurden ca. 1955 die Reste einer mutmaßlichen Brandbestattung an der frisch angeschnittenen Böschung entdeckt. In der Nähe befindet sich u. a. eine Siedlung aus dem 5.-6. Jh. n. Chr. (NLD-FStNr. 31-T001); **Verbl.:** LMH 880:87; **Archiv:** NLD-OAA und ADAB FStNr. Leese 31-T002; **Lit.:** Adameck 1993, Kat.Nr. 1977; **Nutzung:** Ortslage; **Boden:** 17; **H:** 33,9

687-1

FU: Zufallsfund; **Auff.:** ca. 1955; **Fi:** J. Tüxen; **Funde/Bef.:** In einer dunklen Verfärbung ca. 0,5 m unter der OF lag ein kleines bauchiges Gefäß mit kurzem Zylinderhals, gerade abgestrichenem Rand und mit einem umlaufenden Band stehender Dreiecke auf Schulter und Umbruch (Nienburger Typ?); **BefG:** Grab/Gräberfeld? **Epoche:** EZ; **Periode:** ältEZ

Kat.Nr.: 688

TK25: 3420; **TK5:** -28; **R:** 3506650; **H:** 5820450

L/F: Aus den Weserkiesgruben nordwestlich von Leese stammen Einzelfunde nahezu sämtlicher Zeitstufen. 1967-2002 von Kiesarbeitern und Sammlern gefunden; **Verbl.:** LMH 583:83, 327-328:84, 118:86, 2219:94b, 827:00, z. T. verschollen, Mus.Ni.?; **Archiv:** NLD-OAA und ADAB FStNr. Leese 33; **Lit.:** Adameck 1993, Kat.Nr. 1944; Taf. 24. Cosack 1976. Hässler 1992. Tuitjer 1987, 133 Kat.Nr. 122. Zippel 1977; **Nutzung:** Tagebau u. a.; **Boden:** 9; **H:** 29,6; **weitere Dat.:** Paläo, Neo-MA

688-2

FU: Rohstoffgewinnung; **Auff.:** 1974; **Fi:** Boß (1974), H. Könnemann (1975); **Funde/Bef.:** Spätbronzezeitlicher bronzener Gürtelhaken und ein bronzener echter Wendelring der spätBZ/frühEZ; **BefG:** Fundstreuung; **Epoche:** EZ; **Periode:** jüngBZ-ältEZ

688-3

FU: Rohstoffgewinnung; **Auff.:** 1990; **Fi:** R. Bökemeier; **Funde/Bef.:** Boden einer Rippenziste (HaD 3) und Schwert Stufe Mindeheim; **BefG:** Fundstreuung; **Epoche:** EZ; **Periode:** ältEZ;

688-4

FU: Rohstoffgewinnung; **Auff.:** 1975; **Fi:** v.a. Förderbandarbeiter; **Funde/Bef.:** Wahrscheinlich in die EZ zu datieren sind mehrere Scherben und Gefäßreste sowie ein Halsring mit eingeschnittenen Windungen; **BefG:** Fundstreuung; **Epoche:** EZ

Kat.Nr.: 692

TK25: 3520; **TK5:** -5; **R:** 3508165; **H:** 5816980

L/F: OF 1977, 1985 auf einer weiten, flachen Bodenerhöhung; **Verbl.:** LMH 1321:79, 1812:85; **Archiv:** NLD-OAA und ADAB FStNr. Leese 43 (K94); **Lit.:** Adameck 1993, Kat.Nr. 2083.; **Nutzung:** Acker; **Boden:** 2; **H:** 35,5

692-1

FU: Begehung; **Auff.:** 1985; **Fi:** E. Brohmann; **Funde/Bef.:** Einige WS, z. T. schlickgeraut, RS mit einziehendem Hals und Fingertupfenrand?, RS einer schlecht gearbeiteten Schale mit nach innen "umgeschlagenem" Rand; **BefG:** Fundstreuung; **Epoche:** EZ?

Kat.Nr.: 693

TK25: 3420; **TK5:** -34; **R:** 3506555; **H:** 5819585

L/F: In der Weseraue (Kiesgrube Röhrs) 1985 Notgrabung wegen fortschreitenden Kiesabbaus; **Verbl.:** LMH 710-713:87; **Archiv:** NLD-OAA und ADAB FStNr. Leese 44; **Lit.:** Adameck 1993, Kat.Nr. 1973; **Nutzung:** Industriefläche; **Boden:** 9; **Boden-Umfeld in %: 9:** 87; **0:** 13; **H:** 28,4

693-1

FU: Notbergung; **Auff.:** 1985; **Fi:** H.-D. Freese; **Funde/Bef.:** Drei Siedlungsgruben bis 1 m tief. Zwei enthielten u. a.: WS am Halsansatz mit zwei umlaufenden Riefen, RS mit stark umbiegendem Umbruch, stark einziehender kurzer Schul-ter, Kegelhalsrand und randständigem Bandhenkel, Schleifsteinfragm., gebr. Tierknochen, verkohlte Körner von entspelzter Spelzgerste. OF: Tonlöffel mit kleinen Grifflappen, 250 Scherben, darunter Reste von Gefäßen mit kurzem Kegelhalsrand, mit Fingertupfenrand, mit hohem Kegelhals. Ränder z. T. gerade abgestrichen. Teilweise Schlickrauung; **BefG:** Siedlung; **Epoche:** EZ; **Periode:** jüngEZ

Kat.Nr.: 694

TK25: 3420; **TK5:** -33; **R:** 3505920; **H:** 5819760

L/F: In einer Kiesbaggerei wurde der bronzene Halsring ca. 1981 von einem Arbeiter mitgenommen; **Verbl.:** Slg. Wiebking; **Archiv:** NLD-OAA und ADAB FStNr. Leese 52; **Lit.:** Adameck 1993, Kat.Nr. 1972; **Nutzung:** Industriefläche; **Boden:** 9; **H:** 30,1; **weitere Dat.:** Paläo.

694-1

FU: Rohstoffgewinnung; **Auff.:** ca. 1981; **Fi:** Kiesgrubenarbeiter; **Funde/Bef.:** nach Kriesch (2012) evtl. imitierter rundstabiger Wendelring (Jastorf b/c). Runder Teil mit umlaufenden Rillen verziert; auf flachem Teil und Verschluss Ringperlpunzen; **BefG:** Einzelfund; **Epoche:** EZ; **Periode:** ältEZ

Kat.Nr.: 696

TK25: 3420; **TK5:** -35; **R:** 3508570; **H:** 5819260

L/F: Östlich von Leese wurden 1933 viele Scherben gefunden. Der Großteil gehört in die Zeit 500-1000 n. Chr.; aber auch Stücke aus der frühRKZ; **Verbl.:** v.a. LMH 88:33 (89-91:33); **Archiv:** NLD-OAA und ADAB FStNr. Leese 60 (alt 9); **Nutzung:** Acker; **Boden:** 17; **H:** 34,0 ; **weitere Dat.:** frühMA

696-1

FU: unbekannt; **Auff.:** 1933; **Fi:** Lehrer Sölter; **Funde/Bef.:** Eine RS, eine kammstrichverzierte und verschiedene z. T. geraute WS; **BefG:** Fundstreuung; **Epoche:** EZ; **Periode:** jüngEZ-ältRKZ

Kat.Nr.: 697

TK25: 3420; **TK5:** -34; **R:** 3507050; **H:** 5818720

L/F: Auf dem Marschberg, unmittelbar am Rand der Weserniederung auf einer Flussterrasse. Aufsammlungen vor 1928-1963 auf Acker, in Kabelgraben an der Eisenbahn sowie in einer Sandgrube. Funde u. a. der EZ-frühRKZ sowie Reste eines Eisenverhüttungsofens der jüngRKZ. 1926 zwei Schnitte durch Böschung des Marschberges. Dabei Nachweis einer mind. hma Befestigung am oberen Steilhang (NLD-FStNr. 162) und einer Siedlung aus der Zeit um Chr. Geb. 1928 erneute Untersuchung der Befestigung: mutmaßliche Durchfahrt (HMA?) mit einer LTZ 90cm starken Kulturschicht. 1963 Notgrabung in Sandgrube: hma. und jüngRKZ Siedlungsschicht mit Hausgrundrissen und Schmiede in der Nähe des Verhüttungsofens. Dazu stratigraphisch ältere RKZ Siedlungsschicht, die mit dem Befund von 1926 parallelisiert werden kann. Hauptsächlich RKZ-Funde von Begehungen 1975, 1985. 2008 nicht näher ansprechbares Material. Befliegung 2008 mit Siedlungsspuren als positive Bewuchsmerkmale auf den Luftbildern; **Verbl.:** LMH 25702-703, 27026-27031, 29261-29280, 84-87:33, 35-36:35, 1809:85, Mus. Ni. 316:63; **Archiv:** NLD-OAA und ADAB FStNr. Leese 6 (alt 1, 10, K6); Lubi 3520-FAN-018; **Lit.:** Adameck 1993, Kat.Nr. 1974, 2022, 2023, 2117. Bersu u. a. 1926, 100ff., Abb. 1,5-9. Genrich 1964. Hegewisch 2012, 184ff. Heimbs 1925. Tackenberg 1934, Beil. 46.37. Wilhelmi 1967, 147 Kat.Nr. 131; **Nutzung:** Acker; **Boden:** 17; **Boden-Umfeld in %: 9:** 57; **14:** 3; **17:** 40; **H:** 35,7; **weitere Dat.:** Neo., jüngRKZ, frühMA, hochMA (Wall mind. 11. Jh.)

697-1

FU: Begehung; **Auff.:** vor 1928 **Fi:** Lehrer Sölter/ J. Tüxen/Bauarbeiter (vor 1928-1963), C. Schuchhardt/G. Bersu (1926), K. Zeuner/A. Genrich (1963); **Funde/Bef.:** OF vor 1928-1963 (EZ- frühRKZ): Scherben (u. a. mit Randtupfen, Rautöpfe, Schüsseln, Henkel, Böden). Aus der Kulturschicht der Grabung 1926: Scherben (u. a. von Schüsseln mit Randdurchlochung, verdickte, getupfte und facettierte RS, Kammstrich-, Tupfen- und Gerstenkornverzierung), Spinnwirtel mit Zacken, BL, Webgewichtfragm. (vgl. weiter Hegewisch 2012, 189 f.). Die Schicht soll durch einen Zaun begrenzt gewesen sein. Aus beiden RKZ Schichten der Grabung 1963 (nicht trennbar): große Anzahl Scherben (facettierte Ränder, abgeknickte z. T. nach innen oder außen verdickte Randlippen, auf letzterem z. T. Fingertupfen oder Schrägkerben, unter den Uslar-Typen v. a. I/IIa, III, IV, keine Standfußgefäße). Dazu Schlacke, BL, Knochen, Schleifstein, Steinplatten usw. Für die ältere der beiden Siedlungshorizonte sind ebenfalls Hausgrundrisse dokumentiert; **BefG:** Siedlung; **Epoche:** EZ; **Periode:** jüngEZ-ältRKZ;

697-4

FU: Begehung; **Auff.:** vor 1928; **Fi:** Lehrer Sölter/ J. Tüxen/Bauarbeiter (vor 1928-1963), G. Heimbs (1928); **Funde/Bef.:** OF vor 1928-1963 (EZ- frühRKZ,): vgl. 697-1. Bei der Grabung 1928 aus der Schicht und vom Plateau geborgen: Scherben (u. a. von Rautöpfen, getupfte RS), Eisenschlacke; **BefG:** Siedlung; **Epoche:** EZ; **Periode:** jüngEZ

Kat.Nr.: 698

TK25: 3520; **TK5:** -5; **R:** 3509320; **H:** 5817850

L/F: zwei Grabhügel auf einem Dünenzug in der „Pickels Heide", stark gefährdeten. 1929 Grabung eines Hügels. Der Hügel (12 m Dm, 0,60 m Höhe) gehört in die frühe EZ. **Verbl.:** LMH 1285-1289:29; **Archiv:** NLD-OAA und ADAB FStNr. Leese 35 (alt 17) (Hügel II NLD-FStNr. 149); **Lit.:** Adameck 1993, Kat.Nr. 2057. Tuitjer 1987, 133f. Kat.Nr. 124; **Nutzung:** Acker; **Boden:** 6; **H:** 35,7

698-1

FU: Notbergung; **Auff.:** 1929; **Fi:** K. H. Jacob-Friesen; **Funde/Bef.:** Mittig auf dem anstehenden Boden drei Leichenbrandschüttungen, die ehemals von zwei Baumstämmen flankiert wurden. Südlich und oberhalb der Bestattungen zwei Gefäße, darunter ein Rautopf mit Wellenrand. In der Hügelaufschüttung Eisenfragmente, u. a. Reste eines Gürtelhakens, vereinzelte Scherben; **BefG:** Grab/Gräberfeld; **Epoche:** EZ; **Periode:** jüngBZ-ältEZ

Kat.Nr.: 699

TK25: 3420; **TK5:** -34; **R:** 3507985; **H:** 5819720

L/F: Nördlich von Leese gelegenes Gräberfeld mit ca. 1130 Brandbestattungen auf 1,75 ha. Ältere/jüngere EZ, hauptsächlich Urnengräber, ein Steinkistengrab; Brandgruben verschiedener Form, Ustrinen und verschiedene Gruben (u. a. mit BL). 1924-1937 wurden bei Erdarbeiten im Bereich des Hauses Hambster wiederholt Bestattungen gefunden. 1924 erste Ausgrabung (Jacob-Friesen; Gruppe A). 1931 nächste Ausgrabung (Hambster; Gruppe B, C, D). 1932, 1934 Ausgrabungen einzelner Bestattungen. Weitere Bestattungsreste 1937 südlich der Gärtnerei und 1954 bei einer Baumpflanzung. 1963 Meldung von Gefäßresten. Mitte der 1970er Jahre Feldbegehungen, daraufhin 1978-1980 systematische Ausgegrabung des Gräberfeldes von Maier. Mitte 1990er Jahre und 1998 eisenzeitliche OF bei Bauleitplanung. 2011 Bergung einer zerstörten Bestattung südlich des bisher bekannten Areals; **Verbl.:** vgl. laufende Dissertation (Kriesch); **Archiv:** NLD-OAA und ADAB FStNr. Leese 74, 199 (alt 21, 26, K74); **Lit.:** Adameck 1993, Kat.Nr. 1979. Bersu u. a. 1926, 116. Cosack 1996, Kat.Nr. 238. Hässler 1991, 474. Kriesch 2011; in Vorbereitung. Berthold/Kriesch 2013, 165-166, Kat.Nr. 240. Maier 1981; 1985. Tackenberg 1934, 166-169; Beil. 28,85; 30,17; 31,24; 32,14; 36,11; 44,6; 45,5; 46,38-41; Taf. 4,6.7; 5,12; 6,1.6; 11,15.20; 19,2; 26,12; 27,17.26; 38,6-17. Tuitjer 1987, 131ff. Kat.Nr. 119; Taf. 32,1-11; 33,1-9; Kat.Nr. 120, Taf. 33,10; **Nutzung:** Ortslage; **Boden:** 17; **H:** 33,9

Das eisenzeitliche Umfeld des Gräberfeldes von Leese

699-1
FU: Baumaßnahme; **Auff.:** 1924; **Fi:** K. Hambster (1924-1937, 1954), K. H. Jacob-Friesen (1924), H. J. Killmann (1976), R. Maier (1978-1980), E. Cosack (1995, 1998), Berthold (2011); **Funde/Bef.:** Urnen- und Brandgrubengräber mit ältereisenzeitlicher Ker., älterEZliche Bronzefunde (Nadeln, Gürtelhaken u. a.).**BefG:** Grab/Gräberfeld; **Epoche:** EZ; **Periode:** ältEZ

699-2
FU: Baumaßnahme; **Auff.:** 1924; **Fi:** vgl. 699-1; **Funde/Bef.:** Urnen- und Brandgrubengräber mit Ripdorf-ähnlicher Ker., jüngerEZliche Bronzefunde (z. B. Latèneschema-Fibeln); **BefG:** Grab/Gräberfeld; **Epoche:** EZ; **Periode:** jüngEZ

Kat.Nr.: 700
TK25: 3420; **TK5:** -30; **R:** 3510350; **H:** 5820270
L/F: 1976 OF von einer tiefumgebrochenen Laubholzneuaufforstung. Ende 1983 erneut Bodenfunde. Daher Anfang 1984 weitere Begehungen; **Verbl.:** LMH 1242:79, 1803:85; **Archiv:** NLD-OAA und ADAB FStNr. Leese 93-T001 (K60); **Lit.:** ADAMECK 1993, Kat.Nr. 1968-1969; **Nutzung:** Wald; **Boden:** 17; **Boden-Umfeld in %: 2:** 6; **6:** 18; **12:** 25; **17:** 35; **H:** 33,4;

700-1
FU: Begehung; **Auff.:** 1976; **Fi:** H. J. Killmann (1976), H. Krull (1983), C.-G. Kullig (1984); **Funde/Bef.:** Größere Anzahl Scherben (einige schlickgeraut, mehrere RS teilweise mit Kegelhals (gerade abgestrichene Ränder, RS mit Fingernageleindrücken oder Fingertupfen auf dem Rand, gerstenkornartige Eindrücke in Reihe unterhalb des Randes), WS mit waagerechten Ritzlinien verziert. Dazu Spinnwirtelfragm., Schlackebrocken, wenig BL.; **BefG:** Siedlung? **Epoche:** EZ

Kat.Nr.: 705
TK25: 3420; **TK5:** -34; **R:** 3507810; **H:** 5818060
L/F: Begehung des Spargelfelds 1984-1987. Nach Cosack (1988) eisenzeitlich; nach Lubinski (2012) jüngere EZ; **Verbl.:** LMH 914:88; **Archiv:** NLD-OAA und ADAB FStNr. Leese 122; **Lit.:** ADAMECK 1993, Kat.Nr. 2066; **Nutzung:** Acker; **Boden:** 17; **Boden-Umfeld in %: 2:** 17; **9:** 2; **12:** 3; **14:** 14; **17:** 64; **H:** 35,0; **weitere Dat.:** jüngBZ, MA

705-1
FU: Begehung; **Auff.:** 1984; **Fi:** O. Klose/E. Brohmann; **Funde/Bef.:** Mehrere Kartons Scherben, z. T. sehr große Fragmente (u. a. mit Fingertupfenrand, Knubben, strichverzierte Scherben, z. T. sek. gebr.), Schleifstein, Flintartefakte, Knochen, BL. Lappenschalenscherbe.; **BefG:** Siedlung? **Epoche:** EZ; **Periode:** jüngEZ

Kat.Nr.: 706
TK25: 3420; **TK5:** -36; **R:** 3510040; **H:** 5819635
L/F: 1974 Fund eines Flintbeiles, 1976 Nachbegehung. OF auf einer schmalen Spargelplantage und an der Bachniederung. Ende 1980er Jahre nach COSACK (1988) ältereisenzeitliche OF; **Verbl.:** LMH 46:89; **Archiv:** NLD-OAA und ADAB FStNr. Leese 146 (K46, 58, 65); **Lit.:** ADAMECK 1993, Kat.Nr. 2005-2006; **Nutzung:** Siedlungsfläche; **Boden:** 6; **H:** 34,0; **weitere Dat.:** Neo.

706-1
FU: Begehung; **Auff.:** 1988; **Fi:** A. Lustfeld; **Funde/Bef.:** 1988: einige Scherben (WS glatt und geschlickt, RS z. T. mit Fingertupfenrand), Flintartefakt. Die Funde der 1970er Jahre sind unbekannt; **BefG:** Fundstreuung; **Epoche:** EZ; **Periode:** ältEZ

Kat.Nr.: 707
TK25: 3420; **TK5:** -35; **R:** 3509090; **H:** 5819180
L/F: Nach TACKENBERG 1931 früheisenzeitliche Funde in der Flur „Faule Brake" östlich von Leese beim Abgraben eines Grundstückes; **Verbl.:** LMH 123-126:31; **Archiv:** NLD-OAA und ADAB FStNr. Leese 152; **Lit.:** ADAMECK 1993, Kat.Nr. 2028; **Nutzung:** Grünland; **Boden:** 12; **H:** 33,7; **weitere Dat.:** RKZ, VWZ

707-1
FU: Rohstoffgewinnung; **Auff.:** 1931; **Fi:** ?; **Funde/Bef.:** BS, WS eines glatten Gefäßes, geraute WS verschiedener Gefäße. **BefG:** Fundstreuung; **Epoche:** EZ; **Periode:** jüngBZ-ältEZ?

Kat.Nr.: 708
TK25: 3420; **TK5:** -36; **R:** 3510460; **H:** 5818830
F: Siedlungsreste in der Flur „Graffelke", etwa 175 m vom früheisenzeitlichen Grabhügel (Kat.Nr. 685) entfernt, beim Urbarmachen; **Verbl.:** LMH 24387-389 (lt. LMH Reibsteine); **Archiv:** NLD-OAA und ADAB FStNr. Leese 153; **Lit.:** ADAMECK 1993, Kat.Nr. 2039. BERSU u. a. 1926, 116. HEIMBS 1927, 189. **Nutzung:** Acker; **Boden:** 6; **Boden-Umfeld in %: 6:** 93; **12:** 7; **H:** 34,5

708-1
FU: Feldarbeiten; **Auff.:** vor 1924; **Fi:** vom Busch jr. **Funde/Bef.:** Einen Spatenstich unter OF: tennenartige Lehmdiele (ca. 4 m^2). Aus den Lehmresten und der Umgebung: „eine ganze Anzahl von groben, sicherlich von Gebrauchsgefäßen herstammenden Scherben", "kugelförmige Reibsteine" (JACOB-FRIESEN 1924); **BefG:** Siedlung; **Epoche:** EZ?

Kat.Nr.: 709
TK25: 3520; **TK5:** -4/-5; **R:** 3508160; **H:** 5817398
L/F: Auf erhöhter Uferzone eines ehemaligen Weserarms. 1975, 1977 OF der EZ/RKZ und RKZ an sechs Stellen. 1981 Überprüfung von Bezirksarchäologie für Bauleitplanung: nach KULLIG (1981) eisenzeitliches, nach LUBINSKI (2011) eisen-, übergangs- und kaiserzeitliches Material. Nach BÉRENGER (1984) RKZ-Funde bei Begehung auf neuem Spargelfeld, 1985 nach KULLIG (1985) ebenda eisenzeitliche Funde. Weitere eisen- und kaiserzeitliche Funde bis 1988. 1991 Befliegung: wenige positive Bewuchsmerkmale (Siedlungsgruben). Daher Ausdehnung des Siedlungsareals bis an B482 (GRUNWALD 2002). OF der spätLT/RKZ bei Begehung 1996 (WESELY-ARENTS/LUBINSKI 2011); **Verbl.:** LMH 1177/1186/1194/1279:79, 1192/1273/1316:79?, 1213:79 u./od. 1224:79?; 1756-1759: 85, 1805:85, 1815:85, 286-287:88, 4264:95; **Archiv:** NLD-OAA und ADAB FStNr. Leese 34, 57, 161 (K34, 35, 36, 90, 95, 157); Lubi 3520/00015-001(01); **Lit.:** ADAMECK 1993, Kat.Nr. 2061-2064. GRUNWALD 2003, Kat.Nr. H 532. **Nutzung:** Acker; **Boden:** 2; **Boden-Umfeld in %: 2:** 41; **6:** 25; **9:** 4; **14:** 12; **17:** 18; **H:** 35,5 **weitere Dat.:** Neo, RKZ, MA

709-5
FU: Baumaßnahme; **Auff.:** 1981; **Fi:** C.-G. Kullig (1981, Anfang 1985), Riemann (1996); **Funde/Bef.:** 1981: Fragm. eines kleinen Standgefäßes, viele RS (wenig verdickt facettiert, seltene Fingertupfenränder) und WS (Schlickrauung, Gittermuster, Kammstrich, Gerstenkornverzierung, Kammstrich mit Winkelband, Furchen, flächendeckende ovale Eindrücke), Fragm. eines Bronzearmrings, Mahlstein- und Schleifsteinfragm., Eisen, Schlacke; für 1996: sehr viele RS (u. a. kurze, ausbiegende Ränder, z. T. verdickt facettiert, wenig Fingertupfenränder) und WS (z. T. schlickgeraut, Rillen, Riefen, Ritzverzierung, Kamm- und Besenstrich). Grob eisenzeitliches Material: 1985, vor 1988: einige WS (mit kleiner durchlochter senkrechter Öse; z. T. mit Schlickrauung) und RS u. a. mit randständiger Knubbe, Wetzstein, Schlacke; **BefG:** Siedlung? **Epoche:** EZ; **Periode:** jüngEZ-ältRKZ

Kat.Nr.: 710
TK25: 3520; **TK5:** -5; **R:** 3509330; **H:** 5817375
L/F: 1975, 1977 OF auf zwei kleinen Anhöhen und der flachen Kuppe einer Bodenerhöhung. 1997 EZ Material. **Verbl.:** LMH 1265:79, 1279:79, 1679:97; **Archiv:** NLD-OAA und ADAB FStNr. Leese 163 (K38, 39, 105); **Lit.:** ADAMECK 1993, Kat.Nr. 2079. **Nutzung:** Acker; **Boden:** 6; **H:** 35,8

710-1
FU: Begehung; **Auff.:** 1997; **Fi:** E. Cosack; **Funde/Bef.:** 1997: Scherben und ein Stück LB; **BefG:** Fundstreuung; **Epoche:** EZ

Kat.Nr.: 712
TK25: 3420/3520; **TK5:** -34/-4; **R:** 3507275; **H:** 5818113
L/F: 1932 frühgeschichtl. und fma. OF am Steilabfall zum Schmiedebruch (verlandeter Weserarm). 1977, 1985-86 Funde der EZ (evtl. ältRKZ) und des frühMA an drei Stellen.. Begehung 1996: v. a. fma. Funde. Luftbilder 1990: deutliche Spuren einer größeren Siedlung, evtl. Wüstung. **Verbl.:** LMH 180:32, 1308/1314/1320:79, 1808:85, 1814: 85, 862-869:92, 4266:95; **Archiv:** NLD-OAA und ADAB FStNr. Leese 42, 190 (alt 4, K99, 114, 115); **Lit.:** ADAMECK 1993, Kat. Nr. 2042, 2054-55; **Nutzung:** Acker; **Boden:** 14; **Boden-Umfeld in %: 9:** 38; **14:** 13; **17:** 49; **H:** 34,7; **weitere Dat.:** frühMA

712-1
FU: Begehung; **Auff.:** 1977; **Fi:** H. J. Killmann (1977), O. Klose/E. Brohmann (1985-1986); **Funde/Bef.:** 1985-1986: große Menge WS und RS (z. T. schlickgeraut, sek. gebr.), darunter: RS mit stark gewölbter Schulter und gerade abgestrichenem Trichterrand, mehrere RS mit Fingertupfenrand, RS mit abgesetztem Kegelhals und leicht ausbiegendem gerundetem Rand, WS mit Griffföse, BS mit Wandungsansatz verziert mit tiefen ovalen Eindrücken, Siebgefäßfragm.. Dazu Schlacke, Spinnwirtelfragm., Webgewichtfragm.?, Schleifsteine, Mahlkugeln, Mahlstein.; **BefG:** Siedlung? **Epoche:** EZ

Kat.Nr.: 722
TK25: 3420; **TK5:** -28, -29; **R:** 3507815; **H:** 5820045
L/F: auf einem 4 m über die Wesermarsch hervorragendem Geestsporn („Zapfen- oder Zappenberg"). 1926 auf Besitz von Bauer Honebein spätLTZ-Scherben sowie bronzene Doppelradnadel gefunden. Bei Sandgewinnung 1927 zwei Siedlungsgruben, eine ausgegraben[40]. Fundmaterial nach Tackenberg (1934): 1. Jh. v. Chr. bis 2. Jh. n. Chr. 1929 TBK-Scherbe am Alten-Ginges-Graben, 1933 am Westabhang in einer angelegter Sandgrube eine kaiserzeitliche Glasperle mit Rosettenmustern (HEGEWISCH 2012, 192). 1931 undat. Siedlungsfunde. 1933 wenige Scherben der RKZ und des MA. 1934 Gefäß der älteren EZ. ÄlterEZ- und übergangszeitliche Funde 1938-1939 am nördlichen Teil des Zapfenberges beim Bahnbau. 1954-1961: u. a. RKZ-Funde aus der Gemeindesandgrube (u. a. Wilhelmi 1967); **Verbl.:** LMH 25696-700, 26995-27024, 3:29, 366:32, 40:33, 425:34, E22:38, 1260:38, 7:39, E61:54, 49:59, Lanze verschollen; Mus.Ni. U 721, 313-313:60, 49-50:61, Spinnwirtel privat; bei Adameck weitere Inv.Nr. aus FM; **Archiv:** NLD-OAA und ADAB FStNr. Leese 193 (alt 6, 7, 15, 25); **Lit.:** ADAMECK 1993, Kat. Nr. 1947. BERSU u. a. 1926, 101, Abb.1. GUMMEL 1928. HEGEWISCH 2012, 186ff. WILHELMI 1967, 147f. Kat.Nr. 133. **Nutzung:** Ortslage; **Boden:** 17; **Boden-Umfeld in %: 2:** 1; **9:** 36; **10:** 17; **17:** 46; **H:** 33,7 **weitere Dat.:** Neo (u. a. TBK), BZ, spätHGZ/frühUFZ (Radnadel), MA

722-1
FU: unbekannt; **Auff.:** 1934; **Fi:** G. Asmus/Bauarbeiter (1938-1939); **Funde/Bef.:** Bei dem 1934 geborgenen Gefäß handelt es sich um einen bauchigen, eiförmigen Rautopf mit Fingertupfenverzierung. Beim Bahnbau 1938-1939 fanden sich mehrere Scherben (u. a. RS Rautopf mit Fingertupfenverzierung, WS eines Gefäßes vom Nienburger Typ); **BefG:** Fundstreuung; **Epoche:** EZ; **Periode:** ältEZ

722-2
FU: unbekannt; **Auff.:** 1926; **Fi:** Bauer Honebein (1926), Arbeiter Schnepel/Lehrer Sölter/H. Gummel/Arbeiter (1927), G. Asmus/Bauarbeiter (1938-1939); **Funde/Bef.:** Funde von 1926: RS mit nach außen gebogenen Rändern, Scherben mit flächendeckender gerstenkornartiger Verzierung, WS mit Schlickrauung. Grabung 1927: 0,40 m tiefe Grube und angrenzendes Pfostenloch. Die Funde stammen aus beiden Gruben und aus dem bewegten Boden: zahlreiche Gefäßreste (u. a. mit getupftem, gekerbtem oder verdicktem Rand, Kammstrich-, Dellen-, Tupfen- oder Gerstenkornverzierung, Schlickrauung), Webgewichte, BL, gebr. Steine, Wetzstein, Eisenschlacke, Knochenreste (vgl. HEGEWISCH 2012, 186ff.). Beim Bahnbau 1938-1939 mehrere Scherben (u. a. verdickt facettierte RS Form III und IVb). **BefG:** Siedlung; **Epoche:** EZ; **Periode:** jüngEZ-ältRKZ

Kat.Nr.: 726
TK25: 3520; **TK5:** -5; **R:** 3508020; **H:** 5817670
L/F: Auf der Ostseite einer abgeschobenen Fläche wurde der Randbereich einer EZ Siedlung erfasst; **Verbl.:** Bez. Arch. H.; **Archiv:** NLD-OAA und ADAB FStNr. Leese 208-T002; **Lit.:** FREESE 2002, Kat.Nr. 297; **Nutzung:** Industriefläche; **Boden:** 17; **H:** 35,2

726-1
FU: Begehung; **Auff.:** 2001; **Fi:** H.-D. Freese; **Funde/Bef.:** Einige Scherben; **BefG:** Fundstreuung; **Epoche:** EZ?

---

40   Scheinbar wurden von Gummel auf dem Zappenberg noch weitere Untersuchungen durchgeführt, die in den Ortsakten des NLD nicht dokumentiert sind – vgl. HEGEWISCH 2012, 186ff.

Kat.Nr.: 727
TK25: 3420; **TK5:** -29; **R:** 3508330; **H:** 5821210
L/F: 1990 beim Sandabbau vier dunkle, dicht beieinander liegende Verfärbungen, aus denen spätLTZ/RKZ Funde sowie 1 ma. RS geborgen wurden. **Verbl.:** LMH 63:90; **Archiv:** NLD-OAA und ADAB FStNr. Leese 209; **Nutzung:** Acker; **Boden:** 2; **H:** 30,4; **weitere Dat.:** MA
727-1
FU: Rohstoffgewinnung; **Auff.:** 1990; **Fi:** C. Wiebking; **Funde/Bef.:** Scherben verschiedener Gefäße Fragm. aus drei Verfärbungen gehören zu einem Gefäß, so dass nach ZIPPEL (1990) eine rezente Störung vorliegt; **BefG:** Fundstreuung; **Epoche:** EZ; **Periode:** jüngEZ-ältRKZ

Kat.Nr.: 728
TK25: 3420; **TK5:** -36; **R:** 3510910; **H:** 5819030
L/F: In der Flur „Graffelke" fanden Arbeiter 1935 beim Kultivieren auf der Wiese Fleege eine Brandgrube. Dabei könnte es sich um einen mit einer LTZ-Schüssel abgedeckten Knochenhaufen gehandelt haben. Dazu Kugeltopfscherben; **Verbl.:** LMH 37-38:35; **Archiv:** NLD-OAA und ADAB FStNr. Leese 112; **Lit.:** ADAMECK 1993, Kat.Nr. 2039; **Nutzung:** Acker; **Boden:** 6; **H:** 34,5; **weitere Dat.:** frühMA
728-1
FU: Feldarbeiten; **Auff.:** 1935; **Fi:** Arbeiter; **Funde/Bef.:** Scherben einer Schüssel, stark verschlackt, "Schlacke", LB; **BefG:** Grab/Gräberfeld; **Epoche:** EZ; **Periode:** jüngEZ-ältRKZ

Kat.Nr.: 729
TK25: 3420; **TK5:** -35; **R:** 3508560; **H:** 5819400
L/F: Dunkle Verfärbung bei Erdarbeiten im Zuge eines Neubaues; **Verbl.:** LMH 1-2:29; **Archiv:** NLD-OAA und ADAB FStNr. Leese 114 (alt 1); **Lit.:** ADAMECK 1993, Kat.Nr. 2119; **Nutzung:** Ortslage; **Boden:** 17; **H:** 34,5
729-1
FU: Baumaßnahme; **Auff.:** 1929; **Fi:** Keunecke; **Funde/Bef.:** In 80 cm Tiefe standen zwei leere Gefäße mit der Mündung nach unten (doppelkonisches Gefäß mit sehr langem, geradem Hals, Schale mit Henkel). Depot oder Körperbestattung. **BefG:** Hortfund?; **Epoche:** EZ; **Periode:** jüngBZ-ältEZ

Kat.Nr.: 730
TK25: 3420; **TK5:** -34; **R:** 3507260; **H:** 5818980
L/F: Am „Wandlingsweg", 600 m westsüdwestlich von der Kirche in Leese, 1939 in 60 cm Tiefe spätLTZ/RKZ-Funde. 1977 nicht näher bestimmbare OF; **Verbl.:** 1-2:40, 1261:79; **Archiv:** NLD-OAA und ADAB FStNr. Leese 212 (K139); **Lit.:** ADAMECK 1993, 2024, 2133. WILHELMI 1967, 147 Kat.Nr. 132; **Nutzung:** Acker; **Boden:** 17; **H:** 34,8
730-1
FU: unbekannt; **Auff.:** 1939; **Fi:** G. Heimbs; **Funde/Bef.:** Vorgeschichtliche Scherben eines rauen Gefäßes, drei große RS verschiedener Gefäße. Letztere werden als früh-/älterkaiserzeitlich (JACOB-FRIESEN 1940. WILHELMI 1967) bzw. als EZlich (ADAMECK 1993) angesprochen. **BefG:** Fundstreuung; **Epoche:** EZ?; **Periode:** jüngEZ-ältRKZ?

Gemeinde Petershagen, Stadt

Ortsteil Schlüsselburg

Kat.Nr.: 001
R: 3504025; **H:** 5818046; **BefG:** Siedlung?; **Epoche:** EZ; **Archiv:** LWL-AfW FStNr. 3520,124; 3520,57; **Nutzung:** Acker; **Boden:** 9; **Boden-Umfeld in %:** **0:** 6; **9:** 89; **17:** 5; **H:** 31,8

Ortsteil Wasserstraße

Kat.Nr.: 002
R: 3506816; **H:** 5815478; **BefG:** Einzelfund; **Epoche:** EZ; **Archiv:** LWL-AfW FStNr. 3520,67; **Nutzung:** Ortslage; **Boden:** 2; **H:** 37,4

Kat.Nr.: 003
R: 3508453; **H:** 5816751; **BefG:** Siedlung; **Epoche:** EZ; **Archiv:** LWL-AfW FStNr. 3520,51; 3520,69; 3520,84; **Nutzung:** Acker; **Boden:** 6; **Boden-Umfeld in %: 2:** 38; **6:** 61; **14:** 1; **H:** 35,4

Kat.Nr.: 004
R: 3508349; **H:** 5816592; **BefG:** Grab; **Epoche:** EZ; **Archiv:** LWL-AfW FStNr. 3520,68; **Nutzung:** Acker; **Boden:** 2; **H:** 35,5

Kat.Nr.: 005
R: 3507805; **H:** 5816761; **BefG:** Siedlung; **Epoche:** EZ; **Archiv:** LWL-AfW FStNr. 3520,102; **Nutzung:** Acker; **Boden:** 2; **Boden-Umfeld in %: 2:** 61; **6:** 10; **9:** 17; **14:** 8; **17:** 2; **H:** 35,5

Sachsen und Franken, Slawen und Wikinger, Heiden und Christen –
Ungewöhnliche archäologische Funde der Karolingerzeit im Tal der Oberweser und im Solling und ihre Verbindungen zur karolingischen Reichsgeschichte in Sachsen und an der Niederelbe

von Hans-Georg Stephan

Einführung

Die Sachsenkriege Karls des Großen mit nachfolgender Christianisierung und die Einbeziehung Nordwestdeutschlands in die Kerngebiete abendländischer Kultur stellen seit jeher eine wichtige Periodengrenze zwischen der klassischen Frühgeschichte und dem Mittelalter im engeren Sinne dar. Entsprechend galt die Zeit bis dahin seit langem als Arbeitsgebiet der Archäologie, die Zeit danach eher als Terrain der von Schriftzeugnissen ausgehenden Mediävistik. Trotz vielfältiger früher Ansätze, etwa seit den Burgwallaufnahmen[1], ist es bis heute nur selten gelungen, kriegerische und politische Ereignisse des frühen Mittelalters von archäologischer Seite her konkret zu beleuchten, wie dies jüngst durch unkonventionelle Vorgehensweise für das Gräberfeld von Sarstedt bei Hildesheim und die Amelungsburg bei Hessisch Oldendorf bzw. die „Schlacht am Süntel"[2] oder durch dendrochronologische Datierungen kürzlich für den Höhbeck, eine schon lange an diesem Platz vermutete Burganlage Karls des Großen an der Niederelbe, gelang.[3] Ungewöhnliche und reichhaltige Metallfunde sowie anthropologische Befunde bilden in manchen Fällen immerhin die Grundlage für weiterführende Interpretationen.

Im Westertal und Solling ist die Fundsituation weitaus komplexer und schwieriger als in den oben genannten Fällen. Es gibt zwar Berichte über Waffenfunde „Auf dem Winnefelde" im Solling, die bis ins 16. Jahrhundert zurückgehen[4] und durch Nachrichten über weitere Funde im 18. und 19. Jahrhundert gestützt werden, aber sie bleiben durchweg sehr vage und die Funde sind überdies verschollen. Lediglich von einem Zaumzeug des 8.–13. Jahrhunderts, das bei Winnefeld gefunden wurde, hat sich eine Zeichnung erhalten (Abb.1).[5] Die gängigen Einordnungen dieser bislang weitgehend nur in der Lokal- und Heimatforschung beachteten Waffenfunde reichen von der Römerzeit (Varusschlacht) bis ins 15. Jahrhundert[6] und letztlich ist nüchtern betrachtet nicht einmal auszuschließen, dass sich darunter auch Funde aus neolithischen und bronzezeitlichen Hügelgräbern verbergen.[7] Gesichert ist ein großer Schatzfund römischer Bronzemünzen aus dem 3. Jahrhundert.[8] Allerdings haben sich durch archäologische Geländeforschungen in den letzten 15 Jahren die Indizien dafür außerordentlich verdichtet, dass in den Lössgebieten und an den Fernverkehrsrouten am Südrand des Solling im 8./9. Jahrhundert mit Siedlungs- und Kulturlanderschließungsaktivitäten in beachtlichem Umfang und bis hinein ins Bergland zu rechnen ist – anders als man sich das in derartigen Regionen, allerdings allein ausgehend von pauschalen Vorstellungen und ohne professionelle Geländeforschungen, bislang vorstellen konnte.[9] Eben diese Epoche soll im Zentrum der folgenden Ausführungen stehen.

Königsgüter im Solling

Entgegen anderer Behauptungen[10] gibt es im Solling keine gesicherte frühmittelalterliche Befestigung. Eine der wenigen in der schriftlichen Überlieferung des 8. Jahrhundert genannten sächsischen Burgen lag jedoch auf dem dem Solling gegenüber liegenden westlichen Randhöhen des Oberwälder Landes, nämlich die Brunsburg bei Höxter über der strategisch wichtigen Nethemündung und einer Weserfurt.[11] Dort versuchte 775 ein Aufgebot der Engern unter ihrem „dux" Brun vergeblich, dem fränkischen Heer unter Führung des jungen, erst zwei Jahre zuvor zur Regierung gelangten Königs Karl den Weserübergang zu verwehren. Der Name der Burg weist auf frühe Herrschaftsbildung in diesem Raum hin. Die schriftliche Überlieferung des 9. Jahrhunderts und patronymische Ortsnamen lassen an der Oberweser umfangreiches Königsgut und größere Besitzkomplexe, vor allem der mit den Karolingern mütterlicherseits verwandten Billinge-Ekbertiner, schemenhaft erkennen, die z. T. an das in unmittelbarer Nähe 815/822 gegründete erste große sächsische Reichskloster Corvey übertragen wurden. Besonders zu nennen ist hier die Schenkung der Gräfin Hadwy (Hedwig) an ihren Gemahl Amalung aus der Zeit um 850,[12] die mit Beverungen und Wehrden wichtige Corveyer Herrenhöfe umfasste, zu denen wohl auch Zubehör auf der Ostseite der Weser am Solling gehörte.

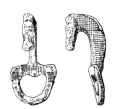

▲ Abb. 1: Eiserne Pferdegeschirrteile des frühen bis hohen Mittelalters aus dem Bereich der Wüstung Winnefeld, Verlust- oder Grabfund? M. ca. 1:2 (nach Plümer 1961, 20 Abb. o. Nr.).

---

1 von Oppermann/Schuchhardt 1881–1916.
2 Cosack 2006; 2008a. Simek/Engel 2004.
3 Schneeweiss 2010; 2012. Willroth 2011.
4 Letzner 1590; 1596; 1604.
5 Plümer 1961.
6 König 1837. Letzner 1596; 1604. Plümer 1961. Rost 1992.
7 Stephan 2010.
8 Stephan 2010. Berger 1988; 2012.
9 Vgl. Plümer 1961. Kühlhorn 1994–96.
10 Rost 1992, Karte und Katalog.
11 Koch/König 2009. Stephan 2001.
12 Schütte 1992, Nr. 163. Kommentare bei Stephan 1978/79; 2010.

▶ *Abb. 2: Die mittelalterliche bis frühneuzeitliche Kulturlandschaft im Bereich zwischen Wahmbeck (Bodenfelde) und der Brunsburg bei Höxter mit Herstelle und den frühmittelalterlichen Fundstellen zwischen Würgassen und Neuhaus (Ausschnitt aus KOCH u. a. 2006, Taf. 5b).*

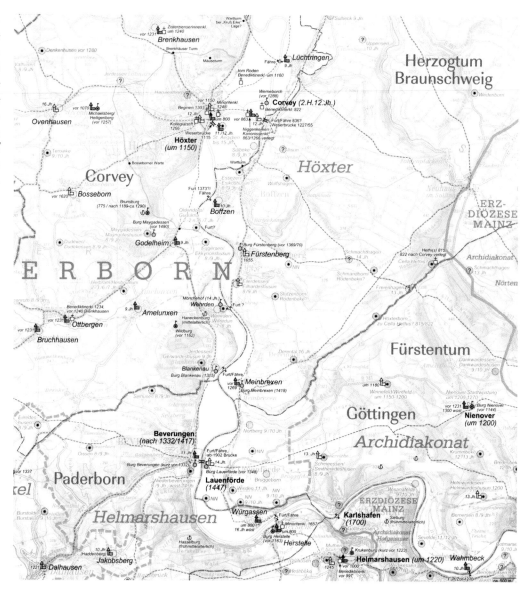

Die Pfalz Herstelle

Das Königsgut, etwa in Bodenfelde oder Würgassen, dürfte weitgehend auf konfisziertes Eigentum den Franken feindlich gesonnener Sachsen zurückgehen. Frühe Ortsnamen und Zeugenlisten in den älteren Corveyer Traditionen (ca. 822–875) lassen hier u. a. an die westfälische Widukindsippe und die mit dieser verwandten und politisch verbündeten sächsisch-thüringischen Immedinger denken, aber auch an die Esikonen sowie in geringerem Umfang an die Liudolfinger.[13] Bemerkenswert ist in diesem Kontext, dass es zwar eine ganze Anzahl von Königshöfen an der Oberweser gab, aber im näheren Umfeld von Corvey und dem Solling nur zwei Orte, an denen mehrfach Aufenthalte Karls des Großen nachweisbar sind: Lügde unterhalb der Skidrioburg unweit von Bad Pyrmont im Nordwesten und Herstelle im Süden. Wir wollen an dieser Stelle lediglich Herstelle etwas näher betrachten, da dieser Platz für unsere Fragestellung von größerer Bedeutung ist. Der Ort liegt am Weserübergang des von Frankfurt über Kassel Richtung Bremen ziehenden Fernweges, am Kreuzungspunkt mit Ost-West-Verbindungen aus dem Rheinland und Sauerland (Köln-Marsberg/Korbach) ins Leinetal und an den Südharz. Die Pfalz Karls I. ist auf der Anhöhe oberhalb des Ortes zu suchen, wo später die mittelalterliche Burg der Paderborner Bischöfe lag und daneben am Abgang ins Wesertal auch die mutmaßliche Burgkapelle und spätere (Ur-) Pfarrkirche St. Bartholomäus,[14] bevor diese in der Barockzeit an den oberen Rand des Dorfes verlegt wurde, wo sie sich noch heute befindet (Abb. 2–4). Leider gibt es bislang keine archäologischen Befunde und Funde zur Pfalz. Nur wenige Keramikfragmente aus dem Bereich vor der Burg sind grob in die Zeit um 1000–1150 einzuordnen. Der Name des Platzes ist eine Übertragung von Heristal/Herstal an der Maas bei Lüttich, eine der bevorzugten Pfalzen der späten Merowinger und

---

13 WENSKUS 1976.

14 LEESCH 1970.

der frühen Karolinger, wo Karl einer nicht gesicherten Überlieferung nach[15] geboren worden sein soll. Dieser Name ist programmatisch zu verstehen und sollte gewiss die in der Tat ähnlich anmutige und verkehrsgünstige Lage der beiden Orte betonen und für Franken und Sachsen einen neuen Identifikationsort in der jungen Provinz Sachsen schaffen. Nach der Paderborner/Hildesheimer Überlieferung des 11. Jahrhunderts soll Karl der Große sogar erwogen haben, den Bistumssitz für das südliche Sachsen dort und nicht in Paderborn einzurichten,[16] was aber ungewiss bleibt und eher als Topos verstanden werden kann. Sicher bezeugt ist nach den Reichsannalen lediglich ein allerdings auffallend langer Aufenthalt des Königs im Winter 797/798 mit Familie und Heer etwa von November bis Mai: „Et Novembrio mense mediante ad hibernandum cum exercitu Saxoniam intravit postisque castris apud Wisoram fluvium locum castrorum Heristelli vocari iussit…"[17]. Er feierte dort Weihnachten und Ostern, empfing Gesandtschaften der Awaren, die ihm reiche Geschenke brachten, aus dem islamischen und christlichen Spanien. Er sandte seine Söhne Ludwig nach Spanien und Pippin nach Italien und beschäftigte sich mit der Ordnung Sachsens. Nach einem Aufstand der Nordalbingier im Osten sammelte er das Heer und zog von Herstelle nach Minden und danach verheerte er das ganze Sachsenland zwischen Weser und Elbe. Demnach ist mit einer voll ausgestatteten Pfalz zumindest mit geräumigen hölzernen Bauten zu rechnen. Heer und Tross könnten im weiteren Umfeld untergebracht gewesen sein. Dafür kommt unter anderem die wenige Kilometer südlich im Mündungsdreieck der Diemel gelegene Sieburg infrage, eine flächenmäßig ungewöhnlich große, allerdings sehr archaisch wirkende Befestigung.[18] Sie könnte beispielsweise wiederbenutzt worden sein. Alternativ ist eine Art von provisorischer Befestigung für ein nicht auf Dauer berechnetes Winterlager zu erwägen. Im Übrigen wird man aus Gründen der ausreichenden Versorgung mit einer weiträumigen Verteilung der Truppen und des Gefolges auf das Umland und die bestehenden Siedlungen zu rechnen haben.

Das Siedlungsumfeld der Pfalz
Nach der archäologischen Siedlungsforschung und den Ortsnamen zu urteilen war das 8./9. Jahrhundert an der Oberweser durch eine große Dynamik der Siedlungsentwicklung gekennzeichnet.[19] Ohne ein dichtes Siedlungsnetz wäre eine Versorgung großer und nahrungstechnisch anspruchsvoller Menschenmengen mit zahlreichen Pferden und umfangreichem Tross im noch keineswegs überall befriedeten und hinreichend organisatorisch erschlossenen Sachsen gar nicht denkbar. Wie muss man sich die Situation im näheren Umfeld der Pfalz nun konkret vorstellen? Zugegebenermaßen sind die vorhandenen Anhaltspunkte unausgewogen und nicht gleichmäßig in Zeit und Raum verteilt. Immerhin kann man aufgrund der zahlreichen in der Karolingerzeit bestehenden Orte, die später wüst fielen, sagen, dass die Mehrzahl der Siedlungen eher klein bis mittelgroß war, etwa ein bis zwei Dutzend Höfe umfasst haben wird und stets an Fließgewässern mit vermutlich gutem Trinkwasser lag.[20] Auch die Entfernung der Orte voneinander unterliegt gewissen Regeln. Während bis etwa 700 offenbar nur eine unregelmäßige lockere Verteilung der Orte in eher überschaubaren inselartig verteilten Siedlungsgefilden vorhanden war, die sich an ausgesprochenen Gunstlagen orientierten, verdichtete sich nachfolgend das Siedlungsbild sehr dynamisch und rasch innerhalb weniger Generationen. Eine Datierung auf wenige Jahrzehnte ist allerdings mit konventionellen archäologischen Methoden in diesem Zeitraum kaum möglich. Aber es ist

▲ Abb. 3 (oben): Blick Weser abwärts auf Herstelle mit Burgruine und alter Pfarrkirche, im Hintergrund Dorf und Rittergut Würgassen und der Solling. Stich nach Rudolphi 1671 (nach STEPHAN u. a. 2007, 139 Abb. 15).

▲ Abb. 4 (unten): Allegorie der Weser. Blick Weser aufwärts auf Herstelle und Würgassen. Stich nach Rudolphi 1671 (nach STEPHAN u. a. 2007, 138 Abb. 14).

---

15 HÄGERMANN 2000.
16 BRANDT/HENGST 2002.
17 RAU 2000, 66 (Zitat); 68.
18 HERRMANN 1991.
19 STEPHAN 1978/79; 2007; 2010; im Druck.

20 STEPHAN 1978/79; 2007; 2010; im Druck.

▲ *Abb. 5: Blick auf die karolingerzeitliche Fundstelle beim Höxterborn in der Nähe von Derental im Solling. Foto: H. Weinreis.*

doch offensichtlich, dass die Sachsenfeldzüge der Karolinger im mehrfach betroffenen Süden Sachsens, so schon 743 von Karlmann angeblich ganz in der Nähe bei Lippoldsberg, nicht in Einöden vorstießen, sondern in aufblühende Siedlungslandschaften. Dies mag auch mit erklären helfen, weshalb gerade dort die Franken besonders früh erfolgreich Fuß fassen konnten. Typisch für diese Ausbauphase sind patronymische Ortsnamen auf –husun, die noch im Spätmittelalter und in der Neuzeit den Großteil der Orte an der Oberweser charakterisierten. Die Neugründungen drangen damals in erheblichem Umfang in die Nebentäler und auf die Hochflächen vor, so auch südlich von Herstelle. Dort haben sich im Forst Sieburg weite fossile Ackerfluren unter Wald erhalten, so im Bereich der Wüstungen Wedikessen, Wermanessen, Wichmanessen und Homburen. Etliche frühmittelalterliche Siedlungsplätze sind im weiteren Umfeld anhand von Bodenfunden oder auch früher schriftlicher Überlieferung greifbar.[21] Eine besondere, für das Frühmittelalter so nicht erwartete Aussagequalität haben in jüngster Zeit die Grabungen in den Wüstungen Winnefeld und vor allem Smedersen am Solling erreicht.[22] Auf größere frühgeschichtliche Offenlandschaften im südlich anschließenden Gebiet weisen die Namen der Wüstungen Wisanafelde und Sevelde im Wesertal oberhalb der Talerweiterung um Bodenfelde hin. Hier schenkte Kaiser Ludwig der Fromme 833 Reichsgut mit Anteilen an Salzquellen an Corvey.[23]

Man wird demnach davon ausgehen dürfen, dass Karls des Großen Königspfalz Herstelle tatsächlich eine Neugründung ist, in strategisch günstiger Lage über einer Weserfurt. Wie alt der Ort im Tal am schmalen Ufersaum der Weser ist, kann derzeit nicht beurteilt werden, da hierzu jegliche konkreten Anhaltspunkte fehlen. Am ehesten denkbar ist m. E. eine Entstehung im Kontext des 1171 vorhandenen Paderborner Marktes, mutmaßlich als bischöfliche Gegengründung zum seit 1000 bezeugten Markt des wenige Kilometer entfernten Reichsklosters Helmarshausen.[24] Auch in Helmarshausen bestand im 10. Jahrhundert ein Königshof.[25] Für mehr als eine doppelte Häuserzeile längs einer uferparallelen Straße bleibt allerdings unter dem Burgfelsen von Herstelle kaum Raum. Die alte sächsische ländliche Siedlung dürfen wir hingegen auf dem siedlungsgünstigeren gegenüber liegenden, östlichen Weserufer vermuten, in Würgassen am Fuße des Sollings (Abb. 2–3).

Diese wurde, ähnlich wie im Falle von Höxter und Corvey, nicht mit dem aus Franken übertragenen Namen Herstelle bezeichnet. Eine kleine Landschenkung an Corvey in „Wergesi" ist um 850/875 bezeugt.[26] Im 11. Jahrhundert war in „Wirgisi" das nächstgelegene, dem Paderborner Haupthof Herstelle bereite vor 1015 zugeordnete Vorwerk,[27] dessen Zubehör wir leider nicht kennen, aber überwiegend in der näheren Umgebung vermuten dürfen. Der wahrscheinlich auf die Lage an der Weser bezugnehmende, schwierig zu deutende Ortsname wirkt deutlich älter als die regional gängigen Typen auf –hausen, auch wenn hier nachträglich eine Angleichung stattgefunden hat. Eine weitere frühe Siedlung im Nahbereich von Herstelle muss Beverungen gewesen sein. Dieser ursprüngliche Siedlungsraumname an der Mündung der Bever (des Biberwassers) in die Weser umfasste mindestens die zwei Ortsteile Ober- und Niederbeverungen: der eine lag direkt an der Bevermündung am Rand der Niederterrasse der Weser, südlich der spätmittelalterlichen Stadtgründung, der andere vielleicht im Umfeld der Pfarrkirche St. Johannis der Täufer.[28] Dort sowie in Wehrden und Upwredun schenkte Haduwy all ihren Besitz für das Seelenheil ihres Gatten Amalung und ihrer Söhne Bennid (Koseform des Karolingernamens Bernhard) und Amalung.[29] Ähnlich wie in Herstelle und Würgassen ist in Beverungen und Wehrden der frühmittelalterliche Ortskern neuzeitlich überbaut, jedoch gibt es aus den letztgenannten Orten Funde ab dem 7./8. bzw. 8./9. Jahrhundert. Generell, und dies ist hier besonders festzuhalten, sind die Siedlungsplätze in der Region etwa seit dem 8./9. Jahrhundert weitestgehend platzkonstant, d. h. die nunmehr besetzten Hof- und Ortsstellen blieben fortan über viele Jahrhunderte bestehen. Gut nachzuvollziehen ist dies an den zahlreichen Wüstungen, die etwa zwei Drittel bis drei Vier-

---

21 Vgl. HENNE 1997. STEPHAN 1978/79; 2007; 2010; im Druck.
22 Vgl. die jährliche fortlaufende Berichterstattung im Göttinger Jahrbuch seit 1999. Zuletzt STEPHAN 2012; besonders 2007; 2010. STEPHAN u. a. 2007.
23 JUNGE 1983. STEPHAN in Vorb. b.
24 STEPHAN 2011.
25 STEPHAN 2011; in Vorb. a.
26 SCHÜTTE 1992, Nr. 195.
27 BRANDT/HENGST 2002. COEN 1986. LEESCH/SCHUBERT 1966. STEPHAN 1978/79.
28 STEPHAN 1978/79.
29 SCHÜTTE 1992, Nr. 163.

tel der im Mittelalter bestehenden Orte ausmachen, also eine hinreichend große Stichprobe für die Archäologie darstellen. Nur vergleichsweise selten und unter ganz besonderen Umständen sind Verlagerungen von Orten im ausgehenden hohen und späten Mittelalter belegt. Weiterhin ist festzustellen, dass die allermeisten Siedlungen im Frühmittelalter entstanden, wenn man von Plätzen in ausgesprochen exponierter Lage in Feucht- oder Trockengebieten mit geringwertigen Böden oder in besonderer Höhenlage absieht. Die von anderen Regionen abweichende, relativ frühe und große Stabilität der Siedlungsverhältnisse ist wahrscheinlich nicht zuletzt mit der frühzeitigen Einführung der Grundherrschaft und grundsätzlich stabilen Herrschaftsverhältnissen über lange Zeiträume hinweg zu erklären.

Ungewöhnliche Fundstellen der Karolingerzeit

Die Wüstungen im Weserbergland liegen gewöhnlich in günstiger Lage an reich fließenden Gewässern und zeigen bei guten Beobachtungsbedingungen und wiederholten Geländebegehungen stets deutlichen Befund- und Fundniederschlag mit zum Teil beachtlichen Fundmengen.[30] Einige Fundplätze im Umfeld von Würgassen, Lauenförde, Derental und Neuhaus weichen jedoch deutlich davon ab (Abb. 2). Sie sind gekennzeichnet durch wenig prägnante oder fehlende Bezüge zu Quellen und Bächen, bis auf eine Ausnahme vor allem auch durch eine auffallend geringe Ausdehnung der durchweg schwachen und undeutlichen Fundstreuung und das relativ seltene Vorkommen von verbranntem Lehm und anderweitigen Indizien für feste Bauweise. Mehr als eine Handvoll atypischer frühmittelalterlicher Keramik ist von diesen Plätzen trotz teils mehrfacher Begehungen nicht bekannt geworden; teilweise blieb es bei einmaligen positiven Ergebnissen. Dabei ist nicht zu übersehen, dass in Ackerland infolge jahrhundertelanger landwirtschaftlicher Nutzung und Erosion mit weitgehender Zerstörung der Befunde und Funde, insbesondere nicht allzu hart gebrannter Keramik und Hüttenlehm zu rechnen ist. Auf den Weideflächen im Talzug von Derental nach Neuhaus bestehen nur sehr begrenzte Möglichkeiten des Auffindens von Relikten. Unter diesen Umständen muss man es schon als ein kleines Wunder bezeichnen, dass diese unscheinbaren Fundstellen überhaupt entdeckt wurden (Abb. 5, 6). Im weitaus größten Fundbereich an den Ahlequellen wurden von uns 1999/2000 unter der örtlichen Leitung von Dr. Stefan Krabath Grabungen durchgeführt, die zumindest für diesen Bereich belegen, dass wohl kaum mit signifikanten Befunden und Fundkonzentrationen in größerer Anzahl zu rechnen ist.[31] Vielmehr haben wir es mit wahrscheinlich nur über relativ kurze Zeit vom Menschen aufgesuchten Plätzen zu tun, an denen daher kaum nennenswerte Spuren fester Behausungen nachweisbar sind. Bei zwei oder drei, vielleicht auch vier kleinen Stellen im Wesertal bei Würgassen und einer oder zwei weiteren bei Lauenförde, bzw. der Wüstung Nortberge, sind keine näheren Angaben zur zeitlichen Einordnung möglich als „etwa 9./10. Jahrhundert".

▲ *Abb. 6: Blick auf den Bereich der karolingerzeitlichen Fundstelle beim Ahlequellmoor unweit Neuhaus im Solling. Foto: H. Weinreis.*

Kammstrichverzierte Keramik fehlt dort, was aufgrund der geringen Fundzahl und des hohen Fragmentierungsgrades der handgefertigten, mit Sandstein gemagerten frühmittelalterlichen Keramik aber auch dem Zufall geschuldet sein kann. Hingegen sind kammstrichverzierte Gefäße geradezu typisch für die frühmittelalterliche Keramik, die bei Neuhaus auf drei Seiten um das Ahlequellmoor über jeweils etwa 200 bzw. 300 m Länge am Hang streut. Sie findet sich auch an der kleinräumigen Fundstelle am Wiesenhang südwestlich des Höxterborns. Während letztere Fundstelle etwa 130 mal 30 m groß ist (ca. 0,4 ha) kann man die Gesamtfläche der Fundstreuung am Ahlebruch auf etwa 7 Hektar schätzen, allerdings mit einem Kernbereich von vielleicht nur 1–2 Hektar Größe (Abb. 6). Es fällt auf, dass diese beiden Fundplätze in einem Bereich des Solling liegen, der zwar seit dem Mesolithikum immer wieder von Menschen aufgesucht wurde, den man aber erst im 12. Jahrhundert für eine dauernde intensive Kulturlandschaftsnutzung und Besiedlung erschloss, wovon die Wüstung Freienhagen und andere Orte zeugen.[32] Nach den botanischen Untersuchungen und den ^{14}C-Daten erfolgte eine erste intensivere landwirtschaftliche Nutzung des Bereiches um das Ahlequellmoor im Zeitraum von etwa 800–1050, wahrscheinlich mit

---

30 Leiber 2004. Stephan 2010.

31 Krabath/Küntzel 2000.

32 Kühlhorn 1992–94. Oehrl 2008. Stephan 2010. Streich 1996.

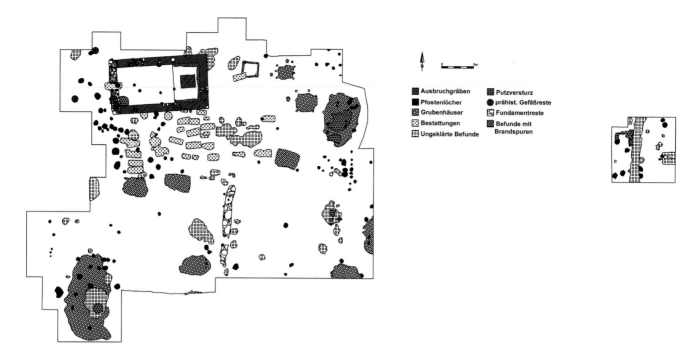

▲ *Abb. 7: Übersichtsplan zu den Grabungen in der mittelalterlichen Dorfwüstung Smedersen bei Lauenförde; Länge des Kirchenfundamentes 15,8 m. Forschungsstand 2011 (nach STEPHAN 2012, 348–349 Abb. 2).*

bescheidenem Anbau von Roggen und Gerste und vorherrschender Graswirtschaft,[33] was im rauen Klima dieser Region sinnvoll erscheint. Andererseits ist es unverkennbar, dass beide karolingerzeitlichen Fundstellen in dem Grabenbruch liegen, der den Solling von den Weserfurten bei Beverungen-Lauenförde bzw. Blankenau-Meinbrexen im Südwesten nach Nordosten hin zum Hellental durchzieht und der für den Fernverkehr zweifellos als günstig anzusehen ist.

Die Wüstungen Winnefeld und Smedersen/ Smitheredeshusun/Schmeeßen

Zu den bereits im 8. Jahrhundert vorhandenen Orten gehören, trotz ihrer späten Ersterwähnung und der Lage im großen Waldgebiet des Solling, nach den jüngsten Bodenfunden auch die Wüstungen Winnefeld und Smedersen.[34] Dabei ist zu beachten, dass beide Orte in Quellgebieten von Bächen und in Zonen mit größeren Lössanwehungen in wenig reliefiertem Gelände liegen. Die natürlichen Voraussetzungen für Ackerbau und Viehzucht waren somit günstig. Hinzu kam weiterhin ihre verkehrsgünstige Lage an der wichtigen Ost-West-Route des Fernverkehrs durch den südlichen Solling mit einer Anbindung an eine Nord-Süd-Route. Zum frühen Winnefeld liegen bislang nur vergleichsweise spärliche Funde vor, allerdings an zwei etwa 400 m auseinander liegenden Stellen am Reiherbach bzw. am Hirschbrunnen. In Schmeeßen/Smedersen ist dagegen die frühmittelalterliche Besiedlung inzwischen weitaus besser fassbar als alle übrigen Phasen dieses mehrperiodigen Platzes, sieht man einmal von der hochmittelalterlichen Kirche ab. Der Bereich der Kirche ist fast der einzige, in dem in größerem Umfang frühmittelalterliche Befunde durch spätere Bodeneingriffe gestört sind und deshalb eine Datierung teilweise problematisch ist. Für weite Bereiche der bislang aufgedeckten Befunde kann hingegen bereits nach der ersten Auswertung der Keramik eine frühmittelalterliche Datierung vorgenommen werden. Im Großen und Ganzen hat sich das Bild eines bereits im Jungneolithikum, verstärkt in der Bronzezeit und älteren Vorrömischen Eisenzeit, dann insbesondere im Frühmittelalter sowie erneut im ausgehenden Hoch- und Spätmittelalter intensiv genutzten Siedlungs- und Sakralareals immer weiter bestätigt und konsolidiert. Insgesamt können in Smedersen im Nahbereich der hochmittelalterlichen Turmkirche etwa neun bis zwölf Grubenhäuser nachgewiesen werden (Abb. 7). Diese dürften zu zwei bis drei Gehöften, möglicherweise aber auch durchweg zu nur einem großen Herrenhof gehört haben. Die Haupthäuser sind im unmittelbar südlich anschließenden Areal zum ehemaligen Bach hin zu suchen. Möglicherweise gehören ungewöhnlich starke und sorgfältig erstellte Pfostengruben im Südwesten der Grabungsfläche zum Hauptgebäude eines frühmittelalterlichen Herrenhofes oder zu einer anderweitigen hervorgehobenen baulichen Struktur. Offenbar spielte die Gewinnung und vor allem die Verarbeitung von Eisen im Smitheredeshusun der Karolingerzeit eine erhebliche Rolle. Möglicherweise deutet darauf auch der ungewöhnliche Name hin, der die Rekonstruktion eines altsächsischen Personennamens Smithered/Smitherad oder Smithard zulässt, was so viel wie „der

---

33 JAHNS 2010, 573.

34 STEPHAN 2007; 2010. STEPHAN u. a. 2007. Und fortlaufende Berichterstattung im Göttinger Jahrbuch seit 1999.

Metallreiche/Schmuckreiche" bedeuten wird.[35] Ein unmittelbarer Zusammenhang mit der nur 3 km entfernten Königspfalz Herstelle im Sinne einer „Dienstsiedlung" mit speziellen Funktionen liegt, zumindest für die Jahrzehnte um 800, nahe. Eine allzu enge Bindung an die Pfalz könnte vielleicht neben der frühen Blütezeit und den zahlreichen Grubenhäusern auch die auffallend frühe und rasche Verödung des Ortes noch in spätkarolingischer Zeit erklären. Allerdings kann der Ort nicht gänzlich untergegangen sein, denn etwa im Jahre 1000 schenkte ein Mann namens Brun für sich und seine Frau Gherburg zehn Familien in Rotholleshusun, Silihem, Smitheredeshusun, Thesli und Thetmereshusun.[36] Es dürfte sich bei Brun, der eine ungewöhnlich große Schenkung vornahm, um einen reichen Adligen aus der Region, mutmaßlich einen Nachkommen des Engernherzogs Brun und vielleicht des Amalung und der Hadwy sowie des Smithered handeln.

Die Verbindungen zur Niederelbe

Abschließend sei noch ein ungewöhnliches Fundensemble kurz diskutiert, das exemplarisch zeigt, welche Überraschungen, aber auch Chancen die begonnenen Untersuchungen am westlichen Solling für die Klärung historischer Vorgänge in der Karolingerzeit bieten. Das fundreichste Grabungsobjekt des Jahres 2008 in Smedersen war Befund 171 (Abb. 7). Das relativ kleine Grubenhaus enthielt neben einigen Metallfunden und Eisenschlacken einen kleinen Schleifstein und ausschließlich frühmittelalterliche Keramik, und zwar neben den üblichen Fragmenten früher handgefertigter Kugeltöpfe und von Töpfen mit kurzem Rand auch Gefäßfragmente mit Wellenkammzugdekor aus dem gleichen Ton mit Sandsteinmagerung (Abb. 8). Dieser Dekor war im Weserbergland nicht üblich. Auffallend ist weiter der kurze, wenig ausgeprägte Rand aller Gefäße mit Wellenverzierung, der in einem deutlichen Kontrast zu den regionaltypischen oft langen Rändern der Kugeltöpfe mit betont bauchiger Gefäßkontur steht. In den Jahren 2009/10 fanden sich auch in anderen karolingerzeitlichen Grubenhäusern einzelne Fragmente wellenverzierter Keramik. Damit sind die Fundvergesellschaftungen noch besser abgesichert und ein Zufall kann weitgehend ausgeschlossen werden.

Zunächst wurde von mir ein sehr früher zeitlicher Ansatz im 6. oder 7. Jahrhundert erwogen, der auf frappierenden Ähnlichkeiten zwischen der völkerwanderungszeitlichen und frühslawischen „Donaukeramik" und den mit Wellenband und Kammstrichdekoren verzierten Gefäßen aus Smedersen beruhte. Dabei ergaben sich jedoch einige schwerwiegende Bedenken. Insbesondere

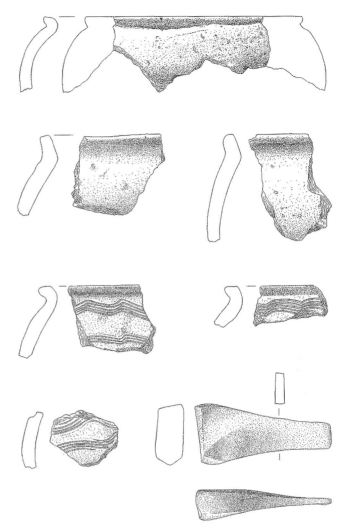

▲ Abb. 8: Einheimische sächsische unverzierte Keramik und „Hammaburgkeramik" sächsisch-slawischer Prägung des 9. Jahrhunderts sowie ein Schleifstein aus einem Grubenhaus in der Dorfwüstung Smitheredeshusen/Smedersen/Schmeeßen am Solling. M. ca. 1:2, Zeichnung: R. Beil (nach STEPHAN 2009, 191 Abb. 10).

erschien mir die sehr große Entfernung zu den üblichen Fundstellen derartiger Ware höchst problematisch,[37] weiterhin das Fehlen von charakteristischen einheimischen verzierten Gefäßen dieses frühen Abschnittes des Frühmittelalters und das Vorherrschen der wohl erst seit etwa 700 in der Region an der Oberweser dominierenden Magerung mit Sandstein. Hinzu traten das Fehlen von typischen Metallfunden der Völkerwanderungszeit und des beginnenden Frühmittelalters und schließlich die Einzigartigkeit eines derartigen Befundes in Norddeutschland, der einer besonderen Erklärung bedurft hätte. Weiterhin fanden sich einige eindeutige karolingische Kugeltopffragmente in dem Befund. Generell kann inzwischen das Gesamtspektrum der vorherrschenden frühmittelalterlichen Funde in Smedersen ziemlich eng und verlässlich in die Karolingerzeit eingeordnet werden. Kümpfe mit einziehendem Rand sind ausgesprochen selten. Vorherrschend sind hingegen unverzierte Kugeltöpfe mit glatten, oft langen Rändern in einer für die Karolingerzeit typischen Machart in reduzierendem, in der Endphase jedoch rötlich

---

35 STEPHAN u. a. 2007. Nach frdl. Auskunft von Prof Dr. Jürgen Udolph, Friedland.
36 SCHÜTTE 1992, Nr. 488.

37 Etwa vom mittleren Donauraum bis Tschechien. Vgl. z. B. PLEINEROVA 2007.

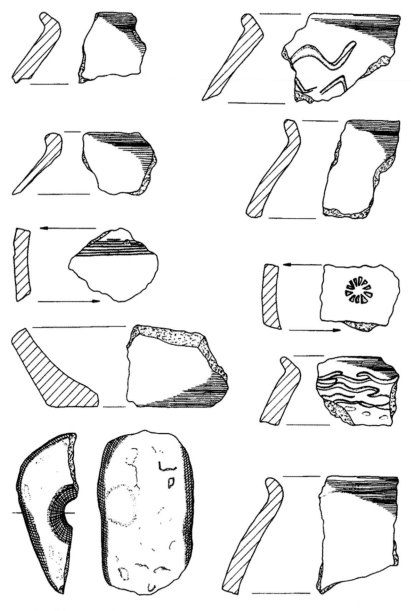

▲ Abb. 9: Fremdartige frühmittelalterliche Keramik von den Ahlequellen bei Neuhaus im Solling. M. ca. 2:3, Zeichnung: H. Henze (nach STEPHAN 2012, 46 Abb. 12.1).

oxidierendem Brand und mit glatter, nicht selten glänzend polierter Oberfläche. Weiterhin kommen gelegentlich Töpfe mit kurzem Rand und Wackelboden, bzw. sehr dickem Standboden vor. Sehr wichtig für die nähere zeitliche Einordnung ist das nicht allzu häufige, aber regelmäßige Auftreten von bauchigen Töpfen aus gelblicher teils grau gefleckter nordhessischer rauwandiger Drehscheibenware.[38] Diese Ware ist in Niedersachsen und Ostwestfalen ansonsten selten, selbst in den Zentralorten Höxter und Corvey, und dokumentiert ungewöhnlich rege Austauschbeziehungen, oder – wie in Brunshausen bei Bad Gandersheim – die Präsenz früher Herrschaft mit weiträumigen Beziehungen. Die im Weserbergland ab dem späten 9. Jahrhundert in ziemlich großen Mengen auftretende, im Scherben rötliche oder dunkelgraue rauwandige Drehscheibenware aus dem unteren Werraraum[39] ist dagegen in Schmeeßen

kaum vertreten. Nimmt man all diese Indizien zusammen, so lässt sich der erste mittelalterliche Siedlungsschwerpunkt in Schmeeßen in den Zeitraum des 8./9. Jahrhunderts datieren, mit einiger Wahrscheinlichkeit um 750–850/880.

Am Ahlequellmoor fehlen rauwandige Drehscheibenware und vor allem die für die Karolingerzeit in der Region typischen Kugeltopfränder. Die Keramik dort besitzt durchweg archaisch wirkende kurze bis sehr kurze Ränder, mehrzügiger Kammstrich- und Wellenkammzugdekor ist typisch und kommt vergleichsweise häufig vor (Abb. 9). Nach der Machart und der Verwendung von Buntsandstein zur Magerung wurde die fremdartige Keramik vor Ort gefertigt. Demnach handelt es sich zweifellos um Erzeugnisse einer Gruppe von Fremden. Aufgrund des geringen Fundniederschlages in allen Grabungsflächen und des Fehlens jeglicher klar ansprechbarer Siedlungsbefunde ist höchstwahrscheinlich von einer nur vorübergehenden Anwesenheit von Menschen an diesem Platz auszugehen, die allerdings immerhin so lange gewährt haben muss, dass gewisse archäologisch nachweisbare Spuren entstanden, wie z. B. zerbrochene Keramik, die vor Ort verblieb.

Wesentlich wahrscheinlicher als die Datierung in die späte Völkerwanderungszeit oder Merowingerzeit ist deshalb eine andere, aufgrund der historischen Überlieferung mögliche und sogar sehr plausible Interpretation, die ich im Folgenden umreißen möchte. Die aufgefundene Keramik wurde zwar im Solling gefertigt, wie die Buntsandsteinmagerung zweifelsfrei erweist, sie findet formal jedoch gute Parallelen in Funden aus den slawisch-fränkisch-sächsischen Kontaktgebieten, und zwar insbesondere aus dem Niederelberaum und von der Hammaburg, dem ältesten Kern Hamburgs. Die dort und auf einigen umliegenden Fundstellen des 8./9. Jahrhunderts, etwa in der Burg von Hollenstedt bei Harburg, gefundene Keramik wurde längere Zeit aufgrund ihrer Fremdartigkeit in Nordwestdeutschland von der Forschung nur wenig zur Kenntnis genommen. Sie zeigt einen eigentümlichen Mischstil zwischen einheimischen sächsischen und slawischen Elementen, insbesondere mit Wellen- und Kammzugdekoren.[40] Sie weist darin Ähnlichkeiten zum Mittelelbe-Saale-Raum (etwa Magedeburg oder Halle) auf, ist aber zugleich etwas anders und somit ausgesprochen regionaltypisch für einen kleinen Raum an der Niederelbe um Hamburg und Harburg.

In Smitheredeshusun/Smedersen liegt mindestens ein kurzer kastenartig verdickter Rand vor, der besonders stark an slawische Keramik oder auch an fränkische Drehscheibenware erinnert und wohl auf der langsam drehenden Hand-

---

38 Zuletzt SONNEMANN 2010 mit der älteren Literatur.
39 HESSE 2003. STEPHAN 2000.

40 R. BUSCH 1995. KEMPKE 2002. LAUX 1997.

töpferscheibe hergestellt ist. Ganz vereinzelt wurden derartige Ränder, die den Eindruck von Drehscheibenware oder Nachahmungen von scheibengedrehter Ware machen, auch in Höxter bei unverzierten Töpfen in Fundensembles der Jahrzehnte um 800 festgestellt, sowie in Oberflächenfunden nahe gelegener Dorfwüstungen wie Herbram bei Amelunxen, ohne dass bislang ansonsten regionale Parallelen bekannt waren.[41] Erst die beschriebenen Funde aus Smedersen und die bereits 1999/2000 geborgenen Funde an der Ahlequelle zwischen Neuhaus und Schönhagen mit fremdartiger wellenverzierter Keramik[42] liefern mutmaßlich den Schlüssel zur Erklärung dieses ungewöhnlichen Phänomens: Wahrscheinlich flüchteten sich einige besonders eng mit der Reichsabtei Corvey liierte Nordalbingier aus dem Raum Hamburg in das sächsische Hinterland um Corvey und stellten dort kurzfristig Keramik in der Art und Weise her, wie sie es unter abodritischem (slawischem) Einfluss in ihrer Heimat gewohnt waren.

Aber wie und warum gelangten derartige fremde keramische Traditionen in den Oberweserraum? Dazu sei noch einmal an die geopolitische Situation in der Karolingerzeit erinnert, inklusive der großen Politik und europaweiten Ereignisse dieser Epoche. Wie schon gesagt, wurde der Oberweserraum im 8. Jahrhundert zu einer der Drehscheiben fränkischer Eroberungspolitik, was im 19. Jahrhundert sogar zur Prägung des Begriffes „Weserfestung" für die Zeiten der großen Feldzüge der Römer und Franken führte. Dies wirkt aus heutiger Sicht zwar überzogen, aber an der Schlüsselstellung dieses Raumes für Franken und Sachsen ist nicht zu zweifeln. Es war damals üblich, als menschliche Unterpfänder für die Verlässlichkeit ihrer Verwandten Geiseln aus wichtigen Familienverbänden an fränkische Kirchen zu übergeben bzw. freiwillig in fränkische Klöster einzutreten.

Theoretisch möglich ist ein Zusammenhang der ungewöhnlichen Fundstellen und fremdartigen Funde am Solling mit den Deportationen von Sachsen, die gerade für den Niederweser- und Niederelberaum sowie, wegen des besonders hartnäckigen Widerstandes, mit dem „Blutbad von Verden" und zuletzt noch für die Region nördlich der Elbe in den Schriftzeugnissen des späten 8. Jahrhunderts und mit dem „Stellinga Aufstand" sogar noch bis weit in die erste Hälfte des 9. Jahrhunderts hinein belegt sind.[43] Hingegen darf der Süden Sachsens etwa seit der Taufe Widukinds 784 in der Pfalz Attigny und gewiss seit den 790er Jahren als weitgehend befriedet gelten. Eine vorübergehende oder auch dauerhafte Unterbringung in unmittelbarer Nähe eines bedeutenden Königshofes, für mindestens etwa ein halbes Jahr sogar unter der Aufsicht des Kernes des fränkischen Heeres, erscheint immerhin vorstellbar. Allerdings würde in diesem Falle die starke „slawische" Komponente in der Keramik und das Fehlen von Kümpfen mit einziehendem Rand schwer zu erklären sein, die eher mit einer zeitlichen Einordnung in die Phase starker abodritischer Einflussnahme in den nördlichen Grenzgebieten in Übereinstimmung zu bringen wäre, nachdem Karl der Große im Jahre 804 mit den Abodriten ein Bündnis eingegangen war und ihnen in diesem politischen Schachzuge sogar sächsische nordalbingische Gebiete zugesprochen hatte.

Die Alternative ist deshalb ein Zusammenhang mit Corvey und den frühen nordischen Missionsversuchen. Damit gewinnen wir wahrscheinlich sogar auch neue konkrete Anhaltspunkte für die immer noch nicht geglückte Lokalisierung der Erstgründung des Corbier Tochterklosters in Sachsen. Allerdings muss aufgrund des Fehlens eindeutiger sakraler Befunde und der eigentümlichen fremdartigen Keramikfunde, die sich nicht mit der Herkunft der Mönche aus Nordostfrankreich in Einklang bringen lassen, von der zunächst meinerseits favorisierten Vermutung Abstand genommen werden, dass hier der Standort der Erstgründung des Klosters (Hethis) gefunden wurde.[44] Er wird der Klostertradition entsprechend seit dem 16. Jahrhundert in der Nähe von Neuhaus im Solling gesucht. Dazu würde bei einer Auflösung des Namens als „zu der Heide" auch die naturräumliche Lage in einem Gebiet mit Hochmooren bestens stimmen. In eben diesem durchaus verkehrsgünstigen, aber doch etwas abseits der älteren Kulturlandschaft gelegenen Bereich war bereits im Jahre 815 wahrscheinlich der erste Gründungsversuch eines sächsischen Nebenklosters der hoch bedeutenden westfränkischen Reichsabtei Corbie erfolgt. Die Planungen dafür gehen der Überlieferung nach noch auf die späten Regierungsjahre Kaiser Karls des Großen zurück. Der Ort war zwar den mutmaßlich asketischen Vorstellungen zur Zeit der Kloster- und Kirchenreformen des Benedikt von Aniane vollauf angemessen, die von Kaiser Ludwig dem Frommen zum Programm für die Reichskirchenreform erhoben wurden. Aber seine exponierte Lage außerhalb der engeren Siedlungsgefilde der Karolingerzeit erwies sich nach der Überlieferung der Corveyer Mönche als höchst problematisch, möglicherweise zusätzlich bedingt durch Klima-

---

41 STEPHAN 1973, Taf. 9,3; 1978/79, Taf. 4,2; 1993.

42 Diese wurden damals mit Hethis, dem Platz der Erstgründung von Corvey, in Verbindung gebracht. Vgl. z. B. KRABATH/KÜNTZEL 2000. STEPHAN 2000. KOCH u. a. 2006.

43 Vgl. z. B. DROGEREIT 1970. HÄGERMANN 2000. STIEGEMANN/ WEMHOFF 1999.

44 KAHRSTEDT 1957. Vgl. hierzu und zum Folgenden STEPHAN 2000.

einbrüche und nachfolgende Hungersnöte in den Jahren 819–824.⁴⁵

Sowohl bei der Erstgründung als Cella oder Propstei von Corbie als auch bei der Zweitgründung am heutigen Platze im Wesertal spielte die von starken Umbrüchen geprägte politische Situation am Kaiserhof kurz vor und vor allem unmittelbar nach dem Tod Karls des Großen eine entscheidende Rolle.⁴⁶ Die Corveyer Mönche sahen – gewiss mit guten Gründen – traditionsgemäß Karl den Großen als eigentlichen geistigen Vater ihrer Klostergründung und ihrer Aufgaben in Sachsen und über die Randgebiete der christlichen Welt hinaus an. Ungeachtet einiger weniger kleinerer monastischer Gemeinschaften, die nach der Einrichtung erster Pfarreien ab etwa 780 und nachfolgend der Bistümer in Sachsen seit 799 bereits existierten, hatte Karl mit Unterstützung seiner Verwandten und engen Vertrauten Adalhard und Wala wahrscheinlich den Plan der Stiftung eines Musterklosters für Sachsen verfolgt, der zum Ende seiner Regierungszeit unmittelbar vor der Umsetzung stand. Die neuen politischen Umstände durch seinen plötzlichen Tod im Januar 814 und die nachfolgende „Palastsäuberung" seines Sohnes Ludwigs des Frommen als nachfolgender Herrscher des Frankenreiches, der nicht zuletzt auch seine bis dahin politisch außerordentlich einflußreichen an der Reichsregierung direkt und indirekt teilhabenden Onkel Adalhard und Wala zum Opfer fielen,⁴⁷ ließen jedoch nur noch eine Eigeninitiative der im fränkischen Kernland gelegenen Reichsabtei Corbie zu.

In der Cella Hethis war eine Klosterschule vorhanden und zunächst ein reger Zustrom junger Sachsen zu verzeichnen. Die Zahl der Mönche kann nicht gering gewesen sein, denn etwa 820 musste der Konvent trotz Lebensmittellieferungen aus Corbie wegen drängender Not in drei Gruppen mit je einem Prior aufgeteilt werden, wie wir aus der Translatio Sancti Viti wissen.⁴⁸ Demnach kann wahrscheinlich mit mindestens etwa 30–60 Mönchen und Novizen gerechnet werden. Die wirtschaftliche Ausstattung des Tochterklosters fiel anfangs wahrscheinlich eher bescheiden aus, wohl auch in Ermangelung ausreichender kurzfristiger Stiftungen seitens des Adels. Noch um 840 beklagten sich Mönche in Corbie allerdings darüber, dass ihnen die sächsischen Besitzungen bei der Neugründung Corveys als selbstständiges Reichskloster 822/823 verloren gegangen seien und machten der „Corbeia Nova" schon damals den Vorwurf des Überflusses an weltlichen Gütern. Die Mönchsgemeinschaft von Hethis hatte sich mit Einwilligung des Abtes Adalhard des Älteren von Corbie und unterstützt von seinem Halbbruder Wala 821/822 zu einer Verlegung und Neugründung im Wesertal entschlossen. Zusammengenommen könnten für die Aufteilung des Konventes und die Dislozierung die zeitweise fast reichsweiten akuten Hungersnöte in den Jahren 819 bis 822, die exponierte Lage der Cella im allenfalls inselhaft gerodeten und eher für extensive Viehwirtschaft genutzten Bergland mit den entsprechend schwierigen Bedingungen für Acker- und Gartenbau sowie darüber hinaus logistische Probleme des Gütertransportes über größere Entfernungen als Ursachen verantwortlich gewesen sein.

Eine der drei aus der Not geborenen Zweigniederlassungen könnte sich beispielsweise in der Fundstelle am Höxterborn verbergen, wo die Bürger von Höxter noch in der Neuzeit Weiderechte mitten im Braunschweigischen Territorium behaupten konnten. Auch die Corveyer Rechte und Besitzungen im Solling um Neuhaus und Derental könnten z. T. auf sehr frühe Schenkungen, etwa in Beverungen und Wehrden, oder auch in Bodenfelde zurück gehen. In jedem Falle sind die irregulären Fundstellen der Karolingerzeit im Solling starke Indizien für frühe herrschaftliche Rechte in dieser Region, die wahrscheinlich mit dem Königtum bzw. der Reichsabtei Corvey zusammenhängen. Eine auch nur vorübergehende Ansiedlung bzw. Niederlassung fremder Bevölkerungselemente ist unter den damaligen Bedingungen nur in einem herrschaftlich wohlorganisierten Raum vorstellbar. Die Möglichkeiten der Zusiedlung von Neuankömmlingen in bestehenden Orten wurden offenbar genutzt, waren aber vom Umfang her recht überschaubar, wie das Beispiel Schmeeßen und das Fehlen von Fundnachweisen wellenverzierter Keramik in Höxter/Corvey und zahlreichen Ortswüstungen mit karolingerzeitlicher Keramik zeigen.

Wenige Jahre nach der Umsiedlung ins Wesertal übernahm Corvey gemeinsam mit Corbie die vom vertriebenen König Harald und Ludwig dem Frommen gewünschte Dänenmission. In der Hammaburg wirkte in Nachfolge des Missionars Heridag im Auftrag Kaiser Ludwigs des Frommen ab 826/831 Ansgar als erster Erzbischof mit weit reichenden Missionsaufgaben für Skandinavien.⁴⁹ Er stammte wahrscheinlich aus einer vornehmen nordalbingischen Familie und war zur Zeit der Sachsenkriege in das Königskloster Corbie an der Somme eingetreten, wo der begabte Jüngling eine sorgfältige Ausbildung erfuhr. Er war sodann ab 822 als Lehrer an der Klosterschule der Corbeia Nova (Corvey) an der Weser tätig⁵⁰ und wirkte

---

45 Curschmann 1900. Krüger 2001. Stephan 2010. Wiesemeyer 1962; 1963.
46 Hägermann 2000. Kasten 1986. Krüger 2012. Stephan 2000. Weinrich 1963.
47 J. W. Busch 2011. Godman/Collins 1990. Kasten 1986. Krüger 2001. Weinrich 1963. Hägermann 2000.
48 Krüger 2001. Wiesemeyer 1962; 1963.
49 R. Busch 1995. R. Busch/Harck 2002. Hägermann 1989. Krüger 1986. Wavra 1991. Wilschewski 2007 mit der älteren Literatur.
50 Wiesemeyer 1962; 1963.

schließlich mit Unterstützung Corveyer Mönche seit 831 im neu gegründeten nordischen Erzbistum. Damals nahmen die Überfälle von Wikingern auf das Frankenreich bereits deutlich zu und die frühe Mission war alsbald in vielerlei Hinsicht gefährdet. Als die Hammaburg schließlich im Jahre 845 zerstört und der Ort und die gesamte Region von einer sehr starken dänischen Flotte geplündert und längerfristig besetzt wurden, musste dieser Vorposten fränkischer Reichsmacht und Kirche zeitweise aufgeben werden. Der Missionsbischof Ansgar konnte mit knapper Not entkommen und zog sich mit seinen Begleitern nach Bremen zurück, wo er später die Nachfolge des dortigen Bischofs antrat und beide Sitze nominell vereinigte. Die sehr enge Verbindung zwischen Bremen und Corvey blieb mindestens bis ins frühe 10. Jahrhundert bestehen.

Zusammenfassung

Die großräumigen Verbindungen und der vermutlich daraus resultierende Rückstrom von Flüchtlingen, beispielsweise nach dem katastrophalen Wikingereinfall des Jahres 845 im Niederelberaum und in Nordalbingien mit der Zerstörung der Hammaburg, werden jetzt auf unerwartete Weise und erstmals überhaupt konkret archäologisch fassbar. Die Ergebnisse der Geländebegehungen und Grabungen an frühmittelalterlichen Fundplätzen im Solling, in der Wüstung Smitheredeshusun und in „Flüchtlingssiedlungen" in dem großen Bergwaldgebiet des Solling ganz in der Nähe Corveys machen Ereignisgeschichte an der nordöstlichen Peripherie des Frankenreiches – und indirekt auch den Rückschlag in der nordischen Mission – materiell greifbar, namentlich durch nach meiner Einschätzung lokal produzierte Keramik in Art der „Hammaburgkeramik".

Mit den kriegerischen Ereignissen im Nordosten Sachsens und den Anfängen des nordischen Missionsbistums in Hamburg werden die Funde in Smitheredeshusen letztlich zusammenhängen. Eine ganze Reihe von Fundplätzen zwischen der Weser bei Würgassen bzw. Lauenförde und Neuhaus im Solling hat spärliche Funde der Karolingerzeit ergeben. Man wird angesichts der Funde fremdartig wirkender Keramik davon ausgehen können, dass hier höchst wahrscheinlich nur vorübergehend, für recht kurze Zeit genutzte Wohnplätze einer im Weserbergland fremden Bevölkerung und möglicherweise auch von um die Pfalz Herstelle herum lagernden Abteilungen des fränkischen Heeres vorliegen.

Die von den Ankömmlingen gewählten neuen Siedlungsstellen waren zwar nicht grundsätzlich ungünstig, jedoch offenbar allzu exponiert um lange zu überdauern. Die besten Ortslagen im Weserbergland waren im Rahmen des groß angelegten Siedlungsausbaus im 8./9. Jahrhundert bereits vergeben. Ein klimatischer Einbruch brachte den 814/815 erfolgten Klostergründungsversuch der Mönche von Corbie, vermutlich in der Nähe von Neuhaus im Solling, im Jahre 821/822 in eine derart schwere Krise, dass die Verlegung in das Wesertal bei Höxter mit dem neuen programmatischen Namen Corbeia Nova (Neu-Corbie) erfolgte.

Auffällig ist weiterhin die enge Verbindung der ungewöhnlichen archäologischen Fundstellen mit später nachweisbaren Besitzungen Corveys. Das bedeutende Reichskloster verfügte ebenso über den Bereich des Ahlequellgebietes wie über den Höxterborn im Talzug Richtung Weser, über Güterbesitz in der dort am Sollingrand oberhalb von Lauenförde gelegenen späteren Wüstung Nortberge, über umfangreiche Besitzungen in und bei Beverungen sowie über Güter in Würgassen im Wesertal und in Smedersen am Sollingrand. All dies sind starke Indizien dafür, dass wir der Deutung der fremdartigen Funde und temporären Niederlassungen zumindest überwiegend als Relikte der solidarischen, aber eben nur vorübergehenden Unterbringung von Flüchtlingen aus Hamburg nach dem Wikingereinfall von 845 den Vorzug vor der Deportations- und der Feldlagertheorie im Kontext der Sachsenkriege Karls des Großen geben sollten. Derartige Vorgänge sind zwar historisch bezeugt, bislang aber noch niemals archäologisch nachgewiesen worden. Die Schwierigkeiten liegen zum großen Teil in der flüchtigen Natur der Befunde begründet. Entweder zog ein Teil der Ankömmlinge sich später zurück, oder sie gaben nach einer kurzen Übergangszeit ihre traditionelle Keramikfertigung auf und übernahmen den Regionalstil.

Literatur

BERGER 1988
F. Berger, Die Fundmünzen der römischen Zeit in Deutschland. In: M. R.-Alföldi (Hrsg.), Die Fundmünzen der römischen Zeit in Deutschland. Abt. 7, Bd. 4–9. Kommission für Geschichte des Altertums der Akademie der Wissenschaften und der Literatur Mainz. Berlin 1988.

BERGNER 2012
S. Bergner, Der römische Schatzfund von Winnefeld. Magisterarbeit an der Martin-Luther-Universität Halle-Wittenberg. Halle/S. 2012. Unpubliziert.

BRANDT/HENGST 2002
H. J. Brandt, K. Hengst, Das Bistum Paderborn im Mittelalter. In: Ders. (Hrsg.), Geschichte des Erzbistums Paderborn Bd. 1. Paderborn 2002.

R. BUSCH 1995
R. Busch (Hrsg.), Domplatzgrabung in Hamburg, Teil 1. Veröffentlichungen des Hamburger Museums für Archäologie und die Geschichte Harburgs Helms Museum 70. Neumünster 1995.

R. BUSCH/HARCK 2002
R. Busch, O. Harck (Hrsg,), Domplatzgrabung in Hamburg, Teil 2. Veröffentlichung des Helms-Museums Nr. 89. Neumünster 2002.

Busch 2011
J. W. Busch, Die Herrschaften der Karolinger 714–911. In: L. Gall (Hrsg.), Enzyklopädie Deutscher Geschichte 88. München 2011.

Coen 1986
H. Coen, Herstelle an der Weser. Dorf, Burg und Kloster in Vergangenheit und Gegenwart. Paderborn 1986.

Cosack 2006
E. Cosack, Spuren eines Heerlagers vor den Toren von Sarstedt, Ldkr. Hildesheim. Nachrichten aus Niedersachsens Urgeschichte 75, 2006, 241–252.

Cosack 2008a
E. Cosack, Der altsächsische „Heidenkirchhof" bei Sarstedt, Ldkr. Hildesheim, und die Schlacht am Süntel 782. Mitarb. V. König, Beitr. M. Springen. Studien zur Sachsenforschung 16. Oldenburg 2008.

Cosack 2008b
E. Cosack, Neue Forschungen zu den latènezeitlichen Befestigungen im ehemaligen Regierungsbezirk Hannover. Mitarb. V. König. Göttinger Schriften zur Vor- und Frühgeschichte 31. Neumünster 2008.

Curschmann 1900
F. Curschmann, Hungersnöte im Mittelalter. Ein Beitrag zur deutschen Wirtschaftsgeschichte des 8. bis 13. Jahrhunderts. In: G. Buchholz, K. Lambrecht, E. Marcks, G. Seeliger (Hrsg.), Leipziger Studien aus dem Gebiet der Geschichte, Bd. 6:1. Leipzig 1900.

Drögereit 1970
R. Drögereit, Die Verdener Gründungsfälschung und die Bardowick-Verdener Frühgeschichte. In: M. Stellmann, R. Drögereit, Dom und Bistum Verden an der Aller: Ergebnisse neuer Forschung. Rotenburger Schriften, Sonderheft 10. Rotenburg 1970, 1–102.

Godman/Collins 1990
P. Godman, R. Collins (Hrsg.), Charlemagne's Heir. New perspectives on the reign of Louis the Pious (814–840). Oxford 1990.

Hägermann 1989
D. Hägermann (Hrsg.), Bremen: 1200 Jahre Mission. Schriften der Wittheit zu Bremen NF 12. Bremen1989.

Hägermann 2000
D. Hägermann, Karl der Große: Herrscher des Abendlandes. Biographie. Berlin, München 2000.

Henne 1997
R. Henne, Mittelalterliche Wüstungen im Gericht Gieselwerder und ihre Siedlungsplätze. In: Gemeinde Oberweser (Hrsg.), Waldensierdörfer Gottstreu und Gewissenruh. Beiträge zur Orts- und Heimatgeschichte und zum Dorfleben 1722–1997. Dransfeld 1997, 403–455.

Herrmann 1991
F.-R. Herrmann, Die Sieburg bei Bad Karlshafen: Führungsblatt zu der Abschnittsbefestigung zwischen Diemel und Weser im Gutsbezirk Reinhardswald, Kreis Kassel. Archäologische Denkmäler in Hessen 92. Wiesbaden 1991.

Hesse 2003
S. Hesse, Die mittelalterliche Siedlung Vriemeensen im Rahmen der südniedersächsischen Wüstungsforschung unter besonderer Berücksichtigung der Problematik von Kleinadelssitzen. Göttinger Schriften zur Vor- und Frühgeschichte 28. Neumünster 2003.

Jahns 2010
S. Jahns, Die Geschichte der Vegetation am Ahlequellmoor von der Jungsteinzeit bis zur Gegenwart. In: H.-G. Stephan (Hrsg.), Der Solling im Mittelalter. Hallesche Studien zur Archäologie des Mittelalters und der Neuzeit 1. Dormagen 2010, 572–574.

Junge 1983
W. Junge, Chronik des Fleckens Bodenfelde. Bodenfelde 1983.

Kasten 1986
B. Kasten, Adalhard von Corbie. Die Biographie eines karolingischen Politikers und Klostervorstehers. Studia humaniora 3. Düsseldorf 1986.

Kahrstedt 1957
U. Kahrstedt, Kloster Hethis. Niedersächsisches Jahrbuch für Landesgeschichte 29, 1957, 196–205.

Kempke 2002
T. Kempke, Slawische Keramik vom Hamburger Domplatz. In: R. Busch, O. Harck (Hrsg.), Domplatzgrabung in Hamburg, Teil 2. Neumünster 2002, 95–152.

Koch/König 2009
M. Koch, A. König, Die Brunsburg bei Höxter-Godelheim, Kreis Höxter. Frühe Burgen in Westfalen 29. Münster 2009.

Koch u. a. 2006
M. Koch, A. König, H.-G. Stephan, Höxter und Corvey. In: W. Ehbrecht (Hrsg.), Westfälischer Städteatlas, Lieferung 9:3. Veröffentlichungen der Historischen Kommission für Westfalen, Bd. 36. Altenbeken 2006.

Krabath/Küntzel 2000
S. Krabath, S. Küntzel, Hethis/Hetha, ein untergegangenes Kloster im Hochsolling bei Neuhaus. Sollinger Heimatblätter 2, 2000, 6–11.

König 1837
G. F. König, Teutsche Briefe: Geschrieben im Zuchthaus zu Emden. Emden 1837.

Krüger 1986
K. H. Krüger, Erzbischof Ansgar – Missionar und Heiliger. In: Katholische Akademie Hamburg (Hrsg.), Mit Ansgar beginnt Hamburg. Hamburg 1986, 35–66.

Krüger 2001
K. H. Krüger, Studien zur Corveyer Gründungsüberlieferung. Veröffentlichungen der Historischen Kommission für Westfalen 10. Abhandlungen zur Corveyer Geschichtsschreibung 9. Münster 2001.

Krüger 2012
K. H. Krüger, Zur Geschichte des Klosters Corvey. In: S. Gai, K. H. Krüger, B. Thier (Hrsg.), Die Klosterkirche Corvey: Geschichte und Archäologie. Denkmalpflege und Forschung in Westfalen, Bd. 43.1.1. Darmstadt 2012, 19–104.

Kühlhorn 1994–96
E. Kühlhorn, Die mittelalterlichen Wüstungen in Südniedersachsen. Veröffentlichungen des Instituts für Historische Landesforschung der Universität Göttingen 34, Bd. 1–4. Bielefeld 1994–96.

Laux 1997
F. Laux, Studien zur frühgeschichtlichen Keramik aus dem slawischen Burgwall bei Hollenstedt, Ldkr. Harburg. Hammaburg NF 11. Neumünster 1997, 7–183.

LEESCH 1970

W. Leesch, Die Pfarrorganisation der Diözese Paderborn am Ausgang des Mittelalters. In: H. Stoob (Hrsg.), Ostwestfälisch-Weserländische Forschungen zur geschichtlichen Landeskunde. Kunst und Kultur im Weserraum: 800 – 1600. Ausstellung des Landes Nordrhein-Westf. 3. Veröffentlichungen des Provinzialinstituts für westfälische Landes- und Volkskunde 1:15. Münster 1970, 304–376.

LEESCH/SCHUBERT 1966

W. Leesch, P. Schubert, Heimatchronik des Kreises Höxter. Köln 1966.

LEIBER 2004

C. Leiber, Studien zur Ur- und Frühgeschichte des Oberweserraumes. Beiträge zur Archäologie in Niedersachsen 9, 1–2. Rahden/Westf. 2004.

LETZNER 1590

J. Letzner, Corbeische Chronica. Von Ankunfft/ Zunemung/ Gelgenheit/ zu sampt den Gedenckwirdigsten Geschichten/ des Keyserlichen freyen Stiffts Corbey/ aus welchem vorzeiten viel hochgelahrte Christliche Bischoffe/ Prediger und Lehrer beruffen und gesandt/ die das Evangelium in Sachsen/ Westphalen/ Holstein/ Frießlandt/ Dithmarsen/ Dennemarck/ Schweden/ Rügen etc. gepflantzet/ aus allerhand alten Verzeichnissen und Urkunden ordentlich beschrieben. Hamburg 1590.

LETZNER 1596

J. Letzner, Dasselische und Einbeckische Chronica. Das ist: Historische Beschreibung der Uhralten Graffen und Herrn zu Dassel/Derselben Graff und Herrschaft in Sachsen/Zwischen der Weser und Leina/Dem Landt zu Göttingen und der Graff: und Herrschaften Eberstein. Desgleichen auch des Sollinger Waldes und der beyden Stedte, Dassel, und Einbeck, der fürnemsten Cloester. Erfurt 1596.

LETZNER 1604

J. Letzner, Chronica und historische Beschreibung/ Des Lebens/ der Hendel und Thaten/ Des aller Großmächtigsten und Hocherleuchteten anderen und teutschen Röm. Key: Lodowici Pii. und wie derselbe in Sachsen/ Das weltberümete Key: freie Stifft Corbei/ zu befurderung der Ehren Gottes/ gestifftet gebawet und reichlich begütert. Auß welchem für alters viel gelahrter Bischoffe/ Ebte/ Lehrer und Prediger beruffen unnd gesandt/ das Evangelium nach dem damals schwebenden Religionswesen/ in Sachsen/ Westvalen/ Holstein/ Frießland/ Diethmarssen/ Dennemarck/ Schweden/ Rugen/ und anderen mehr örtern gepflantzt und außgepreutet. Sampt angehengter beschreibung in dreissig Adelicher geschlechter desselben Stiffts Lehenleute/Auß allerhand alten und newen Chronicken/ alten verzeichnissen/ Brieffen und Schrifftlichen Uhrkunden in unterschiedliche Capitel ordentlich beschrieben. Hildesheim 1604.

OEHRL 2008

S. Oehrl, Der Bredenstein bei Neuhaus und die Bedeutung der „Mühlespiel"- Ritzungen. Sollinger Heimatblätter 3, 2008, 16–25.

VON OPPERMANN/SCHUCHHARDT 1881–1916

A. v. Oppermann, C. Schuchhardt, Atlas vorgeschichtlicher Befestigungen in Niedersachsen, Hannover 1881–1916.

PLEINEROVA 2007

I. Pleinerova, Březno und germanische Siedlungen der jüngeren Völkerwanderungszeit in Böhmen. Prag 2007.

PLÜMER 1961

E. Plümer, Urgeschichte des Sollings. Northeimer Heimatblätter 1961, 7–23.

RAU 1980

R. Rau (Bearb.), Quellen zur Karolingischen Reichsgeschichte. 1: Die Reichsannalen. Einhard Leben Karls des Großen, Zwei „Leben" Ludwigs, Nithard Geschichten. Ausgewählte Quellen zur deutschen Geschichte des Mittelalters 5. Darmstadt 1980.

ROST 1992

A. Rost, Siedlungsarchäologische Untersuchungen zwischen Solling und Weser. Zur Besiedlungsgeschichte einer Mittelgebirgslandschaft. Göttinger Schriften zur Vor- und Frühgeschichte 24. Neumünster 1992.

SCHNEEWEISS 2010

J. Schneeweiß, Neue Überlegungen zur Lokalisierung von Schezla. Archäologische Berichte des Landkreises Rotenburg/Wümme 16, 2010, 119–161.

SCHNEEWEISS 2012

J. Schneeweiß, Neues vom Höhbeck-Kastell. Nachrichten aus Niedersachsens Urgeschichte 81, 2012, 81–110.

SCHÜTTE 1992

L. Schütte (Hrsg.), Die alten Mönchslisten und die Traditionen von Corvey. 2: Indices und andere Hilfsmittel. Veröffentlichungen der Historischen Kommission für Westfalen 10. Abhandlungen zur Corveyer Geschichtsschreibung, Bd. 6:2. Paderborn 1992.

SIMEK/ENGEL 2004

R. Simek, U. Engel (Hrsg.), Vikings on the Rhine. Recent research on early mediaeval relations between the Rhinelands and Scandinavia. Studia Medievalia Septentrionalia 11. Wien 2004.

SONNEMANN 2010

T. Sonnemann, Die Büraburg und das Fritzlar-Waberner Becken im frühen Mittelalter: Siedlungsarchäologische Untersuchungen zur Zentralort-Umfeld-Problematik. Mittelalterarchäologie in Hessen I. Studien zur Archäologie Europas 12. Bonn 2010.

STEPHAN 1973

H.-G. Stephan, Archäologische Beiträge zur Frühgeschichte der Stadt Höxter. Münstersche Beiträge zur Vor- und Frühgeschichte 7. Hildesheim 1973.

STEPHAN 1978/79

H.-G. Stephan, Archäologische Studien zur Wüstungsforschung im südlichen Weserbergland. Münstersche Beiträge zur Ur- und Frühgeschichte 10/11. Hildesheim 1978/79.

STEPHAN 1993

H.-G. Stephan, Wüstungen – frühgeschichtliche Dorfbildung – Kontinuitätsproblem. Diskussionsbeiträge zu zentralen Fragen der Siedlungsforschung im Altsiedelland, dargestellt am Beispiel von Herbram und Oldendorpe im Weserbergland bei Höxter. In: R. Bergmann (Hrsg.), Zwischen Pflug und Fessel. Mittelalterliches Landleben im Spiegel der Wüstungsforschung. Münster 1993, 77–88.

STEPHAN 2000

H.-G. Stephan, Studien zur Siedlungsentwicklung und

Stephan 2001
-struktur von Stadt und Kloster Corvey (800–1670). Eine Synopse auf der Grundlage der archäologischen Quellen. Göttinger Schriften zur Vor- und Frühgeschichte 26:1–3. Neumünster 2000.

Stephan 2001

H.-G. Stephan, Die Brunsburg bei Höxter und die Karlsschanze bei Willebaldessen im Eggegebirge. Exemplarische Überlegungen zur Funktion und Zuordnung von Burgen im Rahmen adeliger Herrschaft des frühen Mittelalters. Archäologisches Korrespondenzblatt 31, 2001, 291–309.

Stephan 2004

H.-G. Stephan, Rezension von: R. Busch, O. Harck, Domplatzgrabung in Hamburg 2, Veröffentlichung des Helms-Museums Nr. 89. Nachrichten aus Niedersachsens Urgeschichte 73, 2004, 268–272.

Stephan 2007

H.-G. Stephan, Fächerübergreifende archäologische Untersuchungen im Bereich der mittelalterlichen Dorfwüstung Winnefeld im Solling. Beiträge zur Erforschung der Kulturlandschaftsentwicklung und des ländlichen Kirchenbaus im Weserbergland. Nachrichten aus Niedersachsens Urgeschichte 76, 2007, 199–255.

Stephan 2009

H.-G. Stephan, Archäologische und bodenwissenschaftliche Forschungen in den mittelalterlichen Dorfwüstungen Smedersen und Winnefeld im Solling – Ergebnisse der Grabungskampagne 2008. Unter Mitwirkung von S. Dembinski, S. Streichardt, A. Beyer, H.-R. Bork. Göttinger Jahrbuch 57, 2009, 177–194.

Stephan 2010

H.-G. Stephan (Hrsg.), Der Solling im Mittelalter. Archäologie – Landschaft – Geschichte im Weser- und Leinebergland. Siedlungs- und Kulturlandschaftsentwicklung. Die Grafen von Dassel und Nienover. Mit Beiträgen von A. Beyer, H.-R. Bork, R. Henne, S. Jahns, M. Grinat, J. Igel, J. Sauer, R. Schultz, W. Südekum, H. D. Tönsmeyer. Hallesche Studien zur Archäologie des Mittelalters und der Neuzeit, Bd. 1. Dormagen 2010.

Stephan 2011

H.-G. Stephan, Zur mittelalterlichen Siedlungsentwicklung von Helmarshausen im landes- und städtegeschichtlichen Kontext – Archäologie und Geschichte. Ein historisches Kleinod im Herzen Europas. Offa 63/64, 2006/07 (2011), 109–172.

Stephan 2012

H.-G. Stephan, Archäologische Untersuchungen in der mittelalterlichen Dorfwüstung Schmeeßen im Solling im Jahre 2011. Unter Mitwirkung von S. Gierschke. Göttinger Jahrbuch 60, 2012, 345–360.

Stephan 2013

H.-G. Stephan, Siedlungsgeschichtliche Forschungen in den nördlichen deutschen Mittelgebirgsregionen. In: E. Gringmuth-Dallmer, J. Klapšte (Hrsg.), Forschungen zur mittelalterlichen Siedlungsgeschichte in Ostmitteleuropa. Prag 2013.

Stephan in Vorb. a

H.-G. Stephan, Helmarshausen und der Oberweserraum im Mittelalter. Archäologie, Kunst und Geschichte. Siedlungsentwicklung und Baugeschichte von Kloster, Markt und Stadt Helmarshausen und Umgebung im reichs-, landes- und städtegeschichtlichen Kontext. Beiträge zur Geschichte des Diemel-Weser-Gebiets und der Stadt Bad Karlshafen. In Vorbereitung.

Stephan in Vorb. b

H.-G. Stephan, Zur Siedlungs- und Kulturlandschaftsentwicklung im Raum Bodenfelde-Nienover vom Mittelalter bis zur frühen Neuzeit. In: H. Hassmann (Hrsg.), Laserairbornscan Weserbergland. Materialhefte zur Ur- und Frühgeschichte Niedersachsens. In Vorbereitung.

Stephan u. a. 2007

H.-G. Stephan, M. Bendon, M. Zirm, Im Spannungsfeld von Corvey, Brunsburg, Herstelle und Nienover. Die Dorfwüstung Smedersen und die Entstehung von Burg und Flecken Lauenförde: Frühmittelalterliche bis neuzeitliche Kulturlandschaftsentwicklung im Weserbergland. Zeitschrift für Archäologie des Mittelalters 35, 2007, 121–183.

Stiegemann/Wemhoff 1999

C. Stiegemann, M. Wemhoff (Hrsg.), 799 – Kunst und Kultur der Karolingerzeit. Karl der Große und Papst Leo III. in Paderborn, Bd. 1–3. Mainz 1999.

Streich 1996

G. Streich (Hrsg.), Historisch-Landeskundliche Exkursionskarte von Niedersachsen. Blatt Höxter. Veröffentlichungen des Instituts für Historische Landesforschung der Universität Göttingen 2:13. Bielefeld 1996.

Wavra 1991

B. Wavra, Salzburg und Hamburg: Erzbistumsgründungen und Missionspolitik in karolingischer Zeit. Berlin 1991.

Weinrich 1963

L. Weinrich, Wala – Graf, Mönch und Rebell: Die Biographie eines Karolingers. Historische Studien 386. Lübeck 1963.

Wenskus 1976

R. Wenskus, Sächsischer Stammesadel und fränkischer Reichsadel. Abhandlungen der Akademie der Wissenschaften zu Göttingen, Philologisch-Historische Klasse, Folge 3:93. Göttingen 1976.

Wiesemeyer 1962

H. Wiesemeyer, Die Gründung der Abtei Corvey im Lichte der Translatio Sancti Viti. Interpretation einer mittelalterlichen Quelle aus dem 9. Jahrhundert. Westfälische Zeitschrift 112, 1962, 245–274.

Wiesemeyer 1963

H. Wiesemeyer, Corbie und die Entwicklung der Corveyer Klosterschule vom 9. bis 12. Jahrhundert. Westfälische Zeitschrift 113, 1963, 271–282.

Willroth 2011

K.-H. Willroth, Neue Untersuchungen zur Frühgeschichte der Slawen an der unteren Mittelelbe. Stationen der Geschichte von der Völkerwanderungszeit bis zum hohen Mittelalter im Hannoverschen Wendland und angrenzenden Gebieten. In: K.-H. Willroth, J. Schneeweiß (Hrsg.), Slawen an der Elbe. Göttingen 2011, 223–246.

Wilschewski 2007

F. Wilschewski, Die karolingischen Bischofssitze des sächsischen Stammesgebietes bis 1200. Studien zur internationalen Architektur- und Kunstgeschichte 46. Petersberg 2007.

Archäologische und archäobotanische Einsichten in die Raumnutzung der mittelalterlichen und frühneuzeitlichen Stadt Einbeck

von STEFAN TEUBER, GWENDOLYN PETERS und WIEBKE KIRLEIS

Die moderne Vorstellung der mittelalterlichen und frühneuzeitlichen Stadt ist geprägt von einem Eindruck der Überfülltheit und der Enge. Dichte Bebauung, Häuser, die Außenwände teilen, und enge Gassen, in denen das Alltagsgeschehen stattfindet, sind vermeintlich charakteristisch. Hier wird gehandelt, diskutiert, gespielt und – vor allem – entsorgt, was an Abfällen in den Haushalten und Gewerben anfällt. Neben regem Markttreiben findet auch landwirtschaftliche Aktivität im innerstädtischen Bereich statt. So gehören Schafs-, Ziegen- und Schweinehaltung zum alltäglichen innerstädtischen Treiben. Archäologische Ausgrabungen in Stadtkernbereichen bedeutender mittelalterlicher und frühneuzeitlicher Städte legen tatsächlich Zeugnis ab von dichten Bebauungsstrukturen. Doch gibt es wiederholt Hinweise auf zunächst ungenutzte Flächen im Stadtareal, die erst im Laufe der Zeit und mit zunehmendem Bevölkerungsdruck während des 13. Jahrhunderts aufgesiedelt wurden (z. B. in Einbeck und in Lübeck[1]). Diese innerstädtischen Freiflächen sind, sofern nicht versiegelt, als Ruderalflächen zu charakterisieren. Im Stadtgebiet handelt es sich um offen liegende, ungenutzte Rohbodenflächen, die keineswegs „unbewohnt" sind. Hier stellt sich unmittelbar eine Pioniervegetation ein, die auf regelmäßige Störungen wie eine Bodenverdichtung durch Tritt von Mensch und Tier, Überschwemmungen in Auenbereichen oder die Ablagerung von Müll eingestellt ist. Einzelne Baumstümpfe aus archäologischen Aufschlüssen zeigen, dass hier innerstädtisch auch kleinere Bäume und Büsche wie etwa Holunder, Schlehe oder Weide, gedeihen konnten. Ihre Anwesenheit zeigt, dass diese Flächen durchaus über eine längere Periode brach liegen konnten. In Einbeck wurde die Aufsiedlung der feuchten Auenbereiche in der Mitte des 13. Jahrhunderts betrieben, um Bauland zu gewinnen.[2] Ähnliche Entwicklungen fanden in Lübeck statt, wo wiederholt Aufschüttungen an der Trave zur Erweiterung der Hafenanlage vorgenommen wurden,[3] und auch für Konstanz ist ab dem 13. Jahrhundert das Ergreifen von Maßnahmen zur Aufschüttung des Seeufers belegt. Im selben Zeitraum hatte die Stadt Zürich den stärksten innerstädtischen Ausbau des Mittelalters und der frühen Neuzeit zu verzeichnen.[4] Neben zunächst ungenutzten, offenen Arealen muss im Stadtgebiet auch mit kleinflächigen Nutzgärten in Hinterhöfen gerechnet werden. Kleinere Gärten für den häuslichen Gebrauch befanden sich innerhalb der Stadt auf den Grundstücksparzellen. Größere, vermutlich auch gemeinschaftlich genutzte Wein- und Hopfengärten lagen hingegen zumeist außerhalb der Stadtmauern.[5]

Für die Stadt Einbeck soll nun im Folgenden versucht werden, einigen Fragen zur spätmittelalterlichen und frühneuzeitlichen, innerstädtischen Raumnutzung mittels kombinierter archäologischer und archäobotanischer Untersuchungen nachzugehen. Zum einen sollen anhand des Bewuchses die Funktion und die Nutzung der ehemaligen Aue des Krummen Wassers bestimmt werden. Der Bachlauf des Krummen Wassers war bis zur Mitte des 13. Jahrhunderts ein wichtiges Strukturelement der Stadt, der das spätere Stadtgebiet durchtrennte. Zum anderen soll versucht werden, eine gärtnerische Nutzung kleinerer Freiflächen in den Hinterhöfen sowie einiger unbebauter Bereiche nachzuweisen.

Stadtgeschichte

Die Entstehung und frühe Entwicklung der in Südniedersachsen gelegenen Stadt Einbeck fand in vier zeitlich dicht aufeinander folgenden Siedlungsetappen statt (Abb. 1).[6] Die erste urkundliche Nennung Einbecks bezieht sich auf ein „*predium illorum in loco qui Einbike vocatur*"[7] und ist Teil einer Vereinbarung zwischen Kaiser Konrad II. (1024–1039) und Graf Udo. Kaiser Konrad II. überträgt hierin dem Stammvater der späteren Grafen von Katlenburg (-Einbeck) im Tausch verschiedene Güter. Das Original dieser Urkunde ist zwar nicht mehr erhalten, jedoch finden sich die Bestimmungen dieses Gütergeschäftes in einem Diplom Kaiser Barbarossas an Heinrich den Löwen vom 1. Januar 1158, welcher im Erbgang in den Besitz des Gutes Einbeck gelangte. Vermutlich 1082[8] gründeten Graf Dietrich II. von

---

1 TEUBER 2009, 97. FEHRING/HAMMEL 1985, 173–175.
2 TEUBER 2009, 18.
3 FEHRING/HAMMEL 1985, 175. SCHALIES 1988, 130–131.
4 OEXLE 1992, 60. SCHNEIDER 1992, 79.
5 WILLERDING 1987, 458–460.
6 Zur Stadtgeschichte und Stadtentstehung: LETZNER 1596. HARLAND 1854; 1859. FEISE 1909; 1913; 1935. PLÜMER 1987. STEPHAN 1991. AUFGEBAUER 1991; 1993; 1995. HEEGE 2000; 2002a; 2002b. TEUBER 2008 (mit Nachweisen); 2009, 17–19; 25–29 (mit allen Nachweisen).
7 FEISE 1959, Nr. 1.
8 FEISE 1959, Nr. 2.

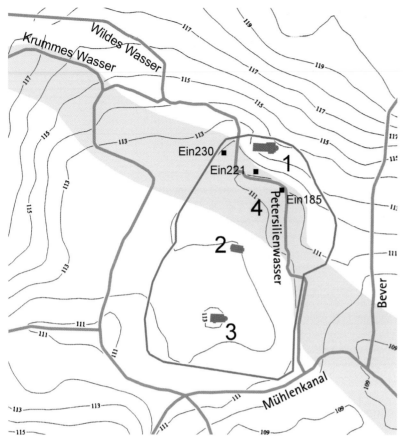

▶ Abb. 1: Schematische Darstellung Einbecks mit der ehemaligen Aue des Krummen Wassers und den wichtigsten natürlichen und künstlichen Gewässern bzw. Kanälen sowie der Stadtmauer, den drei Hauptkirchen und den vier Siedlungsbereichen: 1 = Stiftsbezirk, 2 = Marktsiedlung, 3 = Neustadt, 4 = Auenzone (ohne Maßstab).

Katlenburg und seine Ehefrau Gertrud auf dem Gelände in unmittelbarer Nähe des Praedium Einbike ein Chorherrenstift, welches dem frühchristlichen Märtyrer Alexander geweiht wurde. Um oder kurz nach der Mitte des 12. Jahrhunderts entstand südlich von Stift und Grafenhof, von diesem getrennt durch die bis zu 200 m breite Aue eines Baches, des Krummen Wassers, eine kleine Siedlung. Die daraus hervorgegangene Marktsiedlung war möglicherweise eine „Gründung" Heinrich des Löwen.[9] In Verbindung mit der Gründung eines Hospitals, dem späteren Kollegiatsstift Beatae Mariae Virginis[10], westlich der späteren Stadt, wurde Einbeck 1203 bereits als „*civitas*" bezeichnet.[11] Eine Marktkirche wird indirekt erst in einer Urkunde des Jahres 1238 genannt.[12] Die erste sichere Erwähnung findet sich hingegen erst für das Jahr 1327.[13] Eine planmäßige Erweiterung der Marktsiedlung nach Süden, die sogenannte Neustadt, ist anhand der archäologischen Funde und Befunde für die Jahre um 1230/40 belegt.[14] Die früheste urkundliche Nennung der Neustadt stammt hingegen erst aus dem Jahr 1264.[15] Die Neustadt war eine typische Stadterweiterung mit zentralem Straßenkreuz und regelmäßigem Grundriss, welche wie die Marktsiedlung um 1250 mit Wall und Graben geschützt wurde.

Der Neubau der Stadtbefestigung für die ganze Stadt einschließlich des Stiftes mit einer Stadtmauer mit Türmen und Stadttoren musste zwangsläufig zweimal die Aue sowie den natürlichen Bachlauf des Krummen Wassers queren, so dass dieser in einem 900 m langen künstlichen Kanal in Südwesten um die Stadt herumgeleitet wurde. Die Umleitung des Krummen Wassers geschah kurz vor der Mitte des 13. Jahrhunderts, möglicherweise bereits vor dem Bau der steinernen Stadtmauer im Zusammenhang mit der Anlage der Neustadt bzw. der Anlage der ersten, provisorischen Wall-Graben Befestigung der Gesamtstadt.

Nach der Umleitung des Baches und dem Bau der Stadtbefestigung wurde ein Mühlen- und Dreckgraben, das Petersilienwasser, welcher auch entwässernde Funktion hatte, angelegt. Gespeist wurde dieser Graben durch das vom Krummen Wasser abgezweigte Wilde Wasser. Mit der Trockenlegung der ehemaligen Aue konnte der vierte Stadtbereich Einbecks aufgesiedelt werden.[16]

Der Bau der ersten Stadtbefestigung fällt zeitlich mit der Ersterwähnung einer Bürgerschaft und eines Rates der Stadt Einbeck im Jahr 1252 zusammen.[17] Ob Einbeck zu diesem Zeitpunkt bereits städtische Privilegien oder ein beurkundetes „Stadtrecht" hatte, ist nicht bekannt, jedoch anzunehmen. Die steinerne Stadtmauer, deren Bau direkt im Anschluss an die Fertigstellung der provisorischen Wall-Graben Befestigung begonnen wurde, ist erstmals in einer Urkunde aus dem Jahr 1264 genannt[18] und war wohl um 1320 fertiggestellt.

Im Todesjahr des Landesherren Herzog Albrecht I. von Braunschweig im Jahre 1279 wurde Einbeck von dessen ältestem Sohn und Nachfolger, Heinrich, der später den Beinamen „mirabilis" erhielt, das Stadtrecht der Braunschweiger Neustadt verliehen.[19] Hierbei handelte es sich vermutlich um die Verbesserung älterer Privilegien oder eines älteren Stadtrechts.

---

9 Heege 2002a, 21.

10 Allgem.: Müller 2000. Heege 2002a, 36f.

11 „*extra civitatem nostram in Embyke*": Feise 1959, Nr. 18. Wendeborn 1754, 139 f. Aufgebauer 1991, 79. Heege 2002a, 27.

12 Die Formulierung „*ante majorem ecclesiam*" in dieser Urkunde setzt neben der genannten Kirche St. Alexandri eine weitere Kirche, die Marktkirche, voraus (Feise 1959, Nr. 29). Allgem.: Aufgebauer 1991, 80; 106. Heege 2000, 19–22; 2002a, 139–143.

13 „*ecclesia forensis*": Wendeborn 1753, 33 nach Heege 2000b, 19.

14 Heege 2002a, 28f.; 2002b, 222.

15 „*Ludolfo plebano nove civitatis*": Feise 1959, Nr. 41. Aufgebauer 1991, 80.

16 Teuber 2009.

17 „*advocatus in Einbeke, consules et commune civitatis ibidem*": Feise 1959, Nr. 34. Aufgebauer 1991, 82. Heege 2002a, 32.

18 „*sed ipsos de communi nostro beneplacito in structuram muri nostre convertimus civitatis*": Feise 1959, Nr. 41.

19 Feise 1959, Nr. 61. Bestätigungen: 22. März 1420 zu Wien durch König Sigismund und 11. Januar 1434 zu Basel durch den zwischenzeitlich zum Kaiser erhobenen Sigismund.

Archäologische Nachweise zur Raumnutzung

Die Aue des Krummen Wassers bzw. die letzte nichtanthropogene Sedimentablagerung in der Auenzone kann archäologisch durch einen Wechsel der Bodenschichten gut nachgewiesen werden. Besonders im großräumigen Grabungsgebiet Petersilienwasser sowie bei den Grabungen Münsterstraße 41 und Hohe Münsterstraße 12/12a wurde die Oberkante der Aue mehrfach erfasst und dokumentiert.[20] Aufgrund der folgenden Aufsiedlungsprozesse liegt die Oberkante der Aue 2,8 m bis 3,25 m unter der heutigen Oberfläche, wobei festzustellen ist, dass die Aue von Nordwest nach Südost, also in Fließrichtung des Baches, um durchschnittlich 0,4 m abfällt. Kennzeichnend für die letzte Auenablagerung ist ein sehr homogener, hellgrauer, schluffiger Lehm. Die erste darüberliegende anthropogene Ablagerung zeigt vermehrt botanische Bestandteile und ist zumeist braungrau sowie gelegentlich mit Holzkohlepartikeln oder gebrannten Lehmpartikeln und einigen wenigen Funden durchsetzt.

Drei der hier vorgelegten archäobotanisch untersuchten Bodenproben[21] aus der ersten anthropogenen Bodenablagerung lassen sowohl auf (feuchte) Freiflächen als auch auf die Nähe eines Baches oder Grabens schließen (siehe unten). In den oben genannten Grabungsgebieten folgten nach den ersten Bodenablagerungen, die durchaus eine Geländeaufhöhung und Trockenlegung der Auenzone zum Ziel hatten, bereits ab der Mitte des 13. Jahrhunderts erste Bebauungen mit hölzernen Gebäuden unterschiedlicher Art. Bis zur frühen Neuzeit lassen sich fünf bis sechs größere Siedlungsperioden bzw. Bebauungsphasen feststellen.[22]

Die archäologische Interpretation der Nutzung von innerstädtischen Freiflächen, soweit es sich nicht um Marktplätze und Straßenräume handelt, ist im Allgemeinen schwierig und kann nur von den vorhandenen baulichen Anlagen und dem Fundmaterial ausgehen. Die Nutzung der Hinterhöfe ist meist multifunktional. Gebäudereste, die als Scheunen und Ställe gedeutet werden können, weisen auf Ackerbau und Viehhaltung (Viehweide), welche vor den Toren der Stadt stattfanden. Andere Hinterhofgebäude konnten auch handwerklich genutzt werden (z. B. Gerberei) oder dienten der Lagerhaltung. Gebäudereste, die unmittelbar und ausschließlich mit Gartenbau in Verbindung zu bringen wären, sind archäologisch kaum nachweisbar. Reste von Hochbeeten oder kleinen, das Gartengelände begrenzende oder untergliedernde Zäune sind in der Regel nicht erhalten.

Besonders günstig scheint diesbezüglich die Situation in Lübeck zu sein. Bei den Grabungen Alfstraße-Fischstraße-Schüsselbuden (Grabungen 1985–1990) wurden für die ersten vier Perioden der Besiedlung, welche in das 12. und frühe 13. Jahrhundert datieren, gleich mehrfach Hofbereiche als Gartenland angesprochen.[23] Für die erste Periode zeigt sich ein 20 cm starker Humushorizont direkt auf dem anstehenden Sandboden. Der Zusammensetzung nach handelte es sich um einen Bodenauftrag, in dem zwar keine Pflanzen- oder Mistreste nachweisbar waren, jedoch ein erhöhter Phosphat- und Kalkgehalt, so dass auf Fäkaliendüngung geschlossen wurde. Im Übergangsbereich beider Bodenschichten fanden sich flächig verteilte Einstichspuren von einer Bodenbearbeitung mittels eines Spatens oder anderen Gerätes. Da für die Periode I keine Bebauungsstrukturen nachweisbar waren und der Bodenauftrag großflächig angetroffen wurde, wird eine Deutung als Gartenland oder Gelände mit landwirtschaftlicher Nutzung vorgeschlagen. Für die Perioden II bis IV mit der üblichen Bebauung wird bei vorhandenen kleineren Freiflächen von Hausgärten ausgegangen.[24]

In Einbeck, Grabungsgebiet Petersilienwasser, wurden in den Hinterhöfen außer einigen Fasskloaken auch einige Fässer angetroffen, welche aufgrund ihrer Positionierung und anderer Hinweise, wie beispielsweise ein mit Holz ausgekleidetes zulaufendes Gräbchen, durchaus als Wassersammler oder Regentonnen gedeutet werden können.[25] Einzelne im Hinterhof angetroffene Gruben können darüber hinaus neben der Entsorgung von Haus- und Küchenabfällen auch der Entsorgung von ausgejäteten Gartenunkräutern gedient haben. Ebensolches könnte auch für randlich angetroffene, partiell sehr begrenzte Bodenablagerungen zutreffen. Auch Kloaken dienten nicht nur der Entsorgung menschlicher Fäkalien.

Mehrfach konnten in Einbeck Baumstümpfe mit mehr oder weniger ausgedehnten Wurzeln freigelegt werden.[26] Allen diesen Befunden gemeinsam ist die Lage in der ehemaligen Auenzone sowie eine frühe Datierung in die 2. Hälfte des 13. Jahrhunderts und somit in die Anfangsphase der Aufsiedlung, als die Bebauung noch nicht geschlossen war und große Hinterhofareale zur Verfügung standen. Für die Grabung Münster-

---

20 Teuber 2009, 63 Plan 4.
21 Einbeck FStNr. 185/-1660, Befund [2313] (Petersilienwasser) und Einbeck FStNr. 230/-31 und 230/-32, beide Befund [19] (heute Münstermauer 13).
22 Einbeck FStNr. 185 Befunde [1376], [1504], [1907]. Teuber 2009.
23 Legant 2010, 29; 32; 41; 52; 57; 84ff. Abb. 14–18; 27 und vergleichend und rekonstruierend: 111–115; 126f. Abb. 83; 88.
24 Inwieweit diese Interpretation von archäobotanischen Untersuchungen zu untermauern sind, geht aus der Publikation nicht hervor, weswegen wohl davon auszugehen ist, dass es keine gibt.
25 Teuber 2009, 290.
26 Teuber 2009, 68; 77. In Lübeck z. B. Hundestraße 15 (Mührenberg 1989, 240).

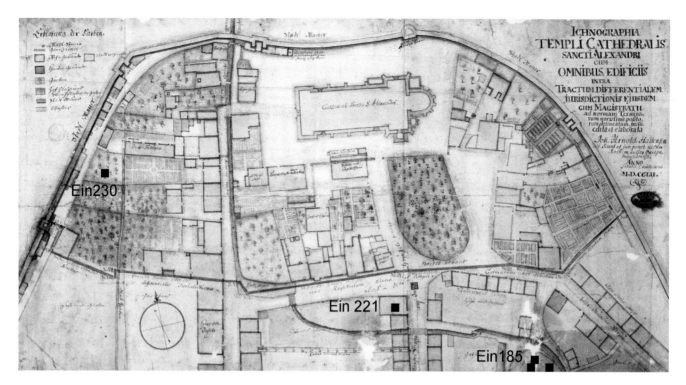

▲ Abb. 2: Der Plan der Stiftsfreiheit St. Alexandri von Johann Arnold Hallensen 1752 (ohne Maßstab).

straße 41 ist ein Steinobstgewächs (wohl Schlehe oder Pflaume) und für die Grabung „Petersilienwasser" ein Weichholz (Weide/Pappel) bestimmt worden.[27]

Seit der Mitte des 14. Jahrhunderts ist in Einbeck eine zunehmende Bebauung der Hinterhofbereiche sowie eine zunehmende Pflasterung der Restflächen erkennbar, welche sich in der Mitte des 15. Jahrhunderts nochmals deutlich verstärkt.[28] Kurz vor dem ganz Einbeck zerstörenden Stadtbrand von 1540 sind nur noch vereinzelt unbebaute bzw. nicht gepflasterte Hofflächen erkennbar.

Im Fundmaterial können Hacken, Spaten, Schaufeln und Sicheln[29] ein Hinweis auf Gartenbau sein, jedoch sind solche Gerätschaften nicht auf eine Nutzung festgelegt und wurden auch für andere Arbeiten verwendet. Rein archäologisch kann für Einbeck demnach kein innerstädtischer Gartenbau eindeutig nachgewiesen werden. Dies gelingt erst mit Hilfe historischer Pläne des 18. und 19. Jahrhunderts. Dazu können archäobotanische Untersuchungen von Proben aus natürlichen Ablagerungen, Kloaken, Gruben- und Grabenverfüllungen weitere Hinweise auf mögliche Gartennutzung liefern.

Mittelalterliche und frühneuzeitliche Schriftquellen, die konkret von innerstädtischen Gärten sprechen, gibt es für Einbeck nicht. Werden Gärten erwähnt, liegen diese stets außerhalb unmittelbar vor der Stadt. In den Stadtplänen des 19. Jahr-

hunderts sind zwar Grünflächen innerhalb und außerhalb der Stadt verzeichnet, die Art der Nutzung geht daraus aber nicht eindeutig hervor.[30] Besser stellt sich die Situation für den im Norden der Stadt gelegenen Stiftsbezirk St. Alexandri dar. Dieser Stadtbereich wurde wegen Grenzstreitigkeiten zwischen Stift und Stadtmagistrat mehrfach genau gezeichnet. In den Plänen von Braun (1738) und Hallensen (1752) sind Baumgärten und wohl in Beete unterteilte Gärten ohne oder mit wenigem Baumbestand zu erkennen (Abb. 2). Die mehrseitige Grenzbeschreibung zur Karte von Braun nennt zwar einige Gärten und deren Besitzer, enthält jedoch keine Angaben zur konkreten Nutzung. Auffällig ist hingegen, dass der alte Wächtersteig entlang der Innenseite der Stadtmauer, welcher nach älteren Urkunden stets frei zu halten war, mit kleineren Gärten belegt ist. Die eigentliche „Entfestung" Einbecks geschah erst 1761 während des Siebenjährigen Krieges beim Abzug der stark bedrängten Französischen Besatzung, welche große Teile der Stadtbefestigung sprengte.

Archäobotanische Untersuchungen: Ergebnisse und Interpretation

Für die archäobotanischen Analysen wurden sieben Proben aus dem Grabungsbereich Petersilienwasser und zwei weitere aus dem Steinweg entnommen (Abb. 1 und 2). Die Entnahmestellen lagen im Einflussbereich der ehemaligen Aue und in unmittelbarer Nähe zu dem innerstädtischen Dreckgraben Petersilienwasser. Die Proben entstammen sechs unterschiedlichen Befunden und konnten anhand von erhaltenen Keramik- oder

---

[27] Einbeck FStNr. 221 Befundnr. [457a], [457b] (Bestimmung Dr. Felix Bittmann, NIhK Wilhelmshaven) und Einbeck FStNr. 185 Befundnr. [2373] (Bestimmung Prof. Dr. Wiebke Kirleis, Universität Kiel).

[28] TEUBER 2009, Pläne 5–19.

[29] In Einbeck wurden solche Gerätschaften mehrfach aufgefunden (HEEGE 2002a, Abb. 665.2.3 und unpubliziert).

[30] z.B. Stadtplan von Sander 1873.

FSt. Nr./-FNr.	Befund	Angaben zum Befund	Datierung
230/-31	19	Steinweg, Ablagerung/Grabenfüllung, Auenablagerung	spätes 13. Jh. / frühes 14. Jh.
230/-32	19	Steinweg, Ablagerung/Grabenfüllung, Auenablagerung	spätes 13. Jh. / frühes 14. Jh.
185/-1660	2313	Petersilienwasser, früheste Ablagerung	Mitte / 3. Viertel 13. Jh.
185/-1781	2428	Petersilienwasser, Grubenfüllung	3. Viertel 13. Jh.
185/-1825	2466	Petersilienwasser, Brunnen, 100-110 cm unterhalb Oberkante Wandbohlen	1. Hälfte 14. Jh.
185/-1827	2466	Petersilienwasser, Brunnen, um 60 cm unterhalb Oberkante Wandbohlen	1. Hälfte 14. Jh.
185/-1828	2466	Petersilienwasser, Brunnen, 50 cm unterhalb Oberkante Wandbohlen	1. Hälfte 14. Jh.
185/-1822	2460	Petersilienwasser, Fasskloake 0-4 cm oberhalb Bodenbrett	2. Hälfte 15. Jh.
185/-1607	2245	Petersilienwasser, Zehnthofareal, unterste Verfüllung Zisterne/Kloake 2208	2. Hälfte 15. Jh. bis 1. Viertel 16. Jh.

◄ Tab. 1: Übersicht zu den neun archäobotanischen Proben.

anthropogener Einfluss auf Ablagerung	sekundär (überwiegend Ruderalflora)			primär (gezielte Abfallentsorgung)					
Befund	19	19	2313	2428	2466	2466	2466	2460	2245
Probe	230/-31	230/-32	185/-1660	185/-1781	185/-1825	185/-1827	185/-1828	185/-1822	185/-1607
Zeitstellung	spätes 13. / frühes 14. Jh.	spätes 13. / frühes 14. Jh.	Mitte / 3. Viertel 13. Jh.	3. Viertel 13. Jh.	1. Hälfte 14. Jh.	1. Hälfte 14. Jh.	1. Hälfte 14. Jh.	2. Hälfte 15. Jh.	2. Hälfte 15. bis 1. Viertel 16. Jh.
Roggenspindelglieder				2995	24	382	747	2	
Roggenperikarpe				50			10		
Öl- und Faserpflanzen	12	2	10	128	814	8216	1041	5	
Hülsenfrüchte				2					
Obst und Nüsse			760	2	6760	16		4801	717
Bierwürze					3	29	5		
Gemüse und Salatpflanzen	6	17	30	4	31	5	35	11	
Gewürze, Heil- und Zierpflanzen	398*	387*	50	4	54	165	37	345	
Färbepflanzen					40		71	11	
Ruderalfluren, überwiegend sommerannuelle Unkräuter	564	539	1400	166	1609	739	551	22	
überwiegend winterannuelle Unkräuter	14	30	20	15	79	18	173		
Feuchtwiesen, Bachuferfluren, Auenwälder und Sümpfe	708	759	8060	31	110	5	13		

▲ Tab. 2: Zusammenschau der Pflanzengruppen in den Proben, Summe der Pflanzenreste pro l, * Arten der Ruderalflora, die auch als Medizinalpflanzen genutzt werden können.

Holzresten datiert werden (Tab. 1). Der Erhaltungszustand der Pflanzenreste und die Funddichte sind aufgrund der feuchten Bodenbedingungen in allen Befunden ausgesprochen gut. Die Pflanzenreste wurden mit Sieben der Maschenweite 0,3 mm aus Proben mit Volumen zwischen 0,1 und 1 Liter heraus geschlämmt, ausgelesen und mit Hilfe von Bestimmungsliteratur und der umfangreichen Vergleichssammlung rezenter Samen und Früchte am Institut für Ur- und Frühgeschichte der Christian-Albrechts-Universität Kiel bestimmt.[31] Die vollständige Auflistung aller bestimmten Pflanzenreste der Proben ist in den Tabellen 3 a und b zusammengefasst.[32]

Die archäologischen Befundtypen ließen sich nach dem Grad der menschlichen Einflussnahme auf die Verfüllung voneinander unterscheiden. Im Folgenden werden zunächst solche

---

31 U. a. CAPPERS u. a. 2006. KÖRBER-GROHNE 1991.

32 Die archäobotanischen Analysen wurden im Rahmen zweier Abschlussarbeiten an den Universitäten Göttingen und Kiel durchgeführt. Die Bearbeitung der Proben aus dem Petersilienwasser oblag Dipl.-Biol. Nicole Zimmermann, Göttingen. Gwendolyn Peters, Kiel, untersuchte im Rahmen ihrer Bachelor-Arbeit das Material aus der Auenablagerung im Steinweg.

FSt. Nr./-FNr.	23/-31	23/-32	185/-1660	
Befund	19	19	2313	
Zeitstellung	spätes 13. / frühes 14. Jh.	spätes 13. / frühes 14. Jh.	Mitte / 3. Viertel 13. Jh.	
Bot. Name	1 l	1 l	1 l	Dt. Name
Öl- und Faserpflanzen				
Linum usitatissimum			10	Gebauter Lein
Papaver somniferum	12	2		Schlaf-Mohn
Σ Öl- und Faserpflanzen	12	2	10	
Obst und Nüsse				
Fragaria vesca			40	Wald-Erdbeere
Prunus avium			170	Süßkirsche
Prunus			550	Steinobst
Σ Obst und Nüsse	0	0	760	
Gemüse- und Salatpflanzen				
Atriplex	2			Melde
Polygonum aviculare	2	17		Vogelknöterich
Solanum nigrum			30	Schwarzer Nachtschatten
Valerianella dentata	2			Gezähnter Feldsalat
Σ Gemüse- und Salatpflanzen	6	17	30	
Gewürze, Heil- und Zierpflanzen				
Chelidonium majus	370	349		Schöllkraut
Foeniculum vulgare			50	Fenchel
Hypericum	18	31		Johanniskraut
Rumex crispus/obtusifolius	10	7		Krauser/Stumpfblättriger Ampfer
Σ Gewürze, Heil- und Zierpflanzen	398	387	50	
Ruderalfluren, überwiegend sommerannuelle Unkräuter				
Anagallis arvensis			40	Ackergauchheil
Anthemis arvensis	162	248	30	Acker-Hundskamille
Anthemis cotula			10	Stinkende Hundskamille
Aphanes arvensis	12	10		Gewöhnlicher Acker-Frauenmantel
Arenaria serpyllifolia	26	27		Quendel-Sandkraut
Chenopodium album	78	61	1120	Weißer Gänsefuß
Galeopsis tetrahit	2			Gewöhnliche Hanfnessel
Papaver dubium/rhoeas	68	49	40	Saat-/Klatschmohn
Polygonum lapathifolium/persicaria	6	5	40	Ampfer-/Floh-Knöterich
Rumex acetosella	200	139	100	Kleiner Sauerampfer
Rumex	10		10	Ampfer
Sonchus asper			10	Rauhe Gänsedistel
Σ Ruderalfluren, überwiegend sommerannuelle Unkräuter	564	539	1400	
überwiegend winterannuelle Unkräuter				
Agrostemma githago	*	*	10	Kornrade
Centaurea cyanus		2		Kornblume
Cirsium	2			Kratzdistel
Polygonum convolvulus		2		Windenknöterich
Scleranthus annuus		5		Einjähriges Knäuelkraut
Viola	10	19	10	Veilchen
Σ überwiegend winterannuelle Unkräuter	14	30	20	
Feuchtwiesen, Bachuferfluren, Auenwälder und Sümpfe				
Agrostis-	94	51		Straußgras
Carex disticha			10	Kammsegge
Juncus articulatus-			20	Glanzfrüchtige Binse
Juncus bufonius	14	77	150	Krötenbinse
Juncus effusus	32	97		Flatterbinse

Archäologische und archäobotanische Einsichten

Juncus			260	Binse
Leontodon		2		Löwenzahn
Lychnis flos-cuculi			10	Kuckuckslichtnelke
Plantago major	48	15	10	Großer Wegerich
Poa-	296	226		Rispengras
Polygonum hydropiper			60	Wasserpfeffer
Ranunculus acris-	4			Scharfer Hahnenfuß
Ranunculus sceleratus		2	7500	Gift-Hahnenfuß
Ranunculus		3		Hahnenfuß
Schoenoplectus lacustris	4	5		Seebinse
Scirpus sylvaticus	204	257		Waldsimse
Urtica dioica	12	24	40	Große Brennnessel
Σ Feuchtwiesen, Bachuferfluren, Auenwälder und Sümpfe	708	759	8060	
Weitere				
Apiaceae p. p.	4		10	Doldengewächse
Asteraceae p. p.	2	3		Korbblütengewächse
Caryophyllaceae p. p.	18	12	110	Nelkengewächse
Cyperaceae p. p.	2			Sauergrasgewächse
Lamiaceae p. p.	2			Lippenblütengewächse
Poaceae p. p.	2			Süßgrasgewächse
Primulaceae p. p.	2			Primelgewächse
Quercus sp. (unreif)			10	Eiche
Σ Weitere	32	15	130	
Indeterminatae	2	7	40	Unbestimmbare
Funddichte = Gesamtmenge der Reste pro Liter	**1.736**	**1.756**	**10.500**	

Ablagerungen vorgestellt, die überwiegend Hinweise auf natürliche Einträge von Ruderalflächen aufweisen und nur sekundär anthropogen beeinflusst worden sind (aus den Befunden 19 und 2313). Anschließend wird auf die Brunnenverfüllungen und Kloakenablagerungen eingegangen. Das sind Ablagerungen, die gezielt von Menschen vorgenommen wurden (Tab. 2).

Ackerunkräuter, Ruderalpflanzen und Feuchtigkeitszeiger aus der Auenablagerung (Probe 230/-31 und Probe 230/-32 (Befund 19), Tab. 3a

Die Proben 230/-31 und -32 aus dem Steinweg wurden der Befundschicht 19 entnommen, die als Ablagerungsschicht oder Grabenfüllung angesprochen wird. In der Befundschicht konnten keine archäologischen Funde identifiziert werden. Sie ließ sich vom späten 13. bis ins frühe 14. Jahrhundert datieren. Der Fundplatz befand sich am Nordostufer des Petersilienwassers. Die beiden Probenentnahmestellen waren nicht weiter als 20 cm voneinander entfernt positioniert. Daher weisen die Proben große Ähnlichkeiten auf und werden im Folgenden gemeinsam besprochen. Möglicherweise befand sich diese Stelle etwas abseits des städtischen Treibens, denn in den beiden Proben wurden ausschließlich Wildpflanzen gefunden. Viele der nachgewiesenen Unkräuter sind Kulturfolger, die auf nährstoffreichen Böden gedeihen, und trittresistente Arten (Große Brennnessel, Schöllkraut, Vogelknöterich und Großer Wegerich).[33] Es sind weiterhin Wildpflanzen vertreten, die Feuchtigkeit anzeigen und wohl zu der Vegetation entlang des Bachlaufes des Krummen Wassers bzw. des mit Faschinen eingefassten Petersilienwassers, das dem ehemaligen Bachbett des in der Mitte des 13. Jahrhunderts umgeleiteten Krummen Wassers folgt (siehe oben), gehörten (Flatterbinse, Seebinse, Waldsimse und Scharfer Hahnenfuß). Der archäobotanische Befund zeigt, dass sich an dieser Stelle eine unbebaute offene Ruderalfläche im Stadtgebiet befand.

Ruderalpflanzen und Feuchtigkeitszeiger sowie Obstreste aus einer auf den Auenlehm aufliegenden Ablagerung (Probe 185/-1660, Befund 2313), Tab. 3a

Die Probe aus einer auf den anstehenden Auenlehm aufliegenden, an den Petersilienwassergraben angrenzenden Ablagerung datiert in das dritte Viertel des 13. Jahrhunderts. Sie wurde in der Phase städtebaulicher Entwicklung abgelagert, die mit der Trockenlegung und Aufsiedlung der Aue verknüpft ist.[34] In dieser Probe fanden sich Pflanzenreste, die auf verschiedene Nutzungsräume hinweisen. Es wurden sowohl Pflanzenreste gefunden, die Küchenabfälle

▲ *Tab. 3a: Einbeck; Pflanzenarten ruderaler Ablagerungen, wenn nicht anders angegeben Samen, oder einsamige Früchte oder Teilfrüchte (Pflanzennomenklatur nach* OBERDORFER *1994). Abkürzungen:*
p. p. = pro parte,
s. l. = sensu lato,
sp. = Species, Art,
* = nur fragmentarisch vorhanden.

---
33 OBERDORFER 1994, 386; 424; 547.
34 TEUBER 2009, 65–69.

FSt. Nr/FNr.	185/-1781	185/-1825	185/-1827	185/-1828	185/-1822	185/-1607	
Befund	2428		2466		2460	2245	
Zeitstellung	3. Viertel 13. Jh.	1. Hälfte 14. Jh.	1. Hälfte 14. Jh.	1. Hälfte 14. Jh.	2. Hälfte 15. Jh.	2. Hälfte 15. bis 1. Viertel 16. Jh.	
Bot. Name	1 l	1 l	1 l	1 l	1 l	1 l	Dt. Name
Getreide							
Secale cereale spg.	2995	24	382	747	2		Roggen
Secale cereale	50			10			Roggen
Σ Getreide	**3045**	**24**	**382**	**757**	**2**	**0**	
Öl- und Faserpflanzen							
Linum usitatissimum	36	2	480	223	3		Gebauter Lein
Linum usitatissimum kps.	92	5	7736	818	2		Gebauter Lein
Papaver somniferum		807					Schlaf-Mohn
Σ Öl- und Faserpflanzen	**128**	**814**	**8216**	**1041**	**5**	**0**	
Hülsenfrüchte							
Lens culinaris	2						Linse
Σ Hülsenfrüchte	**2**						
Obst und Nüsse							
Corylus avellana			4				Gemeine Hasel
Ficus sp.		10			1384	370	Feige
Fragaria vesca		4396			2304		Wald-Erdbeere
Malus sp.		11	5		23		Apfel
cf. Malus sp.			5				Apfel
Prunus avium					109		Süßkirsche
Prunus cerasus		16			115		Sauerkirsche
Prunus domestica ssp. Insititia		13			5		Pflaume
Prunus domestica ssp. Insititia-Typ D		3					Pflaume, D-Typ
Prunus domestica ssp. Insititia-Typ E		1					Pflaume, E-Typ
Prunus spinosa		13			23		Schlehe
Prunus sp.		1					Steinobst
Prunus sp. min.						89	Steinobst
Pyrus communis		111			15		Birne
Rosa sp.		1				189	Hagebutte
Rosa sp. min.						25	Hagebutte
Rubus caesius		1					Kratzbeere
Rubus fruticosus		9			18		Brombeere
Rubus idaeus					26		Himbeere
Sambucus nigra	2	2			1		Schwarzer Holunder
Vaccinium sp.		1350			686		Beersträucher
Vitis vinifera		426	2		121		Weinrebe
Rosaceae		396			15		Steinkernfragmente
Σ Obst und Nüsse	**2**	**6760**	**16**	**0**	**4801**	**716**	
Bierwürze							
Humulus lupulus		3	29	5			Hopfen
Σ Bierwürze		**3**	**29**	**5**	**0**	**0**	
Gemüse- und Salatpflanzen							
Atriplex hortensis					10		Gartenmelde
Barbarea vulgaris		10		20			Echte Winterkresse
Lapsana communis		10		1			Gemeiner Rainkohl
Polygonum aviculare		10	4	9			Vogelknöterich
Rumex patientia				2			Garten-Ampfer
Solanum nigrum	2	1		1	1		Schwarzer Nachtschatten
Valerianella dentata	2			3			Gezähnter Feldsalat

Valerianella locusta				1			Gewöhnlicher Feldsalat
Σ Gemüse- und Salatpflanzen	**4**	**31**	**5**	**35**	**11**		
Gewürze, Heil- und Zierpflanzen							
Aethusa cynapium		1					Hundspetersilie
Aquilegia vulgaris					332		Gemeine Akelei
Arctium lappa			2				Große Klette
Brassica nigra		39			3		Schwarzer Senf
Chelidonium majus				10			Schöllkraut
Foeniculum vulgare		2	2				Fenchel
Hypericum perforatum		10					Echtes Johanniskraut
Matricaria (chamomilla)	4		18		10		Kamille
Petroselinum crispum		1					Petersilie
Rumex aquaticus per.				1			Wasser-Ampfer
Rumex crispus/obtusifolius		1	78	6			Sauerampfer
Sinapis alba			9				Weißer Senf
Stellaria media			56	20			Gewöhnliche Vogelmiere
Σ Gewürze, Heil- und Zierpflanzen	**4**	**54**	**165**	**37**	**345**		
Färbepflanzen							
Anthemis tinctoria		40		71	1		Färberkamille
Reseda luteola					10		Färber-Wau
Σ Färbepflanzen		**40**	**0**	**71**	**11**	**0**	
Ruderalfluren, überwiegend sommerannuelle Unkräuter							
Anthemis arvensis	5			12	20		Acker-Hundskamille
Anthemis cotula	5			90			Stinkende Hundskamille
Atriplex patula/prostata			38				Melde
Bromus cf. *arvensis*			7				Acker-Trespe
Chenopodium album	7	40	95	185			Weißer Gänsefuß
Cuscuta epilinum	4						Flachsseide
Galeopsis tetrahit	2						Gewöhnliche Hanfnessel
Lamium amplexicaule			11				Stängelumfassende Taubnessel
Lithospermum arvense				3			Acker-Steinsame
Papaver dubium/rhoeas	2	1500	55	80			Saat-/Klatsch Mohn
Polygonum lapatifolium/persicaria	7	20	27	22	2		Ampfer-/Floh-Knöterich
Raphanus raphanistrum	4	4	76	9			Rettich
Rumex acetosella		30	365	110			Kleiner Sauerampfer
Sinapis arvensis		10	4	5			Acker-Senf
Sinapis arvensis h.			2				Acker-Senf
Spergula arvensis			2	1			Acker-Spark
Stachys palustris				3			Sumpf-Ziest
Thlaspi arvense				1			Acker-Hellerkraut
Urtica urens			56	30			Kleine Brennnessel
Vaccaria pyramidata		5					Kuhnelke
Σ Ruderalfluren, überwiegend sommerannuelle Unkräuter	**166**	**1610**	**748**	**625**	**22**		
überwiegend winterannuelle Unkräuter							
Agrostemma githago	4	14	4	68			Kornrade
Apera spica-venti		30					Acker-Windhalm
Bromus secalinus-Typ	5	1					Roggen-Trespe
Carex sp.	2	30					Segge
Centaurea cyanus	130	1	9	74			Kornblume
Cerastium cf. *arvense*				20			Acker-Hornkraut
Cirsium sp.			2				Kratzdistel
Cuscuta cf. *europaea*		1		10			Europäische Seide

Polygonum convolvulus	4	1	2				Windenknöterich
Scleranthus annuus		1					Einjähriges Knäuelkraut
Vicia cf. tetrasperma				1			Viersamige Wicke
Vicia sp.			2				Wicke
Σ überwiegend winterannuelle Unkräuter	15	78	9	99	0	0	
Feuchtwiesen, Bachuferfluren und Sümpfe							
Cirsium palustre			5				Sumpf-Kratzdistel
Eleocharis sp.		30					Sumpfbinse
Juncus	2						Binse
Galium aparine		1					Kletten-Labkraut
Lycopus europaeus		20					Wolfstrapp
Mentha aquatica/arvensis				10			Wasser-/Ackerminze
Polygonum hydropiper	14	1					Wasserpfeffer
Ranunculus repens-Typ		1		3			Kriechender Hahnenfuß
Ranunculus sceleratus		40					Gift-Hahnenfuß
Ranunculus sp.		2					Hahnenfuß
Rumex maritimus	9	3					Ufer-Ampfer
Urtica dioica	2	2					Große Brennnessel
Zannichellia palustris		10					Sumpf-Teichfaden
Σ Feuchtwiesen, Bachuferfluren und Sümpfe	27	110	5	13	0	0	
Weitere							
Apiaceae p. p.				2			Doldengewächse
Asteraceae p. p.	2		10				Korbblütengewächse
Brassicaceae p. p.			1				Kreuzblütengewächse
Chenopodiaceae p. p.		20					Gänsefußgewächse
Labiatae p. p.		3					Lippenblütengewächse
Poaceae p. p.	11	40	135	202	31		Süßgrasgewächse
Σ Weitere	13	63	135	213	33		
Indeterminatae	140	7	2				Unbestimmbare
Funddichte = Gesamtmenge der Reste pro Liter	3.546	9.594	9.713	2.896	5.230	717	

▲ *Tab. 3b: Einbeck; Pflanzenarten anthropogener Verfüllungen, wenn nicht anders angegeben Samen, oder einsamige Früchte oder Teilfrüchte (Pflanzennomenklatur nach* OBERDORFER *1994). Abkürzungen: cf. = confer, vergleiche, h. = Hüllen, kps. = Kapselfragmente, min. = mineralisiert, per. = Perianth, p. p. = pro parte, sp. = Species, Art, spg. = Spindelglieder, ssp. = Subspecies, Unterart.*

darstellen können (Süßkirsche, Wald-Erdbeere und Fenchel), als auch solche die an Grabenrändern bspw. des kanalisierten Petersilienwassers wachsen (Gift-Hahnenfuß, Wasserpfeffer, Glanzfrüchtige Binse und Große Brennnessel). Außerdem fanden sich Anzeiger für Viehtritt und Bodenverdichtung (Krötenbinse und Großer Wegerich) sowie Arten, die bevorzugt auf nährstoffreichen Plätzen, wie Gärten oder Abfallplätzen wachsen (Saat-/Klatschmohn, Ackergauchheil und Rauhe Gänsedistel). Da diese Befundschicht unmittelbar dem anstehenden Auelehmhorizont aufliegt, handelt es sich bei den Pflanzenresten zum einen um Bestandteile des eingebrachten Verfüllungs- und Trockenlegungsmaterials, zum anderen repräsentieren diese Pflanzenreste den Bewuchs des noch feuchten Untergrundes der Fläche bzw. den Randbewuchs des Petersilienwassers.[35]

Druschreste und Ackerunkräuter aus einer mit Abfällen verfüllten, an die Auelehmablagerung angrenzenden Grube (Probe 185/-1781, Befund 2428), Tab. 3b

Die Probe 185/-1781 wurde aus der untersten Verfüllungsschicht (Befund 2428) einer 95 cm tiefen Grube entnommen, die an den anstehenden Auelehm angrenzte. Sie datiert in das dritte Viertel des 13. Jahrhunderts und somit in die Frühphase der Auenaufsiedlung. Der Befund 2428 enthält Abfälle von Kulturpflanzen (Roggen und Lein) und deren spezifische Unkräuter (Kornblume und Flachsseide). Als weitere mögliche Nutzpflanzen sind solche gefunden worden, die häufig an nährstoffreichen Plätzen gedeihen und auch der Ernährung gedient haben mögen (Schwarzer Holunder, Schwarzer Nachtschatten und Gezähnter Feldsalat).[36] Vor allem letztere können Hinweise auf innerstädtische Gärten liefern. Die Anwesenheit von Acker-Hundskamille, Weißem Gänsefuß und Saat-/Klatschmohn verweisen wiederum auf rohe und unbebaute Bö-

---

35 ANDRAE 1990, 174–178.

36 OBERDORFER 1994, 880.

◄ Tab. 4: Hinweise auf Raumnutzungsaspekte in den Befundarten.

FSt. Nr./-FNr.	Befund	Entsorgung	Gärten	Feuchtbereiche	Freiflächen	Angaben zum Befund
230/-31 und -32	19	xxx	xxx	xxx	xxx	Auenlehm
185/-1660	2313	xxx	xxx	xxxx	xxxx	Ablagerung
185/-1781	2428	xxxx	x	xx	xx	Abfallgrube
185/-1825	2466	xxxx	xxxx	xxx	xxxx	Brunnen, sek. Kloake
185/-1827	2466	xxxx	xxx	x	xxx	Brunnen, sek. Kloake
185/-1828	2466	xxxx	xx	xx	xxx	Brunnen, sek. Kloake
185/-1822	2460	xxxx	xxxx		xx	Fasskloake
185/-1607	2245	xxx	xxx			Kloake

1 bis 10	x
11 bis 100	xx
101 bis 1000	xxx
≥ 1001	xxxx

Entsorgung: Reste der Gruppen Getreide; Öl- und Faserpflanzen; Hülsenfrüchte; Obst und Nüsse; Bierwürze; Gemüse- und Salatpflanzen; Gewürze, Heil- und Zierpflanzen; Färberpflanzen; überwiegend winterannuelle Unkräuter
Gärten: Reste der Gruppen Obst und Nüsse; Gemüse- und Salatpflanzen; Gewürze, Heil- und Zierpflanzen
Feuchtbereiche: Reste der Gruppe Feuchtwiesen, Bachuferfluren, Auenwälder und Sümpfe
Freiflächen: Reste der Gruppe Ruderalfluren, überwiegend sommerannuelle Unkräuter

den. Diese Pflanzen treten oft kulturbegleitend auf, weil sie von den durch die Menschen veränderten, mit Nährstoffen angereicherten Böden profitieren. In die Grube gelangten darüber hinaus pflanzliche Überreste feuchter Standorte, die auf die Aue verweisen (Binsenarten und Wasserpfeffer). Die archäobotanischen Ergebnisse legen eine Interpretation des Befundes als eine offene Abfallgrube nahe. In diesem Fall wären die Kulturpflanzenreste absichtlich in der Grube entsorgt worden. Die Unkrautreste können sowohl vom Menschen ausgerauft und entsorgt worden sein oder vom benachbarten Ruderalstandort zufällig in den Befund gelangt sein.[37]

Funde aus den Brunnenschichten (Probe 185/-1825, -1827 und -1828, Befund 2466), Tab. 3b

Die durch den Menschen mit Abfällen verfüllten Brunnenschichten konnten in die erste Hälfte des 14. Jahrhunderts datiert werden. In der ältesten Schicht (-1825) des Brunnens (Befund 2466) befanden sich reiche Funde an Obstresten, die auf die Nutzung der Konstruktion in dieser frühen Phase des Verfüllungsprozesses als Kloake hinweisen.[38] Es konnte zusätzlich eine große Menge an Öl- und Faserpflanzen bestimmt werden (Leinsamen, Schlafmohn). Neben den Nutzpflanzen wurden auch einige Wild- und Ackerunkräuter bestimmt, die vermutlich zufälligen Eintrag oder entsorgte Pflanzenreste anzeigen. Die mittlere Brunnenschicht (-1827) enthält wiederum eine hohe Fundanzahl an Öl- und Faserpflanzen. Es handelt sich hierbei um Kapselfragmente von Lein. Sie sind wohl als nutzlose Verarbeitungsrückstände in die Vorrichtung entsorgt worden. Als weitere Nutzpflanzen wurden Getreide und Bierwürze nachgewiesen. Diese Verfüllungsschicht weist eine größere Funddichte an Wildpflanzen als die vorhergehende Schicht auf, vor allem aus der Gruppe der Ruderalfluren und sommerannuellen Unkräuter. Dieser Umstand ließe sich mit einer Schichtvermischung erklären. Auch in der jüngsten Ablagerungsschicht (-1828) tritt eine hohe Zahl an Wildpflanzenresten auf. Zudem konnte eine hohe Anzahl von Makroresten von Getreide und Öl- und Faserpflanzen bestimmt werden. Da in den beiden späteren Schichten große Mengen an Lein auftreten, ist von einer Leinverarbeitungsstätte in nächster Umgebung auszugehen. Die diversen Vertreter der Gruppe Gewürze, Heil- und Zierpflanzen in allen drei Schichten sind wohl Abfälle aus einem nahe gelegenen Garten.

Obst- und Nussüberreste aus einer Fasskloake (Probe 185/-1822, Befund 2460), Tab. 3b

Der Befund der Fasskloake (2460) überlagerte den als Brunnen angesprochenen Befund (2466) und stammt aus der zweiten Hälfte des 15. Jahrhunderts.[39] In der Holzkonstruktion befanden sich viele Nutzpflanzenreste. Neben Getreide und Öl- und Faserpflanzen traten vor allem Obst und Nüsse auf, die wohl als Küchenabfälle in die Kloake gelangten. Die zahlreichen nachgewiesenen Makroreste der Gemeinen Akelei liefern einen Anhaltspunkt auf das Zierpflanzeninventar in den Gärten. In denselben Gärten sind wahrscheinlich auch Gemüse- und Salatpflanzen angebaut worden. Dies wird durch Vergesellschaftung mit Gartenmelde und Schwarzem Nachtschatten im Fundinventar nahegelegt. Die bedeutend geringere Zahl der Wild- und Ackerunkrautreste im Vergleich zu den Brunnenschichten könnte auf eine mögliche Überbauung der Anlage zurückzuführen sein, die zufällige Einträge vermindert hätte.

Zum Teil mineralisierte Obstüberreste aus einer Zisterne/Kloake (Probe 185/-1607, Befund 2245), Tab. 3b

Die Kalkbruchsteinkonstruktion (Befund 2208) wurde an der Ecke des Zehnthofgebäudes (Phase Z2) angelegt. Zum Zeitpunkt der Errichtung waren im Zehnthofgebäude bereits zwei Kloaken

---
37 ZIMMERMANN 2010, 34.
38 ZIMMERMANN 2010, 17.
39 ZIMMERMANN 2010, 16.

vorhanden. Der Bau ist daher wahrscheinlich ursprünglich als Zisterne angelegt worden, zumal auch die Ecklage das Auffangen von Regenwasser begünstigt haben würde.[40] Die archäobotanischen Reste in der Verfüllung zeigen eine spätere Nutzung der Konstruktion als Kloake an. In den Verfüllungsschichten, die von der zweiten Hälfte des 15. Jahrhunderts bis ins beginnende 16. Jahrhundert datieren, sind Steinkerne von Pflaumenartigen sowie Samen und Nüsschen von Obst (Himbeere, Brombeere und Wald-Erdbeere) gefunden worden. Sie verweisen auf eine starke Erhaltungsauslese in der Befundschicht (Befund 2245). Ein weiteres Indiz für die sekundäre Nutzung des Kalksteinbaus als Kloake sind die enthaltenen mineralisierten Pflanzenreste. Die Pflanzenteile sind wohl als Küchenabfälle entsorgt worden oder unverdaut durch Fäkalien in die Kloake gelangt. In dieser Probe sind keine Wildpflanzen mehr vorhanden. Das Fehlen lässt wiederum auf eine Überbauung der Anlage schließen, ist aber möglicherweise auch Anzeichen einer starken Zurückdrängung von Flächen natürlichen Bewuchses durch den Menschen im Stadtgebiet und gleichzeitig ein Ergebnis selektiver Erhaltung.

Archäobotanische Untersuchungen: Diskussion

Die verschiedenen Befundarten (Tab. 4) liefern unterschiedliche Hinweise auf Raumnutzungsaspekte in der mittelalterlichen und frühneuzeitlichen Stadt. Pflanzenreste aus Befunden, die hauptsächlich anthropogen verfüllt sind, liefern Hinweise zur Entsorgung von Abfällen. In anderen Befunden werden Pflanzenrestansammlungen angetroffen, die vornehmlich die lokale Vegetation widerspiegeln und Auskunft geben über eine innerstädtische naturnahe Flora auf Freiflächen.

Entsorgung

Anhand der vielen, weit gestreuten Funde von Überresten von Anbaupflanzen wird ersichtlich, dass Entsorgung damals in nahezu allen Bereichen des Stadtgebietes stattgefunden hat. Eine Ausnahme stellten möglicherweise die weniger gut zugänglichen, vernäßten Bereiche entlang des sog. Dreckgrabens östlich der Straße Steinweg dar. Es fällt auf, dass in den frühen Phasen vermischte Ablagerungen vorkommen. Willkürlicher Eintrag von Unrat durch den Menschen trifft auf zufällig abgelagerte Pflanzenreste aus der Umgebung der Probenentnahmestelle. In späterer Zeit treffen wir in gezielt zur Entsorgung genutzten Kloaken und Gruben vermehrt auf Abfälle von innerstädtischen Anbauflächen. Zahlreich sind zudem Reste von Pflanzen, deren Wuchsort nicht notwendig innerhalb der Stadt gelegen haben muss.[41]

Gärten

Gärten befanden sich im Mittelalter und zu Beginn der frühen Neuzeit oftmals auf den hinteren Grundstücksparzellen, an die Häuser angrenzend.[42] In ihnen wurden Pflanzen angebaut, die das bestehende Nahrungsangebot erweitern sollten. Zwar hatten bestimmte Pflanzen einen christlichen Symbolgehalt, doch ausschließlich aus Schmuckgründen wurden Pflanzen zunächst kaum angebaut.[43] Im Lauf der Zeit vollzog sich die Entwicklung von praktischen reinen Nutzgärten zu Status anzeigenden Ziergärten mit möglichst vielen exotischen, aus Schönheitsgründen angepflanzten Zierpflanzen.[44] Dies zeigt auch die Neuanlage des Aula-Gartens der Georg-August-Universität in Göttingen, die Aufbau und Bestand eines Ziergartens des frühen 19. Jahrhunderts widerspiegelt.[45]

In Einbeck verweisen auf Gärten die Hackfruchtunkräuter (Gewöhnliche Vogelmiere, Acker-Hellerkraut und Ampfer-Knöterich), die in den Verfüllungsschichten des ehemaligen Brunnens auftreten. Hier finden sich auch Fenchel und Petersilie als klassisches Garteninventar. Die Proben der Fasskloake zeigen möglicherweise ebenfalls eine Vergesellschaftung von Gartenpflanzen an. Gemeinsam traten hier der Ampfer-Knöterich, Schwarzer Senf, Kamille und Akelei auf. Kultivierte und in der Stadt angebaute Obstarten waren Birne und Pflaume.[46] Zur weiteren Nahrungsergänzung ist Obst auch aus Wildbeständen gesammelt worden.[47] Für die in den Funden auftretende Wald-Erdbeere ist nicht zu entscheiden, ob sie zu diesem Zeitpunkt bereits in Gärten angepflanzt oder noch wild gesammelt worden ist.[48] Auch beim Apfel fehlen im Gegensatz zur Gartenbirne morphologische Hinweise, die eine Wild- von einer Kulturform unterscheidbar machen. Der Wein kann importiert sein, eine Kultivierung in Einbeck ist aber ebenfalls sporadisch möglich. Die Rosinen sind zum Süßen von Speisen genutzt worden.[49]

Bei den angetroffenen mittelalterlichen und frühneuzeitlichen Gemüse- und Salatpflanzen (Gartenmelde, Schwarzer Senf, Echte Winterkresse, Weißer Gänsefuß, Acker-Rettich, Garten-Ampfer, Gezähnter und Gewöhnlicher Feldsalat, und Schwarzer Nachtschatten) ist meist unklar, ob sie als Anbau-, Sammelpflanze oder Ackerunkraut auftreten.[50] Generell verlieren die Sammelpflanzen mit der Zeit an Bedeutung, dennoch

---

40 TEUBER 2009, 183–184.
41 ALSLEBEN 1991, 345.

42 JANSSEN 1987, 235.
43 HELLWIG 1990, 49.
44 JANSSEN 1987, 226.
45 WILLERDING 2001, 44–45.
46 WIETHOLD, SCHULZ 1991, 64–69.
47 WILLERDING 1987, 458–460.
48 ALSLEBEN 1991, 358. WIETHOLD 2002, 246.
49 WIETHOLD 2002, 245.
50 KÖRBER-GROHNE 1987, 396–398.

stellen sie bis in die Neuzeit eine willkommene Nahrungsergänzung dar.

Feuchtbereiche und Freiflächen

Die Ergebnisse der archäobotanischen Untersuchungen bestätigen eine seit dem 13. Jahrhundert zu beobachtende Verdichtung der Bebauungsstruktur in Einbeck. Die Pflanzenfunde aus den früh datierenden, sekundär anthropogenen Ablagerungsschichten (Befunde 2313 und 19) verweisen auf einen feuchten Untergrund. Sie stammen überwiegend von Pionierarten, die offene Böden besiedeln. In den unbebauten, offenen Flächen der Stadt siedelten sich nährstoffliebende Pionierpflanzen an (Stinkende Hundskamille, Schwarzer Holunder, Melden und Große Brennnessel).[51] Hier fanden sich auch zahlreiche Hinweise auf Trittpflanzen, die durch Bodenverdichtung begünstigt werden. Vor allem der Gift-Hahnenfuß und der Kriechende Hahnenfuß zeigen feuchte und nährstoffgesättigte Böden an. Auf Trittstandorte in der Stadt verweisen Vogel-Knöterich, Großer Wegerich und Krötenbinse.[52] Daraus abzuleiten ist, dass diese Flächen sowohl von Mensch und Tier intensiv begangen worden sind. Insgesamt sind die Nachweise von Wildpflanzen, und damit verbunden der Anteil von Freiflächen, rückläufig.

Zusammenfassung

Ab dem 11. Jahrhundert sind einbecksche gräfliche Besitzungen urkundlich erwähnt. Am Ende des 11. Jahrhunderts entstandenen nahe dem gräflichen Hof, möglicherweise auf dessen Grund, ein Chorherrenstift und im folgenden Jahrhundert eine, durch einen Bachlauf vom Stift und gräflichen Hof getrennte, stetig wachsende Ansiedlung. Im Zuge des Stadtmauerbaus und der Baulandverknappung im 13. Jahrhundert wurde das durch das spätere Stadtgebiet fließende Krumme Wasser umgeleitet, die Aue trockengelegt und besiedelt. Im ehemaligen Auenbereich wurde der nun als Petersilienwasser bezeichnete Bachlauf kanalisiert, um eine Mühle zu betreiben. Gleichzeitig diente das Petersilienwasser der Entsorgung von Abfällen.

In Einbeck wurde im Verlauf des 14. Jahrhunderts die Bebauung zunehmend dichter. Gegen Ende des Jahrhunderts lassen sich lückenlose Hausfassadenzüge archäologisch nachweisen. Gezielte Umgestaltungen des Stadtgebietes wurden wegen der wachsenden Bevölkerung notwendig. Die seltener werdenden innerstädtischen Freiflächen sowie die ungepflasterten Straßen und Plätze werden auch zur Entsorgung von organischen Abfällen genutzt. Verdichtungsanzeiger auf den Flächen weisen auf Vertritt durch Mensch und Tier hin.

Die Auenfläche wurde als Bauland, zunächst für hölzerne Häuser, genutzt. Auf deren Hinterhöfen wurden alle Arten von Erwerbstätigkeit betrieben. Es fanden sich Strukturen, die auf Viehzucht, handwerkliches Gewerbe, Lagerung sowie Entsorgung und Wasserspeicherung hinweisen.

Ab der Mitte des 14. Jahrhunderts treten zunehmend Pflasterungen von Böden und somit abnehmende Nachweise von Freiflächen auf. Kurz vor dem Stadtbrand von 1540, der das gesamte Stadtgebiet in Schutt und Asche legte, sind nur noch einzelne offene, unbebaute und ungepflasterte Freiflächen erkennbar. Erst ab dem 18. Jahrhundert liegen Schriftquellen vor, die die Lage möglicher Gärten ausweisen.

Es wurden neun Proben zur archäobotanischen Bearbeitung aus der Umgebung des Petersilienwassers entnommen, die vom vorletzten Viertel des 13. bis ins frühe 16. Jahrhundert datieren. Vor allem in den Befunden 2313 und 19 aus der Frühphase der Auenaufsiedlung fanden sich neben anthropogen abgelagerten Pflanzenresten auch viele Reste, die einen natürlichen Eintrag widerspiegeln. Diese Proben stammen aus einer Zeit, in der die Baulandgewinnung noch nicht vollständig abgeschlossen war. Sie legen Zeugnis von den Aufschüttungsmaterialien ab. Neben Verarbeitungsabfällen von Nutzpflanzen finden sich deutliche Nachweise von Ruderalpflanzen, die als Pioniere als erste die offenen Flächen besiedeln. Zudem treten Pflanzen auf, die Bodenfeuchtigkeit und Tritt anzeigen.

Die übrigen Proben sind stark anthropogen beeinflusst. Eine ehemalige Brunnenkonstruktion ist sekundär als Kloake genutzt und mit Abfällen verfüllt worden. Die drei Schichten datieren in die erste Hälfte des 14. Jahrhunderts. In ihnen befanden sich im Verhältnis zu den beiden Kloakenproben des 15. und 16. Jahrhunderts noch wesentlich mehr Wildpflanzennachweise. In den Verfüllungsschichten aus den beiden Kloaken des späten 15. Jahrhunderts wurden kaum Wildpflanzen nachgewiesen, wohl aber ein breites Spektrum an Kulturpflanzen, das von der für Kloaken typischen Erhaltungsauslese geprägt ist.

Generell zeigen die Pflanzenreste, dass im gesamten Untersuchungsgebiet organisches Material entsorgt wurde und auch zum Trockenlegen des feuchten Untergrundes Verwendung fand. Die entsorgten Pflanzenteile liefern Belege von leinverarbeitendem Gewerbe sowie Brau- und Färbetätigkeiten im innerstädtischen Bereich. Zur Lage von Gärten im Stadtgebiet des mittelalterlichen Einbeck fanden sich in dieser Untersuchung keine direkten Belege. Jedoch wurden in den Bodenarchiven verschiedene Vergesellschaftungen von alten Pflanzenresten nachgewiesen, die

---

51 WIETHOLD/SCHULZ 1991, 69.
52 ALSLEBEN 1991, 349.

von vermutlich in Gärten angebauten Pflanzen stammen. Anhand der Pflanzenfunde lässt sich ein weiterer Nachweis für die zeitlich fortschreitende Entwicklung zu einer dichter werdenden Bebauung erbringen. Während im 13. Jahrhundert ungenutzte Freiflächen das Stadtbild prägen, verdrängen Pflasterungen und die dichter werdende Bebauung zu Beginn der frühen Neuzeit zunehmend die Wild- und Ruderalpflanzen aus dem Stadtgebiet. Erst im 18./19. Jh. findet eine gegenläufige Entwicklung statt. Nun wird vom Bürgertum die Anlage von Parks, Schaugärten und Nutzgärten sowie Obstbaumpflanzungen vorangetrieben. So entstehen auch in Einbeck primär der Kontemplation dienende, strukturierte „Freiflächen" als Gärten im Randgebiet der Stadt zwischen Stadtmauer und den Außenanlagen der Stadtbefestigung. Die Wälle wurden seit dem beginnenden 19. Jahrhundert oft alleeartig mit Apfelbäumen bepflanzt.[53] Besonders der Rückbau der ehemaligen Stadtverteidigungsanlagen ab dem späten 19. Jahrhundert, verbunden mit der teilweisen Abtragung der Wälle und Zuschüttung der Gräben, bot hier neuen, stadtnahen Raum für die Anlage von Parks und Gärten.

Literatur

ALSLEBEN 1991
    A. Alsleben, Archäobotanische Untersuchungen in der Hansestadt Lübeck. Landschaftsentwicklung im städtischen Umfeld und Nahrungswirtschaft während des Mittelalters bis in die frühe Neuzeit. Offa 48, 1991, 329–362.

ANDRAE 1990
    C. Andrae, Paläoethnobotanische Untersuchungen pflanzlicher Makroreste aus dem Bachbett. In: L. Klappauf, F.-A. Linke (Hrsg.), Düna I. Das Bachbett vor Errichtung des repräsentativen Steingebäudes. Grundlagen zur Siedlungsgeschichte. Materialhefte zur Ur- und Frühgeschichte Niedersachsens 22. Hildesheim 1990, 153–234.

AUFGEBAUER 1991
    P. Aufgebauer, Einbeck im Mittelalter. In: H. Hülse (Hrsg.), Geschichte der Stadt Einbeck, Bd. 1. Einbeck 1991, 73–124.

AUFGEBAUER 1993
    P. Aufgebauer, Herzog Heinrich der Wunderliche, die Stadt Einbeck und die Residenzen des Fürstentums Grubenhagen. Einbecker Jahrbuch 42, 1993, 95–118.

AUFGEBAUER 1995
    P. Aufgebauer, Bündnisse der Stadt Einbeck im Mittelalter. Einbecker Jahrbuch 44, 1995, 27–38.

CAPPERS u. a. 2006
    R. T. J. Cappers, R. M. Bekker, J. E. A. Jans, Digitale Zadenatlas van Nederland. Groningen Archaeological Studies 4. Groningen 2006.

ERDMANN 1984
    W. Erdmann, Bau- und Besiedlungsgeschichte der Grundstücke Hundestraße 9–17 in Lübeck: Ein Zwischenbericht. Lübecker Schriften zur Archäologie und Kulturgeschichte 8, 1984, 23–31.

FEHRING/HAMMEL 1985
    G. P. Fehring, R. Hammel, Die Topographie der Stadt Lübeck bis zum 14. Jahrhundert. In: C. Meckseper (Hrsg.), Stadt im Wandel. Kunst und Kultur des Bürgertums in Norddeutschland 1150–1650. Landesausstellung Niedersachsen 1985. Ausstellungskatalog 3. Stuttgart, Bad Cannstatt 1985, 167–190.

FEISE 1909
    W. Feise, Einbeck oder Eimbeck? 8. Jahresbericht des Vereins für Geschichte und Altertümer der Stadt Einbeck. 1909, 1–18.

FEISE 1913
    W. Feise, Die bauliche Entwicklung der Stadt Einbeck. Neunter Bericht des Vereins für Geschichte und Altertümer der Stadt Einbeck und Umgegend 1913, 1–38.

FEISE 1935
    W. Feise, Einbeck. In: P. J. Meier (Hrsg.), Niedersächsischer Städteatlas II/5. Braunschweig, Hamburg 1935.

FEISE 1959
    W. Feise, Urkundenauszüge der Stadt Einbeck bis zum Jahre 1500. Einbeck 1959.

HARLAND 1854
    H. L. Harland, Geschichte der Stadt Einbeck, Bd. 1. Einbeck 1854.

HARLAND 1859
    H. L. Harland, Geschichte der Stadt Einbeck, Bd. 2. Einbeck 1859.

HEEGE 2000
    A. Heege, Einbecks Kirchengebäude und Kapellen im Mittelalter und der frühen Neuzeit. Historische Nachrichten – Archäologische Befunde - Bildquellen. Jahrbuch der Gesellschaft für niedersächsische Kirchengeschichte 98, 2000, 7–54.

HEEGE 2002a
    A. Heege, Einbeck im Mittelalter. Eine archäologisch-historische Spurensuche. Studien zur Einbecker Geschichte Bd. 17. Oldenburg 2002.

HEEGE 2002b
    A. Heege, Einbeck. Stadtentwicklung und Befestigung eines südniedersächsischen Mittelzentrums. Zeitschrift für Archäologie des Mittelalters, Beiheft 14, 2002, 211–236.

HELLWIG 1990
    M. Hellwig, Paläoethnobotanische Untersuchungen an mittelalterlichen und frühneuzeitlichen Pflanzenresten aus Braunschweig. Dissertationes Botanicae 156. Berlin, Stuttgart 1990.

JANSSEN 1992
    W. Janssen, Mittelalterliche Gartenkultur. Nahrung und Rekreation. In: B. Herrmann (Hrsg.), Mensch und Umwelt im Mittelalter. Stuttgart 1987, 224–243.

KÖRBER-GROHNE 1987
    U. Körber-Grohne, Nutzpflanzen in Deutschland. Kulturgeschichte und Biologie. Stuttgart 1987.

KÖRBER-GROHNE 1991
    U. Körber-Grohne, Bestimmungsschlüssel für subfossile Gramineen-Früchte. Probleme der Küstenforschung im südlichen Nordseegebiet 18. Hildesheim 1991.

LEGANT 2010
    G. Legant, Zur Siedlungsgeschichte des Lübecker Kauf-

---

53 Stadtarchiv Einbeck, Altbestand der Bauakten.

leuteviertels im 12. und frühen 13. Jahrhundert. Nach den ältesten Befunden der Grabung Alfstraße-Fischstraße-Schüsselbuden 1985–1990. Lübecker Schriften zur Archäologie und Kulturgeschichte 27. Rahden/Westf. 2010.

Letzner 1596

J. Letzner, Dasselische und Einbeckische Chronica. Historische Beschreibung der uhralten Graffen und Herrn zu Dassel / derselben Graff und Herschafft in Sachsen / Zwischen der Weser und Leina / dem Landt zu Göttingen und den Graff: unnd Herschafften Eberstein unnd Humburg gelegen. Deßgleichen auch des Sollingerwaldes / und der daraus fliessenden Quellbrunnen und Wasserflussen / der beyden Stedte / Dassel / und Einbeck / der fürnembsten Clöster / Stifft / Kirchen / Pfarryen / Dörffern und Schlösser. ... Erfurt 1596.

Mührenberg 1989

D. Mührenberg, Archäologische und baugeschichtliche Untersuchungen im Handwerkerviertel zu Lübeck. Befunde Hundestraße 9–17. Lübecker Schriften zur Archäologie und Kulturgeschichte 16, 1989, 233–290.

Müller 2000

E. Müller, Das Marienstift vor Einbeck. Jahrbuch der Gesellschaft für niedersächsische Kirchengeschichte 98, 2000, 89–106.

Oberdorfer 1994

E. Oberdorfer, Pflanzensoziologische Exkursionsflora. Stuttgart 1994.

Oexle 1992

J. Oexle, Konstanz. In: M. und N. Flüeler (Hrsg.), Stadtluft, Hirsebrei und Bettelmönch. Die Stadt um 1300. Stuttgart 1992, 53–68.

Schalies 1988

I. Schalies, Erkenntnisse der Archäologie zur Geschichte des Lübecker Hafens vom 12.–16. Jahrhundert. Lübecker Schriften zur Archäologie und Kulturgeschichte 17, 1988, 129–132.

Schneider 1992

J. E. Schneider, Zürich. In: M. Flüeler, N. Flüeler (Hrsg.), Stadtluft, Hirsebrei und Bettelmönch. Die Stadt um 1300. Stuttgart 1992, 69–91.

Stephan 1991

H.-G. Stephan, Gedanken zur archäologischen Stadt- und Stadtumlandforschung in Einbeck – Frühgeschichte bis Neuzeit. In: H. Hülse (Hrsg.), Geschichte der Stadt Einbeck, Bd. 1. Einbeck 1991, 31–72.

Teuber 2008

S. Teuber, Wohnen und Wohnverhältnisse in Einbeck zwischen 1450 und 1550. In: H. Meller, S. Rhein, H.-G. Stephan (Hrsg.), Tagungen des Landesmuseums für Vorgeschichte Halle, Bd. 1: Luthers Lebenswelten. Halle/S. 2008, 119–130.

Teuber 2009

S. Teuber, Einbeck – Petersilienwasser. Befunde und Bebauungsstrukturen des 13. bis 20. Jahrhunderts. Materialhefte zur Ur- und Frühgeschichte 41. Rahden/Westf. 2009.

Wendeborn 1753

Joh. Rud. Wendeborn, Nachrichten von dem Dom-Stifte St. Alexandri in Einbeck. Erster Theil von dessen Regenten und Wohltäter; den ehemaligen Fürsten von Grubenhagen. In: C. A. von Bilderbeck, Sammlung ungedruckter Urkunden und anderer zur Erläuterung der Niedersächsischen Geschichte und Alterthümer gehöriger Nachrichten, 1. Bd. 6. Stück. Hannover 1753, 6–91.

Wendeborn 1754

Joh. Rud. Wendeborn, Über den Ursprung der Stadt Einbeck und Nachricht von dem Domstift S. Alexandri in Einbeck. In: C. A. von Bilderbeck, Sammlung ungedruckter Urkunden und anderer zur Erläuterung der Niedersächsischen Geschichte und Alterthümer gehöriger Nachrichten, 2. Bd. Hannover 1754.

Wiethold 2002

J. Wiethold, Giff in de schottele. Strowe dar peper up... Botanische Funde als Quellen zur mittelalterlichen Ernährungs- und Umweltgeschichte in Einbeck. In: A. Heege (Hrsg.), Einbeck im Mittelalter. Eine archäologisch-historische Spurensuche. Studien zur Einbecker Geschichte 17. Oldenburg 2002, 240–246.

Wiethold/Schulz 1991

J. Wiethold, F. Schulz, Pflanzliche Großreste aus einer Kloake des 16. Jahrhunderts der Grabung Kiel-Klosterkirchhof/Haßstraße (LA 23). Archäologische Nachrichten aus Schleswig-Holstein 2, 1991, 44–77.

Willerding 1987

U. Willerding, Landnutzung und Ernährung. In: D. Denecke, H.-M. Kühn (Hrsg.), Göttingen. Geschichte einer Universitätsstadt 1. Von den Anfängen bis zum Ende des Dreißigjährigen Krieges. Göttingen 1987, 436–464.

Willerding 1991

U. Willerding, Präsenz, Erhaltung und Repräsentanz von Pflanzenresten in archäologischem Fundgut. In: W. van Zeist, K. Wasylikowa, K.-E. Behre (Hrsg.), Progress in old world Palaeoethnobotany. A retrospective view on the occasion of 20 years of the International Work Group for Palaeoethnobotany. Rotterdam 1991, 25–51.

Willerding 2001

U. Willerding, Historische Blumenpracht. Der Aula-Garten der Universität. Spektrum. Informationen aus Forschung und Lehre 4, 2001, 44–46.

Zimmermann 2010

N. Zimmermann, Ernährung im Handwerkermilieu. Vergleichende archäobotanische Untersuchungen an Pflanzenresten aus Archiven des früh- bis hochmittelalterlichen Gutingi (Göttingen) und des frühneuzeitlichen Einbeck, südliches Niedersachsen. Diplomarbeit Univ. Göttingen 2010.

Kapern 21 – Ein Siedlungsplatz der Schönfelder Kultur im Hannoverschen Wendland

von Daniela Wittorf

Einleitung

Der Fundplatz Kapern 21 ist in der einschlägigen Literatur insbesondere durch seine Nähe zu dem mehrphasigen Fundplatz Pevestorf 19 mit seinem ausgedehnten Körpergräberfeld der Bernburger, Kugelamphoren- und Schönfelder Kultur[1] bekannt. Es wurden mehrere kurze Vorberichte publiziert,[2] doch eine Aufarbeitung der Funde fand bisher nicht statt, so dass die erste Deutung des neolithischen Materials durch Dr. K.-L. Voß als der Bernburger Kultur zugehörig[3] lange Zeit Bestand hatte. Erst U. Dirks[4] wies in seiner Dissertation zur Bernburger Kultur in Niedersachsen am Rande darauf hin, dass es sich keinesfalls um Bernburger, sondern vielmehr um Schönfelder Keramik handelte.

Lage

Die kleine Ortschaft Kapern liegt im äußersten Nordostzipfel des Kreises Lüchow-Dannenberg im Elbeurstromtal auf der ehemaligen Insel Krummendiek. Bis zur Eindeichung im Mittelalter war diese Landschaft geprägt von sandigen Inseln, die von den Nebenarmen und Zuflüssen der Elbe zerschnitten wurden.[5] Noch heute bildet die Seege, ein kleines Flüsschen mit geringem Gefälle, die Südgrenze der von Misch- und Nadelwald bestandenen Insel, die mit bis zu 20 m über NN über dem Tal der Seege liegt. Zahlreiche Dünen prägen die Landschaft südlich von Kapern. Auf einer solchen Düne, ca. 1,5 km südlich von Kapern und nur gute 100 m vom heutigen Verlauf der Seege entfernt, befindet sich der Fundplatz Kapern 21, der heute allerdings durch jahrelangen Sandabbau weitgehend zerstört ist.

Grabungen

Im Herbst 1964 fielen dem Landwirt Muchow aus Kapern beim Abfahren von Sand für den Hausbau einige ungewöhnlich verzierte, braune Scherben und Feuersteinartefakte auf. Der hinzugerufene Lehrer und Leiter des Höhbecker Heimatmuseums in Vietze, A. Pudelko, konnte die Funde als neolithisch identifizieren und führte in den nächsten Jahren mehrere kleinere Rettungs- und Sondierungsgrabungen durch, da der Fundplatz durch den fortschreitenden Sandabbau bedroht war.[6]

Schon im Winter 1964, kurz nach der Entdeckung, konnten zwei Siedlungsschichten differenziert werden, von denen die obere als spätbronze- bis eisenzeitlich, die untere als neolithische Siedlungsschicht mit zahlreichen tiefstichverzierten Scherben angesprochen wurde. Während der südliche Rand der Siedlung schon der Zerstörung anheim gefallen war, konnte die Siedlungsschicht gen Norden noch mindestens 6 m, gen Westen noch mindestens 30 m langsam ausdünnend verfolgt werden.[7]

Während der nächsten Grabung im darauffolgenden Jahr (1965) wurde eine quadratische Fläche von 2 x 2 m geöffnet, die eine Brandgrube mit wenig Leichenbrand, zwei Scherben sowie geschmolzenen Bronze- und Glasfragmenten barg, die in den Horizont von Jastorf C datiert wurden.[8] Hiermit war klar, dass die Düne noch in einer dritten Phase genutzt worden war.

Daraufhin wurden in den Jahren 1967 und 1968 die umfangreichsten und systematischsten Arbeiten mit Forschungsmitteln der Niedersächsischen Landesregierung durchgeführt.[9] Dr. Voß vom Amt für Bodendenkmalpflege in Hannover leitete zu dieser Zeit die Grabungen auf dem Fundplatz Pevestorf 19 und erklärte sich bereit, parallel die Grabung auf dem Fundplatz Kapern 21 wissenschaftlich zu begleiten. Der Grabungsleiter vor Ort war wieder Pudelko, unterstützt von drei bis vier Helfern. Zunächst wurde die Fläche in zwölf Quadrate von 6 x 6 m eingeteilt (Abb. 1). Gegraben wurden in dieser Saison die Quadrate C, D und d, ein Suchgraben, der über D nach Norden hinausführte und eine Probegrabung von 1,00 m x 1,30 m in der Südwestecke des Quadrats c/1. Neben den beiden bekannten Siedlungsschichten wurden mehrere Feuerstellen, Siedlungsgruben und ein erstes Pfostenloch dokumentiert.

Im Jahre 1968 wurden die Probegrabung im Quadrat c/1 vergrößert und die Grabungen im Quadrat d in die Tiefe sowie nach Norden in Form eines neuen Quadrats e erweitert. Die Entdeckung zusätzlicher Pfostenlöcher und einiger Siedlungsgruben waren das Ergebnis.

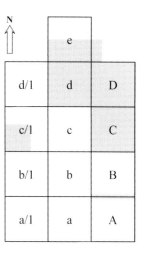

▲ *Abb. 1: Übersichtsplan der Grabungen 1967 und 1968 (die gegrabenen Flächen sind grau markiert).*

---

1 Meyer 1993, 78.
2 Pudelko/Voss 1966. Voss 1968. Pudelko 1979, 120–123.
3 Pudelko/Voss 1966, 91.
4 Dirks 2000, 38, Taf. 102.
5 Pudelko 1979, 117.
6 Pudelko/Voss 1966, 90.
7 Pudelko/Voss 1966, 90.
8 Pudelko/Voss 1966, 93.
9 Vgl. die Grabungsberichte von A. Pudelko vom 10.02.1968 und 25.10.1968 in den Ortsakten des Landesamtes Hannover.

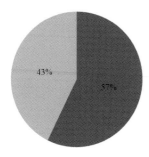

▲ Abb. 2: Verhältnis von Gewebeabdrücken zu zusammengesetzten Mustern.

Mehrere Sondierungsgrabungen im Ostteil des Fundplatzes im Jahre 1972 erbrachten sowohl weitere Brandgruben als auch neolithische Siedlungsfunde. Die beiden im sonstigen Grabungsareal deutlich getrennten Schichten scheinen im Osten ineinander überzugehen. In der Nordostecke konnten ein Urnengrab, das zeitlich den Brandgruben entsprach, sowie weiter östlich drei beigabenlose Körpergräber freigelegt werden.[10] Im August 1976 versuchte P. Caselitz, weiteres Material für die anthropologische Untersuchung aus den Köpergräbern zu heben. Mangels Grabungsplänen führte er seine Grabungen jedoch zu weit westlich durch und stieß stattdessen wieder auf die beiden wohlbekannten Siedlungsschichten sowie verschiedene Siedlungsgruben.[11]

Die Befunde

Drei verschiedene Zeithorizonte konnten in Kapern 21 differenziert werden. Während die jüngste in Form eines Urnengrabes des Jastorf-C-Horizonts und verschiedener Brandgruben angetroffen wurde, haben die beiden älteren (vermutlich Spätbronzezeit und Neolithikum) je eine Kulturschicht hervorgebracht. Weitgehend liegen die beiden Schichten unmittelbar übereinander, stellenweise sind sie durch eine offenbar aufgewehte, sterile Sandschicht getrennt. In den Randbereichen gehen sie zumeist untrennbar ineinander über, was zu einer starken Vermischung des Fundguts führte und eine eindeutige kulturelle sowie zeitliche Zuordnung besonders der unspezifischen Scherben erschwert.

Die untere, neolithische Siedlungsschicht hat neben verstreut liegenden Funden wie Scherben und Feuersteinartefakten einige Befunde erbracht, die auf eine Nutzung der Düne als Siedlungsplatz hinweisen:

Eine mutmaßliche Schlagstelle in der Nordwest-Ecke des Quadrats D bestand aus einer flachen dunklen Verfärbung (30 cm x 95 cm), in der und um die herum in einem Umkreis von ca. 1,20 m besonders viele Flintabschläge, aber auch Kernsteine und Schaber gefunden wurden; die Umgebung der Grube war deutlich rotgefärbt.

Direkt anschließend an den rotgefärbten Sandbereich im Übergang von Quadrat D zu Quadrat d befand sich eine ca. 10 cm dicke und 60 cm breite, rotgebrannte, flache Lehmscholle, deren ursprüngliche Länge nicht mehr festzustellen war.

Sehr wahrscheinlich zu einem größeren Gebäude gehörten acht kräftige Pfostenverfärbungen im Quadrat d. Diese wiesen typische Pfostenprofile auf (im Schnitt 25 cm im Durchmesser und 20 cm tief).

Eine grubenartige Verfärbung war in den Boden unterhalb der neolithischen Schicht eingetieft;

---

10 PUDELKO 1979, 122.
11 Vgl. den vorläufigen Grabungsbericht von P. Caselitz vom 23.08.76 in den Ortsakten des Landesamtes Hannover.

sie hatte einen Durchmesser von 55 cm und war 60 cm tief. Der untere Bereich war tiefschwarz verfärbt. Verschiedene größere Gefäßfragmente konnten aus der Grube geborgen werden.

Funde

Keramik

Insgesamt wurden über 3000 Scherben einer braunen, granitgrusgemagerten Ware geborgen. Die Gefäße waren aus Wülsten aufgebaut und die Oberfläche sorgfältig geglättet worden. Der überwiegende Teil der Keramikfunde besteht aus sehr kleinen Bruchstücken, so dass nur wenige, allgemeine Aussagen über Gefäßformen möglich sind. Desweiteren stammt ein nicht unerheblicher Teil der Scherben aus Lesefunden, was die Trennung des unverzierten Materials der beiden Siedlungsschichten erschwert. Da für die kulturelle und zeitliche Einordnung vor allem die verzierten Scherben relevant sind, soll hier der Schwerpunkt auf ihre Analyse gelegt werden. Insgesamt 585 verzierte Scherben können eindeutig der Schönfelder Kultur zugeordnet werden. Diese lassen sich wiederum in zwei große Gruppen unterteilen (Abb. 2). Der größere Anteil (335 Stück) zeichnet sich durch Gewebeabdrücke aus (Taf. 1,1), ist etwas gröber gearbeitet und dicker (0,7-0,9 cm). Die restlichen 250 Scherben sind mit Mustern – hauptsächlich aus Tiefstichelementen zusammengesetzt – verziert, überwiegend dünnwandig (0,5-0,7 cm) und relativ fein gemagert.

Bei der gewebegerauten Ware scheint es sich um Alltags- oder Gebrauchskeramik zu handeln, die den Siedlungen vorbehalten blieb und nicht in die Gräber gelangte. Schon G. Wetzel[12] beschrieb weitmundige Töpfe, deren Unterteil mit Hilfe von Textilabdrücken geraut wurde. Obwohl in Kapern 21 nur einfache, leicht gerundete Wandungsscherben erhalten blieben, die keine Rückschlüsse auf die ursprünglichen Gefäßformen zulassen, scheint Wetzels Beschreibung auch hier zuzutreffen: Es wurde kein einziges Randstück mit Gewebeabdruck gefunden, nur ein Umbruch und ein Wandungsbruchstück mit Knubbe. Dafür ließen sich drei Scherben mit Übergang zum Flachboden verzeichnen. Da dies ganz im Gegensatz zu den sonstigen musterverzierten Scherben steht, bei denen kein einziger Übergang zum Boden festgestellt werden konnte, dafür aber 26 Ränder, 30 Umbrüche und 23 Scherben mit Handhaben, liegt die Annahme nahe, dass die Geweberauung in der Tat hauptsächlich auf der unteren Hälfte der Gefäße zu finden war.

Gewebegeraute Siedlungskeramik ist aber nicht nur für die Schönfelder Kultur typisch. Sie findet sich ebenso auf Wohnplätzen der Kugelamphoren- und der Bernburger Kultur, was auf eine gewisse Gleichzeitigkeit bzw. zumindest teilwei-

---

12 WETZEL 1969, 147; 1974, 237; 1979, 43.

se zeitliche Überschneidung der drei Kulturen schließen lässt.[13] Sie gestattet daher zwar eine Datierung, aber keine absolute Kulturzuordnung.

Wie schon oben erwähnt sind 26 der verzierten Scherben Randstücke und 30 Umbruchscherben. Desweiteren fanden sich elf Knubben und 13 Ösenhenkel. Diese geben wenigstens einen kleinen Einblick in die Bandbreite der verwendeten Gefäßformen. So wird die Öse Taf. 1,2 von einer Ostharzamphore oder von einem eiförmigen Topf/Amphore stammen, da sie zusammen mit einem Verzierungsband auf der größten Weite des Gefäßes gesessen zu haben scheint. Die zweite abgebildete Öse (Taf. 1,3) saß auf einem dreigliedrigen Gefäß, was auf einen Becher oder auf ein weitmundiges Gefäß hindeutet. Ebenfalls an weitmundige Gefäße oder Becher lassen die Umbruchscherben Taf. 1,4.8 und Taf. 2,8 denken. Die verzierte Henkelöse (Taf. 1,5) könnte von einer Amphore Typ Arneburg stammen: Von den vier bei Wetzel veröffentlichten verzierten Ösen stammen zwei von einer solchen Amphore[14], eine von einer Tasse[15] und eine von einer Ostharzamphore[16]. Wie man sieht, lassen sich die Gefäßmerkmale des Fundplatzes Kapern 21 zwar gut in das bekannte Schönfelder Keramikinventar einpassen, führen aber kaum zu sicheren Aussagen.

Daher sollte auch ein Blick auf die Muster geworfen werden, die ebenfalls Hinweise auf die Gefäßformen geben können. So kommt zum Beispiel die Kombination eines waagerechten Leiterbandes mit einem waagerechten Leiterband in Zickzackform (Taf. 2,12.13) bisher nur auf Kalottenschalen vor (vgl. z. B. die Kalottenschale aus Hitzacker, Taf. 3,10). Auch senkrechte Leiterbänder (Taf. 2,15.16) sind hauptsächlich von Kalottenschalen bekannt.[17] Der Großteil der Muster kommt allerdings auf unterschiedlichen Gefäßformen vor, so dass es trotz Zuhilfenahme der Muster schwer wird, ein sicheres Gefäßformeninventar zu erstellen. Zusammenfassend kann jedoch gesagt werden, dass die Verwendung von Kalottenschalen, Bechern und weitmundigen Gefäßen sowie Ostharzamphoren oder eiförmigen Gefäßen auf dem Fundplatz Kapern 21 sehr wahrscheinlich ist. Diese Formen sprechen sämtlich für eine Einordnung in die Schönfelder Nordgruppe.[18] Die verzierten Ösen könnten ein Indiz für eine frühe Datierung in die Fischbeker Gruppe[19] sein, allerdings ist ihr Vorkommen nicht nur auf die der Kugelamphore entlehnte Form der Arneburger Amphore beschränkt und kann daher vernachlässigt werden.

Bei der mit zusammengesetzten Mustern verzierten Keramik überwiegt deutlich die Verzierung mit Tiefstich. Selten wurden Fingernagel- und Fingerkuppenabdrücke, Einzelabdrücke, Wickelschnurabdrücke, Durchlochungen und Schnittlinien eingesetzt. Schon diese Auswahl an Techniken gibt einen Datierungshinweis des Fundplatzes: Typisch für die frühe Fischbeker Gruppe sind Kerbstich und Ringelstich,[20] welche hier nicht verwendet wurden. Eine Datierung in die Nordgruppe wird durch die verwendeten Techniken also bestätigt. Dagegen würde allenfalls die Verwendung von Schnittlinien sprechen können, die der Tendenz nach auch eine frühe Erscheinung ist.[21] Da wir sie aber auch auf Scherben antreffen, deren Muster typisch für Kalottenschalen sind (Taf. 2,15.16), scheint der Nachweis erbracht, dass die Technik als Datierungsmerkmal nicht zu gebrauchen ist.

Die in Kapern 21 verwendeten Muster haben eine große Bandbreite: Typische Schönfelder Muster wie schraffierte Bänder (Taf. 1,4), waagerechte Tiefstichlinien (Taf. 2,1.2), waagerechte Winkellinien (Taf. 2,4.5.6) sowie Kombinationen aus beiden (Taf. 2,7) und ineinandergreifenden, gefüllten Dreiecken (Taf. 2,8.9) stellen einen Großteil der Muster. Aber auch seltene oder unbekannte/neue Muster kommen vor. Bisher nicht bekannt sind z. B. die Kombination von gefüllten hängenden und stehenden Dreiecken, die sich an den Spitzen treffen und dadurch viereckige Flächen aussparen (Taf. 2,10). Dieses Muster erinnert stark an Bernburger Muster, ist aber in der typischerweise feinen Schönfelder Technik ausgeführt. Auf andere kulturelle Einflüsse weist die Scherbe Taf. 2,4 hin. Obwohl die doppelte Winkellinie in Tiefstich ausgeführt als Randverzierung für die Schönfelder Gruppe sehr charakteristisch ist, gilt das für die Anbringung an der Innenseite einer Schale nicht – laut Wetzel kommen Innenverzierungen in der Schönfelder Kultur nicht vor.[22] Hier spielen sicher Einflüsse aus der Trichterbecherkultur eine Rolle. Ebenfalls nicht von den Trägern der Schönfelder Kultur verwendet wurden Randverzierungen.[23] In Kapern 21 kommen diese jedoch mehrfach vor (z. B. Taf. 1,6). Intensive Recherchen konnten allerdings keine plausiblen Hinweise auf Einflüsse aus benachbarten Kulturen zutage fördern. Weder die eher wellenförmigen Ränder der Bernburger Kultur[24] noch die wenigen gezahnten Gefäße der Kugelamphorenkultur können als passende Vorbilder gelten. Stattdessen beschreibt

---

13 Wetzel 1974, 238. Kirsch 1993, Karte 9 und 10. Beier 1988, 20; 28.
14 Wetzel 1979, Taf. 1,3.5; 2,9.
15 Wetzel 1979, Taf. 2,3.
16 Wetzel 1979, Taf. 78,1.
17 Z. B. Wetzel 1979, Taf. 10,22; 11,12; 58,17.
18 Wetzel 1979, 65; zur absoluten Datierung vgl. Furholt 2003, 48.
19 Zur Diskussion über die Existenz der Fischbeker Gruppe siehe zusammenfassend Meyer 1993, 52.

20 Wetzel 1979, 52.
21 Wetzel 1979, 50.
22 Wetzel 1979, 50.
23 Wetzel 1979, 48.
24 Niklasson 1925, 145.

▲ *Taf. 1: 1–10 Verzierte Scherben des Fundplatzes Kapern 21. M 1:1.*

Kapern 21 – Ein Siedlungsplatz der Schönfelder Kultur

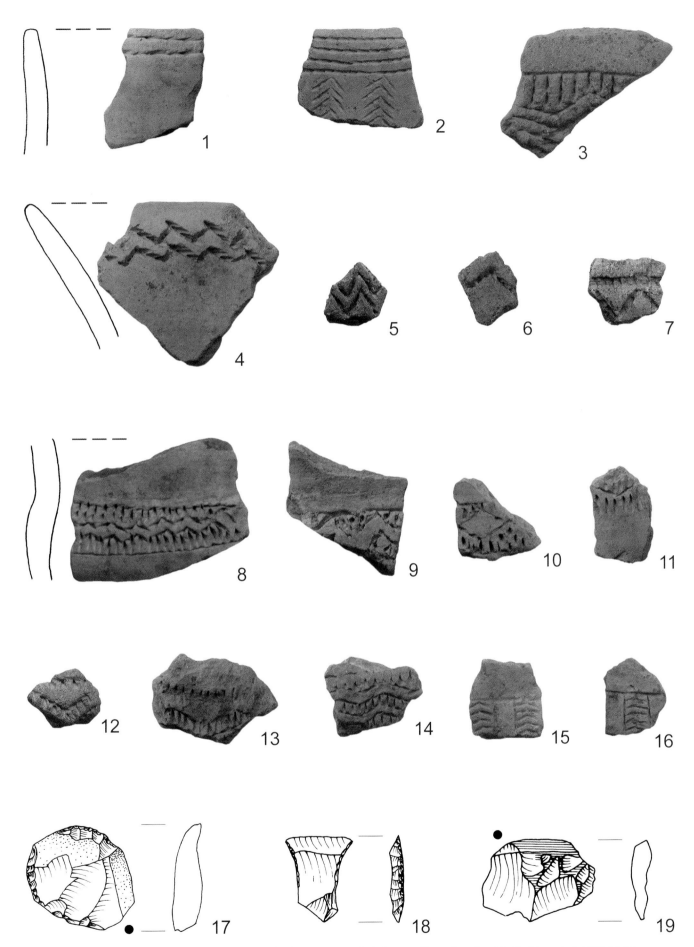

▲ Taf. 2: Fundplatz Kapern 21: 1–16 Verzierte Scherben, 17 Doppelschaber, 18 Querschneider, 19 Abschlag mit Schliff. M 1:1.

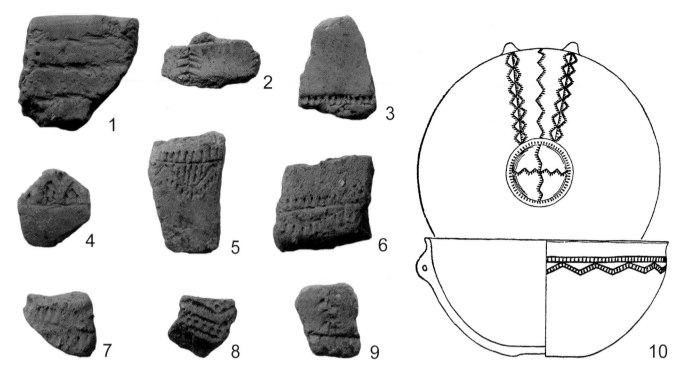

▲ *Taf. 3: 1–9 Verzierte Scherben des Fundplatzes Brünkendorf 17 (M. 1:1); 10 Kalottenschale aus Marwedel/Hitzacker (WETZEL 1979, Taf. 50.5; M 1:4).*

E. Kirsch[25] die Verbindung von gewebegerauter Keramik und gekerbten Rändern auf einem leider undatierten mittelneolithischen Fundplatz. Auch Wetzel erwähnt bei seiner Beschreibung des Schönfelder Wohnplatzes Lanz 14 gekerbte Ränder, schreibt diese aber – ohne zwingenden Grund – der Kugelamphorenkultur zu.[26] Weitere gekerbte Ränder wurden in dem der Schönfelder Kultur zugeschriebenen Brandgrab Kbk 6 in Pevestorf gefunden.[27] Alles deutet darauf hin, dass hier ein weiteres Merkmal der Schönfelder Siedlungskeramik vorliegt, zumindest der nördlichen Siedlungsplätze.

Eines der seltenen Muster ist auf der Scherbe Taf. 2,3 zu erkennen. Wetzel konnte dieses nur auf zwei Gefäßen feststellen: Das eine stammt aus Aasbüttel, Kr. Rendsburg,[28] das andere aus Molbath, Kr. Uelzen[29] – bei beiden Schalen handelt es sich also auffälligerweise um Keramik, die nicht auf dem Siedlungsgebiet der Schönfelder Kultur gefunden wurde. Nun können zwei Scherben von Siedlungen aus dem Kreis Lüchow-Dannenberg benannt werden: Eine stammt von dem hier besprochenen Fundplatz, die andere entdeckte die Verfasserin bei der Durchsicht der Funde von Hitzacker 10. Beide Fundplätze liegen an verkehrsgünstigen Punkten an Nebenflüssen der Elbe. Deuten sich hier Handelskontakte an?

Die meisten der auf Kapern 21 verwendeten Muster treten sowohl in der Fischbeker Gruppe als auch in der Nordgruppe auf und können daher nur die Zugehörigkeit des Siedlungsplatzes zur Schönfelder Kultur unterstreichen. Einige wenige wurden bisher aber nur auf Keramikformen der Nordgruppe (Kalottenschalen) bekannt und bestätigen die vermutete Zuordnung der Funde zur Nordgruppe.

Lithik

Die Flintartefakte wurden aus lokalem Geschiebeflint hergestellt. Besonders der nahegelegene Höhbeck als Rest einer saaleeiszeitlichen Endmoräne wird ein guter Fundplatz für Flintknollen gewesen sein, die an den Abbruchkanten relativ einfach zu erschließen waren.

Wie für neolithische Siedlungsfunde allgemein üblich besteht das Flintinventar zum überwiegenden Teil aus Grundformen (Schlagabfall) und nur zum kleinen Teil aus Geräten (Abb. 3a).

Die Grundformen setzen sich aus einer großen Anzahl von Abschlägen sowie einigen Klingen, Kernen und Bruchstücken zusammen (Abb. 3b). Das Verhältnis von Abschlägen zu Klingen und Kernen stimmt in Kapern 21 weitgehend mit dem des Dünenfundplatzes Lanz 14 überein: Während das Verhältnis in Kapern 44:5:1 beträgt, ist das Verhältnis in Lanz 45:4:1.[30]

Leider kann ein ähnlicher Vergleich für das relativ formenarme Geräteinventar nicht durchgeführt werden, da die entsprechenden Zahlen für Lanz nicht vorliegen. Die Formen an sich stimmen aber überein (Abb. 3c)[31]: Das häufigste Gerät ist mit 71 Exemplaren der Schaber, der zum überwiegenden Teil aus Abschlägen, selten aus Naturstücken (zwei Exemplare) gearbeitet wurde. Bevorzugt wurde der einfache Halbrundschaber

---

25 KIRSCH 1993, Fpl. 8.1.
26 WETZEL 1969, 140, Taf. 106,2; 107,7.
27 MEYER 1993, Taf. 34, 26.
28 WETZEL 1979, Taf. 1,1.
29 WETZEL 1979, Taf. 52,12.

30 WETZEL 1969, 147.
31 Vgl. WETZEL 1969, 147; 1979, 53.

(58 Exemplare), aber auch Rundschaber (zwei Exemplare) und Doppelschaber (elf Exemplare, Taf. 2,17) gehören zum Inventar. Die zweithäufigste Gruppe sind einfache, retuschierte Abschläge und Klingen, die je zwölfmal gefunden wurden. Nur zweimal kommen Pfeilspitzen in Form von Querschneidern vor, von denen eine nur als Bruchstück erhalten blieb. Die Querschneider wurden aus Abschlägen hergestellt und sind von langschmaler Form mit eingezogenen Seiten (Taf. 2,18). Großgeräte – obwohl aus zahlreichen (vor allem Grab-)Funden hauptsächlich in Form von dicknackigen, dünnblattigen Beilen auch aus dem Wendland bekannt[32] – wurden überraschenderweise nicht gefunden. Nur ein Abschlag mit Schliff (Taf. 2,19) deutet daraufhin, dass auch Flintbeile in Kapern bearbeitet bzw. weiterverarbeitet wurden.

Zusammenfassend handelt es sich also um ein typisches Flintinventar der Schönfelder Kultur, in dem die Abschläge und Geräte, die (wie z. B. Schaber) aus ihnen hergestellt wurden, die dominierende Rolle spielen.

Sonstige Funde

In geringen Mengen konnten außerdem gebrannter Hüttenlehm, Holzkohle sowie einige winzige Knochenstücke geborgen werden. Der gebrannte Hüttenlehm sowie die Holzkohle aus Feuerstellen bestätigen die Deutung des Fundplatzes als Siedlung, die schon aufgrund der Befunde geäußert wurde. Für eine sichere Bestimmung sind die Knochenreste zwar zu klein, aber sowohl die Funde von Rinderknochen in Lanz 14[33] als auch die allgemein sehr hohe Bedeutung von Rindern in der Schönfelder Kultur[34] lassen es nicht unwahrscheinlich erscheinen, dass auch hier eventuell Rinder verzehrt (und gehalten) wurden.

Einbindung in die Umgebung

Der neolithische Siedlungsplatz Kapern 21 weist große Ähnlichkeiten zu dem ebenfalls an der Mündung der Seege, genauer am Laascher See am Fuße des Höhbecks gelegenen Fundplatz Brünkendorf 17 auf. Hier wurden Anfang der 1970er Jahre auf einer Sanddüne ebenfalls tiefstichverzierte Scherben gefunden, die zu einer Grabung durch A. Pudelko im Jahre 1978 führten. Neben mittelalterlichen und mesolithischen Funden konnten auch diverse Schönfelder Funde sichergestellt werden. Deren Ähnlichkeit zu Kapern 21 und Pevestorf 19 war sofort ersichtlich, so dass auch sie zunächst als der Bernburger Kultur zugehörig angesprochen wurden.[35] Ein Vergleich zeigt, dass es sich auch hier um Schönfelder Material handelt: Das Musterspektrum entspricht

32 Vgl. z. B. Dangenstorf: WETZEL 1979, 52 sowie 124.
33 WETZEL 1969, 147.
34 WETZEL 1979, 84.
35 PUDELKO 1978/79. MEYER 1993, 78.

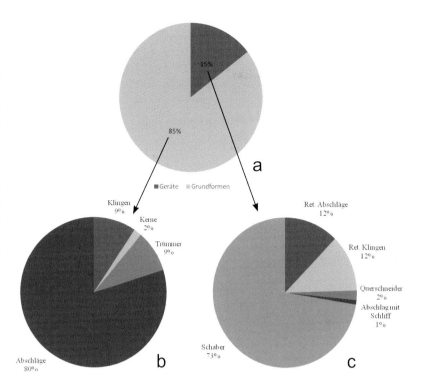

sich sehr stark, vgl. z. B. das Tannenzweigmuster (Taf. 2,2 und Taf. 3,2), die ineinandergreifenden Dreiecke (Taf. 2,8.9 und Taf. 3,4), die gefüllten, parallelen Zickzackbänder (Taf. 2,14 und Taf. 3,8) sowie die von Fransen begleiteten hängenden Dreiecke (Taf. 2,11 und Taf. 3,5). Eine Zeitgleichheit ist also sehr wahrscheinlich.

Aber nicht nur die Keramik, auch die Lage lässt sich gut vergleichen: Beide liegen auf Dünen auf knapp 20 m ü. NN im flachen Elbeurstromtal an einem Nebenfluss der heutigen Elbe. Auch der bereits mehrfach zum Vergleich herangezogene Fundplatz Lanz liegt nur wenige Kilometer entfernt auf einer das Urstromtal überblickenden, bis zu 25 m ü. NN hohen Anhöhe.[36] Diese Bevorzugung von Dünen an Nebenflüssen der Elbe entspricht dem allgemein für die Schönfelder Kultur nachgewiesenen Siedlungsverhalten.[37] Was mag die Attraktivität einer solchen Siedlungslage gewesen sein? Der sandige Boden bot einen trockenen, warmen Siedlungsuntergrund; das nahe, ruhig fließende Wasser lieferte nicht nur Trinkwasser, sondern auch Fische und Wasservögel[38] zur Bereicherung des Speiseplans. Noch heute wird auf der „Insel" Krummendiek Landwirtschaft betrieben – geeignete Böden lagen also in unmittelbarer Nähe. Auf Schönfelder Keramik aus Lanz 14 wurden Abdrücke von Getreidekörnern gefunden, die zumindest die Nutzung von Getreide belegen, den Anbau immerhin vermu-

▲ *Abb. 3: Die Zusammensetzung a des Gesamtflintinventars; b des Schlagabfalls; c der Geräte.*

36 WETZEL 1969, 129.
37 WETZEL 1966, 45; 1979, 84.
38 Während die Verwendung von Fischen und Muscheln durch die Schönfelder Kultur bereits nachgewiesen wurde (WETZEL 1979, 85), steht ein Beweis für eine Jagd auf Vögel – wie sie z. B. für die KAK belegt ist (BEIER 1988, 48) – noch aus.

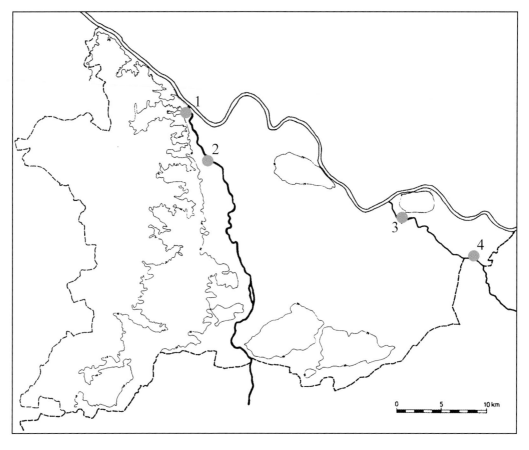

◀ Abb. 4: Lage der Schönfelder Siedlungen im Kreis Lüchow-Dannenberg (nach VOELKEL 1981, 59); 1 Hitzacker 10, 2 Lüggau 08, 3 Brünkendorf 17, 4 Kapern 21.

ten lassen.[39] Ein weiterer Vorteil war der Zugang zur Elbe, die als Transportweg für soziale Kontakte und Handel Bedeutung hatte.[40] Insbesondere die Ausbreitung der Schönfelder Kultur entlang der Elbe gen Norden bis ins Hannoversche Wendland[41] belegt die Bedeutung der Elbe, aber auch Funde, wie die schon erwähnte Schönfelder Schale aus dem Kreis Rendsburg oder Bernsteinfunde in den Gräbern der Schönfelder Kultur,[42] zeigen an, dass die Elbe rege genutzt wurde. Zwei weitere Siedlungsplätze ließen sich neuerdings im Kreis Lüchow-Dannenberg nachweisen,[43] die Brünkendorf und Kapern in ihrer Lage ähneln – Hitzacker 10 und Lüggau 08, beide an der Jeetzel gelegen (Abb. 4). Auch hier bildete die Elbe den zentralen Transportweg für Mensch, Tier und Ware.

Schluss

Die Sichtung und Neuaufnahme von Fundmaterial zahlreicher neolithischer Fundplätze fand im Rahmen des Dissertationsprojektes[44] der Verfasserin statt, welches der Jubilar anregte und betreut. Bei der darauffolgenden Auswertung zeigte sich bald, dass unser Wissen über die Schönfelder Kultur in ihrer Nordausdehnung noch recht spärlich ist. Während bisher nur Einzelfunde und ein vermutliches Grab aus dem Kreisgebiet bekannt waren, konnte nun auch die Besiedlung nachgewiesen werden. Der dank der charakteristischen Befunde (Pfostenlöcher, Feuerstellen, Siedlungsgruben, Schlagplatz) als Siedlung anzusprechende Fundplatz Kapern 21 lässt sich auf Grundlage der Analyse der Keramikfunde der Nordgruppe der Schönfelder Kultur zuschreiben. Sehr ähnliches Scherbenmaterial, das folglich ebenfalls als der Nordgruppe der Schönfelder Kultur zugehörig anzusprechen ist, wurde auf der nahegelegenen Düne Brünkendorf 17 gefunden. Während die frühe Fischbeker Gruppe weiter südlich ansässig war, vermochte sich die Schönfelder Gruppe im Laufe ihrer Entwicklung offenbar in zunehmendem Maße nördlichere Landschaften entlang der Elbe zu erschließen. Um diese Entwicklung besser fassen zu können, ist aber die Entdeckung, vor allem aber die Auswertung und Publikation weiterer Siedlungsplätze unerlässlich.

---

39 WETZEL 1969, 154.
40 BEIER 1988, 45.
41 WETZEL 1979, 84.
42 WETZEL 1979, 60.
43 Dies gelang im Rahmen des Dissertationsprojektes der Verfasserin.
44 „Die Besiedlung des Kreises Lüchow-Dannenberg vom Mesolithikum bis zur älteren Bronzezeit".

Literatur

Beier 1988
H.-J. Beier, Die Kugelamphorenkultur im Mittelelbe-Saale-Gebiet und in der Altmark. Veröffentlichungen des Landesmuseums für Vorgeschichte in Halle 41. Halle 1988.

Dirks 2000
U. Dirks, Die Bernburger Kultur in Niedersachsen. Beiträge zur Archäologie in Niedersachsen 1. Rahden/Westf. 2000.

Furholt 2003
M. Furholt, Die absolutchronologische Datierung der Schnurkeramik in Mitteleuropa und Südskandinavien. Universitätsforschungen zur prähistorischen Archäologie 101. Bonn 2003.

Kirsch 1993
E. Kirsch, Funde des Mittelneolithikums im Land Brandenburg. Forschungen zur Archäologie im Land Brandenburg 1. Potsdam 1993.

Meyer 1993
M. Meyer, Pevestorf 19. Ein mehrperiodiger Fundplatz im Landkreis Lüchow-Dannenberg. Veröffentlichungen der urgeschichtlichen Sammlungen des Landesmuseums zu Hannover 41. Oldenburg 1993.

Niklasson 1925
N. Niklasson, Studien über die Walternienburg-Bernburger Kultur. Jahresschrift für die vorgeschichte der sächsisch-thüringischen Länder 13. Halle 1925.

Pudelko 1978/79
A. Pudelko, Grabung am Laascher See. Hannoversches Wendland, 7. Jahresheft des Heimatkundlichen Arbeitskreises Lüchow-Dannenberg 1978/79, 1978/79, 40.

Pudelko 1979
A. Pudelko, Vom Südrand der „Insel Krummendiek". Beobachtungen zur Vor- und Frühgeschichte im mittleren Seegetal. Die Kunde N.F. 30, 1979, 117–132.

Pudelko/Voss 1966
A. Pudelko, K.-L. Voß, Eine Siedlungsstelle der Bernburger Kultur bei Kapern, Kreis Lüchow-Dannenberg. Nachrichten aus Niedersachsens Urgeschichte 35, 1966, 89–93.

Voelkel 1981
G. Voelkel, Aus der Urgeschichte. In: P.-F. Miest, W. Paasche: Hannoversches Wendland. Hannover 1981, 47–59.

Voss 1968
K.-L. Voß, Jungsteinzeitliche und ältereisenzeitliche Siedlungsschichten am Fundplatz Kapern Nr. 21, Kreis Lüchow-Dannenberg. Nachrichten aus Niedersachsens Urgeschichte 37, 1968, 150–152.

Wetzel 1966
G. Wetzel, Die neolithische Besiedlung der Altmark. Jahresschrift für mitteldeutsche Vorgeschichte 50, 1966, 33–60.

Wetzel 1969
G. Wetzel, Ein Dünenwohnplatz bei Lanz, Kr. Ludwigslust. Bodendenkmalpflege in Mecklenburg, Jahrbuch 1967, 1969, 129–169.

Wetzel 1974
G. Wetzel, Steinzeitliche Funde von Polkern, Kreis Osterburg. Jahresschrift für mitteldeutsche Vorgeschichte 58, 1974, 175–248.

Wetzel 1979
G. Wetzel, Die Schönfelder Kultur. Veröffentlichungen des Landesmuseums für Vorgeschichte in Halle 31. Berlin 1979.

Grubenwolken: Ein jungbronzezeitliches Siedlungsphänomen im Elbegebiet

von Jan Joost Assendorp

Einleitung

Schon während der ersten Ausgrabungen jungbronzezeitlicher (bis früheisenzeitlicher) Siedlungen fielen im Grabungsbefund zahllose zylindrische Gruben auf. Publiziert wurden insbesondere Hamburg-Boberg[1], Hittfeld[2], Zedau[3] und Hitzacker[4]. Erst auf dem letztgenannten Fundplatz wurde ein enger Zusammenhang mit Hausgrundrissen festgestellt. In Nordostniedersachsen sind in Rullstorf und Bleckede OT Alt Wendischthun zwei weitere Siedlungen mit einer extrem großen Anzahl an Gruben untersucht worden.[5] Alle genannten Siedlungsplätze liegen am Rand der Elbtalaue.

Neben diesem durch die Grubenvielzahl leicht auffindbaren Siedlungstyp gibt es in Nordostniedersachsen offenbar gleichzeitige Siedlungen, die nur wenige Gruben im Grabungsbefund aufweisen und sich damit wesentlich besser an die jungbronzezeitlichen Siedlungen im restlichen Nordwestdeutschland anschließen lassen.[6] Diese Siedlungsplätze sind mehr oder weniger zufällig bei Maßnahmen der archäologischen Denkmalpflege gefunden worden, ohne dass sie selbst Anlass der Grabungen waren. Es handelt sich stets um Einzelhofsiedlungen mit meistens zwei Gebäudegrundrissen, die außerhalb des Urstromtales der Elbe auf der Geest angelegt wurden.

Aus den jüngeren Berichten der Denkmalpflege in Sachsen-Anhalt, Brandenburg und Sachsen wird deutlich, dass durch Grubenwolken gekennzeichnete Siedlungen auch dort für die jüngere Bronzezeit im Elbebereich typisch sind.[7] Ob auch in Mittel- und Ostdeutschland eine Dualität im Erscheinungsbild der Siedlungen vorhanden ist, ist zwar nicht Gegenstand dieses Artikels, lässt sich aber z. B. am auf der Geest gelegenen Siedlungsbefund aus Seddin (Brandenburg) mit ebenfalls nur wenigen Gruben zumindest vermuten.[8]

Die auffällige Dualität im Siedlungsbild hängt offenbar mit der unterschiedlichen Lage der Siedlungsplätze entweder auf der Geest oder am Rand des Urstromtals zusammen. Siedlungen mit „Grubenwolken" sind auffällig und dadurch leicht auffindbar. Insofern müssten solche Siedlungen auf der Geest inzwischen längst bekannt sein, so es sie dann gäbe. Da dies nicht der Fall ist, darf man davon ausgehen, dass dieser Siedlungstypus auf der Geest tatsächlich nicht vorkommt. Im Folgenden wird versucht, die Frage nach den Hintergründen dieser Unterschiede im bronzezeitlichen Siedlungswesen zumindest in Ansätzen zu beantworten. Dazu ist zunächst erforderlich, die Gruben und Grubenfelder etwas näher zu betrachten.

Gruben

Bevor zum Ende des letzten Jahrhunderts die großflächigen Ausgrabungen am Hitzacker-See stattfanden, war nicht recht klar, wie die bis dahin beobachteten „Grubenfelder" der jüngeren Bronzezeit in einen konkreten Siedlungskontext einzufügen wären. Da Hausgrundrisse in den untersuchten Flächen fehlten, wurde eine funktionale Trennung zwischen Wohn- und Grubenbereichen angenommen.[9] In den Veröffentlichungen wurde aus Mangel an Häusern recht ausführlich auf die Gruben eingegangen, und zwar sowohl auf deren formale Aspekte als auch auf ihre mögliche Funktion. In Ansprache und Gliederung der zylindrischen Gruben finden sich beide Ansätze wieder. So bemühten sich R. Schindler und B. Sielmann um eine typologische Ansprache nach den dokumentierten Formen und sprachen von „Kesselgruben" (einschließlich Untervarianten mit einem trichterförmigen oberen Teil oder mit einem beutelförmigen unteren Teil). Sielmann ging in seinen weiteren Ausführungen auf die Variationen in Breite und Tiefe der Gruben ein, auf die wahrgenommenen Schichten in der Verfüllung und auf den Befund, dass die Gruben bis auf den oberen Teil der Verfüllung meist fundleer sind.[10] Schindler unterschied für Hamburg-Boberg zwischen mulden-, kessel- und beutelförmigen Gruben. Letzterer Form wies er die „unzweifelhafte" Funktion als „Vorratsgrube" zu.[11] F. Horst und W. Gebers bevorzugten eine Gliederung durch funktionale Bezeichnungen, und zwar ebenfalls mit Begriffen wie „Abfall-

---

1 Schindler 1958.
2 Sielmann 1974.
3 Horst 1985.
4 Assendorp 1991; 1997. Nikulka 1991.
5 Assendorp 2010.
6 Hamburg-Marmstorf: Först 1997. Lüneburg-Ochtmissen: Gebers 1997. Daerstorf: Thieme 1997. Harsefeld: Ziermann 1999a; 1999b. Uelzen-Veerßen: Hirche 2013.
7 Boehme 2000. Conrad/Hönig 2012. Ganslmeier 2004. Tichelman 1997.
8 Schwarzländer 2004.

9 Z. B. Sielmann 1974. Gebers 1985. Zuletzt Bönisch 2006.
10 Sielmann 1974.
11 Schindler 1958.

▲ *Abb. 1: Vorratsgrube im Experiment (Archäologisches Zentrum Hitzacker). Foto: A. Lucke, AZH.*

grube" oder „Vorratsgrube".¹² Die letztgenannte funktionale Zuweisung beruhte auf Ergebnissen der experimentellen Archäologie, die eine derartige Grubennutzung als sinnvolle Möglichkeit im Experiment nachvollzogen hatte.¹³ Für populärwissenschaftliche Darstellungen ist solch eine Deutung geeigneter als die rein formale Beschreibung. Mit der Erkenntnis, dass mit der Funktion als „Abfallgrube" nur die letzte, mindestens sekundäre Verwendung am Ende der eigentlichen Nutzung erfasst wird,¹⁴ ist dieser Begriff heutzutage weitgehend aus der Literatur verschwunden.¹⁵

In allen Beschreibungen wird erwähnt, dass die Gruben schichtweise verfüllt sind. Publizierte Profilzeichnungen und eigene Beobachtungen in Hitzacker und Bleckede-Alt Wendischthun belegen als stets wiederkehrendes Muster farblich wechselnde Straten in der Verfüllung, die häufig eine Schräglage aufweisen. Dieser Befund lässt sich hinreichend als das Ergebnis einer raschen Verfüllung in einem Arbeitsgang erklären, wobei die einzelnen Schichten das jeweilige Einschütten von Sand aus Transportbehältnissen repräsentieren, sei es nun aus großen Körben oder aus Schubkarren (?). Die ebenso wiederholt dokumentierte, auffällige Fundarmut der eingebrachten Erde ergibt sich aus einer Verfüllung mit dem Aushub, der beim Anlegen frischer Gruben in der Nähe angefallen war. Dabei ist es selbstverständlich, dass man nicht länger genutzte Gruben alsbald zuschüttete, um keine unerwünschten Fallgruben innerhalb des Siedlungsareals entstehen zu lassen.

Im Verlauf nicht allzu langer Zeit hatte sich der locker eingeworfene Sand in den verfüllten Gruben verdichtet. An der Oberfläche entstand dadurch eine störende Senke, die nunmehr mit stabilerem Material verfüllt werden musste. Damals wie heute nahmen die Bauern zur Ausbesserung ihrer Flächen (oder Wege) bevorzugt Feldsteine oder Keramikscherben.¹⁶ Entsprechende Fundkonzentrationen in den oberen, muldenförmigen Teilen der Gruben sind die logische Folge.

An diesem Punkt können bereits erste Schlüsse über die Gruben im Siedlungskontext gezogen werden. Die „Grubenwolken" auf den Grabungsplänen entstanden durch wiederholte Erneuerung von Gruben in großem Stil. Sie sind das Ergebnis länger währender Vorgänge in den Siedlungen.¹⁷ Nur eine begrenzte Zahl an Gruben dürfte zur gleichen Zeit in Funktion gewesen sein. Die Gesamtzahl aller Gruben verschafft somit einen Eindruck, wie häufig der Einzelvorgang wiederholt worden ist und gibt einen Hinweis auf die Dauer der Existenz der zugehörigen Siedlung. Die Kernfrage dabei ist, wie hoch diese „begrenzte Zahl an Gruben" geschätzt werden darf und wie die Gruben im Verhältnis zu den Häusern in die Siedlungsstruktur einzufügen sind.

Lage und Nutzung der Gruben in der Siedlung

Die Verfüllung der Gruben und die nachfolgende Ausbesserung entstandener Senken mit festem Material weisen darauf hin, dass es in der tagtäglichen Nutzung der Flächen nicht egal war, wie die Trittfestigkeit des Bodens war. Ganz offensichtlich war man bestrebt, Verletzungen von Mensch und Vieh durch unabsichtliches Treten in weiche ehemalige Löcher zu vermeiden, oder anders gesagt, es gab zwingende Gründe, Hindernisse auf dem Grundstück zu beseitigen. Mehrere Grubenbefunde in Alt Wendischthun zeigen tatsächlich eingetretene Grubenränder.¹⁸

Die Mühe, die auf die Stabilisierung des Untergrundes verwendet wurde, legt die Vermutung nahe, dass sich die Gruben in unmittelbarer Nähe der Häuser bzw. auf dem Hofgelände befunden haben. Untermauert wird diese Hypothese durch die häufig anzutreffende Keramik in der oberen Grubenfüllung (den einstigen Senken), das als Bruchmaterial, das in den Häusern entstanden war und in Gebäudenähe entsorgt wurde, interpretiert werden kann. Das massierte Vorkommen von Siedlungsmaterial in den oberen Füllungen vieler Gruben ist zudem ein Argument gegen die

---

12 HORST 1985, 127–128. GEBERS 1985, 148.
13 Vgl. z. B. CUNLIFFE 1983.
14 Vgl. z. B. GEBERS 1985.
15 BÖNISCH 2006.

16 LÖBERT 1982, 77.
17 GANSLMEIER (2004), sowie CONRAD/HÖNIG (2012) weisen besonders auf die zeitliche Dimension der Anlage von Gruben hin, was auch für Hitzacker beobachtet werden konnte.
18 Der Unterschied zwischen Beutel- und Kesselgruben dürfte übrigens auch auf eingedrückte Grubenränder zurückzuführen sein. So kann SIELMANN (1974) beigepflichtet werden, wenn er die Beutelgrube als eine Variante seiner Kesselgruben klassifiziert.

Existenz von getrennten Grubenarealen, die die Ergebnisse früherer Grabungen suggerierten.[19]

Alle Autoren sind sich einig, dass eine Stabilität zylindrischer Gruben im Sand ohne eine Aussteifung nicht denkbar ist. Unisono wird dazu ein Korbgeflecht postuliert und es gibt in der Tat eine Reihe von Befunden, die diese Annahme untermauern. Vor allem im Bereich der Grubensohlen werden häufig Spuren von kleinen Staken gefunden, vereinzelt sogar von einem Geflecht, und darüber sind im unteren Bereich des Profils gelegentlich dunkle Bänder zu beobachten, die auf vergangenes organisches Material zurückgeführt werden können. Auch die bemerkenswert exakte zylindrische Form der Gruben passt bestens zur Form eines Korbgeflechtes. Das Geflecht wurde in einer geringfügig größer ausgehobenen Grube aufgestellt und anschließend trat man die Erde außerhalb des Geflechts von oben herab fest – bei sehr aufmerksamer Beobachtung lassen sich hin und wieder entsprechende Spuren in der Struktur des Bodens feststellen. Es liegt auf der Hand, dass ein solches Geflecht in feuchtem Boden nur eine sehr begrenzte Lebensdauer hatte, die zwischen drei bis maximal fünf Jahren[20] gelegen haben dürfte (Abb. 1).

Verfüllte Gruben sind nach Aufgabe ihrer eigentlichen Nutzung nur noch ‚Ruinen'. Der Inhalt wurde vorher ordnungsgemäß entnommen. Es sind nur wenige Gründe denkbar, warum etwas zurückbleiben sollte, das noch zu gebrauchen war. Dementsprechend hat von den inzwischen zigtausenden untersuchten Gruben kaum eine Handvoll irgendwelche Informationen zur originären Verwendung der Erdspeicher geliefert. Hätte der Inhalt aus organischem Material bestanden, so wäre dies ohnehin kaum zu erwarten, da in den gut durchlüfteten norddeutschen Sandböden die Erhaltungsmöglichkeiten für ungebranntes organisches Material gegen Null gehen. Eine Lagerung von Getreide unmittelbar in einer Grube ohne weiteres Behältnis suggerierte der (verbrannte) Saathaferfund von Rullstorf.[21] Die Befundbeschreibung lässt aber offen, ob die Deutung als Primärbefund wirklich zwingend ist. Statt der postulierten Feuersbrunst, in der der Grubeninhalt mit verbrannt sein sollte, ist auch eine alternative Deutung denkbar: Die Entsorgung der ungenießbaren Reste nach einer fehlgeschlagenen Ofentrocknung von Getreide in einer Grube wäre eine durchaus normale, unromantische Abfallbeseitigung und kann den Befund genauso gut erklären.

Die wenigen anderen Befunde geben uns allesamt einige Rätsel auf. In Hitzacker gibt es mehrere, bislang meist noch unpublizierte Gruben, aus denen vollständige Gefäße geborgen wurden. So wurde zuletzt 2012 ein vollständiger Doppelkonus aufrecht auf dem Boden einer Grube stehend gefunden, ohne die Grube auch nur annähernd auszufüllen (Befund 16127, Abb. 2).[22] Mindestens zwei vergleichbare Funde sind in früheren Grabungskampagnen gemacht worden. Trotz sorgfältiger Untersuchung des Gefäßinhalts konnten keinerlei Hinweise auf eine Funktion gefunden werden. Etwas anders verhielt es sich mit einem großen Kegelhalsgefäß, das umgekehrt in eine für Hitzacker bemerkenswert tiefe Grube gestellt worden war (FNr. 8937). Solche Befunde sind keine Einzelfälle und stellen eher eine absichtliche Deponierung dar als einen funktionalen Primärbefund.

Der vielleicht einzige maßgebliche Befund aus Hitzacker könnte eine Grube mit einem völlig zerscherbten, aber vollständigen, weitmündigen

▲ Abb. 2: Grube mit doppelkonischem Gefäß (Hitzacker FStNr. 10, Befund 16127). Foto: A. Kis, ArchaeoFirm.

▼ Abb. 3, links: Vorratsgefäß mit Griffzapfen. Gefäßhöhe 37 cm, Randdurchmesser 47 cm (Hitzacker FStNr. 10, Fundnr. 11795). Foto: J. J. Assendorp, NLD. Rechts: Vorratsgefäß aus der bronzezeitliche Siedlung Harsefeld FStNr. 66. Gefäßhöhe 55 cm. Foto: D. Ziermann, Ldkr. Stade.

---

19 Die Publikation der Ergebnisse von Rullstorf, in der es heißt, dass die Gruben getrennt lagen und an ein sandiges Areal gebunden waren (GEBERS 1985), ist inzwischen durch neuere Grabungsbefunde überholt: jetzt konnten auch dort Hausgrundrisse identifiziert werden.

20 Auskunft von K. Martens, Archäologisches Zentrum Hitzacker, auf der Grundlage von Erfahrungswerten aus der experimentellen Archäologie.

21 GEBERS 1985.

22 Vgl. FEINER 2013.

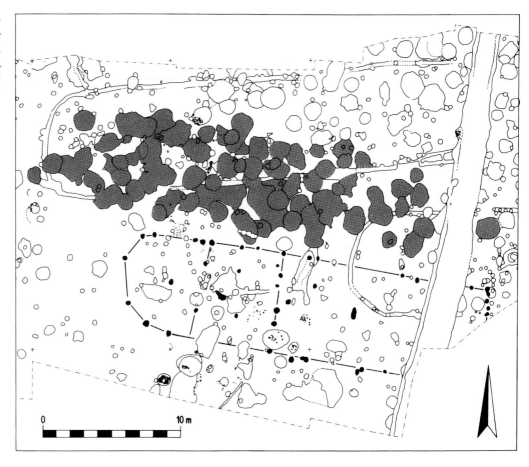

◆ Abb. 4: Hitzacker FSt-Nr. 10: Hausgrundriss mit Grubenareal (grau). Zeichnung: A. Schwarzenberg (Findorff), NLD.

Vorratsgefäß (FNr. 11795, Abb. 3) sein. Nach der Lage der Fragmente scheint das Gefäß in der Grube zerbrochen und anschließend dort belassen worden zu sein. Diese Art von Vorratsgefäßen ist zudem die einzige, die den vollen Durchmesser der Gruben auch tatsächlich benötigt. Griffzapfen am Rand ermöglichten es, bei Bedarf solche Gefäße samt Inhalt mit Seilen aus der Grube zu hieven.

Aus eisenzeitlichem Kontext stammt der Befund von Buendorf bei Dahlenburg, Ldkr. Lüneburg.[23] Mit einem Durchmesser von 1,40 m gehört die Grube zwar zu den größeren Exemplaren, fällt aber dennoch nicht dem Rahmen. Die mit einem Korbgeflecht ausgesteifte Grube war mit 18 auf einem Holzrost stehenden Gefäßen gefüllt. Als unten das Holz nachgab, verstürzte der ganze Stapel, glücklicherweise ohne größere Lageverschiebungen der einzelnen Töpfe. Die Bedeutung dieser mit Gefäßen gefüllten Grube hat sich bei der anschließenden Ausgrabung der zugehörigen Siedlung leider nicht näher erhellen lassen. Sowohl ein Primärbefund der Vorratshaltung – wobei dann die Frage aufkommt, wieso die Grube nicht geleert wurde – als auch eine absichtliche Deponierung gehören zu den Möglichkeiten.

Die Gefäßfunde in den Gruben zeigen, dass, im Gegensatz zur Vorratshaltung in den Silos der britischen Hillforts oder im keltischen Raum, wo von einer direkten Lagerung in mit einem Deckel luftdicht verschlossenen Erdspeichern ausgegangen wird,[24] die Vorratsgruben in den norddeutschen Sandböden eher mit Vorratsgefäßen aus Ton oder Holz bestückt gewesen sind. Eine solche Auffassung steht im Einklang mit dem Befund, dass bislang nirgendwo eindeutige Reste vom Lagergut in den Gruben gefunden wurden. Eine kritiklose Übernahme von Hypothesen zu Grubennutzungen aus der experimentellen Archäologie scheint somit nicht empfehlenswert. Konsequenterweise ist es dann auch unwahrscheinlich, dass die häufige Erneuerung von Gruben ursächlich in Verbindung stehe mit der auf experimenteller Grundlage postulierten Schimmelbildung, die nach einem Nutzungsjahr die Weiternutzung verhindert haben sollte. Es ist wahrscheinlicher, dass das nach drei bis fünf Jahren einsetzende Verfaulen der Flechtwerkkonstruktion (s. o.) der begrenzende Faktor der Nutzungsdauer war.

Fallbeispiele von Siedlungsbefunden

Im Folgenden werden unterschiedlich detailliert vier Siedlungsbefunde besonders im Hinblick darauf näher besprochen, welches Aussagepotential sie für die Rolle der Speichergruben im Siedlungskontext besitzen. An dieser Stelle sei angemerkt,

---

23 Assendorp 2004.

24 Cunliffe 1983. Schade-Lindig 2012.

dass die Deutungsansätze prinzipiell einen hypothetischen Charakter haben; eine Beweisführung wird einerseits durch die Unmöglichkeit, die Verfüllung von Speichergruben mit ausreichender Genauigkeit zu datieren, und andererseits durch die geringe Anzahl der verwertbaren Siedlungsbefunde erschwert.

Hitzacker

Die immer wieder beobachtete stabilisierende Verfüllung der Senkungstrichter alter Gruben gibt an sich schon einen Hinweis auf die Lage der Gruben in einem recht häufig begangenem Areal, wo Unebenheiten offenbar ausgeglichen werden mussten. Dass die Grubenwolken innerhalb der jungbronzezeitlichen Siedlung verortet sein könnten, wurde erstmalig durch die Auswertung des ersten Ausgrabungsabschnittes von 1987 deutlich.[25] Obwohl die langandauernde Besiedlung dazu geführt hatte, dass eine große Menge an Gruben die Hausbefunde stark störte, wurde doch vereinzelt ein Zusammenhang zwischen Gruben und Hausgrundrissen sichtbar.[26]

In den bislang ausgegrabenen Flächen lassen sich vier Hausplätze identifizieren, die in einem Bogen am Ufer der damaligen Elbe lagen;[27] die einzelnen Höfe liegen jeweils ca. 60 m auseinander. Die Gebäudegrundrisse zeigen, dass die Hofgebäude des Öfteren an selber Stelle neu errichtet wurden, im zentralen Siedlungsbereich sogar bis zu sechsmal. F. Nikulka[28] stellte für eine der Hofstellen fest, dass die Grundrisse stratigraphisch nicht jünger als die mit jungbronzezeitlichem Material verfüllten Gruben auf demselben Areal sind - eine Feststellung, die auch auf die anderen Hofplätze übertragen werden kann.

Die in Hitzacker untersuchten Hausgrundrisse sind größtenteils von zahlreichen Gruben „gestört". Bei der Erneuerung der Häuser wurde die Stelle der alten Gebäude nunmehr als Grubenareal mit in Anspruch genommen, ein Vorgehen, das sich in gleicher Form auch in Alt Wendischthun (und Ochtmissen) wiederfinden lässt. Der Grabungsgesamtbefund mit den zahllosen Gruben ist somit der verwirrende Niederschlag eines offenbar länger währenden Siedlungsgeschehens, der uns mit der Frage konfrontiert, wie man sich den Anfang und den Verlauf dieser Entwicklung vorzustellen hat; wie sah eine jungbronzezeitliche Hofstelle damals eigentlich aus?

In Hitzacker ließ sich nur an einer Stelle ein zusammenhängender Hofbefund ausmachen, der als modellhafter Ansatz für die Entstehung von umfangreichen Grubenarealen genutzt werden

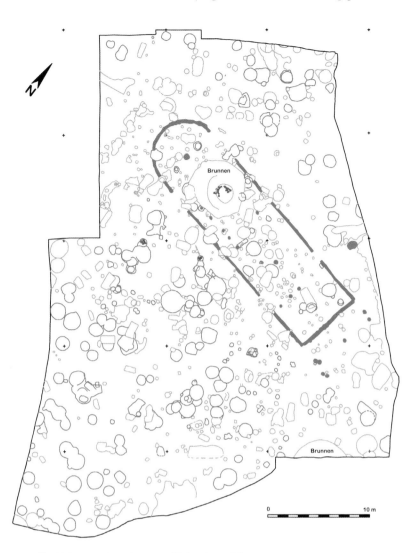

▲ *Abb. 5: Bleckede FStNr. 18: Die Grubenkonzentrationen lassen einen Durchgang zum großen südöstlichen Hauseingang frei. Zeichnung: H. Assendorp, NLD.*

kann.[29] Abb. 4 zeigt eine nördlich eines Pfostenhausgrundrisses gelegenen „Grubenwolke", bestehend aus ca. 60 zylindrischen Gruben. Die „Wolke" zeigt eine Verdichtung von Grubenbefunden in einem eng begrenzten Areal, dessen Ausdehnung eine auffällige Parallelität zum südlich angrenzenden Hausbefund aufweist. In seiner Orientierung entspricht der Hausgrundriss den Gebäuden der südlich angrenzenden Hofstelle, die Nikulka chronologisch an das Ende der Jüngeren Bronzezeit platzierte.

Interessant an dieser Grubenverdichtung ist erstens, dass sie auf eine räumliche Begrenzung von Grubenanlagen hinweist, zweitens, dass sie außerhalb des Hauses gelegen ist und drittens, dass die Anlage der 60 Gruben, die sich teilweise überschneiden, nicht ein einmaliger Vorgang gewesen sein kann. Die „Wolke" weist auf wiederkehrende Handlungen zur Deckung des Speicherbedarfs hin und gibt dadurch einen Einblick in die zeitliche Dimension der Hofstelle. Neben dem wiederholten Neubau an gleicher Stelle drängt sich auch durch die Gruben das Bild einer länger währenden Siedlungskontinuität auf. Gestützt wird diese Annahme durch die Beob-

---

25 Unpublizierter Grabungsbericht von Andrea Moser.
26 Assendorp 1994.
27 Die heutige Jeetzel verläuft ab Dannenberg in einem ehemaligen Flussbett der Elbe.
28 Nikulka 1991.

29 Assendorp 1994; 1997.

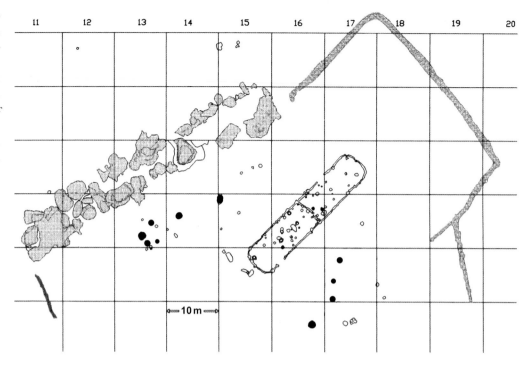

Abb. 6: Modell einer jungbronzezeitlichen Hofstelle anhand der Siedlung Ochtmissen FStNr. 33. Kleinere Grubenareale liegen sowohl südlich als auch nördlich des Hauses auf der Hofparzelle (Gruben schwarz). Zeichnung nach GEBERS 1997, bearbeitet durch Verfasser.

achtung, dass die humose Verfüllung einer Grube umso dunkler war, je jünger diese Grube relativchronologisch eingeordnet wurde – anscheinend verschmutzte das Siedlungsareal im Verlauf der Zeit immer stärker.

Bleckede-Alt Wendischthun

Die jungbronzezeitliche Siedlung, die am Rande eines Altarmes der Elbe beim Deichbau gefunden wurde (Abb. 5),[30] ist eindeutig mehrphasig. Einerseits wird der gefundene Hausgrundriss durch mehrere Gruben gestört, andererseits weist die Verteilung der Funde im Gelände auf ein weiteres, südlich gelegenes Haus hin, das leider außerhalb des Grabungsareals lag. Wie in Hitzacker ist die Anzahl der Gruben extrem hoch. Überschneidungen zeigen auch hier, dass die „Grubenwolken" das Ergebnis eines längeren Prozesses sein dürften. Trotz der Mehrphasigkeit sind zwei Beobachtungen von Interesse, die auf einen Zusammenhang zwischen dem Hausgrundriss und der Lage der Gruben hinweisen.

Wie in Hitzacker liegt ein Grubenareal nördlich bzw. nordwestlich des Hauses, von dem es durch eine Freifläche getrennt ist. Nur in Alt Wendischthun war zu beobachten, dass südlich des Hauses zwischen den Gruben eine Art Korridor frei gelassen wurde, der unmittelbar an den Hauseingang in der südlichen Längswand anschließt und etwa 15 m lang senkrecht zur Achse des Hauses verläuft. Das Tor ist an dieser Stelle mit zwei Metern ungewöhnlich breit und zudem durch tiefer eingegrabene, breite Torpfosten deutlich verstärkt ausgeführt. Es war offenbar wichtig, diesen zentralen Wirtschaftseingang im Vorgelände nicht zu stören. Auch wenn keine Hinweise auf Zäune gefunden wurden, weist die Anordnung der Gruben doch auf ein zweckmäßig eingeteiltes Gelände hin. Dass eine solche Ordnung nötig war, zeigen viele durch Zertreten und/oder Tierbaue eingebrochene Grubenränder, die einen Hinweis auf hinderlich weiche Areale auf dem Hofgelände geben.

Lüneburg-Ochtmissen

Ebenfalls an das Ende der Jüngeren Bronzezeit zu datieren ist die Siedlung von Lüneburg-Ochtmissen aus der Trasse der A39.[31] Auf einem von einem Großsteingrab und einem Graben[32] begrenzten Areal fanden sich zwei parallel gelegene Hausgrundrisse, ein kleines Grubenareal mit sechs Vorratsgruben und weiteren Gruben im Bereich der Hausgrundrisse. Der nördliche Hausgrundriss I befindet sich zentral im umhegten Areal. Der Ausgräber vertritt – hauptsächlich aufgrund von Holzkohle in den Pfostengruben – die Auffassung, dass beide Häuser zur gleichen Zeit bestanden und mit der ganzen Hofanlage nach kurzer Zeit durch Feuer zerstört worden seien. Nach dieser Annahme müssen sich die im Bereich der Hausgrundrisse gefundenen Vorratsgruben zwangsläufig innerhalb der Häuser befunden haben.

Es ist allerdings einzuwenden, dass es auf einem Grabungsniveau von 30–40 cm unterhalb der ehemaligen Oberfläche unwahrscheinlich ist, noch Spuren eines Feuers nachweisen zu können. Die Holzkohle ist eher dem durchaus üblichen

---

30 ASSENDORP 2010.

31 GEBERS 1997, 63. Zum Brand der Häuser insbes. Fußnote 3.

32 Der Graben wurde zunächst als neuzeitlich angesprochen, später aber in einer Rekonstruktionszeichnung auch zur Siedlung gerechnet.

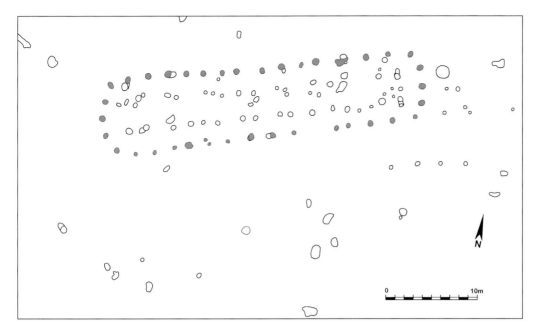

◀ *Abb. 7: Harsefeld FStNr. 98: Hausgrundriss mit nur wenigen Gruben im Hofareal. Zeichnung: Archiv Archäologische Denkmalpflege, Ldkr. Stade.*

Abbrennen des Splintholzes der Pfosten beim Bau des Hauses zum Schutz gegen Fäulnis zuzuschreiben. Ohne die „Feuersbrunst" entsteht Raum für eine alternative und plausiblere Deutung des Grabungsbefundes. Die beiden Hausgrundrisse repräsentieren demnach eine Zweiphasigkeit mit dem zentral gelegenen, nördlichen Haus I als Ursprungsbau. Durch den Bau eines Ersatzes unmittelbar neben dem alten Gebäude wurde der Hof einmal erneuert. Die Gruben lassen sich nunmehr eleganterweise den beiden Häusern zuordnen, ohne dass zwangsläufig im Inneren der Gebäude befindliche Gruben angenommen werden müssen. Für eine solche Deutung spricht außerdem, dass die Hausgrundrisse keine funktionalen Unterschiede aufweisen – zwei gleichzeitige Haupthäuser auf einer Parzelle sind nicht sehr wahrscheinlich.

Für den Entwurf des Modells einer jungbronzezeitlichen Hofstelle ist bei dieser Deutung (Abb. 6) von Interesse, dass der Hof zwei Grubenareale besitzt, sowohl nördlich als südlich des Gebäudes, die jeweils eine gewisse Distanz zum Haus einhalten. Die sechs Gruben nordwestlich des zentralen Hausgrundrisses sind hinsichtlich ihrer Lage durchaus vergleichbar mit dem Befund aus Hitzacker, allerdings mit nur einem Zehntel der dortigen Anzahl. Durch die Einfriedung der Hofstelle mit Großsteingrab und Graben vermittelt Ochtmissen ebenso wie Hitzacker einen Eindruck der ungefähren Hofparzellengröße, die hier mit ca. 40 m in Nord-Süd-Richtung aber etwas geringer ausfällt.

Offenbar war es nicht zwangsläufig so, dass Grubenareale in jeder jungbronzezeitlichen Siedlung zu wahren „Grubenwolken" anwuchsen. Mit nur etwa zwölf Gruben auf dem Hof weicht der Befund aus Ochtmissen von der in den gleichzeitigen Siedlungen am Elberand zu beobachtenden Erneuerung von Gruben in großem Stile ab. Gebers[33] erklärt diesen Widerspruch mit der Annahme einer sehr kurzen Bestandsdauer der Ochtmisser Siedlung vor ihrer Brandzerstörung. Hierin ist ihm, abgesehen von der Brandzerstörung, zu folgen; aber dennoch bleibt die Frage ungeklärt bestehen, warum in einigen Siedlungen eine häufig wiederholte Grubenerneuerung notwendig war, während dies in anderen – durchaus gleichzeitigen – nicht der Fall gewesen zu sein scheint.

Harsefeld

Obwohl der in Harsefeld gefundene Hausgrundriss mit seiner durchgehenden Dreischiffigkeit zu den nördlichen Typen gehört, wird der Siedlungsplatz hier aufgrund seiner Lage auf der Geest in relativ geringer Entfernung zum Urstromtal der Elbe kurz besprochen. Das Haus (Abb. 7) liegt in einer von zwei Befundkonzentrationen östlich von weitgehend eingeebneten bronzezeitlichen Grabhügeln. Die Grabungsdokumentation bei der Stader Kreisarchäologie zeigt, dass nur westlich des Hauses einige Gruben und Keramiköfen gefunden wurden. Die insgesamt geringe Befunddichte erweckt ebenso wie in Ochtmissen nicht den Eindruck einer längeren Siedlungsdauer vor Ort. Die zweite Befundkonzentration etwas weiter östlich spiegelt wahrscheinlich eine zweite Hofstelle wider, die nach Aussage der dort gefundenen Keramik ebenfalls jungbronzezeitlich war. Ein Hausgrundriss konnte dort jedoch nicht identifiziert werden.

Daerstorf und Marmstorf

Die Publikationen zu den beiden jungbronzezeitlichen Fundplätzen von Daerstorf und Marmstorf[34] befassen sich hauptsächlich mit den dort

---

33 GEBERS 1997.
34 THIEME 1997. FORST 1997.

gefundenen Hausgrundrissen und deren Datierung. Gruben werden zwar erwähnt, da diese das wenige, datierende Fundmaterial lieferten, aber ansonsten bildeten sie auf keinem der Plätze eine auffallende Befundgruppe. Die Übersichtspläne lassen zwar einige Gruben erkennen, deren Anzahl aber noch deutlich unter jener des Ochtmisser Grabungsbefundes liegt. Auf beiden Fundplätzen sind nur jeweils zwei jungbronzezeitliche Hausgrundrisse zu verzeichnen.

Uelzen-Veerßen

Die jungbronze- und eisenzeitliche Siedlung von Veerßen wurde bei Grabungsmaßnahmen im Zuge des Baues der Uelzener Ortsumgehung „zwischen" den Urnen des spätkaiserzeitlichen und völkerwanderungszeitlichen Gräberfeldes an der Stederau gefunden. Da die Siedlung zurzeit im Rahmen einer Masterarbeit ausgewertet wird,[35] ist eine ausführliche Darstellung hier nicht möglich. Als Angabe soll an dieser Stelle genügen, dass die Anzahl an Gruben und Hausgrundrissen recht gering ist und der Siedlungsbefund somit nicht im Widerspruch zu den Beobachtungen auf den anderen Siedlungen der Lüneburger Geest steht.

Fazit

Die hier besprochenen jungbronzezeitlichen Siedlungsplätze zeigen bemerkenswerte Unterschiede, die offenbar mit ihrer geographischen Lage zusammenhängen. Die Siedlungen auf der Geest bestehen alle aus nur wenigen Hausgrundrissen, wobei es sich dabei vermutlich um einzelne Phasen einer Einzelhofsiedlung handelt. Eingriffe in den Boden zum Anlegen von Gruben sind vergleichsweise selten und weisen eher auf einmalige Vorgänge in Siedlungen hin, die nicht besonders lange bestanden. Dieser Eindruck wird durch die geringe Fundmenge, die in sämtlichen Geestsiedlungen zu verzeichnen ist, noch verstärkt. Für die archäologische Praxis bedeuten diese Merkmale, dass solche Siedlungsplätze schwer auffindbar sind – es ist daher nicht verwunderlich, dass die meisten erst durch die moderne Denkmalpflege bei der Kontrolle großflächiger Bauprojekte bekannt geworden sind.

Im Gegensatz dazu werden die Siedlungen am Rand der Elbaue mit ihren zahlreichen Gruben und reichem Fundmaterial sehr viel leichter entdeckt, wie im Falle von Hitzacker mitunter auch von Laien. Durch den Befund zugehöriger Hausgrundrisse in Hitzacker und Alt Wendischthun ist deutlich geworden, dass die „Grubenwolken" zu Siedlungen gehörten, die während der Jüngeren Bronzezeit zu kleinen Dörfern mit vier oder mehr Hofstellen angewachsen waren. Die Bauernhäuser standen gut strukturiert etwa 60 m voneinander entfernt, was eine klare Parzellierung voraussetzt. Die offenbar häufige Erneuerung der Gruben weist dabei auf eine erhebliche Platzkontinuität hin. Falls Ochtmissen als Modellfall für eine kurzlebige Hofanlage gewertet werden kann, so steht die zehnmal größere „Grubenwolke" von Hitzacker für eine Lebensdauer des zugehörigen Hauses zwischen 30 und 50 Jahren (korrespondierend mit der ungefähr zehnfachen Nutzungsdauer einer Flechtwerkgrube). Daraus ergibt sich eine über Jahrhunderte währende Platzkontinuität, wenn man in Betracht zieht, dass die zentrale Hofstelle im Befund von Hitzacker fünf aufeinander folgende Hausgrundrisse aufweist.

Wie K. Schinkel[36] für die bronze- und eisenzeitliche Besiedlung in den südlichen Niederlanden herausgearbeitet hat, ist unter prähistorischen Bedingungen eine Platzkontinuität nicht gegeben. Normalerweise wurden die Höfe nach wenigen Jahren verlagert. Im Schinkelschen Modell der „wandernden Höfe" kam die „Siedlung" erst nach längerer Zeit wieder an die alte Stelle zurück. Sein Modell findet für die niedersächsische Geest beispielsweise in den ^{14}C-Daten der bronzezeitlichen Hausgrundrisse von Hesel in Ostfriesland Bestätigung, wo Unterbrechungen von mehreren Jahrhunderten die Hausbefunde trennen.[37]

Die hier besprochenen Siedlungsbefunde auf der Geest in Nordostniedersachsen zeigen durch ihre Kurzlebigkeit, dass auch hier das Siedlungswesen nach dem Schinkelschen Modell funktioniert haben wird. Die Beobachtung, dass sich die Siedlungen am Elberand *nicht* nach diesem Modell verhalten haben, belegt ihre Unabhängigkeit von der für die Geest üblichen Erschöpfung und den entsprechenden Regenerationszeiten der mageren Böden. An den örtlich vorhandenen Ackerböden kann es nicht gelegen haben, denn die bronzezeitlichen Bauern aus Hitzacker und Alt Wendischthun mussten gleichermaßen auf die Bewirtschaftung der sandigen oder gar kiesigen Böden ihrer Umgebung zurückgreifen. Entscheidend dürfte aber gewesen sein, dass die unmittelbar an die Siedlungen angrenzende Elbtalaue ihnen Weideland in Hülle und Fülle bot. Es eröffneten sich Möglichkeiten für eine Spezialisierung auf Viehhaltung, die eine größere Unabhängigkeit von den Gesetzmäßigkeiten der Bodenfruchtbarkeit mit sich brachte. Die Notwendigkeit der Siedlungsverlagerung konnte so erstmals durchbrochen werden. Eine wirkliche Siedlungskontinuität wurde möglich und die offenbar gesunde wirtschaftliche Basis führte zum Entstehen der ersten Dörfer im Gebiet – mit allen gesellschaftlichen Folgen, die eine derartige Änderung mit sich brachte. In der Flusslandschaft Nordostniedersachsens zeigt sich eine Entwick-

---

35 Hirche 2013. Die Arbeit befand sich zum Zeitpunkt der Manuskriptabgabe noch in Vorbereitung und konnte nicht in vollem Umfang berücksichtigt werden.

36 Schinkel 1998, insbes. 179; Fig. 155; 157.
37 Schwarz 1997.

lung, die in hohem Maße vergleichbar ist mit der Kolonisierung der Küstenmarschen in Nordwesteuropa: Aus den archäozoologischen Daten der dortigen Siedlungen lässt sich eindeutig ableiten, dass Viehbauern die treibende Kraft hinter diesem historisch außergewöhnlichen Prozess gewesen sind.[38]

Literatur

Assendorp 1991
J. J. Assendorp, Hausgrundrisse mit Wandgräbchen aus Hitzacker. Beiträge zur Archäologie und Geschichte Nordostniedersachsens. Lüchow 1991, 95–108.

Assendorp 1997
J. J. Assendorp, Die bronzezeitliche Siedlung in Hitzacker, Niedersachsen. In: Ders. (Hrsg.), Forschungen zur bronzezeitlichen Besiedlung in Nord- und Mitteleuropa. Espelkamp 1997, 51–59.

Assendorp 2004
J. J. Assendorp, Die ripdorfzeitliche Siedlung von Buendorf in der Dahlenburger Ortsumgehung (Ldkr. Lüneburg). In: M. Fansa, F. Both, H. Haßmann (Hrsg.), Archäologie. Land. Niedersachsen. 25 Jahre Denkmalschutzgesetz – 400.000 Jahre Geschichte. Oldenburg 2004, 409–411.

Assendorp 2010
J. J. Assendorp, Bronzezeitliche Bauern an der Elbe. Berichte zur Denkmalpflege in Niedersachsen 1, 2010, 19–22.

Behre 2008
K.-E. Behre, Landschaftsgeschichte Norddeutschlands. Umwelt und Siedlung von der Steinzeit bis zur Gegenwart. Neumünster 2008.

Boehme 2000
J. Boehme, Nur kurzzeitig genutzt. Eine Siedlung der frühesten vorrömischen Eisenzeit bei Kleinmachnow, Landkreis Potsdam-Mittelmark. Archäologie in Berlin und Brandenburg 2000, 68–70.

Bönisch 2006
E. Bönisch, Bronzezeitliche Speicherplätze in der Niederlausitz. In: W.-R. Teegen, R. Cordie, O. Dürrer, S. Rieckhoff, H. Steuer (Hrsg.), Studien zur Lebenswelt der Eisenzeit. Festschrift für Rosemarie Müller. Reallexikon der Germanischen Altertumskunde, Ergänzungsbd. 40. Berlin 2006, 305–332.

Conrad/Hönig 2012
S. Conrad, H. Hönig, Gruben auf Flussinseln? Die früheisenzeitlichen Siedlungsreste am Elbdeich bei Mehderitzsch. Ausgrabungen in Sachsen 3. Dresden 2012, 82–86.

Cunliffe 1983
B. Cunliffe, Danebury. Anatomy of an Iron Age hillfort. London 1983.

Feiner 2013
D. Feiner, Geschirr, Vorräte und Hausrat. Die Bronzezeit unter dem Einkaufszentrum. Archäologie in Niedersachsen 16, 2013, 143–146.

Först 1997
E. Först, Die spätbronzezeitlichen Siedlungsbefunde von Hamburg-Marmstorf. In: J. J. Assendorp (Hrsg.), Forschungen zur bronzezeitlichen Besiedlung in Nord- und Mitteleuropa. Espelkamp 1997, 40–49.

Ganslmeier 2004
R. Ganslmeier, Bauern zwischen Ost und West – Siedlungen der Metallzeit bei Zieko im Fläming. Archäologie in Sachsen-Anhalt 2, 2004, 202–208.

Gebers 1985
W. Gebers, Jungbronzezeitliche und eisenzeitliche Getreidevorratshaltung in Rullstorf, Ldkr. Lüneburg – ein Zeugnis urgeschichtlicher Vorratswirtschaft. In: K. Wilhelmi (Hrsg.), Ausgrabungen in Niedersachsen, Archäologische Denkmalpflege 1979–1984. Stuttgart 1985, 146–150.

Gebers 1997
W. Gebers, Die jungbronzezeitlichen Häuser von Ochtmissen Fundstelle 33, Stadt Lüneburg. Bautyp und funktionale Aspekte der Innengliederung der Häuser vom Typ Ochtmissen. In: J. J. Assendorp (Hrsg.), Forschungen zur bronzezeitlichen Besiedlung in Nord- und Mitteleuropa. Espelkamp 1997, 60–74.

Hirche 2013
A. Hirche, Veerßen 10: Quellenkritische Aspekte und methodische Probleme der Datierung einer Siedlung. Masterarbeit Univ. Hamburg. Hamburg 2013. Unpubliziert.

Horst 1985
F. Horst, Zedau. Eine jungbronze- und eisenzeitliche Siedlung in der Altmark. Schriften zur Ur- und Frühgeschichte 36. Berlin 1985.

Löbert 1982
H. W. Löbert, Die Keramik der vorrömischen Eisenzeit und der römischen Kaiserzeit von Hatzum-Boomburg (Kr. Leer). Zugleich ein Beitrag zur Theorie und Methode der Bearbeitung von Siedlungskeramik. Probleme der Küstenforschung im südlichen Nordseegebiet 14, 1982, 11–121.

Nikulka 1991
F. Nikulka, Drei Grundrisse vom mehrphasigen Siedlungsplatz Hitzacker-See, Ldkr. Lüchow-Dannenberg. Vorbericht zu den Grabungskampagnen 1989 und 1990. Nachrichten aus Niedersachsens Urgeschichte 60, 1991, 89–99.

Schade-Lindig 2012
S. Schade-Lindig, Stichwort „Silogruben". Hessen Achäologie Sonderbd. 1, 2012, 119.

Schindler 1958
R. Schindler, Die spätbronzezeitliche Siedlung in Hamburg-Boberg. Hammaburg 12, 1958, 162–187.

Schinkel 1998
K. Schinkel, Unsettled settlement, occupation remains from the bronze age and the iron age at Oss-Ussen. The 1976–1986 excavations. Analecta Praehistorica Leidensia 30, 1998, 5–305.

Schwarzländer 2004
S. Schwarzländer, Mit Blick auf das „Königsgrab". Ungewöhnliche Siedlungsspuren in Seddin, Lkr. Prignitz. Archäologie in Berlin und Brandenburg 2004, 52–55.

Sielmann 1974
B. Sielmann, Eine spätbronzezeitliche Siedlung bei Hittfeld, Kreis Harburg. Hammaburg 1, 1974, 111–116.

Schwarz 1997
W. Schwarz, Hausgrundrisse der Bronzezeit in der Gemarkung Hesel, Landkreis Leer. In: J. J. Assendorp (Hrsg.),

---
38 Vgl. Behre 2008, 62.

Forschungen zur bronzezeitlichen Besiedlung in Nord- und Mitteleuropa. Espelkamp 1997, 75–85.

THIEME 1997

W. Thieme, Zu den Hausgrundrissen bei Daerstorf, Gemeinde Neu Wulmstorf, Landkreis Harburg. In: J. J. Assendorp (Hrsg.), Forschungen zur bronzezeitlichen Besiedlung in Nord- und Mitteleuropa. Espelkamp 1997, 29–39.

TICHELMAN 1997

G. Tichelman, Großflächig freigelegt. Siedlungsspuren der Lausitzer Kultur unter mittelalterlichen Wölbackersystemen in Willmersdorf, Stadt Cottbus. Archäologie in Berlin und Brandenburg 1997, 47–48.

ZIERMANN 1999a

D. Ziermann, Das Schwert im Haus ... Siedlungsfunde der Endbronzezeit in Harsefeld. Archäologie in Niedersachsen 2, 1999, 24–27.

ZIERMANN 1999b

D. Ziermann, Kat. Nr. 195 Harsefeld FStNr. 66, Gde. Flecken Harsefeld, Ldkr. Stade, Reg.Bez.Lü, Fundchronik Niedersachsen 1998. Nachrichten aus Niedersachsens Urgeschichte Beiheft 2, 1999, 122–123.

Gledeberg, Ldkr. Lüchow-Dannenberg – Ein Siedlungsplatz der jüngeren Bronzezeit mit Metallhandwerk

von Mario Pahlow

Einleitung

Obwohl die Bronzezeit über ein ausgefeiltes Metallhandwerk verfügte, zählen Bronzen im Siedlungskontext zu den großen Seltenheiten. Die Bronzeobjekte sind überwiegend im Zusammenhang mit dem Totenbrauchtum überliefert oder wurden in Depots dem Erdreich übergeben. Deutlich wird dies anhand der beiden großflächig untersuchten Siedlungsplätze Hitzacker-See, Ldkr. Lüchow-Dannenberg, und Rullstorf, Ldkr. Lüneburg.[1] Die mehrere Hektar große Ausgrabungsfläche in Rullstorf erbrachte kaum Bronzefunde im Siedlungskontext. In Hitzacker fand sich lediglich ein Bronzefragment in einer Grube. Dabei handelt es sich um drei zusammenkorrodierte Fragmente unspezifischer Form. Zusätzlich ergab das Grabungsareal noch einen mittelbronzezeitlichen Depotfund, bestehend aus vier offenen bandförmigen Ringen, der das Ungleichgewicht der Bronzeverteilung zwischen Siedlungs- und Depotfunden deutlich macht.[2] Von anderen Siedlungsplätzen Nordostniedersachsens konnten ebenfalls keine spezifischen Bronzefunde dokumentiert werden[3]. Ein Fragment aus einer Siedlungsgrube nahe Lüggau, Ldkr. Lüchow-Dannenberg, könnte das Bruchstück eines Rasiermesserchens darstellen, während sich ein Bronzeplättchen aus einer Siedlung bei Restorf, Ldkr. Lüchow-Dannenberg, jeglicher Deutung entzieht. Aufschlussreiche Informationen über bronzezeitliche Metallfunde bietet eine kürzlich untersuchte Siedlungsstelle im südlichen Wendland.

Der Siedlungsplatz Gledeberg FStNr. 7 und sein Umfeld

Landschaftlich gehört die Gemarkung zur so genannten Swienmark (Schweinemark), die östlich an den Drawehn angrenzt (Abb. 1). Bei der Swienmark handelt es sich um eine der großen Geestinseln innerhalb der für das Wendland charakteristischen Talsandflächen. Sie weist Braunerden und Pseudogley-Braunerden auf, deren sandiges Substrat erhöhte Lehmanteile besitzt und somit im Vergleich zu den Talsandflächen bessere Bedingungen für die Landwirtschaft bietet. Über den Schnegaer Mühlenbach und die Dumme besteht ein Anschluss an das Gewässernetz der Jeetzel, die nahe der großen jungbronzezeitlichen Siedlung Hitzacker-See in die Elbe mündet. Diese siedlungsgünstigen Faktoren führten zeitenübergreifend zu einer hohen Fundplatzdichte in der Swienmark.[4] Auch aus dem hier interessierenden Zeitabschnitt sind mehrere Fundplätze bekannt.[5] Darunter ist im Besonderen das nur ca. 1000 m südlich der Siedlung gelegene Gräberfeld auf dem „Heidberg" bei Billerbeck zu nennen, das möglicherweise mit dem Siedlungsplatz in Verbindung steht.[6]

Auf die Siedlung machte erstmals E. Sprockhoff aufmerksam. In den frühen Nachkriegsjahren fand Sprockhoff zeitweise bei einem Verwandten im Hannoverschen Wendland Unterkunft. Es liegt in seinem Charakter und Wesen als Prähistoriker, dass er selbst in diesen schwierigen Zeiten nicht untätig sein konnte. So geht eine kleine Landesaufnahme, ausgehend von einem Grabhügelfeld bei Schnega, aus diesen Jahren hervor.[7] In den

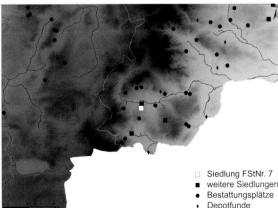

◀ *Abb. 1: Jungbronzezeitliche Fundstellen im Bereich der Swienmark östlich des Drawehns.*

☐ Siedlung FStNr. 7
■ weitere Siedlungen
● Bestattungsplätze
♦ Depotfunde

---

1 Assendorp 1997. Gebers in Vorb.
2 Sommerfeld 1994.
3 Pahlow in Vorb.
4 Harck 1973, Karte 1.
5 Sprockhoff 1963. Pahlow in Vorb.
6 Harck 1978.
7 Sprockhoff 1963.

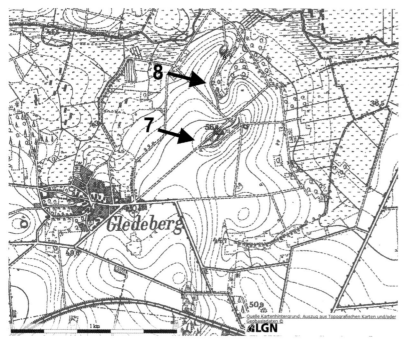

▲ Abb. 2: Höhenlinienplan der preußischen Landesaufnahme mit den Siedlungen FStNr. 7 und 8 sowie dem Gräberfeld von Billerbeck FStNr. 1. Auszug aus ADABweb auf Kartengrundlage preußische Landesaufnahme der LGLN.

zugehörigen Aufzeichnungen vermerkt Sprockhoff, dass er in einer Sandgrube auf dem „Wolfsberg" (Höhe 56) nordöstlich von Gledeberg „auf eine weite Strecke hin eine graue Kulturschicht" fand (Abb. 2).[8] Die aus der Schicht geborgenen Scherben setzte er in die jüngere Bronze- bis ältere Eisenzeit. Sprockhoffs Aufzeichnungen berichten noch über eine zweite Kiesgrube 500 m nördlich, die ebenfalls eine Kulturschicht und zudem Abfallgruben sowie möglicherweise Pfostenlöcher enthielt. Da die topografische Situation einen großen gemeinsamen Siedlungsplatz nicht wahrscheinlich macht, wird dieser Platz eigens als FStNr. 8 in den Archiven der Archäologischen Denkmalpflege geführt.

Zwei Siedlungsstellen der jüngeren Bronze- bis älteren Eisenzeit auf geringem Raum erfordern eine besondere Aufmerksamkeit seitens der archäologischen Forschung. Immerhin war zum Zeitpunkt ihrer Entdeckung noch keine Siedlungsstelle dieses Zeitraumes detailliert untersucht worden.[9] Die ehrenamtlichen Denkmalpfleger, die seit den 1920er Jahren im Wendland[10] aktiv waren, beschränkten ihre Untersuchungen auf einzelne, zufällig gefundene Gruben. Somit bot Gledeberg eine gute Gelegenheit zur Beantwortung einiger siedlungskundlicher Fragen zum 1. Jahrtausend v. Chr. Dennoch sollte diese Fundstelle auf dem „Wulfsberg" für die nächsten 50 Jahre in Vergessenheit geraten. Im Jahre 2005 erteilte die Untere Denkmalschutzbehörde Lüchow-Dannenberg dem Besitzer des Geländes die Genehmigung zum erneuten Sandabbau. Bei den Eingriffen entdeckte man dann aber dunkle Bodenverfärbungen und benachrichtigte die zuständige Kreisarchäologie, die umgehend die freigelegten Befunde dokumentierte und von 2005 bis 2006 auf einer Fläche von 350 m² Ausgrabungen durchführte.[11] Unglücklicherweise war aber inzwischen bereits eine offensichtlich beträchtliche Zahl an Befunden zerstört, weshalb das zugehörige Fundmaterial ohne Kontext als Sammelfunde aufgenommen werden musste. Auch ein Bronzering wurde seines Befundkontextes beraubt und als Lesefund geborgen. Da er aber in der Nähe einiger Scherben lag, ist eine Zugehörigkeit zu einer inzwischen zerstörten Siedlungsgrube sehr wahrscheinlich.

Zeitliche Einordnung

Die erneute Aufnahme der von Sprockhoff geborgenen Keramik im Rahmen einer siedlungskundlichen Studie bestätigte die von ihm vorgenommene jungbronzezeitliche Datierung.[12] Ältereisenzeitliches Material wurde hingegen nicht erkannt. Die zwischen 2005 und 2006 geborgene Keramik weist ebenfalls in die jüngere Bronzezeit (Abb. 3). Darunter befinden sich charakteristische Beispiele, wie ein Lappenschalenfragment, eine Wandscherbe mit Kalenderbergverzierung, bei der es sich evtl. ebenfalls um eine Lappenschale handeln könnte, sowie der Umbruch eines doppelkonischen Gefäßes. Wenngleich die Siedlungskeramik zurzeit nur stark eingeschränkt die feinchronologische Unterteilung der jüngeren Bronzezeit entsprechend den Gräberfeldstufen zulässt, liegen in Gledeberg überzeugende Hinweise sowohl für die Stufe 1 als auch für Stufe 2 nach Harck[13] vor. Besonders charakteristisch für die Stufe 1 nach Harck gelten mehrere Randscherben von bis zur Mündung gerauten Vorratsgefäßen, die auch aus Kapern und Bösel, beide Ldkr. Lüchow-Dannenberg, bekannt sind.[14] Die Randscherbe eines terrinenförmigen Gefäßes mit horizontaler Halskannelur und diagonalen Schulterkanneluren weist hingegen schon in den jüngeren Abschnitt, welcher der Stufe 2 nach Harck entspricht.[15] Für die benachbarte Siedlung, FStNr. 8, ließ sich Sprockhoffs Vermutung einer jungbronzezeitlichen Datierung ebenfalls bestätigen.

Der Bronzering von Gledeberg

Die ansonsten nur fragmentarischen Metallreste von Siedlungsplätzen lassen dem in Gledeberg gefundenen Bronzering ein besonderes Interesse zukommen (Abb. 4). Bei dem Stück handelt es sich um einen bandförmigen Ring mit gerundetdachförmigem Querschnitt. Die Breite beträgt

---

8 Unterlagen in Kopie im Niedersächsischen Landesamt für Denkmalpflege, Archäologisches Archiv.
9 Pahlow in Vorb.
10 Harck 1973, Karte 1.
11 Vollständige Vorlage der Befunde und Funde bei Pahlow in Vorb.
12 Pahlow in Vorb.
13 Harck 1972, 14.
14 Harck 1973, Taf. 40.
15 Harck 1972, 18.

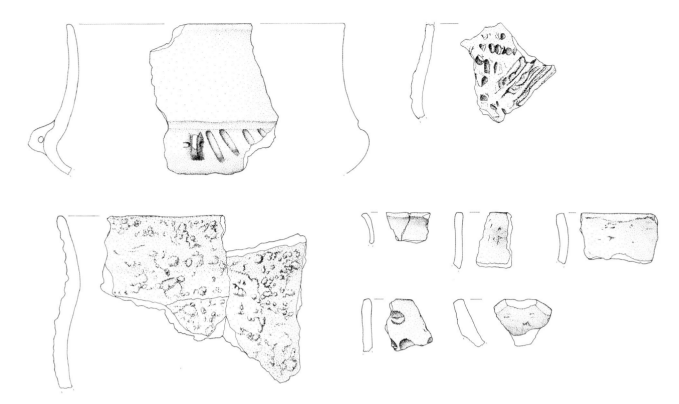

▲ *Abb. 3: Keramik der jungbronzezeitlichen Siedlung FStNr. 7 (Auswahl). M. 1:4. Zeichnung: O. Oliefka.*

1,4 bis 1,6 cm. Der ca. 4 cm messende Ringdurchmesser ergibt in der Abrollung eine Länge von 12,6 cm (Abb. 5). Die Längskanten zeigen zahlreiche alte Beschädigungen, die dem Längsprofil einen ausgefransten Eindruck verleihen. Die Enden, auf die später noch eingegangen wird, sind ohne aufwändige Gestaltung abgerundet. Auf der Außenseite trägt der Ring eine Verzierung, die aus quer laufenden Kerben besteht. In einigen Fällen sind die Querkerben nicht über die gesamte Ringbreite gelegt. Vielmehr enden sie am Mittelgrat, auf der gegenüberliegenden Fläche setzt dann eine neue Querkerbe an. Ein Versatz mehrerer dieser gegenüberstehenden Kerben deutet an, dass hier keine durchgehende Querkerbung erzielt wurde. Die Reihe quer laufender Kerben wird an zwei Stellen unterbrochen. Hier liegt jeweils ein quadratisches Feld mit diagonalen Ritzverzierungen in den Ecken. Auf dem Mittelgrat finden sich innerhalb des Feldes kurze, schwach ausgeprägte Striche, die beidseits von Punktreihen flankiert werden.

Der Ring gehört in einen frühen Abschnitt der Siedlungsnutzung. Der dachförmige Querschnitt ähnelt dem Ringtyp Oldesloe.[16] Auch für die Verzierung lassen sich Periode IV-zeitliche Vergleichsstücke benennen.[17] Allerdings konnte bereits Sprockhoff[18] bei der Behandlung des Depots von Dötzingen, Ldkr. Lüchow-Dannenberg, die mittelbronzezeitlichen Bezüge des Ringtyps deutlich machen. Der zugehörige Armring weist als Verzierung lediglich die felderartige Verzierung auf und wird von Sprockhoff an den Übergang von Periode III zu IV gesetzt.[19] Ein Halsring und eine Hannoversche Fibel sind ältere Elemente des Ensembles, während eine Plattenfibel als Schlussstück in die Periode IV datiert. Sprockhoff[20] weist den Ring als ein Importstück aus dem Mittelelberaum aus. Dort sind Querkerben ein häufig belegtes Motiv.[21] Auch die felderartige Verzierung mit den diagonalen Ritzlinien ist bekannt.[22] Solche Stücke grenzen sich von den nordischen Exemplaren, wie den von Laux[23] als Uelzener Armbänder bezeichneten Ausführungen, ab.[24] Somit stellt der Ring einen weiteren Beleg für die während der jüngeren Bronzezeit intensiv unterhaltenen Kontakte Elbe aufwärts dar.

◄ *Abb. 4: Bronzering aus der jungbronzezeitlichen Siedlung Gledeberg FStNr. 7, Ldkr. Lüchow-Dannenberg.*

---

16 Sprockhoff 1937, 50.
17 Randsborg 1972, C 1 und 3.
18 Sprockhoff 1932, 19.
19 Sprockhoff 1932, 19.
20 Sprockhoff 1932, 20.
21 v. Brunn 1968, 277 Liste 38.
22 v. Brunn 1968, 275 Liste 34; 276 Liste 35.
23 Laux 1971, 60.
24 v. Brunn 1968, 175.

Abb. 5: Bronzering aus der jungbronzezeitlichen Siedlung FStNr. 7. M. 1:2. Zeichnung: O. Oliefka.

Im Gegensatz zu den Längsrillen, welche die kurzen Querritzungen auf dem Mittelgrat mittelelbischer Ringe begleiten,[25] sind am vorliegenden Stück Punktreihen angebracht. Auch die partielle Unterbrechung der schweren Querkerben ist ungewöhnlich und im Mittelelberaum nicht belegt. Eine ähnliche Unterbrechung findet sich bei zwei Lüneburger Beinringen eines mittelbronzezeitlichen Grabes aus Heiligenthal, Ldkr. Lüneburg.[26] Der Ring FNr. 15 zeigt diese Auffälligkeit als Ergebnis eines fehlerhaften Punzschlages, der Ring FNr. 14 hingegen als gezielt geschaffenes gestalterisches Element. Dieses gestalterische Element sah aber immer eine sorgfältige Gegenüberstellung der Querpunzen vor, wie der Ring aus Buendorf, Ldkr. Lüneburg, bezeugt.[27] Beim Gledeberger Stück wirkt es hingegen eher zufällig. Diese Ungenauigkeiten auf handwerkliches Ungeschick zurückzuführen, erscheint daher nahe liegend. Die Häufigkeit dieses Versatzes würde den Handwerker aber als sehr ungeschickt ausweisen, was der hohen Gussqualität des Ringes widerspräche. Die Verzierung erweckt am ehesten den Eindruck einer nachlässig ausgeführten Punzierung, bei der es dem Handwerker nicht um allzu große Sorgfalt ging. An eine flüchtige Kopie bekannter Verzierungsmuster wäre zu denken.

Eine weitere Besonderheit des Ringes besteht in seiner Lebensgeschichte. Die Zeichnung der Abrollung macht deutlich, dass die Verteilung der felderartigen Verzierungen sehr asymmetrisch liegt (Abb. 5). Während die eine sich auf 1/3 Ringlänge befindet, ist die zweite nahe einem Ende lokalisiert. Diese Dissonanz ist gewiss nicht beabsichtigt gewesen. Sie entstand vielmehr aufgrund eines Bruches am Ringende mit dem nahe stehenden Verzierungsfeld. Die Ursache dieses Bruches bleibt ungeklärt. Jedenfalls wurde die Bruchkante anschließend abgerundet und der Ring unsorgfältig zusammengebogen. Dadurch wurde die Öffnung wieder klein genug, um den Ring um etwas legen zu können. Allerdings verringerte sich der Innendurchmesser so stark, dass der Arm eines Erwachsenen nicht mehr hinein passte. Das Abrunden der Bruchkante und das erneute Zurechtbiegen deuten dennoch den Wunsch einer weiteren Nutzung an. Wenngleich ohne sicheren Beweis kann in diesem Zusammenhang durchaus über den Armschmuck eines Kindes nachgedacht werden.

Aufgrund der relativen Beigabenarmut dieser Zeit fällt der Nachweis eines Armringes schwer, zumal trotz einer annähernd 200-jährigen Forschungstradition Kinder im archäologischen Kontext noch kaum bekannt sind. In einem Grabhügel bei Ovelgönne, Ldkr. Stade, wurde die Steinpackung einer Bestattung der Periode II dokumentiert, die mit 180 cm Länge unter dem sonst dokumentierten Durchschnitt liegt.[28] Obwohl die sterblichen Überreste vergangen waren, weist die Lage der Beigaben auf eine Kinderbestattung hin. Der zugehörige Armring besitzt mit 4,8 x 4,2 cm Durchmesser Maße, die dem Stück aus Gledeberg entsprechen.

Zur Seltenheit von Bronzefunden in Siedlungskontexten

Nicht nur in Nordostniedersachsen, auch in den angrenzenden Räumen Mecklenburg-Vorpommerns und Schleswig-Holsteins stellen Metallfunde im Siedlungskontext eine nur selten beobachtete Besonderheit dar. Dies geht nicht zuletzt auf die noch überaus mangelhafte Kenntnis zum Siedlungswesen zurück.

Aus Schleswig-Holstein können nur eine bronzene Nadel und ein Bronzefragment aus Siedlungskontexten benannt werden.[29] In Mecklenburg-Vorpommern waren lange Zeit ebenfalls nur wenige Funde bekannt. Erst die großflächigen Untersuchungen der letzen Jahre – vor allem große Trassenmaßnahmen – erbrachten eine Zunahme an Siedlungsfundplätzen und führten zu einer Erhöhung der Metallfunde aus Siedlungskontexten. Mit zunehmender Anzahl der Fundstellen wird aber gleichzeitig immer deutlicher, dass Bronzen verglichen mit anderem Fundmaterial in verschwindend geringer Zahl überliefert sind. Trotz des Einsatzes von Metalldetektoren erbrachten selbst die modernen Untersuchungen selten mehrere Bronzefunde auf einem Platz. Auffällig sind daher Beispiele wie ein mehrperiodiger Siedlungsplatz auf einer Halbinsel bei Dalmsdorf, Ldkr. Mecklenburgische Seenplatte[30], der bei einer Oberflächensondage neun Bronzeobjekte erbrachte. Selbst die großflächig untersuchte Siedlung von Zedau, Ldkr. Stendal, erbrachte nur sieben Bronzeobjekte, die zudem mit Ausnahme des Doppelknopfes alle stark fragmentiert in den Boden gelangten.[31] Im Vergleich

---

25 V. BRUNN 1968, Taf. 7.
26 FENDEL 2006, 60 Abb. 93; Taf. 13–14.
27 LAUX 1971, Taf. 42 Nr. 6–7.

28 TROMNAU 1976.
29 SCHMIDT 1993, 133 Nr. 368; 184 Nr. 585.
30 KFB 2010, 301.
31 Es handelt sich um: 1 Rasiermesser, 1 Blechröllchen, 1 Fingerring, 1 Armring, 1 Spirale, Fragmente eines unbestimmten Gegenstandes. HORST 1985, 111.

zu den 600 kg Keramik ist dies eine verschwindend geringe Anzahl.³²

Weiter anzuführen ist die Siedlung Göttingen-Walkemühle, Ldkr. Göttingen, die aus Sicht der Nordischen Bronzezeit eine sehr periphere Lage einnimmt, aber für die Fragestellung wichtige Ansatzpunkte liefert. Aus den jungbronzezeitlichen Siedlungsbefunden konnten 17 Metallobjekte geborgen werden.³³

Die Altgrabungen in Buch bei Berlin erbrachten ebenfalls eine große Anzahl an Bronzen, die zahlenmäßig die Göttinger Funde noch überschreitet.³⁴ Unter den Funden dominieren die Nadeln mit neun Exemplaren, gefolgt von Ringen und Drähten (je 4 Exemplare). Neuere Grabungen erbrachten hingegen keine Metallfunde.³⁵

Im Fundspektrum der weiteren, verstreuten Fundplätze zeigt sich trotz der relativ geringen Datenbasis eine weitestgehende Bestätigung der Tendenzen aus Berlin-Buch. Waffen fehlen gänzlich im Fundmaterial. Das Werkzeugspektrum beschränkt sich auf Messer³⁶, Pfrieme³⁷ und vor allem Sicheln³⁸. Die wenigen Beilfunde stammen von sehr stark fragmentierten Stücken³⁹, die nicht mehr als Werkzeug verwendet werden konnten. Mit auffallender Häufigkeit sind hingegen Bronzenadeln und -armringe belegt. Darauf weisen bereits die drei Ringfunde der Walkemühle hin. Weitere Schmuckobjekte sind hingegen selten.

Materialintensive Schmuckobjekte sind nie vollständig überliefert, wie ein Kragenfragment aus Plüggenthin, Ldkr. Vorpommern-Rügen, zeigt.⁴⁰ Auch die meisten Ringe liegen nur fragmentarisch vor. Die Kleinformen hingegen sind meistens vollständig. Nur aus Lüssow, Ldkr. Rostock, sind fragmentarische Nadelteile bekannt.⁴¹ Dieser Umstand leitet zu dem Bedeutungsinhalt über. Es ist offensichtlich, dass es sich hierbei nicht um das Inventar der einfachen, landwirtschaftlich tätigen Bevölkerung handelt. Vielmehr weist dieser Bronzebruch auf die Präsenz von Metallhandwerkern hin. Ob die kleineren Bronzen ebenfalls Materialbestand eines Handwerkers oder einfaches Verlustgut darstellen⁴², lässt sich allerdings nicht pauschal beantworten. In Dalmsdorf, Ldkr. Mecklenburgische Seenplatte, wurden mehrere Bronzeknöpfe sowie ein Messer und ein Pfriem zusammen mit einem Armringfragment und Bronzeschmelz gefunden.⁴³ Diese Kombination lässt auch für diese unversehrten Stücke an einzuschmelzende Produkte denken. Ähnliches gilt vielleicht für die verstreut geborgenen Funde aus Berlin-Buch. Besonders der Bronzemeißel könnte auf die Präsenz eines Metallhandwerkers hinweisen.⁴⁴ In dem Kontext soll noch einmal auf die vereinzelten Sichelfunde hingewiesen werden. Sicheln wurden bereits wiederholt als Gerätegeld und Barren interpretiert.⁴⁵ Diese Interpretation als Materiallieferant findet ein weiteres Argument in dem Fund aus Butzow, Ldkr. Vorpommern-Greifswald, der neben einer Sichel eine zerbrochene Pinzette enthielt.⁴⁶ Mit zwei Sichelfunden kann erneut Berlin-Buch angeführt werden.⁴⁷

Der nachgewiesene hohe Anteil an wahrscheinlichen Handwerkerfunden macht deutlich, dass das Metall scheinbar ganz gezielt gesammelt wurde, um von einem Metallhandwerker wiederverwertet zu werden. Nahezu alle bekannten Bronzefunde aus Siedlungen sind nachgewiesenermaßen oder vermutlich mit diesen Umschmelzprozessen in Verbindung zu bringen. Demzufolge war das Metallrecycling in der jüngeren Bronzezeit eine weit verbreitete Technik. Die Gründe hierfür sind möglicherweise in dem oft diskutierten Rückgang der Metallimporte zu suchen.⁴⁸ Diese Überlegungen zeigen aber noch argumentative Lücken. Die wohl größte besteht in der Kontinuitätsfrage. Während der ersten Bronzezeithälfte gelten die Metallströme als solide, so dass immer ausreichend Material vorhanden war. Wenn der sparsame Umgang aber erst mit der Verknappung aufgekommen wäre, wäre demzufolge für die ersten drei Bronzezeitperioden ein verschwenderischer Umgang mit dem Material zu erwarten. Dieser lässt sich aber ebenso wenig belegen. Weder in den Gräbern noch in den wenigen Siedlungen und Depots, welche in dieser Argumentation als Abfallentsorgung zu deuten wären, ist ein Nachweis erbracht. Die Siedlungen der älteren Bronzezeit sind zwar bislang nahezu unerforscht und kaum bekannt, solche Bronzeabfälle wären aber sehr augenfällig und hätten zur Lokalisierung von zahlreichen Plätzen geführt. Ohne an dieser Stelle alle gängigen Argumente zu widerlegen, soll lediglich festgehalten werden, dass eine Verknappung der Metallversorgung nicht das Argument für den hohen Recyclinggrad ist. Wahrscheinlicher ist, dass die Bronze – schon zur älteren Bronzezeit – als wertvolles Material galt, das man in einer Gesellschaft, die nicht der modernen „Wegwerfgesellschaft" entspricht, als kostbaren und umfunktionierbaren bzw. ein-

---

32 HORST 1985, 66.
33 1 Messer, 1 tordiertes Ringfragment, 1 Armring, 1 Pfriem, 1 Punze, 1 Ösenknopf, 2 Knöpfe, 1 Ringfragment, 1 Niet, 2 Drahtfragmente, 1 „Vierkantstab" und 4 Bronzefragmente. BUSCH 1975, 23.
34 KIEKEBUSCH 1923, 78.
35 VIETZE 2009, 111.
36 KFB 2010, 301.
37 KFB 2007, 284; 2010, 301.
38 KLAMMT 2004. KFB 2009, 428; 435.
39 KFB 2010, 305.
40 KFB 2007, 386.
41 KFB 1984, 415.
42 HORST 1985, 113.
43 KFB 2010, 301.
44 KIEKEBUSCH 1923, 80 Nr. 22. WILLROTH 1985.
45 SOMMERFELD 1994.
46 KFB 2009, 428.
47 KIEKEBUSCH 1923, 79 Nr. 19–20.
48 WILLROTH 1996, 81.

◀ *Abb. 6: Tönerne Gussform aus Gledeberg FStNr. 7. M. 1:2. Zeichnung: O. Oliefka.*

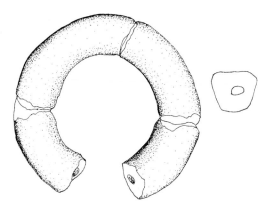

schmelzbaren Rohstoff verstand. Von Brunn[49] sieht in der Verzierungsfreudigkeit ein Symptom für die Wertschätzung der Metallobjekte.

Der Nachweis eines Bronzehandwerkers in der Siedlung Gledeberg FStNr. 7

Die Biegemerkmale am Gledeberger Ring sind sehr unregelmäßig und das Überarbeiten der Enden erbrachte nur eine kantige Rundung. Demnach könnte die vorgenommene Umfunktionierung zu einem Kinderarmring durchaus von metallhandwerklich nicht geschulter Hand ausgeführt worden sein. Unabhängig von diesem Bronzering konnte in Gledeberg dennoch der Nachweis eines Metallhandwerkers erbracht werden.

Aus mehreren Gruben der Siedlung stammen die zerbrochenen Fragmente von mindestens zwei Tonringen (Abb. 6). Alle sind identisch in Form und Größe. Die Zuweisung zu mindestens zwei Ringen ergibt sich daraus, dass die Aufreihung der Stücke den ermittelten Umfang von 26–27 cm übertrifft. Die Fragmente bestehen aus ungemagertem Ton, der sehr stark durchglüht ist. Ihr Querschnitt ist dreieckig bis leicht trapezoid mit einer Kantenlänge von 20–25 mm. Im Inneren durchläuft ein runder Hohlraum die Stücke in Längsrichtung. Die Fragmente stellen die Überreste von Gussformen für den Guss in verlorener Form dar. Das stark durchglühte Erscheinungsbild des Tons ergibt sich dabei aus praktischen Gründen: Der Ton wurde bekanntermaßen über ein Wachsmodel gelegt.[50] Beim anschließenden Brand erhärtete der Ton, während das Wachs flüssig wurde und ausschmolz. Vor dem Einfließen der flüssigen Bronze wurde die Gussform noch einmal sehr stark erhitzt. Dadurch konnte die Bronze beim Einfließen nicht so viel Temperatur an die Tonwand abgeben. Das flüssige Metall erkaltete nicht so stark und konnte die ganze Form ausfüllen.[51] Nach dem Aushärten der Bronze wurde die Tonform offensichtlich mit Bedacht zerbrochen und dann durch die Ringöffnung abgezogen. Das ergibt sich aus der überwiegenden Vollständigkeit der Gussformprofile. Bei einem geschlossenen Ring wäre hingegen ein längs laufendes Aufbrechen erforderlich gewesen.

Bei dem erzielten Objekt handelte es sich dem Hohlraum zufolge um einen offenen Bronzering mit einem Innendurchmesser von ca. 7 cm. Dieser Wert ist für bronzezeitlichen Ringschmuck durchaus plausibel.[52] Auch der runde Stabquerschnitt von 0,5 bis 0,6 cm Stärke widerspricht dem nicht. Über die Gestaltung der Ringenden geben die Gussformfragmente keinen Aufschluss. Eine Torsion der Oberfläche lässt sich nicht nachweisen. Sie erfolgte demnach nicht oder erst in einem zweiten Arbeitsschritt auf mechanische Art. Die von Jantzen[53] in geringer Zahl angeführten Vergleichsstücke[54] zeigen hingegen überwiegend eine Torsion, in einem Fall lässt der Erhaltungszustand sogar auf Wendelstellen[55] schließen. Nur ein Fund aus Börje, Schweden, weist ebenfalls einen geglätteten Ringstab auf.[56]

Eine Besonderheit stellt möglicherweise die Gussform aus Sasel, Hamburg, dar. Schmidt[57] weist darauf hin, dass er „kaum gebrannt" ist. Damit steht er im deutlichen Widerspruch zu dem porös gebrannten Gledeberger Stück. Es kann nur spekuliert werden, warum der Handwerker in Sasel den Ring nicht stark erhitzte, um die geschmolzene Bronze einfließen zu lassen.

Die Siedlung Gledeberg FStNr. 7 stellt einen weiteren Beitrag im noch spärlich erforschten Siedlungswesen der jüngeren Bronzezeit dar. Sie bietet darüber hinaus noch Hinweise auf den Umgang mit den überwiegend aus Gräbern und Depots überlieferten Bronzegegenständen, die in dieser Siedlung offensichtlich sowohl hergestellt als auch umgearbeitet wurden.

Literatur

Assendorp 1997
    J. J. Assendorp, Die bronzezeitliche Siedlung in Hitzacker, Niedersachsen. In: Ders. (Hrsg.), Forschungen zur bronzezeitlichen Besiedlung in Nord- und Mitteleuropa. Internationale Archäologie 38. Espelkamp 1997, 51–59.

v. Brunn 1968
    W. A. von Brunn, Mitteldeutsche Hortfunde der jüngeren Bronzezeit. Römisch-Germanische Forschungen 29. Berlin 1968.

Busch 1975
    R. Busch, Die spätbronzezeitliche Siedlung an der Walkemühle in Göttingen. Göttinger Schriften zur Vor- und Frühgeschichte 16. Neumünster 1975.

Fendel 2006
    H. Fendel, Eine bronzezeitliche Frauenbestattung mit

---

49 Brunn 1968, 258.
50 Willroth 1996, 72.
51 Willroth 1996, 70.

52 Schmidt 1993, 105 Nr. 222c.
53 Jantzen 2008, 64 Nr. 38–42.
54 Ein weiteres Vergleichsstück ist von Rullstorf bekannt (Gebers in Vorb.).
55 Jantzen 2008, 64 Nr. 38.
56 Jantzen 2008, 339 Nr. E 16.
57 Schmidt 1993, 94 Nr. 172.

Fundchronik 1994
Fundchronik Niedersachsen. Nachrichten aus Niedersachsens Urgeschichte 64:2, 1995.

Fundchronik 1998
Fundchronik Niedersachsen. Nachrichten aus Niedersachsens Urgeschichte 1998, Beiheft 2, 1999.

Fundchronik 2006/07
Fundchronik Niedersachsen. Nachrichten aus Niedersachsens Urgeschichte 2006/07, Beiheft 13, 2010.

Fundchronik 2008/09
Fundchronik Niedersachsen. Nachrichten aus Niedersachsens Urgeschichte 2008/09, Beiheft 14, 2011.

Harck 1972
O. Harck, Nordostniedersachsen vom Beginn der jüngeren Bronzezeit bis zum frühen Mittelalter. Materialhefte zur Ur- und Frühgeschichte Niedersachsens 7. Hildesheim 1972.

Harck 1973
O. Harck, Nordostniedersachsen vom Beginn der jüngeren Bronzezeit bis zum frühen Mittelalter (Tafelband). Materialhefte zur Ur- und Frühgeschichte Niedersachsens 7. Hildesheim 1973.

Harck 1978
O. Harck, Das Gräberfeld auf dem Heidberg bei Billerbeck, Kr. Lüchow-Dannenberg. Materialhefte zur Ur- und Frühgeschichte Niedersachsens 13. Hildesheim 1978.

Horst 1985
F. Horst, Zedau. Eine jungbronze- und eisenzeitliche Siedlung in der Altmark. Akademie der Wissenschaften der DDR, Zentralinstitut für Alte Geschichte und Archäologie, Schriften zur Ur- und Frühgeschichte 36. Berlin 1985.

Hundt 1951
H.-J. Hundt, Ein Hortfund der Periode IV von Bäk, Kreis Herzogtum-Lauenburg. Offa 9, 1951, 40–46.

Jantzen 2008
D. Jantzen, Quellen zur Metallverarbeitung im Nordischen Kreis der Bronzezeit. Prähistorische Bronzefunde XIX, 3. Stuttgart 2008.

Keiling 1980
H. Keiling, Bronzezeitliche Bronzefunde aus dem Bezirk Schwerin. Bodendenkmalpflege in Mecklenburg-Vorpommern, Jahrbuch 1980, 21–59.

KFB 1984
Kurze Fundberichte 1984. Bodendenkmalpflege in Mecklenburg-Vorpommern, Jahrbuch 32, 1984, 353–500.

KFB 2007
Kurze Fundberichte 2007. Bodendenkmalpflege in Mecklenburg-Vorpommern, Jahrbuch 55, 2007, 251–399.

KFB 2009
Kurze Fundberichte 2009. Bodendenkmalpflege in Mecklenburg-Vorpommern, Jahrbuch 57, 2009, 409–564.

KFB 2010
Kurze Fundberichte 2010. Bodendenkmalpflege in Mecklenburg-Vorpommern, Jahrbuch 58, 2010, 275–496.

Kiekebusch 1923
A. Kiekebusch, Die Ausgrabungen des bronzezeitlichen Dorfes Buch bei Berlin. Deutsche Urzeit 1. Berlin 1923.

Klammt 2004
A. Klammt, Skandinavischer Trichterbecher? Archäologie in Deutschland 6, 2004, 43.

Laux 1971
F. Laux, Die Bronzezeit in der Lüneburger Heide. Veröffentlichungen der urgeschichtlichen Sammlungen des Landesmuseums zu Hannover 18. Hildesheim 1971.

Pahlow in Vorb.
M. Pahlow, Die jüngere Bronze- und ältere Eisenzeit in Nordostniedersachsen. Diss. Univ. Göttingen. In Vorbereitung.

Randsborg 1972
K. Randsborg, From Period III to Period IV. Chronological studies of the Bronze Age in Southern Scandinavia and Northern Germany. Publications of the National Museum. Archaeological-Historical Series I Vol. XV. Copenhagen 1972.

Schmidt 1993
J.-P. Schmidt, Studien zur jüngeren Bronzezeit in Schleswig-Holstein und dem Nordelbischen Hamburg. Universitätsforschungen zur prähistorischen Archäologie 15. Bonn 1993.

Sommerfeld 1994a
C. Sommerfeld, Ein mittelbronzezeitlicher Hortfund aus Hitzacker, Ldkr. Lüchow-Dannenberg. Zur Deutung der Quelle „Hort" in der Bronzezeit. Berichte zur Denkmalpflege 1, 1994, 9–15.

Sommerfeld 1994b
C. Sommerfeld, Gerätegeld Sichel. Studien zur monetären Struktur bronzezeitlicher Horte im nördlichen Mitteleuropa. Vorgeschichtliche Forschungen 19. Berlin 1994.

Sprockhoff 1932
E. Sprockhoff, Niedersächsische Depotfunde der jüngeren Bronzezeit. Veröffentlichungen der urgeschichtlichen Sammlung des Provinzialmuseums Hannover 2. Hildesheim, Leipzig 1932.

Sprockhoff 1937
E. Sprockhoff, Jungbronzezeitliche Hortfunde Norddeutschlands (Periode IV). Kataloge des Römisch-Germanischen Zentralmuseums zu Mainz 12. Mainz 1937.

Sprockhoff 1963
E. Sprockhoff, Das Hügelgräberfeld von Schnega, Praehistorische Zeitschrift 41, 1963, 1–50.

Tromnau 1976
G. Tromnau, Ein Langhügel bei Ovelgönne, Stadt Buxtehude, Kr. Stade. Nachrichten aus Niedersachsens Urgeschichte 45, 1976, 363–370.

Vietze 2009
H.-P. Vietze, Die bronzezeitliche Siedlung an der Schönerlinderstraße in Berlin-Buch. Berliner Beiträge zur Vor- und Frühgeschichte NF 15. Berlin 2009.

Willroth 1985
K.-H. Willroth, Zu den Meißeln der älteren nordischen Bronzezeit. Offa 42, 1985, 393–430.

Willroth 1996
K.-H. Willroth, Metallversorgung und -verarbeitung. In: G. Wegner (Hrsg.), Leben – Glauben – Sterben vor 3000 Jahren. Bronzezeit in Niedersachsen. Begleithefte zu Ausstellungen der Abteilung Urgeschichte des Niedersächsischen Landesmuseums Hannover 7. Oldenburg 1996, 67–81.

Fundlisten

Liste 1 – Bronzefunde in Siedlungskontexten Norddeutschlands

Mecklenburg-Vorpommern

Alt Stassow, Ldkr. Rostock – Nadel (KFB 2001, 414f.)

Anklam, Ldkr. Vorpommern-Greifswald – Nadel (KFB 2010, 297f.)

Basedow, Ldkr. Mecklenburgische Seenplatte – Armring (KFB 2010, 299f.)

Butzow, Ldkr. Vorpommern-Greifswald – Sichel, Pinzette (KFB 2009, 428)

Dalmsdorf, Ldkr. Mecklenburgische Seenplatte – Knöpfe, Messer, Pfriem, Armring, Schmelz (KFB 2010, 301)

Jamel, Ldkr. Nordwestmecklenburg – Nadeln (KEILING 1980, 42 Abb. 5 a–b)

Jesendorf, Ldkr. Nordwestmecklenburg – Fragment (KFB 2007, 382)

Jürgenshagen, Ldkr. Rostock – Nadel (KFB 1997, 371 Abb. 85)

Karrenzin, Ldkr. Ludwigslust-Parchim – Pfriem (KEILING 1980, 42 Abb. 5 d)

Klempenow, Mecklenburgische Seenplatte – Tüllenbeil (KFB 2010, 305)

Klempenow, Ldkr. Mecklenburgische Seenplatte – Armring (ULRICH 2004, 30 Abb. 2 a)

Klevenow, Ldkr. Vorpommern-Rügen – Knopf (KFB 2002, 417)

Koserow, Ldkr. Vorpommern-Greifswald – Nadel (KFB 2007, 384)

Lübkow, Ldkr. Mecklenburgische Seenplatte – Fibel (KFB 1982, 366 Abb. 3 a)

Lüssow, Ldkr. Rostock – Nadel (KFB 1984, 415)

Neppermin, Ldkr. Vorpommern-Greifswald

Neuhof, Insel Usedom, Ldkr. Vorpommern-Greifswald – Sichel (KFB 1998, 581)

Pelsin, Vorpommern-Greifswald – Sichel (KFB 2009, 435)

Plüggentin, Ldkr. Vorpommern-Rügen – Kragen (KFB 2007, 386)

Roggentin, Ldkr. Mecklenburgische Seenplatte – Knopf (KFB 2008, 359)

Rollwitz, Ldkr. Vorpommern-Greifswald – Nadel (KFB 2009, 437f.)

Vietzen, Ldkr. Mecklenburgische Seenplatte – Nadel (KFB 2007, 284)

Vietzen, Ldkr. Mecklenburgische Seenplatte – Armring, Pfriem, Pfeilspitze (KFB 2007, 284)

Voigdehagen, Vorpommern-Rügen – Sichel (KLAMMT 2004)

Waren, Ldkr. Mecklenburgische Seenplatte – Armring (HUNDT 1997, Taf. 90,3)

Wismar, Ldkr. Nordwestmecklenburg – Armring (KFB 2002, 427)

Wismar, Ldkr. Nordwestmecklenburg – Nadel (KFB 2007, 388)

Niedersachsen, ehem. Reg.Bez. Lüneburg

Büchten, Ldkr. Heidekreis – Nadel, vermutl. Bestattung (FUNDCHRONIK 2006/07, 51 Kat. Nr. 109)

Harsefeld, Ldkr. Stade – Schwertfragment (FUNDCHRONIK 1998, 123 Kat. Nr. 196)

Hastedt, Ldkr. Rotenburg (Wümme) – Absatzbeil, unsicher zugehörig (FUNDCHRONIK 1998, 143 Kat. Nr. 221)

Rotenburg, Ldkr. Rotenburg (Wümme) – Ring (FUNDCHRONIK 2008/09, 183 Kat. Nr. 352

Wiepenkaten, Ldkr. Stade – Sichel (FUNDCHRONIK 1994, 289 Kat. Nr. 333)

Liste 2 – einteilige Gussformen für Bronzeringe

Deutschland

Gledeberg

Graitschen a. d. Höhe, Thüringen (JANTZEN 2008, 341 Nr. E 47)

Pößneck-Schlettwein, Thüringen (JANTZEN 2008, 342 Nr. E 52)

Sasel, Hamburg (SCHMIDT 1993, 94f. Nr. 172)

Dänemark

Brejning, Ringkøbing Amt (JANTZEN 2008, 64 Nr. 38)

Ganløse, Frederiksborg Amt (JANTZEN 2008, 67 Nr. 39)

Gevninge, Københavns Amt (JANTZEN 2008, 67 Nr. 40)

Otterup, Odense Amt (JANTZEN 2008, 67 Nr. 41)

Schweden

Börje, Uppland (JANTZEN 2008, 339 Nr. E 16)

Köping, Öland (JANTZEN 2008, 340 Nr. E 21)

Vårfrukyrka, Uppland (JANTZEN 2008, 341 Nr. E 38)

Schweiz

Auvernier, Kt. Neuenburg (JANTZEN 2008, 67, Fußnote 52)

Die befestigte Siedlung von Rathsdorf am niederen Oderbruch – Zur Charakterisierung eines zentralen Ortes der jüngeren Bronze- und frühen Eisenzeit

von Hans-Jörg Nüsse

Einleitung

Zentrale Orte stellen innerhalb der siedlungsarchäologischen Forschung einen stets aktuellen Themenschwerpunkt dar. Im Mittelpunkt stehen vor allem Fragestellungen zu ihrer Genese und Funktion, ihrer Stellung innerhalb der Besiedlungsstruktur sowie ihres naturräumlichen und kulturellen Umfelds. Zu den wichtigsten Phasen des „Burgenbaus" zählt dabei die jüngere Bronze- und Vorrömische Eisenzeit.[1] Räumlich konzentrierten sich die modernen, mit archäologisch-naturwissenschaftlichen Methoden durchgeführten Untersuchungen zu Zentralorten dieses Zeitabschnitts vor allem auf Süddeutschland[2] – für die Mitte und den Osten Deutschlands sowie für weite Bereiche Polens liegen dagegen bislang meist nur ausschnitthafte Untersuchungen vor. Die Gewinnung eines umfassenden Gesamtbilds einer derartigen Siedlung, das zentrale Aussagen zum architektonischen Aufbau innerhalb der Befestigung, zur sozialen Gliederung und zu den ökonomischen Grundlagen ihrer Bewohner und ihrer Stellung im Besiedlungsumfeld gestattet, stellt bislang ein Desiderat der Forschung dar. Die befestigte Siedlung von Rathsdorf, Ldkr. Märkisch-Oderland, bietet ideale Voraussetzungen, um diesen Aspekten nachzugehen.

Zentralorte der späten Bronze- und frühen Eisenzeit – eine Skizze des Forschungsstands

Die Rekonstruktion vor- und frühgeschichtlicher Besiedlungsgeschichte einschließlich der vielfältigen und wechselhaften Beziehungen von Mensch und Umwelt stellt eine der zentralen Aufgaben der Archäologie dar. Moderne siedlungsarchäologische Forschungsansätze sehen daher nicht nur den einzelnen Siedlungsplatz als Untersuchungsziel, sondern ebenso seine Einbettung in das naturräumliche Umfeld und seine Vernetzung im regionalen Besiedlungssystem als wichtige Bestandteile der Untersuchung. Erst die Sammlung möglichst vieler Faktoren ermöglicht eine fundierte Gesamtbewertung einer Siedlung und ihrer Stellung im besiedlungsgeschichtlichen und kulturellen Umfeld – dies trifft vor allem auf die sog. Zentralorte innerhalb hierarchisch gegliederter Siedlungssysteme zu. Neben einer umfassenden Analyse des umgebenden Raums stellt die Ausgrabung am betreffenden Siedlungsplatz eine ganz wesentliche Komponente dar – ohne Kenntnis der konkreten Befundlage innerhalb der Siedlung können Aussagen zur sozialen Struktur, zu ökonomischen Grundlagen sowie religiösen und politischen Funktionen letztendlich nur ansatzweise oder anhand von Analogien getroffen werden. Besonders in Zeitabschnitten mit einer komplexeren Siedlungshierarchie, an deren Spitze befestigte Siedlungen als vermutliche Zentralorte innerhalb der Siedlungskammern stehen, stellen diese zentralörtlichen Siedlungen die entscheidende Schlüsselstellung für ein umfassendes Gesamtverständnis dar. Allerdings ist gerade für die potentiellen Zentralorte der jüngeren Bronze- und älteren Eisenzeit, die die Siedlungslandschaft offenbar maßgeblich prägen, eine äußerst unbefriedigende Situation zu verzeichnen. Zwar sind die betreffenden „Burgen" durch ihre besonderen topographischen Lagemerkmale und Überreste ihrer Fortifikation (Wälle, Gräben) als auffällige Geländedenkmale greifbar. Großflächige archäologische Untersuchungen im Inneren der Anlagen haben aber in der Regel nicht stattgefunden. Forschungsgeschichtlich standen zunächst Schnitte durch die Wallkonstruktionen im Vordergrund, um die Datierungen, Bauphasen und Konstruktionstypen zu klären.

Systematische Freilegungen von größeren Teilen oder sogar gesamten Innenflächenbereichen haben bislang nur in sehr wenigen befestigten Anlagen stattgefunden. Die umfangreichsten Untersuchungen wurden dabei im Bereich der „Fürstensitze" des Westhallstattkreises in Südwestdeutschland[3] und in Zentralpolen[4] durchgeführt. Weitere Grabungen in eisenzeitlichen Zentralorten erfassten nur kleinere Ausschnitte der jeweiligen Burganlage.[5] Auch im Fall der jungbronze- bis ältereisenzeitlichen Hünenburg bei Watenstedt wurden neben einem Wallschnitt nur kleine Flächen im Burginnenraum geöffnet. Wegweisend waren die anschließenden umfangreichen Flächengrabungen im Bereich einer hier erstmals nachgewiesenen Außensiedlung, die da-

---

1 Herrmann 1969b. Jockenhövel 1999. Zu den jüngereisenzeitlichen Burgen der Mittelgebirgszone siehe stellvertretend Cosack 2008.
2 Zuletzt Krause 2008a. Krausse/Beilharz 2010. Posluschny 2012.
3 Von der Heuneburg sind ca. 40 Prozent des Burgplateaus freigelegt worden: Kimmig 1983, 14 Abb. 5.
4 Biskupin ist zu etwa zwei Drittel untersucht: Kostrzewski 1950; kritisch zum Befundplan Harding u. a. 2004, 197.
5 Parzinger 1998. Krause u. a. 2008. Harding u. a. 2004.

mit entscheidende Erkenntnisse zum Gesamtbild eines Zentralorts dieses Zeitabschnitts lieferten.[6]

Besonders deutliche Defizite in der Erforschung befestigter Zentralorte sind insbesondere für den gesamten mittel- und ostdeutschen und den polnischen Raum zu verzeichnen. Die Kenntnisse zu den einzelnen Objekten beziehen sich meistens auf Oberflächenfunde sowie auf Wallschnitte – zur Architektur und funktionalen Gliederung der Burginnenflächen liegen dagegen fast keine Beobachtungen vor.[7] Dies betrifft sowohl die jungbronzezeitlichen, d. h. vor allem dem Bereich der Lausitzer Kultur zuzurechnenden Burganlagen, als auch die der folgenden ältereisenzeitlichen Kulturgruppen. Häufig handelt es sich um Anlagen, die sogar in beiden Phasen genutzt wurden: Die entscheidenden Prozesse zur Herausbildung der Burganlagen vollzogen sich offenbar vielfach schon während der Jungbronzezeit, während in anderen Fällen die Befestigung des Platzes erst in der Eisenzeit erfolgte.[8] Nicht selten bleiben aber Unklarheiten über die tatsächliche chronologische Tiefe einzelner Burgen bestehen, so dass in diesen Fällen ganz elementare Fragen nach der Genese und dem Entwicklungsgang der jeweiligen Anlagen, aber auch der prinzipiellen Beurteilung der beiden Burgenbauphasen offen bleiben.[9]

Im Verbreitungsgebiet der eisenzeitlichen Billendorfer Gruppe sind beiderseits der mittleren Oder mit den Anlagen von Starosiedle und Senftenberg[10] zwar zwei Burgen annähernd vollständig und mit der Burganlage von Wicina[11] eine weitere zu Teilen untersucht worden. Allerdings müssen die Untersuchungsergebnisse als problematisch bewertet werden, kommen doch gerade hinsichtlich der Rekonstruktion der Gebäudeformen und damit auch des gesamten Aufbaus der Siedlungen erhebliche Zweifel auf (zu große Spannbreiten der Häuser, unarchitektonische Grundrisse). Eine Überprüfung der damaligen Befundsituation durch Nachgrabungen ist in Senftenberg aufgrund der vollständigen Zerstörung der Burg durch den Tagebau nicht mehr möglich. Verlässliche Informationen zur architektonischen Struktur, Organisation und Funktion der die Siedlungslandschaften prägenden Zentralorte, die auf größeren Flächenuntersuchungen basieren, sind daher vorerst weder für den Bereich der Billendorfer Gruppe noch für die angrenzenden eisenzeitlichen und vorangehenden jungbronzezeitlichen Kulturgruppen möglich.

Auch innerhalb der eisenzeitlichen Göritzer Gruppe sind mit Ausnahme von Lossow[12] und des Siedlungskomplexes von Rathsdorf und Altgaul[13] kaum moderne Siedlungsgrabungen größeren Umfangs erfolgt.[14] Allerdings treten die untersuchten Flächen in der Vorburgsiedlung von Lossow zwangsläufig weit hinter denen der beiden Trassengrabungen in Rathsdorf zurück. Auf der Burg von Lebus sind neben den eher kleinflächigen Ausgrabungen durch W. Unverzagt und K.-H. Otto aus den 1930er bis 1970er Jahren[15] bis zuletzt weitere Rettungsgrabungen zu verzeichnen, die aber ebenfalls nur punktuelle Einblicke geben.[16] Durch die baulichen Maßnahmen in slawischer und deutscher Zeit kam es zudem zu Zerstörungen der älteren Kulturschichten. Ähnlich liegen die Verhältnisse bei den weiteren bekannten Burganlagen der Göritzer Gruppe (Cedynia, Szczecin, Swobnica), in denen kleinere Ausgrabungen stattgefunden haben. Auch hier gestatten diese keine Aussagen über den inneren Aufbau der Anlage und die damit verbundenen architektonischen Strukturen im Bereich der Innenflächen, da sich die Untersuchungen vorrangig auf die Wallkonstruktionen konzentrierten. Dabei treten gerade unter den zentralen Orten offenkundig deutliche Unterschiede auf, die für eine weiterreichende Ausdifferenzierung der Siedlungstypen während der jüngeren Bronze- und Eisenzeit sprechen. So hebt sich allein die Größe der befestigten Siedlung von Rathsdorf (ca. 16 ha) klar vom befestigten Innenbereich in Lossow (2,8 ha) ab. Gleichzeitig variieren die Befestigungssysteme, da die Siedlungsfläche in Rathsdorf nicht mit einem Wall, sondern wohl lediglich mit einem Sohlgraben und einer Palisade umgeben war. Luftbilder geben dagegen eine mehrfache Binnengliederung der Anlage zu erkennen, da der südwestliche Teilbereich durch eine mindestens zweifach gestaffelte Anordnung von Abschnittsgräben und eine Palisade vom Rest der Innenfläche abgetrennt war. Damit zeichnet sich ein grundsätzlich anderes Muster als in Lossow ab. Dort fehlt eine weitere Untergliederung innerhalb des Burgwalls, dagegen ist eine ausgedehnte Vorburgsiedlung greifbar. Mit den sog. „Opferschächten" innerhalb des Burgwalls weist dieser während der eisenzeitlichen Nutzungsphase zudem eine vollkommen andere Prägung auf – unabhängig von der konkreten Funktion der Schächte.[17] Wiederum andere topo-

---

6   Heske 2006. Heske u. a. 2010.

7   Siehe Beiträge in Jockenhövel 1999. Buck 1979, 40–47. Bukowski 1990.

8   Vergleiche Herrmann 1969b, 71–72; 84–90 Abb. 1; 12–13.

9   Harding u. a. 2004, 194–196.

10   Schuchhardt 1926. Herrmann 1969b.

11   Schuchhardt 1926. Kołodziejski 1971.

12   Zuletzt Beilke-Voigt/Schopper 2010.

13   Govedarica 1999; 2006. Lehmphul 2008; 2009; 2011.

14   Griesa 1982, 27–30. Peter-Röcher 2011. Suhr 2007, 22–24; 33ff. Die Grabungen in Dolgelin und Neuenhagen Fpl. 10 umfassten jeweils etwa 700 m².

15   Griesa 1982, 149. Stoll 1989. Suhr 2007, 108–109.

16   Herausragend hier der 2003 entdeckte Hortfund mit 106 Bronzeobjekten (fast ausschließlich Beile), siehe Schopper 2003.

17   Wesuls 2010. Beilke-Voigt 2010a; 2010b, 70–72.

graphische Situationen besitzen die Burganlage von Lebus und die vermutlich durch einen künstlichen Graben vom Ufer getrennten Siedlung von Bollersdorf mit ihrer Insellage.[18] Die genannten Beispiele belegen zum einen unterschiedlichste Lage- und Befestigungstypen, aber auch mögliche funktionale Veränderungen der Anlagen während ihrer Nutzungsphasen. Insbesondere die Untersuchungen in Lossow haben den Funktionswandel eines Zentralorts zwischen der jüngeren Bronzezeit und der älteren Vorrömischen Eisenzeit deutlich vor Augen geführt, stand hier doch der bronzezeitliche Besiedlungsabschnitt zuletzt im besonderen Fokus der Forschung.[19] Während in der ersten Phase mit der Errichtung des imposanten Burgwalls nicht nur visuell ein Mittelpunkt innerhalb des Siedlungsraums geschaffen wurde, war die zweite Phase durch das Anlegen von Opferschächten in der Innenfläche geprägt. Diese besondere Entwicklungsgeschichte lässt sich jedoch keineswegs auf andere Anlagen übertragen. Uniforme Interpretationsmodelle greifen daher nur bedingt.[20]

Die Siedlung von Rathsdorf als Zentralort am Oderbruch

Der Siedlungsplatz von Rathsdorf liegt auf einer in das Oderbruch hineinragenden Sandkuppe, dem Eichwerder (Abb. 1). Ursprünglich von einem Arm der Oder umflossen, lässt sich diese inselartige und ursprünglich äußerst imposante Geländesituation klar naturräumlich umreißen. Der Eichwerder besitzt danach eine Ausdehnung von etwa 550 x 200 m. Die ehemalige Siedlungsfläche nahm dabei nach Auskunft der Oberflächenfunde und Luftbilder den gesamten Kuppenbereich ein. Verkehrsgeographisch befindet sich die Anlage durch die direkte Anbindung an die Oder in einer überaus günstigen Situation im überregionalen Kommunikationssystem. Vermutlich verband eine nahe gelegene Furt zudem Besiedlungsschwerpunkte östlich und westlich der Oder[21], die Rathsdorfer Siedlung nahm dabei eine zentral gelegene Position innerhalb dieses Raums ein. Etwa 15 km von Rathsdorf entfernt lag bei Cedynia möglicherweise der nächst gelegene Zentralort auf der östlichen Oderseite.[22]

Einen größeren Einblick in die verschiedenen Funktionsbereiche der Siedlung gestatten die beiden 1999 und 2008 durchgeführten Trassengrabungen, die etwa zehn Prozent der Gesamtfläche erschlossen. Danach handelt es sich bei dem südöstlichen Bereich der Innenfläche um ein ausgedehntes Speichergrubenareal, wie es von

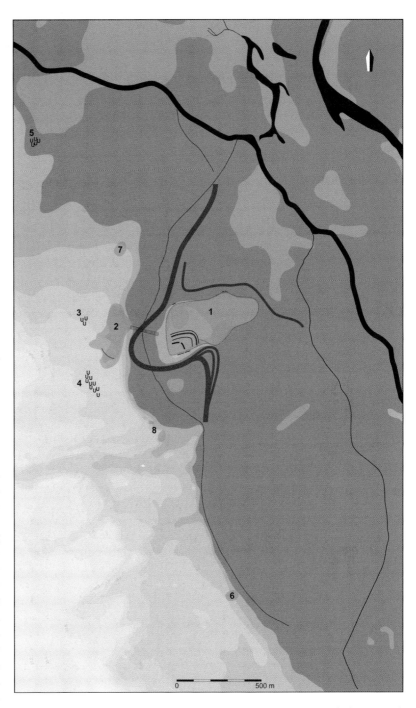

▲ Abb. 1: Die Zentralsiedlung von Rathsdorf und ihr Umfeld: 1 – befestigte Siedlung auf dem Eichwerder mit Außen- und Abschnittsbefestigung sowie zwei großen Speichergrubenarealen; 2 – Außen-/Vorburgsiedlung mit hypothetischem Bohlenweg zum Eichwerder; 3 – mittel- bis jungbronzezeitliches Gräberfeld (Rathsdorf, Fpl. 1); 4 – jungbronze- bis eisenzeitliches Gräberfeld (Rathsdorf, Fpl. 2 und 4); 5 – eisenzeitliches Gräberfeld bei Altranft (Fpl. 1); 6 – jungbronze- bis eisenzeitliche Siedlung bei Altgaul; 7–8 – jungbronze-/eisenzeitliche Siedlungsstellen.
Die Wasserläufe (schwarz) sind auf der Grundlage des Preußischen Urmesstischblatts von 1844 wiedergegeben, im Bereich des Eichwerders sind außerdem nach Luftbildern identifizierbare alte Oderarme (dunkelgrau) vermerkt.
Grafik: Verfasser.

---

18 SCHULZ 1991 mit weiterführender Literatur. VOGT 1975.
19 BEILKE-VOIGT/SCHOPPER 2010.
20 So auch KRAUSSE 2008b, 6–7.
21 Zur frühmittelalterlichen Situation siehe HERRMANN 2001, 103–104 Abb. 1a.
22 FILIPOWIAK/SIUCHNIŃSKI 1957. SUHR 2007, 102–103 Taf. 29–32.

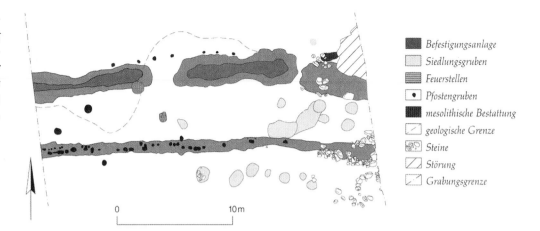

◢ Abb. 2: Außenbefestigung der Zentralsiedlung auf dem Eichwerder: Palisadengraben und davor liegender Sohlgraben aus dem Trassengrabung von 2008. LEHMPHUL 2008.

zahlreichen anderen Siedlungsplätzen – vorrangig der jüngeren Bronzezeit – bekannt ist.[23] Mit einer Streuung dieser kastenförmig eingetieften Grubenbefunde auf einer Fläche von über 40 x 100 m übertrifft es die meisten bislang bekannten Areale anderer Plätze (meist 20 x 30 m, nur selten bis 50 m Durchmesser) jedoch bei weitem. In den ausgegrabenen Flächen wurden mehr als 250 Speichergruben erfasst, unter Einschluss der nicht untersuchten Bereiche dürfte die ursprüngliche Anzahl mehr als das Doppelte betragen haben. In ihnen wurde vermutlich Getreide gelagert. Keramik und Brandlehm aus den Gruben zeugen von einer nahe gelegenen Bebauung, die aufgelassenen Gruben dienten dabei offenbar für die Entsorgung von Abfall. Zwischen den kastenförmigen treten zudem muldenförmige Gruben auf, die sich in nördlicher Richtung auch außerhalb des Speichergrubenbereichs fassen lassen. Offenbar existierte dort ein anderweitig genutzter Bereich (mit Bebauung?) – nicht auszuschließen sind zwei generell voneinander zu trennende Nutzungsphasen, dies können jedoch nur weitere Analysen des Fundmaterials klären. Ein schmaler Palisadengraben begrenzte das Speichergrubenareal nach Süden. Wahrscheinlich steht dieser mit dem Gräbchen auf der Nordseite des Eichwerders in Verbindung, da beide dem Verlauf derselben Höhenlinie folgen und sich damit offensichtlich an den topographischen Gegebenheiten orientieren. Auf dieser Grundlage ist zu vermuten, dass ursprünglich den gesamten Eichwerder eine Palisade umgab. Im Norden war der Palisade noch zusätzlich ein Sohlgraben vorgelagert (Abb. 2).

Als herausragende Funde aus einer der Siedlungsgruben sind zwei bronzene Phaleren der Per. IV/V anzuführen.[24] Wahrscheinlich handelt es sich um eine bewusste Niederlegung – allerdings stellt sie bislang die einzige innerhalb der beiden Trassengrabungen dar, so dass nicht von einem kultisch geprägten Bereich der Siedlung gesprochen werden kann. Bemerkenswert ist zudem der Fund eines aus über 80 Stücken Rohbernstein bestehenden Depots aus einer früheisenzeitlichen Grube – derartige Befunde stellen bislang eine äußerst seltene Ausnahme dar.[25]

Die geborgene Keramik ließ die Gruben zunächst ausschließlich der eisenzeitlichen Göritzer Gruppe (Stufe I) zuweisen.[26] Doch deutet sich insgesamt eine größere zeitliche Tiefe des Siedlungskomplexes an. Die ermittelten ^{14}C-Daten aus dem Sohlgraben (unterste Verfüllschicht: 1290–1040 v. Chr.) und dem Palisadengräbchen (Probe von der Sohle: 1320–1120 v. Chr.) am Nordrand des Eichwerders sprechen deutlich für Befestigungsmaßnahmen, die bereits während der jüngeren Bronzezeit erfolgten.[27]

Untersuchungen am Doppelgrabenwerk

Diese größere zeitliche Tiefe der Besiedlung auf dem Eichwerder konnte auch durch einen 2011 angelegten Schnitt[28] durch ein auf Luftbildern bereits klar identifizierbares Doppelgrabenwerk (Abb. 3) bestätigt werden, das als Teil einer mehrfach gegliederten Abschnittsbefestigung die Südwestspitze des Eichwerders abriegelte und damit die Siedlungsfläche in mehrere Bereiche gliederte. Es handelt sich in beiden Fällen um Sohlgräben mit einem muldenförmigen Profil (Abb. 4). Überraschend war die noch erhaltene Tiefe der Befunde. So erreichte der äußere Graben eine Tiefe von 1,5 m, der innere Graben von 1,8 m unter der heutigen Oberfläche. Mit einer noch feststellbaren Breite von rund 3,5 m war der innere Graben der breitere von beiden, er war zudem deutlich steiler eingegraben. Die Breite des äußeren Grabens betrug etwa 3 m, wobei vor allem seine äußere Flanke relativ flach auslief.

---

23 BÖNISCH, 1996, 85–89; 2006.
24 GOVEDARICA 2006, 241–243 Abb. 7.
25 LEHMPHUL 2011. Zu regionalen Bernsteinvorkommen s. SCHULZ 1993. Zu den reichen Bernsteinfunden vom Burgwall Komorowo und aus dem nahe gelegenen Gräberfeld von Gorszewice siehe STAHL 2006, 29; 93–94. MALINOWSKI 1971.
26 GOVEDARICA 1999, 62.
27 LEHMPHUL 2008, 41. Für die Möglichkeit, Einsicht in den Grabungsbericht zu nehmen, sei R. Lehmphul herzlich gedankt.
28 NÜSSE 2011.

Im ursprünglichen Zustand dürften die Gräben mindestens 1 m breiter gewesen sein.

Offenbar kam es im Außengraben bereits bald nach dessen Anlage zu einer rund 30 cm mächtigen Auffüllung mit sterilem, hellem Sand. Danach folgte ein Verfüllprozess mit dunklem, ehemals sicherlich humosem Bodenmaterial, das auch zahlreiche Funde enthielt. Da keine deutlich abgrenzbaren Schichtpakete erkennbar waren, spricht vieles für einen allmählich fortschreitenden Verfüllprozess – Hinweise auf ein intentionelles, schnelles Verfüllen haben sich ebenso wenig ergeben wie Anzeichen für Instandsetzungen. Gleiches gilt für den inneren Graben. Zu einem bestimmten Zeitpunkt wurden zahlreiche Steine in die bereits merklich verflachten, nur noch etwa zwei Drittel der ursprünglichen Tiefe erreichenden Gräben eingebracht. Sie fanden sich konzentriert in der Mitte beider Gräben und folgten dem jeweiligen Grabenverlauf. Während im äußeren Graben meist nur faustgroße Steine angetroffen wurden, handelte es sich bei den Steinen aus dem inneren Graben um mächtige Feldsteine von bis zu 40 cm Kantenlänge. Das etwa identische Niveau der Steinlagen – ca. 50–70 cm über der ehemaligen Grubensohle – lässt auf einen ähnlichen, wenn nicht sogar gleichen zeitlichen Kontext dieser baulichen Maßnahme schließen. Die kompakte Lage spricht gegen ein Abrutschen oder einen Versturz von Steinen, die eventuell im Bereich einer Berme oder einer Befestigung hätten Verwendung finden können. Eine befriedigende funktionale Deutung erschließt sich vorerst noch nicht, es bleibt jedoch festzuhalten, dass der Grabenverlauf offensichtlich auch während der anschließenden Besiedlungsphase(n) weiterhin eine wichtige Rolle spielte, den es zu markieren galt (z. B. als soziale oder rituelle Grenze?).

Der südwestliche Bereich des Eichwerders war allerdings nicht nur durch einen Doppelgraben befestigt. Im Abstand von 3,5 m folgte auf der Innenseite ein 35 cm breiter und noch maximal 45 cm tief erhaltener Palisadengraben (Abb. 4). Die einzelnen Pfostengruben waren im Längsprofil noch erkennbar. Nach Aussage des Luftbilds (Abb. 3) begleitete die Palisade das Doppelgrabenwerk auf seiner gesamten Länge. Dasselbe Luftbild zeigt zudem zwei weitere Gräben, die wiederum im Innenbereich folgen. Der innerste Graben weist deutlich eine zentral gelegene Torsituation auf. Der chronologische und funktionale Bezug dieser Gräben zu dem zuvor beschriebenen Doppelgraben bleibt noch zu klären, doch liegt ein inhaltlicher Zusammenhang aufgrund der etwa parallelen Ausrichtung nahe. Auch hier deutet sich eventuell ein zeitliches Nacheinander

▲ *Abb. 3: Luftbild aus westlicher Richtung auf die Südwestspitze des Eichwerders: Doppelgrabenwerk, Palisadengraben (Pfeil) und ein weiterer Abschnittsgraben mit Torsituation. Zu erkennen ist außerdem ein weiterer, auf den Doppelgraben zulaufender Palisadengraben (Pfeil). Foto: O. Braasch/Brandenburgisches Landesamt für Denkmalpflege und Archäologisches Landesmuseum.*

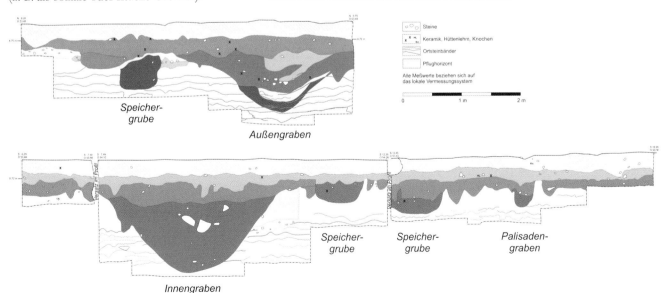

▲ *Abb. 4: Ostprofil des Suchschnitts durch das Doppelgrabenwerk: äußerer und innerer Graben, Palisadengraben sowie jüngere(?) Speichergruben. Deutlich zu trennen sind die ältere Grabenverfüllung und die aufliegende, ältereisenzeitliche Kulturschicht. Grafik: Verfasser.*

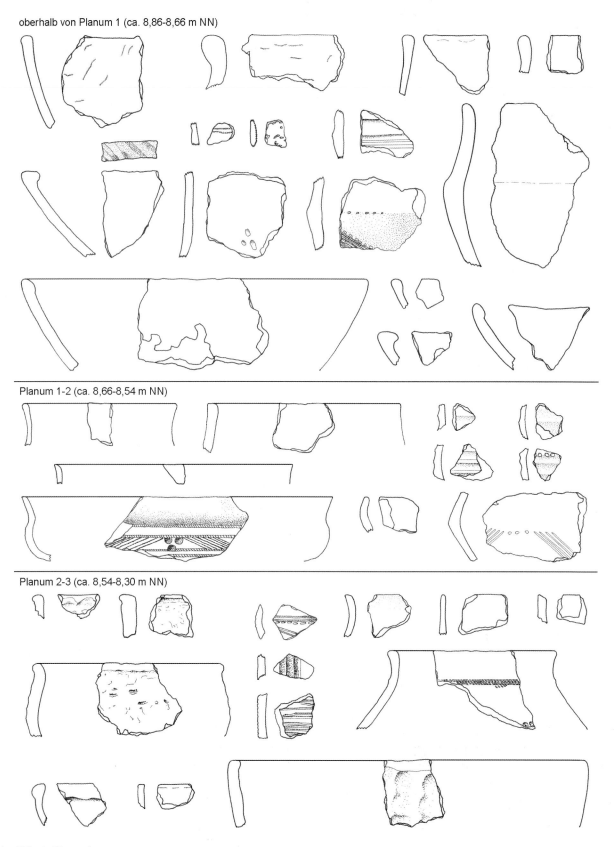

▲ Abb. 5: Keramik aus der den inneren Graben überlagernden, ältereisenzeitlichen Kulturschicht. Zeichnungen: V. Fink/ C. Golze.

an, wie auch das Luftbild eine Überschneidungssituation von Außen- und Abschnittsbefestigung (Abb. 3) zeigt, die auf eine chronologische Abfolge der Befestigungssysteme hinweist.

Die beiden untersuchten Gräben einschließlich des Palisadengräbchens werden von zwei ältereisenzeitlichen Kulturschichten (Abb. 4) überlagert. Sie erbrachten zahlreiche Gefäßreste, die der Göritzer Gruppe zugewiesen werden können, darunter auch reich verzierte Fragmente. Daneben sind auch einige Scherben, wie das Fragment einer Schale mit auffälliger schräger Riefung auf dem Randabschluss, wahrscheinlich als jungbronzezeitlich anzusprechen, so dass von einer stärkeren

Durchmischung von Fundgut in diesem Horizont zu rechnen ist (Abb. 5 und 6, Planum 1 bis 3)[29]. Eine deutlich andere Zusammensetzung weist das Fundmaterial der älteren Grabenverfüllung (Abb. 6, Planum 4 bis Grabensohle) auf: Neben der kleinteiligeren Zerscherbung ist die Verzierungsarmut auffällig. Die Fragmente stammen überwiegend von unverzierten Schüsseln und Rauhtöpfen. Hervorzuheben sind insbesondere die mit vertikalen und horizontalen Rillen(bündeln) verzierten Scherben aus Planum 5–6, die jungbronzezeitlichen Gefäßen (Terrinen) mit Kegel- oder Zylinderhals zugewiesen werden können[30]. Definitiv der Göritzer Gruppe zuzuschreibende Stücke fehlen, so dass eine jungbronzezeitliche Datierung der Gräben als sehr wahrscheinlich zu erachten ist[31]. Damit könnte sich durch die Ergebnisse des Grabenschnitts die Richtigkeit der ^{14}C-Daten für die Außenbefestigung des Eichwerders bestätigen, so dass von einer komplexen, mehrfach gegliederten Anlage während der jüngeren Bronzezeit auszugehen ist. Zugleich wird deutlich, dass es nicht nur im östlichen Bereich des Eichwerders zu einer intensiven Siedlungstätigkeit während der älteren Eisenzeit gekommen ist, sondern nach Aussage der im Grabenschnitt angetroffenen Kulturschicht auch im westlichen Bereich. Zeugnis davon legen außerdem die dicht an dicht liegenden, insgesamt 13 Speichergruben ab, die in der schmalen Grabungsfläche dokumentiert werden konnten. Nach derzeitigem Kenntnisstand gehören sie hier überwiegend der ältereisenzeitlichen Siedlungsphase an. So muss auf dem Eichwerder offensichtlich mit funktionalen Veränderungen während der mehrhundertjährigen Besiedlungsdauer gerechnet werden, die u. a. zu einer teilweisen(?) Auflassung des Befestigungssystems und zur Anlage großer Speichergrubenareale führten. Wiederum stellen die Luftbilder wichtige Ergänzungen dar, da es diese Speichergruben dem Randbereich eines zweiten großen Areals mit derartigen Befunden im Westteil des Eichwerders zuweisen lässt.

Ergebnisse der geomagnetischen Prospektion

Die durch Luftbilder und Grabungen gewonnenen Erkenntnisse können anhand der auf der westlichen Hälfte des Eichwerders durchgeführten geomagnetischen Prospektion verifiziert und

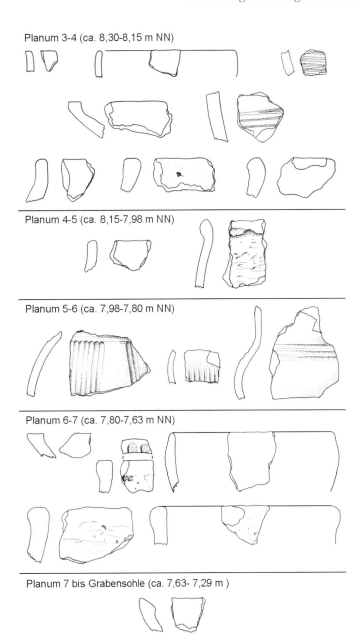

▲ Abb. 6: Keramik aus der älteren Verfüllung des inneren Grabens. Zeichnungen: V. Fink/C. Golze.

ergänzt werden. Innerhalb der rund 6,5 ha großen Fläche konnten der Bereich der beiden Abschnittsbefestigungen einschließlich des davon umschlossenen Bereichs sowie das der Befestigung vorgelagerte Siedlungsareal erfasst werden (Abb. 7). Deutlich tritt zum einen die Doppelgrabenanlage hervor, die offensichtlich keine Unterbrechungen aufweist – eine Zugangssituation gibt sich damit vorerst nicht zu erkennen. Vielmehr bestand eine solche auf der Südseite, konnten hier doch deutliche Spuren des Außengrabens erfasst werden, der an einer Stelle eine Unterbrechung zu erkennen gibt. Möglicherweise war daher die abgeriegelte Südwestspitze des Eichwerders nicht über das besiedelte Plateau erreichbar, sondern nur über diese Palisadenöffnung. Die Existenz einer den gesamten Eichwerder umgebenden Befestigung kann damit zugleich bestätigt werden.

Der innere, einfache Abschnittsgraben zeichnet sich im Geomagnetikplan dagegen weniger deutlich ab als im Luftbild, die Torsituation ist aber

---

29 Die Schichtgrenze zwischen der älteren Grabenverfüllung und der aufliegenden Kulturschicht liegt zwischen Planum 2 und 3. Das Material aus diesem Abtrag kann daher weder der einen noch der anderen Schicht klar zugewiesen werden.

30 Vgl. RÜCKER 2007, 128–131 Abb. 29 [Per IV/V (Ha A2/B1)]; aus Grünberg 1943 lassen sich Beispiele sowohl aus jung- als auch jüngstbronzezeitlichen Kontexten anführen.

31 Eine auf materialreichen Siedlungsbefunden basierende typologisch-chronologische Untersuchung der jungbronze- bis ältereisenzeitlichen Siedlungskeramik des mittleren Oderraums stellt nach wie vor ein Desiderat dar. Vor diesem Hintergrund lassen sich viele Gefäßformen bislang nur vage innerhalb dieses Zeitabschnitts einordnen.

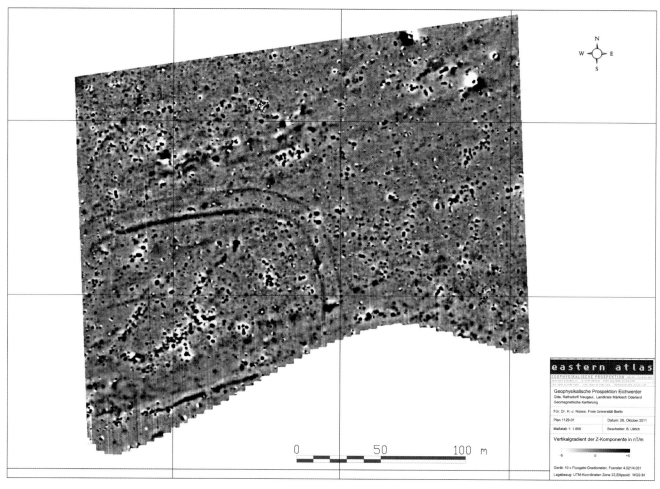

▲ Abb. 7: Geomagnetikplan von der westlichen Hälfte des Eichwerders: südliche Außenbefestigung mit Torsituation, Doppelgrabenwerk und zahlreiche kleine Anomalien (Gruben?). Zur Lage vgl. Abb. 1. B. Ullrich, Eastern Atlas.

auch hier sichtbar. Der südliche Abschnitt dieses Grabens ist offenbar von zahlreichen weiteren archäologischen Strukturen (Vorratsgruben?) überprägt, so wie auch insgesamt eine große Anzahl an Anomalien im gesamten prospektierten Bereich festgestellt werden kann. Diese treten mit unterschiedlichen Amplitudenwerten, verstreut oder agglomerierend auf, daneben lassen sich aber auch „befundfreie" Zonen (= potentielle Standorte von Häusern?) fassen.

Über die Funktion der Südwestspitze des Eichwerders mit ihrer aufwändigen Fortifikation, aber auch über die Nutzung der anderen Areale der befestigten Siedlung können nur großflächigere Ausgrabungen Auskunft geben. Ist sie das Spiegelbild einer sozialen Hierarchie oder ist die Anlage eher im kultisch-religiösen Kontext zu sehen – oder verbergen sich sogar verschiedene Ebenen dahinter? Bislang fassen wir die tatsächliche Bedeutungsbreite derartiger Anlagen und ihren möglichen Bedeutungswandel im Verlauf ihres Bestehens bestenfalls marginal.

Die Außensiedlung und das Siedlungsumfeld

Dass die befestigte Siedlung auf dem Eichwerder nicht ohne ihr Um- und Hinterland zu verstehen ist, haben nicht zuletzt die auf der gegenüberliegenden Hochfläche durchgeführten Feldbegehungen und eine weitere kleinflächige Ausgrabung gezeigt. Die Begehungen im „Vorburggelände" erbrachten äußerst umfangreiche keramische Fundmengen, die eine intensive Besiedlung im unmittelbaren Vorfeld der befestigten Siedlung belegen. Die momentan feststellbare Fundstreuung erstreckt sich dabei über eine Länge von rund 350 m in Nord-Süd-Ausdehnung. Danach weisen vor allem die zum Oderbruch neigenden Hangbereiche eine besonders hohe Funddichte auf, während sie auf der westlich angrenzenden ebenen Hochfläche nachlässt. Hier schließen sich dann nach einer scheinbar weitgehend befundfreien Zone in einem Abstand von etwa 100 m die beiden bekannten Bestattungsplätze an.[32] Die Interpretation der Fundstreuung wird durch Luftbilder gestützt. Hier zeichnen sich Dutzende kleiner, kreisrunder Bewuchsmerkmale ab, die nach Aussage der Ausgrabung im Jahr 2012 als Gruben angesprochen werden können. Hochgerechnet lassen sich auf der Fläche rund 1200 dieser Befunde identifizieren. Das Luftbild zeigt zudem eine Aufgliederung in zwei Areale, wovon der größere Nordteil rund 1000 Bewuchsmerkmale/Gruben umfasst. Anders als die eher

---

32 GRIESA 1982, 67ff. Von rund 40 Gräbern der Rathsdorfer Gräberfelder sind bei GRIESA (1982, Taf. 6,1–5) allerdings nur fünf abgebildet. Die Inventare einschließlich der benachbarten Gräberfelder bei Altranft sind im Rahmen einer Magisterarbeit von C. UNGLAUB (2012) aufgenommen und ausgewertet worden.

fundarmen Speichergruben auf dem Eichwerder lieferten die freigelegten Grubenbefunde ein äußerst reichhaltiges Fundspektrum. Nach ihrer wahrscheinlichen Nutzung als Speichergruben wurden sie mit Siedlungsabfall verfüllt. Neben einfacher Gebrauchskeramik sind vor allem mehrere Fragmente von sogenannten Köpenicker Tellern[33] sowie weitere Randstücke von Schalen mit tordierten oder gerieften Rändern, verzierte Keramik der Göritzer Gruppe sowie eine als Mondsymbol oder Vogel anzusprechende, fragmentierte vollplastische Figur hervorzuheben,[34] die eine entsprechende Datierung in die ausgehenden Bronze- und ältere Eisenzeit belegen. Vor allem die in fast allen Grubenverfüllungen auftretenden Brandlehmstücken, darunter auch solche mit Abdrücken von größeren Rundhölzern, bezeugen ganz offensichtlich eine Bebauung mit ebenerdigen Häusern. Die Grabungsfläche war mit 100 m² jedoch zu klein, um mögliche Bebauungsstrukturen zu fassen. Die teilweise starke Hitzeeinwirkung an den Keramikstücken und am Brandlehm weist auf ein Abbrennen von einigen Gebäuden hin.

Nur rund 1300 m südlich der „Vorburgsiedlung" von Rathsdorf wurden bei zwei weiteren Trassengrabungen bei Altgaul ebenfalls Siedlungsreste der jüngeren Bronze- und älteren Eisenzeit freigelegt.[35] Nicht nur die geringe räumliche Distanz weist auf einen Zusammenhang mit dem Burg-Vorburg-Komplex von Rathsdorf hin. Vielmehr zeugen Reste von Gussformen von einem dort betriebenen Buntmetallhandwerk, hochwertige Keramik (auch hier u. a. Köpenicker Teller) und eventuell als Keramikbrennöfen anzusprechende Ofenbefunde belegen ein vergleichsweise hoch entwickeltes Töpferhandwerk. Nachweislich handelt es sich in einem Fall um das Fragment einer tönernen Gussform für einen bronzenen Wendelring, ein weiteres Bruchstück hat wahrscheinlich für den Guss einer Plattenfibel der Per. V gedient. Neben dem großflächig besiedelten Areal unmittelbar gegenüber dem Eichwerder schließen sich damit weitere siedlungsgünstige Lagen am Rand des Oderbruchs an, die zum Einzugsbereich der Zentralsiedlung gehörten. Die Komplexität dieser Siedlungsagglomeration mit einem befestigten Zentralort, einer zugehörigen Außensiedlung und weiteren nah gelegenen Siedlungen, die sehr wahrscheinlich in das wirtschaftliche und soziale Gefüge des Platzes einbezogen waren, wird Ziel weiterer archäologischer und naturwissenschaftlicher Untersuchungen in den nächsten Jahren sein. Schon jetzt zeichnen sich z. B. aufgrund der ausgezeichneten Knochenerhaltung am Fundplatz wichtige Aussagen zu den Ernährungsgewohnheiten[36] und damit ein hohes Erkenntnispotential ab, um Gemeinsamkeiten und Unterschiede zwischen befestigter Siedlung, der Außensiedlung und der Siedlung von Altgaul zu beleuchten und so zu einem kontrastreichen Gesamtbild zu gelangen.

Literatur

BEILKE-VOIGT 2010a
    I. Beilke-Voigt, Wilhelm Unverzagt und die Grabungen auf dem Burgwall 1926 bis 1929. In: I. Beilke Voigt, F. Schopper 2010 (Hrsg.), Lossow I. Alte Forschungen und neue Projekte. Materialien zur Archäologie in Brandenburg 4. Rahden/Westf. 2010, 31–59.

BEILKE-VOIGT 2010b
    I. Beilke-Voigt, Alt bekannt und neu untersucht. Zum aktuellen Forschungsprojekt und ersten Ergebnissen. In: I. Beilke-Voigt, F. Schopper 2010 (Hrsg.), Lossow I. Alte Forschungen und neue Projekte. Materialien zur Archäologie in Brandenburg 4. Rahden/Westf. 2010, 60–74.

BEILKE-VOIGT/SCHOPPER 2010
    I. Beilke-Voigt, F. Schopper, Lossow I. Alte Forschungen und neue Projekte. Materialien zur Archäologie in Brandenburg 4. Rahden/Westf. 2010.

BENECKE/MAKOWIECKI 2002
    N. Benecke, D. Makowiecki, Die Tierhaltung, Jagd, Fischfang und Sammelwirtschaft. In: E. Gringmuth-Dallmer, L. Leciejewicz (Hrsg.), Forschungen zu Mensch und Umwelt im Odergebiet in ur- und frühgeschichtlicher Zeit. Römisch-Germanische Forschungen 60. Mainz 2002, 337–343.

BÖNISCH 1996
    E. Bönisch, Die urgeschichtliche Besiedlung am Niederlausitzer Landrücken. Forschungen zur Archäologie im Land Brandenburg 4. Potsdam 1996.

BÖNISCH 2006
    E. Bönisch, Bronzezeitliche Speicherplätze in der Niederlausitz. In: W.-R. Teegen, R. Cordie, O. Dörrer, S. Rieckhoff, H. Steuer (Hrsg.), Studien zur Lebenswelt der Eisenzeit [Festschrift R. Müller]. Reallexikon der Germanischen Altertumskunde, Ergänzungsbd. 40. Berlin, New York 2006, 305–332.

BUCK 1979
    D.-W. Buck, Die Billendorfer Gruppe. Veröffentlichungen des Museums für Ur- und Frühgeschichte Potsdam 13. Berlin 1979.

COSACK 2008
    E. Cosack, Neue Forschungen zu den latènezeitlichen Befestigungsanlagen im ehemaligen Regierungsbezirk Hannover. Göttinger Schriften zur Vor- und Frühgeschichte 31. Neumünster 2008.

FILIPOWIAK/SIUCHNIŃSKI 1957
    W. Filipowiak, K. Siuchniński, K Cedynia. Z Otchłani Wieków 23, 1957, 70–78.

GOVEDARICA 1999
    B. Govedarica, Siedlung, Fortifikation und Wirtschafts-

---

33 WAGNER 2006.
34 NÜSSE im Druck.
35 LEHMPHUL 2009; im Druck.

36 Für die Auswertung der Knochenfunde danke ich Dr. Cornelia Becker, Institut für Prähistorische Archäologie, Freie Universität Berlin, sehr herzlich. Zum Forschungsstand siehe BENECKE/MAKOWIECKI 2002.

zone. Ein Fundplatz der Göritzer Gruppe bei Rathsdorf, Landkreis Märkisch-Oderland. Archäologie in Berlin und Brandenburg 1999, 62–64.

GOVEDARICA 2006

B. Govedarica, Rathsdorf, Fpl. 5 – Eine Siedlung der frühen Göritzer Gruppe im unteren Odergebiet. Śląskie Sprawozdania Archeologiczne 48, 2006, 237–248.

GRIESA 1982

S. Griesa, Die Göritzer Gruppe. Veröffentlichungen des Museums für Ur- und Frühgeschichte Potsdam 16. Berlin 1982.

GRÜNBERG 1943

W. Grünberg, Die Grabfunde der jüngeren und jüngsten Bronzezeit im Gau Sachsen. Vorgeschichtliche Forschungen 13. Berlin 1943.

HARDING u. a. 2004

A. Harding, J. Ostoja-Zagórski, C. Palmer, J. Rackham, Sobiejuchy: A fortified site of the Early Iron Age in Poland. Polskie Badania Archeologiczne 35. Warsaw 2004.

HERRMANN 1969a

J. Herrmann, Burgen und befestigte Siedlungen der jüngeren Bronze- und frühen Eisenzeit in Mitteleuropa. In: K.-H. Otto, J. Herrmann (Hrsg.), Siedlung, Burg und Stadt – Studien zu ihren Anfängen. Schriften der Sektion für Vor- und Frühgeschichte 25. Berlin 1969, 56–94.

HERRMANN 1969b

J. Herrmann, Die früheisenzeitlichen Burgen von Podrosche, Kr. Weißwasser, und Senftenberg in der Niederlausitz. Veröffentlichungen des Museums für Ur- und Frühgeschichte Potsdam 5, 1969, 87–108.

HERRMANN 2001

J. Herrmann, Das Oderbruch – Siedlungsscheide oder Region der Kommunikation. In: E. Wilgocki, M. Dworaczyk, K. Kowalski, A. Porzeziński, S. Słowiński (Hrsg.), Instantia est mater doctrinae [Festschrift W. Filipowiak]. Szczecin 2001, 101–110.

HESKE 2006

I. Heske, Die Hünenburg bei Watenstedt, Ldkr. Helmstedt – Eine ur- und frühgeschichtliche Befestigung und ihr Umfeld. Göttinger Schriften zur Vor- und Frühgeschichte 29. Neumünster 2006.

HESKE u. a. 2010

I. Heske, S. Grefen-Peters, M. Posselt, J. Wiethold, Die jungbronzezeitliche Außensiedlung der „Hünenburg" bei Watenstedt, Lkr. Helmstedt. Vorbericht über die Ausgrabungen 2005–2007. Praehistorische Zeitschrift 85, 2010, 159–190.

JOCKENHÖVEL 1999

A. Jockenhövel (Hrsg.), Ältereisenzeitliches Befestigungswesen zwischen Maas/Mosel und Elbe. Veröffentlichungen der Altertumskommission für Westfalen 11. Münster 1999.

KIMMIG 1983

W. Kimmig, Die Heuneburg an der oberen Donau. Führer zu archäologischen Denkmälern in Baden-Württemberg 1. Stuttgart 1983.

KOŁODZIEJSKI 1971

A. Kołodziejski, Badania zespołu osadniczego ludności kultury łużyckiej z okresu późnohalsztackiego w Wicinie, powiat Lubskom w latach 1966–1969. Sprawozdania Archeologiczne 23, 1971, 93–108.

KOSTRZEWSKI 1950

J. Kostrzewski (Hrsg.), III Sprawozdanie z prac wykopaliskowych w grodzie kultury łużyckiej w Biskupinie w powiecie żnińskim za lata 1938–1939 i 1946–1948. Poznań 1950.

KRAUSSE 2008a

D. Krausse (Hrsg.), Frühe Zentralisierungs- und Urbanisierungsprozesse. Zur Genese und Entwicklung frühkeltischer Fürstensitze und ihres territorialen Umlandes. Forschungen und Berichte zur Vor- und Frühgeschichte in Baden-Württemberg 101. Stuttgart 2008.

KRAUSSE 2008b

D. Krausse, Das DFG-Schwerpunktprogramm „Frühkeltische Fürstensitze" – Fragestellungen, Methoden, erste Ergebnisse. In: Ders. (Hrsg.), Frühe Zentralisierungs- und Urbanisierungsprozesse. Zur Genese und Entwicklung frühkeltischer Fürstensitze und ihres territorialen Umlandes. Forschungen und Berichte zur Vor- und Frühgeschichte in Baden-Württemberg 101. Stuttgart 2008, 1–8.

KRAUSSE/BEILHARZ 2010

D. Krausse, D. Beilharz, „Fürstensitze" und Zentralorte der frühen Kelten. Forschungen und Berichte zur Vor- und Frühgeschichte in Baden-Württemberg 120. Stuttgart 2010.

KRAUSE u. a. 2008

R. Krause, D. Euler, K. Fuhrmann, Der frühkeltische Fürstensitz auf dem Ipf bei Bopfingen im Nördlinger Ries (Ostalbkreis, Baden-Württemberg). Neue Forschungen zur Burg und deren Siedlungsumfeld. In: D. Krausse (Hrsg.), Frühe Zentralisierungs- und Urbanisierungsprozesse. Zur Genese und Entwicklung frühkeltischer Fürstensitze und ihres territorialen Umlandes. Forschungen und Berichte zur Vor- und Frühgeschichte in Baden-Württemberg 101. Stuttgart 2008, 249–279.

LEHMPHUL 2008

R. Lehmphul, Grab – Gruben – Grabenwerk. Ein mehrperiodiger Fundplatz bei Rathsdorf, Lkr. Märkisch-Oderland. Archäologie in Berlin und Brandenburg 2008, 40–43.

LEHMPHUL 2009

R. Lehmphul, In/unter/auf der Düne. Eine endneolithische bis früheisenzeitliche Siedlungsstratigrafie aus Altgaul, Lkr. Märkisch-Oderland. Archäologie in Berlin und Brandenburg 2009, 45–48.

LEHMPHUL im Druck

R. Lehmphul, Die jüngere Bronze- und frühe Eisenzeit auf dem mehrperiodigen Fundplatz Altgaul 2, Lkr. Märkisch-Oderland, Brandenburg. Tagungsband Lublin. Im Druck.

MALINOWSKI 1971

T. Malinowski, Über den Bernsteinhandel zwischen den südöstlichen baltischen Ufergebieten und dem Süden Europas in der frühen Eisenzeit. Praehistorische Zeitschrift 46, 1971, 102–110.

NÜSSE 2011

H.-J. Nüsse, Ein jungbronze- bis ältereisenzeitlicher Zentralort erhält Konturen. Neue Untersuchungen zur Siedlung von Rathsdorf, Lkr. Märkisch-Oderland. Archäologie in Berlin und Brandenburg 2011, 60–63.

NÜSSE im Druck

H.-J. Nüsse, Siedeln mit Burgblick. Ausgrabungen in der Vorburgsiedlung von Rathsdorf, Lkr. Märkisch-Oderland. Archäologie in Berlin und Brandenburg. Im Druck.

PARZINGER 1998
   H. Parzinger, Der Goldberg. Die metallzeitliche Besiedlung. Römisch-Germanische Forschungen 57. Mainz 1998.

PETER-RÖCHER 2011
   H. Peter-Röcher, Die spätbronze-/früheisenzeitliche Siedlung in Dolgelin, Lkr. Märkisch-Oderland, Brandenburg. Ergebnisse der Grabungen in den Jahren 2000–2004. Veröffentlichungen zur brandenburgischen Landesarchäologie 43/44, 2009/2010 (2011), 85–112.

RÜCKER 2007
   J. Rücker, Das spätbronze- und früheisenzeitliche Gräberfeld von Eisenhüttenstadt – Studien zur Lausitzer Kultur in Ostbrandenburg. Diss. Univ. Bonn 2007. Online-Publ. http://hss.ulb.uni-bonn.de/2007/1026/1026.htm (letzter Zugriff 4.02.2013).

SCHOPPER 2003
   F. Schopper, Aus nah und fern. Zum spätbronzezeitlichen Hortfund von Lebus, Lkr. Märkisch-Oderland. Archäologie in Berlin und Brandenburg 2003, 76–79.

POSLUSCHNY 2012
   A. Poluschny, Keltische ›Fürstensitze‹ - Orte der Herrschaft? In: F. Arnold, A. Busch, R. Haensch, U. Wulf-Rheidt (Hrsg.), Orte der Herrschaft. Charakteristika von antiken Machtzentren. Menschen – Kulturen – Traditionen 3. Rahden/Westf. 2012, 19–31.

SCHUCHHARDT 1926
   C. Schuchhartd, Witzen und Starzeddel, zwei Burgen der Lausitzer Kultur. Prähistorische Zeitschrift 17, 1926, 184–201.

SCHULZ 1991
   R. Schulz, Die Burg Lebus, Kr. Seelow. In: Berlin und Umgebung. Führer zu archäologischen Denkmälern in Deutschland 23. Stuttgart 1991, 219–225.

SCHULZ 1993
   R. Schulz, Die natürlichen Vorkommen von Bernstein in Nordbrandenburg und die Besiedlung in der Bronzezeit. Veröffentlichungen des Brandenburgischen Landesmuseums für Ur- und Frühgeschichte 27, 1993, 32–46.

STAHL 2006
   C. Stahl, Mitteleuropäische Bernsteinfunde von der Frühbronze- bis zur Frühlatènezeit. Ihre Verbreitung, Formgebung, Zeitstellung und Herkunft. Würzburger Studien zur Sprache und Kultur 9. Dettelbach 2006.

STOLL 1989
   H.-J. Stoll, Lebus. In: J. Herrmann (Hrsg.), Archäologie in der Deutschen Demokratischen Republik. Denkmale und Funde 2. Leipzig, Stuttgart 1989, 639–643.

SUHR 2007
   B. Suhr, Das Siedlungswesen der frühen Eisenzeit im Bereich der Göritzer Gruppe im Oderraum. Eine Übersicht sowie Studien zur Siedlung Neuenhagen Fpl. 10. Studien zur Archäologie Europas 4. Bonn 2007.

UNGLAUB 2012
   C. Unglaub, Die Funde aus den Gräberfeldern um die zentralörtliche Siedlung von Rathsdorf (MOL). Magisterarbeit Freie Universität Berlin 2012.

VOGT 1975
   H.-J. Vogt, Funde von der früheisenzeitlichen Siedlung bei Bollersdorf, Kr. Strausberg. Ausgrabungen und Funde 20, 1975, 142–145.

WAGNER 2006
   K. Wagner, Köpenicker Teller und Spindlersfelder Fibel. Zwei Leitformen der jüngeren Bronzezeit aus dem Berliner Raum. In: W.-R. Teegen, R. Cordie, O. Dörrer, S. Rieckhoff, H. Steuer (Hrsg.), Studien zur Lebenswelt der Eisenzeit [Festschrift R. Müller]. Reallexikon der Germanischen Altertumskunde, Ergänzungsband 40. Berlin, New York 2006, 333–351.

WESULS 2010
   M. Wesuls, Die Burgwallanlage von Lossow bei Frankfurt (Oder). Eine Forschungsgeschichte von den Anfängen bis 1984. In: I. Beilke-Voigt, F. Schopper 2010 (Hrsg.), Lossow I. Alte Forschungen und neue Projekte. Materialien zur Archäologie in Brandenburg 4. Rahden/Westf., 8–30.

Die früheisenzeitlichen Opferschächte von Lossow – Zum Forschungsstand, den Befunden und deren Deutung

von INES BEILKE-VOIGT

In seinen langjährigen Forschungen hat sich der Jubilar insbesondere den bronze- und eisenzeitlichen Perioden gewidmet und mit großem Interesse die jüngsten Forschungen am Burgwall von Lossow im ostdeutschen Brandenburg verfolgt. Am Flusslauf der Oder gelegen, ist der Fundplatz seit fast 100 Jahren durch seine aufsehenerregenden Befunde in Form von mehreren Meter tiefen Schachtanlagen bekannt, die aufgrund ihrer Verfüllung mit tierischen, aber insbesondere menschlichen Skelettüberresten als Ergebnisse von Opferhandlungen gedeutet werden. Der Beitrag soll einen Gesamtüberblick über die bis dato 63 bekannten Schächte sowie eine erste vergleichende Auswertung zu diesen besonderen früheisenzeitlichen Befunden geben.

Einführung

Der Burgwall von Lossow wurde als befestigte Siedlung am Ende der mittleren Bronzezeit auf einer markanten Geländeerhebung am westlichen Hochufer der Oder errichtet und ist durch zwei Steilabfälle von bis zu 30 m Höhe auf seiner südlichen und östlichen Seite natürlich geschützt. Lediglich im Norden und Westen musste eine künstliche Wallanlage zu seiner Sicherung errichtet werden, die noch bis 6 m Höhe erhalten ist und eine Geländefläche von über 2 ha einschließt. Eine Vielzahl von Befunden zu Wohn- und Wirtschaftsaktivitäten zeugen von einer langen und intensiven Nutzung der Anlage bis an den Übergang zur frühen Eisenzeit. Zahlreiche Funde von Keramikscherben, Spinnwirteln, aber auch Bronzemetallguss sowie Knochen- und Geweihgeräte sind Belege für handwerkliche Tätigkeiten, die auf der Burgwallanlage ausgeübt wurden. Ergänzt werden diese Funde durch Nachweise von Fernhandelskontakten, die sowohl in den Nordischen Kulturkreis als auch in den Süden und insbesondere in das schlesische und mährische Gebiet sowie bis in den Balkanraum und die Ägäis reichten.[1]

Im Anschluss an diese bronzezeitliche Besiedlungsphase bestimmten nun mehrere Meter tiefe brunnenähnliche Schachtanlagen das Gepräge des Ortes und leiteten eine neue Nutzungsphase ein. Diese Schächte wurden während der frühen Eisenzeit angelegt. Sie enthielten größtenteils Menschen- und Tierknochen bzw. auch vollständige Skelette, die eine Deutung als kultisch genutzte Anlagen nahe legen und in der Forschung als Opferschächte interpretiert werden.

Die Befunde von Lossow

Durch Bahnerweiterungsarbeiten für ein Überholgleis der Eisenbahnstrecke Berlin – Breslau stieß man im Jahre 1919 erstmalig auf mehr als ein Dutzend eingetiefte Schachtanlagen (Abb. 1), die mit zahlreichen Tier- und Menschenknochen gefüllt waren. C. Schuchhardt berichtete in seiner Festrede zur Feier des 50jährigen Bestehens der Anthropologischen Gesellschaft am 29. November 1919 von dieser aktuellen Entdeckung und legte den Anwesenden „zehn Lausitzer Schädel, die ganz neu alle zusammen aus der Erde gekommen sind, auf den Tisch des Hauses."[2] Er sprach seinerzeit von 19 aufgefundenen Schächten, die im oberen Durchmesser 1,20 m aufwiesen und sich auf 80 cm mit einer Tiefe zwischen 5 und 6 m verjüngten.[3]

Obwohl seinerzeit wohl alle Schächte vollständig ausgegraben wurden, ist leider relativ wenig über die Befunde überliefert. In akribischer Recherche insbesondere unter Einbeziehung des Nachlasses von Alfred Götze ist es das Verdienst von S. Griesa, grundlegende Daten und noch

▲ *Abb. 1: Westrand des Bahneinschnittes. Sommer 1919 (SMB-PK/ MVF, IXb F 7326).*

---
1 BEILKE-VOIGT 2010b, 64ff.; 2012, 339ff.
2 SCHUCHHARDT 1919, 281ff.
3 In den einzelnen Vorberichten und Artikeln zu den damaligen Befunden schwanken die Angaben zwischen 15 und 19 Schächten. Archiv- und Nachlassrecherchen durch GRIESA (2013, 50) haben ergeben, dass 1919 nachweislich 17 Schächte dokumentiert wurden, die Zählung jedoch nur bis Schacht 15 erfolgte. Somit wurden die beiden fehlenden Schachtanlagen von Griesa nachträglich als 15b und 15c bezeichnet.

▲ Abb. 2: Fläche 7 mit Schacht Nr. 45 im Vordergrund. Ausgrabungen 1929 (SMB-PK/MVF, IXb F 7486).

vorhandene Dokumentationen aus dieser Zeit zusammengetragen zu haben.[4] Diese Zusammenstellung bildet die Grundlage für nachfolgende Darstellungen und Auswertungen.

Von den 17 seinerzeit untersuchten Schächten sind für elf Befunde Tiefen zwischen minimal 3 m (Schacht 15c) und maximal 7,32 m (Schächte 3, 4, 10, 11) überliefert. Zudem gibt es einige wenige Angaben zu den fundstratigrafischen Verhältnissen innerhalb der einzelnen Schächte. So wird für den leider nur unvollständig ausgegrabenen Schacht 8, der bis auf eine Tiefe von 4 m dokumentiert wurde, beschrieben, dass sich zunächst in 75 cm Tiefe ein Menschenschädel auf einer aschehaltigen Schicht befand. Dieser soll mit dem Blick nach Norden auf der linken Seite liegend auf einem menschlichen Schenkelknochen niedergelegt worden sein. Auf dem Schädeldach lagen ein Tierhuf sowie am Hinterkopf ein Tierwirbel. Am Halsloch befand sich ein menschlicher Hüftknochen. Weitere Knochen sowie ein menschliches Schädelstück, angekohlte Tierknochen und ein Tierschädel ergänzen die Einfüllung auf dieser Höhe. Danach folgten wenige Keramikfragmente sowie viel Holzkohle. In knapp 4 m Tiefe fand man auf der Ostseite des Schachtes ein früheisenzeitliches, fast vollständiges Gefäß niedergesetzt, das von Asche und Holzkohle umgeben war. Darüber lag eine Rehgeweihstange mit Bearbeitungsspuren. An der Westseite des Schachtes lagen verbrannte Knochen.[5]

Auch für Schacht 13 aus demselben Jahr gibt es einige Angaben. Dieser Schacht wurde bis in eine Tiefe von 6,92 m ausgegraben, seine Schachtsohle jedoch nicht erreicht. Im Schachttrichter befanden sich ein Pferdeschädel, zwei Rinderschädel und einzelne Knochen. An menschlichen Überresten werden ein Menschenschädel sowie ein vollständiges Skelett erwähnt. Etwa 60 cm tiefer fand man einen weiteren menschlichen Schädel, der mit dem Gesicht nach unten lag. Danach folgten ein Schweineschädel und ein weiteres vollständiges menschliches Skelett mit den Beinen und dem Gesicht nach oben. An den Halswirbeln ließen sich Beschädigungen feststellen. Einzelne Tierknochen lagen ebenfalls in dieser Höhe. Weitere 20 cm tiefer wurde wiederum ein menschliches Skelett mit dem Gesicht nach unten aufgefunden. In Rippenhöhe befand sich die Hälfte eines scharflappigen Bronzewendelringes. Als unterste Einfüllung werden zwei menschliche Schädel, darunter ein Kinderschädel genannt.[6]

Mit 3 m Tiefe wird der vollständig ausgegrabene Schacht 15c angegeben. Menschliche Skelettreste mit dazugehörendem Schädel (dieser auf einem Feldstein gelegen), gaben wahrscheinlich Anlass, diesen Befund zunächst als *Grab* zu bezeichnen. Große Mengen an weiteren Tier- und Menschenknochen befanden sich ebenfalls in der oberen Einfüllung des Schachttrichters. Dem folgend, in 60 bis 70 cm Tiefe, wurden wiederum vier menschliche bzw. vier Tierschädel und Keramik des Aurither Typs gefunden. Weiter unten folgten nochmals zwei Menschen- sowie ein Tierschädel und schließlich zwei weitere Tierschädel. Auf der Schachtsohle lagen einige Tierfußknochen.[7]

Wie W. Unverzagt zu diesen Grabungen von 1919 später schrieb, konnten „bei der Schnelligkeit, mit der die Bahnarbeiten ausgeführt werden mussten, […] genauere Beobachtungen über die Schächte und ihren Inhalt nicht gemacht werden. Eine planmäßige Untersuchung des Burgwalls war daher geboten."[8]

Diese angekündigten Untersuchungen führten zu vierjährigen Ausgrabungstätigkeiten, die Unverzagt daraufhin in den Jahren **1926 bis 1929** durchführte. Weitere 38 Anlagen (Schächte 16 bis 53) wurden seinerzeit angeschnitten, einige wenige eingehend untersucht. Aufgrund der Menge und Verteilung der Schachtbefunde beschrieb Unverzagt, „dass das ganze Innere der Burg mit solchen Schächten siebartig durchsetzt war. Sie erstreckten sich bis dicht an den Westwall hinauf; frei geblieben ist nur der südliche Teil der Burgfläche" (Abb. 2).[9] Er ging seinerzeit von mindestens 500 solcher Anlagen aus. Zudem stellte Unverzagt in keinem Fall Überschneidungen fest, so dass man „daher annehmen [darf], dass die Lage oberirdisch durch Pfähle oder Steine irgendwie gekennzeichnet war."[10]

Leider ist es nie zu einer monografischen Aufarbeitung dieser außergewöhnlichen Befunde

---

4 GRIESA 2013, 50ff.
5 GRIESA 2013, 51.
6 GRIESA 2013, 52f.
7 GRIESA 2013, 53.
8 UNVERZAGT 1931, 269.
9 UNVERZAGT 1931, 271.
10 UNVERZAGT 1931, 271.

gekommen. Die noch vorhandenen Archivalien Unverzagts geben nur bedingt Einblick in die seinerzeitigen Untersuchungen und kaum die Möglichkeit einer wissenschaftlichen Auswertung.[11] Auf Grundlage der bereits zitierten Arbeit von Griesa lassen sich jedoch einige detaillierte Angaben zusammentragen. So gibt es einige wenige Informationen für Schacht 20, in dessen oberer Einfüllung sich ein Rinderschädel mit abgeschlagenen Hörnern und in ca. 1,5 bis 1,6 m Tiefe sich menschliche Extremitätenknochen befunden haben sollen.[12] Für Schacht 27 ist überliefert, dass er bis zu einer Tiefe von 5 m ausgegraben, jedoch sein Bodenabschluss nicht erreicht wurde. An Fundmaterialien fanden sich in 3 bis 4,85 m Tiefe Skelettreste von Pferd und Rind, Keramik, Holzkohle und Feldsteine. In 3,81 m Tiefe wird ein menschlicher Schädel ohne Gesichtspartie genannt.[13]

Für den ebenfalls nicht vollständig untersuchten Schacht 37 wird im Schachttrichter in 43 cm Tiefe ein menschlicher Schädel erwähnt. In 90 cm bis 1,15 m Tiefe folgten zwei menschliche Schädelfragmente sowie Skelettreste.[14] Für den nur 2,5 m tiefen Schacht 38 wird beschrieben, dass der untere Teil kompakt mit Tierknochen verfüllt war. Dazu zählen Skelett- und Schädelreste von fünf Rindern und drei bis vier Pferden, deren Fleischteile noch im anatomischen Verband lagen. Im Weiteren fand sich ein Rinderschädel mit abgeschlagenen Stirnzapfen. Über der Tierknochenschicht wurde ein früheisenzeitliches Gefäß gefunden.[15]

Zusammenführend ergibt sich aus den dokumentierten Befunden, dass sich die Schächte in ihrem Aufbau und ihrer Tiefe prinzipiell nicht voneinander unterschieden. Ihre Tiefen werden zwischen 4 und 7 m mit einem Durchmesser zwischen 1 und 2 m angegeben (Abb. 3). Zum Aufbau wird beschrieben, dass die Füllungen der Schachtinhalte im Wechsel von dunklen und hellen Erdmassen durchzogen waren, wobei erstere von der Kulturschicht, letztere vom Aushub stammen. Die völlig gleichartige Einfüllung wurde dahingehend gedeutet, dass die Schächte bald nach ihrer Anlage wieder zugeschüttet wurden.[16] Die noch verbliebene Erde hatte man eingestampft, „so dass alle Schächte wie mit einem Erdpfropfen absichtlich verschlossen erscheinen".[17]

In die Schachtfüllung waren teils unregelmäßig, teils in waagerechten Lagen Menschen- und Tierknochen eingebettet (Abb. 4).[18] Unverzagt beschreibt, dass es sich um „ganze Nester von Knochen" handelte.[19] Die prozentuale Aufteilung des Knochenmaterials gab Unverzagt mit 75 % Rind, 15 % Pferd und 10 % Menschenknochen an.[20] Vergleichend beschrieb er außerdem, dass in den weniger tiefen und schmalen Schächten die Knochenlagen dichter und vielfach massiert zusammen lagen und im Gegensatz dazu, die Knochenlagen in den tiefen und großen Schächten durch dickere, sterile Schichten getrennt waren.[21]

Bei den Tieren soll es sich den archäozoologischen Untersuchungen nach „durchweg um Exemplare im besten Alter gehandelt haben".[22] Dabei ließen die Tierknochen anatomisch zusammenhängende Stücke wie ganze Pferde- und

▲ Abb. 3: Profil Grube 95B (= Schacht Nr. 30). Lossow 1928 (SMB-PK/ MVF, IXb F 7426).

▲ Abb. 4. Detail Profil Grube 95B (= Schacht 30). Lossow 1928 (SMB-PK/ MVF, IXb F 7417).

11 BEILKE-VOIGT 2010a, 31 ff.
12 GRIESA 2013, 54.
13 GRIESA 2013, 56.
14 GRIESA 2013, 58.
15 GRIESA 2013, 58 f.
16 UNVERZAGT 1930, 162; 1931, 271.
17 UNVERZAGT 1930, 162.
18 UNVERZAGT/VON JENNY 1935, 9 f. UNVERZAGT 1962, 61 f.
19 UNVERZAGT 1931, 272.
20 UNVERZAGT 1930, 162.
21 UNVERZAGT 1931, 273.
22 UNVERZAGT 1931, 273.

Rinderschädel mit noch vorhandenen ersten Halswirbeln, zusammenhängende Stücke des Brustkorbs, große Rippenstücke oder ganze Beine erkennen. Abgeschlagene Stirnzapfen belegten zudem, dass manchen Tieren vorher das Fell abgezogen wurde.[23]

Die Tierknochen wurden seinerzeit durch M. Hilzheimer archäozoologisch untersucht. Er stellte außerdem fest, dass die Knochen weder Brandspuren trugen, noch die markhaltigen Röhrenknochen aufgeschlagen bzw. die Hirnhöhlen der Schädel geöffnet worden waren. Daraus schloss Hilzheimer, dass die Tiere nicht gegessen wurden und die Knochen mit dem sie umgebenen Fleisch in die Erde gelangten.[24] Als außerordentlich zahlreich war das Knochenmaterial von Rindern, nämlich mindestens mit zwölf Individuen, vertreten. Jedoch fehlten Kälber und alte Tiere. Pferde wurden mit mindestens drei Individuen erkannt. Vom Schwein wurde nur eine Tibia gefunden. Auch Schaf/Ziege waren spärlich vertreten. Mit Ausnahme eines zerbrochenen Biberschenkelknochens und Muschelschalen fehlten Wildtiere gänzlich. Resümierend fasste Hilzheimer seine Untersuchungsergebnisse zusammen und schrieb: „Diese Auswahl der Tiere, die also nicht als Speise gedient haben, die aber im besten, als Speisetiere geeignetsten Alter standen, lässt vermuten, dass es sich um Opfer handelt."[25]

Leider gibt es zu den eingebrachten Menschenknochen bzw. -skeletten in den Schachtbefunden keine detaillierten Angaben. Schuchhardt nannte für die ersten Befunde aus dem Jahre 1919 vier vollständig erhaltene Skelette, die aus einem Schacht stammen sollen.[26] Die Menschenknochen aus den Grabungen von 1919 sowie aus den Unverzagt-Grabungen sind seinerzeit zwar von Gisela Asmus anthropologisch bearbeitet worden, doch ist diese Arbeit leider nie publiziert und das Manuskript bei einem Luftangriff auf das Staatliche Museum für Vor- und Frühgeschichte 1945 vernichtet worden. Unverzagt vermerkte später aus ihren Aufzeichnungen zu den menschlichen Überresten: „Die meisten von ihnen waren zerstückelt und stammten vielfach von jugendlichen Individuen."[27]

Weitere mit dem Nachweis neuer Schachtanlagen verbundene Erkenntnisse wurden durch die Ausgrabungen von H. Geisler im Jahre **1968** in Lossow gewonnen. Notwendig gewordene Abböschungsarbeiten der Bahnstrecke erforderten wiederum Grabungstätigkeiten, die die Anzahl der Schächte um fünf und damit auf 60 Anlagen erhöhte (Schächte 54 bis 58). Von diesen wurden zwei vollständig (Schächte 54 und 55) und einer teilweise (Schacht 56) untersucht.

Der trichterförmig eingetiefte Schacht 54 konnte mit einer Tiefe von 4,95 m vollständig ausgegraben werden.[28] Auf seiner Sohle befand sich ein vollständiges menschliches Skelett in Hockstellung mit übereinander gelegten Händen und Füßen. Aufgrund dieser Lage vermutet Geisler, dass die Person gefesselt war.[29] Der Oberkörper war in Bauchlage mit dem Gesicht nach unten gelegt. Der linke Arm lag unter der Brust und war zum Schädel angewinkelt. Das Becken und die Beine befanden sich in Seitenlage, die Füße waren bis ans Becken gezogen. Am rechten Handgelenk trug die Person einen bronzenen Armring. Zwischen dem rechten Ober- und Unterarm waren eine graue Schale, südlich vom Oberkörper die Reste vom Unterteil eines größeren Gefäßes sowie eine dunkelbraune Terrine mit zwei gegenständigen Ösenhenkeln und Rillenverzierung abgestellt. An den Füßen fanden sich ein zweihenkliges Gefäß mit Ritzverzierung auf dem Oberteil sowie weitere Gefäßfragmente. Geisler schloss für diesen Befund eine einfache Bestattung aus und interpretierte die Niederlegung als ein Opfer.[30]

Eine seinerzeitige anthropologische Untersuchung durch Lothar Schott ergab, dass es sich bei dem Skelett um eine Frau gehandelt hat.[31] Dem Schädelbefund nach soll sie zwischen 30 und 35 Jahre alt gewesen sein, das postcraniale Skelett dagegen ergab ein Alter von höchstens 20 Jahren. Zudem konnte am Skelett eine körperliche Anomalie festgestellt werden, die sich durch die ungleiche Länge der Schlüsselbeine äußerte und zu Lebzeiten eine Verwachsung zur Folge hatte. Außerdem trug die Frau eine Fraktur am linken Oberschenkel.[32] Aufgrund der gesamten Befundsituation lag für Griesa der Schluss nahe lag, dass die Frau lebend in den Schacht geworfen wurde.[33]

Über diesem, von Geisler als 1. Opferphase bezeichneten Befund, lag ein ungeschichteter schwarzer, fundleerer Horizont.[34] Dem folgten Schwemmsandschichten mit zahlreichen Fundeinschlüssen, die von dem Ausgräber als 2. Opferphase bezeichnet wurden. Den oberen Abschluss bildete ein gemischter Horizont, bestehend aus wechselnden Bändern schwarzer Kulturerde, Lehm- und Sandschichten. An Fundmaterial konnten zahlreiche Scherben sowie Tierknochen festgestellt werden, wobei letztere in fünf voneinander abgrenzbare Knochenschichten gebettet waren. Den archäozoologischen Untersuchun-

---

23 UNVERZAGT 1930, 162. UNVERZAGT/VON JENNY 1935, 10 Abb. 11.
24 HILZHEIMER 1923, 4.
25 HILZHEIMER 1923, 4.
26 SCHUCHHARDT 1919, 281.
27 UNVERZAGT 1969, 336 Anm. 2.

28 GEISLER 1969, 134f.
29 GEISLER 1978, 308.
30 GEISLER 1969, 139f.
31 Vgl. GRIESA 1982a, 225.
32 Vgl. GRIESA 2013, 152.
33 GRIESA 1982, 225.
34 GEISLER 1969, 132ff.

gen zufolge ist nach N. Benecke anzunehmen, „dass jede dieser Schichten die Reste einer Opferhandlung birgt."[35] Das Rind ließ sich in den Lagen 1 bis 4 mit sieben, dann mit zwei, dann mit vier und schließlich mit zwei geopferten Tieren nachweisen. Für die Rinderknochen beschreibt Benecke zahlreiche Schnitt- und vereinzelte kräftige Hiebspuren, die darauf hinweisen, dass die Tiere zerlegt und ihr Fleisch von den Knochen abgelöst wurde.[36] Neben den Schädeln waren es vornehmlich fleischreiche Körperpartien, die in die Einfüllungen gelangten. Zuzüglich der Rindernachweise, die von subadulten und adulten Tieren stammen, waren es zumeist Einzelknochen von Schwein, Schaf/Ziege und Pferd bzw. drei Schafschädel juveniler bzw. subadulter weiblicher Tiere aus den beschriebenen Schichten 1 bis 4.[37] Die Tierüberreste aus der Knochenschicht 5 dagegen hoben sich von diesen aufgrund ihrer starken Fragmentierung und dem häufigen Auftreten von Hieb- und Schnittspuren deutlich ab und werden nach Benecke als typische Schlacht- und Nahrungsabfälle gedeutet.[38]

Letztendlich kamen aus der Schachtfüllung zahlreiche Keramikfragmente und z. T. vollständige Gefäße zutage. Im Weiteren wurden ein doppelspitziger Knochenpfriem von 4 cm Länge und ein weiterer, nicht näher bestimmbarer verzierter Knochengegenstand von über 7 cm Länge gefunden.[39] Die Keramikformen und Verzierungen weisen auf eine Datierung in die Aurither und in die Göritzer Gruppe. Der Bronzearmring datiert nach Geisler in die Bronzezeitstufe Montelius V.[40]

Schacht 56 aus demselben Grabungsjahr konnte nur bis zu einer Tiefe von 4 m ausgegraben und dessen Sohle nicht erreicht werden. Dabei wurde in ca. 3,20 m Tiefe ein vollständiges Hirschskelett gefunden.[41] Der Hirsch konnte als männliches Tier mit einem Alter von 17 Monaten bestimmt werden. An seinen Knochen ließen sich keine intentionellen Schlag-, Hieb- oder Schnittspuren nachweisen, so dass davon auszugehen ist, dass das Tier vollständig in den Schacht gelangte. „Ob lebend und dann möglicherweise gefesselt, betäubt oder bereits getötet, darüber ergeben die Knochenfunde keine Auskunft".[42] Über dem Tier fand sich eine kompakte Lage von Tierknochen. Diese belegen den archäozoologischen Untersuchungen zufolge vier Teilskelette von Rindern, ein Teilskelett eines Pferdes sowie Einzelknochen von Schwein, Schaf/Ziege, Hund und Biber. Die Einzelknochen werden von Benecke als zufällig in den Schacht gelangte Siedlungsabfälle gedeutet.[43] Zudem soll sich im Knochenmaterial ein Menschenknochen befunden haben.[44] Eine Kohlenstoffdatierung an den Tierknochen aus der Schachtfüllung erbrachte ein unkalibriertes C^{14}-Datum mit einer Zeitstellung von 615 +/-80 v. Chr.[45]

Die wissenschaftlichen Untersuchungen in Lossow wurden unter der Leitung von Siegfried Griesa in den Jahren 1980 bis 1984 fortgesetzt. In dieser Zeit wurden zwei neue Anlagen (Schächte 59 und 60) dokumentiert, von denen Schacht 59 eine vollständige Untersuchung mit einer Tiefe von 3,60 m erfuhr. Schacht 60 konnte wegen eindringendem Schichtenwasser nur bis 4,60 m ausgegraben werden.[46] Außerdem wurden die bereits durch Unverzagt angeschnittenen Schächte 44 (bis zu einer Tiefe von 4 m) sowie 47 (vollständig) untersucht.

Insbesondere Schacht 47 ist durch seine besonderen Funde in Publikationen mehrfach erwähnt worden. Für den oberen Schachttrichter konnte dokumentiert werden, dass dieser mit einem Lehmkegel verschlossen gewesen war. Griesa beschreibt, dass sich unterhalb des Lehmkegels Skelettreste verschiedener Tiere befanden.[47] Diese waren in Ascheschichten eingebettet, die wahrscheinlich von einem Kultfeuer stammten, „das bei der Schließung der Schachtanlagen" brannte. Die archäozoologischen Untersuchungen durch Benecke ergaben, dass in dieser dichten Packung von Tierskeletten vorwiegend Reste von Rindern lagen.[48] Direkt aus der Schachtöffnung stammt das Teilskelett von einem fünfjährigen Hengst. Zudem fand sich in diesem oberen Abschnitt des Schachtes eine eiserne Schwanenhalsnadel, die den Befund in die Göritzer Gruppe datiert.[49] Eine Holzkohleprobe aus der Schachtmündung ergab eine unkalibrierte ^{14}C-Datierung von 760 +/-60 v. Chr.[50]

In den darunter folgenden Lehmschichten lagen vereinzelte Keramikfragmente sowie einige Tierknochen. Erst im unteren Schachtbereich kam es wieder zu einer massiven Anhäufung menschlicher und tierischer Skelettreste. Zur Befunddokumentation beschreibt Griesa: „Etwa 1 m über der Schachtsohle befand sich jedoch eine kompakte Schicht von Skelettresten. Es lagen recht wahllos neben- und übereinander Schädel- und Skelettteile von drei Menschen, fünf Rindern, einem Pferd und einer Ziege. Außerdem konnten ein vollständig erhaltenes früheisenzeit-

---

35 BENECKE 1994, 20.
36 BENECKE 1994, 20.
37 BENECKE 1994, 16.
38 BENECKE 1994, 16.
39 GEISLER 1969, 136ff. Abb. 5–6.
40 GEISLER 1969, 139.
41 GEISLER 1969, 140.
42 BENECKE 1994, 20.

43 BENECKE 1994, 16.
44 GRIESA 2013, 67.
45 GEISLER 1978, 311.
46 GRIESA 2013, 68.
47 GRIESA 2000, 179.
48 BENECKE 1994, 16.
49 GRIESA 1986, 63.
50 GEISLER/GRIESA 1982, 274.

liches Gefäß sowie Keramikreste, die sich unmittelbar auf der Schachtsohle befanden, geborgen werden."[51] Hier erbrachten die archäozoologischen Untersuchungen durch Benecke, dass sich im Knochenmaterial u. a. ein vollständiges Pferdeskelett sowie zwei Teilskelete von Schaf und Hund befanden.[52] Zwischen diesen lagen außerdem Einzelknochen von Schwein, Schaf/Ziege und Hase, die nach Aussage von Benecke als Schlacht- und Nahrungsreste zu werten sind.[53] Für das vollständige Pferdeskelett, das von einem acht- bis zehnjährigen Hengst stammt, beschreibt Benecke, dass besonders im Bereich der Gelenke feine Schnittspuren festgestellt wurden.[54] Sie geben Hinweis, dass das Tier getötet, teilweise zerlegt und das Fleisch ebenfalls partiell von den Knochen gelöst wurde.

Bei den anthropologisch untersuchten Skeletten handelte es sich um ein siebenjähriges sowie ein zwölf- bis 13jähriges Mädchen und eine 30- bis 35jährige Frau.[55] Innerhalb des Schachtes ergaben archäobotanische Untersuchungen den Nachweis von fünf Kulturpflanzen (Weizen, Hafer, Gerste, Rispenhirse und Schlafmohn) sowie zwölf Wildpflanzenarten.[56]

Die Untersuchungen und weitere Ausgrabungen der Burgwallanlage wurden im Jahre 2008 unter Leitung der Verfasserin fortgesetzt.[57] In der Herbstkampagne 2009 konnte dabei der Befund eines neuen Schachtes mit der Nummer 61 im oberen Planum freigelegt werden, so dass mit derzeitigem Forschungsstand 63 Schächte bekannt sind.

Eine im Durchmesser ca. 2 m große rundliche Lehmkonzentration, die mit Holzkohle- und Brandlehm-Flittern versetzt war, zeichnete sich bereits 50 cm unter der heutigen Geländeoberkante im Planum ab. Mit zunehmender Tiefe ließen sich innerhalb dieser Lehmkonzentration mehrere Konzentrationen von feuergeschwärzten Verfärbungen bzw. Holzkohleanreicherungen erkennen. Im Profil zeigt sich der Befund als trichterförmige Eintiefung. Außerdem waren innerhalb des Lehmkegels auf einer Stärke von ca. 30 cm mehrere große, senkrecht im Lehm steckende Tierknochen, die oftmals in Kombination mit Keramikscherben bzw. mit (feuergeschwärzten) Feldsteinen intentionell eingebracht waren, zu beobachten. Zusätzlich waren bereits im oberen Bereich mehrere bis zu 20 cm große Feldsteine aufgefallen, die anscheinend regellos in die Lehmkonzentration eingebracht waren. Der gesamte Befund ist von einem 15 bis 50/60 cm breiten, stark mit Holzkohle versetzten Band umgeben, so dass der Mündungsdurchmesser des kreisförmigen Gesamtbefundes 2,80 m beträgt.

Die archäozoologischen Untersuchungen ergaben für das geborgene Tierknochenmaterial aus der Lehmkegelfüllung die Nachweise von subadulten bis adulten Rindern, Schwein, Schaf/Ziege, Pferd, Hund und Huhn.[58] Eine AMS-Datierung sowohl von Holzkohle als auch Tierknochen erbrachten eine Datierung in das 6./5. Jahrhundert v. Chr.

Gesamtbetrachtung der Befunde

Wie die dokumentierten Schächte belegen und von den Altausgräbern immer wieder erwähnt wurde, zeigen die Anlagen einen relativ gleichförmigen Aufbau. Detailliert aufgeschlüsselt ergibt sich zunächst für 41 auswertbare Schächte ein Mündungsdurchmesser, der im Bereich zwischen 1 m (Schacht 60) und maximal 3,50 m (Schacht 56) liegt. Bei der Mehrzahl der Anlagen, nämlich bei 28 Schächten, liegt der Mündungsdurchmesser zwischen 2 und 3 m. Im Weiteren ist für die Schächte ein trichterförmiger Mündungsbereich charakteristisch, dem eine röhrenförmige Eintiefung folgt. Bezogen auf die Befundbeobachtungen für Schacht 47 hängt „die ziemlich starke Einziehung der Schachtanlage bei etwa 3 m Tiefe [...] eindeutig mit der Bodenbeschaffenheit zusammen. Oberhalb des Schachtes stehen gut abzubauende Geschiebelehmschichten an, darunter folgt der wasserführende Go-Horizont und darunter steinharter Mergelboden".[59]

Als Charakteristikum scheint für die Lossower Befunde ebenfalls der Lehmkegel zu gelten, der bereits von Unverzagt beschrieben wurde: „Man hat [die Schächte] durch hart gestampfte Erde oben sorgfältig verschlossen."[60] Diese Beobachtung wurde durch nachfolgende Ausgrabungen mehrfach bestätigt. Im Mündungsbereich von insgesamt 19 Schächten (30 %) ist solch ein Lehmpfropfen als oberer Schachtabschluss dokumentiert.[61] Für zwölf von ihnen wird zusätzlich ein ihn umgebener Branderde-/Holzkohlering beschrieben.[62]

Nach den Befundüberlieferungen wurden über 20 Schächte vollständig ausgegraben. Zur Auswertung ihrer Tiefen konnten jedoch nur 17

---

51 Griesa 1985, 29.
52 Benecke 1994, 16.
53 Benecke 1994, 16.
54 Benecke 1994, 20.
55 Griesa 2008, 110; 2013, 62. Ullrich 2013, 163ff. Entgegen diesen aktuellen Angaben ist in der vorangegangenen Publikation von Griesa 2000, 179 noch angegeben, dass es sich um ein sieben- bis achtjähriges Kind, einen ca. 16jährigen Jugendlichen sowie um einen etwa 30jährigen Mann handeln soll.
56 Griesa 2013, 63. Schoknecht 2013, 151.
57 Die Forschungen werden mit finanzieller Unterstützung der Deutschen Forschungsgemeinschaft sowie durch ihre fachliche Einbindung im Exzellenzcluster TOPOI realisiert (Beilke-Voigt/Schopper 2010).

58 Benecke in Vorb.
59 Griesa 2008, 110.
60 Unverzagt 1928, 77.
61 Schächte 18, 20, 21, 22, 23, 27, 31, 33, 34, 40–45, 47, 48, 59, 61.
62 Schächte 27, 31, 33, 34, 40–45, 48, 61.

Schächte herangezogen werden.[63] Die geringsten Tiefen weisen die Schächte 38 und 55 mit 2,5 m bzw. Schacht 15c mit 3 m auf, maximal ist Schacht 29 mit 7,4 m eingetieft worden. Die Schächte 3, 4, 10 und 11 sind jeweils mit einer Gesamttiefe von 7,32 m erfasst. Mehrheitlich liegen die Schachttiefen zwischen 5 und 7 m.

Für 17 Schächte sind zudem die Bodendurchmesser bekannt. Sie werden mit minimal 60 cm (Schächte 3 und 4) und maximal 1,60 m (Schacht 2) angegeben. Die Hälfte der auswertbaren Schächte weist jedoch einen Bodendurchmesser von 80 cm (8 Befunde) und in einem Fall von 75 cm auf.

In Bezug auf den Bodenabschluss ist auf eine Besonderheit hinzuweisen. So wird für vier Schächte beschrieben, dass der jeweilige Schacht in zwei runden bis muldenförmigen Vertiefungen endete, die durch einen kleinen Steg voneinander getrennt waren.[64] Dabei wird für Schacht 11 vermerkt, dass die nördliche Schachthälfte 25 cm tiefer gewesen sein soll. Als weitere Besonderheit wird in zwei Fällen angegeben, dass die ansonsten röhrenförmig angelegten Schachtanlagen bauchige Erweiterungen erfahren. Das trifft für die mindestens 7 m tiefe, jedoch nicht den Bodenabschluss erreichende Schachtanlage 30 zu, für die in einer Tiefe von 6 m eine Ausbauchung der röhrenförmigen Anlage von 1,5 m auf 2 m beschrieben wird. Auch für Schacht 52 wird eine Erweiterung des Durchmessers angegeben, bei der sich der vormals 80 cm runde Schacht in einer Tiefe in 3,45 m auf 1,10 m vergrößert.[65]

Als eine weitere Besonderheit ist für Schacht 15a dokumentiert, dass er in unterschiedlicher Tiefe mit drei Absätzen versehen war. An der Innenwand der Schachtanlage fanden sich „jeweils versetzt drei halbmondförmige Absätze".[66] In der Ersterwähnung der Schachtanlagen berichtet Schuchardt sogar von zwei derartigen Schächten: „Bei zweien waren Stufen an der Wand stehen gelassen, auf denen man bis auf den Boden hinunter steigen konnte."[67]

Im Weiteren sollen die Einfüllungen und dementsprechenden **fundstratigrafischen Beobachtungen** innerhalb der Schächte dargelegt und ausgewertet werden. Dabei kann zwischen drei Einfüllphasen unterschieden werden. Diese beziehen sich auf die oberste Einfüllung innerhalb des Lehmkegels bzw. des Schachttrichters, des Weiteren auf die Einfüllungen im Mittelteil und schließlich auf den unteren Schachtbereich/die Schachtsohle. Für die auszuwertende Fundüberlieferung ergibt sich folgendes Bild.

In der oberen und damit abschließenden Schachteinfüllung wurden entweder nur Tierknochenreste (6 Befunde)[68], nur menschliche Skelettteile (2 Befunde)[69] oder aber Tier- und Menschenknochen im gemeinsamen Fundaufkommen beobachtet (5 Befunde).[70]

Für die homogene Einfüllung mit Tierknochen scheint auffallend zu sein, dass es sich in der Mehrzahl (4 Befunde) um Schädel- und Knochenreste des Rindes handelt (Abb. 5).[71] Für Schacht 30 ist lediglich überliefert, dass einige Tierknochen im Schachttrichter lagen. Gleiches gilt für Schacht 40, auf dessen Lehmkegelbasis in einer Tiefe von 1,60 m Tierknochen gefunden wurden, die nicht weiter benannt werden.

▲ Abb. 5. Tierknochendeponierung im Planum von Schacht 7A (= Schacht 45). Tiefe 1,20 m. Fläche 7. Lossow 1929 (SMB-PK/MVF, IXb F 7485).

63 Schächte 1–7, 10, 11, 13, 15c, 29, 38, 47, 54, 55, 59.
64 Schächte 2, 7, 11, 15c.
65 GRIESA 2013, 65.
66 GRIESA 2008, 108.
67 SCHUCHHARDT 1919, 281.

68 Schächte 20, 30, 40, 41, 43, 45.
69 Schächte 36, 37.
70 Schächte 8, 13, 15c, 59, 61.
71 Schacht 20: ein Rinderschädel mit abgeschlagenen Hörnern; Schacht 41: Schädelreste und Knochen vom Rind; Schacht 43: mehrere Tierknochen und Kieferreste (Rind?) in einer Tiefe zwischen 0,8 und 1,2 m; Schacht 45: Kieferreste (Rind?). Angaben nach GRIESA 2013, 54ff.

Abb. 6. Rinderknochen im Planum von Schacht 1A (= Schacht 39). Tiefe 1m. Fläche 1. Lossow 1929 (SMB-PK/MVF, IXb 7478).

Ausschließlich menschliche Knochenreste in der oberen Schachteinfüllung lagen in zwei Schächten vor. Dabei handelt es sich im Schacht 36 um zwei bzw. in Schacht 37 um einen vollständigen Schädel.

Für die fünfmalige Fundkombination von menschlichen und tierischen Skelettresten im oberen Schachtbereich ist ebenfalls als auffällig hervorzuheben, dass es sich zumeist um vollständige Menschenschädel[72] bzw. Schädelfragmente[73] handelt. In den Schächten 13 und 15c wurde je ein komplettes menschliches Skelett in der oberen Einfüllung geborgen. Lediglich aus dem Lehmkegel des aktuellen Schachtes 61 sind es zwei menschliche Metatarsusfragmente (Mittelfußknochen). Die Untersuchung des Schachttrichters ist jedoch noch nicht abgeschlossen. Die Tierknochen aus diesen fünf erwähnten Schächten sind zumeist nur summarisch genannt.[74] Ein Pferde- und zwei Rinderschädel werden für den Schacht 13 erwähnt. Ein Tierhuf, ein Tierwirbel sowie ein Tierschädel lagen im Befund 8 mit den menschlichen Knochen zusammen. Als auffallend wurde für Schacht 61 bereits beschrieben, dass einige Tierknochen senkrecht und z. T. mit Keramik bzw. Steinen umgeben im Lehmkegel deponiert waren.

Die mittlere Einfüllphase der Schächte ist in der Regel mit Tierknochenüberresten angefüllt (8 Befunde).[75] Unterhalb des Lehmkegels befand sich beispielsweise in Schacht 47 das Teilskelett eines fünfjährigen Hengstes.[76] An weiteren Tierknochen in diesem Schachtabschnitt sind die Nachweise von Rind, Schwein, Schaf/Ziege, seltener Hund, Huhn und Biber zu nennen. Sie sind nach den Untersuchungen von Benecke wohl als Siedlungsabfall zu deuten.[77] Auch im Schacht 44 fanden sich unter dem Lehmkegel dunkle und helle Schichten, die mit den Knochenresten von Rind, Schwein, Schaf/Ziege, Pferd, Hund und Rothirsch gefüllt waren. Anhand des Fragmentierungsgrades zeigten sich an den Knochen keine Unterschiede zu den Schlacht- und Nahrungsabfällen in der Siedlung, so dass sie nach Benecke „wohl beim Verfüllen in den Schacht gelangt" sind und dieser Schacht „keine Tieropfer" enthält.[78]

Für Schacht 39 ist überliefert, dass sich in 1,0 bis 1,2 m Tiefe mehrere Rinderknochen sowie in 1,4 m Tiefe weitere Tierknochen und ein Pferdeschädel befanden (Abb. 6). Ein Rinderschädel mit einem Loch in der Stirn wurde in Schacht 41 in einer Tiefe von 1,25 m geborgen. Das Schulterblatt sowie der Unterkiefer eines Rindes wurden in Schacht 52 in einer Höhe von 4,35 m dokumentiert und schließlich werden auch für Schacht 55 einige Rinder- und Pferdeknochen erwähnt. Für die beiden verbleibenden Schächte 30 und 36 ist aus der Fundüberlieferung lediglich zu entnehmen, dass es sich um Einfüllungen mehrerer Tierknochen handelt.[79]

Das gemeinsame Vorkommen von menschlichen und tierischen Überresten im mittleren Einfüllbereich ist für sechs Schachtbefunde nachweisbar.[80] Für die Hälfte dieser Schächte werden die tierischen Überreste zumeist als kompakte Lagen charakterisiert. In diesen Lagen fanden sich vereinzelte Menschenknochen, die nicht weiter beschrieben werden.[81] Für Befund 56 ist zusätzlich festzuhalten, dass unter den kompakten Lagen an Tierknochen ein vollständiger Hirsch niedergelegt wurde. Im nicht vollständig ausgegrabenen, doch bis zu einer Tiefe von 5 m dokumentierten Schacht 27 wurden die Tierknochen in einem Bereich zwischen 3 und 4,85 m gefunden und als Skelettreste von Pferd und Rind beschrieben. In einer Tiefe von ca. 3,80 m lag ein menschlicher Schädel ohne Gesichtspartie.[82] Auch in den Schächten 13 und 15c werden Schädel als menschliche Skelettüberreste genannt. Dabei ist für beide Schächte die Kombination mit Tierschädeln hervorzuheben. In Schacht 13 folgten nach der oberen Einfüllung ein weiterer menschlicher Schädel und etwas tiefer wiederum ein vollständiges Skelett. In gleicher Höhe befand sich ein Schweineschädel. Weitere 20 cm tiefer wurde nochmals ein menschliches Skelett sowie abschließend zwei menschliche Schädel, einer da-

---

72 Schächte 8, 13.
73 Schacht 59.
74 Schächte 15c, 59.
75 Schächte 30, 36, 39, 41, 44, 47, 52, 55.
76 Griesa 2013, 62.
77 Benecke 1994, 16ff.
78 Benecke 1994, 16.
79 Griesa 2013, 57f.
80 Schächte 13, 15c, 27, 54, 56, 60.
81 Schächte 54, 56, 60.
82 Griesa 2013, 56, Abb. 126.

von ein Kinderschädel gefunden.[83] Für Schacht 15c werden in 60 bis 70 cm Tiefe zunächst vier menschliche sowie vier Tierschädel und weiter unten nochmals zwei menschliche und ein Tierschädel genannt. Stratigrafisch am tiefsten wurden im Mittelbereich nochmals zwei Tierschädel gefunden.[84]

Die Einfüllung direkt auf der Schachtsohle ist für fünf Befunde dokumentiert. Ausschließlich Tierknochen wurden auf der Schachtsohle der drei Befunde 15c, 29 und 38 gefunden. Für Schacht 15c sind es einige Tierfußknochen, die auf der Sohle lagen, und für Schacht 29 wird lediglich beschrieben, dass es Tierknochen waren. Für Schacht 38 ist überliefert, dass der untere Teil des 2,5 m tiefen Schachtes kompakt mit Skelett- und Schädelresten von fünf Rindern und drei bis vier Pferden gefüllt war. Des Weiteren handelte es sich um einen Rinderschädel mit abgeschlagenen Stirnzapfen und weiteren, z. T. im anatomischen Verband befindlichen tierischen Skelettresten.

Ausschließlich um menschliche Nachweise auf der Schachtsohle handelte es sich im Schacht 54, auf dessen Boden eine ca. 20jährige Person gefunden wurde. Sie war mit sechs Beigefäßen umgeben.[85]

Eine Vermischung von menschlichem und tierischem Knochenmaterial im Bereich der Schachtsohle ist nur für Schacht 47 mit einer dichten Packung von 1 m Dicke dokumentiert. Auf dem Boden lagen ein vollständiges Pferde- sowie zwei Teilskelette von Schaf und Hund. Eingestreut zwischen diesen Skeletten befanden sich die Einzelknochen von Schwein, Schaf/Ziege und Hase. Die darauf folgende Auffüllung bestand wiederum aus Skelettresten mehrerer Tiere, besonders häufig von Rindern.[86] Im gleichen Fundkontext lagen die Skelette von drei menschlichen Individuen.

Zusammenfassend ist aus diesen fundstratigrafischen Beobachtungen festzuhalten, dass es verschiedenartige Kombinationen von Schachteinfüllungen gibt, die sich auf menschliche und/oder tierische Skelettreste beziehen. Auffälligkeiten, die eventuell auf bestimmte Regeln schließen lassen, sind nicht erkennbar. So scheinen die Schächte, trotz gleichförmiger Gestalt und vergleichbarer Tiefen, individuell angelegt und verfüllt worden zu sein und keinem erkennbaren Schema zu folgen.

Von den bisher 63 bekannten Schächten in Lossow wurden in 15 (wahrscheinlich jedoch in 16) Befunden menschliche Überreste dokumentiert, die mindestens von 28 Individuen stammen. Dabei handelte es sich um acht (möglicherweise neun) vollständige Skelette, 18 (möglicherweise 19) menschliche Schädel sowie einige weitere Befunde, in denen Einzelknochen oder aber nicht näher bestimmte Skelettreste gefunden wurden.

Detailliert ergibt sich für die vollständigen Skelette, dass sie mit je einem Individuum aus den Schächten 15c und 54 sowie mit drei Individuen aus Schacht 47 belegt sind. Nicht eindeutig ist die Fundüberlieferung für Schacht 13, in dem sich drei, möglicherweise auch vier Skelette befunden haben sollen.[87] In der Mehrzahl, nämlich in sieben (wahrscheinlich acht) Befunden wurden insgesamt 18 (19) vollständige Schädel geborgen.[88] Als Einzelstück liegt er aus den Schächten 8, 27 und 37 vor. Unsicher ist die Überlieferung zu einem Menschenschädel, den ein Steinschutz umgeben und sich im Schacht 7 befunden haben soll.[89] Zwei Schädel stammen aus Befund 36, drei Schädel aus Befund 6, vier Schädel aus Befund 13 und sechs Schädel lagen in Befund 15c. Zudem werden aus drei Schächten einzelne Schädelfragmente erwähnt.[90] Weitere menschliche Einzelknochen bzw. nicht näher beschriebene Skelettreste, von denen nicht sicher ist, ob sie von jeweils einer oder mehreren Personen stammen, werden für neun Befunde genannt.[91]

Im Hinblick auf den Nachweis der Individuenanzahl innerhalb eines Schachtes konnte festgestellt werden, dass in vier Befunden je eine Person nachgewiesen werden konnte[92], ebenfalls in vier Befunden waren es zwei[93] und in zwei Befunden jeweils drei Individuen.[94] Die höchste Individuenanzahl erbrachten die Befunde 13 und 15c mit dem Nachweis von jeweils sieben Personen. Im Befund 13 handelte es sich um vier Schädel und drei vollständige Skelette. Im Befund 15c waren es sechs Schädel und ein Skelett.

Weitere anthropologische Aussagen zu den Skelettresten sind relativ spärlich im Vergleich zum Fundmaterial. So können zu den menschlichen Überresten aus den Grabungen vor dem 2. Weltkrieg leider kaum detaillierte Angaben er-

---

83 Griesa 2013, 52f.
84 Griesa 2013, 53.
85 Geisler 1969, 135.
86 Benecke 1994, 16.

87 Schuchhardt (1919, 281) erwähnt für die Befunde aus dem Jahre 1919, dass sich in einem Schacht vier Skelette befunden haben sollen. Dabei kann es sich nur um Schacht 13 gehandelt haben, für den auch Griesa (2008, 108) vier Skelette erwähnt. Ebenso schreibt Griesa (2013, 52f.) von vier Skeletten, gibt jedoch in der detaillierten Wiedergabe der Funde nur drei an. Unklar bleibt außerdem die Zuordnung und Angabe von fünf Skeletten, die nach Angaben von Hutloff aus Schacht 11 stammen sollen (Geisler 1969, 139 Anm. 10).
88 Schächte 6, (7), 8, 13, 15c, 27, 36, 37.
89 Griesa 2013, 50f.
90 Schächte 8, 10, 37.
91 Schächte 8, 15c, 20 (Extremitätenknochen), 37, 54, 56, 59, 60 und 61 (zwei Mittelfußknochenfragmente).
92 Schächte 7 (Schädel), 10 (Schädel), 27 (Schädel ohne Gesichtspartie), 56 (ein Menschenknochen). Unsicher ist die Zuordnung eines Menschenschädels, der mit einem Steinschutz umgeben war und sich im Schacht 7 befunden haben soll (Griesa 2013, 50f.).
93 Schächte 8 (Schädel und Schädelfragment), 36 (zwei Schädel), 37 (Schädel und Schädelfragmente), 54 (Skelett und Menschenknochen).
94 Schächte 6 (drei Schädel), 47 (drei Skelette).

folgen. Für einen der vier gefundenen Menschenschädel aus Schacht 13 ist überliefert, dass es sich um einen Kinderschädel gehandelt haben soll.[95] Schuchhardt erwähnt sogar zwei Kinderschädel aus Schächten des Grabungsjahres 1919.[96] Unverzagt überliefert aus den Aufzeichnungen der seinerzeitigen Anthropologin Gisela Asmus, dass die menschlichen Überreste „vielfach von jugendlichen Individuen" stammen.[97]

Genauere anthropologische Untersuchungen liegen erst für die Skelettreste aus den Schachtbefunden vor, die nach dem 2. Weltkrieg ausgegraben wurden. Das menschliche Skelett aus Schacht 54 wurde seinerzeit von Lothar Schott anthropologisch untersucht. Seinen Bestimmungen nach soll es sich um eine ca. 20- bis 35jährige Frau gehandelt haben, die auf dem Schachtboden gefunden wurde.[98] Im Jahre 2006 wurde das Skelett einer erneuten anthropologischen Untersuchung unterzogen, die Bettina Jungklaus vornahm. Zu den vormals vorgelegten Ergebnissen wurden aufgrund der Neuuntersuchung nun teilweise abweichende Erkenntnisse gewonnen. So wurde die Person aufgrund der Verknöcherungsvorgänge am postcranialen Skelett nicht als erwachsenes sondern als juveniles Individuum mit einem Alter zwischen 18 und 24 Jahren bestimmt.[99] Im Weiteren liegt nach ihren Untersuchungen anhand der vorgenommen Geschlechtsdiagnose am Becken ein männliches Individuum vor.[100] Für die Analyse am Schädel konnten sowohl männliche als auch weibliche Merkmalsausprägungen festgestellt werden. Da dem Becken jedoch aufgrund der Anpassung an Schwangerschaft und Geburt eine höhere diagnostische Bedeutung zugeschrieben wird, kommt die anthropologische Bearbeiterin zu dem Schluss, dass „das vorliegende Individuum aus dem Opferschacht von Lossow zweifelsfrei als Mann bestimmt werden" kann.[101] Nochmalige Skelettuntersuchungen erfolgten schließlich durch Henrike Hesse, die analog B. Jungklaus feststellte, dass es sich altersmäßig um ein Individuum am Übergang vom Jugend- zum Erwachsenenalter handelt. Die Geschlechtsbestimmung ist nach ihren Untersuchungen als unsicher weiblich zu betrachten. Geschlechtsbestimmungen am Schädel sowie am Becken weisen teils männliche, teils weibliche Merkmale auf. In Zusammenführung der Ergebnisse konstatiert Hesse jedoch „eine geringe Tendenz zu *weiblich*".[102]

Die drei Skelette aus Schacht 47 sind durch Herbert Ullrich anthropologisch untersucht worden. Demnach handelte es sich um das Skelett eines siebenjährigen und eines zwölf- bis 13jährigen Mädchens sowie einer ca. 30- bis 35jährigen Frau, die im unteren Schachtbereich gefunden wurden.[103]

Zusammenfassend ergeben sich drei (vermutlich vier) Nachweise von Kindern[104], davon zwei Mädchen, einer juvenilen/subadulten, wohl eher weiblichen Person (Schacht 54) sowie einer adulten Frau (Schacht 47). Ebenfalls von einer (oder zwei) erwachsenen Person(en) stammen die beiden Knochenfragmente aus Schacht 61. Aus diesen wenigen Fakten lassen sich keine tendenziellen Schlussfolgerungen ableiten, die die oft zu lesende Behauptung stützen, dass es sich vornehmlich um Kinder und Jugendliche handelt, die in den Schächten gefunden wurden.[105] Eher kann jedoch gesagt werden, dass tendenziell weibliche Individuen nachgewiesen wurden.

Zum Erhaltungszustand sowie zur Unversehrtheit der Skelettüberreste bzw. zu Hinweisen auf intentionelle Spuren an den Knochen liegen für die Altgrabungen vor dem 2. Weltkrieg ebenfalls nur spärliche, teilweise auch nicht zuordbare Informationen vor. Zu den seinerzeitigen Befunden schrieb Unverzagt summarisch: „Die Menschenreste waren durchweg stark zerstückelt und niemals im Zusammenhang beigesetzt".[106] Außerdem weisen „besonders die Schädel […] durchweg schwere Verstümmelungen auf".[107]

Genauere Angaben beziehen sich auf die Befunde von 1968 und 1980–84, für die aussagefähige Gutachten vorliegen. Für das wohl weibliche Individuum, das auf der Schachtsohle des Befundes 54 lag, beschrieb schon Schott eine Fraktur am linken Oberschenkel.[108] Den neuesten anthropologischen Untersuchungen nach Hesse zufolge, wies die Person etliche Frakturen an den Knochen auf, die sowohl kurz vor als auch nach dem Tode entstanden sein können. Perimortale Verletzungen beziehen sich auf zwei Defekte am Schädel, von denen u. a. die Schädelbasis Spuren scharfer Gewalt trägt. Auch im Bereich des Brustkorbes wurde ein perimortaler Bruch festgestellt, ebenso fanden sich Frakturen am rechten Schulterblatt und an beiden unteren Extremitäten. Außerdem konnte Hesse die bereits von Schott festgestellte Längendifferenz der beiden Schlüsselbeine bestätigen und mit 1,2 cm präzisieren. Eine Asymmetrie wurde auch für beide Augenhöhlen festgestellt. Zusätzlich konnte Hesse bele-

---

95 GRIESA 2013, 53.
96 SCHUCHHARDT 1919, 284f.
97 UNVERZAGT 1969, 336, Anm. 2.
98 Vgl. GRIESA 1982a, 225.
99 JUNGKLAUS 2013, 155.
100 JUNGKLAUS 2013, 155.
101 JUNGKLAUS 2013, 154.
102 HESSE 2013, 159.

103 GRIESA 2008, 110. ULLRICH 2013, 163ff.
104 Zwei unsichere Altfunde zweier Schädel von 1919 sowie die beiden Skelette aus Schacht 47.
105 Vgl. UNVERZAGT 1969, 336. GRIESA 1982b, 32.
106 UNVERZAGT 1931, 273.
107 UNVERZAGT 1930, 162.
108 Vgl. GRIESA 2013, 152.

gen, dass die Person zu Lebzeiten wahrscheinlich einen Bandscheibenvorfall hatte und die Hüftgelenkpfannen durch entzündliche Prozesse verändert waren. Entzündungen ließen sich auch an anderen Skelettregionen nachweisen (an Wirbeln, am rechten Oberarm, am rechten Fersenbein), die nach Hesse einer Infektionskrankheit zuzuschreiben sind und wahrscheinlich durch Brucellose ausgelöst wurden.[109]

Auch die anthropologischen Untersuchungen, die durch Ullrich für das menschliche Skelettmaterial der drei Individuen aus Schacht 47 vorgenommen wurden, geben detaillierte Informationen.[110] Zunächst ist festzuhalten, dass Hinweise auf eine Todesursache bei keinem der drei Skelette vorliegen. Interessant ist jedoch die Beobachtung von kurzen, parallel verlaufenden feinen Schnittspuren, die an den Knochen des siebenjährigen sowie des zwölf- bis 13jährigen Mädchens festgestellt werden konnten. Diese sind nach Ullrich als Manipulationen am Leichnam zu deuten und waren mit dem Abtrennen der Weichteile verbunden. Für das ältere Mädchen wurden demnach Muskeln des Schultergürtels, des Ober- und Unterarms, im Beckenbereich und des Oberschenkels sowie der Rückenmuskulatur gewaltsam abgetrennt. Weitere Defekte im Gelenk- und Muskelansatzbereich deuten auf Leichenzerstückelung hin, so dass nach der Befundlage und den Schnittspuren anzunehmen ist, dass Schädel- und Wirbelsäulenbereich zusammenhängend und senkrecht in den Schacht versenkt wurden, übrige Skelettteile jedoch isoliert bzw. mehr oder minder im anatomischen Verband in den Schacht geworfen wurden. Bei dem jüngeren Mädchen zeigen die Schnittspuren, dass die Weichteile offenbar am ganzen Körper abgetrennt wurden. Außerdem lassen die Defektmuster an den Knochen und die stratigrafischen Verteilungen der Knochen erkennen, dass wahrscheinlich nur der Schädel mit Halswirbel im anatomischen Verband in den Schacht geworfen wurde, die übrigen Knochen jedoch isoliert.

Im Gegensatz zu diesen Befunden ließen sich nach Ullrich bei den Untersuchungen des adulten Frauenskelettes Schnittspuren an den Knochen nicht mit Sicherheit nachweisen.[111]

In den Schachteinfüllungen von Lossow sind in einigen wenigen Fällen auch Beifunde wie Metall- und Knochenobjekte gefunden worden. Als auffällig ist hervorzuheben, dass diese nur im Zusammenhang mit menschlichen Skelettüberresten dokumentiert sind.

Das betrifft zum einen Schacht 13. Hier wurden insgesamt drei vollständige menschliche Skelette sowie vier Schädel ausgegraben. Für das zutiefst liegende Skelett, das mit dem Gesicht nach unten gerichtet war, wird beschrieben, dass sich in Rippenhöhe die Hälfte eines scharflappigen Bronzewendelringes befunden haben soll.[112]

Zum anderen ist auch Schacht 54 hier zu nennen, auf dessen Sohle ein menschliches Skelett lag. Am rechten Handgelenk trug die Person einen Bronzearmring. Im Weiteren wurde bei der anthropologischen Bearbeitung des Skelettes der Rest eines Bronzespiralröllchens gefunden, das am Kopf lag.[113] Zudem war die Person mit sechs Tongefäßen umgeben.[114] Auf halber Tiefe des Gesamtschachtes hatte man bereits ein fast vollständiges kleines bauchiges Gefäß entdeckt.[115] Ebenfalls aus der Schachtfüllung kamen ein doppelspitziger Knochenpfriem von 4 cm Länge und ein weiterer, nicht näher bestimmbarer verzierter Knochengegenstand von über 7 cm Länge.[116]

Eine aufrecht stehende fast vollständige früheisenzeitliche Terrine befand sich auch bei den drei Skeletten aus Schacht 47, die im unteren Schachtbereich gefunden wurden. Die eiserne Schwanenhalsnadel aus gleichem Befund stammt jedoch aus der oberen Einfüllung des Schachtes und lag zwischen den tierischen Knochenüberresten.[117]

Wie bei den soeben vorgestellten Befunden anklang, scheint auch das Auftreten vollständiger Keramikgefäße in Zusammenhang mit menschlichen Überresten gelegentlich vorzukommen. In 3,90 m Tiefe wurde im Schacht 8 ein fast vollständiges früheisenzeitliches Gefäß geborgen. Dieses war von Asche und Holzkohle umgeben und mit einer Rehgeweihstange mit Bearbeitungsspuren bedeckt. Die menschlichen Überreste wurden stratigrafisch bereits 3 m höher gefunden und stammen aus dem Schachttrichter.[118] Ebenfalls in der oberen Schachtfüllung lagen die menschlichen Skelettreste im Befund 60 und zudem eine zweihenklige Terrine sowie das Oberteil einer verzierten Amphore.[119] Im Gegensatz zu diesen Befunden ist lediglich Schacht 12 zu nennen, aus dem keine menschlichen Überreste dokumentiert

---

109 Hesse 2013, 161f.
110 Ullrich 2013, 163ff.
111 Ullrich 2013, 165.

112 Griesa 2008, 108; 2013, 53, Abb. 115. Für diesen Befund gibt es bezogen auf die Schachtnummerierung und die Befundlage widersprüchliche Angaben. Geisler (1969, 139 mit Anm. 10) bezieht sich auf ein Protokoll zum Grabungsjahr 1919, in dem J. Hutloff dokumentiert, dass ein früheisenzeitlicher Wendelring auf der Brust einer der fünf Toten aus Schacht 11 lag. Auch Lienau (1932, 20) erwähnt, dass in einem der Erdschächte bei den Ausgrabungen von 1919 „auf der Brust eines Skeletts [das] beschädigte Exemplar eines bronzenen Wendelringes von kräftigem Körperbau mit *echter Torsion* (wirklicher Drehung)" gefunden wurde. Auch Griesa (1982a, 222) erwähnt seinerzeit noch, dass der Wendelring aus einem Schacht mit fünf menschlichen Skelettresten stammt.
113 Griesa 2013, 152.
114 Geisler 1969, 135.
115 Geisler 1969, 137, Abb. 5r.
116 Geisler 1969, 136ff. Abb. 5–6.
117 Griesa 2013, 62, Abb. 117.
118 Griesa 2013, 51.
119 Griesa 2013, 68.

sind, aus dessen Schachttrichter jedoch ein zweihenkliges spätbronzezeitliches Gefäß stammt.[120]

Im Weiteren ist für sieben Schächte die Anwesenheit von **Steinen** erwähnt, die aufgrund ihrer Befundlage eine bestimmte Intention nahe legen. So wird für Schacht 7 beschrieben, dass der Einzelfund eines menschlichen Schädels mit einem Steinschutz umgegeben gewesen sein soll. Im Schacht 15c lag der Schädel des menschlichen Skelettes auf einem Feldstein. Für die unterste Schachteinfüllung aus der Anlage 47 ist dokumentiert, dass sich die fast vollständig geborgene, früheisenzeitliche Terrine nahe einem großen Feldstein befunden haben soll und im gleichen Fundzusammenhang die drei menschlichen Skelette lagen. Mehrere Feldsteine wurden auch in der Lehmkegeleinfüllung für die Befunde 59 und 61 dokumentiert. Für die Lehmkegeleinfüllung vom Schacht 61 kann aus eigenen Ausgrabungen beschrieben werden, dass die bis zu 20 cm großen Steine zum einen unregelmäßig verteilt waren, zum anderen waren sie wie ein Steinschutz um senkrecht stehende Tierknochen arrangiert. Letztendlich ist auch für die Befunde 27 und 38 die Anwesenheit von (Feld-)Steinen überliefert, ohne jedoch nähere Angaben machen zu können.

Diskussion um die Deutung der Schächte
Die Diskussion um die Deutung dieser bemerkenswerten Schachtanlagen setzte sogleich nach ihrer Entdeckung ein. Bereits Schuchhardt beschäftigte sich mit der Frage, „was diese Löcher bedeuten?"[121] Dabei diskutierte er in seinem Artikel mehrere Interpretationsansätze und nahm u. a. an, dass Lossow eine der Stätten ist, „die man immer für das große Heiligtum der Semnonen in Betracht gezogen hat, in dem das Jahresfest aller Stämme gefeiert und mit einem Menschenopfer besiegelt wurde. Es ließe sich ja am Ende denken, dass jedes Jahr zu dem Feste eine neue Grube gegraben und mit den Resten des Opfers gefüllt worden wäre." Zu bedenken gab er jedoch, dass einige der Gruben keine Knochenfunde, sondern nur lehmigen Sand als Inhalt enthielten.[122] Eine mögliche Funktion als Vorrats- oder Kellergruben schloss er aufgrund der großen Tiefe der Schachtanlagen aus. In seiner weiteren Diskussion um die Deutung der Befunde lag für Schuchhardt letztendlich nahe, „uns doch für Brunnen als das Wahrscheinlichste zu entscheiden."[123]

In einem späteren Artikel griff Schuchhardt die These des Semnonenheiligtums jedoch wieder auf und mit Verweis auf das suebische Jahresfest im Heiligen Hain der Semnonen und auf die Opferszene auf dem Gundestrup-Kessel stand nun für ihn fest, dass „man eine Erklärung für den Lossower Befund" erhält.[124]

Für Unverzagt kam bereits nach den ersten Grabungskampagnen eine kultische Deutung der Befunde in Betracht: „Wir erklären sie einstweilen als Gruben zur Aufnahme der Reste von Menschen- und Tieropfern."[125] In einem späteren Artikel konkretisierte Unverzagt diese Vermutung und schrieb: „Wir nehmen als Arbeitshypothese einstweilen an, dass die Schächte mit einem allerdings recht grausamen und blutigen Kult in Zusammenhang standen und zur Aufnahme der Reste von Rinder-, Pferde- und Menschenopfern bestimmt waren. Man hätte bei den Opferfesten jedes Mal solche Schächte angelegt, darin die Opfer beigesetzt und sie dann wieder sorgfältig zugemacht."[126] Wenig später wurde aus dieser Arbeitshypothese als Erkenntnis festgehalten: „Die Ausgrabungen in Lossow haben also als wichtigstes Ergebnis die Feststellung eines großen prähistorischen Heiligtums gezeigt, des ersten und bisher einzigen seiner Art".[127]

Mit Rückgriff auf die seinerzeitige These von Schuchhardt (1923) interpretierte Unverzagt seine Ausgrabungsergebnisse in Lossow mit den Worten: „Die Annahme, dass in Lossow das bei Tacitus in der Germania erwähnte und geschilderte Semnonenheiligtum wiedergefunden sei, gewinnt durch den Bodenfund erheblich an Wahrscheinlichkeit. Hinzu kommt, dass diese Schächte in Lossow bisher völlig allein dastehen und in anderen ostdeutschen Burgwällen nicht beobachtet werden konnten. Sollte Lossow mit seinen Schächten tatsächlich allein bleiben, so würde die oben erwähnte Annahme noch eine erhebliche Stärkung erfahren".[128]

Den Lossower Burgwall als kultische Stätte zu deuten und dem Heiligen Hain der Semnonen gleichzusetzen, blieb lange Forschungsmeinung und wurde auch von anderen Forschern aufgegriffen. So schrieb Köhn-Behrens in diesem Zusammenhang: „Man fand an keiner anderen Stelle Deutschlands unter andern Burgen und Burgwällen Ähnliches, obwohl bereits eine Anzahl ostdeutscher Burgen aus der gleichen Zeit ausgegraben worden sind, darunter der größte aller Burgwälle von Burg im Spreewald. Gerade das bestärkt die Forscher in der sicheren Annahme, dass auf diesem herrlichen Landstrich, hoch über dem silbernen Band der Oder, das alte Heiligtum der Germanen gestanden hat. Hier besonders stimmt einwandfrei die Aussage des Tacitus mit den Bodenfunden überein, und da Lossow bis heute einzig in seiner Art dasteht, können wir

---

120 Griesa 2013, 52.
121 Schuchhardt 1919, 281.
122 Schuchhardt 1919, 282.
123 Schuchhardt 1919, 282.
124 Schuchhardt 1923, 3.
125 Unverzagt 1928, 77.
126 Unverzagt 1930, 162. Ähnlich auch Unverzagt/von Jenny 1935, 10. Unverzagt 1962, 62.
127 Unverzagt 1931, 274.
128 Unverzagt/von Jenny 1935, 11.

beinahe sicher sein, dass wir hier an geheiligter Stätte stehen".[129]

Die Diskussion um die Deutung der „rätselhaften Schächte", über die „bis heute keine einhellige Meinung besteht", griff auch Geisler durch seine Untersuchungen von 1968 erneut auf.[130] Aufgrund seiner Beobachtungen zog er zwar eine primäre Nutzung der Anlagen als Brunnen in Betracht, kam aber dennoch zu dem Schluss, dass die Befunde von Lossow „unzweifelhaft Hinweise auf Opferhandlungen" darstellen.[131]

Auch für Griesa steht eine Deutung als Opfer nicht in Frage: „Geopfert wurden vor allem Kinder bzw. Jugendliche, darunter [...] vorwiegend Mädchen. Das Beschweren mit Steinen oder das Fesseln der Geopferten wird wohl mit einem bestimmten Opferritual in Zusammenhang zu bringen sein. [...] Die jungen Menschen sind sicherlich getötet und einem höheren Wesen geopfert oder geweiht worden".[132] Ähnlich formulierte er: „Bei aller gebotenen Vorsicht werden wir sicher nicht fehlgehen, die Anlagen als Opferschächte zu bezeichnen. Aller Wahrscheinlichkeit nach wurde hier ein Fruchtbarkeitskult geübt, der mit dem Erdreich in Zusammenhang stand und von der siedelnden Gemeinschaft jährlich zur Herbstzeit vorgenommen wurde."[133]

Die Annahme der Herbstopferung beruht auf den archäozoologischen Ergebnissen von Benecke. Nach seinen Untersuchungen ergibt sich für den 17 Monate alten Hirsch aus Schacht 56, bei einer angenommenen Setzzeit in den Monaten Mai und Juni, eine Opferung in den Monaten Oktober und November. Ein juveniles Rind aus gleichem Schacht scheint dem Alter entsprechend ebenfalls im Herbst geopfert worden zu sein.[134]

Übereinstimmend geht die dargelegte Forschungsmeinung davon aus, dass in den Schachtbefunden von Lossow die Resultate von Opferhandlungen vorliegen. Wenn man den Gesamtkontext der Burgwallanlage mit ihren Schächten betrachtet, kann zusammenfassend folgendes Bild skizziert werden.

Bereits in der Bronzezeit bestand in Lossow eine befestigte Siedlung, deren Wallanlage in der frühen Eisenzeit durch eine Holzkastenkonstruktion eine bautechnische Erneuerung erfuhr. Aufgrund der Befundsituation ist jedoch anzunehmen, dass es einen zeitlichen Hiatus zwischen der bronzezeitlichen Besiedlungsphase und der früheisenzeitlichen Phase der Schachtbelegung gegeben hat. Weder aus den Altgrabungen noch aus den neueren Forschungen lassen sich Hinweise auf Hausreste und damit eine gleichzeitige Wohnsiedlung im Zusammenhang mit den Opferschächten nachweisen. Im Gegenteil: bereits Unverzagt erkannte aufgrund seiner Grabungen, dass ein Großteil der Schächte die spätbronze-/früheisenzeitliche Kulturschicht durchschnitt[135] und formulierte: „Trotzdem verödete das Gelände nicht ganz, denn unmittelbar nach Aufgabe der Besiedlung erfolgte die Anlage tiefer Schächte, die überall die Reste der Häuser durchschneiden, also mit der Zeit der dauernden Besiedlung nichts zu tun haben." Demnach konnten diese „erst nach dem Ende der dauernden prähistorischen Besiedlung entstanden sein [...]. Nicht mit Sicherheit gelöst werden konnte dagegen die Frage, ob der Schacht gleich anschließend an das Ende der ersten Besiedlung angelegt worden ist, oder ob erst eine längere Zwischenzeit verstrichen war".[136]

Vor dem Hintergrund dieser Beobachtung sind die Schachtbefunde mit ihren menschlichen Überresten unbedingt von den vielfach zu findenden Einzelknochen in Siedlungsgruben oder gar den Siedlungsbestattungen abzugrenzen. Die Schächte wurden intentionell für den Zweck der Deponierung der in ihnen gefundenen Menschenreste angelegt. Eine zeitgleiche Besiedlung der Burgwallanlage ist nach derzeitigem Forschungsstand nicht nachweisbar.

Es ist davon auszugehen, dass die exponierte geografische Lage von Lossow bewusst nach ihren optimalen Gegebenheiten ausgewählt und als ein besonderer Platz genutzt wurde. Dementsprechend war man wohl auch versucht, diese Besonderheit durch eine neue Wallkonstruktion zu unterstreichen und in diesem Sinne eine weithin sichtbare Grenze zu errichten. Diese bot nicht nur Sichtschutz, sondern trennte auch rituelles von profanem Handeln. Die Wallanlage markierte somit einen fest umgrenzten Raum, der nicht ohne Weiteres einzusehen und vielleicht auch als Tabu-Zone zu verstehen war. Überdies ist davon auszugehen, dass auch das unmittelbare Umfeld in diese Zone einbezogen wurde, denn vormals belegte Gräberfelder und Siedlungen werden in Lossow zu Beginn der frühen Eisenzeit aufgegeben.

Was ist jedoch an Fakten aus den dargestellten Beobachtungen und anthropologischen Untersuchungen für eine Deutung der menschlichen Überreste heranzuziehen? Die anthropologischen Befunde zeigen vollständige Skelette, Skelettreste, eine Anzahl von Schädeln und menschliche Einzelknochen, die in den Schächten gefunden wurden. Hinweise auf gewaltsame Einwirkungen an den Knochen, die auf bewusste Tötung hinweisen, sind nur in einem Befund anthropologisch

---

129 Köhn-Behrens 1934, 36.
130 Geisler 1978, 307.
131 Geisler 1978, 308.
132 Griesa 1982b, 32.
133 Griesa 2008, 111.
134 Benecke 1994, 21.

135 Unverzagt 1930, 161.
136 Unverzagt 1931, 273.

gesichert nachgewiesen. Das betrifft das vermutlich weibliche Individuum aus Schacht 54, das wohl gefesselt in den Schacht geworfen wurde. Am Schädel ließen sich Spuren scharfer Gewalt und an weiteren Knochen Frakturen nachweisen, die nach der anthropologischen Bearbeiterin perimortal entstanden sein dürften. In Schacht 13 wird die Lage eines der drei vollständigen Skelette so gedeutet, dass die Person kopfüber in den Schacht geworfen wurde. Damit ist jedoch nicht ersichtlich, ob sie vorher bewusst getötet wurde. Auch für die drei Skelette aus Schacht 47 konnten durch den anthropologischen Bearbeiter keine Hinweise auf die jeweilige Todesursache gefunden werden. Auch für die Vielzahl an Einzelschädeln ist m. W. von keinem bekannt, dass Hinweise auf gewaltsame perimortale Abtrennungen (Enthauptungen) anthropologisch festgestellt wurden. Der seinerzeitige Hinweis von Unverzagt, dass besonders die Schädel schwere Verstümmelungen aufwiesen,[137] muss unkommentiert im Raum stehen bleiben, da es keine anthropologisch gesicherten Angaben zum Zeitpunkt und über eine mögliche Todesursache dieser Defekte gibt. Gleiches gilt für das menschliche Skelett aus Schacht 13, an dessen Halswirbeln Beschädigungen feststellbar gewesen sein sollen.[138]

Im Weiteren ist für die Altgrabungen durch Unverzagt überliefert, dass die Skelette zerstückelt gewesen sein sollen.[139] Auch diese Aussage kann für die damaligen Skelettfunde nicht mehr überprüft werden, doch ist sie nach den anthropologischen Untersuchungen für die beiden Mädchen aus Schacht 47 eindeutig nachgewiesen. Nach Ullrich sind die zahlreichen Defekte im Gelenk- und Muskelansatzbereich beider Skelette als Nachweise von Leichenzerstückelung zu deuten. Außerdem konnte durch die zahlreichen Schnittmarken an den Knochen nachgewiesen werden, dass die Weichteile vom Körper abgetrennt wurden.[140]

Diese pietätlos erscheinende Leichenbehandlung und auffällige Massierung der Skelett- und Knochenfunde in den Schächten kann m. E. dennoch nicht als Verlochung menschlicher Überreste bezeichnet werden. Dagegen sprechen Beifunde und Schmuckstücke, die in Trachtlage anzutreffen waren. Das betrifft zum einen die vermeintliche Frau auf Schachtsohle 54, die am rechten Handgelenk ein bronzenes Armband trug. Ein ebenfalls bei ihr gefundenes Spiralröllchen lag am Kopf und deutet hier vermutlich seine Trageweise an. Auffällig waren in diesem Befund außerdem die sechs mitgegebenen *Beigefäße*, die sich im Oberkörperbereich und zu ihren Füßen befanden. Zum anderen ist für Schacht 13 von Lossow überliefert, dass sich auf der Brust (oder in Rippenhöhe) einer Person ein bronzener Wendelring befand. Diese Objekte erfüllten m. E. eine *Beigabenfunktion*. Gleiche Annahme ist auch für die vollständigen Gefäße aus den Schächten 47 und 60 zu vermuten.

Augenscheinlich ist natürlich, dass es sich nicht um *normale* Bestattungen handelt. Die hier praktizierten Handlungen müssen unzweifelhaft in einen rituellen Kontext gestellt werden. Ein Zusammenhang mit Opferungen scheint nahe liegend zu sein.

Woran ist jedoch der Status eines Opfers im Befund zu erkennen? Intentionelle Tötungshinweise können als Indiz für Opferhandlungen herangezogen werden. Auch bestimmte Befund- und Fundkombinationen oder Auffälligkeiten wie die intentionelle Einbringung von Steinen oder das Verschließen der Schächte durch Lehmkegel können diese Indizien ergänzen. Gleiches gilt für den Zusammenfund mit Tierskeletten bzw. deren Teilstücken, wenn für diese eine Deutung als Schlacht- und Nahrungsabfälle auszuschließen ist.

Die Leichenzerstückelungen und das Abtrennen der Weichteile von den menschlichen Knochenüberresten müssen jedoch nicht zwingend in einem Opferkontext stehen und eine rituelle Tötung somit vorausgesetzt werden. Zudem ist weder das Motiv und die Absicht noch ein Adressat dieser Handlungen aus der Befund- und Quellenlage zu erschließen. Vor diesem Hintergrund sollte m. E. auch vorsichtig mit dem Begriff Menschenopfer umgegangen werden. Es ist ratsam, die Benennung dieser durchaus besonderen Fundkategorie nicht auf das Wort Opfer zu reduzieren und damit eine Deutung festzulegen. Mit dem Wissen ethnologischer Quellen müssen auch andere Beweggründe in Betracht gezogen werden, die zu außergewöhnlichen Bestattungen, sog. Sonderbestattungen führen können.

Von der Tatsache ausgehend, dass es sich zweifelsfrei um vom *normalen* Bestattungsritus abweichende Befunde handelt, wird daher vorgeschlagen, von *ritualisierten Bestattungen* zu sprechen. Mit dem konkreten Befund liegt uns lediglich der letzte Teil einer mehrstufigen, vordem durchgeführten Zeremonie vor. In Lossow lässt sie sich nach den bisherigen Fakten ausschließlich für die Leichenbehandlung rekonstruieren und scheint (für die wenigen auswertbaren Befunde) festen Regeln unterworfen gewesen zu sein. Diese beinhalten die Leichenzerstückelung, das Entfernen der Weichteile von den Knochen und die Deponierung selbiger und/oder auch nur der Schädel an eigens dafür hergerichteten Orten, in den Schächten. Lediglich die weibliche Person aus Schacht 54 war von diesem Ritual ausgeschlossen und wurde als vollständiger Körper in den Schacht geworfen. Pathologische Auffälligkeiten wie die Ungleich-

---

137 Unverzagt 1930, 162.
138 Griesa 2013, 52.
139 Unverzagt 1931, 273.
140 Ullrich 2013, 163f.

heit der Schlüsselbeine und die Asymmetrie der Augenhöhlen können vielleicht zu dieser individuellen Behandlung geführt haben. Außerdem konnte bisher nur für diese Person eine Tötung nachgewiesen werden.

Abschließend soll noch einmal betont werden, dass mit der neutraleren Bezeichnung – *ritualisierte Bestattungen* – der Begriff Opfer aus der Befundansprache herausgenommen werden sollte, um dies nicht als einzig mögliche Deutung zu implizieren, so nahe liegend sie auch erscheinen mag. Diese gilt es, in weiteren Forschungen und unter Einbeziehung ähnlicher Befunde und Analogien glaubhaft zu verifizieren.[141]

Literatur

Beilke-Voigt 2010a
I. Beilke-Voigt, Wilhelm Unverzagt und die Grabungen auf dem Burgwall 1926 bis 1929. Archivalien berichten. In: I. Beilke-Voigt, F. Schopper (Hrsg.), Lossow. Alte Forschungen und neue Projekte. Materialien zur Archäologie in Brandenburg Bd. 4. Lossower Forschungen Bd. 1. Rahden/Westf. 2010, 31–59.

Beilke-Voigt 2010b
I. Beilke-Voigt, Alt bekannt und neu untersucht. Zum aktuellen Forschungsprojekt und ersten Ergebnissen. In: I. Beilke-Voigt, F. Schopper (Hrsg.), Lossow. Alte Forschungen und neue Projekte. Materialien zur Archäologie in Brandenburg Bd. 4. Lossower Forschungen Bd. 1. Rahden/Westf. 2010, 60–74.

Beilke-Voigt 2012
I. Beilke-Voigt, Der Widder von Lossow – Ein langer Weg in den Norden. In: B. Gediga, A. Grossman, W. Piotrowski (Hrsg.), Rytm przemian kulturowych w pradziejach i średniowieczu (Rhythmus der Kulturumwandlungen in der Ur- und Frühgeschichte). Tagungsband zur gleichnamigen Tagung in Biskupin 07.–09.07.2010. Prace Komisji Archeologicznej 19. Biskupin, Wrocław 2012, 339–353.

Beilke-Voigt im Druck
I. Beilke-Voigt, Ritualisierte Bestattungen in der frühen Eisenzeit. Eine vergleichende Betrachtung zu den Befunden von Lossow (Brandenburg) und Gzin (Polen). In: Tagungsband zur Jahrestagung der AG Eisenzeit beim West- und Süddeutschen Verband für Altertumsforschung in Rzeszów (Polen), September 2012. Im Druck.

Benecke 1994
N. Benecke, Neue archäozoologische Forschungen am Burgwall von Lossow, Ortsteil von Frankfurt/Oder. Einige vorläufige Ergebnisse. Acta Praehistorica et Archaeologica 26/27, 1994, 14–23.

Benecke in Vorb.
N. Benecke, Archäozoologische Untersuchungen. In: I. Beilke-Voigt (Hrsg.), Das jungbronze-/früheisenzeitliche Burgzentrum von Lossow. Die Ausgrabungen 2008 und 2009. Materialien zur Archäologie in Brandenburg. Lossower Forschungen Bd. 3. Rahden/Westf. In Vorbereitung.

Geisler 1969
H. Geisler, Notbergung auf dem Burgwall bei Lossow, Kr. Eisenhüttenstadt. Ausgrabungen und Funde 14, 1969, 132–140.

Geisler 1978
H. Geisler, Die Opferschächte von Frankfurt/O. – Lossow. In: W. Coblenz, F. Horst (Hrsg.), Mitteleuropäische Bronzezeit. Beiträge zur Archäologie und Geschichte. VIII. Tagung der Fachgruppe Ur- und Frühgeschichte vom 24. bis 26. April 1975 in Dresden. Berlin 1978, 307–313.

Geisler/Griesa 1982
H. Geisler, S. Griesa, Neue Forschungsergebnisse auf dem Burgwall Frankfurt/O. – Lossow. Ausgrabungen und Funde 27, 1982, 272–274.

Griesa 1982a
S. Griesa, Ergebnisse und Probleme der Feldforschungen auf dem Burgwall von Lossow. In: B. Chropovsky, J. Herrmann (Hrsg.), Beiträge zum bronzezeitlichen Burgenbau in Mitteleuropa. Berlin, Nitra 1982, 221–228.

Griesa 1982b
S. Griesa, Die Göritzer Gruppe. Veröffentlichungen des Museums für Ur - und Frühgeschichte Potsdam 16. Berlin 1982.

Griesa 1985
S. Griesa, Untersuchungen der früheisenzeitlichen Opferschächte auf dem Burgwallgelände von Frankfurt/O. – Lossow. Beiträge und Mitteilungen 11. Museum für Deutsche Geschichte Berlin, 1985, 29–30.

Griesa 1986
S. Griesa, Neues aus der Alten Welt. Information über die Ausgrabungen von Frankfurt/O. – Lossow. Altertum 32 (1), 1986, 63–64.

Griesa 2000
S. Griesa, Die Burgwallanlage von Lossow. In: J. H. Schroeder, F. Brose (Hrsg.), Führer zur Geologie von Berlin und Brandenburg 7: Frankfurt/O. – Eisenhüttenstadt. Berlin 2000, 175–182.

Griesa 2008
S. Griesa, Die Befunde der früheisenzeitlichen Opferschächte von Frankfurt/O. – Lossow und ihre Interpretation. In: C. Eggl, P. Trebsche, I. Balzer, J. Fries-Knoblach, J. K. Koch, H. Nortmann, J. Wiethold (Hrsg.), Ritus und Religion in der Eisenzeit. Beiträge zur Sitzung der AG Eisenzeit während der Jahrestagung des Mittel- und Ostdeutschen Verbandes für Altertumsforschung e. V. in Halle an der Saale 2007. Beiträge zur Ur- und Frühgeschichte Mitteleuropas 49. Langenweissbach 2008, 107–113.

Griesa 2013
S. Griesa, Der Burgwall von Lossow. Forschungen von 1909 bis 1984. Mit einem Beitrag von Norbert Benecke. Lossower Forschungen 2. Materialien zur Archäologie in Brandenburg 6. Rahden/Westf. 2013.

Hesse 2013
H. Hesse, Anthropologische Bearbeitung eines Skelettes von Lossow, Burgwall „Schwedenschanze", Schacht 54. In: S. Griesa, Der Burgwall von Lossow. Forschungen von 1909 bis 1984. Mit einem Beitrag von Norbert Benecke. Lossower Forschungen 2. Materialien zur Archäologie in Brandenburg 6. Rahden/ Westf. 2013, 156–162.

Hilzheimer 1923
M. Hilzheimer, Die Tierknochen aus den Gruben des

---

141 Beilke-Voigt im Druck.

Lossower Ringwalls bei Frankfurt a. O. Abhandlungen der Preussischen Akademie der Wissenschaften Berlin, Jg. 1922, Philologisch-historische Klasse 5. Berlin 1923, 3–73.

JUNGKLAUS 2013

B. Jungklaus, Das menschliche Skelett aus dem Opferschacht vom Burgwall bei Lossow – Bestimmung des Geschlechts und des Sterbealters. In: S. Griesa, Der Burgwall von Lossow. Forschungen von 1909 bis 1984. Mit einem Beitrag von Norbert Benecke. Lossower Forschungen 2. Materialien zur Archäologie in Brandenburg 6. Rahden/Westf. 2013, 152–155.

KÖHN-BEHRENS 1934

C. Köhn-Behrens, Wer kennt Germanien? München 1934.

LIENAU 1932

M. M. Lienau, Der „Burgwall von Lossow" an der „Steilen Wand" bei Frankfurt a. d. Oder. Mitteilungen des Historischen Vereins für Heimatkunde Frankfurt/O. 32, 1932, 18–24.

SCHUCHHARDT 1919

C. Schuchhardt, Festrede zur Feier des 50jährigen Bestehens der Gesellschaft am 29. November 1919, nachmittags 4 Uhr, im Hörsaale des Museums für Völkerkunde. Zeitschrift für Ethnologie 51, 1919, 276–296.

SCHUCHHARDT 1923

C. Schuchhardt, Vorwort. In: M. Hilzheimer (Hrsg.), Die Tierknochen aus den Gruben des Lossower Ringwalls bei Frankfurt a. O. Abhandlungen der Preussischen Akademie der Wissenschaften Berlin, Jg. 1922, Philologisch-historische Klasse 5. Berlin 1923, 3.

ULLRICH 2013

H. Ullrich, Menschliche Skelettreste aus Schacht 47 auf dem Burgwall von Lossow (Frankfurt/Oder). In: S. Griesa, Der Burgwall von Lossow. Forschungen von 1909 bis 1984. Mit einem Beitrag von Norbert Benecke. Lossower Forschungen 2. Materialien zur Archäologie in Brandenburg 6. Rahden/ Westf. 2013, 163–165.

UNVERZAGT 1928

W. Unverzagt, Fundnachrichten. Ausgrabungen am Burgwall von Lossow, Kr. Lebus. Nachrichtenblatt für deutsche Vorzeit IV, 1928, 76–77.

UNVERZAGT 1930

W. Unverzagt, Neue Ausgrabungen an vor- und frühgeschichtlichen Befestigungen in Nord- und Ostdeutschland. Der Burgwall von Lossow bei Frankfurt/O. Neue Deutsche Ausgrabungen 1930, 1930, 158–164.

UNVERZAGT 1931

W. Unverzagt, Der Burgwall von Lossow, Kreis Lebus. In: Congressus secundus Archaeologorum Balticorum Rigae, 19.–23. VIII. 1930. Riga 1931, 269–274.

UNVERZAGT 1962

W. Unverzagt, Befestigungen an dem westlichen Höhenrand der Oder zwischen Lossow und Reitwein. In: Arbeitstagung „Aufnahme und Erforschung vor- und frühgeschichtlicher Burgen" des Instituts für Vor- und Frühgeschichte der Deutschen Akademie der Wissenschaften zu Berlin vom 1.–6. Oktober 1962. Berlin 1962, 50–63.

UNVERZAGT 1969

W. Unverzagt, Aufbau und Zeitstellung des Burgwalls von Lossow, Kr. Eisenhüttenstadt. In: K.-H. Otto, J. Herrmann (Hrsg.), Siedlung, Burg und Stadt. [Festschr. Paul Grimm]. Schriften der Sektion für Vor- und Frühgeschichte Bd. 25. Berlin 1969, 335–341.

UNVERZAGT/VON JENNY 1935

W. Unverzagt, W. von Jenny, Zehn Jahre Museum für Vor- und Frühgeschichte 1924–1934. Berliner Museen. Berichte aus den Preußischen Kunstsammlungen. Beiblatt zum Jahrbuch der Preußischen Kunstsammlungen. 56. Jg., Heft 1. Berlin 1935, 2–15.

Der Teltow und seine germanische Besiedlung im 1. bis 5./6. Jahrhundert n. Chr.

von Achim Leube

Unser Jubilar Karl-Heinz Willroth hat sich seit eh und je mit dem Raum Berlin verbunden gefühlt. Er verlebt regelmäßig den „Tag der Deutschen Einheit" am 3. Oktober in der Bundeshauptstadt und so sei ihm als ein „Vorspann" auch etwas zur südlich angrenzenden brandenburgischen Landschaft als Anregung weiterer Reisen vorgetragen, denn: eine Festschrift soll auch die Breite und Fülle eines Menschenlebens andeuten.

Vorspann

Unmittelbar südöstlich des Großraumes Berlin erstreckt sich die eiszeitliche Grundmoränenplatte des Teltow, die nach Norden durch das Warschau-Berliner Urstromtal begrenzt wird und nach Süden in dem Dahme–Seengebiet mit zahlreichen kleinen Plateaus sowie dem Glogau-Baruther Urstromtal aufgeht. Die Westgrenze bildet die Niederung des Flüsschens Nuthe mit der Grundmoränenplatte der Zauche und nach Osten grenzt der Spreebogen mit den Niederungen des Spreewalds.[1] Dieser Raum war in der späten Römischen Kaiserzeit außerordentlich dicht besiedelt, wie die Forschungen der letzten Jahrzehnte ergaben (Abb. 1).

Die von Norden nach Süden abfallende Grundmoränenplatte des „hohen" Teltow besteht aus mit Sand bedeckten Moränenlehmböden. Es sind Braunerden oder Lessivés, d. h. in der Regel Fahlerden und Fahlerde-Braunböden.[2] Sie trugen damals Eichen-Misch-Wälder und Kiefernwälder.[3] Der Begriff des „Hohen" ist für den Teltow natürlich relativ zu sehen, da die zwei höchsten Berge mit dem „Weinberg" bei Groß Schulzendorf nur 88 m und der „Kahle Berg" bei Motzen nur 85 m über HN erreichen. Alle andere „Berge" auf dem Teltow haben Höhen zwischen 50 m und 70 m HN. Der beste Kenner des Teltow, der Oberlehrer Willy Spatz, beschrieb diese Landschaft im Jahre 1905: „Die Landschaft des Teltow ist abwechselungsvoll und an intimen Reizen reich. Weite Ackerflächen und grüne Wiesen, wellige Bodenerhebungen und blaue Seen, ausgedehnte Waldungen, unterbrochen von Sandschollen und Fenns, Schluchten und Berge en miniature – das Ganze durchzogen und durchquert von Flüssen und Fließen -, so stellt sich das Ländchen dar".[4]

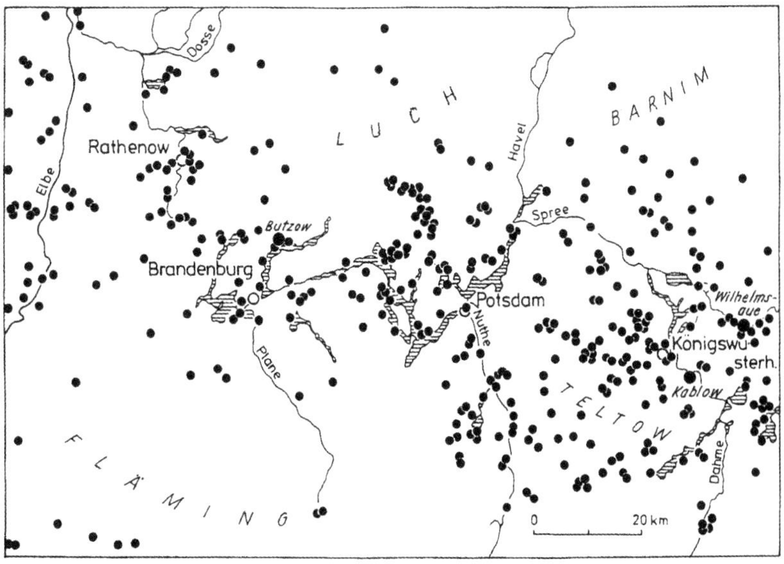

▲ *Abb. 1: Die spätkaiser- und völkerwanderungszeitliche Besiedlung des Havel-Spreegebietes mit dem Teltow (nach Leube 1991, 80 Abb. 27; 1995c, 59 Fig. 3).*

Der Name „Teltow" – eigentlich nur die Hochfläche im Norden des späteren preußischen Landkreises Teltow – ist als territoriale Einheit (terra) erstmals 1232 überliefert.[5] Der Name könnte auf ein germanisches Wort „Telte" für die dortige Bäke – u. a. den späteren Teltowkanal – zurückgeführt werden.[6] Zwischen 1901 bis 1906 wurde dieser Teltow-Kanal mit 37,8 km Länge ausgehoben, der in vielfach bedeutsamer Weise Spree und Havel verbindet. Nach dem Bau der „Berliner Mauer" im Jahre 1961 war er die verhängnisvolle Grenze nach Westberlin.

Seit dem 13. Jahrhundert gehörte das Land Teltow zum Streitobjekt der Erzbischöfe von Magdeburg, der wettinischen Markgrafen von Meißen und der askanischen Markgrafen im Kampf um die Vorherrschaft im slawisch besiedelten Havelgebiet und in den anschließenden Ländern Barnim und Teltow. Besonders dicht wurde seit dem späten 12. Jahrhundert der Norden des Teltows von Rheinländern, Niedersachsen (der „gens robustissima"), Flamen und Seeländern besiedelt. Hier stehen heute noch etwa vierzig mittelalterliche Kirchen, von denen ein Dutzend aus dem 13. Jahrhundert stammen.[7] Der glückliche Zufallsfund einer eichenen Fensterzarge aus der Kirche von Waltersdorf konnte dendrochronologisch „um/nach 1218" datiert

---

1 Vgl. z. B. Sommer 1972, 9ff.
2 Schlimpert 1972, 32ff. Bohm 1978. Materna/Ribbe 1995. Kühn 2001.
3 Kloss 1985, 439ff. Lange 1980, 243ff.
4 Spatz 1905, 1.

5 Schlimpert 1972, 32ff.
6 Schlimpert 1972, 34.
7 Kubach 1941, 16ff.

werden und belegt den frühen Kirchenbau im Teltow.[8]

Schon früh wurden die Wald- und Seengebiete des Teltow als Erholungs- und Wohngebiete der Berliner Millionenstadt aufgesucht. Das begann bereits mit dem Preußenkönig Friedrich Wilhelm I., der in dem nach ihm benannten Königs Wusterhausen ein sehr bekanntes und als Museum rekonstruiertes Jagdschloss 1718 vollendete. Hier verlebte er neben Treibjagden sein „Tabak-Collegium", erniedrigte nicht nur seinen Sohn Friedrich – später als Friedrich II. bekannt – und malte unter körperlichen und geistigen Qualen (daher schrieb er „in tormentis pinxit" unter seine Gemälde) eigene Porträts, wie die seiner Zeitgenossen. Auch diese eigenwilligen Bilder sind im Jagdschloss-Museum zu sehen. Die Stadt Königs Wusterhausen hatte 1979 nur 12 000 Einwohner und besitzt heute mehr als 34 000 Einwohner.

Seit dem 19. Jahrhundert erfolgte im nördlichen Teltow die Industrialisierung, wie auch am 27. April 1920 59 Landgemeinden und 27 Gutsbezirke, aber auch die Stadt Köpenick, zum Stadtgebiet Berlins kamen.[9] Teile der Landschaft des Teltows entwickelten sich mit großen Schieß- und Übungsplätzen in Wünsdorf und Kummersdorf zum Eldorado der deutschen Militärs. So wurden neue Waffen bis in die jüngste Gegenwart getestet und entwickelt – u. a. 1915 der „deutsche Stahlhelm" des hier tätigen Chirurgen Bier. Königs Wusterhausen ist aber auch durch seine Sendeanlagen auf dem „Funkerberg" weltbekannt. Am 22. Dezember 1920 wurde von dort die erste Rundfunksendung – ein Weihnachtskonzert – im damaligen Deutschland ausgestrahlt – auch dazu gibt es ein einmaliges Technik-Museum.

Die inzwischen modernisierte Stadt Teltow – 1314 als „civitas" genannt – ist nach dem „Mauerfall" wieder von Berlin mit der S-Bahn erreichbar. Sie hatte 1939 etwa 11 000 Einwohner, 1971 15 300 Einwohner – und hat 2011 sogar 23 000 Einwohner. In der DDR war hier u. a. mit dem „VEB Geräte- und Reglerwerk" (mit 12 000 Mitarbeitern) das Zentrum der Automatisierungstechnik. Ein 1994 noch bestehendes „Max-Planck-Institut für Kolloid- und Grenzflächenforschung" sowie ein „Zentrum für Elektronik" wurden zugunsten eines „Techno Terrain Teltow" (TTT) mit 200 Kleinbetrieben und 7 000 Mitarbeitern und eines Technologiezentrums Teltow (TZT) umgewandelt bzw. nach Potsdam-Golm verlegt.[10]

Wer sich mit der Geschichte des Teltow beschäftigt, muß sich mit verschiedenen Kreisreformen auseinandersetzen. 1816 wurde innerhalb der territorialen Neuordnung Europas nach dem Wiener Kongress der preußische „Landkreis Teltow" geschaffen, nachdem es bereits 1788 einen „Königlichen Teltowischen Kreis" gab. Er reichte bis vor die Tore Berlins und umfasste einst den Tiergarten, Köpenick, den Grunewald usw. 1952 wurde der ehemalige Landkreis Teltow in fünf neue Verwaltungskreise aufgeteilt, von denen neben den Kreisen Potsdam-Land, Jüterbog und Luckenwalde die zwei Kreise Zossen und Königs Wusterhausen am wichtigsten waren.[11] Am 5. bzw. 6. Dezember 1993 entstanden mit der Wiederherstellung des Landes Brandenburg neue Großkreise aus und auf dem Teltow, wie der „Landkreis Teltow-Fläming" (Autonummer: TF) aus den Kreisen Jüterbog, Luckenwalde und Zossen mit Luckenwalde als Kreisstadt. Es ist aber ein Kuriosum, dass die Stadt Teltow dem „Landkreis Potsdam-Mittelmark" (dem übrigens die Stadt Potsdam wiederum nicht angehört) zugeschlagen wurde.

Der gleichfalls im Dezember 1993 gebildete „Landkreis Dahme – Spreewald" (Autonummer: LDS) greift weit nach Süden mit der Kreisstadt Lübben aus. Er vereint nun die Bevölkerung der ehemaligen Kreise Königs Wusterhausen, Luckau und Lübben. So reicht er von der südöstlichen Stadtgrenze Berlins bis in den Spreewald und Fläming hinein. Über 90% seines Kreisgebietes sind Kiefernwälder und Seen! Nur der Nordteil des Kreises ist wirtschaftlich ausgerichtet, wie u. a. mehr als 800 Mitarbeiter am gegenwärtig in der Kritik stehenden Flughafen „Willy Brandt" Berlin-Brandenburg (Berlin-Schönefeld) belegen. Es ist der „Speckgürtel" Berlins, der gegenwärtig ständig an Bevölkerung zunimmt – vermutlich aber 2030 wegen seiner ungünstigen Altersstruktur und wie überall in Deutschland - gewaltig nach unten abknicken wird.

Die Eisenzeit: Forschungsgeschichte und Forschungsstand

Die archäologische Erforschung des Teltow reicht bis ins 18. Jahrhundert zurück. Aus jüngerer Vergangenheit sollen nur drei herausragende Persönlichkeiten genannt sein: 1. der Kossinna-Schüler Prof. Dr. A. Kiekebusch (1870–1935), 2. der in Eichwalde ansässige Gymnasialdirektor Dr. Karl Hohmann (1885–1969) und 3. der Mitarbeiter des ehemaligen Märkischen Museums zu Berlin Bernd Fischer (geb. 1941), Zeuthen. Kiekebusch stammte aus dem Teltow und wurde 1870 als Bauernsohn in Wassmansdorf bei Berlin-Schönefeld geboren. Seine Familie wurde bereits 1640 im Ort urkundlich erwähnt. Er verstarb 1935 vor der Aufarbeitung vieler seiner Grabungen, deren Unterlagen weitgehend dem Krieg zum Opfer fielen.[12] Kiekebusch baute mit

---

8 GÄNDRICH nach 1997, 8.
9 Vgl. RACH 1988, 7ff.
10 www.wikipedia.org/wiki/Teltow (letzter Zugriff am 23.07.2013).

11 SCHLIMPERT 1976, X.
12 Zuletzt LEUBE 2010, 56ff.

interessierten Lehrern und Studierenden den hauptsächlich in Grabungen und in Bodendenkmalpflege involvierten „Kiekebusch-Kreis" auf, der auch nach seinem Tode bestand und dem auch der in Eichwalde bei Königs Wusterhausen ansässige Oberstudiendirektor Karl Hohmann angehörte.[13] Karl Hohmann, der bereits in Ostpreußen archäologische Grundkenntnisse erwarb, zog am 24. Januar 1920 nach Eichwalde als Studienreferendar, baute in Teltow und Mahlow ein beachtliches Heimatmuseum auf und gab regelmäßige Publikationen seiner Grabungsergebnisse (u. a. in der „Mannus-Zeitschrift") heraus.[14] Der wissenschaftliche Graphiker Bernd Fischer wurde 1941 in Königs Wusterhausen geboren und begann 1969 seine berufliche Verbindung mit der Prähistorie über eine zweijährige Tätigkeit an der Akademie der Wissenschaften zu Berlin (Institut für Vor- und Frühgeschichte) und ab 1971/72 am Märkischen Museum unter dem damaligen Berliner Stadtarchäologen Dr. Heinz Seyer. Neben kleineren Notbergungen, die zu inhaltsreichen Materialpublikationen führten, ist es besonders seine intensive Geländearbeit in und um den Teltow, die ihn der Fachwelt bekannt machte.[15] Bernd Fischer hat mehrere 100 Fundstellen im Teltow entdeckt und diese mehrfach (!) zu den verschiedensten Jahreszeiten aufgesucht, so dass ihm die Grundlage für genauere Angaben zum Siedlungswesen zu verdanken ist.[16] Erst derartige präzise Prospektionen garantieren überhaupt die Rekonstruktion eines Besiedlungsbildes, das der Realität nahe kommt.[17]

Eine Aufstellung der publizierten kaiserzeitlichen Fundstellen zwischen 1975 und 2009 belegt diese enorme Siedlungsintensität und die Qualität der von Bernd Fischer durchgeführten Bodendenkmalpflege (Tab. 1).

Man erkennt deutlich, dass die intensive Bodendenkmalpflege im Teltow zu einer beachtlich hohen Zahl an Siedlungsplätzen führte. Bernd Fischer hat in 15 Jahren Geländearbeit zwischen 1973 und 1989 diese Zahl nahezu verdoppelt. Der Quotient Gräberfeld zu Siedlungsplatz liegt im Teltow zwischen 1:4 bzw. 1:5 zugunsten letzterer. Karl-Heinz Willroth musste sich mit der gleichen Problematik auseinandersetzen und stellte für Schleswig fest: „Durch den Zuwachs an Siedlungsplätzen ist zwar das Defizit reduziert, aber eine Quantifizierung des ursprünglichen Bestandes könnte nur Schätzung sein".[18] Für den Teltow wird diese Aussage aber nur bedingt zutreffen.

Auffallend ist allerdings die geringe Zahl an Gräberfeldern oder kleinen Gräbergruppen. Das gilt nun auch für Teile Mecklenburgs.[19] Im Tollense-Gebiet um Neubrandenburg erhöhte sich der Quotient von Gräberfeld zu Siedlung sogar auf 1:6.[20] Man wird für das östliche Deutschland vermuten dürfen, dass mehrere Siedlungsplätze zu einem Friedhof gehörten. Das steht im Widerspruch zur Situation in Schwansen und Angeln, wo in der Vorrömischen Eisenzeit das Verhältnis zwischen Gräberfeld und Siedlungsplatz nahezu 1:1 und in der älteren Römischen Kaiserzeit 2:1 ist.[21] In Schleswig-Holstein gibt es aber auch umfangreiche Bestattungsplätze (Husby, Sörup I, Süderbrarup), die Karl-Heinz Willroth als „Zentralfriedhöfe" bezeichnet. Man wird außerdem im Nordosten Deutschlands mit einer höheren Anzahl zerpflügter und durch einen intensiven Ackerbau bereits zerstörter Gräberplätze zu rechnen haben – oder auf abweichende Grabrituale, wie die Brandschichtengräbern, zu schließen haben.[22] Soziologische und demographische Betrachtungen sind gegenwärtig nur begrenzt möglich.

Die eisenzeitliche Besiedlungsgeschichte des Teltow

In seiner Habilitationsschrift „Untersuchungen zur Besiedlungsgeschichte der Landschaften Angeln und Schwansen von der älteren Bronzezeit bis zum frühen Mittelalter" hat sich Karl-Heinz Willroth intensiv für Nordwestdeutschland mit der siedlungsarchäologischen Thematik, ihren Möglichkeiten, Grenzen und ihrer Arbeitsweise, auseinandergesetzt.[23] Einigen seiner Arbeitswege sei hier im Ansatz für eine analoge Region – dem Teltow – nachgegangen, wobei ein Vergleich für eine gleichfalls vom Verf. durchgeführte Studie zur Grundmoräne um Neubrandenburg in Mecklen-

Fundarten	Publiziert bis 1975[1]	Publiziert bis 2009[2]
Siedlungen	59	103
Gräberplätze	15	20
Einzelfunde	16	27
Schatz-, Verwahr- und Moorfunde	3	3

◀ *Tab. 1: Fundplätze der Römischen Kaiser- und Völkerwanderungszeit im Teltow (ehemalige Kreise Königs Wusterhausen und Zossen).*

1 Die systematische Materialaufnahme zu Leube (1975) endete 1973. Vgl. aber auch B. Fischer 1974, 140.
2 Die systematische Materialaufnahme zu Leube (2009) endete bereits 1989, so dass inzwischen weitere 20 bis 30 Fundplätze hinzugekommen sind.

---

13 Gramsch 1969, 133ff. Jeute 2006, 42ff.
14 U. a. Hohmann 1929, 158ff.; 1933, 190ff.; 1956, 134ff.
15 U. a. B. Fischer 1972, 136ff.; 1974, 140ff.; 1981, 22ff.; 1992, 306ff.; 1995, 39ff. B. Fischer/Gustavs 1988, 101ff.; 1993, 112ff.
16 Herr Bernd Fischer, Zeuthen, fertigte auch die Verbreitungskarten an und gab wichtige Auskünfte zum Siedlungswesen und zu den einzelnen Fundplätzen. Dafür sei ihm ein besonders herzlicher Dank ausgesprochen.
17 Große Verdienste für die ur- und frühgeschichtliche Erforschung des Teltow erwarben sich in jüngster Zeit nicht nur durch die Gründung eines heimatkundlichen „Dahme-Land-Museum" in Königs Wusterhausen und durch aktive Denkmalpflege das Ehepaar P. Helmut und Margitta Berger, Neue Mühle.
18 Willroth 1992, 127ff. Tab. 21.
19 Schneeweiss 2003.
20 Z. B. Leube 1992, 182.
21 Willroth 1992, 433 Tab. 62.
22 B. Fischer 1974, 140ff.
23 Vgl. Willroth 1992, 15f.

◂ Tab. 2: *Zahl der archäologischen Fundstellen zwischen dem Rangsdorfer See und dem Dahme-Verlauf bei Königs Wusterhausen (ohne Einzelfunde).*

Seyer Stufe I		Seyer Stufe II		frühe RKZ		späte RKZ		VWZ	
Siedlung	Grabfund	Siedlung	Grabfund	Siedlung	Grabfund	Siedlung	Grabfund	Siedlung	Grabfund
61	14	49	7	93	6	103	20	9	2

burg-Vorpommern angestrebt wurde.[24] Den Beginn moderner siedlungsarchäologischer Forschungen nach 1945 – wie auch Karl-Heinz Willroth[25] hervorhob – leitete Herbert Jankuhn ein, der eigene Flurbegehungen, das Gewässernetz, Bodenkartierungen und weitere naturwissenschaftliche Ergebnisse (u. a. Pollendiagramme) einbezog.[26] Allerdings verwies Karl-Heinz Willroth auch auf Schwächen dieser Arbeiten, da bei Jankuhns Kartierungen „die feine Bodengliederung … kaum deutlich wird".[27] Er nannte zugleich weitere „tiefgreifende Zäsuren", die die heutige Kulturlandschaft prägten und ausbildeten, wie u. a. die Abtragung von Kuppen zur Sand- und Kiesgewinnung, die Rodungen, das Mergeln des Bodens, die Drainagen, die Aufforstungen, das tiefe Pflügen und die „Flurbereinigung".[28] Daraus ergibt sich, dass die von Jankuhn für Schleswig postulierte These eines Landesausbaues von Sandböden auf Lehmböden in der Römischen Kaiserzeit „sich nicht zuletzt aufgrund des zu unpräzisen Kartenmaterials als unzutreffend" erweist.[29]

Die ebene Grundmoränenhochfläche des Teltow ist eigentlich nur an ihren Rändern stark bewegt. In ihren Geländesenken sind kleine Seen eingesenkt, die als „Sölle" allgemein und in Brandenburg als „Pfuhl" bezeichnet werden.[30] Die tief eingeschnittenen Täler bzw. Rinnen mit ihren Sanden werden von kleinen mäandrierenden Flüsschen und Bächen mit ihren Sümpfen und Morasten eingenommen. Wegen häufiger Überschwemmungen der heute als Acker und Weideflächen genutzten Niederungen wurden sie im 18. und 19. Jahrhundert kanalisiert, wie der Glasow-[31], Lilo-[32], Nuthe-, Mittel-, Königs-, Amt-, See-, Flut- und Zülowgraben[33] belegen.[34] Neben dem Teltowkanal ist der Notte-Kanal bei Königs Wusterhausen am bekanntesten. Er entstand zwischen 1853 und 1856. Parallel dazu wurde – auch Karl-Heinz Willroth nimmt für Schleswig darauf Bezug – ein einheitlicher Kiefernnutzwald seit dem 18. Jahrhundert, gegenüber den alten Heideflächen, Misch- und Niederungswäldern, angelegt.[35] Die Wasserläufe waren in germanischer Zeit wichtige Verkehrswege. Das bestätigen die dem 2. bis 4. Jahrhundert angehörenden Moorfunde aus dem Briesener See im Süden der Teltow-Landschaft. 1939 fand man hier einen Einbaum sowie ein Holzpaddel und eine eiserne Axt mit einem hölzernen Schaft.[36] Man benötigte trinkbares Wasser, nutzte aber den angrenzenden Wald als Weidefläche und siedelte auf einem trockenen und wasserdurchlässigen Sandboden. Sicher kam noch begünstigend die Nähe von Rohstoffquellen, wie Raseneisenstein und Wiesenkalk hinzu.[37] Heinz Seyer[38] wies zusätzlich darauf hin, dass in einigen Fällen auch die Nähe zu Salzstellen die Anlage von Siedlungen anregte. Das gilt für die Umgebung des „Krummensees" und des „Mellensees" mit ihren Salzwiesen, wo ein großer Bestand an Erdbeer- und Hornklee sowie Milchkraut heute noch auf solehaltiges Grundwasser hinweist.[39]

In dem etwa 250 km² großen Gebiet zwischen dem Rangsdorfer See und dem Dahme-Verlauf bei Königs Wusterhausen wurden 364 Fundplätze aus dem Zeitraum des 6. Jahrhundert v. Chr. bis zum frühen 6. Jahrhundert n. Chr. entdeckt (Tab. 2)[40]. Da die einzelnen Zeitetappen der vorrömischen und nachrömischen Eisenzeit jedoch unterschiedlich groß sind, könnte zwischen der Stufe Seyer I und der ausgehenden Römischen Kaiserzeit prima vista nur ein geringer „Landesausbau" im Teltow erfolgt sein. Aber auch das ist unsicher. Lediglich der Abbruch nach

---

[24] LEUBE 1987, 173 ff. SCHNEEWEISS 2003.
[25] WILLROTH 1992, 20ff.
[26] JANKUHN 1955, 73ff.; 1963, 19ff.; 1977.
[27] WILLROTH 1992, 28. Das gilt natürlich auch für diese etwas grobmaschige Arbeit über den Teltow.
[28] WILLROTH 1992, 30.
[29] WILLROTH 1992, 29; 120. Auch in verschiedenen anderen Textpassagen seiner Habilitationsschrift verweist Karl-Heinz Willroth auf die verschiedenen Spekulationen und Schein-Ergebnisse in Fachkreisen bis in die jüngste Zeit (z. B. WILLROTH 1992, 117ff.). Als Gründe führt er u. a. den mangelhaften Forschungsstand, die unsichere Datierung des archäologischen Fundstoffes, wie auch die Übertragung moderner Denkansätze in die prähistorischen Gemeinschaften an.
[30] DIETZ 1937, 11.
[31] Der Glasow-Bach entwässert in den heute versumpften Blankenfelder See, verläuft dann über die Krumme Lanke und in den Rangsdorfer See (R. E. FISCHER 1996, 88).
[32] Der Lilo-Graben hieß noch 1851 Lelow-Graben. Er geht in den „Haupt-Nuthe-Graben" über und entwässert in die Nuthe bei Trebbin (R. E. FISCHER 1996, 169).

[33] Zülow-Graben und Zülow-Kanal tragen seit 1802 ihren Namen nach dem Dahlewitzer Gutsbesitzer Karl Magnus von Zülow; dieser Bach nannte sich zuvor „Huth-Graben" (vgl. R. E. FISCHER 1996, 118; 321). Der Name geht auf „Hutung" (Weidefläche) zurück.
[34] SPATZ 1912, X.
[35] WILLROTH 1992, 33. SPATZ 1912, X. HEINELT 1937, 64ff.
[36] LEUBE 1975, 135; Nr. 324 mit Literatur.
[37] Vgl. LEUBE 1992a, 113ff.
[38] SEYER 1982, 34f.
[39] HUECK 1937, 67f.
[40] Frau Dr. Silke Schwarzländer, Landesamt für Brandenburgische Denkmalpflege in Wünsdorf, möchte der Verf. ganz herzlich für Auskünfte, Hinweise und Verbreitungskarten danken. Sie stellte auch alle gewünschten Unterlagen uneigennützig zur Verfügung. Ergänzende Angaben vermittelte gleichfalls Bernd Fischer, Zeuthen.

der Mitte des 5. Jahrhunderts n. Chr. (Eggers D/E) ist deutlich (Abb. 2; Tab. 3–4). Da kaum Siedlungsgrabungen stattfanden, sind Aussagen zur Siedlungsgröße und Siedlungskontinuität kaum möglich. Fragen möglicher Siedlungsballungen bzw. Siedlungskonzentrationen lassen sich so nicht treffen.

Die Vorrömische Eisenzeit

Das Ende der jüngeren Bronzezeit ist in Brandenburg mit einer Transgression und Vernässung der Talauen verbunden, so dass am Beispiel einer kleinen Siedlungskammer beim Ort Blankenfelde bei Zossen „die Siedlungsplätze der vorrömischen Eisenzeit … sich an der Höhenlinie 40 m NN halten" und damit „2 m über der Talaue" angelegt wurden.[41] Die Siedlungen der jüngeren Bronzezeit befanden sich noch in der Talaue. Einige der jastorfzeitlichen Fundplätze begannen bereits in der jüngeren Bronzezeit.[42] In der Regel legte man – allerdings nach Aussage der Oberflächenfunde – in der Jastorf-Kultur neue Siedlungsplätze an. Es ist das gleiche Siedlungsprinzip, das Karl-Heinz Willroth für die Vorrömische Eisenzeit in Schleswig feststellte: „Die große Zahl dieser Fundstellen macht jetzt sehr deutlich, daß sich gerade die Siedlungen an Wasserläufen oder feuchten Niederungen, Mooren und ähnlichem orientieren" und: „Siedlungen wurden ganz gezielt auf höherem Terrain angelegt".[43]

Eine aussagefähige Kartierung von eisenzeitlichen Fundplätzen geht auf intensive Geländebegehungen Bernd Fischers im Raum Großbeeren, Diedersdorf, Blankenfelde, Mahlow/Glasow, Dahlewitz und Genshagen zurück (Abb. 3). Die kleinen Siedlungsplätze der Vorrömischen Eisenzeit liegen gereiht und konzentriert bei Blankenfelde am Rande der Nuthe-Niederung. Eine Siedlung der jüngeren Bronzezeit erstreckte sich noch in die Talaue hinein. Die ältesten kaiserzeitlichen Fundplätze der Stufe Eggers A/B1 häufen sich dagegen bei Großbeeren und Klein Beeren und bezeugen einen Siedlungsausbau. Eine Konzentration erfolgte dann in der späten Römischen Kaiserzeit, wobei diese Plätze noch vereinzelt rädchenverzierte Scherben aufwiesen und damit durchaus im ausgehenden 2. Jahrhundert n. Chr. angelegt wurden.

In der älteren Vorrömischen Eisenzeit der Stufe Seyer I wurde damit ein Siedlungsmuster angelegt, das dann bis zur Völkerwanderungszeit galt. Nun siedelte man in Niederungsnähe an den

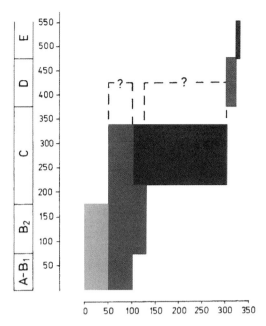

◀ Abb. 2: Besiedlungsstatistik für das östliche Brandenburg. Eingetragen sind die Zeiträume und die Zahl der Fundplätze (nach LEUBE 1991, 83 Abb. 28; 1995c, 60 Fig. 4).

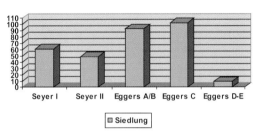

◀ Tab. 3: Statistik der eisenzeitlichen Siedlungsplätze zwischen Rangsdorfer See und der Dahme bei Königs Wusterhausen.

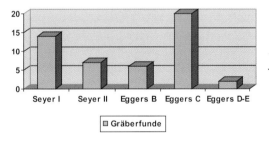

◀ Tab. 4: Statistik der eisenzeitlichen Gräberfundplätze zwischen Rangsdorfer See und der Dahme bei Königs Wusterhausen.

sandigen Rändern der kleinen Platten, wie besonders in unmittelbarer Nähe der Notte, Nuthe und des Zülow-Fließes. Obwohl zu Beginn der Spätlatènezeit (Seyer Stufe IIb) diese Feuchtperiode endete, erfolgte keine wesentliche Änderung des Siedlungsprinzips.[44] So stellte Heinz Seyer für die Jastorf-Kultur fest: „Ein relativ gut vom Kartenbild her ins Auge springendes Siedlungsbild befand sich im Teltow, der durch seine Zergliederung mit den vielen Niederungen, Rinnen, Gräben und Seenrändern besonders siedlungsfreundlich war".[45] Nur einige Siedlungsplätze, wie Glienick (Fundplatz 12), Jühnsdorf (Fundplatz o. Nr.), Brusendorf (Fundplatz 1), Zeuthen-Miersdorf (Fundplatz 8), Schulzendorf (Fundplatz 8) oder Waltersdorf (Fundplatz 49) reichen von der Stufe Seyer IIb in die frühe Römische Kaiserzeit.[46]

---

[41] H. SEYER 1982, 24 Abb. 3. Eine Neubearbeitung der jüngeren Bronzezeit im Teltow wäre dringend notwendig, da nach den Feststellungen Karl-Heinz WILLROTHS (1992, 74; 109) in Schleswig während der jüngeren Bronzezeit „Höhenlagen zwischen NN +20 und +40 m" bevorzugt werden.

[42] H. SEYER 1982, 131 (Nr. 36); 132 (Nr. 452); 134 (Nr. 470 und 473); 135 (Nr. 487–488).

[43] WILLROTH 1992, 12f.

[44] B. FISCHER 1974, 141. R. SEYER 1976, 23. H. SEYER 1982, 25ff.

[45] H. SEYER 1982, 29.

[46] H. SEYER 1982, 131 (Nr. 439); 133 (Nr. 459); 135 (Nr. 479 und 484); 136 (Nr. 493 und 499).

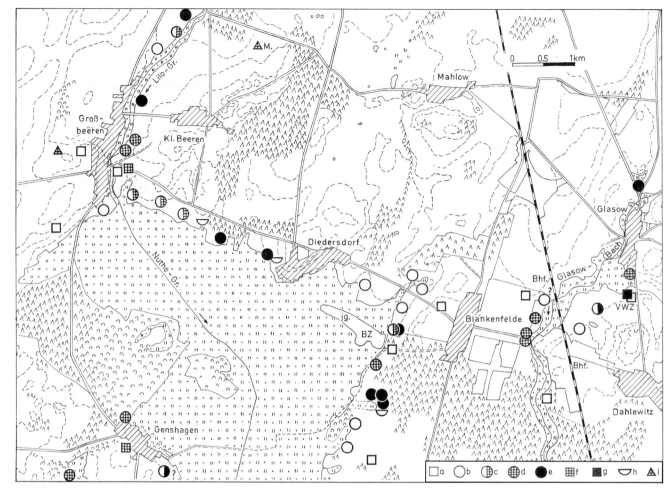

▲ Abb. 3: Eisenzeitliche Siedlungskammer um Großbeeren, Klein Beeren, Diedersdorf, Blankenfelde, Mahlow, Glasow, Dahlewitz und Genshagen. a) Gräberfeld der Latènezeit; b) Siedlung der Latènezeit; c) Siedlung der Übergangszeit und frühen Römischen Kaiserzeit; d) Siedlung der frühen Römischen Kaiserzeit, e) Siedlung der jüngeren Römischen Kaiserzeit; f) Gräberfeld der älteren Römischen Kaiserzeit; g) Gräberfeld der jüngeren Römischen Kaiserzeit. Jg. BZ – jüngere Bronzezeit; M römische Münze; VWZ Völkerwanderungszeit; Bhf. Bahnhof. Gr. Graben. Halbkreise bedeuten unsicher datierte Fundplätze. Entwurf. B. Fischer, Zeuthen.

Die bisher unpublizierte Siedlungsgrabung von Kablow (Fundplatz 1) wies sogar „Hausgruben" der Spätlatènezeit auf.

Die Römische Kaiserzeit und Völkerwanderungszeit

In der Römischen Kaiserzeit verdichtete sich die Besiedlung des Teltow (Abb. 1 und 3).[47] Dieses Bild täuscht, da nicht alle Siedlungsplätze gleichzeitig bestanden haben können. Ursachen von Siedlungsverlagerungen können in den für die kleinen „Dorfgemeinschaften" schwierigen wirtschaftlichen Bedingungen gelegen haben, da Bodenerschöpfungen einer extensiven Landwirtschaft und Ausholzungen (Rasenerzgewinnung!) in der wichtigen Waldweidelandschaft ihren Lebenserhalt beeinträchtigten.[48] Im 3. Jahrhundert n. Chr. gab es einen erneuten Anstieg des Wasserspiegels, der zur Aufgabe der zu tief gelegenen Siedlungsplätze zwang.[49]

So lassen sich mehrere Zeithorizonte erkennen (Abb. 2). Kaum eine der kaiserzeitlichen Siedlungen beginnt in der ausgehenden Vorrömischen Eisenzeit. Das gilt auch für Schleswig, wo Karl-Heinz Willroth nur bei 5% der jastorfzeitlichen Siedlungsplätze einen gesicherten Fortbestand in die Römische Kaiserzeit belegen konnte.[50] Bemerkenswerterweise bestanden viele der Siedlungen von der frühen bis in die jüngere Römische Kaiserzeit, d. h. sie bestanden über drei Jahrhunderte (Abb. 2).[51] Allerdings ist auch ein deutlicher „Landesausbau" zu Beginn des 3. Jahrhunderts n. Chr. feststellbar (Abb. 2).[52] Zwischen dem 4. und der Mitte des 5. Jahrhunderts n. Chr. fand dann ein Siedlungsabbruch statt (Abb. 2).[53] Antike Quellen belegen für die Jahre 260 und 270 n. Chr. das Auftreten großer Bevölkerungsgruppen der Semnonen oder Juthungen im Donaugebiet.[54] Juthungen wurden 430 n. Chr. als ein starker Stamm erwähnt und von Aetius in Rätien besiegt.[55]

Die Besiedlungsstruktur

Die kaiser- und völkerwanderungszeitlichen Siedlungsgebiete zerfallen bei genauerer Betrachtung und bei einem guten Forschungsstand in kleinere Mikroregionen, wie sie zunächst Jankuhn herausstellte.[56] Diese Kleinräume von 1,5 bis 4 qkm

---

47 Siehe auch LEUBE 1975, 14 Abb. 1; Faltkarte.
48 Vgl. bereits SCHINDLER 1956, 173ff. HACHMANN 1957, 7ff.
49 LEUBE 1975, 15 mit Literatur.
50 WILLROTH 1992, 210 Abb. 114.
51 Vgl. LEUBE 1992, 181.
52 LEUBE 1995a, 14 Abb. 4.
53 LEUBE 1995b, 3ff.; 1995, 16 Abb. 5.
54 Dexippos, Gotenkriege fr. 6 f., fr. 7, 4.
55 U. a. Chron. Gall. 4, 106.
56 JANKUHN 1963, besonders 3ff.; 1977, 80ff.

Größe mit sieben bis 15 Fundstellen konnten in Abständen von 1,5 bis 3 km Distanz z. B. im östlichen Mecklenburg um Neubrandenburg festgestellt werden.[57] Sie scheinen die kleinste germanische Territorialeinheit gebildet zu haben.[58]

Karl-Heinz Willroth hatte sich gleichfalls bei der Darstellung der Besiedlungsstruktur der Bronzezeit in Schleswig dem Verhältnis Grab- und Siedlungsfundplätze gewidmet.[59] Er erkannte am Beispiel der älterbronzezeitlichen Hügelgräbergruppen Entfernungen von 1 bis 1,5 km für einzelne „Siedelgemeinschaften".[60] Derartige Angaben zu Mikroregionen konnte er auch für die Vorrömische Eisenzeit gewinnen, wobei nun für die zeitgleichen Fundplätze die „mittlere Distanz zwischen 1 500 und 2 500 m schwankte" und er folgert: „Damit wird die Siedlungsstruktur der Vorrömischen Eisenzeit durch kleine Fundstellengruppen gekennzeichnet, die sich an Gewässern oder anderen Feuchtgebieten orientieren".[61]

Derartige Siedlungsanhäufungen, die durch siedlungsfreie Zonen getrennt sind, ergeben sich auch für die Römische Kaiserzeit im Teltow (Abb. 5). Bereits Bernd Fischer hatte auf eine derartige Siedlungskammer am östlichen Rande des Teltow mit den Plätzen in Kablow, Senzig und Friedersdorf (Gruppe I) hingewiesen.[62] Inzwischen lassen sich mindestens vier weitere deutliche Siedlungsagglomerationen in den Gemarkungen Waltersdorf, Schulzendorf und Kiekebusch am Nordrand des Teltow (Gruppe II), östlich des Rangsdorfer Sees in den Gemarkungen Glasow, Klein und Groß Kienitz sowie in Dahlewitz (Gruppe III), ferner in Diedersdorf, Groß und Klein Beeren und Blankenfelde (Gruppe IV) und um Siethen, Gröben, Jütchendorf (Gruppe V) erkennen (Abb.4).

Der als Siedlungsgruppe II bezeichnete Raum weist etwa 40 eisenzeitliche Fundstellen auf, von denen nur die Siedlung Waltersdorf (Fundplatz 2) gegraben wurde (Abb. 5). Zunächst bieten sich drei Konzentrationen im Abstand von 0,5 bis 1,0 km Distanz an. Kleinere latènezeitliche Plätze wurden offenbar um Christi Geburt verlegt, wie auf neuen Plätzen gefundene facettierte Randscherben und schwarzglänzende Keramik mit strichförmiger Rädchenverzierung belegen. Auch sie werden aufgegeben und es folgten dauerhafte Plätze der Stufen Eggers B1–B2. In der folgenden jüngeren Römischen Kaiserzeit sind die gleichen Areale besiedelt, wobei einige Plätze durchaus bis in das späte 4. und frühe 5. Jahrhundert n. Chr. verlaufen können. Ein Bestattungsplatz bei Kiekebusch ergab sogar eine Fibel des 6. Jahrhunderts n. Chr.[63] (Tab. 5).

Der südliche Teil des zum Baruther Urstromtal gehörenden Raumes mit seinen Niederungen und Wäldern weist ein anderes Siedlungsbild auf. Die Besiedlung erfolgte weitgehend in der jüngeren Römischen Kaiserzeit und war an Flüsse, Bäche und offenes Gewässer gebunden. Ob der heutige Forschungsstand das ursprüngliche Verbreitungsbild widerspiegelt, ist allerdings schwierig zu entscheiden. Karl-Heinz Willroth stellt für Schwansen und Angeln fest, dass die Bodengüte „starke Auswirkungen auf die Fundüberlieferungen" besaß. Nur schwere Böden bieten danach „einen längeren Schutz für die Siedlungen als leichte".[64] Dennoch scheint für den Teltow mit seinen leichteren Böden durch eine von Bernd Fischer und anderen ehrenamtlichen Heimatfreunden betriebene intensive Bodendenkmalpflege das kaiser-

▲ *Abb. 4: Das ursprüngliche Kreisgebiet des Teltow mit der kaiserzeitlichen und völkerwanderungszeitlichen Besiedlung. Offene Kreise – unsichere Datierung; halboffene Kreise: 1.–2. Jahrhundert n. Chr.; geschlossene Kreise: 3.–4. Jahrhundert n. Chr.; halboffene Vierecke: Gräberfelder des 1.–2. Jahrhunderts n. Chr.; geschlossene Vierecke: Gräberfelder des 3.–4. Jahrhunderts n. Chr. Dreieck: Einzelfund; VWZ: Völkerwanderungszeit.*

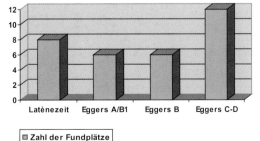

◀ *Tab. 5: Fundstellenstatistik der Siedlungsgruppe II bei Waltersdorf.*

---

57 Leube 1992, 179ff. Schneeweiss 2003.

58 Vgl. Schneeweiss 2003.

59 Willroth 1992, 113ff. Abb. 56–57.

60 Willroth 1992, 114.

61 Willroth 1992, 235; 238 Abb. 128–131.

62 B. Fischer 1974, 141.

63 Völkerwanderungszeitliche Fibeln (u. a. mit rechteckiger Kopfplatte) wurde durch „Sondengängerei" in Wietstock (Fundplatz 2) und Siethen (Fundplatz 3) entdeckt: freundliche Mitteilung durch B. Fischer, Zeuthen.

64 Willroth 1992, 248.

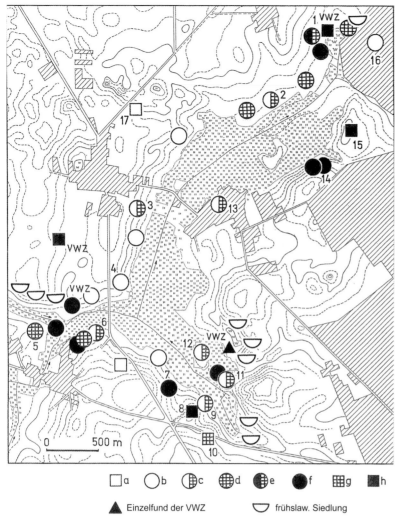

▲ *Abb. 5: Siedlungskammer in den Gemarkungen Waltersdorf (Nr. 1–4 u. 7), Kiekebusch (Nr. 5–6), Zeuthen-Miersdorf (Nr. 7–10), Schulzendorf (Nr. 11–16), Landkreis Dahme-Spreewald. – a) Gräberfeld der Latènezeit; b) Siedlung der Latènezeit; c) Siedlung der Übergangszeit bis frühen Römischen Kaiserzeit; d) Siedlung der älteren Römischen Kaiserzeit Eggers B; e) Siedlung der Stufe Eggers A/B1 bis Eggers d (KRÜGER 1987); f) Siedlung der jüngeren Römischen Kaiserzeit Eggers C; g) Gräberfeld der älteren Römischen Kaiserzeit; h) Gräberfeld der jüngeren Römischen Kaiserzeit; i) Einzelfund der Völkerwanderungszeit; j) frühslawische Siedlung. VWZ Völkerwanderungszeit (Entwurf Bernd Fischer, Zeuthen).*

zeitliche Siedlungsbild durchaus der Realität nahe gekommen zu sein.

Siedlungsstandort, Siedlungsgröße und Siedlungsstruktur[65]

Auf dem Teltow lässt sich eine klare Trennung zwischen Lehm- und Sandböden, wie in Schleswig-Holstein, nicht durchführen.[66] Grundsätzlich orientierte sich die Besiedlung in der vor- und nachrömischen Eisenzeit nur auf den von 1 m mächtigem Sand überlagerten lehmigen Plateaurändern im Bereich der Flüsse und Bäche, wie Havel, Spree, Nuthe, Dahme, Teltow-Kanal, Zülow-Fließ, Notte usw. (Abb. 4). Im Unterschied zu Schwansen und Angeln mit den „celtic fields" sind die zugehörigen Wirtschaftsflächen nicht bekannt, d. h. die vorhandenen Angaben zur Bodenart beziehen sich nur auf den Siedlungsstandort.[67]

Karl-Heinz Willroth berechnete mindestens eine Wirtschaftsfläche im Umkreis von 1 km um die jeweilige Fundstelle.[68] Das dürfte auch im Teltow zu vermuten sein. So gelang es Sven Gustavs im Bereich der Siedlung des 3. bis 5./6. Jahrhunderts n. Chr. in Klein Köris germanische Hakenpflugspuren freizulegen.[69] Ergänzend und bestätigend stellte der Botaniker Klaus Kloss im unmittelbaren Umfeld der Siedung Klein Köris einen intensiven Getreideanbau (darunter Roggen!) fest.[70]

Die Größe der Siedlungen lässt sich für den Teltow durch drei allerdings nur teilweise untersuchte Siedlungen überprüfen.[71] Sie ergaben eine Siedlungsfläche von mehreren Hektar Größe. Gerade das Beispiel der Siedlungsgrabung in Waltersdorf belegt aber, dass innerhalb dieser Fläche in mehreren Jahrhunderten „gewandert" wurde.[72]

Weitere Aussagen zur Größe der Siedlungsplätze lassen sich nur bedingt nach der oberirdischen Fundstreuung machen. Dazu ist ein Vergleich mit einer ähnlichen Studie für das Tollense-Gebiet des östlichen Mecklenburg recht interessant.[73] Hier waren zwei Drittel von etwa 100 Siedlungsplätzen kleiner als 100 m x 100 m. Jede zweite Siedlung erreichte sogar nur die Größe von 50 m x 100 m Ausdehnung.[74]

Für den Teltow ergibt sich ein anderes Bild. Allerdings liegen nur von 34 Siedlungsplätzen genauere Einmessungen vor. Davon lagen acht Plätze unter einem Hektar Ausdehnung und je 13 zwischen 1–2 ha bzw. mehr als 3 ha Größe. Noch kleinere Siedlungsplätze sind nach den Oberflächenfunden (meist nach der Scherbenstreuung, Brandsteinen und Verfärbungen) äußerst selten. Hier seien lediglich die spätkaiserzeitlichen Fundplätze in der Gemarkung Teurow (Fundplatz 3: 50 m x 50 m), in der Gemarkung Selchow (Fundplatz 8: 50–80 m x 20 m) und in der Gemarkung Gräbendorf (Fundplatz 10: 80 m x 80 m) angeführt. Die meisten Siedlungsplätze haben eine Ausdehnung von 200 m x 100 m.

Nur einige Fundplätze haben Ausmaße über 3 ha Größe, wie Dahlewitz (Fundplatz 16: 300 m x 100 m), Friedersdorf (Fundplatz 3: 300 m x 150 m), Schulzendorf (Fundplatz 11: 400 x 100 m) und Waltersdorf (Fundplatz 2: 300 m x 300 m). Auch Karl-Heinz Willroth kennt derartige grosse Siedlungsplätze mit einer Fundstreuung von 350 x 200 m Ausdehnung (Sterup 17; Kosel 26, Rieseby 117) und sah in ihnen Belege für eine „kontinuierliche Besiedlung bei kleinräumigem

---

65 Dieser Betrachtung liegt in der Regel das innerhalb der Bodendenkmalpflege geborgene Fundgut zugrunde.

66 Vgl. WILLROTH 1992, 28 Abb. 8.

67 WILLROTH 1992, 31; 427 ff. GRINGMUTH-DALLMER/ALTERMANN 1985, 347 ff.

68 WILLROTH 1992, 31.

69 GUSTAVS 1991, 46.

70 KLOSS 1985, 439 ff.

71 KRÜGER 1987. U. a. GUSTAVS 1997, 71 ff.; 1998, 217 ff. HAUPTMANN 1998, 67 ff.

72 KRÜGER 1987. Zuletzt LEUBE 2009, 169 ff.

73 LEUBE 1987, 177. Weiterführend SCHNEEWEISS 2003.

74 Bei dieser Arithmetik gilt es auch zu fragen, wie groß ist ein Fundplatz? So markieren mehrere gereihte und gleichzeitige Fundplätze nur die einzelnen Hofplätze einer Siedlung.

Standortwechsel"[75]. Dieses lässt sich auch für den Teltow belegen. So bestand die große Siedlung in Waltersdorf von den Stufen Eggers A bis D.[76] Sie wurde teilweise ausgegraben und wies 72 Grubenhäuser auf, die sich aber auf fünf Zeitphasen und über die gesamte Siedlung verteilen. Daraus ergibt sich ein kleiner Weiler von 5–6 Hofplätzen.

Die Kenntnis der germanischen Hausform konnte durch jüngste Grabungen vertieft werden. Hatten bereits die Prähistoriker Joachim Werner und Günther Behm-Blancke in Kablow große Wohnstallhäuser erkannt, vertiefte Bruno Krüger unsere Kenntnis über viele Grubenhausformen und kleinere Pfostenbauten.[77] Eigentliche dreischiffige Pfostenhäuser der späten Kaiserzeit bzw. Völkerwanderungszeit entdeckte Silke Schwarzländer in Kiekebusch (weitgehend unpubliziert). Im Jahre 2008 ergaben Grabungen in Bestensee bei Königs Wusterhausen (Fundplatz 4) auf einer Fläche von 2 500 qm Größe mehrere Grubenhäuser, Sechspfostenspeicher und ein mögliches etwa 12 x 5 m großes dreischiffiges Langhaus mit vier bis fünf Stallboxen.[78] Die Prähistorikerin Verena Schwartz legte außerdem in Dahlewitz (Fundplatz 29) zwei dreischiffige Langhäuser von 15 bzw. 17 m Länge und etwa 5 m Breite frei. In deren Nähe befanden sich vier Grubenhäuser und ein Brunnen. Dieser ergab ein Dendrodatum von 282 n. Chr.

Mit diesen Siedlungsplätzen, wie auch der Siedlung von Klein Köris, befinden wir uns im südlichen Verbreitungsgebiet der dreischiffigen Wohnstallhäuser.[79] So sind – mit einer fraglichen Ausnahme – aus der Niederlausitz nur ein- und zweischiffige Bauten freigelegt worden.

Der Teltow stellt in der Römischen Kaiserzeit eine gewisse Grenzzone zwischen einer Zone I im Norden und einer Zone II im Süden dar. Die südliche Zone II zeichnet sich seit dem 3. Jahrhundert n. Chr. u. a. durch Hortfunde mit landwirtschaftlichen Geräten und Schmiedegräbern aus.[80] Am bedeutendsten ist ein Schmiedegerätedepot aus Jütchendorf, das allerdings mit Vorbehalt durch eine eiserne Lanzenspitze in die Stufe Eggers C/D datiert. Herausragend sind in diesem Depot einige Tiegelzangen (u. a. mit einer Vogelfigur auf einer Matrize), ein Drahtzieh- oder Nageleisen, ein Sägeblatt etc.[81]

Interessante Ergebnisse zur germanischen Wirtschaftsweise ergaben 1993/94 Grabungen in der kaiserzeitlichen Siedlung von Genshagen (Fundplatz 10) mit fast einen Hektar Grabungsfläche.[82] Es wurden neben Holzbrunnen (mit Holzspaten), Kalkbrennöfen, Schlackegruben (offenbar Reste von Rennöfen), Steinpflasterungen, aber auch ein Tierknochendepot von fünf Haustier- und fünf Wildtierarten, wie Rothirsch, Elch, Ur, Wildschwein und Bär, freigelegt.[83]

Besiedlungskonstanz und Besiedlungskontinuität

Gerade die Frage nach der Siedlungs- und Besiedlungsdauer verlangt einen hervorragenden Forschungsstand. Das Oberflächenmaterial – meist unverzierte Keramik – lässt sich zu häufig nicht genau datieren. Es kommt mitunter darauf an, die unverzierte grobwandige Keramik der Vorrömischen Eisenzeit von der der Völkerwanderungszeit, die dieser sehr ähnlich ist, zu unterscheiden. Selbst die markante rädchenverzierte Keramik, die bis in das 3. Jahrhundert nachweisbar ist, gibt nur unter genauer Betrachtung chronologische Angaben zu ihrem Alter.

Analog zu Schleswig verläuft auch im Teltow die Besiedlung von der Stufe Eggers A bis Eggers D kontinuierlich.[84] Dennoch erfolgten am Ende des 2. Jahrhundert n. Chr. bzw. am Beginn des 3. Jahrhundert n. Chr. offenbar Siedlungsverlagerungen, die zu einer Neugründung von Ortschaften und Neuanlage von Bestattungsplätzen führten. Daneben gab es eine große Anzahl an Siedlungen, die von der frühen zur späten Römischen Kaiserzeit bestanden. Gleichfalls erfolgte ein Siedlungsausbau nach Osten und nach Norden hinaus.

Da die Aussagefähigkeit des schriftlichen Quellengutes zu den Fragen der germanischen Stammessitze sehr begrenzt ist, gewinnen diese siedlungsarchäologischen Forschungen und ihre Ergebnisse zunehmend an Bedeutung. Es zeigt sich, dass es keinen einheitlich besiedelten Raum gab, sondern dass ein deutlicher Wechsel von siedlungsfreien und siedlungsdichten Arealen bestand. Fassen wir zusammen, so sind es im Teltow nahezu die gleichen Entwicklungen, die Karl-Heinz Willroth für Schleswig postulierte, Kontinuität menschlicher Besiedlung im Teltow während des gesamten Zeitraumes der Eisenzeit und innerhalb der kleinen Siedlungskammern.[85] Es bleiben aber auch weitere detaillierte Probleme, wie die Siedlungsmobilität, die Siedlungsgröße und daraus zu erschließende ethnische Kontinuität oder wie die Frage einer germanischen „Restbevölkerung" bis zur slawischen Einwanderung offen. Analoge Forschungen in Verbindung mit naturwissenschaftlichen Vorhaben zur Wirtschaft, zum Grabwesen, zu den Spezifika

---

75 Willroth 1992, 210; weiterführend 1986, 397ff.
76 Krüger 1987. Zuletzt Leube 2009, 44ff.
77 Krüger 1987. Zusammenfassend bei Leube 2009, 110ff.
78 Herrn B. Fischer, Zeuthen, verdanke ich diese Information.
79 Vgl. Leube 2009, 122ff.
80 Henning 1991. Leube 1996, 59ff.
81 Auch das Grabwesen belegt Abweichungen zum Havelgebiet mit der Sitte der Brandgrubengräber: B. Fischer 1992, 306ff.; 1995, 93ff.
82 Wanzek 1995, 101f.
83 Müller 1995, 103f.
84 Vgl. Willroth 1992, 443.
85 Willroth 1992, 443.

der materiellen Kultur etc. sollten folgen, um das Wechselverhältnis von Mensch und den naturbedingten Gegebenheiten seiner Umwelt darzustellen „und als Ergebnis seiner Bemühungen, diese zu seinen Gunsten zu verändern".[86]

Literatur

Bohm 1978
E. Bohm, Teltow und Barnim. Untersuchungen zur Verfassungsgeschichte und Landesgliederung brandenburgischer Landschaften im Mittelalter. Köln, Wien 1978.

Brachmann/Vogt 1992
H. Brachmann, H.-J. Vogt (Hrsg.), Mensch und Umwelt. Studien zu Siedlungsausgriff und Landsausbau in Ur- und Frühgeschichte. Berlin 1992.

Dietz 1937
C. Dietz, Geologische Karte von Preussen. Lieferung 26. Berlin 1937.

Fischer 1972
B. Fischer, Neue kaiserzeitliche Grab- und Siedlungsfunde aus dem Teltow. Ausgrabungen und Funde 17, 1972, 136–142.

B. Fischer 1974
B. Fischer, Die spätkaiserzeitliche Siedlungstätigkeit zwischen Nuthe und Spree. Ausgrabungen und Funde 19, 1974, 140–148.

B. Fischer 1981
B. Fischer, Völkerwanderungszeitliche Siedlungen in der Teltowlandschaft. Heimatkalender für den Kreis Zossen 24, 1981, 22–28.

B. Fischer 1992
B. Fischer, Ein neues germanisches Gräberfeld an der Spree bei Hangelsberg, Kr. Fürstenwalde. Ausgrabungen und Funde 37, 1992, 306–314.

B. Fischer 1995
B. Fischer, Ein Gräberfeld der römischen Kaiserzeit am Dehlingsberg bei Ragow. Archäologie in Berlin und Brandenburg 1990–1992, 1995, 39–42.

B. Fischer/Gustavs 1988
B. Fischer, S. Gustavs, Völkerwanderungszeitliche und frühslawische Siedlungsspuren bei Kiekebusch, Kr. Königs Wusterhausen. Veröffentlichungen des Museums für Ur- und Frühgeschichte Potsdam 22, 1988, 101–120.

B. Fischer/Gustavs 1993
B. Fischer, S. Gustavs, Völkerwanderungszeitliche und frühmittelalterliche Siedlungsfunde von Wolzig, Kr. Königs Wusterhausen. Veröffentlichungen des Museums für Ur- und Frühgeschichte Potsdam 27, 1993, 112–120.

R. E. Fischer 1996
R. E. Fischer, Brandenburgisches Namenbuch. Teil 10. Die Gewässernamen Brandenburgs. Weimar 1996.

Gändrich nach 1997
F.-J. Gändrich, Zur Chronik von Kirche und Kirchengemeinde. Schulzendorf. Eigenverlag, erschienen nach 1997.

Gramsch 1969
B. Gramsch, Karl Hohmann 1885-1969. Veröffentlichungen des Museums für Ur- und Frühgeschichte Potsdam 4, 1968 (1969), 133–135.

Gringmuth-Dallmer/Altermann 1985
E. Gringmuth-Dallmer, M. Altermann, Zum Boden als Standortfaktor ur- und frühgeschichtlicher Siedlungen. Jahresschrift für mitteldeutsche Vorgeschichte 58, 1985, 339–355.

Gustavs 1978
S. Gustavs, Untersuchungen auf der frühkaiserzeitlich-frühvölkerwanderungszeitlichen Siedlung von Klein Köris, Kr. Königs Wusterhausen. Ausgrabungen und Funde 23, 1978, 78–86.

Gustavs 1989
S. Gustavs, Werkabfälle eines germanischen Feinschmiedes von Klein Köris, Kr. Königs Wusterhausen. Veröffentlichungen des Museums für Ur- und Frühgeschichte Potsdam 23, 1989, 47–180.

Gustavs 1991
S. Gustavs, Pflugspuren in der germanischen Siedlung von Klein Köris, Kr. Königs Wusterhausen. Archäologie in Deutschland 3, 1991, 46.

Gustavs 1998
S. Gustavs, Feinschmiedeabfälle, Fibeln und Importfunde der Siedlung Klein Köris, Lkr. Dahme-Spreewald. Archäologischer Befund und Ergebnisse metallkundlicher Untersuchungen. Berichte der Römisch-Germanischen Kommission 79, 1998, 217–229.

Hachmann 1957
R. Hachmann, Zur Gesellschaftsordnung der Germanen in der Zeit um Christi Geburt. Archaeologia Geographica 5/6, 1957, 7–24.

Haspel/Menghin 2006
J. Haspel, W. Menghin (Hrsg.), Miscellanea Archaeologica III. Berlin und Brandenburg. Geschichte der archäologischen Forschung. Beiträge zur Denkmalpflege in Berlin, Bd. 22. Berlin 2006.

Heinelt 1937
W. Heinelt, 80 Jahre „Notte-Verband". Teltower Kreiskalender 1937, 64–67.

Heinrich 1987
G. Heinrich (Hrsg.), Brandenburg-Preußen. Quellenkunde der deutschen Geschichte Bd. 4. Stuttgart 1987, 1–1173.

Henning 1991
J. Henning, Schmiedegräber nördlich der Alpen. Saalburg-Jahrbuch 46, 1991, 65–82.

Hohmann 1929
K. Hohmann, Brandgrubengräber im Kreise Teltow. Mannus 21, 1929, 158–163.

Hohmann 1933
K. Hohmann, Die Entwicklung der vorgeschichtlichen Abteilung im Heimatmuseum des Kreises Teltow. Nachrichtenblatt für Deutsche Vorzeit 9, 1933, 190–198.

Hohmann 1956
K. Hohmann, Ein burgundisches Gefäß mit schriftähnlichen Zeichen aus dem Teltow. Jahrbuch des Römisch-Germanischen Zentralmuseums Mainz 3, 1956, 134–142.

Hueck 1937
K. Hueck, Die Salzpflanzenstelle am Mellensee, ein neues Naturschutzgebiet im Kreise Teltow. Teltower Kreiskalender 1937, 67–68.

Jankuhn 1955
H. Jankuhn, Methoden und Probleme siedlungsarchäo-

---

86 Seibold 1984, Geleitwort.

logischer Forschung. Archaeologia Geographica 3/4, 1952/55, 73–84.

Jankuhn 1963

H. Jankuhn, Terra … silvis horrida (zu Tacitus Germania, cap. 5). Archaeologia Geographica 10/11, 1961/63, 19–27.

Jankuhn 1977

H. Jankuhn, Einführung in die Siedlungsarchäologie. Berlin, New York 1977.

Jeute 2006

G. H. Jeute, Zur Bedeutung regionaler Museen und Vereine für die archäologische Forschung zwischen Prignitz und Teltow-Fläming. In: J. Haspel, W. Menghin (Hrsg.), Miscellanea Archaeologica III. Berlin und Brandenburg. Geschichte der archäologischen Forschung. Beiträge zur Denkmalpflege in Berlin 22, 2006, 42–54.

Kernd'l 1991

A. Kernd'l (Bearb.), Berlin und Umgebung. Führer zu archäologischen Denkmälern in Deutschland 23. Stuttgart 1991.

Kirsch 2006

E. Kirsch, Das Märkische Museum und die archäologische Forschung. In: J. Haspel, W. Menghin (Hrsg.), Miscellanea Archaeologica III. Berlin und Brandenburg. Geschichte der archäologischen Forschung. Beiträge zur Denkmalpflege in Berlin, Bd. 22. Berlin 2006, 89–98.

Kloss 1985

K. Kloss, Pollenanalysen zur Geschichte einer germanischen Siedlung bei Klein Köris, Kreis Königs Wusterhausen, südöstlich von Berlin. Flora 176, 1985, 439–448.

Kossack u. a. 1984

G. Kossack, K.-E. Behre, P. Schmid (Hrsg.), Archäologische und naturwissenschaftliche Untersuchungen an ländlichen und frühstädtischen Siedlungen im deutschen Küstengebiet vom 5. Jahrhundert v. Chr. bis zum 11. Jahrhundert n. Chr. Band 1. Ländliche Siedlungen. Weinheim 1984.

Krüger 1987

B. Krüger, Waltersdorf. Eine germanische Siedlung der Kaiser- und Völkerwanderungszeit im Dahme-Spree-Gebiet. Schriften zur Ur- und Frühgeschichte 43. Berlin 1987.

Kubach/Seeger 1941

H. E. Kubach, J. Seeger (Bearb.), Die Kunstdenkmäler des Kreises Teltow. Berlin 1941.

Kühn 2001

D. Kühn, Bodenübersichtskarte des Landes Brandenburg. 1:300 000. Grundkarte Bodengeologie. Potsdam 2001.

Lange 1980

E. Lange, Ergebnisse pollenanalytischer Untersuchungen zu den Ausgrabungen in Waltersdorf und Berlin-Marzahn. Zeitschrift für Archäologie 14, 1980, 243–248.

Leube 1975

A. Leube, Die römische Kaiserzeit im Oder-Spree-Gebiet. Veröffentlichungen des Museums für Ur- und Frühgeschichte Potsdam 9. Berlin 1975.

Leube 1987

A. Leube, Siedlungsgeschichtliche Betrachtungen zur Tollense-Gruppe der römischen Kaiserzeit. Jahrbuch Bodendenkmalpflege in Mecklenburg 1986, 1987, 173–190.

Leube 1991

A. Leube, Römische Kaiserzeit und Völkerwanderungszeit. In: A. Kernd'l (Bearb.), Berlin und Umgebung. Führer zu archäologischen Denkmälern in Deutschland 23. Stuttgart 1991, 78–87.

Leube 1992a

A. Leube, Siedlungs- und Grabfunde des 3. bis 5. Jahrhunderts von Waltersdorf, Kr. Königs Wusterhausen. Zeitschrift für Archäologie 26, 1992, 113–130.

Leube 1992b

A. Leube, Zum germanischen Siedlungswesen im Elb-Oder-Gebiet. In: Abhandlungen und Berichte des Staatlichen Museums für Völkerkunde Dresden, Bd. 44. Berlin 1992, 179–190.

Leube 1992c

A. Leube, Siedlungsintensität und Siedlungsmobilität im 1. bis 5./6. Jahrhundert unserer Zeit in Nordostdeutschland. In: H. Brachmann, H.-J. Vogt (Hrsg.), Mensch und Umwelt. Studien zu Siedlungsausgriff und Landsausbau in Ur- und Frühgeschichte. Berlin 1992, 73–81.

Leube 1995a

A. Leube, Semnonen, Burgunden, Alamannen. Archäologische Beiträge zur germanischen Frühgeschichte des 1. bis 5. Jahrhunderts. Berlin 1995.

Leube 1995b

A. Leube, Germanische Völkerwanderung und ihr archäologischer Fundniederschlag. Das 5. und 6. Jh. östlich der Elbe, ein Forschungsbericht (I). Ethnographisch-Archäologische Zeitschrift 36, 1995, 3–84.

Leube 1995c

A. Leube, Contribution à L'Histoire primitive, Archéologique et Culturelle du Brandebourg oriental Pendant la Période du Ier au Ve Siècle après Jésus-Christ. In: H. G. de Semainville (Hrsg.), Les Burgondes. Apports de L'Archéologie. Dijon 1995, 55–70.

Leube 1996

A. Leube, Ein frühgeschichtliches (?) Schmiedegerätdepot von Jütchendorf bei Zossen im Teltow. Acta Praehistorica et Archaeologica 28, 1996, 59–93.

Leube 2009

A. Leube, Studien zu Wirtschaft und Siedlung bei den germanischen Stämmen im nördlichen Mitteleuropa während des 1. bis 5./6. Jahrhunderts n. Chr. Römisch-Germanische Forschungen 64. Mainz 2009.

Leube 2010

A. Leube, Prähistorie zwischen Kaiserreich und wiedervereinigtem Deutschland. 100 Jahre Ur- und Frühgeschichte an der Berliner Universität Unter den Linden. Bonn 2010.

Materna/Ribbe 1995

I. Materna, W. Ribbe (Hrsg.) Brandenburgische Geschichte. Berlin 1995.

Müller 1995

H.-H. Müller, Materialvorrat eines Knochenschnitzers. Ein Tierknochendepot (?) in der Siedlung der Römischen Kaiserzeit von Genshagen, Landkreis Teltow-Fläming. Archäologie in Berlin und Brandenburg 1993–1994, 1995, 103–104.

Rach 1988

H.-J. Rach, Die Dörfer in Berlin. Ein Handbuch der ehemaligen Landgemeinden im Stadtgebiet von Berlin. Berlin 1988.

SCHINDLER 1956
R. Schindler, Eine germanische Siedlung des 1.-5. Jahrhundert n. Chr. in Hamburg-Farmsen. Hammaburg 4, 1953/55 (1956), 173–196.

SCHLIMPERT 1972
G. Schlimpert, Brandenburgisches Namenbuch. Teil 3: Die Ortsnamen des Teltow. Weimar 1972.

SCHLIMPERT 1976
G. Schlimpert, Die Ortsnamen des Teltow. Weimar 1976.

SCHNEEWEISS 2003
J. Schneeweiß, Der Werder zwischen Altentreptow-Friedland-Neubrandenburg vom 6. Jh. v. Chr. bis zum 13. Jh. n. Chr. Siedlungsarchäologische Untersuchungen einer Kleinlandschaft in Nordostdeutschland. Universitätsforschungen zur prähistorischen Archäologie 102. Bonn 2003.

SEIBOLD 1984
E. Seibold, Geleitwort. In: G. Kossack, K.-E. Behre, P. Schmid (Hrsg.), Archäologische und naturwissenschaftliche Untersuchungen an ländlichen und frühstädtischen Siedlungen im deutschen Küstengebiet vom 5. Jahrhundert v. Chr. bis zum 11. Jahrhundert n. Chr. Band 1. Ländliche Siedlungen. Weinheim 1984.

DE SEMAINVILLE 1995
H. G. de Semainville (Hrsg.), Les Burgondes. Apports de L'Archéologie. Dijon 1995.

H. SEYER 1982
H. Seyer, Siedlung und archäologische Kultur der Germanen im Havel-Spree-Gebiet in den Jahrhunderten vor Beginn unserer Zeitrechnung. Schriften zur Ur- und Frühgeschichte 34. Berlin 1982.

R. SEYER 1976
R. Seyer, Zur Besiedlungsgeschichte im nördlichen Mittelelb-Havelgebiet um den Beginn unserer Zeitrechnung. Schriften zur Ur- und Frühgeschichte 29. Berlin 1976.

SOMMER 1972
G. Sommer, Die ur- und frühgeschichtliche Besiedlung des Kreises Teltow. In: G. Schlimpert, Brandenburgisches Namenbuch. Teil 3: Die Ortsnamen des Teltow. Weimar 1972, 9–21.

SOROCEANU 1995
T. Soroceanu, Datiert durch Münze und Kamm. Eine spätkaiserzeitliche Siedlung von Deutsch Wusterhausen, Landkreis Dahme-Spreewald. Archäologie in Berlin und Brandenburg 1993–1994, 1995, 90–92.

SPATZ 1905
W. Spatz, Bilder aus der Vergangenheit des Kreises Teltow. 1. Teil. Von der ältesten Zeit bis zum Ende des grossen oder dreißigjährigen Krieges. Berlin 1905.

SPATZ 1912
W. Spatz, Bilder aus der Vergangenheit des Kreises Teltow. 3. Teil. Geschichte der Ortschaften des Kreises Teltow. Berlin 1912.

WANZEK 1995
B. Wanzek, Eisenproduktion im „Handwerkerviertel". Eine Siedlung der Römischen Kaiserzeit bei Genshagen, Landkreis Teltow-Fläming. Archäologie in Berlin und Brandenburg 1993–1994, 1995, 101–102.

WILLROTH 1992
K.-H. Willroth, Untersuchungen zur Besiedlungsgeschichte der Landschaften Angeln und Schwansen von der älteren Bronzezeit bis zum frühen Mittelalter. Eine Studie zur Chronologie, Chorologie und Siedlungskunde. Offa-Bücher 72. Neumünster 1992.

Die eisenzeitlichen Befunde der Siedlung von Klein Hesebeck bei Bad Bevensen (Ldkr. Uelzen) im Rahmen der DOW-Pipelinetrasse

von Florian Baack

Einleitung

Die Erforschung der Besiedlungsgeschichte Nordostniedersachsens von der Vorrömischen Eisenzeit bis zur Völkerwanderungszeit ist bis heute zum größten Teil nicht über den inzwischen 40 Jahre alten Forschungsstand Ole Harcks hinausgekommen.[1] Neuere Untersuchungen, wie sie etwa im Hannoverschen Wendland für die jüngere Vorrömische Eisenzeit bis Völkerwanderungszeit durch Hans-Jörg Nüsse in den Jahren 1999 bis 2002 durchgeführt wurden,[2] fehlen für die meisten Gebiete im Nordosten Niedersachsens; so auch für das Ilmenautal. In der Dissertation Christoph Egers[3] werden zwar Siedlungsfunde der Metallzeiten für das Luhetal vorgelegt, doch legt er das Hauptaugenmerk auf die Neubearbeitung des Gräberfeldes von Putensen unter sozialen und chronologischen Gesichtspunkten und weniger auf die Siedlungsarchäologie.

Umfangreiche lineare Baumaßnahmen der letzten Jahrzehnte wie die DOW-Chemical Piplinetrasse erfassten auch den Nordosten Niedersachsens und führten dort zur Entdeckung zahlreicher neuer Fundstellen, die größtenteils archäologisch untersucht werden konnten. Ein weiteres prominentes Beispiel ist die Großgrabung bei Rullstorf.[4] Dadurch hat sich insgesamt der Forschungsstand erheblich verbessert.

Gerade der Bau der DOW-Trasse zwischen August 2002 und April 2003 war für die Archäologie ein Glücksfall, bot sich hier doch die Chance, in einem ansonsten eher vernachlässigten Gebiet zahlreiche neue Fundstellen aufzudecken und dadurch etwaige Forschungslücken zu schließen. Insgesamt konnten hier von Stade im Norden bis Teutschenthal an der Grenze zu Sachsen-Anhalt auf einer Länge von 150 km und einer Breite von über 12,5 m 200 neue Fundstellen entdeckt werden, der weitaus größte Teil davon in den Ldkr. Harburg und Uelzen.[5] Ihre Zeitspanne reicht dabei vom Neolithikum bis zur Neuzeit. Die Trasse bietet sich daher als idealer Ausgangspunkt für eine erneute Untersuchung der dortigen Besiedlungsgeschichte an. Dies war der Ansatz für eine wissenschaftliche Bearbeitung von zwölf Fundstellen im Mühlenbachtal zwischen Sasendorf und Seedorf bei Bad Bevensen, die im Rahmen der Magisterarbeit des Verfassers vorgenommen wurde.[6] Dieser kleine Ausschnitt soll im Folgenden durch die Vorlage einer weiteren Siedlung ergänzt werden.

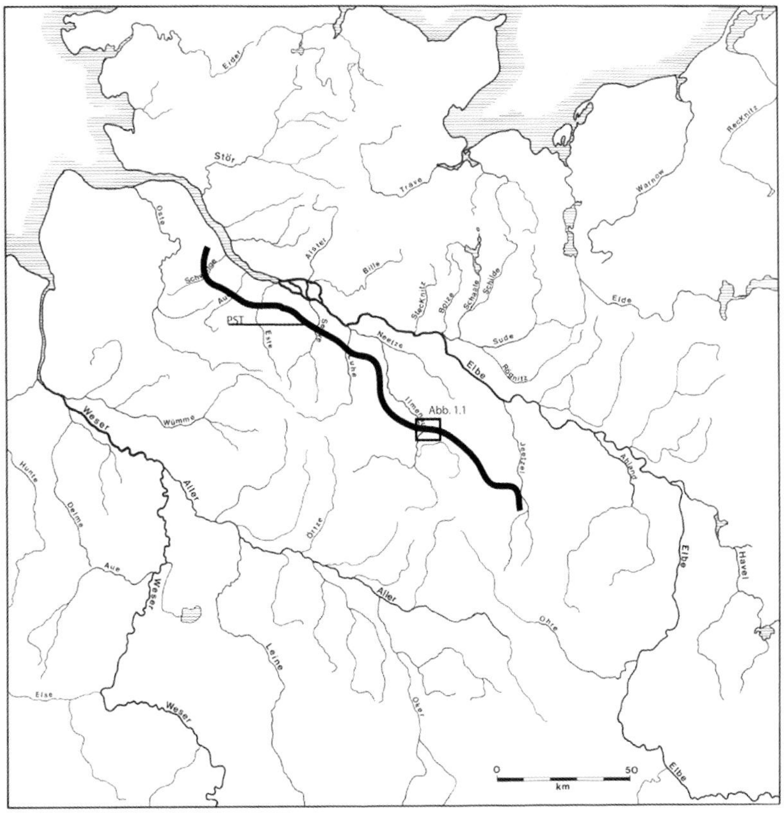

▲ *Abb. 1: Verlauf der PST-Trasse.*

Die Siedlung von Klein Hesebeck

Die Fundstelle 22 bei Klein Hesebeck (Abb. 1) wurde im März und April 2003 im Rahmen der DOW-Pipelinetrasse durch das Niedersächsische Landesamt für Bodendenkmalpflege baubegleitend ausgegraben.[7] Die Fundstelle befindet sich in einem forschungsgeschichtlich für die jüngere Vorrömische Eisenzeit sehr interessanten Gebiet, da hier mehrere eponyme Fundorte liegen. Nur etwa 1 km südwestlich der Fundstelle liegen die von Gustav Schwantes am Beginn des 20. Jahrhunderts ausgegrabenen Urnenfriedhöfe von Jastorf und Heitbrack, sowie 5 km westlich das Gräberfeld von Seedorf.[8] Besonders Jastorf war für die Definierung der gleichnamigen Kultur vor

---

1 Harck 1972/73. Vgl. Nüsse/Pahlow 2010, 321.
2 Nüsse 2008.
3 Eger 1999.
4 Gebers/Lüth 1996.
5 Gebers 2005, 29.

6 Baack 2011. Ich möchte an dieser Stelle meinem Betreuer Prof. Dr. Karl-Heinz Willroth für die Annahme des Themas danken.
7 Die Gesamtleitung hatte Wilhelm Gebers, die örtliche Grabungsleitung oblag Andrea Moser.
8 Schwantes 1911.

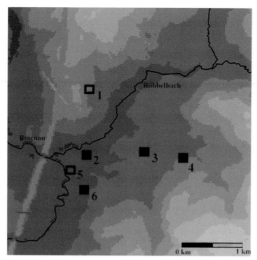

Abb. 2: Das Umfeld der Fundstelle Klein Hesebeck in der Vorrömischen Eisen- und Römische Kaiserzeit.
1 Klein-Hesebeck 12,
2 Klein-Hesebeck 21,
3 Klein-Hesebeck 22,
4 Klein-Hesebeck 24,
5 Jastorf 13,
6 Jastorf 14.

■ Siedlung   □ Gräberfeld

gut einem Jahrhundert von großer Bedeutung. Siedlungen waren damals noch nicht bekannt, Schwantes gründete seine Stufengliederung der Jastorf-Kultur ausschließlich auf Grabfunde.[9] Insofern war die Entdeckung von gleichzeitigen Siedlungsplätzen in der Umgebung der berühmten Gräberfelder gewissermaßen ein ‚Jahrhundertdesiderat', auch wenn sich insgesamt der Forschungsstand zur Jastorf-Kultur natürlich längst deutlich verbessert hat. Die mehrperiodige Siedlung von Klein Hesebeck befand sich auf dem südlichen Hang einer flachen, etwa 6000 m² großen Geländekuppe, welche nordwestlich des „Rübebergs" im Niederungsgebiet der Ilmenau liegt (Abb. 2).

Befunde und Funde

Insgesamt konnten 129 Befunde auf einer Fläche von 2700 m² freigelegt werden. Darunter waren 38 Gruben und 78 Pfosten, zwei Öfen und ein Grubenhaus. Der größte Teil der Befunde konzentrierte sich im westlichen Abschnitt der Fläche (Abb. 3). Die Gruben waren meist von muldenförmiger oder trichterförmiger Gestalt und hatten einen Durchmesser von bis zu 1,20 m, seltener 2,20 m und waren bis zu einer Tiefe von 0,50 m erhalten. Die muldenförmigen Grubenreste ließen sich keiner bestimmten Funktion mehr zuordnen. Bei den trichterförmigen Gruben wird es sich wohl zumeist um Vorratsgruben gehandelt haben, die später zu Abfallgruben umfunktioniert worden sind.[10] Die meisten Gruben ließen sich aufgrund der Spärlichkeit des chronologisch verwertbaren Fundmaterials nicht sicher datieren. Spärliche Funde scheinen auf eine ältere neolithische Siedlungsphase zu deuten. Nur vier Gruben ließen sich zeitlich einordnen. Sie belegen, dass der Platz wiederholt zum Siedeln aufgesucht wurde. Eine Grube kann unter Vorbehalt in die mittlere Vorrömische Eisenzeit datiert werden (Bef. 61) und drei weitere in die Römische Kaiserzeit (Bef. 69, 140, 163). Die zahlreichen Pfosten lagen eher unsystematisch in der Fläche und ließen sich zum größten Teil zu keiner sinnvollen Konstruktion zusammenfassen. Lediglich im westlichen Abschnitt (Abb. 3, 3a) ist eine auffällig in einer Flucht liegende Pfostenreihe (Bef. 71, 72, 73, 76, 97, 103 und 104) zu erkennen, die wahrscheinlich zu einem Gebäude gehört haben könnte.[11] Bedauerlicherweise liegt dieser Befund an der Grabungsgrenze, sodass weitere Anhaltspunkte für Größe, Art und Funktion des Gebäudes fehlen. Die räumliche Nähe zu Befund 69, einer Vorratsgrube der Römischen Kaiserzeit, könnte zwar unter Umständen einen Hinweis auf die zeitliche Stellung des Gebäudes geben, letztlich muss die Datierung jedoch fraglich bleiben.

Von größerer Aussagekraft waren zwei große Öfen (Bef. 65, 264), die noch eine Länge von bis zu 2,72 m, eine Breite von bis zu 2,44 m sowie eine Tiefe von bis zu 0,40 m aufwiesen (Abb. 3). Der Ofen Bef. 65 war mit einem Steinring als Unterbau versehen und enthielt darüber noch die Reste der Lehmkuppel mit Stakenabdrücken (Abb. 3). Der Befund enthielt Siedlungskeramik der mittleren Vorrömischen Eisenzeit, wie z. B. zwei Rautöpfe mit leicht trichterförmigen Rändern (Taf. 2, 3-4), die ihre Entsprechungen in den Rautöpfen Typ 2a, Var. 2 nach Nüsse finden.[12] Diese werden in die Horizonte 2 und 3 nach Nüsse bzw. in die Stufen IIa-b nach Harck datiert. 10 m südwestlich dieses Ofens befand sich ein weiterer, wannenförmiger Ofen. Beide Anlagen gehörten offensichtlich nicht zusammen, denn der Ofen Bef. 264 war jünger und ist in die Römische Kaiserzeit zu stellen. Aufgrund der geringen Anzahl aussagekräftiger Keramik war eine genauere Datierung leider nicht möglich. Noch am sichersten anzusprechen war ein eingliedriges Henkelgefäß mit einziehendem Rand (Taf. 2, 26), dessen Form an die Töpfe vom Typ Uslar V bzw. an die Töpfe vom Typ 1 nach Nüsse erinnert.[13] Wie die Öfen im Einzelnen genutzt worden sind, kann anhand der vorliegenden Dokumentation nicht geklärt werden.[14] Eine technische Nutzung der Anlagen, etwa zur Verhüttung von Eisen[15]

---

9 Schwantes 1911.
10 Gebers 1985. Vgl. auch Beitrag Assendorp in diesem Band.
11 Vgl. dazu Waterbolk 2009, 113 Abb. 75,j–l.
12 Nüsse 2008, 22; z. B. Taf. 37,287. Vgl. dazu Harck 1972/73, Taf. 51,2.4.
13 von Uslar 1938, 75–77. Nüsse 2008, 25; z. B. Taf. 67,566.
14 Die möglichen Verwendungszwecke reichen von Backen über Räuchern bis hin zum Brennen von Kalk oder Keramik. Vgl. zu dieser Problematik die Darstellung bei Nüsse (2008, 69–70).
15 Dafür sind die Anlagen zu groß dimensioniert und es fehlen typische Funde wie Schlackeklötze, Eisenerz, Schlacke oder Tondüsen. Vgl. dazu auch Leube (1992, 497, 491–492). Es konnte allerdings aus der obersten Schicht des Bef. 69 Eisenschlacke und der Rest einer Ofenwandung geborgen werden. Wie und in welchem Umfang und ob überhaupt Eisenerz auf der Fundstelle verhüttet worden ist, kann leider nicht geklärt werden.

Die eisenzeitlichen Befunde der Siedlung von Klein Hesebeck

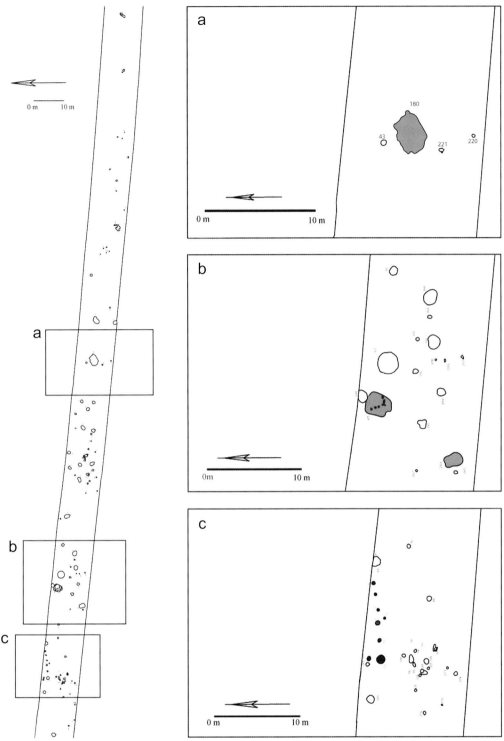

◄ *Abb. 3: Grabungsplan der Fundstelle Klein-Hesebeck, Ldkr. Uelzen, a) das Grubenhaus, b) die Öfen (Bef. 64 mit Steinsetzung, Bef. 264, c) die Pfostensetzungen. Grabungspläne: Niedersächsisches Landesamt für Denkmalpflege.*

oder zum Kalkbrennen[16], ist nach der Befundlage jedoch unwahrscheinlich.

Zu den wichtigsten Befunden dieser Siedlung gehörte auch ein Grubenhaus (Abb. 3a). Der Befund zeichnete sich im Planum als große, rechteckige Verfärbung ab. Die nur gering eingetiefte Hausgrube hat eine Länge von 2,62 m, eine Breite von 1,90 m sowie eine erhaltene Tiefe von 0,25 m. Die Verfüllung bestand aus dunkelgrauem bis schwarzem Feinsand, welcher besonders im Sohlenbereich stark von Tiergängen durchsetzt war. Aus dem Grubenhaus konnte viel Siedlungskeramik der älteren Römischen Kaiserzeit, wie z. B. Terrinen, geborgen werden (Taf. 2), die eine solide Grundlage für die zeitliche Einordnung liefert. Pfosten wurden im Klein Hesebecker Grubenhaus nicht beobachtet. Dies unterscheidet es beispielsweise von den Grubenhäusern aus Rebenstorf im Hannoverschen Wendland, die

---

16 Beide Öfen erinnern in ihrer Bauweise nicht an die bekannten Kalkbrennöfen – soweit die dürftige Dokumentation, welche der ungünstigen Witterung und dem zeitlichen Druck einer Rettungsgrabung geschuldet ist, eine Beurteilung überhaupt zulässt. Es wurden keinerlei Hinweise auf Kalkbrennerei festgehalten. Dies ist allerdings kein zwingendes Argument, da zahlreiche Kalkbrennöfen zunächst nicht als solche erkannt werden (vgl. USCHMANN 2006).

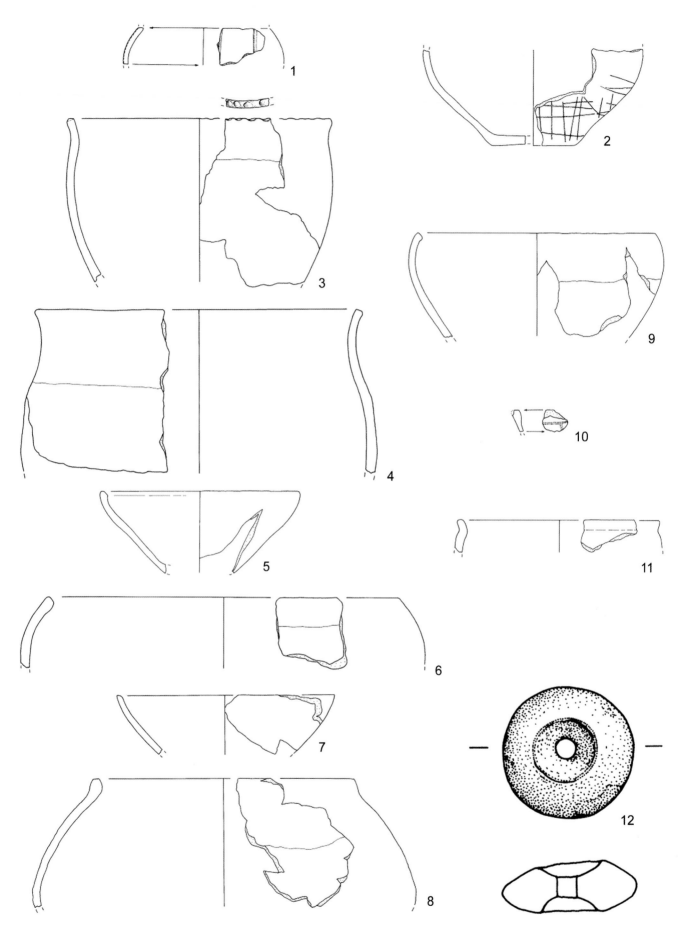

▲ Taf. 1. Bef. 63: WS mit senkrechter Rillenverzierung (1), Gefäßunterteil mit Ritzverzierung (2), Rautopf (3.4); Bef. 69: Schale (5), Topf (6); Bef. 140: Schale (7), Topf (8.9); Bef. 163: RS mit Rollrädchenzier (10), Topf? (11) M. 1:4, Spinnwirtel (12) M. 1:1. Zeichnungen: Niedersächsisches Landesamt für Denkmalpflege.

Die eisenzeitlichen Befunde der Siedlung von Klein Hesebeck

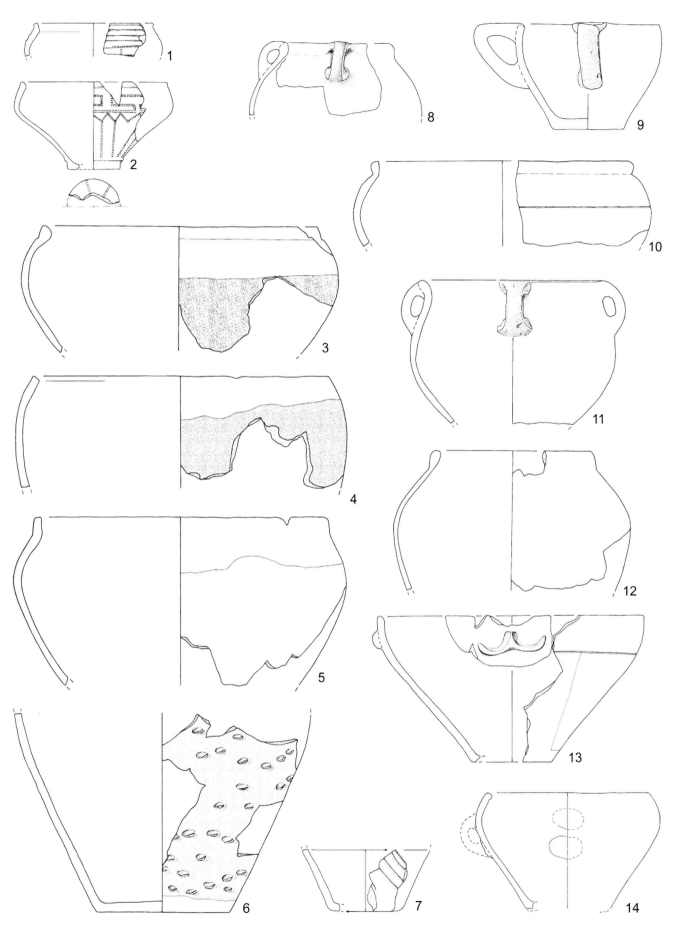

▲ *Taf. 2. Bef. 180: RS mit Kannelierung und Rollrädchenzier (1), Schale mit Rollrädchenzier (2), Terrine (3.5.10), Topf (4), Gefäßunterteil mit Fingerkniffzier (6), Gefäßunterteil mit Vertikalrillenzier (7), Henkelgefäß (8.11), Tasse (9), Topf (12), Schale mit Schwalbenkopfzier (13); Bef. 264: Henkelgefäß (14) M. 1:4. Zeichnungen: Niedersächsisches Landesamt für Denkmalpflege.*

Sechs- bis Achtpfostenkonstruktionen aufwiesen.[17] Auch für eine Feuerstelle, einen Ofen oder einen Webstuhl konnte in Klein Hesebeck kein Hinweis gefunden werden, ebenso wenig liegen andere Anhaltspunkte für eine etwaige Funktion des Gebäudes vor. Dieses Schicksal teilt das Grubenhaus allerdings mit zahlreichen anderen Grubenhäusern der Römischen Kaiserzeit und Völkerwanderungszeit vor allem im benachbarten Hannoverschen Wendland, für die ebenfalls hinsichtlich der genauen Funktion keine Aussage getroffen werden konnte.[18] Mit großer Wahrscheinlichkeit handelte es sich um ein Nebengebäude, genaueres muss leider offen bleiben.

Unter den Keramikfunden aus Klein Hesebeck finden sich einige auffällige Stücke. Dazu zählen in erster Linie die Schüsseln vom Typ 2 nach Nüsse (Taf. 2,14)[19], ein Randstück mit zweizeiliger Rollrädchenzier (Taf. 2,13) sowie eine Spitzhenkeltasse, die in den Übergang von der Stufe K. II zu K. III nach Harck zu datieren ist.[20] Nüsse setzt für diese Tassenform im Hannoverschen Wendland eine längere Laufzeit an und datiert sie an den Übergang von der älteren zur jüngeren Römischen Kaiserzeit, welches seinen Horizonten 6 bis 7/8 entspricht.[21] Terrinen mit kantig abgestrichenem, verdicktem Hals, gerautem Unterteil und Rillen am Umbruch (Taf. 2,18) sowie mit verdicktem, leicht nach außen gestelltem Rand finden ihre Entsprechungen in den weitmündigen Terrinen b nach Eger auf dem Gräberfeld von Putensen.[22] Darüber hinaus konnten noch eine Terrine mit aufgestelltem Hals (Taf. 2,17) zwei Henkelgefäße (Taf. 2,20.23), eingliedrige Töpfe (Taf. 2,16), tonnenförmige Gefäße (Taf 2, 24) sowie eine Schale vom Typ 2 mit einer um 180° gedrehten, schwalbenschwanzförmigen Applikation gefunden werden (Taf. 2,25).[23] Außer Gefäßkeramik wurden nur wenige andere Funde geborgen. In Grube 163 konnte ein Spinnwirtel gefunden werden (Taf. 1,12), der immerhin die Textilverarbeitung in der Siedlung belegt. Er lässt sich auf Grund einer mit zweizeiligem Rollrädchen verzierten Scherbe (Taf. 1,11) in die Stufe K. II nach Harck datieren, wofür Vergleichsfunde aus Gräbern in Lüneburg und Tostedt sprechen.[24] In zwei Gruben befanden sich Schüsseln vom Typ 1, Var. 2 nach Nüsse (Taf. 1,5.7)[25] sowie ungegliederte Rautöpfe (Taf. 1,6.8). Sie gehören damit ebenfalls zu den sicher in die ältere Römische Kaiserzeit zu datierenden Befunden.

Ergebnis

Durch die Ausgrabung der Siedlung von Klein Hesebeck konnten zwei Besiedlungsphasen sicher nachgewiesen werden. Die spannende Frage, ob während der Nutzung des Gräberfeldes von Jastorf (Abb. 2; FStNr.13)[26] nicht nur die Siedlung Jastorf 14 bewohnt war, sondern auch in Klein Hesebeck gesiedelt wurde, muss leider offen bleiben. Immerhin ist das nicht auszuschließen, denn ein nur als allgemein eisenzeitlich anzusprechender Fundniederschlag in Form von nur schwer bestimmbaren Keramikfragmenten könnte zu einer solchen ältereisenzeitlichen Besiedlung gehören. Erst ab der mittleren Vorrömischen Eisenzeit lassen sich Siedlungsaktivitäten wieder sicher nachweisen. In der jüngeren Vorrömischen Eisenzeit, als das Gräberfeld von Klein Hesebeck (FStNr.14)[27] belegt wurde, brach diese Besiedlungsphase anscheinend ab. Erst in der fortgeschrittenen älteren Römischen Kaiserzeit (K. II – K. III nach Harck) setzte dann die letzte Besiedlungsphase des Fundplatzes ein. Zur Struktur der Siedlung können bedauerlicherweise keine genauen Angaben gemacht werden, da der untersuchte Trassenausschnitt mit 12,5 m Breite zu begrenzt ist. Wie weit sich die Siedlung auf der Geländekuppe ausgedehnt hat, kann daher nicht geklärt werden.

Schlussbetrachtung

Insgesamt wurden durch die Trasse der DOW-Pipeline zahlreiche neue Fundstellen wie Klein Hesebeck 22 entdeckt. Ihre Auswertung zeigt jedoch, dass zahlreiche Aussagen nur unter großen Vorbehalten zu machen sind. So spiegelt die Kartierung der neuen Fundstellen nur einen willkürlichen Teilausschnitt der damaligen Situation wider und ist durch den linearen Verlauf der Trasse verzerrt. Neben vermeintlich fundleeren Trassenabschnitten können noch unentdeckte Siedlungen und Gräberfelder liegen. In der Regel werden nur Teilbereiche der Fundstellen erfasst, die oftmals nur wenig detaillierte Aussagen über die zeitliche Einordnung und Besiedlungsabfolge erlauben. Die Euphorie der eingangs zitierten Einschätzung der Möglichkeiten, die sich durch die archäologische Begleitung der Pipeline-Trasse bieten würden, muss zumindest regional deutlich relativiert werden. Zweifelsohne bietet der Fundstellenzuwachs einen erheblichen Gewinn an Informationen und eine Verbesserung des Forschungsstandes. Aber für die besiedlungsgeschichtliche Erforschung einer Region wie z. B. das Ilmenautal reicht das bei weitem nicht aus. Hierfür wären weitere gezielte Geländeforschungen notwendig, die mindestens die auf Grund der Auswertungen der Trassengrabungen gebildeten Hypothesen überprüfen.

---

17 Nüsse 2008, 69.
18 Nüsse 2008, 69.
19 Vgl. Nüsse 2008, Taf. 64,542–544.
20 Harck 1972/73, 70.
21 Nüsse 2008, 46; 65 Tab. 3.
22 Eger 1999, 23.
23 Vgl. Nüsse 2008, 20.
24 Harck 1972/73, Taf. 34,1.3; Taf. G 115.
25 Vgl. dazu Nüsse 2008, 45; z. B. Taf. 4,32.

26 Schwantes 1911.
27 Schwantes 1911, 155–163.

Literatur

BAACK 2011
F. Baack, Die jungbronze- und eisenzeitlichen Fundplätze im Mühlenbachtal und am Lindenberg bei Bad Bevensen, Lkr. Uelzen. Magisterarbeit Univ. Göttingen 2012. Unpubl.

EGER 1999
C. Eger, Die jüngere vorrömische Eisen- und römische Kaiserzeit im Luhetal. Internationale Archäologie 56. Rahden/Westf. 1999.

GEBERS 1985
W. Gebers, Jungbronzezeitliche und eisenzeitliche Getreidevorratshaltung in Rullstorf, Ldkr. Lüneburg – ein Zeugnis urgeschichtlicher Vorratswirtschaft. In: K. Wilhelmi (Hrsg.), Ausgrabungen in Niedersachsen. Archäologische Denkmalpflege 1979–1984. Berichte zu Denkmalpflege in Niedersachsen, Beiheft 1. Stuttgart 1985, 146–150.

GEBERS 2005
W. Gebers, Ein langer Suchschnitt – Die Pipeline Stade-Teutschenthal. In: M. Fansa, F. Both, H. Haßmann (Hrsg.), Archäologie-Land-Niedersachsen. 25 Jahre Denkmalschutzgesetz – 400.000 Jahre Geschichte. Archäologische Mitteilungen aus Nordwestdeutschland 42. Oldenburg 2005, 29–31.

GEBERS/LÜTH 1996
W. Gebers, F. Lüth, Rullstorf. I: Die archäologischen Untersuchung im Bereich der Fundstelle 5, Grabungsjahre 1979–1982. Katalog. Materialhefte zur Ur- und Frühgeschichte Niedersachsens 25. Hannover 1996.

HARCK 1972/73
O. Harck, Nordostniedersachsen vom Beginn der jüngeren Bronzezeit bis zum frühen Mittelalter. Materialhefte zur Ur- und Frühgeschichte Niedersachsens 13. Hildesheim 1972/73.

LEUBE 1992
A. Leube, Die Eisengewinnung und -verarbeitung während der römischen Kaiser- und Völkerwanderungszeit im Gebiet zwischen Elbe und Oder. Ethnographisch-Archäologische Zeitschrift 33, 1992, 479–493.

NÜSSE 2008
H.-J. Nüsse, Untersuchungen zur Besiedlung des Hannoverschen Wendlands von der jüngeren Vorrömischen Eisenzeit- bis zur Völkerwanderungszeit. Neue Ausgrabungen und Forschungen in Niedersachsen 26. Neumünster 2008.

NÜSSE/PAHLOW 2010
H.-J. Nüsse, M. Pahlow, Das Siedlungssystem der Vorrömischen Eisenzeit im Hannoverschen Wendland. In: M. Meyer (Hrsg.), Haus – Gehöft – Weiler – Dorf. Siedlungen der Vorrömischen Eisenzeit im nördlichen Mitteleuropa. Berliner Archäologische Forschungen 8. Rahden/Westf. 2010, 321–326.

SCHWANTES 1911
G. Schwantes, Die ältesten Urnenfriedhöfe bei Uelzen und Lüneburg. Urnenfriedhöfe in Niedersachsen 1. Hannover 1911.

USCHMANN 2006
K.-U. Uschmann, Kalkbrennöfen der Eisen- und römischen Kaiserzeit zwischen Weser und Weichsel. Befunde - Analysen - Experimente. Berliner Archäologische Forschungen 3. Rahden/Westf. 2006.

VON USLAR 1938
R. v. Uslar, Westgermanische Bodenfunde des ersten bis dritten Jahrhunderts nach Christus aus Mittel- und Westdeutschland. Germanische Denkmäler der Frühzeit 3. Berlin 1938.

WATERBOLK 2009
H. T. Waterbolk, Getimmerd Verlden, Sporen van vooren vroeghistorische Houtbouwop de Zand- en Kleidgronden, Tusen, Eems en IJssel. Groningen 2009.

Katalog

Anmerkung:
Verfärbungen modernen und nicht anthropogenen Ursprungs sind im Katalog nicht aufgeführt. Dadurch ergeben sich Lücken in der Nummerierung.

Abkürzungen:

HL Hüttenlehm
KB Knochenbrand
RS Randscherbe
WS Wandscherbe
BS Bodenscherbe

Bef. 13: Grubenrest. *Funde:* keine

Bef. 19: Grubenrest; T: 0,20 m. *Funde:* keine

Bef. 20: Grube; Dm: 0,76 m, T: 0,39 m. *Funde:* keine

Bef. 22: Pfosten (?); T: 0,10 m. *Funde:* keine

Bef. 23: Pfosten (?), T: 0,12 m. *Funde:* keine

Bef. 25: Grubenrest. *Funde:* 2 WS

Bef. 26: Pfosten; Dm: 0,28 m, T: 0,30 m. *Funde:* keine

Bef. 32: Pfosten (?); Dm: 0,18 m, T: 0,20 m. *Funde:* keine

Bef. 41: Grube; Dm: 0,97 m, T: 0,26 m. *Funde:* 63 WS, 2 BS, 1 Handhabe

Bef. 43: Pfostengrube (?); Dm: 0,52 m, T: 0,29 m. *Funde:* keine

Bef. 45: Grube; Dm: 1,18 m, T: 0,64 m. *Funde:* 27 WS, 2 BS, 3 g KB

Bef. 50: Grube; Dm: ca. 1,03 m, T: 0,27 m. *Funde:* 21 WS

Bef. 52: Grube; Dm: ca. 1,04 m, T: 0,48 m. *Funde:* 43g Schlacke

Bef. 58: Grube; Dm: 1,93 m, T: 0,33 m. *Funde:* 7 WS

Bef. 59: Pfosten (?); Dm: 0,34 m, T: 0,30 m. *Funde:* keine

Bef. 61: Pfostengrube (?); Dm: 0,88 m, T: 0,22 m. *Funde:* 2 RS, 6 WS

Bef. 63: Grube; Dm: 2,28 m, T: 0,46 m. *Funde:* 5 RS, 60 WS, 23g HL

Bef. 65: *Dat.*: mittlere Vorrömische Eisenzeit, Ofen; L: 2,72 m, B: 2,44 m, T: 0,58 m, unregelmäßige Verfärbung im Planum, mit Steinring, flach muldenförmig, mit unregelmäßiger, gestufter Sohle im Profil. *Schicht 1*: bis zu 0,10 m mächtig, verwitterter Lehm. *Schicht 1a*: bis zu 0,20 m mächtig, unterhalb Schicht 1 umfasst diese u-förmigen HL mit Stakenabdrücken der verstürzten Ofenkuppel. *Schicht 2*: bis zu 0,26 m mächtig, unterhalb Schicht 1a, HK. *Schicht 3*: bis zu 0,20 m mächtig, unterhalb von Schicht 1a, neben Schicht 2, zieht an 1a hoch, Rotlehm von verwitterter Ofenkuppel. *Funde: Ohne Schichtzuordnung*: 1 RS, 26 WS, 3 BS, 75 HL. *Pl. 2*: 724 g HL. *Schicht 1*: 1 RS, 19 WS. *Schicht 1a*: 2 RS, 8 WS, 157 g HL. *Bereich C*: 764 g HL, z. T. mit Stakenabdrücken

Bef. 69: *Dat.*: Römische Kaiserzeit, Vorratsgrube; Dm: 0,99 m, T: 0,72 m, Bef. liegt 40 cm unterhalb der Ackerkrume, u-förmig, steilwandig, konvexe Sohle im Profil.

Schicht 1: bis 0,18 m mächtig, Mittelsand. *Schicht 2*: bis 0,26 m mächtig, unter Schicht 1 liegend, sandig. *Schicht 3*: bis 0,06 m mächtig, kompakt, unter Schicht 2 liegend, sandig. *Schicht 4*: bis 0,16 m mächtig, auf Grubensohle liegend, Sand mit HK-Einschlüsse. *Funde: Schicht 1*: 2 RS, 13 WS, 3 BS, 344 g Schlacke, 128 g HL (Ofenwandung), 17 g HL

Bef. 71: Pfosten; Dm: 0,34 m, T: 0,18 m. *Funde*: 1 WS
Bef. 72: Pfosten; Dm: 0,28 m, T: 0,22 m. *Funde*: keine
Bef. 73: fosten (?); Dm: 0,12 m, T: 0,08 m. *Funde*: keine
Bef. 76: Pfosten/Grube (?); Dm: 0,50 m, T: 0,39 m. *Funde*: keine
Bef. 78: Doppelpfosten; Dm: 0,60 m, T: 0,22 m. *Funde*: 2 WS
Bef. 88: Pfostenstandspur; Dm: 0,33 m, T: 0,16 m. *Funde*: 2 WS, 2 BS, 1 Reibstein
Bef. 91: Grubenrest; Dm: 0,46 m, T: 0,11 m. *Funde*: 1 WS
Bef. 94: Pfosten (?); Dm: 0,40 m, T: 0,12 m. *Funde*: 1 WS
Bef. 95: Pfostenrest (?); Dm: 0,22 m, T: 0,18 m. *Funde*: keine
Bef. 96: Pfosten mit Pfostengrube; Dm: 0,42 m, T: 0,17 m. *Funde*: keine
Bef. 97: Pfosten; Dm: 0,30 m, T: 0,40 m. *Funde*: keine
Bef. 98: Grube; Dm: 0,77 m, T: 0,16 m. *Funde*: keine
Bef. 100: Grubenrest; Dm: 0,38 m, T: 0,10 m. *Funde*: keine
Bef. 101: Doppelpfosten (?); Dm: 0,51 m, T: 0,35 m. *Funde*: keine
Bef. 103: Pfostengrube (?); Dm: 0,32 m, T: 0,35 m. *Funde*: keine
Bef. 104: Pfostengrube; Dm: 0,52 m, T: 0,32 m. *Funde*: 1 WS
Bef. 105: Gruberest; Dm: 0,66 m, T: 0,12 m. *Funde*: keine
Bef. 106: Grubenrest; Dm: 0,70 m, T: 0,14 m. *Funde*: 2 WS
Bef. 107: Pfosten, Dm: 0,17 m, T: 0,16 m. *Funde*: keine
Bef. 108: Pfosten; Dm: 0,18 m, T: 0,22 m. *Funde*: keine
Bef. 108a: Pfosten (?); Dm: 0,25 m, T: 0,20 m. *Funde*: keine
Bef. 109: Pfosten; Dm: 0,27 m, T: 0,14 m. *Funde*: keine
Bef. 110: Pfosten; Dm: 0,27 m, T: 0,23 m. *Funde*: keine
Bef. 123: Grubenrest; Dm: 0,90 m, T: 0,10 m. *Funde*: keine
Bef. 133: flache Grube (?). *Funde*: 1 Klopfstein
Bef. 140: *Dat.*: Römische Kaiserzeit, Grube; Dm: 1,18 m, T: 0,20 m, flach, muldenförmig, im Profil unregelmäßige Sohle und Wandung. *Verfüllung*: humos, relativ homogen, Grube enthält bearbeitete und gebrannte Steine, Feinsand. *Funde*: 22 RS, 602 WS, 8 BS, 47 g HL
Bef. 142: Pfosten; Dm: 0,15 m, T: 0,08 m. *Funde*: keine
Bef. 152: Grubenrest, Dm: 1,36 m, T: 0,16 m. *Funde*: 1 WS
Bef. 155: Grube; Dm: 1,06 m, T: 0,16 m. *Funde*: 1 WS
Bef. 156: Pfosten (?); Dm: 0,40 m, T: 0,19 m. *Funde*: 1 WS
Bef. 160: Pfostengrube (?); Dm: 0,12 m, T: 0,46 m, Bef. liegt in einem älteren Baumwurf eingebettet. *Funde*: keine
Bef. 161: Grube; Dm: 0,89 m, T: 0,39 m. *Funde*: 5 RS, 10 WS
Bef. 163: *Dat.*: Römische Kaiserzeit, Vorratsgrube; Dm: 0,84 m, T: 0,24 m, ovale Verfärbung im Planum, kastenförmig, steilwandige, teils leicht schräge Wandung, leicht unebene Sohle im Profil. *Verfüllung*: Feinsand, HK-Flitter. *Funde*: 6 RS; 24 WS, 1 Spinnwirtel, 14 g HL
Bef. 164: Pfosten; Dm: 0,27 m, T: 0,17 m. *Funde*: keine
Bef. 164a: Grube; Dm: 0,38 m, T: 0,24 m. *Funde*: keine
Bef. 166: Pfosten; Dm: 0,34 m, T: 0,37 m, Bef. liegt in einem älteren Baumwurf. *Funde*: 1 RS, 24 WS
Bef. 168: *Dat.*: Neolithikum, Grube
Bef. 174: Pfosten; Dm: 0,29 m, T: 0,47 m. *Funde*: keine
Bef. 175: Pfostenrest; Dm: 0,21 m, T: 0,08 m. *Funde*: keine
Bef. 176: Pfostenrest; Dm: 0,28 m, 0,30 m. *Funde*: keine
Bef. 177: Grubenrest; Dm: 0,44 m, T: 0,15 m. *Funde*: 4 RS, 7 WS
Bef. 178: Pfostenrest; Dm: 0,26 m, T: 0,10 m. *Funde*: keine
Bef. 179: Pfosten; Dm: 0,19 m, T: 0,18 m. *Funde*: keine
Bef. 180: *Dat.*: ältere Römische Kaiserzeit, Grubenhaus; L: 2,62 m, B: 1,90 m, T: 0,25 m, grob rechteckige Verfärbung im Planum, flach kastenförmig, mit leicht unregelmäßigem Grenzverlauf im Profil. *Verfüllung*: dunkelgrau, mäßig schwarz, feinsandiger Boden, insbesondere im Sohlenbereich am anstehenden Boden stark mit Tiergängen durchsetzt, Granit und Flint bis Faustgröße. *Funde*: 166 RS, 1149 WS, 64 BS
Bef. 182: Grube; Dm: 0,82 m, T: 0,43 m. *Funde*: 1 Flintabschlag
Bef. 183: *Dat.*: Metallzeit, Grube
Bef. 184: *Dat.*: Metallzeit, Grube
Bef. 185; Grube; Dm: 1,07 m, T: 0,26 m. *Funde*: keine
Bef. 186: Pfosten (?); Dm: 0,31 m, T: 0,23 m. *Funde*: keine
Bef. 187: Pfosten; Dm: 0,40 m, T: 0,28 m. *Funde*: keine
Bef. 188: Pfosten; Dm: 0,31m, T: 0,28 m. *Funde*: keine
Bef. 189: Pfosten; Dm: 0,31 m, T: 0,32 m. *Funde*: keine
Bef. 190: Pfostengrube; Dm: 0,30 m, T: 0,18 m. *Funde*: keine
Bef. 191: Pfosten; Dm: 0,42 m, T: 0,28 m. *Funde*: keine
Bef. 192: Pfostengrube; Dm: 0,41 m, T: 0,31m. *Funde*: keine
Bef. 195: Pfostenstandspur; Dm: 0,19 m, T: 0,12 m. *Funde*: keine
Bef. 196: Pfosten (?); Dm: 0,22 m, T: 0,27 m. *Funde*: keine
Bef. 197: Pfostenstandspur; Dm: 0,09 m , T: 0,30 m. *Funde*: keine
Bef. 199: Pfostengrube; Dm: 0,52 m, T: 0,18 m. *Funde*: keine
Bef. 201: Pfosten; Dm: 0,16 m, T: 0,11 m. *Funde*: keine
Bef. 204: Pfosten (?); Dm: 0,27 m, T: 0, 10 m. *Funde*: keine
Bef. 205: Grube (?); Dm: 0,83 m, T: 0,16 m. *Funde*: keine
Bef. 206: *Dat.*: jüngere Bronzezeit, Grube
Bef. 207: Pfosten; Dm: 0,15 m, T: 0,13 m. *Funde*: keine
Bef. 209: Pfosten; Dm: 0,20 m, T: 0,08 m. *Funde*: 2 Henkelfragmente
Bef. 210: Grube; Dm: 1,05 m, T: 0,17 m. *Funde*: 13 RS, 260 WS, 6 BS
Bef. 220: Pfosten; Dm: 0,32 m, T: 0,12 m. *Funde*: 1 Flintabschlag
Bef. 221: Pfostenstandspur; Dm: 0,42 m, T: 0,12 m. *Funde*: keine
Bef. 224: Grube; Dm: 1,03 m, T: 0,38 m. *Funde*: 4 RS, 25 WS, 2 BS
Bef. 226: Pfostenstandspur; Dm: 0,32 m, T: 0,17 m. *Funde*: keine
Bef. 228: Pfosten; Dm: 0,41 m, T: 0,11 m. *Funde*: keine
Bef. 232: Pfostenstandspur; Dm: 0,31 m, T: 0,22 m. *Funde*: keine
Bef. 233: 3 Pfostenstandspuren: *Pfostenstandspur 1*; Dm: 0,07 m, T: 0,04 m. *Pfostenstandspur 2*; Dm: 0,57 m, T: 0,20 m. *Pfostenstandspur 3*; Dm: 0,21 m, T: 0,10 m. *Funde ohne Zuordnung*: 1 RS
Bef. 234: Pfostenstandspur; Dm: 0,61 m, T: 0,12 m. *Funde*: keine
Bef. 235: Pfostenstandspur; Dm: 0,33 m, T: 0,12 m. *Funde*: keine
Bef. 236: Grube; Dm: 0,64 m, T: 0,15 m. *Funde*: keine
Bef. 237: Grube (?); Dm: 1,42 m, T: 0,42 m. *Funde*: keine

Bef. 239: Pfosten (?); Dm: 0,67 m, T: 0,14 m. *Funde*: keine
Bef. 240: Grube; Dm: 1,00 m, T: 0,39 m. *Funde*: keine
Bef. 243: Pfosten; Dm: 0,37 m, T: 0,13 m. *Funde*: 1 WS, 1 Flintabschlag
Bef. 244: Pfosten (?); Dm: 0,31 m, T: 0,18 m. *Funde*: keine
Bef. 256: 2 Pfosten: *Pfosten 1*: Dm: 0,42 m, T: 0,13 m. *Funde*: keine. *Pfosten 2*: Dm: 0,41 m, T: 0,12 m. *Funde*: keine.
Bef. 257: Pfosten (?); Dm: 0,24 m, T: 0,28 m. *Funde*: keine
Bef. 260: Grube (?); Dm: 1,08 m, T: 0,40 m. *Funde*: keine
Bef. 264: *Dat.*: Römische Kaiserzeit, Ofen; L: 2,10 m, B: 1,80 m, T: 0,30 m, rechteckig mit gerundeten Ecken, wannenförmig mit steiler Wandung, ebene Sohle im Profil. *Bereich A*: füllt Großteil des Ofens aus, mittelbrauner Feinsand. *Bereich B*: schmales Band von 10 cm Mächtigkeit an der Wandung bis zur Sohle, dort von Bereich B in 2 Teile getrennt, schwarzer bis dunkelgrauer Feinsand, durch Tiergänge gestört. *Funde*: 5 RS, 21 WS, 2 Henkelfragmente, 2 craquelierte Flinte
Bef. 265: Pfosten; Dm: 0,39 m, T: 0,16 m. *Funde*: keine
Bef. 267: Pfosten; Dm: 0,18 m, T: 0,12 m. *Funde*: 2 WS
Bef. 273: Pfostenstandspur; Dm: 0,22 m, T: 0,10 m. *Funde*: keine
Bef. 274: Pfostenstandspur; Dm: 0,42 m, T: 0,39 m. *Funde*: keine
Bef. 275: Pfosten; Dm: 0,20 m, T: 0,16 m. *Funde:* 1 RS
Bef. 276: Pfosten; Dm: 0,34 m, T: 0,20 m. *Funde*: 1 WS
Bef. 278: Pfosten; Dm: 0,18 m, T: 0,12 m. *Funde*: keine
Bef. 279: Pfosten; Dm: 0,19 m, T: 0,10 m. *Funde*: keine
Bef. 281: Pfostenstandspur; Dm: 0,34 m, T: 0,14 m. *Funde*: keine
Bef. 282: Grube; Dm: 0,38 m, T: 0,12 m. *Funde*: keine
Bef. 287: Pfostenstandspur; Dm: 0,38 m, T: 0,31 m. *Funde*: 1 WS
Bef. 291: Pfosten; Dm: 0,13 m T: 0,10 m. *Funde*: keine

Fundkatalog

Bef. 63: 1 *Wandscherbe mit senkrechter Rillenverzierung* (Taf. 1,1); 2 *Gefäßunterteil mit Ritzverzierung* (Taf. 1,2); 3 *Rautopf* (Taf. 1,3); 4 *Rautopf* (Taf. 1,4)
Bef. 69: 5 *Schale* (Taf. 1,5); 6 *Topf* (Taf. 1,6)
Bef. 140: 7 *Schale* (Taf. 1,7); 8 *Topf* (Taf. 1,8); 9 *Topf* (Taf. 1,9)
Bef. 163: 10 *Randstück mit Rollrädchenzier* (Taf. 1,10); 11 *Topf?* (Taf. 1,11); 12 *Spinnwirtel* (Taf. 1,12)
Bef. 180: 13 *Randstück mit Kannelierung und Rollrädchenzier* (Taf. 2,13); 14 *Schale mit Rollrädchenzier* (Taf. 2,14); 15 *Terrine* (Taf. 2,15); 16 *Topf* (Taf. 2,16); 17 *Terrine* (Taf. 2,17); 18 *Gefäßunterteil mit Fingerkniffzier* (Taf. 2,18); 19 *Gefäßunterteil mit Vertikalrillenzier* (Taf. 2,19); 20 *Henkelgefäß* (Taf. 2,20); 21 *Tasse* (Taf. 2,21); 22 *Terrine* (Taf. 2,22); 23 *Henkelgefäß* (Taf. 2,23); 24 *Topf* (Taf. 2,24); 25 *Schale mit Schwalbenkopfzier* (Taf. 2,25)
Bef. 264: 26 *Henkelgefäß* (Taf. 2,26)

Hirschkult bei den Germanen? Die Deponierung von Hirschgeweih und Feuerbock aus Vietze an der Elbe

von JENS SCHNEEWEISS

Einleitung

Im Rahmen des Projektes „Slawen an der unteren Mittelelbe", das unter der Leitung von K.-H. Willroth von 2005–2010 stattfand, wurden im äußersten Nordosten Niedersachsens rund um den Höhbeck umfangreiche Ausgrabungen auf früh- und hochmittelalterlichen Siedlungen und Befestigungen durchgeführt.[1] Dabei wurde auf dem mehrphasigen Siedlungsplatz Vietze, Fpl. 63, Ldkr. Lüchow-Dannenberg, neben slawischen Siedlungsbefunden auch ein herausragender Befund der älteren Römischen Kaiserzeit entdeckt, der bislang ohne direkte Parallelen ist.[2] Er gehört zu einer Siedlung, die direkt am Niederungsrand zu Elbe gelegen ist, und gewährt einen seltenen Einblick in die Kultpraktiken ihrer Bewohner. Im Folgenden wird der Befund vorgestellt und in den zeitlichen, räumlichen und kulturellen Kontext eingeordnet, bevor der Versuch einer Deutung unternommen wird.

Der Befund
Der Grabungsbefund

Direkt unterhalb der slawischen Kulturschicht,[3] die im Randbereich zur Niederung teilweise stark vom Pflug gestört war, trat zunächst eine im Planum kreisrunde Ansammlung von Keramik und Steinen zu Tage, die sich im weiteren Verlauf als etwa 1 m tiefe, mit Steinen, Scherben, Brandlehm und Geweih dicht gefüllte Grube herausstellte (Befund 100). Ihr Durchmesser betrug wie die erhaltene Tiefe etwa 1 m. Sie war von einer blassen kaiserzeitlichen Kulturschicht ausgehend in den anstehenden gelben Sand eingetieft, wobei sie eine stark ausgeblichene ältere Kulturschicht durchschnitt, die wahrscheinlich dem Neolithikum zugeordnet werden kann[4].

Die Grubensohle war mit Scherben ausgelegt; darunter waren zum Teil dunkel-humose Verfärbungen zu erkennen, die auf vergangenes organisches Material zurückzuführen sind. Ebenfalls auf der Grubensohle war das schädelechte Geweih eines ausgewachsenen Rothirsches deponiert worden, das den Umfang der Grube voll ausfüllte. Die Augsprossen steckten direkt im anstehenden Sand der Grubensohle. Ein schlechter erhaltenes kleineres, ebenfalls schädelechtes Geweih befand sich auch auf der Grubensohle, lag allerdings auf den Scherben, die eine Art Scherbenpflaster bildeten. Der Schädel befand sich direkt am südlichen Grubenrand, die Geweihstangen waren dadurch nach Norden orientiert. Entlang des Grubenrandes waren Steine und Tonklötze im Kreis angeordnet, die in ihrer Größe und Position in etwa dem Hirschschädel entsprachen (Abb. 1). Etwas oberhalb der Sohle befand sich zwischen den beiden Geweihstangen in der Mitte der Grube Asche mit recht vielen Brandlehmbrocken und rötlich verfärbter Sand, die anzeigen, dass hier große Hitze geherrscht hatte. Holzkohle war nicht enthalten. Es gab keine scharfe Trennung zur darunter liegenden Scherbenlage; Brandlehmbrocken, Scherben, kleinere Steine und zwei weitere kleine Geweihstücke lagen sowohl auf der schwach humosen Grubensohle als auch in der Brandschicht. Das Geweih zeigte nur schwache Brandspuren, allerdings vorwiegend an den Lateralseiten. Unmittelbar auf der Brandstelle lag zentral ein großer, ca. 50–60 cm messender Stein, dessen Gewicht etwa zwei Zentner betrug. Um ihn herum bildeten die oben erwähnten Steine, Bruchstücke von Tonklötzen und großen Keramikscherben eine Art Kranz. Der Rest der Grube war bis oben

▲ *Abb. 1: Vietze, Fpl. 63, Befund 100, Planum 5a. Am rechten Grubenrand der Schädel eines Rothirschs mit Geweih, links Bruchstücke eines Tonquaders/Feuerbocks. Foto: Verfasser.*

---

1 WILLROTH u. a. 2013.

2 Kurze Mitteilungen über den Befund wurden bereits veröffentlicht: vgl. SCHNEEWEISS 2010a; 2010b.

3 Zur slawischen Besiedlung an dem Platz vgl. SCHNEEWEISS 2011, 75–82.

4 Vgl. zur Datierung und kulturellen Zuordnung der älteren Kulturschicht SCHNEEWEISS/WITTORF 2012.

▲ Abb. 2: Vietze, Fpl. 63, Befund 100. In Planum 1 (NO) sind noch Reste des Scherbenpflasters zu erkennen, während in Planum 2 (SW) die Steinverfüllung sichtbar wird. Foto: Verfasser.

vollständig mit relativ einheitlich etwa kindskopfgroßen Steinen verfüllt (Abb. 2). Den oberen Abschluss bildete wieder eine Art Scherbenpflaster aus zerschlagenen Gefäßen, das die Steinverfüllung bedeckte. Die Grube war derart dicht mit Steinen und Artefakten verfüllt, dass lediglich die Zwischenräume mit Sand gefüllt waren. Nur in dem Bereich, in dem anscheinend die Hitze am größten war, lagen die Steine der Verfüllung nicht so dicht. Der Laufhorizont aus der Zeit, als die Grube angelegt wurde, war nicht mehr erhalten. Das Scherbenpflaster deutet jedoch darauf hin, dass das ehemalige Niveau in etwa auf dieser Höhe gelegen haben dürfte.

Der archäozoologische Befund[5]

Der auffälligste Fund aus der Grube war zweifellos das vollständige schädelechte Geweih eines Rothirsches (Abb. 3). Es handelt sich um einen geraden 18-Ender, der ein besonders großes und athletisches Tier gewesen sein muss, da die Geweihstangen im Verhältnis zu den Kronen relativ dünn ausgeprägt sind.[6] Die Endenzahl weist auf ein matures Tier, das etwa im 10.–12. Lebensjahr war. Stirn und Vorderseite des Geweihs zeigten zum Boden, die Augsprossen steckten in der Grubensohle. Die Deponierung des Geweihs war derart erfolgt, dass das Geweih die Grundfläche der Grube nahezu ausfüllte. Die Enden der Eissprossen waren absichtlich abgetrennt worden, worauf Werkzeugspuren hindeuten. Der Schädel des Hirschbocks war nicht vollständig, es waren nur der Hirnschädel und die Basis vorhanden. Bis auf nicht ungewöhnliche kleinere pathologische Veränderungen, wie das Fehlen von zwei linken Kronensprossen infolge von Brunftkämpfen, waren keine Besonderheiten am Geweih festzustellen. Die Bruchstellen waren bereits vernarbt.

Außer dem großen Geweih befand sich in der Scherbenansammlung auf der Grubensohle noch ein weiteres schädelechtes Geweih eines 6-Enders, das schlechter erhalten war als das erste Geweih. Es waren nur noch Reste des Hirnschädels erhalten. Aufgrund der Sprossenzahl dürfte es sich um einen jungadulten Hirschbock gehandelt haben, der im 3.–4. Lebensjahr war. Die Geweihtragezeit bei Rothirschen erstreckt sich von August/September bis Februar/März. Beide Tiere müssen in diesem Zeitraum erlegt worden sein.

▶ Abb. 3: Vietze, Fpl. 63. Das 18-endige Geweih eines Rothirschs aus Grube Befund 100 in Frontal- und Seitenansicht. Foto: D. Bach, Winterbach.

---

5 Die archäozoologische Analyse wurde von Peggy Morgenstern, Berlin, durchgeführt.
6 Restaurierungsbericht Helen Jung/Detlef Bach, Winterbach.

Hirschkult bei den Germanen?

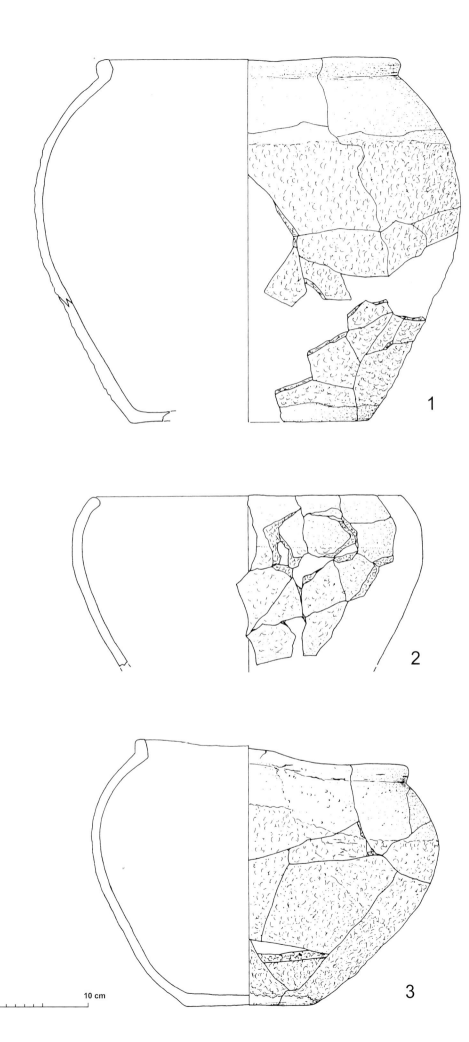

◄ *Abb. 4: Vietze, Fpl. 63. Gefäßkeramik aus Befund 100. Rautöpfe von der Grubensohle. M. 1:4. Zeichnungen: Verfasser.*

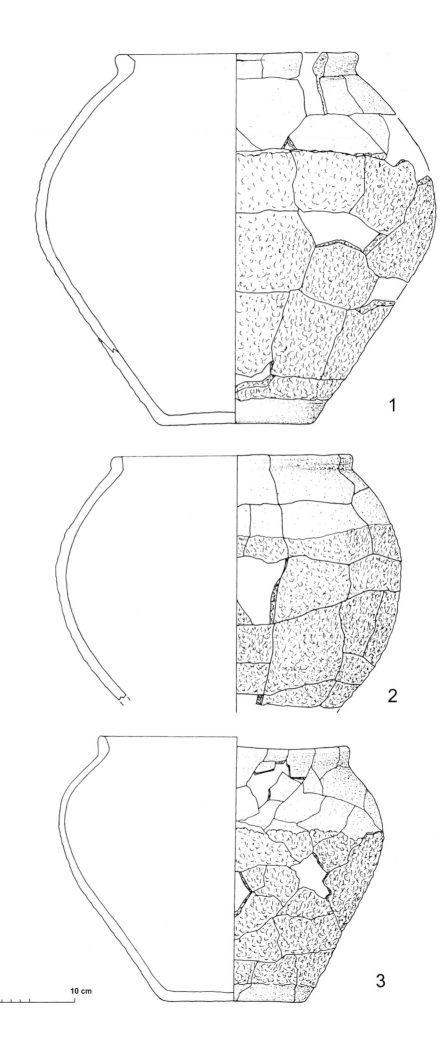

▶ *Abb. 5: Vietze, Fpl. 63. Gefäßkeramik aus Befund 100. Rautöpfe aus der obersten Grubenverfüllung (1,2) und von der Grubensohle (3). M. 1:4. Zeichnungen: Verfasser.*

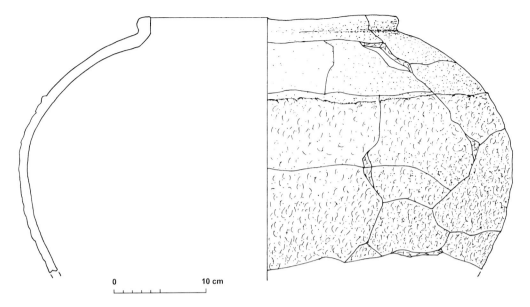

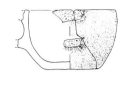

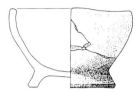

◄ *Abb. 6: Vietze, Fpl. 63. Großer Rautopf aus Befund 100 (oberes Scherbenpflaster und Grubensohle). M. 1:4. Zeichnung: Verfasser.*

▲ *Abb. 7: Vietze, Fpl. 63, Befund 100. Tasse (oben) und Standfußbecher (unten) aus der oberen Grubenverfüllung. M. 1:3. Zeichnungen: Verfasser.*

▲ *Abb. 8: Eingezapfter Henkelansatz der Tasse (vgl. Abb. 7 oben), Detail. Foto: Verfasser.*

Der archäobotanische Befund

Aufgrund des gut durchlüfteten Sandbodens war mit einer Erhaltung unverbrannter organischer Reste nicht zu rechnen. Konzentrationen verkohlter Reste waren nicht zu erkennen, dennoch wurde die gesamte Verfüllung der Grube geborgen, geschlämmt und auf Makroreste durchgesehen.[7] Mit Ausnahme weniger Unkrautsamen waren jedoch keine verkohlten Pflanzenreste in nennenswertem Umfange enthalten, weder Samen noch Holzkohle. Das Feuer, das zweifellos in der Grube gebrannt hatte, war offenbar vollständig niedergebrannt und bis zum Ende ausreichend belüftet, so dass nur Asche übrig blieb. Getreide oder andere Kulturpflanzen spielten dabei höchstwahrscheinlich keine Rolle. Die Hoffnung, mit Hilfe der Archäobotanik den Zeitpunkt der Anlage der Grube wenigstens saisonal eingrenzen zu können, erfüllte sich leider nicht.

Die Funde
Die Gefäßkeramik

Die Gesamtmenge der Scherben, die aus der Grube geborgen wurden, betrug 1607 Scherben.[8] Diese konnten 14 Gefäßeinheiten zugeordnet werden, die sich zum großen Teil bei der Restaurierung wiederherstellen ließen. Offenbar waren sie in direktem Zusammenhang mit ihrer Deponierung in der Grube intentionell zerscherbt worden. Dabei handelte es sich mehrheitlich um große Vorratsgefäße, namentlich um zwölf unterschiedlich große Rautöpfe, sowie um eine einhenklige Tasse und eine kleine Schale mit Standfuß[9] (vgl. Abb. 4–7).

Der überwiegende Teil der Scherben lag entweder auf der Grubensohle oder im oberen Scherbenpflaster. Die Scherben von acht Rautöpfen befanden sich ausschließlich im untersten Bereich der Grube (z. B. Abb. 4 und 5,3), die Fragmente von drei weiteren nur im oberen Scherbenpflaster (z. B. Abb. 5,1.2). Nur ein einziger Topf (Abb. 6) weist Anpassungen aus beiden Bereichen auf, etwa die Hälfte des erhaltenen Gefäßes lag oben, die andere unten. Beide Teile passen aneinander. Wahrscheinlich war der Zeitraum zwischen Anlage und Verfüllung der Grube nicht sehr groß. Auffällig ist, dass sämtliche Gefäße aus dem unteren Grubenbereich sekundär gebrannt sind,[10] allerdings in unterschiedlicher Stärke. Dies äußert sich in einer hellrotoxidierten Farbe des Scherbens (z. B. Abb. 4,1.2) bzw. durch Blasenbildung, Struktur- und Formveränderungen (z. B. Abb. 4,3 und 5,3). Der Sekundärbrand erfolgte, bevor die Gefäße zerschlagen wurden und erfasste sie nicht vollständig, sondern nur von einer Seite (vgl. Abb. 4,3). Das Gefäß Abbildung 5,3 ließ deutlich erkennen, dass es zu zwei Dritteln gefüllt war, als es sehr stark erhitzt wurde. Es ist außen und im oberen Bereich hellrot oxidierend sekundär gebrannt mit beginnender Riss- und Blasenbildung, während das Innere des Gefäßes dort, wo es gefüllt war, seine ursprüngliche Färbung behalten hat. Oberhalb des Bauchumbruches weist es innen jedoch eine schlackig-angebrannte Kruste auf, die die einstige Füllhöhe und damit die Grenze zum sekundär gebrannten Oberteil markiert. Die Gefäße aus dem oberen Scherbenpflaster weisen keine Spuren von Sekundärbrand auf.

Die Rautöpfe unterscheiden sich hinsichtlich ihrer Machart und Größe zum Teil sehr deutlich. Die meisten weisen kräftige, facettierte Ränder auf, bei einigen ist das nicht sehr ausgeprägt. Die

---

7 Für die Durchsicht der Proben und die freundliche Mitteilung der Ergebnisse danke ich Susanne Jahns, Wünsdorf.

8 Die Scherben aus diesem einen Befund (> 60 kg) machten fast ein Drittel der gesamten Scherbenmenge aus, die 2009 aus den etwa 30 Befunden des Schnittes geborgen wurden.

9 Die Grubenverfüllung enthielt noch einen weiteren kleinen Standfuß sowie einige Scherben eines feinkeramischen, schwarzglänzenden Gefäßes. Beide scheinen nur zufällig mit in die Verfüllung geraten zu sein.

10 Lediglich das Gefäß Topf 8 bildet hier eine Ausnahme. Das Fragment, das aus dem unteren Grubenbereich geborgen wurde und an das obere anpasst, zeigt keine Spuren eines Sekundärbrandes.

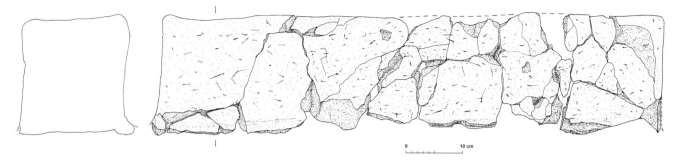

◤ Abb. 9: Vietze, Fpl. 63, Befund 100. Tonquader/Feuerbock aus der Grubenverfüllung. Profil und Seitenansicht. M. ca. 1:7. Zeichnung: Verfasser.

Rauung oder Schlickerung beschränkt sich in der Regel auf den Gefäßkörper von der Schulter über den Bauch bis kurz über den Bodenansatz. Dieser ist, ebenso wie der Rand und der obere Bereich der Schulter, meist geglättet. In einem Fall ist das gesamte Unterteil bis zum Boden geraut. Der Boden ist immer flach, nicht abgesetzt und meist ebenfalls geglättet. Die Rauung ist auf verschiedene Arten ausgeführt, es findet sich sowohl eine körnige, grobe Rauung durch grob gemagerten zusätzlichen Tonauftrag vor dem Brand, als auch eine Schlickerung mit feinerem Ton. Die meisten Töpfe sind grob mit Sand und Kies gemagert, aber es gibt auch etwas feinere Waren. Die Größe schwankt erheblich mit Gefäßhöhen zwischen 25 und 40 cm und Bauchdurchmessern von 30 bis 50 cm. Es handelt sich größtenteils um Rautöpfe, die den Typen 2a und 2b, Varianten 2–3 nach Nüsse[11] entsprechen. Diese Gefäßform hat eine relativ lange Laufzeit, die von der Vorrömischen Eisenzeit bis in die ältere Römische Kaiserzeit reicht. Ein Rautopf vom Typ 1 nach Nüsse[12] (Abb. 4,2) verweist dagegen in die ältere Römische Kaiserzeit.

Die beiden Kleingefäße wurden beide zuoberst innerhalb des oberen Scherbenpflasters gefunden und bildeten gewissermaßen den Abschluss der Verfüllung. Spuren von Sekundärbrand zeigen sie nicht. Die flachbodige Tasse (Abb. 7 oben) weist gute Parallelen aus frühkaiserzeitlichen Siedlungen der Altmark auf.[13] Der Formenbestand der Altmark in der Römischen Kaiserzeit nimmt eine nahezu identische Entwicklung wie das Wendland.[14] Herstellungstechnisch von Interesse ist, dass der Henkel der Tasse eingezapft wurde, vermutlich um der Verbindung mit der Gefäßwandung mehr Stabilität zu verleihen (Abb. 8). Dieses technische Detail scheint chronologisch nicht relevant zu sein, funktional deutet es jedoch darauf hin, dass Henkel und Tasse auf jeden Fall benutzt werden sollten. Das Standfußschälchen ist in der Vorrömischen Eisenzeit noch nicht geläufig, es handelt sich hier um eine Form, die dagegen in der älteren Römischen Kaiserzeit anzutreffen ist. Standfuß-

gefäße begegnen regelmäßig in älterkaiserzeitlichen Fundkontexten (Horizonte 5–8 nach Nüsse; Eggers A–B2).[15] Einige Parallelen für ähnliche Standringe stammen aus frühkaiserzeitlichem Kontext aus der westlichen Altmark, so beispielsweise aus Benkendorf, FSt. 2, SAW.[16] Letztlich verhelfen besonders die Gefäßformen mit Standfuß, die Tasse sowie der Rautopf vom Typ 1 nach Nüsse zu einer etwas engeren Datierung der Grube an den Beginn der älteren Römischen Kaiserzeit, also etwa in die Jahrzehnte um Christi Geburt.

Die Steine

Hinsichtlich des Volumens machten Steine den größten Teil der Grubenverfüllung aus (Abb. 2). Die Grube war komplett mit ihnen gefüllt. Es handelte sich hauptsächlich um unbearbeitete Feldsteine, die wahrscheinlich als Findlinge von den Feldern gelesen worden waren. Innerhalb der Verfüllung befanden sich auch mindestens 13 Bruchstücke von zehn Mahlsteinen. Abgesehen davon, dass sie mehrheitlich im unteren Bereich der Grube lagen, hatten sie keine erkennbare Sonderbehandlung erfahren. Keiner der Mahlsteine war vollständig. Wahrscheinlich wurden einfach entbehrliche Stücke verwendet und nicht etwa ein Mahlstein im Vorfeld des Verfüllens speziell zerschlagen. Es hatte den Anschein, als wäre die Größe der Steine ein Auswahlkriterium gewesen, denn es fiel auf, dass die Verfüllsteine eine bestimmte Größe nicht überschritten – einzige Ausnahme blieb der zentrale, deutlich größere Stein. Die meisten Gesteine sind magmatische Gesteine (überwiegend Granit), aber es sind auch andere darunter, wie zum Beispiel ein großer Feuerstein, der offenbar zuvor als Schlagstein benutzt worden war. Der große Stein, dessen Größe und Gewicht sich auffällig von den übrigen Steinen abhob, hatte abgesehen von seiner prominenten Lage keine weiteren besonderen Merkmale.

---

11 Nüsse 2008, 23–24.
12 Nüsse 2008, 21–22.
13 Z. B. Chüttlitz, SAW, FSt. 5, Bef. 2 (Gall 2012, 284f.; 430 Taf. 28,10; 431 Taf. 29,9.10).
14 Gall 2012, 83.

15 Nüsse 2008, 49.
16 Bef. 183/184 (Gall 2012, 256; 418 Taf. 16,34); Bef. 241 (Gall 2012, 263; 420 Taf. 18,15); Bef. 244 (Gall 2012, 266; 422 Taf. 20,28); Bef. 257 (Gall 2012, 269; 423 Taf. 21,25). In Chüttlitz, Fst. 5, Bef. 2 wurde ein Standringgefäß gemeinsam mit mehreren flachbodigen Tassen gefunden (Gall 2012, 288; 432 Taf. 30,11). Im gleichen Befund traten auch Rautöpfe des Typs 1 nach Nüsse 2008 auf (Gall 2012, 432 Taf. 30,12.15).

Hirschkult bei den Germanen?

◄ Abb. 10: Die Fundstellen der frühen Römischen Kaiserzeit am bzw. auf dem Höhbeck (Stand nach Höhbeck-Museum Vietze). Kartengrundlage: Kurhannoversche Landesaufnahme 1776, Blatt 81. Grafik: J. Klauke, Göttingen.

Der gebrannte Lehmquader („Feuerbock")

Zwischen den Steinen in der Verfüllung der Grube, und zwar besonders im unteren Bereich um den zentralen großen Stein herum, lagen mehrere große Stücke gebrannten Lehms, die sich unschwer als Bruchstücke von sogenannten Ton- oder Lehmquadern erkennen ließen. Ihre Größe und Verwendung entsprach in etwa jenen der Verfüllsteine, so dass angenommen werden kann, dass ihnen wenigstens in dieser Sekundärverwendung die gleiche Bedeutung zukam. Kleinere Bruchstücke, die sich nur als Brandlehmbrocken bezeichnen ließen, konzentrierten sich in erster Linie im Bereich der oben erwähnten Brandstelle. Wir gingen zunächst davon aus, dass es sich um Bruchstücke mehrerer sogenannter Feuerböcke bzw. Tonquader handelte.[17] Erst die sorgfältige Analyse des gesamten Brandlehms zeigte, dass es sich vor allem um Bruchstücke eines einzelnen gebrannten Lehmblocks handelte, der sich durch Anpassungen in vollständiger Länge restaurieren ließ (Abb. 9).[18] Seine Länge betrug demnach fast 1 m.[19] Es handelte sich um einen schlichten, langgestreckten massiven Quader aus gebranntem Lehm, der weder Verzierungen noch eine bestimmte besondere Formgebung der Enden aufwies. Seine Seitenlängen betragen etwa 91 x 25 x 20 cm. Die Seitenflächen sind nicht eben, die obere Fläche scheint eingesunken. Das ist wohl nicht beabsichtigt worden, sondern auf Trocknungsprozesse vor dem Brand zurückzuführen.[20] Der Block wurde auf einer rauen Oberfläche stehend ausgeformt, die Unterseite erfuhr keine weitere Behandlung. Der Lehm wurde grob mit Sand und Stroh gemagert, Abdrücke sind sowohl an den Bruchstellen als auch auf der Oberfläche vorhanden. Der Block – oder vielleicht noch treffender die Lehmbank, der Lehmquader – scheint bei der Anlage und Verfüllung der Grube nicht nur eine wichtige Rolle gespielt zu haben, sondern auch dabei zerstört worden zu sein, um dann mit in die Verfüllung zu geraten. Dafür sprechen nicht nur die zwischen den Steinen verbauten großen Bruchstücke, sondern vor allem die kleineren Lehmbrocken in der und um die Brandstelle, die sich fast alle mit den großen Bruchstücken zusammenfügen ließen. Funde von Tonziegeln bzw. Bruchstücken von sogenannten Feuerböcken sind nicht besonders selten, vor allem aus dem elbgermanischen Bereich sind zahlreiche Exemplare bekannt,[21] aber dennoch ist der schlichte Vietzer Lehmblock etwas besonderes, denn es handelt sich um eines der wenigen be-

---

17 So noch bei Schneeweiss 2010a, 52.

18 Für die geduldige Puzzlearbeit und Restaurierung danke ich Dorothea Feiner, Göttingen; für stetige Hilfsbereitschaft, Unterstützung, Rat und Tat gilt mein Dank Jorun Ruppel, Göttingen; für Beratung und Diskussion sei Detlef Bach, Winterbach, der Dank ausgesprochen.

19 Auf die auffällige Übereinstimmung mit Grubentiefe und Grubendurchmesser und damit auch mit der Geweihspannweite sei hier nur aufmerksam gemacht, ohne daraus irgendwelche Schlüsse ziehen zu wollen, die zwangsläufig sehr spekulativ sein müssten.

20 Diese Beobachtung hatte auch B. Haberman an den sehr ähnlichen, aber kleineren Tonquadern aus Ottensen (Buxtehude) gemacht. Vgl. Haberman 1997, 737.

21 Z. B. Gummern (Steuer 1973 mit einer Liste von 28 weiteren Fundorten solcher „Tonziegel"), Rullstorf (Gebers/Lüth 1996, Taf. 6,19; Taf. 7,13; Taf. 14,4; Taf. 71,22; Taf. 84,7), Ottensen (Haberman 1997), Scharmbeck (Eger 1999, Taf. 201,A.1), Adshausen (Eger 1999, 288), Heidenau 99 (Brandt u. a. 2012), Hitzacker-Marwedel (frdl. Mitt. H.-J. Nüsse).

183

kannten vollständigen Exemplare dieser Fundgattung, das zudem eine ungewöhnliche Größe erreicht. In der Regel sind nur die Bruchstücke eines der Enden erhalten. Selbst bei dem augenscheinlich kompletten Objekt, das den Einband der Rullstorf-Publikation ziert, handelt es sich nur um eine zeichnerische Rekonstruktion, die durch Spiegelung eines Bruchstückes mit hypothetischer Länge erzielt wurde.[22] Es liegen zwar mehrere vollständige Exemplare von Tonquadern bzw. Tonziegeln aus Ottensen (Stadt Buxtehude) vor, deren maximale Längen jedoch unter 20 cm bleiben.[23]

Datierung

Die Datierung des Befundes ergibt sich aus der zahlreich darin enthaltenen Keramik, die bereits bei den Funden besprochen wurde (siehe oben) und in die ältere Römische Kaiserzeit weist, genauer wahrscheinlich in die Jahrzehnte um Christi Geburt. Dies deckt sich weitgehend mit den sonstigen Befunden der Römischen Kaiserzeit an diesem Fundplatz, die mehrheitlich – soweit eine genauere zeitliche Einordnung möglich ist – in die ältere Römische Kaiserzeit gehören. Es wurden im Rahmen der Grabungen auf der slawischen Siedlungsstelle auch mehrere kaiserzeitliche Siedlungsgruben aufgedeckt, die jedoch über die Gesamtstruktur der Siedlung wenig verraten. Aus einer Siedlungsgrube in nur 8 m Entfernung von der Geweihdeponierung konnte ein ^{14}C-Datum gewonnen werden, das im 2-Sigma-Bereich das 1. Jahrhundert v. Chr. und gerade noch das erste Viertel des 1. Jahrhunderts n. Chr. umfasst.[24] Das Fundmaterial aus dieser Grube gehört wie jenes der Geweihgrube in die frühe Römische Kaiserzeit, so dass eine gemeinsame Datierung am Ende dieses Zeitraums wahrscheinlicher ist, also wohl unmittelbar um Christi Geburt.

Siedlungskontext

Im Vorfeld der Ausgrabungen wurde die gesamte Fläche magnetisch prospektiert.[25] Drei der im Magnetplan deutlich hervortretenden Anomalien wurden anschließend gezielt untersucht. Dabei stellte sich heraus, dass es sich in allen Fällen um kaiserzeitliche Öfen handelte. Während die Ausdehnung der slawischen Siedlung auf einen relativ kleinen Raum beschränkt blieb (ca. 0,7 ha), erstreckte sich die vorhergehende Siedlung der frühen Römischen Kaiserzeit über die gesamte prospektierte Fläche von etwa 4 ha und wahrscheinlich sogar ehemals noch darüber hinaus.[26] Die Grube mit der Geweihdeponierung befand sich im niederungsseitigen Randbereich der Siedlung, die sich hier zur Elbe hin öffnete. Es kann also konstatiert werden, dass die Geweihdeponierung zwar randlich, aber doch innerhalb des Siedlungsareals vorgenommen wurde, doch leider ist eine genauere Charakterisierung ihrer Lage im Verhältnis zur restlichen Siedlung, deren innere Struktur wir nicht kennen, nicht möglich. Bislang ist nur bekannt, dass es auf dem ausgedehnten kaiserzeitlichen Siedlungsareal mehrere Öfen[27] und Siedlungsgruben gab. Ein Bezug der Deponierung zur Niederung scheint nicht abwegig. Um die Zeitenwende war der Höhbeck relativ dicht besiedelt, ausgedehnte Siedlungen mit einem Schwerpunkt in der frühen Römischen Kaiserzeit bzw. ausgehenden Vorrömischen Eisenzeit sind keine Seltenheit (vgl. Abb. 10). Allerdings lagen die Siedlungen in jener Zeit im Allgemeinen in höheren Lagen. Insofern kommt der Niederungsrandlage vielleicht eine besondere Bedeutung zu.

Es fällt nicht ganz leicht, den Naturraum vor ca. 2000 Jahren wenigstens näherungsweise zu rekonstruieren. Wichtig wären hier insbesondere die Kenntnis des ungefähren mittleren Flusspegels und vor allem des Verlaufs der mäandrierenden Elbe. Sicheres ist dazu nicht zu sagen, einigermaßen verlässlich dürfte jedoch davon auszugehen sein, dass die Siedlung deutlich näher an der Elbe gewesen ist als es heute der Fall ist, wahrscheinlich sogar direkt am Flussufer. Dafür sprechen verschiedene geoarchäologische Untersuchungen, die im unmittelbaren Umfeld der Siedlung vorgenommen wurden.[28] Durch die relativ dichte Besiedlung können wir uns eine offene Flusslandschaft vorstellen, mit Ackerflächen an den Hängen und auf dem Höhbeck sowie mit waldreicheren Flächen im Talbereich.

Kultureller Kontext

Es wurde eingangs bereits gesagt, dass der Befund bislang ohne Parallelen ist. Dennoch sind die herausragenden Merkmale der Grube, die Geweihdeponierungen, Bruchstücke von sogenannten Feuerböcken und Scherbenpflaster, für sich genommen durchaus bekannt. Verschiedene Arbeiten haben sich in jüngerer Vergangenheit mit Deponierungen von Rothirschgeweihen beschäftigt. So widmete sich B. Fath unlängst insbesondere den latènezeitlichen Hirschdarstellungen

---

22 GEBERS/LÜTH 1996, IV.
23 HABERMAN 1997, 736.
24 Bef. 30 (2005). Leibniz-Labor für Altersbestimmung und Isotopenforschung Kiel, Labornummer KIA 30737, Knochen. Radiokarbonalter 2046 ± 27, 2-Sigma-Bereich: 158-132 cal. BC (5,7 %), 117 cal. BC – 5 cal. AD (85 %), 6 – 22 cal. AD (4,7 %).
25 Die Magnetprospektionen wurden von Torsten Riese (Posselt & Zickgraf GbR) durchgeführt.
26 Vgl. SCHNEEWEISS 2011, 76 Abb. 24.
27 Wahrscheinlich handelte es sich hierbei mehrheitlich um Kuppelöfen zum Brotbacken oder ähnlichem, eindeutig technische Anlagen wurden nicht aufgedeckt.
28 Diese Untersuchungen fanden im Rahmen des Forschungsprojektes „Slawen an der unteren Mittelelbe" statt und wurden gemeinsam mit Thomas Schatz, Berlin, durchgeführt. Vgl. dazu auch seinen Beitrag in diesem Band.

und Niederlegungen, die sie besonders aus dem provinzialrömisch-keltischen Raum zusammentrug.[29] Die Beispiele streuen zeitlich zwischen dem 3. Jahrhundert v. Chr. und dem 3. Jahrhundert n. Chr.; abgesehen von einer gewissen Affinität zu Gruben und Schächten[30] bzw. der Feststellung, dass „kultisch geprägte Deponierungen von Hirschgeweihen nur selten in Heiligtümern zu finden sind, jedoch häufiger im direkten Umfeld von Siedlungen",[31] lassen sich wenige Übereinstimmungen zu dem Befund aus Vietze ausmachen. So wirkt auch das Fazit letztlich etwas allgemein und hilflos, wenn sie lediglich konstatiert, dass dem Hirsch eine zentrale Rolle beigemessen wurde.[32] Von wesentlich größerem Wert ist die umfangreiche Bestandsaufnahme von latène- und kaiserzeitlichen Hirschdarstellungen Mittel- und Nordeuropas durch I. Boike,[33] die allerdings die Geweih-Deponierungen nicht einbezieht. Der Hirsch ist zwar nicht überall ein prominentes Tier, doch kann er tatsächlich nahezu als omnipräsent bezeichnet werden, da er in fast allen europäischen Kulturen vorkommt. Allein aus dem keltisch oder skythisch geprägten Kulturraum ließen sich unzählige Beispiele anführen. Beide Kulturbereiche haben sicher nicht Pate gestanden für die Handlungen, die in Vietze an der Elbe vollführt worden sind.[34] Im kulturellen Kontext der Elbgermanen scheinen Hirsche bzw. Wildtiere generell keine herausragende Rolle gespielt zu haben. Deponierungen von Geweihen sind hier die Ausnahme, im germanischen Kulturkreis sind vor allem einige Darstellungen von Hirschen auf Gefäßen bekannt, wie beispielsweise aus Gołębiewo Wielkie in Pommern.[35] Hirschdarstellungen sind räumlich und zeitlich außerordentlich weit verbreitet und bleiben doch meist Einzelerscheinungen.[36] Das erschwert erheblich ihre Interpretation. Die trotz allem große Seltenheit von Hirschdarstellungen nahm auch H. Steuer zum Anlass, zur Zurückhaltung bei kultischen Interpretationen zu mahnen.[37] Für die Charakterisierung des kulturellen Kontextes dürfte es weitaus zielführender sein, sich den sogenannten Feuerböcken bzw. Tonblöcken zuzuwenden. Diese engere archäologische Fundgattung lässt sich zeitlich und räumlich relativ gut eingrenzen. Sie bleibt auf die Vorrömische Eisenzeit bzw. Spät-Latène-Zeit bis in die ältere Römische Kaiserzeit beschränkt und hat im Wesentlichen zwei Verbreitungsschwerpunkte, Dänemark und Norddeutschland sowie Nordrumänien.[38] Die Ähnlichkeit zwischen den Objekten dieser beiden Gebiete ist auffällig, es handelt sich um rechteckige Quader, die häufig mit stilisierten Tierkopfenden und Ritzverzierungen versehen sind. An der unteren Elbe, also in der weiteren Umgebung von Vietze, sind bereits vielfach solche Objekte gefunden worden,[39] allerdings noch nie in vergleichbarer Größe.[40] Vor allem wegen der räumlichen Verbreitung ergibt sich eine Verbindung zum norddeutsch-dänischen Umfeld der Jastorf-Kultur bzw. später der Elbgermanen. Nahezu alle vergleichbaren Fundstücke stammen aus Siedlungen, die in unmittelbarer Nachbarschaft zum Elbetal liegen.[41] Daran hat sich bis heute kaum etwas geändert. Aus allgemeinerer Perspektive stellt sich die Verwendung solcher Tongeräte dennoch als nahezu paneuropäisches Phänomen dar, das sich seit der Bronzezeit nachweisen lässt,[42] wobei allerdings die Grenzen zu sogenannten Mondidolen u. ä. zunehmend verschwimmen.

Die Verbindung zu Jastorf und den Elbgermanen wird letztlich vor allem durch die Keramik bestätigt, wobei nicht nur die Vorratsgefäße und die beiden kleinen Gefäße direkt aus der Kultgrube gemeint sind, sondern auch die übrigen Befunde der zugehörigen Siedlung, aus denen u. a. auch schwarzglänzende Feinkeramik und Situlenformen geborgen werden konnten.

Bedeutung
Hirsch

Es klang bereits an, dass der Hirsch in nahezu allen europäischen Kulturen beheimatet ist und eine eindeutige Interpretation seiner Darstellungen bzw. Deponierungen schwer fällt, da er in verschiedenen Zusammenhängen auftritt. Daher sollen an dieser Stelle einige grundlegende Aspekte genügen.[43] Von entscheidender Bedeutung für die Rolle, die ihm die Menschen in Mythologie und Kult zuschrieben, sind seine vordergründigen Eigenschaften und Verhaltensweisen: die majestätische Größe, das jährlich sich erneuernde mächtige Geweih, sein Auftreten in der Dämmerung. Daraus ergeben sich die wichtigsten ihm im Allgemeinen zugeschriebenen Eigenschaften wie Stärke, Fruchtbarkeit und sein Wesen des Über-

---

29 Fath 2011, bes. 46 Abb. 8.
30 Fath 2011, 39.
31 Fath 2011, 46. In diesem Sinne bereits Martin-Kilcher 2007, 36–38.
32 Fath 2011, 46. Diese Aussage scheint angesichts der insgesamt doch eher seltenen Belege etwas übertrieben zu sein, für den von Fath nicht behandelten germanischen Kulturbereich trifft sie ganz sicher nicht zu.
33 Boike 2004.
34 Vgl. die Analyse bei Boike 2004, bes. 50f.
35 Bugaj/Makiewicz 1995, 101 Abb. 8. Vgl. auch die Zusammenstellung von Bugaj 1999.
36 Ähnlich äußert sich auch Boike 2004, 49.
37 Steuer 2003, 375.

38 Babeș 1988. Steuer 1994, 391 Abb. 56.
39 Vgl. oben, Anm. 21.
40 Vgl. die Einschätzung bei Steuer 1994, 392, der „Längen bis zu 40 oder 50 cm" angibt.
41 In diesem Sinne bereits Steuer 1973, 215f.
42 Vgl. z. B. Wamser 1984.
43 Vgl. die zusammenfassenden Darstellungen bei Peuckert 1932/1987. Domagalski 1990. Heizmann 1999. Reichstein 1999. Steuer 1999. Steuer 2003.

gangs, und zwar sowohl im physischen Sinne z. B. bei Flusspassagen, als auch im metaphysischen Sinne als Mensch-Tier-Mischwesen oder mit chthonischem Bezug als Mittler zwischen den Welten.[44] Hinzu tritt seine seit jeher große Bedeutung als Jagdtier. Problematisch für die Erkenntnis des Symbolgehaltes des Hirsches in religiösen oder mythischen Vorstellungen in ur- und frühgeschichtlicher Zeit ist, dass die literarische Überlieferung häufig erst im Mittelalter einsetzte, aber nicht *per se* von geistigen Kontinuitätsvorstellungen ausgegangen werden kann. Durch die Antike vermittelt wurde der Hirsch bald zum Christus-Symbol, wodurch ältere, möglicherweise gänzlich andere Vorstellungen verloren gingen. Erst dadurch wurde er zum Gegenspieler der Schlange, die den Teufel verkörperte – die apotropäische Funktion des Hirschgeweihs besonders gegen Schlangen wurzelt in der Antike.[45] Es ist in diesem Zusammenhang bemerkenswert, dass es zahlreiche Hinweise darauf gibt, dass die Ringelnatter in der vorchristlichen germanischen Tradition als göttliches Wesen angesehen wurde, in einer engen, positiven Beziehung zu den Menschen stand und erst durch die religiösen Vorstellungen der Kirche zum „Antichrist" wurde.[46] Hier wurden alte Vorstellungen ins Gegenteil verkehrt. Dies zeigt deutlich, weshalb auch Überlieferungen in Form von Sagen, Bräuchen und Legenden[47] nur mit eingehender Quellenkritik für Interpretationen in vorchristlicher Zeit herangezogen werden können.

Feuerbock

Die Uneinigkeit darüber, welchem Zweck die Feuerböcke, Tonklötze, Tonziegel, Tonblöcke, Tonquader, Barren, Altäre aus Ton, Idole usw. tatsächlich dienten, spiegelt sich schon in der Vielzahl der Bezeichnungen wider, die in der Literatur für diese Objekte anzutreffen sind.[48] Die Spannweite der Möglichkeiten reicht vom „Gegenstand des täglichen Gebrauchs im Haushalt bis zum kultischen Objekt"[49], und angesichts der Vielgestaltigkeit der Objekte könnte diese Spannweite tatsächlich auch zutreffen. Für den hier behandelten Feuerbock und unmittelbar verwandte Objekte scheint sich m. E. eine Bedeutung im Kult herauszukristallisieren.[50] Es sind vor allem die Fundumstände, die zu dieser Hypothese führen. In der Regel werden Feuerböcke als Bruchstücke in Gruben in Siedlungen gefunden, allein oder in besonderem Zusammenhang mit anderen Gegenständen.[51] Der ‚Lehmquader' oder ‚Tonbalken' von Vietze bildet hierbei nur dahingehend eine Ausnahme, dass er zu voller Länge restauriert werden konnte, was jedoch keinen Zweifel an seiner intentionellen Zerstörung aufkommen lässt.

Ein Feuerbock ist ein urtümliches Herdgerät, auf das ein Ende der Holzscheite gelegt wird, so dass sie schräg liegen und von unten Luftzufuhr bekommen. Die einfachste Form ist ein quergelegtes Holzscheit oder ein Stein, der im Mittelalter „Brandreite" oder „Wichelstein" hieß.[52] Hochgezogene Enden können praktische, aber auch symbolische Gründe haben, besonders wenn sie zu Tierköpfen ausgeformt sind. Bemerkenswert ist die Tatsache, dass es zahlreiche animalische Benennungen für dieses Gerät gibt.[53] Es ist naheliegend, dass der Herd bzw. das Herdfeuer schon sehr früh eine Verehrung erfahren hat, denn es ist synonym mit Licht, Wärme, Sicherheit. Eine grundsätzliche, auch kultische Verehrung in Verbindung mit unzähligen alltäglichen Bräuchen am Herd ist denkbar und sogar wahrscheinlich, wie diese allerdings konkret ausgesehen hat, kann schwerlich erschlossen werden. Die Zerstörung und rituelle „Bestattung" eines tönernen Herdgerätes zu einem bestimmten Anlass (Aufgabe der Herdstelle?) wäre denkbar. Es ist davon auszugehen, dass nicht alle Objekte, die unter dem Begriff „Feuerbock" in der Fachliteratur zu finden sind, auch als solche Verwendung fanden. Zu sehr unterscheiden sich die Stücke doch in Form, Gestaltung, Größe etc.[54] Im Falle von Vietze wäre es zumindest denkbar. Möglicherweise hatte das Feuer, an dem dieser Bock stand, eine Größe, die über einen einfachen Herd hinausging.

Deponierung, Zerstören/Töten

Archäologische Befunde haben über Opferbräuche und Kultplätze der Römischen Kaiserzeit manche Aufschlüsse gebracht. In Oberdorla in Thüringen ließen sich Umhegungen, Idole, Spuren von Tieropfern und Kultpfähle feststellen, auf denen Tierköpfe aufgesteckt wurden und

---

44 An dieser Stelle sei nur kursorisch an den Kessel von Gundestrup erinnert, der möglicherweise in den gleichen Zeithorizont gehört wie der hier besprochene Befund, ohne jedoch auf das umfangreiche Schrifttum dazu näher einzugehen. Vgl. lediglich zuletzt NIELSEN u. a. 2005. FALKENSTEIN 2004.

45 MENSCHING 1979, Sp. 1182.

46 Rob Lenders, Nijmegen, in einem Vortrag am 24.8.2013 in München (LENDERS/JANSSEN 2013). Vgl. auch LUVEN 2001.

47 Einen Überblick über volkskundliche Aspekte und Brauchtum gibt PEUCKERT 1932/1987.

48 Vgl. z. B. BECKER 1970. HULTHÉN 1981. SCHIRREN 1992/1993. STEUER 1994, 391. HABERMAN 1997.

49 STEUER 1973, 216.

50 HABERMAN (1997, 738f.) kommt für die Tonquader von Ottensen zu einem anderen Ergebnis und schlägt eine Funktion als Wärmespeicher im Zusammenhang mit dem Darren von Getreide vor. Dieser funktionalen Deutung soll hier nicht widersprochen werden, es handelt sich jedoch - trotz einiger Gemeinsamkeiten - um völlig andere Befundsituationen und auch andere Objekte als in Vietze.

51 STEUER 1973, 216; 1994, 391.

52 GERAMB 1930/1987, Sp. 1402.

53 Neben Bock auch noch Ross, Hund, Hengst, koza etc. Vgl. GERAMB 1930/1987, Sp. 1403.

54 Vgl. z. B. die Zusammenstellung bei SCHIRREN 1992/1993.

die um einen „Kultsee" angeordnet waren.⁵⁵ In wenigen Metern Entfernung zu einem Heiligtum des 3. Jahrhunderts n. Chr. wurde das schädelechte Geweih eines 14-endigen Hirsches gefunden. Wesentlich reichere Funde kamen an skandinavischen Opferstätten ans Licht, besonders in den Mooren von Nydam, Thorsberg,⁵⁶ Vimose, Skedemosse, Ejsbøl und Illerup⁵⁷, wo vor allem im 3. Jahrhundert n. Chr. hunderte Waffen, aber auch andere Gegenstände (Schmuck, Wagenteile) vorwiegend römischer Machart versenkt wurden. Ähnlich reiche Opferplätze sind in der kontinentalen Germania unbekannt.⁵⁸ Diese sogenannten Kriegsbeuteopferplätze müssen hier aber nicht weiter ausgeführt werden. Wichtig ist, dass sich hier eine Entwicklung abzeichnet, die von individuellen Opferungen mit langer Tradition von Keramik, Nahrung oder Schmuck ausgeht und zu großen gemeinschaftlichen Opferungen von Menschen oder Kriegsbeute führt, bevor sie am Ende des 6. Jahrhundert aufhört.⁵⁹ Die Opferplätze sind alle dadurch miteinander verbunden, dass es sich durchweg um irreversible Deponierungen handelt, die mit dem intentionellen Zerstören/Töten des Geopferten einhergehen. Auch die Gegenstände werden „getötet", also unbrauchbar gemacht, möglicherweise damit ihre „Seele" den gegenständlichen Körper verlassen kann. Es wurden sehr häufig Tiere oder Teile von Tieren geopfert. Das waren in der Regel Haustiere (Pferd, Rind, Schaf/Ziege, Schwein und Hund), Wildtiere finden sich nur sehr selten.

Eine besondere Gruppe stellen die Gefäßopfer dar. Diese beschränken sich in der Eisenzeit auf den Raum Süddänemark-Nordostdeutschland und wurden ausschließlich in Mooren und Gewässern niedergelegt. Es sind mehrere Hundert aus der Vorrömischen Eisenzeit und den Jahrhunderten um Christi Geburt bekannt. In Vabrogård wurden auf einer relativ kleinen Fläche Reste von 114 offensichtlich intentionell zerstörten Gefäßen der älteren Römischen Kaiserzeit entdeckt.⁶⁰ Beifunde waren neben Tierknochen auch Bruchstücke von Feuerböcken aus Ton. Kultische Deponierungen gehörten offenbar zum üblichen Alltag der Bevölkerung. Die archäologischen Befunde belegen, dass solche Deponierungen offenbar von komplexen kultischen Handlungen begleitet waren. Regelmäßig finden sich Spuren ritueller Mahlzeiten, das gewaltsame Zerstören scheint dabei häufig Bestandteil der Opferhandlungen gewesen zu sein.

Zusammenfassung und Deutung

Die Befundlage lässt in bescheidenem Rahmen eine Rekonstruktion der einzelnen Schritte des Geschehens zu, bei der leider das, was oberirdisch um die Grube herum geschah, vollkommen offen bleiben muss. Nachdem die runde, in ihrer Größe offensichtlich auf das große Hirschgeweih abgestimmte Grube etwa 1 m tief ausgehoben war, gelangten zunächst mehrere unterschiedlich große Rautöpfe in die Grube. Sie waren offenbar gefüllt, wahrscheinlich mit Nahrungsmitteln (Speiseopfer?). Kleinere Steine könnten als Unterlage oder zum Stützen gedient haben. Auch der lange Feuerbock bzw. Tonquader befand sich in der Grube, aufgrund seiner Länge vermutlich mittig. Dann brannte leicht nordwestlich versetzt neben der Grubenmitte ein intensives Feuer, das eine so große Hitze entwickelte, dass sie zum Sekundärbrand der in der Grube befindlichen Keramikgefäße führte, die danach nicht mehr gebraucht werden konnten. Auch der Tonquader war mittig dem Feuer ausgesetzt, wie die Gefäße vor allem von einer Seite. Wir können nur vermuten, was dort wirklich geschah, ob beispielsweise tatsächlich Essen in den großen Töpfen war, oder ob der Tonquader wirklich als Ablage für Holzscheite diente. Es spricht einiges dafür. Die dunkle Verfärbung der Grubensohle könnte evtl. auf den Inhalt der Rautöpfe zurückzuführen sein, der dorthin gelangte, als die Gefäße zerbrachen. Dies geschah spätestens, nachdem das Feuer niedergebrannt war. Wahrscheinlich wurden sie sogar absichtlich zerschlagen, wie auch der Feuerbock. Erst zu diesem Zeitpunkt wurde das große Geweih in der Grube platziert. Die großen Bruchstücke des Feuerbocks bzw. Lehmquaders, große Keramikfragmente und Steine wurden danach an die Seite geräumt, so dass sich eine Art Steinkranz ergab. In der Mitte, über der Brandstelle, wurde dann ein außergewöhnlich großer Stein deponiert. Erst danach wurde die Grube mit den übrigen Steinen zugesetzt. Woher diese genommen wurden, ob sie beispielsweise zuvor eine obertägige Struktur wie z. B. einen Steinkreis bildeten, kann nicht gesagt werden. Nachdem die Grube mit den Steinen verfüllt war, wurden weitere große Gefäße auf den Steinen zerschlagen und dadurch die Grube mit Scherben verschlossen. Vielleicht dienten die beiden Kleingefäße, der Becher und die Tasse, dabei für Trankriten oder ähnliches, bevor auch sie abschließend auf die Grube geworfen wurden.

Eingangs wurde formuliert, dass für den Befund keine direkten Parallelen bekannt sind. Das ist wahr, doch wurde versucht zu zeigen, dass sich strukturell durchaus Parallelen und Gemeinsamkeiten mit anderen Befunden erkennen lassen.

---

55 Krüger 1978, Bd. 1, 381–83. Behm-Blancke 2002; 2003.
56 Jankuhn 1964. Raddatz 1987. Eine aktuelle Neubearbeitung von Nydam liegt durch Rau 2010 vor.
57 Ilkjær 2000.
58 Dies könnte bis zu einem gewissen Grade aber auch dem Forschungsstand und der Überlieferung geschuldet sein, wie spektakuläre Neufunde aus Nidajno (Masuren, Polen) andeuten.
59 Fabech 1994, 169f. Müller-Wille 1999, 41–63.
60 Schon in den 1940-er Jahren. Vgl. Bemmann/Hahne 1992.

Die Keramik zeigt ein gewöhnliches Spektrum für Siedlungskeramik der älteren Römischen Kaiserzeit. Bruchstücke von Tonklötzen oder Feuerböcken sind in älterkaiserzeitlichen Siedlungen an der unteren Elbe keine Seltenheit. Der Vietzer Lehmquader stand ohne Zweifel direkt mit Feuer in Verbindung. Am besten sind die beiden Enden erhalten, der mittlere Teil ist dagegen besonders von einer Seite so stark zerstört, dass praktisch nur eine der Seitenflächen durchgehend erhalten ist. Höchstwahrscheinlich ist das auf sehr große oder sehr lange Hitzeeinwirkung im mittleren Bereich des Feuerbocks zurückzuführen, der er in der Grube ausgesetzt gewesen ist. Vielleicht sind ähnliche Verfahrensweisen mit solchen Objekten der Grund dafür, dass immer nur die gut erhaltenen Enden gefunden werden. Im Moment muss ungeklärt bleiben, ob die Länge des Tonbalkens außergewöhnlich oder normal ist, und demnach auch, ob sie nur zufällig oder bewusst mit der Länge der Geweihstangen bzw. dem Grubendurchmesser übereinstimmt. Auch der Charakter der Handlungen, die zu dem vorgefundenen Befund führten, fällt nicht aus dem Rahmen. Das rituelle Zerstören, in unserem Falle des Feuerbocks und eines Dutzends Rautöpfe, gehörte offensichtlich regelhaft zum Ablauf von Opferhandlungen. Ob auch die beiden Hirschböcke, deren Geweih hier deponiert wurde, rituell getötet wurden oder nicht, entzieht sich leider unserer Kenntnis. Es ist vor allem die Deponierung des stattlichen Geweihs, die ungewöhnlich ist und für die es keine direkten Parallelen gibt. Allerdings konnte gezeigt werden, dass Hirschgeweih-Deponierungen ebenso wie Hirschdarstellungen stets Einzelfälle sind, so dass sich keine Regelhaftigkeit ableiten lässt. Die Deutung dessen, was sich für die Menschen damals mit dem Geweih bzw. mit dem Hirschbock verband, muss daher leider offen bleiben. Der Feuerbock als Herdgerät, die zerbrochenen und verbauten Mahlsteine, die vielen Vorratsgefäße, deren Scherben die Sohle und den Abschluss der Deponierung bilden – all das spricht m. E. eher für eine Opferhandlung im „häuslichen" bzw. hauswirtschaftlichen Rahmen und gegen eine Verbindung mit dem Hirsch als Jagdtier. Die Jagd hatte bei den Elbgermanen keine große Bedeutung. Vielleicht spielte im vorliegenden Falle eher die Fruchtbarkeit eine wichtige Rolle. Die Jahreszeit, in der das Ritual vollzogen wurde, könnte eventuell einen Anhaltspunkt bieten, doch wir wissen lediglich, dass die Rothirsche im Winterhalbjahr erlegt worden sind. Wie viel Zeit danach bis zur Niederlegung der Geweihe verging ist unbekannt. Bis auf die beiden abgeschnittenen Eissprossen zeigt das große Geweih keine Spuren von Zerstörung, der Schädel ist allerdings nur noch teilweise erhalten. Ob das mit einer wie auch immer gearteten anderen Nutzung des stattlichen Geweihs vor seiner Deponierung einhergeht, muss dahingestellt bleiben. Eine andere Möglichkeit für die inhaltliche Interpretation des Befundes ergibt sich aus der randlichen Lage innerhalb der Siedlung direkt an der Niederung. Die Deponierung des Geweihs könnte etwas mit einer Flusspassagestelle der Elbe zu tun haben, beispielsweise in einer Funktion als Wächter einer Furt. Diese Deutungsvorschläge müssen solange nicht zu überprüfende Hypothesen bleiben, bis Befunde entdeckt werden, die eine Grundlage für Vergleiche liefern können.

Ein Grundproblem bei der Untersuchung religiöser Vorstellungen und Praktiken der vorchristlichen Zeit liegt unter anderem darin, dass in der Aufklärung verankerte Gegensatzpaare wie weltlich/religiös, rational/irrational, natürlich/übernatürlich zu groben Missverständnissen führen können. Religion als geschlossenes System von Haltungen und Handlungen existierte weder in der römischen noch der germanischen Gesellschaft. Eine allgemein ‚germanische' Religion hat es wahrscheinlich gar nicht gegeben. Dementsprechend gibt es im Altgermanischen keinen Begriff für Götterverehrung als solche, sondern nur Begriffe für bestimmte religiöse Praktiken.[61] Archäologisch fassen wir in der Regel höchstens das letzte Stadium einer kultischen oder religiös motivierten Handlung, allerdings auch nur den Teil, der im Erdboden verschwand, also begraben oder versenkt wurde. Kultische Deponierungen in Verbindung mit komplexen Handlungen waren damals integraler Bestandteil des Zusammenlebens. Die dahinter stehenden Motive und Intentionen werden sich uns nie in befriedigendem Umfange erschließen, aber Rückschlüsse auf Handlungsabläufe und Prozesse sind bei guter Befundlage durchaus möglich.

Literatur

Babeş 1988

M. Babeş, Die Frühgermanen im östlichen Dakien in den letzten Jahrhunderten v. u. Z. Archäologische und historische Belege. In: F. Horst, F. Schlette (Hrsg.), Frühe Völker in Mitteleuropa. Berlin 1988, 129–156.

Becker 1970

C. J. Becker, De gådefulde lerblokke fra ældre jernalder. KUML 1970. Årbog for Jysk Arkæologisk Selskab, 1970, 145–156.

Behm-Blancke 2002

G. Behm-Blancke, Heiligtümer der Germanen und ihrer Vorgänger in Thüringen. Die Kultstätte Oberdorla. Forschungen zum alteuropäischen Religions- und Kultwesen. Teil 2: Katalog der Heiligtümer und Funde. Stuttgart 2002.

Behm-Blancke 2003

G. Behm-Blancke, Heiligtümer der Germanen und ihrer Vorgänger in Thüringen. Die Kultstätte Oberdorla. Forschungen zum alteuropäischen Religions- und Kultwesen. Teil 1: Text und Fototafeln. Stuttgart 2003.

---

61 Pohl 2004, 81.

BEMMANN/HAHNE 1992

J. Bemmann, G. Hahne, Ältereisenzeitliche Heiligtümer im nördlichen Europa nach den archäologischen Quellen. In: H. Beck, D. Ellmers, K. Schier (Hrsg.), Germanische Religionsgeschichte. Quellen und Quellenprobleme. Ergänzungsbände zum Reallexikon der Germanischen Altertumskunde 5. Berlin, New York 1992, 29–69.

BOIKE 2004

I. Boike, Hirschdarstellungen in der Latène- und Römischen Kaiserzeit in Mittel- und Nordeuropa – Archäologische Bestandsaufnahme und Interpretation. Arbeits- und Forschungsberichte zur sächsischen Bodendenkmalpflege 46, 2004, 9–62.

BUGAJ/MAKIEWICZ 1995

E. Bugaj, T. Makiewicz, Figural ornamentation on clay vessels from Pre-roman and Roman Periods in Poland. Przegląd Archeologiczny 43, 1995, 87–122.

BUGAJ 1999

E. Bugaj, Motywy figuralne na ceramice germańskiego kręgu kulturowego. Uniwersytet im. Adama Mickiewicza w Poznaniu, Seria Archeologia 45. Poznań 1999.

BRANDT u. a. 2012

J. Brandt, H. Holsten, K. Kablitz, Fundstellen in der Samtgemeinde Tostedt, Gemarkung Heidenau. Berichte zur Denkmalpflege in Niedersachsen 32:1, 2012, 41–42.

DOMAGALSKI 1990

B. Domagalski, Der Hirsch in spätantiker Literatur und Kunst: unter besonderer Berücksichtigung der frühchristlichen Zeugnisse. Münster 1990.

EGER 1999

C. Eger, Die jüngere vorrömische Eisen- und römische Kaiserzeit im Luhetal (Lüneburger Heide). Internationale Archäologie 56. Rahden/Westf. 1999.

FABECH 1994

C. Fabech, Reading society from the cultural landscape. South Scandinavia between sacral and political power. In: P. O. Nielsen, K. Randsborg, H. Thrane (Hrsg.), The archaeology of Gudme and Lundeborg. Papers presented to a conference at Svendborg, October 1991. Arkæologiske Studier 10. Kopenhagen 1994, 169–183.

FALKENSTEIN 2004

F. Falkenstein, Anmerkungen zur Herkunftsfrage des Gundestrupkessels. Prähistorische Zeitschrift 79, 2004, 57–88.

FATH 2011

B. Fath, Geweih! – Geweiht? Deponierungen von Hirschgeweihen und Hirschdarstellungen in Brunnen und Schächten der vorrömischen Eisenzeit Mitteleuropas. Archäologische Informationen 34, 2011:1, 2011, 39–48.

GALL 2012

F. Gall, Siedlungen der Römischen Kaiser- und Völkerwanderungszeit in der westlichen Altmark. Ausgehend von den Siedlungen bei Benkendorf, Chüttlitz, Klötze und Stappenbeck. Veröffentlichungen des Landesamtes für Denkmalpflege und Archäologie Sachsen-Anhalt – Landesmuseum für Vorgeschichte 65. Halle/S. 2012.

GEBERS/LÜTH 1996

W. Gebers, F. Lüth, Rullstorf. I. Die archäologischen Untersuchungen im Bereich der Fundstelle 5. Grabungsjahre 1979–1982. Katalog, Materialhefte zur Ur- und Frühgeschichte Niedersachsens 25. Hannover 1996.

GERAMB 1930/1987

V. Geramb, s.v. Feuerbock. In: H. Bächtold-Stäubli (Hrsg.), Handwörterbuch des deutschen Aberglaubens 2 (1930). Berlin, New York 1987, Sp. 1402–1405.

HABERMAN 1997

B. Haberman, Tonquader – Feuerböcke – Fußwärmer? Überlegungen zu einigen ungewöhnlichen Fundstücken aus der eisenzeitlichen Siedlung „Kloster Dohren" bei Ottensen, Stadt Buxtehude, Lkr. Stade. In: C. Becker, M.-L. Dunkelmann, C. Metzner-Nebelsick, H. Peter-Röcher, M. Roeder, B. Teržan (Hrsg.), Χρόνος. Beiträge zur prähistorischen Archäologie zwischen Nord- und Südosteuropa. Festschrift für Bernhard Hänsel. Espelkamp 1997, 731–742.

HEIZMANN 1999

W. Heizmann, s. v. Hirsch § 3. Philologisches, § 4. Motivkomplexe. Reallexikon für Germanische Altertumskunde 14. Berlin, New York 1999, 595–612.

HULTHÉN 1981

B. Hulthén, Zur Funktion vorgeschichtlicher Tonplatten und Tonblöcke. Archäologie und Naturwissenschaften 2, 1981, 33–43.

JANKUHN 1964

H. Jankuhn, Nydam und Thorsberg. Neumünster 1964.

ILKJÆR 2000

J. Ilkjær, Illerup Ådal et arkæologisk tryllespejl. Moesgård 2000.

KRÜGER 1978

B. Krüger, Die Germanen. Geschichte und Kultur der germanischen Stämme in Mitteleuropa, 2 Bd.e. Berlin 1978.

LENDERS/JANSSEN 2013

R. Lenders, I. Janssen, The grass snake and the basilisk: From pre-Christian protective house god to the Antichrist. Circulating natures. Water – Food – Energy, 7th conference of the European Society for Environmental History, Munich 21–24 August 2013. Abstracts, 396.

LUVEN 2001

Y. Luven, Der Kult der Hausschlange. Eine Studie zur Religionsgeschichte der Letten und Litauer. Quellen und Studien zur baltischen Geschichte 17. Köln 2001.

MARTIN-KILCHER 2007

S. Martin-Kilcher, Brunnenfüllungen aus römischer Zeit mit Hirschgeweih, Tieren, Wertsachen und Menschen. In: S. Groth, H. Sedlmayer (Hrsg.), Blut und Wein. Keltisch-römische Kultpraktiken. Akten des vom Österreichischen Archäologischen Institut und vom Archäologischen Verein Flavia Solva veranstalteten Kolloquiums am Frauenberg bei Leibnitz (Österreich), Mai 2006. Montagnac 2007, 35–54.

MENSCHING 1979

E. Mensching, s. v. Hirsch. Der Kleine Pauly. Lexikon der Antike Bd. 2. München 1979, Sp. 1181–1182.

MÜLLER-WILLE 1999

M. Müller-Wille, Opferkulte der Germanen und Slawen. Stuttgart 1999.

NIELSEN u. a. 2005

S. Nielsen, J. H. Andersen, J. A. Baker, C. Christensen, J. Glastrup, P. M. Grootes, M. Hüls, A. Jouttijärvi, E. B. Larsen, H. Madsen, K. Müller, M. Nadeau, S. Röhrs, H. Stege, Z. A. Stos, T. E. Waight, The Gundestrup cauldron. New Scientific and Technological Investigations. Acta Archaeologica 76, 2005:2, 2005, 1–58.

Nüsse 2008
H.-J. Nüsse, Untersuchungen zur Besiedlung des Hannoverschen Wendlands von der jüngeren vorrömischen Eisen- bis zur Völkerwanderungszeit. Neue Ausgrabungen und Forschungen in Niedersachsen 26, 2008, 9–386.

Peuckert 1932/1987
W.-E. Peuckert, s. v. Hirsch. In: H. Bächtold-Stäubli (Hrsg.), Handwörterbuch des deutschen Aberglaubens 4 (1932). Berlin, New York 1987, Sp. 86–110.

Pohl 2004
W. Pohl, Die Germanen. München 2004.

Raddatz 1987
K. Raddatz, Der Thorsberger Moorfund. Katalog. Teile von Waffen und Pferdegeschirr, sonstige Fundstücke aus Metall und Glas, Ton und Holzgefäße, Steingeräte. Neumünster 1987.

Rau 2010
A. Rau, Nydam mose 1–2. Die personengebundenen Gegenstände. Grabungen 1989–1999. Jernalderen i Nordeuropa. Jysk Arkæologisk Selskabs Skrifter 72. Aarhus 2010.

Reichstein 1999
H. Reichstein, s. v. Hirsch § 1. Zoologisches. Reallexikon für Germanische Altertumskunde 14. Berlin, New York 1999, 588.

Schirren 1992/1993
C. M. Schirren, Ziegelförmige Tonklötze in der Eisenzeit. Ein Neufund aus Juliusburg, Kr. Herzogtum Lauenburg. Offa 49–50, 1992/1993, 33–39.

Schneeweiss 2010a
J. Schneeweiß, Feuerbock und Hirschgeweih – Eine germanische Kultgrube an der Elbe. Archäologie in Niedersachsen 13, 2010, 52–55.

Schneeweiss 2010b
J. Schneeweiß, Geweih in germanischer Kultgrube. Archäologie in Deutschland 2010:2, 2010, 47–48.

Schneeweiss 2011
J. Schneeweiß, Sachsen, Franken, Slawen – zur Geschichte einer Grenzregion an der Elbe. Ein Vorbericht zu den Ausgrabungen des Göttinger Seminars für Ur- und Frühgeschichte am Höhbeck. In: K.-H. Willroth, J. Schneeweiß (Hrsg.), Slawen an der Elbe. Göttinger Forschungen zur Ur- und Frühgeschichte 1. Göttingen 2011, 57–102.

Schneeweiss/Wittorf 2012
J. Schneeweiß, D. Wittorf, Nur eine neolithische Scherbe aus Vietze? Hannoversches Wendland 16/17 (1998–2011), 2012, 285–294.

Steuer 1973
H. Steuer, Germanische „Feuerböcke" aus dem Hannoverschen Wendland. Archäologisches Korrespondenzblatt 3, 1973, 213–217

Steuer 1994
H. Steuer, s. v. Feuerböcke. Reallexikon für Germanische Altertumskunde 8. Berlin, New York 1994, 390–398.

Steuer 1999
H. Steuer, s.v. Hirsch § 2. Archäologisches. Reallexikon für Germanische Altertumskunde 14. Berlin, New York 1999, 588–595.

Steuer 2003
H. Steuer, s. v. Rothirsch § 2. Bedeutung. Reallexikon für Germanische Altertumskunde 25. Berlin, New York 2003, 373–379.

Wamser 1984
G. Wamser, Ein späturnenfelderzeitlicher „Feuerbock" mit Tierkopfenden von Tückelhausen. Das archäologische Jahr in Bayern 1983, 1984, 62–64.

Willroth u. a. 2013
K.-H. Willroth, H.-J. Beug, F. Lüth, F. Schopper, S. Messal, J. Schneeweiß (Hrsg.), Slawen an der unteren Mittelelbe. Untersuchungen zur ländlichen Besiedlung, zum Burgenbau, zu Besiedlungsstrukturen und zum Landschaftswandel. Beiträge zum Kolloquium vom 7. bis 9. April 2012 in Frankfurt a. M. Wiesbaden 2013.

„Das Haus auf dem Hügel ..." – Die Ausgrabungen von Hitzacker-Marwedel 2010 und 2011[1]

von Ivonne Baier

Die Herren vom Hügel ...

Der Scharfenberg, im Hannoverschen Wendland gelegen, ist ein Geländesporn, der sich markant über der Niederung der Elbe erhebt. Er befindet sich südlich des ehemaligen Dorfes Marwedel, das heute zur Stadt Hitzacker, Ldkr. Lüchow-Dannenberg gehört. „Der Hügel [...] beherrscht die ganze Stromlandschaft weithin"[2], ist glazialen Ursprungs und gehört zu den östlichen Ausläufern des Drahwens, der als saalezeitlicher Endmoränenzug hier zum Stehen kam. Nach der Entdeckung zweier Körpergräber der älteren Römischen Kaiserzeit in den Jahren 1928 sowie 1944 auf dem östlichen erhöhten Spornende rückte der Scharfenberg nachhaltig in das Blickfeld archäologischer Forschungen.[3] Diese mit dem Fundplatz verknüpften reich ausgestatteten Reitergräber repräsentieren die westlichsten Vertreter der Gräbergruppe vom Typ „Lübsow", benannt nach ihrem Erstfundort in Hinterpommern.[4] Die charakteristischen Merkmale dieser Bestattungen wie ein aufwendig gestalteter Grabbau an einem separierten Ort, die Körperbestattung im Gegensatz zur allgemein üblichen Brandbestattung, die Waffenlosigkeit der Beigabenausstattung und das Vorhandensein von römischen Importen, meist ein Ensemble von Metallgeschirr, sowie darüber hinaus das Tragen eines goldenen Fingerrings (Grab 2) werden von den Gräbern auf dem Scharfenberg erfüllt, wenngleich sich qualitative Unterschiede zeigen.[5] Unmittelbar mit den Grabfunden verknüpft waren Fragen nach dem Wohnsitz der „Herren vom Hügel", und sie schienen in lokalen Sagen Antwort zu finden, die von einem untergegangenen Dorf am Fuße des durch eine Burg gekrönten Hügels berichten ... (Abb. 1).[6]

Erste Grabungen

Gegraben wurde in der Tat, zunächst nicht nach archäologischen Befunden sondern nach Kies. Wie auch an anderen archäologischen Fundplätzen war dieser zunächst einmal Objekt der Begierde. Die abgelagerten glazialen Sande stehen unmittelbar unter der Humusdecke an und wurden von den ansässigen Bauern seit Langem abgebaut. Was allerdings neben Kies und Sand im Oktober 1928 aus 2 m Tiefe zu Tage trat, war eine archäologische Sensation. Wie sich herausstellen sollte, waren die Metallgefäße[7] Teil einer exklusiven Körpergrabausstattung der Römischen Kaiserzeit. Der glückliche Zufall spielte wie so oft eine nicht unbedeutende Rolle. Denn der zufällig vorbei spazierende Lehrer Koch erkannte die Bedeutung der am Grubenrand aufgestellten Gefäße und benachrichtigte umgehend die zuständigen Behörden. Durch eine Nachgrabung konnten ungestörte Bereiche der Grablege freilegt und, so gut es im strömenden Regen ging, dokumentiert werden.[8] Die Fundumstände eines nur wenig südlich von Grab I gelegenen zweiten Grabes, das im Jahr 1944 aufgedeckt wurde, sind vergleichbar.[9] Die Tracht- und Beigabenensemble bestehend aus römischen Importen und einheimischen Stücken, lassen sich in die Stufe Eggers B2 der älteren Römischen Kaiserzeit (2. Jahrhundert n. Chr.) einordnen.[10] In beiden Fällen wurden Reste der hölzernen Grabkammern angetroffen, die von Steinpackungen überdeckt waren. Eine ursprüngliche Überhügelung der Gräber darf angenommen werden. Aufgrund der exponierten Lage, der damit verbundenen Präsenz im Gelän-

▲ Abb. 1: Überblick über den Fundplatz. Foto: O. Fabian.

---

1 In Erinnerung an Olaf Fabian 1972–2012.
2 Krüger 1928, 5.
3 Krüger 1928. Laux 1992.
4 Eggers 1949/50. Jüngst zum Fundplatz Lübsow auch Schuster 2010.
5 Kriterienkatalog: Gebühr 1974. Steuer 1982, 209. Zur Definition von Prunkgräbern auch Kossack 1974.
6 Krüger 1928, 5.
7 Krüger 1928, 5f.
8 Krüger 1928, 5f.
9 Laux 1992.
10 Zu den Fundumständen und den Ausstattungen Nüsse 2007. Laux 1992. Krüger 1928.

de fungierten sie eventuell auch als gut sichtbare Landschaftsmarken über der Elbaue. Die Grabausstattungen der beiden auf dem Scharfenberg bestatteten Männer weist sie als Reiter und Mitglieder sozial herausgehobener Familien aus. Darüber hinaus waren sie Teil einer überregionalen Elite, die eingeflochten war in das dynamische innergermanische Machtgefüge mit seinen wechselnden Koalitionen und Allianzen sowie den daraus resultierenden Auswirkungen auf die sozialen bzw. gefolgschaftlichen Einflussbereiche. Im Vergleich zu anderen Nekropolen lassen sich in Marwedel bisher lediglich zwei Generationen fassen. In beiden Grablegen fanden sich u. a. bronzene Geschirrsätze römischer Provenienz bestehend aus Becken, Kasserolle, Eimer, Kelle und Sieb, ergänzt durch einheimische Trinkhörner. Weiterhin konnten trotz der widrigen Fundumstände Sporenpaare, Fibeln, Gürtelbestandteile sowie Toilettengegenstände (halbmond- und sichelförmiges Messer und Schere), aber auch Keramikgefäße, darunter ein rollrädchenverzierter Pokal geborgen werden. Inwieweit Holzeimer oder gedrechselte Schalen mitgegeben wurden, ist unklar.[11] Grab II übertraf in der Qualität der Ausstattung Grab I. Allein das Prestigeobjekt des goldenen Fingerrings symbolisiert einen statusbezogenen Unterschied. Weiterhin fanden sich u. a. eine silberne perldrahtverzierte Kniefibel, fünf silberplattierte Ringfibeln, silbertauschierte Stuhlsporen und filigrane Beschläge als Schuhapplikationen. Die Trinkgeschirrausstattung wurde durch Reste römischer Glasgefäße[12] ergänzt und zwei silberne Becher[13] römischer Provenienz komplettierten das exklusive Ensemble. Deren Herkunft verknüpft M. Erdrich unmittelbar mit innen- wie außenpolitischen Konstellationen im Römischen Imperium, insbesondere mit der Anwerbung von Germanen als Söldner. Demnach nahmen Langobarden im 1. Jahrhundert n. Chr. als Reiter an den Eroberungsfeldzügen Roms teil. Erdrich sieht darin „Gelegenheitsauxilien", die mit Aussicht auf Beute und gute Bezahlung angeworben wurden und nach ihrem Einsatz in die Heimat zurückkehrten.[14] Für die so ins Barbaricum gelangten Beute- und auch Prestigestücke sind durchaus längere Laufzeiten wahrscheinlich, so dass eine Mitgabe in Bestattungen gut ein oder zwei Generationen nach dem Erwerb stattgefunden haben kann.[15] In Hagenow, Ldkr. Ludwigslust, nur 35 km von Marwedel entfernt, gelang die Dokumentation von mehr als zehn herausragenden Brandbestattungen.[16] Hier ließ sich eine Familiennekropole fassen mit einer Belegungszeit von etwa 150 Jahren. In Hagenow wurden Personen einer Kriegerelite von herausragendem sozialem Rang beigesetzt. Auch sie waren Reiter. Die überdurchschnittlichen Beigabenensemble verbinden römischen Import und einheimische Objekte und zeigen starke Bezüge zu Gräbern im Niederelbegebiet und Südskandinavien.[17] Die Männer von Marwedel und Hagenow[18] repräsentieren eine Elite, die zu Lebzeiten eine herausgehobene Stellung innerhalb der germanischen Gesellschaft einnahm.[19] Dass es untereinander einen Austausch gab, eventuell gefolgschaftliche Verbindungen bestanden, ist denkbar. Ihren Status zeigten sie nicht allein durch ihren Zugang zu Prestigeobjekten aus dem Römischen Reich, sie waren darüber hinaus Träger goldener Ringe.[20]

Topographie und Bedeutung des Fundplatzes Marwedel

Die Bedeutung des Fundplatzes Marwedel erschließt sich nicht allein aus reich ausgestatteten Gräbern, vielmehr geht das Befundbild weit darüber hinaus. Bereits F. Krüger verwies 1928 auf zahlreiche keramische Lesefunde von den angrenzenden Ackerflächen.[21] In den nachfolgenden Dekaden wurden ausgedehnte Feldbegehungen und Geländeprospektionen vorgenommen. Über die Jahrzehnte kristallisierten sich Bereiche mit besonders hoher Funddichte heraus. Die nördlich sowie nordwestlich an die Nekropole anschließenden Äcker erbrachten ein vielschichtiges Fundspektrum, das mehrfach publiziert wurde.[22] Keramik der älteren Römischen Kaiserzeit, Metallschlacken und Brandlehmreste in umfangreichen Maße ließen auf eine ausgedehnte und intensive Siedlungstätigkeit schließen, sprachen aber zunächst für eine vom ausgehenden 1. bis in die zweite Hälfte des 2. Jahrhunderts n. Chr. reichende kurze Besiedlung. Markante Randscherben und Gefäßformen wie auch mit Rollrädchen verzierte Keramikfragmente wiesen auf die Gleichzeitigkeit von Gräbern und Siedlung hin. Dies verdeutlicht die Ausnahmestellung,

---

11 Nüsse 2007. Laux 1992.
12 Nüsse 2007. Laux 1992.
13 Erdrich (2000, 196) verweist auf gute Parallelen der Marwedeler Becher zu Fundstücken aus der Villa Boscoreale, die durch den Ausbruch des Vesuvs in Pompeji 79 n. Chr. verschüttet wurde.
14 Erdrich 2000, 195–196; 2009.
15 Erdrich 2000, 195–196.
16 Der Fundplatz war seit langer Zeit bekannt. Im Zuge einer archäologischen Untersuchung im Jahr 1995 konnten weitere zehn aufsehenerregende Brandgräber dokumentiert werden. Pesch 2011. Voss 2000.
17 Im Unterschied zu Marwedel erfolgte in Hagenow die Beisetzung teils mit Waffen. Pesch 2011. Voss 2000; 2009.
18 In diesem Zusammenhang ließe sich auch der Fundplatz Hankenbostel nennen. Dazu Cosack 1977.
19 Voss 2000, 197–200.
20 Im Hagenower Grab 9/1995 fand sich zudem ein Gürtel mit außergewöhnlicher Bildgestaltung. Pesch 2011, 9–17.
21 Krüger 1928: Er ging davon aus, dass es sich um Reste von Urnengräbern handelt, die zur Nekropole zählten. Weitere Brand- oder Körpergrabfunde konnten jedoch bisher nicht geborgen werden.
22 Harck 1972; 2000, 151–158. Wie auch Nüsse 2007, 85–113; 2008, 175.

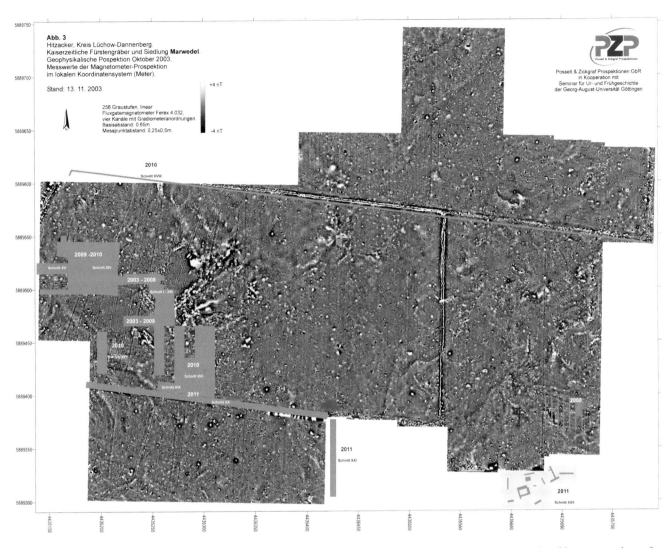

▲ *Abb. 2: Ausgrabungsflächen 2003 bis 2011 (nach I. Baier/H.-J. Nüsse).*

die dem Fundplatz Marwedel zukommt. Eine eindeutige Verknüpfung von herausragenden Grablegen mit einer zeitgleichen Siedlung gelang bisher nur selten.[23]

Die topographische Gegebenheit des Fundplatzes ist geprägt durch siedlungsgünstige Plateaus nördlich wie westlich der Gräber; leichte Senken und Kuppen lösen einander ab. Während das Relief im Südosten und Osten teils steil abfällt, läuft der Nordhang leicht gewellt von etwa 65 m NN bis auf 45 m NN aus. Innerhalb dieses Areals findet sich eine noch heute aus Schichtenwasser gespeiste Quelle, die nach wenigen Metern versiegt.[24] Feldbegehungen, Luftbilder und eine großflächige geomagnetische Prospektion des Areals mit anschließenden systematischen Bohrungen bildeten den Auftakt zu den siedlungsarchäologischen Forschungen des letzten Jahrzehnts.[25] Danach galt eine besiedelte Fläche von über 20 ha als gesichert. Die Geomagnetik bestimmte auch die Strategie der nachfolgenden Grabungen mit dem Ziel, die unterschiedlichen im geomagnetischen Bild fassbaren Anomalien zu untersuchen und diese möglichst archäologischen Befundgruppen zuzuordnen. Der Schwerpunkt lag dabei auf dem westlichen Bereich der Siedlung. Die intensive Vorbereitungsphase (2003–2008) mündete in ein durch die Deutsche Forschungsgemeinschaft zwischen 2009 und 2012 gefördertes Projekt. Darin standen Fragen im Mittelpunkt, denen auch in den kommenden Jahren nachgegangen werden soll: Fragen zur Gesamtstruktur und Gefüge der Siedlung, zum Aufbau von Einzelgehöften sowie zur wirtschaftlichen und ökonomischen Situation. Weiterhin muss gefragt werden, ob soziale Hierarchien und Differenzierungen innerhalb der erfassten Gehöfte greifbar sind. Es gilt den Stellenwert der Siedlung im Vergleich zu zeitgleichen Fundplätzen zu definieren.

Haus und Hof – Grabungen 2009–2011

Ab dem Jahr 2009 waren großflächige Ausgrabungen im Bereich der Fundstelle möglich. Diese konzentrierten sich weiterhin vor allem auf den westlichen Bereich der Siedlung. Insgesamt sind nun über 10.000 m² der Fundstelle ergraben. Dabei schlossen die untersuchten Flächen aus den

---

23 Nüsse 2012.
24 Zur hydrologischen Situation am Fundplatz siehe Nüsse 2007, 88.
25 Nüsse 2007.

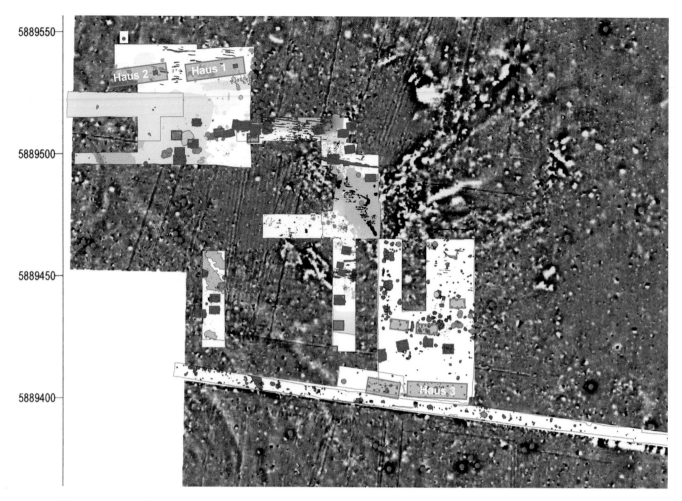

▲ Abb. 3: Geomagnetik und interpretierter Befundplan: blau = ebenerdige Pfostenbauten; braun = Grubenhäuser; rot = Herd-/Feuerstellen, Backofen; grün = Rennfeueröfen; rot/grün = Rennfeueröfen oder sonstige Öfen; gelb = Grube mit Schlackeklötzen (nach I. Baier/H.-J. Nüsse).

Jahren 2009 bis 2011 (Schnitt XIV bis XXII, siehe Abb. 2) an die Schnitte der früheren Jahre an. Zusätzlich wurde mit Schnitt XXI (2011) erstmals der westliche Hangbereich des Scharfenberg untersucht. Nach intensiven Ausgrabungen gelang es im Jahr 2010 erstmals, Reste eines wahrscheinlich zusammenhängenden Gehöftes sowie von mindestens einer weiteren anschließenden Hofstelle freizulegen. Die Grabungsfläche war bewusst in einem Areal angelegt worden, das in der Geomagnetik sowohl zahlreiche sehr deutliche, u. a. als Grubenhäuser fassbare Anomalien zeigte, als auch weniger auffällige Strukturen sowie unterschiedliche Geländegegebenheiten einschloss. Ziel war es, Reste von Gebäudestrukturen eines oder gar mehrere Gehöfte mit den zugehörigen Elementen wie ebenerdige Pfostenbauten, Grubenhäuser und Hof- wie Werkareale zu erfassen – und es gelang. An diese Befundsituation wurde mit den nachfolgenden Grabungskampagnen angeschlossen und so das Befundbild komplettiert.

Bereits im Jahr 2009 (Schnitt XIV) war der Nachweis von zwei Langhäusern gelungen. Beide waren Ost-West ausgerichtet und befanden sich in einer Flucht zu einander. Die Befundsituation und die Erhaltungsbedingungen waren aufgrund der Bodenverhältnisse allerdings schwierig. Neben Pfostenstellungen ließen sich im Haus 1 Einteilungen von Viehboxen im archäologischen Befund erkennen. Von Haus 2 wurde lediglich der Wohnbereich in der Grabungsfläche erfasst. Eine Herdstelle in Form einer Grube, die deutliche Feuereinwirkungen aufwies, zeigte sich in diesem Bereich des Hauses. Sie war bereits im geomagnetischen Bild identifizierbar und konnte mit dem archäologischen Befund in Deckung gebracht werden (Abb. 3).

Nach Abtrag der Humusdecke und dem Feinputz von Schnitt XVI (2010) sowie der anschließenden Dokumentation wurde deutlich, dass in diesem Fall nicht nur ein weiterer Pfostenbau freigelegt worden war, sondern vielmehr erstmals zusammenhängende Gehöftstrukturen mit Langhaus, verschiedenen Nebengebäuden sowie einem zugehörigen Werkareal. Die anschließenden Grabungsflächen Schnitt XIX und XX (2011) verfeinerten das gewonnene Bild.

Langhaus 3 lag im Süden von Schnitt XVI und war Ost-West ausgerichtet. Nördlich davon fand sich ein Hofbereich mit Nebengebäuden in Form von Grubenhäusern und kleineren Pfostenbauten. Sie wurden in einer Distanz von 5-10 m vom Langhaus entfernt angetroffen. Ähnlich dem Befund von Haus 1 und 2 gelang bei Haus 3 die Dokumentation der inneren Pfostenpaare des Kerngerüstes (Abb. 4). Insgesamt konnten neun Joche auf einer Länge von etwa 21 m erfasst werden. Der Abstand der paarigen Pfosten zueinander, d. h. die Breite des Mittelschiffs betrug etwa 2,6 m, der Abstand der einzelnen Joche divergierte dagegen stärker (2,0–2,8 m). Wandpfosten konnten nur wenige erkannt werden. Von dem sich unmittelbar im Westen anschließenden, rund 10 m langem Nebengebäude war ebenfalls nur das Kerngerüst, bestehend aus fünf Jochen erfassbar; Ausrichtung und Konstruktion korrespondierten mit dem Langhaus. Die nachgewiesene Tiefe der Pfosten war bei beiden Gebäuden ausgesprochen gering, was für eine starke Erosion im Bereich des Hausstandortes spricht. Die im Gebäudeinneren angetroffenen Gruben enthielten neben Resten von Brandlehm Keramikspektren, die mit dem Fundmaterial der umliegenden Grubenhäuser korrespondierten. Bei der Baukonstruktion der Grubenhäuser dominierte der Sechspfostenbau mit vorgezogenem Firstpfosten, daneben wurden auch Zweipfostenkonstruktionen nachgewiesen. Wahrscheinlich bestanden nicht alle Grubenhäuser gleichzeitig, vielmehr ist in den Grubenhauskonzentrationen ein zeitliches Nacheinander und damit die längere Bestandsdauer des Hofes greifbar. Rückschlüsse auf die funktionale Nutzung der Grubenhäuser etwa als Webhütten waren anhand der Befundsituation bislang nicht möglich. Tatsache ist, dass sie nach ihrer Aufgabe als Nebengebäude die Funktion von Abfallgruben übernahmen. Das Spinnen gehörte wohl zu den Tätigkeiten, die aller Wahrscheinlichkeit nach im Wohnhaus ausgeführt wurde, denn die im Fundspektrum der Grubenhäuser vorkommenden zahlreichen Spinnwirtel waren vermengt mit allerlei Hausrat – aus den Grubenhäusern stammen enorme Mengen an keramischem Fundmaterial sowie Schlacht- und Speisereste. Bisweilen fanden sich dazwischen auch kleine Kostbarkeiten, wie Fibeln oder Haarnadeln.

Unmittelbar an das Grubenhausareal schloss sich nach Norden ein ausgedehnter Handwerksbereich mit zahlreichen Gruben und Grubenkomplexen, mit Resten von Rennfeueröfen, Schlackegruben und Feuerstellen an. Im zentralen Bereich fanden sich teils stark eingetiefte Gruben, die neben Keramikfragmenten und Schlackestücken zahlreiche Fragmente gebrannten Lehms sowie Reste gebrannter bzw. verschlackter (Renn-)Ofenwandung enthielten. Daneben fanden sich Bruchstücke von Webgewichten, aber auch Spinnwirtel und Schleifsteine. In einer zum zentralen Werkbereich gehörenden Kulturschicht waren u. a. die Reste eines Lehmkuppelofens eingetieft. Neben größeren Gruben fanden sich auch etwa 20 Pfostengruben. Sie lassen sich zwei kleinen Pfostenbauten von ca. 3–3,5 m Breite und mindestens 4 m bzw. 5 m Länge zuschreiben. Nördlich wie nordöstlich davon wurden die Reste von mindestens 12 Rennöfen angetroffen, wobei sich in den freigelegten Befunden nur Reste der Fließschlacke erhalten hatten. In situ befindliche massive Schlackeklötze wurden dagegen nicht angetroffen. Zu-

▲ Abb. 4: Langhaus 3 während der Freilegung, Blick in Richtung Westen. Foto: I. Baier/O. Fabian.

nächst wurde von einer Zerstörung infolge der Beackerung des Areals ausgegangen. Das Bild änderte sich mit der Freilegung der relativ flachen Grube 489, worin sich 13 kleinere und größere Schlackeklötze fanden (Abb. 5). Es kann davon ausgegangen werden, dass diese zu den Resten der in unmittelbarer Umgebung freigelegten Rennfeueröfen gehören. Die zwischenzeitliche Bereinigung des Areals spricht für längerfristige Verhüttungsvorgänge im Werkbereich.

Im Nordwesten der Hofstelle wurden mehrere in Lehmlinsen eingetiefte Gruben von teils beachtlicher Größe angetroffen. Das dort vorkommende Ton-Sand- bzw. Lehmgemisch eignete sich sowohl zum Töpfern[26] als auch als Lehmverstrich der Hausbauten oder Bau von Rennfeueröfen. In diesem Bereich des Werkareals fanden sich zudem zahlreiche kleinere Gruben mit teilweise reichhaltigen Keramikinventaren und ein Pfostenbau von ca. 7 m Länge und 3 m Breite.

▼ Abb. 5: Befund 489 während der Freilegung. Foto: I. Baier/O. Fabian.

---

26 Dies bestätigte eine in der Stadt Hitzacker ansässige Töpferin.

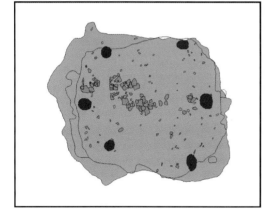

▲ *Abb. 6: Grubenhaus 457 mit Fibel A IV 75. Fotos: I. Baier/O. Fabian.*

Im Jahr 2011 konnte westlich des Haupthauses ein weiterer Werkbereich mit Rennfeuerofen, Gruben und Grubenhaus freigelegt werden. Der Fund eines Gußtiegels deutet die Tätigkeit eines Feinschmiedes an, dafür spräche auch der Fund eines Bronzebarrens in Grubenhaus 687.

Etwa 50 m westlich des beschriebenen Hofareals wurden im Schnitt XVII (2010) fünf weitere Grubenhäuser freigelegt. Ein zugehöriges Langhaus wurde innerhalb der Grabungsfläche nicht erfasst. Eventuell lag es auf der gleichen Achse wie Haus 3 und damit außerhalb des Schnitts. Es wurde somit lediglich der Werkbereich des Gehöftes angeschnitten. Dazu gehörten neben den Grubenhäusern auch eine Herdstelle, kleinere Gruben sowie die Schlackegruben von fünf Rennfeueröfen. Hierbei konnten die Schlackeklötze teils mit Resten anhaftender Ofenwandung auf engstem Raum in situ freigelegt werden. Ein ebenfalls in unmittelbarer Umgebung des Grubenhausareals freigelegter Essestein zeugt ebenfalls von der Schmiedetätigkeit vor Ort. Auch in diesem Bereich konnte ein großer Grubenkomplex in einer Lehmrinne bzw. Lehmlinse dokumentiert werden. Daneben traten viele kleine und größere, eher unspezifische Siedlungsgruben auf. Damit lassen sich sowohl hier als auch im Bereich von Langhaus 3 regelhaft Elemente fassen, die einzelnen Gehöftparzellen zugeordnet werden können. Im Schnitt XIV (2009) wurden etwa 20 m südlich der Langhäuser 13 eingetiefte Nebengebäude dokumentiert, deren parallele Ausrichtung ebenfalls auf eine funktionale Zugehörigkeit zu den Langhäusern verweisen könnte. Inwieweit diese aber tatsächlich zu entsprechenden Hofstellen zusammengefasst werden können, gilt es in zukünftigen Grabungen zu klären.

Zaunartige Strukturen zur Abgrenzung der Hofparzellen konnten bisher nicht nachgewiesen werden. Das Gelände im Bereich des Gehöfts um Haus 3 fiel nach Norden wie Westen leicht ab, so dass für das Langhaus mit Nebengebäude eine leicht erhöhte Lage kennzeichnend ist. Das Kerngerüst des ehemals dreischiffigen Wohnstallhauses wurde im Süden der untersuchten Fläche angetroffen, ob die Gebäude zugleich die Südseite des Gehöfts markierten oder mittig innerhalb der Hoffläche standen, ist derzeit noch unklar. Während aufgrund der Befundlage eine Ost-West-Ausdehnung der Hofstelle von etwa 80 m denkbar erscheint, ist die Ausdehnung nach Norden wie Süden bislang nicht fassbar.

Funde aus dem Grubenhaus

Die Abfallgruben eines Gehöftes gehören wegen des Fundmaterials zu den aufschlussreichsten Siedlungsbefunden. In den Verfüllschichten finden sich Dinge aus den verschiedenen Sphären des alltäglichen Lebens – Objekte, die zur Tracht oder zur Bewaffnung gehörten, zum Haus- und Handwerk oder zur Landwirtschaft. Es handelt sich nicht selten um Gegenstände, die Einblicke in die Ernährung, die Nahrungsmittelproduktion und deren Lagerung gewähren können. Nicht alles, was im Abfall landete, war auch dafür gedacht, manches ging vielleicht lediglich durch Zufall oder Unachtsamkeit verloren. Es sind die Reste von Werkzeugen oder Halbfabrikaten, von Schmuckstücken, von Speise- und Schlachtabfällen, aber auch von zerbrochenem Geschirr, die ein Bild vom Alltäglichen auf den Höfen zeichnen und somit das Leben der Bewohner greifbar machen.

Insgesamt repräsentieren 150.000 Scherben aus verschiedenen Befundkomplexen das Gefäßrepertoir der Siedlung Marwedel. Damit zählt die Grabung zu den materialreichsten unter den großflächig untersuchten Siedlungen der römischen Kaiserzeit.[27] Im Laufe der Jahre wurden 36 Grubenhäuser von nunmehr vier Gehöften

---

27 Zum Vergleich: Flögeln 80.000 Scherben; Loxstedt 40.000 Scherben (beide nach Auskunft des Bearbeiters D. Nösler); Feddersen Wierde etwa 12.000 typologisch klassifizierte Scherben (s. SCHMID 2006, Taf. 1ff.); Rullstorf ca. 40.000 Scherben (s. GEBERS/LÜTH 1996, 10).

untersucht. Für alle kann in der Regel von einer relativ schnellen Verfüllung ausgegangen werden. Damit liegen zeitlich eng geschlossene Gefäßinventare eines Haushalts, wie etwa aus Grubenhaus 457, vor. Dieses wurde zusammen mit Haus 3 im Jahr 2010 dokumentiert und ausgegraben. Die Ausrichtung orientierte sich an der des Langhauses. Mit 50 bis 60 cm erfassbarer Tiefe war der Erhaltungszustand sehr gut. Die Gruben von sechs zur Konstruktion gehörigen Pfosten[28] wurden erfasst (Abb. 6). Nach einer etwaigen handwerklichen Nutzung des Baus wurde der Innenraum geräumt und sukzessive mit Abfall verfüllt. In der sich abzeichnenden Profilschichtung ist erkennbar, dass die Verfüllung zügig aber nicht „in einen Rutsch" vollzogen wurde. Fundarme Schichten werden durch materialreiche abgelöst. Vor allem in der mittig eingelagerten, fast schwarzen und sehr humosen Abfallschicht fand sich deutlich mehr Keramik. Eine Lage mit relativ großen Scherben bedeckte den westlichen Bereich des Grubenhausinneren. Somit liegt gewissermaßen eine in sich geschlossene keramische Momentaufnahme vor. Gefäßinventare dieser Art sind von besonderer Bedeutung für die Keramiktypologie des Fundplatzes. Die oftmals geringe Fragmentierung erlaubt eine leichte Anpassung und sichere Rekonstruktion des Gefäßspektrums. Dominiert wird es von normaler einfacher und dickwandiger Gebrauchskeramik, dazu zählen u. a. Vorratsgefäße, die einen Durchmesser von bis zu 80 cm erreichen konnten.[29] Zum üblichen Repertoire gehören ansonsten Töpfe, Schalen, Schüsseln und Terrinen. Ein großer Anteil des Keramikinventars war verziert.[30] Diese Verzierungen traten teils vereinzelt, teils flächendeckend oder in Kombinationen auf. Durch vier Fragmente sind Siebgefäße im Keramikensemble des Grubenhauses 457 belegt. Dieser Gefäßtypus erscheint regelhaft im Fundmaterial der Siedlung, darunter auch äußerst zahlreich bodenlose Formen. Sie fanden wahrscheinlich Verwendung bei der Käse- und Quarkherstellung[31] und gewähren so Einblicke in die lokale Nahrungsmittelproduktion und die einstige Ernährungsweise. Daneben fanden sich in Grubenhaus 457 zahlreiche Fragmente von sorgfältig gearbeiteter und mit Rollrädchenmuster verzierter Feinkeramik. Bemerkenswert ist der deutliche Zuwachs aufwendig dekorierter Pokalgefäße innerhalb der Siedlungsbefunde. Diese sind vor allem aus Gräbern bekannt, so auch aus dem „Fürstengrab I" von Marwedel. Das gesamte Keramikensemble ist typisch für das 2. Jahrhundert n. Chr. und repräsentiert den Formen- und Verzierungsreichtum der Geschirrsätze der Stufe Eggers B2. Darüber hinaus liegen nicht nur aus dem Grubenhaus 457 zahlreiche Spinnwirtel vor. Mittlerweile gehören etwa 70 tönerne Exemplare zum Gesamtbestand und illustrieren die Bedeutung der Spinnerei innerhalb der Siedlung. Fragmente von tönernen Feuerböcken liegen zwar nicht vom 2010/2011 ergrabenen Gehöft vor, wurden aber bereits an anderer Stelle in Siedlungsbefunden geborgen.[32] Neben keramischem Material gehörten auch Metallfunde, ein Mahlsteinfragment, ein Schleifstein, Schlackestücke sowie zahlreiche Knochenfunde zum Fundspektrum des Hauses. Innerhalb der Metallfunde aus der Siedlung Marwedel bilden Fibeln mit 20 Exemplaren die größte Fundgruppe. Allein im Grubenhaus 457 fanden sich zwei Exemplare. Auf der Sohle des Hauses wurde in einer sonst fundarmen Schicht eine vollständig erhaltene, kräftig profilierte Bronzefibel A IV 75 (Abb. 6) freigelegt. Daneben gelang es, in der jüngsten Verfüllschicht die fragilen Reste einer kleinen eisernen, eventuell silberverzierten Kniefibel mit seitlich ansitzenden Zierknöpfen zu bergen. Es handelt sich um zwei exklusive Stücke der Bekleidung bzw. Tracht. Diesen Funden an die Seite lassen sich eine silberne Hakennadel[33] sowie weitere Bronzeobjekte, darunter die Reste eines spiralförmigen Drahtrings, weitere Kniefibeln, Nadelfragmente sowie eine Riemenzunge stellen. Sie alle stammen aus der unmittelbaren Umgebung des Grubenhauses 457 und wurden zum einen im nur wenige Meter entfernten Grubenhaus 687 und zum anderen in der anschließenden Kulturschicht des Handwerkbereichs geborgen. Aus anderen Siedlungsbereichen liegen weitere Fibeln mit (zum Teil nicht mehr vorhandenen) Silberapplikationen sowie das Fragment einer silbernen Trompetenfibel vor. Diese zu den exklusivsten Formen am Ende der älteren Römischen Kaiserzeit zählenden Trachtbestandteile treten neben eine Vielzahl alltäglicher Gebrauchsgeräte wie Messer, Ahlen, einer Sense und einem Sech.

Zusammenfassung

Die Siedlung von Marwedel nimmt eine außergewöhnliche Stellung innerhalb der älterkaiserzeitlichen Fundplätze nicht nur Norddeutschlands ein. Sie kann als Wohnsitz von hochrangigen Mitgliedern einer germanischen Kriegerelite des 2. Jahrhunderts n. Chr. gelten. In der Regel wird dieser Personenkreis vor allem durch die reich ausgestatteten Gräber greifbar. Die Verknüpfung von Wohnsitz und Grablege, von Lebenswirklichkeit und Tod, ist jedoch die seltene Ausnahme.[34]

---

28 Sie reichten zudem noch weitere 50 bis 70 cm unter die Grubenhaussohle. Das Grubenhaus hatte eine Größe von ca. 3 x 4 m.

29 Nüsse 2007, 106 Abb. 17,6.

30 Die Verzierungen reichten von Rillen bis hin zu unterschiedlich geformten Eindrücken (dreieckig, kreisförmig, gersten- oder spitzeiförmig, rundlich).

31 Hegewisch 2001, 73–83.

32 Nüsse 2007, 106 Abb. 20–21.

33 Diese dienten zur Befestigung eines Kopfputzes (Laux 1983).

34 Nüsse 2012, 72ff.

Die großflächigen Ausgrabungen am Siedlungsplatz Marwedel sind daher wegweisend. Die Forschungstätigkeit der letzten zehn Jahre ließ diejenigen Faktoren hervortreten, die eine genauere Beschreibung einer Siedlung der obersten sozialen Spitze erlaubt und eine Verbindung von repräsentativer Grablege und Repräsentation im Leben ermöglicht. Auf nun mehr 10.000 m² untersuchter Siedlungsfläche konnte ein Querschnitt von Siedlungsstrukturen erfasst und so ein besseres Verständnis der inneren Gliederung der Hofstellen erreicht werden. Durch die Grabungen von 2009 bis 2011 gelang es, mindestens vier Gehöfte mit dazugehörigen Langhäusern, Nebengebäuden und Handwerksbereichen zu fassen.[35] Die multifunktionalen Grubenhäuser wurden nach ihrer Nutzung mit Abfall verfüllt und bieten einen weitgefächerten Einblick in die verschiedenen Bereiche des alltäglichen Lebens. Dabei kommt dem Keramikspektrum der Grubenhäuser eine besondere Bedeutung zu. Das keramische Fundmaterial und die Metallfunde belegen einen Schwerpunkt der Besiedlungsintensität im 2. Jahrhundert n. Chr. (Stufe Eggers B2), jedem Gehöft gehören stets mehrere eingetiefte Nebengebäude mit Verfüllmaterial dieses Zeitabschnitts an. Durch die Definition mehrerer keramischer Leithorizonte ist die Entwicklung des Formenbestandes nachvollziehbar, anhand dessen sich eine zeitliche Abfolge der Grubenhäuser und damit eine chronologische Tiefe der Gehöfte fassen lassen. Darüber hinaus liegen nun auch Gefäßinventare vor, die deutlich in das 3. Jahrhundert n. Chr. hineinreichen und den Wandel innerhalb der Siedlung von der älteren zur jüngeren Römischen Kaiserzeit nachvollziehbar machen.[36]

Anhand des vorliegenden Fundmaterials und seiner Bandbreite konnte die chronologische Einordnung des Siedlungsplatzes in den Horizont der „Fürstengräber" deutlich untermauert und erweitert werden.[37] Nach den derzeitigen Forschungen wird von einer Besiedlungsdauer von etwa 200 Jahren ausgegangen. Mit einem Beginn der Siedlungsaktivitäten bereits in Stufe B1 nach Eggers bzw. vor 70/80 n. Chr. ist derzeit nicht zu rechnen. Diese dauerten dann bis in die Mitte des 3. Jahrhunderts (Stufe C1 nach Eggers) an. Ob die Siedlung Marwedel auch danach weiter bestand, werden zukünftige Ausgrabungen ans Licht bringen. Es besteht die Möglichkeit, dass die „Herren vom Hügel" aus Grab I und II noch der ersten Siedlergeneration angehörten, sicher aber einer der zwei nachfolgenden. Darauf folgende Generationen sind bislang durch Gräber nicht greifbar. Kontakt, Austausch und Kommunikation waren entscheidend für vernetzte Strukturen innerhalb der germanischen Gesellschaft und für das Entstehen von verbindenden kulturellen Werten und Normen – eines Selbstverständnisses, das durch Abgrenzung und Kenntnis der mächtigen Nachbarn im Westen geformt wurde. Als Teil der hochrangigen Kriegerelite ergaben sich Verbindungen ins Römische Reich, die sich eventuell mit den Worten von B.-R. Goetze so beschreiben lassen: „... dass 69/70 n. Chr. ein unternehmungslustiger langobardischer Twen über den Rhein erfolgreich auf Raub zog, in Hitzacker 30 Jahre von Waffenruhm und Beutereichtum zehrte und schließlich um 100 n. Chr. den Glanz seiner Lebensumgebung mit ins Grab nahm. Seine Waffen freilich blieben weiter in Benutzung, sehr zum Kummer der Römer".[38]

Literatur

BEHRE 1992
K.-E. Behre, The history of rye cultivation in Europe. In: Vegation, history and archaeobotany 1992:1, 141–156.

BEHRE/KUČAN 1994
K.-E. Behre, D. Kučan, Die Geschichte der Kulturlandschaft und des Ackerbaus in der Siedlungskammer Flögeln, Niedersachsen, seit der Jungsteinzeit. Probleme der Küstenforschung im südlichen Nordseegebiet 21. Oldenburg 1994.

BECKER 2009
C. Becker, Über germanische Rinder, nordatlantische Störe und Grubenhäuser – Wirtschaftsweise und Siedlungsstrukturen in Hitzacker-Marwedel. Beiträge zur Archäozoologie und Prähistorischen Anthropologie VII, 2009, 81–96.

COSACK 1977
E. Cosack, Das Kriegergrab von Hankenbostel aus der älteren Römischen Kaiserzeit. Studien zur Sachsenforschung 1, 1977, 35–47.

EGGERS 1949/50
H.-J. Eggers, Lübsow, ein germanischer Fürstensitz der älteren Kaiserzeit. Prähistorische Zeitschrift 34/35, 1949/50, 58–111.

ERDRICH 2000
M. Erdrich, Römische Germanienpolitik im 1. Jahrhundert n. Chr. In: L. Wamser, C. Flügel, B. Ziegaus (Hrsg.), Die Römer zwischen Alpen und Nordmeer: Zivilisatorisches Erbe einer europäischen Militärmacht. Mainz 2000, 193–196.

ERDRICH 2009
M. Erdrich, Konfrontation, Kooperation, Ignoranz? Rom und der Norden Europas nach den Markomannenkriegen. In: 2000 Jahre Varusschlacht – Konflikt. Stuttgart 2000, 162–169.

GEBÜHR 1974
M. Gebühr, Zur Definition älterkaiserzeitlicher Fürstengräber vom Lübsow Typ. Prähistorische Zeitschrift 49,

---

35 Zu den Befunden zählen 3 Langhäusern sowie 3 Nebengebäuden, 36 Grubenhäuser sowie Handwerksbereiche mit insgesamt 38 Rennfeueröfen, 9 Feuerstellen, 2 Lehmkuppelöfen und an die 440 Gruben und Grubenkomplexe, Lehmentnahmegruben und weit über 200 Pfostengruben.

36 Unter anderem aus einem dendrochronologisch datierten Grubenhaus (Probe mit Fälldatum um/nach 225 n. Chr.). NÜSSE 2012.

37 HARCK 2000. NÜSSE 2007, 104–109.

38 GOETZE 1987, 158.

GOETZE 1987
> B.-R. Goetze, Die Fürstengräber von Marwedel. Die Kunde NF 38, 1987, 151–160.

HARCK 2000
> O. Harck, Siedlungsfunde bei den „Fürstengräbern" von Marwedel, Kreis Lüchow-Dannenberg. In: Studia Antiquaria [Festschr. N. Bantelmann]. Universitätsforschungen zur prähistorischen Archäologie 63. Bonn 2000, 150–158.

HEGEWISCH 2001
> M. Hegewisch, Bodenlose Siebgeräte. Zur Deutung einer Gerätegattung. Veröffentlichungen zur brandenburgischen Landesarchäologie 35, 2001 (2004), 73–83.

KELLER 1974
> E. Keller, Zur Chronologie der jüngerkaiserzeitlichen Grabfunde aus Südwestdeutschland und Nordbayern. In: H. Kossack, G. Ulbert (Hrsg.), Studien zur vor- und frühgeschichtlichen Archäologie [Festschr. J. Werner]. Münchner Beiträge zur Vor- und Frühgeschichte, Ergänzungsband 1:I. München 1974, 247–291.

KOSSACK 1974
> G. Kossack, Prunkgräber. Bemerkungen zu Eigenschaften und Aussagewert. In: H. Kossack, G. Ulbert (Hrsg.), Studien zur vor- und frühgeschichtlichen Archäologie [Festschr. J. Werner]. Münchner Beiträge zur Vor- und Frühgeschichte, Ergänzungsband 1:II. München 1974, 3–33.

KÖRNER 1952
> G. Körner, Marwedel II. Ein Fürstengrab der älteren römischen Kaiserzeit. Lüneburger Blätter 3, 1952, 34–67.

KRÜGER 1928
> F. Krüger, Das Reitergrab von Marwedel. Festblätter des Museumsvereins für das Fürstentum Lüneburg 1. Lüneburg 1928.

LAUX 1983
> F. Laux, Überlegungen zum Kopfputz der germanischen Damen im Niederelbegebiet und im übrigen freien Germanien. Studien zur Sachsenforschung 4, 1983, 213–221.

LAUX 1992
> F. Laux, Überlegungen zu den germanischen Fürstengräbern bei Marwedel, Gde. Hitzacker, Kr. Lüchow-Dannenberg. Bericht der Römisch-Germanischen Kommission 73, 1992, 314–376.

NÜSSE 2007
> H.-J. Nüsse, Geomagnetische Prospektion und archäologische Untersuchungen bei den „Fürstengräbern" von Marwedel, Ldkr. Lüchow-Dannenberg. Praehistorische Zeitschrift 82, 2007, 85–113.

NÜSSE 2008
> H.-J. Nüsse, Untersuchungen zur Besiedlung des Hannoverschen Wendlands von der jüngeren vorrömischen Eisen- bis zur Völkerwanderungszeit. Neue Ausgrabungen und Forschungen in Niedersachsen 26, 2008.

NÜSSE 2012
> H.-J. Nüsse, Marwedel – Neue Ergebnisse zu den Ausgrabungen eines kaiserzeitlichen Fürstensitzes. TÜVA Mitteilungen 13, 2012, 69–83.

PESCH 2011
> A. Pesch, Gehörnte Pferde, Elitenkommunikation und synthetische Tradition am Beginn germanischer Bildkunst. In: B. Ludowici, H. Pöppelmann (Hrsg.), Das Miteinander, Nebeneinander und Gegeneinander von Kulturen. Zur Archäologie und Geschichte wechselseitiger Beziehungen im 1. Jahrtausend n. Chr. Beiträge zum 56. Internationalen Sachsensymposiom. Neue Studien zur Sachsenforschung 2, 2011, 9–17.

SCHMID 2006
> P. Schmid, Die Keramikfunde der Grabung Feddersen Wierde (1. Jh. v. bis 5. Jh. n. Chr.). Probleme der Küstenforschung im südlichen Nordseegebiet 29. Feddersen Wierde 5. Oldenburg 2006.

STEUER 1982
> H. Steuer, Frühgeschichtliche Sozialstrukturen in Mitteleuropa. Abhandlungen der Akademie der Wissenschaften in Göttingen, Philologisch-Historische Klasse, Dritte Folge, 128. Göttingen 1982.

SCHUSTER 2010
> J. Schuster, Lübsow. Älterkaiserzeitliche Fürstengräber im nördlichen Mitteleuropa. Bonn 2010.

VOSS 2000
> H.-U. Voß, Das Fürstengrab 9/1995 von Hagenow in Mecklenburg-Vorpommern. In: L. Wamser, C. Flügel, B. Ziegaus (Hrsg.), Die Römer zwischen Alpen und Nordmeer: Zivilisatorisches Erbe einer europäischen Militärmacht. Mainz 2000, 197–200.

VOSS 2009
> H.-U. Voß, Eine frühe Dynastie in Mecklenburg. Fürstengräber der älteren Römischen Kaiserzeit von Hagenow. In: 2000 Jahre Varusschlacht – Konflikt. Stuttgart 2009, 352–355.

Die Keramik der Römischen Kaiserzeit der Siedlung Hitzacker-Marwedel, Ldkr. Lüchow-Dannenberg, am Beispiel der Grubenhäuser 23 und 48

von Julia Opitz

Der Siedlungsplatz Hitzacker-Marwedel, welcher sich südlich der Stadt Hitzacker befindet, wurde in den Jahren 2003 bis 2011 großflächig im Rahmen von Forschungsgrabungen archäologisch untersucht. Erste Ergebnisse dieser Untersuchungen sind bereits publiziert.[1]

In Rahmen der vorliegenden Festschrift zu Ehren von Prof. Dr. K.-H. Willroth kann nun erstmalig ein größerer Ausschnitt des Gefäßbestands dieses Fundorts präsentiert werden, wobei exemplarisch die Keramikinventare zweier Grubenhäuser vorgestellt werden sollen.[2]

Die Grubenhäuser 23 und 48

Beide Grubenhäuser sind Teil einer Konzentration von sechs eingetieften Nebengebäuden, die sich auf einer Geländekuppe unterhalb des „Scharfenbergs", auf dem die Marwedeler „Fürstengräber" entdeckt wurden, befinden.[3] Die Grubenhäuser 23 und 48 sind beide Ost-West-orientiert, jedoch unterscheiden sie sich hinsichtlich ihres Erhaltungszustandes stark. Grubenhaus 23 war gut erhalten, besaß eine Tiefe von 1 m und wies eine Größe von ca. 3,80 x 3,60 m auf.[4] Sowohl die Firstpfosten als auch die beiden nördlichen Eckpfosten (Tiefe von einem Eckpfosten: 42 cm) konnten im Befund nachgewiesen werden. Eine weitere Pfostenstandspur (Tiefe: 25 cm), sichtbar im Gebäudequerschnitt, konnte im Innenraum erkannt werden. Die Funktion dieses Pfostens erschloss sich aber bislang nicht.[5] Das Profil deutet mehrere Nutzungsphasen in Form von durchlaufenden dunklen Bändern an, die nach Nüsse jedoch nicht unbedingt als Laufhorizonte interpretiert werden müssen, sondern auch auf den Verfüllvorgang zurückzuführen sein könnten.[6]

Grubenhaus 48 hingegen war sehr schlecht erhalten und insgesamt nur schwer interpretierbar. Im Planum ließ der Befund eine Interpretation als Grubenhaus zu, auch wenn er mit einer Breite von ca. 2,8 m etwas schmaler ist als das Grubenhaus 23. Die Abgrenzung vom umgebenden Material war nicht einfach, weshalb die wahrscheinliche Länge des Grubenhauses bei 3,6 m liegt. Im Profil stellte sich die Sohle des Befundes als sehr uneben dar, so dass einige Bereiche eine Tiefe von weniger als 10 cm aufwiesen. Allerdings zeigten sich im Profil auch „Vertiefungen" von 40 cm.

Auch hinsichtlich der Menge des Fundmaterials unterschieden sich beide Grubenhäuser sehr. Während Grubenhaus 48 neben 48 Tierknochen hauptsächlich Keramikscherben (1.729 Scherben insgesamt; vgl. Tab. 1) aufwies, war Grubenhaus 23 wesentlich „fundreicher": Neben vier Spinnwirteln, kleinen Bronzefragmenten (vermutlich Reste einer Fibel), einer silbernen Haarnadel (Typ Beckmann Gruppe III, 48), einer eisernen Lanzenspitze sowie 4.683 Tierknochen wies Grubenhaus 23 eine beachtliche Anzahl von Keramikscherben auf (8.831 Scherben insgesamt; vgl. Tab. 1).[7]

Die Funktion der Grubenhäuser ist ungewiss, da weder die Befunde selbst noch das Fundmaterial Rückschlüsse auf die einstige Nutzung der Gebäude zuließen. Die Grubenhäuser müssen wahrscheinlich im Zusammenhang eines Gehöfts gesehen werden, bei dem sie als Nebengebäude für unterschiedliche Zwecke – im Sinne von „Multifunktionsbauten"[8] – dienten.

Die Keramik[9]
Forschungsstand

Bei der Einordnung der Gefäßindividuen der beiden Keramikinventare wurde auf die bestehende Typologie H.-J. Nüsses zur vorrömisch-eisenzeitlichen bis völkerwanderungszeitlichen Keramik zurückgegriffen.[10] Sie stellt momentan die aktuellste Grundlage innerhalb des Hannoverschen Wendlands – v. a. im Bezug auf die Typologie kaiserzeitlicher Keramik – dar. Aber auch in den unmittelbaren Nachbarregionen sind neuere Erkenntnisse zur römisch-kaiserzeitlichen Siedlungsforschung und ebenso zur Keramik zu

---

1 Becker 2009. Nüsse 2007; 2009; 2012.
2 Die Keramikinventare beider Grubenhäuser wurden neben weiteren Grubenhausinventaren im Rahmen meiner Magisterarbeit „Die Keramik der römischen Kaiserzeit der Siedlung Hitzacker-Marwedel, Lkr. Lüchow-Dannenberg, am Beispiel der Grubenhäuser 1, 2, 8, 23, 35 und 48" ausgewertet.
3 Vgl. Nüsse 2007, 93.
4 Nüsse 2007, 101–102.
5 Nüsse 2007, 102.
6 Nüsse 2007, 102–103. Da es sich nach Aussage der zuvor durchgeführten Bohrung um ein mächtiges, weitgehend einheitliches Verfüllpaket handelte, wurde bei der weiteren Bearbeitung darauf verzichtet, die Keramik nach Schichten zu trennen. Zur Datierung sind daher nicht einzelne Schichten, sondern nur das Gesamtinventar heranzuziehen.
7 Zu den Tierknochen siehe Becker 2009, 88.
8 Nüsse 2007, 103.
9 Hier fand nur eine Auswertung des Keramikgeschirrs statt. Eine Auswertung anderer keramischer Funde wurde nicht vorgenommen.
10 Nüsse 2008, 15–54.

▶ Tab. 1: Gesamtstatistik der Gefäßkeramik der Befunde 23 und 48.

	Scherben insgesamt	Gewicht (g)	Rand-scherben	Wand-scherben	Boden-scherben	Handhaben	Gefäß-individuen
Bef. 23	8.831	174.305	770	7.563	483	15	612
Bef. 48	1.729	19.826	185	1.475	66	3	105

verzeichnen. Besonders die Altmark erfährt seit 2005 durch die Arbeiten F. Galls eine neue Zuwendung hinsichtlich der Aufarbeitung von kaiserzeitlichen Gräberfeldern (Loitsche, Ldkr. Ohrekreis) und Siedlungen (Benkendorf, Chüttlitz, Klötze, Stappenbeck).[11] Gerade Galls Arbeit zu den „Siedlungen der Römischen Kaiser- und Völkerwanderungszeit in der westlichen Altmark" lässt enge, z. T. gleichartige typologische Entwicklungen hinsichtlich des römisch-kaiserzeitlichen Keramikmaterials zwischen westlicher Altmark und Hannoverschem Wendland erkennen.[12]

Nördlich des Hannoverschen Wendlands stellt C. Egers Arbeit „Die jüngere vorrömische Eisen- und römische Kaiserzeit im Luhetal (Lüneburger Heide)" die aktuellste Untersuchung zu dieser Region dar. Durch die erneute Aufarbeitung des Gräberfeldes von Putensen 1a und die Analyse von Siedlungsstellen im Luhetal ist eine gute Basis vorhanden, um überregionale Vergleiche, besonders zum Hannoverschen Wendland, anzustellen.[13]

Material

Von der großen Masse an Keramik (Tab. 1) wurden allein die Randscherben typologisch ausgewertet.[14] Da insgesamt der Erhaltungszustand der Keramik gut war (mäßiger Zerscherbungsgrad, kaum poröses Material, relativ große Randscherben), konnte ein Großteil der Scherben aus den beiden Befunden ausgewertet werden. Nach der Auslese von den nicht geeigneten Randscherben und dem Zusammensetzen der Gefäßindividuen konnten von Befund 23 insgesamt 612 und von Befund 48 insgesamt 105 Gefäßindividuen ausgewertet werden (Tab. 1).[15] Dennoch wiesen allerdings nur 10 Gefäße (Bef. 23: 8 Gefäßindividuen; Bef. 48: 2 Gefäßindividuen) ein komplettes Profil auf.

Eine detaillierte Darlegung der Materialstudien kann hier nicht erfolgen. Jedoch sollen die wesentlichen Merkmale kurz zusammengefasst werden: Die Keramik beider Grubenhäuser erscheint durchweg als hart gebrannt. Sie wurde von Hand hergestellt, die Verwendung einer Drehscheibe konnte nicht erkannt werden. Gebrauchsspuren wie Rückstände im Inneren der Gefäße oder Ab-nutzungserscheinungen konnten nachgewiesen werden. Die Keramik war hauptsächlich mit Granitgrus gemagert, nur wenige Gefäßindividuen wiesen eine Magerung aus Quarz auf. Hinsichtlich der Verarbeitung und der Korngrößenfraktionen[16] der Magerung konnte ganz klar eine feiner gearbeitete Keramik ausgesondert werden: Diese Feinkeramik wies eine feine bis fein-mittlere Magerung und eine polierte bis glänzend polierte Oberfläche auf. Desweiteren war sie dünnwandig (Wandstärken von 0,5–0,6 cm) und in der Regel reduzierend gebrannt. Außen- und Innenseite sind daher schwarz und oft hatte der Bruch ebenfalls eine dunkelgraue bis schwarze Farbe. Nur bei der Feinkeramik konnte somit eine intendierte Farbgebung wahrgenommen werden, während dies bei der übrigen, gröber gearbeiteten Keramik nicht der Fall war.

Typologie und Chronologie

Beide Befunde weisen gleiche Geschirrsätze – bestehend aus neun Gefäßformen und 23 Gefäßtypen – auf. Die Hauptformen, denen die Masse der bestimmbaren Gefäßindividuen angehörte, waren Töpfe, Schüsseln und Schalen.[17] Die 23 Gefäßtypen verteilen sich auf diese drei Hauptformen und sind somit neben Standfußgefäßen und Spitzhenkeltassen typochronologisch relevant. Die übrigen Gefäßformen, die beide Befunde aufweisen, also Teller (Taf. 2,17), Siebgefäße (Taf. 1,21) sowie Klein- (Taf. 1,20) und Sonderformen sind nicht weiter typochronologisch ansprechbar und werden deshalb im Weiteren nicht näher behandelt. Sie sind typische Bestandteile von Geschirrsätzen aus kaiserzeitlichen Siedlungskontexten.[18]

Fast die Hälfte der Gefäßindividuen (= 49 %) aus Bef. 23 konnte vollkommen bestimmt werden, also sowohl die Gefäßform als auch der Gefäßtyp. Bei 20 % der Gefäßindividuen gelang nur die Ansprache der Gefäßform und 31 % der Gefäßindividuen blieben unbestimmt. Bei Befund 48 konnten jeweils 38 % der Gefäßindividuen vollkommen bestimmt werden, 39 % waren nicht bestimmbar. Bei 23 % der Gefäßindividuen gelang nur die Ansprache der Gefäßform.

Neben der Typologie wurde auch auf Nüsses Chronologiesystem zurückgegriffen, in dem er ausgehend von seinem Siedlungsmaterial zehn

---

11 GALL 2005; 2012.
12 GALL 2012.
13 EGER 1999.
14 Von den Wand- und Bodenscherben wurden nur die verzierten Scherben statistisch aufgenommen.
15 Hierbei muss jedoch bedacht werden, dass die Fragmentierung der Keramik eine absolute Rekonstruktion der Zahl an Gefäßindividuen natürlich unmöglich macht, was generell bei Siedlungskeramik der Fall ist (GALL 2012, 65. NÜSSE 2008, 16).
16 Bei der Unterteilung der Korngrößenfraktionen wurde NÜSSE (2008, 16) gefolgt.
17 Die Bezeichnungen der Gefäßformen („Töpfe", „Terrinen", „Schalen") entsprechen hier und im Weiteren neutralen Bezeichnungen ohne Funktionszuschreibungen.
18 Vgl. GALL 2012, 71–87. NÜSSE 2008, 15–54.

(Zeit-)Horizonte bilden konnte, die er mit anderen Chronologiesystemen korrelierte.[19] Für das vorliegende Material sind Nüsses Horizonte 6 bis 8, welche der (älteren) Römischen Kaiserzeit entsprechen, relevant. Wie Nüsse selbst feststellte, lassen sich die Horizonte 6 bis 8 jedoch nur schwer chronologisch voneinander abgrenzen,[20] dabei stellt der Horizont 7/8 einen Übergang zwischen ausgehender älterer und beginnender jüngerer Römischer Kaiserzeit dar.[21]

Beide Grubenhäuser weisen „typische", dem elbgermanischen Kulturkreis zugehörige Keramikinventare der Römischen Kaiserzeit auf, wie Taf. 1 und 2 zeigen. Jedoch können Unterschiede im Typen- und auch Verzierungsspektrum beider Befunde wahrgenommen werden.

Befund 23 beinhaltet deutlich Keramiktypen, die der (fortgeschrittenen) älteren Römischen Kaiserzeit zugeordnet werden können. Dies verdeutlichen besonders die ungegliederten Topfformen Rautopf Typ 1 (Taf. 1,1) und Topf Typ 1, Var. 4 (Taf. 1,4) sowie Topf Typ 3 (Taf. 1,6), der der klassischen älterkaiserzeitlichen Terrine entspricht. Allen drei genannten Topfformen ist eine Datierung in die Horizonte 6 bis 7 (Rautopf Typ 1, Topf Typ 1, Var. 4) bzw. 6 bis 8 (Topf Typ 3) gemein. In den unmittelbaren Nachbargebieten werden ähnliche Datierungen angenommen, wie zum einen Galls ungegliederte Topftypen U 1 – U 3 aus der westlichen Altmark, die in etwa Rautopf Typ 1 entsprechen, zeigen.[22] Auch nach Eger treten die eingliedrigen Gefäße der Form Uslar V auf dem Gräberfeld von Putensen 1a ab Stufe B2 als Urnen auf, sind aber auch schon in der frühen Römischen Kaiserzeit im Siedlungsmaterial vorhanden.[23] Eine vorwiegend älterkaiserzeitliche Datierung scheint sich auch bei Topf Typ 3 in den Nachbargebieten zu bestätigen, wie die entsprechenden Typen T 1.1 oder auch T 1.3 aus der westlichen Altmark zeigen.[24] Die vergleichbaren Terrinen a bis c nach Eger datieren in die ältere Römische Kaiserzeit (Stufe Eggers B1–B2), wobei hinsichtlich der feineren Datierung teilweise Vorsicht geboten ist, wie Nüsse klarstellte.[25]

Desweiteren zeigt Topf Typ 1, Var. 4 mit seiner flächigen Fingertupfenzier eine typische, in diesen Zeitraum einzuordnende Verzierung: Denn gerade flächige Verzierungen aus Fingertupfen- oder auch Fingernagelzier treten gehäuft in älterkaiserzeitlichen Fundzusammenhängen auf.[26] Ebenfalls typisch ist die Kammstrichverzierung, die vor allem Topf Typ 3 vermehrt aufweist. Dabei tritt auch bogenförmiger Kammstrich auf, welcher in der Forschung allgemein als älterkaiserzeitlich angesehen wird.[27] Eine weitere Topfform dieses Zeitabschnitts ist der Henkeltopf Typ 1, Var. 2 (Taf. 1,8), der ebenfalls manchmal kammstrichverziert sein kann.

Typische älterkaiserzeitliche Schüsselformen aus Befund 23 sind zum einen die verzierungslose Schüssel Typ 1, Var. 2[28] (Taf. 1,16) und zum anderen die mit Rollrädchenzier versehene Schüssel Typ 1, Var. 3 (Taf. 1,17), welche auch im Grab I von Marwedel der Stufe Eggers B2 nachgewiesen werden konnte (Abb. 1). Gerade die Rollrädchenverzierung ist besonders typisch für den elbgermanischen Bereich und charakteristisch für den älteren Abschnitt der Römischen Kaiserzeit.[29] Für die meist großen und geschlickerten Schüsseln Typ 3 deutet sich ebenfalls ein älterkaiserzeitlicher Horizont an, auch wenn Nüsse eine Eingrenzung auf einen bestimmten Horizont nicht gelang.[30]

Die ungegliederten Topfformen wie der verzierungslose Topf Typ 1 (Taf. 1,3) und der kammstrichverzierte Topf Typ 1, Var. 6 (Taf. 1,5) sind Typen mit Laufzeiten von der älteren bis in die jüngere Römische Kaiserzeit/beginnende Völkerwanderungszeit (Horizont 6–9). Beide sind ebenfalls Teil des Keramikinventars von Befund 23. Der gegliederte Rautopf Typ 2b, Var. 2 (Taf. 1,2) weist dagegen eine Laufzeit (Horizont 3–7) auf, die bis in die Vorrömische Eisenzeit hineinreicht.[31] Dieser Typ war mit 42 Individuen nach Rautopf Typ 1 (79 Gefäßindividuen) am zweithäufigsten nachweisbar. Ihre Häufigkeit kann wahrscheinlich durch die Nutzung als Vorratsgefäße erklärt werden.

Neben diesen vorwiegend in die ältere Römische Kaiserzeit datierenden Formen treten in Befund 23 jedoch auch Typen auf, die in den Übergangshorizont 7/8 datieren. Dies sind v. a. Schalen wie Schale Typ 1, Var. 1 (Taf. 1,9), Schale Typ 1, Var. 2 (Taf. 1,10) sowie Schale Typ 6 (Standfußschale; Taf. 1,11), die der oben genannten Feinkeramik zugeordnet werden können. Ähnliche Datierungen finden sich in der westlichen Altmark bei Galls Schale S 2, die der Schale Typ 1,

▲ *Abb. 1: Marwedel Grab I, Keramikbeigaben. M. 1:4 (nach Laux 1992, 342 Abb. 17).*

---

19 Nüsse 2008, 65 Tab. 3.
20 Nüsse 2008, 64; 66–67.
21 Der Übergangshorizont 7/8 entspricht der Stufe B2/C1. Gerade dieser Übergang zwischen älterer und jüngerer Römischer Kaiserzeit wird in der Forschung zunehmend als kontinuierlicher Prozess statt als Bruch begriffen (Gall 2012, 21. Godłowski 1970, 90–100).
22 Gall 2012, 78. Allerdings weisen die Typen U 1 und U 2 eine lange Laufzeit von der älteren bis in die jüngere Römische Kaiserzeit auf.
23 Eger 1999, 30; 169–170.
24 Gall 2012, 80.
25 Nüsse 2008, 28. Hinsichtlich Terrine aII, die Eger in die Stufe Eggers B1 stellt, scheint eine spätere Datierung in Stufe B2 ebenfalls möglich zu sein. Nüsse zeigt dies anhand der Datierung von vergesellschafteten Trompetenfibeln (Almgren IV, 76–84) auf.

26 Gall 2012, 66.
27 Gall 2012, 65. Nüsse 2002, 133; 2008, 19.
28 Auch in der westlichen Altmark konnte Gall ein vermehrtes Auftreten seines Schüsseltyps Sü 2 (= Schüssel Typ 1, Var. 2) in der älteren Römischen Kaiserzeit verzeichnen.
29 Nüsse 2002, 133.
30 Nüsse 2008, 46.
31 Eine ebenso lange Laufzeit weist Schüssel Typ 1 auf, der in beiden Befunden sehr häufig vorkam (Taf. 1,14; 2,11).

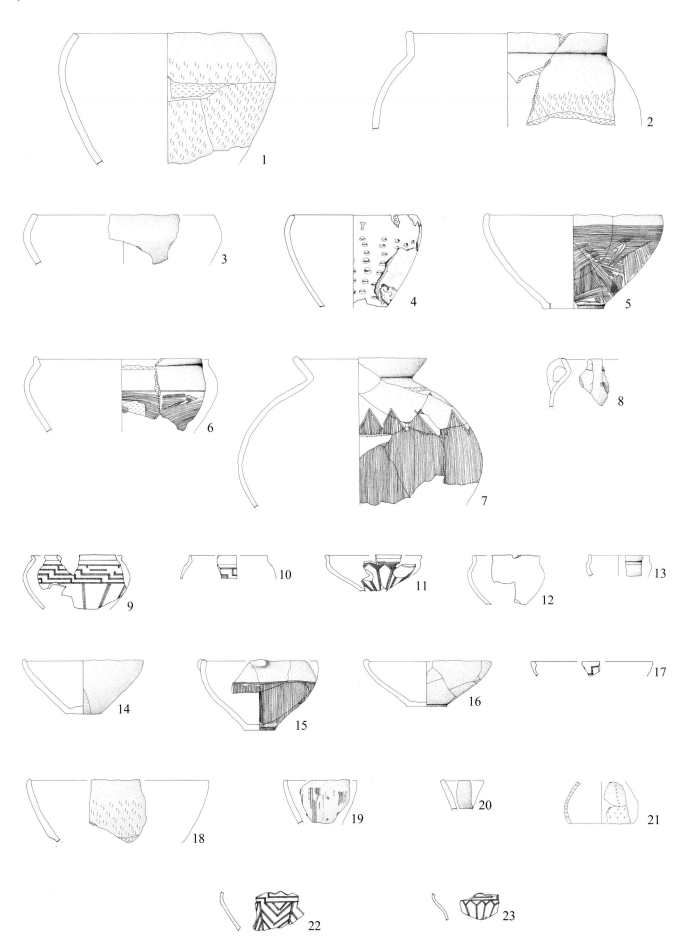

▲ Taf. 1: Befund 23. Gefäßformen und -typen (1-21); verzierte Wandscherben (22-23). M. 1:6.
Zeichnungen: 4, 9–12, 17, 22–23 A. Karlsen; 1–3, 5–8, 13–16, 18–21 J. Opitz.

Die Keramik der Römischen Kaiserzeit

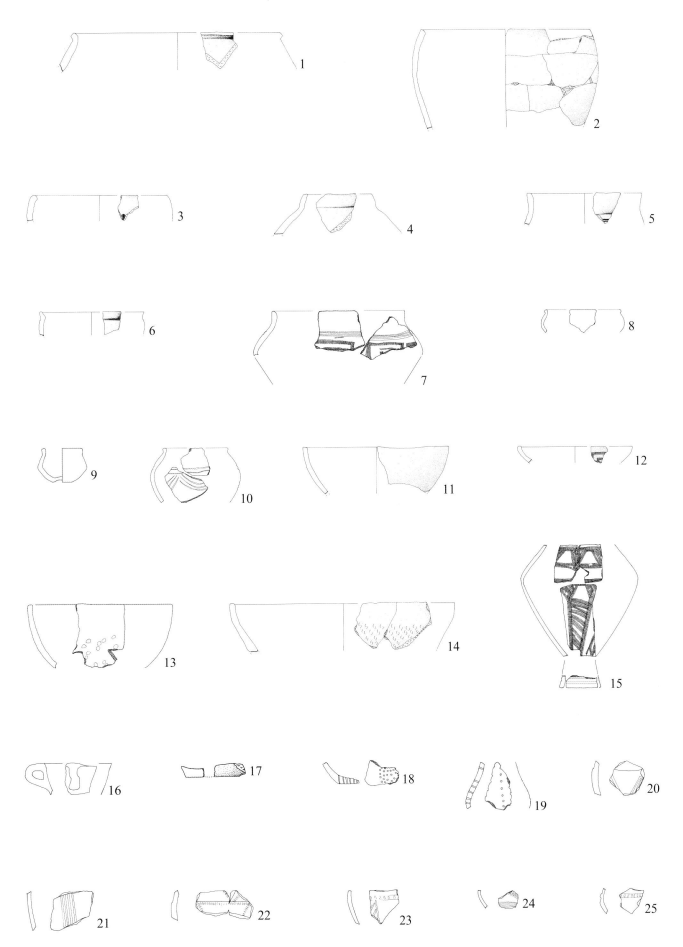

▲ Taf. 2: Befund 48. Gefäßformen und -typen (1-17); Sieb-, Boden- und Wandscherbe (18–19); verzierte Wandscherbe. M. 1:6.
Zeichnungen: 7–10, 13, 15–16, 18–25 A. Karlsen; 1–6, 11–12, 17 J. Opitz.

Var. 1 entspricht und nach B2/C1 datiert, oder bei Galls Topftyp T 1.2, der in etwa Schale Typ 1, Var. 2 entspricht und bei dem sich eine Datierung bis nach C1 andeutet.[32] Im Luhetal datieren die Terrinen aII[33] bis c, die in etwa Schale Typ 1, Var. 1 und 2 entsprechen, in die Stufen B2.[34] Schale Typ 1, Var. 1 und Schale Typ 1, Var. 2 weisen sehr häufig Rollrädchenverzierung auf (vgl. Taf. 1,9–10).[35] Dabei können als charakteristischer Dekor der gesamten älteren Römischen Kaiserzeit besonders Stufenmuster in Verbindung mit Kelchstabornamentik beobachtet werden (Taf. 1,11.23)[36]. Schale Typ 6 („Standfußschale") besitzt meistens einen unverzierten Standfuß; generell werden Standfüße „[…] in die frühe Römische Kaiserzeit bis in die Übergangszeit zur späten Römischen Kaiserzeit, also schwerpunktmäßig in die Stufen B2 und B2/C1 […]" datiert.[37] Ebenfalls in den Übergangshorizont 7/8 datieren auch Spitzhenkeltassen,[38] die jedoch nur in geringem Maße in Befund 23 vertreten sind.

Auch neue Gefäßtypen, die in Nüsses Typologie nicht definiert wurden, konnten erkannt werden. Da sie mit den jüngsten Gefäßtypen, also den eben beschrieben Schalen des Typs 1, Var. 1 und 2 im Befund vergesellschaftet waren, scheint eine Datierung in den Übergangshorizont 7/8 für angebracht. Allerdings können dabei längere Laufzeiten, insbesondere in den vorangehenden Horizonten, nicht ausgeschlossen werden.

Zuerst seien hier zwei neue Schalentypen genannt, zum einen die verzierungslose Schale Typ 7, Var. 1[39] (Taf. 1,12), zum anderen die ebenfalls unverzierte Schale Typ 8 (Taf. 1,13). Schale Typ 7, Var. 1 mit ihrem kurzen, aufgestelltem Rand und dem insgesamt gerundeten Profilverlauf weist noch deutliche Bezüge zu Schale Typ 1, Var. 1 auf.[40] Schale Typ 8 zeichnet sich ebenfalls durch einen aufgestellten Rand aus, jedoch grenzt sie sich von den übrigen Schalentypen durch die gerade Schulter ab. Auch der Umbruch ist mehr kantig als gerundet ausgeprägt.

Neben diesen beiden neuen Schalentypen tritt in Befund 23 ein neuer Schüsseltyp mit meist unregelmäßig angebrachtem Kammstrich auf, Schüssel Typ 1, Var. 1b (Taf. 1,15). Dieser Typ stellt eine Erweiterung von Nüsses Schüssel Typ 1, Var. 1 dar, da dieser nur Schüsseln mit Bogenkammstrich umfasste.[41]

Topf Typ 9, Var. 2 (Taf. 1,7) stellt eine Erweiterung von Nüsses Topf Typ 9 dar, welcher nach Nüsse dem von Tischler herausgestellten Typus des „Dreiknubbentopfes" entspricht.[42] Anhand des Materials bot es sich an, Topf Typ 9 in eine ältere (Var. 1) und eine jüngere Variante (Var. 2) zu differenzieren.[43] Nur die Var. 2 war im Material aus Befund 23 vertreten. Dieser Typ zeichnet sich v. a. durch seine Engmundigkeit aus, durch welche sich Topf Typ 9, Var. 2 von den weitmundigen Terrinen (Topf Typ 3) unterscheidet. Auch durch seinen kugeligen Gefäßkörper grenzt er sich von den Terrinen ab. Der trichterförmige, langgezogene Rand ist ein weiteres Merkmal dieses Typs.[44] Zudem wird der Randansatz durch eine horizontale plastische Leiste betont, was bei späten Dreiknubbentöpfen oft der Fall ist.[45] Desweiteren ist das vorliegende Gefäß (Taf. 1,7) mit vertikalem Kammstrich verziert, der relativ sauber ausgeführt wurde, und nach oben hin durch eine Zickzack-Rille begrenzt wird. Trotz ihres Namens weisen die späteren Formen der Dreiknubbentöpfe keine schulterständigen Knubben mehr auf,[46] was auch hier der Fall ist. Weder in der Altmark noch im Luhetal treten Dreiknubbentöpfe dieses Typs auf. Im Hannoverschen Wendland konnte Nüsse in Rebenstorf, Ldkr. Lüchow-Dannenberg, einen Dreiknubbentopf aussondern, den er in die ältere Römische Kaiserzeit datierte.[47] Das Auftreten der Dreiknubbentöpfe weist somit auf einen Fremdeinfluss, hier also einen holsteinischen Einfluss hin, wie ihn auch Nüsse für sein Material erkannte.[48]

Das Keramikinventar von Befund 23 steht zwar durch Typen wie Rautopf Typ 1, Topf Typ 1, Var. 4 sowie Topf Typ 3 durchaus noch in älterkaiserzeitlicher Tradition. Auch wird dies durch älterkaiserzeitliche Verzierungsformen wie dem bogenförmigen Kammstrich und der Rollrädchenverzierung – dabei das Stufenmuster und

---

32 Gall 2012, 80–81.

33 Hier muss die schon bei Topf Typ 3 erwähnte Kritik Nüsses an der zeitlichen Einordnung Egers Terrine aII beachtet werden (vgl. Anm. 9).

34 Eger 1999, 22–24. Die Unterschiede in der Terminologie zwischen „Terrine", „Topf" und „Schale" werden hier besonders deutlich und erschweren z. T. die Vergleichbarkeit der unterschiedlichen Typologien.

35 Sowohl zwei-, drei-, vier- als auch mehrzeilig abgerollte Rädchenverzierungen konnten im vorliegenden Material aus Befund 23 und 48 nachgewiesen werden. Die Verzierungen wurden durch ein zwei- oder dreizinkiges Rollrädchen erzeugt. Ein vierzinkiges Rollrädchen konnte nicht nachgewiesen werden.

36 Vgl. Eger 1999, 108–110.

37 Gall 2012, 70.

38 Vgl. Nüsse 2008, 46.

39 Dieser Typ stellt eine weitere Differenzierung von Nüsses Schale Typ 7 dar (vgl. Nüsse 2008, 43–44).

40 Vgl. Nüsse 2008, 44.

41 Nüsse 2008, 45. Dieser Typ wird nun unter Schüssel Typ 1, Var. 1a weiter geführt.

42 Nüsse 2008, 33. Tischler 1937, 17–20.

43 Dies entspricht sowohl den Beobachtungen Rangs-Borchling (1963, 42–43) als auch Michels (2005, 48–49; 52–53), die beide ebenfalls ältere und jüngere Formen des Dreiknubbentopfes beobachten konnten. Aber auch schon Tischler (1937, 17–18) beschrieb die Wandlungen dieses Topfes vom Ende der Vorrömischen Eisenzeit bis zur Römischen Kaiserzeit.

44 Vgl. Rangs-Borchling 1963, 43.

45 Nüsse 2008, 33. Rangs-Borchling 1963, 43.

46 Tischler 1937, 17. Vgl. Nüsse 2008, 33.

47 Nüsse 2008, 33.

48 Nüsse 2008, 56–57.

dessen Kombination mit dem Kelchstabornament – unterstrichen. Jedoch zeigen die Schalentypen 1, Var. 1 und 2, Schale Typ 6, Schale Typ 7, Var. 1 sowie besonders Schale Typ 8, dass Befund 23 in den Übergangshorizont 7/8 von älterer zu jüngerer Römischer Kaiserzeit einzuordnen ist.

Betrachtet man nun das Formenspektrum des Keramikinventars von Befund 48, so fällt auf, dass einige Typen nicht (mehr) vertreten sind. Dazu zählen Topf Typ 1, Var. 6 und Topf Typ 9, Var. 2. Besonders auffallend ist jedoch das Fehlen der klassischen älterkaiserzeitlichen Terrine, Topf Typ 3. Datiert wird dieser Befund durch die verzierungslose Schale Typ 7, Var. 2 (Taf. 2,8): Dieser Schalentyp weist nach Nüsse im Gegensatz zur schon beschriebenen älteren Var. 1 einen ausbiegenden Rand und zudem ein annähernd s-förmiges Profil auf.[49] Nüsse datierte diese „jüngere Variante" in die Horizonte 8 bis 9,[50] also in die jüngere Römische Kaiserzeit, wodurch auch Befund 48 in diesen Zeitraum zu stellen ist. Das Fehlen der älterkaiserzeitlichen Terrine unterstützt diese Datierung. Allerdings existieren auch in diesem Befund noch älterkaiserzeitliche Formen wie Rautopf Typ 1, Topf Typ 1, Var. 4 (Taf. 2,3) und Henkeltopf Typ 1, Var. 2 (Taf. 2,4) weiter. Ebenfalls sind ein Gefäßindividuum des Rautopfs Typ 2b, Var. 2 (Taf. 2,1) sowie ein fragmentiertes Standfußgefäß (Taf. 2,15) vorhanden. Ein Standfußgefäß konnte neben der genannten Schüssel Typ 1, Var. 3, die ebenfalls in Befund 48 vorhanden ist (Taf. 2,12), auch in Grab I von Marwedel nachgewiesen werden (Abb. 1). Allerdings unterscheiden sich beide Standfußgefäße sehr, wie vor allem beim Vergleich des Dekors beider Gefäße auffällt. Während der sauber ausgeführte Dekor des Grabgefäßes und auch seine Form klar in die ältere Römische Kaiserzeit zu stellen sind, scheint es sich bei dem unsauber, aber komplexer verzierten Standfußgefäß aus Befund 48 um eine jüngere Entwicklung zu handeln. Jedoch erschwert die starke Fragmentierung eine genauere typologische Differenzierung beider Gefäße. Das Standfußgefäß aus Befund 48 zeigt somit, dass mit Laufzeiten bis in die jüngere Römische Kaiserzeit bei diesem Gefäßtyp zu rechnen ist.[51] Da Schüssel Typ 1, Var. 3 aus Befund 48 ebenfalls stark fragmentiert ist, sind weitere Vergleiche mit dem Grabgefäß leider nicht möglich sind. Aber auch hier ist eine längere Laufzeit dieses Schüsseltyps bis in die jüngere Römische Kaiserzeit hinein wahrscheinlich. Das Fehlen des kammstrichverzierten Topfs Typ 1, Var. 6 muss durch die Fragmentierung erklärt werden, da die Grundform Topf Typ 1 durchaus belegt ist und ebenfalls kammstrichverzierte Wandscherben seine Existenz wahrscheinlich machen. Ebenfalls gelang der Nachweis einer Spitzhenkeltasse in diesem Befund.

Neben Schale Typ 7, Var. 2 konnten alle schon aus Befund 23 bekannten Schalentypen nachgewiesen werden (Taf. 2,5–9; außer Schale Typ 7, Var. 1).[52] Mit der Schale Typ 8 (Taf. 2,9) scheint sich die Entwicklung zu gedrungeneren Formen am Übergang zur jüngeren Römischen Kaiserzeit anzudeuten, wie sie einerseits Eger bei den Terrinen in Putensen beschrieb und andererseits v. a. in der Altmark bei der Entwicklung zur Schalenurne erkannt wurde.[53]

Eine Schalen-Sonderform (Taf. 2,10) muss hier genannt werden, die sich durch ihren kugelbauchigen Gefäßkörper, dem ein kurzer Rand aufsitzt, von den übrigen Schalentypen abgrenzt. Ihre Verzierung ist eine weitere Besonderheit, die aus zwei horizontalen Rillen und drei hängenden Bögen besteht. Es findet sich im vorliegenden Fundmaterial keine Parallele zu dieser Verzierung, auch im kaiserzeitlichen Fundmaterial aus dem Hannoverschen Wendland fehlt diese.[54] Parallelen begegnen dagegen im Raum Schleswig-Holstein, wo hängende Bögen oft als Verzierung verwendet wurden, ohne dabei für bestimmte Gefäßformen oder -typen spezifisch zu sein.[55] Es könnte sich somit hier um eine Fremdform handeln, die aus dem schleswig-holsteinischen Raum nach Marwedel gelangte, ähnlich wie Topf Typ 9, Var. 2 aus Befund 23.

Bei der Gesamtbetrachtung der Verzierungsmuster werden Unterschiede zwischen den beiden Keramikinventaren deutlich. Während Rillenmuster in Befund 23 kaum nachgewiesen werden können, treten sie in Befund 48 öfter auf (Taf. 2,5.20–21). Eine Verzierung, die in Befund 23 überhaupt nicht beobachtet werden konnte, waren plastische Leisten mit schräg-ovalen Eintiefungen (Taf. 2,22–25). Derartige Verzierungen sind auch aus anderen Befundzusammenhängen im Hannoverschen Wendland bekannt, die an das Ende der älteren und den Beginn der jüngeren Römischen Kaiserzeit einzuordnen sind, wie z. B. ein Befund aus Rebenstorf zeigt.[56] Dies unterstreicht die jüngerkaiserzeitliche Datierung des Befundes. Allerdings zeigen die Funde von Schalen des Typs 1, Var. 1 (Taf. 2,5) und 2 (Taf. 2,6), einer Schale Typ 8 (Taf. 2,9), Schüsseln der Typen 1, Var. 3 (Taf. 2,12) und 4 (2,13), einer Schüssel Typ 3 (Taf. 2,14) sowie der Fund eines Standfußgefäßes

---

49 Nüsse 2008, 44.
50 Nüsse 2008, 44.
51 Im Keramikmaterial der Feddersen Wierde datieren die Standfußgefäße und Trichterpokale ebenfalls jünger, d. h. in das 2. bis 3. Jahrhundert n. Chr. (Schmid 2006, 72–73).

52 Bei dem als Schale Typ 6 eingeordneten Gefäßindividuum ist die Einordnung unsicher, da es sich evtl. auch um ein Standfußgefäß handeln könnte.
53 Eger 1999, 29. Kuchenbuch 1938, 5. Leineweber 1998, 47. Gall 2005, 36–51.
54 Vgl. Nüsse 2008.
55 Vgl. Hegewisch 2008, 89–92. Michel 2005, Taf. 5,7–8,10–12.
56 Vgl. Nüsse 2002, Taf. 11,1–2.7.

(Taf. 2,15) und einer Spitzhenkeltasse (Taf. 2,16), dass Befund 48 noch in der Tradition der ausgehenden älteren Römischen Kaiserzeit steht, was ihn wiederum mit Befund 23 verbindet. Insgesamt bleibt festzuhalten, dass Befund 48 wohl an den Beginn der jüngeren Römischen Kaiserzeit zu stellen ist.

Zusammenfassung

Die typochronologische Auswertung der Keramikinventare der Befunde 23 und 48 ermöglichte somit v. a. eine nähere chronologische Ansprache eines Siedlungsausschnitts von Hitzacker-Marwedel. Zum einen konnte diese Auswertung zeigen, dass ein eindeutiger (zeitlicher) Bezug zu den „Fürstengräbern" von Marwedel hergestellt werden kann. Besonders Grab I von Marwedel weist mit Schüssel Typ 1, Var. 3 und dem Standfußgefäß Gefäßtypen auf, die auch in den vorliegenden Grubenhäusern nachgewiesen werden konnten.

Zum anderen zeigt sich, dass auch zu Beginn der jüngeren Römischen Kaiserzeit dort noch gesiedelt wurde. Wann die Siedlung aufgegeben wurde und auch in welchem Zeitraum ihr Beginn liegt, werden hoffentlich die weiteren Untersuchungen zeigen.

Literatur

BECKER 2009
C. Becker, Über germanische Rinder, nordatlantische Störe und Grubenhäuser – Wirtschaftsweise und Siedlungsstrukturen in Hitzacker-Marwedel. Beiträge zur Archäozoologie und Prähistorischen Anthropologie 7, 2009, 81–96.

EGER 1999
C. Eger, Die jüngere vorrömische Eisen- und römische Kaiserzeit im Luhetal (Lüneburger Heide). Internationale Archäologie 56. Rahden/Westf. 1999.

GALL 2005
F. Gall, Zwei Gräberfelder vom Roten Berg bei Loitsche, Ldkr. Ohrekreis. Beiträge zur späten Römischen Kaiser- bis Völkerwanderungszeit und zur späten Bronze- bis frühen Eisenzeit im Mittelelbegebiet. Veröffentlichungen des Landesamtes für Denkmalpflege und Archäologie Sachsen-Anhalt 59. Halle/S. 2005.

GALL 2012
F. Gall, Siedlungen der Römischen Kaiser- und Völkerwanderungszeit in der westlichen Altmark. Ausgehend von den Siedlungen bei Benkendorf, Chüttlitz, Klötze und Stappenbeck. Veröffentlichungen des Landesamtes für Denkmalpflege u. Archäologie Sachsen-Anhalt 65. Halle/S. 2012.

GODŁOWSKI 1970
K. Godłowski, The chronology of the Late Roman and Early Migration periods in Central Europe. Prace Archeologiczne 11. Kraków 1970.

HEGEWISCH 2008
M. Hegewisch, Zwischen Skandinavien und Mähren. Zum Verbreitungsbild der jüngerkaiserzeitlichen Westmecklenburgisch-Ostholsteinischen Formengruppen. In: J. Bemmann, M. Schmauder (Hrsg.), Kulturwandel in Mitteleuropa, Langobarden – Awaren – Slawen. Kolloquien zur Vor- und Frühgeschichte 11. Bonn 2008, 89–126.

KUCHENBUCH 1938
F. Kuchenbuch, Die altmärkisch-osthannöverschen Schalenurnenfelder der spätrömischen Zeit. Jahresschrift für die Vorgeschichte der sächsisch-thüringischen Länder 27, 1938, 1–143.

LAUX 1992
F. Laux, Überlegungen zu den germanischen Fürstengräbern bei Marwedel, Gde. Hitzacker, Kr. Lüchow-Dannenberg. Berichte der Römisch-Germanischen Kommission 73, 1992, 316–376.

LEINEWEBER 1997
R. Leineweber, Die Altmark in spätrömischer Zeit. Veröffentlichungen des Landesamtes für Denkmalpflege und Archäologie Sachsen-Anhalt 50. Halle/S. 1997.

MICHEL 2005
T. Michel, Studien zur Römischen Kaiserzeit und Völkerwanderungszeit in Holstein. Universitätsforschungen zur prähistorischen Archäologie 123. Bonn 2005.

NÜSSE 2002
H.-J. Nüsse, Die kaiser- und völkerwanderungszeitliche Siedlung bei Rebenstorf, Ldkr. Lüchow-Dannenberg. Aspekte der Besiedlungsgeschichte des Öring im südlichen Hannoverschen Wendland. Neue Ausgrabungen und Forschungen in Niedersachsen 23, 2002, 125–229.

NÜSSE 2007
H.-J. Nüsse, Geomagnetische Prospektion und archäologische Untersuchungen bei den Fürstengräbern von Marwedel, Ldkr. Lüchow-Dannenberg – Ein Zwischenbericht. Praehistorische Zeitschrift 82:1, 2007, 85–113.

NÜSSE 2008
H.-J. Nüsse, Untersuchungen zur Besiedlung des Hannoverschen Wendlands von der jüngeren vorrömischen Eisen- bis zur Völkerwanderungszeit. Neue Ausgrabungen und Forschungen in Niedersachsen 26, 2008, 9–386.

NÜSSE 2009
H.-J. Nüsse, Alltägliches und Nichtalltägliches bei den „Fürsten von Marwedel". Archäologie in Niedersachsen 12, 2009, 52–54.

NÜSSE 2012
H.-J. Nüsse, Marwedel – Neue Ergebnisse zu den Ausgrabungen eines kaiserzeitlichen ‚Fürstensitzes'. TÜVA Mitteilungen 13, 2012, 69–83.

RANGS-BORCHLING 1963
A. Rangs-Borchling, Das Urnengräberfeld von Hornbeck in Holstein. Offa-Bücher 18. Neumünster 1963.

SCHMID 2006
P. Schmid, Die Keramikfunde der Grabung Feddersen Wierde (1. Jh. v. bis 5. Jh. n. Chr.). Probleme der Küstenforschung 29. Feddersen Wierde 5. Oldenburg 2006.

TISCHLER 1937
F. Tischler, Fuhlsbüttel, ein Betrag zur Sachsenfrage. Forschungen zur Vor- u. Frühgeschichte aus dem Museum vorgeschichtlicher Altertümer Kiel 4. Neumünster 1937.

Der kaiser- und völkerwanderungszeitliche Siedlungsplatz Groß Meckelsen, Ldkr. Rotenburg (Wümme) – Bedeutung und Perspektiven seiner Erforschung

von Jan Bock

Einleitung

Im Sommer 2012 bewilligte das Niedersächsische Ministerium für Wissenschaft und Kultur im Rahmen seines Förderprogramms PRO*Niedersachsen ein weiteres Forschungsvorhaben, das unter der Federführung von Prof. Dr. Karl-Heinz Willroth beantragt worden war: Das Projekt »Genese, Struktur und Entwicklung der kaiserzeitlichen und völkerwanderungszeitlichen Siedlung Groß Meckelsen, Ldkr. Rotenburg (Wümme)«. Als Mitantragsteller zeichneten Prof. Dr. Hauke Jöns (Niedersächsisches Institut für historische Küstenforschung, Wilhelmshaven) und Dr. Stefan Hesse (Kreisarchäologie Rotenburg [Wümme]) verantwortlich; für die Bearbeitung des Vorhabens ist seit Beginn des Projektes im August 2012 der Verfasser als wissenschaftlicher Mitarbeiter an der Universität Göttingen beschäftigt, der mit diesem Thema zugleich seine Promotion anstrebt.

Der Projektantrag vermochte sicherlich wesentlich dadurch zu überzeugen, dass er nicht »nur« die Aufarbeitung einer weiteren Altgrabung zum Gegenstand hatte. Vielmehr eröffnete er die Aussicht auf die Analyse einer vollständig freigelegten und dokumentierten Siedlung der Römischen Kaiserzeit und Völkerwanderungszeit unter Ausgangsbedingungen, wie sie nur selten gegeben sind. Die als erstes Alleinstellungsmerkmal vorrangig zu nennende komplette Erfassung des Siedlungsareals ging hier einher mit günstigen archäologischen und naturräumlichen Ausgangsbedingungen – infolgedessen mit einer z. T. ungewöhnlich guten Erhaltung der Funde und Befunde – sowie einer umfassenden Dokumentation und einem weitsichtigen methodischen Vorgehen im Zuge der langjährigen Ausgrabungen. Gleichwohl erfolgte bis dato keine Auswertung und die umfangreichen Grabungsergebnisse gelangten bislang nur in Form kurzer Vor- und Tätigkeitsberichte[1] und weniger zusammenfassender Darstellungen[2] bzw. der Vorlage eines herausragenden römischen Fundes[3] zur Veröffentlichung.

Das sich durch diese Voraussetzungen bietende enorme Erforschungspotential zu skizzieren und mit einigen perspektivischen Überlegungen zu verknüpfen, sei daher ausnahmsweise bereits zu diesem frühen Stadium der Auswertung erlaubt – verbunden mit der Hoffnung, ein wenig die Begeisterung hierfür vermitteln zu können, wie sie beim Jubilar wie auch bei den Co-Antragstellern und Verfasser geweckt werden konnte, und (selbstverständlich) mit der Einschränkung behaftet, dass einige Angaben noch als vorläufig angesehen werden müssen.

Entdeckung und Ausgrabung

Der Fundplatz Groß Meckelsen (FStNr. 28), Ldkr. Rotenburg (Wümme), liegt im zentralen Elbe-Weser-Dreieck (Abb. 1) nahe dem Ort Sittensen und unmittelbar an der Bundesautobahn A1 (Hamburg – Bremen), die das Siedlungsareal in seinem nordwestlichen Ausläufer durchschneidet. Er befindet sich, in leicht erhöhter Lage, am Zusammenfluss des Baches Ramme mit der Oste, womit die Siedlung über den Wasserweg an die Elbe und an die Nordsee angebunden war. Der Platz wurde erst 1980 aufgrund von Oberflächenfunden entdeckt, was der damalige Kreisarchäologe W.-D. Tempel zunächst zum Anlass für einen Suchschnitt und 1986 für eine Probegrabung nahm.[4] Aufgrund der ersten Ergebnisse wurden zwischen 1987 und 2002 umfassende und planmäßige Ausgrabungen in jährlichen Kampagnen von jeweils mehreren Monaten Dauer vorgenommen, erwies sich der Fundplatz doch bereits jetzt als von »*einer besonders guten Erhaltung [...], wie man sie heute kaum noch antrifft. Das war der Grund, diesen*

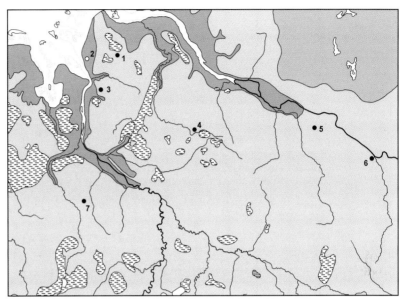

▲ *Abb. 1: Lage der Siedlung Groß Meckelsen und anderer kaiserzeitlicher Siedlungen im Elbe-Weser-Dreieck: 1 Feddersen Wierde, 2 Flögeln-Eekhöltjen, 3 Loxstedt-Littstücke, 4 Groß Meckelsen, 5 Rullstorf, 6 Hitzacker-Marwedel, 7 Mahlstedt-Winkelsett. Grafik: J. Bock.*

---

1 Nowatzyk 1987. Gardner-McTaggart/Tempel 1988. Tempel 1987ff.
2 Tempel 2003; 2004.
3 Tempel/Steuer 1999. Siehe auch Erdrich 2002, 161.
4 Tempel 1987, 255. Gardner-McTaggart/Tempel 1988, 110.

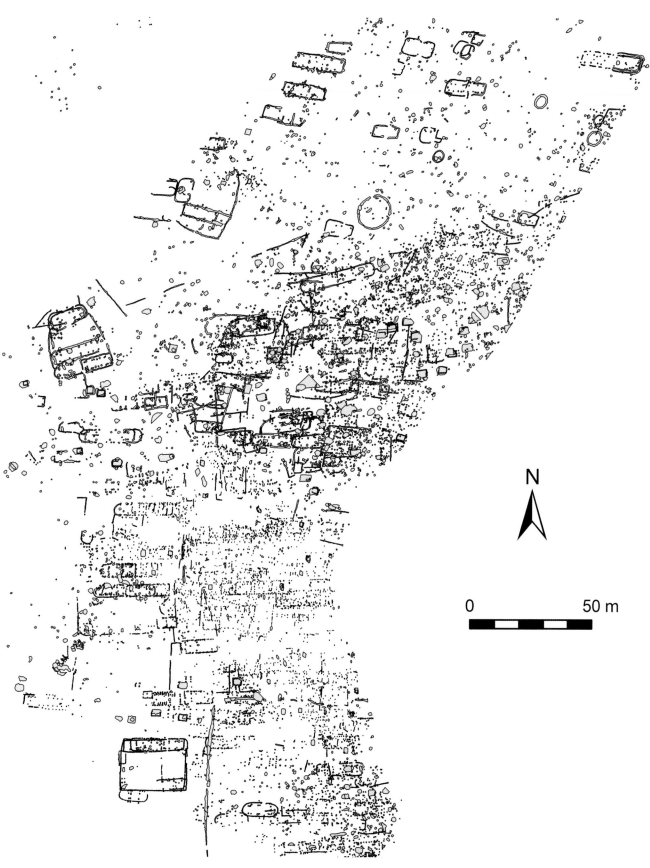

▲ Abb. 2: Plan der Siedlung Groß Meckelsen (Kreisarchäologie Rotenburg [Wümme]).

Platz so vollständig wie möglich auszugraben«.[5] Anlässlich des sechsspurigen Ausbaus der A1 und der Anlage eines Regenrückhaltebeckens erfolgten 2011 ergänzende Untersuchungen durch die Firma Arcontor.

Im Zuge der Ausgrabungen durch die Kreisarchäologie wurden über 57.000 m² Fläche freigelegt und archäologisch untersucht. Damit wurden über 90 % des Siedlungsareals erfasst, das entlang

---

5 TEMPEL 2004, 430.

seines östlichen Verlaufs durch das Steilufer der Rammeniederung und im Nordosten durch einen kleinen, heute aufgestauten Bach begrenzt wird. Aus der Menge der Befunde lassen sich bereits auf dem Grabungsplan (Abb. 2) zahlreiche Strukturen, Hausgrundrisse, z. T. auch ganze Gehöfteinheiten erkennen, darunter etwa 100 Langhäuser und etwa 100 Grubenhäuser sowie Nebengebäude wie Speicher. Unter den Befunden technischer Anlagen sind die weit über 300 Rennfeueröfen mit Schlackengrube hervorzuheben, neben denen aber auch bereits andere, wie beispielsweise Kalkbrennöfen[6], identifiziert werden konnten.

Die archäologischen und naturräumlichen Voraussetzungen

Unter den archäologischen Voraussetzungen für die Auswertung ist zuvörderst die nahezu vollständige Erfassung und Untersuchung des Siedlungsareals anzuführen. Begünstigt wird diese durch die vor Überschwemmung geschützte Höhenlage von etwa 25–30 m NN und darüber hinaus durch den Umstand, dass das Gelände – abgesehen von der A1 – nie überbaut worden ist[7] und dass bei seiner landwirtschaftlichen Bewirtschaftung bis zum Abschluss der Grabungen glücklicherweise noch keine tief greifenden Maschinen eingesetzt worden sind. Dies schlug sich in einer z. T. ungewöhnlich guten Erhaltung der Befunde und der Funde nieder, insbesondere in einem außerordentlich geringen Zerscherbungsgrad der Keramik. Neben zahlreichen vollständig erhaltenen bzw. rekonstruierbaren Gefäßen aus allen Bereichen der Siedlung konnte aus einer Vorratsgrube ein größerer Satz vollständiger Gefäße geborgen werden (Abb. 3). Neben den organischen Funden, die naturgemäß in den Sandböden der Geest wenig Aussicht auf Erhaltung haben, hatten allerdings auch die Metallfunde offenkundig stark unter dem Einsatz von Düngemitteln zu leiden gehabt und sich nur noch vereinzelt erhalten.[8] Die auch überregionale Relevanz der erhaltenen und abgrenzbaren Hausgrundrisse von Groß Meckelsen wird bereits in quantitativer Hinsicht deutlich, wenn man sie, nur in Gestalt der etwa 100 bereits zu diesem Zeitpunkt erkennbaren Langhäuser, der Gesamtzahl der bekannten, ebenerdig angelegten Hausgrundrisse aus der Germania magna gegenüberstellt. J. Brabandt konnte gut 900 aus Deutschland, den Niederlanden und Dänemark zusammentragen.[9]

▲ *Abb. 3: Keramikgefäßsatz aus einer Vorratsgrube. Ohne Maßstab (Kreisarchäologie Rotenburg [Wümme]).*

H.-J. Nüsse vermochte jüngst für seine Habilitation immerhin bereits rund 2.000 Grundrisse von kaiserzeitlichen und frühvölkerwanderungszeitlichen Wohngebäuden zugrunde zu legen.[10] Nur angerissen sei hier das breite Spektrum der Groß Meckelsener Hausformen, das von kleinen, einschiffigen Gebäuden über komplexe, dreischiffige Wohn-Stall-Häuser bis zu eingliedrigen Häusern mit abgerundeten Breitseiten reicht. Schließlich war das Gefüge der Siedlung während seiner Historie von mehreren Jahrhunderten geprägt von der Mobilität seiner Wirtschaftseinheiten. Infolge der Verlegung von einzelnen Wohnstallhäusern und Gehöften verschob sich sukzessive die ganze Siedlung und hinterließ weite Bereiche mit keinen oder nur wenigen Überschneidungen, wodurch sich die Zuordnung zusammenhängender, meist nur ein- oder zweiphasiger Baustrukturen nun verhältnismäßig einfach darstellt. Erhaltene Befunde von Umzäunungen erleichtern zusätzlich von vornherein die Abgrenzung einiger Gehöfte.

Methodische Voraussetzungen

Es ist von Glück zu sagen, dass angesichts dieser guten Voraussetzungen auch die Vorgaben der Grabungsmethodik von vornherein auf ein angemessen hohes Niveau angesetzt wurden. Ein weitsichtiges methodisches Vorgehen seinerzeit, dessen beträchtlicher zusätzlicher Aufwand im Rahmen einer Rettungsgrabung niemals zu leisten gewesen wäre, hat für die Auswertung heute zusätzlich günstige Voraussetzungen geschaffen.

Von Beginn der systematischen Flächengrabungen an wurde auf die umfassende Dokumentation Wert gelegt, die für jeden Befund jeweils beschreibend, zeichnerisch und fotografisch erfolgte. Im

---

6 Uschmann 2006, Kat.-Nr. 119.
7 Auf den historischen Karten ist der Platz als Heideland und landwirtschaftlich genutzte Fläche verzeichnet (Kurhannoversche Landesaufnahme von 1769, Karte 28 [Gyhum]; Königl. Preuss. Landes-Aufnahme von 1897, Karte 2722 [Elsdorf] von 1899). Mittelalterliche Fundstellen im direkten Umfeld sind nicht bekannt.
8 Tempel 2003, 141.
9 Brabandt 1993, 11.

10 Nüsse 2010, 1.

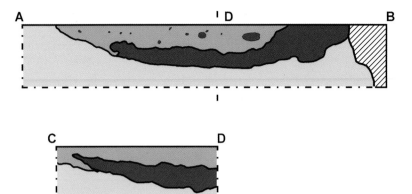

▲ Abb. 4: Die Meilergrube Befund K04-01. Hellgrau: Anstehender Sand, Grau: Dunkelbraune, wenig Holzkohle enthaltende Verfüllung, Dunkelgrau: Schwärzliche, dicht mit Holzkohle durchsetzte Verfüllung. M. 1:25 Zeichnung: J. Bock.

Bedarfs- oder Zweifelsfalle wurde oftmals ein zusätzlich (zeit-)aufwändiger Weg gewählt, etwa durch die Anlage von Kreuzschnitten, mehreren Plana usw. Neben diesem Grundsatz der Vollständigkeit der Dokumentation wurde auch der Anspruch entwickelt, das Fundinventar, zumindest aus den Befunden, möglichst in Gänze zu erfassen. Daher wurde von Beginn an der Aufwand betrieben, das Verfüllungsmaterial sämtlicher Gruben über feinmaschigen Sieben zu schlämmen bzw. zu sieben.[11] Nur auf diese Weise konnten zahlreiche Klein- und Kleinstfunde geborgen werden, von denen hier nur die z. T. winzigen Glasperlen in beachtlicher Zahl herausgestellt werden sollen. Nur so konnten ferner zahlreiche Makrorestproben gewonnen werden, deren archäobotanische Analyse bereits durch K.-E. Behre erfolgt ist. Die Untersuchung der Getreidekörner erbrachte – zusammen mit den Analysen aus Flögeln und Loxstedt – den überraschenden Nachweis von Roggen als ein Hauptgetreide bereits zur Römischen Kaiserzeit.[12] Davon abgesehen ist auf diese Weise eine hervorragende Grundlage für [14]C-/AMS-Datierungen der meisten Befunde geschaffen worden.

Des Weiteren wurden, wiederum von Beginn der planmäßigen Ausgrabungen an, flächendeckend Bodenproben in einem engen Raster von 1 x 1 m genommen. Mittels dieses Probenarchivs ist die Möglichkeit geschaffen worden, bedarfsweise für größere Flächen oder punktuell Phosphatkartierungen des Areals zu erstellen. Alle Voraussetzungen für aussagekräftige Resultate[13] sind gegeben, indem weite Bereiche des Siedlungsareals nur ein- oder zweiphasig genutzt waren, keine spätere Überbauung stattgefunden hat und das Gelände topographisch gut abgrenzbar ist. Die Phosphatanalyse hat sich längst als unabdingbares Mittel der modernen siedlungsarchäologischen Untersuchung etabliert. Sie ermöglicht vornehmlich die funktionale Interpretation von Gebäuden bzw. Gebäudeteilen, z. T. auch von unbebauten Nutzungsbereichen in der Siedlung wie Schlachtplätze, Misthaufen, »Toilettenbereiche«, unter Umständen aber auch die Lokalisierung von auf dem Grabungsplan nicht erkannten oder nicht erkennbaren Hausgrundrissen. Bereits vor Beginn des nun begonnenen Forschungsvorhabens sind deutlich über 8.000 Proben auf ihren Phosphatgehalt hin untersucht sowie ein Projekt zur Optimierung solcher Analysen durch die Rotenburger Kreisarchäologie und das ÖkoMetri-Institut e. V. durchgeführt worden.[14]

Erste Ergebnisse

Dass sich die Grabungsmethodik als zielführend erwies, sei anhand nur zweier Beispiele skizziert, die sich im Zuge der jüngst begonnenen Auswertung ergeben haben. Es handelt sich um zwei kleinere, eher beiläufige Entdeckungen, die doch das Potential einer weitergehenden Bedeutung in Aussicht stellen. Beiden ist weiterhin gemein, dass sie bei weniger sorgfältigem bzw. zeitaufwändigem Vorgehen (was zunächst auf die Bedingungen jeder Rettungsgrabung zutreffen muss) vermutlich nicht hätten gemacht werden können.

Zunächst die Entdeckungsgeschichte eines Befundes, dessen Untersuchung, Ansprache und Dokumentation anhand der Grabungsunterlagen[15] detailliert nachvollziehbar ist:

Der Befund K04-01 stellte sich im ersten (fundarmen) Planum als dunkle Verfärbung mit grob halbmondförmiger Ausprägung dar und wurde zunächst nicht weiter freigelegt, da sich hier dem optischen Eindruck nach ein Baumwurf abzuzeichnen schien. Routinemäßig ist gleichwohl das Planum der gesamten Fläche gezeichnet und fotografiert, seine Höhe eingemessen worden und es wurden Bodenproben für Phosphatuntersuchungen genommen. Da beim der bloßen Umsicht geschuldeten Schneiden einer benachbarten, unscheinbaren Verfärbung, die ebenfalls zunächst nicht als anthropogen angesehen wurde, zutage kam, dass »*hier offenbar unterhalb einer rötlichbraunen Schicht noch ein Ofen (Holzkohlereste, Schlackenkonzentration) lag*«[16], wurde zunächst ein zweites, dann ein drittes Planum angelegt und dokumentiert, wobei der Befund nunmehr eine annähernd rechteckige Form von etwa 2,4 m x 2,0 m angenommen hatte. Sodann wurden zwei Profile angelegt: Ein durchgehendes SW-NO-verlaufendes Längsprofil (A-B) und anschließend das Querprofil (C-D) der verbliebenen Befundhälfte (NW-SO). In den Profilen zeigte sich eine flache, muldenförmige Grube von etwa 2,0 m Breite im Längsprofil und etwa 0,3 m erhaltener Tiefe. Sie enthielt eine dunkelbraune Verfüllung und an ihrer Sohle eine schwarze, kompakt mit Holzkohle durchsetzte Schicht von etwa 0,10 m – 0,15 m Stärke (Abb. 4). Unter der

---

11 TEMPEL 2003, 148f.
12 BEHRE 1995, 27f.
13 Vgl. ZIMMERMANN 2001. ETHELBERG 2008.
14 HEINLEIN/HESSE 2009. HESSE 2009, 372.
15 Hierzu zählen das Grabungstagebuch von 1989 (Einträge vom 13.07.–27.07.1989), die ausführliche Befundbeschreibung, die Zeichnungen der Plana und Profile sowie die Fotoaufnahmen.
16 Grabungstagebuch 1989, Eintrag vom 21.07.1989, o. Bl.nr.

Grube zeigte sich der anstehende Sand rötlich verfärbt. Der Befund erwies sich, abgesehen von der Holzkohle, als scheinbar fundleer. Obligatorisch wurde jedoch auch die Verfüllung dieses Befundes geschlämmt, die abschließend doch noch einige Keramikscherben und Schlacken erbrachte. Insgesamt sind auf die Untersuchung zehn Arbeitstage verwandt worden mit dem Ergebnis, dass damit statt eines Baumwurfes jetzt eine technische Anlage identifiziert werden kann, von deren Art bis dahin für Groß Meckelsen noch kein Beispiel erkannt war. Diese Grube kann aufgrund all ihrer Merkmale[17] als Überrest eines Holzkohlemeilers (ohne weitere Schichtenfolge aufgrund mehrfacher Nutzung) angesprochen werden.[18]

Räumlich scheint er mit wahrscheinlich kaiserzeitlichen Rennfeueröfen in einem engen Zusammenhang zu stehen, was insofern von Bedeutung wäre, als dass in anderen Geestsiedlungen die Meilergruben überwiegend frühmittelalterlich datieren, wie beispielsweise in Flögeln-Eekhöltjen (freundliche Mitteilung von D. Dübner) oder Brill.[19] Holzkohlemeiler aus der Römischen Kaiserzeit sind dagegen bislang selten belegt.[20] Ob der in Rede stehende Befund tatsächlich zeitlich – und somit funktional – mit den benachbarten Rennfeueröfen korrespondiert, werden ^{14}C-Analysen noch zeigen.

Zum Zweiten stieß Verfasser in den Unterlagen zur Grabung erst kürzlich auf den Hinweis auf ein »*Halbfabrikat einer Perle mit Zangenabdruck*«. Da Glasperlen, wie sie in Groß Meckelsen in großer Zahl gefunden wurden, oftmals selbstverständlich als (provinzial-)römische Importe angesehen werden, obschon die Meinungen darüber auseinander gehen, ob es sich hierbei (auch) um einheimische Erzeugnisse handeln könnte[21], und da entsprechende Produktionsstätten in der Germania magna so gut wie nicht belegt sind,[22] erschien dieser Vermerk in den Akten recht verheißungsvoll. Fraglos kann ein Einzelfund keinesfalls eine sichere Aussage auf die Möglichkeit einer lokalen

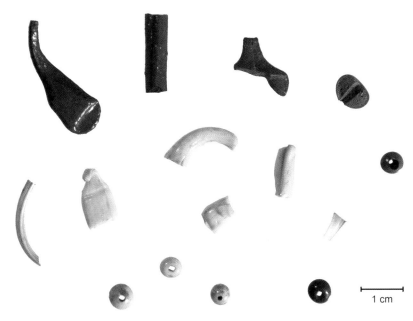

▲ *Abb. 5: Glasperlen und Produktionsreste aus Befund M12-59. Foto: J. Bock.*

Fertigung gestatten, allenfalls einen vagen Hinweis hierauf liefern. Eine besondere Erwähnung hätte er jedoch allemal verdient.

Tatsächlich erbrachte die Suche im Magazin aus dem angegebenen Befund (M12-59), einer großen Grube, prompt ein kleines Konvolut von Glasperlen und verschiedenen Produktionsresten! Es handelt sich um sechs kleine, opak einfarbige Perlen (3 x Gelb, 2 x Dunkelrot, 1 x Grün) und neun Fragmente von Glasstäben und -fäden, die in den Farben Dunkelrot und Gelb vertreten sind (Abb. 5). Gleich fünf dieser Stücke weisen Zangenabdrücke und Ansätze des abgezwickten Endes auf. Solche Funde erscheinen regelhaft in Siedlungen, die mutmaßlich über eine eigene Fertigung von Glasperlen verfügt haben, jedoch fast durchweg ins Mittelalter datieren.[23]

Zum jetzigen Zeitpunkt haben die systematische Durchsicht des gesamten Fundbestandes und die Aufnahme der Kleinfunde erst begonnen. Es kann aber angedeutet werden, dass dabei bereits weitere Funde der Glasperlenfertigung registriert werden konnten. Die Analyse der räumlichen Verteilung innerhalb der Siedlung, die Datierung ihrer Befunde bzw. mit ihnen vergesellschafteter Funde sowie chemische Untersuchungen[24] werden die Frage erhellen können, ob in Groß Meckelsen zumindest bestimmte Perlentypen als lokale Erzeugnisse angesehen werden dürfen. Sollte sich dies bestätigen lassen können, wäre dies nicht nur ein wichtiger Beitrag zur Widerlegung der Annahme, dass solche Glasfunde zwangsläufig als (provinzial-)römisch einzustufen wären. Es könnte auch die Charakterisierung als rein »bäuerliches« Dorf in Frage stellen, indem es von über das Subsistenzhandwerk hinausgehenden Aktivitäten zeugen würde. Vor diesem

---

17 Vgl. SCHMID/ZIMMERMANN 1976, 61. SCHWARZLÄNDER 1998, 133; 134 Abb. 4. LEHMANN 2002, 176–178.

18 An dieser Stelle sei D. Dübner für seine zusätzliche Einschätzung und hilfreichen Hinweise gedankt. Es soll im Übrigen nicht unerwähnt bleiben, dass (einzig) einer der auf der Grabung eingesetzten Arbeiter, H. Pieken, im Angesicht des Befundes die Vermutung äußerte, es könnte sich hierbei um einen Meiler handeln.

19 LEHMANN 2002, 178.

20 SCHUSTER 2004, 72. Eine große Zahl von 52 Holzkohlemeilergruben konnte, verteilt über mehrere Fundplätze, in dem Eisenverhüttungszentrum Wolkenberg im brandenburgischen Wolkenberg freigelegt werden (SPAZIER 2007, 141–149).

21 Vgl. TEMPELMANN-MĄCZYŃSKA 1985, 133f. ERDRICH/VOSS 1997, 77. LUND HANSEN 1998, 152. ERDRICH 2002, 3.

22 In den nur vereinzelt greifbaren Werkstätten mit Glasproduktion (Umschmelzen römischen Glases) der jüngeren Römischen Kaiserzeit ist wiederum die Fertigung von Glasperlen entweder nicht sicher belegt, so in Klein Köris, heute Ldkr. Dahme-Spreewald (vgl. GUSTAVS 1989, besonders 171), oder scheint nur eine untergeordnete Rolle gespielt zu haben, wie in Mühlberg, Ldkr. Gotha (LASER 1982, 481–484 Abb. 5).

23 POCHE 2005, 75. Vgl. auch MATTHES u. a. 2004, 110; 121 Abb. 5.

24 Vgl. MATTHES u. a. 2004. HECK 2005, 203–215.

Hintergrund wären dann unter Umständen auch Funde wie jener der römischen Feinwaage mit Gewichtssatz[25] neu zu bewerten.

Projektziele und siedlungsarchäologische Perspektiven

H. Jankuhn hatte seinerzeit folgende Bereiche als weitergehende Anforderungen an die (maßgeblich von ihm neu ausgerichtete) Siedlungsarchäologie verstanden: Die Wirtschaftsgeschichte, die Sozialstruktur und den »*vom archäologischen Standpunkt vorerst immer noch problematischen Fragenkomplex der ethnischen Gliederung*«.[26] Diese Bereiche werden selbstverständlich durch die Auswertung abgedeckt, können im Übrigen heute nur als Mindestanforderungen angesehen werden. Insofern sei abschließend der Blick noch auf die übergeordneten Ziele des Projektes gerichtet, die hier nur umrissen werden können.

Das Vorhaben umfasst die Bearbeitung der Befunde, der Baustrukturen – einschließlich ihrer funktionalen Bestimmung – und der nicht-keramischen Funde[27] aus der Siedlung Groß Meckelsen; die Auswertung zielt auf alle Bereiche der Chronologie und Siedlungsgeschichte, der Sozialgeschichte, der Wirtschaftsgeschichte und der Binnenstruktur sowie auf einen regionalen und überregionalen Vergleich. Geklärt werden sollen insbesondere Fragen nach Genese und Ende der Siedlung,[28] nach einem möglichen Strukturwandel und einer eventuellen sozialen Differenzierung sowie nach einem möglichen Zusammenhang mit den zahlreichen archäometallurgischen Relikten, denen ein besonderes Augenmerk zukommt. Insbesondere die Möglichkeiten eines GIS sollen genutzt werden, wenn es beispielsweise darum geht, mittels Intrasite-Analysen mit differenzierten Fundkartierungen die einzelnen Wirtschaftsareale der verschiedenen Bereiche (Landwirtschaft, Hauswerk, Eisenverhüttung und -verarbeitung, Subsistenzhandwerk, weiteres Handwerk) zu identifizieren oder den Grabungsplan mit naturräumlichen und topographischen Informationen zu verknüpfen.

Um nur einen Aspekt herauszugreifen, der eine regionale Relevanz erlangen könnte: Es ist zu klären, welchen Umfang die Eisenverhüttung hatte und wie sich die zahlreichen Rennfeueröfen chronologisch verteilen – ob folglich die Produktion den eigenen Bedarf deckte oder auch der Versorgung eines lokalen Marktes dienen konnte. Immerhin wies das angrenzende Gebiet des nordwestlichen Elbe-Weser-Dreiecks zumindest in der älteren Römischen Kaiserzeit wohl keine lokale Eisenproduktion auf.[29]

Zuletzt sei noch die Bedeutung der Lage von Groß Meckelsen im Herzen des Elbe-Weser-Dreiecks herausgestellt. Diese schließt nicht nur eine Lücke zwischen den umfänglich untersuchten Siedlungen von Rullstorf und Hitzacker-Marwedel im Osten dieses Gebietes, Feddersen Wierde, Flögeln-Eekhöltjen und Loxstedt-Littstücke im Nordwesten bzw. am Nordseeküstenrand sowie Mahlstedt-Winkelsett im südwestlich angrenzenden Weser-Ems-Gebiet (Abb. 1). Der Platz liegt zudem in einem Schnittbereich des nordseegermanischen, des elbgermanischen und des rhein-weser-germanischen Kulturkreises[30] und bietet somit die besondere Gelegenheit, die jeweiligen prägenden Einflüsse und ihr Zusammenspiel zu erforschen.

Literatur

BRABANDT 1993
  J. Brabandt, Hausbefunde der römischen Kaiserzeit im freien Germanien. Ein Forschungsstand. Veröffentlichungen des Landesamtes für archäologische Denkmalpflege Sachsen-Anhalt, Landesmuseum für Vorgeschichte 46. Halle/S. 1993.

BEHRE 1995
  K. E. Behre, Kleine historische Landeskunde des Elbe-Weser-Raumes. In: H.-E. Dannenberg, H.-J. Schulze (Hrsg.), Geschichte des Landes zwischen Elbe und Weser 1. Vor- und Frühgeschichte. Stade 1995, 1–59.

ERDRICH 2002
  M. Erdrich, Corpus der römischen Funde im europäischen Barbaricum, Deutschland 4. Hansestadt Bremen und Bundesland Niedersachsen. Mit Beiträgen von W.-R. Teegen. Bonn 2002.

ERDRICH/VOSS 1997
  M. Erdrich, H.-U. Voss, Die Perlen der Germanen des 1.–5. Jahrhunderts in Mecklenburg-Vorpommern, Schleswig-Holstein und Niedersachsen. In: U. von Freden, A. Wieczorek (Hrsg.), Perlen. Archäologie, Techniken, Analysen. Akten des Internationalen Perlensymposiums in Mannheim vom 11. bis 14. November 1994. Kolloquien zur Vor- und Frühgeschichte 1. Bonn 1997, 77–93.

ETHELBERG 2008
  P. Ethelberg, Phosphatanalyse bei Häusern und Höfen der

---

25 Diese Handwaage stellt bislang das einzig gefundene Exemplar ihres Typs nördlich der Alpen dar (TEMPEL/STEUER 1999). Der Ort Groß Meckelsen hat die Bedeutung dieses Fundes bereits gewürdigt, indem er ihn 2004 als zentrales Motiv in sein neu kreiertes Gemeindewappen aufgenommen hat.

26 JANKUHN 1977, 173.

27 Die Keramik soll im Rahmen eines weiteren Forschungsvorhabens durch I. Baier bearbeitet werden.

28 Relativ sicher erscheint der Beginn der Siedlung um die Zeitenwende. Unklar ist dagegen der Zeitpunkt des Siedlungsabbruchs. Während in den ersten Vorberichten von einem Auflassen der Siedlung im 5. Jahrhundert ausgegangen wurde (NOWATZYK 1987, 389. TEMPEL 2004, 429.), weisen einige Keramikgefäße in das 6. Jahrhundert.

29 JÖNS 2010, 114.

30 Bei MILDENBERGER liegt Groß Meckelsen im Schnittbereich von Nordseeküsten- und Elbgermanen (vgl. MILDENBERGER 1989, 109 Abb. 10). Schon WEGEWITZ (1940, 751 Abb. 170; 759 Abb. 171) zeichnete in weitgehender Übereinstimmung damit das Verbreitungsgebiet der Langobarden bis auf wenige Kilometer an das im chaukischen Gebiet liegenden Groß Meckelsen heran. Dagegen zeigt sich die Keramik nach erster Autopsie nordseeküstengermanisch, aber auch rhein-weser-germanisch beeinflusst, wenngleich daneben auch elbgermanische Stücke vorkommen.

jüngeren Römischen Kaiserzeit und älteren Völkerwanderungszeit in Sønderjylland (Dänemark). Probleme der Küstenforschung im südlichen Nordseegebiet 32, 2008, 57–65.

GARDNER-MCTAGGART/TEMPEL 1988

H. Gardner-McTaggart, W.-D. Tempel, Archäologische Berichte des Landkreises Rotenburg (Wümme) 1987–1988. Rotenburger Schriften 69, 1988, 87–116.

GUSTAVS 1989

S. Gustavs, Werkabfälle eines germanischen Feinschmiedes von Klein Köris, Kr. Königs Wusterhausen. Veröffentlichungen des Museums für Ur- und Frühgeschichte Potsdam 23, 1989, 147–180.

HECK 2005

M. Heck, Analysenbericht zu chemisch-analytischen Untersuchungen an frühmittelalterlichen Glasfunden aus Groß Strömkendorf. In: A. Pöche, Perlen, Trichtergläser, Tesserae. Spuren des Glashandels und Glashandwerks auf dem frühgeschichtlichen Handesplatz von Groß Strömkendorf, Landkreis Nordwestmecklenburg. Beiträge zur Ur- und Frühgeschichte Mecklenburg-Vorpommerns 44. Schwerin 2005, 203-215.

HEINLEIN/HESSE 2009

J. Heinlein, S. Hesse, Phosphat Serienanalytik in der Archäologie. Zeitsparend, reagenziensparend, kostensparend. In: S. Hesse (Hrsg.), Grenzen in der Archäologie und Geschichte. Beiträge zur Jahrestagung der Archäologischen Kommission für Niedersachsen e. V. in Rotenburg (Wümme), 14–16. Juni 2007. Archäologische Berichte des Landkreises Rotenburg (Wümme) 15, 2009, 313–321.

HESSE 2009

S. Hesse, Tätigkeitsbericht der Kreisarchäologie Rotenburg (Wümme) für die Jahre 2006–2007. In: S. Hesse (Hrsg.), Grenzen in der Archäologie und Geschichte. Beiträge zur Jahrestagung der Archäologischen Kommission für Niedersachsen e. V. in Rotenburg (Wümme), 14–16. Juni 2007. Archäologische Berichte des Landkreises Rotenburg (Wümme) 15, 2009, 355–375.

JANKUHN 1977

H. Jankuhn, Einführung in die Siedlungsarchäologie. Berlin, New York 1977.

JÖNS 2010

H. Jöns, Eisen und Macht – Gesellschaftliche Strukturen der Eisenökonomie von der Eisenzeit bis zur Völkerwanderungszeit im Raum zwischen Mittelgebirge und Ostsee. Siedlungs- und Küstenforschung im südlichen Nordseegebiet 33, 2010, 107–118.

LASER 1982

R. Laser, Hinweise auf Glasverarbeitung in der spätkaiserzeitlichen Siedlung von Mühlberg (Kreis Gotha). In: J. Herrmann, I. Sellnow (Hrsg.), Produktivkräfte und Gesellschaftsformationen in vorkapitalistischer Zeit. Veröffentlichungen des Zentralinstituts für Alte Geschichte und Archäologie der Akademie der Wissenschaften der DDR 12. Berlin 1982, 479–485.

LEHMANN 2002

T. D. Lehmann, Brill, Lkr. Wittmund. Ein Siedlungsplatz der Römischen Kaiserzeit am ostfriesischen Geestrand. Beiträge zur Archäologie in Niedersachsen 2. Rahden/Westf. 2002.

LUND HANSEN 1998

U. Lund Hansen, Glas. 4. Römisches G. der römischen Kaiserzeit im Barbaricum. In: Reallexikon der Germanischen Altertumskunde 12. Berlin, New York ²1998, 146–153.

MATTHES u. a. 2004

C. Matthes, M. Heck, C. Theune, P. Hoffmann, J. Callmer, Produktionsmechanismen frühmittelalterlicher Glasperlen. Germania 82, 2004, 109–157.

MILDENBERGER 1989

G. Mildenberger, Elbgermanen. 4. Verbreitungsgebiet. In: Reallexikon der Germanischen Altertumskunde 7. Berlin, New York ²1989, 107–113.

NOWATZYK 1987

G. Nowatzky, Der kaiserzeitlich bis völkerwanderungszeitliche Siedlungsplatz bei Groß Meckelsen, Ldkr. Rotenburg (Wümme). Nachrichten aus Niedersachsens Urgeschichte 56, 1987, 379–392.

NÜSSE 2010

H.-J. Nüsse, Haus, Gehöft und Siedlung im Norden und Westen der Germania magna. Habilitationsschrift Berlin 2010. Unpubliziert.

PÖCHE 2005

A. Pöche, Perlen, Trichtergläser, Tesserae. Spuren des Glashandels und Glashandwerks auf dem frühgeschichtlichen Handelsplatz von Groß Strömkendorf, Landkreis Nordwestmecklenburg. Beiträge zur Ur- und Frühgeschichte Mecklenburg-Vorpommerns 44. Schwerin 2005.

SCHMID/ZIMMERMANN 1976

P. Schmid, W. H. Zimmermann, Flögeln – Zur Struktur einer Siedlung des 1. bis 5. Jhs. n. Chr. im Küstengebiet der südlichen Nordsee. Probleme der Küstenforschung im südlichen Nordseegebiet 11, 1976, 1–77.

SCHUSTER 2004

J. Schuster, Herzsprung. Eine kaiserzeitliche bis völkerwanderungszeitliche Siedlung in der Uckermark. Berliner Archäologische Forschungen 1. Rahden/Westf. 2004.

SCHWARZLÄNDER 1998

S. Schwarzländer, Kaiserzeitliche Befunde in den Gemarkungen Oldendorf und Preetz, Kr. Stralsund. In: A. Leube (Hrsg.), Haus und Hof im östlichen Germanien. Tagung Berlin vom 4. bis 8. Oktober 1994. Universitätsforschungen zur prähistorischen Archäologie 50. Schriften zur Archäologie der germanischen und slawischen Frühgeschichte 2. Bonn 1998, 132–136.

SPAZIER 2007

I. Spazier, Das Eisenverhüttungszentrum Wolkenberg, Niederlausitz. Veröffentlichungen zur brandenburgischen Landesarchäologie 39/40, 2007, 89–229.

TEMPEL 1987

W.-D. Tempel, Archäologische Berichte des Landkreises Rotenburg (Wümme) 1986. Rotenburger Schriften 66–67, 1987, 243–260.

TEMPEL 2003

W.-D. Tempel, Die Ausgrabung einer bäuerlichen Siedlung bei Groß Meckelsen, Kr. Rotenburg/Wümme. In: W. Budesheim, H. Keiling (Hrsg.), Zur Geschichte und Archäologie der Germanen zwischen Rhein und Oder um die Zeitenwende. Beiträge für Wissenschaft und Kultur 6. Wentorf 2003, 141–156.

TEMPEL 2004

W.-D. Tempel, Eine Dorfsiedlung der römischen Kaiserzeit und Völkerwanderungszeit bei Groß Meckelsen, Ldkr. Rotenburg (Wümme). In: M. Fansa, H. Haßmann (Hrsg.), Archäologie – Land – Niedersachsen. 25 Jahre Denkmalschutzgesetz – 400.000 Jahre Geschichte. Stuttgart 2004, 429–435.

TEMPEL/STEUER 1999

W.-D. Tempel, H. Steuer, Eine römische Feinwaage mit Gewichten aus der Siedlung bei Groß Meckelsen, Ldkr. Rotenburg (Wümme). Studien zur Sachsenforschung 13, 1999, 395–426.

TEMPELMANN-MĄCZYŃSKA 1985

M. Tempelmann-Mączyńska, Die Perlen der römischen Kaiserzeit und der frühen Phase der Völkerwanderungszeit im mitteleuropäischen Barbaricum. Römisch-Germanische Forschungen 43. Mainz 1985.

USCHMANN 2006

K.-U. Uschmann, Kalkbrennöfen der Eisen- und römischen Kaiserzeit zwischen Weser und Weichsel. Befunde – Analysen – Experimente. Berliner Archäologische Forschungen 3. Rahden/Westf. 2006.

WEGEWITZ 1940

W. Wegewitz, Die Langobarden an der Niederelbe. In: H. Reinerth (Hrsg.), Vorgeschichte der deutschen Stämme 2. Westgermanen. Berlin 1940, 744–826.

ZIMMERMANN 2001

W. H. Zimmermann, Phosphatkartierung mit großem und kleinem Probenraster in der Siedlungsarchäologie. Ein Erfahrungsbericht. In: M. Meyer (Hrsg.), »... trans Albim fluvium«. Forschungen zur vorrömischen, kaiserzeitlichen und mittelalterlichen Archäologie. [Festschrift A. Leube]. Internationale Archäologie, Studia honoraria 10. Rahden/Westf. 2001, 69–79.

Die Altmark und der Norden – Zu technischen Adaptionen der jüngeren Römischen Kaiserzeit[1]

von Lothar Schulte

Die Altmark und der Norden, und dort vor allem der fundreiche Süden Skandinaviens, scheinen auf dem ersten Blick nicht viel gemeinsam zu haben. Während die altmärkische Fundlandschaft der jüngeren Römischen Kaiserzeit durch ihre Quantität besticht, wie Untersuchungen etlicher großer Gräberfelder belegen,[2] ist es im Norden vor allem die Qualität der Funde und Befunde.[3] Die sogenannten Fürstengräber dieser Periode, die im Norden häufig vorkommen, sind in der Altmark unbekannt; erst südlich der Altmark kommen wieder einige dieser prunkvollen Bestattungen entlang der Saale und auch der Elbe vor.[4] Auch römischer Import, der im Norden häufig Bestandteil prachtvoller Bestattungen ist,[5] ist aus der Altmark außer in Form von Perlen und Fibeln durch vergleichsweise wenige Objekte vertreten. Lediglich mit dem Depotfund von Grieben ist ein bemerkenswertes Fundensemble auch aus der Altmark bekannt.[6]

Trotz des Fehlens sogenannter Fürstengräber in der Altmark, die auf eine überregional vernetzte und agierende Elite hinweisen, sind Einzelbeispiele bekannt, die auf einen Kontakt der beiden Regionen hinweisen. So kommen die Fibeln A Fig. 181 mit dreieckigem Fuß und umlaufender Rille auf dem Fuß nicht nur in der Altmark, sondern auch in Bordesholm und im Thorsberger Mooropferfund im nördlichsten Deutschland vor. J. Schuster vermutete wegen ihrer geringen Zahl und ihres deutlichen Verbreitungsschwerpunktes eine Werkstattidentität dieser Stücke.[7] Darüber hinaus kamen J. Ilkjær und J. Lønstrup[8] anhand typologischer Vergleiche zu dem Schluss, dass die Thorsberger Fibeln insgesamt nicht aus der Region Angeln kämen. Ein Eindruck, der sich trotz einiger Mängel der benutzen Typologie Kuchenbuchs[9] durch neuere Untersuchungen zu bestätigen scheint.[10]

Es gibt neben den Funden aus dem Thorsberger Moor weitere Einzelbeispiele, die auf Verbindungen zwischen Angeln und Südskandinavien sowie der Altmark hinweisen. Nimmt man einmal die grundsätzliche Beobachtung des häufigen Vorkommens von eisernen Fibeln mit hohem Nadelhalter auf Fünen, in Angeln und der Altmark aus,[11] ist zudem die Ähnlichkeit zweier eiserner Spangen mit hohem Nadelhalter aus Rockenthin und Illerup augenscheinlich,[12] deren Form für Skandinavien generell atypisch ist. Ebenfalls zeigen zwei Fibeln mit einem Pressblech am unteren Bügelende, das eine Ähnlichkeit zu einem bei dieser Fibelform nicht vorhandenen Fuß herstellt, eine enorm große Ähnlichkeit.[13] Auch bei diesem nicht völlig identischen Paar stammt ein Exemplar aus der Altmark, hier aus Rockenthin, und eines aus dem skandinavischen Opferfund vom Vimose.

Zu diesen eher spärlichen Hinweisen können noch weitere gestellt werden, die ebenfalls eher unauffällig sind. So fallen neben den zahlreichen bekannten Möglichkeiten von Fibelverzierungen, wie z. B. Pressblechapplikationen, Bronzehülsen, sogenannten falschen Spiralen und Perldrähten, kleine scheibenförmigen Applikationen kaum auf. Sie konnten bisher an nur fünf Fibeln mit hohem Nadelhalter festgestellt werden, wobei es sich um drei altmärkische und ein böhmisches Exemplar A VII 1, Form 5 sowie eine seeländische Spange handelt, die zu den „kleinen Rosettenfibeln", A VII 2, Form 16a, zu stellen ist (Abb. 1).[14] Diese Spangen besitzen eine kleine Scheibe, die im Falle der drei altmärkischen und des böhmischen Exemplares am unteren Bügelende und bei der seeländischen Rosettenfibel mitten auf dem Bügel befindlich ist. Während die beiden Spangen aus Stendal bzw. Borstel je eine Scheibe besitzen,[15] weisen die Spangen aus Zethlingen[16] und Trebická[17] eine zweite Scheibe auf, die sich am Ende ihres „Fußes" befindet. Alle Scheiben sind flach und auf der blickabgewandten Seite der Fibel geschlitzt; ihre Enden berühren sich oder – wie im Falle der Stendaler Fibeln – den Nadelhalter.

---

1 Herrn Dr. Jörn Schuster (Salisbury) und Herrn Prof. C. von Carnap-Bornheim (Schleswig) danke ich für Anregungen und Hinweise.
2 Z. B. Worbs 1979. Leineweber 1997.
3 Z. B. Lund Hansen 1995. Ethelberg 2000.
4 Storgaard 2003, 120 Abb. 13.
5 Lund Hansen 1987.
6 CRFB 6, 2006, 102f.
7 Schuster 1995, 307 Abb. 8; 308f.
8 Ilkjær/Lønstrup 1982, 99.
9 Kuchenbuch 1938.
10 Blankenfeld 2009, 90–95; 128.
11 Schulte 2006, 61 f.
12 Schulte 2006, 60 Abb. 3.
13 Schulte 2006, 58 Abb. 1.
14 Schulte 2011, Nr. 339c; 1584; 1601; 1714; 3103.
15 Schulte 2011, Nr. 1584; 1601.
16 Schulte 2011, Nr. 1714.
17 Schulte 2011, Nr. 3103.

▲ Abb. 1: Fibeln mit scheibenförmigen Applikationen. 1 Broskov, Seeland (NM: C 18923); 2 Stendal (Altmärk. Mus. Stendal: III 531); 3 Zethlingen (Altmärk. Mus. Stendal: III 500) (SCHULTE 2011, Nr. 339c, 1584 u. 1714). M. 3:4.

Ein weitaus häufiger zu beobachtendes Phänomen sind Fibeln, deren Fuß zur Aufnahme des Nadelhalters geschlitzt wurde. A. Skjødt beschrieb als Erste diese Technik ausführlich.[18] Grundsätzlich bekannt ist diese Technik jedoch spätestens seit W. Schulz' Beschreibung der Rosettenfibel vom Gräberfeld Haßleben.[19]

Insgesamt wurden bislang 14 Rosettenfibeln publiziert, die einen zur Aufnahme des Nadelhalters geschlitzten Fuß besitzen (s. Liste 1). Sie gehören alle zu den Prachtfibeln der Form A VII 2, Form 17a;[20] jedoch können sie wegen ihrer großen Streuung und des Fehlens erkennbarer Verbreitungszentren nicht allein aufgrund des geschlitzten Fußes einer Werkstatt zugeordnet werden (Abb. 2). Deutlich wird jedoch, dass sie vor allem im Umfeld bekannter Reichtumszentren im Süden Seelands, im Südosten Fünens sowie in Süd- und in Nordjütland vorkommen.

Die identische und außergewöhnliche Art, den Nadelhalter an Fibeln zu befestigen (Abb. 3), findet sich ebenfalls an den durchweg unauffälligeren Fibeln A VII 1, Form 5, deren Hauptverbreitungsgebiet in der Altmark liegt; sie kommen jedoch auch elbaufwärts und entlang der Saale und Unstrut sowie in Ostholstein vor.[21] Aus der Altmark und dem östlichen Holstein stammen auch die drei bekannten Exemplare dieser Fibelform, die einen geschlitzten Fuß besitzen (s. Liste 1). Bei einem vierten Exemplar, das aus dem Vimose stammt, konnte nicht sicher erkannt werden, ob auch ihr Fuß geschlitzt ist. Das darüber liegende Pressblech und die Korrosion dieser Eisenspange lassen keine sichere Aussage zu.

Von diesen beiden Fibelformen abgesehen, weist lediglich eine einzige andere silberne Fibel mit hohem Nadelhalter aus Møllegårdsmarken (Grab 1690) einen derart bearbeiteten Fuß auf (s. Liste 1), so dass dieses Phänomen weitgehend auf die beiden genannten Formen der Fibeln A VII begrenzt ist.

Die Rosettenfibeln können insbesondere durch U. Lund Hansens relativchronologische Untersuchungen des seeländischen Materials als gut datiert gelten.[22] Ein unlängst publizierter Zusammenfund einer Rosettenfibel aus Uschakowo (Kaliningrad) mit einem durchlochten Aureus des Victorinus (269–271 n. Chr.) bestätigte Lund Hansens Annahmen hinsichtlich der absoluten Datierung.[23] Hingegen sind die Fibeln A VII 1, Form 5 nur über indirekte Hinweise zu datieren. Einerseits dürften sie schon zeitig in C1 auftreten, wie ihr Vorkommen in einigen Kastellen nahelegt, und auch mehrere Zusammenfunde mit Knopfhenkelgefäßen belegen ihr Auftreten im frühen Zeithorizont der jüngeren Kaiserzeit. Andererseits zeigen Vergesellschaftungen mit Fibeln A VII 3 ihr Vorkommen auch in späterer Zeit an, so dass eine zeitliche Überschneidung des Vorkommens beider Fibelformen durchaus angenommen werden kann.[24]

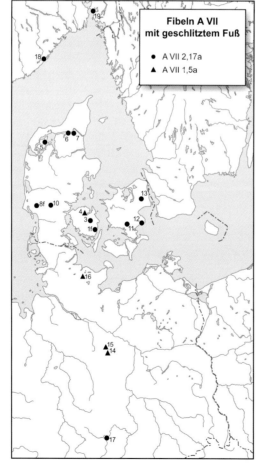

▶ Abb. 2: Vorkommen von Fibeln A VII mit geschlitztem Fuß (Nachweis s. Liste 1).

---

18 SKJØDT 2009, 158.
19 SCHULZ 1933, 19.
20 SCHULTE 2011, 106ff.

21 SCHULTE 2011, 65ff.; 316 Karte 22.
22 LUND HANSEN 1976, bes. 116–131; 1987, bes. 29–38.
23 SCHULTE 2011, 164ff.
24 SCHULTE 2011, 158 Tab. 2; 159f.; 166 Abb. 107; 168.

Die Altmark und der Norden

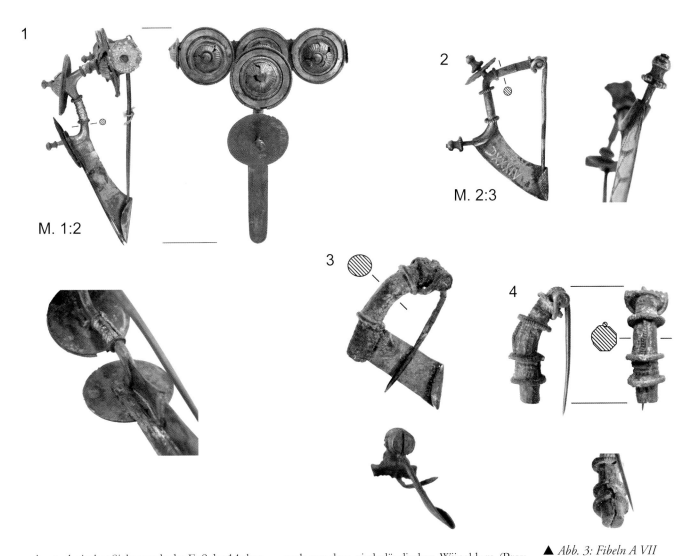

▲ Abb. 3: Fibeln A VII mit geschlitztem Fuß (Nachweis s. Liste 1).
1 Brushøjgard (Nr. 11);
2 Sanderumgård (Nr. 3);
3 Püggen (Nr. 4);
4 Rockenthin (Nr. 15).
Abb. 3, 4: M. 1:1.

Aus technischer Sicht wurde der Fuß der 14 skandinavischen Rosettenfibeln und der drei oder vier elbgermanischen Spangen geschlitzt, da die ihnen eigenen hypertrophen Nadelhalter nur mit großem Aufwand mit den Spangen hätten mitgegossen und anschließend bearbeitet werden können. Das gesonderte Herstellen der Nadelhalter kann somit als Versuch gedeutet werden, das Bearbeiten dieser fragilen Fibelteile zu vereinfachen.

Grundsätzlich ist davon auszugehen, dass der Nadelhalter nur bei solchen Fibeln separat eingesetzt werden konnte, bei denen er mittig am Fuß angebracht ist. Die große Gruppe der Fibeln mit umgeschlagenem Fuß, aber auch der Großteil der Fibeln mit festem Nadelhalter entfallen daher von vornherein als mögliche Vergleichsobjekte. So kommen lediglich noch Scheibenfibeln und einige Fibeln mit trapezoidem oder anderweitig plattig ausgestaltetem Fuß in Betracht. Häufig besitzen diese jedoch einen angenieteten Nadelhalter, wie z.B. die zu den Prachtfibeln zählenden Hakenkreuzfibeln.[25] Einen geschlitzten Fuß hingegen haben auch einige der Fibeln A VII mit trapezoider Fußplatte, wie die Spangen aus Heeren (Ldkr. Stendal) und Köln,[26] aber auch aus dem niederländischen Wijnaldum (Prov. Friesland) und österreichischen Bernhardtsthal (Bez. Mistelbach).[27] Ihre Datierungen sind jedoch wegen der Heterogenität dieser Fibelform nicht gesichert; aus typologischen Erwägungen dürften sie aber zu den jüngeren Exemplaren der Fibeln mit hohem Nadelhalter gehören.[28]

Das Aufkommen von Glasmugeln als Zier für verschiedene Objekte während der Römischen Kaiserzeit ist ein weiteres zu beachtendes Phänomen. Farbige Glassteineinlagen treten während der jüngeren Römischen Kaiserzeit auf und kommen ab dem vierten Jahrhundert weitaus häufiger vor, so z.B. auch auf Schildfibeln.[29] Allgemein wird das Aufkommen der glas- und schmucksteinverzierten Gegenstände im Zusammenhang mit der gleichartigen römischen Mode gesehen, die ihren Höhepunkt um 200 n. Chr. hatte.[30]

Für die hier vorgenommene Gegenüberstellung zweier Regionen sind ausschließlich Objekte mit Glassteineinlagen aus der Zeit bis 300 n. Chr. von Interesse. Es wurden daher lediglich Stücke

---

25 Przybła 2008, bes. 261 Abb. 5.
26 Schulte 2011, 116 Abb. 76,4–5.
27 Schulte 2011, Abb. 76,4.6.
28 Schulte 2011, 117.
29 von Carnap-Bornheim 2000. Riese 2004.
30 von Carnap-Bornheim 1998, 260f.

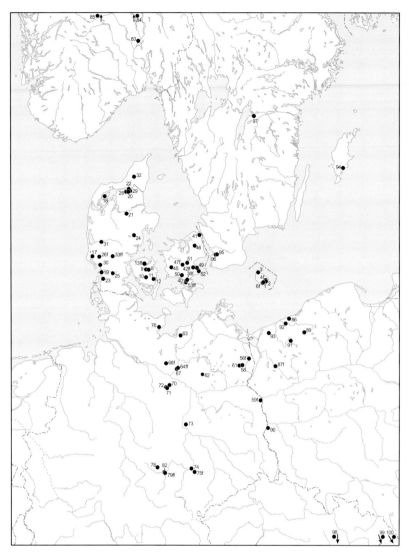

◄ Abb. 4: Objekte der jüngeren Römischen Kaiserzeit mit Glasmugel (Nachweis s. Liste 2).

Vermutlich ebenfalls mit einem Glasmugel war vermutlich eine wohl eingliedrige Fibel aus Kastrup (Nr. 25) versehen, die neben einem ausgeprägt hohen Nadelhalter auch den Rest eines Einfassungsrandes auf dem scheibenförmigen Fuß besitzt. Ein vergleichbares eingliedriges Stück mit rechteckiger Fußplatte, jedoch ohne Einfassung darauf, ist aus dem seeländischen Depotfund von Hørup bekannt und wurde vom Bearbeiter in den Übergang von Stufe B2 zu C1 gestellt.[34]

Diesen beiden Exemplaren folgen zahlreiche weitere Fibeln mit applizierten Glasmugeln (Abb. 5), wobei es zunächst die kleinen und großen Rosettenfibeln sind, von denen insgesamt 32 Exemplare mit einer oder mehreren Glassteineinlagen versehen sind (Nr. 3, 4, 5, 6, 11?, 12, 32, 38, 39, 40, 46, 50, 54, 55, 58, 61, 89?, 93, 94, 95, 97; Nr. 17, 18, 20, 22, 26, 27, 28, 29, 34, 35, 96 u. 31). Die Datierung der beiden Fibelformen erfolgt in der Regel über ihre Einordnung in die Relativchronologien, so dass für die Gesamtheit der kleinen Rosettenfibeln (A VII 2, Form 16), also auch jene ohne Glassteineinlagen, ein Zeitraum vom endenden 2. Jahrhundert bis etwa zur Mitte des 3. Jahrhunderts sowie des späten 3. Jahrhunderts für die Form 17 angegeben werden kann.[35]

Die Fibeln A VII 2, Form 15, von denen vermutlich zwei Exemplare ursprünglich einen Glasmugel besaßen (Nr. 43 u. 44), treten schon früher auf. Sie können jedoch auch noch nach 200 n. Chr. vorkommen, was für diese beiden Exemplare durch den Zusammenfund mit einer großen Rosettenfibel im Grab 2 von Himlingøje anzunehmen ist. Die ebenfalls aus einem Grab mit gehobener Ausstattung stammende Fibel A VII 2, Form 12 (Nr. 78) ist aufgrund mehrerer Vergesellschaftungen mit anderen Formen der Fibeln mit hohem Nadelhalter[36] sowie auch durch den direkten Zusammenfund mit einem Halsring mit birnenförmiger Öse im Freienbessinger Grab am ehesten in die Stufe C1b zu stellen. Für die übrigen drei Vertreter der Fibeln mit hohem Nadelhalter bleibt die Datierung jedoch ungeklärt (Nr. 8, 77 u. 99).

Die Prachtfibeln mit trapezoidem Fuß und angenietetem Nadelhalter aus Store Darum (Nr. 30), Vorbasse (Nr. 37) und Kjørstad Søndre (Nr. 84) wurden ebenfalls aufgenommen, da sie mit Fibeln mit hohem Nadelhalter vergesellschaftet sind.

Die größte Gruppe der glassteinverzierten Objekte stellen die Schildfibeln mit 38 Vertretern (Nr. 1, 2, 7, 9, 39, 41, 42, 45, 48, 49, 52, 56, 57, 59, 60, 62, 63, 64, 65, 66, 68, 69, 70?, 74, 75, 76, 79, 80, 81, 82, 83, 86, 87, 88, 90, 91, 92 u. 98). Schildfibeln scheinen erst im letzten Drittel des

aufgenommen, die weitgehend sicher in diese Zeit gehören.[31] Die angebrachten Glasmugel sind meist blau, sie können aber auch grün (Liste 2, Nr. 21, 48, 55, 56, 57, 65 u. 66), honigfarben (Nr. 48, 73, 80, 81 u. 86), klar (Nr. 21 u. 53), gelblich (Nr. 67) oder violett (Nr. 73) sein. Angesichts des sehr häufigen Vorkommens von blauen Glasmugeln sowie der aufeinander abgestimmten Größe von Glasperlen und Model, sind lokale Produktionen dieser Einlagen zu vermuten.[32] Erwähnenswert ist, dass beinahe alle der 100 aufgenommenen und kartierten Objekte (Liste 2; Abb. 4) aus Silber sind und zu den Besitztümern der sozialen Oberschicht gehörten.

Bei dem frühesten glassteinverzierten Schmuckstück nördlich des Limes handelt es sich um eine Fibel A V, Ser. 6 aus dem norwegischen Tingvoll (Nr. 85). Diese kommen nach O. Almgren vor allem in Norwegen vor und datieren noch in die ausgehende ältere Römische Kaiserzeit.[33]

---

31 Zu weiteren glas- und schmucksteinverzierten Fibelfunden siehe z. B. DAUBER 1958. STRAUME 1987. VON CARNAP-BORNHEIM 2000. RIESE 2004.

32 VON CARNAP-BORNHEIM 2000, 63.

33 ALMGREN 1923, 54f.

34 SØRENSEN 2000, 21 Fig. 37.

35 SCHULTE 2011, 163f.; 167.

36 SCHULTE 2011, 169.

Die Altmark und der Norden

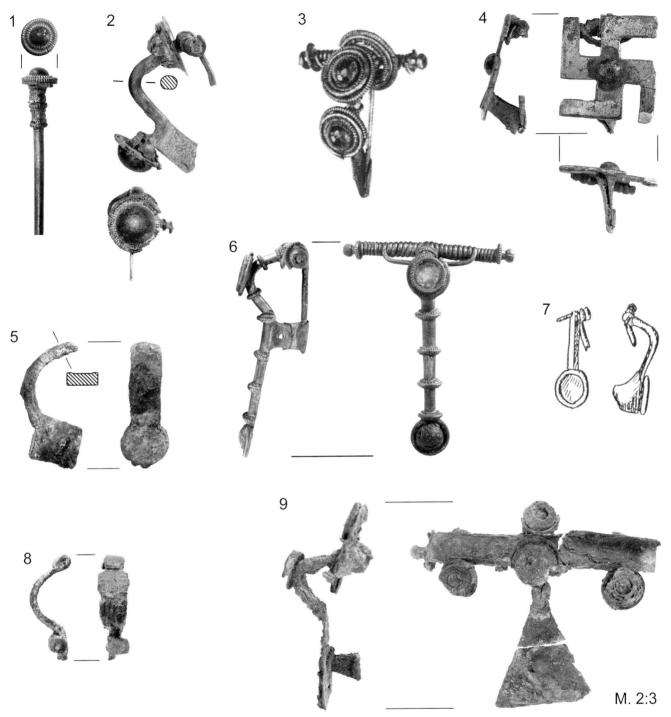

3. Jahrhunderts n. Chr. aufzukommen und vor allem ins 4. Jahrhundert zu datieren.[37] Zusammenfunde mit Rosettenfibeln (Nr. 7) und anderen Fibeln mit hohem Nadelhalter (z. B. Nr. 1, 35, 45 u. 52) zeigen auch hier Datierungen noch ins 3. Jahrhundert an. Auch ihr Vorhandensein auf dem mecklenburgischen Gräberfeld Häven lässt für diese Exemplare insgesamt einen jüngerkaiserzeitlichen Zusammenhang vermuten.[38] Eher aus typologischen Erwägungen heraus kann dies auch für die beiden Exemplare aus Broskov (Nr. 38 u. 39)[39] und Battin (Nr. 56 u. 57) angenommen werden, während die zusätzlich mit einem Karneol verzierte Silberfibel aus Ellekilde (Nr. 41) durch ihre Vergesellschaftung mit einer Kelle-Sieb-Garnitur E 161, einem Zirkusbecher E 209 und einem Hemmoorer Eimer gleichfalls noch in das 3. Jahrhundert zu datieren ist.[40] In diese Zeit gehört auch das unbestimmbare, mit einem Glasmugel verzierte Fragment aus Kremmin, das gleichfalls mit einem Hemmoorer Eimer vergesellschaftet ist.

▲ *Abb. 5: Objekte der jüngeren Römischen Kaiserzeit mit Glassteinapplikation (Nachweis s. Liste 2).*
1 Lundehøj (Nr. 10);
2 Torsmark (Nr. 32);
3 Stenhøjgård (Nr. 12; Ark. udgrav. Denm. 1989 205);
4 Vorbasse Grab 1 (Nr. 33);
5 Kastrup (Nr. 25); ,
6 Broskov Grab D (Nr. 40);
7 Brietz (Nr. 72; Kuchenbuch 1938, Taf. 28,2);
8 Cheine (Nr. 73); 9 Store Darum (Nr. 30).

---

37 BECKER 1998, 268.
38 VOSS 1999, 311f.
39 SCHULTE 2011, bes. 49; 204 .
40 ERDRICH 1995, 76. LUND HANSEN 1987, 56–58.

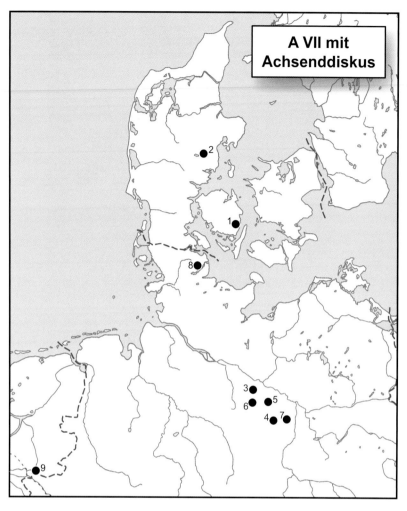

▲ Abb. 6: Vorkommen von Fibeln A VII mit Achsenddiskus.

Für die Scheibenfibeln mit Glassteineinlagen, die ausschließlich dänischer Provenienz sind, ist Vergleichbares zu bemerken. Vier der sechs Exemplare wurden mit Fibeln A VII vergesellschaftet gefunden (Nr. 23, 33, 36 u. 53), während das Exemplar aus Illerup Ådal (Nr. 24) trotz seiner unsicheren Fundkonzentrationszugehörigkeit dem gleichen Zeithorizont zuzuordnen sein dürfte, wie auch die dort gefundenen Fibeln mit hohem Nadelhalter.[41] Ebenso dürfte die Tierscheibenfibel aus Regnemark (Nr. 51), wie solche Spangen generell, in die Stufen C1b bis C2 zu datieren sein, wenngleich solche Fibeln auch später noch vorkommen können.[42]

Neben den zahlreichen auf Fibeln angebrachten Glassteineinlagen sind ebenso die wenigen frühen Glasmugel erwähnenswert, die sich auf anderen Objekten als Fibeln befinden. Auch sie können als Anzeiger eines gehobenen Sozialstatus gelten, wie die drei Silbernadeln (Nr. 10, 19 u. 47) und die Schwertriemenbügel (Nr. 13, 14, 15 u. 16) mit blauen Glasmugeln, aber auch der Schildbuckel aus Gommern (Nr. 73), der mit insgesamt 13 honigfarbenen Glassteinen verziert ist.

Diese Objekte sind entweder in die erste Hälfte des 3. Jahrhunderts zu datieren, wie die Schwertriemenbügel vom Typ Carnap-Bornheim IA, die bislang ausschließlich aus C1b-zeitlichen Zusammenhängen bekannt sind,[43] oder sie können auch dem folgenden Abschnitt der jüngeren Römischen Kaiserzeit angehören, wie die Silbernadeln aus Lundehøj Grab 47 (Nr. 10) und Kærup nord Grab A3690 (Nr. 48),[44] die über Zusammenfunde mit Fibeln A VII 3, 1c und 2a–b datiert werden können.[45] Der prachtvolle Schildbuckel aus Gommern bietet nicht nur mit den beiden Münzabschlägen einen guten Hinweis zur absoluten Datierung,[46] er zeigt mit seinen 13 honigfarbenen Glassteineinlagen, die allein etwa 8 % aller aufgenommenen Glasmugel stellen, eine treffliche Verbindung zum Grab 7 aus Haßleben an (Nr. 80 u. 81).

Es ist also festzustellen, dass die frühesten Funde von glassteinverzierten Objekten des Untersuchungsgebietes von der Nordseeküste Norwegens sowie Südjütlands stammen, die beide in den Übergang von der älteren zur jüngeren Römischen Kaiserzeit gehören. Gerade in Jütland verläuft dieser jedoch später, wie nicht nur die späte absolute Datierung der rein älterkaiserzeitlichen Siedlung von Prior Lykke zeigt, sondern auch das weitgehende Fehlen früher Formen der Fibeln mit hohem Nadelhalter.[47] Auf die späte Datierung der norwegischen Fibeln A V, Ser. 6, wies bereits Almgren hin,[48] die er durch einen Zusammenfund mit einer Fibel A VII belegt sah.

Die küstennahe Lage beider Fibeln lässt vermuten, dass es sich um keinen Zufall handelt. Es ist daher zu überlegen, ob nicht auch eine Übernahme dieser Verzierungssitte aus Britannien möglich wäre. Nicht nur im 2. und 3. Jahrhundert sind Glasmugel auf Objekten allgemein und ganz besonders auf Fibeln zu beobachten, wie es beispielsweise die jüngst aus einem britannischen Tempelkomplex publizierten Funde belegen.[49] Neben einer altmärkischen oder Prignitzer Spange des 2. Jahrhundert, die in Ostengland gefunden wurde,[50] bezeugen bekanntermaßen auch zahlreiche Parallelen zwischen Tongefäßen des 4. Jahrhundert einen Kontakt nach Britannien.[51] Mit den Fibeln A VII 2, Form 15, den kleinen sowie den großen Vertretern der Rosettenfibeln und schließlich den Schildfibeln haben sich Glassteinapplikationen als Option zum Verzieren end-

---

41 ILKJÆR 1998.
42 TEEGEN 1999, 183–192.
43 VON CARNAP-BORNHEIM 1991, 10.
44 MAILUND CHRISTENSEN 2006, 35.
45 Vgl. SCHULTE 2011, 163ff.
46 BECKER 2010, 343f.
47 ETHELBERG 1990, 19; 2000, 40. Vgl. SCHULTE 2011, 155 Tab. 1.
48 ALMGREN 1923, 55; 230 Nr. 238.
49 SCHUSTER 2011, 211 Fig. 98,111.112.115; 99,130; 238 Pl. 11.
50 SCHULTE 2011, 79ff.; 321 Karte 29.
51 JENSEN 1976, 172f. MYRES 1977, 3.

Die Altmark und der Norden

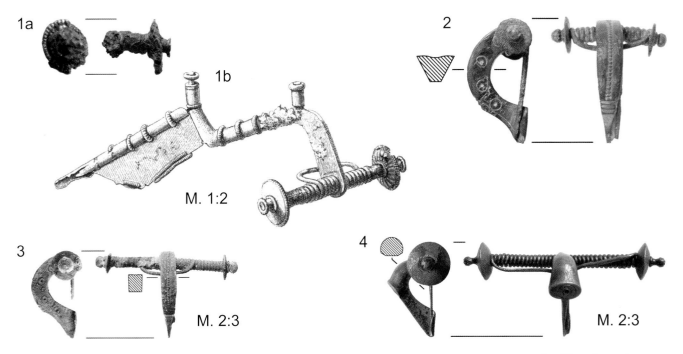

▲ *Abb. 7: Beispiele von Fibeln A VII mit Achsenddiskus (Nachweis s. Liste 3). 1 Møllegårdsmarken Grab 60 (Nr. 1; Sehested 1878, Abb. 31,35g); 2 Berkau (Nr. 4); 3 Rockenthin (Nr. 6); 4 Thorsberger Moor (Nr. 8).*

gültig im 3. Jahrhundert durchgesetzt; es wird eine Ausbreitung Nord nach Süd deutlich.[52]

In diesem Kontext sind die beiden altmärkischen Fibeln (Nr. 71 u. 72) einzuordnen, die als Einzelformen ohne typologische Ansprache bleiben müssen, die jedoch gemeinhin zu den Fibeln mit hohem Nadelhalter gezählt werden.[53] Ihre Nähe zu Häven und auch die Rebenstorfer Schildfibel (Nr. 70) legen auch hier eine technische Adaption nahe, da – von der Rebenstorfer Schildfibel abgesehen – Vergleichsfunde aus dieser Region fehlen.

Als ein weiteres Oberschichtenphänomen können die jüngerkaiserzeitlichen Spiraldrahtringe gesehen werden, die mehrfach als Applikationen an einigen Objekten von herausragender Qualität zu beobachten sind. Bemerkenswerterweise kommen auch sie häufig in Südskandinavien vor und auch im Umfeld der Gräberfelder von Haßleben und Leuna. Insgesamt ist das Verbreitungsbild dem der mit Glasmugeln verzierten Objekte sehr ähnlich, sieht man von der südjütischen Konzentration an der dänischen Westküste ab. Zwar sind zunächst auch die Spiraldrahtapplikationen an Silberfibeln, wie den Spangen aus Røgnehøj Grab 6, Ullerslev Grab 1 und Havnlev Grab 1 vorhanden,[54] jedoch kommen sie gleichfalls häufig an Fibeln mit festem Nadelhalter und auch Nadeln vor. Seltener sind sie an Tutulusfibeln, und lediglich einmal verziert jeweils eine Spiraldrahtapplikation einen S-förmigen Schließhaken aus Juellinge sowie einen Schildbuckel aus Illerup Ådal.[55]

Einen überraschenden Bezug zum Norden stellt eine kleine Fibel mit hohem Nadelhalter aus Zethlingen her, die sich weder durch ihre Form noch durch ihre Größe vom übrigen altmärkischen Material unterscheidet. Zu einem besonderen Exemplar wird sie aber nicht nur durch ihre Spiraldrahtverzierung, sondern auch durch ihre Materialbeschaffenheit, da sie aus Silber besteht.[56] Dies ist ein deutlicher Hinweis, dass diese Spange, wie auch die anderen Objekte mit Spiraldrahtverzierungen, als Indikator für einen gehobenen Sozialstatus des Besitzers anzusehen ist.

Ebenfalls um eine applikative Verzierung handelt es sich bei den kleinen diskoiden Scheiben, die auf Achshalterenden einiger Fibeln mit hohem Nadelhalter aufgeschoben wurden. Von lediglich neun Objekten ist diese prägnante Art der Verzierung bekannt (s. Liste 3), wobei sie fünfmal an Fibeln der Altmark und dem angrenzenden Wendland zu beobachten ist (Abb. 6). Eine sehr große Formähnlichkeit weisen interessanterweise die vier Fibeln aus Mechau, Tüschau, dem Thorsberger Mooropferfund und dem niederländischen Wehl auf (Liste 3, Nr. 3, 5, 8 u. 9). Das Exemplar aus Stendal hingegen scheint lediglich graziler zu sein (Nr. 7). Hingegen gehören die beiden Spangen aus Berkau und Rockenthin (Nr. 4 u. 6) zu den Fibeln A VII 3 und scheinen somit zunächst herauszufallen. Die Kreisaugenverzierungen auf den Bügelseiten der beiden massiven Spangen sowie die auffälligen Profilierungen, die mittig auf der Bügelmitte entlanglaufen, lassen vermuten, dass es sich trotz der Unterschiede im Bügelquerschnitt sowie der „falschen" Spiralen der Berkauer Fibel, um Produkte aus derselben Werkstatt handeln könnte. Auch die gleich ausse-

---

52 Vgl. Abb. 4 und Schulte 2011, 330 Karte 38; 331 Karte 39. Riese 2004, Karte 1–5.
53 Schulte 2011, Nr. 1300, 1347.
54 Albrectsen 1968, Taf. 32f. Schulte 2011, Nr. 188b, 358a.
55 Schulte im Druck.
56 Schulte im Druck.

henden Profilierungen am Übergang vom Bügel zum Nadelhalter, die randbegleitenden Linien der Nadelhalter und die Achsendknöpfe können als Indizien hierfür angesehen werden.

Diesen Objekten gegenüber stehen die Rosettenfibel aus Møllegårdsmarken (Abb. 7,1) und das Fragment aus Illerup Ådal (Nr. 2). Das Fragment aus dem Mooropferfund besteht aus drei Diskussen, die auf eine Achse aufgeschoben sind. Die Zwischenräume zwischen ihnen wurden mit Pressblechen verziert, und auch die Diskusse selbst bestehen aus zwei Pressblechen, die aneinander gelegt und zusammengelötet wurden. Dies ist ein deutlicher Unterschied zu den „altmärkischen" Achsenddiskussen, die aus einem Stück bestehen. Sie kommen mit Zwischenstufen sowohl blechförmig als auch massiv vor, so dass kein direkter Zusammenhang zwischen dem Illeruper Fragment und den anderen Spangen zu bestehen scheint. Auch die Häufung von drei Diskussen auf einer Achse kann als ein Indiz dafür gewertet werden. Sie ist zumindest für die Fibeln mit hohem Nadelhalter singulär und könnte bislang allenfalls mit dem sehr exaltierten Stück aus Himlingøje Grab 1894-1 verglichen werden.[57]

Nicht sicher kann hingegen die Rosettenfibel auf Møllegårdsmarken Grab 60 eingeordnet werden (Abb. 7,1). F. Sehestedt publizierte sie mit Achsenddiskussen,[58] die heute jedoch nicht mehr an der Fibel vorhanden sind. Eine Autopsie der Spange im Odense Bys Museer zeigte,[59] dass sie zwar in einem wenig aussagekräftigen Zustand, nämlich mit anderen Objekten zusammenkorrodiert, konserviert wurde, sie jedoch anscheinend auch ursprünglich keine Achsenddiskusse besaß. Es fand sich hingegen ein Fragment eines korrodierten, vermutlich silbernen Diskusses mitsamt dem Rest eines goldschimmernden Pressbleches sowie einer Achse, auf die dieser aufgeschoben war. Ob sie zur Fibel gehörte, wie Sehestedt es zeichnerisch rekonstruierte, kann bezweifelt werden. Jedoch zeigt sich hier eine Parallele zum Illeruper Fragment und somit ein weiteres Indiz, dass hier kein unmittelbarer Zusammenhang zur Altmark zu sehen ist.

Fasst man die genannten Hinweise zusammen, können diese in zwei Kategorien unterteilt werden. Zum einen handelt es sich um Objekte, deren Form, Verzierung oder Machart darauf hindeuten, dass sie ursprünglich nicht aus der Umgebung des Niederlegungsortes stammen. So besitzen die Fibel A Fig. 181 aus dem Thorsberger Mooropferfund,[60] die Fibel A VII mit Achsenddiskus (Liste 3,8), die ebenfalls aus diesem Depotfund stammt, und die Fibel A VII mit geschlitztem Fuß aus dem Vimose (Liste 1,4) einen deutlichen Bezug zur Altmark. Dies ist wenig überraschend, aber es stimmt mit der Annahme überein, dass es sich bei den Objekten dieser Mooropferfunde um Ausrüstungsgegenstände handelt, die zu den individuell erworbenen Thesauri der Besitzer gehörten.[61] Auch der regionale Bezug zur Altmark bestätigt bisherige Annahmen weitgehend.[62]

Zum anderen sind jedoch auch Verbreitungsbilder vorhanden, die sich nicht mit den Lebenswegen einzelner Besitzer erklären lassen. So finden sich die genannten Spiraldrahtapplikationen nicht nur an Silberobjekten aus dem Fürstengräberhorizont Skandinaviens und Haßleben-Leunas, sondern gleichfalls an einer schlichten Silberfibel altmärkischer Provenienz. Auch Glasmugel kommen im 3. Jahrhundert im Zusammenhang mit dem Fürstengräberhorizont vor, jedoch ebenso an zwei unscheinbaren altmärkischen Spangen. Das Schlitzen des Fibelfußes und das nachträgliche Einsetzen der Nadelhalter hingegen ist eine Technik, die nicht nur bei einigen großen Rosettenfibeln Skandinaviens verwendet wurde, sondern auch bei einigen schlichten Spangen der Altmark. Und zu guter Letzt scheinen auch die Achsenddiskusse, die auf die Achsenden weniger Fibeln aufgesetzt wurden, unterschiedliche Provenienzen aufzuweisen – skandinavische und eine altmärkische.

Für einige Fibeln der Kastelle Saalburg und Zugmantel konnte zwar eine Übernahme von Formen aus einer anderen Region nachgewiesen werden,[63] jedoch scheint dies im Falle des Schlitzens von Fibelfüßen kein passender Erklärungsansatz zu sein. Hier handelt es sich zweifelsfrei um Objekte lokaler Provenienzen. Es kann daher vermutet werden, dass es sich um Adaptionen von Verzierungen oder Techniken handelt, wobei der Ursprung dieser Techniken zunächst dort zu vermuten ist, wo die Mehrzahl dieser Merkmale auftritt. Die Ideen für deutlich sichtbare Verzierungen oder Applikationen können durch bloßes in Augenschein nehmen übernommen worden sein, wie z. B. bei den Spiraldrahtverzierungen oder den Glasmugeln. Bei den halbkugeligen Glassteinen wäre jedoch noch die Frage ihrer Herstellung oder auch Beschaffung zu klären, denn es ist nicht sicher zu klären, ob es sich bei ihnen um Eigenproduktionen handelt.

Gänzlich anders verhält es sich jedoch mit dem Schlitzen der Fibelfüße, da dieses nicht ohne Weiteres zu sehen ist. Die Vermutung einer unabhängigen Entwicklung erscheint auch angesichts der Zahl der anderen Hinweise auf Verbindungen zwischen Südskandinavien und der Altmark bei weitem nicht zwingend. Es ist daher zu überle-

---

57 Schulte 2011, Nr. 361a.
58 Sehestedt 1878, Taf. 31,35g.
59 Odense Bys Mus., Inventarnr. D 482.
60 Nationalmuseum Kopenhagen, Inventarnr. C 14840.
61 Blankenfeld 2009, 360–368.
62 Lund Hansen 2003, 88 Abb. 4.
63 Schulte 2011, 79; 177.

gen, ob die Annahmen von Wanderhandwerk[64] sich nicht nur auf spezialisierte Handwerker beziehen müssen, die für den jeweiligen Bedarf vor Ort produzierten. Vielleicht ist aber auch ein anderweitiger Wissenstransfer in Betracht zu ziehen.

Möglichkeiten zeigen Rechtsquellen, wie das im frühen 6. Jahrhundert kodifizierte *Lex Visigothorum*, auf. Demnach wurden Schmiede in der Gesetzesaufzeichnung Alarichs II. zu den Unfreien gezählt, weswegen sie jedoch nicht zwangsläufig immobil waren. So war es durchaus möglich, dass sie anderen *domici* (Herrn) zu Diensten überlassen wurden, sei es gegen Entgelt oder aus Freundschaft. Für jüngere Sklaven könnte auch in Betracht gezogen worden sein, sie bei einem *aurifex* (Goldschmied) römischer Herkunft ausbilden zu lassen, oder es wurden, wie im Frühmittelalter generell, Handwerker von ihren *domici* auf Reisen geschickt, um in der Fremde zu lernen.[65] Trotz des Rechtsstatus als Unfreie konnten Schmiede eine exponierte gesellschaftliche Stellung besessen haben, wie es für westgotische Hofhandwerker belegt ist.[66]

Ob dieses auch schon für das 3. Jahrhundert in angenommen werden kann, ist anhand der vorgestellten Funde allein natürlich nicht zu belegen. Es könnte jedoch ein Hinweis über eine Art der Verbindung dieser unterschiedlichen Regionen, Südskandinavien und der Altmark, sein, wobei deutlich ist, dass auch die Altmark an den Kontext des Fürstengräberhorizontes angeschlossen war.

Literatur

ALBRECTSEN 1968
E. Albrectsen, Fynske Jernaldergrave III. Yngre romersk jernalder. Odense 1968.

ALBRETHSEN 1974
S. E. Albrethsen, Bjergby – en jernaldergravplads på Mors. Nationalmuseets Arbejdsmark 1974, 48–58.

ALMGREN 1923
O. Almgren, Studien über nordeuropäische Fibelformen der ersten nachchristlichen Jahrhunderte mit Berücksichtigung der provinzialrömischen und südrussischen Formen. Mannus-Bibliothek 32. Leipzig 1923.

UDGRAVNINGER 1989
Arkæologiske udgravninger Danmark 1989, 205, s. v. Stenhøjgard/Gudme [P. V. Petersen].

BECKER 1998
M. Becker, Armbrustfibeln der Gruppe Almgren VI,2. In: J. Kunow (Hrsg.), 100 Jahre Fibelformen nach Oscar Almgren. Forschungen zur Archäologie im Land Brandenburg 5. Wünsdorf 1998 (2002), 263–270.

BECKER 2010
M. Becker, Das Fürstengrab von Gommern. Veröffentlichungen des Landesamtes für Denkmalpflege und Archäologie Sachsen-Anhalt, Landesmuseum für Vorgeschichte 63. Halle/S. 2010.

BEHM-BLANCKE 1973
G. Behm-Blancke, Gesellschaft und Kunst der Germanen. Die Thüringer und ihre Welt. Dresden 1973.

BLANKENFELDT 2009
R. Blankenfeldt, Studien zu den Persönlichen Ausrüstungen aus dem Thorsberger Moor. Unpubl. Diss. Kiel 2009.

BLUME 1912
E. Blume, Die germanischen Stämme und die Kulturen zwischen Oder und Passarge zur römischen Kaiserzeit. Würzburg 1912.

BORBY HANSEN 2008
B. Borby Hansen, En rig grav fra yngre romersk jernalder ved Næstved. Aarbøger for nordisk Oldkyndighed og Historie 2008, 2011, 123–194.

BROHOLM 1953
H. C. Broholm, To jydske Gravpladser fra Yngre Romersk Jernalder. Aarbøger for nordisk Oldkyndighed og Historie 1953, 1953, 63–116.

BROHOLM 1954
H. C. Broholm, Fra yngre Romertid i Sydsjælland. Nationalmuseets Arbejdsmark 1954, 95–107.

VON CARNAP-BORNHEIM 1991
C. von Carnap-Bornheim, Die Schwertriemenbügel aus dem Vimose (Fünen). Zur Typologie der Schwertriemenbügel der römischen Kaiserzeit im Barbarikum und in den römischen Provinzen. Kleine Schriften aus dem Vorgeschichtlichen Seminar der Philipps-Universität Marburg 38. Marburg 1991.

VON CARNAP-BORNHEIM 1998
C. von Carnap-Bornheim, Granat, Karneol, Almandin, Onyx und Bernstein. Zu schmucksteinverzierten Gegenständen der Römischen Kaiserzeit in Nord-, West- und Ostmitteleuropa. In: H.-U. Voß, P. Hammer, J. Lutz (Hrsg.), Römische und germanische Bunt- und Edelmetallfunde im Vergleich. Archäometallurgische Untersuchungen ausgehend von elbgermanischen Körpergräbern. Bericht der Römisch-Germanischen Kommission 79, 1998 (2000), 260–275; 374–380.

VON CARNAP-BORNHEIM 2000
C. von Carnap-Bornheim, Zu Schildfibeln mit Glaseinlagen (Mackeprang IX sowie Matthes B und C). In: M. Mączyńska, T. Grabarczyk (Hrsg.), Die spätrömische Kaiserzeit und die frühe Völkerwanderungszeit in Mittel- und Osteuropa. Łódź 2000, 52–75.

CLAUDE 1981
D. Claude, Die Handwerker der Merowingerzeit nach den erzählenden und urkundlichen Quellen. In: H. Jankuhn (Hrsg.), Das Handwerk in vor- und frühgeschichtlicher Zeit. Abhandlungen der Akademie der Wissenschaften zu Göttingen. 3. Folge, Bd. 122. Göttingen 1981, 204–266.

CRFB 3 1998
Corpus der römischen Funde im europäischen Barbaricum. Deutschland. Bd. 3: Bundesland Mecklenburg-Vorpommern. Bearb. v. H.-U. Voß. Bonn 1998.

CRFB 6 2006
Corpus der römischen Funde im europäischen Barbaricum. Deutschland. Bd. 6: Land Sachsen Anhalt. Bearb.

---

64 Z. B. MĄCZYŃSKA 2009, 101f.; 248f.
65 NEHLSEN 1981, bes. 275–277.
66 CLAUDE 1981, 208.

von M. Becker, J. Bemmann, J. Laser, R. Leineweber, B. Schmidt, E. Schmidt-Thielbeer, I. Wetzel. Bonn 2006.

CURMAN u. a. 1945
S. Curman, B. Nerman, D. Selling, Tiotusen år i Sverige. Stockholm 1945.

DAUBER 1958
A. Dauber, Neue Funde der Völkerwanderungszeit aus Baden. Gerlachsheim, Ilvesheim, Zeutern. Badische Fundberichte 21, 1958, 139–175.

JENSEN 1976
S. Jensen, Fynsk Keramik i gravfund fra sen romersk jernalder. Kuml: Årbog for Jysk Arkæologisk Selskab, 1976, 151–190.

KLINDT-JENSEN 1978
O. Klindt-Jensen, Slusegårdgravpladsen. Bornholm fra 1. årh. f. til 5. e. v. t. Jysk arkæologisk selskabs skrifter XIV, 2. København 1978.

KÖRNER 1939
G. Körner, Der Urnenfriedhof von Rebenstorf im Amte Lüchow. Hildesheim, Leipzig 1939.

KRAUSE 1893
E. Krause, Skelettgräberfunde bei Arnswalde in der Neumark, Zeitschrift für Ethnologie 25, 1893, 81–86.

KUCHENBUCH 1938
F. Kuchenbuch, Die altmärkisch-osthannöverschen Schalenurnenfelder der spätrömischen Zeit. Jahresschrift für die Vorgeschichte der sächsisch-thüringischen Länder 27, Halle 1938.

LEINEWEBER 1997
R. Leineweber, Die Altmark in spätrömischer Zeit. Veröffentlichungen des Landesamtes für Denkmalpflege und Archäologie Sachsen Anhalt 50. Halle/S. 1997.

LUND HANSEN 1971
U. Lund Hansen, Blik- og glasornamenterede fibler af Mackeprang Type IX. Aarbøger for nordisk Oldkyndighed og Historie 1971, 1971, 72–119.

LUND HANSEN 1976
U. Lund Hansen, Das Gräberfeld bei Harpelev Seeland. Studien zur jüngeren römischen Kaiserzeit in der seeländischen Inselgruppe. Acta Archaeologica 47, 1976, 91–158.

LUND HANSEN 1987
U. Lund Hansen, Römischer Import im Norden. Warenaustausch zwischen dem Römischen Reich und dem freien Germanien während der Kaiserzeit unter besonderer Berücksichtigung Nordeuropas. Nordiske Fortidsminder Ser. B, 10. Kopenhagen 1987.

LUND HANSEN 1995
U. Lund Hansen, Himlingøje Seeland Europa. Ein Gräberfeld der jüngeren römischen Kaiserzeit auf Seeland, seine Bedeutung und internationalen Beziehungen. Nordiske Fortidsminder Ser. B:13. Kopenhagen 1995.

LUND HANSEN 2003
U. Lund Hansen, 150 Jahre Waffenopferfunde. Forschung und Interpretation. In: Sieg und Triumpf. Der Norden im Schatten des Römischen Reiches. Katalog zur Ausstellung Kopenhagen 2003–2004. Gylling 2003, 84–89.

MACKEPRANG 1943
M. B. Mackeprang, Kulturbeziehungen im nordischen Raum des 3.–5. Jahrhunderts. Hamburger Schriften zur Vorgeschichte und germanischen Frühgeschichte 3. Leipzig 1943.

MAILUND CHRISTENSEN 2009
L. Mailund Christensen, Kærup nord – en gravplads fra yngre romersk jernalder ved Ringsted. Aarbøger for nordisk Oldkyndighed og Historie 2009, 2001, 19–68.

MARSEEN 1963
O. Marseen, Lundegårde-gravpladser fra yngre jernalder. Kuml: Årbog for Jysk Arkæologisk Selskab, 1963, 37–41.

MĄCZYŃSKA 2009
M. Mączyńska, Der frühvölkerwanderungszeitliche Hortfund aus Łubiana, Kreis Kościerzyna (Pommern). Mit Beiträgen von J. Andrzejowski, J. Gorecki, P. Hammer, M. Pawlikowski, D. Rudnicka, H.-U. Voß. Bericht der Römisch-Germanischen Kommission 90, 2009, 8–482; Taf. 1–116.

VON MÜLLER 1957
A. von Müller, Ein reich ausgestattetes Körpergrab der späten römischen Kaiserzeit aus Lebus. Berliner Blätter für Vor- und Frühgeschichte 6, 1957, 14–39.

MYRES 1977
J. N. L. Myres, A Corpus of Anglo-Saxon Pottery of the Pagan Period. Vol. 1–2. Cambridge u. a 1977.

NEHLSEN 1981
H. Nehlsen, Die rechtliche und soziale Stellung der Handwerker in den germanischen Leges. Westgoten, Burgunder, Franken, Langobarden. In: H. Jankuhn (Hrsg.), Das Handwerk in vor- und frühgeschichtlicher Zeit. Abhandlungen der Akademie der Wissenschaften zu Göttingen. 3. Folge, Bd. 122. Göttingen 1981, 267–283.

PEŠKAŘ 1972
I. Peškař, Fibeln aus der römischen Kaiserzeit in Mähren. Prag 1972.

PRZYBŁA 2008
M. Przybła, Nordeuropäische Hakenkreuzfibeln aus der spätrömischen Kaiserzeit. In: B. Niezabitowska-Wiśniewska, M. Juściński, P. Łuczkiewicz, S. Sadowski (Hrsg.), The Turbulent Epoch, Bd. 2. New Materials from the Late Roman Period and the Migration Period. Monumenta Studia Gothica V, Bd. 2. Lublin 2008, 255–281.

RADDATZ 1957
K. Raddatz, Der Thorsberger Moorfund. Gürtelteile und Körperschmuck. Offa-Bücher 13. Neumünster 1957.

RADDATZ 1962
K. Raddatz, Die Funde vom Urnenfriedhof der römischen Kaiserzeit und Völkerwanderungszeit von Merkendorf, Kreis Oldenburg. Offa 19, 1962, 143–157.

RIESE 2004
T. Riese, Schildfibeln aus dem Bereich der Dębcyno-Gruppe. Folia Praehistorica Posnaniensia 12, 2004, 201–249.

RINGTVED 1986
J. Ringtved, Jyske gravfund fra yngre romertid. Kuml: Årbog for Jysk Arkæologisk Selskab, 1986, 95–218.

SCHACH-DÖRGES 1970
H. Schach-Dörges, Die Bodenfunde des 3. bis 6. Jahrhunderts nach Chr. zwischen unterer Elbe und Oder. Offa-Bücher 23. Neumünster 1970.

SCHMIDT/BEMMANN 2008
B. Schmidt, J. Bemmann, Körperbestattungen der jüngeren Römischen Kaiserzeit und der Völkerwanderungszeit

Mitteldeutschlands. Katalog. Veröffentlichungen des Landesamtes für Denkmalpflege und Archäologie Sachsen Anhalt Landesmuseum für Vorgeschichte 61. Halle/S.

SCHULDT 1955

E. Schuldt, Pritzier. Ein Urnenfriedhof der späten römischen Kaiserzeit in Mecklenburg. Deutsche Akademie der Wissenschaften zu Berlin, Schriften der Sektion für Vor- und Frühgeschichte 4. Berlin 1955.

SCHULTE 2006

L. Schulte, Überlegungen zu den eisernen Fibeln mit hohem Nadelhalter. Ethnographisch-Archäologische Zeitschrift 47:1–2, 2006, 57–85.

SCHULTE 2011

L. Schulte, Die Fibeln mit hohem Nadelhalter (Almgren Gruppe VII). Göttinger Schriften für Vor- und Frühgeschichte 32. Neumünster 2011.

SCHULTE im Druck

L. Schulte, Fibeln und andere Kleinigkeiten aus dem kaiserzeitlichen Uppåkra. Uppåkrastudier 12. Im Druck

SCHULZ 1933

W. Schulz, Das Fürstengrab von Haßleben I. Das Fürstengrab und das Grabfeld von Haßleben. Römisch-Germanische Forschungen 7. Berlin, Leipzig 1933.

SCHUMANN 1894

H. Schumann, Skelettgräber mit römischen Beigaben von Borkenhagen (Pommern). Zeitschrift für Ethnologie 26, 1894, 595–601.

SCHUSTER 1995

Jan Schuster, Ein Werkstattkreis der Fibelherstellung in der Altmark? Ethnographisch-Archäologische Zeitschrift 36, 1995, 299–311.

SCHUSTER 2003

Jan Schuster, Hof und Grab – die jüngerkaiserzeitlichen Eliten vor und nach dem Tode. Eine Fallstudie aus dem unteren Odergebiet. Slovenská Archeológia 51, 2003, 247–318.

SCHUSTER 2011

Jörn Schuster, Springhead Metalwork. In: E. Biddulph, R. Seager Smith, Jörn Schuster (Hrsg.), Settling the Ebbsfleet Valley. High Speed 1 excavations at Springhead and Northfleet, Kent. The Late Iron Age, Roman, Saxon, and Medieval landscape, Vol. 2: Late Iron Age to Roman Finds Reports. Oxford 2011, 189–420.

SEHESTED 1878

F. Sehested, Fortidsminder og Oldsager fra Egnen on Broholm. Kopenhagen 1878.

SKJØDT 2009

A. Skjødt, Rosetfiblens >>anatomi<<. Kuml: Årbog for Jysk Arkæologisk Selskab, 2009, 153–181.

STJERNQUIST 1955

B. Stjernquist, Simris. Acta Archaeologica Lundensia. Series in 4°. Nr. 5. Bonn, Lund 1955.

STRAUME 1987

E. Straume, Gläser mit Facettenschliff aus skandinavischen Gräbern des 4. und 5. Jahrhunderts n. Chr. Inst. Comparative Research Human Culture, Ser. B, Skr. 73. Oslo 1987.

STRAUME 1998

E. Straume, Fibeln der römischen Kaiserzeit aus Norwegen – der Stand der Forschung. In: J. Kunow (Hrsg.), 100 Jahre Fibelformen nach Oscar Almgren. Forschungen zur Archäologie im Land Brandenburg 5. Wünsdorf 1998 (2002), 437–451.

STORGAARD 2003

B. Storgraad, Kosmopolitische Aristokraten. In: Sieg und Triumpf. Der Norden im Schatten des Römischen Reiches. Katalog zur Ausstellung Kopenhagen 2003–2004. Gylling 2003, 106–125.

SØRENSEN 2000

S. A. Sørensen, Hørup – en sjællandsk værkstedsplads fra romersk jernalder. Færgegaarden 2000.

TEEGEN 1999

W.-R. Teege, Studien zum kaiserzeitlichen Quellopferfund von Bad Pyrmont. Reallexikon der Germanischen Altertumskunde, Ergänzungsbd. 20. Berlin, New York 1999.

THORVILDSEN 1972

E. Thorvildsen, Dankirke. Nationalmuseets Arbejdsmark, 1972, 47–60.

Universitetets Oldsaksamlingens Tillväxt 1994

Universitetets Kulturhistoriske Museer Oldsaksamlingens tilvekst 1989–1991, 72f.

VADAY 1985

A. H. Vaday, Sarmatisches Gräberfeld von Törökszentmiklós-Surján-Úitelep. Acta Archaeologica Academiae Scientiarum Hungaricae 37, 1985, 345–390.

VEDEL 1886

E. Vedel, Efterskrift til Bornholms Oldtidsminder og Oldsager. Kopenhagen 1886.

VOSS 1999

H.-U. Voß, Häven. In: H. Beck (Hrsg.), Reallexikon der Germanischen Altertumskunde 13. Berlin, New York 1999, 311f.

WORBS 1979

R. Worbs, Zethlingen. Ein Brandgräberfeld der spätrömischen Kaiserzeit aus der Altmark. Wissenschaftliche Beiträge der Martin-Luther-Universität Halle-Wittenberg L 14. Altenburg 1979.

Listen

Liste 1: Fibeln A VII mit geschlitztem Fuß

Dänemark

Fünen

1. Møllegårdsmarken Grab 60, Ksp. Gudme
   A VII 2, 17a (SCHULTE 2011, Nr. 122b)
2. Møllegårdsmarken Grab 1690, Ksp. Gudme
   A VII 2, 14 (ebd., Nr. 152b)
3. Sanderumgaard Grab 1, Ksp. Davinde
   A VII 2, 17a (Nationalmus. Kopenhagen: D XXXIV; SCHULTE 2011, Nr. 176)
4. Vimose, Ksp. Allese
   A VII 1, 5a (ebd., Nr. 194)

Jütland

5. Bjørndrup Grab?, Ksp. Tødsø
   A VII 2, 17a (ebd., Nr. 209a)
6. Hasseris Grab 1, Ksp. Hasseris
   A VII 2, 17a (SKJØDT 2009, 158 u. 173 Nr. 10; SCHULTE 2011, Nr. 224)
7. Hedegård Grab A19/20, Ksp. Sønder Tranders
   A VII 2, 17a (SKJØDT 2009, 158 u. 173 Nr. 6)

8. Næsbjerg Grab?, Ksp. Næsbjerg
   A VII 2, 17a (Schulte 2011, Nr. 271b)
9. Næsbjerg Grab Ah?, Ksp. Næsbjerg
   A VII 2, 17a (ebd., Nr. 272)
10. Vorbasse Grab 3; Ksp. Vorbasse
    A VII 2, 17a (ebd., Nr. 321d)

Seeland

11. Brushøjgård Grab B, Ksp. Holme-Olstrup
    A VII 2, 17a (Nationalmus. Kopenhagen: C 142227a; Schulte 2011, Nr. 343)
12. Havnlev Mark Grab 1, Ksp. Havnlev
    A VII 2, 17a (ebd., Nr. 358a)
13. Værløse Grab I, Ksp. Værløse
    A VII 2, 17a (ebd., Nr. 432b)

Deutschland

Sachsen-Anhalt

14. Püggen (Einzelfund), Altmarkkreis-Salzwedel
    A VII 1, 5a (Danneil-Mus. Salzwedel: 6475/a; Schulte 2011, Nr. 1500)
15. Rockenthin (Einzelfund), Altmarkkreis-Salzwedel
    A VII 1, 5a (SMPK–MVF: Ig 7377; Schulte 2011, Nr. 1553)

Schleswig-Holstein

16. Preetz Grab 26, Kr. Plön
    A VII 1, 5a (ebd., Nr. 1876)

Thüringen

17. Haßleben unbek. Grab, Kr. Sömmerda
    A VII 2, 17a (ebd., Nr. 2029)

Norwegen

18. Bringsvær Grab 1, Prov. Aust-Agder
    A VII 2, 17a (ebd., Nr. 2416)
19. Nordre Rør Grab o. Nr., Prov. Østfold
    A VII 2, 17a (ebd., Nr. 2431a)

Liste 2: Jüngerkaiserzeitliche Objekte mit Glasmugel

Dänemark

Bornholm

1. Grødby Grab 929, Åker sogn
   Fibel A VI 2, Fig. 179–180 mit Glasmugel auf dem Fußschild
   (Heidemann-Lutz 2000, 91 Fig. 12; Schulte 2011, Nr. 11c)
2. Kannikegård, Bodilsker sogn
   Fibel A VI 2, Fig. 179–180 mit Glasmugel auf dem Fußschild
   (Vedel 1886, Abb. 144; Riese 2004, 228 Nr. 42)
3. Pilegårde Grab 15, Olsker sogn
   Fibel A VII 2, 16b aus Silber, mit blauem Glasmugel auf dem scheibenförmigen Fußabschluss
   (Vedel 1886, 126 Fig. 277; Almgren 1923, Fig. 219; Schulte 2011, Nr. 19a)
4. Slamrebjerg Grab 126, Bodilsker sogn
   Fibel A VII 2, 16b aus Silber, mit Glasmugeln
   (Vedel 1886, 352; Skjødt 2009, 174 Nr. 58; Schulte 2011, Nr. 27a)
5. Slamrebjerg Grab 132, Bodilsker sogn
   Fibel A VII 2, 16b aus Silber, mit blauem Glasmugel auf dem scheibenförmigen Fußabschluss
   (Vedel 1886, 126 Fig. 278; Schulte 2011, Nr. 28a)
6. Slusegård Grab 67, Pedersker sogn
   Fibel A VII 2, 16a aus Silber, mit blauem Glasmugel auf dem scheibenförmigen Fußabschluss
   (Klindt-Jensen 1978, 52 Fig. 37e; Schulte 2011, Nr. 35a)
7. Slusegård Grab 274, Pedersker sogn
   Schildfibel aus Silber, mit je einem blauen Glasmugel auf dem Steg, Kopf-, Bügel- und Fußschild
   (Klindt-Jensen 1978, 91 Fig. 60i; Schulte 2011, Nr. 38e)

Fünen

8. Fraugde Grab 58, Fraugde sogn
   Fibel A VII 2, 20, mit Rest einer scheibenförmigen Platte auf dem Bügel; auf dieser urspr. wohl ein Glasmugel
   (Nationalmus.: C 8602; Albrectsen 1968, Taf. 82d; Schulte 2011, Nr. 93a)
9. Hjallese Grab 30, Hjallese sogn
   Fibel A VI 2, Fig. 179–180, auf dessen Fußschild urspr. wohl ein Glasmugel war
   (Albrectsen 1968, Taf. 17b)
10. Lundehøj Grab 47, Hillerslev sogn
    Silbernadel mit kleinem blauen Glasmugel
    (Odense Bys Mus.: B 516–25; Albrectsen 1968, Taf. 30f; Schulte 2011, Nr. 115e)
11. Møllegårdsmarken Grab 1500, Gudme sogn
    Fibel A VI 2, 16? – nur noch Glasmugel samt Perldrahteinfassung und Basisscheibe vorhanden
    (Albrectsen 1971, 91 u. Taf. 101e)
12. Stenhøjgård, Gudme sogn
    Fibel A VII 2, 16a aus Silber, mit Goldblech und je einem Glasmugel auf dem Bügel und der Fußscheibe
    (Arkæologiske udgravninger Danmark 1989, 205 mit Abb; Skjødt 2009, 163 u.174 Nr. 29; Schulte 2011, Nr. 183)
13. Vimose, Allese sogn
    Schwertriemenbügel aus Bronze; Vogelkopfprotomen mit Glaseinlage
    (Raddatz 1957, 151 Abb. 5,9; von Carnap-Bornheim 1991, 68 Nr. 4)
14. Vimose, Allese sogn
    Schwertriemenbügel; silberplattiertes Bronzeblech mit blauen Glasperlen (von Carnap-Bornheim 1991, 52 Abb. 4,46 u. 68 Nr. 5)
15. Vimose, Allese sogn
    Schwertriemenbügel aus Silber (z. T. vergoldet); Vogelkopfprotomen mit Glaseinlage
    (von Carnap-Bornheim 1991, 69 Nr. 17 u. Taf. 31,17)
16. Vimose, Allese sogn
    Schwertriemenbügel aus Bronze (z.T. versilbert); Vogelkopfprotomen mit Glaseinlage
    (Engelhardt 1896, Taf. 8,47; von Carnap-Bornheim 1991, 69 Nr. 19)

Jütland

17. Billum Grab 4, Billum sogn
    Fibel A VII 2, 17 aus Silber, mit Glasmugel
    (Frandsen 2001, 23 Fig. 5; Skjødt 2009, 173 Nr. 24; Schulte 2011, Nr. 206)
18. Bjergby Grab 3, Morsø Nørre sogn
    Fibel A VII 2, 17 aus Silber, mit 5 Glasmugel: 2 auf dem Bügel, 2 auf dem Spiraldeckkasten und 1 auf dem Zierblech, des Nadelhalters
    (Albrethsen 1974, 58 Fig. 15; Schulte 2011, Nr. 208)

19. Dankirke (Siedlung), Vester Vedsted sogn
    Silbernadel mit Goldblech und eingefaßtem „dunklen Stück Glas"
    (Thorvildsen 1972, 58 Fig. 17)
20. Flødalen Grab A, Svenstrup sogn
    Fibel A VII 2, 17a.
    (Skjødt 2009, 173 Nr. 11; Schulte 2011, Nr. 3260)
21. Foulum, Tjele sogn
    Blechfibel A VI 2 aus Silber, mit rautenförmigem Fuß und klarem grünen Glasmugel in Silbereinfassung darauf
    (Iversen 1984, 208 Fig. 2–3; Schulte 2011, Nr. 222d)
22. Gammel Hasseris Grab o. Nr., Hasseris sogn
    Fibel A VII 2, 17 aus Silber
    (Marseen 1963, 35 Fig. 3; Ringtved 1986, 147 Fig. 39; Skjødt 2009, 173 Nr. 10; Schulte 2011, Nr. 224)
23. Hjemsted Grab 16805, Skærbæk sogn
    Fragment einer rechteckigen, scheibenförmigen Fibel aus Silber und Bronze, mit 2 Glasauflagen
    (Ethelberg 1990a, 182 Abb; Schulte 2011, Nr. 229c)
24. Illerup Depotfund EAO, Skanderborg sogn
    Tierscheibenfibel aus Bronze und Silber, mit zentral angebrachtem blauen Glasmugel sowie 2 kleineren, welche die Augen des Tieres darstellen
    (Ilkjær 1998, 492 Abb. 3,3)
25. Kastrup Einzelfund, Gram sogn
    Fibel, eingliedrig(?), mit hohem Nadelhalter; vermutl. urspr. eine Glassteineinlage auf dem Fuß.
    (Haderslev Amts Mus.: 5846)
26. Næsbjerg (vermutl. Grab), Næsbjerg sogn
    A VII 2, 17a aus Silber, mit blauem Glasmugel, der urspr. zentral auf dem Bügel angebracht war, vermutl. urspr. 2 kleinere Glasmugel auf der Zierplatte des Nadelhalters
    (Nationalmus.: C 13939; Skjødt 2009, 173 Nr. 17; Schulte 2011, Nr. 271b)
27. Næsbjerg (vermutl. Grab), Næsbjerg sogn
    A VII 2, 17a aus Silber, auf dem Bügel ist lediglich noch die Scheibe samt Einfassung für eine Glassteineinlage vorhanden
    (Nationalmus.: C 14199–212; Skjødt 2009, 173 Nr. 18; Schulte 2011, Nr. 272)
28. Nørreknold Grab 1, Vokslev sogn
    Fibel A VII 2, 17a; mit blauen Glasmugeln auf Bügel- und Fußscheibe
    (Skjødt 2009, 160 Fig. 3 u. 173 Nr. 8; Schulte 2011, Nr. 282)
29. Nørre Hedegård Grab A 19/20, Sønder Tranders sogn
    A VII 2, 17a
    (Skjødt 2009, 173 Nr. 6; Schulte 2011, Nr. 226)
30. Store Darum Grab B, Store Darum sogn
    Prachtfibel A VI 2, vermutl. aus Silber; mit trapezoidem Fuß und urspr. 4 blauen Glasmugeln
    (Nationalmus.: C 20056; Mackeprang 1943, Taf. 2,7; Skjødt 2009, 173, Nr. 19; Schulte 2011, Nr. 303b)
31. Stoustrup, Oddum sogn
    A VII 2, 16–18
    (Lund Hansen 1995, 214; Skjødt 2009, 173 Nr. 13; Schulte 2011, Nr. 305)
32. Torsmark Grab A, Brønderslev sogn
    Fibel A VII 2, 16a aus Silber mit blauem Glasmugel auf der Fußscheibe
    (Nationalmus.: C 28856; Skjødt 2009, 173 Nr. 1; Schulte 2011, Nr. 314a)
33. Vorbasse Grab 1, Vorbasse sogn
    Kleine Hakenkreuzfibel aus Silber, mit kleinem mittig sitzenden, blauen Glasmugel
    (Nationalmus.: vorläufige Nr. 1124/78; Schulte 2011, Nr. 319b)
34. Vorbasse Grab 3, Vorbasse sogn
    Fibel A VII 2, 17 aus Silber, mit je 1 mittig sitzenden blauen Glasmugel auf 2 großen Zierscheiben auf Bügel und Fuß
    (Nationalmus.: vorläufige Nr. 1124/79; Skjødt 2009, 173 Nr. 20; Schulte 2011, Nr. 321d)
35. Vorbasse Grab 4, Vorbasse sogn
    Fibel A VII 2, 17 aus Silber, mit vergoldeten Zierblechauflagen, urspr. mit Glasmugel auf einer Zierscheibe
    (Nationalmus.: vorläufige Nr. 1124/79; Skjødt 2009, 173 Nr. 21; Schulte 2011, 322d)
36. Vorbasse Grab 4, Vorbasse sogn
    Scheibenfibel, urspr. mit Glasmugel auf einer Zierscheibe
    (Nationalmus.: vorläufige Nr. 1124/79; Schulte 2011, 322e)
37. Vorbasse Grab 14, Vorbasse sogn
    Prachtfibel A VI 2, mit drei blauen Glasmugeln auf dem trapezoiden Fuß und angenietetem Nadelhalter
    (Nationalmus.: vorläufige Nr. 1124/79; Skjødt 2009, 173 Nr. 23; Schulte 2011, 325c)

Seeland

38. Broskov Grab B, Bårse sogn
    Fibel A VII 2, 16b aus Silber; urspr. mit einem Glasmugel, der auf einer Zierscheibe am Bügel angebracht war
    (Nationalmus.: 18923; Skjødt 2009, 174 Nr. 49; Riese 2004, 225 Nr. 26; Schulte 2011, Nr. 339c)
39. Broskov Grab D, Bårse sogn
    Fibel A VI 2, ~Fig. 179 aus Silber, mit urspr. zwei großen blauen Glasmugeln auf Zierscheiben, einen auf dem Bügel, einen auf dem Fuß
    (Nationalmus.: 18934; Mackeprang 1943, 124 Taf. 2,8; Schulte 2011, Nr. 341a)
40. Egebjerg Grab 5, Udby sogn
    Fibel A VII 2, 17a aus Silber, urspr. Glasmugel auf dem Zierblech des Nadelhalters
    (Nationalmus.: C 7909; Mackeprang 1943, Taf. 1,3; Skjødt 2009, 174 Nr. 52; Schulte 2011, Nr. 348c)
41. Ellekilde Grab 34, Hornbæk sogn
    A VI 2, Fig. 179–180 aus Silber, mit einem Karneol auf dem Bügelschild und kleinem, blauen Glasmugel auf der Fußscheibe
    (Iversen 2009, 86 Fig. 18 u. 109)
42. Himlingøje Grab 1835, Himlilngøje sogn
    Schildfibel MP IX; Bronze mit vergoldetem Silberpreßblech; urspr. 3 runde sowie 1 ovaler blauer Glasmugel auf Kopf- und Fußschild
    (Lund Hansen 1971, 74 Fig. 1 u. 109f. Nr. 1; dies. 1995, 143f. u. 146 Fig. 4,11)
43. Himlingøje Grab 2, Himlingøje sogn
    Fibel A VII 2, 15 aus Silber; urspr. mit Glasmugel auf dem Zierblech des Nadelhalters
    (Nationalmus.:C 24137; Lund Hansen 1995, Taf. 21,085; Schulte 2011, Nr. 362a)

44. Himlingøje Grab 2, Himlingøje sogn
   Fibel A VII 2, 15 aus Silber; vermutl. urspr. mit Glasmugel auf dem Zierblech des Nadelhalters
   (Nationalmus.:C 24137; Lund Hansen 1995, Taf. 21,088; Schulte 2011, Nr. 362d)

45. Idagård, Skt. Peders Land sogn
   Fibel A VI 2, Fig. 179–180 aus Silber; mit zwei großen Glasmugeln auf Bügel- und Fußschild
   (Nationalmus.: C 3691; Mackeprang 1943, Taf. 3,1; Riese 2004, 226 Nr. 32; Schulte 2011, Nr. 370b)

46. Kirkebakkegård Grab o. Nr., Uggeløse sogn
   A VII 2, 16a aus Silber, mit kleinem blauen Glasmugel am Fußende
   (Lund Hansen 1995, 437 u. Taf. 37–38; Schulte 2011, Nr. 371a)

47. Kærup nord Grab A3663, Benløse sogn
   Silbernadel mit blauem Glasstein, Bernstein und Kettengehänge
   (Mailund Christensen 2009, 33 Fig. 11 u. 59–61)

48. Kærup nord Grab A3690, Benløse sogn
   Fibel A VI 2, Fig. 179–180 aus Bronze, mit vergoldeten Silberschilden und 3 eingefassten Glassteinen: 2 grüne Steine auf Kopf- und Fußschil und ein honigfarbener auf dem Bügelschild
   (Mailund Christensen 2009, 32 Fig. 10 u. 62)

49. Magleby, Gr. A20, Magleby-Stevns sogn
   Schildfibel MP IX aus Bronze, mit Silber und Goldauflagen; 3 größere und 4 kleine blaue Glasmugel auf der halbrunden Kopf- (3/1 erhalten) sowie einem größeren und urspr. 3 kleinen auf der Fußplatte
   (Borby Hansen 2008, Abb. 22A-B)

50. Næstved Mark Grab 3, Næstved sogn
   Fibel A VII 2, 16a aus Silber, mit 2 großen Glasmugeln: 1 auf einer Zierscheibe am Bügel, 1 am Fußabschluss
   (Broholm 1954, 101 Fig. 98; Skjødt 2009, 174 Nr. 55; Schulte 2011, Nr. 390c)

51. Regnemark Grab 5, Kimmerslev sogn
   Tierscheibenfibel mit 2 Glassteinen
   (Hedeager 1980, 83)

52. Skjørringen Grab 2, Store Heddinge sogn
   Schildfibel MP IX aus Bronze, mit Goldblech- und Glassteineinlagen auf den Schilden
   (Lund Hansen 1971, 110 f.; Straume 1987, 120f. Nr. 90 u. Taf. 103,1; Schulte 2011, Nr. 396c)

53. Skovgårde Grab 8, Udby sogn
   Scheibenfibel aus Silber, mit mittig sitzendem, klaren Glasstein
   (Ethelberg 2000, 242 Fig. x117; Schulte 2011, Nr. 403f)

54. Skovgårde Grab 202, Udby sogn
   Fibel A VII 2, 16a aus Silber, mit großem blauen Glasmugel auf dem Zierblech des Nadelhalters
   (Ethelberg 2000, 260 Fig. x219; Schulte 2011, Nr. 405b)

55. Skovgårde Grab 207, Udby sogn
   Fibel A VII 2, 16a aus Silber, mit großem grünen Glasmugel auf dem Zierblech des Nadelhalters
   (Ethelberg 2000, 270 Fig. x334; Skjødt 2009, 174 Nr. 46; Schulte 2011, Nr. 406c)

Deutschland

Brandenburg

56+57. Battin Grab, Lkr. Uckermark
   2 Fibeln A VI 2, Fig. 179–180, mit grünlichen Glasmugeln auf den runden Bügel- u. Fußschilden.
   (Schach-Dörges 1970, 163 f. u. Taf. 1,6; CRFB 3, 1998, 112 III-07-1/1.2; Riese 2004, 225 Nr. 24)

58. Damme Grab o.Nr., Lkr. Uckermark
   Fibel A VII 2, 16b aus Silber; urspr. mit Glasmugel auf dem Fuß (vergoldete Perldrahteinfassung ist vorhanden)
   (Schach-Dörges 1970, Taf. 8,5; Schulte 2011, Nr. 541)

59+60. Lebus (Grab), Lkr. Märkisch-Oderland
   2 Schildfibeln A Fig. 179 (Matthes A2) aus Bronze; mit blauen Glasmugeln auf den Fußschilden
   (von Müller 1957, 18 u. Taf. 2)

61. Röpersdorf Grab o. Nr., Lkr. Uckermark
   Fibel A VII 2, 16a aus Bronze; großer blauer Glasmugel auf dem Zierblech des Nadelhalters
   (Schach-Dörges 1970, Taf. 8,2; Schulte 2011, Nr. 586a)

62. Wittstock, Lkr. Ostprignitz-Ruppin
   Dreieckige Fußplatte einer silbernen Schildfibel A VI 2, mit Glasmugel darauf.
   (Geisler,/Plate 1971, 134 Abb. 5a)

Mecklenburg-Vorpommern

63. Grabow, Lkr. Ludwigslust-Parchim
   Fibel A VI 2, Fig. 179–180
   (Schach-Dörges 1970, Taf. 75,2; Riese 2004, 227f. Nr. 40)

64. Häven Grab 3, Lkr. Parchim
   Fibel A VI 2, Fig. 179–180 mit Rest einer Einfassung auf einem Bügelschild?
   (Schach-Dörges 1970, Taf. 84,1; Riese 2004, 226 Nr. 30)

65+66. Häven Grab 9, Lkr. Parchim
   2 Fibeln A VI 2, Fig. 179–180 aus Silber; grüner Glasmugel auf einem Fußschild.
   (Schach-Dörges 1970, Taf. 94,1–2; CRFB 3, 1998, 75 II-04-17/1.19; Riese 2004, 231 Nr. 60)

67. Kremmin Grab 74/18, Lkr. Ludwigslust
   gelblicher, teils opaker, runder Glasmugel auf dünnem Silberplättchen
   (CRFB 3, 1998, 84 II-05-4/1.3)

68+69. Pritzier Grab 925, Lkr. Ludwigslust
   2 Fibeln A VI 2, Fig. 179–180; urspr. blaue Glasmugel (nur 1 erhalten) auf den runden Bügel- und Fußschilden
   (Schuldt 1955, 212 Abb. 275; CRFB 3, 1998, 98 II-09-6/1.15; Riese 2004, 227 Nr. 34)

Niedersachsen

70. Rebenstorf, Kr. Lüchow-Dannenberg
   Fibel A VI 2 (Fig. 179–180?) mit Glasmugel auf dem Fußschild
   (Körner 1939, 96 u. Abb. 27,14; Riese 2004, 228 Nr. 45)

Sachsen-Anhalt

71. Brietz, Altmarkkreis-Salzwedel
   A VII 2, Einzelform, Fuß mit kleiner runder Platte und Fassungsränder; urspr. mit Glas- oder Steineinlage
   (Kuchenbuch 1938, Taf. 28,2; Schulte 2011, Nr. 1300)

72. Cheine, Altmarkkreis-Salzwedel
   Fibel A VII 2, Einzelform aus Bronze, auf dem Fuß ein schlecht erhaltener, heute braun korrodierter Glasmugel
   (SMPK-MVF: II 1063; Schulte 2011, Nr. 1347)

73. Gommern Körpergrab, Lkr. Jerichower Land
    Schildbuckel mit 13 honigfarbenen Glassteinen: 1 in der Spitze sowie 12 in Preßblech eingefasste auf dem Schildrand
    (BECKER 2010, Taf. 62 u. 63)
74. Weißenfels „Beudefeld" Grab 2, Burgenlandkreis
    Schildfibel mit großem dunkelviolettblauen Glasmugel auf einem vermutl. nachträglich angebrachten Fußschild
    (BEHM-BLANCKE 1973, 197 Abb. 17; RIESE 2004, 223 Nr. 20; SCHMIDT/BEMMANN 2008, 120f. u. Taf. 162, 120/2)
75. Wildschütz Grab o. Nr., Burgenlandkreis
    Schildfibel mit je einem dunkelblauen Glasmugel auf Bügel- und auf Fußschild
    (SCHMIDT/BEMMANN 2008, 131f. u. Taf. 180, 124/1; RIESE 2004, 227 Nr. 35)
76. Wildschütz Grab o. Nr., Burgenlandkreis
    Schildfibel mit je einem dunkelblauen Glasmugel auf Bügel- und auf Fußschild
    (SCHMIDT/BEMMANN 2008, 131f. u. Taf. 180, 124/2; RIESE 2004, 227 Nr. 35)

Schleswig-Holstein

77. Merkendorf Grab 13, Kr. Ostholstein
    Zierscheibe mit dunkelblauem Glasmugel; wohl zur Schildfibel (Matthes A2) aus Bronze gehörig
    (RADDATZ 1962, 146 u. 147 Abb. 3)

Thüringen

78. Freienbessingen Grab 2, Kyffhäuserkreis
    Fibel A VII 2, 12 aus Silber, auf der Fußscheibe eine aufgelötete Perldrahteinfassung, deren Einlage verloren ist
    (SCHMIDT/BEMMANN 2008, 151f. u. Taf. 206–208; SCHULTE 2011, Nr. 2026)
79. Haßleben Grab 3, Kr. Sömmerda
    Fibel A VI 2, Fig. 179–180 aus Silber; urspr. Glasmugel auf der Fußscheibe
    (SCHULZ 1933, 13 u. Texttaf. 4,19)
80+81. Haßleben Grab 7, Kr. Sömmerda
    - Schildfibel (A Fig. 179–180) aus Silber; honiggelber Glasstein auf Bügel- und Fußschild
    - Silberscheibe einer ähnlichen Fibel; urspr. mit Glasmugel
    (SCHULZ 1933, 15 u. Taf. 9,28; RIESE 2004, 225f.)
82. Henschleben(?), Lkr. Sömmerda
    Schildfibel (Matthes A3)
    (SCHULZ 1933, Taf. 22,3; SCHULZE 1977, 349 Nr. 1058)

Norwegen

83. Hundstad Grab o. Nr., Prov. Buskerud
    Schildfibel aus Bronze, mit Resten von vergoldeter Zierscheibe aus Silber und blauem Glasmugel
    (STRAUME 1998, 446 Abb. 8A,2; SCHULTE 2011, Nr. 2426c)
84. Kjørstad Søndre, Prov. Oppland
    Prachtfibel A VI 2 mit trapezoidem Fuß und großer Zierblende am Kopf; urspr. mit mehreren Glassteinen versehen?
    (STRAUME 1998, 444 u. 450 Liste 2)
85. Tingvoll Grab H 16, Prov. Østvold
    Fibel A V, Ser. 6 mit kleinen Glasmugeln auf den Enden der Spiralhülsenkonstruktion
    (Universitetets Oldsaksamlingens Tillvext 1994, 72f.; STRAUME 1998, 448 Nr. 26)

Polen

86. Borkowice/Borkenhagen, woj. Koszalin
    Schildfibel aus Bronze mit Goldbelag; honiggelber Glasmugel auf dem Bügelschild
    (SCHUMANN 1894, 596 Fig. 2; BLUME 1912, 39; RIESE 2004, 208 Abb. 2,3 u. 25)
87. Choszczno (ehem. Arnswalde) Grab II, woj. Zachodniopomorskie
    Schildfibel A Fig. 179–180 aus Bronze, Silber, tw. vergoldet; mit erhaltenem großen Glasmugel auf dem Fußschild
    (KRAUSE 1893, 82; RIESE 2004, 208 Abb. 1,1 u. 224f.)
88. Choszczno (ehem. Arnswalde) Grab II, woj. Zachodniopomorskie
    Schildfibel A Fig. 179–180 aus Silber; mit blauem Glasmugel auf dem Bügelschild
    (KRAUSE 1893, 82 Abb. 2; RIESE 2004, 208 Abb. 1,2 u. 224f.)
89. Kowalki Grab 11, woj. Koszalin
    Rest einer Fibel A VII 2 (16a?) mit blauem Glasmugel
    (SCHUSTER 2003, 259; RIESE 2004, 207 Abb. 1,5 u. 229 Nr. 50)
90. Luboszyce, woj. Zielona Góra
    Fibel A VI 2, Matthes Ser. 4
    (VON CARNAP-BORNHEIM 2000, 70)
91. Pólchleb/Polchlep Grab 5, woj. Zachodniopomorskie
    Schildfibel A Fig. 179–180 aus Silber, mit blauem Glasmugel auf der Fußscheibe
    (BLUME 1912, 38 Abb. 36 u. 39; RIESE 2004, 222 Nr. 16)
92. Świelubie/Zwilipp, pow. Kołobrzeg, woj Zachodniopomorskie
    Fibel A Fig. 179–180 aus Bronze, mit Silberauflagen(?) und blauem Glasmugel auf dem Fußschild
    (RIESE 2004, 207 Abb. 1,4 u. 224 Nr. 22)
93. Stuchów Grab o.Nr., woj. Szczecin
    Fibel A VII 2, 16b aus Silber, urspr. wohl mit Glasmugel auf dem Fußschild
    (EGGERS/STARY 2001, Taf. 279,204.1; SCHULTE 2011, Nr. 2816)

Schweden

94. Amunde Grab o.Nr., Län Gotland
    Fibel A VII 2, 16b, urspr. ein großer blauer Glasmugel auf dem Zierblech des Nadelhalters
    (ALMGREN 1923, Taf. IX, Fig. 221; SCHULTE 2011, Nr. 2932)
95. Djurslöv Grab 1, Län Schonen
    Fibel A VII 2, 16b aus Silber, ein großer blauer Glasmugel auf dem Zierblech des Nadelhalters
    (STJERNQUIST 1955, Taf. 43,8; SCHULTE 2011, Nr. 2939)
96. Kabbarp Grab?, Län Schonen
    Fibel A VII 2, 17a
    (CURMAN u. a. 1945, 157 Fig. 161; SCHULTE 2011, Nr. 2951)
97. Östervarf Grab o.Nr., Län Ostergötland
    Fibel A VII 2, 16a aus Silber,
    (ALMGREN 1923, Taf. IX Fig. 220; SCHULTE 2011, Nr. 220)

Tschechien

98. Urcice Grab 1, okr. Prostejov
    Schildfibelfragment (Matthes A?); Fußschild in Form eines Dreipasses, auf der großen Mittelscheibe ein blauer Glasmugel, auf den beiden kleineren vll. Farblose
    (PEŠKAŘ 1972, 49f. u. Taf. 46,8)

Ungarn

99. Budapest

Fibel A VII 2, 28, mit Glasmugel auf einem scheibenförmigen Zierblech oberhalb der Fibelspiralen sowie einem kleineren Glasmugel auf dem Fuß

(SCHULTE 2011, Nr. 3202)

100. Törökszentmiklós, Kom. Szolnok

Dosenförmige runde Spiralscheibenfibel mit silber-vergoldeter Pressblechauflage; in ihrer Mitte befand sich urspr. eine (Glas?-)Einlage

(VADAY 1985, Taf. 8,5; SCHULTE 2011, Nr. 3239)

Liste 3: Fibeln A VII mit Achsenddiskus

Dänemark

Fünen

1. Møllegårdsmarken Grab 60, Ksp. Gudme

Fibel A VII 2,17a

(SEHESTED 1878, Taf. 31,35; SCHULTE 2011, Nr. 122)

Jütland

2. Illerup (Depotfund), Ksp. Skanderborg

Fragment einer Rosettenfibel?

(Mus. Moesgaard: AML; ILKJÆR 1998, 492 Abb. 3,3; SCHULTE 2011, Nr. 244)

Deutschland

Niedersachsen

3. Tüschau (Grab?), Kr. Lüchow-Dannenberg

Fibel A VII 1,3a

(SCHULTE 2011, Nr. 1166)

Sachsen-Anhalt

4. Berkau (Einzelfund), Lkr. Stendal

Fibel A VII 3,6a

(Altmärk. Mus. Stendal: III 79; SCHULTE 2011, Nr. 1259)

5. Mechau (Einzelfund), Altmarkkreis-Salzwedel

Fibel A VII 1, 3a

(KUCHENBUCH 1938, Taf. 26,21; SCHULTE 2011, Nr. 1429)

6. Rockenthin (Einzelfund) Altmarkkreis-Salzwedel

Fibel A VII 3,6a

(SMPK-MVF: Ig 7097; KUCHENBUCH 1938, 27,10; SCHULTE 2011, Nr. 1521)

7. Stendal o. Borstel (unbek.) Altmarkkreis-Salzwedel

A VII 2,13

(KUPKA 1910; Taf. 2,55; SCHULTE 2011, Nr. 1597)

8. Thorsberger Moor (Depotfund), Kr. Schleswig-Flensburg

Fibel A VII 1, 3a

(Schloß Gottorf: FS 3695; RADDATZ 1957, Taf. 16,14; SCHULTE 2011, Nr. 1974)

Niederlande

9. Wehl Grab 3, Prov. Gelderland

Fibel A VII 1, 3a

(BOUWMEESTER 1997, 27 u. Abb. 3,1; SCHULTE 2011, Nr. 2373)

Strichfigur, Schriftzeichen oder doch etwas völlig anderes? Besondere Gefäßreste vom früh- bis hochmittelalterlichen Fundplatz Latdorf bei Bernburg (Salzlandkreis)

von Jochen Fahr

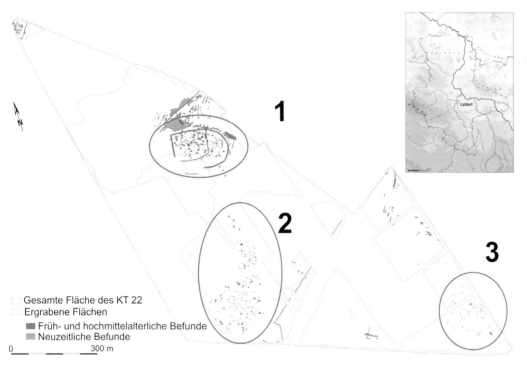

◀ Abb. 1: Latdorf, Kalkteich 22. Gesamtgrabungsplan mit den drei Siedlungskonzentrationen des Früh- bis Hochmittelalters. Umwehrtes Siedlungsareal (1), südliche Siedlungsagglomeration (2) und am Baufeldrand teilweise erfasster Weiler (3). Grafik: A. Bohse-Sonntag, J. Fahr, B. Parsche.

Das Thema des vorliegenden Beitrages ergab sich während der Bearbeitung meiner Dissertation,[1] deren Betreuung Prof. Dr. K.-H. Willroth dankenswerterweise übernommen hat. Zu seinem Geburtstag sei ihm dieser Text gewidmet.

Die Ausgrabungen in der Gemarkung Latdorf in den Jahren 2006 bis 2010

Das Landesamt für Denkmalpflege und Archäologie Sachsen-Anhalt führte in der Gemarkung Latdorf bei Bernburg/Saale (Salzlandkreis) in den Jahren 2006 bis 2010 mehrere Grabungskampagnen durch: 2006/2007 fand auf einer Gesamtfläche von 60 Hektar nordöstlich von Latdorf die Untersuchung des Kalkteiches 22 statt. Im Jahr 2008 schlossen sich Grabungen im Bereich der Landesstraße L73 n an (1,1 ha). Darüber hinaus fanden in den Jahren 2009 und 2010 Grabungsarbeiten etwa zwei Kilometer südwestlich vom Kalkteich 22 statt. Dort verlief der 14. Planungsabschnitt (PA 14) der zukünftigen B6 n Ortsumgehung Bernburg in etwa west-östlicher Richtung. Die Untersuchung im Trassenbereich und in einem angrenzenden Regenrückhaltebecken umfasste eine Fläche von knapp drei Hektar.

Mit Blick auf das Relief rings um Latdorf ist eine Endmoränen-Hügelkette besonders hervorzuheben. Lediglich in westlicher Richtung fällt das Gelände sanft zu der in etwa anderthalb Kilometer Entfernung fließenden Saale hin ab. Auf einigen der Moränenkuppen haben sich bis heute neolithische Großsteingräber erhalten. Auch in den anschließenden Epochen bis hin zur Neuzeit wurden die Kuppen u. a. als Bestattungs- oder Ritualplätze genutzt. Einen Teil der Grabhügel trugen Bewohner der umliegenden Ortschaften noch im 18./19. Jahrhundert ab.[2]

Die ausgeprägte Fundplatzdichte im Umfeld von Bernburg/Latdorf spiegelte sich in zahlreichen Siedlungs- und Bestattungsspuren verschiedener archäologischer Epochen auf den Grabungsflächen B6 n (PA 14) wider. Anders stellte sich die Situation auf der Grabungsfläche Kalkteich 22 dar. Dort zeigten sich außer einigen wenigen vorgeschichtlichen Überresten vor allem zahlreiche archäologische Befunde des 7./8. bis 11. Jahrhunderts, die sich an drei Plätzen konzentrierten (Abb. 1). Gemeinsam mit den früh- bis hochmittelalterlichen Horizonten der B6 n (PA 14) gelang es damit, insgesamt vier Siedlungsschwerpunkte aus diesen Jahrhunderten in der Gemarkung Latdorf aufzudecken.

---

1 Die Stiftung zur Förderung der Archäologie in Sachsen-Anhalt finanziert das Promotionsvorhaben mit einem Stipendium.

2 Vgl. Fahr 2008c, 21–24. Gall 2003.

▶ Abb. 2: Latdorf, Kalkteich 22. Südliche Siedlungsagglomeration (vgl. Abb. 1) mit drei erkennbaren Teilarealen Gruppen a–c. Grafik: Verfasser.

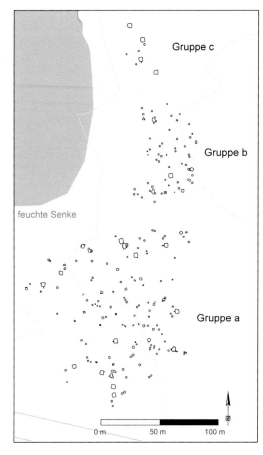

▼ Abb. 3: Die Siedlungsgrube Befund 486 im Profil. Foto: N. Berdermann, P. Pacak.

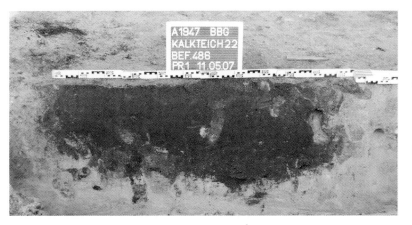

Darüber hinaus boten die großflächigen Untersuchungen im Areal Kalkteich 22 die seltene Gelegenheit, zwei von drei Agglomerationen nahezu vollständig zu dokumentieren (ca. 1,7 ha und ca. 2,7 ha), was mit Ausnahme einer größeren vernässten Senke im Südwesten auch gelang.

Zu zwei der vier Siedlungskonzentrationen gehörten zeitgleiche Gräben: Der Fundplatz B6 n (PA 14) wies einen Grabenabschnitt auf; der Siedlungsschwerpunkt im Norden des Kalkteichs 22 war sogar von einem mehrfach erweiterten Grabenwerk umgeben. Dagegen weisen die übrigen zwei Siedlungsplätze einen offenen Charakter auf. Alle vier Siedlungsschwerpunkte bestanden im 9./10. Jahrhundert möglicherweise mitunter zeitgleich. Frühere Horizonte des (7.) 8. Jahrhunderts fanden sich im Süden des Absetzteiches sowie an der B6 n (PA 14). Zu Beginn des 11. Jahrhunderts wurden alle Siedlungsplätze aufgelassen.

Das unmittelbar östlich der unteren Saale zwischen Bernburg (Fuhnemündung) und Nienburg (Bodemündung) gelegene Gebiet gehörte im Frühmittelalter zur Kontakt- und Grenzregion zwischen Slawen, Thüringern, Franken und Sachsen. Dadurch war es wiederholt Schauplatz von Kriegszügen, wie z. B. jene in den Jahren 806 oder 839 unter fränkisch-sächsischer Führung in Richtung der vor allem von Sorben bewohnten Landschaften östlich der Saale. Ausgangspunkt des Vorstoßes von 806 war Waldau, heute ein Ortsteil von Bernburg am westlichen Saaleufer, lediglich drei bzw. fünf Kilometer von den Fundplätzen B6 n (PA 14) bzw. Kalkteich 22 entfernt. Die Ausweitung der ottonischen Herrschaft im Laufe des 10. Jahrhunderts, ihre Markenpolitik und der damit einhergehende forcierte Aufbau von Kirchenprovinzen brachten spezifische Veränderungen mit sich.[3]

Neben den mittelalterlichen Befunden zeigten sich auf den Grabungsflächen Kalkteich 22 und L73 n auch zahlreiche neuzeitliche Bodeneingriffe. Von besonderem Interesse waren die Überreste eines schwedischen Feldlagers aus dem 30-jährigen Krieg vom Herbst 1644, das im Folgenden aber nicht weiter interessieren soll.[4]

Die außergewöhnlichen Gefäßreste aus der offenen Siedlung im Süden des Kalkteichs 22

Auf dem offenen südlichen Siedlungsplatz Kalkteich 22 konzentrierten sich zahlreiche Überreste des schwedischen Feldlagers. Dadurch kam es dort vermehrt zu Überschneidungen, Zerstörungen älterer Horizonte und Umlagerungen von Fundgegenständen.[5]

Nach Ausschluss der Feldlagerspuren von 1644 fällt bei der südlichen Siedlungskonzentration eine Dreigliederung des gesamten Areals auf (Abb. 2). Im Süden lagen die meisten Befunde (Gruppe a; ca. 2 ha). Nach Norden hin nahm ihre Zahl ab, wobei sich außerdem zwei Konzentrationen herauskristallisierten (Gruppe b, ca. 0,5 ha, und Gruppe c, ca. 0,2 ha).[6] Zum Befundspektrum gehörten

---

3   Eine Darstellung der Details ist in diesem Rahmen nicht notwendig. Vgl. dazu Fahr 2008a, 25–38 mit weiterführenden Literaturangaben.

4   Vgl. C. Müller 2008, 95–104. Fahr u. a. 2009, 151–162. Vgl. zuletzt zum 30-jährigen Krieg im Überblick: Eickhoff/Schopper 2012.

5   Der Versuch des Verfassers, den zeitgenössischen Stich des Lagers im Grabungsplan zu georeferenzieren, brachte mehrere spannende Ergebnisse. U. a. deutet viel darauf hin, dass in diesem Teil des Lagers etwa parallel zum Umfassungsgraben reihenförmig Unterkünfte standen.

6   Grabungstechnische Gründe verhinderten zwischen der Gruppe a ganz im Süden und den Gruppen b und c die Aufdeckung eines zehn Meter breiten Streifens. Allerdings wurden dort im regelmäßigen Suchschnittraster der Voruntersuchung keine Befunde angetroffen. Zudem ist die Ausdünnung der Befundlage durch die großflächige Aufdeckung weiter nördlich hinreichend belegt.

u. a. Grubenhäuser, Vorratsgruben, Feuerstellen, vereinzelte Pfostengruben und flache Laufhorizonte. Im Gegensatz zum nördlichen befestigten Siedlungsschwerpunkt fehlte ein Grabensystem, welches die Areale begrenzte.

Nach der Befund- und Fundverteilung sowie insgesamt sieben frühmittelalterlichen ^{14}C-Daten liegen von der südlichen offenen Siedlung mindestens zwei Siedlungshorizonte vor: Der derzeitige Bearbeitungsstand erfasst einen ersten Siedlungsniederschlag, der in das späte 7. Jahrhundert und in das 8. Jahrhundert eingeordnet werden kann. Die Funde dieser Zeitstellung konzentrieren sich insgesamt gesehen nicht auf eine bestimmte Fläche, sie streuen insbesondere im Bereich der Gruppe a im Süden. Hier lassen die laufenden Auswertungen Konkretisierungen erwarten. Am Ende dieser frühen Besiedlungsphase setzte im unmittelbaren Umfeld mit zwei Neugründungen im Norden und Osten vom Kalkteich 22 im 9./10. Jahrhundert ein Siedlungsausbau ein. Nach einer wahrscheinlichen Unterbrechung im 9. Jahrhundert scheint der „alte" Platz im Süden vor allem auf den Arealen der Gruppen b und c erneut aufgesucht worden zu sein. Vermutlich ging die erneute Aufsiedlung mit der Erweiterung des nördlichen umwehrten Areals in etwa 150 bis 200 m Entfernung einher.

Innerhalb der südlichen Siedlungskonzentration, Gruppe a, lag unweit der östlichen Siedlungsgrenze eine auf den ersten Blick unspektakuläre Grube, Befund 486. Sie war im Planum annähernd kreisrund und wies ein wannenförmiges Profil auf (Abb. 3). Die Verfüllung enthielt neben elf Keramikscherben vereinzelte Hüttenlehm-partikel und Holzkohleflitter. Bei der Betrachtung ihrer unmittelbaren Umgebung fällt eine reihenförmige Anordnung der Befunde 486 bis 489 und 472 auf (Abb. 4). Ein Grubenhaus (467) bildet zusammen mit einigen Pfostengruben den südöstlichen Abschluss dieser linearen Anordnung. Nordöstlich dieser Aneinanderreihung liegt ein befundfreies Areal mit einer Ausdehnung von ca. 25 bis 30 m (NW-SO) x 8 bis 10 m (SW-NO). Unter Berücksichtigung der linearen Anordnung der oben genannten Befunde, ihrer Funktion, des Fundmaterials und der im Nordosten sich anschließenden Siedlungsspuren könnten dort ehemals geringfügig eingetiefte und damit nicht mehr erhaltene Gebäude gestanden haben.

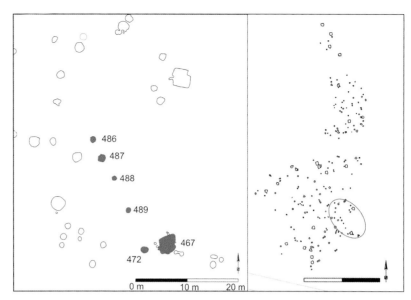

▲ Abb. 4: Latdorf, Kalkteich 22. Reihenförmige Anordnung der Befunde 486 bis 489 und 472 am Rand der Gruppe a (vgl. Abb. 2). Grafik: Verfasser.

Das Besondere der Grube 486 sind sechs aus der Verfüllung geborgene Scherben von einem außergewöhnlichen Keramikgefäß (Abb. 5). Dessen Oberfläche überrascht durch eine flächig aufgetragene eigentümliche Dekoration im Halsbereich, die im gesamten Latdorfer Fundspektrum ohne Parallelen bleibt. Leider ist die Gefäßmündung nicht erhalten, es fehlen wenige Zentimeter. Dadurch muss die Ansprache der Randform entfallen. Die Scherben sind in ihrer Gesamtheit durch eine ungeregelte Brandführung, dunkelgrau-braune bis hellorange-braune Farbtöne und eine im Vergleich zum Großteil des übrigen Materials eher geringe, mäßige Härte gekennzeichnet. Als weitere Merkmale können eine ungleichmäßige Überformung von Hand, eine Wandungsstärke von 7 bis 8 mm und verschiedene, bis zu 2,5 mm große Magerungsbestandteile, unter anderem aus scharfkantigem Gesteinsgrus und Schamotten aufgeführt werden. Besonders auffällig ist, dass die Oberflächen der Scherben unterschiedlich stark verrollt sind. Als Gefäß kommen ein eiförmiger Topf oder ein flaschenförmiger Gefäßtyp

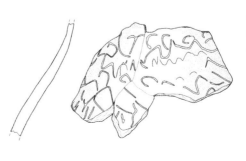

◀ Abb. 5: Ungewöhnlich verzierte Keramikfragmente aus Befund 486. M. 1:3, Zeichnung: G. Thies. Foto: K. Bentele.

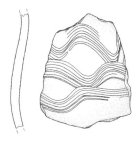

▲ Abb. 6: Kammstrichverzierte Wandscherbe, die mit dem Gefäßrest aus Abb. 5 zusammen aus Befund 486 geborgen wurde. M. 1:3. Zeichnung: G. Thies.

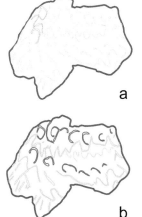

▲ Abb. 7: Interpretation von Teilen des eingeritzten Dekors des Gefäßes (vgl. Abb. 5) als (a) Männchen bzw. (b) Schriftimitation, insbesondere der Buchstaben C und T. Zeichnung: Verfasser.

in Frage. Letztgenannter wäre allerdings im gängigen Gefäßspektrum sehr ungewöhnlich. Die Dekoration auf den besonderen Gefäßresten wurde mit einem angespitzten, einzinkigen Gerät, vermutlich einem Hölzchen, in den lederharten Ton eingebracht. Unterschiedliche Ritztiefen fallen auf, allerdings sind hierbei die erheblich abweichenden Erhaltungszustände der Scherbenoberflächen zu berücksichtigen. Einige wenige Überschneidungen bei den Ritzungen legen nahe, dass der Ausführende zunächst am Rand bzw. dem Hals begann und sich dann etwas unsystematisch in Richtung der Schulter vorarbeitete. Dabei beginnt das Dekor von oben nach unten mit C-förmigen „Halbkreisen" (1. Reihe), dann folgen einfache, sehr ungleichmäßige einzügige Wellenlinien (2. Reihe), darauf schließen sich wieder ungleich aufgebrachte C-förmige Halbkreise an (3. Reihe), die wiederum von einfachen Wellenlinien abgelöst werden (4. Reihe). Schließlich befinden sich auf der Schulter strahlenartige, senkrecht angebrachte Ritzungen (5. Reihe). Eine nicht anpassende, aber zugehörige Schulterumbruchscherbe zeigt auf, dass der „Strahlenkranz" mit einer unregelmäßigen, wohl meist zweifachen waagerechten Ritzung endet.

Unter den übrigen fünf Scherben der Grubenverfüllung 486 fällt eine verzierte Wandscherbe von einem weiteren Gefäß auf (Abb. 6). Sie zeichnet sich durch eine gut geglättete Oberfläche und vor allem eine ungewöhnliche Dünnwandigkeit von 5 bis 7 mm aus. Insgesamt erinnert sie in ihrer Machart insbesondere an frühe verzierte Keramik z. B. aus Dessau-Mosigkau von der sogenannten „Rüssener Phase"[7], findet aber auch Parallelen bei mittelslawischer Keramik z. B. der „Leipziger Gruppe"[8] oder vom „Magdeburger Typ"[9].

Die chronologische Ansprache des außergewöhnlich verzierten Gefäßes wird vor allem durch den fehlenden Rand erschwert. Leider stand aus der Grube 486 selber kein Material für ¹⁴C-Proben zur Verfügung. Allerdings liegt von dem vermutlich zum gleichen Siedlungskontext gehörenden (s. o.; außerdem Abb. 4) und sieben Meter entfernten Befund 488 mit 1248 (+/- 21) Jahren BP ein ¹⁴C-Datum vor, das kalibriert vom ausgehenden 7. bis ins 9. Jahrhundert reicht (2-Sigma-Bereich).[10] Damit scheint sich zumindest in der Tendenz eine frühe Einordnung des außergewöhnlich verzierten Keramikgefäßes anzudeuten. Dieser Datierungsansatz deutet sich ebenfalls bei den Keramikspektren der Befunde 467, 486, 488 und 489 an.

Die aufgebrachten Ritzungen lassen jedoch noch mehr Assoziationen als die oben vorgestellten reihenförmigen Anordnungen zu. Sie erinnern auf bestimmten Abschnitten u. a. an eine figürliche Darstellung eines Männchens (Abb. 7a) oder an nachgeahmte Schreibübungen bzw. Schriftimitationen (Abb. 7b).

Geritzte figürliche Darstellungen von etwa zeitgleichen Keramikgefäßen stellte J. Herrmann 1985 im Überblick vor: Einen Bogenschützen von der Sternberger Burg (Ldkr. Ludwigslust-Parchim), einen Reiter und weitere Ritzungen aus Wessentin bei Lübz (Ldkr. Ludwigslust-Parchim) sowie eine eingepunktete Kulthandlung mit einem Adoranten aus Schulzendorf bei Königs Wusterhausen (Ldkr. Dahme-Spreewald).[11] Weitere menschliche oder tierische Figuren auf Keramikresten erwähnt er aus Alt Lübeck. Ausgehend von zeitgenössischen Chronisten schreibt J. Herrmann der Ornamentik auf den Gebrauchsgegenständen teilweise symbolische, magische Funktionen zu.

Die Darstellungen eines Bogenschützen, weiterer menschlicher Gestalten und einer Tierherde auf mittelslawischer Keramik vom Burgwall Repten bei Calau (Ldkr. Oberspreewald-Lausitz) veranlasste Kinkeldey 2008 zur Suche nach Vergleichsstücken (Abb. 8).[12] Er resümiert, dass sie im nördlichen westslawischen Raum überaus seltene Funde darstellen und schwerpunktmäßig in das 9./10. Jahrhundert zu datieren sind. Zusammen mit Repten führt er insgesamt acht Fundorte mit dekorierter Keramik des slawischen Mittelalters an, wobei Menschenmotive – darunter zum Teil Reiter –, Pferde und andere Tiere auftreten. In Anlehnung an Biermann[13] hält er mythologische Bezüge für wahrscheinlich: Die Gefäße könnten bei religiösen Tätigkeiten eingesetzt worden sein oder auch eine soziale Relevanz gehabt haben. Die große Seltenheit spricht nach seiner Meinung für voneinander unabhängig und spontan hergestellte Werke kreativer Keramikproduzenten mit eher flüchtiger und stark abstrahierender Hand.[14] Insgesamt bleibt zu berücksichtigen, dass die von J. Herrmann und Kinkeldey aufgeführten Stücke alle aus weiter nördlichen Regionen mit abweichenden Keramiktypen stammen.

Die weitere Beschäftigung mit dem eingeritzten Dekor ergab allerdings, dass die Assoziation eines Strichmännchens weniger aufrecht zu erhalten ist, denn einzelne Bestandteile, wie der angebliche Kopf oder die Beine scheinen sich anderen Ver-

---

7 Vgl. Krüger 1967, 43–72. Brachmann 1978, 13–20; 1994, 104–107. V. Herrmann 2001, 38–39. J. Müller 2002, 29. Pöppelmann 2005, 38. Kritisch: Biermann 2000, 34f.

8 Vgl. Brachmann 1978, 57–87; 1994, 93–104. V. Herrmann 2001, 38–39. Koch 2007, 94–96. Lange 2003, 19. J. Müller 2002, 31–32. v. Rauchhaupt/Schunke 2010, 172.

9 Kunz 2011, 166–172. Pöppelmann 2001, 7/1–7/13. Schneider 1985, 297–338.

10 Die ¹⁴C-Datierung führte das Curt-Engelhorn-Zentrum Archäometrie in Mannheim durch (2013): Labornr. MAMS 16418 (Bef. 488) ergab ein Radiokarbonalter von 1248 BP (+/- 21). Kalenderalter: 1-Sigma-Bereich cal AD 693–777; 2-Sigma-Bereich cal AD 682–861.

11 J. Herrmann 1985, 300 Abb. 145a–c.

12 Kinkeldey 2008, 497–501.

13 Biermann 2000.

14 Kinkeldey 2008, 500. Nach Biermann 2000, 30f; 100f; 284.

Strichfigur, Schriftzeichen oder doch etwas völlig anderes?

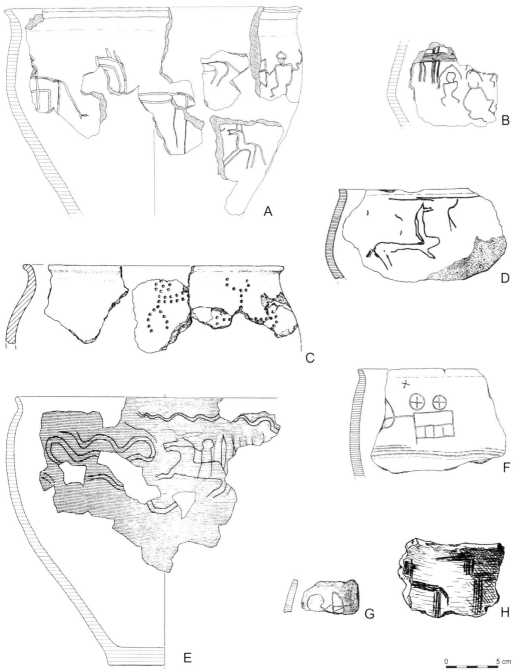

◄ *Abb. 8: Slawische Gefäßreste mit eingeritzten anthropo- und zoomorphen Darstellungen. A, B – Repten; C – Schulzendorf; D – Rerik; E – Wessentin; F – Gallin; G – Sternberg; H – Stargard Gubiński (nach* KINKELDEY *2008, 498f. Abb. 1; 2).*

zierungskategorien zuordnen zu lassen. Sie haben sich möglicherweise unbeabsichtigt zu einem menschenähnlichen Motiv zusammengefügt. Dabei bleibt allerdings zu berücksichtigen, dass auch eine „zufällig" entstandene Strichfigur als solche wahrgenommen und mit Bedeutung versehen worden sein kann. Zudem ist die Diskussion der verschiedenen Motive des Dekors auf den Scherben durch die heutigen Vorstellungen des Verfassers mit Sicherheit durch völlig andere Herangehensweisen und Interpretationsmuster geprägt, als sie dem Hersteller des verzierten Gefäßes im Frühmittelalter eigen waren.

Wie sieht es mit den ebenfalls vermuteten Schriftimitationen aus (Abb. 7b)? Symbole, Zeichen und Buchstaben finden sich auf keramischem Material verschiedener Zeitstellungen und Regionen. Auf spätmittelalterlichen Gefäßresten aus Ton sind Buchstaben zwar äußerst selten, aber durchaus vorhanden.[15] Aus der frühen Neuzeit sei exemplarisch an malhorndekorierte Irdenware mit Spruchbändern oder Buchstaben- und Zahlenkombinationen von Töpfereien erinnert.

Im Kontext slawischer Keramik sind z. B. die verschiedenen Zeichen, die als Bodenmarken Verwendung fanden, zu berücksichtigen. Doch fehlen Buchstaben genauso wie von den Sorben der Region bis zum 10. Jahrhundert keine eigenen Schriftzeugnisse vorliegen. Sie werden deshalb vorrangig als Träger einer oralen Gesellschaft angesprochen.[16] Allerdings kam es beispielsweise

---

15 Freundliche Mitteilung R. Kluttig-Altmann, Leipzig.
16 KAHL 2000, 233.

▲ Abb. 9: Latdorf, Kalkteich 22, nördliche Siedlung (vgl. Abb. 1,1). Griffelähnlicher Gegenstand aus Schiefer (Markierungshilfe und/oder Wetzstein) aus Befund 210. M.1:1. Fotos: K. Bentele.

▲ Abb. 10: Die Buchstaben C und T der karolingischen Minuskel des 8. bis 11. Jahrhunderts, die möglicherweise als Vorbilder für die Verzierung dienten (vgl. Abb. 7b). Grafik: Verfasser.

▶ Abb. 11: Umzeichnung des eingeritzten Dekors des Gefäßes (vgl. Abb. 5) als verschiedene Verzierungsmotive, die in den Reihen 1 und 3 bzw. 2 und 4 alternieren. Zeichnung: Verfasser.

durch Kontakte vielfältiger Art vor allem mit den Bewohnern der unmittelbar benachbarten Regionen westlich der Saale, aber auch in der Folge von Kriegszügen, Handelsbeziehungen und der christlichen Mission zu Kontakten mit fränkischen Schriftzeugnissen[17]: Dort, in den angrenzenden Gebieten westlich der Saale, wurde die Kunst des Schreibens vor allem von Vertretern der geistlichen Institutionen und nur selten von Laien, darunter auch Kaufleuten beherrscht.[18]

In diesem Zusammenhang soll ein griffelähnlicher Gegenstand aus der nördlichen umwehrten Siedlung Kalkteich 22 nicht unerwähnt bleiben (Abb. 9). Die Grube 210, die ca. 445 m nördlich des Befundes 486 lag, enthielt einen etwas mehr als 10 cm langen, ziemlich schmalen, langrechteckigen Gegenstand aus Schiefer. Dessen ehemaliger Verwendungszweck – ob Hilfsmittel beim „Schreiben" bzw. beim Anreißen (Kreuzmeißel oder spezieller Wetzstein) – konnte bislang noch nicht abschließend geklärt werden.[19] Falls der griffelähnliche Gegenstand zum Schreiben auf Wachstafeln oder, was wahrscheinlicher ist, beim Anreißen oder Kennzeichnen von Gegenständen Verwendung fand, dann wäre dieses Artefakt im Kontext einer befestigten Siedlung des 9./10. Jahrhunderts östlich der Saale zusammen mit der oralen Gesellschaft der slawischen Lebensgemeinschaften tatsächlich als ein besonderes Stück anzusprechen.

Auf den außergewöhnlichen Latdorfer Keramikscherben könnten mehrere Zeichen der obersten ersten und der dritten Reihe (Beschreibung s. o.) durchaus als ´C´s und ein ´T´ identifiziert werden. Ähnlichkeiten zur karolingischen Minuskel sind laienhaft durchaus zu erkennen (Abb. 10). Die gespiegelten oder gekippten „Buchstabenvarianten" überraschen bei einer möglichen Verwendung als Zierelement wenig. Möglicherweise nahm im vorliegenden Fall ein schriftunkundiger Töpfer Buchstaben in seinen Verzierungskanon auf und brachte diese in den dazwischenliegen-

den Reihen (2 und 4) als eine Art „Krakelschrift" unter. Zusammenfassend scheint die Ritzung von Buchstaben in einer einfachen, nachahmenden Form auf den Latdorfer Keramikscherben wahrscheinlicher als die Darstellung einer Figur.

Doch auch diese Deutungsoption tritt zurück, wenn das Augenmerk stärker auf die Verwendung von zwei alternierenden Hauptmotiven im Halsbereich gelegt wird (s. o.; Abb. 11): C-förmige „Halbkreise" in der 1. und 3. Reihe, sowie einfache, sehr ungleichmäßige einzügige Wellenlinien in der 2. und 4. Reihe; schließlich als Abschluss die 5. Reihe mit dem „Strahlenkranz" (s. o.; Abb. 11).

Einzügige Wellenbänder wie in den Reihen zwei und vier sind nicht selten und tauchen im Kanon der Verzierungsmotive slawischer Keramik der Region wiederholt auf (Abb. 12,1.2).[20] C-förmige „Halbkreise" der Reihen eins und drei sind dagegen ungewöhnlich, doch erinnern sie stark an das charakteristische Kreisaugen-, Ringelstich bzw. Ringstichmotiv. Es existieren auch Gefäßreste, bei denen diese Verzierung nicht vollständig in den lederharten Ton eingedrückt wurde. Dadurch erscheint der Kreis nicht immer geschlossen (vgl. Abb. 12,3.4).[21] Neben den einzügigen Wellenbändern und den C-förmigen „Halbkreisen" verbleibt noch das strahlenartige Motiv aus der abschließenden 5. Reihe (vgl. Abb. 12,5.6). Bei diesem Dekorelement sind Parallelen zu den geläufigen Verzierungsmotiven weniger augenfällig.

Im Gesamtüberblick scheint demnach die Interpretation der ungewöhnlichen Verzierung nicht als Figuren- oder Buchstabendarstellung, sondern als eine nachlässige Verwendung von mehr oder weniger üblichen Verzierungselementen am wahrscheinlichsten. Handelt es sich um eine „Fingerübung", welche Bekanntes unorthodox aufnimmt und variiert? Zu einer ähnlichen Interpretation gelangte auch Kinkeldey, als er von „kreativen Keramikproduzenten mit eher flüchtiger Hand" sprach.[22] Die Latdorfer Gefäßreste lassen sich demnach zu den dort genannten Stücken stellen.

Unter Berücksichtigung der erwogenen Interpretationsschemata erscheint das Schriftmotiv als zu wenig stichhaltig. Eine „unkonventionelle" Verwendung bekannter Verzierungsmotive dürfte wahrscheinlicher sein. Möglicherweise verbindet sich im vorliegenden Fall die individuelle Aufbringung der Verzierung mit der unbeabsichtigten (?) Entstehung einer Figur. Dieses „Männchen" könnte dann, in Anlehnung an die eindeutigeren

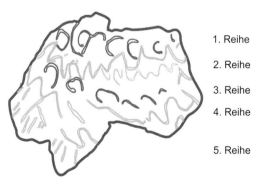

1. Reihe
2. Reihe
3. Reihe
4. Reihe
5. Reihe

---

17 Vgl. u. a. HARDT 2011, 173–182. J. HERRMANN 1985, 292. HOPPE/STOCK 2002, 39–85. LÜBKE 2001, 65–74. Außerdem wertvolle Hinweise von C. Zschieschang, GWZO Leipzig, zur Bedeutung von Sprache und Schrift während dieser Zeit.

18 Vgl. u. a. KAHL 2000, 232f. KAHSNITZ 2001, 225–250. KELLER 2004, 277–286.

19 FAHR 2008b, 67–68.

20 Vgl. u. a. BRACHMANN 1978, 15f; 21; 24–27. V. HERRMANN 2001, 51. KOCH 2007, 122f. LANGE 2003, 31. PÖPPELMANN 2001, 7/1–7/13.

21 Vgl. dazu im Überblick die Karte bei BRACHMANN 1978, 29 Abb. 13. Außerdem allgemein zu Ringelstichen von Fundplätzen zwischen Saale und Mulde: LANGE 2003, 31. V. HERRMANN 2001, 52.

22 KINKELDEY 2008, 500.

Vergleichsstücke, sowohl für die Hersteller als auch für die Betrachter durchaus von Relevanz gewesen sein.

Die Seltenheit solcher Darstellungen bzw. Dekore verbindet einerseits alle bekannten Stücke, steht andererseits aber gleichzeitig ihrer endgültigen Interpretation entgegen.

Zusammenfassung

In den Jahren 2006 bis 2010 wurden in der Gemarkung Latdorf bei Bernburg (Salzlandkreis) vier früh- bis hochmittelalterliche Siedlungskonzentrationen untersucht.

Dabei konnte im Süden der Grabungsfläche Kalkteich 22 (60 ha) ein offenes Siedlungsareal komplett aufgedeckt werden. Eine Grube (486) dieses Areals enthielt Reste eines außergewöhnlich verzierten Keramikgefäßes. Es scheint möglicherweise bereits im 8. Jahrhundert angefertigt worden zu sein, was im Vergleich zu den anderen aufgeführten Stücken noch zusätzlich zu seiner Besonderheit beiträgt.

Die Verzierungsmotive ließen in Anlehnung an seltene Vergleichsstücke zunächst an die Darstellung eines eingeritzten Männchens oder die Imitation von Buchstaben bzw. Schrift denken. Ihre Analyse rückt jedoch beide Interpretationen zugunsten einer naheliegenderen Erklärung etwas in den Hintergrund. Vermutlich handelt es sich um nachlässig ausgeführte Varianten von ansonsten in dieser Zeit und Region üblichen Verzierungsmotiven, wobei die Hintergründe der Aufbringung allerdings im Dunkeln bleiben.

Literatur

BIERMANN 2000
F. Biermann, Slawische Besiedlung zwischen Elbe, Neiße und Lubsza. Archäologische Studien zum Siedlungswesen und zur Sachkultur des frühen und hohen Mittelalters. Universitätsforschungen zur prähistorischen Archäologie 65. Bonn 2000.

BRACHMANN 1975
H. Brachmann, Erste Ergebnisse der Ausgrabungen im slawischen Burgwall von Cösitz, Kr. Köthen. Ethnographisch-Archäologische Zeitschrift 16, 1975, 409–422.

BRACHMANN 1978
H. Brachmann, Slawische Stämme an Elbe und Saale. Zu ihrer Geschichte und Kultur im 6. bis 10. Jahrhundert – auf Grund archäologischer Quellen. Deutsche Akademie der Wissenschaften zu Berlin, Schriften zur Ur- und Frühgeschichte 32. Berlin 1978.

BRACHMANN 1994
H. Brachmann, Zur Entwicklung der slawischen Keramik im Elbe-Saale-Gebiet. In: Č. Straňa (Hrsg.), Slawische Keramik in Mitteleuropa vom 8. bis zum 11. Jahrhundert. Kolloquium Mikulčice. Brno 1994, 93–110.

EICKHOFF/SCHOPPER 2012
S. Eickhoff, F. Schopper (Hrsg.), 1636. Ihre letzte Schlacht. Leben im Dreißigjährigen Krieg. Archäologisches Landesmuseum Brandenburg. Berlin 2012.

FAHR 2008a
J. Fahr, Das Bernburger Land vom Früh- bis zum beginnenden Hochmittelalter. In: S. Friederich, H. Meller (Hrsg.), Archäologie am Kalkteich 22 in Latdorf. Die Chemie stimmt! Archäologie in Sachsen-Anhalt, Sonderbd. 9. Halle/S. 2008, 25–38.

FAHR 2008b
J. Fahr, Sicheln, Spinnwirtel und Wetzsteine – Wirtschaftliche Aspekte der beiden Siedlungen von Latdorf. In: S. Friederich, H. Meller (Hrsg.), Archäologie am Kalkteich 22 in Latdorf. Die Chemie stimmt! Archäologie in Sachsen-Anhalt, Sonderbd. 9. Halle/S. 2008, 59–69.

FAHR 2008c
J. Fahr, Hünengräber, Menhire und Nachbestattungen. Die Steinzeitlandschaft Latdorf. In: S. Friederich, H. Meller (Hrsg.), Archäologie am Kalkteich 22 in Latdorf. Die Chemie stimmt! Archäologie in Sachsen-Anhalt, Sonderbd. 9. Halle/S. 2008, 21–24.

FAHR u. a. 2009
J. Fahr, C. Müller, P. Pacak, Das schwedische Feldlager von Latdorf bei Bernburg von 1644 (Salzlandkreis, Sachsen-Anhalt) – Ergebnisse der Ausgrabungen am Kalkteich 22 und an der L 73. In: H. Meller (Hrsg.), Schlachtfeldarchäologie. Battlefield Archaeology. Tagungen des Landesmuseums für Vorgeschichte 2. Halle/S. 2009, 151–162.

GALL 2003
F. Gall, Steinzeitlandschaft Latdorf. Kleine Hefte zur Archäologie in Sachsen-Anhalt 1. Halle/S. 2003.

HARDT 2011
M. Hardt, Magdeburg und die Ostgrenze des Frankenreiches. In: B. Ludowici, H. Pöppelmann (Hrsg.), Das Miteinander, Nebeneinander und Gegeneinander von Kulturen. Zur Archäologie und Geschichte wechselseitiger Beziehungen im 1. Jahrtausend n. Chr. Neue Studien zur Sachsenforschung 2. Stuttgart 2011, 173–182.

J. HERRMANN 1985
J. Herrmann, Materielle und geistige Kultur. In: J. Herrmann (Hrsg.), Die Slawen in Deutschland. Geschichte

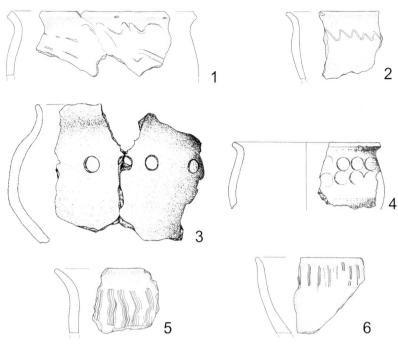

▲ *Abb. 12: Verzierungsmotive aus Latdorf, Kalkteich 22 (1, 2, 5, 6), Lissa (3) und Cösitz (4), zu denen das ungewöhnliche Dekor des Gefäßes aus Befund 486 (vgl. Abb. 5) Ähnlichkeiten aufweist. Die einzügigen Wellenmuster (1, 2) lassen sich mit dem Dekor der 2. und 4. Reihe assoziieren, die Kreisaugen- bzw. Ringelstichmuster (3, 4) mit jenem der 1. und 3. Reihe (vgl. Abb. 11). M. 1:4. 1, 2, 5, 6 Zeichnung: G. Thies; 3 nach LANGE 2003, Taf. 23; 4 nach BRACHMANN 1975, 417 Abb. 3.*

und Kultur der slawischen Stämme westlich von Oder und Neiße vom 6. bis 12. Jahrhundert. Veröffentlichungen des Zentralinstituts für Alte Geschichte und Archäologie der Akademie der Wissenschaften der DDR. Bd. 14. Berlin 1985, 278–325.

V. Herrmann 2001

V. Herrmann, Die Entwicklung von Halle (Saale) im frühen und hohen Mittelalter. Topographie und Siedlungsentwicklung im heutigen Stadtgebiet von Halle (Saale) vom 7. bis zur Mitte des 12. Jahrhunderts aus archäologischer Sicht. Veröffentlichungen des Landesamtes für Archäologie Sachsen-Anhalt 56. Halle/S. 2001.

Hoppe/Stock 2002

G. Hoppe, M. Stock, Die slawisch-deutsche Nachbarschaft während der frühdeutschen Herrschaftsbildung in den Gauen Serimunt und Colodici. Mitteilungen des Vereins für Anhaltinische Landeskunde 11, 2002, 39–85.

Kahl 2000

H.-D. Kahl, Der ostseeslawische Kultstrand bei Ralswiek auf Rügen (8.-10. Jh.). Bemerkungen zu einem neuen archäologischen Dokumentationsband. Studia Mythologica Slavica 3, 2000, 233–238.

Kahsnitz 2001

R. Kahsnitz, Frühottonische Buchmalerei. In: M. Puhle (Hrsg.), Otto der Große, Magdeburg und Europa. Ausstellungskatalog Magdeburg 2001, Bd. 1. Mainz 2001, 225–250.

Keller 2004

H. Keller, Mediale Aspekte der Öffentlichkeit im Mittelalter: Mündlichkeit-Schriftlichkeit-Symbolische Interaktion. Frühmittelalterliche Studien 38, 2004, 277–286.

Kinkeldey 2008

T. Kinkeldey, Figürliche Darstellungen aus mittelslawischer Keramik vom Burgwall Repten bei Calau. In: F. Biermann, U. Müller, T. Terberger (Hrsg.), „Die Dinge beobachten …". Archäologische und historische Forschungen zur frühen Geschichte Mittel- und Nordeuropas. Festschrift für G. Mangelsdorf zum 60. Geburtstag. Rahden/Westf. 2008, 497–501.

Koch 2007

S. Koch, Neue Erkenntnisse zur Stadtentstehung Leipzigs. Ergebnisse der archäologischen Untersuchungen im Nordwest-Viertel der Leipziger Innenstadt. Diss. Univ. Bamberg. Bamberg 2007. Online-Publ. opus4.kobv.de/opus4-bamberg/files/274/1TextA2e.pdf. Letztes Zugriffsdatum: 13.08.2013.

Krüger 1967

B. Krüger, Dessau-Mosigkau. Ein frühslawischer Siedlungsplatz im mittleren Elbegebiet. Deutsche Akademie der Wissenschaften zu Berlin, Schriften der Sektion für Vor- und Frühgeschichte 22. Berlin 1967.

Kunz 2011

B. Kunz, Im Grenzraum siedelnd – Sachsen und Slawen in Magdeburg. In: B. Ludowici, H. Pöppelmann (Hrsg.), Das Miteinander, Nebeneinander und Gegeneinander von Kulturen. Zur Archäologie und Geschichte wechselseitiger Beziehungen im 1. Jahrtausend n. Chr. Neue Studien zur Sachsenforschung 2. Stuttgart 2011, 166–172.

Lange 2003

D. Lange, Frühmittelalter in Nordwestsachsen. Siedlungsgrabungen in Delitzsch, Lissa und Glesien. Veröffentlichungen des Landesamtes für Archäologie mit Landesmuseum für Vorgeschichte 40. Dresden 2003.

Lübke 2001

C. Lübke, Die Ausdehnung ottonischer Herrschaft über die slawische Bevölkerung zwischen Elbe/Saale und Oder. In: M. Puhle (Hrsg.), Otto der Große, Magdeburg und Europa. Ausstellungskatalog Magdeburg 2001, Bd. 1. Mainz 2001, 65–74.

J. Müller 2002

J. Müller, Entstehung mittelalterlicher Siedlungsformen in Thüringen. Archäologische Untersuchungen im östlichen Teil des Keuperbeckens. Weimarer Monographien zur Ur- und Frühgeschichte, Bd. 37. Stuttgart 2002.

C. Müller 2008

C. Müller, Schrecken des Krieges in Stadt und Land. Der Dreißigjährige Krieg in und um Latdorf. In: S. Friederich, H. Meller (Hrsg.), Archäologie am Kalkteich 22 in Latdorf. Die Chemie stimmt! Archäologie in Sachsen-Anhalt, Sonderbd. 9. Halle/S. 2008, 95–104.

Pöppelmann 2001

H. Pöppelmann, Keramik des 10. Jahrhundert aus Magdeburg. In: B. Ludowici (Hrsg.), Ottonische Keramik. Waren und Formen des 10. Jahrhunderts aus Nord-, Ost- und Mitteldeutschland, Pommern, Schlesien und Böhmen. Zum Stand der aktuellen Forschung. Reader Workshop GWZO Leipzig. Leipzig 2001, 7/1–7/13.

Pöppelmann 2005

H. Pöppelmann, Im Rhythmus des Elbestromes – Der Magdeburger Raum vor 805. In: M. Puhle, P. Petsch (Hrsg.), Magdeburg – Die Geschichte der Stadt 805 – 2005. Dössel 2005, 36–40.

von Rauchhaupt/Schunke 2010

R. von Rauchhaupt, T. Schunke, Eine slawische Siedlung des 9.-11. Jahrhunderts. In: Dies., Am Rande des Altsiedellandes. Archäologische Ausgrabungen an der Ortsumgehung Brehna. Archäologie in Sachsen-Anhalt, Sonderbd. 12. Halle/S. 2010, 163–174.

Schneider 1985

J. Schneider, Die Funde der Magdeburger Domgrabung. Mit einem Exkurs über die frühmittelalterliche Magdeburger Gruppe. Jahresschrift für mitteldeutsche Vorgeschichte 68, 1985, 297–338.

Mittelalterliche Fass- und Kastenbrunnen aus Plüggentin auf Rügen

von Andreas Kieseler

Einleitung

Die Insel Rügen ist aufgrund ihres reichen vor- und frühgeschichtlichen Denkmalbestandes eine der interessantesten archäologischen Landschaften Norddeutschlands. Es sind v. a. die fast ausnahmslos gut erhaltenen und in anmutiger Landschaft gelegenen Burgwälle, die bis heute von der bewegten früh- und hochmittelalterlichen Geschichte der Insel künden – so z. B. die „Jaromarsburg" auf Kap Arkona, die „Herthaburg" in den Wäldern Jasmunds, der „Rugard" in Bergen und der „Schlosswall" von Garz. Insbesondere aufgrund ihrer Erwähnung in den hochmittelalterlichen Schriftquellen ziehen sie seit mehr als 140 Jahren ungebrochen das Interesse der Forschung auf sich. Während die wissenschaftlichen Untersuchungen der Burgwälle wichtige Erkenntnisse zur Geschichte der Rügenslawen erbrachten, ist unser Kenntnisstand über das mittelalterliche ländliche Siedlungswesen auf Rügen sehr begrenzt. Obwohl seit Langem eine Vielzahl slawischer Siedlungsplätze durch Oberflächenfunde bekannt ist,[1] sind nur wenige sehr kleinräumig untersucht worden.[2]

Umso erfreulicher sind die Ergebnisse der von 2003 bis 2006 durchgeführten Ausgrabungen im Verlauf des so genannten Rügenzubringers, der auf etwa 25 km Länge von Altefähr über Samtens bis in das Zentrum der Insel nach Bergen quer durch den Südwesten der Insel verläuft. Von insgesamt 36 auf dem Trassenabschnitt untersuchten Fundplätzen zeigten 14 auch slawische Besiedlungsspuren.[3] Unter diesen nimmt der Fundplatz Plüggentin 9 eine besondere Stellung ein, denn er gehört einerseits zu den wenigen Siedlungsplätzen Rügens, die den Übergangshorizont von spätslawischer zu frühdeutscher Zeit – also das späte 12. und 13. Jahrhundert – umfassen,[4] und er erbrachte andererseits neben den auf Siedlungsgrabungen gängigen Gruben-, Graben- und Pfostenbefunden auch drei gut erhaltene und teils dendrochronologisch datierbare hölzerne Brunnenkonstruktionen. Alle bisher auf Rügen ergrabenen Brunnenanlagen gehörten zum mittelslawischen Seehandelsplatz Ralswiek[5] oder es handelt sich um Burgzisternen (drei auf Kap Arkona). Brunnen offener ländlicher Siedlungen waren – abgesehen von den unsicheren und schlecht erhaltenen Befunden von Tribberatz und Lancken-Granitz[6] – auf Rügen noch nicht ergraben worden. Im Folgenden sollen die Plüggentiner Brunnenbefunde hinsichtlich ihrer Bauweise, Zeitstellung und Bedeutung für die ländliche Wasserversorgung vorgestellt werden.[7]

Der Fundplatz

Der Fundplatz Plüggentin 9 liegt im südwestlichen Teil der Insel, unmittelbar nördlich der B 96

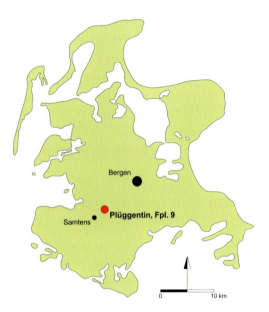

◀ Abb. 1: Lage des Fundplatzes. Zeichnung: Verfasser.

---

1 Corpus 1979. Reimann u. a. 2011.

2 Zu den wenigen, meist nur in kleinen Sondagen an Kiesgrubenrändern oder bei Bauarbeiten untersuchten slawischen Siedlungsstellen gehören: Lancken-Granitz Fpl. 20 (Corpus 1979, 41/181), Garftitz Fpl. 18 (Leube 1964), Garftitz Fpl. 24 (Corpus 1979, 41/77), Kapelle Fpl. 2 (Herfert 1964a), Kowall Fpl. 1 (Corpus 1979, 41/160), Tribberatz Fpl. 1 (Corpus 1979, 41/359), Varbelvitz Fpl. 1 (Herfert 1964b), Varnkewitz Fpl. 3 (Corpus 1979, 41/364), Warksow Fpl. 3 (Corpus 1979, 41/393) und Zicker Fpl. 2 (Corpus 1979, 41/407). Größere Grabungen fanden nur in Ralswiek statt, doch handelt es sich hier um einen frühurbanen Seehandelsplatz (J. Herrmann 1997).

3 Abschlussbericht 2008, 76ff. Tab. 3.

4 Abschlussbericht 2008, 76ff. Tab. 3.

5 J. Herrmann 1997, 91ff. Biermann 2001, 258f.

6 Eine in Tribberatz entdeckte „schachtförmige Grube" von 1,3 m Dm. war bis zu 2,57 m in Sand- und Lehmschichten eingetieft (Corpus 1979, 41/359) und wurde von F. Biermann (2001, 260) als möglicher Brunnen des Typs D (Wassergruben ohne Holzeinbauten) eingestuft. Zu den fraglichen Brunnenbefunden Rügens gehört außerdem eine 2,5 x 2,5 m große und 2,2 m tiefe Grube in Lancken-Granitz, die in ihrem oberen Teil eine „rahmenförmige viereckige Verfärbung eines Holzkastens" zeigte (Corpus 1979, 41/181. Biermann 2001, 258).

7 Wichtige Hinweise zu diesem Manuskript verdanke ich Dipl.-Prähistoriker D. Forler (Spantekow), PD Dr. F. Biermann, Dr. A. Vollbrecht (beide Göttingen) und M. Planert M.A. (Greifswald). Für die Möglichkeit zur Aufarbeitung des Fundplatzes und die Hilfe bei der Sichtung des Materials danke ich Dr. J.-P. Schmidt (Schwerin). Die Gesamtvorlage der Grabungsergebnisse ist in Vorbereitung.

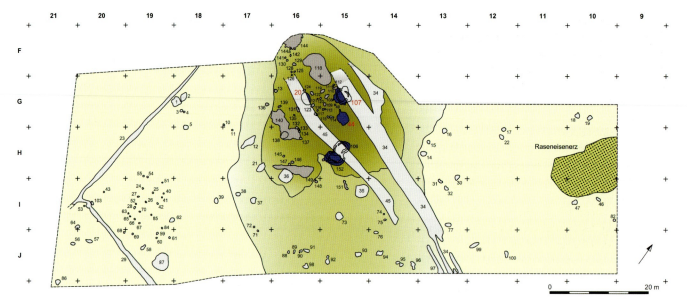

▲ *Abb. 2: Gesamtplan der Grabungsfläche mit allen Befunden (hellgrau: Bef. des 1. Planums; dunkelgrau: Bef. des 2. Planums; blau: Brunnen und Zisternen; dunkelgrün: Senke). Zeichnung: Verfasser.*

zwischen Samtens und Bergen, gut 2 km nordöstlich der Samtenser Kirche (Abb. 1). Im Norden und Osten des Fundplatzes verläuft in etwa 500 m Entfernung der Sehrowbach, ein kleiner Wasserlauf, der in den Kubitzer Bodden im Westen der Insel mündet. Das Oberflächenrelief ist leicht wellig und fällt nach Nordwesten ab; der anstehende Boden im 0,5 ha großen Grabungsgelände besteht im Wesentlichen aus Geschiebelehm. Im Zentrum der Ausgrabungsfläche liegt eine Senke mit nach Nordosten und Südwesten angrenzenden, leicht ansteigenden Hängen. An die Senke schließt sich im Nordwesten ein wasserführendes Soll mit einer Ausdehnung von etwa 10 x 20 m an, das für die Auswahl dieses Siedlungsareals sicherlich den Ausschlag gab.

Bei der archäologischen Untersuchung, die im Herbst 2004 unter Leitung von D. Forler erfolgte, wurden zahlreiche Befunde unterschiedlicher Zeitstellung freigelegt. Die Besiedlung reicht hier bis in die Bronzezeit zurück. Bereits zu jener Zeit wurden im Senkenbereich zwei Wasserentnahmestellen (Bef. 106, 152; Abb. 2) angelegt. Diese gehörten vermutlich zu einer Siedlung, die sich durch mehrere sandig verfüllte, fast ausnahmslos fundleere Gruben abzeichnete.[8] Aus einer der beiden Wasserstellen stammt eine jungbronzezeitliche Sichelklinge vom Typ Stenhild.[9]

Die überwiegende Mehrheit der Siedlungsrelikte gehört jedoch in das hohe und späte Mittelalter. Da mittelslawische Keramik praktisch fehlt, ist mit dem Siedlungsbeginn wohl erst im 12. Jahrhundert zu rechnen. Darauf deuten einige große Siedlungsgruben mit ausschließlich spätslawischer Keramik hin, die sich in Ost-West-Richtung linear entlang des Senkenbereichs anordnen (Bef. 1, 2, 10, 12, 21, 35, 36, 73, 87, 118). Diese Befunde weisen auf eine kleine spätslawische Siedlung mit ebenerdigen Blockbauten hin, die sich ohne erkennbare Gehöftgliederung in lockerer Reihung am Rande der feuchten Senke verteilten.

Dieses Siedlungsbild wandelte sich spätestens im mittleren Drittel des 13. Jahrhunderts, als südlich des Solls, vielleicht anfangs noch parallel zur spätslawischen Siedlung, ein Gehöft mit Pfostenbauten entstand. Davon zeugt ein rechteckiger, offenkundig zweischiffiger Hausgrundriss von etwa 9 x 4,5 m Fläche aus mehreren unregelmäßig gesetzten Pfostenstandspuren. Vier der zu diesem Grundriss gehörigen Pfostenlöcher (Bef. 24, 26, 54, 85) enthielten kleine Wandscherben spätslawischer und blaugrauer Irdenware, die eine Errichtung des Gebäudes kaum vor den 1230er Jahren anzeigen; vorher ist mit Grauware auf Rügen nicht zu rechnen. Die genaue Nutzungsart des Gebäudes – als Wohnhaus, Stall, Speicher oder eine Kombination dieser Funktionen – ist zwar nicht näher zu ergründen, doch besitzt der Pfosten-Langhaustyp gewiss westliche Traditionen. Diese wurden anfangs durch während der Ostsiedlungszeit in die bis dahin vom Blockbau geprägten slawischen Gebiete eingewanderte deutsche Bevölkerung vermittelt. Sie wurden dort bald aber auch allgemein übernommen, da sie den Ansprüchen an die neuen Wirtschaftsformen besser entsprachen als die zumeist kleinen Blockhäuser der vorangehenden Zeit.[10] Im Süden und Westen dieses Gebäudes verliefen, in beinahe gleicher Ausrichtung wie die Hauspfostenreihen, zwei gerade, recht-

---

8 Vgl. SAALOW/SCHMIDT 2009, 69f.
9 SAALOW/SCHMIDT 2009, 70 Abb. 2.
10 DONAT 2005, 53. BRANDT 2009, 200f. BIERMANN 2010, 372. Der im mittleren 13. Jahrhundert erkennbare Wechsel von Blockhäusern zu großen Pfostenbauten wurde auch für das vorpommersche Gebiet u. a. mit einer direkten „Siedeltätigkeit deutscher Bauern" (so in Wodarg, Ldkr. Demmin; BRANDT 2009, 201) oder zumindest einer „Mitwirkung von zugezogenen Siedlern westlicher Herkunft" (Wüstung *Zwinrowe* bei Gützkow; FREY 2011, 331) in Verbindung gebracht. Die Anwesenheit westlicher Neusiedler ist auch für Rügen nicht auszuschließen (vgl. HASS 2009, 217), lässt sich im Falle Plüggentins aufgrund der wenigen Funde und Befunde jedoch nicht weiter belegen.

winklig aufeinander treffende Gräben (Bef. 23, 29), die ebenfalls spätslawische und frühdeutsche Keramik enthielten. Bei diesen etwa 1 m breiten und noch bis zu 0,2 m tiefen Befunden könnte es sich um Reste einer Gehöfteinfriedung gehandelt haben.[11] An der Südostecke des Pfostenhauses fand sich eine Pfostengruppe (Bef. 59, 60, 61, 84), die zu einem kleinen Speicherbau gehört haben dürfte. Dieses Befundensemble dürfte von einem partiell erfassten Gehöft zeugen, wie es im pommersch-rügenschen Milieu während des 13. Jahrhunderts üblich wurde.

Das vorwiegend keramische Fundmaterial, das eine Nutzung des Fundplatzes vom 12. bis in das 14. Jahrhundert belegt, wird durch einige Stein- und Metallartefakte sowie wenige Backsteinbruchstücke ergänzt. In der humosen Deckschicht, die im Bereich der Senke bis zu 0,6 m mächtig war, fand sich auch neuzeitliche Keramik, die aber nur mit der Auffüllung der Senke zu landwirtschaftlichen Zwecken und nicht mit einer Besiedlung in Verbindung zu bringen ist. Zu den Metallfunden zählt neben einer kleinen bronzenen Schnalle aus einer spätslawischen Kulturschicht ein eiserner Radsporn mit kurzem Radhalter (4 cm Länge), achtzackigem Rad, Bügelscheitelfortsatz und nur schwach gebogenen Bügeln. Das Stück stammt aus der Deckschicht. Nach F. Ruchhöft[12] ist es in das 13. Jahrhundert zu setzen, doch erscheint auch ein etwas späterer Zeitansatz im 14. Jahrhundert möglich. Das Reitutensil zählt am ehesten zum Typ A/IV nach N. Gossler, der im 14./15. Jahrhundert gängig war.[13] Wenngleich die Mehrzahl der Reitersporen im späten Mittelalter von Burgen und damit aus elitär-adeligem Kontext stammt, sind sie in jener Zeit auch auf offenen Siedlungen keine Seltenheit mehr.[14] Sie gehörten auch zur Ausstattung wohlhabender und selbstbewusster Bauern,[15] so dass nicht zwangsläufig auf die Präsenz von Adeligen in Plüggentin geschlossen werden muss.[16]

Der in spätslawischer Zeit angelegte Siedlungsplatz wandelte sich also im Laufe des 13. Jahrhunderts zu einem eingefriedeten Gehöft einer Einzelhofsiedlung oder eines kleinen Weilers – eine für Rügen charakteristische ländliche Siedlungsform.[17] In diesem Kontext sind nun die drei zentral in der Senke angelegten Brunnen zu betrachten.

Die Brunnenkonstruktionen
Brunnenbefund 44

Für den Bau dieses Brunnens (Abb. 3) wurde zunächst eine rundlich-ovale, im Profil muldenför-

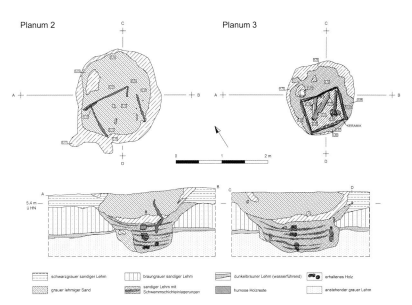

▲ *Abb. 3: Befund 44, Plana und Profile. Zeichnung: Verfasser.*

mige Baugrube ausgehoben, die auf Höhe der durchgrabenen Kulturschicht eine Grundfläche von etwa 2,25 x 2,5 m besaß. Die dokumentierte Tiefe dieser Eingrabung betrug noch 0,6 bis 0,7 m. Anschließend tiefte man sie weiter ab in einem etwa 1,2 x 1,7 m messenden rund-ovalen Schacht, sodass die Baugrube einen insgesamt 1,2 bis 1,3 m tiefen Trichter bildete, der bis in wasserführende Schichten reichte. Während Nord- und Westwand des unteren Schachtes mehr oder weniger steil abgeschrägt wurden, arbeitete man dessen nördliche Grubenwandung zu einer rampenartigen Schräge aus, die den Ein- und Ausstieg in die Baugrube erleichterte. Demnach ist zu vermuten, dass das Zusammensetzen des Brunnengevierts entweder erst in der Baugrube erfolgte oder ein vorgefertigtes Teilgerüst in den wasserführenden Bereich der Grube eingestellt wurde. Von einer eigentlichen Senktechnik ist bei der geringen Tiefe des Brunnens, der Breite der Arbeitsgrube und der geringen Größe des Kastens nicht auszugehen, zumal dieser in dem Grubenabschnitt platziert wurde, der dem Einstiegsbereich gegenüber lag, und somit für den Aufbau innerhalb der Eingrabung ausreichend Platz verblieb.[18] Der beinahe quadratische Brunnenkasten (etwa 0,8 x 0,7 m) wurde dabei direkt in die kastenartig eingegrabene Ecke der Baugrube gesetzt, sodass drei der vier Brunnenwände unmittelbar an die steilen Grubenwände grenzten. Der Brunnenkasten war insgesamt nur noch mäßig erhalten, zeigte aber in seinem unteren Teil noch mehrere im Blockverband aufeinander liegende Bohlenkränze, deren wohl größtenteils aus Eichenholz gearbeitete Bohlen[19] Längen von bis zu 0,8 m und Breiten von 0,1 bis 0,2 m aufwiesen; ihre

---

11 Vgl. Ruchhöft 2009, 145.
12 Ruchhöft 2009, 147; 147 Abb. 4.
13 Gossler 2011, 60; 90.
14 Gossler 2011, 181 Tab. 21.
15 Gossler 1998, 492f. Biermann 2010, 270.
16 Vgl. Ruchhöft 2009, 146.
17 Ruchhöft 2005, 194. Reimann u. a. 2011, 117.

18 Vgl. Mischkewitz 1995, 137. Zur Abteufungs- und Senktechnik beim mittelalterlichen Brunnenbau vgl. Biermann 2001, 235ff.; 2005, 160ff. Schaake 2005, 63f.
19 Grabungsbericht 2005, Anm. 30. Nach dendrologischer Untersuchung durch S. Haeseler (Zentrum für Holzwirtschaft, Universität Hamburg; Gutachten vom 16.02.2005) handelt es sich bei drei Planken (SN13.178-SN13.180) von der Nord-, Ost- und Südseite des Brunnens um Eichenholz.

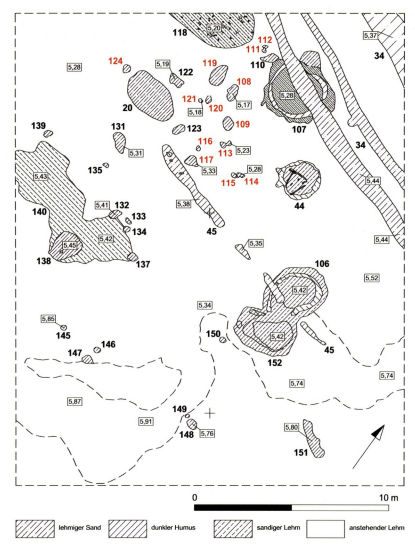

▲ Abb. 4: Befunde des 2. Planums im Senkenbereich; Planquadrate G15, G16, H15, H16 (rote Befundnummern: Pfostenlöcher). Zeichnung: Verfasser.

Schmalseiten blieben unbearbeitet. Die zuunterst liegenden, besser erhaltenen Bohlen zeigten noch eindeutig erkennbare Aussparungen an beiden Enden, die der Verblockung dienten. Da sich eingeschlagene Fixierpfosten oder Steinverkeilungen weder inner- noch außerhalb des Kastens fanden, ist davon auszugehen, dass auch der obere Teil des Brunnens in dieser Weise konstruiert war. Ausschließlich mit auf Stoß gelegten Brettern hätte gerade der obere Teil des Brunnens kaum stabil ausgeführt werden können. Nach Fertigstellung der Brunnenkonstruktion in mindestens 1,3 m Höhe wurde die Baugrube verfüllt, wobei der vormalige Eingangs- und Arbeitsbereich im unteren Bereich der Grube mit Lehm und einigen Feldsteinen aufgefüllt und verfestigt wurde. Einen Sandfang[20] enthielt der Brunnen nicht.

Die Rekonstruktion etwaiger Brunnenoberbauten anhand archäologischer Befunde ist häufig schwierig. Ob der Brunnen eine oberirdische Brüstung besaß, die gleichermaßen vor Oberflächenschmutz und dem Hineinfallen schützte, oder ob man auf diese wegen der geringen Tiefe des Brunnens verzichtete, lässt sich nicht mehr klären.

Im Innern des Brunnens fand sich ein knapp 0,6 m langes Rundholz, das an einem Ende noch eine Astgabel aufwies. Das Stück wurde als Auflagepunkt einer „Schwangrute", also eines zweiarmigen Hebels, interpretiert,[21] die neben dem Brunnen aufgestellt worden sei und dem mechanischen Schöpfen des Wassers gedient habe. Als Standspur der Stützbaumkonstruktion wurden vom Ausgräber zwei etwa 3,4 m südwestlich des Brunnens unmittelbar nebeneinander liegende Pfostenlöcher (Bef. 114, 115) angesprochen (Abb. 4). Angesichts der geringen Tiefe des Brunnens, die eine solch aufwendige Schöpfkonstruktion keinesfalls notwendig machte, und der geringen Stärke des geborgenen Rundholzes erscheint diese Interpretation jedoch fraglich.[22] Wollte man die Astgabel aufgrund ihrer Fundlage tatsächlich als ein konstruktives Teil des Brunnens deuten, wäre m. E. wahrscheinlicher, dass diese eine der beiden Halterungen bildete, die – auf zwei gegenüberliegenden Seiten der Brunnenwandung angebracht – eine quer über den Brunnen verlaufende Kurbelwelle aufnahmen, über welche das Schöpfgefäß an einem Seil hinabgelassen und heraufgezogen werden konnte.[23] Ebenso wie erstere ist aber auch diese Schöpfkonstruktion für das slawische Mittelalter nicht nachgewiesen und bleibt bloße Vermutung.[24]

Diese einfache Blockbaukonstruktion auf rechteckigem Grundriss, die ohne weitere fixierende oder stützende Bauteile auskam, lässt sich dem Brunnentyp A I.1 nach Biermann[25] zuordnen. Bei dieser handelt es sich um die mit Abstand häufigste Brunnenkonstruktion im nördlichen westslawischen Gebiet. Sie wurde mit einem – wohl durch den Forschungsstand bedingten –

20 Vgl. MISCHKEWITZ 1995, 139. BIERMANN 2001, 233.

21 RUCHHÖFT 2009, 146.

22 Für Plüggentin zeigt RUCHHÖFT (2009, 146 Abb. 3) zum Vergleich einen Ziehbrunnen des späten 19. oder frühen 20. Jahrhunderts, dessen Schwangrute jedoch auf einem baumstarken Pfosten ruht und über eine sehr lange Ziehstange verfügt. Von einem „Ziehbrunnen mit Stange" geht auch G. WETZEL (1985, 41) für den Hofbrunnen im Burgwall Schönfeld (Phase A) aus, der allerdings eine Tiefe von über 3 m erreichte. Im Falle Schönfelds wird diese Interpretation außerdem durch den Fund eines dicken, knapp 2 m langen Holzes mit massiver Gabelung gestützt (WETZEL 1985, 41; 42 Abb. 27), dessen Maße und Stabilität die Standfähigkeit einer solchen Konstruktion ohne Weiteres gewährleisten würden. Ebenso ist ein 2,5 m langer Eichenstamm von 0,3 m Durchmesser, der in einem Abstand von 2,5 m zu dem etwa 3 m tiefen Brunnen von Wendisch-Baggendorf in eine tiefe Grube eingesetzt wurde, gedeutet worden (DUCHNIEWSKI 2006, 57ff.; 58 Abb. 4; 60 Abb. 7).

23 Eine solche Schöpfvorrichtung mit zwei Astgabeln, die direkt auf die Brunnenwandung aufgesetzt wurden, zeigt ein im Freilichtmuseum Modrá, Kr. Uherské Hradiště (Tschechien), rekonstruierter Brunnen aus der Zeit des Großmährischen Reiches (BIERMANN 2012, 93 Abb. 1).

24 Mittelalterliche Kurbelkonstruktionen sind in seltenen Fällen nachgewiesen worden, so z. B. – in Form einer in den Schacht gefallenen „Seilwinde" – bei einem um 1200 errichteten Siedlungsbrunnen in Berlin-Zehlendorf (VON MÜLLER 1991, 127) und dem in das 12. Jahrhundert datierten Burgbrunnen in Lübeck (GREWE 1991, 29f. Vgl. BIERMANN 2005, 163).

25 BIERMANN 2001, 216; 217 Abb. 1.

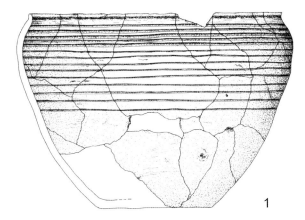
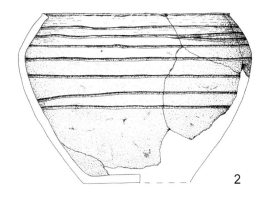

▲ *Abb. 5: Keramik aus Befund 44. M. 1:3. Zeichnung: Verfasser.*

Schwerpunkt im 9. und 10. Jahrhundert von der früh- bis zur spätslawischen Zeit errichtet, wobei Blockbauten mit zusätzlich eingeschlagenen Fixierpfosten (Typen A I.2 und A I.4) in spätslawischer Zeit überwogen. Ein regionaler Schwerpunkt ist für diese Bauweise nicht auszumachen.[26]

Im Innern des Brunnenkastens, nahe der Sohle, fanden sich 63 Keramikscherben, die sich zu zwei beinahe vollständigen Gefäßen zusammensetzen ließen, erstens ein flachbodiger Topf mit hohem Umbruch, kurzem, nur leicht ausbiegendem spitzem Rand und einer bis zur Gefäßmitte reichenden engen Gurtfurchenverzierung (Abb. 5,1) sowie zweitens ein ebenfalls flachbodiger, rundlich-doppelkonischer Topf mit glatt abgestrichenem, leicht abgesetztem, einziehendem Rand und einer weiten, unsauber ausgeführten Gurtfurchenzier (Abb. 5,2). Ersteres ist dem Vipperower Typ zuzuweisen; bei Letzterem könnte es sich aufgrund verschiedener Merkmale – stark einziehender Rand, gedrungen-kugelige Form, leicht ausgezogene, glatt abgestrichene Randkante – um ein Bobziner Deckelgefäß handeln.[27] Sie erlauben eine allgemeine Datierung des Brunnens in die spätslawische Zeit, näherhin in das 12. Jahrhundert. Dass die beiden Behältnisse, die zur Gänze in den Brunnenschacht gelangten, in irgendeiner Form mit der Nutzung des Brunnens in Zusammenhang standen, ist sehr wahrscheinlich. Als Schöpfgefäße, die man an einem Seil befestigt in die Tiefe lassen konnte, boten sie sich aufgrund ihrer Randausbildung allerdings nicht an.[28] Auch die beiden kleinen Steine, die in einem der beiden Gefäße gefunden wurden, können wohl kaum als Beschwerungssteine zum leichteren Durchdringen der Wasseroberfläche gedient haben.[29] Vielleicht gingen die Töpfe beim Umfüllen des Wassers aus einem Schöpfgefäß an der Brunnenbrüstung verloren.

Brunnenbefund 107

Über diesen Brunnen (Abb. 6) lassen sich nur begrenzte Aussagen treffen. Er wurde von einem Grabenbefund (34) geschnitten und daher erst in einem tieferen Planum freigelegt; überdies konnte er in den untersten Bereichen wegen Wassereinbruchs nicht vollständig untersucht werden. Auch für diese Anlage, die man knapp 5 m nordwestlich des älteren Brunnens (Bef. 44) errichtete, hob man zunächst eine große, rundlich-ovale, im Profil muldenförmige Grube aus, die im ersten Planum noch 3,1 x 2,7 m maß. Analog zu Befund 44 setzte sich diese dann nach unten in einer engeren, schachtartigen Eingrabung fort, deren Wandung schräg bzw. beinahe senkrecht verlief und einen länglich-rechteckigen Kasten bildete. Auf Höhe des Schachtansatzes traten die obersten erhaltenen Brunnenhölzer zutage. Sie bildeten ein Geviert von etwa 1,2 x 0,8 m, das also im Vergleich zu Befund 44 leicht vergrößert war. Die zur Anwendung gelangte und erhaltene Brunnenkonstruktion stellt eine Besonderheit dar: Während drei der vier Brunnenwände aus miteinander verblatteten Brettern zusammengesetzt waren, bestand die Ostwand des Brunnens aus breiten, senkrecht stehenden Bohlen,

▼ *Abb. 6: Befund 107, Plana und Profile. Zeichnung: Verfasser.*

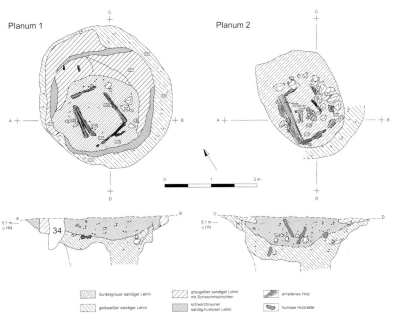

---

26 BIERMANN 2001, 223; 223 Abb. 5; 231.
27 SCHULDT 1956, 31ff.
28 Vgl. BIERMANN 2001, 234 Anm. 13. Zu einer speziellen Hängevorrichtung für keramische Schöpfgefäße siehe hingegen SCHMIDT 1976, 280 Abb. 8b; 282.
29 BIERMANN 2001, 234.

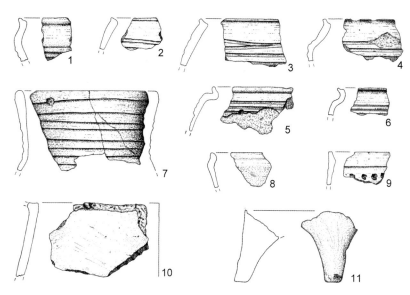

▲ Abb. 7: Keramik aus Befund 107. M. 1:3. Zeichnung: Verfasser.

die von außen durch eingeschlagene Stützpfähle und größere Feldsteine fixiert wurden. Es ist unwahrscheinlich, dass der Brunnen ursprünglich in einer Kombination aus Block- und Palisadenbau errichtet wurde. Zwar gibt es im westslawischen Raum Brunnenvarianten, die mit senkrecht eingerammten Bohlen gebaut wurden, doch handelt es sich bei diesen immer um Schächte, die zur Gänze aus senkrechten Spaltbohlen bestanden, teilweise zusätzlich mit Riegeln oder quer eingezogenen Brettern gesichert wurden und oftmals in Baueinheit mit einem zweiten, andersartig konstruierten inneren oder äußeren Kasten auftraten.[30] Eine Ausnahme bildet der Typ A V,[31] bei dem zwei sich gegenüberstehende Palisadenwände die beiden anderen Wände aus waagerecht verlegten Bohlen in ihrer Lage hielten.[32] Im direkten konstruktiven Zusammenhang mit einem Blockverband treten Palisaden jedoch nicht auf. Einerseits ist nur ein vollständig ausgeführtes Blockgeviert in sich standfähig, andererseits ist kaum anzunehmen, dass man es beim Zimmern eines Blockbau-Brunnenkastens bei einem dreiseitigen Konstrukt beließ.[33] Daher muss es sich im vorliegenden Falle um eine behelfsmäßige Ausbesserung des einseitig beschädigten Brunnenkastens handeln. Die östliche Wandung des Brunnens könnte nach mehrjähriger Nutzung als erste ausgebrochen oder verrottet sein. Für eine notdürftige Reparatur genügte es, die Ostwand mit senkrechten Bohlen zu befestigen. Entweder stieg man dazu in den flachen Brunnenschacht oder schlug diese von der Oberfläche aus ein. Dass die Ostseite im Zuge der Maßnahme trotzdem teilweise aufgegraben wurde, zeigen Hilfsverkeilungen aus „senkrechten, unten angespitzten Stützstreben und einer äußeren Steinmauer aus sorgfältig gesetzten Feldsteinen".[34] Der Druck, den die Steine auf die Bohlen ausübten, führte letztendlich zum Ausbruch dieses Provisoriums und zur Aufgabe des Brunnens. Obwohl der Brunnen nicht vollständig ausgegraben werden konnte, wurde die Brunnensohle in einer Tiefe von 1,7 m unter dem Laufniveau ermittelt. Auch hier ergaben sich keine Hinweise auf einen Sandfang.

Etwa 3 m westlich des Brunnenschachtes fand sich ein Doppelpfostenloch (Bef. 111, 112; Abb. 4, 9), das in Analogie zu Brunnen 44 mit der Unterkonstruktion einer Schöpfvorrichtung in Verbindung gebracht wurde.[35] Über die beiden kleinen Pfostenspuren hinausgehende Anhaltspunkte für die Existenz einer solchen Konstruktion fanden sich jedoch nicht.

Die dendrologische Untersuchung der für den Brunnenbau verwendeten Hölzer ergab, dass jeweils zwei der vier bestimmbaren Planken des Blockverbands aus Eichen- und Buchenholz gearbeitet wurden. Auch bei einem Rundholz, das für die Fixierung der östlichen Bohlenwand genutzt wurde, handelte es sich um Buche. Eine Planke der Bohlenwandung war aus Kiefernholz und ein Stammstück, das von der Sohle des Brunnens geborgen wurde, aus Weidenholz.[36]

Konkrete Hinweise auf den Zeitpunkt der Errichtung des Brunnens liegen mit zwei Dendrodaten vor: „nach 1192" und „kurz nach 1209".[37] Diese Daten markieren – da sie von Hölzern der östlichen Palisadenwand stammen – allerdings nur die Ausbesserung des Brunnenkastens im frühen 13. Jahrhundert. Der ursprüngliche Blockbaubrunnen dürfte also früher, vielleicht schon im späten 12. Jahrhundert angelegt worden sein. Aus dem Sohlenbereich des Brunnens konnte neben einigen Tierknochen (u. a. der Schädel eines Rinds und ein Rinderkieferfragment; Abb. 6) eine größere Anzahl Scherben geborgen werden. Abgesehen von einigen spätslawischen Wandungs- und Randscherben (Abb. 7,1.2) fanden sich etwa 40 teils gerief te Scherben harter Grauware, u. a. ein Schulterwandungsstück mit einer kleinen polierten plastischen Leiste, kleinere Wandungsscherben mit Glättstreifen und

---

30 Typen A IV.1, A IV.2, B I.2, B I.5, B II.1 nach Biermann (2001, 218ff.; 219 Abb. 2; 221 Abb. 3).

31 Biermann 2001, 218; 219 Abb. 2.

32 So z. B. die frühslawischen Siedlungsbrunnen von Tornow-„Borchelt" (Herrmann 1973, 90; 82 Abb. 42; Taf. 5d) und Schmerzke (Biermann u. a. 1999, 222f.; 223 Abb. 4) sowie die spätslawische Anlage vom Usedomer „Mühlenberg" (Biermann 2004, 46; 46 Abb. 1).

33 Ob die Bretter der beiden nur noch einseitig verblockten Brunnenwände auch an ihren frei liegenden Enden über Einkerbungen verfügten, ließ sich aufgrund des schlechten Erhaltungszustands der Hölzer und der ungünstigen Untersuchungsbedingungen nicht klären.

34 Grabungsbericht 2005, 10.

35 Grabungsbericht 2005, 14. Abschlussbericht 2008, 19f.

36 Gutachten von Dr. K.-U. Heußner (DAI, Berlin) vom 13.09.2007 und S. Haeseler (Zentrum für Holzwirtschaft, Universität Hamburg) vom 16.02.2005.

37 Gutachten von Dr. K.-U. Heußner (DAI, Berlin) vom 13.09.2007: Buchenplanke der Ostwand (C-47121 [SN16246]) und Kieferplanke der Ostwand (C-47119 [SN16244]).

das Randstück eines engmündigen riefenverzierten Gefäßes (Abb. 7,7). In den höher liegenden Schichten der Verfüllung fanden sich neben einem wohl vorgeschichtlichen dickwandigen, unverzierten, innen geglätteten Randstück (Abb. 7,10) v. a. spätslawische Gefäßreste – gurtfurchenverzierte Wandungsscherben und mehrere Randscherben des Teterower und Vipperower Typs (Abb. 7,3–6). Hinzu traten einige blaugraue Keramikfragmente, u. a. ein Dornrand (Abb. 7,8) und ein Grapenfuß (Abb. 7,11), sowie zwei Steinzeug-Wandungsstücke.[38] Außerdem fand sich hier ein kleines Backsteinbruchstück.

Über die in der Verfüllung gefundene Keramik lässt sich das Ende der Brunnennutzung zeitlich eingrenzen. Spätslawische Keramik kommt in Vorpommern im frühstädtischen Zusammenhang gelegentlich noch bis in das spätere 13. Jahrhundert vor,[39] könnte sich darüber hinaus im ländlichen Bereich jedoch länger gehalten haben.[40] Grapen treten vereinzelt in der 2. Hälfte des 13. Jahrhunderts auf, gewinnen aber erst in der Folgezeit an Bedeutung.[41] Einzelne Schulterleisten sind seit der ersten Hälfte des 14. Jahrhunderts anzutreffen, ebenso – mit einem gewissen Vorlauf in der zweiten Hälfte des 13. Jahrhunderts – die gedornten Ränder von Krügen und Kannen.[42] Die polierten Gefäße kommen erst im 14. Jahrhundert auf. Demzufolge könnte der Brunnen bis in das fortgeschrittene 13. Jahrhundert genutzt und in den folgenden Jahrzehnten sukzessive mit Siedlungsschutt verfüllt worden sein. Eine achtzig- bis hundertjährige Nutzung wäre für einen Holzbrunnen nicht ohne Beispiel.[43]

Brunnenbefund 20

Wie die beiden anderen Anlagen zeichnete sich auch dieser Brunnen (Abb. 8) oberflächlich zunächst durch eine im Planum rund-ovale Grube (2,8 x 1,7 m) aus schwarzgrauem lehmigem Sand ab, die flach-muldenförmig eingetieft worden war. Die Schwemmschichten der Verfüllung entstanden vermutlich im Zusammenhang mit der späteren Anlage eines Grabens (Bef. 45); die Schichtung bildete sich erst nach dem Auflassen des Brunnens und füllte den über dem bereits zugeschütteten Brunnenschacht durch Setzungs-

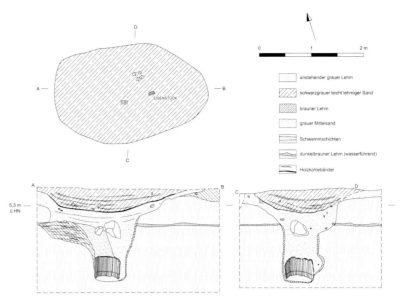

▲ *Abb. 8: Befund 20, Planum und Profile. Zeichnung: Verfasser.*

prozesse entstandenen Senkenbereich auf. Unterhalb dieser Schichtung setzte die eigentliche Brunnengrube an, die man in einem ersten Arbeitsschritt großflächig (1,6 x 1,2 m) bis in eine Tiefe von 0,7 m ausgehoben hatte. Anschließend tiefte man in der Nordostecke dieser Grube einen im Durchmesser ca. 0,6 x 0,7 m messenden Schacht ein, dessen Tiefe maximal 1,5 m betrug. In diesem Schacht fanden sich die Reste eines größeren Daubengefäßes, das als Auskleidung der unteren Brunnenkammer diente. Die sechs im Halbrund (ca. 0,45 m Dm.) stehenden, noch bis zu 1 cm dicken Eichenbretter steckten im anstehenden Boden. Sie hatten sich nur im Bereich der Staunässe bis zu einer Länge von 0,35 m erhalten, dürften ursprünglich aber länger gewesen sein. Dass es sich bei diesem Objekt tatsächlich um Reste eines Daubengefäßes handelt, belegt die etwa 8 cm oberhalb der unteren Brettenden quer verlaufende Rille, die ursprünglich den Boden aufnahm. Außerdem hatte sich im unteren Drittel des Gefäßes ein Ring aus Weidenruten erhalten, der die Dauben von außen zusammenhielt.[44]

Eine steil abfallende, mit Holzkohlebändern durchzogene sandig-lehmige Schicht im Westen der Baugrube, die sich klar gegen die späteren sandigen Füllschichten des Brunnens abhob, lässt darauf schließen, dass auch der obere Teil des Brunnens in irgendeiner Form über eine hölzerne Schachtkonstruktion verfügte, die mindestens bis zur Oberfläche reichte. Für diese könnte ein weiteres Daubengefäß verwendet worden sein, sodass beide übereinander gestellt einen brauchbaren Brunnenschacht gebildet hätten.[45] Dass sich im oberen Bereich keine Hölzer fanden, ließe sich vielleicht damit erklären, dass man geraume Zeit nach Aufgabe des Brunnens dessen oberste Hölzer aus der sandigen Verfüllung barg, um

---

38 Die beiden Steinzeugfragmente wurden nur 10 cm unterhalb der erhaltenen Befundoberkante geborgen und gehören nicht zweifelsfrei zu der eigentlichen Brunnenverfüllung. Eine weitere, in den tieferen Bereichen gefundene Steinzeugscherbe gehört passgenau zu den beiden Stücken aus dem Oberflächenbereich und dürfte demnach verlagert worden sein.

39 Schäfer 1997, 317. Ruchhöft 2008, 33; 33 Abb. 8.

40 Besonders auf Rügen, wo nur mit einer geringen Zuwanderung westlicher Siedler gerechnet wird (Fritze 1981, 143. Mangelsdorf 2002, 213f. Biermann 2010, 58), dürfte sich die traditionelle Keramik länger gehalten haben.

41 Ab Keramikhorizont C1 (um 1260/65) nach Schäfer (1997, 314; 315 Abb. 8; 322). Vgl. Schmidt 1989, 15. Biermann 2002, 220.

42 Biermann 2002, 227; 231.

43 Vgl. Biermann 2001, 239f.

44 Grabungsbericht 2005, 9.

45 Vgl. Mischkewitz 1995, 141. Frahm u. a. 1987, 507. Ansorge 2003, 203.

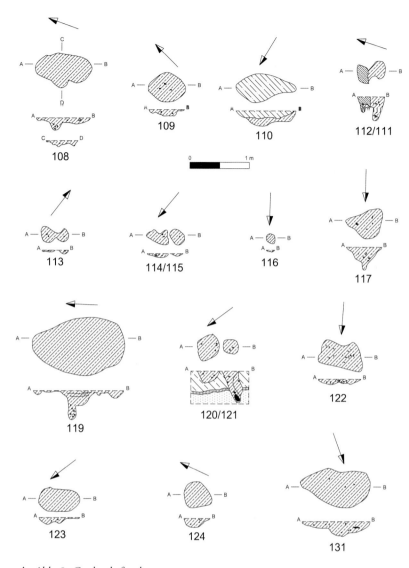

▲ Abb. 9: Grubenbefunde im Bereich der mittelalterlichen Brunnen. Zeichnung: Verfasser.

diese als Bau- oder Brennmaterial weiter zu verwenden. Dies deutet zumindest eine bis in den unteren Schacht reichende keilförmige Eingrabung an, über die man offenbar auch einen Teil der zuunterst stehenden Dauben erreicht hatte. In die letzte Brunnenverfüllung wurden teils große Feldsteine eingebracht.

Interessant ist eine dünne dunkelbraune Lehmschicht, die der Grubenwandung vornehmlich im unteren Bereich des Brunnens anhaftete und sich klar gegen den anstehenden Lehm absetzte. Mit Ton ausgekleidete Gruben sind zunächst als Wasserspeicheranlagen ohne Grundwasserzufluss anzusehen. Doch können auch die Baugruben eigentlicher Holzbrunnen derart „versiegelt" worden sein, um das oberhalb der Verkleidung in den Brunnen laufende Grundwasser vor sandigen Ausbrüchen aus den Seitenwänden zusätzlich zu schützen.[46]

Anhand des nur begrenzt erhaltenen Befundes lässt sich nicht mit letzter Sicherheit klären, welche Art von Daubengefäß hier verbaut wurde. In Anbetracht des Umfangs dürfte es sich aber – wie auch der Ausgräber vermutet – um ein Fass handeln.[47] Die Verwendung ausgedienter Fässer für den Brunnenbau besitzt eine lange Tradition. Aufgrund ihrer zylindrischen Hohlform eigneten sie sich für die Aussteifung von Schächten in besonderem Maße; sie ließen sich vergleichsweise einfach bewegen, waren in einem entsprechenden Schacht fast unbegrenzt stapelbar und ersparten das aufwendige Zimmern anderer Holzkonstruktionen. Bereits in der Römerzeit fanden alte Fässer vielfach als Brunnenschächte und -stuben Zweitverwendung.[48] Auch im frühen und hohen Mittelalter wurde eine Vielzahl von Brunnen mithilfe ausgedienter Fässer angelegt, vorwiegend in den großen Handelszentren und Frühstädten, wo diese in größerer Zahl zur Verfügung standen.[49] So wurden beispielsweise mehrere Brunnen des wikingerzeitlichen Handelsplatzes Haithabu aus 2,5 m großen Daubenfässern gebaut, die über den Fernhandel dorthin gelangt waren.[50] Auch im hochmittelalterlichen Halle a. d. Saale fand sich ein 1,6 m hohes Fass, das ohne Boden in den gewachsenen Erdboden eingegraben worden war und vermutlich als Brunnen diente.[51]

Im slawischen Siedlungsraum werden Fässer zwar immer wieder als gängige Böttchereierzeugnisse und Transportbehälter genannt,[52] doch konnten solche nur in wenigen Fällen direkt nachgewiesen werden. Bei den Funden größerer Dauben und ganzer Daubengefäße handelt es sich v. a. um Bottiche und Eimer, vorwiegend mit kleineren Durchmessern zwischen 0,15 und 0,3 m.[53] Erst für das 12./13. Jahrhundert lassen sich in großen Zentralorten an der Ostseeküste und den bedeutenden Wasserwegen kleinere Fässer nachweisen, so etwa in Danzig (Gdańsk)[54]

---

46 Mischkewitz 1995, 139f.

47 Grabungsbericht 2005, 9. Der geschätzte Durchmesser von etwa 45 cm ließe sich einer in Greifswald klassifizierten Größengruppe spätmittelalterlicher Fässer zuordnen (Klasse 1.2 nach F. Robben 2009, 170 Abb. 3 Tab. 2). Die Fässer mit 40 bis 46 cm Durchmesser erreichen Höhen von 60 bis 80 cm und Volumina zwischen 50 und 200 Litern. Auch die Daubenanzahl dieser Fassklasse (12-14) passte zu dem Plüggentiner Befund.

48 Z. B. Frahm u. a. 1987. Bauer 2009. Herzig/Berg-Hobohm 2010.

49 Biermann 2005, 155 mit weiterer Literatur.

50 Schietzel 1969, 4ff. Behre 1983, 109.

51 V. Herrmann 2001, 147. Beispiele finden sich auch für den ländlichen Bereich. In der Wüstung Damsdorf bestand der Sandfang eines in den 1230er Jahren errichteten Feldsteinbrunnens vermutlich aus Fassbrettern (Biermann 2010, 177).

52 Slawen 1985, 116. Brather 2001, 251.

53 Z. B. von den Burgen in Behren-Lübchin (Schuldt 1965, 101 Taf. 38. Slawen 1985, 117 Taf. 19a), Groß Raden (Schuldt 1985, 135 Abb. 127), Oppeln (Opole) (Gediga 1969, 127 Abb. 15. Bukowska-Gedigowa/Gediga 1986), Ostrów Lednicki (Stępnik 1996, Taf. 3.) und Danzig (Gdańsk) (Barnycz-Gupieniec 1959, 35ff.) sowie dem Gräberfeld von Lutomiersk (Nadolski u. a. 1959, 95ff. Taf. LXXIII-LXXXVIII). Die in Groß Strömkendorf gefundenen „Faßböden" (27 bzw. 32 cm Dm.) und Dauben (Wietrzichowski 1993, 40 Taf. 13a-d) könnten ebenso gut zu großen Bottichen gehört haben. Auch in Ralswiek sind nur Eimerdauben belegt (J. Herrmann 1998, 67; 68 Abb. 60; 61; 2005, 56).

54 Barnycz-Gupieniec 1959, 37ff.

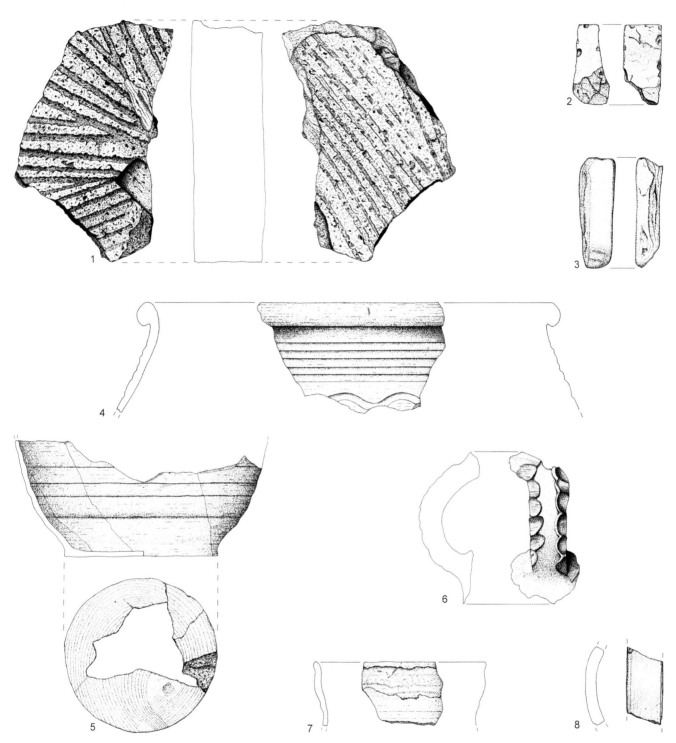

▲ Abb. 10: Kleinfunde und Keramik aus Befund 20 (1–3: Stein; 4–8: Keramik). M.1:3. Zeichnung: Verfasser.

oder Oppeln (Opole)[55]. In Mecklenburg und Pommern finden sich Fässer seit dem 13. Jahrhundert v. a. in den Gründungsstädten, wo sie sekundär zur Errichtung von Brunnen, Entwässerungs- und Sanitäranlagen verwendet wurden.[56] Der Großteil dieser Fässer wird über den Fernhandel an die Küste gelangt sein, worauf u. a. ein in Greifswald für den Bau eines Drainageschachts verwendetes Fass aus in Süddeutschland geschlagener Eiche hinweist.[57] Sollte es sich bei den Plüggentiner Dauben tatsächlich um ein Fass gehandelt haben, könnte dieses jedoch auch schon im Zuge des spätestens seit dem 12. Jahrhundert in Pommern und auf Rügen blühenden Heringhandels[58] als Salz- oder Heringsfass hierher gelangt sein.

---

[55] HOLUBOWICZ 1956, 175; 178 Abb. 71. BUKOWSKA-GEDIGOWA/GEDIGA 1986, 214; 215 Abb. 90.11-13.

[56] So z. B. als Brunnen in Greifswald (ROBBEN 2009, 180ff.), als Latrinenschächte in Pasewalk, Greifswald und Stargard (Stargard Szczeciński) (ANSORGE 1997, 143 Abb. 5; 144. ANSORGE/ERNST 1998, 140; 141 Abb. 3. KWIATKOWSKI/MAJEWSKI 2012, 36; 63 Abb. II12.b; 65 Abb. II12.d) oder als Drainagen in Kolberg (Kołobrzeg) und Rostock (POLAK 1996, 331f. RUCHHÖFT 2002, 151. KAUTE/SCHÄFER 2003, 156); vgl. hierzu ROBBEN 2009.

[57] ANSORGE 2003, 202f. Abb. 3.

[58] LECIEJEWICZ 1991, 209ff. SCHICH 2000, 99. REIMANN u. a. 2011, 212. SLAWEN 1985, 145.

Im unmittelbaren Umfeld des Brunnens wurden mehrere Gruben dokumentiert, die D. Forler als Pfostenstandspuren einer über dem Brunnen errichteten Dachkonstruktion interpretierte (Bef. 119, 120, 122, 123, 124; Abb. 9). Für das mittelalterliche Siedlungswesen konnte die Errichtung von „Brunnenhäuschen", die die Oberbauten vor Nässe und das Brunnenwasser vor Verunreinigung schützen sollten, nur vereinzelt nachgewiesen werden.[59] Die in Plüggentin gefundenen Pfostenlöcher sind nur mit Vorbehalt einer solchen Konstruktion zuzuweisen, da die Ansprache einiger Befunde als Pfostengruben fraglich ist (so die Bef. 122, 123; Abb. 9) und auch die übrigen Standspuren keinen regelmäßigen, den Brunnen zu allen Seiten umfassenden Grundriss bildeten (Abb. 4). Dennoch fällt die Konzentration kleinerer Einzel- und Doppelpfostenlöcher im Bereich zwischen den Brunnenanlagen auf, die durchaus in Zusammenhang mit der Nutzung der Brunnen stehen könnten.

Die keramischen Funde von der Sohle des Brunnens (4,18 m ü. HN) sind ausschließlich Gefäßreste blaugrauer Irdenware. Zu diesen zählen ein großes Bodenstück mit Glättstreifen auf der unteren Gefäßwandung und Draht-Abziehspuren auf der Bodenunterseite (Abb. 10). Außerdem fand sich das Randstück eines weitmündigen Topfes (32 cm Mündungsdurchmesser; Abb. 10.4) mit rundlich verdicktem Rand, der außen unterhalb der Randlippe eine kleine Kehlung bildete. Die gesamte Scherbe war mit Glättstreifen überzogen, unter dem Rand mit fünf flachen Rillen und einer Wellenlinie verziert. Des Weiteren fanden sich ein sattelförmiger Henkel, der an seinen Rändern außen mit Fingereindrücken plastisch dekoriert wurde (Abb. 10,6), und ein unverziertes, leicht deformiertes Randstück eines engmündigen Gefäßes (Abb. 10,7). Ebenfalls von der Brunnensohle stammen das Bruchstück eines beidseitig scharrierten[60] Mühlsteins aus porösem Vulkanit (Mayener Basalt?) mit einer 1,5 cm tiefen, länglich-rechteckigen Vertiefung, vermutlich für die Aufnahme eines Unterlagers[61] (Abb. 10,1), sowie ein stabförmiges Wetzsteinfragment aus Serizitquarzit (Abb. 10,3). Aus der weiteren Verfüllung des Brunnens liegen außer sechs kleinen slawischen Wandungsscherben (teils gurtfurchenverziert) mehrere blaugraue Scherben vor, darunter ein bandförmiger Henkel (Abb. 10,8). Ferner lieferte der Befund einen schwarzen, auf zwei Seiten (natürlich) beschliffenen Kiesel- oder Feuerstein (Abb. 10,2), ein kleines Flintstück und eine sehr grob gemagerte, wohl vorgeschichtliche Wandungsscherbe.

Dies ist der jüngste Brunnen von Plüggentin. Die wenigen spätslawischen Scherben, die im oberen Bereich des Brunnens gefunden wurden, dürften bei der Verfüllung aus umliegenden Schichten dorthin umgelagert worden sein. Die graue Irdenware (Variante b nach H. Schäfer), das große geglättete Standbodengefäß mit Drahtschlingenspur und die wahrscheinlich zu Letzterem gehörende, ebenfalls geglättete Randscherbe mit Wellenzier belegen eine Nutzungszeit des Brunnens vorwiegend im 14. Jahrhundert. Vermutlich wurde er nicht vor dem fortgeschrittenen 13. Jahrhundert oder um 1300 errichtet, da ein Fassbrunnen nicht allzu lang verwendbar sein dürfte und die Konstruktion ihre besten Parallelen im frühstädtischen Milieu des späten Mittelalters findet.

Fazit

Die drei in Plüggentin 9 ergrabenen Brunnen sind die ersten auf einer mittelalterlichen ländlichen Siedlung erfassten Wasserversorgungsanlagen Rügens. Sie wurden in einer kleinen Senke errichtet, wobei sich die Nachfolgebauten jeweils in unmittelbarer Nähe zu ihrem Vorgänger befanden. Die wasserführenden Schichten verliefen hier oberflächennah, sodass die Brunnen nur bis in geringe Tiefen (1,3 bis 1,7 m) eingegraben werden mussten. Die im Bereich zwischen den Brunnen entdeckten Pfostenlöcher könnten mit der Brunnennutzung in Zusammenhang gestanden haben, doch ließ sich die Annahme, hier seien Schutzhäuschen und Schöpfanlagen vorhanden gewesen, nicht sicher bestätigen.

Dennoch illustrieren die Brunnen die Entwicklung der Wasserversorgung über einen Zeitraum von etwa 120 Jahren. Dabei werden Stetigkeiten und Veränderungen hinsichtlich der Konstruktion, Bauweise und Abteufungstechnik der Brunnen deutlich, die im Hinblick auf den in der Slawenzeit noch ganz unüblichen Fassbrunnen auch eine technisch-chronologische Entwicklung veranschaulichen.

Die drei Brunnen sind im Kontext der Plüggentiner Siedlungsbefunde auch für die Siedlungs- und die Wirtschaftsgeschichte Rügens interessant. Sie belegen eine kontinuierliche Nutzung des Siedlungsplatzes von der spätslawischen bis in die frühdeutsche Zeit. Dabei dürften sie ausweislich der in den Brunnenverfüllungen eingelagerten keramischen Funde nacheinander errichtet worden sein. Der älteste Brunnen

---

[59] Biermann 2005, 164 Anm. 27. Auch für den slawischen Brunnenbau wird die Errichtung von Brunnenhäusern teils erwogen (z. B. Wetzel 1985, 41). Direkte Nachweise sind jedoch selten, so beispielsweise bei einer in den anstehenden Fels geschlagenen Zisterne auf dem früh- bis hochmittelalterlichen Burgwall von Nieda (Niedów) in Niederschlesien, welche fünf entlang der Grubenwandung eingehauene Löcher aufwies, die für Pfosten „einer schützenden Konstruktion des Speichers" gedient haben sollen (Śledzik-Kamińska 1988, 109 [Zitat]; 110 Abb. 2. Vgl. Biermann 2001, 233).

[60] Eine Form der Oberflächenbehandlung von Mühlsteinen (v. a. solcher aus Basalt) für einen besseren Mahlvorgang, bei welcher Rillen – meist radial von Achsloch zum Rand führend – in die Mahlflächen eingekerbt werden (Schön 1995, 39).

[61] Schön 1995, 19; 75.

(Bef. 44) – eine in spätslawischer Zeit gängige Kastenkonstruktion – wurde im 12. Jahrhundert von einer kleinen Siedlergemeinschaft angelegt, die im Zuge des bereits in spätslawischer Zeit einsetzenden Landesausbaus auf Rügen einen Hang an der Niederung des Sehrowbaches besetzte. Ein weiterer, ebenfalls in Blockbauweise errichteter Brunnen (Bef. 107) wurde vermutlich am Ende des 12. Jahrhunderts in unmittelbarer Nähe des Vorgängerbaus errichtet. Dieser war zu Beginn des 13. Jahrhunderts mithilfe senkrecht eingeschlagener Spaltbohlen repariert und dann bis in die zweite Hälfte des 13. Jahrhunderts genutzt worden. Eine letzte Brunnenanlage (Bef. 20), wohl aus zwei übereinander stehenden Daubenfässern kon-struiert, bestand vom fortgeschrittenen 13. bis in das 14. Jahrhundert. Da der Siedlungsplatz dann wüst fiel, gab man auch diesen Brunnen auf und errichtete keinen neuen mehr.

Während der erste Kastenbrunnen noch zur spätslawischen Siedlung gehörte, kann der Fassbrunnen sicher mit dem spätmittelalterlichen Weiler oder Einzelgehöft verknüpft werden; der Brunnen 107 steht zwischen diesen beiden Siedlungsformen und -phasen. Er zeigt die stetige Nutzung des Platzes von der spätslawischen bis in die frühdeutsche Zeit an. So bieten die Brunnen- und Siedlungsobjekte von Plüggentin einen bemerkenswerten Einblick in die Geschichte einer Siedlung auf Rügen im Übergang vom hohen zum späten Mittelalter, die exemplarisch für jene Transformationsphase auf Rügen sein dürfte. Das Siedlungsgeschehen war hier eher von Kontinuität geprägt als von scharfen Brüchen, wie wir sie in anderen Ostsiedlungsregionen beobachten: Vielfach wurden in jener Zeit neue und oft planvoll strukturierte Dörfer angelegt, während die spätslawischen Siedlungen untergingen.[62] Die eher von Stetigkeit gekennzeichnete Entwicklung auf Rügen hängt mit der geringen Zuwanderung auf die Insel im 13. Jahrhundert zusammen, die auch aus historischen und siedlungsgeographischen Studien hervorgeht.[63] Seit den 1220er/30er Jahren wurden im Fürstentum Rügen deutsche Zuwanderer zwar in den Festlandgebieten, jedoch anscheinend kaum auf der Insel angesiedelt.[64] Dass der Zug der Zeit Rügen dennoch erfasste, zeigen die deutlichen Wandlungen in der Struktur des Wohnplatzes, der sich von einer lockeren spätslawischen Reihen- und Blockbausiedlung zu einem Gehöft oder Weiler mit Einhegung und Pfostenhäusern entwickelte.

Das Fass in einem Brunnen aus ländlichem Kontext ist darüber hinaus sehr bemerkenswert. Importierte Daubenfässer sind in Mecklenburg und Pommern seit der 2. Hälfte des 13. Jahrhunderts für wassertechnische und sanitäre Anlagen (Brunnen, Drainagen, Latrinen) genutzt worden, jedoch in der Regel nur in den Städten. Dort wurden diese Behältnisse nicht nur produziert, sondern waren auch als Emballage für verschiedene Handelswaren gängig. Im ländlichen Brunnenbau spielen Fässer auch anderswo eine nur geringe Rolle.[65] Dass nun gerade auf Rügen in einer ländlichen Siedlung ein Fassbrunnen entdeckt wurde, ist gewiss kein Zufall. Seit der spätslawischen Periode und bis weit in die Hansezeit war auf Rügen der Heringshandel von großer ökonomischer Relevanz, in dessen Rahmen Fässer als Container für eingesalzenen Fisch in erheblichen Mengen verwendet wurden. Es liegt nahe, dass der Plüggentiner Brunnen aus solchen ausrangierten Fässern erbaut worden ist – ein Indiz für die Bedeutung des Heringshandels auf der Insel an letztlich überraschender Stelle.[66]

Literatur

ABSCHLUSSBERICHT 2008

J.-P. Schmidt, U. M. Meier, VKE 2851/52 Bergen – Altefähr und VKE 2861 Strelasundquerung. Abschlussbericht zu den archäologischen Untersuchungen im Verlauf der Bundesstraße B 96n (Rügenzubringer). Schwerin 2008. Unpubl.

ANSORGE 1997

J. Ansorge, Archäologische Untersuchungen im Stadtkern von Pasewalk (Marktstraße). Archäologische Berichte aus Mecklenburg-Vorpommern 4, 1997, 137–148.

ANSORGE 2003

J. Ansorge, Die Domburg in Greifswald. Archäologische Berichte aus Mecklenburg-Vorpommern 10, 2003, 194–220.

ANSORGE/ERNST 1998

J. Ansorge, B. Ernst, Skandinavische Specksteinobjekte des 13. Jh. aus der Greifswalder Altstadt. Archäologische Berichte aus Mecklenburg-Vorpommern 5, 1998, 136–149.

BARNYCZ-GUPIENIEC 1959

R. Barnycz-Gupieniec, Naczynia drewniane z Gdańska w X–XIII wieku. Acta Archaeologica Universitatis Lodziensis 8. Łódź 1959.

BAUER 2009

S. Bauer, Vom Großbetrieb zur kleinen Werkstatt – der Strukturwandel im römischen Küferhandwerk aus dendroarchäologischer Sicht. Mainzer Archäologische Zeitschrift 8, 2009, 21–40.

BEHRE 1983

K.-E. Behre, Ernährung und Umwelt der wikingerzeitlichen Siedlung Haithabu. Die Ergebnisse der Untersuchungen der Pflanzenreste. Neumünster 1983.

BIERMANN 2001

F. Biermann, Der Brunnenbau des 7./8. bis 11./12. Jahrhunderts bei den nördlichen Westslawen (Polen und Ostdeutschland). Ethnographisch-Archäologische Zeitschrift

---

62 BIERMANN 2010, 98; 345.
63 FRITZE 1981, 143.
64 FRITZE 1981, 144. BIERMANN 2010, 57.
65 BIERMANN 2005, 155.
66 Plüggentin liegt etwa 5 km östlich des für den Stralsunder Heringshandel wichtigen mittelalterlichen Landwegs, der über Rambin und Gingst zu den Vitten der Halbinsel Wittow im Norden Rügens führte (REIMANN u. a. 2011, 37ff.; 38 Abb. 5).

42, 2001, 211–264.

Biermann 2002

F. Biermann, Die mittelalterliche Keramik der Ausgrabung Altstädtische Fischerstraße 5–6 zu Brandenburg an der Havel. Veröffentlichungen des Brandenburgischen Landesmuseums für Ur- u. Frühgeschichte 33 (1999), 2002, 179–268.

Biermann 2004

F. Biermann, Ein spätslawischer Brunnen vom Usedomer „Mühlenberg" und seine Parallelen. Archäologische Berichte aus Mecklenburg-Vorpommern 11, 2004, 45–51.

Biermann 2005

F. Biermann, Brunnen im mittelalterlichen ländlichen Siedlungswesen in Deutschland: ein Überblick. In: J. Klápště (Hrsg.), Water Management in Medieval Rural Economy. Památky Archeologické - Supplementum 17, Ruralia V. Prag 2005, 152–173.

Biermann 2010

F. Biermann, Archäologische Studien zum Dorf der Ostsiedlungszeit. Die Wüstungen Miltendorf und Damsdorf in Brandenburg und das ländliche Siedlungswesen des 12. bis 15. Jahrhunderts in Ostmitteleuropa. Forschungen zur Archäologie im Land Brandenburg 12. Wünsdorf 2010.

Biermann 2012

F. Biermann, Die Wasserversorgung slawischer Siedlungen im frühen und hohen Mittelalter. In: F. Klimscha, R. Eichmann, C. Schuler, H. Fahlbusch (Hrsg.), Wasserwirtschaftliche Innovationen im archäologischen Kontext. Von den prähistorischen Anfängen bis zu den Metropolen der Antike. Rahden/Westf. 2012, 93–100.

Biermann u. a. 1999

F. Biermann, S. Dalitz, K.-U. Heußner, Der Brunnen von Schmerzke, Stadt Brandenburg a. d. Havel, und die absolute Chronologie der frühslawischen Besiedlung im nordostdeutschen Raum. Prähistorische Zeitschrift 74, 1999, 219–243.

Brandt 2009

J. Brandt, Kontinuität zwischen den Fronten – Ein slawischer Adelssitz und sein Fortleben in frühdeutscher Zeit bei Wodarg, Lkr. Demmin. In: H. Jöns, F. Lüth (Hrsg.), Die Autobahn A20 – Norddeutschlands längste Ausgrabung. Archäologische Forschungen auf der Trasse zwischen Lübeck und Stettin. Schwerin 2005, 199–202.

Brather 2001

S. Brather, Archäologie der westlichen Slawen. Siedlung, Wirtschaft und Gesellschaft im früh- und hochmittelalterlichen Ostmitteleuropa. Berlin, New York 2001.

Bukowska-Gedigowa/Gediga 1986

J. Bukowska-Gedigowa, B. Gediga, Wczesnośredniowieczny gród na Ostrówku w Opolu. Polskie Badania Archeologiczne 25. Wrocław 1986.

Corpus 1979

J. Herrmann, P. Donat (Hrsg.), Corpus archäologischer Quellen zur Frühgeschichte auf dem Gebiet der Deutschen Demokratischen Republik (7. bis 12. Jahrhundert). 2. Lieferung. Berlin 1979.

Donat 2005

P. Donat, Zum städtischen und ländlichen Hausbau des 12. bis 15. Jh. in Deutschland – Forschungsprobleme regionaler Entwicklung. In: F. Biermann, G. Mangelsdorf (Hrsg.), Die bäuerliche Ostsiedlung des Mittelalters in Nordostdeutschland. Untersuchungen zum Landesausbau des 12. bis 14. Jahrhunderts im ländlichen Raum. Greifswalder Mitteilungen. Beiträge zur Ur- und Frühgeschichte und Mittelalterarchäologie 7. Frankfurt/M. 2005, 39–67.

Duchniewski 2006

B. Duchniewski, Slawische Brunnen von Alt Stassow, Wendisch-Baggendorf und Wackerow. Archäologische Berichte aus Mecklenburg-Vorpommern 13, 2006, 54–64.

Frahm u. a. 1987

J.-P. Frahm, H. Friedrich, K. H. Knörzer, H.-W. Rehagen, K. Rehnelt, C. Reichmann, Die Umwelt eines römischen Brunnens, erschlossen durch archäologische und naturwissenschaftliche Analysen des Brunnensediments. Bonner Jahrbücher 187, 1987, 505–538.

Frey 2011

K. Frey, Die Wüstung Zwinrowe bei Gützkow und der Wandel des Siedlungswesens im hoch- und spätmittelalterlichen Vorpommern. In: F. Biermann (Hrsg.), Der Peeneraum zwischen Frühgeschichte und Mittelalter. Archäologische Beiträge zur Siedlungs- und Wirtschaftsgeschichte des 8. bis 14. Jahrhunderts. Studien zur Archäologie Europas 16. Bonn 2011, 309–347.

Fritze 1981

W. H. Fritze, Die Agrar- und Verwaltungsreform auf der Insel Rügen um 1300. In: W. H. Fritze (Hrsg.), Germania Slavica II. Berliner Historische Studien 4. Berlin 1981, 143–186.

Gediga 1969

B. Gediga, Początki i rozwój wczesnośredniowiecznego ośrodka miejskiego na Ostrówku w Opolu. Slavia Antiqua 16, 1969, 105–144.

Gossler 1998

N. Goßler, Untersuchungen zur Formenkunde und Chronologie mittelalterlicher Stachelsporen in Deutschland (10.-14. Jahrhundert). Bericht der Römisch-Germanischen Kommission 79, 1998, 479–644.

Gossler 2011

N. Goßler, Reiter und Ritter. Formenkunde, Chronologie, Verwendung und gesellschaftliche Bedeutung des mittelalterlichen Reitzubehörs aus Deutschland. Beiträge zur Ur- und Frühgeschichte Mecklenburg-Vorpommerns 49. Schwerin 2011.

Grabungsbericht 2005

D. Forler, Grabungsbericht: Plüggentin, Lkr. Rügen, Fundplatz 9. Baukilometer 6+510 – 6+620. Schwerin 2005. Unpubliziert.

Grewe 1991

K. Grewe, Wasserversorgung und -entsorgung im Mittelalter – ein technikgeschichtlicher Überblick. In: Frontinus-Gesellschaft e.V. (Hrsg.), Die Wasserversorgung im Mittelalter. Geschichte der Wasserversorgung 4. Mainz am Rhein 1991, 9–86.

Hass 2009

S. Haß, Ein Dorf im Umbruch – Die Wüstung von Altefähr, Lkr. Rügen. In: D. Jantzen, E. Prync-Pommerencke (Hrsg.), Archäologische Entdeckungen in Mecklenburg-Vorpommern. Kulturlandschaft zwischen Recknitz und Oderhaff. Schwerin 2009, 217–218.

HERFERT 1964a
P. Herfert, Neolithische Siedlungsfunde von Volsvitz, Kr. Rügen. Ausgrabungen und Funde 9/4, 1964, 183–188.

HERFERT 1964b
P. Herfert, Ein mittelslawischer Hausgrundriß von Varbelvitz, Kr. Rügen. Ausgrabungen und Funde 9/4, 1964, 204–209.

J. HERRMANN 1973
J. Herrmann, Die germanischen und slawischen Siedlungen und das mittelalterliche Dorf von Tornow, Kr. Calau. Schriften zur Ur- und Frühgeschichte 26. Berlin 1973.

J. HERRMANN 1997
J. Herrmann, Ralswiek auf Rügen. Die slawisch-wikingischen Siedlungen und deren Hinterland. Teil I – Die Hauptsiedlung. Beiträge zur Ur- und Frühgeschichte Mecklenburg-Vorpommerns 32. Lübstorf 1997.

J. HERRMANN 1998
J. Herrmann, Ralswiek auf Rügen. Die slawisch-wikingischen Siedlungen und deren Hinterland. Teil II – Kultplatz, Boot 4, Hof, Propstei, Mühlenberg, Schloßberg und Rugard. Beiträge zur Ur- und Frühgeschichte Mecklenburg-Vorpommerns 33. Lübstorf 1998.

J. HERRMANN 2005
J. Herrmann, Ralswiek auf Rügen. Die slawisch-wikingischen Siedlungen und deren Hinterland. Teil III – Die Funde aus der Hauptsiedlung. Beiträge zur Ur- und Frühgeschichte Mecklenburg-Vorpommerns 37. Schwerin 2005.

V. HERRMANN 2001
V. Herrmann, Die Entwicklung von Halle (Saale) im frühen und hohen Mittelalter. Topographie und Siedlungsentwicklung im heutigen Stadtgebiet von Halle (Saale) vom 7. bis zur Mitte des 12. Jahrhunderts aus archäologischer Sicht. Halle/S. 2001.

HERZIG/BERG-HOBOHM 2010
F. Herzig, S. Berg-Hobohm, Römische Fass- und Kastenbrunnen im Vicus von Munningen. Ausgrabungen im Bereich der neuen Ortsumfahrung. Denkmalpflege Informationen, Ausgabe B, 145, 2010, 11–13.

HOŁUBOWICZ 1956
W. Hołubowicz, Opole w wiekach X-XII. Katowice 1956.

KAUTE/SCHÄFER 2003
P. Kaute, H. Schäfer, Die Ausgrabung auf den Parzellen Altschmiedestraße 18 bis 20 in der Hansestadt Rostock. Archäologische Berichte aus Mecklenburg-Vorpommern 10, 2003, 153–163.

KWIATKOWSKI/MAJEWSKI 2012
K. Kwiatkowski, M. Majewski, II. Struktura przestrzenna i społeczna. In: Karol Kwiatkowski (red.), Archeologia Stargardu. Badania zachodniej części kwartału V. Archeologia Stargardu I. Stargard 2012, 33–86.

LECIEJEWICZ 1991
L. Leciejewicz, Zum frühmittelalterlichen Heringshandel im südlichen Ostseegebiet. Zeitschrift für Archäologie 25, 1991, 209–214.

LEUBE 1964
A. Leube, Slawische Siedlungsfunde von Garftitz, Kr. Rügen. Ausgrabungen und Funde 9:4, 1964, 212–215.

MANGELSDORF 2002
G. Mangelsdorf, Zur Frage einer dänischen Siedeltätigkeit während des 12./13. Jahrhunderts in Vorpommern. In: P. Ettel, R. Friedrich, W. Schier (Hrsg.), Interdisziplinäre Beiträge zur Siedlungsarchäologie [Gedenkschrift W. Janssen]. Studia Honoraria 17. Rahden/Westf. 2002, 213–219.

MISCHKEWITZ 1995
F. Mischkewitz, Wasserversorgung und Brunnenanlagen; Möglichkeiten und Systematisierung. Archäologische Berichte aus Mecklenburg-Vorpommern 2, 1995, 134–147.

VON MÜLLER 1991
A. von Müller, Siedlung am Machnower Krummen Fenn in Zehlendorf. In: A. Kerndʼl (Bearb.), Berlin und Umgebung. Führer zu archäologischen Denkmälern in Deutschland 23. Stuttgart 1991, 124–128.

NADOLSKI u. a. 1959
A. Nadolski, A. Abramowicz, T. Poklewski, Cmentarzysko z XI wieku w Lutomiersku pod Łodzią. Łódź 1959.

POLAK 1996
Z. Polak, XI. Przedmioty wykonane z drewna. In: M. Rębkowski (red.), Archeologia średniowiecznego Kołobrzegu. Tom 1. Badania przy ul. Ratuszowej 9-13. Kołobrzeg 1996, 331–336.

REIMANN u. a. 2011
H. Reimann, F. Ruchhöft, C. Willich, Rügen im Mittelalter. Eine interdisziplinäre Studie zur mittelalterlichen Besiedlung auf Rügen. Forschungen zur Geschichte und Kultur des östlichen Mitteleuropa 36. Stuttgart 2011.

ROBBEN 2009
F. Robben, Mittelalterliche Fässer aus der Hansestadt Greifswald: Ein Beitrag zur Alltags- und Wirtschaftsgeschichte. Bodendenkmalpflege in Mecklenburg-Vorpommern 56, Jahrbuch 2008, 2009, 157–189.

RUCHHÖFT 2002
F. Ruchhöft, Drainagen in Rostocker Hauskellern. Archäologische Berichte aus Mecklenburg-Vorpommern 9, 2002, 151–156.

RUCHHÖFT 2005
F. Ruchhöft, Die Siedlungsformen in Mecklenburg-Vorpommern als siedlungsgeschichtliche Quellen. In: F. Biermann, G. Mangelsdorf (Hrsg.), Die bäuerliche Ostsiedlung des Mittelalters in Nordostdeutschland. Untersuchungen zum Landesausbau des 12. bis 14. Jahrhunderts im ländlichen Raum. Greifswalder Mitteilungen. Beiträge zur Ur- und Frühgeschichte und Mittelalterarchäologie 7. Frankfurt am Main 2005, 193–201.

RUCHHÖFT 2008
F. Ruchhöft, Vom slawischen Stammesgebiet zur deutschen Vogtei. Die Entwicklung der Territorien in Ostholstein, Lauenburg, Mecklenburg und Vorpommern im Mittelalter. Archäologie und Geschichte im Ostseeraum 4. Rahden/Westf. 2008.

RUCHHÖFT 2009
F. Ruchhöft, Von Holzhütten, Brunnen und Einzelhöfen – Ländliches Leben der Slawen. In: D. Jantzen, E. Prync-Pommerencke (Hrsg.), Archäologische Entdeckungen in Mecklenburg-Vorpommern. Kulturlandschaft zwischen Recknitz und Oderhaff. Schwerin 2009, 145–148.

SAALOW/SCHMIDT 2009
L. Saalow, J.-P. Schmidt, Mehr als nur Gruben und Scherben – Die bronzezeitlichen Neufunde beim Bau der Bundesstraße B 96n auf Rügen. In: D. Jantzen, E. Prync-Pommerencke (Hrsg.), Archäologische Entdeckungen in

Mecklenburg-Vorpommern. Kulturlandschaft zwischen Recknitz und Oderhaff. Schwerin 2009, 69–80.

SCHAAKE 2005

K. Schaake, Die Rekonstruktion eines mittelalterlichen Holzkastenbrunnens in Greifswald. Experimentelle Archäologie in Europa. Bilanz 2005, 2005, 59–67.

SCHÄFER 1997

H. Schäfer, Zur Keramik des 13. bis 15. Jahrhunderts in Mecklenburg-Vorpommern. Bodendenkmalpflege in Mecklenburg-Vorpommern 44, Jahrbuch 1996, 1997, 297–335.

SCHICH 2000

W. Schich, Die Rolle der Salzgewinnung in der Wirtschaftsentwicklung der Ostseeslawen. In: L. Leciejewicz, M. Rębkowski (red.), Salsa Cholbergiensis. Kołobrzeg w średniowieczu. Kołobrzeg 2000, 95–107.

SCHIETZEL 1969

K. Schietzel, Die archäologischen Befunde der Ausgrabung Haithabu 1963-1964. In: K. Schietzel (Hrsg.), Berichte über die Ausgrabungen in Haithabu 1. Neumünster 1969, 10–59.

SCHMIDT 1976

V. Schmidt, Slawische Brunnen im Bezirk Neubrandenburg. Bodendenkmalpflege in Mecklenburg, Jahrbuch 1975, 1976, 269–284.

SCHMIDT 1989

V. Schmidt, Das mittelalterliche Töpferhandwerk in Neubrandenburg. Neubrandenburg 1989.

SCHÖN 1995

V. Schön, Die Mühlsteine von Haithabu und Schleswig. Ein Beitrag zur Entwicklungsgeschichte des mittelalterlichen Mühlenwesens in Nordwesteuropa. Berichte über die Ausgrabungen in Haithabu 31. Neumünster 1995.

SCHULDT 1956

E. Schuldt, Die slawische Keramik in Mecklenburg. Schriften der Sektion für Vor- und Frühgeschichte 5. Berlin 1956.

SCHULDT 1965

E. Schuldt, Behren-Lübchin. Eine spätslawische Burganlage in Mecklenburg. Berlin 1965.

SCHULDT 1985

E. Schuldt, Groß Raden. Ein slawischer Tempelort des 9./10. Jahrhunderts in Mecklenburg. Schriften der Sektion für Vor- und Frühgeschichte 39. Berlin 1985.

SLAWEN 1985

J. Herrmann (Hrsg.), Die Slawen in Deutschland. Geschichte und Kultur der slawischen Stämme westlich von Oder und Neiße vom 6. bis 12. Jahrhundert. Ein Handbuch. Berlin 1985.

ŚLEDZIK-KAMIŃSKA 1988

H. Śledzik-Kamińska, Wyniki badań na grodzisku nr 1 w Niedowie, gm. Zgorzelec. Śląskie Sprawozdania Archeologiczne 30, 1988, 107–115.

STĘPNIK 1996

T. Stępnik, Średniowieczne wyroby drewniane z Ostrowa Lednickiego – analiza surowcowa. Studia Lednickie IV, 1996, 261–296.

WETZEL 1985

G. Wetzel, Die archäologischen Untersuchungen in den Gemarkungen Schönfeld und Seese, Kr. Calau. Beiträge zur Ur- und Frühgeschichte der Niederlausitz. Veröffentlichungen des Museums für Ur- u. Frühgeschichte Potsdam 19. Berlin 1985, 13–117.

WIETRZICHOWSKI 1993

F. Wietrzichowski, Untersuchungen zu den Anfängen des frühmittelalterlichen Seehandels im südlichen Ostseeraum unter besonderer Berücksichtigung der Grabungsergebnisse von Groß Strömkendorf. Wismarer Studien zur Archäologie und Geschichte 3. Wismar 1993.

Wohnen unter einem Dach? Zum Verhältnis von Slawen und Deutschen der Ostsiedlungszeit am Beispiel der aktuellen Ausgrabungen in Hitzacker/Elbe

von Dorothea Feiner

Einleitung

Das Hannoversche Wendland im Nordosten von Niedersachsen bildet schon seit langem einen Schwerpunkt in der Forschungstätigkeit des Jubilars Prof. Dr. Willroth.[1] Im Westen bietet der Endmoränenzug Drawehn eine natürliche Begrenzung des Hannoverschen Wendlandes, im Norden reicht es bis an die breite Elbniederung. Der Siedlungsplatz am Hitzacker-See liegt südlich der Stadt Hitzacker auf einer der niederen Geest vorgelagerten Terrasse am westlichen Ufer der Jeetzelniederung. Der Harlinger Bach, ein Jeetzelzufluss, teilt das Plateau der Terrasse in zwei Bereiche (Abb. 1). Heute mündet hier die Jeetzel in die Elbe, vor der Eindeichung des Hauptstromes war der heutige Jeetzellauf sicher einer der Nebenarme der Elbe.[2] Schon seit der Jungsteinzeit war die Siedlungskammer am Fuße des Weinbergs ein beliebter Siedlungsplatz.[3] Die Besiedlungsschwerpunkte liegen jedoch vor allem in der jüngeren Bronzezeit und im slawisch-deutschen Mittelalter, beides Epochen, zu deren Erforschung der Jubilar im Laufe seines Berufslebens wesentlich beigetragen hat. Die Ergebnisse der Ausgrabungen der Jahre 1968–1994[4] deuten darauf hin, dass sich die urgeschichtliche Besiedlung um den Harlinger Bach konzentrierte, während sich die mittelalterliche Besiedlung im Laufe der Zeit in Richtung der nordwestlich gelegenen sog. Stadtinsel verlagerte.[5] Das Siedlungsareal am Hitzacker See wurde um die Mitte des 13. Jahrhunderts verlassen, als im Zusammenhang mit der Stadtgründung um das Jahr 1258 eine Siedlungsverlegung auf die Stadtinsel vorgenommen wurde.[6] Eine weitere Bebauung des Geländes fand nicht statt, da es spätestens seit dem 14. Jahrhundert wegen der Elbeindeichung hochwassergefährdet war. Es wurde seither nur noch als Gartenland genutzt.[7]

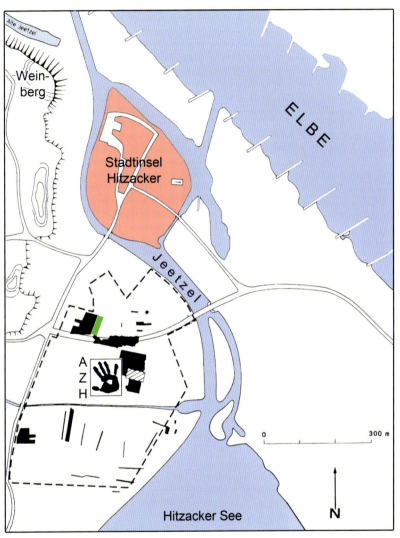

▲ Abb. 1: Hitzacker an der Elbe. Lageplan der archäologisch untersuchten Flächen im Grabungsschutzgebiet (gestrichelte Linie) am Hitzacker See. Grün: Grabungsschnitt im Frühjahr 2012. Grafik: Verfasserin (nach SOMMERFELD 1992).

Die besondere Bedeutung der Fundstelle auf Grund der hier vorhandenen Fülle gut erhaltener ur- und frühgeschichtlicher Befunde führte dazu, dass das gesamte Gebiet am Hitzacker-See 1987 von der Bezirksregierung Lüneburg als Grabungsschutzgebiet ausgewiesen wurde.[8]

Dies war letztlich ausschlaggebend dafür, dass 2012 im nördlichen Bereich des Grabungsschutzgebietes eine weitere archäologische Ausgrabung als Voruntersuchung für ein Bauvorhaben stattfand. Der Netto-Markt (ehemals Plus-Markt), dessen Bau die Ausgrabungen 1991/92 in „Lanke-Gärten" erforderlich gemacht hatte, sollte nun vergrößert und das Parkplatzgelände nach

---

1 Z. B. WILLROTH 2000; 2007. Vgl. das Schriftenverzeichnis in diesem Band.
2 Genauer bei ASSENDORP 1994 und LINNEMANN 2011, 148 mit weiterer Literatur.
3 VOSS 1969, 48. HARCK 1972a/b. ASSENDORP 1994.
4 Der Fundplatz wurde 1968 durch Bauarbeiten am Hitzacker-See entdeckt (ASSENDORP 1994, 83) und wurde im Folgenden in mehreren Flächen und Sondagen archäologisch untersucht (VOSS 1969. LÜDTKE 1980; 1981. ASSENDORP 1991b. NIKULKA 1991a. SOMMERFELD 1992. Zusammenfassend ASSENDORP 1994. LINNEMANN 2011, 150 Tab. 1.)
5 LÜDTKE 1981, 85. Zusammenfassend LINNEMANN 2011, 150.
6 WACHTER 1998, 24; 142. Ausführlich bei KÜNTZEL 2010, 5.
7 VOSS 1969, 50. LÜDTKE 1980, 147–148. Allgemeiner zum Deichbau für den südlicheren Bereich rund um den Höhbeck PUDELKO 1979, 75. Die Gartennutzung ist bereits auf der Kurhannoverschen Landesaufnahme 1776, Blatt 75 eingezeichnet.
8 ASSENDORP 1997, 51–52. LINNEMANN 2011, 151.

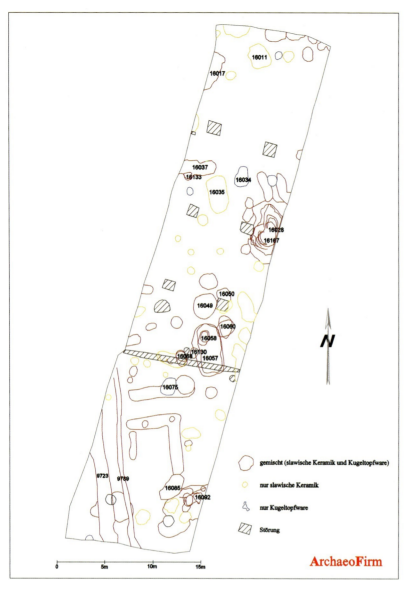

▲ Abb. 2: Hitzacker, Fpl. 10. Grabungsplan mit den mittelalterlichen Befunden. Grafik: Verfasserin und A. Blank, ArchaeoFirm.

Osten erweitert werden. So konnte eine 600 m² große Fläche archäologisch untersucht werden, die direkt östlich an die seinerzeit untersuchte Fläche „Lanke-Gärten" anschließt. Die Ausgrabung wurde als Kooperation des Niedersächsischen Landesamtes für Denkmalpflege (Außenstelle Lüneburg), des Seminars für Ur- und Frühgeschichte der Georg-August-Universität Göttingen[9] und der Grabungsfirma ArchaeoFirm Poremba & Kunze GbR Hannover-Isernhagen durchgeführt.

Die Grabung im Frühjahr 2012

Die durch das Baugrundstück vorgegebene Grabungsfläche orientierte sich an der Parzellierung der Grundstücke und wurde mit ca. 50 x 12 m entlang des bereits vorhandenen Nettomarkt-Parkplatzes angelegt. Die ursprünglich geplante geomagnetische Prospektion im Vorfeld der Grabung wurde durch die starke Kontamination des Oberbodens mit neuzeitlichem Müll unmöglich gemacht. Die Detektorbegehung wurde erheblich erschwert, dennoch konnten einige Münzen, Messer, Messerscheidenbeschläge sowie weitere Beschlagteile und Blechfragmente geborgen werden, die der mittelalterlichen Besiedlung des Platzes zugeordnet werden können. Daneben hatte die Gartennutzung auch die tiefgreifende Störung der archäologischen Schichten im oberen Bereich zur Folge. Das betraf vor allem die mittelalterliche Kulturschicht, das Standardprofil zeigt einen ca. 80 cm mächtigen, gestörten Oberboden.[10] Darunter sind in der Regel nur noch einige Zentimeter (max. 10 cm) der mittelalterlichen Kulturschicht erhalten, die wiederum die ca. 40 cm mächtige bronzezeitliche Kulturschicht überdeckt, in und durch die hindurch die mittelalterlichen Befunde eingetieft wurden. Unter der bronzezeitlichen Kulturschicht liegt der anstehende Sand.[11] Insgesamt wurden 148 archäologische Befunde ausgegraben und dokumentiert, davon waren 66 bronzezeitlich oder urgeschichtlich und 82 mittelalterlich. In den meisten Fällen handelte es sich um einfache rundliche Gruben ohne klar zuweisbare Funktion.[12] Vier Befunde zogen in die westliche Grabungsgrenze und konnten als Fortsetzung bereits bekannter Befunde aus der direkt anschließenden Grabungsfläche erkannt werden, die 1991/1992 untersucht worden war. Wegen dieser zwei Gräben (Befund 9.723 und Befund 9.789), die parallel zueinander schräg durch die Fläche verliefen (Abb. 2) und nicht zuletzt aufgrund des modernen Drainagegrabens, der bei 35 m S in O-W-Richtung über die Fläche verlief und in der Fläche von 1991/1992 ebenfalls zu sehen war, gelang die eindeutige Aneinanderpassung des damaligen Grabungsplanes mit dem des aktuellen Schnittes von 2012, und auf diese Weise nachträglich seine Einhängung in ein amtliches Koordinatensystem (Gauß-Krüger).

Die urgeschichtliche Besiedlung

Den frühesten Nachweis der Anwesenheit von Menschen auf dem Siedlungsareal am Hitzacker-See bilden vereinzelte Funde aus der Steinzeit. So sind die ältesten 2012 geborgenen Keramikfragmente Scherben der Trichterbecherkultur, die durch ihre Verzierung in Furchenstichtechnik der jungsteinzeitlichen altmärkischen Tiefstichkeramik dem 4. Jahrtausend v. Chr. zugeordnet werden können.[13] Besiedlungsspuren lassen sich kontinuierlich bis in die jüngere Bronzezeit nachweisen, wobei die Funde der mittleren Bronze-

---

9 Ich danke Herrn Prof. Willroth an dieser Stelle ausdrücklich für das in mich gesetzte Vertrauen, als er mir die Grabungsleitung übertrug.

10 Vgl. dazu das schematische Standardprofil zur Stratigraphie des Fundplatzes bei LINNEMANN 2011, 153 Abb. 2.

11 Zu den Profilbeschreibungen vgl. auch LÜDTKE 1980, 134f.

12 Vgl. zur Funktion der bronzezeitlichen Siedlungsgruben den Beitrag von J. ASSENDORP in diesem Band.

13 LAUX 1979, 72–80. PREUSS 1980, 34; 37 Abb. 3; 39 Abb. 27. ASSENDORP 1994, 85–86.

zeit sehr spärlich sind. Aus der älteren Bronzezeit kamen mehrere Scherben zutage, die von ihrer Machart und dem Gefäßdurchmesser als Riesenbecher der älteren Bronzezeit angesprochen werden können.[14] Es wurden 2012 keine Hausgrundrisse mit Pfostenstellungen und Wandgräbchen entdeckt, wie sie aus früheren Grabungen identifiziert werden konnten.[15] Lediglich eine für die jüngere Bronzezeit typische hausbegleitende „Grubenwolke"[16] im Norden der Fläche spricht indirekt für ein weiteres Wohngebäude nordöstlich der Fläche.[17] Bei fast allen Befunden handelt es sich um einfache Gruben der jüngeren Bronzezeit (Periode III–VI nach Montelius mit Schwerpunkten in den Perioden IV und V), die in vielen Fällen vermutlich als Vorratsgruben verwendet wurden. Ungewöhnlich ist dabei ein komplett erhaltener, als Vorratsgefäß senkrecht in einer Grube stehender Doppelkonus.[18] Die große Anzahl sich überschneidender Gruben deutet auf eine relativ lange Laufzeit der Siedlung, was sich auch im Fundinventar mancher Befunde widerspiegelt. So ist in mindestens zwei Befunden Keramik enthalten, die von Periode III bis Periode VI nach Montelius datiert werden muss.[19]

Die mittelalterliche Siedlung

Die mittelalterliche Siedlung erstreckte sich vom Harlinger Bach in Richtung der heutigen Stadtinsel.[20] Durch die Keramik (siehe unten) kann die Siedlung in das 11.-13. Jahrhundert datiert werden, sie bestand teilweise also gleichzeitig mit der Burg auf dem Weinberg.[21] Aufgrund der Lage von Hitzacker am westlichen Rand des slawischen Siedlungsgebietes, in der Kontaktzone zum ottonisch-deutschen Herrschaftsgebiet, ist diese Befundsituation von besonderem Interesse, denn sie besitzt das Potential, die historischen Prozesse der hochmittelalterlichen Ostsiedlung aus einer objektbezogen-archäologischen Perspektive zu betrachten.

Bei den mittelalterlichen Befunden von 2012 handelte es sich überwiegend um einfache Siedlungsgruben, die als Vorratsgruben, Herd- oder Feuerstellen, Asche- und Abfallgruben verwendet wurden. Es konnten aber auch Gräben, Grubenhäuser, Pfosten, Brunnen und Feuerstellen bzw. Öfen untersucht und identifiziert werden. Über die Hälfte der Befunde zeigte sich im Planum als rundliche Verfärbung, daneben gab es vor allem längliche Strukturen mit unterschiedlichen Ausrichtungen. Die Ausrichtung der zwei parallelen Gräben (Befunde 9.789 und 9.723) entsprach einem bereits 1989 in drei Suchschnitten entdeckten Graben.[22] In ihrer Verfüllung enthalten alle drei Gräben gleichermaßen umfangreiches Fundmaterial ab dem 12. Jahrhundert. Diese Gräben könnten als Teil der mittelalterlichen Parzellierung oder als Teil des Entwässerungssystems gesehen werden.[23]

Die Struktur der Siedlung

Weiterhin können auf der Gesamtfläche drei Areale herausgearbeitet werden, in deren Mittelpunkt jeweils ein Grubenhaus steht, und die insofern unter Vorbehalt als „Gehöfte" oder – Biermann folgend[24] – neutraler als „Befundgruppe" angesprochen werden können (Abb. 2). Die erste Hausstelle befindet sich im Nordwesten der Fläche von 2012 und zieht bis in die Fläche aus den Jahren 1991/1992. Dieses Grubenhaus 16.017 wurde zur Hälfte in den Jahren 1991/1992 (unter der Befundnummer 9.200) und zur anderen Hälfte im Frühjahr 2012 ausgegraben. Es ist mindestens 4 m lang, 1,4 m breit und 0,6 m tief.[25] Die Verfüllung war homogen und recht humos. Aus ihr konnten zwei Mahlsteinfragmente, Silex, Tierknochen und Keramik geborgen werden. In dem Gebäude gab es keine Feuerstelle, außerhalb lag allerdings ein Befund (16.011) mit zahlreichen gebrannten Steinen und Brandlehmstücken, aus dem auch Fischschuppen geborgen wurden. Die Makrorestanalyse zeigt für diesen Befund Roggen (*Secale cereale*), Nacktweizen (*Triticum aestivum*), Weizenbruch und die Gemeine Hasel (*Corylus avellana*) an.[26] Eine Deutung als Kochstelle ist nahe liegend.

Das zweite Areal gehört zu dem Grubenhaus Befund 16.035, eventuell mit zugehörigem Pfosten 16.036. Seine Größe beträgt 4 x 2 m und es war 0,3 m tief erhalten. Die Verfüllung war homogen und humos, sie enthielt neben Steinen, Brandlehm, Keramik und Knochen auch Schlacke, vier Webgewichte und ein Eisenmesser. Eine Feuer-/Herdstelle oder ein Ofen konnte innerhalb des Hauses nicht ausgemacht werden, aufgrund der Webgewichtsfragmente kann dieses Grubenhaus möglicherweise als Webhütte zur Textilherstellung gedient haben. Die Verfüllung des Hauses enthielt einige Getreidereste, so z. B. Emmer (*Triticum dicoccum*), Dinkel (*Triticum spelta cf.*), Nacktweizen (*Triticum aestivum*) und weitere

---

14 Moser 1994, 5; 31. Assendorp 1991a; 1997, 54; 2004, 387.
15 Assendorp 1991b; 1997. Nikulka 1991a.
16 Vgl. den Beitrag Assendorp in diesem Band.
17 Dies ist insofern überraschend, als bisher davon ausgegangen wurde, dass sich die bronzezeitliche Besiedlung auf den südlicheren Bereich des Grabungsschutzgebietes konzentrierte. Siehe dazu auch Linnemann 2011, 150.
18 Feiner 2013. Beitrag Assendorp in diesem Band, Abb. 2.
19 Harck 1972a, 12–22; 62–65.
20 Linnemann 2011, 150.
21 Wachter 1998, 120–122 Tab. 16. Küntzel 2010, 7; 21.

22 Nikulka/Wachter 1992, 81–86.
23 So schon Nikulka/Wachter 1992, 86.
24 Vgl. Biermann 2010, 112.
25 Die Angaben beziehen sich auf den in der Grabungsfläche von 2012 erhaltenen Teil.
26 Für die Makrorestanalyse des Probenmaterials aus der Grabung von 2012 danke ich Frau Henrike Röhrs, Schleswig.

▲ Abb. 3: Hitzacker, Fpl. 10. Befund 16.028; a Planum, b Profil. Fotos: A. Kis, ArchaeoFirm.

Cerealia indeterminata. Diesem Haus 16.035 können verschiedene handwerkliche Aktivitäten zugeordnet werden. Einige Schlackestücke aus der Verfüllung des Gebäudes könnte von dem Ofenbefund 16.133 außerhalb des Gebäudes stammen, der zu Metallverarbeitungszwecken genutzt wurde. Seine Verfüllung enthielt im oberen Bereich sehr viel Schlacke, Brandlehm, Steine und Knochen. Er wird von Befund 16.037a geschnitten. Die drei Gruben 16.037a–c enthielten Knochen, darunter auch ein bearbeitetes Fragment, Keramik, Schlacke, mehrere Eisenobjekte und eine Silbermünze. Sie ist relativ stark kupfergrün aufgeblüht mit festkorrodierten Strohresten. Vermutlich handelt es sich um einen Agrippiner Heinrichs des Löwen, geprägt um 1142–1195 in Bardowick. Der Brunnen 16.167 unweit des Grubenhauses könnte für dieses Gehöft oder für mehrere Wohnareale gemeinsam genutzt worden sein, das kann nach gegenwärtiger Befundlage am Randbereich des untersuchten Siedlungsareals nicht entschieden werden. Er ist mit 1,3 m der tiefste Befund der Grabungsfläche und reichte im Mittelalter sicher bis in die wasserführenden Schichten. Sowohl im Profil als auch im Planum waren die Schwämmschichten sehr gut zu erkennen (Abb. 3). Im oberen Bereich wurde der Brunnen von Befund 16.028 geschnitten. Der Brunnen war trotz seiner Tiefe relativ fundarm. Er enthielt Keramik, Knochen, Eisen und Schlacke. Holz war leider nicht erhalten. Bei 11,70 m ü NN[27] wurden zwei komplette Tierschädel (Schaf/Ziege?) aus der Verfüllung geborgen. Anders sieht es im Falle von Befund 16.028 aus. Dieser Befund war sehr reich an Keramik (knapp 100 Gefäßeinheiten) und barg auch sieben Stücke gebrannten Lehms mit Abdrücken von Stroh/Gras und etliche Knochen, darunter Fischschuppen, eine Knochennadel, einen bearbeiteten Tierknochen und ein Fragment eines Dreilagenkammes. Des Weiteren konnten acht einfache Bleche, einen Buntmetall-Ring, zwei Silbermünzen, ein Bleiklumpen, ein halbes Hufeisen und ein Eisenmesser[28] geborgen werden. Auf die Funde wird unten zurückzukommen sein.

Das dritte Gehöft liegt um Grubenhaus 16.057. Die Verfüllung der Hausgrube ist durch eine gelbsandige Sandschicht zwischen zwei dunkelgrau-humosen Schichten gekennzeichnet, die sich anhand des Fundmaterials jedoch nicht trennen lassen (siehe unten). Die Feuerstelle in dem Grubenhaus (Befund 16.058) zeichnet sich durch viele Steine und eine sehr holzkohlehaltige Verfüllung aus, in der die für diese Zeitstellung wichtige Ackerbohne (*Vicia faba*) nachgewiesen werden konnte. Ebenfalls aus der Feuerstelle stammt ein Fragment eines Dreilagenkammes (Abb. 4). Zahlreiche Vergleichsfunde sind aus Fundzusammenhängen des 11.–13. Jahrhunderts bekannt. Der Graben 9.789 kann als teilweise Umhegung des Gehöftes angesehen werden. Für die anderen Grubenhäuser konnte keine solche Parzellierung erkannt werden. Ob das vielleicht auf eine herausragende Stellung des Grubenhauses Befund 16.057 innerhalb der Siedlung deutet, muss offen

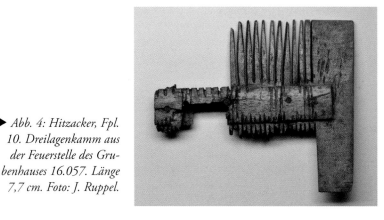

▶ Abb. 4: Hitzacker, Fpl. 10. Dreilagenkamm aus der Feuerstelle des Grubenhauses 16.057. Länge 7,7 cm. Foto: J. Ruppel.

---

27 Der Befund reichte bis in eine Tiefe von 10,60 m ü. NN, die untersten 40 cm über der Grubensohle konnten wegen des hohen Grundwasserstandes nicht vollständig dokumentiert werden. Die Tiefe wurde mit Hilfe eines Bohrkerns ermittelt.

28 Die Eisenfunde liegen in unrestauriertem Zustand vor. Weiterführende Interpretationen müssen zu einem späteren Zeitpunkt erfolgen.

bleiben. Weitere Funde aus dem Grubenhaus sind Bleifragmente, Schlacke, mehrere Eisenfragmente und eventuell ein Reitersporn[29]. Dieser würde die Annahme der Anwesenheit einer gehobenen Person in diesem Haushalt bestärken. Außerhalb des Gebäudes lag der Ofen Befund 16.068 (Abb. 5). Die Sohle bildete eine in der Fläche ovale Schicht aus Holzkohle mit teilweise randlicher Steinsetzung, darüber lagen mehrere große Stücke Brandlehm, die als Ofenwandung gedeutet werden. Zwischen Steinsetzung und Brandlehm fand sich Keramik, Schlacke, Eisen und ein Bronzeblech. Vielleicht befand sich der Werkplatz dieses umhegten Areals an dieser Stelle. Der eventuell zugehörige Brunnen 16.085 reichte mit 1,2 m sehr tief. Obwohl Holzeinbauten in dem Brunnen weder erhalten noch erkennbar sind, handelt es sich vermutlich nicht um eine sogenannte „Schlämmgrube" wie ähnliche Befunde aus den früheren Grabungen gedeutet wurden.[30] Er war mit über 100 Gefäßeinheiten (Taf. 2b), über 100 Tierknochenfragmenten, einem Webgewicht, zwei Dreilagenkämmen und mehreren Metallobjekten (Eisen und Bronze) überaus fundreich. Die in spätslawischer Tradition stehenden Dreilagenkämme[31] wurden (soweit erkennbar) auf ihren Bügelbeschlägen mit Kreisaugenstempeln oder Ritzlinien verziert. Diese Leisten sind durch Bronzestäbchen mit den Platten vernietet. An den Zahnplatten sind auf beiden Seiten Zinken in unterschiedlicher Stärke herausgearbeitet. Sägespuren an den Bügelbeschlägen lassen erkennen, dass die Zinken erst im zusammengesetzten Zustand gearbeitet wurden. Einer der beiden Kämme wurde besonders wertvoll gearbeitet, er hat zwei Bügelbeschläge und einen verzierten Bereich in der Mitte der Zahnplatte in Form von durchbrochenen Lochmustern (Abb. 6). Die Verwendung zur Haarpflege ist offenkundig, diese sehr seltene Art der Kämme steht meist für die reiche Ausstattung einer Person. Kämme dieser Art liegen bisher aus Fundzusammenhängen des 11.–13. Jahrhunderts vor. Vergleichsfunde mit ähnlicher Lochmuster-Verzierung auf der Zahnplatte stammen aus Höxter[32], Schleswig[33] und Calbe (Saale)[34]. In dem Areal um Befund 16.092 scheint sich ein Werkareal abzuzeichnen, aus dem auch ein Dreilagenkamm geborgen wurde. Aus den ebenfalls zum Hausareal 16.057 gehörenden Befunden 16.049 und 16.050[35] wurden mehrere Gelenkenden von Mittelhand- bzw. Mittelfußknochen (Metapodien)

▲ Abb. 5: Hitzacker, Fpl. 10. Befund 16.068 im Planum. Foto: A. Blank, ArchaeoFirm.

geborgen, die von den für die weitere Verarbeitung wichtigen Mittelstücken abgesägt wurden.[36] Dies spricht für ein spezialisiertes Handwerk dieser Bewohner.

Die Grubenhäuser haben einen Abstand von 10–15 m voneinander, so wie es Linnemann[37] bereits für die Fläche von 1991/1992 erkannt hatte. Die Häuser 16.035 und 16.057 sind SO-NW ausgerichtet, das Grubenhaus 16.017 ist NO-SW ausgerichtet. Zwischen der Ausrichtung der Gebäude und ihrer Datierung ist kein Zusammenhang zu erkennen (zur Datierung siehe unten).[38]

Die Keramik allgemein

Der mittelalterliche Horizont in Hitzacker, Fpl. 10, war – im Vergleich zu der bronzezeitlichen Phase – sehr fundreich. Auffällig war, dass vor allem die mittelalterlichen Befunde sehr viele Knochen

▼ Abb. 6: Hitzacker, Fpl. 10. Dreilagenkamm aus Befund 16.085. Länge 11,2 cm. Foto: J. Ruppel.

---

29 Siehe Anm. 27.
30 Eine ausführl. Diskussion dazu führte LINNEMANN 2011, 158–159.
31 Zu der dominierenden Form der Dreilagenkämme der Merowingerzeit vgl. SCHÄFER 2009, 228; 248 Taf. 1,5.
32 KÖNIG 1995, 304; 307.
33 ULBRICHT 1984, 35–36; Taf. 31–32; Taf. 75–77.
34 http://www.lda-lsa.de/landesmuseum_fuer_vorgeschichte/fund_des_monats/2012/juli/ (letztes Zugriffsdatum: 21.04.2013).
35 Zur Keramik aus den Befunden 16.049 und 16.050 siehe Taf. 2c.

36 ULBRICHT 1984, 17-22.
37 LINNEMANN 2011, 167.
38 So schon LINNEMANN 2011, 155.

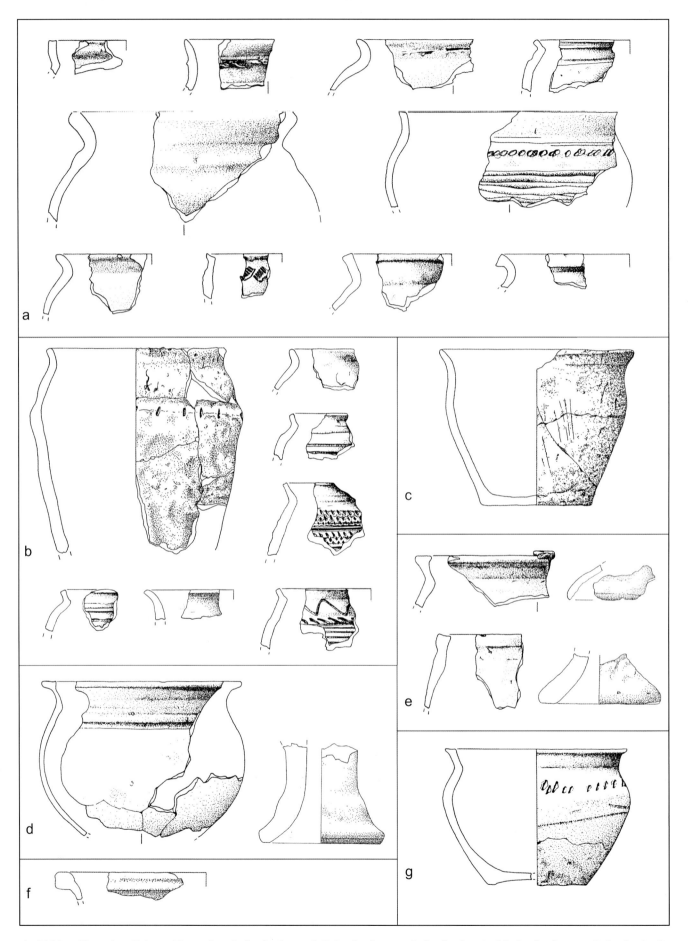

▲ Tafel 1: Hitzacker, Fpl. 10. Keramik. a Befund 16.017, b Befund 16.011, c Befund 16.035, d Befund 16.037, e Befund 16.049, 16.050, f Befund 16.057, g Befund 16.055. M. 1:3. Zeichnungen: A. Bartrow.

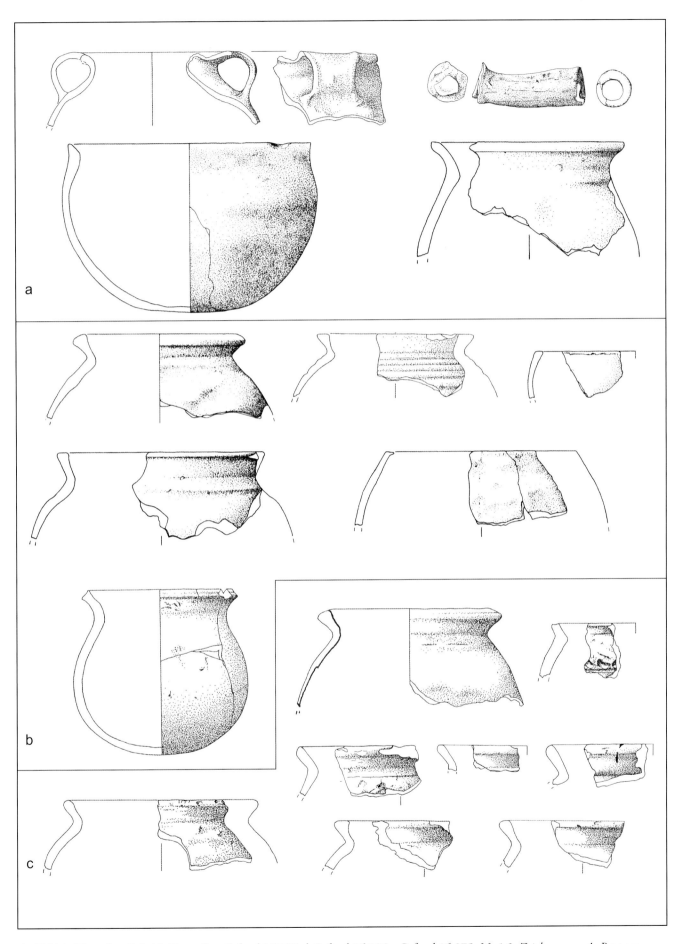

▲ *Tafel 2: Hitzacker, Fpl. 10. Keramik. a Befund 16.028, b Befund 16.085, c Befund 16.075. M. 1:3. Zeichnungen: A. Bartrow.*

enthielten, während dies in den bronzezeitlichen Schichten kaum der Fall war.³⁹ Hinzu traten für das Mittelalter einige Eisenfunde (Nägel, Messer etc.), aber auch wenige Bronzeobjekte (Messerscheidenbeschläge, Niete, andere Beschläge), Silbermünzen und Knochengeräte konnten geborgen werden. Die relativ große Zahl der Metallobjekte ist einer regelmäßigen Begehung der Fläche und des Abraums mit dem Metalldetektor während der Grabung zu verdanken. Die weitaus häufigste Fundgattung war jedoch Keramik, aus fast jedem Befund konnte datierendes Material geborgen werden.

Die Keramik stammt aus der frühslawischen Zeit bis ins hohe Mittelalter. Von slawischer Machart⁴⁰ sind 501 Scherben. Darunter konnten 197 Gefäße mit Randerhaltung ausgemacht werden, 100 Bodenscherben und weitere 204 Wandungsfragmente wurden gezählt. Von einem Sukower Topf (Taf. 1c) und zwei spätslawischen Gefäßen vom Weisdiner bzw. Vipperower Typ (Taf. 1g) ließ sich das komplette Profil rekonstruieren.

früh-slawisch	*früh-/mittel-slawisch	mittel-slawisch	*mittel-/spät-slawisch	spät-slawisch
2 RS	7 RS	35 RS, 30 WS, 9 BS	8 RS, 12 WS	99 RS, 150 WS, 24 BS
2x Sukow		51x Menkendorf		1x Warder, 52x Vipperow, 20x Teterow, 1x Weisdin, 2x Bobzin

* Typzuordnung nicht möglich

Die Keramik der spätslawischen Zeit ist am einfachsten zu erkennen, da sich die typische Gurtfurchenverzierung auch auf den einfachen Wandscherben befindet. Aus dem Übergangsbereich zwischen mittel- und spätslawischer Zeit liegen 20 Scherben vor, 75 Scherben können sicher der mittelslawischen Zeit zugerechnet werden. Sieben Gefäße gehören der früh- bis mittelslawischen Zeit an und nur zwei der frühslawischen (Typ Sukow). Das Vorhandensein von mittelslawischer Keramik zwischen spätslawischen Formen deutet auf einen Zeithorizont ab dem Übergang des 10. zum 11. Jahrhundert. Die spätslawische Keramik wurde bis zum Siedlungsabbruch nach der Mitte des 13. Jahrhunderts verwendet (s. u.).

Insgesamt 393 Scherben stammen von mittelalterlichen Kugeltöpfen⁴¹. Hier wird unterschieden zwischen frühen Kugeltöpfen, die der „roten Irdenware" oder „weichen Grauware" entsprechen und entwickelten Kugeltöpfen, die der „grauen Irdenware", „blaugrauen Keramik" oder der „Grauware" entsprechen. Es konnten 378 Gefäße mit Randerhaltung gezählt werden, 13 weitere Gefäße konnten über Wandscherben ausgemacht werden. Nur drei Bodenstücke von Gefäßen konnten erkannt werden, dies liegt vermutlich an der runden Form der Böden, die sich in den Scherben kaum von den Wandscherben unterscheiden lassen. Chronologisch gehören 312 Gefäße zu den frühen Kugeltöpfen, während 81 Gefäße den entwickelten Kugeltöpfen zugerechnet werden können, die bereits die charakteristische graue Farbe und einen sehr harten Brand aufweisen; von ihnen zeigen einige bereits die typischen Kugeltopfrillen am Hals, die ab der Mitte des 13. Jahrhunderts auftreten. Lediglich zwei Gefäße sind mit ganzem Profil erhalten (Taf. 2b):

Übergangsware slawisch-früher Kugeltopf	früher Kugeltopf	entwickelter Kugeltopf	
		ohne Halsrillen	mit Halsrillen
2 RS	305 RS, 5 WS, 2 BS	52 RS, 1 BS	19 RS, 9 WS

Die Keramik in den drei Hausarealen

In der Verfüllung des Grubenhauses Befund 16.017 wurden vor allem spätslawische Gefäße und frühe Formen von Kugeltöpfen gefunden (14 Gefäßeinheiten, Taf. 1a):

mittelslawisch	spätslawisch	früher Kugeltopf
1 RS, 1 WS	6 RS, 1 WS, 1 BS	4 RS
2x Menkendorf	1x Teterow, 1x Weisdin, 3x Vipperow	

Auch wenn die Anzahl der geborgenen Scherben sehr gering ist, können sie für eine grobe Datierung des Gebäudes in das 11./12. Jahrhundert herangezogen werden. Die Menkendorfer Scherben zeigen an, dass der Bau des Grubenhauses an den Anfang des 11. Jahrhunderts gesetzt werden muss. Da entwickelte Formen von Kugeltöpfen ganz fehlen und die frühen Kugeltopfformen zahlenmäßig nicht überwiegen, wird das Haus nicht bis in das 13. Jahrhundert bestanden haben. Die Keramikzusammensetzung entspricht in etwa dem keramischen Inventar, das aus der anderen Hälfte des Hauses aus den Jahren 1991/1992 bereits bekannt ist und von Linnemann⁴² kürzlich vorgelegt wurde. In der Nähe des Hauses lag der als Kochstelle gedeutete Befund 16.011, eingebettet in eine Grube, die anhand der Keramik ebenfalls in die spätslawische Zeit (11./12. Jahrhundert) datiert werden kann (Taf. 1b):

mittelslawisch	spätslawisch	slawisch
1 BS	3 RS, 3 WS, 1 BS	3 RS, 1 WS
	2x Teterow, 2x Vipperow	

Das Keramikinventar des Grubenhauses Befund 16.035 enthielt Keramik slawischer Machart und zwei frühe Kugeltöpfe (Taf. 1c):

---

39 Lüdtke (1980, 137; 1981, 85–86) beschreibt ähnliche Fundverhältnisse.

40 Die Keramikeinteilung erfolgte mit Erweiterungen nach den gängigen Schemata von Schuldt 1956; korrigiert 1964 und Kempke 1984.

41 Der Begriff „Kugeltopf" zur Benennung der Keramik konkurriert mit anderen Begriffen wie „weiche Grauware" oder „graue Irdenware". Bezeichnungen wie „frühdeutsche Keramik" werden hier wegen ihrer ethnischen Konnotation nicht verwendet.

42 Linnemann 2011, 183; 191 Taf. 1,c.

früh-slawisch	mittel-slawisch	spät-slawisch	slawisch	früher Kugeltopf
1 RS	7 RS, 3 WS	3 RS, 2 WS	2 RS, 2 BS	2 RS
1x Sukow	8x Menkendorf	1x Teterow		

Das Haus wird demnach seit dem 10. bis an den Übergang vom 11. zum 12. Jahrhundert genutzt worden sein. Auch der Befund 16.133, der als Teil der Metallverarbeitung gedeutet wurde, enthielt neben zwei Scherben vom Menkendorfer Typ einen frühen Kugeltopfrand. Geht man von einer Gleichzeitigkeit aus, werden sowohl das Grubenhaus als auch das Werkareal bis nach 1100 genutzt worden sein. In den Gruben 16.037a–c, die Befund 16.133 schneiden und daher etwas jünger sind, befand sich ein Gefäßspektrum, das von der mittelslawischen Keramik bis zum entwickelten Kugeltopf reicht (Taf. 1d):

mittel-slawisch	spät-slawisch	slawisch	früher Kugeltopf	entw. Kugeltopf
2 RS, 2 WS	4 RS, 5 WS, 2 BS	1 RS, 1 WS, 2 BS	8 RS	9 RS, 2 WS
1x Menkendorf	1x Teterow, 1x Vipperow			

Aus dem Brunnen 16.167 mit zugehörigem Befund 16.028 konnten neben wenig mittelslawischer Keramik vor allem spätslawische Gefäße und frühe Formen von Kugeltöpfen geborgen werden. Folgendes Keramikspektrum wurde in Befund 16.167 gefunden:

mittel-slawisch	spät-slawisch	früher Kugeltopf	entwickelter Kugeltopf
1 RS, 1 WS	1 RS, 3 WS	5 RS	2 RS
2x Menkendorf			

Der Befund muss wegen fehlender weiterer Funde durch seine Keramik datiert werden. Auf Grund der Menkendorfer Scherben dürfte er bereits im 11. Jahrhundert genutzt worden sein und hatte eine relativ lange Laufzeit bis an den Anfang des 13. Jahrhunderts, da er bereits entwickelte Kugeltöpfe enthielt. Ähnlich sieht es bei Befund 16.028 aus (Taf. 2a). Er kann durch die Keramik in das frühe 11. bis Ende 12./Anfang 13. Jahrhundert datiert werden:

mittel-slawisch	spät-slawisch	slawisch	slawisch - früher Kugeltopf	früher Kugeltopf
4 RS, 7 WS, 2 BS	17 RS, 19 WS, 4 BS	4 RS, 2 WS, 12 BS	2 RS	20 RS
11x Menkendorf	8x Vipperow, 3x Teterow, 1x Warder			

Eine der beiden Münzen aus seiner Verfüllung wurde zur Zeit Heinrichs des Löwen in Bardowick geprägt und erlaubt eine Datierung in die zweite Hälfte des 12. Jahrhunderts (1142–1195), die andere Münze hat Bernhard III. von Anhalt[43] (1180–1212) ebenfalls in Bardowick prägen lassen, sie datiert den Befund in das letzte Viertel des 12. oder an den Anfang des 13. Jahrhunderts. Vergleichsfunde des bereits erwähnten Dreilagenkammes sind aus Fundzusammenhängen des 11.–13. Jahrhunderts bekannt und bestätigen damit diese Datierung.

Das dritte Grubenhaus, Befund 16.057, enthielt mittel- und spätslawische Keramik (32 Gefäßeinheiten) sowie frühe und entwickelte Formen von Kugeltöpfen (12 Gefäßeinheiten, Taf. 1f):

mittel-slawisch	spät-slawisch	slawisch	früher Kugeltopf	entw. Kugeltopf
5 RS, 2 WS	7 RS, 7 WS	11 RS	7 RS	5 RS
4x Menkendorf	1x Teterow, 1x Bobzin			

Das Grubenhaus ist aufgrund der mittelslawischen Scherben spätestens in der ersten Hälfte des 11. Jahrhunderts erbaut worden. Da die entwickelten Kugeltöpfe sämtlich noch keine Halsrillen aufweisen, wird das Haus maximal bis in die erste Hälfte des 13. Jahrhunderts genutzt worden sein. Auch die Keramik aus dem eventuell zugehörigen Pfosten Befund 16.130 (ein Menkendorfer Rand, ein Kugeltopfrand) passt in das Spektrum. Der Dreilagenkamm (Abb. 4) bestätigt eine Datierung vom 11. bis in das 13. Jahrhundert. Der um das Hausareal herumlaufende Graben 9.789 enthielt sehr wenige Funde, darunter keine mittelslawische Keramik, sondern eine spätslawische Scherbe, einen Kugeltopfrand, einen breiten Henkel und ein Eisenmesser, so dass dieser vermutlich im Laufe des 12. Jahrhunderts verfüllt worden sein dürfte. Der Ofenbefund 16.068 außerhalb des Gebäudes enthielt 33 Gefäßeinheiten:

mittel-slawisch	spät-slawisch	slawisch	früher Kugeltopf
4 RS, 2 WS	4 RS, 14 WS	1 RS, 1 WS, 3 BS	5 RS, 1 WS
2x Menkendorf	2x Vipperow		

Durch die hier ebenfalls auftretenden Menkendorfer und spätslawischen Scherben wird dieses Werkareal zeitgleich mit dem Grubenhaus seit dem Anfang des 11. Jahrhunderts bestanden haben. Da hier jedoch keine entwickelten Kugeltöpfe vorhanden sind, wird dieser Handwerksbereich (ähnlich wie bei Grubenhaus Befund 16.017 mit zugehöriger Kochstelle Befund 16.011) früher aufgegeben worden sein als das zugehörige Haus, nämlich noch im 12. Jahrhundert.

---

43 1182 übertrug Kaiser Friedrich I. Barbarossa Sachsen – und damit auch die Stadt Hitzacker – dem sächsischen Herzog Bernhard von Anhalt, nachdem Heinrich der Löwe in Ungnade gefallen war (vgl. z. B. LINNEMANN 2007, 74).

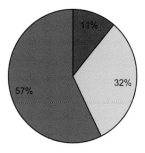

▲ Abb. 7: Hitzacker, Fpl. 10. Verteilung der Keramikarten in den Befunden. Grafik: Verfasserin.

Zusammenfassung und Einordnung

Einige Befunde aus dem 10. bzw. vorwiegend dem 11.–12. Jahrhundert enthielten nur Keramik slawischer Machart. Daneben traten auch neun Befunde auf, die keine Keramik slawischer Machart enthielten,[44] sondern ausschließlich Kugeltöpfe (Befunde mit frühen Kugeltöpfen aus dem 11.–12. Jahrhundert und mit entwickelten Kugeltöpfen aus dem 13. Jahrhundert) (Abb. 7). Diese Befunde sind mit jeweils unter drei auswertbaren Scherben jedoch statistisch kaum aussagefähig. Lediglich Befund 16.034 mit acht frühen Kugeltöpfen und einem spätslawischen Gefäß und Befund 16.075 mit sechs frühen Kugeltöpfen, einem entwickelten Kugeltopf und einer spätslawischer Scherbe vom Vipperower Typ können mit entsprechender Vorsicht als fast „reine" Kugeltopfbefunde bezeichnet werden. Da der entwickelte Kugeltopf keine typischen Halsrillen aufweist, wird Befund 16.075 an den Übergang des 12./13. Jahrhunderts datiert, Befund 16.034 in das 12. Jahrhundert. Darüber hinaus gab es jedoch Befunde, die sowohl Keramik slawischer Machart als auch Kugeltöpfe enthielten. Sofern eine zufällige Vergesellschaftung durch Verlagerung ausgeschlossen werden kann, belegen diese Befunde das Aufeinandertreffen bzw. zeitweise Nebeneinander verschiedener Keramiktradi-tionen. An wenigen Scherben lassen sich sogenannte Misch- oder Übergangsformen zwischen slawischer Keramik und Kugeltöpfen erkennen. Bei diesen Gefäßen ist die Technologie der Kugeltöpfe mit der Verzierung der slawischen Gefäße kombiniert bzw. die Gefäßform entspricht den Kugeltöpfen, die Machart entspricht jedoch den slawischen Traditionen. Das gemeinsame Auftreten von spätslawischer Keramik und Kugeltöpfen setzt Brather[45] in die Jahrzehnte um und nach 1200, ohne dabei jedoch auf die Weiterentwicklung von Kugeltöpfen einzugehen. Auch Linnemann[46] und Nikulka/Wachter[47] bemerken das Nebeneinander slawischer und deutscher Gefäße, lassen diesen Horizont jedoch bereits im 11. Jahrhundert beginnen. Gerade Fragen der Durchsetzung neuer Keramiktraditionen bzw. deren Übernahme durch die ansässige, slawische Bevölkerung sind bisher lediglich im Rahmen von Einzelbeobachtungen durchgeführt worden, eine systematische Untersuchung mit mineralogischen Analysen fehlt weitgehend.[48]

Schlussfolgerungen in Hinblick auf die Bewohner der Siedlung

Obwohl der Ausschnitt der Siedlung am Hitzacker-See, der in diesem Text behandelt wird, im Vergleich zu den insgesamt ergrabenen Flächen sehr gering ist, können doch einige Schlüsse auf die Besiedlungsgeschichte und das Verhältnis zwischen den Bewohnern gezogen werden. So fällt zum ersten auf, dass in der Grabungsfläche von 2012 keine früh- und mittelslawischen Befunde vorhanden sind, während diese in der Klärwerk-Fläche und in Lanke-Gärten vereinzelt auftraten.[49] In der Fläche von 2012 ist eine Besiedlung erst ab der spätslawischen Zeit zu verzeichnen, einige mittelslawische Scherben (Typ Menkendorf, Gruppe K) verweisen den Beginn der Besiedlung bereits an das Ende des 10./Anfang des 11. Jahrhunderts. Die „rein slawischen" Befunde ohne Kugeltopfkeramik machen eine Besiedlung vor der „deutschen" Zuwanderung sehr wahrscheinlich. Im Laufe des 12. Jahrhunderts kommen im Zuge des hochmittelalterlichen Landesausbaus aus dem Westen neue Siedler nach Hitzacker. Sie brachten ihre neuen Technologien und Ideen mit und begannen auch in Hitzacker, z. B. ihre eigenen Töpfe – die Kugeltöpfe – herzustellen. Eine Trennung der archäologischen Befunde nach den verschiedenen Keramiktraditionen gelingt jedoch nicht, denn abgesehen von den (tendenziell älteren) Befunden mit Keramik ausschließlich slawischer Machart stammen aus fast allen Befundverfüllungen beide Keramikarten zu annähernd gleichen Teilen. Offenbar waren Zugriff und Gebrauch beider Keramikarten vergleichbar. Es kann davon ausgegangen werden, dass Altsiedler und Hinzugezogene gemeinsam in Hitzacker lebten, da keine weitere Siedlung dieser Zeitstellung im näheren Umfeld bekannt ist. Ob sie jedoch in unmittelbarer Nachbarschaft Haus an Haus lebten oder gar eine Hütte teilten, kann aufgrund der archäologischen Ergebnisse nicht sicher gesagt werden. Die Schlussfolgerung, dass Slawen und Deutsche gemeinsam unter einem Dach lebten,[50] weil im Haushalt slawische und deutsche Keramik in Gebrauch war, hieße das Material überzustrapazieren. Der Beleg, dass beide Keramikarten über einen längeren Zeitraum fast gleichwertig genutzt wurden, spricht eher dafür, dass die Keramik keine starken identitätsstiftenden Eigenschaften hatte. Eine feste Identifizierung der eigenen Identität mit bestimmten Keramikformen oder –arten hätte zwangsläufig stärker polarisieren müssen und zur Folge gehabt, dass beide Keramiktraditionen sich ausschließen und/oder einander sehr schnell ablösen. Beides ist nicht der Fall. Das ist wahrscheinlich am ehesten damit zu erklären, dass bestimmte Dinge (wie

---

44 Von einigen wenigen, offensichtlich verlagerten Scherben wird hier abgesehen.

45 Vgl. Beitrag S. Brather in diesem Band.

46 Linnemann 2007.

47 Nikulka/Wachter 1992, 88ff.

48 Vgl. Beitrag S. Brather in diesem Band.

49 Linnemann 2007, 16; 60f. Nikulka 1991b.

50 Das Gegensatzpaar deutsch-slawisch im ethnischen Sinne ist erst später entstanden und geriet dann vor allem im nationalistischen 19. Jahrhundert zur vollen Blüte (in diesem Sinne besonders Brather 2008, 84f.). Zur Ostsiedlungszeit waren die Unterschiede zwischen den Eingesessenen und Hinzuziehenden mit Sicherheit komplexer als mit einem Begriffspaar zu beschreiben.

slawische Standbodenkeramik) einfach aus Gewohnheit länger in Gebrauch bleiben – und auch noch nachgefragt werden, während neue Dinge (Kugeltöpfe) schon Einzug halten. Die Handhabung eines Kugeltopfes zum Kochen unterscheidet sich grundlegend von der eines Standbodengefäßes, so dass eine Übernahme dieser ungewohnten Gefäßform noch weitere Veränderungen in Küche und Haushalt mit sich brachte. Es ist durchaus vorstellbar, dass die ersten Kugeltöpfe in die slawischen Haushalte gelangten, weil sie modern waren, aber noch nicht im „normalen" Alltagsgebrauch zum Kochen verwendet wurden, sondern beispielsweise zur Lagerung von Lebensmitteln. Das könnte erklären, weshalb in einigen Feuer- oder Herdstellen nur slawische Keramikreste entdeckt wurden, während gleichzeitig in den Häusern bereits Kugeltöpfe vorhanden waren. Die alten Gewohnheiten wurden erst aufgegeben, als man sich bei der Siedlungsverlagerung auf die Stadtinsel ohnehin komplett neu einrichten musste. Auch wenn es unmöglich scheint, das eine oder andere Hausareal der Siedlung den Slawen oder den Deutschen zuzuweisen, so bieten die bislang bekannten Funde und Befunde doch genug Begründung für die Schlussfolgerung, dass Altsiedler und Hinzugezogene offenbar nicht in klar voneinander getrennten Siedlungsarealen lebten, sondern in ähnlichen Verhältnissen mit einer vergleichbaren Sachkultur, die die Keramik mit einschließt. Das Haus 16.057 scheint nach Aussage der Funde einen reicheren und vielleicht auch angeseheneren Bewohner beherbergt zu haben – wer auch immer er war, er legte offenbar keinen Wert darauf, nur eine bestimmte Form der Keramik im Haus zu haben. Hier wird deutlich, dass die Bewohner den alten handwerklichen Traditionen der Kammmacher nach slawischen Vorbildern treu blieben, während sie die Gestaltung ihres Hofareals bereits den neuen Gepflogenheiten der Zuwanderer anpassten. Einzäunungen und Abgrenzungen innerhalb einer Siedlung, wie es durch Befund 9.789 um das Haus 16.057 belegt ist, sind aus spätslawischen Kontexten nicht bekannt. Es handelt sich hier um eine typische kolonisationszeitliche Erscheinung, die wahrscheinlich mit planmäßigen Gründungen und neuen Rechtsverhältnissen zu verbinden ist.[51] Da die Keramiken bis zuletzt gemischt auftreten und es in der Siedlung keine reinen Kugeltopfbefunde gibt, muss die slawische Keramik bis in das 13. Jahrhundert hinein verwendet worden sein.[52] Ansonsten hätte man durch die komplette Übernahme der neuen Keramikherstellung in der Siedlung am Ende des 12. und in der ersten Hälfte des 13. Jahrhunderts auch „reine Kugeltopfbefunde" finden müssen (wie z. B. Befund 16.075, Taf. 2c). Nach den Ergebnissen aus der Grabung vom Frühjahr 2012 ist also davon auszugehen, dass alle Bewohner des Dorfes, Altsiedler wie Hinzugezogene, beide Keramikarten nutzten. Wie lange der Übergang von slawischer Keramik zu den Kugeltöpfen dauerte, kann anhand der Gegebenheiten in Hitzacker nicht genauer bestimmt werden. Die jüngsten Kugeltöpfe zeigen in ihrer Entwicklung bereits die ab der Mitte des 13. Jahrhunderts typischen Kugeltopfrillen am Hals. Das Auflassen der Siedlung muss also nach der Mitte des 13. Jahrhunderts geschehen sein. Dies passt sehr gut zu der schriftlich überlieferten Umsiedlung der Dorfbewohner auf die Stadtinsel um das Jahr 1258. Offensichtlich wurde der Gebrauch der Keramik slawischer Machart erst zu diesem Zeitpunkt aufgegeben – und zwar gemeinsam mit der Siedlung.

Literatur

Assendorp 1991a

J. J. Assendorp, Bronzezeitliche Besiedlung in Hitzacker. Archäologie in Deutschland, H. 3, 1991, 49–50.

Assendorp 1991b

J. J. Assendorp, Hausgrundrisse mit Wandgräbchen aus Hitzacker. In: W. Jürries (Hrsg.), Beiträge zur Archäologie und Geschichte Nordostniedersachsens. Berndt Wachter zum 70. Geburtstag. Schriftenreihe des heimatkundlichen Arbeitskreises Lüchow-Dannenberg 8. Lüchow 1991, 95–108.

Assendorp 1994

J. J. Assendorp, Zwischen Ausgrabung und Auswertung – acht Jahre Archäologie am Hitzacker-See. Hannoversches Wendland 14 – 1992/1993, 1994, 81–96.

Assendorp 1997

J. J. Assendorp, Die bronzezeitliche Siedlung in Hitzacker, Niedersachsen. In: J. J. Assendorp (Hrsg.), Forschungen zur bronzezeitlichen Besiedlung in Nord- und Mitteleuropa. Espelkamp 1997, 51–59.

Assendorp 2004

J.-J. Assendorp, Die bronzezeitliche Siedlung von Hitzacker. In: M. Fansa, F. Both, H. Hassmann (Hrsg.), Begleitbuch zur Sonderausstellung Archäologie-Land-Niedersachsen. 400 000 Jahre Geschichte. Stuttgart 2004, 387–389.

Biermann 2010

F. Biermann, Archäologische Studien zum Dorf der Ostsiedlungszeit. Die Wüstungen Miltendorf und Damsdorf in Brandenburg und das ländliche Siedlungswesen des 12. bis 15. Jahrhunderts in Ostmitteleuropa. Forschungen zur Archäologie im Land Brandenburg 12. Wünsdorf 2010.

Brather 2008

S. Brather, Archäologie der westlichen Slawen. Siedlung, Wirtschaft und Gesellschaft im früh- und hochmittelalterlichen Ostmitteleuropa. Ergänzungsbände zum Reallexikon der Germanischen Altertumskunde 61. Berlin, New York 2008.

Feiner 2013

D. Feiner, Geschirr, Vorräte und Hausrat. Die Bronzezeit unter dem Einkaufszentrum. Archäologie in Niedersachsen 16, 2013, 143–146.

Harck 1972a

O. Harck, Nordostniedersachsen vom Beginn der jüngeren

---

51 Für den ländlichen Bereich wurde diese Thematik jüngst ausführlich vorgelegt. Vgl. Biermann 2010, besonders die Zusammenfassung der Diskussion um die Planmäßigkeit der Dorfformen 348ff.
52 Vgl. Beitrag S. Brather in diesem Band.

HARCK 1972a
O. Harck, Nordostniedersachsen vom Beginn der jüngeren Bronzezeit bis zum frühen Mittelalter. Materialheft zur Ur- und Frühgeschichte Niedersachsens 7. Hildesheim 1972.

HARCK 1972b
O. Harck, Nordostniedersachsen vom Beginn der jüngeren Bronzezeit bis zum frühen Mittelalter. Tafelband. Materialheft zur Ur- und Frühgeschichte Niedersachsens 7. Hildesheim 1972.

KEMPKE 1984
T. Kempke, Starigrad/Oldenburg. Hauptburg der Slawen in Wagrien II. Die Keramik des 8.–12. Jahrhunderts. Offa-Bücher 53. Neumünster 1984.

KÖNIG 1995
A. König, Archäologische Bodenfunde aus der Altstadt von Höxter. In: H. G. Horn (Hrsg.), Ein Land macht Geschichte. Archäologie in Nordrhein-Westfalen. Köln 1995, 304–307.

KÜNTZEL 2010
T. Küntzel, Der Stadtwall in den Gärten: Neue Gedanken zu den historischen Hintergründen der Verlegung der Stadt Hitzacker um die Mitte des 13. Jahrhunderts. U. Müller (Hrsg.), Historische Archäologie 1, 2010, 1–28.

LAUX 1979
F. Laux, Die Großsteingräber im nordöstlichen Niedersachsen. In: H. Schirnig (Hrsg.), Großsteingräber in Niedersachsen. Hildesheim 1979, 59–82.

LINNEMANN 2007
S. Linnemann, Die slawischen Befunde am Hitzacker-See, Ldkr. Lüchow-Dannenberg. Magisterarbeit Univ. Göttingen 2007. Unpubliziert.

LINNEMANN 2011
S. Linnemann, Die slawischen Befunde am Hitzacker-See, Ldkr. Lüchow-Dannenberg. Göttinger Forschungen zur Ur- und Frühgeschichte 1, 2011, 147–203.

LÜDTKE 1980
H. Lüdtke, Der mehrperiodige Siedlungsplatz von Hitzacker (Elbe), Ldkr. Lüchow-Dannenberg. Vorbericht über die Grabung 1979. Nachrichten aus Niedersachsens Urgeschichte 49, 1980. Hildesheim 1981, 131–152.

LÜDTKE 1981
H. Lüdtke, Der Fund zweier Töpferöfen innerhalb der mehrphasigen Siedlung von Hitzacker/Elbe, Kr. Lüchow-Dannenberg. Hannoversches Wendland 8, 1980/81, 1981, 85–100.

MOSER 1994
A. Moser, Zur zeitlichen Stellung der „Riesenbecher" des Hannoverschen Wendlandes. Nachrichten aus Niedersachsens Urgeschichte 63. Stuttgart 1994, 3–38.

NIKULKA 1991a
F. Nikulka, Drei Grundrisse vom mehrphasigen Siedlungsplatz Hitzacker-See, Ldkr. Lüchow-Dannenberg. Vorbericht zu den Grabungskampagnen 1989 und 1990. Nachrichten aus Niedersachsens Urgeschichte 60. Hildesheim 1991, 89–99.

NIKULKA 1991b
F. Nikulka, Einige Bemerkungen zur funktionalen Interpretation slawischer und frühmittelalterlicher Grubenhäuser. In: W. Jürries (Hrsg.), Beiträge zur Archäologie und Geschichte Nordostniedersachsens. Berndt Wachter zum 70. Geburtstag. Schriftenreihe des heimatkundlichen Arbeitskreises Lüchow-Dannenberg 8. Lüchow 1991, 109–120.

NIKULKA/WACHTER 1992
F. Nikulka, B. Wachter, Bodenmarken an jungslawischer Keramik aus einem frühmittelalterlichen Graben vom mehrperiodigen Siedlungsplatz Hitzacker-See, Ldkr. Lüchow-Dannenberg. Nachrichten aus Niedersachsens Urgeschichte 61, 1992, 81–94.

PREUSS 1980
J. Preuß, Die altmärkische Gruppe der Tiefstichkeramik. Veröffentlichungen des Landesmuseums für Vorgeschichte in Halle. Bd. 33. Berlin 1980.

PUDELKO 1979
A. Pudelko, Hochwasser/Deiche. Einige Betrachtungen zu Siedlungsveränderungen im Urstromtal der Elbe seit dem Deichbau, am Beispiel der Höhbecklandschaften zwischen Schnackenburg und Grippel. Hannoversches Wendland 7, 1978/1979, 1979, 73–83.

SCHÄFER 2009
M. Schäfer, (All)tägliche Toilette: Vom Kamm bis zum Zahnstocher – Körperpflege im Mittelalter und in der frühen Neuzeit. Concilium medii aevi 12, 2009, 225–250.

SCHULDT 1956
E. Schuldt, Die slawische Keramik in Mecklenburg. Deutsche Akademie der Wissenschaften zu Berlin. Schriften der Sektion für Vor- und Frühgeschichte 5. Berlin 1956.

SCHULDT 1964
E. Schuldt, Slawische Töpferei in Mecklenburg. Schwerin 1964.

SOMMERFELD 1992
Ch. Sommerfeld, Archäologische Ausgrabungen „Hitzacker-See" – Übersicht über die wichtigsten Funde und Befunde der Kampagne 1991 – kein Vorbericht. Hannoversches Wendland 13, 1989/90/91, 1992, 167–186.

ULBRICHT 1984
I. Ulbricht, Die Verarbeitung von Knochen, Geweih und Horn im mittelalterlichen Schleswig. Ausgrabungen in Schleswig. Berichte und Studien 3. Neumünster 1984.

VOSS 1969
K. L. Voß, Vorbericht über die Teiluntersuchung eines Siedlungsplatzes an der Jeetzel bei Hitzacker, Kreis Lüchow-Dannenberg. Hannoversches Wendland 1, 1969, 47–50.

WACHTER 1998
B. Wachter, Die slawisch-deutsche Burg auf dem Weinberg in Hitzacker/Elbe. Bericht über die Grabungen von 1970–1975. Ein Beitrag zur Frühgeschichte des Hannoverschen Wendlands. Göttinger Schriften zur Vor- und Frühgeschichte 25. Neumünster 1998.

WILLROTH 2000
K.-H. Willroth, Das Hannoversche Wendland um 1000. In: A. Wieczorek, H.-M. Hinz (Hrsg.), Europas Mitte um 1000. Beiträge zur Geschichte, Kunst und Archäologie. Stuttgart 2000, 723–726.

WILLROTH 2007
K.-H. Willroth, DFG-Projekt: Die slawische Besiedlung an der unteren Mittelelbe. Untersuchungen zur ländlichen Besiedlung, zum Burgenbau, zu Besiedlungsstrukturen und zum Landschaftswandel. Einführung. Archäologisches Nachrichtenblatt 12, 2007, 261–263.

Überlegungen zum Umfeld des spätslawischen Gräberfeldes von Güstritz, Ldkr. Lüchow-Dannenberg

von Katharina Möller

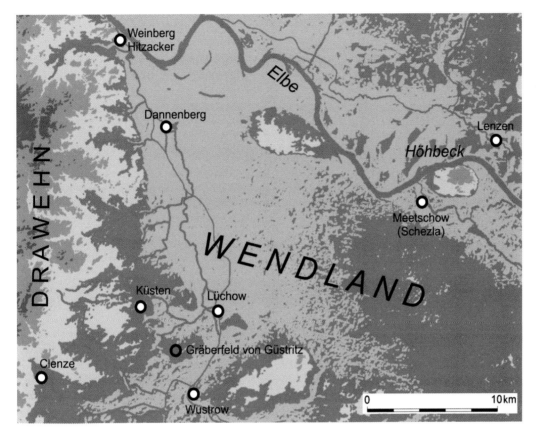

◀ Abb. 1: Die Lage des Gräberfeldes von Güstritz im Hannoverschen Wendland. Kartengrundlage: H.-P. Koch.

Einleitung

Dem Gräberfeld von Güstritz kommt eine besondere wissenschaftliche Bedeutung zu, da im Vergleich zu Befestigungen und Siedlungen nur wenige Nekropolen aus dem slawischen Siedlungsgebiet bekannt sind und es darüber hinaus zu den größten zu zählen ist, die bislang untersucht wurden.[1] Dennoch wurden die Grabungsergebnisse bisher nur in einigen kurzen Arbeitsberichten vorgelegt.[2] Die ausführliche Vorlage der Funde und Befunde ist derzeit in Vorbereitung.[3] Die Frage nach dem Wohnort bzw. den Wohnorten der zu der Nekropole gehörenden Bestattungsgemeinschaft ist bisher nicht erörtert worden. Im Folgenden soll daher versucht werden, das unmittelbare Umfeld des Güstritzer Gräberfeldes unter diesem Gesichtspunkt näher zu beleuchten.

Das Gräberfeld von Güstritz

Im Jahr 1991 traten bei Abbauarbeiten in einer Kiesgrube im Grenzbereich der Gemarkungen Güstritz und Satemin in der Gemeinde Wustrow, Landkreis Lüchow-Dannenberg (Abb. 1), menschliche Knochen zu Tage.[4] Da der Fundplatz (Fundstelle 592/3) durch die fortlaufenden Abbauarbeiten bedroht war, führten Mitarbeiter der Kreisarchäologie Lüchow-Dannenberg umgehend eine Notgrabung durch und dokumentierten die ersten Befunde noch im November desselben Jahres. Bei weiteren Kampagnen in den folgenden elf Jahren konnten auf der untersuchten Fläche mit einer Größe von ca. 0,2 ha insgesamt 243 Befunde erfasst werden. Hierbei wurde eine mindestens 182 Gräber umfassende Nekropole freigelegt, die anhand der Funde in das 12./13. Jahrhundert n. Chr. datiert werden kann.[5] Es ist jedoch davon auszugehen, dass im Rahmen der Ausgrabungen nicht der gesamte Bestattungsplatz erfasst wurde. Die teilweise bereits gestörten Grabgruben weisen darauf hin, dass

---

1 Saile 2007, 121. Schmidt 1995, 83. Vgl. auch Pollex 2010.
2 Lucke 1994; 1996; 1998. Jungklaus 2009. Möller 2012. Nitsche 2012.
3 Möller in Vorb. Die Bearbeitung des Güstritzer Gräberfeldes erfolgte im Rahmen meiner Magisterarbeit, die 2012 angenommen wurde. Ich möchte an dieser Stelle Professor Willroth herzlich für die Möglichkeit danken, dieses Thema zu bearbeiten.

4 Lucke 1994, 195.
5 Möller in Vorb.

▲ Abb. 2: Das Gräberfeld von Güstritz. Grafik: J. Nitsche/K. Möller.

ein Teil des Gräberfeldes schon vor der Grabung dem Kiesabbau zum Opfer gefallen ist (Abb. 2). Darüber hinaus konnten die Grenzen der Nekropole nicht überall eindeutig erfasst werden. Im Sommer zu erkennende Bewuchsmerkmale auf dem nördlich angrenzenden Feld deuten an, dass dort noch weitere Gräber liegen könnten.[6] Bei einer von Th. Saile veranlassten Magnetprospektion der sich nördlich und östlich anschließenden Flächen konnten auf Grund sich störend auswirkender geologischer Strukturen jedoch keine Hinweise auf weitere Bestattungen gefunden werden.[7]

Eingliederung des slawischen Siedlungsgebietes in den deutschen Herrschaftsbereich dürfte auch eine nominelle Christianisierung der ländlichen Bevölkerung stattgefunden haben. Hierbei ist jedoch zu beachten, dass damals als Christ galt, wer getauft war. Eine Unterweisung in christlichen Lehren fand selten statt, so dass die Bevölkerung ihre alten Sitten oft weiter praktizierte. So zeigt beispielsweise das Güstritzer Gräberfeld, dass zumindest einige heidnische Tracht- und Bestattungssitten, wie das Tragen von Schläfenringen oder die Beigabe von persönlichen Gegenständen (Messer), beibehalten wurden.[10] Ähnliches

▲ *Abb. 3: Hohlschläfenring mit s-förmigem Ende aus Befund 144S. Foto: Verfasser.*

◄ *Abb. 4: Reste der Messerscheide mit verziertem Ortband (Befund 65). Foto: D. Bach.*

Bei dem Gräberfeld handelt es sich um den Bestattungsplatz einer slawischen Bevölkerungsschicht des 12./13. Jahrhunderts. Darauf deuten die als typisch slawisch angesehenen Funde wie Schläfenringe (Abb. 3) und Messerscheidenbeschläge (Abb. 4) hin. Die Zeitstellung des Güstritzer Gräberfeldes ergibt sich generell anhand der auftretenden Fundvergesellschaftungen. In vier Gräbern fanden sich außerdem eindeutig datierbare Münzen. Während es sich bei den beiden Exemplaren aus den Gräbern 140 und 170 um Pfennige aus der Zeit Heinrichs des Löwen (1142 bis 1180 n. Chr.) handelt (Abb. 5), enthielten die Befunde 144S und 145S Brakteaten (Abb. 6). Diese Münzform tritt zwischen 1140 und 1150 erstmals auf und bricht erst zu Beginn des 14. Jahrhunderts ab.[8]

Mit dieser späten Datierung fällt die Nekropole in die Zeit unmittelbar nach der mittelalterlichen Ostsiedlung, die im Hannoverschen Wendland unter anderem durch die Einsetzung der Grafen von Lüchow und Dannenberg im 12. Jahrhundert fassbar wird.[9] Spätestens mit der

gilt auch für die dravänopolabische Sprache, die im Hannoverschen Wendland noch bis zur Mitte des 18. Jahrhunderts gesprochen wurde.[11]

Die in Güstritz gefundenen Beigaben lassen darauf schließen, dass der Prozess der „tatsächlichen Christianisierung"[12] der einfachen Bevölkerung im 13. Jahrhundert noch nicht abgeschlossen war. Gleichzeitig ist aber auch zu beachten, dass nur sehr wenige Gräber tatsächlich Beigaben enthielten. Ob die beigabenlosen Gräber Ausdruck der Christianisierung oder des niedrigen sozialen Status der Bestatteten sind, kann nicht zweifelsfrei festgestellt werden. Die Nekropole kann aufgrund ihrer großen Gleichförmigkeit in der Ausrichtung der Grabgruben und den nur wenigen durch ihre Beigaben abweichenden Gräbern auch als überwiegend christliches Gräberfeld angesehen werden.[13]

▲ *Abb. 5: Pfennige aus der Zeit Heinrich des Löwen (1142–1180 n. Chr.). M. 1:1. Foto: Verf.*

▲ *Abb. 6: Die Brakteaten aus den Gräbern 144S und 145S. M. 1:1. Foto: Verf.*

---

6 Freundliche Mitteilung von J. Nitsche.
7 SAILE 2007, 142; 143ff. Abb. 58–60.
8 KROHA 1977, 72.
9 WILLROTH 2000, 726. SAILE 2007, 72–75.
10 Vergleichbare Funde wurden auch auf den Gräberfeldern von Rassau (Ldkr. Uelzen) und Növenthien (Ldkr. Uelzen) gemacht. Vgl. SCHWANTES 1909; 1910. PETERS 1966.
11 SCHMITZ 1999, 9.
12 ZOLL-ADAMIKOWA 1994, 81f.
13 Vgl. dagegen MEIBEYER 2001, 34, der eine andere Auffassung vertritt.

Das Umfeld der Nekropole

Für die Eingrenzung des Arbeitsgebietes wurde zunächst die Arbeit von A. Pollex über die slawischen Körpergräber des 10. bis 13. Jahrhunderts herangezogen. Bei der Untersuchung von 447 Gräberfeldern konnten dort in 52 Fällen dazu gehörige Siedlungen verzeichnet werden.[14] Die Entfernung zwischen Bestattungsplätzen und der zugehörigen Niederlassung betrug meist nur einige hundert Meter, wobei die Distanzen zwischen unbefestigten Siedlungen und Gräberfeldern geringer auszufallen scheinen (in der Regel < bzw. = 600 m) als im Fall von Burgwällen und Gräberfeldern (überwiegend 600–700 m).[15] Zwar sind auch Entfernungen von über 1 km bekannt, doch diese treten seltener auf.[16]

Um auszuschließen, dass mögliche Siedlungsplätze durch eine zu starke Eingrenzung des Arbeitsgebietes übersehen werden, wurde ein Radius von ca. 3 km um das Güstritzer Gräberfeld betrachtet (Abb. 7). Hierfür wurden die Ortsakten der umliegenden Gemeinden Lüchow, Küsten und Wustrow ausgewertet.[17]

Mittelalterliche Siedlungen im Raum Güstritz

Aufgelassene Siedlungsstellen

Aus dem Bereich zwischen den Orten Lüchow und Wustrow sind in der Nähe des Flusses Jeetzel drei slawische Siedlungsplätze bekannt. Als erstes ist die Fundstelle 593/10 in der Gemarkung Klennow-Neritz zu nennen, die bislang lediglich Oberflächenfunde erbrachte. Hier wurden im Jahr 1966 bei einer Feldbegehung 44 Scherben, vier Stücke Brandlehm und ein Abschlag geborgen. Die Funde werden aufgrund der Verzierung der Scherben in das 9.-11. Jahrhundert datiert und von Saile als altslawische Siedlung des 9.-10. Jahrhunderts katalogisiert.[18]

Die anderen zwei Siedlungsstellen liegen in der angrenzenden Gemarkung Jeetzel. Südöstlich des gleichnamigen Dorfes an einem Altarm der Jeetzel (Fundstelle 506/05) wurde 1935 bei der Einebnung eines Feldes slawische Keramik gefunden. Einige Stücke wiesen an der Mündung die für Drehscheibenware typischen Herstellungsspuren auf. Bei genauerer Betrachtung konnte eine Grube dokumentiert werden, die anhand der Keramikfunde in das 12./13. Jahrhundert datiert wurde.[19] O. Harck ordnete diese Fundstelle auf Grund der mit Gurtfurchen verzierten Scherben seiner Gruppe C zu, die er in die Zeit von 950–1200 n. Chr. datiert.[20] Bei Saile ist sie als „mittel- bis spätslawische Siedlung" verzeichnet.[21]

Auch nordöstlich des Dorfes Jeetzel wurde eine slawische Siedlung (Fundstelle 506/11) entdeckt. Hier wurden 1967 bei einer Feldbegehung neben Brandlehmfragmenten insgesamt 124 zum Teil verzierte Scherben gefunden. Neben steilwandigen Bechern, bauchigen Gefäßen und mit Gurtfurchen verzierter Ware traten auch Stücke des Menkendorfer Typs sowie eine Woldegker Scherbe auf. Somit deutet die Keramik auf eine Datierung ins 9.–11./12. Jahrhundert hin.[22]

Darüber hinaus wurde auf einem Feld zwischen Jeetzel und Lüchow (Fundstelle 506/02) eine Kulturschicht entdeckt, aus der altslawische Scherben stammen.[23] Sie weist ebenfalls auf eine slawische Siedlung hin.

Aus der Stadt Lüchow selbst ist eine slawische Burg mit mindestens sechs Siedlungsphasen bekannt.[24] Dank guter Holzerhaltung konnte sie mit Hilfe der Dendrochronologie ins 11. Jahrhundert datiert werden.[25] 1144 wird sie schließlich erstmals als Sitz der Grafen von Lüchow erwähnt und ist zur Zeit des Gräberfeldes somit unter deutscher Kontrolle.[26] Nach Saile gibt es in der Stadt Lüchow mindestens zwei weitere slawische Siedlungen. Eine Zusammenfassung des Fundberichtes für die Fundstelle 500/2 ist bei Grenz publiziert, der sie als „früh" einordnet.[27] Saile hingegen spricht von einer mittelslawischen Siedlung.[28] An anderer Stelle (Fundstelle 500/36) wurden Knochen, ein Eisenstück, Reste einer Tonpfeife, eine Ofenkachelscherbe, ein Stück glasierte Keramik und vier weitere Scherben gefunden. Zwar wird die Fundstelle als spätslawische Siedlung des 11. Jahrhunderts bezeichnet,[29] doch ist in der Ortsakte Lüchow nur eine einzige slawische Scherbe unter den Funden verzeichnet, die überdies verlagert ist. Obwohl also durch die Burg eine slawische Ansiedlung im Stadtgebiet von Lüchow gesichert ist, bleibt festzuhalten, dass zumindest der letztgenannte Fundplatz nicht sicher als Siedlungsstelle anzusehen ist.

Keiner der genannten Fundplätze wurde bisher im Rahmen systematischer archäologischer Ausgrabungen untersucht. Die in den Ortsakten vermerkten Berichte beruhen ausschließlich auf Beobachtungen, die anhand von Feldbegehungen oder im Rahmen von Bauarbeiten gemacht wurden.

---

14 Wie Pollex (2010, 260) selbst anmerkt, spiegelt dies nicht das reale Bild, sondern wohl in erster Linie den Forschungsstand wider.
15 Pollex 2010, 262.
16 Pollex 2010, 261f.
17 Für die Hilfe bei meinen Recherchen danke ich J. Nitsche, Lüchow, und Dr. H. Nelson, Hannover.
18 Voelkel 1966. Saile 2007, 267 Kat. Nr. 172.
19 Kofahl 1935. Im Wortlaut wiedergegeben bei Grenz 1961, 38f.
20 Harck 1972, 73; 75.
21 Saile 2007, 266 Kat. Nr. 143.
22 Voelkel 1967. Vgl. Saile 2007, 266 Kat. Nr. 144.
23 Grenz 1961, 38. Vgl. auch Saile 2007, 266 Kat. Nr. 142.
24 Wachter 1986, 30.
25 Wachter 1998, 165 Nr. 27.
26 Lucke 2003, 82.
27 Grenz 1961, 41f.
28 Saile 2007, 270 Kat. Nr. 234.
29 Saile 2007, 270 Kat. Nr. 235. Mit weiterer Literatur.

Ort	Ersterwähnung	Ursprung des Namens	ursprüngliche Größe	Kirchengemeinde
Brese	1330/52	?	5 Hufen	Wustrow
Dolgow	1330/52	slawisch	?	Wustrow
Ganse	1343	slawisch	?	Satemin
Gühlitz	1281	slawisch	5 Hufen	Meuchefitz
Güstritz	1388	slawisch	5 Hufen	Satemin
Jabel	1320	slawisch	vor 1847 unbekannt	Satemin
Jeetzel	1330/52	germanisch	?	Lüchow
Klein Satemin	1330/52	slawisch	5 Hufen	Satemin?
Klennow	1360	slawisch	?	Wustrow
Küsten	1450/51	slawisch	10 Hufen	Küsten
Lensian	1360	slawisch	?	Wustrow/Satemin
Lübeln	1323	slawisch	11 Hufen	Plate
Meuchefitz	1362	slawisch	?	Meuchefitz
Naulitz	1191	slawisch	?	Küsten
Reetze	1360	slawisch	?	Lüchow
Satemin	1309	slawisch	7 Hufen	Satemin
Schreyahn	1360	slawisch	7 Hufen	Satemin

◀ *Tab. 1: Übersicht über die Rundlinge und Wüstungen im Umfeld des Güstritzer Gräberfeldes. Angaben (nach SCHMITZ 1999; MEIBEYER 2001; WENDLAND-LEXIKON 2008).*

Vorbehaltlich dieser schwachen Datengrundlage lässt sich zusammenfassen, dass die slawischen Siedlungsstellen mit einer Ausnahme offenbar alle aufgelassen wurden, bevor der Belegungszeitraum des Güstritzer Gräberfeldes beginnt. Lediglich die Siedlung FstN 506/05 bei Jeetzel existierte zu jener Zeit und fiel offenbar erst im 13. Jahrhundert wüst.

Im betrachteten Umfeld sind darüber hinaus auch zwei Dorfwüstungen bekannt, Klein Satemin und Brese. Beide Orte werden ausschließlich in schriftlichen Quellen aus den Jahren 1330/52 und 1360 erwähnt und gingen im Mittelalter in den Ortschaften Satemin und Güstritz auf.[30] Sie dürften im Belegungszeitraum des Gräberfeldes bereits bestanden haben, ebenso wie die Rundlingsdörfer. Daher werden sie dort auch in die Betrachtung einbezogen (siehe unten).

Bestehende Orte mittelalterlichen Ursprungs (Rundlinge)

Neben den lediglich archäologisch nachweisbaren Siedlungen müssen aber auch einige heute noch existierende Orte bei der Frage nach einer potentiellen zum Gräberfeld gehörenden Siedlung in Betracht gezogen werden. Das betrifft im Hannoverschen Wendland in der Regel die sogenannten Rundlinge. Insbesondere das Gebiet um Lüchow gilt als Kernregion der Rundlingslandschaft. Bei dieser im Landkreis Lüchow-Dannenberg häufig auftretenden Siedlungsform sind die Häuser im Kreis bzw. hufeisenförmig um eine Art Dorfplatz angeordnet. Sie wird heute meist als Planform mit der mittelalterlichen Ostsiedlung des 12./13. Jahrhunderts in Verbindung gebracht.[31]

Nicht unumstritten war in der Forschung allerdings zunächst die Frage, ob es sich bei den Rundlingen um eine slawische Siedlungsform oder eine im Rahmen des mittelalterlichen Landesausbaus aufkommende deutsche Dorfanlage handelt. A. Krenzlin vertrat anfangs die Auffassung, dass diese vorwiegend im slawischen Raum anzutreffende Siedlungsform slawischen Ursprungs sei.[32] Später betrachtete sie Rundlinge jedoch als Kompromiss zwischen slawischer und deutscher Lebens- und vor allem Wirtschaftsweise, der aus einer „bestimmten historischen Situation"[33] heraus entstanden sei. Ähnlich äußerte sich später auch W. Schulz.[34]

W. Meibeyer hingegen interpretiert Rundlinge als Neusiedlungen, die im Rahmen des Landesausbaus unter deutscher Herrschaft von zwangsweise umgesiedelten Slawen aus dem nordelbischen Raum gegründet wurden.[35] Er begründet dies damit, dass in Orten dieser Siedlungsform bisher ausschließlich deutsche Keramik gefunden wurde, die bis ins 12. Jahrhundert zurückreicht[36], während slawische Funde, die auf ältere Vorgängersiedlungen hindeuten, nicht auftreten. Dennoch haben viele der Orte slawische Ortsnamen, die Gemeinsamkeiten mit Namen im nordelbischen Raum aufweisen. Saile hat sich mit dieser Interpretation kritisch auseinandergesetzt und gibt unter anderem zu bedenken, dass die Rundlinge erst „nach weitgehender Aufgabe der slawischen materiellen Alltagskultur"[37] entstanden. Hinzu kommt, dass aufgrund der dichten Bebauung in den Rundlingen kaum archäologische Ausgrabungen vorgenommen werden konnten. Somit muss die Frage nach potentiellen slawischen Vorgängersiedlungen an gleicher Stelle im Moment noch als nicht abschließend geklärt gelten. Zu beachten sind hier auch die Beispiele, bei denen sich im unmittelbaren Umfeld eines Rundlings durchaus slawische Siedlungsspuren finden ließen.[38] Es ist also keineswegs so, dass die

---

30 MEIBEYER 2001, 84ff.
31 SAILE 2004, 29.
32 KRENZLIN 1931, 311.
33 KRENZLIN 1952, 110.
34 SCHULZ 1963, 47.
35 MEIBEYER 2001, 32.
36 MEIBEYER 2001, 28.
37 SAILE 2004, 24.
38 SAILE 2004, 24.

neuen Siedlungen in einem siedlungsleeren Raum entstanden. Die exakte Genese der Rundlinge betrifft die hier behandelte Fragestellung nur am Rande und soll daher nicht weiter ausgeführt werden. Entscheidend ist, dass die Anlage der meisten Rundlingsdörfer im 12. Jahrhundert wahrscheinlich ist, und dass ihre Bewohner offenbar sowohl „Deutsche" als auch „Slawen" waren, auch wenn deren Verhältnis zueinander im Moment nicht genauer zu beschreiben ist.

Im hier näher betrachteten Gebiet liegen 15 Rundlingsdörfer (Abb. 7). Zu ihnen zählen neben Güstritz und Satemin, den beiden Orten, auf deren Gemarkung sich das Gräberfeld befindet, auch die Orte Reetze, Jeetzel, Klennow, Dolgow, Schreyahn, Lensian, Ganse, Jabel, Gühlitz, Meuchefitz, Naulitz, Lübeln und Küsten. Darüber hinaus werden hier auch die Wüstungen Klein Satemin und Brese in die Untersuchung einbezogen (Tab. 1).

Betrachtet man die Lage der Orte, so ist auffällig, dass das Gräberfeld zwischen den Rundlingen Güstritz, Satemin, Reetze, Jeetzel, Klennow und Dolgow liegt (Abb. 7). Die Entfernung dieser Ortschaften zum Gräberfeld beträgt dabei zwischen ca. 1,2 und 2 km. Zwar werden diese Dörfer urkundlich erst im 14. Jahrhundert erwähnt,[39] doch legt dies nur einen *terminus ante quem* fest. Die Orte können also durchaus bereits zur Zeit des Güstritzer Gräberfeldes existiert haben, wie dies ihre Rundlingsform nahelegt.

Das Siedlungsbild zur Zeit des Güstritzer Gräberfeldes

Im 12. und 13. Jahrhundert existierten im Umfeld des Gräberfeldes von Güstritz also etwa 17 Rundlingsdörfer[40] sowie eine slawische Siedlung.[41] Um feststellen zu können, welche dieser Orte zum Gräberfeld von Güstritz gehören könnten, ist die Topographie der Region von Bedeutung, da sie auch bei der Anlage spätslawischer Bestattungsplätze eine Rolle spielt. Diese wurden bevorzugt auf Anhöhen angelegt.[42] Dies gilt auch für das Gräberfeld von Güstritz, das auf etwa 30 m über NN liegt, während die Ortschaften die Niederungsrandlagen um 20 m über NN bevorzugen. Um Güstritz herum gibt es mehrere Anhöhen zwischen 20 und 30 m über NN (vgl. Abb. 7). Es hätten durchaus andere für ein Gräberfeld infrage kommende Plätze zur Verfügung gestanden. Die Lage des Gräberfeldes im Gelände scheint demnach nicht ausschließlich durch die geomorphologischen Gegebenheiten vorbestimmt gewesen zu sein. Welche Kriterien bei der Platzauswahl außerdem noch eine Rolle spielten (Wegeführung, religiöse Überlegungen etc.) entzieht sich jedoch unserer Kenntnis.

Die Jeetzel-Niederung, in der Güstritz liegt, gehört zum Bereich der Niederen Geest. Der Boden besteht hier hauptsächlich aus weichseleiszeitlichen fluviatilen Sanden und Kiesen, auf denen sich Flugsande abgelagert haben.[43] Im Gegensatz zu den Gräberfeldern liegen die Rundlingsdörfer vorzugsweise im Randbereich der Niederungen.

Das Hannoversche Wendland liegt im Einflussbereich von zwei Klimazonen, einerseits dem kontinentalen Klima mit typischerweise geringeren Niederschlagsmengen, einem Niederschlagsmaximum im Sommer sowie hohen Sommertemperaturen und andererseits dem maritimen Klima, welches sich durch geringere Temperaturunterschiede zwischen Sommer und Winter auszeichnet.[44] Zur Zeit des Güstritzer Gräberfeldes herrschte das mittelalterliche Wärmeoptimum, das für günstige Klimabedingungen sorgte und somit den Landesausbau und die Ostsiedlung förderte. Erst an der Wende zum 14. Jahrhundert verschlechtert sich das Klima deutlich.[45] Das Gräberfeld wurde seit jener Zeit nicht mehr belegt, wobei ein eventueller kausaler Zusammenhang offen bleiben muss.

Die Bestattungsgemeinschaft des Gräberfeldes von Güstritz

Nachdem potentielle Siedlungen der Bestattungsgemeinschaft ausfindig gemacht wurden, muss nun der Frage nach der Belegungsdauer der Nekropole nachgegangen werden. Hierfür ist die bei der anthropologischen Auswertung ermittelte Lebenserwartung hilfreich. Diese betrug im Fall des Gräberfeldes von Güstritz bei der Geburt 29 Jahre.[46] Diese Zahl deckt sich in etwa mit der allgemein angenommenen Dauer einer Generation von ca. 30 Jahren. Da anhand der gefundenen Münzen davon ausgegangen werden kann, dass die Nekropole mindestens zwischen der 1. Hälfte des 12. und der 1. Hälfte des 13. Jahrhunderts in Benutzung war, werden hier also mindestens drei bis vier Generationen bestattet haben.

Bei insgesamt mindestens 182 Gräbern müssten demnach rechnerisch etwa 46 bis 61 Gräber pro Generation angelegt worden sein. Dabei ist jedoch zu bedenken, dass nicht alle Bestattungen des Gräberfeldes erfasst wurden und der eigentliche Wert somit sogar noch höher gelegen haben dürfte.

---

39 Vgl. Schmitz 1999, 52; 78; 88; 97; 165.

40 Selbstverständlich kann nichts darüber gesagt werden, in welcher zeitlichen Abfolge diese Orte angelegt wurden, die sicher nicht alle von Beginn an gleichzeitig existierten.

41 Ob diese Siedlung ebenfalls als Rundlingsdorf des 12. Jahrhunderts anzusprechen ist, kann ohne archäologische Untersuchung nicht mit Sicherheit gesagt werden. Es ist bislang auch nicht sicher zu entscheiden, ob es in jener Zeit um Lüchow neben den Rundlingsdörfern noch andere Siedlungskleinformen gegeben hat.

42 Pollex 2010, 263.

43 Sponagel 1986, 26.

44 Miest 1972, 133.

45 Sirocko 2010, 160; 165.

46 Jungklaus 2009, 343.

Betrachtet man die Siedlungen unter diesem Aspekt, so fällt auf, dass sie eine relativ geringe Einwohnerzahl gehabt haben müssen. Die Rundlingsdörfer scheinen ursprünglich aus etwa 5–7 Höfen bestanden zu haben[47] und auch die slawischen Siedlungen scheinen nicht größer gewesen zu sein,[48] sodass die Bewohnerzahl eines einzelnen Dorfes selbst im Verlauf eines Jahrhunderts nicht ausreichen würde, um ein so großes Gräberfeld wie das von Güstritz allein mit seinen Toten belegen zu können. Es ist daher sehr wahrscheinlich, dass die Einwohner mehrerer Siedlungen gemeinsam auf dem Gräberfeld bestatteten. Die Analyse des Gräberfeldes liefert diesbezüglich jedoch keine klaren Hinweise. Die Gräber sind ausschließlich West-Ost orientiert und liegen in von Norden nach Süden verlaufenden Reihen nebeneinander. Die verschiedenen Altersgruppen und Geschlechter verteilen sich gleichmäßig über das Gräberfeld. Gleiches gilt auch für die einzelnen Beigabengruppen.[49] Anhand von Grabbau, Alter und Geschlecht der Toten sowie ihrer Tracht bzw. Beigabenausstattung sind also keine unterschiedlichen Gruppen im Sinne von Dorfgemeinschaften auszumachen. Darüber hinaus lassen sich auch auf dem Plan des Gräberfeldes (vgl. Abb. 2) keine deutlichen Cluster von Grabgruppen erkennen, die sich von anderen absetzen würden.

Die Funde und Befunde der Nekropole liefern also keinen Hinweis auf die Anzahl der zur Bestattungsgemeinschaft gehörenden Dörfer. Da die Rundlinge Satemin und Güstritz mit einer Entfernung von 1,2 bzw. 1,3 km dem Gräberfeld am nächsten liegen, ist hier am ehesten zu vermuten, dass sie mit diesem in Verbindung stehen. Ein weiterer Hinweis darauf könnte die Tatsache sein, dass beide Orte zum selben Kirchspiel gehören.[50] Der heute zwölf Hufen umfassende Ort Satemin verdankt seine beachtliche Größe der Aufgabe des Ortes Klein Satemin/Prilip im 14. Jahrhundert (vgl. Ab. 7). Das Land der sich ca. 750 m nordöstlich des Dorfes Satemin befindenden Wüstung wurde dem Ort hinzugefügt. Ursprünglich umfasste der Rundling nur sieben Hufen.[51]

Auch Güstritz ist mit zehn Hufen einer der größeren Rundlinge. Doch auch in diesem Fall hängt dies mit einem Wüstungsvorgang zusammen. Hier siedelten sich Bauern aus dem nahe gelegenen wüstgefallenen Dorf Brese an. Ursprünglich zählten zu jedem der beiden Dörfer fünf Hufen.[52] Wenn man von der ursprünglichen Größe der Orte Satemin und Güstritz ausgeht, kommt man auf eine Zahl von mindestens zwölf Höfen, die sich auf beide Orte verteilen. Wenn man weiterhin davon ausgeht, dass auf einem Hof drei bis vier Generationen unter einem Dach lebten und daher mit etwa zehn Bewohnern pro Hof rechnet, reichte ihre Population allein immer noch nicht aus, um das Gräberfeld von Güstritz zu belegen.

Mit einer Entfernung von ca. 1,3 km ist die nordöstlich von Satemin gelegene Wüstung Klein Satemin ebenfalls eine der Siedlungen, die mit einiger Wahrscheinlichkeit zur Bestattungsgemeinschaft gehören könnten. Werden ihre fünf Höfe mit in die Rechnung einbezogen, kommt man der Gesamtzahl an Gräbern schon näher.

Hinsichtlich der Wüstung Brese scheint der Fall dagegen etwas schwieriger zu sein. Obwohl die Hufenzahl beider Orte bei der Zusammenlegung mit Güstritz addiert und neu unter den Bauern verteilt wurde, gehörten die Bewohner weiterhin unterschiedlichen Kirchspielen an.[53] Da sogar eine Zusammenführung und Neueinteilung der Wirtschaftsflächen vorgenommen wurde, scheint eine spätere Trennung in unterschiedliche Kirchspiele unwahrscheinlich. Sie dürfte also vermutlich bereits zu diesem Zeitpunkt bestanden haben und könnte daher gegen eine Zugehörigkeit der Breser Bewohner zur Bestattungsgemeinschaft sprechen.

Die Orte Reetze und Klennow sind mit einer Entfernung von weniger als 1,5 km zum Gräberfeld ebenfalls mögliche zur Bestattungsgemeinschaft zählende Orte. Da die Nekropole sich fast mittig zwischen ihnen und den Ortschaften Güstritz, Satemin und Klein Satemin befindet, ist eine Zugehörigkeit hier zu vermuten. Ähnliches gilt für die Rundlinge Dolgow, Jeetzel und die slawische Siedlung südöstlich von Jeetzel (Fundstelle 506/05). Ein weiterer Hinweis könnten hier die das Gräberfeld umgebenden Niederungen und Flussmarschen sein (Abb. 7). Mit Ausnahme von Dolgow liegen alle hier genannten Orte noch oberhalb der Niederungen und somit gewissermaßen mit dem Gräberfeld auf einer Insel. Sie dürften so einen leichteren Zugang zum Gräberfeld gehabt haben als die anderen Rundlingsdörfer.

Allein die zentrale Lage zwischen den genannten Orten veranlasste auch Meibeyer, implizit davon auszugehen, dass deren Bewohner die Bestattungsgemeinschaft des Gräberfeldes von Güstritz bildeten.[54] Er sieht die Lage deutlich abseits der Dörfer allerdings als Beleg dafür, dass die Dorfbewohner im 12. Jahrhundert noch heidnisch waren. Diese Argumentation ist m. E. nicht zwingend und wird von der archäologischen Analyse des Gräberfeldes weder eindeutig gestützt noch widerlegt (siehe oben).

Jabel, Schreyahn, Lensian, Ganse und Gühlitz sind zwischen 2 und 3 km vom Gräberfeld entfernt und liegen westlich einer Niederung mit

---

47 Vgl. z.B. MEIBEYER 2001, 24 und passim.
48 Vgl. BRATHER 2008, 113.
49 Vgl. ausführlicher MÖLLER in Vorb.
50 MEIBEYER 2001, 86.
51 MEIBEYER 2001, 84.
52 MEIBEYER 2001, 86.

53 MEIBEYER 2001, 86.
54 MEIBEYER 2001, 34f. und besonders Abbildung S. 35 oben.

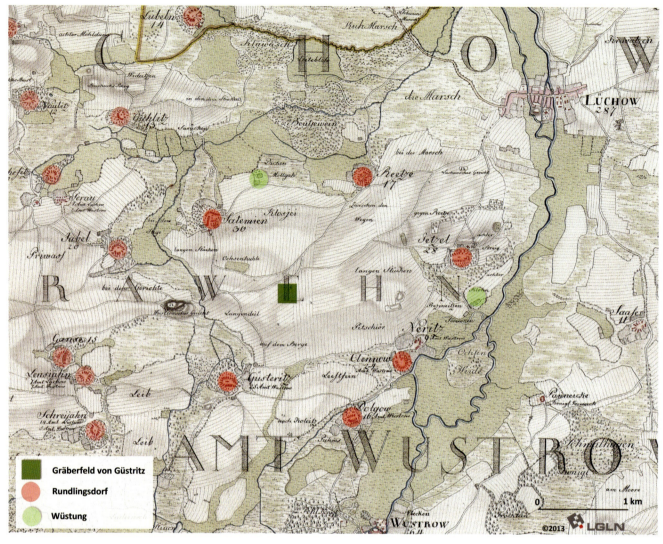

▲ Abb. 7: Das Gräberfeld von Güstritz und die es umgebenden Siedlungsstellen. Kartengrundlage: Kurhannoversche Landesaufnahme 1776, Blatt 87.

Bachlauf (Abb. 7). Die etwas größere Entfernung und die Topographie sprechen gegen ihre Zugehörigkeit zum Gräberfeld. Auch westlich der Orte Güstritz und Satemin gibt es Anhöhen, auf denen man ein Gräberfeld hätte anlegen können. Dass stattdessen die Lage östlich der beiden Rundlinge gewählt wurde, lässt vermuten, dass die zur Bestattungsgemeinschaft gehörenden Dörfer auch dort zu suchen sind. Ein weiteres Indiz hierfür sind die Flussniederungen, die sich zwischen dem Gräberfeld und den hier genannten Ortschaften erstrecken und sich für die Wegführung eher als hinderlich erweisen. Dies gilt in verstärktem Maße auch für die Rundlinge Meuchefitz, Lübeln, Naulitz und Küsten. In diesen Fällen ist eine Zugehörigkeit zum Gräberfeld von Güstritz auch aufgrund der großen Entfernung von mehr als 3 km unwahrscheinlich. Dies trifft ebenso auf die Siedlungen im Stadtgebiet von Lüchow zu.

Ergebnis und Zusammenfassung

Bei der Suche nach einer möglichen Siedlung der zugehörigen Bestattungsgemeinschaft in der Nähe des Gräberfeldes von Güstritz müssen neben den bekannten mittelalterlichen Siedlungen auch die Wüstungen sowie die heute noch bestehenden Rundlinge in Betracht gezogen werden. Darüber hinaus sind die Entfernung zum Gräberfeld und die lokale Topographie von Bedeutung.

Obwohl sich auf dem Gräberfeld keine unterschiedlichen Gruppen ausmachen lassen, ist in Anbetracht der geringen Größe der Siedlungen davon auszugehen, dass die Bestattungsgemeinschaft der Güstritzer Nekropole in mehreren Siedlungen lebte.

Mit größerer Wahrscheinlichkeit sind aufgrund ihrer räumlichen Nähe zum Gräberfeld und unter Umständen auch wegen ihrer Zugehörigkeit zum selben Kirchspiel die Orte Güstritz, Satemin und Klein Satemin zu der Bestattungsgemeinschaft des Gräberfeldes zu zählen. Darüber hinaus können auf Grund ihrer geringen Entfernung zum Gräberfeld und dessen annähernd zentraler Lage die Orte Reetze und Klennow als Teil der Bestattungsgemeinschaft in Frage kommen.

Interessant ist in diesem Zusammenhang sicherlich, dass 1309 erstmals eine Kirche in Satemin erwähnt wird. Ihre Lage außerhalb des Ortes deutet darauf hin, dass sie nachträglich hinzugefügt wurde.⁵⁵ Sie dürfte also ungefähr zu der Zeit entstanden sein, zu der das Gräberfeld von Güstritz aufgegeben wurde. Mit der Christianisierung der ländlichen Bevölkerung muss dieser Vorgang allerdings nicht unbedingt in direktem Zusammenhang gestanden haben.

Auch wenn die Wohnorte der Bestattungsgemeinschaft des Güstritzer Gräberfeldes mit recht großer Wahrscheinlichkeit identifiziert werden konnten, so bleiben natürlich dennoch einige Unwägbarkeiten. Es kann nicht ausgeschlossen werden, dass z. B. eine weitere zum Gräberfeld gehörende Siedlung eventuell noch nicht entdeckt worden ist. Dies ließe sich nur im Rahmen ausführlicher Prospektionen im Güstritzer Raum klären. Lohnenswerter scheinen insbesondere Prospektionen und Untersuchungen, die versuchen, ausgehend von den Ergebnissen aus Güstritz weitere frühe Bestattungsplätze anderer Rundlingsgemeinschaften zu lokalisieren, anhand derer die hier getroffenen Aussagen überprüft werden könnten. Zahlreiche Fragen, insbesondere zum Verlauf der Christianisierung im slawischen ländlichen Raum, sind noch weit davon entfernt, abschließend geklärt zu sein.

Literatur

BRATHER 2008
S. Brather, Archäologie der westlichen Slawen. Siedlung, Wirtschaft und Gesellschaft im früh- und hochmittelalterlichen Ostmitteleuropa. Ergänzungsbände zum Reallexikon der Germanischen Altertumskunde 61. Berlin, New York 2008.

GRENZ 1961
R. Grenz, Die slawischen Funde aus dem hannoverschen Wendland. Neumünster 1961.

HARCK 1972
O. Harck, Nordostniedersachsen vom Beginn der jüngeren Bronzezeit bis zum frühen Mittelalter. Materialhefte zur Ur- und Frühgeschichte Niedersachsens 7. Hildesheim 1972.

JUNGKLAUS 2009
B. Jungklaus, Das slawische Gräberfeld von Güstritz im Hannoverschen Wendland – Ergebnisse der anthropologischen Untersuchung. In: F. Biermann, T. Kersting, A. Klammt (Hrsg.), Siedlungsstrukturen und Burgen im westslawischen Raum. Beiträge zur Ur- und Frühgeschichte Mitteleuropas 52. Langenweißbach 2009, 339–348.

KOFAHL 1935
K. Kofahl, Fundbericht von einer slawischen Siedlung bei Jeetzel Kr. Dannenberg. In: Niedersächsisches Landesamt für Denkmalpflege (NLD) – Archäologisches Archiv – Ortsakten.

KRENZLIN 1931
A. Krenzlin, Die Kulturlandschaft des Hannöverschen Wendlands. Forschungen zur deutschen Landes- und Volkskunde 28, 1931, 268–366.

KRENZLIN 1952
A. Krenzlin, Dorf, Feld und Wirtschaft im Gebiet der großen Täler und Platten östlich der Elbe. Forschungen zur deutschen Landeskunde 70. Remagen 1952.

KROHA 1977
T. Kroha, Lexikon der Numismatik. Gütersloh 1977.

LUCKE 1994
A. Lucke, 68. Güstritz-Satemin, Gde. Wustrow, FSt-Nr.592/3 und 516/1. In: A. Metzler, W.-D. Tempel, Bericht über die Ausgrabungstätigkeit der Archäologischen Denkmalpflege im Niedersächsischen Landesverwaltungsamt – Institut für Denkmalpflege – sowie der kommunalen Archäologen in Niedersachsen 1993. Nachrichten aus Niedersachsens Urgeschichte 63, 1994, 179–212.

LUCKE 1996
A. Lucke, Aberglaube in slawischen Bestattungssitten. Archäologie in Deutschland 12, 1996, 50–51.

LUCKE 1998
A. Lucke, 201 Güstritz FStNr. 3, Gde. Stadt Wustrow, Ldkr. Lüchow Dannenberg, Reg.Bez. BS. In: Fundchronik Niedersachsen 1997, Nachrichten aus Niedersachsens Urgeschichte, Beiheft 1, 1998, 130.

LUCKE 2003
A. Lucke, Zeitspuren. 25 archäologische Denkmäler im Landkreis Lüchow-Dannenberg. Lüchow 2003.

MEIBEYER 2001
W. Meibeyer, Rundlinge und andere Dörfer im Wendland. Billerbeck 2001.

MIEST 1972
P.-F. Miest, Witterung und Klima im Kreise Lüchow-Dannenberg. Hannoversches Wendland 3, 1972, 127–137.

MÖLLER 2012
K. Möller, Das Gräberfeld von Güstritz, Landkreis Lüchow-Dannenberg – ein Arbeitsbericht. Hannoversches Wendland 16/17, 1998-2011 (2012), 239–246.

MÖLLER in Vorb.
K. Möller, Das spätslawische Gräberfeld von Güstritz, Landkreis Lüchow-Dannenberg, Nachrichten aus Niedersachsens Urgeschichte 82. In Vorbereitung.

NITSCHE 2012
J. Nitsche, Bericht aus der Kreisarchäologie Lüchow-Dannenberg 1989 – 2006. Hannoversches Wendland 16/17, 1998-2011 (2012), 305–312.

PETERS 1966
H. G. Peters, Das wendische Reihengräberfeld von Növenthien, Kreis Uelzen. I. Die archäologischen Ergebnisse. Neue Ausgrabungen und Forschungen in Niedersachsen 3, 1966, 225–264.

POLLEX 2010
A. Pollex, Glaubensvorstellungen im Wandel. Eine archäologische Analyse der Körpergräber des 10. bis 13. Jahrhunderts im nordwestslawischen Raum. Rahden/Westf. 2010.

SAILE 2004
T. Saile, Das Rundlingsproblem aus archäologischer Sicht – Zugleich ein Beitrag zum Ausklingen der slawisch geprägten materiellen Kultur im Hannoverschen Wendland. In: W. Jürries (Hrsg.), Rundlinge und Slawen. Beiträge zur Rundlingsforschung. Schriftenreihe des Heimatkundlichen Arbeitskreises Lüchow-Dannenberg 16. Lüchow 2004, 15–29.

---

55 MEIBEYER 2001, 80.

Saile 2007

T. Saile, Slawen in Niedersachsen. Zur westlichen Peripherie der slawischen Ökumene vom 6. bis 12. Jahrhundert. Göttinger Schriften zur Vor- und Frühgeschichte 30. Neumünster 2007.

Schmidt 1995

V. Schmidt, Ein slawisches birituelles Gräberfeld von Alt Käbelich, Lkr. Mecklenburg-Strelitz. Bodendenkmalpflege in Mecklenburg-Vorpommern, Jahrbuch 43, 1995, 83–113.

Schmitz 1999

A. Schmitz, Die Siedlungsnamen und Gewässernamen des Kreises Lüchow-Dannenberg. Kieler Beiträge zur deutschen Sprachgeschichte 19. Neumünster 1999.

Schulz 1963

W. Schulz, Primäre und sekundäre Rundlingsformen in der Niederen Geest des Hannoverschen Wendlandes. Forschungen zur deutschen Landeskunde 142. Bad Godesberg 1963.

Schwantes 1909

C. Schwantes, Vorläufiger Bericht über Slavische Skelettgräber bei Rassau, Prov. Hannover. Prähistorische Zeitschrift 1, 1909, 85–86.

Schwantes 1910

C. Schwantes, Slawische Skelettgräber bei Rassau, Prov. Hannover. Prähistorische Zeitschrift 1, 1910, 387–400.

Sirocko 2010

F. Sirocko, Wetter, Klima, Menschheitsentwicklung. Von der Eiszeit bis ins 21. Jahrhundert. Seeheim 2010.

Sponagel 1986

H. Sponagel, Die Böden. In: B. Wachter (Bearb.), Hannoversches Wendland. Führer zu archäologischen Denkmälern in Deutschland 13. Stuttgart 1986, 24–29.

Voelkel 1966

G. Voelkel, Bericht über eine Siedlung in Gemarkung Klennow-Neritz, Kr. Lüchow-Dannenberg. In: Niedersächsisches Landesamt für Denkmalpflege (NLD) – Archäologisches Archiv – Ortsakten.

Voelkel 1967

G. Voelkel, Bericht über eine neue slawische Siedlungsstelle in Gemarkung Jeetzel, Kreis Lüchow-Dannenberg. In: Niedersächsisches Landesamt für Denkmalpflege (NLD) – Archäologisches Archiv – Ortsakten.

Wachter 1986

B. Wachter, Einbaum, slawischer Burgwall und Tagung in Hitzacker – Aus dem Bericht der archäologischen Denkmalpflege im Landkreis Lüchow-Dannenberg für 1985/86. Hannoversches Wendland 11, 1986, 23–36.

Wachter 1998

B. Wachter, Burgen im Hannoverschen Wendland. Zeitschrift für Archäologie des Mittelalters 25/26, 1998, 155–172.

Wendland-Lexikon 2008

W. Jürries, B. Wachter (Hrsg.), Wendland-Lexikon 1, A-K. Lüchow[2] 2008; Wendland-Lexikon 2, L-Z. Lüchow 2008. Schriftenreihe des Heimatkundlichen Arbeitskreises Lüchow-Dannenberg 12/13. Lüchow 2008.

Willroth 2000

K.-H. Willroth, Das Hannoversche Wendland um 1000. In: A. Wieczorek, H.-M. Hinz (Hrsg.), Europas Mitte um 1000, Bd. 2. Stuttgart 2000, 723–726.

Zoll-Adamikowa 1994

H. Zoll-Adamikowa, Die Einführung der Körperbestattung bei den Slawen an der Ostsee. Archäologisches Korrespondenzblatt 24, 1994, 81–93.

Pollenanalytische Untersuchungen am Rudower See und Rambower Moor zur holozänen Vegetations- und Siedlungsgeschichte in der westlichen Prignitz, Brandenburg

von Susanne Jahns, Hans-Jürgen Beug, Jörg Christiansen, Wiebke Kirleis und Frank Sirocko

Das Untersuchungsgebiet

Der Rudower See und das Rambower Moor liegen in der westlichen Prignitz, dem äußersten Nordwestzipfel des Landes Brandenburg, in unmittelbarer Nähe der Elbe auf einer Position von 53°06'17" N/11°30'44" O (Rudower See) sowie 53°08'43"N/11°36'08" O (Rambower Moor), bei 16 m über Meereshöhe (Abb. 1). Am südwestlichen Ufer des Rudower Sees liegt die kleine Fachwerkstadt Lenzen. Die Landschaft wird von einem Grundmoränenplateau aus der Zeit der Saale-Vereisung gebildet, das an manchen Stellen von Sandern der Weichsel-Vereisung bedeckt ist.[1] Auf der Grundmoräne stehen Lehme an, die braune Waldböden von mittlerer Güte bilden. Die Böden der Sanderflächen sind zumeist stark podsoliert. In den Senken findet man Gleye.[2] Der Rudower See und das Rambower Moor liegen in einem Graben innerhalb eines pleistozänen Plateaus oberhalb des Gorleben-Rambow-Salzstocks, der sich aus Zechstein gebildet hat.[3] Als sich dieser Salzstock aufwölbte, laugten die oberen Schichten aus, bis sein Dach einstürzte. Dadurch bildete sich der Graben, in dem sich der Rudower See und das Rambower Moor in der sonst gewässerarmen Altmoränenlandschaft entwickeln konnten.

Die rinnenartige, südwestlich-nordöstlich ausgerichtete Seefläche des Rudower Sees umfasst ca. 175 ha. Die größte Tiefe beträgt sechs Meter (Abb. 1). In der zweiten Hälfte des letzten Jahrhunderts wurde seine Wasserqualität aufgrund einer intensiven Bewirtschaftung für die Fischerei stark belastet. Sie hat sich aber mittlerweile wieder verbessert.

Das an den See in nordöstlicher Richtung anschließende Rambower Moor ist heute ein Naturschutzgebiet mit einer Fläche von 550 ha und Teil des Naturparks "Brandenburgische Elbtalaue". Inmitten des Moores befindet sich der kleine Rambower See, der eine offene Wasserfläche von ca. 14 ha hat und mit lediglich 50 cm eine sehr geringe Tiefe aufweist.

Der Wasserstand des Sees ist durch den Betrieb zweier Mühlen seit dem 15. Jahrhundert Schwankungen unterworfen. Seit Ende des 18. Jahrhunderts ist der Rambower See mit dem Rudower See durch einen künstlichen Kanal verbunden.[4] Während der letzten 100 Jahre wurden an dem See weitere wassertechnische Maßnahmen durchgeführt, die zu einem starken Verlandungsprozess führten.[5] Heute ist der kleine See sehr stark eutrophiert und größtenteils verlandet. Er ist von einem ausgedehnten Schilfgürtel umgeben, der neben *Phragmites australis* mehrere *Carex*-Arten aufweist. Außerdem gibt es Bruchwaldbestände mit Erlen und Weiden. Die Vegetation im NSG Rambower Moor zeigt sich insgesamt sehr heterogen. Die verlandeten Flächen sind von feuchtem Grünland bedeckt, die für eine extensive Viehweide genutzt werden. Auf den Hängen der Senke findet man Trockenrasen und Kiefernpflanzungen. Das umgebene Grundmoränenplateau wird für Kiefernforste und als Ackerland genutzt.[6]

Die westliche Prignitz liegt in der Übergangszone von einem subatlantischen zu einem kontinentaler getönten Klima. Der jährliche Niederschlag beträgt 617 mm und die Jahresdurchschnittstemperatur bewegt sich zwischen 7,8 und 8,2°C, mit Höchsttemperaturen im Sommer von 32,7°C und einem Minimum im Winter bei -15,7°C.[7]

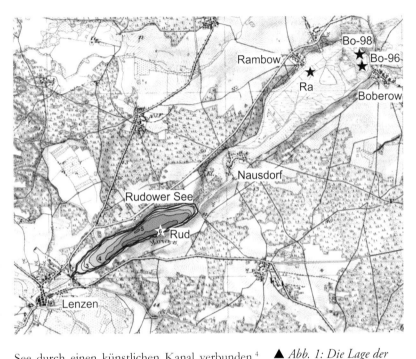

▲ *Abb. 1: Die Lage der Bohrstellen im Rudower See und Rambower Moor. Kartengrundlage: Preußische Landesaufnahme von 1881. Ergänzt 1926, verändert durch J. Christiansen 2008.*

---

1 Hurtig 1957.
2 Finck 2002.
3 Duphorn 1984.
4 Kroth 2009.
5 Kölln 2001.
6 Fuchs 2009.
7 Fischer 1958.

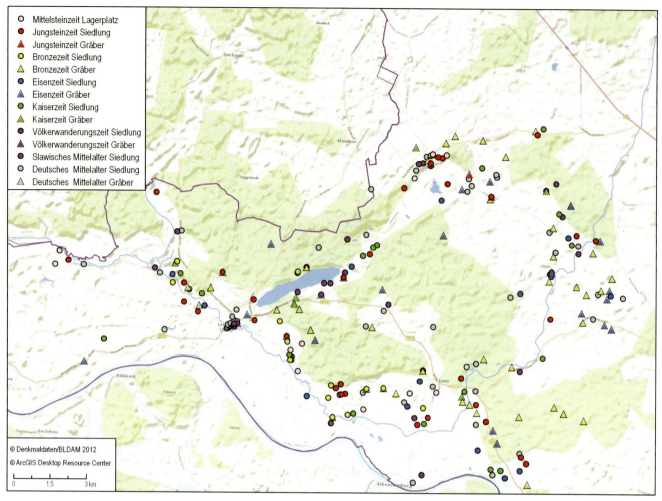

▲ Abb. 2: Das Untersuchungsgebiet und die archäologisch bekannten Siedlungsplätze. Quelle: Archäologisches Informations- und Dokumentationszentrum des Brandenburgischen Landesamtes für Denkmalpflege und Archäologischem Landesmuseum, M. Härtel, S. Schwarzländer.

Siedlungsgeschichte nach archäologischen und historischen Quellen

Die bekannten Siedlungsplätze und Gräber in der Umgebung der Rudow-Rambow-Senke sind in Abb. 2 dargestellt.

Ein grundlegendes Werk für die Siedlungsgeschichte der Prignitz bietet das Kreisinventar von W. Bohm aus dem Jahre 1937.[8] Modernere Arbeiten liegen über einzelne Kulturstufen vor.

Es sind mehrere Fundstellen aus dem Mesolithikum bekannt, durch die eine Anwesenheit von Jäger- und Sammlerkulturen bereits kurz nach dem Ende der Weichsel-Eiszeit nachgewiesen wird. Die meisten Funde aus dieser Zeit wurden auf sandigen Erhebungen in der Nähe zu Gewässern gemacht, die aber als saisonale Lagerplätze angesehen werden.[9] Die erste aus der Prignitz bekannte neolithische Kultur stammt aus der Trichterbecher-Zeit. Ältere neolithische Fundstätten von Siedlungen der Linearbandkeramik finden sich erst in einer Entfernung von ca. 130 km, bei Bredow im Havelland.[10] In unmittelbarer Nähe zum Rambower Moor sind Grabstätten der Megalith-Kultur bekannt. Bis heute ist davon das Großsteingrab bei Mellen erhalten.[11] H.-J. Beier grenzt für die Megalith-Kultur eine eigene „Prignitz-Gruppe" ab, die möglicherweise aus dem altmärkisch-lüneburgischen Raum einwanderte.[12] Im Spätneolithikum finden sich Einflüsse der Einzelgrabkultur, der Schnurkeramischen Kultur, der Schönfelder Kultur und der Glockenbecherkultur.[13]

Wenn man von der Anzahl der bekannten Siedlungsplätze aus der Bronzezeit ausgeht, war dies die Zeit in der Vorgeschichte, in der die Prignitz am dichtesten besiedelt war. Die meisten Fundstellen datieren dabei in die späte Bronzezeit. Sie liegen gehäuft an den beiden kleinen Flüssen Stepenitz und Löcknitz (Abb. 2), die möglicherweise als Handelswege genutzt wurden.[14] Aus dieser Zeit stammen dort auch mehrere große Grabhügel. Der bekannteste ist das so genannte „Königsgrab von Seddin", aus der Zeit um 800 v. Chr.[15]

Eine durchgehende Besiedlung von der späten Bronzezeit zur Vorrömischen Eisenzeit ist in der Prignitz wahrscheinlich.[16] Im 1. Jahrhundert

---

8 Bohm 1937.
9 Bohm 1937. Breest 1997.
10 Uhl 2007.
11 Schuldt 1972, 130.
12 Beier 1991, 128–130.
13 Wetzel 1979.
14 May/Hauptmann 2011.
15 May/Hauptmann 2012.
16 Keiling 1965.

v. Chr. zeigt sich eine deutlicher Rückgang der Fundstellen, ohne dass aber von einem völligen Siedlungsabbruch ausgegangen wird.[17] Im 1. und am Anfang des 2. Jahrhunderts n. Chr. ist wieder eine Zunahme der Fundstellen zu verzeichnen. Zum Ende des 2. Jahrhunderts kam es an vielen Stellen zu einer Siedlungsunterbrechung, allerdings konnte auf einigen Plätzen auch eine Kontinuität nachgewiesen werden.[18] Funde aus der Völkerwanderungszeit sind rar, allerdings ist eine Besiedlung des Gebietes bis in das 6. Jahrhundert nachgewiesen.[19] Wahrscheinlich verließ aber der größere Teil der Bevölkerung die Gegend.

Im frühen Mittelalter wanderten slawische Siedler in die Prignitz ein. Vom 8. bis zum 12. Jahrhundert wurde sie von den Stämmen der Linonen und der Wilzen bewohnt.[20] Einige frühslawische Siedlungsplätze wurden in der Gegend um Lenzen gefunden. Eine der frühesten bisher bekannten slawischen Siedlungen, aus dem 8. Jahrhundert, liegt am nördlichen Ufer des Rudower Sees.[21] Eine Häufung von Fundstellen ist seit dem 9. Jahrhundert zu erkennen. Seit 806 diente die Elbe als befestigter Grenzverlauf zwischen dem Frankenreich Karls des Großen und dem slawischen Siedlungsgebiet. Mehrere Festungen und Burgen zeugen von den kriegerischen Auseinandersetzungen zwischen Franken und Slawen in den folgenden Jahrhunderten. Von ihnen wird auch in historischen Quellen berichtet.[22] Der so genannte „Wendenkreuzzug", der 1147 vom askanischen Fürsten und späteren Markgrafen Albrecht dem Bären gegen die Slawen geführt wurde, beendete die slawische Vorherrschaft in der westlichen Prignitz. In Folge siedelten sich kleinere deutsche Adelsfamilien östlich der Elbe an, von denen manche möglicherweise auch slawischer Abstammung waren. In der westlichen Prignitz führte die Familie der Gans zu Putlitz den hochmittelalterlichen Landesausbau durch.

Material und Methoden

Die drei Bohrkerne vom Rambower Moor wurden mit einem russischen Kammerbohrer mit einem Durchmesser von 5 cm und einer Dachnowski-Sonde durch Hans-Jürgen Beug, Wiebke Kirleis und Jörg Christiansen jeweils im Oktober 1996 und 1998 entnommen (Abb. 1). Ein Bohrpunkt liegt in der Nähe des Dorfes Rambow (Kern Ra), die anderen beiden bei Boberow (Kerne Bb-96 und Bb-98). Die Kerne vom Rambower Moor bestanden zumeist aus kalkhaltigen Seesedimenten des Rambower Sees, mit eingeschalteten Torflagen bei Bb-96 (34–42 cm und 0–11 cm) und Ra (127–287 cm). Der Kern Ra enthielt Ablagerungen seit dem Präboreal und wurde durchgehend untersucht. Der Kern Bb-96 setzt im Boreal ein.[23] Hier wurden aber nur die Abschnitte vom Subboreal bis in die Gegenwart höher auflösend bearbeitet. Die unteren Bereiche sind deshalb nicht im Pollendiagramm dargestellt. Von dem Kern Bb-98 wurden nur die Ablagerungen aus dem späten Neolithikum bis in das Mittelalter untersucht.

Aus dem tiefsten Bereich des Rudower Sees wurde ein 7,8 m langer Kern in September 2007 durch Klaus Schwibus und Frank Dreher vom Institut für Geowissenschaften der Universität Mainz mit einem Niederreiter-System, mit kombinierten Pistonbohrer und Rammsonde von einem Durchmesser von 10 cm, entnommen (Abb. 1). Der Kern wurde in 2 m-Stücken gebohrt, die in 1 m-Stücke geschnitten wurden. Der untere Meter zeigt nicht immer die volle Länge, wahrscheinlich aufgrund der Stauchung des Sediments bei der Bohrung und/oder durch Entgasung von reichlich vorhandenem Methan.

Korngrößenanalysen, die am Geologischen Institut der Universität Mainz durchgeführt wurden, zeigen durchgehend eine hellbraune klastische Mudde aus Schluff und Feinsand mit Carbonatanreicherung zwischen 6–7 m. Einschwemmungen durch die nahe gelegene Elbe können ausgeschlossen werden.

Den Kernen wurden Proben mit einem Volumen von ca. 2 cm^3 entnommen. Die Proben aus Seesedimenten wurden mit konz. HCl und 70 % HF, die Proben aus Torflagen mit warmer 10 % Kalilauge behandelt. Danach wurden die Proben acetolysiert und im Ultraschall gereinigt (Netzweite 6 µm). Für die Bestimmung der Pollenkonzentration wurde eine definierte Menge *Lycopodium*-Sporen zugegeben.[24]

Die Ergebnisse der Pollenanalysen werden in den Pollendiagrammen (Abb. 3–6) als Prozentwerte bezogen auf die Summe der terrestrischen Taxa dargestellt (excl. *Alnus*, Poaceae, Cyperaceae, Hydrophyten und Helophyten). Kleine Werte werden zur besseren Lesbarkeit der Diagramme zusätzlich in fünffacher Überhöhungen, als weiße Flächen mit Tiefenlinien schraffiert, gezeigt.

Die Radiokohlenstoff-Datierungen

Die beiden Radiokohlenstoff-Datierungen am Kern Rambower Moor (Ra) wurden als konventionelle Datierungen am Niedersächsischen Landesamt für Bodenforschung in Hannover vorgenommen. Alle anderen Alterbestimmungen wurden als AMS-Datierungen am Leibniz Labor für Altersbestimmung und Isotopenforschung in Kiel durchgeführt.

---

17 Seyer 1976, 23. Nüsse 2008, 83–84.
18 Jaeger 1999. Nüsse 2008, 83–84.
19 Leube 1995, 14–24.
20 Hardt 2002. Biermann u. a. 2009.
21 Biermann u. a. 2009.
22 Vgl. Hardt 2002.

23 Kirleis 1998.
24 Stockmarr 1971.

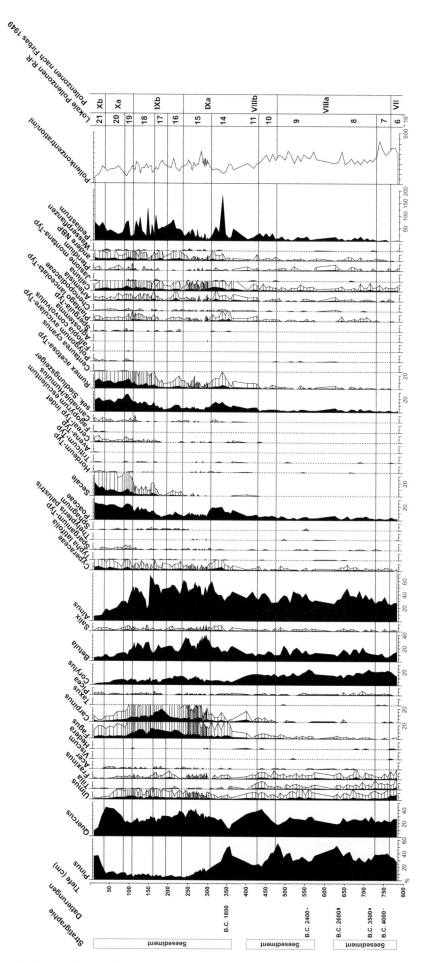

▲ *Abb. 3: Pollen- und Sporendiagramm vom Rudower See (Rud).*

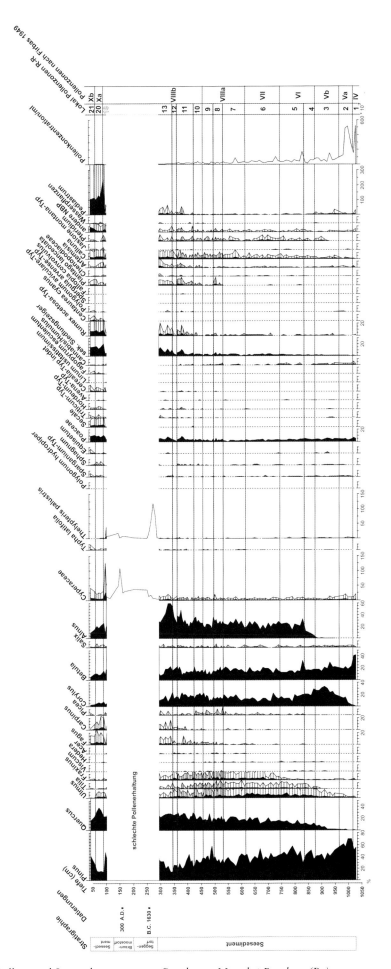

▲ *Abb. 4: Pollen- und Sporendiagramm vom Rambower Moor bei Rambow (Ra).*

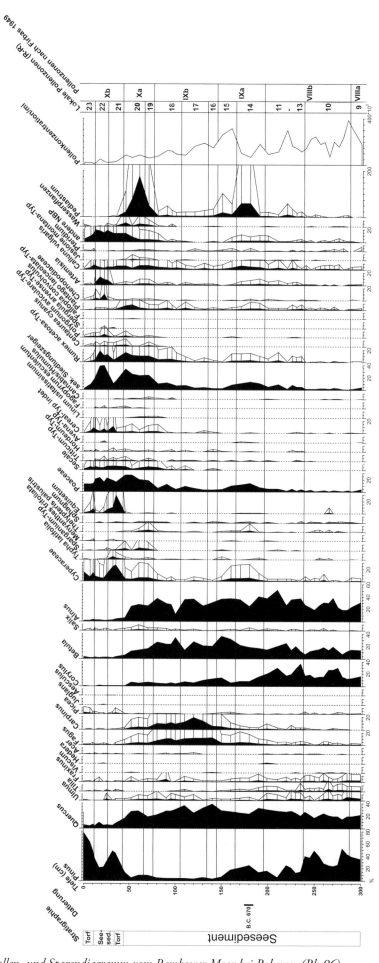

▲ *Abb. 5: Pollen- und Sporendiagramm vom Rambower Moor bei Boberow (Bb-96).*

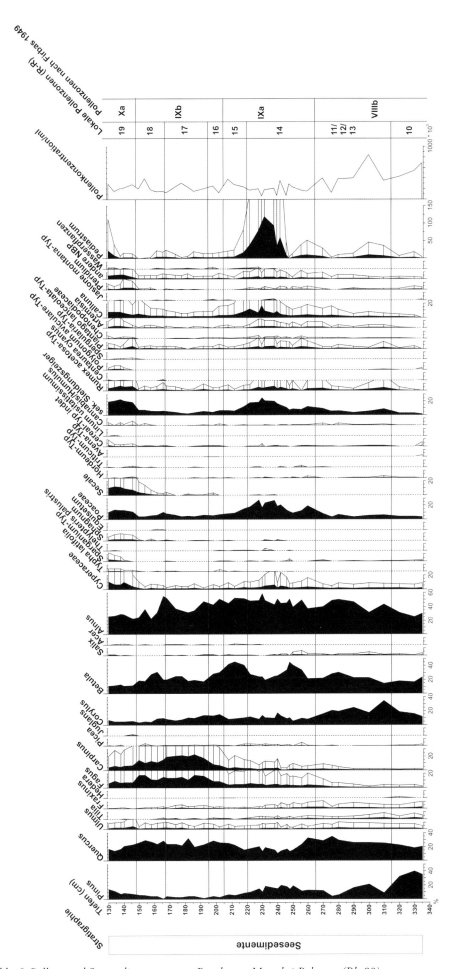

▲ *Abb. 6: Pollen- und Sporendiagramm vom Rambower Moor bei Boberow (Bb-98).*

▶ Tab. 1: Radiokohlenstoff-Datierungen.

Rudower See (AMS)

Lab. Nr.	Tiefe (cm)	Material	C (mg)	δ¹³C (‰)	¹⁴C Alter (uncal. B.P.)	kalibriertes Alter (1σ Bereich)
KIA 39529*	94-99	Pollen	0,2	-35,84 ± 0,42	2056 ± 85	**B.C. 178-26** 42-47 AD
KIA 39530*	170-175	Pollen	1,5	-32,55 ± 0,15	2525 ± 24	B.C. 782-749 B.C. 687-666 **B.C. 641-592**
KIA 39531*	204-210	Pollen	1,0	-31,69 ± 0,17	2581 ± 29	B.C. 800-771
KIA 39532*	244-250	Pollen	1,2	-32,05 ± 0,13	2719 ± 29	B.C. 896-832
KIA 39533*	293-298	Pollen	0,4	-34,89 ± 0,24	3134 ± 52	B.C. 1492-1479 **B.C. 1457-1376** B.C. 1338-1320
KIA 39535	358-364	Pollen	0,3	-28,51 ± 0,18	3585 ± 72	**B.C. 2034-1875** B.C. 1842-1819 B.C. 1798-1780
KIA 39536*	424-432	Pollen	2,4	-30,27 ± 0,1	4209 ± 29	B.C. 2889-2864 **B.C. 2806-2760** B.C. 2716-2714
KIA 39537	557	Holzstück	4,7	-25,79 ± 0,21	3927 ± 28	**B.C. 2473-2434** B.C. 2422-2403 B.C. 2379-2349
KIA 39538	632-640	Pollen	1,6	-28,73 ± 0,15	4066 ± 28	B.C. 2831-2821 **B.C. 2631-2568** B.C. 2517-2499
KIA 39539	712-719	Pollen	1,1	-28,81 ± 0,11	4691 ± 37	B.C. 3616-3615 **B.C. 3520-3495** B.C. 3462-3376
KIA 31058	750	Sediment	4,76	-25,86 ± 0,3	5305 ± 40	4243-4038

Rambower Moor Bb-96 (AMS)

Lab. Nr.	Tiefe (cm)	Material	C (mg)	δ¹³C (‰)	¹⁴C Alter (uncal. B.P.)	kalibriertes Alter (1σ Bereich)
KIA 41625	94-99	Betula-Frucht, Alnus-Frucht	1,3	-29,15 ± 0,27	2535 ± 32	**B.C. 791-749** B.C. 687-666 B.C. 641-592

Rambower Moor Ra (konventionell)

Lab. Nr.	Tiefe (cm)	Material	δ¹³C (‰)	¹⁴C Alter (uncal. B.P.)	kalibriertes Alter (1σ Bereich)
Hv 21988	155-162	Torf	-28,6	1860 ± 125	B.C. 169-427 A.D.
Hv 21989	255-261	Torf	-29,4	3305 ± 270	B.C. 2338-919

Die Datierungen an Pollenkonzentraten aus dem oberen Teil des Kerns vom Rudower See erbrachten Alter, die im Vergleich mit der Pollenstratigraphie ganz offensichtlich ca. 1000 Jahre zu alt sind. Diese Proben sind in der Tabelle 1 mit einem Sternchen gekennzeichnet. Möglicherweise wurde dies durch einen Reservoireffekt durch einen zu hohen Anteil von Algen (*Pediastrum*) im Pollenkonzentrat verursacht, die durch eine Schweretrennung nicht komplett aus den Proben entfernt werden konnten.[25] Im unteren Teil des Kerns, in dem der Anteil von *Pediastrum* geringer ist, sind solche Abweichungen nicht zu erkennen. Dies wird auch durch weniger negative δ¹³C-Werte bestätigt, die im terrestrischen Bereich liegen. Bei den kalibrierten Werten mit mehreren Intervallen ist dasjenige mit der größten Wahrscheinlichkeit durch Unterstreichung hervorgehoben. Altersangaben in den Pollendiagrammen und im Text sind als Mittelwerte der kalibrierten Werte angegeben.

---

25 Methode s. REGNÉLL/EVERITT 1996.

Die Entwicklung des Verlandungsmoores um den Rambower See – lokale Vegetationsentwicklung

Das Profil Rambow (Ra) liegt im äußeren Randbereich der offenen Wasserfläche des Rambower Sees (Abb. 1). An dieser Stelle verlandete der See zwischenzeitlich, während der näher zur Mitte des Sees gelegene Bereich um die Profile Boberow bis in das Subatlantikum durchgehend unter Wasser stand. Im Bereich der Profile Boberow setzte die Sedimentation von Kalkmudden am Beginn des Boreals ein (pollenanalytisch nicht ausgewertet), im Profil Rambow (Ra) hingegen schon im Präboreal. Neben dem Sedimenttyp belegen Funde von Fischresten sowie von *Pediastrum* an der Basis des Profils Bb-96, dass dieser Bereich der Geländesenke im Boreal unter Wasser stand. Im Verlauf des Subboreals wuchs das Verlandungsmoor des Rambower Sees so weit in die offene Wasserfläche hinein, dass sich im Bereich des Profils Rambow (Ra) ein Seggentorf bildete. Im Bereich des Profils Boberow gab es weiterhin offenes

Wasser, doch wurden über Funde von Makroresten vermehrt Seggenriede nachgewiesen, die auch für diesen Bereich auf eine zunehmende Verlandung hinweisen. Besonders auffällig ist eine Massenausbreitung von *Pediastrum* am Übergang von der Bronzezeit zur Vorrömischen Eisenzeit, die eine starke Eutrophierung des Sees anzeigt. Auch größere Mengen von Characeen-Oogonien weisen auf eine Anreicherung des Gewässers mit Nährstoffen hin, die in einem Zusammenhang mit menschlicher Siedlungstätigkeit, wahrscheinlich Viehhaltung, steht (s. u.).

Im Bereich des Profils Rambow (Ra) schließt oberhalb des Seggentorfs ein Braunmoostorf an und verweist auf einen Anstieg des Wasserspiegels des Rambower Sees, der von der frühen Eisenzeit bis in das Mittelalter hinein anhielt. Möglicherweise ist dieser Wasserspiegelanstieg, der das Wachstum der Braunmoose begünstigte, darauf zurückzuführen, dass Ablaugungsvorgänge am weiterhin aufsteigenden Salzstock unter dem Rambower See eine erneute, wenn auch diesmal geringfügige Einsenkung des Geländes bewirkten. In dem Braunmoostorf fanden sich Früchte der Gewöhnlichen Sumpfbinse (*Eleocharis palustris*) und eine Vielzahl von Characeen-Oogonien, die auf eine anhaltende Nährstoffanreicherung im Verlandungsgürtel um den Rambower See hinweisen. Dennoch ließ die Eutrophierung des Sees im Vergleich zur frühen Eisenzeit etwas nach, möglicherweise als Folge der nachlassenden Siedlungsdichte in der späteren Eisenzeit und der Völkerwanderungszeit. So kommt *Pediastrum* in diesem Abschnitt nur noch selten vor. Der Bereich um die Profile Boberow stand hingegen weiterhin unter Wasser, wie es der Sedimenttyp sowie Funde von Fischresten und Ostracoden beweisen. Oberhalb des Braunmoostorfs wurden im Mittelalter auch im Profil Rambow (Ra) wieder Seesedimente abgelagert. Im Rambower See kam es erneut zu einer Massenausbreitung der Grünalge *Pediastrum* (vor allem *Pediastrum boryanum*). Auch in dieser Zeit ist die Eutrophierung des Gewässers wohl auf Viehhaltung in der Geländesenke zurückzuführen. Das Vorkommen des Teichfadens (*Zanichellia palustris*), eines ausgesprochenen Verschmutzungszeigers, der in hypertrophen Gewässern auftritt, zeigt, dass besonders im Mittelalter Nährstoffe in den See eingetragen wurden. In der Nähe der beiden Profile bei Boberow bestanden neben dem für einen eutrophen Süßwassersee typischen Verlandungsgürtel mit Characeen-Rasen, Laichkraut-Unterwasserwiesen, Seggenrieden und Röhricht, auch feuchte Wiesen und Trockenrasen mit verschiedenen Fingerkräutern (*Potentilla supina, P. argentea, P. heterophylla*) und Hornkraut (*Cerastium fontanum/arvense*). In der Neuzeit schritt die Verlandung des Rambower Sees erneut voran. Dieses steht in Zusammenhang mit dem Betrieb zweier Wassermühlen, die erstmals für das 15. Jahrhundert erwähnt sind. Die Anlage des bis heute zwischen dem Rambower See und dem Rudower See bestehenden künstlichen Kanals am Ende des 18. Jahrhunderts führte zu einer weiteren Absenkung des Wasserspiegels im Rambower See.[26] Dies führte im Bereich der Profile Boberow zur Bildung von Seggenrieden, weiterhin kam es zu einer Massenausbreitung von Schachtelhalm (*Equisetum*). Heute ist die Verlandung des Rambower Sees so weit fortgeschritten, dass die offene Wasserfläche des Rambower Sees nur noch etwa 14 ha umfasst.

Wald- und Siedlungsgeschichte der Rudow-Rambow-Senke und ihrer Umgebung – regionale Vegetationsentwicklung

Die vier Pollendiagramme zeigen eine gute pollenstratigraphische Übereinstimmung. Das Profil vom Rudower See wurde mit der höchsten zeitlichen Auflösung bearbeitet. Zu beachten sind dort mögliche Störungen durch die Sedimentstauchungen im Bereich von 365–400 cm sowie von 580–620 cm. Im Profil Rambower Moor (Ra) hat sich in dem Torfpaket, das den oberen Teil des Jüngeren Subboreals und das gesamte Ältere Subatlantikum enthält, kaum Pollen erhalten. Die jeweils fraglichen oder fehlenden Abschnitte in diesen beiden Diagrammen werden durch die Profile Bb-96 und Bb-98 ergänzt. Auf diese Weise ist eine komplette Pollenstratigraphie des Postglazials vorhanden, welche die Entwicklung der Vegetation und des Siedlungsgeschehens um die Rudow-Rambow-Senke zeigt (Tab. 2). Neben den waldgeschichtlichen Abschnitten IV–Xb nach Firbas[27] konnten nach pollenstratigraphischen Kriterien 23 lokale Pollenzonen für die Rudow-Rambow-Senke (R-R 1–23) abgetrennt werden.

Aufgrund der Größe des Rudower Sees und des Rambower Moores spiegeln die Pollendiagramme in erster Linie die regionale Vegetation wider.

Das frühe Holozän ist nur durch das Pollendiagramm vom Rambower Moor (Ra) repräsentiert. Die ältesten Ablagerungen stammen aus dem Präboreal (IV) und zeigen eine Dominanz von *Betula* und *Pinus*. Die termophilen Gehölze *Quercus, Ulmus, Fraxinus* und *Corylus* sind aber bereits vorhanden. Wahrscheinlich ist nur der jüngere Teil des Präboreals erfasst.

Im Älteren Boreal (Va), steigen die Werte von *Corylus* an, und erste Pollenkörner von *Tilia* (*T. cordata*-Typ) konnten nachgewiesen werden. *Betula* geht stark zurück. Das Jüngere Boreal (Vb) ist durch ein Haselmaximum von > 30 % gekennzeichnet. Werte von *Corylus* in dieser Größenordnung sind für das Boreal im nordwestlichen Brandenburg typisch.[28] Ein deutliches bo-

---

26 Kroth 2009.
27 Firbas 1949.
28 Jahns 2011.

Pollenzonen Firbas 1949	Datierungen cal. B.C.	Charakteristika	Lokale Pollenzonen (R-R)
Präboreal IV Ra 1028-1016 cm		Hohe Werte von *Pinus* und *Betula*, erste termophile Gehölze IV/Va: Anstieg der Anteile von *Corylus* > 2 %	1 *Corylus*, *Quercus*, *Ulmus* und *Fraxinus* anwesend
Älteres Boreal Va Ra 1016-945 cm		Hohe Werte von *Pinus* und *Betula*, steigender Anteil von *Corylus* Va/Vb: Max. Werte von *Corylus*	2 Ansteigende Werte von *Corylus*, erstes Auftreten von *Tilia*
Jüngeres Boreal Vb Ra 945-865 cm		Hohe Werte von *Pinus*, *Betula* and *Corylus*, Anstieg der Anteile termophiler Gehölze Vb/VI: Anstieg der Werte von *Alnus* > 8 %	3 *Corylus*-Maximum, erstes Auftreten von *Alnus*
Älteres Atlantikum VI Ra 865-745 cm		Eichenmischwald und ausgedehnte Erlenbestände VI/VII: Anstieg der Anteile von *Fraxinus* > 1 %	4 Abfallende Werte von *Corylus*, ansteigende Werte von *Alnus*
			5 Durchgehende Kurve von *Alnus*, erste PK von *Fagus* und *Plantago lanceolata*
Jüngeres Atlantikum VII Ra 745-615 cm Rud 783-764 cm		Eichenmischwald und ausgedehnte Erlenbestände VII/VIIIa: "Klassischer" Ulmenfall	6 relativ hohe Werte von *Fraxinus*, erste einzelne PK von *Carpinus*
Älteres Subboreal VIIIa Ra 615-462,5 cm Bb-96 300-287,5 cm Rud 764-476,5 cm	Rudower See 750 cm: B.C. 4000 712-719 cm: B.C. 3500 632-640 cm: B.C. 2600 557 cm: B.C. 2400	Eichenmischwald und ausgedehnte Erlenbestände, erste Bestände von *Fagus* Erste Siedlungsphase in Zone R-R 8 VIIIa/VIIIb: durchgehende Kurve von *Carpinus*	7 verminderte Werte von *Ulmus*
			8 Durchgehende Kurven von *Fagus* und *Plantago lanceolata*
			9 vereinzeltes Auftreten von *Plantago lanceolata*
Jüngeres Subboreal VIIIb Ra 462,5-? cm Bb-96 287,5-194,5 Bb-98 335-265 cm Rud 476-? cm	Rudower See 358-364 cm: B.C. 1800	Eichenmischwald und ausgedehnte Erlenbestände, ansteigende Werte von *Fagus* und *Carpinus*, Hinweis auf Besiedlung, vor allem in den Zonen R-R 11 und 13 VIIIb/IXa: Rückgang der Anteile von *Corylus* < 15 %	10 durchgehende Kurven von *Carpinus* und *Plantago lanceolata*
			11 Anstieg der Werte der Poaceae und der sek. Siedlungszeiger
			12 Kürzerer Einbruch der Kurven der Poaceae und der sek. Siedlungszeiger
			13 Anstieg der Kurven der Poaceae und der sek. Siedlungszeiger, *Fagus* durchgehend > 1 %
Älteres Subatlantikum IXa Bb-96 194,5-145 Bb-98 265-205 Rud ?-257 cm	Rambower Moor/ Bb-96 94-99 cm: B.C. 670	Eichenmischwald und ausgedehnte Erlenbestände, Rückgang von *Tilia*, starker Rückgang von *Pinus*, weiterer Anstieg der Werte von *Fagus* und *Carpinus* Hinweis auf starke Siedlungstätigkeit in der Zone R-R 14 IXa/IXb: Anstieg der Anteile von *Fagus* > 8 %	14 Dauerhaft niedrige Werte von *Corylus* und *Tilia*, sehr hohe Werte der Poaceae und der sek. Siedlungszeiger (bes. *Calluna*)
			15 Rückgang der Werte der Poaceae, der Siedlungszeiger und von *Pinus*, Anstieg der Werte von *Fagus* und *Carpinus*
Älteres Subaltantikum IXb Bb-96 145-75 cm Bb-98 205-148 cm Rud 257-107,5 cm		Eichenmischwald und ausgedehnte Erlenbestände. Maximum von *Fagus* und *Carpinus* Sehr niedrige Werte von *Pinus* Völkerwanderungszeit in Zone R-R 17 Slawische Besiedlung in Zone R-R 18 IXb/Xa: Rückgang der Anteile von *Fagus* < 8 %, Anstieg der Werte von *Secale* > 4 %, und den sekundären Siedlungszeigern > 16 %	16 Niedrige Werte von *Pinus*, hohe Werte von *Fagus*, Anstieg der *Carpinus*-Kurve, durchgehende Kurve von *Secale*
			17 Maximum von *Fagus* und *Carpinus*, *Carpinus* > *Fagus*
			18 Maximum von *Fagus*, *Fagus* zumeist > *Carpinus*
Jüngeres Subatlantikum Xa Ra ?-59,5 cm Bb-96 75-48,5 cm Bb-98 148-132 cm Rud 107,5-35,5 cm		Rückgang der meisten Gehölze, Anstieg der Werte von *Secale*, den sekundären Siedlungszeigern und den Poaceae, erstes Auftreten von *Fagopyrum* Xa/Xb: Anstieg der Anteile von *Pinus* > 14 %	19 Hohe Werte der Poaceae, der sek. Siedlungszeiger und von *Secale*
			20 *Quercus* Maximum, erstes Auftreten von *Fagopyrum* im Rambower Moor
Jüngeres Subatlantikum Xb Ra 59,5-41 cm Bb-96 48,5-0 cm Rud 35,5-10 cm		Hohe, aber schwankende Werte von *Pinus*, niedrige Werte aller anderen Gehölze, hohe Werte der NBP	21 Steilanstieg der *Pinus*-Kurve, Rückgang aller anderen Gehölze, Rückgang der sek. Siedlungszeiger, hohe Werte von *Secale*, *Fagopyrum* anwesend
			22 Niedrige Werte von *Pinus*, Steilanstieg der Werte der Siedlungszeiger, bes. *Rumex* und *Artemisia*, *Fagopyrum* anwesend
			23 Steilanstieg der *Pinus*-Kurve, Rückgang aller Siedlungszeiger und der NBP insgesamt, leichter Anstieg der *Picea*-Kurve

▲ Tab. 2: Pollenstratigraphie der Rudow-Rambow-Senke, Pollenzonierung nach FIRBAS (1949) und lokale Pollenzonen (R-R 1-23).

reales Haselmaximum mit teilweise noch höheren Werten ist auch in anderen Pollendiagrammen in der weiteren Umgebung zu sehen, sowohl aus dem Altmoränen- als auch dem Jungmoränengebiet.[29] Die Werte von *Ulmus* und vor allem von *Quercus* steigen an und die ersten Pollenkörner von *Alnus* wurden nachgewiesen. Im Älteren Atlantikum (VI) zeigt ein Steilanstieg der *Alnus*-Kurve die Ausbreitung der Erle in Gestalt von Auen- oder Bruchwäldern in den als Folge eines Anstiegs des Grundwasserspiegels vernässenden Senken. An den trockeneren Standorten waren zu der Zeit *Pinus* und *Quercus* am häufigsten vertreten, gemischt mit Beständen von *Ulmus*, *Tilia* und *Fraxinus*. Erste Pollenkörner von *Fagus* wurden nachgewiesen sowie ein Einzelfund von *Plantago lanceolata*. Bei letzterem handelt es sich um einen sekundären Siedlungszeiger,[30] dessen Funde aber noch so spärlich sind, dass man nicht von der Existenz von Siedlungen der frühen Jungsteinzeit in der Nähe des Rambower Moores ausgehen kann.

Im Jüngeren Atlantikum (VII) zeigt sich ein deutlicher Anstieg der *Fraxinus*-Kurve, und es treten erste Pollenkörner von *Carpinus* auf. Das Ende dieser Periode ist auch in dem Pollendiagramm vom Rudower See (Rud) erfasst.

Der Übergang zum Älteren Subboreal (VIIIa) ist durch den „klassischen" Ulmenfall gekennzeichnet, der am Rudower See auf ca. cal. B.C. 4000 datiert wurde. Dieses Alter deckt sich mit anderen Datierungen des Ulmenfalls in pollenanalytischen Untersuchungen aus der Region Brandenburg/Berlin und Mecklenburg.[31] Für *Fagus* zeigt nun eine geschlossene Kurve in beiden Diagrammen die Anwesenheit der Rotbuche im Gebiet an, während diejenige von *Carpinus* noch Lücken aufweist.

Im Älteren Subboreal zeigt sich deutlich menschlicher Einfluss in der Rudow-Rambow-Senke durch das regelmäßige Auftreten von *Plantago lanceolata* in der lokalen Pollenzone R-R 8, sowohl am Rambower Moor als auch am Rudower See. Der ältere Abschnitt dieser Siedlungszeit wurde am Rudower See auf ca. cal. B.C. 3500, der jüngere auf ca. cal. B.C. 2600 datiert. Diese beiden Datierungen stellen die Siedlungszeit in das mittlere und späte Neolithikum in Brandenburg. Pollenkörner vom Getreide-Typ treten nur sporadisch auf, belegen jedoch den Ackerbau in dieser Zeit. In der lokalen Pollenzone R-R 9 gehen die Werte von *Plantago lanceolata* wieder zurück. Die älteren Horizonte diese Zone wurden am Rudower See auf ca. cal. B.C. 2400 datiert, der Siedlungsrückgang liegt also noch im späten Neolithikum. Die Zone R-R 9 ist auch im Diagramm vom Rambower Moor Bb-96 enthalten.

Der Übergang zum Jüngeren Subboreal (VIIIb) wird durch eine geschlossene Kurve von *Carpinus* angezeigt. Pollenzone R-R 10, die in allen vier Diagrammen repräsentiert ist, zeigt einen erneuten Anstieg der Kurve von *Plantago lanceolata*. Der Getreide-Typ ist sehr wenig vertreten. In der Zone R-R 11 wurde die Siedlungstätigkeit offensichtlich verstärkt. Getreidepollen bleibt zwar weiterhin selten, aber die Anteile der Poaceae und von sekundären Siedlungszeigern wie *Plantago lanceolata*, *Rumex acetosa*-Typ, *Artemisia* und *Calluna* steigen deutlich an und zeigen die bronzezeitliche Besiedlung in der Umgebung der Senke. In der Pollenzone R-R 12 gibt es wieder einen kurzen Rückgang der Siedlungszeiger, gefolgt von einem erneuten Anstieg in der Zone R-R 13. Insgesamt zeichnet sich die starke bronzezeitliche Besiedlung des Gebietes in den Pollendiagrammen aber nicht sehr deutlich ab, wie auch generell bisher der bronzezeitliche Kulturpflanzenbau in Brandenburg pollenanalytisch nur schwierig nachzuweisen ist.[32] In den Diagrammen von Boberow, die in dem Bereich zeitlich weniger hoch aufgelöst sind, sind die Zonen 11–13 zwar ebenfalls angedeutet, wurden aber wegen der zu geringen Anzahl der Proben in den einzelnen Abschnitten nicht voneinander abgetrennt. Der Übergang zum Älteren Subatlantikum (IXa) ist nur in den beiden Pollendiagrammen von Boberow erfasst. Er ist durch einen deutlichen Abfall von *Corylus*, *Tilia*, *Ulmus* und später *Fraxinus* gekennzeichnet, eine Entwicklung, die sich am deutlichsten in dem Diagramm Bb-96 widerspiegelt. Im Diagramm vom Rudower See liegt dieser Übergang in einem gestörten Kernbereich und deshalb kann auch die Datierung von cal. B.C. 1800 bei 358–364 cm nicht eindeutig zugeordnet werden. Am Rambower Moor (Ra) wurde dieser Bereich wegen sehr schlechter Pollenerhaltung nicht in die Auswertung einbezogen. Die Werte von *Fagus* und *Carpinus* steigen im Älteren Subatlantikum kontinuierlich an. Zone IXa enthält die beiden lokalen Pollenzonen R-R 14 und 15. Die Zone R-R 14 repräsentiert die Periode mit dem stärksten menschlichen Einfluss in den vorgeschichtlichen Abschnitten. Die Eichenbestände wurden offensichtlich stark genutzt, und als Folge breitete sich die Kiefer auf den gestörten Flächen aus. Poaceae und sekundäre Siedlungszeiger, vor allem der *Rumex acetosa*-Typ, *Plantago lanceolata* und am Ende der Zone auch *Calluna*, zeigen hohe Werte. Da Pollen vom Getreide-Typ auch hier nur wenig nachgewiesen wurde, deutet diese Entwicklung eher auf stärkere Viehbeweidung, als auf Ackerbau hin. Die Beweidung führte letztendlich zur Entstehung von Heideflächen. Diese Interpretation wird durch den oben schon erwähnten, gleichzeitigen sehr hohen Gipfel von Grünalgen

---

29 LESEMANN 1969. JAHNS 2007. CHRISTIANSEN 2008.
30 BEHRE 1990.
31 BRANDE 1996. JAHNS 2000. DÖRFLER 2011.

32 Vgl. JAHNS/KIRLEIS im Druck.

der Gattung *Pediastrum* in den beiden Profilen von Boberow gestützt, die eine starke Eutrophierung des Wassers vom Rambower See anzeigen. Dies könnte ebenfalls auf eine Nutzung des Gebietes in Seenähe als Viehweide hindeuten. Im Profil Bb-96 wurde diese Siedlungszeit verlässlich auf ca. cal. B.C. 670 datiert, sie liegt damit am Übergang von der späten Bronzezeit zur Vorrömischen Eisenzeit. In der nachfolgenden Zone R-R 15 ließ der Siedlungsdruck nach, und der Wald konnte sich erholen. Dies entspricht auch dem archäologischen Befund in der Prignitz, der einen deutlichen Siedlungsrückgang am Ende der Vorrömischen Eisenzeit anzeigt.

Im Jüngeren Subatlantikum (IXb) geht die Kurve von *Pinus* auf sehr geringe Werte zurück, teilweise liegen sie sogar unterhalb von 5 %. Niedrige Werte der Kiefer in dieser Zeit sind charakteristisch für das nördliche Brandenburg, die Altmark und das westliche Mecklenburg.[33] Diese Gebiete liegen in einem Übergangsbereich von dem kiefernreichen nordostdeutschen Flachland zu der kiefernarmen nordwestdeutschen Tiefebene. Die Pollendiagramme aus der Rudow-Rambow-Senke und andere aus der westlichen und nordwestlichen Prignitz[34], sowie aus dem westelbischen Hannoverschen Wendland,[35] weisen aber so niedrige Werte von *Pinus* auf, dass diese Landschaften bereits zu dem westlichen kiefernarmen Vegetationstypen gezählt werden müssen. Die Kurven von *Fagus* und *Carpinus* erreichen ihr Maximum. In der lokalen Zone R-R 16 ist *Secale* durchgehend vertreten und zeigt so die Kultivierung des Roggens, die in der Römischen Kaiserzeit begann.[36] Dies ist im Diagramm aus dem Rudower See, mit der höchsten zeitlichen Auflösung dieses Zeitabschnitts, am besten zu erkennen. Sekundäre Siedlungszeiger, vor allem der *Rumex acetosa*-Typ, zeigen ebenfalls einen Gipfel. Der menschliche Einfluss ist aber deutlich geringer ausgeprägt als in der Vorrömischen Eisenzeit. In der Zone R-R 16 tritt *Fagus* häufiger auf als *Carpinus*. In der Zone R-R 17 gehen die Werte der Poaceae, des Getreide-Typs und der sekundären Siedlungszeiger deutlich zurück. Gleichzeitig übergipfelt nun die *Carpinus*-Kurve diejenige von *Fagus*. Obwohl hier keine verlässlichen Radiokohlenstoff-Datierungen vorliegen, kann man aufgrund der Pollenstratigraphie diesen Abschnitt der Völkerwanderungszeit zuordnen. Offensichtlich verließ in dieser Zeit ein großer Teil der Bevölkerung die westliche Prignitz. Maximale Werte von *Carpinus* sind in der Völkerwanderungszeit eine weit verbreitete Erscheinung innerhalb und außerhalb von Brandenburg. Im nördlichen und westlichen Brandenburg und den angrenzenden Landschaften kommt die Hainbuche aber in der Regel auch in diesem Zeitabschnitt nicht in der Weise zur Dominanz wie in der Rudow-Rambow-Senke. In der westlichen und nordwestlichen Prignitz sowie im Hannoverschen Wendland scheint dies allerdings eine charakteristische Erscheinung zu sein, dort zeigen sämtliche Pollendiagramme entweder höhere oder zumindest gleich hohe Werte der Hainbuche im Vergleich zur Rotbuche.[37] Damit stellt diese Gegend eine Besonderheit dar. Ein einzelnes weiteres Pollendiagramm aus dem westlichen Brandenburg mit einer Dominanz von *Carpinus* in der Zone IXb stammt aus dem Sacrower See bei Potsdam.[38] Regelhaft höhere Werte von *Carpinus* als *Fagus* in der Zone IXb findet man sonst nur im südöstlichen Brandenburg, wo aufgrund der kalten Wintertemperaturen die Rotbuche allmählich an die östliche Grenze ihres Habitats gelangt.[39]

In der lokalen Zone R-R 18 kommt die Rotbuche wieder zur Dominanz. *Alnus* zeigt einen kurzen, aber auffälligen Rückgang, der in dem Diagramm vom Rudower See am deutlichsten ist, aber auch in denjenigen bei Boberow zu erkennen. In diesem Abschnitt steigen die Werte der Poaceae und der Siedlungszeiger wieder an, und zeigen so den Einfluss der slawischen Stämme, die sich nach dem Ende der Völkerwanderungszeit im Gebiet angesiedelt hatten. Mehrere frühslawische Siedlungen wurden im Gebiet entdeckt, eine davon liegt am Nordufer des Rudower Sees.[40] Landwirtschaftliche Aktivitäten zeigen sich unter anderem durch die ansteigende Kurve des Roggens, einem der Hauptgetreide der Slawen.[41]

Am Ende der Zone R-R 18 gehen die Werte von *Carpinus*, und etwas weniger ausgeprägt auch die von *Fagus*, weiter zurück. Poaceae und Siedlungszeiger, vor allem der *Rumex acetosa*-Typ, *Plantago lanceolata* und *Calluna*, steigen weiter an, auch Lein tritt zum Ende hin sporadisch auf. Diese Entwicklung zeigt die Siedlungstätigkeit der Bewohner der jungslawischen Burg bei Lenzen an, die am südwestlichen Ende des Rudower Sees lag.[42] Eine eindeutige Unterteilung in früh- und jungslawische Besiedlung anhand des Pollendiagramms, wie sie in dem Diagramm aus dem Maujahn im Hannoverschen Wendland vorgenommen werden konnte,[43] ist allerdings ohne eine gute Datierung in den mehr regional gültigen Pollendiagrammen aus der Rudow-Rambow-Senke nicht möglich. Ein on-site Pollendiagramm aus der Lenzener Burg lässt erkennen, dass in ihrer direkten Umgebung der Wald im 12. Jahrhundert

---

33 Schoknecht 1996. Jahns 2007, 2011. Christiansen 2008. Hellmund u. a. 2011. Dörfler 2011.
34 Jeschke/Lange 2006. Jahns unpubl.
35 Lesemann 1969. Beug 2011.
36 Behre 1992.
37 Lesemann 1969. Jeschke/Lange 2006. Jahns unpubl.
38 Enters u. a. 2010.
39 Jahns 2011. Sudhaus/Jahns 2012.
40 Biermann u. a. 2009.
41 Vgl. Alsleben 2012. Stika/Jahns im Druck.
42 Kennecke im Druck.
43 Beug 2011.

weitgehend gerodet war und sich Heide- und Trockenrasenvegetation an seiner Stelle ausgebreitet hatte.[44] Diese Entwicklung lässt sich auch in den Pollendiagrammen von Rudower See und Rambower Moor erkennen. Allerdings zeigen sie auch, dass in einiger Entfernung zu der Lenzener Burg größere Waldbestände trotz der Rodungen erhalten blieben.

Mit dem Übergang zum Jüngeren Subatlantikum (Xa) lässt sich dann ein tief greifender Wandel in der Vegetationsbedeckung um den Rudower See und das Rambower Moor erkennen. Die Waldvegetation wurde stark aufgelichtet, und eine Offenlandvegetation breitete sich an ihrer Stelle aus. Dieser Prozess beginnt mit einem drastischen Abfall der Kurven von *Fagus*, *Carpinus* und *Betula* sowie mit ansteigenden Werten der Poaceae in der Zone R-R 19. Eine Intensivierung der Landwirtschaft wird durch hohe Werte von *Secale* und anderem Pollen vom Getreide-Typ reflektiert. Hanfanbau wird durch eine geschlossene Kurve des *Cannabis*/*Humulus*-Typs wahrscheinlich gemacht. Die Werte des *Rumex acetosa*-Typs steigen an, und *Centaurea cyanus*, der *Spergula*-Typ und *Polygonum aviculare* treten regelmäßig auf. Der starke Rückgang der Erle legt nahe, dass in dieser Zeit die feuchten Standorte ebenfalls in die landwirtschaftliche Nutzung einbezogen wurden. Dieser Erlenrückgang tritt in den Diagrammen von Boberow etwas zeitverzögert gegenüber dem Rudower See auf. Anscheinend blieben die Erlenbestände auf dem Rambower Moor länger erhalten als diejenigen um den Rudower See, der streckenweise sehr steile Ufer und damit weniger ausgedehnte Standorte für Erlen hat.

Eine Ziel für künftige Datierungen muss es sein, herauszufinden, ob in der westlichen Prignitz diese Zeit starker Rodungen und der Erweiterung der landwirtschaftlich genutzten Flächen mit der letzten Periode slawischer Besiedlung zusammenfällt oder erst mit dem Beginn der Ostkolonisation durch die Askanier im 12. Jahrhundert. In dem Pollendiagramm vom Maujahn im Hannoverschen Wendland wurde die mittelalterliche Rodungsphase auf ca. 1200 cal. A.D. datiert.[45] Diese Datierung verbindet diese Phase verstärkter Landnutzung mit der deutschen Ostkolonisation. Das on-site Pollendiagramm aus der Burg bei Lenzen reflektiert allerdings deutliche Auflichtung des Waldes schon um 1100 A.D.[46] Da die Elbe in dieser Zeit eine wichtige politische und kulturelle Grenze darstellte, wäre eine zeitversetzte Entwicklung westlich und östlich des Flusses durchaus vorstellbar. In einem Pollendiagramm aus dem Breitlingsee im Havelland datiert der Übergang IXb/Xa mit einem Alter von 830 cal. A.D. sogar noch früher.[47] Auch in der Nähe des Breitlingsees ist mit der Brandenburg eine bedeutende slawische Burg und eine starke slawische Besiedlung des Gebietes bekannt.[48]

In den Diagrammen vom Rambower Moor gibt es erste Nachweise von *Fagopyrum* in der Zone R-R 20. Nach bisherigem Kenntnisstand ist das Vorkommen dieser Kulturpflanze eher ein Hinweis auf das deutsche Mittelalter, in dem der Buchweizen in Brandenburg häufig angebaut wurde. Dies muss aber nach neuesten Erkenntnissen für die Region der unteren Mittelelbe in Frage gestellt werden, nachdem in den eindeutig slawenzeitlichen Ablagerungen im Maujahn und in der Lenzener Burg zumindest einzelne Pollenkörner von *Fagopyrum* nachgewiesen werden konnten.[49] Ein slawenzeitlicher Nachweis von Buchweizen durch Funde von Makroresten steht allerdings auch in diesem Gebiet weiterhin aus.[50]

In Zone R-R 20 zeigt *Quercus* in allen vier Diagrammen einen deutlichen Gipfel. Wahrscheinlich wurden die Eichenbestände in der Gegend nun zur Schweinemast genutzt und die Eichen entsprechend gefördert. Im Rambower Moor zeigt einer hoher Gipfel von *Pediastrum* wiederum eine verstärkte Eutrophierung an, auch diese wurde möglicherweise wieder durch Weidevieh verursacht. Im Jüngeren Subatlantikum (Xb) steigen die Werte von *Pinus* in der lokalen Zone R-R 21 sehr stark an, alle anderen Gehölz-Taxa gehen hingegen zurück. Auch die Eichenbestände wurden drastisch reduziert und die Erlen nun auch rund um das Rambower Moor gerodet. Auf dem Moor breiteten sich Cyperaceae und *Equisetum* aus, die hohen Werte von *Pediastrum* gehen hingegen zurück (s. o.). *Fagopyrum* tritt häufiger auf und zeigt hier definitiv den hochmittelalterlich/frühneuzeitlichen Anbau des Buchweizens an.

Der Beginn der Zone Xb ist in allen Diagrammen, mit Ausnahme von Bb-98 zu erkennen. Die nachfolgende Entwicklung ist nur im Diagramm Bb-96 enthalten. In Zone R-R 21 gehen die Werte der Poaceae und vor allem diejenigen der sekundären Siedlungszeiger auffällig zurück. Möglicherweise ist dies eine Folge der Verwüstungen im Dreißigjährigen Krieg, in dessen Verlauf viele Gebiete der Prignitz mehr als 66 % ihrer Bevölkerung verloren.[51] Dieser Interpretation steht allerdings entgegen, dass die Werte von *Secale* auf gleich hohem Niveau bleiben, während andere Getreide sogar etwas häufiger nachgewiesen wurden.

---

44 Beug u. a. im Druck. Dendrochronologische Datierung s. Kennecke im Druck.
45 Beug 2011.
46 Beug u. a. im Druck. Dendrochronologische Datierung s. Kennecke im Druck.
47 Jahns 2009.
48 Kirsch 2009.
49 Beug 2011. Beug u. a. im Druck.
50 Alsleben 2012. Stika/Jahns im Druck.
51 Eickhoff u. a. 2012, 26–28.

Bei 32 cm dient ein Pollenkorn von *Aesculus* als *terminus post quem* für die Zone R-R 22, da die Roßkastanie erst im 17. Jh. nach Brandenburg gebracht wurde.[52] In der Zone R-R 22 weist die *Pinus*-Kurve einen deutlichen Einbruch auf, während die Werte der sekundären Siedlungszeiger wieder ansteigen, allerdings in einer anderen Zusammensetzung als in der Zone R-R 21. Der *Rumex acetosa*-Typ zeigt zwar weiterhin hohe Werte, diejenigen von *Plantago lanceolata* bleiben jedoch auf einem geringen Level. Stattdessen kommen nun *Artemisia* und Chenopodiaceae häufig vor. Der *Humulus/Cannabis*-Typ konnte hingegen nicht mehr nachgewiesen werden.

Die Zone R-R 23 spiegelt die neuzeitliche Entwicklung wider, bei der die Gegend mit Pflanzungen von Kiefern und Fichten aufgeforstet wurde. Als Folge des reduzierten Offenlandes gehen sämtliche NBP zurück. *Fagopyrum* wurde im Gebiet in dieser Zeit nicht mehr angebaut.

Zusammenfassung

Die vier Pollendiagramme aus dem Rambower Moor und dem Rudower See geben Aufschluss über die Vegetations- und Siedlungsgeschichte in der westlichen Prignitz seit dem Präboreal. In 23 lokalen Pollenzonen kann die Entwicklung bis in die Gegenwart aufgedeckt werden, wobei sich die Diagramme gegenseitig ergänzen. Nach einer Birken-Kiefern-Phase im Präboreal breiteten sich im Boreal thermophilere Gehölze aus, zuerst die Hasel, deren Kurve einen im Gebiet charakteristischen Gipfel von > 30 % erreicht. Es folgt eine Eichenmischwaldphase. Erste vereinzelte Siedlungszeiger (*Plantago lanceolata*) treten schon in der Älteren Jungsteinzeit auf. Erst im Älteren Subboreal (lokale Pollenzone R-R 8) wird mit durchgehenden, verhältnismäßig hohen Werten von *Plantago lanceolata* im Zeitraum um 3500 bis 2600 B.C. erstmals eine Siedlungstätigkeit in der Nähe der Senke nachgewiesen. Gleichzeitig wanderte die Rotbuche in das Gebiet ein. Die Hainbuche ist ab dem Jüngeren Subboreal ebenfalls dort vertreten.

Auch für die Bronzezeit ist eine Besiedlung um die Rudow-Rambow-Senke pollenanalytisch nachgewiesen. Die Zeit der stärksten vorgeschichtlichen Siedlungstätigkeit ist aber am Übergang zur Vorrömischen Eisenzeit belegt. Poaceae und sekundäre Siedlungszeiger zeigen hier sehr hohe Werte. Vor allem häufiges Vorkommen von *Calluna* deutet auf Verheidung in Folge von Viehweide hin. Dies wird auch durch die gleichzeitige starke Eutrophierung des Rambower Sees gestützt, die durch eine starke Vermehrung der Grünalgen angezeigt wird. Parallel dazu ist ein deutlicher Rückgang von Hasel und Linde zu erkennen, der wahrscheinlich auf eine Klimaverschlechterung zurückzuführen ist. In dem nachfolgenden Diagrammabschnitt gehen die Siedlungszeiger deutlich zurück und zeigen so eine Verminderung der Besiedlung an, die sich auch im archäologischen Befund der westlichen Prignitz widerspiegelt. Gleichzeitig breiten sich Rotbuchen und Hainbuchen stärker aus. Kontinuierliche Funde von *Secale* zeigen, dass Roggen auch in der Prignitz seit der Römischen Kaiserzeit als Kulturpflanze etabliert war. Die Völkerwanderungszeit wird durch einen weiteren Rückgang der Siedlungszeiger angezeigt und außerdem durch für das Gebiet charakteristische hohe Werte von *Carpinus*, die aber anderweitig für das nordwestliche Brandenburg eher ungewöhnlich sind. Die nachfolgende slawische Besiedlung im Gebiet wird durch einen Anstieg der Werte von Poaceae, *Secale* und anderen Getreide-Typen sowie von den sekundären Siedlungszeigern widergespiegelt. Zuverlässige Datierungen aus diesen Diagrammabschnitten fehlen, so dass der Übergang zum deutschen Landesausbau nicht sicher mit einer Datierung vom Ende des 12. Jahrhunderts/Beginn des 13. Jahrhunderts, das aus dem Hannoverschen Wendland vorliegt, parallelisiert werden kann. Im hohen Mittelalter wurde der Wald sowohl auf den trockeneren Standorten als auch im Auenbereich großflächig gerodet. Der Roggenanbau wurde ausgeweitet, weiterhin konnte der Anbau von Buchweizen und Hanf sowie Eichelmast nachgewiesen werden.

Die obersten Diagrammabschnitte zeigen die forstlichen Maßnahmen seit dem Ende des 17. Jahrhunderts mit Anpflanzungen von Kiefern und Fichten.

Danksagung

Die Pollenanalysen am Rudower See und am Rambower Moor/Bb-98 sind Teil des von der Deutschen Forschungsgemeinschaft geförderten Projekts „Paläoökologische Untersuchungen über die Entwicklung der Pflanzendecke zur Slawenzeit – ein Beitrag zu den Beziehungen zwischen Umwelt und Besiedlung in der westlichen Peripherie des slawischen Siedlungsraumes" (Be 169/18). Dieses Projekt war ein Partnerprojekt innerhalb der Forschergruppe „Slawen an der unteren Mittelelbe – Untersuchungen zur ländlichen Besiedlung, zum Burgenbau, zu Besiedlungsstrukturen und zum Landschaftswandel", bei der Karl-Heinz Willroth die Federführung innehatte. Die Autoren möchten sich mit diesem Beitrag bei Herrn Willroth für diese Unterstützung und die vielen interessanten Diskussionsrunden begleitend zur Durchführung des Projekts sowie bei der DFG für die finanzielle Förderung herzlich bedanken. Dem Biosphärenreservat Flusslandschaft Elbe in Rühstädt danken wir für die Bohrgenehmigungen im Rambower Moor.

---

52 Krausch 1989.

Literatur

Alsleben 2012

A. Alsleben, Fossile pflanzliche Massenfunde aus dem jungslawischen Handelsplatz Parchim-Löddigsee. In: D. Paddenberg, Die Funde der jungslawischen Feuchtbodensiedlung von Parchim-Löddigsee, Kr. Parchim, Mecklenburg-Vorpommern. Frühmittelalterliche Archäologie zwischen Ostsee und Mittelmeer 3, 2012, 371–386.

Beier 1991

H.-J. Beier, Die megalithischen, submegalithischen und pseudomegalithischen Bauten sowie die Menhire zwischen Ostsee und Thüringer Wald. Beiträge zur Ur- und Frühgeschichte Mitteleuropas 1. Halle 1991.

Behre 1990

K.-E. Behre, Some reflections on anthropogenic indicators and the record of prehistoric occupation phases in pollen diagrams from the Near East. In: S. Bottema, G. Entjes-Nieborg, W. van Zeist (Hrsg.), Man's role in the shaping of the Eastern Mediterranean landscape. Rotterdam 1990, 219–230.

Behre 1992

K.-E. Behre, The history of rye cultivation in Europe. Vegetation History and Archaeobotany 1, 1992, 141–156.

Beug 2011

H.-J. Beug, Changes of the vegetation during the Slavic period, shown by a high resolution pollen diagram from the Maujahn peat bog near Dannenberg, Hanover Wendland, Germany. Vegetation History and Archaeobotany 20, 2011, 199–206.

Beug u. a. im Druck

H.-J. Beug, S. Jahns, J. Christiansen, Beiträge zur Vegetationsgeschichte der Mittelelberegion unter besonderer Berücksichtigung des slawenzeitlichen Mittelalters. Frühmittelalterliche Archäologie zwischen Ostsee und Mittelmeer. Im Druck.

Biermann u. a. 2009

F. Biermann, N. Gossler, H. Kennecke, Archäologische Forschungen zu den slawenzeitlichen Burgen und Siedlungen in der nordwestlichen Prignitz. In: J. Müller, K. Neitmann, F. Schopper (Hrsg.), Wie die Mark entstand. 850 Jahre Mark Brandenburg. Forschungen zur Archäologie im Land Brandenburg 11. Wünsdorf 2009, 36–47.

Bohm 1937

W. Bohm, Die Vorgeschichte des Kreises Westprignitz. Leipzig 1937.

Brande 1996

A. Brande, Type region D-s, Berlin. In: B. E. Berglund, H. J. Birks, M. Ralska-Jasieciczowa, H. E. Wright (Hrsg.), Palaeoecological events during the last 15.000 years: Regional syntheses of palaoecological studies of lakes and mires in Europe. Chichester 1996, 518–523.

Breest 1997

K. Breest, Studien zur Mittleren Steinzeit in der Elbe-Jeetzel-Niederung (Landkreis Lüchow-Dannenberg). Beiträge zur Steinzeit in Niedersachsen. Oldenburg 1997.

Christiansen 2008

J. Christiansen, Vegetationsgeschichtliche Untersuchungen in der westlichen Prignitz, dem östlichen Hannoverschen Wendland und der nördlichen Altmark. Online-Publ. webdoc.sub.gwdg.de/diss/2008/christiansen/.

Dörfler 2011

W. Dörfler, Pollenanalytische Untersuchungen zur Vegetations- und Siedlungsgeschichte im Einzugsbereich des Rugensee bei Schwerin. In: A. Schülke, Landschaften. Eine archäologische Untersuchung der Region zwischen Schweriner See und Stepenitz. Römisch-Germanische Forschungen 68. Darmstadt 2011, 315–336.

Duphorn 1984

K. Duphorn, Quartärgeologische Ergebnisse und Probleme bei der Endlagerforschung Gorleben. Geologisch-Paläontologisches Institut und Museum, Christian-Albrecht-Universität Kiel, Berichte 6. Kiel 1984.

Eickhoff u.a. 2012

S. Eickhoff, A. Grothe, B. Jungklaus, Der Dreißigjährige Krieg. In: S. Eickhoff, F. Schopper (Hrsg.), 1636 – Ihre letzte Schlacht. Stuttgart 2012, 22–41.

Enters u.a. 2010

D. Enters, E. Kirilova, A. F. Lotter, A. Lücke, J. Parplies, G. Kuhn, S. Jahns, B. Zolitschka, Climate change and human impact at Sacrower See (NE Germany) during the past 13,000 years: a geochemical record. Journal of Paleolimnology 43, 2010, 719–737.

Finck 2002

P. Finck, Rahmenvorstellungen für das Nordostdeutsche Tiefland aus bundesweiter Sicht. Bundesamt für Naturschutz 50, Schriftenreihe für Landschaftspflege und Naturschutz. Bonn-Bad Godesberg 2002.

Firbas 1949

F. Firbas, Spät- und nacheiszeitliche Vegetationsgeschichte Mitteleuropas nördlich der Alpen: Allgemeine Waldgeschichte I. Jena 1949.

Fischer 1958

W. Fischer, Flora der Prignitz. Wissenschaftliche Zeitschrift der Pädagogischen Hochschule Potsdam, Mathematisch-naturwissenschaftliche Reihe 3, 1958, 181–243.

Fuchs 2009

F. Fuchs, Vegetationskundlich-ökologische Untersuchungen im Rambower Moor. In: Das Rambower Moor. Beiträge zur Natur- und Heimatkunde. Beiträge zum Biosphärenreservat Flusslandschaft Elbe-Brandenburg 9. Lenzen 2009, 89–98.

Hardt 2002

M. Hardt, Prignitz und Hannoversches Wendland. Das Fürstentum der slawischen Linonen im frühen und hohen Mittelalter. In: R. Aurig, R. Butz, I. Gräßler, A. Thieme (Hrsg.), Im Dienste der historischen Landeskunde – Beiträge zu Archäologie, Mittelalterforschung, Namenskunde und Museumsarbeit vornehmlich in Sachsen. Beucha 2002, 95–103.

Hellmund u. a. 2011

M. Hellmund, V. Wennrich, H. Becher, A. Krichel, H. Bruelheide, M. Melles, Zur Vegetationsgeschichte im Umfeld des Süßen Sees, Lkr. Mansfeld-Südharz – Ergebnisse von Pollen- und Elementaranalysen. In: H.-R. Bork, H. Meller, R. Gerlach (Hrsg.), Umweltarchäologie – Naturkatastrophen und Umweltwandel im archäologischen Befund. 3. Mitteldeutscher Archäologentag vom 07. bis 09. Oktober 2010 in Halle/S. Halle/S. 2011, 111–127.

Hurtig 1957

T. Hurtig, Physische Geographie von Mecklenburg.

Deutscher Verlag der Wissenschaft. Berlin 1957.

JAEGER 1999

T. Jaeger, Die Prignitz in der spätrömischen Kaiserzeit. Besiedlungsgeschichtliche Untersuchungen unter Einschluß der angrenzenden mecklenburgischen Gebiete. Ethnographisch-Archäologische Zeitschrift 40, 1999, 513–553.

JAHNS 2000

S. Jahns, Late-glacial and Holocene woodland dynamics and land-use history of the Lower Oder valley, northeastern Germany, based on two, AMS ^{14}C dated, pollen profiles. Vegetation History and Archaeobotany 9, 2000, 111–123.

JAHNS 2007

S. Jahns, Palynological investigations into the Late Pleistocene and Holocene history of vegetation and settlement at the Löddigsee, Mecklenburg, Germany. Vegetation History and Archaeobotany 16, 2007, 157–169.

JAHNS 2009

S. Jahns, Landschaftsbild im Wandel – Die Mark Brandenburg zwischen dem 11. und dem 15. Jahrhundert. In: J. Müller, K. Neitmann, F. Schopper (Hrsg.), Wie die Mark entstand. 850 Jahre Mark Brandenburg. Forschungen zur Archäologie im Land Brandenburg 11. Wünsdorf 2009, 152–157.

JAHNS 2011

S. Jahns, Die holozäne Waldgeschichte von Brandenburg und Berlin – eine aktuelle Übersicht. Tuexenia Beiheft 4, 2011, 47–55.

JAHNS/KIRLEIS im Druck

S. Jahns, W. Kirleis, Die bronzezeitliche Besiedlung in Pollendiagrammen aus Brandenburg. Studien zur nordeuropäischen Bronzezeit 1. Im Druck.

JESCHKE/LANGE 2006

L. Jeschke, E. Lange, Ein Beitrag zur jüngeren Waldgeschichte der Perleberger Heide. Veröffentlichungen zur brandenburgischen Landesarchäologie 38, 2004 (2006), 247–258.

KEILING 1965

H. Keiling, Die vorrömische Eisenzeit im Elde-Karthane-Gebiet (Kreis Ludwigslust und Kreis Perleberg). Ethnographisch-Archäologische Zeitschrift 6, 1965, 41–43.

KENNECKE im Druck

H. Kennecke, Burg Lenzen – eine Befestigung am westlichen Rand der slawischen Welt. Materialien zur Archäologie in Brandenburg. Wünsdorf, im Druck.

KIRLEIS 1998

W. Kirleis, Vegetationsgeschichtliche Untersuchungen über die spätholozäne Siedlungsgeschichte im Gebiet des Rambower Moores, Landkreis Prignitz, westliches Brandenburg. Unveröffentlichte Diplomarbeit am Institut für Palynologie und Quartärwissenschaften, Universität Göttingen 1998.

KIRSCH 2009

K. Kirsch, Die slawische Burg auf der Brandenburgischen Dominsel – ein herausragender Burgort im Fundspektrum. In: J. Müller, K. Neitmann, F. Schopper (Hrsg.), Wie die Mark entstand. 850 Jahre Mark Brandenburg. Forschungen zur Archäologie im Land Brandenburg 11. Wünsdorf 2009, 48–53.

KÖLLN 2001

D. Kölln, Erfassung und Bewertung des Rambower Moores, eines Durchströmungsmoores, am Rande des Mittleren Elbtals. Unveröffentlichte Diplomarbeit am Zoologischen Institut und Museum. Universität Hamburg 2001.

KRAUSCH 1989

H.-D. Krausch, Bemerkenswerte Bäume im Gubener Land. Teil 6: Die Rosskastanie. Gubener Heimatkalender 33, 1989, 80–84.

KROTH 2009

B. Kroth, Veränderungen im Wasserhaushalt des Rambower Moores aus historischer Sicht. In: Das Rambower Moor. Beiträge zur Natur- und Heimatkunde. Beiträge zum Biosphärenreservat Flusslandschaft Elbe-Brandenburg 9. Lenzen 2009, 19–31.

LESEMANN 1969

B. Lesemann, Pollenanalytische Untersuchungen zur Vegetationsgeschichte des Hannoverschen Wendlandes. Flora Abt. B 158, 1969, 480–519.

LEUBE 1995

A. Leube, Germanische Völkerwanderungen in ihrem archäologischen Fundniederschlag. Das 5. und 6. Jh. östlich der Elbe. Ein Forschungsbericht (I). Ethnographisch-Archäologische Zeitschrift 36, 1995, 3–85.

MAY/HAUPTMANN 2011

J. May, T. Hauptmann, Warum befindet sich das „Königsgrab" von Seddin am Mittellauf der Stepenitz? Wasserwege und archäologische Sachkultur der jüngeren Bronzezeit in der Prignitz. Siedlungs- und Küstenforschung im südlichen Nordseegebiet 34, 2011, 129–150.

MAY/HAUPTMANN 2012

J. May, T. Hauptmann, Das „Königsgrab" von Seddin und sein engeres Umfeld im Spiegel neuerer Feldforschungen. In: D. Bérenger, J. Bourgeois, M. Talon, S. Wirth (Hrsg.), Gräberlandschaften der Bronzezeit. Bodenaltertümer Westfalens 51, 2012, 77–104.

NÜSSE 2008

H.-J. Nüsse, Untersuchungen zur Besiedlung des Hannoverschen Wendlands von der jüngeren vorrömischen Eisen- bis zur Völkerwanderungszeit. Neue Ausgrabungen und Forschungen in Niedersachsen 26. Neumünster 2008.

REGNÉLL/EVERITT 1996

J. Regnéll, E. Everitt, Preparative centrifugation – a new method for preparing pollen concentrates suitable for radiocarbon dating by AMS. Vegetation History and Archaeobotany 5, 1996, 201–207.

SCHOKNECHT 1996

T. Schoknecht, Pollenanalytische Untersuchungen zur Vegetations-, Siedlungs- und Landschaftsgeschichte in Mittelmecklenburg. Beiträge zur Ur- und Frühgeschichte Mecklenburg-Vorpommerns 29. Lübstorf 1996.

SCHULDT 1972

E. Schuldt, Die mecklenburgischen Megalithgräber. Beiträge zur Ur- und Frühgeschichte der Bezirke Rostock, Schwerin und Neubrandenburg. Berlin 1972.

SEYER 1976

R. Seyer, Zur Besiedlungsgeschichte im nördlichen Elbe-Havel-Gebiet um den Beginn unserer Zeitrechnung. Schriften zur Ur- und Frühgeschichte 29. Berlin 1976.

STIKA/JAHNS im Druck
: H.-P. Stika, S. Jahns, Pflanzliche Großreste und Pollen aus Slawensiedlungen an der unteren Mittelelbe. Frühmittelalterliche Archäologie zwischen Ostsee und Mittelmeer. Im Druck.

STOCKMARR 1971
: J. Stockmarr, Tablets with spores in absolute pollen analysis. Pollen et Spores 13, 1971, 615–621.

SUDHAUS/JAHNS 2012
: D. Sudhaus, S. Jahns, Zur Umwelt der mittelalterlichen Siedlung Horno. Fünf pollenanalytische Untersuchungen auf der Hornoer Hochfläche, Lkr. Spree-Neiße. Archäologie in Berlin und Brandenburg 2010. Stuttgart 2012, 113–115.

UHL 2007
: U. Uhl, Neuland unterm Pflug. Ein Langhaus der Linearbandkeramik bei Bredow, Lkr. Havelland. Archäologie in Berlin und Brandenburg 2006. Stuttgart 2007, 27–29.

WETZEL 1979
: G. Wetzel, Die Schönfelder Kultur. Veröffentlichungen des Landesmuseums für Vorgeschichte in Halle 31. Berlin 1979.

Die sozioökonomische Bedeutung von Pflugspuren im Frühneolithikum des nördlichen Mitteleuropas

von Doris Mischka

Einleitung

Noch vor weniger als 100 Jahren wurden schmale längliche Verfärbungen, die unter bronzezeitlichen Grabhügeln aufgedeckt wurden, als Überreste hölzerner Konstruktionen des Grabbaus gedeutet.[1] In den 1930er Jahren findet sich erstmals die Interpretation entsprechender Befunde als Pflugspuren.[2] Der dänische Geograph G. Hatt entdeckte gleichartige Spuren im Bereich eisenzeitlicher Siedlungen im Westen Jütlands und deutete sie ebenfalls als Überreste des Pflügens.[3]

Die Entdeckungen und Beschreibungen solcher streifenförmigen Befunde haben sich seitdem ständig vermehrt, wobei die Interpretation der Spuren als Zeugnisse ackerbaulicher Aktivitäten von den meisten Autoren akzeptiert wird. Bei Experimenten gelang die Erzeugung entsprechender Furchen.[4] Neben der Deutung als Pflugspuren finden sich durchaus auch andere Erklärungen wie z. B. als Saatrillen[5] oder als Spuren, die bei der Gewinnung von Soden[6] z. B. für den Grabhügelbau entstehen.

Erhalten blieben entsprechende Rillen vor allem unter Grabmonumenten. Bis heute wird daher kontrovers diskutiert, ob sie durch profane Aktivitäten wie z. B. durch subsistenzorientierten Ackerbau entstehen oder Zeugnisse ritueller Handlungen[7] darstellen. Wird der gängigen Lehrmeinung gefolgt, belegen die Befunde die Existenz des Pfluges als solches und die strikte Trennung nach Intention erscheint zu extrem. Die Spuren sind Ausdruck einer neuen Technologie, die im primären Wirtschaftssektor in der Folgezeit stärker an Bedeutung gewinnt. Dieser Bedeutungsgewinn des Pflügens scheint im nördlichen Mitteleuropa zeitlich mit dem Aufkommen monumentaler Grabarchitektur einherzugehen. Es darf daher die Frage nach der Rolle oder der Funktion der neuen Agrartechnik in Bezug auf die gesellschaftliche Entwicklung gestellt werden.

Der Einsatz der neuen Technik ermöglichte die Erwirtschaftung höherer Überschüsse im Bereich der Nahrungsmittelproduktion. Diese könnten zu einem demographischen Wachstum geführt und es ermöglicht haben, in einem größeren Maße bisher in der Nahrungsmittelproduktion aktive Produktivkräfte für andere, z. B. „kulturschaffende" Tätigkeiten freizustellen. Desweiteren ergibt sich aus dem geschilderten Szenario möglicherweise eine zunehmend verstärkte soziale Differenzierung der Gesellschaften.

Beispielsweise könnte der Bedarf an trainierten Zugtieren für den Einsatz vor dem Pflug durch Gruppeneigentum geregelt sein, oder aber ihr Wert könnte durch einen limitierten Zugang für einzelne Gruppenmitglieder zum Ausdruck ihres gesellschaftlichen Status werden. Auch eine gesteigerte Produktion für den Austausch im Nahrungsmittelsektor könnte zu einer gewissen Prosperität einzelner, den Pflug einsetzender Gruppen geführt haben. Diese grundlegenden Aspekte gesellschaftlicher Veränderungen dürften ihrerseits wiederum von erheblicher Bedeutung für den Mentalitätswandel gewesen sein, dessen Ausdruck die Entwicklung von Monumentalität ist.

Ein anderer wichtiger Punkt betrifft den Einsatz von Arbeitskraft. Die in den Ackerbau investierte Arbeit wird durch die Verwendung des Pfluges einfacher und schneller durchführbar. Daraus lässt sich unter Umständen auf eine zunehmende Arbeitsteilung schließen. Darin wiederum könnte die Etablierung sozialer Ungleichheit bedingt sein, die der höher gestellte Teil der Gesellschaft zum Beispiel durch gemeinsame Großprojekte wie den Bau von Megalithgräbern oder Erdwerken ideologisch zu festigen versucht haben könnte. Die Kommunikation in größeren Netzwerken scheint für die Entwicklung der neolithischen Gesellschaften und die Entstehung von monumentaler Architektur jedenfalls von grundlegender Bedeutung zu sein. Nicht zuletzt darf auf eine vermehrte Organisation größerer Gruppen und die Notwendigkeit der Durchführung von gemeinsamen Projekten hingewiesen werden. Aus diesen Vorüberlegungen ergibt sich, dass die agrartechnische Innovation des Pflügens von nicht zu unterschätzender Bedeutung für die soziokulturellen Veränderungen der frühneolithischen Trichterbechergesellschaften im Norden Mitteleuropas war, selbst wenn diese natürlich von mehreren Faktoren beeinflusst wurden.

Aus methodischen Gründen stellt die Datierung der Einführung des Pfluges, von der die Pflugspuren Zeugnis geben, eine Schwierigkeit dar. Bislang gibt es erst wenige absolute Alters-

---

1 Zusammenfassend Thrane 1989, 111. Tegtmeier 1993, 11; 104–105. Fries 1995, 19–20.
2 Thrane 1989, 111.
3 Hatt 1941. Thrane 1989, 111.
4 Hansen 1969.
5 Fokkens 1982, 98.
6 Barker/Webley 1978, 168–171. Friis 1958, 16–17.
7 Pätzold 1960. Rowley-Conwy 1987.

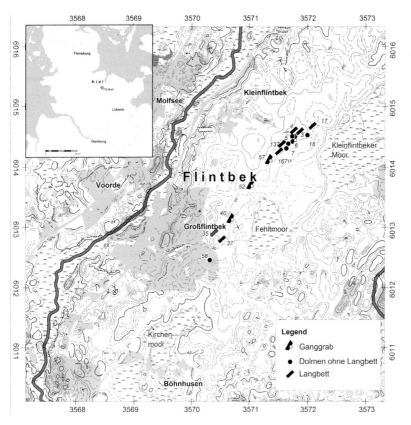

▲ *Abb. 1: Flintbek. Lage des Gräberfelds.*

bestimmungen an mittelalterlichen Pflugspuren durch erfolgreiche OSL-Messungen.[8] Funde oder absolute Daten organischer Proben, die mittels naturwissenschaftlicher Datierungsverfahren direkt von Proben aus den Pflugspuren gewonnen werden, geben nicht unbedingt den Zeitpunkt der Pflugaktivitäten an. Pflugspuren lassen sich daher zumeist nur relativchronologisch über ihre stratigraphische Einbettung datieren, Daraus ergibt sich jedoch oft lediglich ein *terminus ante quem* für das Pflügen, da meist jüngere Überbauungen beobachtet werden.

Im Allgemeinen wird davon ausgegangen, dass im Neolithikum und in der Bronzezeit Pflugspuren durch den einfachen Ard oder Hakenpflug zustande kommen. Durch den Einsatz der Arder[9] lässt sich eine gegenüber einfachem Hackbau[10] deutlich vergrößerte Anbaufläche bewirtschaften. Die Veränderung kann als vorteilhafte und progressive Entwicklung der Wirtschaftsweise der frühneolithischen Gesellschaften gelten, die darüber hinaus einen nachhaltigen Einfluss auf die Gestaltung der Landschaft durch den Menschen zur Folge hat.

Es ist von Interesse, ob sich die Technologie des Pflügens langsam oder schnell durchsetzte, denn dies ist sicherlich auch ein Gradmesser für die Akzeptanz der Innovation. Hinweise darauf könnten evtl. vegetationsgeschichtliche Untersuchungen geben, wenn von der Prämisse ausgegangen wird, dass eine schnelle Durchsetzung deutliche Eingriffe in die Waldbestände durch Rodung zur Gewinnung geeigneter größerer bzw. zusammenhängender Anbauflächen mit sich brachte. Dies wiederum sollte in den entsprechenden paläoökologischen Archiven wiederzufinden sein.

Der Schwerpunkt wird im Folgenden darauf gelegt, die neolithischen Fundplätze mit früh datierten Pflugspuren in Flintbek, Kr. Rendsburg-Eckernförde, vorzustellen. Nach der Diskussion der Datierungen dieser Befunde werden sie mit anderen Belegen zur frühen Pflugtechnologie aus dem nördlichen Mitteleuropa verglichen. Der gute Forschungsstand in der kleinen Siedlungskammer von Flintbek und insbesondere die hohe chronologische Auflösung der paläoökologischen Untersuchungen im Umkreis der Gräber erlauben die Synchronisierung der zeitlichen Abfolgen von Pfluginnovation und Phasen verstärkter oder verminderter Offenlandbildung und die Diskussion potentieller Kausalzusammenhänge. Dabei sei vorweggenommen, dass unzweifelhaft mit unterschiedlichen Auflösungen der Zeitskala für die Ausbreitung von Innovationen, für archäologisch erkennbare Veränderungen in der Agrartechnologie und für daraus folgende Veränderungen, z. B. in der Zusammensetzung der Vegetation bestimmter Landschaften oder hinsichtlich sozialer und ökonomischer Aspekte durch die Etablierung einer Innovation, zu rechnen ist.

Flintbek - Lage und Forschungsgeschichte

Die Gemeinde Flintbek, Ldkr. Rendsburg-Eckernförde liegt in Luftlinie ca. 8 km südwestlich von der Ostseeküste bei Kiel entfernt (Abb. 1). Zwischen 1976 und 1996 untersuchte das Archäologische Landesamt Schleswig-Holstein dort knapp 90 Fundstellen in einem Gebiet, welches naturräumlich durch den Verlauf der Eider im Westen und eine Kette aus Mooren im Osten begrenzt wird. Während der Grabungen wurden vor allem Gräber aus dem Neolithikum und der Bronzezeit aufgedeckt, die in den letzten Jahren wissenschaftlich bearbeitet und teilweise bereits publiziert werden konnten.[11] Das absolutchronologische Gerüst für die Einordnung der neolithischen Fundstellen beruht auf ca. 150 AMS-^{14}C-Daten von zumeist Holzkohlefunden. Andere organische Reste blieben nur selten erhalten. Unter Nutzung von Wahrscheinlichkeitsmodellen nach Bayes[12] konnten zusätzliche anhand der Bauabfolge erschließbare oder stratigraphische Informationen, die zu sogenannten Sequenzmodellen zusammengestellt in die Berechnung einfließen, zur weiteren Präzisierung des zeitlichen Gerüsts

---

8 SCHNEEWEISS 2007.

9 EBERSBACH 2002, 29–35. FRIES 1995, 23–36. TEGTMEIER 1993, 8–20. MÜLLER-WILLE 1965, 98–108. GLOB 1951.

10 EBERSBACH 2002, 14–29.

11 Zusammenfassend: ZICH 1999; 2005. MISCHKA 2011a; 2011b; 2012.

12 Zur Methode und Anwendung s. z. B. BAYLISS u. a. 2007. BUCK u. a. 1996.

herangezogen werden. Einige unsichere Belege frühneolithischer Siedlungen lassen deren Beginn bereits vor 4000 v. Chr. ansetzen. Etwa zwischen 3630–3500 v. Chr. werden die ersten Grabmonumente errichtet, und zwar sowohl megalithische als auch nichtmegalithische. Es handelt sich dabei um einfache Dolmenkonstruktionen oder komplizierte Holz-Erde-Bauwerke. Einige dieser Gräber wurden später in den Ausbau der jeweiligen Monumente zu Langbetten integriert, andere blieben einzeln, unter rundlichen Hügeln oder eventuell auch ohne Überhügelung. Wahrscheinlich gegen 3350 v. Chr. wird der Megalithgrabbau vereinheitlicht. Die ab dieser Zeit errichteten Ganggräber weisen größere Kammerinnenflächen auf und verfügen über einen megalithisch gebauten Zugang durch eine der Breitseiten. Die Datierung der Ganggräber anhand der ^{14}C-Daten ist aufgrund eines sehr langen Plateaus in der Kalibrationskurve jedoch nicht so gut zu fassen wie diejenige der vorangehenden Grabbauten.[13] Die Daten spiegeln nicht nur die jeweiligen Phasen der Erbauung und ersten Nutzungen der Megalithgräber wider, sondern sie lassen auch Nachnutzungen bis in die Dolchzeit und teilweise noch darüber hinaus erkennen.

Frühneolithische Pflugspuren

Pflugspuren wurden unter neolithischen und vor allem unter älterbronzezeitlichen Grabhügeln entdeckt. Im Folgenden werden nur die frühneolithischen Belege betrachtet, da nur sie für die behandelte Fragestellung relevant sind. Sie wurden unter den Hügelaufschüttungen von vier Langbetten erkannt:

Flintbek LA 3 (Abb. 2,1): In Höhe des anstehenden Bodens unter den Bauphasen V–VII blieben ausschnittsweise Ardspuren in Form hell- bis mittelbrauner streifenförmiger Verfärbungen erhalten. Diese verlaufen in zwei verschiedene Richtungen und überkreuzen sich gelegentlich. Die Pflugrichtungen sind N/S und W/O sowie NO/SW und NW/SO orientiert. Einzelne Spuren weichen bisweilen stärker von beiden erkannten Hauptpflugrichtungen ab.

Flintbek LA 4 (Abb. 2,2): Unmittelbar ostnordöstlich von Grab C verlaufen in Höhe des anstehenden Bodens drei parallele, NNW/SSO-gerichtete Ardspuren sowie eine SW/NO-gerichtete, die eine andere schneidet.

Flintbek LA 17/171 (Abb. 2,3; 2,4): Im Rahmen der Grabungskampagne 1996 wurden an drei verschiedenen Stellen der vom Tumulus in den Grenzen von Bauphase I eingehegten Grundfläche – auch im Bereich der ehemaligen, erneut angeschnittenen Sektoren III und IV der Grabung von 1983 – mehr oder minder gleichgerichtete

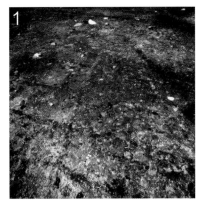

▲ Abb. 2: 1 Flintbek LA 3. Neolithische Pflugspuren unterhalb des frühneolithischen Langbetts, Ansicht aus Südosten. 2 Flintbek LA 4. Neolithische Pflugspuren unterhalb des frühneolithischen Langbetts, in der Nähe der Grabgrube des einfachen Grabes A, Ansicht aus Südosten. 3 Flintbek LA 17/171. Neolithische Pflugspuren, Ansicht aus Südsüdosten. 4 Flintbek LA 17/171. Neolithische Pflugspuren, Ansicht aus Südsüdosten. 5 Flintbek LA 37. Neolithische Pflugspuren unter dem frühneolithischen Langbett bei den einfachen Gräbern A und B. Sowohl am rechten wie am linken Bildrand sind die einfachen Dolmenkammern I und II zu erkennen. Ansicht aus Südosten. Fotos: D. Stoltenberg.

oder sich kreuzende Ritzungen eines Ards im anstehenden Boden entdeckt.

1. An der westsüdwestlichen Stirnseite des Langbettes befanden sich vier Ritzungen, deren eine sich auf 1,50 m Länge im anstehenden Boden nachverfolgen ließ. Die Richtungen wichen leicht voneinander ab, können aber grob mit W/O angegeben werden.

2. Unterhalb eines das Grab schneidenden Knickwalles sind im Bereich des dokumentierten Profils des Knicks sich kreuzende Ardspuren überliefert. Ihre Richtungen können mit größeren Abweichungen von W/O bis SW/NO und NNW/SSO bis NW/SO angegeben werden, wobei sie sich nur in einem Fall rechtwinklig schneiden.

3. Im ostnordöstlichen Drittel des Langbetts verliefen die Ardrillen NW/SO und NO/SW, also parallel zur Ausrichtung des Langbettes, sich ausschließlich rechtwinklig schneidend.

---

13 Mischka 2012.

▶ Abb. 3: Flintbek. Übersichtstabelle zu den Datierungen der neolithischen Pflugspuren aus Flintbek. Die Angaben wurden aus der jeweiligen Sequenzkalibration des Gesamtmonuments extrahiert (MISCHKA 2011a). Die Werte in der letzten Spalte sind auf 10 Jahre gerundet.

LA-Nr.	Befund	Terminus post quem	Terminus ante quem	Absolute Datierung (cal v. Chr., 1sigma)	Kommentar	Für weitere Argumentation (Daten v. Chr.)
3	101	Grab E (Bef. 4000)	Dolmen I und II (Bef. 1000, 8000)	3475-3446		älter als 3445
3	102	Dolmen I und II (Bef. 1000, 8000)	Dolmen III (Bef. 8500)	3457-3423		älter als 3423
4	59		Gesamtkonstruktion	3636-3565		älter als 3560
4	59	Dolmen I (Bef. 100)	Grab A (Bef. 200) und B (Bef. 600)	3597-3557	Alternativ	
17/171	50		Gesamtkonstruktion	-		Frühneolithikum, älter als 3300
37	50		Gesamtkonstruktion	3613-3456		älter als 3460

Nr.	Kategorie	Älter als (v. Chr.)	Fundplatz	Land	Fund/Befund	Kontext	14C Labornr.	14C Messwert (BP)	Kalibriertes 14C Datum (v. Chr., 1s)	Archäologischer Kontext	Literatur
1	A	3637	Højensvej 7	DK	Pflugspuren	Langbett	POZ-28068	4900 ± 40	3770-3637	FN	Sørensen/Karg 2012
2	A	3560	Flintbek LA 4	D	Pflugspuren	Langbett				FN	Mischka 2011
3	A	3460	Flintbek LA 37	D	Pflugspuren	Langbett				FN	Mischka 2011
4	A	3445	Flintbek LA 3	D	Pflugspuren	Langbett				FN	Mischka 2011; 2010
5	A	3423	Flintbek LA 3	D	Pflugspuren	Langbett				FN	Mischka 2011; 2010
6	A	3300	Himmelev, Himmelev 53	DK	Pflugspuren	Ganggrab ohne Hügel				FN	Thrane 1989, 122; Skaarup 1982, 21-23
7	A	3535	Aldersro	DK	Pflugspuren	Siedlung	AAR-9100, 9103	4825±34	3650-3535	FN	Skousen 2008, 114-117
8	B	3500	Łupawa, Hügel 15	PL	Pflugspuren					FN	Sherratt 2006, 334
9	B	3370	Arbon-Bleiche 3	CH	Joch	Siedlung			3384-3370	Übergang Pfynzu Horgen	Pétrequin u.a. 2006, 16; Deschler-Erb u.a. 2006, 157
10	B	3300	Hedelykken	DK	Pflugspuren					FN	Tegtmeier 1993, 24; Thrane 1982, 21
11	B	3300	South Street Long Barrow, Avebury G. 68	GB	Pflugspuren	Langbett, Knochen?	BM-358a	267±140; 2580±110; 2810±130	3700-3370	FN	Tegtmeier 1993, 25; Fowler/Evans 1967, 292; Sherratt 2006, 337; Fries-Knoblach 2005, 30
12	B	3300	Sønder Vrå, Vrå	DK	Pflugspuren	Tumulus				FN	Thrane 1989, 122; Pätzold 1960, 24
13	B	3300	Hedelykke, Tornby 23	DK	Pflugspuren	Tumulus				FN	Thrane 1989, 122
14	B	3300	Løvenholt, Them	DK	Pflugspuren	Tumulus				FN	Thrane 1989, 124; Tegtmeier 1993, 24; Thrane 1982, 21
15	B	3300	Frøslev, Bov 46	DK	Pflugspuren	Tumulus				FN	Thrane 1989, 125
16	B	3300	Rastorf LA 6a/c	D	Pflugspuren	Tumulus, Haus, Siedlung				FN	Steffens 2009, 34
17	B	3300	Brendkroggård	DK	Pflugspuren	Langbett				FN	Fischer 1980, 23-30; Stednr 160606
18	B	3300	Nybøl Nor, Nybøl	DK	Pflugspuren	Tumulus				FN	Thrane 1989, 125; Tegtmeier 1993, 24; Thrane 1982, 21
19	B	3300	Flintbek LA 17/171	D	Pflugspuren	Langbett				FN	Mischka 2011
20	B	3300	Sjørup Hede	DK	Pflugspuren	Langbett				FN	Jensen 2006, 293; Jørgensen 1977, 8
21	C	5050	La Draga, Banyoles	E	Jochfragmente; Knochen von Zugtieren?	Siedlung			5380-5045	Spätes Cardial	Tarrús u.a. 2006, 25-30
22	C	3600	Canton di Trescore Balneario	I	Pflugspur					Vasi a bocca quadrata	Sherratt 2006, 338
23	C	3500	Březno	CZ	Pflugspuren?					Keine Information verfügbar	Lüning 1997, 95
24	C	3500	Sarnowo, Langhügel 8	PL	Pflugspuren			3620±60	4453-4356	FN	Tegtmeier 1993, 25; Wiklak 1980, 72-73; Niesiołowska-Śreniowska 1999

▲ Abb. 4: Übersichtstabelle zu frühen Pflugbelegen in Mittel- und Nordeuropa geordnet nach den Kategorien A (gut datierte und sichere Belege), B (suboptimal datiert, sicherer Beleg) und C (unsicherer Beleg). FN - Frühneolithikum (Trichterbecherkultur).

Flintbek LA 37 (Abb. 2,5): Im nordöstlichen Bereich der Steineinfassung, in den Sektoren I und III, zeichnen sich ausschnittsweise meist nur kurze, dunkel verfärbte Streifen von bis zu 0,08 m Breite ab, jeweils grob in Richtung des Langbettes verlaufend. Sichere, quer dazu gerichtete Ardspuren wurden nicht erkannt, wobei einschränkend anzumerken ist, dass aufgrund der Witterungsverhältnisse während der Ausgrabung am Rande der alten Baugruben der Dolmenkammern I und II, wie auch im Bereich von Grab A, die Bedingungen zum Erkennen von Pflugspuren extrem schlecht waren.

Absolute Datierung der Pflugspuren

Die Pflugspuren unter den vier Flintbeker Langbetten lassen sich vergleichsweise gut relativchronologisch einordnen und mit Hilfe von Sequenzmodellen und Bayesscher Statistik auch präzise absolutchronologisch datieren, mit Ausnahme von LA 17/171. Von diesem Grab stammen nur nachchristliche Daten, die auf jüngere Störungen im Bereich der Grabkammern zurückzuführen sind. Da die Pflugspuren sämtlich unterhalb der Grabanlagen beobachtet wurden, müssen alle Altersangaben als *termini ante quem* verstanden werden. Die in der Tabelle Abb. 3 gemachten Angaben entsprechen somit den jüngst möglichen; es wird also mit der Datierung argumentiert, die auf jeden Fall sicher vertretbar ist. Das heißt im Umkehrschluss, es besteht eine gewisse Wahrscheinlichkeit einer Älterdatierung der in Pflugspuren resultierenden Bodeneingriffe, die allerdings nicht weiter quantifizierbar ist. Die Tabelle in Abb. 3 zeigt, dass die Pflugaktivitäten unter den Langbetten Flintbek LA 3 und Flintbek LA 37 spätestens etwa um die Mitte des 35. Jahrhunderts vor Christus entstanden sind, während die Spuren von Flintbek LA 4 wahrscheinlich sogar noch in die Zeit vor 3560 v. Chr. gehören.

Zeitgleiche Pflugspuren aus Mittel- und Nordeuropa

Das Aufkommen der ersten einfachen Hakenpflüge im nördlichen Mitteleuropa ist aufgrund der bereits angesprochenen Schwierigkeiten bei der Datierung schwer zeitlich einzugrenzen. Hölzerne potentielle Fragmente solcher Pflüge werden zumeist in Bezug auf ihre Authentizität heftig diskutiert.[14] Felsbilder von Pflügen oder Pflugszenen können nur über begleitende Symbolik oder eingepickte erkennbare Gegenstände, wie z. B. typische Bewaffnungen, datiert werden. In den meisten Fällen kann derart ein bronzezeitlicher Zeitansatz verlässlich angenommen werden.[15] Für ein besseres Verständnis der vorangehenden agrartechnischen Innovation sind die Ausbreitungsgeschichte und vor allem die Datierung von frühen Hinweisen auf den Hakenpflug essentiell.

Die entsprechenden Belege wurden erneut einer Prüfung unterzogen, insbesondere in Bezug auf ihre Altersstellung. Auch hier wurde das jüngste verfügbare Datum zur Datierung herangezogen und als *terminus ante quem* oder *ad quem* interpretiert. Konkret bedeutet dies, dass die Ältere Bronzezeit und nicht z. B. das Spätneolithikum als *terminus ante quem* oder *ad quem* genannt wird, wenn Pflugspuren unter einem Grabhügel der Älteren Bronzezeit dokumentiert wurden.

Die Qualität eines Belegs in Bezug auf seine Authentizität sowie auf die Präzision der Datierung wurde in drei Kategorien unterteilt (Abb. 4–5):

Kategorie A umfasst sichere Belege für den Einsatz des Pfluges mit Datierungen, die auf absoluten Daten, z. B. Dendrodaten oder ^{14}C-Daten, basieren.

Kategorie B beschreibt sichere Belege, die jedoch nicht sehr präzise absolutchronologisch datiert werden können.

Kategorie C enthält umstrittene Belege unabhängig von der Präzision ihrer Datierung. Die häufig als älteste Belege diskutierten Befunde und Funde zum Pflug oder zur Nutzung von Zuggespannen finden sich in dieser Kategorie (Abb. 4).

Die derartige Neubewertung der frühen Belege des Pfluges zeigt ihre – mit einer Ausnahme stete – Verbindung mit der frühneolithischen Trichterbecherkultur, und zwar der Nord- und Ostgruppe (Abb. 4–5). An neun von 24 in Betracht gezogenen Fundplätzen (37,5 %) wurden, wie in Flintbek, Pflugspuren unterhalb von Langbetten beobachtet.

Einige Fundstellen werden häufig und zum Teil nicht korrekt oder ohne Einbeziehung neuerer Erkenntnisse zitiert. Aus diesem Grunde seien im Folgenden einige Kommentare dazu angeführt, die für die weitere Diskussion unerlässlich scheinen.

Dies gilt zunächst für den berühmten Pflugspuren-Befund in Sarnovo (Gemeinde Kozłowo, Polen), dessen Interpretation als Pflugspuren als auch Datierung angezweifelt[16] wird.

Die publizierten Fotografien und Zeichnungen zu den Pflugspuren von Aptrup[17], westlich von Aarhus in Jütland, die gelegentlich als trichterbecherzeitlich zitiert werden[18], zeigen deutlich, dass eine Grabgrube der Einzelgrabkultur von den Pflugspuren geschnitten wird. Die Pflugspuren sind also definitiv jünger als die Bestattung und sicher nicht trichterbecherzeitlich.

A. Sherratt[19] führt in einer längeren Fußnote den Kontext der absoluten Datierungen unter dem Long Barrow South Street in Wessex aus,

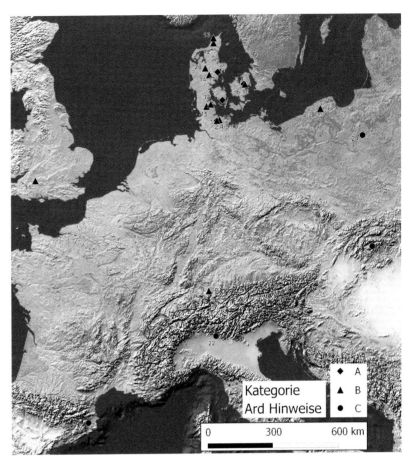

▲ *Abb. 5: Verbreitungskarte früher neolithischer Belege für den Hakenpflug. Die Nummerierung der Fundplätze entspricht derjenigen in Abb. 4. Kartengrundlage: www.naturalearthdata.com, 18.04.2011.*

---

14 Z. B. EBERSBACH 2002, 23 mit Angaben weiterer Literatur.

15 THRANE 1989. TEGTMEIER 1993. EBERSBACH 2002, 29–35. Mehrere Artikel in PÉTREQUIN u. a. 2006a; insbesondere SHERRATT 2006, 331–333.

16 NIESIOLOWSKA-ŚRENIOWSKA 1999. Gegen ihre Thesen: VOSTEEN 2006. SHERRATT 1981, 270 mit weiteren Zitaten und Erklärung, dass das immer wieder zitierte ^{14}C-Datum aus einer Grube unterhalb des Hügels stammt und deshalb als *terminus post quem* gelten muss. Vgl. auch SHERRATT 2006, 334.

17 SEEBERG/KRISTENSEN 1964.

18 HÜBNER 2005, 476. MÜLLER 2011, 61.

19 SHERRATT 2006, 337 Anm. 27.

die in der Literatur häufig falsch wiedergegeben werden. Für die Pflugspuren unter diesem Langbett kann demnach methodisch plausibel nur ein *terminus ante quem* von 3370 v. Chr. (kalibriert) angegeben werden.

Auch die Pflugspuren unter dem Dolmen von Saint-Martin-de-Corléans im Aoste-Tal in Italien werden meist in die erste Hälfte des 3. Jahrtausends datiert,[20] manchmal jedoch auch an das Ende des 4. Jahrtausends[21]. Beachtenswert ist die mit den Fundplätzen im Norden vergleichbare Kombination von Pflugspuren und Megalithgrab an diesem Fundplatz.

Der gelegentlich zitierte Fundplatz Flintbøl[22] scheint nicht zu existieren. Es handelt sich vermutlich um eine fehlerhafte Schreibweise von Flintbek. Die zur Ersterwähnung von H. Thrane publizierte Verbreitungskarte[23] zeigt hier tatsächlich einen Fundpunkt. Es kommt nur Flintbek LA 37 in Frage, da dieser Fundplatz gerade ausgegraben wurde, als Thrane seinen Artikel schrieb.

Der nach Beurteilung der Quellen bislang älteste Fundplatz, Højensvej liegt auf der Insel Fünen in Dänemark in der Nähe von Egense.[24] Die ausführliche Publikation steht noch aus, doch schreiben L. Sørensen und S. Karg[25] von einer 85 m² großen Fläche mit Pflugspuren unter einem Langbett, die an einer Stelle von einer Grube geschnitten werden. Aus dieser Grube stammt ein Radiokarbondatum, gemessen an einer Haselnussschale von 3770–3637 cal BC (POZ-28068, 4900+40 BP).[26]

Die nächst jüngeren Daten von Pflugspuren[27] finden sich mit einem *terminus ante quem* von 3560 v. Chr. am Fundplatz Flintbek LA 4. Pflugspuren in ähnlicher Befundsituation unter anderen Gräbern in Flintbek, allerdings ohne präzise absolute Altersangaben, werden hier vorsichtig in die Zeit vor 3300 v. Chr. eingeordnet. Vermutlich gehören einige dieser Belege jedoch wie Flintbek LA 4 oder vielleicht wie Højensvej eher in die Mitte oder in den jüngeren Abschnitt der ersten Hälfte des 4. Jahrtausends v. Chr.

Weitreichende Konsequenzen der Innovation Hakenpflug

Die Einführung des Hakenpflugs wird im Allgemeinen als wichtige Innovation betrachtet; sie wird in der Regel zusammen mit der Erfindung von Rad und Wagen sowie der Nutzung von Zugtieren, insbesondere von Rindern, im nördlichen Mitteleuropa genannt.[28] Als Innovation gilt dabei insbesondere die effektive Annahme einer neuen Technik durch eine Gruppe.[29] Der Erfolg einer solchen Übernahme hängt von verschiedenen Umständen ab, unter anderem, ob sie mit sozialen Vorteilen für die Gruppe oder Individuen aus dieser Gruppe verbunden ist. Das Ergebnis sozialwissenschaftlicher Forschungen durch E. M. Rogers and F. F. Shoemaker weist darauf hin, dass ein ausschließlich ökonomischer Vorteil selten zur Akzeptanz und Einführung einer neuen Technik ausreicht, wichtiger scheinen soziale Aspekte zu sein.[30] Der Pflug oder das Gespann könnten z. B. als Prestigeobjekte fungiert haben oder als Statussymbole genutzt worden sein. Es muss nicht sein, dass mit dem Einsatz des Hakenpflugs eine deutliche Effektivierung der Landwirtschaft verbunden war.[31] Ethnographische Beobachtungen zeigen jedoch eine 25–50 % Vergrößerung des beackerbaren Landstrichs bei gleichbleibender menschlicher Arbeitsleistung.[32] Die Rodung von Urwäldern und die erste Urbarmachung ist schwierig und arbeitsintensiv, weil die großen Bäume und ggf. Unterholz entfernt werden müssen. Größere Parzellen müssen betreut und von Unkräutern freigehalten werden. Für den südlichen Ostseeraum wird eine extensive Wald-Feldbau-Wirtschaft mit wiederholtem flächigem Überbrennen gerodeter Flächen angenommen.[33] Der Einsatz des Pfluges braucht jedoch wurzelfreie Flächen.[34] Es wäre möglich, dass zur Einführung der neuen Technik zunächst einzelne Standorte für den Einsatz des Pfluges vorbereitet wurden. Unklar bleibt, ob dies agrarisch notwendig wurde, weil sich durch den extensiven Wald-Feldbau eine Verbuschung und Verkrautung der Oberflächen einstellte, die mit dem Pflug besser aufzubrechen ist, oder ob andere Gründe, seien es wirtschaftliche, naturräumliche oder soziale, ausschlaggebend waren.

Mit dem Einsatz des Pfluges ist die Nutzung von Zugtieren eng verbunden. Rinder, meistens Ochsen, müssen für diese Arbeit speziell trainiert werden. Daher ist für diese Tiere ein gewisser sozialer und ökonomischer Wert anzunehmen; vermutlich müssen diese Tiere auch als Eigentum einer Gruppe verstanden werden. Die wenigen Analysen von Tierknocheninventaren in frühneolithischen Trichterbechersiedlungen wie in Troldebjerg in Dänemark deuten Herdenstrukturen mit einer gegenüber der Fleischproduktion nur

---

20 Z. B. Pétrequin u. a. 2006b, 16.
21 Sherrat 2006, 338.
22 Thrane 1982, 21. Tegtmeier 1993, 24.
23 Thrane 1982, 82–83.
24 Zitiert nach Sørensen/Karg 2012.
25 Vgl. Anm. 24.
26 Vgl. Anm. 24.
27 Die Messungen an den Flintbeker Proben sind nicht von den internen Schwierigkeiten des Kieler AMS-Labors zwischen 2009–2011 betroffen (freundliche mündl. Mitteilung M. Nadeau). Jedoch ist bis zur Bestätigung der Messergebnisse durch ein anderes Labor das Ergebnis als vorläufig zu betrachten.

28 Artikel in Pétrequin u. a. 2006a. Sherratt 1981, 261.
29 Eisenhauer 2003, 131–144.
30 Rogers/Shoemaker 1971, zitiert nach Eisenhauer 2003, 136–138.
31 Schier 2009, 36; s. auch Anm. 204–205.
32 Ebersbach 2002, 135. Vgl. Sherratt 1981, 287.
33 Schier 2009, 36.
34 Schier 2009, 36.

gering entwickelten Ausbeutung der Sekundärprodukte Milch und Arbeitskraft an.³⁵

Die Erforschung der erfolgreichen Einführung der Innovation des Pflügens berührt eines der Kernthemen der ur- und frühgeschichtlichen Archäologie, die Frage nach dem kulturellen Wandel. Die Einführung des Pfluges verändert nicht nur die Wirtschaftsweise und das Landschaftsmanagement, sondern beeinflusst auch das Siedlungssystem und wohl auch die rituellen Sphären.³⁶ Die Gemeinschaft scheint für die Durchsetzung der Pflugtechnologie eine weitaus größere Rolle zu spielen als das Individuum.

Die beschriebenen Einflusssphären und Änderungen, die allerdings archäologisch zumeist kaum nachzuweisen sind, gelten teilweise ähnlich für das Aufkommen von Megalithgräbern und Erdwerken. Beide Befundgattungen sind monumentaler Natur und setzen die Organisation von Gruppen voraus. Ob sich daraus ein Zusammenhang zwischen Monumentalität und der technologischen Innovation des Pflügens ableiten lässt, bleibt lediglich Spekulation. Hier soll keine monokausale Erklärung für soziale Veränderungen der Trichterbecherkulturgruppen gegeben werden, aber es erscheint sinnvoll, die mit der Innovation des Pflügens einhergehenden sozialen Effekte zu reflektieren und ihnen unter Umständen eine Art Katalysatorfunktion für die Entwicklung der Gesellschaften zuzuschreiben.

Andere, wie z. B. H. Fokkens³⁷, der in seiner Arbeit die meisten der auch hier angesprochenen Veränderungen aufführt, verbinden den mit der Einführung des Pfluges einhergehenden gesellschaftlichen Wandel mit dem kulturellen Wechsel am Übergang von der Trichterbecherzeit zur Einzelgrabkultur.

Sherratt³⁸ hingegen datiert in seinem epochemachenden Artikel über die „secondary products revolution" die Einführung des Hakenpflugs in der nordeuropäischen Ebene an die Übergangszeit vom frühen zum mittleren Neolithikum, welches durch das Aufkommen der Ganggräber charakterisiert ist. Die hier vorgelegte Datensammlung und -bewertung deutet dagegen einen noch früheren Einsatz des Hakenpfluges im Norden an. Demnach müssten auch die genannten sozialen Veränderungen spätestens in der Mitte der frühneolithischen Trichterbecherkultur auftreten.

Paläobotanische Ergebnisse in Flintbek

Veränderungen der Landschaft können durch ihre Spuren im archäologischen und paläobotanischen Fundmaterial erkannt werden. Sie können partiell als Korrekturfaktor für die oben vorgestellten Überlegungen herangezogen werden, welche Auswirkungen die mit dem Pflug verbundenen Veränderungen der landwirtschaftlichen Agrartechniken auf die Landschaft besitzen. Knochen bleiben im Raum Flintbek, wie in allen Moränengebieten, aufgrund des sauren Bodenmilieus selten erhalten. Auch die paläobotanischen Daten sind mit einigen methodischen Unsicherheiten behaftet. So ist es zum Beispiel nach wie vor unklar, wie groß eine Offenfläche sein muss, bis sie als solche in einem nahegelegenen Pollenprofil sicher zu erkennen ist. Dies hängt sicher damit zusammen, dass eine Vielzahl von Faktoren auf die unterschiedlichen Einträge lokaler oder regionaler Pollenlieferanten in die entsprechenden Sedimentfallen – wie Moore oder Seen – einwirkt.

In der Flintbeker Fallstudie konnten drei botanische Datenquellen für die Analysen herangezogen werden. Die erste gibt jedoch aufgrund nicht ausreichender Erhaltungsbedingungen wenig Aufschluss. W. Groenman-van Wateringe³⁹ untersuchte hier Pollen aus verschiedenen Teilen der Hügelschüttungen oder auch von Proben unterhalb der Hügel. Die meisten Proben aus den Hügelschüttungen konnten allerdings nicht adäquat datiert werden.

Als zweite botanische Quelle können Holzkohleproben herangezogen werden. Diese wurden während der Grabungen systematisch aus den Befunden herausgesammelt. Ausgewählte und zuvor holzanatomisch bestimmte Stücke lieferten moderne AMS-¹⁴C-Datierungen.⁴⁰ Mit Hilfe eines methodisch neuen, quantitativen Ansatzes wurden diachrone Spektren gebildet (Abb. 6).⁴¹ Die Gruppierung der Arten in licht- und schattenliebende Pflanzen lässt in der Zeitscheibe von 3700–3600 v. Chr. (kalibriert) höchste Werte für die lichtliebenden Bäume und Büsche erkennen. In den darauffolgenden 100 Jahren geht ihr Anteil wieder deutlich zurück. Gerade in diesen Zeitraum deuten die mit einem *terminus ante quem* anzugebenden Datierungen für die Entstehung der Pflugspuren unter den Gräbern. Lediglich im Zeitfenster zwischen 3400–3300 v. Chr. (kalibriert) übertreffen sie noch einmal leicht die Werte aus der frühesten Zeitscheibe. Zur Zeit sind diese Ergebnisse schwer zu interpretieren. Es könnte sein, dass die ersten intensiveren Rodungen des

---

35 Higham/Message 1969 zitiert nach Sherratt 1981, 284–285. Weitere Analysen aufgelistet und zitiert bei Sørensen/Karg (2012, 11–12 Abb. 12–14), Untersuchungen zu Herdenstrukturen der Rinder stehen jedoch noch aus. Die meisten Tierknochenanalysen konzentrieren sich auf die Bestimmung der Arten und ihrer Häufigkeiten, die Differenzierung nach Wild- und Haustieren sowie Hinweisen auf Saisonalität besonders im Vergleich von Küsten- und Inlandfundplätzen mit dem Ziel, Rückschlüsse auf die Neolithisierung des Nordens ziehen zu können. Vgl. auch Steffens 2005 ohne feinchronologische differenzierte Betrachtung.

36 Fokkens 1986.
37 Fokkens 1986.
38 Herratt 1981, 271.

39 Groenman-van Wateringe 2011.
40 Vergleiche jedoch Fußnote 27.
41 Mischka 2011a. Diers u. a. in Vorb. Jansen u. a. 2013.

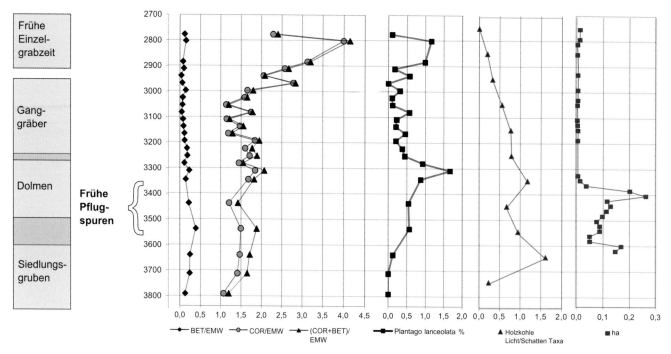

▲ Abb. 6: Flintbek. Vergleich der paläobotanischen Daten aus Flintbek mit den berechneten Oberflächenabtragungen in Hektar für den Bau der Grabanlagen. Links der Zeitskala sind die dominanten archäologischen Befunde eingetragen sowie der Bereich der absoluten Datierungen (terminus ante quem) der Pflugspuren. Pollendaten aus dem Kirchenmoor südlich des Gräberfels nach A. Alsleben, anthrakologische Bestimmungen nach D. Jansen. BET - Betula (Birke), EMW - Eichenmischwald, COR - Corylus (Hasel), Plantago lanceolata (Spitzwegerich), ha - Hektar (verändert nach DIERS u. a. in Vorb.).

Urwalds bereits vor 3600 v. Chr. (kalibriert) stattfanden und eine allmähliche Einführung des Pfluges in den folgenden 100 Jahren keine im Probenmaterial sichtbaren Auswirkungen verursachte. Zukünftige Forschungen mit vergleichbaren Studien sind nötig, um zu einem tieferen Verständnis von Kohärenzen und Wechselbeziehungen zwischen naturräumlichen Veränderungen und der agrartechnischen Innovation des Hakenpfluges zu gelangen.

Etwa 3 km südlich des am weitesten im Süden gelegenen frühneolithischen Fundplatzes in Flintbek befindet sich das Kirchenmoor. Aus diesem konnte ein Pollenprofil mit gut erhaltener neolithischer Sequenz entnommen und analysiert werden (Abb. 6).[42]

Wird die Entwicklung der pollenproduzierenden Pflanzen diachron betrachtet, zeigt sich eine erste sehr leichte Zunahme des Offenlandanzeigers *Plantago lanceolata* kurz vor 3700 v. Chr. (kalibriert). Diese ist im gesamten 37. Jahrhundert v. Chr. zu registrieren. Zwischen 3600 und 3500 v. Chr. (kalibriert) kann ein zeitlich begrenztes kleines Maximum konstatiert werden. Die höchsten Werte treten jedoch vor 3300 v. Chr. (kalibriert) auf. Zwischen 2900 und 2800 v. Chr. (kalibriert) steigt die *Plantago lanceolata*-Kurve wieder deutlich an, nachdem sie zwischen 3250–2900 v. Chr. (kalibriert) flach fluktuierte. Die sich verändernden Werte von Indizes zwischen *Corylus*- und *Betula*-Pollen (jeweils einzeln und zusammen) zu den schattentoleranten Baumpollen können als Indikator für den Grad der Landschaftsöffnung benutzt werden. Der *Corylus*-Anteil prägt dabei hauptsächlich den Verlauf der Indexkurven. Landschaftsöffnungen können einerseits zwischen 3800-3500 v. Chr. (kalibriert) beobachtet werden sowie andererseits als ein sehr starker Einschnitt am Ende des Neolithikums zwischen 2900–2800 v. Chr. (kalibriert). Ein Einschnitt, der sich zum Beispiel in Form eines einzelnen Peaks im frühneolithischen Abschnitt mit der Einführung des Pfluges verbinden ließe, ist nicht unmittelbar zu erkennen. Im Vergleich zum Spätneolithikum weist das Frühneolithikum einen deutlich geringeren Offenlandanteil auf. Dies reflektiert eventuell eine Veränderung des Managements der Landschaft im Jungneolithikum, einer Zeit, in der vielleicht mit größeren Rinderherden zu rechnen ist, deren Ernährung mit einer anderen Waldnutzung einhergeht.[43] Die Auswertung der Pollendaten legt nahe, dass das Frühneolithikum durch eine extensive Weidewirtschaft auf kleinen entwaldeten Parzellen gekennzeichnet war, mit kleinen Herden, die vermutlich in der Nähe der Siedlung gehalten wurden. Wegen der noch geringen Anzahl analysierter Tierknocheninventare können erst vorläufige Aussagen gemacht werden. Sørensen/Karg[44] kommen in ihrer Studie zur Ausbreitung der agrarischen Lebensweise in Skandinavien zu dem Ergebnis, dass es im gesamten Früh- und frühen Mittelneolithikum deutliche wirtschaftliche Unterschiede zwischen Fundplätzen an der Küste- und im Inland geben würde. An den Küstenplätzen dominiert der Anteil der Jagdbeute deutlich. Im Inland zeigt sich als Tendenz im frühen Frühneolithikum noch ein weitgehend einheitliches Bild mit Rinderanteilen um 50 %, Schwein um 20 % und Schaf/Ziege zwischen 0–20 % bei schwankenden Wildtieranteilen. Im späten Frühneolithikum lassen

---

42 ALSLEBEN 2011. DIERS u. a. in Vorb.

43 Vgl. die Diskussion der deutschen Pollenprofile bei DÖRFLER 2008, 145. NELLE/DÖRFLER 2008, 60–62. S. a. EBERSBACH 2002, 200.

44 SØRENSEN/KARG 2012, 11–12, bes. Abb. 11–14.

sich zwei Gruppen von Fundplätzen trennen: eine Gruppe mit den dänischen Fundplätzen von Stengade und Toftum weist eine starke Dominanz des Schweins mit über 50 % auf, während der Anteil von Rindern unter 30 % liegt. In der zweite Gruppe mit den Fundplätzen Lindegård Mose (Dänemark), Fuchsberg (Deutschland) und Saxtorp sowie auch Hunneberget (Schweden) dominieren die Rinder mit Anteilen von 35 bis 70 % bei geringen Schweineanteilen von unter 20 %. Im frühen Mittelneolithikum verschwinden diese Unterschiede wieder, wobei der Anteil der Rinder in den vier vorliegenden Inventaren zwischen 40–70 % schwankt, aber immer den größten Anteil am Spektrum einnimmt.[45]

Beim aktuellen Arbeitsstand kann leider nur spekuliert werden, welche Funktion die einzelnen Rinder oder Rinderherden jeweils hatten: Neben der Fleischproduktion stellt sich die Frage nach dem Umfang der Sekundärproduktnutzung von Milch und Zugkraft, sowie die Frage nach der Größenordnung der sozialen Bedeutung als Statussymbole, insbesondere für die speziell trainierten Zugtiere.

Zur Zeit gibt es nur wenige Siedlungsregionen der Trichterbecherkultur, in denen die Besiedlungsentwicklung feinchronologisch untersucht ist und zeitlich hochauflösende paläobotanische Studien zur Umweltrekonstruktion verfügbar sind. Es sind daher dringend weitere Untersuchungen notwendig, um die alten, von Sherratt[46] vorgeschlagenen Ideen von gespaltenen Gesellschaften verifizieren zu können, die auf der einen Seite von Gruppen ausgehen, die den Pflug und die tierische Zugkraft nutzen und auf der anderen Seite von Gruppen, die sich auf Pastoralismus, vielleicht speziell auf Rinderhaltung, spezialisiert haben. Oder ob nicht doch Gemeinschaften vorliegen, in denen sich, wie T. Madsen und Juel Jensen[47] denken, z. B. die Bewohner einer Siedlung die unterschiedlichen Tätigkeiten teilen: Eine Gruppe kümmere sich um den Ackerbau, eine andere um die Tierhaltung und die Bewirtschaftung des Waldes. Ohne dass bei aktuellem Forschungsstand dem einen Modell gegenüber dem anderen der Vorzug gegeben werden könnte, lässt sich bei beiden Modellen fragen, welche Bedeutung der Nutzungsart einer bestimmten Fläche beigemessen wurde, wenn auf ihr ein monumentales Bauwerk wie ein Grabhügel errichtet wurde. Es gibt nachweislich Hügel, die im Wald[48] wie zum Beispiel in der Altmark, auf alten Siedlungsflächen[49] oder auf Ackerflächen[50] wie in Flintbek angelegt wurden (Abb. 4).

Für die Siedlungskammer von Flintbek liegen inzwischen hochpräzise chronologische Modelle vor, die die Aktivitäten an den einzelnen Fundplätzen mit nur kleineren Unsicherheiten nachvollziehen lassen. Dazu liefern die ebenfalls gut datierten *off site* Pollenanalysen und *on site* Holzkohleanalysen Informationen zur Landnutzung und Landschaftsentwicklung. Die vergleichende Interpretation der unterschiedlichen Daten, die unabhängig voneinander entlang der Zeitachse synchronisiert wurden, erlaubt ein besseres Verständnis der Innovation Hakenpflug und ihrer Bedeutung in Bezug auf landschaftliche und soziale Veränderungen. Basierend auf dem vorliegenden Ergebnis lässt sich unter Vorbehalt schließen, dass die Einführung des Pfluges spätestens gegen 3550 v. Chr. (kalibriert) keinen heftigen Einschnitt in die Vegetation verursachte. Nach den paläobotanischen Daten scheinen stattdessen die am wenigsten dichten Wälder mit der jungneolithischen Einzelgrabkultur verknüpft zu sein und nicht mit der hauptsächlichen Bau- und Nutzungszeit der Megalithgräber. Die diskutierten landschaftlichen Veränderungen werden vielleicht stärker von den Veränderungen im Herdenmanagement der einzelnen Perioden, speziell der Rinderherden zur Zeit der Einzelgrabzeit, beeinflusst. Mit der Fallstudie aus Flintbek können nun akkurate Daten zu konkreten Nachweisen des Pflügens in Kombination mit paläoökologischen Ergebnissen in die Diskussion gebracht werden.

Die sozialen Veränderungen im Siedlungsverhalten, in der Organisation der bewirtschafteten Felder und der Arbeitsteilung sowie in Bezug auf „Gemeinschaftseigentum" und andere Besitzverhältnisse, die die Einführung des Pflügens mit sich bringt, sind wahrscheinlich stärker in ihrer Bedeutung für die gesellschaftliche Entwicklung und die Herausbildung von früher Monumentalität zu gewichten als die Steigerung der wirtschaftlichen Produktivität.

Danksagung

Ich möchte der DFG für die Finanzierung der naturwissenschaftlichen Analysen und AMS-^{14}C-Datierungen danken. Willy Groenman-van Wateringe, Almut Alsleben und Doris Jansen verdanke ich die hier präsentierten Ergebnisse zu den Pollenprofilen und Holzkohleanalysen. Auch ihnen gilt mein herzlicher Dank für die gute Zusammenarbeit. Jan-Heinrich Bunnefeld und Jens Schneeweiß danke ich für die kritische Durchsicht des Manuskripts ebenso wie den Herausgebern.

---

45 Sorensen/Karg 2012 (im Druck), 11–12, bes. Abb. 11–14. Aufgrund der heterogenen und kleinen Datenlage sind diese Aussagen jedoch nur als ersten Hinweis zu sehen. Vgl. auch Mischka u. a. 2007 für Bad Oldesloe Wolkenwehe LA 154.
46 Sherratt 1981, 262.
47 Madsen/Jensen 1982, 84–85.
48 Diers u. a. in Vorb. Demnick u. a. 2008.
49 Madsen/Jensen 1982, 67–68. Steffens 2009. Liversage 1992.
50 Casparie/Groenman-van Waateringe 1980, 60.

Literatur

ALSLEBEN 2011
A. Alsleben, Off site Pollenanalysen. In: D. Mischka, Das Neolithikum in Flintbek, Kr. Rendsburg-Eckernförde, Schleswig-Holstein – Eine feinchronologische Studie zur Besiedlungsgeschichte einer Siedlungskammer anhand von Gräbern. Unpublizierte Habilitationsschrift. Kiel 2011, 293–301.

BAYLISS u. a. 2007
A. Bayliss, C. B. Ramsey, J. van der Plicht, A. Whittle, bradshaw and bayes: Towards a timetable for the Neolithic. Cambridge Archaeological Journal 17, 2007, 1–28.

BUCK u. a. 1996
C. E. Buck, W. G. Cavanagh, C. D. Litton, Bayesian Approach to Interpreting Archaeological Data. Chichester 1996.

BARKER/WEBLEY 1978
G. Barker, D. Webley, Causewayed camps and early Neolithic economies in Central Southern England. Proceedings of Prehistoric Society 44, 1978, 161–186.

CASPARIE/GROENMAN-VAN WAATERINGE 1980
W. A. Casparie, W. Groenman-van Waateringe, Palynological analysis of Dutch barrows. Palaeohistoria 22, 1980, 7–65.

DEMNICK u. a. 2008
D. Demnick, S. Diers, H.-R. Bork, B. Fritsch, J. Müller, Das Großsteingrab Lüdelsen 3 in der westlichen Altmark (Sachsen-Anhalt) - Vorbericht zur Ausgrabung 2007 und zum Pollenprofil vom Betzendorfer Bruch. Jahresschrift Halle 92, 2008, 231–308.

DESCHLER-ERB u. a. 2006
S. Deschler-Erb, U. Leuzinger, E. Marti-Grädel, La traction animale au 34ᵉ siècle à Arbon/Bleiche (Thurgovie, Suisse). Premiers chariots, premier araires. La diffusion de la traction animale en Europe pendant les IVᵉ et IIIᵉ millénaires avant notre ère. In: P. Pétrequin, R.-M. Arbogast, A.-M. Pétrequin, S. van Willigen, M. Bailly (Hrsg.), Centre National de la Recherche Scientifique Monographies 29. Paris 2006, 157–164.

DIERS u. a. in Vorb.
S. Diers, D. Jansen, A. Alsleben, D. Mischka, Western Altmark versus Flintbek - Palaeoecological research on two Megalithic regions. Special Issue: The world reshaped. Journal of Archaeological Science. In Vorbereitung.

DÖRFLER 2008
W. Dörfler, Das 3. Jahrtausend v. Chr. in hoch auflösenden Pollendiagrammen aus Norddeutschland. In: W. Dörfler, J. Müller (Hrsg.), Umwelt - Wirtschaft - Siedlungen im dritten vorchristlichen Jahrtausend Mitteleuropas und Südskandinaviens. Offa-Bücher 84. Neumünster 2008, 135–148.

EBERSBACH 2002
R. Ebersbach, Von Bauern und Rindern. Eine Ökosystemanalyse zur Bedeutung der Rinderhaltung in bäuerlichen Gesellschaften als Grundlage zur Modellbildung im Neolithikum. Basler Beiträge zur Archäologie 15. Basel 2002.

EISENHAUER 2003
U. Eisenhauer, Untersuchungen zur Siedlungs- und Kulturgeschichte des Mittelneolithikums in der Wetterau, Universitätsforschungen zur Prähistorischen Archäologie 89. Bonn 2003.

FISCHER 1980
C. Fischer, Brendkroggård. Antikvariske Studier 4, 1980, 23–30.

FOKKENS 1982
H. Fokkens, Late Neolithic occupation near Bornwird (Province of Friesland), Palaeohistoria 24, 1982, 91–113.

FOKKENS 1986
H. Fokkens, From shifting cultivation to short fallow cultivation: Late Neolithic change in the Netherlands reconsidered. In: H. Fokkens, P. Banga, M. Bierma (Hrsg.), Op zoek naar mens en materiële cultuur. Groningen 1986, 5–19.

FOWLER/EVANS 1967
P. J. Fowler, J. G. Evans, Plough-marks, lynchets and early fields. Antiquity 41, 1967, 289–301.

FRIES 1995
J. C. Fries, Vor- und frühgeschichtliche Agrartechnik auf den Britischen Inseln und dem Kontinent. Eine vergleichende Studie. Internationale Archäologie 26. Espelkamp 1995.

FRIES-KNOBLACH 2005
J. Fries-Knoblach, Neolithische Pflüge und Ackerfluren aus archäologischer Sicht. Zu den Wurzeln europäischer Kulturlandschaft – experimentelle Forschungen, Tagung Schöntal 2002. Materialhefte zur Archäologie in Baden-Württemberg [Festschrift Lang] 73. Stuttgart 2005, 27–44.

FRIIS 1958
H. Friis, Der er plovspor under gravhøjen. Skalk 2, 1958, 16–17.

GLOB 1951
P. V. Glob, Ard og Plov i Nordens Oldtid. Jysk Arkæologisk Selskabs Skrifter 1. Aarhus 1951.

GROENMAN-VAN WAATERINGE 2011
W. Groenman-van Waateringe, Flintbek: Palynological investigations of Megaliths and Bronze Age barrows. In: D. Mischka, Das Neolithikum in Flintbek, Kr. Rendsburg-Eckernförde, Schleswig-Holstein – Eine feinchronologische Studie zur Besiedlungsgeschichte einer Siedlungskammer anhand von Gräbern. Habilitationsschrift Univ. Kiel 2011, 289–293. Unpubliziert.

HANSEN 1969
H.-O. Hansen, Experimental ploughing with a Døstrup ard replica. Tools and Tillage 1:2, 1969, 67–92.

HATT 1941
G. Hatt, Forhistoriske plovfurer i Jylland. Aarboger for Nordisk Oldkyndighed og Historie 1941, 155–165.

HIGHAM/MESSAGE 1969
C. Higham, M. A. Message, An assessment of a prehistoric technique of bovine husbandry. In: D. Brothwell, E. S. Higgs (Hrsg.), Science in Archaeology. New York 1969, 315–330.

HÜBNER 2005
E. Hübner, Jungneolithische Gräber auf der Jütischen Halbinsel. Typologische und chronologische Studien zur Einzelgrabkultur. Nordiske Fortidsminder B24. København 2005.

JANSEN u. a. 2013
D. Jansen, D. Mischka, O. Nelle, Wood usage and its influence on the environment from the Neolithic untill the Iron

Age - A case study of the graves at Flintbek (Schleswig-Holstein, Northern Germany). Vegetation History and Archaeobotany 22, 2013, 335–349.

Jensen 2006

J. Jensen, Danmarks Oldtid. Stenalder 13.00–2.000 f. Kr. København 2006.

Jørgensen 1977

E. Jørgensen, Brændene Langdysser. Skalk 5, 1977, 7–13.

Liversage 1992

D. Liversage, Barkær. Long barrows and settlements. Kopenhagen 1992.

Lüning 1997

J. Lüning, Anfänge und frühe Entwicklung der Landwirtschaft im Neolithikum (5500–2200 v. Chr.). In: J. Lüning, A. Jockenhövel, H. Bender (Hrsg.), Deutsche Agrargeschichte. Vor- und Frühgeschichte. Stuttgart 1997, 15–139.

Madsen/Jensen 1982

T. Madsen, H. J. Jensen, Settlement and land use in Early Neolithic Denmark. Analecta Praehistorica Leidensia 15, 1982, 63–86.

Mischka 2010

D. Mischka, Flintbek LA 3, biography of a monument. www.jungsteinSITE.de. Online-Publ. 20. Dezember 2010.

Mischka 2011a

D. Mischka, Das Neolithikum in Flintbek, Kr. Rendsburg-Eckernförde, Schleswig-Holstein – Eine feinchronologische Studie zur Besiedlungsgeschichte einer Siedlungskammer anhand von Gräbern. Habilitationsschrift Univ. Kiel 2011. Unpubliziert.

Mischka 2011b

D. Mischka, Early evidence of a wheeled wagon in Northern Europe and a statistical model of the building sequence of the neolithic long barrow at Flintbek LA 3, Northern Germany. Antiquity 85:329, 2011, 742–758.

Mischka 2012

D. Mischka, Temporality in the monumental landscape of Flintbek, „As time goes by?" Monumentality, landscapes and the temporal perspective. In: M. Furholt, M. Hinz, D. Mischka (Hrsg.), Proceedings of the International Workshop „Socio-Environmental Dynamics over the last 12,000 years: The creation of landscapes II (14th–18th March 2011)" in Kiel. Universitätsforschungen zur Prähistorischen Archäologie 206. Bonn 2012, 133–143.

Mischka u. a. 2007

D. Mischka, W. Dörfler, P. Grootes. D. Heinrich, J. Müller, O. Nelle, Die neolithische Feuchtbodensiedlung Bad Oldesloe-Wolkenwehe LA 154. Vorbericht zu den Untersuchungen 2006. Offa 61/62, 2004/2005, 2007, 25–63.

Müller 2011

J. Müller, Megaliths and Funnel Beakers: Societies in change 4100–2700 BC. Kroon-Vordaacht 13. Amsterdam 2011.

Müller-Wille 1965

M. Müller-Wille, Eisenzeitliche Fluren in den festländischen Nordseegebieten. Siedlung und Landschaft in Westfalen 5. Münster 1965.

Nelle/Dörfler 2008

O. Nelle, W. Dörfler, A summary of the late- and postglacial vegetation history of Schleswig-Holstein. In: J. Dengler, C. Dolnik, M. Trepel (Hrsg.), Flora, vegetation, and nature conservation from Schleswig-Holstein to South America. [Festschrift K. Dierßen]. Mitteilungen der Arbeitsgemeinschaft Geobotanik Schleswig-Holstein und Hamburg 65. Rahden/Westf. 2008, 45–68.

Niesiołowska-Śreniowska 1999

E. Niesiołowska-Śreniowska, The early TRB „ploughmarks" from Saranowo in Central Poland: a new interpretation. Oxford Journal of Archaeology 18:1, 2008, 17–23.

Pätzold 1960

J. Pätzold, Rituelles Pflügen beim vorgeschichtlichen Totenkult. Prähistorische Zeitschrift 1960, 1960, 189–239.

Pétrequin u. a. 2006a

P. Pétrequin, R. Arbogast, A.-M. Pétrequin, S. van Willigen, M. Bailly (Hrsg.), Premiers chariots, premier araires. La diffusion de la traction animale en Europe pendant les IVe et IIIe millénaires avant notre ère. Centre National de la Recherche Scientifique Monographies 29. Paris 2006.

Pétrequin u. a. 2006b

P. Pétrequin, R. Arbogast, A.-M. Pétrequin, S. van Willigen, M. Bailly, La traction animale au Néolithique: Diversité des documents, diversité des approches. In: P. Pétrequin, R.-M. Arbogast, A.-M. Pétrequin, S. van Willigen, M. Bailly (Hrsg.), Premiers chariots, premier araires. La diffusion de la traction animale en Europe pendant les IVe et IIIe millénaires avant notre ère. Centre National de la Recherche Scientifique Monographies 29. Paris 2006, 11–20.

Rogers/Shoemaker 1971

E. M. Rogers, F. F. Shoemaker, Communication of innovations: A cross-cultural approach. New York, 1971.

Rowley-Conwy 1987

P. Rowley-Conwy, The interpretation of ard marks. Antiquity 61, 1987, 263–266.

Schier 2009

W. Schier, Neue Lebensweisen und Technologien. Ackerbau und Viehhaltung im kontinentalen Europa. Prähistorische Zeitschrift 84, 2009, 15–43.

Schneeweiss 2007

J. Schneeweiß, Pflugspuren und optisch stimulierte Lumineszenz (OSL) - Möglichkeiten und Grenzen. In: G. H. Jeute, J. Schneeweiß, C. Theune (Hrsg.), Aedificatio terrae. Beiträge zur Umwelt- und Siedlungsarchäologie Mitteleuropas. [Festschrift E. Gringmuth-Dallmer]. Internationale Archäologie 26. Rahden/Westf. 2007, 325–331.

Sørensen/Karg 2012

L. Sørensen, S. Karg, The expansion of agrarian societies towards the north – new evidence for agriculture during the Mesolithic/Neolithic transition in Southern Scandinavian Journal of Archaeological Science 2012. Online-Publ. http://dx.doi.org/10.1016/j.jas.2012.08.042 (letzter Zugriff: 19.06.2013).

Seeberg/Kristensen 1964

P. Seeberg, M. Kristensen, Mange striber på kryds og tvaers. Kuml 1964, 7–14.

Sherratt 1981

A. Sherratt, Plough And Pastoralism: Aspects of the secondary products revolution. In: N. Hammond, I. Hodder, I. Isaac (Hrsg.), Pattern of the past. Studies in honour of David Clarke. Cambridge 1981, 261–305.

Sherratt 2006

A. Sherratt, La traction animale et la transformation de L'Europe néolithique, Premiers chariots, premier araires.

In: P. Pétrequin, R.-M. Arbogast, A.-M. Pétrequin, S. van Willigen, M. Bailly (Hrsg.), La diffusion de la traction animale en Europe pendant les IVe et IIIe millénaires avant notre ère. Centre National de la Recherche Scientifique Monographies 29. Paris 2006, 329–361.

Skaarup 1982

J. Skaarup, The excavation of a passage grave site at Himmelev, Central Zealand. Journal of Danish Archaeology 1, 1982, 19–30.

Skousen 2008

H. Skousen, Arkæologie i lange baner. Undersøgelser forud for anlæggelsen af motorvejen nord om Århus 1998–2007. Moesgård 2008.

Steffens 2005

J. Steffens, Die Bedeutung der Jagd in der Trichterbecherkultur. Online-Publ. www.jungsteinsite.de (letzter Zugriff: 19.06.2013).

Steffens 2009

J. Steffens, Die neolithischen Fundplätze von Rastorf, Kreis Plön - Eine Fallstudie zur Trichterbecherkultur im nördlichen Mitteleuropa am Beispiel eines Siedlungsraumes. Universitätsforschungen zur prähistorischen Archäologie 170. Bonn 2009.

Tarrús u. a. 2006

J. Tarrús, M. Sana, J. Chinchilla, A. Bosch, La Draga (Banyoles, Catalogne): traction animale à la fin du VIe millénaire? In: P. Pétrequin, R.-M. Arbogast, A.-M. Pétrequin, S. van Willigen, M. Bailly (Hrsg.), Premiers chariots, premier araires. La diffusion de la traction animale en Europe pendant les IVe et IIIe millénaires avant notre ère. Centre National de la Recherche Scientifique Monographies 29. Paris 2006, 25–30.

Tegtmeier 1993

U. Tegtmeier, Neolithische und bronzezeitliche Pflugspuren in Norddeutschland und den Niederlanden. Archäologische Berichte 3. Bonn 1993.

Thrane 1982

H. Thrane, Drykningsspor fra yngre stenalder i Denmark. In: H. Thrane (Hrsg.), Om yngre stenalders bebyggelseshistorie. Symposium 30. April – 1. Mail 1981. Skrifter fra Historisk Institut Odense Universitet 30. Odense 1982, 20–28.

Thrane 1989

H. Thrane, Danish plough-marks from the Neolithic and Bronze Age. Journal of Danish Archaeology 8, 1989, 111–125.

Vosteen 2006

Une double invention: véhicules à roues et traction animale. In: P. Pétrequin, R.-M. Arbogast, A.-M. Pétrequin, S. van Willigen, M. Bailly (Hrsg.), Premiers chariots, premier araires. La diffusion de la traction animale en Europe pendant les IVe et IIIe millénaires avant notre ère. Centre National de la Recherche Scientifique Monographies 29. Paris 2006, 239–246.

Wiklak 1980

H. Wiklak, Wyniki Badan Wykopaliskowych W Obrebie Grobowca 8 W Sarnowie W Woj. Wloclawskim (Resutls of excavations of barrow 8 at Sarnowo, Province of Wloclawek). Prace i Materiały Muzeum Archeologicznego i Etnograficznego w Łodzi 27, 1980, 33–83.

Zich 1999

B. Zich, Das Hügelgräberfeld von Flintbek nach zwanzig Ausgrabungsjahren. Jahrbuch für das ehemalige Amt Bordesholm 1. Bordesholm 1999, 7–58.

Zich 2005

B. Zich, Flintbek. In: E. Aner, K. Kersten, K.-H. Willroth (Hrsg.), Kreis Rendsburg-Eckernförde (südlich des Nord-Ostsee-Kanals) und die kreisfreien Städte Kiel und Neumünster. Die Funde der älteren Bronzezeit des nordischen Kreises in Dänemark, Schleswig-Holstein und Niedersachsen 19. Neumünster 2005, 31–84.

Überlegungen zu Metallvorkommen und -verarbeitung in älterbronzezeitlichen Siedlungen Dänemarks

von Anja Schaffernicht

Einleitung

Die großen, auf dem flachen Land weithin sichtbaren und z. T. sagenumwobenen Grabhügel der Bronzezeit faszinierten die Menschen schon seit jeher. In Dänemark hat die Gräberarchäologie daher auch eine lange Tradition, die bereits am Ende des 19. Jahrhunderts einsetzte und bis heute von großem Interesse ist. Die Aufarbeitung der zahlreichen Funde und Befunde der älteren Bronzezeit haben E. Aner und K. Kersten in ihren umfassenden Corpus-Werken begonnen und werden heute von K.-H. Willroth weitergeführt.[1] Aus den bronzezeitlichen Grabhügeln Dänemarks sind viele Bronzeobjekte überliefert, die uns sowohl Hinweise auf die frühe Bronzetechnologie als auch auf die ungefähre Menge der damals im Umlauf befindlichen Bronze liefern können.

Anders verhält es sich hingegen mit der dänischen Siedlungsarchäologie. Zwar liegen auch hier die Anfänge bereits in der ersten Hälfte des 20. Jahrhunderts, wie aus einem Bericht von S. Müller über Siedlungsfunde (z. B. Voldtofte, Fünen und Troldting, Thy) hervorgeht[2], doch bildeten bis in die 1950er Jahre hinein vor allem die Grabstätten „die Grundlage für siedlungsarchäologische oder besiedlungsgeschichtliche Überlegungen zur gesamten Urgeschichte".[3] Erste Siedlungen bzw. Hausgrundrisse der jüngeren Bronzezeit wurden in Dänemark 1955 bei Fragtrup in Himmerland (Nordjütland) freigelegt,[4] aber erst in den späten 1960er Jahren entwickelten die bronzezeitlichen Siedlungsuntersuchungen in Dänemark eine wirkliche Dynamik. Dieser Schub in der Forschung ist vor allem auf die damals neue Art des Tiefpflügens in der Landwirtschaft und die gleichzeitige Entwicklung neuer archäologischer Methoden, insbesondere in der Siedlungsarchäologie, zurückzuführen. Die Anzahl der seither freigelegten Häuser und Siedlungen stieg stetig an und beläuft sich mittlerweile auf mehrere hundert Häuser, die jedoch überwiegend in die jüngere Bronzezeit datiert werden, während aus der älteren Bronzezeit nach wie vor nur wenige Siedlungen belegt sind.[5]

In einigen seltenen Fällen finden sich jedoch auch Bronzeobjekte in den Siedlungen. Im Gegensatz zu den Funden aus Gräbern handelt es sich bei den Siedlungsfunden in der Regel nicht um bewusste Deponierungen, sondern meist um zufällig verlorene Objekte oder Abfall. Sie können uns zusätzlich zu den Funden aus den Grabhügeln Hinweise auf die im Umlauf befindliche Bronze sowie ihre Herstellung liefern. Der Schwerpunkt dieses Beitrags liegt daher auf der Bronzeverarbeitung und ihren Nachweisen im älterbronzezeitlichen Siedlungsgeschehen. Ausgehend von einem Überblick über den derzeitigen Forschungsstand zum Siedlungswesen der älteren Bronzezeit in Dänemark wird exemplarisch die Metallverarbeitung in einzelnen Siedlungen näher betrachtet. Ein Hauptaugenmerk liegt hierbei auf den Spuren des Bronzegusses in den Siedlungen sowie auf der damit verbundenen Fragestellung nach einer Verbindung zwischen einem nachgewiesenen Produktionsstandort und den bekannten Bronzeobjekten aus dessen Umgebung.

Als Grundlage für die nachfolgenden Überlegungen sollen dabei die durch die Verfasserin im Zuge Ihrer Dissertation ermittelten Gewichte der einzelnen Bronzeobjekte dienen.[6] Denn das Thema der Metrologie fand bis vor ein paar Jahren in der bisherigen Forschung keine oder nur wenig Beachtung, obwohl diese weitreichende Erkenntnisse über den Metallumlauf, zum „Verbrauch" durch Grabbeigaben und Deponierungen, aber auch zu möglichen Normierungen der Bronzegewichte sowie sozialgeschichtliche Aufschlüsse geben kann.

Bronzezeitliche Siedlungen in Dänemark

An dieser Stelle sei auf ein grundlegendes Problem in der Siedlungsforschung hingewiesen, welches vor allem die Siedlungstätigkeit in der älteren Bronzezeit betrifft. Denn im Gegensatz zu den zahlreichen Funden der älteren Bronzezeit aus Grabhügeln, Depots und Einzelfunden, sind aus dieser Zeit, verglichen mit der jüngeren Bronzezeit, kaum Siedlungen bekannt. Als Beispiel

---

1 Aner u. a., Die Funde der älteren Bronzezeit des nordischen Kreises in Dänemark, Schleswig-Holstein und Niedersachsen 1973–2011.
2 Müller 1919, 36ff. Bech 1997, 3.
3 Thrane 1989, 6.
4 Nur kurze Zeit vorher, 1953, hatte K. Struve in Schleswig-Holstein erstmalig ein älterbronzezeitliches Haus in den Dünen bei Norddorf auf Amrum entdeckt. Vgl. Willroth 1992, 34.
5 Thrane 1971, 143. Nasmann 1987, 69. Rasmussen/Adamsen 1993,

136. Dieses Forschungsdesiderat gehört zu den Arbeitsschwerpunkten des Jubilars. Ihm ist ein langjähriges Forschungsprojekt bei der Akademie der Wissenschaft und Literatur in Mainz gewidmet, dessen Federführung K.-H. Willroth obliegt. Siehe unten.

6 Das Wiegen der gesamten Bronzen Dänemarks und Schleswig-Holsteins erfolgte im Zuge einer Dissertation „Untersuchungen zu den Gewichten älterbronzezeitlicher Metallobjekte im nordischen Kreis" durch die Verfasserin, die von Herrn Prof. K.-H. Willroth betreut wird.

hierfür sei auf die sogenannte „längste Ausgrabung Dänemarks"[7] im Zuge des Gaspipeline-Baus durch das ganze Land verwiesen. Im Verlauf des gesamten Projekts, das von 1979–1986 dauerte, konnten insgesamt ca. 650 Nachweise von Besiedlung dokumentiert werden. Dabei reicht ihre Zeitspanne von der Steinzeit bis zum Mittelalter; es konnten unter anderem ca. 140 mehr oder weniger gut erhaltene Häuser rekonstruiert werden. Die Verteilung allein auf die Bronzezeit bezogen gestaltet sich folgendermaßen: aus der älteren Bronzezeit konnten insgesamt sechs Siedlungen mit Hauskonstruktionen entdeckt werden, während aus der jüngeren Bronzezeit 85 neue Siedlungsstellen zu Tage traten. Auch wenn U. Näsmann in seinen Ausführungen bereits darauf hinweist, dass dieses Zahlenverhältnis der Siedlungen aus den verschiedenen Epochen nicht den damaligen Relationen entspricht,[8] so gibt der doch recht beträchtliche Unterschied zwischen den beiden Abschnitten innerhalb der Bronzezeit den derzeitigen Stand in der dänischen Siedlungsforschung wider.

Hinzu kommt die Problematik des unbefriedigenden Publikationsstandes, auf die z. B. L. Matthes aufmerksam machte.[9] Denn obwohl in den letzten Jahren in der Region Schleswig-Sønderjylland einige Siedlungen gut erschlossen wurden und viel Fundmaterial hervorbrachten, blieben diese leider bisher unpubliziert. Projekte wie jenes zu den „Siedlungen der Bronzezeit", in dem unter der Leitung von K.-H. Willroth Siedlungswesen und Wirtschaftsweise während der Bronzezeit in Schleswig-Holstein erforscht werden, sind daher aufgrund dieses dringenden Forschungsdesiderats für den gesamten Raum der nordischen Bronzezeit von Nöten.

Trotz der insgesamt geringen Quellenlage ist es mit Hilfe von einigen gut erforschten Siedlungen gelungen, ein für die gesamte Bronzezeit gültiges Siedlungsbild bzw. eine Charakterisierung der Hausstrukturen zu erarbeiten. Für die frühe Bronzezeit bedeutet dies eine Weiterführung von spätneolithischen Traditionen mit vorherrschend zweischiffigen Langhäusern, deren Länge zwischen 15 und 40 m betragen konnte, wobei die Wohnplätze weit verstreut über das ganze Land lagen.[10] So wurden in Egehøj, Randers Amt, zum ersten Mal in ganz Skandinavien drei komplette Hausgrundrisse freigelegt, die durch die große Menge und das weite Spektrum an Flintmaterial (insgesamt 120 kg) in die Periode I (nach Montelius) datiert werden konnten.[11] Ebenfalls frühbronzezeitliche Hausstrukturen fanden sich in Povlstrupgård, Ålborg Amt[12], Hemmed Kirke und Hemmed Plantage, Randers Amt[13] (Abb. 1).

Vor allem an den Häusern aus Hemmed Kirke, Randers Amt[14] und Brødrene Gram, Haderslev Amt[15], lässt sich gut der Wandel ablesen, welcher sich in der Mitte des 2. Jahrtausends v. Chr. vollzog bzw. etablierte,[16] da hier sowohl zweischiffige als auch dreischiffige Langhäuser auftreten. Letztere bleiben im engeren norddeutsch-skandinavischen Raum bis ins Mittelalter der vorherrschende Haustyp. Das dreischiffige Wohnstallhaus zeichnet sich durch eine Innengliederung mit Zwischenwänden, mittig an den Längsseiten gelegenen Eingängen und den typischerweise abgerundeten Giebeln aus.[17] Die Häuser sind in der Regel etwas kürzer, dafür aber breiter als ihre zweischiffigen Vorgänger. Weitere bekannte Beispiele für älterbronzezeitliche dreischiffige Häuser finden sich in Vadgård, Ålborg Amt[18], Højgård, Haderslev Amt[19], Trappendal, Vejle Amt[20] oder auch Handewitt, Ldkr. Schleswig-Flensburg[21]. Den letzteren ist außer dem gleichen Haustyp auch gemein, dass sie beide nach ihrer ersten Benutzung von einem Grabhügel überdeckt wurden; was ebenso in Hyllerup, Sorø[22] und Horsager, Jütland zu beobachten war.[23] Neben den großen Wohnhäusern sind auch immer wieder verschiedene Kleinbauten zu beobachten, die zwischen 6 bis 9 m lang und 3 bis 4 m breit sein können, oft Innenpfosten aufweisen und einen Eingang an der Schmalseite besitzen.[24]

Bronzeobjekte in Siedlungen
Hemmed Kirke zählt zu den wenigen Siedlungen der älteren Bronzezeit, in denen sich neben dem normalen Siedlungsmaterial wie Keramik und Flintgeräten bzw. -abfällen auch Bronzeobjekte fanden. Dabei handelt es sich wirklich um eine Seltenheit, denn von über 8257 bis heute bekannten Fundorten mit Bronzeobjekten[25] des Spätneoli-

---

7 Danmarks længste udgravning. Arkæologi på naturgassens vej 1979–1986. Nationalmuseet og de danske naturgasselskaber (Hrsg.). København 1987.
8 NÄSMANN 1987, 69; 73f. Fig. 2 und 3. Auf die Problematik der Funderhaltung sowie der Datierbarkeit von Siedlungen bzw. Häusern wird in diesem Beitrag nicht näher eingegangen.
9 MATTHES 2005, 160.
10 BECKER 1982, 54. JENSEN 1987, 156; 2002, 65. WILLROTH 1999, 46. HORNSTRUP 2001, 50.
11 BOAS 1983, 90ff.; 1997, 16.
12 NÄSMANN 1987, 79; 261 Nr. 838.
13 BOAS 1993, 119ff.
14 BOAS 1989, 88ff.; 1993, 133 Fig. 23.
15 ETHELBERG 1994, 213ff. MATTHES 2005, 168.
16 Nach FOKKENS (2009, 87) war das dreischiffige Wohnstallhaus bereits um 1800/1700 v. Chr. bekannt, wurde jedoch erst um 1500 v. Chr. als Hauptform übernommen.
17 BECKER 1982, 55. JENSEN 1987, 156; 2002, 110. WILLROTH 1999, 47. Ein kurzer Überblick über Haustypen und Fundorte findet sich bei RASMUSSEN/ADAMSEN 1993, 136ff. WEINMANN 1994, 34ff.
18 LOMBORG 1976, 414ff.
19 ETHELBERG 1987, 152ff.; 1993, 136ff.
20 BOYSEN/ANDERSEN 1983, 118ff. ANER/KERSTEN 1990, Nr. 4393.
21 BOKELMANN 1977, 82ff. ANER/KERSTEN 1978, Nr. 2228.
22 PEDERSEN 1987, 168ff.
23 JENSEN 1987, 157.
24 BECKER 1982, 63. WEINMANN 1994, 35.
25 Die Zahl der einzelnen Objekte liegt weitaus höher.

Überlegungen zu Metallvorkommen und -verarbeitung

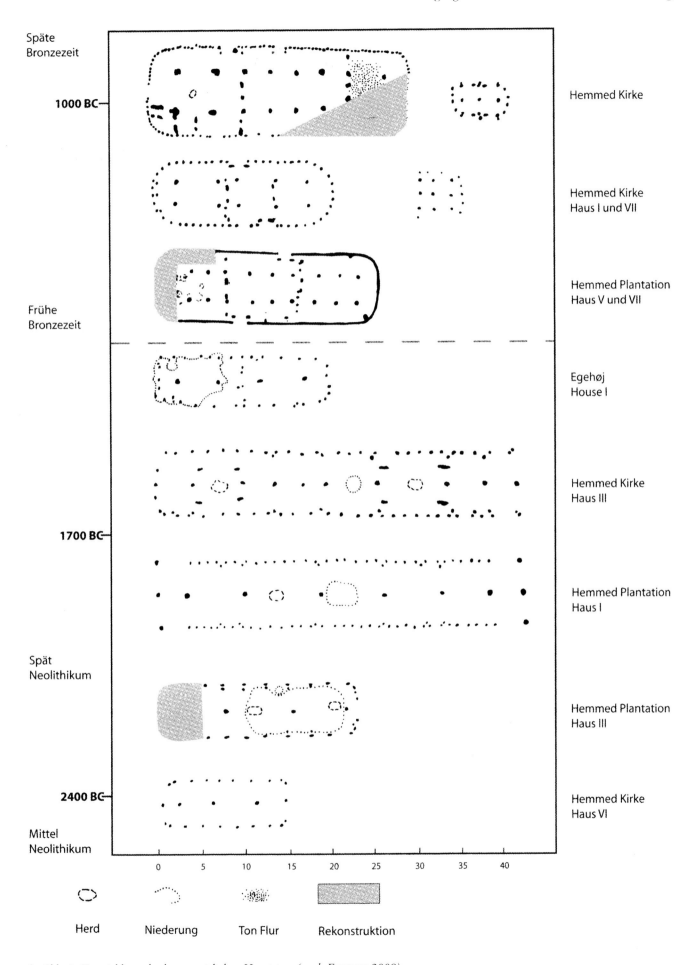

▲ *Abb. 1: Entwicklung der bronzezeitlichen Haustypen (nach FOKKENS 2009).*

▶ Abb. 2: Store Tyrrestrup, Hjørring Amt. Hausgrundriss und Depotfund, o. M. (nach NILSSON 1993–94).

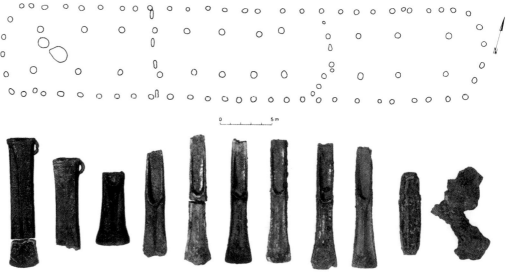

thikums und der älteren Bronzezeit in Dänemark, sind lediglich sechs Siedlungen, bei allen übrigen handelt es sich um Gräber, Horte oder Einzelfunde. Zumeist wurden kleinere Gegenstände wie Knöpfe, Nadeln oder Ringe geborgen, wie sie z. B. aus Bjerre, Thy[26], Ordrup, Holbæk Amt[27] oder Røjle Mose, Odense Amt[28] stammen.[29]

Der Hortfund von Store Tyrrestrup, Hjørring Amt, in Nordjütland, bestehend aus zwei Tüllen- und sieben norddeutschen Absatzbeilen, einem Bronzebarren und einem zerschmolzenen Bronzeklumpen, befand sich im Boden im Westteil eines dreischiffigen Langhauses und gilt als absolutes Unikum in der älteren Bronzezeit in Dänemark (Abb. 2).[30] Es ist das einzige bisher bekannte älterbronzezeitliche Depot innerhalb einer Siedlung. Eine weitere Besonderheit im Fundmaterial dieses Hauses stellt das Fragment einer tönernen Gießform dar. Laut D. Jantzen sind keramische Gießformen in der älteren Bronzezeit eine Seltenheit und die aus Store Tyrrestrup der bisher einzige gesicherte Fund.[31] Die Gießform fand sich in der Nähe einer Feuerstelle, unweit des Hortes in der obersten Schicht in einem der Pfostenlöcher des Hauses.[32] Bei dem Fragment ist leider nur noch der Abdruck einer Schaftröhre bzw. Tülle zu erkennen, so dass laut T. Nilsson nur eine nähere Zuordnung zu einem Tüllenbeil oder einer Lanzenspitze möglich ist bzw. zu einem Tüllengerät.[33] Die meisten Funde mit einem Bezug zur Metallverarbeitung finden sich in den Siedlungen ebenso wie die sonstigen Siedlungsfunde bzw. -abfälle in Gruben[34], so z. B. auch im bereits oben erwähnten Ordrup, Holbæk Amt, auf Nordseeland.

Bronzeverarbeitung in Siedlungen – Beispiele aus dem Amt Holbæk, Dänemark/Nordwestseeland (Abb. 3)

In Ordrup (Kreis Ods, Gemeinde Fåreveje) stieß man 1985–86 auf mehrere, leider bereits größtenteils vom Besitzer des Grundstücks ausgegrabene Gruben, bei denen es sich, wie sich bei einer Nachuntersuchung des Fundplatzes herausstellte, um Abfallgruben und vermutlich auch Pfostenlöcher handelt.[35] In Grube B/C befanden sich mehrere Keramikgefäße, ein Feuerschlagstein, ein Bronzeklumpen, eine Schieferplatte und ein Gusstiegel (Abb. 4), die in die Periode I oder II datiert werden können. Bei letzterem, einem einzigartigen Stück, handelt es sich um einen flachen offenen Tiegel mit gewölbtem Boden, bestehend aus grob gemagertem Ton und einer waagerecht ausgezogenen Mündung (größte Breite etwa 11,5 cm, größte Länge 14,5 cm). Der halbkugelförmige Tiegelinnenraum ist mit einer dünnen Bronzeschicht bedeckt.[36] Insgesamt sind aus dem gesamten nordischen Kreis nur zwei Funde von Schmelztiegeln der älteren Bronzezeit bekannt, der benannte aus Ordrup und ein weiterer von Morsum auf Sylt, Ldkr. Nordfriesland.[37]

Die flache, halbkreisförmige Schieferplatte (8,5 cm lang) kann ebenfalls als Hinweis auf die in Ordrup stattgefundenen Gießertätigkeiten angesehen werden. Sie dürfte jedoch eher bei den Gussvorbereitungen als für den Guss selbst Verwendung gefunden haben. P. Rønne vermutet,

---

26 BECH 1997, 4ff.
27 ANER/KERSTEN 1976, Nr. 798.
28 JÆGER/LAURSEN 1983, 102ff.; 112 Fig. 16,a–b.
29 STJERNQUIST 1969, 128.
30 NILSSON 1993–94, 150ff.; 151 Fig. 5; 152 Fig. 6; 1997, 11ff.
31 JANTZEN 2008, 63 Nr. 35 (hier unter Torslev); 105; Taf. 8.
32 NILSSON 1993–94, 150.
33 NILSSON 1997, 13. JANTZEN 2008, 271.
34 JANTZEN 2008, 267; 277.
35 RØNNE 1989, 98. Da der Fundplatz nicht weiter untersucht wurde, sind leider keine Angaben über Hausstrukturen bzw. ein Siedlungsareal zu machen.
36 RØNNE 1989, 107. JANTZEN 2008, 187 Nr. 188 (hier unter Fårevejle); Taf. 45.
37 JANTZEN 2008, 190 Nr. 210; Taf. 49. WILLROTH 1992, 62.

Überlegungen zu Metallvorkommen und -verarbeitung

◄ Abb. 3: Lage von Holbæk Amt in Dänemark.

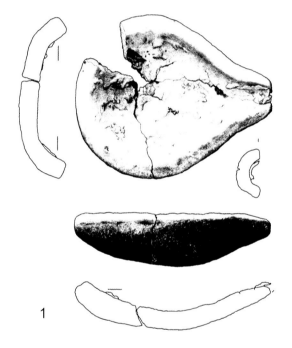

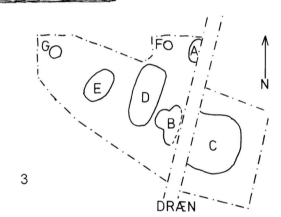

▲ Abb. 4: 1 Gusstiegel (nach JANTZEN 2008, Taf. 45, M. 1:2); 2 Schieferplatte (nach RØNNE 1989, Fig. 10, M. 1:2); 3 Ordrup, Skizze der Anlagen/Eingrabungen nach Angaben des Besitzers (nach RØNNE 1989, Fig. 1, M. ca. 1:100).

dass die Platte im Cire perdue-Verfahren zum Einsatz gekommen sein könnte, da Schiefer leicht zu erwärmen ist und sich somit gut zur Wachsbearbeitung bzw. -glättung verwenden lässt.[38] Die Annahme, es handle sich hier um ein Werkzeug aus dem Kontext der Metallverarbeitung, wird zudem durch ein Grabinventar von Hesselager, Svendborg Amt gestützt. Das Primärgrab enthielt – neben einem Dolch und Rahmengriffmesser der Periode III – mehrere als Schleifsteine gedeutete Sandsteine mit polierten Facetten sowie Schieferplatten.[39] Solche Schieferplatten sind in Dänemark nur in diesen beiden Fällen bekannt, daher geht K. Randsborg nach einem Vergleich mit anderen europäischen Funden davon aus, dass die Steine im Rahmen der Metallproduktion verwendet wur-

den. Er deutet den Befund von Hesselager folglich als Grab eines Schmiedes.[40]

Nach Jantzens Untergliederung gehört der Ordrup-Tiegel zur Größenklasse II (GK II) mit einem theoretischen Fassungsvermögen von bis zu 120 cm^3, er kann also umgerechnet bis zu ca. 1070 g Bronze fassen. Von diesen Tiegeltypen gibt es insgesamt acht bronzezeitliche Exemplare, jedoch nur der Ordrup-Tiegel kann als einziger in die ältere Bronzezeit datiert werden.[41] Der tatsächliche Füllungsgrad lag aber wohl häufig unter dem ermittelten Fassungsvermögen, wie Schlackenränder in den Tiegeln vermuten lassen. Andererseits ist zu bedenken, dass der Schlackenrand nicht als

---

38 RØNNE 1989, 109f.
39 ANER/KERSTEN 1977, Nr. 2012 Grab A; Taf. 115 (ohne Abbildungen der Steine).
40 RANDSBORG 1984, 185ff.
41 JANTZEN selbst gibt an, dass es sich nur um ungefähre Angaben handelt, da kein vollständiger Tiegel erhalten ist. Eine Ausnahme bildet dabei nur der recht gut erhaltene Ordrup-Tiegel. JANTZEN 2008, 196f.; 197 Abb. 73.

◀ Abb. 5: Verbreitung der Funde in der Gemeinde Fårevejle. Siedlung ■; Grab ●; Einzelfund ▼; weiß = Periode I, schwarz = Periode II. Die Nummern beziehen sich auf ANER/KERSTEN 1976.

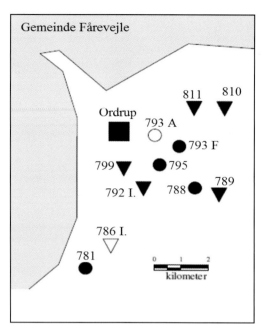

Objekte	Gewicht in g	wahrscheinliches Gewicht nach Guss in g ±n	wahrscheinliches Gewicht der Gussmasse in g ±n
Schwert (781, Grab D)	237,7	320,6	408,1
Lanzenspitze (792 I.)	183,5	247,3	315
Vollgriffdolch (795)	194,6	262,3	334,1
Dolch (788)	217,5	293,1	373,4
Dolch (793, Grab F)	40,2	54,2	69
Absatzbeil (789)	189,7	255,7	325,7
Fibel (788)	7,1	9,6	12,2

▲ Tab. 1: Bronzeobjekte aus der Gemeinde Fårevejle. Die Nummern hinter den Objekten beziehen sich auf ANER/KERSTEN 1976.

▼ Abb. 6: Verteilung von Grab-, Hort- und Einzelfunden in den einzelnen Gemeinden und Perioden.

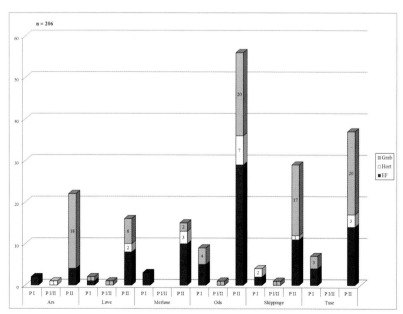

absoluter Anzeiger für den Flüssigkeitsstand geeignet ist.[42]

In der näheren Umgebung des Fundortes bzw. in der gleichen Gemeinde Fårevejle gibt es insgesamt fünf Gräber und sechs Einzelfunde (Abb. 5) der Perioden I bis II mit Bronzeobjekten. Es handelt sich insgesamt um 17 größtenteils fragmentarische und durch Korrosion angegriffene Bronzen. Könnten diese Gegenstände in Ordrup produziert worden sein? Von sieben der genannten Objekte konnte das Gewicht ermittelt werden, wobei berücksichtigt werden muss, dass auch diese teilweise beschädigt sind und Korrosionsschäden aufweisen. Alle übrigen Stücke waren entweder schon zu stark beschädigt oder konnten noch nicht gewogen werden. Als Grundlage für die Berechnung, ob es möglich gewesen wäre, diese Objekte mit Hilfe des Ordruper Tiegels zu gießen, soll angenommen werden, dass dieser eine Gussspeise von bis zu 800 g aufnehmen konnte. Dieser Wert würde zum einen Jantzens Annahme genügen, dass „nur" maximal 800 g Bronze in einem offenen Tiegel über starkem Holzkohlefeuer geschmolzen werden konnten,[43] und zum anderen dem realistischen Fassungsvermögen des Tiegels entsprechen. Als weiterer Ausgangspunkt für die Berechnungen sollen die experimentell ermittelten Werte zur Herstellung von bronzenen Griffangelmessern dienen, wobei die Rohlinge nach dem Guss im Durchschnitt noch 78,5 % des ursprünglichen Gewichts der Gussspeise aufwiesen und nach dem Abschroten und Entgraten noch 58,25 %.[44] Die einzukalkulierende Variable bezieht sich einerseits auf die beim Guss unterschiedlich großen Verluste[45] und andererseits auf die je nach Gegenstand abweichend anfallende Menge Abfall bei der Nachbearbeitung. Die Ergebnisse der Berechnungen sind in Tabelle 1 zusammengefasst. Die so ermittelten Werte der oben genannten Funde lassen den Schluss zu, dass es durchaus möglich war, auch unter Berücksichtigung von z. B. Korrosionsschäden, alle Objekte mit Hilfe dieses Tiegels herzustellen (Tab. 1). Die mit 315 g berechnete Masse benötigten Rohmaterials für die Lanzenspitze vom Typ Ullerslev aus Linderup[46] dürfte am ehesten den realen Werten entsprechen, da dieses Stück der Gruppe am besten erhalten ist.

J. Dąbrowski nimmt an, dass die Verbreitung von Gusserzeugnissen sich auf einen Umkreis von 150–200 km um das Produktionszentrum ausdehnen kann, da diese Entfernung zu Fuß in einigen Tagen zurückgelegt werden konnte.[47] Auf dieser Grundlage lassen sich die Berechnungen auf sämtliche bekannten Bronzen der Periode I und II des Amtes Holbæk[48] ausweiten, die mit insgesamt 206 Fundorten und 575 Einzelobjekten, deren Großteil in die Periode II datiert wird (Abb. 6), eine größere Basis bieten. Von 433 Objekten konnte zwar ein Gewicht ermittelt werden, doch ließ der Erhaltungszustand in zahlreichen

---

42 JANTZEN 2008, 197f.

43 JANTZEN 1996, 98f.
44 HOLDERMANN/TROMMER 2011, 117ff.
45 HOLDERMANN/TROMMER 2011, 125.
46 JACOB-FRIESEN 1967, Nr. 394; Taf. 71,7. ANER/KERSTEN 1976, Nr. 792 I.; Taf. 33.
47 DĄBROWSKI 1981, 401.
48 Die in der Ostsee nordwestlich vorgelagerte Insel und Gemeinde Samsø wurde nicht in die Berechnungen eingeschlossen.

Objekte	Anzahl	Gewichts-verteilung	durchschnittliches Gewicht in g	durchschnittliches wahrscheinliches Gewicht der Gussmasse in g ±n
Vollgriffschwert	11	673 - 1568	1096,3	1882
Griffzungenschwert	3	304 - 536	425,4	730,3
Griffangelschwert	3	714 - 738	729,3	1252
Schwert	10	151 - 479	297,3	510,4
Schwertknauf	6	29 - 82	48,3	82,9
Vollgriffdolch	4	173 - 349	253,1	434,5
Dolch	7	35 - 91	67,6	116,1
Lanzenspitze	9	60 - 170	130,1	177
Axt	10	1538 - 1996	1737,9	2983,6
Randleistenbeil	8	92 - 231	172,3	295,8
Absatzbeil	22	124 - 447	297,2	510,2
nordisches Absatzbeil	3	233 - 349	308,1	528,9
Tüllenbeil	3	291 - 753	453,9	779,2
Säge	8	21 - 40	31,9	54,8
Sichel	4	61 - 91	73,2	125,7
Halskragen	14	51 - 251	123,7	212,4
kleine Gürtelplatte	9	18 - 50	31,9	54,8
Gürtelpaltte	8	62 - 614	246,1	422,5
Buckel	110	6 - 50	16,7	28,7
Armband/ -ring	5	13 - 38	22,1	37,9
Spiralarmring	5	81 - 184	120,7	207,2
Spiralfingerring	11	8 - 17	12,4	21,3
Gürtelhaken	5	15 - 67	38,3	65,8

◀ *Tab. 2. Bronzeobjekte aus dem Amt Holbæk, die mit Hilfe des Tiegels aus Ordrup gegossen werden konnten. Ausnahmen bilden Vollgriff- und Griffangelschwerter sowie Äxte.*

Fällen die annähernde Angabe des ursprünglichen Gewichtes nicht zu. Dementsprechend standen nur 278 Bronzen, also knapp 50 % des gesamten Fundmaterials, mit Werten für eine Berechnung zur Verfügung, die den ursprünglichen nahe kommen dürften.[49] Hierfür wurden von allen in Frage kommenden Objekten die Durchschnittswerte der einzelnen Typen ermittelt, und wie schon bei den Ordrup-Funden ein durchschnittliches wahrscheinliches Gewicht der Gussspeise errechnet (Tab. 2). Somit ist es wahrscheinlich, dass 91,4 % (254 von insgesamt 278 Stücken) der Objekte ebenfalls mit Hilfe des Ordrup Tiegels hergestellt worden sein könnten.[50] Ausnahmen bilden dabei jedoch die Vollgriff- und Griffangelschwerter sowie die Äxte vom Typ Fårdrup, da sie aufgrund ihres Gewichtes eine größere Masse Rohmaterial erfordert hätten als das Fassungsvermögen des Ordrup-Tiegels für einen Guss zuließ.[51]

Obwohl man nun eine eventuelle Konzentration an Bronzefunden um diesen Fertigungsstandort herum vermuten könnte, zeigt die Karte zwar eine Fundhäufung um Ordrup herum, doch finden sich diese Agglomerationen ebenso entlang der Jammerland Bucht im Westen oder den südwestlich an den Isefjord angrenzenden Gebieten bzw. allgemein gesagt entlang der Küsten (Abb. 7). Diese küstennahe Siedlungskonzentration vorwiegend auf Lehmböden, die Gräber dienen

▼ *Abb. 7: Verbreitung der Funde im Amt Holbæk.*

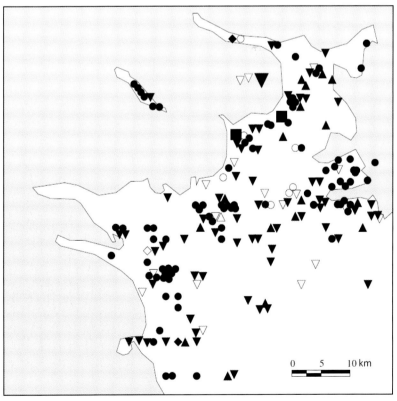

49 Auch in diesem Fall weisen fast alle Bronzen Korrosionsschäden oder andere kleinere Beschädigungen auf. Dass ein Objekt vollständig und sehr gut erhalten ist, ist eher die Ausnahme.
50 Die hier vorgelegten Ergebnisse sind in erster Linie als Denkansätze zu verstehen, um der Basis des nordischen Metallhandwerks auf die Spur zu kommen. Gewöhnlich werden nur seine Endprodukte betrachtet.
51 Bei Vollgriffschwertern werden Griff und Klinge einzeln gegossen und erst in einem späteren Arbeitsschritt zusammengefügt. Da aus dem Arbeitsgebiet kein vollständiges Vollgriffschwert mit zusammengehörender Klinge und Griff in voneinander gelöstem Zustand vorliegt, bleiben die Berechnungen für diesen Typ zu einem gewissen Grad hypothetisch.

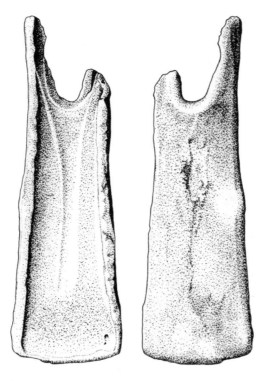

▶ Abb. 8: Schalenhälfte einer Bronzegießform (nach ANER/KERSTEN 1976, Nr. 700, Taf. 18, M. 2:3).

hier als Siedlungsanzeiger, wurde bereits von T. Mathiassen[52] erkannt.[53] Laut K. Kristiansen wechselten sich in Nordwestseeland Felder und Weiden mit einem lichten, offenen Wald ab, der zum Landesinnern hin dichter wurde. Das Ineinandergreifen von offener Weidelandschaft und Waldweide soll äußerst produktiv gewesen sein, und zudem bot der gute Lehmboden hier bessere Regenerationsmöglichkeiten als z. B. in Westjütland, wodurch ein stabiler Ackerbau ermöglicht wurde und aufgrund der Küstennähe auch vom Fischfang gelebt werden konnte.[54] Somit scheint also nicht in erster Linie die Metallproduktion ausschlaggebend für das Siedlungsgeschehen gewesen zu sein, sondern vielmehr die Bodenqualität, der Zugang zu Nahrungsressourcen sowie eine verkehrsgünstige Lage für den Handel und Absatz der Bronzeprodukte[55].

Im Amt Holbæk gibt es zudem noch zwei weitere Funde, welche ebenfalls mit dem Bronzeguss bzw. der Metallverarbeitung im Zusammenhang stehen. Der erste Fund ist eine Bronzegießform für ein norddeutsches Absatzbeil vom Typ Issendorf (P II), die in einem Moor bei Holbæk gefunden wurde (Abb. 8).[56] Da leider nur der untere Teil einer Schalenhälfte überliefert ist, fällt es schwer, konkrete mit dieser Form gegossene Absatzbeile zu identifizieren – sofern uns diese überhaupt vorliegen. Zudem war die Form beim Brand des Schlosses Frederiksborg (1859) dem Feuer ausgesetzt und ist nun etwas verbogen. Von insgesamt 32 Absatzbeilen der Periode II aus dem Arbeitsgebiet kommen nur vier Exemplare in die nähere Auswahl[57], von denen eines immerhin in unmittelbarer Nähe der Form gefunden wurde. Von insgesamt vier bisher bekannten bronzenen Gießformen in Dänemark und Schleswig-Holstein[58], stammt nur die hier angesprochene aus einem Moor. Wurde die Form demnach geopfert, einfach entsorgt oder ist sie verloren gegangen? Letzteres kann natürlich nie ganz ausgeschlossen werden, dürfte jedoch ebenso wie eine Deutung als bloßes Wegwerfen der Form vor allem aufgrund des Fundkontextes und des hohen Materialwertes als sehr unwahrscheinlich anzusehen sein. Das Niederlegen von Gegenständen, allen voran in Mooren und feuchten Milieus, wird in der prähistorischen Forschung „mehrheitlich als intentionelle, irreversible Entäußerungen von dinglichem Sachgut mit einer religiösen Motivation betrachtet."[59] Durch diese Deutungsmöglichkeit wird der vorliegende Fund neben seinem Werkzeugcharakter zusätzlich in einen rituellen Kontext gerückt, denn nur ausgewählte Objekte wurden geopfert.[60]

Bei dem zweiten Fund handelt es sich um einen Tüllenhammer, der zusammen mit einem Schwert und einem Bronzegefäß aus einem „Kongshøj" (Königshügel) genannten Grabhügel in Ubby stammt (Abb. 9).[61] Nähere Fundumstände sind nicht bekannt. Das Bronzegefäß gelangte leider nie ins Museum und kann daher auch nicht auf Bearbeitungsspuren durch den Tüllenhammer untersucht werden. Tüllenhämmer konnten jedoch zum Schärfen von Schneiden, wie bei Beilen, Sicheln, Meißeln und Rasiermessern belegt, genutzt werden, aber auch zum Umschlagen von Gussnähten oder zur Anbringung von Verzierungen, die häufig in Form von Facetten oder Rippen an Absatzbeilen zu beobachten sind. Sie wurden demnach überwiegend zum Nachbearbeiten von Gussstücken verwendet, sind also ebenfalls im Rahmen der Metallbearbeitung eingesetzt worden.[62] Die Bezeichnung des Grabhügels und die aus ihm geborgenen Objekte, vor allem das Metallgefäß, deuten an, dass es sich bei dem hier Bestatteten um eine gesellschaftlich höher gestellte Person gehandelt haben könnte, die überdies

---

52 MATHIASSEN 1959.

53 Auch die Gräber und Siedlungen im Kreise Ods, Gemeinde Fårevejle, liegen auf Lehmboden zwischen den Diluvialsandflächen im Westen an der Küste und den postglazialen marinen Ablagerungen im Osten.

54 KRISTIANSEN 1980, 19ff.

55 WILLROTH 1986, 14.

56 ANER/KERSTEN 1976, Nr. 700; Taf. 18. JANTZEN 2008, 168ff.; Nr. 184; Taf. 42.

57 Eine genaue Aussage könnte nur durch einen direkten Abgleich von Beil und Gießform erfolgen, der hier an dieser Stelle jedoch nicht möglich war.

58 JANTZEN 2008, 167ff., Nr. 183–187.

59 METZNER-NEBELSICK 2003, 99. Ein Überblick über die Forschungsgeschichte und verschiedenen Deutungen der Hortsitten findet sich bei WILLROTH 1985, 16ff.

60 HANSEN u. a. 2012, 1f.

61 ANER/KERSTEN 1976, Nr. 643; Taf. 6. JANTZEN 2008, 240ff.; Nr. 363; Taf. 67.

62 JANTZEN 2008, 247f.

Bezug zum Metallhandwerk hatte. Ob der hier Beigesetzte selbst in der Metallverarbeitung tätig war oder der Tüllenhammer als eine Art Symbol, z. B. für den Metallhandel, in dem der Verstorbene tätig war, zu verstehen ist, bleibt offen. Zwar deutet A. Jockenhövel Tüllenhämmer als Grabbeigabe grundsätzlich als Kennzeichnung für den Toten als Toreuten.[63] Nach Jantzen gibt es jedoch für den gesamten Norden nur einen einzigen gesicherten Grabfund aus Puls, Ldkr. Rendsburg-Eckernförde[64] mit einem Tüllenhammer und auch sonst soll es keine Gegenstände aus dem Bereich der Metallverarbeitung in Gräbern geben. Zudem sind aus Dänemark so gut wie keine älterbronzezeitlichen Treibarbeiten bekannt, für die solche Hämmer ebenfalls verwendet werden konnten. Vielmehr verweist Jantzen auf die besser belegte Vergesellschaftung von Tüllenhämmern in Horten und sieht ihre Funktion bei der Herstellung neuer Gegenstände oder auch beim „Metall-Recycling".[65] Mit welcher Intention dem Bestatteten aus Ubby der Tüllenhammer mit ins Grab gegeben wurde, soll an dieser Stelle nicht weiter erörtert werden.[66] Beide Funde, der Tüllenhammer und die Gießform, lassen zwar weder direkte Rückschlüsse auf das absolute Metallvorkommen zu noch sind sie direkt mit einer Produktionsstätte in Verbindung zu bringen, aber sie beleuchten doch sehr wohl die besondere Rolle, die das Metall in der älterbronzezeitlichen Gesellschaft gespielt hat.

Abgesehen von den oben genannten Beispielen in Nordwestseeland lassen sich erst wieder aus der jüngeren Bronzezeit klare Hinweise zur Metallverarbeitung in Siedlungen anführen. Insgesamt gibt es fünf Fundorte im Amt Holbæk mit Objekten, welche einen Bezug zur Metallverarbeitung aufweisen. Es handelt sich um drei Siedlungen, einen großen Hort aus einem Moor und einen Feldfund.[67] Bei den Gegenständen handelt es sich um verschiedene Gießformen, Gusszapfen oder -kerne, Werkzeuge im eigentlichen Sinn sind nicht auszumachen. Zwei der Siedlungen befinden sich in Fårevejle, ebenfalls in der Gemeinde Ods gelegen und ca. 3,5 km von Ordrup entfernt. In der im Jahre 1963 untersuchten Siedlung fand sich eine keramische Gießform für einen Ring zusammen mit Siedlungsabfällen wie Knochen, Flint und Keramik in einer Grube[68]. In der zweiten Siedlung Skamlebæk Radio-

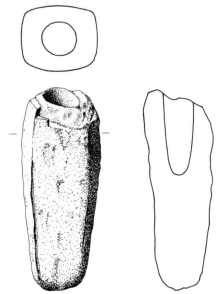

◀ Abb. 9: *Tüllenhammer aus Ubby (nach* Aner/Kersten *1976, Nr. 643, Taf. 6, M. 2:3).*

station wurden in den Jahren von 1976–1978 Untersuchungen durchgeführt, die neben einem eingetieften Ofen mit Windkanal, einen Gusszapfen sowie zwölf Bronzegegenstände hervorbrachten.[69] Des Weiteren konnten in Jyderup Skov, einem nahe des Ortes Vig gelegenen Waldstücks, das nur 8 km Luftlinie von Ordrup entfernt ist, drei bis vier Häuser und mehrere dutzend Gruben freigelegt werden.[70] Doch das eigentlich Beachtenswerte ist das gemeinsame Auftreten von insgesamt 20 Bronzegegenständen, darunter ein Periode V-zeitlicher Halsring und eine Vasenkopfnadel[71], diverse Fragmente keramischer Gießformen unterschiedlichster Art sowie zweier Schmelztiegel, von denen einer wie der Tiegel aus Ordrup ebenfalls der Größenklasse II angehört.[72] Aufgrund der großen Zeitspanne zwischen den beiden Tiegelfunden kann von einer zeitlichen Kontinuität in der Metallverarbeitung in Nordwestseeland keine Rede sein. Vielmehr wird die bereits angesprochene Diskrepanz hinsichtlich der Repräsentativität von Metallverarbeitung im Fundmaterial zwischen der älteren und jüngeren Bronzezeit bekräftigt. Es wird jedoch auch deutlich, dass eine räumliche Nähe zwischen all den Funden besteht, die womöglich auf einer Kontinuität der Handelsverbindungen oder zumindest der Handelsrouten beruhen könnte. Allen Funden gemein sind einerseits ihre Auffindung in Siedlungsgruben sowie andererseits, durch ihren Bezug zum Metallschmelzen und –gießen, der seltene Beleg für die Bronzeproduktion vor Ort.

Zusammenfassung und Ausblick

1989 schrieb H. Thrane zur Siedlungsforschung der Bronzezeit: *„In all diesen Fällen glänzen die Siedlungsfunde durch Abwesenheit, obwohl inzwischen kein*

---

63 Jockenhövel 1982, 464ff.
64 Aner u. a. 1993, 77f., Nr. 9481; Taf. 34–35 (hier irrtümlich dem Kreis Steinburg zugeordnet). Jantzen 2008, 241; Nr. 357; Taf. 66,357.
65 Jantzen 2008, 306.
66 Verschiedene Überlegungen dazu finden sich bei Jantzen 2008, 306f.
67 Jantzen 2008: Siedlungen: 60 Nr. 23; 75 Nr. 73; 224 Nr. 317; Depot: 220 Nr. 290; Einzelfund: 140 Nr. 158; Kartierung aller Funde: Taf. 131.
68 Jantzen 2008, 75 Nr. 73; Taf. 18,73.

69 Jantzen 2008, 224 Nr. 317. Siehe auch Lomborg 1977, 123–130.
70 Thrane 1971, 143ff.
71 Thrane 1971, 159; mit einer Auflistung aller Funde.
72 Jantzen 1996, 60ff.; Nr. 23; 197 Abb. 73.

Mangel mehr an bronzezeitlichen Wohnplätzen besteht."[73] Über zwei Jahrzehnte später haben diese Worte in Bezug auf die Siedlungen der älteren Bronzezeit leider immer noch Gültigkeit. So ist es den Forschern zwar gelungen ein vom Spätneolithikum bis ins Mittelalter reichendes durchgängiges Siedlungsbild bzw. Hausstrukturen zu rekonstruieren und die Entwicklung vom zwei- zum dreischiffigen Langhaus herauszuarbeiten, wie am Beispiel von Hemmed Kirke, Randers Amt deutlich gemacht wurde. Doch auch wenn in einigen Fällen ein reiches Spektrum an Siedlungsfunden des „alltäglichen" Lebens zur Verfügung steht, fehlen in den Siedlungen weitestgehend Funde mit Bezug zur Metallverarbeitung, vor allem für die ältere Bronzezeit. Während Bronzeobjekte in Siedlungen schon als Ausnahmen gelten, in der Regel finden sich Keramik- und Flintabfälle sowie Reste von tierischen Produkten in Gruben, kann man fast von einem gänzlichen Fehlen von Nachweisen für ein standortbezogenes Metallhandwerk sprechen. So gibt es für das Amt Holbæk aus der älteren Bronzezeit nur drei Objekte, die im Kontext der Metallverarbeitung stehen, und nur bei einem davon, dem Gusstiegel aus Ordrup, handelt es sich um einen Siedlungsfund. Wie jedoch beispielhaft gezeigt werden konnte, ist es auch mit den geringen uns zur Verfügung stehenden Quellen und neuen Ansätzen möglich, Rückschlüsse auf eine solche örtliche Produktionsstätte in diesem Gebiet zu ziehen. Mit Hilfe der Metrologie konnte exemplarisch gezeigt werden, dass eine Verknüpfung von Produktionsstandort und den im umliegenden Gebiet gefundenen Bronzen hergestellt werden kann, da es rein rechnerisch möglich war, die meisten der in der Region gefundenen Bronzeobjekte mit Hilfe des Tiegels herzustellen. Für eine nähere Bestimmung der in Ordrup gegossenen Bronzeobjekte ist die Quellenlage leider nicht ausreichend und muss daher vorerst als theoretischer Annäherungsversuch an eine örtliche metallverarbeitende Produktionsstätte angesehen werden, deren Hinweise uns in den Siedlungen bisher weitestgehend fehlen. Wünschenswert wäre in diesem Fall z. B. eine Vergesellschaftung von Gusstiegeln und -formen wie in der Siedlung von Jyderup Skov (Vig), die bisher jedoch nur für die jüngere Bronzezeit belegt sind. Die beiden Funde von Holbæk und Ubby zeugen zwar ebenfalls von einem vorhandenen Metallhandwerk in der Region, stehen aber durch ihre Niederlegungsart in einem anderen Kontext. Es lässt sich festhalten, dass Gussgerätschaften aus z. B. keramischem Material anscheinend als weniger wertvoll erachtet wurden als solche aus Bronze, da sie zusammen mit anderem Abfall in Gruben entsorgt wurden, während Werkzeuge und Gerätschaften aus Bronze als Grabbeigabe dienten oder zu rituellen Zwecken geopfert wurden. Während für die ältere Bronzezeit generell nur sehr wenige Funde mit einem Bezug zum Metallhandwerk vorhanden sind, konnte beispielhaft gezeigt werden, dass sich dieses Bild in der jüngeren Bronzezeit ändert. In Nordwestseeland lassen sich allein für diesen Zeitabschnitt drei Siedlungen anführen, in denen nachweislich Bronzen gegossen wurden. Somit scheint zumindest eine räumliche Kontinuität für das örtliche Metallhandwerk im Amt Holbæk nachzuweisen sein, dessen Grundlage unter anderem beständige Handelswege gewesen sein könnten.

Um die Basis für zukünftige Forschungen im Siedlungsgeschehen der älteren Bronzezeit zu vergrößern, wäre es einerseits wünschenswert, die bereits vorhandenen Untersuchungen der Öffentlichkeit zugänglich zu machen. Zum anderen wären mehr Projekte wie das des Jubilars anzustreben. Es bleibt jedoch auch festzuhalten, dass mit Hilfe von bisher weniger beachteten Forschungsansätzen wie der Metrologie sich neue Untersuchungsmöglichkeiten an bereits vorhandenem Material eröffnen, die vor allem der Bronzezeitforschung neue Impulse geben könnten.

Literatur

ANER/KERSTEN 1976
E. Aner, K. Kersten, Die Funde der älteren Bronzezeit des nordischen Kreises in Dänemark, Schleswig-Holstein und Niedersachsen Bd. 2. Holbæk, Sorø und Præstø Amter. København, Neumünster 1976.

ANER/KERSTEN 1977
E. Aner, K. Kersten, Die Funde der älteren Bronzezeit des nordischen Kreises in Dänemark, Schleswig-Holstein und Niedersachsen Bd. 3. Bornholms, Maribo, Odense und Svendborg Amter. København, Neumünster 1977.

ANER/KERSTEN 1978
E. Aner, K. Kersten, Die Funde der älteren Bronzezeit des nordischen Kreises in Dänemark, Schleswig-Holstein und Niedersachsen Bd. 4. Südschleswig-Ost. Die Kreise Schleswig-Flensburg und Rendsburg-Eckernförde (nördlich des Nord-Ostsee-Kanals). København, Neumünster 1978.

ANER/KERSTEN 1990
E. Aner, K. Kersten, Die Funde der älteren Bronzezeit des nordischen Kreises in Dänemark, Schleswig-Holstein und Niedersachsen Bd. 9. Vejle Amt. Neumünster 1990.

ANER u. a. 1993
E. Aner, K. Kersten, K.-H. Willroth, Die Funde der älteren Bronzezeit des nordischen Kreises in Dänemark, Schleswig-Holstein und Niedersachsen Bd. 18. Kreis Steinburg. Neumünster 1993.

BECH 1997
J.-H. Bech, Bronze Age settlements on raises sea-beds at Bjerrre, Thy, NW-Jutland. In: J. J. Assendorp (Hrsg.), Forschungen zur bronzezeitlichen Besiedlung in Nord- und Mitteleuropa. Internationales Symposium vom 9.–11. Mai 1996 Hitzacker. Internationale Archäologie Bd. 38. Espelkamp 1997, 3–15.

---

73 THRANE 1989, 10.

BECKER 1982

C. J. Becker, Siedlungen der Bronzezeit und der vorrömischen Eisenzeit in Dänemark. Offa 39, 1982, 53–71.

BOAS 1983

N. A. Boas, A settlement from the Early Bronze Age in East Jutland. Journal of Danish Archaeology Vol. 2, 1983, 90–101.

BOAS 1989

N. A. Boas, Bronze Age houses at Hemmed Church, East Jutland. Journal of Danish Archaeology Vol. 8, 1989, 88–107.

BOAS 1993

N. A. Boas, Late Neolithic and Bronze Age settlements at Hemmed Church and Hemmed Plantation, East Jutland. Journal of Danish Archaeology Vol. 10, 1991 (1993), 119–135.

BOAS 1997

N. A. Boas, Settlements and fields covered by sand drift in the Bronze Age, Djursland, East Jutland. In: J. J. Assendorp (Hrsg.), Forschungen zur bronzezeitlichen Besiedlung in Nord- und Mitteleuropa. Internationales Symposium vom 9.–11. Mai 1996 Hitzacker. Internationale Archäologie Bd. 38. Espelkamp 1997, 16–28.

BOKELMANN 1977

K. Bokelmann, Ein bronzezeitlicher Hausgrundriß bei Handewitt, Kreis Schleswig-Flensburg. Offa 34, 1977, 82–89.

BOYSEN/ANDERSEN 1983

A. Boysen, S. W. Andersen, Trappendal. Barrow and house from the Early Bronze Age. Journal of Danish Archaeology Vol. 2, 1983, 118–126.

DĄBROWSKI 1981

J. Dąbrowski, Bemerkungen zum Beruf des Herstellers von Bronzegegenständen in der Lausitzer Kultur. In: H. Kaufmann, K. Simon (Hrsg.), Beiträge zur Ur- und Frühgeschichte I. Arbeits- und Forschungsberichte zur sächsischen Bodendenkmalpflege Beiheft 16, [Festschrift W. Coblenz]. Berlin 1981, 397–402.

ETHELBERG 1987

P. Ethelberg, Bronze Age houses at Højgård, South Jutland. Journal of Danish Archaeology Vol. 5, 1986 (1987), 152–167.

ETHELBERG 1993

P. Ethelberg, Two more house groups with three-aisled long-houses from Early Brinze Age at Højgård, South Jutland. Journal of Danish Archaeology Vol. 10, 1991 (1993), 136–155.

ETHELBERG 1994

P. Ethelberg, Haderslev Amt, Brd. Gram, Nr. 579. Arkæologiske udgravninger i Danmark 1994, 213–214.

FOKKENS 2009

H. Fokkens, Die Wirtschaft der Nordischen Bronzezeit: mehr als Getreide sähen und Vieh züchten (The economy of the Nordic Bronze Age: more than crop sowing and husbandry). In: M. Bartelheim, H. Stäuble (Hrsg.), Die wirtschaftlichen Grundlagen der Bronzezeit Europas (The economic foundations oft the European Bronze Age). Forschungen zur Archäometrie und Altertumswissenschaften Bd. 4. Rahden/ Westf. 2009, 85–104.

HANSEN u. a. 2012

S. Hansen, D. Neumann, T. Vachta (Hrsg.), Hort und Raum. Aktuelle Forschungen zu bronzezeitlichen Deponierungen in Mitteleuropa. Topoi. Berlin Studies of the Ancient World Vol. 10. Berlin 2012, 1–4.

HOLDERMANN/TROMMER 2011

C.-S. Holdermann, F. Trommer, Organisation, Verfahrenstechniken und Arbeitsaufwand im spätbronzezeitlichen Metallhandwerk. In: U. L. Dietz, A. Jockenhövel (Hrsg.), Bronzen im Spannungsfeld zwischen praktischer Nutzung und symbolischer Bedeutung. Beiträge zum internationalen Kolloquium am 9. und 10. Oktober 2008 in Münster. Prähistorische Bronzefunde 10:13. Stuttgart 2011, 117–129.

HORNSTRUP 2001

K. M. Hornstrup, Bronzealderen. Rige gravfund, ritualer og bopladser. In: G. Gormsen, I. Kjær Kristensen, N. Mortensen, J. Simonsen (Hrsg.), Skive kommunens historie fra oldtid til 1880. Skive 2001, 47–58.

JACOB-FRIESEN 1967

G. Jacob-Friesen, Bronzezeitliche Lanzenspitzen Norddeutschlands und Skandinaviens. Veröffentlichungen der urgeschichtlichen Sammlungen des Landesmuseums zu Hannover, Bd. 17. Hildesheim 1967.

JANTZEN 1996

D. Jantzen, Auf den Spuren bronzezeitlicher Gießer. Experimentelle Archäologie in Deutschland. Archäologische Mitteilungen aus Nordwestdeutschland Beiheft 13, 1996, 98–99.

JANTZEN 2008

D. Jantzen, Quellen zur Metallverarbeitung im Nordischen Kreis der Bronzezeit. Prähistorische Bronzefunde 19:2. Stuttgart 2008.

JENSEN 1987

J. Jensen, Bronze Age research in Denmark 1970–1985. Journal of Danish Archaeology Vol. 6, 1987, 155–174.

JENSEN 2002

J. Jensen, Danmarks Oldtid. Bronzealder 2000–500 f. Kr. København 2002.

JOCKENHÖVEL 1982

A. Jockenhövel, Zu den ältesten Tüllenhämmern aus Bronze. Germania 60:2, 1982, 459–467.

JÆGER/LAURSEN 1983

A. Jæger, J. Laursen, Lindebjerg and Røjle Mose. Two Early Bronze Age settlements on Fyn. Journal of Danish Archaeology Vol. 2, 1983, 102–117.

KRISTIANSEN 1980

K. Kristiansen, Besiedlung, Wirtschaftsstrategie und Bodennutzung in der Bronzezeit Dänemarks. Prähistorische Zeitschrift 55, 1980, 1–37.

LOMBORG 1976

E. Lomborg, Vadgård. Ein Dorf mit Häusern und einer Kultstätte aus der älteren nordischen Bronzezeit. In: H. Mitscha-Märheim, H. Friesinger, H. Kerchler (Hrsg.), [Festschrift R. Pittioni]. Archaeologia Austriaca Beiheft 13. Wien 1976, 414–432.

LOMBORG 1977

E. Lomborg, Bronzealderbobladsen på Skamlebæk radiostation. Antikvariske studier 1, 1977, 123-130.

MATHIASSEN 1959

T. Mathiassen, Nordvestsjællands Oldtidsbebyggelse. Nationalmuseets Skrifter Arkæologisk-Historisk Række VII. København 1959.

MATTHES 2005

L. Matthes, Vorläufiges zur älterbronzezeitlichen Keramik in der Zone II am Beispiel von Brunde bei Aabenraa in Sønderjylland. In: H. Eilbracht, V. Brieske, B. Grodde (Hrsg.), Itinera Archaeologica. Vom Neolithikum bis in die frühe Neuzeit. [Festschrift T. Capelle]. Internationale Archäologie, Studia honoria Bd. 22. Rahden/Westf. 2005, 159–169.

METZNER-NEBELSICK 2003

C. Metzner-Nebelsick, Ritual und Herrschaft. Zur Struktur von bronzezeitlichen Metallgefäßdepots zwischen Nord- und Südosteuropa. In: C. Metzner-Nebelsick (Hrsg.), Rituale in der Vorgeschichte, Antike und Gegenwart. Studien zur Vorderasiatischen, Prähistorischen und Klassischen Archäologie, Ägyptologie, Alten Geschichte, Theologie und Religionswissenschaft. Rahden/Westf. 2003, 99–117.

MÜLLER 1919

S. Müller, Bopladsfund fra Bronzealderen. Aarbøger for Nordisk Oldkyndighed og Historie, 1919, 35–105.

NÄSMANN 1987

U. Näsmann, Hus, landsby og bebyggelse. Danmarks længste udgravning. Arkæologi på naturgassens vej 1979–1986. København 1987, 69–86.

NILSSON 1993–94

T. Nilsson, Store Tyrrestrup. En vendsysselsk storgård med bronzedepot fra ældre bronzealder. KUML. Årbog for Jysk Arkæologisk Selskab 1993-94, 147–153.

NILSSON 1997

T. Nilsson, Bronzestøberens hus. Skalk 1997:3, 1997, 11–14.

PEDERSEN 1987

J.-A. Pedersen, A new Early Bronze Age house site under a barrow at Hyllerup, Western Zealand. Journal of Danish Archaeology Vol. 5, 1986 (1987), 168–176.

RANDSBORG 1984

K. Randsborg, A Bronze Age grave on Funen containing a metal worker's tools. Acta Archaeologica 55, 1984, 185–189.

RASMUSSEN/ADAMSEN 1993

M. Rasmussen, C. Adamsen, Settlement. In: S. Hvass, B. Storgaard (Hrsg.), Digging into the past. 25 years of archeology in Denmark. Århus 1993, 136–144.

RØNNE 1989

P. Rønne, Fund af ældre bronzealders keramik og smedeværktøj fra Ordrup i Nordvestsjælland. Keramikfunde und Schmiedewerkzeug der älteren Bronzezeit von Ordrup in Nordwestseeland. Aarbøger for Nordisk Oldkyndighed og Historie 1989, 99–114.

STJERNQUIST 1969

B. Stjernquist (Hrsg.), Beiträge zum Studium von bronzezeitlichen Siedlungen. Acta Archaeologica Ludensia 8. Bonn, Lund 1969.

THRANE 1971

H. Thrane, En broncealderboplads ved Jyderup Skov I Odsherred. Nationalmuseets Arbejdsmark, 1971, 141–164.

THRANE 1989

H. Thrane, Siedlungsarchäologische Untersuchungen in Dänemark mit besonderer Berücksichtigung von Fünen. Prähistorische Zeitschrift 64, 1989, 5–47.

WEINMANN 1994

C. Weinmann, Der Hausbau in Skandinavien vom Neolithikum bis zum Mittelalter. Mit einem Beitrag zur interdisziplinären Sachkulturforschung für das mittelalterliche Island. Berlin, New York 1994.

WILLROTH 1985

K.-H. Willroth, Die Hortfunde der älteren Bronzezeit in Südschweden und auf den dänischen Inseln. Offa-Bücher 55. Neumünster 1985.

WILLROTH 1986

K.-H. Willroth, Landwege auf der cimbrischen Halbinsel aus der Sicht der Archäologie. Siedlungsforschung. Archäologie-Geschichte-Geographie 4, 1986, 9–44.

WILLROTH 1992

K.-H. Willroth, Untersuchungen zur Besiedlungsgeschichte der Landschaften Angeln und Schwansen von der älteren Bronzezeit bis zum frühen Mittelalter. Eine Studie zur Chronologie, Chorologie und Siedlungskunde. In: A. Haffner, M. Müller-Wille (Hrsg.), Siedlungsarchäologische Untersuchungen in Angeln und Schwansen Bd. 1. Offa-Bücher 72. Neumünster 1992.

WILLROTH 1999

K.-H. Willroth, Krieger, Häuptlinge oder „nur" freie Bauern. Zum Wandel in der Bronzezeitforschung. In: W. Budesheim, H. Keiling (Hrsg.), Zur Bronzezeit in Norddeutschland. Beiträge für Wissenschaft und Kultur Bd. 3. Neumünster 1999, 39–66.

Bronzezeitliche Feuergruben in ungewöhnlicher Anordnung

von Dietrich Meier

Vorbemerkungen

Abgesehen von Projekten, die im Seminar für Ur- und Frühgeschichte der Universität Göttingen betrieben werden, betreut Karl-Heinz Willroth zwei weitere langfristig angelegte Forschungsvorhaben. Diese setzen sich mit der Bronzezeit im Norden auseinander und befinden sich beide in der Obhut der Akademie der Wissenschaften und der Literatur Mainz. Eines dieser Projekte befasst sich mit dem Problem der Lokalisierung und Untersuchung bronzezeitlicher Siedlungen in der Südzone der nordeuropäischen Bronzezeitkultur. Im Zuge intensiver großflächiger Prospektionsarbeiten wurden wiederholt gleichartige Befunde entdeckt, die nicht unmittelbar mit bronzezeitlichen Siedlungen in Verbindung stehen, jedoch ganz offenbar häufig oder gar regelhaft im Nahbereich bronzezeitlicher Grabhügel vorkommen. Es handelt sich um schlichte Gruben, die mit Steinen, Asche und Holzkohle gefüllt und für deren Nomenklatur mangels gesicherter Klärung ihrer Funktion zahlreiche Bezeichnungen in die Fachliteratur eingegangen sind. Alle Benennungen beziehen sich auf den Gebrauch von Feuer. Deshalb soll im Folgenden von „Feuergruben" als neutralem Begriff die Rede sein. Von einem Platz mit ungewöhnlicher Anordnung solcher Anlagen handelt dieser Beitrag.

Gezielte Prospektionsarbeiten auf siedlungsverdächtigen Arealen werden vorzugsweise mit mehreren unterschiedlichen Methoden betrieben, um Ergebnisse der einen Methode durch die einer anderen absichern bzw. ergänzen zu können. Eine dieser Methoden besteht in der meist großflächig angelegten Messung des natürlichen Erdmagnetismus.[1] U. a. lassen sich mittels eines Magnetometers Störungen des Magnetfeldes lokalisieren, die von obertätig nicht erkennbaren Eingriffen in den Untergrund herrühren. Flächenhafte geomagnetische Untersuchungen wurden im Rahmen des o. g. Akademievorhabens u. a. in der Gemeinde Hüsby, Ldkr. Schleswig-Flensburg, durchgeführt.

Der Fundplatz

Etwa 5 km westlich der Stadt Schleswig geht die weichseleiszeitliche Grundmoräne in die Sanderebene über, deren morphologisches Merkmal darin besteht, dass sie kaum nennenswerte Höhenunterschiede aufweist. Besonders eindrucksvoll zeigt sich dieser Landschaftswechsel westlich des Ortskernes der Gemeinde Hüsby, wo die von glazialen Moränenkuppen geprägte, hoch aufragende Endmoräne schroff nach Westen abfällt und in die unterschiedslose Sanderlandschaft übergeht. Im Nahbereich des markanten Wechsels dieser beiden während des Spätglazials geformten Landschaften liegt der Endmoräne unmittelbar westlich vorgelagert eine Kette von Grabhügeln der älteren Bronzezeit, die sich auf einer Länge von etwa 12 km, angepasst an den Verlauf der Endmoräne, in Nordsüdrichtung verfolgen lässt. Bei Hüsby befindet sich der mittlere Abschnitt dieser in loser Abfolge aufgereihten Grabhügel, von denen sich mehrere nahe beieinander befinden und kleine Gruppen bilden. Die Hügel sind teils zerstört, teils archäologisch untersucht und teils weitgehend unversehrt erhalten geblieben (Abb. 1). Von den systematisch ausgegrabenen Grabhügeln seien insbesondere solche hervorgehoben, die Baumsargbestattungen enthielten und ein Hügel erwähnt, der einen Nasskern aufwies.[2] Im Nahbereich dieser Grabhügel und in unterschiedlichen Abständen zu diesen bzw. zu der Flucht des Verlaufs der Grabhügelkette kam ein Magnetometer auf mehreren Prospektionsflächen zum Einsatz. Während sich im Verlauf der großflächigen, ca. 27 Hektar umfassenden Prospektionsarbeiten das Aufspüren von Siedlungsresten der Bronzezeit selbst auf der homogenen, nährstoffarmen Geest (Sander) schwierig gestal-

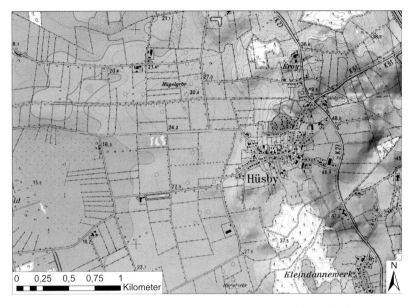

▲ *Abb. 1: Hüsby, Ldkr. Schleswig-Flensburg. Grundmoränen- und Sanderlandschaft mit bronzezeitlichen Grabhügeln. Grafik: E. Halbwidl.*

---

1 Zur Methodik: Zickgraf 1999. Posselt u. a. 2007.

2 Aner/Kersten 1978, 123. Freudenberg 2009.

◀ Abb. 2: Hüsby, Ldkr. Schleswig-Flensburg. Geomagnetische Messungen. Ausschnitt Messplan in Graustufendarstellung. Störkörper im Untergrund treten als Anomalien hervor. Grafik: E. Halbwidl.

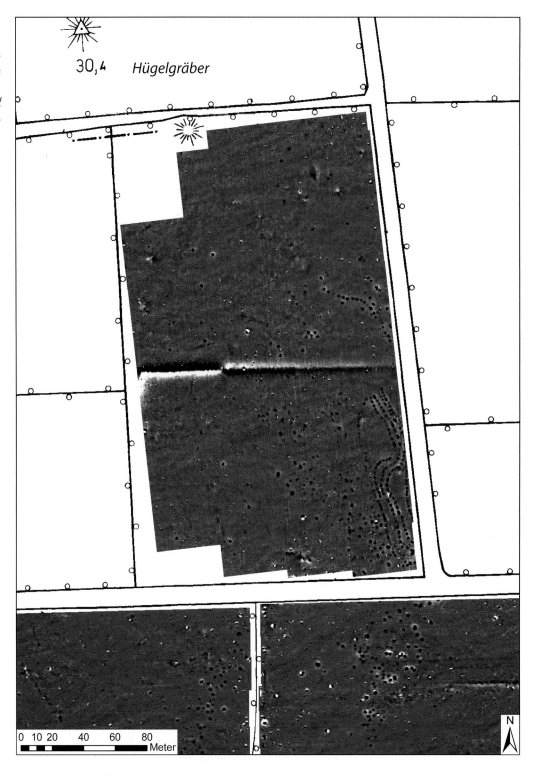

tete, wurde in einem Teilbereich der Messflächen zwischen den Grabhügeln eine größere Zahl von Störungen des Magnetfeldes erfasst, die nahe beieinander lagen. Im Messbild erwiesen sich diese Störungen als ungewöhnlich kräftige, etwa gleich große und gleich intensiv vorkommende Anomalien (Abb. 2). Punktgenaue Bohrungen in einige der auf diese Weise erfassten Befunde erbrachten oberflächennahe Ansammlungen von Asche, Holzkohle und in seine mineralischen Bestandteile zerfallene Steine. Daraufhin wurden mehrere Probeschnitte angelegt. Unmittelbar unter dem Humus zeichneten sich scharf begrenzte Befunde in Form runder oder ovaler, brauner Verfüllungen ab, die Ansammlungen von geschmauchten oder hitzerissigen Steinen, eingebettet in Asche- und holzkohlehaltiger Erde, überdeckten. Es wurde sehr schnell klar, dass es sich um sog. Feuergruben handelt, für die auch andere Benennungen üblich sind.[3] Das Vorkommen dieser Befunde ließ sich in den Probeschnitten über mehrere Hektar Fläche verfolgen, weshalb aus Zeit-

3 HONECK 2009, 1.

und Kostengründen beschlossen wurde, einen Teil der Anlagen in Form einer ausschnitthaften Ausgrabung archäologisch zu untersuchen und die übrigen Befunde mit Hilfe geomagnetischer Messungen zu lokalisieren. Auf der nördlichen der drei Teilflächen, die Feuergruben erwarten ließen, wurde in zwei Schritten eine Fläche mit einer Ausdehnung von etwa 55 m x 52 m geöffnet. Die südliche Hälfte dieser Fläche wurde vollständig untersucht, während der nördliche Teil im Planum aufgenommen, die Befunde eingemessen und stichprobenartig abgebohrt wurden. Ohne dies zuvor sicher erkannt zu haben, handelt es sich bei den Befunden in der ausgegrabenen Teilfläche ganz offenbar um besonders anschauliche Beispiele für regelhaft und in Reihen angelegte Feuergruben (Abb. 3).

Regelhaft, regellos und kreisförmig angeordnete Feuergruben

In sehr homogenem, sandigem Untergrund zeichnet sich in dem mit einem Magnetometer gewonnenen Messbild außer einigen einerseits natürlichen und andererseits von Menschenhand verursachten Anomalien, zu denen auch diverse rezente metallene Fragmente gehören, die sich als Dipole zu erkennen geben, eine große Zahl etwa gleicher, kräftiger Anomalien ab. Überschlägig dürften allein auf dem gemessenen Areal etwa 320 bis 340 Feuergruben vorhanden sein. Es ist davon auszugehen, dass dieses Feuergrubenfeld in drei Himmelsrichtungen vollständig erfasst worden ist, während im Osten weitere Befunde unter einer Teerstraße und wohl auch auf der nach Osten benachbarten Ackerfläche gleiche Befunde zu erwarten gewesen wären (Abb. 2). Kürzlich wurde auch anderenorts so verfahren, dass man lediglich einen Teil der Befunde ausgrub und darüber hinaus mittels geomagnetischer Messungen die übrigen Feuergruben lokalisierte. Auf diese Weise wurde vor allem die Ausdehnung des Platzes mit der Anordnung der Feuergruben konkret festgestellt.[4]

Die meisten Bearbeiter von Plätzen mit Feuergruben gliedern die Anlagen hauptsächlich in zwei Grundtypen. Es wird zwischen solchen mit erkennbarem linear verlaufendem Ordnungssystem mit ein- oder mehrreihigen Anordnungen von Feuergruben und solchen ohne erkennbares Anlageschema unterschieden. Verkürzt spricht man von geregelten und ungeregelten Feuergrubenplätzen.[5] In Hüsby lassen sich entsprechend der Verteilung der Feuergruben in der Fläche mehrere recht markante Besonderheiten hervorheben. Ganz offenbar ist jedoch an diesem Platze nicht nur zwischen regelhafter linearer Anordnung der Gruben und scheinbar regelloser Streuung zu unterscheiden, sondern, als Ergebnis der großflächigen geomagnetischen Messungen, eine weitere hervorstechende Konstellation von Feuergruben zu differenzieren. Im Südosten kommen zahlreiche Feuergruben vor, die zu einem Teil zwar keine Ordnung erkennen lassen, innerhalb derer sich jedoch eine kreisförmig angeordnete Gruppe von 43 m Durchmesser klar ausmachen lässt (Abb. 2). Hinzu kommt eine weitere runde Anordnung von Feuergruben. Im äußersten Nordosten der Messflächen zeigt sich ebenfalls eine kreisförmige Struktur, wobei hier deutlich weniger Anlagen beteiligt sind, die auch keine Ansammlung bilden, sondern in Form eines auffallend regelmäßigen Kreises von 61 m Durchmesser angelegt worden sind (Abb. 4). Im Osten des Kreises fehlen ein bis zwei Feuergruben; sie sind unter der angrenzenden Teerstraße zu vermuten. Kreisförmig angeordnete Feuergruben sind somit erstmals für diese Befundgruppe belegt. Betrachtet man die Ausdehnung und Verteilung der Feuergruben im Gelände insgesamt, so liegen die nördlichsten und südlichsten Anlagen etwa 350 m auseinander. Zwischen den beiden kreisförmigen Konstellationen befinden sich vor allem zwei völlig unterschiedlich strukturierte Ansammlungen von Befunden. Die besonders ins Auge fallende Anordnung stellt ein von aneinander gereihten Feuergruben gebildetes Muster dar (Abb. 2; 4). Im Südosten der nördlichen Messfläche befindet sich der Abschluss dreier Reihen von Feuergruben, die in nordnordwestlicher Richtung zu verfolgen sind und parallel zueinander verlaufen. Etwa 35 m weiter nördlich schwingen die Reihen in gleichmäßiger Krümmung nach Osten, um sich nach wenigen Metern in ebenso gleichförmiger Krümmung der Abfolge der Befunde wieder nach Nordnordwest auszurichten. Diese mäandrierenden Reihen sind in Nordsüd-Richtung auf einer Länge von mindestens 100 m zu verfolgen. Bei dem nördlichen Abschluss der Reihen dürfte es sich nicht um das eigentliche Ende handeln.

▲ *Abb. 3: Hüsby, Ldkr. Schleswig-Flensburg. Reihenförmig angeordnete Feuergruben während der Ausgrabung. Ansicht von Norden. Foto: Verfasser.*

---

4 KRUSE 2013, 72 Abb. 5.
5 Ausführlich: SCHMIDT/FORLER 2003, 22.

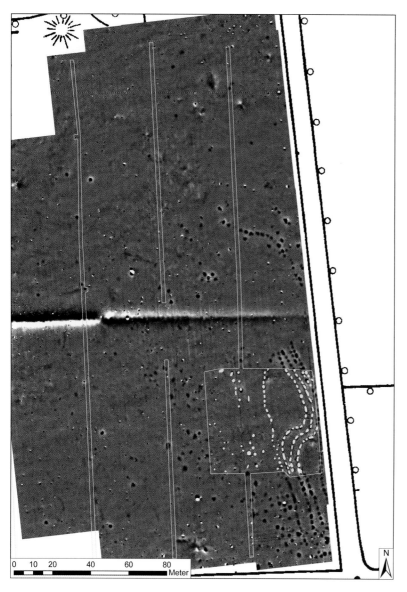

▲ Abb. 4: Hüsby, Ldkr. Schleswig-Flensburg. Geomagnetische Messungen. Ausschnitt Messplan in Graustufendarstellung. Anomalien zeigen regelhaft, regellos und im Nordosten kreisförmig angeordnete Feuergruben an. Gelb: Grabungsfläche und Probeschnitte. Grafik: E. Halbwidl.

In der Mitte der Ackerfläche hat es ehemals einen ostwestlich verlaufenden Knickwall gegeben, der im Zuge der Flurbereinigung der 1960er Jahre entfernt worden ist. Die im Messbild massive lineare Störung des Magnetfeldes in dem Bereich des früheren Verlaufs des Knicks dürfte von einem im Untergrund verbliebenen Erdkabel oder einem Draht herrühren. Bedingt durch diesen Umstand und wahrscheinlich auch durch Eingriffe in den Untergrund beim Entfernen des Knickwalles, zeichnet sich in dem Messplan ein größeres befundfreies Areal nördlich der Enden der in Reihen vorkommenden Feuergruben ab.

Eine weitere Reihe von Feuergruben findet sich am östlichen Rand der nördlichen Messfläche, östlich der Grabungsfläche. Bei dieser Reihe wird es sich um diejenige handeln, die teils östlich, außerhalb des untersuchten Areals verläuft und die am Nordende der drei parallelen Reihen von Osten in die Messfläche hineinragt und dort als vierte hinzukommt. Ebenfalls als einzelne Reihe zeigt sich eine konvex nach Westen gekrümmte Abfolge von Feuergruben weiter westlich, auf Höhe des Nordteiles der parallelen Reihen. Beide Enden dieser Reihe münden an der westlichen der parallelen Reihen, so dass sich eine von diesen beiden Feuergrubenreihen umschlossene Fläche ergibt. Diese Fläche erwies sich als frei von Befunden. Hingewiesen sei außerdem auf eine weitere einzelne Reihe nordöstlich der Störung. Sie verläuft wie die südlich liegenden Reihen mäandrierend, schließt mit ihrem nordwestlichen Ende offen ab und dürfte sich östlich des gemessenen Feldes fortsetzen. Diese Abfolge von Feuergruben hat ganz offenbar keine Anbindung an die parallel angelegten Reihen gehabt.

Im Gegensatz zu den reihenförmig angeordneten Feuergruben finden sich an gleicher Stelle zahlreiche Befunde, die offenbar keinem Ordnungsprinzip folgen und scheinbar wahllos angeordnet beieinander liegen. Sie verteilen sich aber nicht flächenhaft, sondern bilden abseits der Reihen erkennbar lose zusammenhängende Gruppen, Ansammlungen, Pulks. Die meisten dieser kleineren Ansammlungen formen zusammengenommen einen Strang von Feuergruben, der in nordwest-südöstlicher Richtung eine Länge von etwa 120 m erreicht. Er befindet sich westlich der parallelen Reihen und, so zeigt es das Messbild an, nimmt seinen Ausgangspunkt am südlichen Abschluss von diesen. Möglicherweise findet er nach Südosten, außerhalb des Messbildes, eine Fortsetzung. In der Südostecke der nördlichen Messfläche, wo geordnete und ungeordnete Feuergruben beieinander liegen, lassen sich die beiden Gruppen unschwer auseinander halten. Die ungeordneten Gruben verteilen sich westlich und südlich um die reihenförmigen Gruben herum, finden sich aber nicht in den Freiflächen zwischen diesen. Es hat den Anschein, als wären die reihenförmigen Anlagen dort bereits eingebaut gewesen, als die ungeordneten Feuergruben angelegt wurden.

Eine größere Ansammlung von Feuergruben befindet sich außerdem auf der südwestlichen Messfläche, wo die Anomalien in loser, ungeordneter Folge ebenfalls einen Strang von Feuergruben anzeigen, der, betrachtet man diese Befunde zusammengenommen, einen linearen Verlauf in nordnordöstlich-südsüdwestlicher Richtung aufweist. Die oben bereits angesprochene Ansammlung von Feuergruben auf der südöstlichen Messfläche wird als Agglomeration von Befunden in Kreisform angesehen; die übrigen sich dort befindlichen Anlagen innerhalb und außerhalb des Kreises mögen aufgrund fehlender bzw. nicht erkennbarer Ordnung der Gruppe der ungeordneten Feuergruben zugerechnet werden.

Zusammenfassend ist von einer zumindest partiellen Fortführung der Verbreitung der Anlagen nach Osten auszugehen; nach Norden, wo zwei älterbronzezeitliche Grabhügel unmittelbar benachbart liegen, ist dies eher unwahrscheinlich, in die beiden anderen Himmelsrichtungen ausgeschlossen, wie die geomagnetischen Messungen zeigen. Es handelt sich somit um das größtenteils erfasste Quantum einer komplexen Anordnung von Feuergruben, die mehrheitlich nach einem gegliederten Muster, einer Vorgabe, angelegt worden sind.

Ausgrabung

Von der 55 m x 52 m umfassenden geöffneten Fläche wurde etwa die Hälfte vollständig untersucht (Abb. 5). Der Grabungsausschnitt umfasst im Osten den mittleren Bereich der mäanderförmig verlaufenden Reihen und im Westen einen Teil der regellos vorkommenden Feuergruben. Eine einzelne Reihe eingetiefter Befunde markiert und begrenzt die befundfreie Fläche dazwischen. Außer Feuergruben kamen keine anderen Befundgruppen innerhalb der Grabungsfläche vor. Alle aus Steinen aufgebauten Anlagen zeichneten sich unter der humosen Ackerschicht nicht sogleich als solche ab, sondern waren als braunsandige Störungen im hellen Sand des Untergrundes zu erkennen. Nur vereinzelt ragten Steine aus den muldenförmigen oder waagerecht angelegten Steinsetzungen auf dem Niveau der Oberfläche des anstehenden Sandbodens heraus. Geordnet und ungeordnet angelegte Feuergruben unterschieden sich jedoch augenscheinlich bereits vor ihrer eigentlichen Freilegung. In der Aufsicht gaben sich unterschiedlich geformte Gruben zu erkennen, in denen sich die Anlagen befanden. Während sich die Reihen bildenden Befunde als überwiegend länglich-ovale, langschmale und nur in der Ausnahme als runde oder kurze, ovale Verfärbungen zu erkennen gaben, war es bei den scheinbar regellos angelegten Feuergruben umgekehrt. Es dominieren runde und ovale Grubenformen; längliche Eintiefungen kommen hier nur gelegentlich vor. Allerdings zeigen sich in beiden Gruppen erhebliche Größenunterschiede. Dies gilt jedoch nur in geringem Maße für die überwiegend runden und ovalen Gruben, die der Reihe zwischen den beiden Hauptgruppen angehören. Diese waren auffallend gleich groß. Innerhalb der reihenförmigen Anlagen treffen Abweichungen von dieser Regel insbesondere auf einige annähernd runde Gruben zu, die sich im Bereich des Richtungswechsels der Reihen befinden; sie sind also dort platziert worden, wo sich die Ausrichtung der Abfolge der Befunde in die Gegenrichtung kehrt.

Befunde

Die steinernen Anlagen sind in eigens dafür ausgehobene Gruben hinein gebaut worden. In aller Regel handelte es sich um Eintiefungen mit waagerechter Sohle von geringer Tiefe, die selten mehr als einen halben Meter betrug; nur einige muldenförmige Gruben erreichten größere Tiefen. Die Feuergrube Nr. 30 war an ihrem untersten Punkt der Sohle mit bis zu 87 cm unterhalb der Oberfläche des Sandbodens die tiefste der 64 ausgegrabenen Anlagen (Tab. 1). Der weitaus größte Teil der Brennflächen in den Gruben bestand aus sorgfältig dicht an dicht gepackten Steinpflastern, die nur eine Lage bildeten; andere, vor allem kleinere Feuergruben, waren mehrlagig aufgebaut. Aber nur in einem Falle konnte sicher nachgewiesen werden, dass eine Feuergrube eine sekundäre Nutzung erfahren hatte (Abb. 6). Auffallendes Kennzeichen fast aller Feuergruben von Hüsby stellte die erkennbar aufgewendete Sorgfalt dar, mit der die Steine aneinandergefügt waren. Sie bildeten an den Rändern ebenmäßig gestaltete Begrenzungen, die der gewählten bzw. vorgegebenen geometrischen Grundform folgten. Es waren durchaus unterschiedlich große Steine verbaut worden, von denen die meisten etwa faustgroß oder wenig größer waren. Gelegentlich wurden Besonderheiten festgestellt, wie z. B. der exakt waagerechte Einbau von Steinen mit ebenmäßigen Oberflächen oder aufrecht ge-

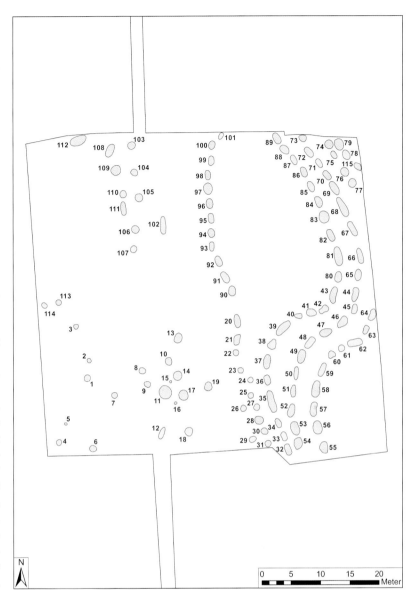

▲ *Abb. 5: Hüsby, Ldkr. Schleswig-Flensburg. Grabungsplan (Übersicht) mit ausgegrabenen (Befunde 1–64) und im Planum aufgenommenen (Befunde 65–115) Feuergruben. Grafik: E. Halbwidl.*

▶ Tab. 1: Hüsby, Ldkr. Schleswig-Flensburg. Feuergruben. 1 Nr. Befund (vgl. Abb. 5), 2 Länge x Breite der Grube, 3 Länge x Breite der steinernen Anlage, 4 größte Tiefe, 5 Mächtigkeit Füllerde über Anlage, 6 Steine hitzerissig, 7 Steine abgerollt bzw. roh belassen, 8 Steine gespalten/zertrümmert, 9 Funde. Maßangaben in Zentimeter.

1	2	3	4	5	6	7	8	9
1	112 x 107	90 x 74	56	38	-	x	x	Flintartefakt
2	68 x 64	64 x 62	36	22	-	x	x	-
3	92 x 76	79 x 76	50	18	-	-	x	-
4	105 x 92	103 x 88	36	16	-	x	x	-
5	51 x 39	50 x 39	24	0	-	x	-	-
6	123 x 108	112 x 102	49	26	x	x	x	-
7	103 x 100	91 x 76	44	32	x	x	-	-
8	115 x 101	97 x 90	71	25	x	-	x	-
9	119 x 100	104 x 97	72/42	22	-	x	x	-
10	128 x 110	105 x 86	60	25	-	-	x	-
11	215 x 215	160 x 108	81	55	-	x	x	-
12	206 x 81	182 x 44	48	35	-	x	x	Keramik
13	163 x 125	127 x 107	62	38	-	x	x	-
14	148 x 143	114 x 92	67	52	-	-	x	Keramik
15	41 x 40	26 x 24	10	10	-	-	x	-
16	50 x 38	41 x 30	10	10	-	-	x	-
17	162 x 158	131 x 128	69	32	x	-	x	Flintartefakt
18	145 x 132	96 x 93	34	0	x	-	x	-
19	140 x 125	113 x 111	60	0	x	x	x	-
20	216 x 106	unvollst.	10	0	x	x	-	-
21	170 x 118	153 x 75	58	35	x	x	x	-
22	104 x 96	93 x 92	32	0	-	x	x	-
23	94 x 90	88 x 87	50	14	-	x	x	-
24	88 x 85	81 x 78	47	0	-	x	x	-
25	97 x 96	92 x 70	64	8	x	-	-	-
26	105 x 100	97 x 80	59	20	x	-	x	-
27	110 x 108	92 x 91	32	3	x	x	x	-
28	148 x 131	119 x 95	70	0	x	-	x	-
29	129 x 94	84 x 84	70	55	-	x	x	-
30	122 x 103	101 x 90	86	20	x	-	x	-
31	105 x 100	104 x 89	63	22	x	-	x	-
32	193 x 102	181 x 86	46	12	x	x	x	-
33	153 x 96	145 x 86	45	0	x	-	x	-
34	159 x 96	150 x 95	32	0	x	-	x	Flintartefakt
35	366 x 116	345 x 106	54	5	-	x	x	-
36	171 x 104	158 x 103	35	0	x	x	x	-
37	233 x 110	212 x 66	54	37	x	x	x	-
38	175 x 131	174 x 95	45	0	-	x	x	-
39	304 x 118	302 x 84	59	0	x	x	x	-
40	133 x 84	127 x 82	40	0	-	x	x	-
41	170 x 114	161 x 66	77	45	-	x	x	-
42	168 x 90	156 x 81	40	14	x	-	x	Flintartefakt
43	273 x 107	unvollst.	65	39	-	-	x	-
44	238 x 100	unvollst.	46	25	-	x	x	-
45	161 x 91	156 x 68	48	27	-	x	x	-
46	213 x 121	169 x 70	55	40	x	-	x	-
47	209 x 128	171 x 58	50	38	x	-	x	-
48	216 x 108	197 x 91	42	8	x	-	x	-
49	228 x 125	186 x 104	45	14	x	-	x	-
50	216 x 74	187 x 70	60	40	-	x	x	-
51	193 x 89	176 x 79	42	0	x	-	x	Keramik
52	222 x 113	199 x 98	46	12	x	-	x	-
53	228 x 136	195 x 98	58	40	x	-	x	-
54	178 x 138	149 x 116	44	23	-	-	x	-
55	199 x 142	192 x 104	47	0	x	-	x	-
56	219 x 152	200 x 107	48	0	x	-	x	-
57	238 x 97	221 x 73	41	0	x	-	x	-
58	271 x 124	257 x 93	51	0	x	-	x	Keramik
59	227 x 94	200 x 79	40	0	x	-	x	Keramik
60	122 x 100	119 x 76	35	0	x	x	x	-
61	109 x 105	89 x 60	38	12	-	-	x	-
62	253 x 115	240 x 108	40	0	x	-	x	-
63	149 x 84	132 x 74	52	0	-	x	x	-
64	204 x 108	158 x 84	33	10	-	x	x	-

setzten Steinen an den Ecken einer rechteckigen Feuergrube (Abb. 7). Einige wenige Gruben kamen vor, in denen keine eigentlichen Brennflächen aus Steinen eingebaut, sondern diese vollständig mit Steinen angefüllt waren. Im Querschnitt zeigte sich dann, dass man hinsichtlich der Regelmäßigkeit der Gruben und der Auswahl der verwendeten Steine auch beim Bau dieser Anlagen Sorgfalt hatte walten lassen (Abb. 8). In den Feuergruben befand sich oberhalb der Steine braun-sandige Füllerde, die nur in Einzelfällen Steine oder Brandspuren aufwies. Der Nachweis des Gebrauchs von Feuer beruht auf regelhaft vorkommenden kräftigen schwarzen Schichten, bestehend aus einer Mischung aus Sand, feiner Holzkohle und Asche. Diese wird allgemein als Branderde bezeichnet, in die die Steinlage bzw. die Steinfüllung eingebettet ist, wobei sich der Großteil der Branderde zwischen und vor allem unter den Steinen findet, was auf natürliche Auswaschungsvorgänge durch Sickerwasser zurückzuführen ist.[6]

Das Erscheinungsbild von Feuergruben unterscheidet sich auch überregional nur in Details, selten in Form markanter Eigenheiten und wurde mehrfach zusammenfassend beschrieben.[7] Eine solche Besonderheit weisen die Befunde von Hüsby auf. Es zeigte sich, dass in den Steinlagen zwei Gruppen von Steinen von unterschiedlicher Beschaffenheit verbaut waren. Zum einen benutze man ebenmäßig runde oder ovale abgerollte Steine, wie sie in der Sanderebene westlich vor der Endmoräne problemlos zusammengetragen werden konnten, zum anderen jedoch kamen in fast allen (60 von 64) untersuchten Feuergruben gespaltene bzw. zerschlagene Steine vor (Tab. 1). Dieser Unterschied bezüglich des verbauten Materials war unübersehbar, lagen doch abgerollte und gespaltene Steine in den meisten Gruben direkt beieinander. Es handelte sich hierbei ausdrücklich nicht um hitzerissige, von Feuer zermürbte Steine mit amorphen Spaltflächen, sondern ganz offensichtlich um intentional zerlegtes Gesteinsmaterial. Eine technische Notwendigkeit, zerschlagenes Material zu verbauen, etwa um den abgerollten Steinen besseren Halt zu geben, bestand nicht.

Funde

Das Fundgut aus den Feuergruben ist sehr überschaubar. Insgesamt wurden lediglich aus neun der 64 untersuchten Befunde Funde geborgen. Dabei handelt es sich in fünf Fällen um einige Keramikscherben, ansonsten um schlichte Flintartefakte (Tab. 1). Die Keramikscherben stammen allesamt aus der Füllerde über den Steinlagen und sind somit nicht originär den Feuergruben zuzurechnen. Es sind dies kleinere Wandscherben; in einem Falle kommt eine Randscherbe vor, die vage der jüngeren Bronzezeit zuzurechnen ist.

Größere Bruchstücke von Holzkohle konnten selten in den Feuergruben angetroffen werden. Das Gros des verbrannten Holzes war fein fraktioniert in der Branderde aufgegangen. Dies mag auf die Oberflächennähe der Brandschichten und die unmittelbar darüber vonstatten gegangene ständige Beackerung der Humusschicht und die damit unweigerlich verbundene Verdichtung des Untergrundes durch schwere Maschinen zurückzuführen sein. Denkbar ist aber auch, dass in den Gruben intensive, vielleicht mehrfache Verbrennung größerer Mengen von Holz bei hohen Temperaturen stattgefunden hat.

Naturwissenschaftliche Untersuchungen

Ein Viertel der ausgegrabenen Feuergruben wurde ausgewählt, um aus der Branderde das verkohlte Material auszuschlämmen. In der großen Menge der feinen Holzkohlepartikel fanden sich in allen Brandschichten genügend große Bruchstücke, um sie einer Holzbestimmung zuzuführen. Der-

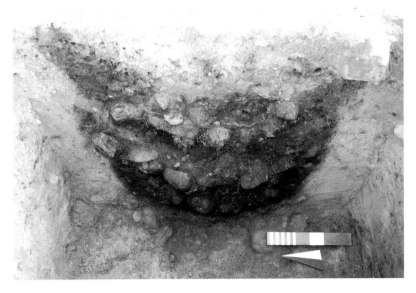

▲ Abb. 6 (oben): Hüsby, Ldkr. Schleswig-Flensburg. Feuergrube 9. Profilansicht mit zweiphasigem Aufbau.
▲ Abb. 7 (unten): Feuergrube 42. Aufsicht auf Steinpflaster mit aufrecht stehenden Ecksteinen. Fotos: Verfasser.

---
6 Lütjens 1999, 26.
7 Siehe Thorn 2005, 68.

▲ Abb. 8: Hüsby, Ldkr. Schleswig-Flensburg. Feuergrube 22. Profilansicht des vollständig mit Steinen gefüllten Befundes. Foto: Verfasser

zeit werden die Proben aus den Feuergruben von Hüsby im Rahmen eines Dissertationsvorhabens unter dem Titel „Prehistoric wooded environment and wood economy of Northern Central Europe, investigated by archaeo- and geoanthracological methods" von Doris Jansen, Ökologiezentrum der Universität Kiel, untersucht. Erste Ergebnisse zeigen, dass hauptsächlich Eiche als Feuerholz verwendet wurde. Am zweit häufigsten wurde Esche verbrannt. Außerdem kamen Hasel, Ulme und Ahorn mit hoher Stetigkeit, sowie, in geringen Mengen, Birke und Linde in den Proben vor. Auch wenn in der Hälfte der bearbeiteten Proben aus einer Grube nur eine Art nachgewiesen werden konnte, zeigte die Bestimmung der übrigen Holzkohlen, dass mehrere Arten in derselben Feuerstelle verbrannt worden sind.[8]

Ganz offenbar spiegelt also das Ensemble der in den Feuergruben verbrannten Holzarten das wohl eher wahllose Verbrennen von dem Holz wieder, das in einem Mischwald zur Verfügung stand. Ungewöhnlich ist vielleicht der dominante Anteil von Eichenholz, das bevorzugt als solides Bauholz und als hochwertiges Brennholz in Häusern Verwendung fand. Unter Umständen sind aber gerade die Reste von Bauhölzern und kleinere Äste in die Feuergruben verbracht worden. Letztlich bleiben Überlegungen über die Tatsache hinaus, dass Eiche das weitaus am meisten in die Feuergruben gelangte Holz darstellt, im Spekulativen stecken. Versuchsweise wurden dieselben Proben auf Inhalte von fossilen Pflanzenresten überprüft. Angesichts der hohen Temperaturen, die auf den Brennflächen geherrscht haben dürften, war es fraglich, hier noch verkohlte, nicht völlig verbrannte Makrofossilien aussortieren zu können. Es zeigte sich dann auch, dass die botanischen Untersuchungen ohne Ergebnis blieben. Lediglich einige Fragmente von Früchten und Samen kamen vor, die aus dem direkten Umfeld der Anlagen stammen dürften und somit nicht mit bislang verborgen gebliebenen Siedlungen der Bronzezeit aus der Umgebung des Feuergrubenplatzes in Verbindung gebracht werden können.[9]

Chronologische Einordnung

Das wenige aus den Feuergruben stammende Fundgut bietet keine Anhaltspunkte für eine Datierung der Anlagen, zumal es sekundär in die Verfüllschichten über den eigentlichen Befunden gelangt ist. Die angenommene Datierung der Feuergruben allgemein in die Bronzezeit ergab sich einerseits aus ihrer geographischen Lage zwischen bronzezeitlichen Grabhügeln, andererseits aus dem überregionalen Vergleich mit ähnlichen Befunden. Um Klarheit zu gewinnen, wurden fünf Holzkohleproben aus den Brandschichten von fünf unterschiedlichen Anlagen ausgewählt, um sie einer absoluten Datierung mittels der Radiokohlenstoffmethode zuzuführen. Die Datierungen wurden von dem Leibniz Labor für Altersbestimmung und Isotopenforschung der Universität Kiel durchgeführt.

Trotz der angegebenen Zeitspannen lassen sich recht eindeutige Ergebnisse aus den Daten ablesen (Abb. 9). Drei der fünf absolut datierten Feuergruben (Befunde Nr. 11, 26, 43) weisen auffallend nahe beieinander liegende Datierungen auf. Sie dürften etwa gleichzeitig angelegt worden sein und gehören der ausgehenden Periode III bzw. der beginnenden Periode IV an. Die beiden übrigen Holzkohleproben (Befunde Nr. 35 und 55) fallen graduell jünger aus. Sie sind der Periode IV zuzuordnen. Ob die beiden Gruppen von Feuergruben (geregelte/ungeregelte Anlagen) gleichzeitig oder nacheinander in Betrieb genommen worden sind, lässt sich wegen der geringen Zahl an absoluten Daten nicht entscheiden, zumal zwei der drei vermeintlich älteren Befunde (Nr. 11; 26) zu der Gruppe der scheinbar ungeordneten Anlagen im Westen der Grabungsfläche gehören, während die etwa gleich alte Grube Nr. 43 und die beiden ein wenig jünger datierten Befunde den in Reihen angeordneten Feuergruben zuzurechnen sind. Somit wird deutlich, dass die Feuergruben in der Flucht zwischen den älterbronzezeitlichen Grabhügeln angelegt worden sind, als in diesen bereits keine Körperbestattungen mehr vorgenommen wurden. Sie stellen daher eine Erscheinung der jüngeren Bronzezeit dar.

Die sehr sorgfältig gebauten Anlagen von Hüsby setzen sich sowohl aus parallelen Reihen als auch aus offenbar ungeordneten Ansammlungen von Feuergruben zusammen und umfassen außerdem an dem vermeintlichen Ende ihrer Erstreckung im Norden einen regelmäßigen Kreis

---

8 Ich bedanke mich für die freundliche mündliche Mitteilung von D. Jansen, Kiel.

9 Die Aussagen basieren auf den Ergebnissen der Makrorestanalysen. Mündliche Mitteilung von A. Alsleben, Schleswig.

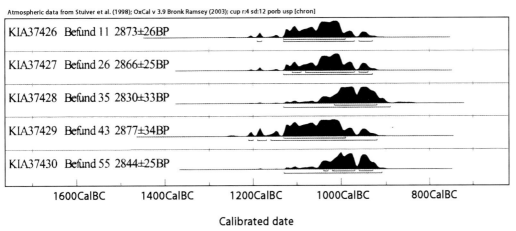

Abb. 9: Hüsby, Ldkr. Schleswig-Flensburg. Feuergruben. Absolute Datierungen von Holzkohleproben.

und im Süden eine kreisförmige Ansammlung. Zumindest die kreisförmige Struktur im Norden stellt eine bislang in dem hier besprochenen Zusammenhang unbekannte Konstellation dar. Sie muss neben den ungeordnet, den einreihig sowie den mehrreihig vorkommenden Feuergruben als eine weitere, seltene oder bislang nicht erkannte Variante hervorgehoben werden. Von einer partiellen Fortführung der gesamten Anlage nach Osten ist auszugehen, nach Norden eher unwahrscheinlich, in die beiden anderen Himmelsrichtungen ausgeschlossen, wie die geomagnetischen Messungen zeigten. Es handelt sich somit um eine nahezu vollständig erfasste komplexe Anordnung von Feuergruben, die offenkundig Vorgaben und bestimmten Mustern folgt. Für Hüsby ist anzunehmen, dass hinter der Entstehung aller hier ausgegrabenen bzw. in Form von Anomalien im Messbild lokalisierten Feuergruben eine ordnende Hand gestanden hat. Zumindest die reihen- und kreisförmigen Teile dürften etwa gleichzeitig bzw. nur kurze Zeit nacheinander gebaut worden sein. Anders wäre kaum zu erklären, dass sich die Zusammengehörigkeit der einzelnen Elemente des durch die Anordnung von Feuergruben geformten Gesamtbildes räumlich ausschließen und geradezu streng voneinander getrennt mit den kreisförmigen Abschlüssen im Norden und Süden positioniert wurden. Dies bedeutet auch, dass sich hinter der Abfolge des Aufbaus der unterschiedlich gestalteten Teilbereiche des Feuergrubenplatzes offenbar keine nennenswerte zeitliche Tiefe verbirgt; in dieser Hinsicht sei nochmals auf die fünf absolut datierten Holzkohleproben verwiesen (Abb. 9).

Im Vergleich: Plätze mit Feuergruben

Das Phänomen der Feuergruben, auch Brandgruben, Brenngruben, Feuerstellen oder Herdstellen genannt, hat in der archäologischen Forschung bis in die 1970er Jahre hinein nur am Rande Beachtung erfahren. Dies hängt mit der Zufälligkeit ihrer Entdeckung zusammen, die sich in aller Regel anlässlich gezielter Untersuchungen anderer Objekte einstellt. Ihre Fundarmut und damit verbundenen die Problematik der Datierung und vor allem die schwierige Deutung ihrer Funktion, trug dazu bei, dass Feuergruben keine umfassende Bearbeitung zuteil wurde, obwohl dieser spezielle Typ von Befunden bereits Anfang des 20. Jahrhunderts in der Fachliteratur durch W. Deecke angesprochen, definiert und vorsichtig interpretiert worden ist.[10] Spätestens seit der Veröffentlichung des Feuergrubenplatzes von Tangendorf, Ldkr. Harburg, ist offenbar, es mit ungewöhnlichen Befunden zu tun zu haben, die weder als unmittelbare Bestandteile von Siedlungen noch von Bestattungen anzusehen sind, aber meist in deren Umgebung vorkommen.[11] Seither sind zahlreiche Beispiele für Feuergruben, insbesondere aus der norddeutschen Tiefebene, in der Fachliteratur präsentiert worden.[12] Erst im Jahre 2009 erschien eine zusammenfassende Arbeit, die sich thematisch der Feuergruben annahm.[13] Die Zusammenstellung zeigt, dass sich die Verbreitung der Feuergruben, was Deutschland betrifft, in eine große norddeutsche sowie eine kleine süddeutsche Gruppe gliedern lässt.[14] Die norddeutsche Gruppe geht mit vergleichbaren Feuergrubenplätzen nach Norden in eine südskandinavische Gruppe über.[15] In Dänemark, Schweden und Norwegen ist vor allem die Bezeichnung Kochgrube (kogegrube/kokgrop/kokegrop) üblich. Ähnlich wie in Norddeutschland wird zwischen unregelmäßigen Ansammlungen und Vorkommen in einer, sowie in Form mehrerer Reihen von Feuergruben unterschieden. Bedingt durch die konsequent betriebene Bodendenkmalpflege in Verbindung mit Bauvorhaben ist die Zahl registrierter Plätze mit Feuergruben in den letzten beiden Jahrzehnten in Dänemark besonders stark angestiegen.[16] Ansammlungen und

---

10 Deecke 1906.
11 Wegewitz 1943.
12 Übersicht: Horst 1985, 118. Heidelk-Schacht 1989. Lütjens 1999, 29. Zuletzt ausführlich: Schmidt/Forler 2003.
13 Honeck 2009.
14 Honeck 2009, 15 Taf. 1.
15 Siehe Martens 2005, 39 Fig. 1.
16 Henriksen 1999; 2005, 87. Kristensen 2008, 10; 17 Fig. 1. Zuletzt Kruse 2013, 69.

Reihen von Feuergruben finden sich in Schweden vor allem in der südwestlichen Küstenregion.[17] Offenbar spiegelt sich in den Datierungen der Feuergruben Skandinaviens ein zeitliches Gefälle wider. Während man in Dänemark und in Südschweden vor allem jüngerbronzezeitliche und z. T. Feuergruben der vorrömischen Eisenzeit kennt, datieren die vergleichbaren Anlagen Norwegens vornehmlich in die vorrömische Eisenzeit und in die römische Kaiserzeit; einige sind sogar deutlich jünger.[18]

Das markante Merkmal der parallelen Reihen der Feuergruben von Hüsby, die bei annähernd gleichen Abständen zueinander mäandrierende Formationen bilden, ist auch anderenorts beobachtet worden. Allerdings kommen drei- und vierreihige Anlagen selten vor. Zu nennen sind vor allem die vier parallelen, in leicht geschlängelter Form dokumentierten Feuergrubenreihen von Jacobshagen, nordöstlich von Templin in Brandenburg.[19] Anders als in Hüsby lagen die Feuergrubenreihen in Jacobshagen an einem Hang einer Anhöhe, die in eine feuchte Niederung übergeht. Ähnlichkeiten weist auch die drei- bis vierreihige Feuergrubenanlage von Brokbakken III in Mitteljütland auf.[20] Während hier die Reihen nur an dem nördlichen Ende parallel zueinander verlaufen, findet sich ein Detail wieder, das auch in Hüsby beobachtet wurde: Die parallelen Reihen münden in einer größeren Gruppe ungeordneter Feuergruben. An einigen wenigen Fundstellen wurden mehr als drei oder vier Reihen entdeckt. Das kleine, kompakte Feuergrubenfeld von Jarmen, Ldkr. Demmin, besteht aus 54 Einzelbefunden, die sich auf acht nur bis zu 14 m lange Reihen verteilen.[21] Gelegentlich finden sich in scheinbar ungeregelten Feuergrubenfeldern Bereiche, innerhalb derer parallele Reihen auszumachen sind, wie das Beispiel Käglinge bei Malmö zeigt.[22] Bei der bislang größten bekannt gewordenen Formation von geordneten Feuergruben handelt es sich um die viel zitierte, leider nur ausschnitthaft dokumentierte Anlage mit 16 parallel verlaufenden Reihen von Rønninge Søgård auf Fünen. Hier wird von ehemals bis zu 1600 Feuergruben ausgegangen. Der Bearbeiter bringt den gleich alten qualitätvollen Depotfund von Mariesminde, bestehend aus 11 Goldschalen, der in 4 km Entfernung entdeckt worden ist, mit dem Feuergrubenplatz in Verbindung.[23] Angesichts der außerordentlichen Größe dieses Feuergrubenplatzes und der damit verbundenen überregionalen Bedeutung, erscheint es berechtigt, hier von einem zentralen Kultplatz in Mittelfünen auszugehen. Wiederholt wird darauf hingewiesen, dass, ganz im Gegensatz zu der topographischen Situation von Hüsby, mehrreihige Feuergrubenanlagen vor allem auf markantem Gelände, an Auen, Seen und Mooren oder an der offenen See zu finden sind. Oftmals wurden Geländevorsprünge für den Bau von Feuergrubenanlagen genutzt.[24]

Deutung

Über die Funktion von Feuergrubenanlagen ist viel geschrieben und auch spekuliert worden. Dezidierte Interpretationen, speziell solche, die sich auf geregelte Anlagen beziehen, wurden wiederholt modifiziert und müssen nicht ein weiteres Mal wiedergegeben werden.[25] Es sei daher an dieser Stelle nur knapp auf einige wegweisende Deutungen verwiesen. Generell hat sich die frühe Auslegung der Feuergruben als rein profan genutzte technische Anlagen in oder bei Siedlungen nicht durchgesetzt. Zwar zeigen gerade die jüngeren Beiträge bezüglich der Deutung wegen des in zunehmendem Maße belegbaren räumlichen Bezuges zu Siedlungs- und Bestattungsplätzen oder, seltener, auch zu Depotfunden, dass es sich um eigenständige, Siedlungen und Gräbern zugehörige Anlagen handelt, denen vor allem kultische und/oder gesellschaftliche Bedeutung zukam. Die einzelne Feuergrube dürfte dabei eine ganz praktische Funktion erfüllt haben, wie Schmidt/Forler[26] verdeutlichten.

Die Bearbeitung von Feuergrubenplätzen in Nordostdeutschland führt Heidelk-Schacht[27] zu einer dezidierten Interpretation als kultisch genutzte Anlagen. Insbesondere Feuerstellen, die auf „ausgesprochenen Kultstätten" der ausgehenden Bronzezeit und frühen Eisenzeit freigelegt wurden, und solche, die als Zeugnisse kultischer Handlungen in Mooren angesehen werden, führen Heidelk-Schacht aufgrund von Affinitäten zu Kultstätten dazu, die Deutung von Feuergruben, ob nun regellos oder in Reihen angelegt, ebenfalls im kultischen Bereich zu suchen und sie als Feuerkultplätze größerer Siedlungsgemeinschaften zu interpretieren.[28] Sie schließt damit direkt an Überlegungen an, die F. Horst[29] im Rahmen seiner Interpretation der 310 m langen Feuergrubenreihe von Zedau in der Altmark anstellte. Die Anlage wird als jungbronzezeitlicher Kultplatz und als Bestandteil einer Siedlungskammer interpretiert.[30]

---

17 Fendin 2005, 374.
18 Narmo 1996, 82. Gustafson 2005, 103; 105.
19 Schoknecht 1984, 457. Heidelk-Schacht 1989, 228.
20 Kristensen 2008, 27.
21 Schmidt/Forler 2003, 9 Abb. 2.
22 Thörn 2005, 69 Fig. 2.
23 Thrane 1974, 103; 111 Fig. 1; 1989, 26 Fig. 1; s. Henriksen 2005, 83.

24 Kristensen 2008, 38. Kruse 2013, 69.
25 Zusammenfassend: Honeck 2009, 21. Thörn 2007, 187. Martens 2005, 43. Schmidt/Forler 2003, 22. Heidelk-Schacht 1989, 229.
26 Schmidt/Forler 2003, 37.
27 Heidelk-Schacht 1989, 229.
28 Heidelk-Schacht 1989, 230. Dazu kritisch: Honeck 2009, 26.
29 Horst 1985, 118; 124 Abb. 69.
30 Horst 1985, 6 Abb. 2.

Bezogen auf das nördliche Mitteljütland stellt Kristensen[31] regelhafte Abstände mehrreihiger Feuergrubenanlagen zueinander fest. Es lassen sich topographische Besonderheiten für solche Plätze auf Geländevorsprüngen, an Auen, Seen und Mooren beobachten. Sie geht davon aus, es mit überregionalen Versammlungsplätzen größerer Bevölkerungsgruppen zu tun zu haben, an denen kultische Handlungen vorgenommen wurden und die der Zubereitung von Fleisch dienten. Einige dieser Plätze werden als sukzessiv ausgebaut beschrieben.[32]

Für eine Kleinregion in Nordschleswig zeigte P. Kruse[33] kürzlich auf, dass sich innerhalb weniger Kilometer Abstand voneinander acht sicher nachgewiesene Siedlungen um einen Feuergrubenplatz (Egelund III) herum gruppiert haben. Der Gedanke, die Funktion der Anlage mit einem Versammlungsplatz in Verbindung zu bringen, ist speziell anhand dieses Beispieles wohl kaum von der Hand zu weisen.

Deutung und Interpretation von Feuergrubenplätzen sind keineswegs abgeschlossen. Einige ermutigende Hinweise erweisen sich als recht plausibel und tragen zur Klärung von Intention und Hintergrund des Baus von Ansammlungen, Reihen oder auch Kreisen von Feuergruben bei. In vielen Fällen von isoliert und ausschnitthaft untersuchten Anlagen ist vorerst bestenfalls schemenhaft erkennbar, dass Feuergrubenplätze keine Einzelphänomene darstellen, sondern als Bestandteile von Siedlungen und Bestattungsplätzen mit regionalem Bezug und in Verbindung zu natürlichen Gegebenheiten gesehen werden müssen. Das hier vorgestellte Beispiel von Hüsby zeigt jedoch eindrucksvoll auf, wie unterschiedlich Ausgangspositionen sein können. Der räumliche Bezug zu älterbronzezeitlichen Grabhügeln ist nicht zu übersehen. Allerdings bieten die in besonderem Maße gleichförmigen landschaftlichen Gegebenheiten keinen Ansatzpunkt, hier von einer exponierten topographischen Situation in Wassernähe ausgehen zu können, wie sie für andere Feuergrubenplätze als markante Merkmale vielfach hervorgehoben worden sind; gleichwohl zeigt der Platz eine ungewöhnliche Zusammenstellung und Variation unterschiedlicher Anordnungen der Feuergruben, komponiert zu einem Gesamtbild, wie es von Feuergrubenplätzen anderenorts bisher nicht bekannt ist. Zukünftige Untersuchungen sollten nur auf partielle Ausgrabung der Feuergrubenplätze abzielen. Im Sinne einer weiteren Annäherung an eine gesicherte Deutung der Funktion der Anlagen gilt es vielmehr, den Fokus auf die vollständige Erfassung weiterer Plätze mit variantenreicher Vielfalt zu richten.

---

31 Kristensen 2008, 38.
32 Kristensen 2008, 40.
33 Kruse 2013, 75 Abb. 7.

Literatur

Aner/Kersten 1978
E. Aner, K. Kersten, Südschleswig-Ost. Die Kreise Schleswig-Flensburg und Rendsburg-Eckernförde (nördlich des Nord-Ostsee-Kanals). Die Funde der älteren Bronzezeit des nordischen Kreises in Dänemark, Schleswig-Holstein und Niedersachsen 4. København, Neumünster 1978.

Deecke 1906
W. Deecke, Notizen über Brandgruben in Neuvorpommern. Monatsblätter der Gesellschaft für Pommersche Geschichte und Altertumskunde 20, 1906, 161–164.

Fendin 2005
T. Fendin, De rituella fälten på Glumslövs backar. In: P. Lagerås, B. Strömberg (Hrsg.), Bronsåldersbygd 2300–500 f. Kr. Skånska spår – arkeologi längs Västkustbanan. Riksantikvarieämbetet. Stockholm 2005, 367–419.

Freudenberg 2009
M. Freudenberg, Grab und Kultanlage der älteren Bronzezeit von Hüsby, Kr. Schleswig-Flensburg, und erste Überlegungen zu überregionalen Beziehungen. Arkæologi i Slesvig/Archäologie in Schleswig 12, 2008, 53–68.

Gustafson 2005
L. Gustafson, Om kokegroper i Norge. In: L. Gustafson, T. Heibreen, J. Martens (Hrsg.), De gåtefulle kokegroper. Kokegropseminariet 31. november 2001. Kulturhistorisk museum Fornminneseksjonen. Varia 58. Oslo 2005, 103–134.

Heidelk-Schacht 1989
S. Heidelk-Schacht, Jungbronzezeitliche und früheisenzeitliche Kultfeuerplätze im Norden der DDR. In: F. Schlette, D. Kaufmann (Hrsg.), Religion und Kult in ur- und frühgeschichtlicher Zeit. XIII. Tagung der Fachgruppe Ur- und Frühgeschichte vom 4. bis 6. November 1985 in Halle (Saale). Berlin 1989, 225–240.

Henriksen 1999
M. B. Henriksen, Bål i lange baner – om brugen af kogegruber i yngre bronzealder og ældre jernalder. Fynske Minder 1999, 93–128.

Henriksen 2005
M. B. Henriksen, Danske kogegruber og kogegrubefelter fra yngre bronzealder og ældre jernalder. In: L. Gustafson, T. Heibreen, J. Martens (Hrsg.), De gåtefulle kokegroper. Kokegropseminariet 31. November 2001. Kulturhistorisk museum Fornminneseksjonen. Varia 58. Oslo 2005, 77–102.

Honeck 2009
M. Honeck, Nichts als heiße Steine? Zur Deutung der Brenngruben der späten Bronzezeit und frühen Eisenzeit in Deutschland. Universitätsforschungen zur prähistorischen Archäologie 166. Bonn 2009.

Horst 1985
F. Horst, Zedau. Eine jungbronze- und eisenzeitliche Siedlung in der Altmark. Schriften zur Ur- und Frühgeschichte der Akademie der Wissenschaften der DDR 36. Berlin 1985.

Kristensen 2008
I. K. Kristensen, Kogegruber – i klynger eller på rad og række. Kuml 2008, 9–57.

Kruse 2013
P. Kruse, Egelund III – ein bronzezeitlicher Versammlungsplatz? In: K.-H. Willroth (Hrsg.), Siedlungen der

älteren Bronzezeit. Beiträge zur Siedlungsarchäologie und Paläoökologie des zweiten vorchristlichen Jahrtausends in Südskandinavien, Norddeutschland und den Niederlanden. Workshop vom 7. bis 9. April 2011 in Sankelmark. Studien zur nordeuropäischen Bronzezeit 1. Neumünster 2013, 67–80.

Lütjens 1999

I. Lütjens, Langgestreckte Steingruben auf einem jungbronzezeitlichen Siedlungsplatz bei Jürgenshagen, Kreis Güstrow. Offa 56, 1999, 21–44.

Martens 2005

J. Martens, Kogegruber i syd og nord – samme sag? Består kogegrubefelter bare af kogegruber? In: L. Gustafson, T. Heibreen, J. Martens (Hrsg.), De gåtefulle kokegroper. Kokegropseminariet 31. november 2001. Kulturhistorisk museum Fornminneseksjonen. Varia 58. Oslo 2005, 37–56.

Narmo 1996

L. E. Narmo, «Kokekameratene på Leikvin» Kult og kokegroper. Viking 59, 1996, 79–100.

Posselt u. a. 2007

M. Posselt, B. Zickgraf, C. Dobiat (Hrsg.), Geophysik und Ausgrabung. Einsatz und Auswertung zerstörungsfreier Prospektion in der Archäologie. Internationale Archäologie. Naturwissenschaft und Technologie 6. Rahden/Westf. 2007.

Schmidt/Forler 2003

J.-P. Schmidt, D. Forler, Ergebnisse der archäologischen Untersuchungen in Jarmen, Ldkr. Demmin. Die Problematik der Feuerstellenplätze in Norddeutschland und im südlichen Skandinavien. Bodendenkmalpflege in Mecklenburg-Vorpommern, Jahrbuch 51, 2003, 7–79.

Schoknecht 1984

U. Schoknecht, Kurze Fundberichte 1983. Bezirk Neubrandenburg. Bodendenkmalpflege in Mecklenburg, Jahrbuch 1984, 429–500.

Thörn 2005

R. Thörn, Kokgropsrelationer. In: L. Gustafson, T. Heibreen, J. Martens (Hrsg.), De gåtefulle kokegroper. Kokegropseminariet 31. november 2001. Kulturhistorisk museum Fornminneseksjonen. Varia 58. Oslo 2005, 67–76.

Thörn 2007

R. Thörn, Det ideologiska landskapet. Öresundsförbindelsen och arkeologin. Malmöfynd 12. Malmö 2007.

Thrane 1974

H. Thrane, Hundredvis af energikilder fra yngre bronzealder. Fynske Minder 1974, 96–114.

Thrane 1989

H. Thrane, De 11 guldskåle fra Mariesminde – vidnesbyrd om en broncealder-helligdom? Fynske Minder 1989, 13–30.

Wegewitz 1943

W. Wegewitz, Herdgruben in der Feldmark Tangendorf, Kr. Harburg. Die Kunde 11, 1943, 127–143.

Zickgraf 1999

B. Zickgraf, Geomagnetische und geoelektrische Prospektion in der Archäologie. Systematik – Geschichte – Anwendung. Internationale Archäologie. Naturwissenschaft und Technologie 2. Rahden/Westf. 1999.

Die älter- und mittelbronzezeitlichen Metallfunde im Gebiet des ehemaligen Ostpreußens

von Kirsti Stöckmann

Einleitung und Quellenbestand

Die bewegte Geschichte der sogenannten Prussia-Sammlung aus dem ehemaligen Prussia-Museum von Königsberg in Ostpreußen (*heute: Kaliningrad, Russische Föderation*) wurde in den vergangenen Jahren intensiv behandelt.[1] Die nahezu 500.000 archäologischen Funde, vorwiegend aus dem Gebiet des ehemaligen Ostpreußens, gelten seit dem Zweiten Weltkrieg größtenteils als verschollen und sind nur in geringen Teilen erhalten, wie etwa in Museen in Kaliningrad oder im polnischen Olsztyn. Dank umfangreicher, bereits vor dem Verschwinden publizierter Forschungen liegen jedoch große Teile des Materials zeich-nerisch, fotografisch oder zumindest anhand einer Umschreibung vor.[2] Im Jahr 2005 wurde im Archiv des Seminars für Ur- und Frühgeschichte der Georg-August-Universität Göttingen zudem ein bedeutender Fund gemacht: Teile des Nachlasses von Carl Engel (1895–1947), der von 1929 bis 1934 als wissenschaftlicher Assistent am Prussia-Museum tätig war.[3] Auf 1.679 Karteikarten konnten bei der Aufarbeitung 1.589 Fotografien von archäologischen Funden und Ausgrabungen sowie Geländeaufnahmen ausgemacht werden, wobei die bronzezeitlichen Metallobjekte mit 380 mitunter mehrfach abgebildeten Objekten einen deutlichen Schwerpunkt bilden.[4] Diese wieder gewonnene Quelle war der Anlass für eine Neuvorlage des Materials mit einer typologischen und chronologischen Besprechung sämtlicher bronzezeitlicher Metallfunde aus dem Gebiet des ehemaligen Ostpreußens[5], in der 1.418 Bronzeobjekte anhand von Literatur- und Archivrecherche ermittelt werden konnten.[6] Aufgrund dieser veränderten Materialbasis bietet sich eine Neubesprechung der Typologie an, die ich im Folgenden für die Perioden II und III der älteren und mittleren Bronzezeit skizzieren möchte.[7]

Anhand der vollständigen Zusammenstellung der bisher bekannten Metallfunde der Bronzezeit lassen sich im Untersuchungsgebiet 244 Bronzeobjekte aus den Perioden II und III verzeichnen, die verschiedensten Typen an Waffen und Werkzeugen sowie Schmuck- und Trachtbestandteilen zugeordnet werden können.[8] Die meisten der Stücke stammen aus Gräbern (96 Exemplare ≙ 39%), wohingegen von zahlreichen weiteren keine Fundumstände überliefert sind (79 Exemplare ≙ 33%). Etwa gleichviele Stücke stammen aus Deponierungen (37 Exemplare ≙ 15%) oder sind als Einzelfunde (also mit Angaben zur Auffindung) genannt (32 Exemplare ≙ 13%). Sicherlich dürften von diesen Einzelfunden oder auch den Stücken mit unbekanntem Fundkontext nicht wenige intentional niedergelegt worden und somit als Einzeldepot anzusprechen sein, jedoch

---

1 Siehe zum Beispiel Ovsjanov 1996. Reich 2003. Ibsen/Skvorzov 2004. Adlung u. a. 2005. Stöckmann im Druck.

2 Die wichtigsten Quellen zu den bronzezeitlichen Metallfunden: Bezzenberger 1904. Kemke 1906. Hollack 1908. Gaerte 1929. Engel 1935. Šturms 1936.

3 Zum Leben und Wirken Carl Engels siehe Beran 1997. Zur Auffindung des Nachlasses siehe Heske 2008; 2012.

4 Die Aufarbeitung des Nachlasses mit dem Schwerpunkt der bronzezeitlichen Metallfunde war Inhalt meiner Magisterarbeit bei Karl-Heinz Willroth, siehe Stöckmann im Druck.

5 Das hier berücksichtigte Gebiet umfasst die 1878 festgelegten Grenzen der Provinz Ostpreußen, was heute der gesamten Oblast Kaliningrad (Калининградская область, Russische Föderation), der Wojewodschaft Ermland-Masuren (Województwo warmińsko-mazurskie, Polen) sowie Teilen mehrerer litauischer Savivaldybės (Jurbarko rajono savivaldybė, Klaipėdos miesto savivaldybė, Klaipėdos rajono savivaldybė, Neringos savivaldybė, Pagėgių savivaldybė, Palangos miesto savivaldybė, Šilutės rajono savivaldybė, Tauragės rajono savivaldybė) entspricht. Da nach dem Ende des Zweiten Weltkriegs viele ehemals deutsche Ortschaften nicht weiter besiedelt wurden, demnach also heute aufgelassen und oft nur schwer im Gelände auszumachen sind, hat es sich als weniger ratsam erwiesen, die modernen Bezeichnungen zu wählen, die sich oft nur auf einen in der Nähe gelegenen Ort beziehen. Auch in der einschlägigen Literatur aus der Zeit nach 1945 werden aus diesem Grund die alten deutschen Ortsnamen weiterverwendet, weshalb ich ebenfalls die aus deutscher Zeit stammenden Ortsbezeichnungen verwende. Eine Konkordanzliste findet sich in Stöckmann im Druck.

6 Stöckmann im Druck. Folgende Archive habe ich untersucht: Prussia-Archiv im Museum für Vor- und Frühgeschichte – Stiftung Preußischer Kulturbesitz Berlin; Nachlass von Carl Engel in der Dokumentensammlung des Herder-Instituts Marburg; Nachlass von Rudolf Grenz im Archäologischen Landesmuseum Schleswig. Für die Hilfe und Unterstützung vor Ort danke ich Dr. H. Junker und Dr. H. Wieder (Berlin), D. Goeze M.A. und Dr. P. Wörster (Marburg) sowie Dr. V. Hilberg und Dr. T. Ibsen (Schleswig). Generell sei angemerkt, dass mit einer Abbildung mitunter nur eingeschränkt gearbeitet werden kann. Die Größe, Form und Verzierung der Funde kann in Hinsicht auf Fragen zur Datierung, Funktion oder Provenienz untersucht werden. Jedoch können Aspekte wie Gebrauchsspuren und Abnutzung, Reparaturen oder Veränderungen nicht näher beleuchtet werden; bei Zeichnungen müssen eventuelle Ungenauigkeiten oder sonstige Abweichungen zum Originalfund berücksichtigt werden, sofern keine Fotografie zum Vergleichen vorliegt.

7 Metallfunde der Periode I sind so selten im Untersuchungsgebiet, dass ich sie an dieser Stelle ausklammern möchte.

8 Da sich aufgrund der Überlieferungssituation nicht sagen lässt, ob bestimmte Objekte ausschließlich als Waffe oder als Werkzeug genutzt worden waren, sind die beiden Kategorien zusammengefasst. Vgl. etwa Dąbrowski/Hensel (2005, 16) und Mödlinger (2010, 116–118) zu Randleistenbeilen. Gleiches gilt für die Objekte mit einer Ansprache als Schmuckstück und Trachtbestandteil, da sich mögliche Intentionen hinsichtlich einer kulturellen oder sozialen Aussage heute nicht mehr greifen lassen.

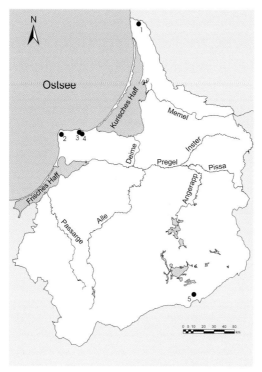

Abb. 1: Das Untersuchungsgebiet mit den Hügelgräbern der Periode III, in denen Bronzeobjekte enthalten waren. 1: Schlaszen, Kr. Memel, 2: Marscheiten, Kr. Fischhausen, 3: Rantau, Kr. Fischhausen, 4: Alknicken, Kr. Fischhausen, 5: Poseggen, Kr. Johannisburg.

lässt sich dies aufgrund fehlender Ausgrabungs- oder Auffindungsberichte nur in Ausnahmefällen untersuchen;[9] ferner sind die Ansprachen in der Literatur als „Einzelfund" beziehungsweise mit „unbekannten Fundumständen" nicht klar voneinander abgegrenzt.

Da Siedlungen aus den Perioden II und III nicht bekannt sind und die spärlich überlieferte Keramik nicht viele Anhaltspunkte liefert, sind derzeit allein die Bestattungssitten sowie die Metallfunde aussagekräftige Quellen. Es lässt sich nämlich mit acht Grabhügeln, in denen Metallbeigaben der Periode III gefunden worden waren und die nach Engels Grabhügel-Typologie dem Typ I entsprechen, ein besonderer Bestattungsritus fassen.[10] Die Hügel wurden an vier Fundorten ausgemacht: jeweils einer in Alknicken (*bei Pribreschnoe*) und Marscheiten[11] (*Marjinskoe*) sowie jeweils drei in Rantau (*Zaostrowie, alle Kaliningradskaja obl., Russische Föderation*) und Schlaszen (*Kretinga, Ortsteil Kretingalė, Kretingos rajono savivaldybė, Litauen*). Nur wenige Größenangaben sind überliefert, in Rantau war Hügel I mit einem erhaltenen Durchmesser von 9 m und einer Höhe von 2,3 m dokumentiert worden, während Hügel II 19 m im Durchmesser und 2,0 m in der Höhe maß.[12] Mitunter konnten im Innern ein bis zwei Steinkränze sowie eine zentrale Steinpackung ausgemacht werden, in der sich Körperbestattungen (eventuell in Baumsärgen) fanden. Die Hügel wurden meist für Nachbestattungen genutzt, sowohl bereits während der Periode III als auch der jüngeren Bronzezeit. Teilweise erfolgte eine wiederholte Nutzung in den folgenden Epochen. Von den ursprünglich 87 Bronzefunden aller vier Fundorte sind heute nur noch acht Objekte im Museum für Geschichte und Kunst Kaliningrad sowie in der Bernsteinsammlung des Geowissenschaftlichen Zentrums der Georg-August-Universität Göttingen erhalten.[13] Jedoch sind sie vor ihrem Verschwinden teilweise publiziert worden und zudem fast vollständig auf Fotografien im Göttinger Carl-Engel-Nachlass festgehalten.

Die Kartierung der Fundorte zeigt die Besonderheit des Küstengebietes (Abb. 1): Während Marscheiten ganz im Nordwesten und Rantau sowie Alknicken im Norden der Halbinsel Samland liegen, befindet sich Schlaszen im heutigen Westlitauen nördlich der Kurischen Nehrung.[14] Die Besonderheit des Samlands verdeutlichen zudem die absoluten Zahlen aller Metallfunde der Perioden II und III: Von den 244 Funden ist mit 120 Stücken fast die Hälfte auf der Halbinsel gefunden worden. 37 stammen aus der westlitauischen Küstenregion sowie je 21 aus dem Ermland und aus Masuren. 31 Objekte sind im sonstigen Gebiet gefunden worden, die übrigen 14 ohne Fundort überliefert.

Die Metallformen: Waffen und Geräte

Aus den Hügelgräbern von Rantau und Marscheiten stammen zwei Schwerter. Das Exemplar aus Marscheiten ist Cowens Nenzinger Typ beziehungsweise dem Typ IIa der gemeinen Griffzungenschwerter nach Sprockhoff zuzuweisen, die während der Periode III beziehungsweise der Stufen Bz D bis Ha A in Nord- und Mitteleuropa weit verbreitet waren.[15] Von dem Rantauer Schwert sind diverse Abbildungen bekannt und es wurde ebenfalls mitunter den gemeinen Griff-

---

9 Siehe zur Problematik der Einstückhorte auch GEISSLINGER (1984, 321–322) und WILLROTH (1985). Ob ferner auch Tätigkeiten von Privatleuten die Fundverteilung beeinflusst haben, lässt sich nicht mehr klären. Jedoch sei auf die Möglichkeit hingewiesen, dass hohe Fundaufkommen nicht nur das Resultat einer dichten Besiedlung in der Bronzezeit, sondern auch besonders engagierten Sammlern verdankt sein kann. Zu dieser Thematik auch SCHIER (1990, 40–66; bes. 62–66) und SAILE (1998, 32–70; bes. 49–56).

10 ENGEL/GRENZ 1962, 11–17.

11 Die Funde aus Marscheiten gehörten nicht zur Prussia-Sammlung, sondern gelangten aus dem Privatbesitz des Geologen Richard Klebs, Königsberg, über Umwege 1958 nach Göttingen, wo sie sich noch heute im Geowissenschaftlichen Zentrum der Georg-August-Universität befinden. Siehe dazu NOLTE (2004). Im Königsberger Prussia-Museum gab es Kopien, die heute jedoch als verschollen gelten müssen.

12 Alle Angaben zu den Hügelgräbern nach ŠTURMS (1936, 139–142).

13 Museum für Geschichte und Kunst Kaliningrad (Калининградский областной историко-художественный музей.): Alknicken (ursprünglich 9 Funde, heute 1), Rantau (ursprünglich 48, heute 1) und Schlaszen (ursprünglich 25, heute 2). Geowissenschaftliches Zentrum der Georg-August-Universität Göttingen: Marscheiten (ursprünglich 5, heute 4).

14 Ein fünfter Fundplatz mit einem Grabhügel stammt aus Poseggen (*Pożegi, Woj. warmińsko-mazurskie, Polen*), jedoch weicht das Inventar vollkommen von den sonst so ähnlichen Ausstattungen ab.

15 SPROCKHOFF 1931, 13–21; Taf. 28. COWEN 1955, 63–71, Karte B.

zungenschwertern zugewiesen.[16] Das Schwert war jedoch an Heft und Griffzunge so schlecht erhalten, dass ich es nicht näher klassifizieren möchte.[17]

Von dem Schwert aus Bandhuszen (*Klaipėda, Litauen*) war lediglich ein Fragment der Klinge erhalten. Šturms zog aufgrund einer sich andeutenden Mittelrippe einen Vergleich zum Griffzungenschwert aus Marscheiten und sprach sich für eine Datierung in die Periode III aus.[18] Auch die beiden rillenartigen, dicht an den Rändern gelegenen Vertiefungen erinnern an die Linienbänder einiger Griffzungenschwerter, wie etwa dem aus Ückeritz, Ldkr. Vorpommern-Greifswald, oder Schwichtenberg bei Borrentin, Ldkr. Mecklenburgische Seenplatte.[19]

Insgesamt konnte ich 84 Randleistenbeile für das betreffende Gebiet aufnehmen. Diese Fundgruppe wurde bereits mehrfach behandelt,[20] jedoch bietet sich dank der Abbildungen im Nachlass von C. Engel eine Neubesprechung der Typologie an. Nur fünf Stücke sind als eventuelle Grabfunde verzeichnet sowie drei aus dem einzigen Depot, 43 Exemplare sind hingegen als Einzelfunde und 33 ohne bekannte Fundumstände überliefert.

Während ein Exemplar dem Typ Wrocław-Szczytniki Variante A zugewiesen werden kann, welcher außerhalb des Untersuchungsgebietes entlang der Oder, Warthe und Netze verbreitet ist und in die späte Periode I datiert,[21] kann die Datierung des Typs Łuszczewo in die Spanne von der Periode I bis zur frühen Periode II aufgrund fehlender geschlossener Funde nur vermutet werden kann.[22] Von der Variante A des Typs Łuszczewo sind sieben Exemplare bekannt, von Variante B vier. Sie finden sich in lockerer Streuung im Gebiet verteilt sowie mit einigen Exemplaren westlich der Weichselmündung (Abb. 2).

Eine Gruppe von 19 Beilen wurde wiederholt zum „Norddeutschen Typ" zusammengefasst.[23] Nicht alle sind mit einer Abbildung überliefert, so dass eine nähere Ansprache nicht immer möglich ist, jedoch lassen sich einige Stücke noch detaillierter unterscheiden: Ein Exemplar wei-

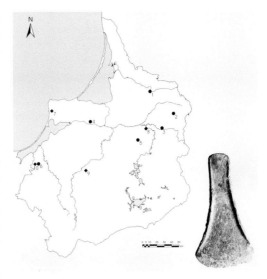

◀ *Abb. 2: Die Verbreitung der Randleistenbeile vom Typ Łuszczewo im Untersuchungsgebiet. Variante A (Kreis): 1: Ragnit, Kr. Ragnit, 2: Pillkallen, Kr. Pillkallen, 3: Sadweitschen, Kr. Gumbinnen, 4: Pogauen, Kr. Königsberg, 5: Grünblum, Kr. Darkehmen, 6: Greulsberg, Kr. Preußisch Holland. Variante B (Raute): 7: Kirpehnen, Kr. Fischhausen, 8: Kraupischkehmen, Kr. Insterburg, 9: Polpen, Kr. Heilsberg, 10: Adlig Blumenau, Kr. Preußisch Holland. Foto: Beil aus Pogauen, Carl-Engel-Archiv Göttingen.*

se ich dem Typ Węgorza zu, der ansonsten in Pommern verbreitet ist und vermutlich in die Perioden II und eventuell III datiert.[24] Acht andere Beile ordne ich anhand ihrer Form dem Typ Przywidz zu, dessen Verbreitung jedoch keine deutliche Konzentration zeigt (Abb. 3). Geschlossene Funde, die eine Datierung erlauben, gibt es nicht; die vor allem an der unteren Weichsel gefundenen übrigen Vertreter des Typs wurden allein aufgrund typologischer Merkmale in die Perioden II und III gestellt.[25]

Die Neuansprache betrifft vor allem die Beile, die in jüngeren Publikationen mitunter als Typ Ubiedrze zusammengefasst wurden.[26] Dieser wurde unter Vorbehalt in die Periode II datiert, wobei die Dauer der Laufzeit als unbestimmbar gilt.[27] Entgegen anderer Einteilungen möchte ich dieser Gruppe nur fünf Exemplare aus dem Untersuchungsgebiet zuweisen. Das Exemplar aus Groß Stürlack (*Sterławki Wielki, Woj. warmińsko-mazurskie, Polen*) wurde neben einem Fragment einer Dolchklinge mit zwei Nietlöchern und Mittelrippe gefunden, die zu einem Typ gehört, der laut Gedl während der späten Periode I sowie der Periode II verbreitet war.[28] Von der Lanzenspitze, die zusammen mit dem Beil von Woplauken (*Wopławki, Woj. warmińsko-mazurskie, Polen*) gefunden wurde, ist weder eine Bestimmung noch eine Beschreibung oder Abbildung bekannt. Die hier verzeichneten Stücke weisen keine Konzentration auf (Abb. 4), Entsprechungen finden sich häufiger westlich der Weichsel in Pommern,[29] jedoch handelt es sich auch hierbei lediglich um Einzelfunde beziehungsweise in ei-

---

16 Čivilytė 2005, 331. Ein Teil der Beschreibung bei Mödlinger (2010, 141 Nr. 149) bezieht sich irrtümlicherweise auf das Stück aus Marscheiten.

17 Bereits Šturms (1936, 48) hat diese Schwierigkeit aufgrund der schlechten Erhaltung angesprochen. Sprockhoff (1931) hat das 1886 ausgegrabene Schwert nicht mit in seine Typologie der Griffzungenschwerter aufgenommen; das aus Marscheiten hat er hingegen berücksichtigt.

18 Šturms 1936, 47.

19 Wüstemann 2004, 33 Nr. 82; 43–44 Nr. 139.

20 Engel 1935. Šturms 1936. Dąbrowski 1968; 2004. Szpunar 1987. Čivilytė 2005. Eine Diskussion des Forschungsganges findet sich bei Stöckmann im Druck

21 Szpunar 1987, 24–28; Taf. 35 A. Zich 1996, 216–217.

22 Šturms 1936, 35. Gimbutas 1965, 399. Bei Dąbrowski (2004, 13) heißt der Typ Kiełpino.

23 Lissauer 1904. Engel 1935. Šturms 1936.

24 Szpunar 1987, 69–70; Taf. 37 A. Dąbrowski 2004, 14.

25 Szpunar 1987, 70–71; Taf. 37 A. Dąbrowski 2004, 14.

26 Zuerst bei Szpunar (1987, 49–51), verändert dann bei Dąbrowski (2004, 13). In älteren Typologien wurde meist der Begriff „sächsischer" oder „Aunjetitzer" Typ verwendet.

27 Szpunar 1987, 49–51.

28 Gedl 1980, 47–48.

29 Szpunar 1987, Taf. 35 B.

▶ Abb. 3: Die Verbreitung der Randleistenbeile vom Typ Przywidz: 1: Rauschen, Kr. Fischhausen, 2: Jurgaitschen, Kr. Ragnit, 3: Szieleitschen, Kr. Insterburg, 4: Darkehmen, Kr. Darkehmen, 5: Lötzen, Kr. Lötzen, 6: Klein Gröben, Kr. Osterode, 7: Passenheim, Kr. Ortelsburg. Graue Punkte: Norddeutscher Typ, nicht näher bestimmbar und somit möglicherweise auch Typ Przywidz: 8: Germau, Kr. Fischhausen; 9: Pillkallen, Kr. Pillkallen; 10: Gruneyken, Kr. Darkehmen. Foto: Beil aus Lötzen, Carl-Engel-Archiv Göttingen.

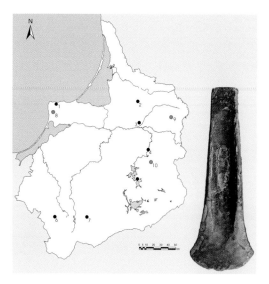

nem Fall um eine Deponierung dreier Exemplare ohne andere Begleitfunde.[30]

Die Randleistenbeile des Typs Tautušiai können als ostbaltische Eigenform bezeichnet werden.[31] Die 26 bekannten Exemplare aus dem Untersuchungsgebiet sind ausnahmslos Einzelfunde beziehungsweise stammen aus unbekanntem Fundkontext, so dass kein Indiz für eine chronologische Einordnung gegeben ist. Neben zwei Einzelfunden aus Lettland[32] sind jedoch Exemplare aus Litauen und Dänemark neben Objekten der späten Periode II bis III, eventuell auch noch der Periode IV gefunden worden.[33] Anhand ihrer Größe, Schneidenform sowie der Ausprägung der Schaftrinne können die Stücke untereinander noch weiter in die Varianten A und C gegliedert werden.[34] Diese Unterscheidung nach Varianten zeigt sich auch bei ihrer Kartierung: Während die 20 Exemplare der Variante A vor allem im südlichen Teil und vereinzelt im Küstenbereich auftreten, sind die sechs Vertreter der Variante C im nordöstlichen Gebiet konzentriert (Abb. 5). Auffällig ist die Fundleere im Samland und dessen näherer Umgebung.

Es bleiben nun acht Exemplare übrig, die ich zu einem Typ zusammenfassen möchte.[35] Alle Stücke sind kleiner als die des Typs Ubiedrze und entsprechen in der Länge eher der Variante C des Typs Tautušiai, haben jedoch durchweg niedrigere Randleisten. Die Schneide ist schärfer abgesetzt als die der Ubiedrze-Beile, jedoch noch nicht so sehr wie beim Typ Tautušiai, die sich zudem noch durch die tiefe Rinne im Schaft unterscheiden. Aufgrund fehlender chronologischer Ansätze sei allerdings betont, dass eine typologische Verbindung zu den Typen Ubiedrze und Tautušiai durchaus bestehen kann. Den Typ möchte ich als Typ Dylewo bezeichnen, Eponym ist das Beil aus Döhlau (*Dylewo, Woj. warmińsko-mazurskie, Polen*), also einem ermländischen Fundort. Sechs weitere Exemplare wurden im Samland gefunden, wobei drei davon aus einem Depot stammen. Das achte Exemplar kam in der Gegend um Insterburg zutage. Zu diesen Beilen lässt sich außerdem noch ein neuntes stellen, das in älterer Forschung nicht erwähnt wurde, heute jedoch im Museum von Kaliningrad verwahrt wird,[36] laut Mödlinger stammt es – ebenfalls wie eines der erwähnten samländischen Funde – aus der Kapornschen Heide. Es zeichnet sich also eine Konzentration im Samland ab (Abb. 6), welches wiederum von den Beilen des Typs Tautušiai ausgespart bleibt. Auch zwei außerhalb des Untersuchungsgebiets gefundene Beile ordne ich dem Typ zu.[37]

Drei weitere Randleistenbeile sind dem Typ Klaipėda zuzuweisen, der in westeuropäische Kontexte einzuordnen sein dürfte und in die späte Periode II oder frühe Periode III datiert.[38]

Zu den elf übrigen Randleistenbeilen liegen keine näheren Angaben vor, so dass sie sich nicht näher einordnen lassen.

Nur zwei Lappenbeile sind im untersuchten Gebiet bekannt, und lediglich das mittelständige Exemplar der Variante Zapfendorf aus der Stufe Bz D könnte in einen mittelbronzezeitlichen Kontext gestellt werden.[39] Es kann darauf geschlossen werden, dass Lappenbeile demnach

---

30 Depot von Ubiedrze, Woj. zachodniopomorskie, Polen. Dazu Szpunar 1987, 50 Nr. 285–288.

31 Bei Szpunar (1987) heißt der Typ Dębowiec.

32 Beile aus Sece, Jaunjelgavas novads, und Užava, Ventspils novads. Siehe Šturms 1931, 105; Taf. II,1.2.

33 Szpunar 1987, 73. Čivilytė 2005, 335. Der dänische Fund stammt aus dem Depot von Smørumovre, Københavns Kommune. Siehe Jacob-Friesen 1967, I, 311 Nr. 365; II, Taf. 39–41. Aner/Kersten 1973, 120–121 Nr. 354; Taf. 63–73. Eine sichere Datierung bietet aber auch dieser Fund nicht: Aner/Kersten datierten das Depot zwar in die Periode II, bereits Jacob-Friesen (1967, I, 129) betonte jedoch, dass es „chronologisch uneinheitlich" ist. Und noch ein weiterer dänischer Fund kann dem Typ zugeordnet werden: Beil von Tåsinge, Svendborg Kommune (genauer Fundplatz allerdings unbekannt): Aner/Kersten 1977, 192 Nr. 2133; Taf. 135.

34 Varianten nach Dąbrowski, der auch eine Variante B definiert hatte – diese entfällt hier jedoch.

35 Schon die verschiedenen Einteilungen anderer Autoren zeigt die Uneinigkeit über die Ansprache: Während Engel (1935) alle Exemplare als ostbaltisch ansprach, sind sie bei Šturms (1936) als pommerellisch, ostbaltische Nebenform oder ostbaltische Frühform definiert. Szpunar (1987) teilte sie seinen Typen Ubiedrze und Dębowiec (= Tautušiai) zu, Dąbrowski (2004) berücksichtigte nur das einzige auf polnischem Gebiet gefundene Exemplar als Tautušiai Variante B.

36 Adlung u. a. 2005, 67 Beil unten links. Mödlinger 2010, 132 Nr. 30.

37 Beile aus Rowy, Woj. pomorskie, und Bielkowo, Woj. zachodniopomorski, beide Polen: Szpunar 1987, 49 Nr. 275; 50 Nr. 282; Taf. 15 (beide als Typ Ubiedrze). Dąbrowski 2004, Liste 6 Nr. 88 und Nr. 1778 (als Typ Tautušiai Variante B beziehungsweise C).

38 Šturms 1936, 24. Dąbrowski 1968, 31. Grigalavičienė 1995, 152. Čivilytė 2005, 334–335.

39 Variante Zapfendorf nach Pászthory/Mayer 1998, 107–108. Das zweite Exemplar ist ein oberständiges Lappenbeil mit Öse der Form Geseke-Biblis aus der Stufe Ha B2 oder B3 (Kibbert 1984, 80–83).

im Südostbaltikum keine besondere Berücksichtigung im bronzezeitlichen Gerätespektrum fanden.

Die 46 im Arbeitsgebiet gefundenen Nortyckenäxte stammen aus Gräbern und Deponierungen oder sind als Einzelfunde verzeichnet.[40] Es lassen sich eine ältere (drei Exemplare) und eine jüngere Form (42 Exemplare) unterscheiden, als Entstehungsraum wird meist Mecklenburg angenommen, woraufhin sich im Samland dann die jüngere Form mit deutlich schärfer ausgeformten Nacken und Schneiden entwickelt habe.[41] Während in Alknicken und Marscheiten der jüngere Typ gefunden wurde, ist das Exemplar aus Rantau der älteren Form zuzuweisen. Die jüngere Form wird oft als lokaler, samländischer Typ gesehen, wobei sich aber auch in Masuren eine zweite Konzentration abzeichnet (Abb. 7).

Die drei Dolche aus den Perioden II und III sind alle im polnischen Teil zu verzeichnen: Der erwähnte Griffplattendolch aus Groß Stürlack (*Sterławki Wielki, Woj. warmińsko-mazurskie, Polen*) wurde neben einem Randleistenbeil des Typs Ubiedrze gefunden. Es ist zwar nur ein Fragment der oberen Hälfte erhalten, am Heftansatz sind jedoch noch die Reste von zwei Nietlöchern zu erkennen, wodurch das Stück ein Vertreter von Gedls Gruppe der ‚Dolchklingen mit halbkreisförmiger Griffplatte und Mittelrippe oder rhombischem Querschnitt' aus der Variante der Klingen mit zwei Nietlöchern ist. Vergleichsfunde aus der Endphase der Periode I oder der frühen Periode II sind aus Schlesien, Großpolen und Pommern bekannt.[42]

Aus Bischofstein (*Bisztynek, Woj. warmińsko-mazurskie, Polen*) stammt ein Griffplattendolch mit einem Nietloch an der ovalen Platte. Während polnische Vertreter immer drei oder vier Nietlöcher aufweisen,[43] findet sich ein Vergleichsfund im slowakischen Radzovce, Okres Lučenec, der in die II. oder III. Periode datiert.[44]

Ausgehend vom Griffzungendolch aus Kraftshagen (*Krawczyki, Woj. warmińsko-mazurskie, Polen*) definierte Gedl die nach dem Fund benannte Variante Krawczyki mit drei weiteren Exemplaren

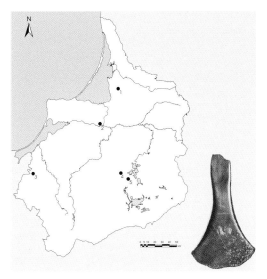

◀ *Abb. 4: Die Verbreitung der Randleistenbeile vom Typ Ubiedrze im Untersuchungsgebiet. 1: Rautenburg, Kr. Niederung, 2: Koddien, Kr. Wehlau, 3: Preußisch Holland, Kr. Preußisch Holland, 4: Woplauken, Kr. Rastenburg, 5: Groß Stürlack, Kr. Lötzen. Foto: Beil aus Groß Stürlack, Carl-Engel-Archiv Göttingen.*

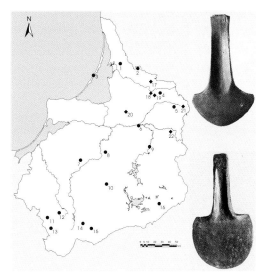

◀ *Abb. 5: Die Verbreitung der Randleistenbeile vom Typ Tautušiai im Untersuchungsgebiet. Variante A (Kreis): 1: Gegend von Heydekrug, Kr. Heydekrug, 2: Laugallen, Kr. Pogegen, 3: Pillkoppen, Kr. Fischhausen, 4: Groß Kackschen, Kr. Ragnit, 5: Usrudszen, Kr. Pillkallen, 6: Gegend von Insterburg, Kr. Insterburg, 7: Liebhausen, Kr. Preußisch Eylau, 8: Kaydann, Kr. Gerdauen, 9: Darkehmen, Kr. Darkehmen, 10: Spiegels, Kr. Rastenburg, 11: Theuernitz, Kr. Osterode, 12: Biessellen, Kr. Osterode, 13: Döhlau, Kr. Osterode, 14: Dembowitz, Kr. Neidenburg, 15: Willenberg, Kr. Ortelsburg, 16: Nittken, Kr. Johannisburg. Variante C (Raute): 17: Schillinnen, Kr. Pogegen, 18: Zeidischken, Kr. Ragnit, 19: Wingschnienen, Kr. Ragnit, 20: Popelken, Kr. Labiau, 21: Warnakallen, Kr. Pillkallen, 22: Grünhof, Försterei, Kr. Stallupönen. Foto: Beil aus Theuernitz (Variante A, oben) und Schillinnen (Variante C, unten), Carl-Engel-Archiv Göttingen.*

aus Polen.[45] Analogien finden sich aber tatsächlich viel eher weiter südlich, wie etwa im italienischen Peschiera, Prov. di Verona.[46] Nach Müller-Karpe datieren diese Stücke in die Peschiera-Stufe, was den Stufen Bz C und Bz D entspricht.[47] Eine Parallelisierung stimmt also ungefähr mit dem Zeitraum der späten Periode II sowie der Periode III und damit Gedls zeitlichem Ansatz überein.

Vergleichsfunde zu dem Ringgriffmesser vom Typ Baierdorf aus dem Hügelgrab von Alknicken finden sich während der Periode III hauptsächlich in Süddeutschland, dem mittleren Österreich und Böhmen, nördliche Ausläufer aber auch im Odermündungsgebiet.[48] Das Griffangelmesser aus einem der Hügelgräber von Rantau weist zwei Punktlinien entlang des Rückens auf, und bereits Šturms wies auf einen schwedischen Vergleichsfund der Periode III hin.[49] Die Verzierung findet sich auch auf Messern aus dem Bereich der Lausitzer Kultur, die allerdings aufgrund des Rahmen-

---

[40] Der Typ ist nach dem Hortfund von Nortycken (*Kaliningradskaja obl., Russische Föderation*) benannt, in dem mindestens 24 Exemplare gefunden wurden. Angeblich sollen es ursprünglich sogar circa 40 Äxte gewesen sein, die etwa 16 überzähligen wurden jedoch nie inventarisiert; dies würde die Gesamtanzahl im Untersuchungsgebiet von 46 auf 62 Stück erhöhen.

[41] Das übrige Stück lässt sich nicht näher ansprechen. Die Einteilung in eine ältere (westliche) und eine jüngere (östliche) Form ist umstritten, ich schließe mich ihr jedoch zumindest in Hinsicht auf die zeitliche Abfolge an.

[42] Gedl 1980, 47–48 (Nr. 107).

[43] Gedl 1980, 58–59.

[44] Vladár 1974, 45 Nr. 118; Taf. 5,118. Vladárs gleichnamigem Typ Radzovce möchte ich mich aber nicht anschließen, da die darunter zusammengefassten Stücke in wesentlichen Punkten voneinander abweichen (hinsichtlich der Anzahl der Nietlöcher sowie der Form der Mittelrippen).

[45] Gedl 1980, 62.

[46] Vgl. Müller-Karpe 1959 II, Taf. 106.

[47] Müller-Karpe 1959 I, Abb. 64.

[48] Říhovský 1972, 24–27. Gedl 1984, 20–21.

[49] Šturms 1936, 50.

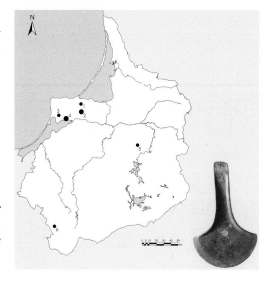

▶ Abb. 6: Die Verbreitung der Randleistenbeile vom Typ Dylewo im Untersuchungsgebiet. 1: Powunden, Kr. Königsberg, 2: Dunkershöfen, Kr. Königsberg (3 Exemplare), 3: Damerau, Kr. Fischhausen, 4: Kapornsche Heide, Kr. Fischhausen (2 Exemplare), 5: Klein Karpowen, Kr. Gerdauen, 6: Döhlau, Kr. Osterode. Foto: Beil aus der Kapornschen Heide, Carl-Engel-Archiv Göttingen.

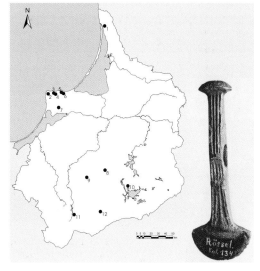

▶ Abb. 7: Die Verbreitung der Nortyckenäxte im Untersuchungsgebiet. 1: Adlig Götzhofen, Kr. Memel, 2: Marscheiten, Kr. Fischhausen, 3: Rauschen, Kr. Fischhausen, 4: Nortycken, Kr. Fischhausen, 5: Rantau, Kr. Fischhausen, 6: Alknikken, Kr. Fischhausen, 7: Medenau, Kr. Fischhausen, 8: Rössel, Kr. Rössel, 9: Bürgerdorf, Kr. Allenstein, 10: Spirdingsee, Kr. Sensburg, 11: Kurken, Kr. Osterode, 12: Wawrochen, Kr. Ortelsburg. Foto: Axt aus Rössel, Carl-Engel-Archiv Göttingen.

griffs oder der umgeschlagenen Griffangel abweichen.[50]

Eine Bestimmung der Lanzenspitzen anhand des Fotomaterials erwies sich als sehr schwierig, weshalb ich diese Objektgruppe nur am Rande behandeln konnte. Drei Exemplare ähneln dem Typ Valsømagle, der in die späte Periode I und in die Periode II datiert und von Niedersachsen bis ins mittlere Schweden belegt ist.[51] Die Lanzenspitze aus Bischofsburg (*Biskupiec, Woj. warmińsko-mazurskie, Polen*) weist deutlich die Merkmale des Typs Ullerslev auf, der während der späten Periode II und frühen Periode III vor allem in Nordjütland, Schonen und auf den Dänischen Inseln verbreitet war.[52] Sie-

ben weitere Lanzenspitzen dürften ebenfalls den Perioden II und III zuzuordnen sein.

Möglicherweise ist auch eine Sichel der Periode III zuzuweisen, da sie laut Šturms ungarischen und ukrainischen Exemplaren aus dem Zeitraum der Periode III ähnlich sähe. Eine Abbildung ist jedoch nicht überliefert.[53]

Die Metallformen: Schmuckgegenstände und Trachtbestandteile

Schmuck- oder Trachtfunde sind fast nur aus den Hügelgräbern des Samlands und des Bereichs nördlich der Kurischen Nehrung bekannt. So sind etwa Ösennadeln mit gebogenem Schaft zu verzeichnen, von denen fünf vom Typ B und 13 vom Typ C nach Seger vertreten sind.[54] Die Form ist vor allem im schlesischen Gebiet während der Periode III verbreitet, wobei der Typ B etwas früher einsetzt als Typ C.[55] In den Rantauer Hügelgräbern sind zudem zwei Nadeln mit gerippten Kolbenkopf belegt, die nach Essens Typologie der Variante Trzebnik zuzuweisen sind, deren Vertreter während der Periode III vor allem in Pommern und entlang der Oder sowie vereinzelt im Weichselgebiet auftreten.[56] Darüber hinaus sind Kolbenkopfnadeln aber eine ganz charakteristische Form der Lausitzer Kultur, wo sie sich ebenfalls weit verbreitet finden.[57] Ob ein Nadelbruchstück aus Rantau tatsächlich als Rest einer Hirtenstabnadel anzusprechen ist, kann allein anhand der Fotografie nicht bestimmt werden.[58] Die Datierung der meist in Südwestpolen gefun-

---

50 Mit Rahmengriff: Messer aus Oberseifersdorf, Ldkr. Görlitz: VON BRUNN 1968 I, 333 mit II, Taf. 122.7. Mit umgeschlagener Griffangel: Messer aus Deetz, Ldkr. Anhalt-Bitterfeld: VON BRUNN 1968 I, 313 mit II, Taf. 36.1. Dieses Stück ist aber aufgrund der Griffangel schon der Stufe Ha A2 zuzuweisen: VON BRUNN 1968 I, 153.

51 JACOB-FRIESEN 1967 I, 117–136 und II, Karte 2. DĄBROWSKI 1968, 196. GEDL 2009, 48–49.

52 JACOB-FRIESEN 1967 I, 143–149 und II, Karte 4. Ein Exemplar aus Bothau (*Botowo, Woj. warmińsko-mazurskie, Polen*) wurde ebenfalls diesem Typ zugewiesen; eine nun gefundene Bleistiftzeichnung von Carl Engel zeigt aber, dass die Tülle komplett abgebrochen ist und somit keine klare Bestimmung erfolgen kann, siehe STÖCKMANN im Druck.

53 Bei ŠTURMS (1936, Taf. 21,i) ist lediglich ein Vergleichsfund aus Estland abgebildet: Es handelt sich um ein kaum gebogenes Exemplar, das zwar eine markante Rückenrippe, jedoch weder einen Knopf noch eine Zunge aufweist. Bei GEDL (1995) finden sich zwar ähnlich geformte Knopfsicheln, deren Knöpfe oder Zungen lediglich abgebrochen sind, jedoch hätte ŠTURMS eine bloße Abnutzung oder ein Abbrechen sicherlich erkannt. Stattdessen verläuft die Rückenrippe auch an der Schmalseite entlang. ŠTURMS (1936, 55) nennt zwei Vergleichsfunde: Depot aus Sárbogárd, Fejér megye, Ungarn (SCHMIDT 1904, 448), Depot aus Chtetkovo, Kirowogradska obl., Ukraine (TALLGREN 1926, 162 Nr. 29; 161 Fig. 95). Ich möchte aber auch auf den Fund aus dem rumänischen Cățelu Nou, Mun. București, hinweisen: PETRESCU-DÎMBOVIȚA 1978, 10 Nr. 4; Taf. 1,4. Mitunter wird dieser Form eine Beeinflussung von Steinkrummmessern als deren metallene Abbildungen zugeschrieben (PETRESCU-DÎMBOVIȚA 1978, 9).

54 SEGER 1909. Zu den Ösennadeln auch MERTINS 1906, 54–55. GEDL 1983. ESSEN 1985.

55 SEGER 1909, 61–64. ŠTURMS 1936, 60–62.

56 ESSEN 1985, 42–46; Taf. 28 B.

57 VON BRUNN 1968 I, 97. ŘÍHOVSKÝ 1979, 95–100. Auch im dänischen und norddeutschen Gebiet kommen sie vereinzelt vor. Frøslev, Aabenraa Kommune, Dänemark: ANER/KERSTEN 1981, 38 Nr. 2960; Taf. 17. Lillegård, Bornholms Regionskommune, Dänemark: ANER/KERSTEN 1977, 31 Nr. 1484; Taf. 18. Hindorf, Kr. Dithmarschen: ANER/KERSTEN 1991, 70–71 Nr. 9214; Taf. 46 (bei diesem Stück sind die Rippen zu zwei Zonen angeordnet).

58 ŠTURMS 1936, 63–64. Erhalten ist lediglich der eingerollte Kopf sowie der beginnende Schaft, jedoch ist nicht erkennbar, ob der Schaft tatsächlich in der charakteristischen Krückenform mit Biegung gestaltet war. Es könnte sich auch um eine frühe Rollenkopfnadel handeln, die während der Periode III vereinzelt entlang der Oder und in Pommern auftreten. Vgl. ESSEN 1985, Taf. 33 B.

denen Hirtenstabnadeln könnte dafür sprechen, da sie hier ab der späten Periode II und vor allem in der Periode III verbreitet waren.[59] Ebenfalls aus der Periode III stammen die Spiralscheibenkopfnadeln aus breitem Band, von denen drei Vertreter in den Hügelgräbern von Rantau und eine in Schlaszen gefunden wurden. Gemäß der polnischen Chronologie sind sie den Pommerschen Nadeln der Variante Kołczygłowki anzugliedern, die vor allem entlang der östlichen Ostseeküste bis nach Kurland auftreten.[60]

Bei den 37 Armringen lassen sich fünf Formen unterscheiden: Unverzierte Ringe mit verjüngten (10 Exemplare) oder stumpfen Enden (1) sowie rillenverzierte Ringe mit leicht verjüngten (7) oder stumpfen Enden (10) und schließlich plankonvexe Armringe/Armbänder mit Strichbündelverzierungen (9). Von letzterer Gruppe stammen alle Stücke, abgesehen von einem Exemplar mit unbekanntem Fundort, aus dem Samland. Die Verzierung erinnert an die Armbänder aus dem Gebiet der Lausitzer Kultur, wie etwa aus Klitten, Ldkr. Görlitz,[61] allerdings sind die samländischen Vertreter mit abwechselnd horizontal und vertikal gestellten Strichbündeln versehen, wohingegen die Funde aus dem Bereich der Lausitzer Kultur auch schräg gestellte Schraffuren aufweisen.

Armspiralen sind im übrigen Polen während der älteren Bronzezeit zwar weit verbreitet,[62] im Arbeitsgebiet jedoch nur in zweifacher Ausführung von einem masurischen Fundort bekannt. Eine im Arbeitsgebiet singuläre Blechspirale – leider nur mit der Angabe „aus Altpreußen" überliefert – ist der dritten Variante von Hachmanns Gruppe Regelsbrunn[63] zuzuordnen, die während des Horizonts MD I der danubischen Bronzezeit nach Hänsel vor allem im südlichen und westlichen Karpatenbecken[64] sowie auch in nördlicheren Gebieten, wie etwa Pommern, auftreten.[65] Bemerkenswert ist die vor allem für die Stücke aus dem Karpatenbecken typische gepunzte Wellenbandverzierung des „altpreußischen" Exemplars, wohingegen die meisten polnischen Vertreter Zickzackbänder tragen.[66]

Des Weiteren können in den Gräbern von Rantau, Schlaszen und Alknicken eine Schmuckscheibe sowie acht Tutuli verzeichnet werden, die mit konzentrischen Kreisen und anderen Linien- und Kerbmustern versehen sind. Šturms bezeichnet die Schmuckplatte aus Alknicken als Gürtelschmuck.[67] Von dem Grabfund liegt jedoch keine Dokumentation mit Fundlage vor, und vergleichbare Stücke wurden in anderen Regionen auch im Brustbereich gefunden.[68] Solche Scheiben und Tutuli waren während der Periode II und III in Skandinavien und an der südlichen Ostseeküste verbreitet.[69] Zudem stammen aus Rantau fünf Doppelknöpfe mit Harzeinlagen.[70] Diese Form ist in Skandinavien seit der älteren, jedoch auch noch in der jüngeren Bronzezeit nachgewiesen.[71] Aus Alknicken sind zwei Doppelknöpfe mit langen Aufsatzstangen und einer kleinen, mit konzentrischen Kreisen verzierten Platte bekannt. Sie lassen sich Vergleichsfunden aus Dänemark, Schweden und Mecklenburg anreihen, die zwar mitunter ebenfalls noch in der jüngeren Bronzezeit Verwendung fanden,[72] jedoch dürften die Begleitfunde aus Alknicken für eine Einordnung in die Periode III sprechen.

Als Halsschmuck können lediglich zwei Bruchstücke aus Schlaszen und Alknicken anhand ihres rekonstruierten Durchmessers angesprochen wer-

	Alknicken	Marscheiten	Rantau	Schlaszen
Schwert		•	•	
Nortyckenaxt		•	•	•
Messer		•		•
Armring breit, gerieft			•	
Armring breit, unverziert				•
Armring rundstabig, unverziert			•	
Armring rundstabig, gerieft				•
Armring zugespitzt				•
Ösennadel Typ B			•	
Ösennadel Typ C	•		•	
Spiralscheibenkopfnadel			•	•
Tutulus	•		•	
Doppelknopf	•		•	

▲ *Tab. 1: Kombinationstabelle der Metallbeigaben in den Hügelgräbern der Periode III.*

---

59 Šturms 1936, 63. Essen 1985, 31–38.
60 Lissauer 1904, 577; 584–585; Karte II. Allerdings sind hier auch die jüngerbronzezeitlichen Spiralscheibenkopfnadeln aus rundem Draht aufgeführt und kartiert. Essen 1985, 29–30.
61 von Brunn 1968 I, 186.
62 Dąbrowski 2004, 34–35.
63 Hachmann 1957, 116–117. Varianten nach Rittershofer 1983, 252–265; 392 Liste 19.
64 Hänsel 1968, 104; 159–165.
65 Kersten 1958, 64 Nr. 619. Rittershofer 1983, 252–265. Dąbrowski 2004, 35.
66 Hänsel 1968, 105 Anm. 10. Vgl. z. B. den Fund aus Rościęcino, Woj. zachodniopomorskie, Polen: Gimbutas 1965, 410 Fig. 262,1. Nur drei Stücke mit Wellenpunzverzierung sind aus dem polnischen Raum bekannt, ein weiteres stammt aus Mecklenburg: Rittershofer 1983, 258 Abb. 22.

67 Šturms 1936, 72–73.
68 Beltz 1910, 189.
69 Zu Schmuckscheiben: Šturms 1936, 72. Zum größten Stück aus Alknicken: Montelius 1917, 69 Nr. 1033; 1034. Zu Tutuli: Kersten 1936, 14–19. Schubart 1972, 34–35. Dąbrowski 2004, 43–44.
70 Die Einlagen sind auf den Fotografien nicht mehr zu erkennen, jedoch erwähnt sie Šturms (1936, 112). Vier der Stücke waren allerdings so stark zerstört, dass von einem Exemplar auf die anderen geschlossen werden musste.
71 Siehe zur älteren Bronzezeit: Kersten 1936, 20–25. Sprockhoff 1956 I, 272. Randsborg 1972, 47–54. Ille 1991, 45–49. Zur jüngeren Bronzezeit Baudou 1960, 88–89.
72 Šturms 1936, 73. Sprockhoff 1956 I, 274; II, Taf. 72,1.4.5. Baudou 1960, 87–88.

den, wobei für das Schlaszener Stück Analogien im mecklenburgischen Raum zu benennen sind.[73]

Singulär im Untersuchungsgebiet ist das Zierblech aus dem samländischen Rauschen. Vergleichbare Funde mit flächendeckender Punzverzierung sind in der älteren Bronzezeit vor allem an der unteren Oder sowie an der mittleren Donau nachgewiesen.[74] Je nach Fundlage und Charakteristika wie Ösen oder eingerollten Ende werden diese Objekte als Gürtel oder Diademe angesprochen[75] – der Übergang ist hier aber fließend, und eine eindeutige Ansprache lässt sich nur in seltenen Fällen treffen. So lässt sich auch das Stück aus Rauschen aufgrund fehlender Fundkontexte nicht näher einordnen.[76]

Ohne weitere Aussagekraft sind sechs kleine Ringe, die aufgrund der Größe möglicherweise als Fingerringe anzusprechen sind, sowie zwei kleine Spiralröllchen zu nennen. Diese lassen sich in ihrer Funktion nicht näher eingrenzen, unterstreichen jedoch noch einmal den Reichtum und die Vielfalt der Metallbeigaben. Alle Objekte sind anhand des Fundkontextes in die Periode III einzuordnen.

Ein kurzer Blick gilt noch einem der bekanntesten Stücke der Bronzezeitsammlung des Prussia-Museums überhaupt: der anthropomorphen Figur aus Schernen (Šernai, Klaipėdos rajono savivaldybė, Litauen), die eine schreitende Person mit konischer Kopfbedeckung darstellt. Am wahrscheinlichsten ist eine Herkunft aus dem heute syrischen Gebiet,[77] es sind aber auch ganz ähnliche Figuren aus Mykene und Tiryns bekannt.[78] Synchronisiert mit der Chronologie von Montelius dürfte die Figur in die Periode III datieren; es bleibt jedoch ungewiss, ob dieses sicherlich als „Kuriosität" geltende Stück nicht erst später in das Ostseegebiet gelangte. Systematische Handelsverbindungen zwischen dem bernsteinreichen Südostbaltikum und mediterranen Gebieten sind allein anhand des Fundes sicherlich nicht zu belegen,[79] zudem kann das Stück natürlich auch über mehrere Zwischenstationen in den Norden gelangt sein.

Die besondere Rolle des Samlands

Die typologische Untersuchung zeigt deutlich die Sonderstellung des Samlandes während der Perioden II und III. Zum einen treten die reich ausgestatteten Hügelgräber markant hervor, die anhand der Inventare einen Zusammenhang mit dem westlitauischen Gebiet zeigen (Tab. 1):[80] So enthalten alle Grablegen außer Marscheiten Ösennadeln des Typs C (in Rantau und Schlaszen zudem auch des Typs B) und Tutuli. Die breitbandförmigen Armreife mit Rillenverzierung, die in Rantau und Marscheiten auftreten, fehlen in Schlaszen, jedoch ist hier eine rundstabige Form mit Rillenverzierung nachgewiesen. Verbindendes Element zwischen Rantau und Schlaszen sind zudem die Spiralscheibenkopfnadeln. Waffen oder Geräte fehlen in Schlaszen, jedoch sind in Rantau und Marscheiten Schwerter und, wie auch in Alknicken, Nortyckenäxte gefunden worden. Ob eine Erklärung für das Fehlen von Waffen oder Werkzeug in Schlaszen eine Folge von geschlechtsspezifischen Ausstattungsmustern ist, lässt sich nicht klären, auch wenn die Beigabe eines Schwertes einem männlichen Verstorbenen gegolten haben dürfte (Rantau Grab A, Marscheiten), und somit eine Nortyckenaxt ebenfalls (Rantau Grab A, Alknicken, Marscheiten). Allen Gräbern ähnelt ein weiteres, das unweit der Danziger Bucht in Warzenko, Woj. pomorskie, Polen, gefunden wurde.[81] Während die Schwerter aus Marscheiten und vermutlich auch Rantau zu einem Typ gehören, der vor allem im westlichen und südwestlichen Ostseeküstenbereich verbreitet war, verweisen die Schmuckgegenstände in den polnischen und mitteldeutschen Raum mit der Lausitzer Kultur.

Bemerkenswert sind zum anderen die Kartierungen der Randleistenbeiltypen Tautušiai und Dylewo, die sich geradezu komplementär verhalten. Die beiden Dylewo-Beile außerhalb des Untersuchungsgebiets liegen ebenfalls im Küstenbereich,[82] und abgesehen von einem Fund aus Danzig ist der Typ Tautušiai hingegen nicht in Küstennähe vertreten. Ein Problem bleibt die Datierung des bislang nur einzeln gefundenen Typs Dylewo, jedoch könnte die gegensätzliche Verbreitung des Typs Tautušiai ein Hinweis darauf sein, dass die Typen koexistierten. Der gegen-

---

73 Šturms 1936, 66.
74 Rittershofer 1983, 276 Abb. 25.
75 Sprockhoff 1956 I, 164–171. Hänsel 1968 I, 111–112. Rittershofer 1983, 265–279.
76 Das Band wurde mit verschiedenen Bronzeobjekten der Perioden II oder III bis IV in der Literatur stets als Depotfund zusammengefasst, jedoch kann eine Zusammengehörigkeit gar nicht belegt werden. Das Prussia-Museum hatte die Funde 1896 von einem Gastwirt mit der Information „Aus der Umgebung von Rauschen" angekauft, und nur bei vier Armringen fand sich eine Notiz, dass sie zusammen aufgefunden worden waren. Die Patinierungen aller übrigen Stücke waren sehr unterschiedlich, die des Zierblechs beispielsweise braun, so dass vermutlich kein geschlossener Fund vorliegt – unter Vorbehalt einer möglichen Intrusion.
77 Heltzer 1995, 52. Čivilytė 2007, 108.
78 Sapouna-Sakellarakis 1995, Taf. 44,1.2.
79 Vgl. auch Sidrys/Luchtanas 1999, 173.

80 Die hier gezeigte Kombinationstabelle ist nicht nach einzelnen Gräbern aufgeschlüsselt, sondern kann an dieser Stelle nur einem groben Überblick dienen, da in Rantau zum Beispiel abgesehen von dem Zentralgrab A eine Aussage über die Zusammengehörigkeit der 14 übrigen Fundstellen in Hügel I und der drei Fundstellen in Hügel II aufgrund der unklaren Fundzusammenhänge nicht möglich ist. Zu den einzelnen Fundstellen: Šturms 1936, 140–141. Stöckmann im Druck.
81 Gaerte 1929, 79. Engel 1935, 210. Šturms 1936, 120. Im Inventar waren Ösennadeln, Tutuli und mit Strichbündeln verzierte Armbänder enthalten, die ebenfalls wie die Rantauer Stücke nur mit senkrechten und waagerechten, nicht aber diagonalen Strichen verziert waren.
82 Kartiert bei Szpunar 1987, Taf. 30–31 Nr. 275 und 282.

wärtige Forschungsstand legt den Schluss nahe, dass im Küstengebiet die Dylewo-Beile Verwendung fanden, während sich im Binnenland der Typ Tautušiai entwickelte.

Direkte Kontakte zum skandinavischen Raum, vielleicht aufgrund von Handel mit Bernstein, welcher sicherlich wertvollster Bodenschatz des untersuchten Gebiets ist, sind für das Samland weder auszuschließen, noch können sie belegt werden. Die in Dänemark gefundenen Nortyckenäxte könnten auch die Beziehungen zwischen Jütland und dem Gebiet des heutigen Mecklenburg-Vorpommerns unterstreichen, und die in Smørumovre und Tåsinge gefundenen „ostbaltischen" Randleistenbeile gehören zum Typ Tautušiai Variante A, der wiederum nicht direkt mit dem Samland zu verknüpfen ist. Auf der Gegenseite sind die Doppelknöpfe und Schmuckscheiben aus Alknicken Typen zuzuweisen, die in Skandinavien weit verbreitet sind. Diese können aber, genau wie die Schwerter, ebenso mit dem südlichen Ostseeküstengebiet in Zusammenhang gebracht werden.

Trotz der exponierten Lage des Samlands ist also eher der pommersche Raum als „Mittler" wahrscheinlich. Bereits Šturms hielt eine Verbindung zwischen Pommern, dem Samland und dem westlitauischen Gebiet über die Frische und Kurische Nehrung für denkbar.[83] Ob nicht vielmehr auch die geschützten Gewässer in der Danziger Bucht, den Haffen sowie entlang der Küste genutzt wurden, kann nur vermutet werden.

Die nun wieder zur Verfügung stehenden Fotografien aus dem Göttinger Nachlass von Carl Engel können zwar keine klare Antwort geben, doch allein schon die auf dem Archiv basierende veränderte Typologie der Randleistenbeile zeigt die Möglichkeiten solcher Quellen: Die „Auflösung" des weit gestreuten Typs Ubiedrze und die Kartierung des Typs Dylewo verdeutlichen umso mehr die Stellung des Samlands als Gebiet nicht nur mit eigener Bestattungs-, sondern scheinbar auch eigener Beilform – wieder mit Bezug zum ostpommerschen Raum.

Literatur

Adlung u. a. 2005
P. Adlung, C. v. Carnap-Bornheim, T. Ibsen, A. Valujev (Hrsg.), Die Prussia-Sammlung. Der Bestand im Museum für Geschichte und Kunst Kaliningrad. Schleswig 2005.

Aner/Kersten 1973
E. Aner, K. Kersten, Die Funde der Älteren Bronzezeit des Nordischen Kreises in Dänemark, Schleswig-Holstein und Niedersachsen 1. Frederiksborg und Københavns Amt. Kopenhagen, Neumünster 1973.

Aner/Kersten 1977
E. Aner, K. Kersten, Die Funde der Älteren Bronzezeit des Nordischen Kreises in Dänemark, Schleswig-Holstein und Niedersachsen 3. Bornholms, Maribo, Odense und Svendborg Amter. Kopenhagen, Neumünster 1977.

Aner/Kersten 1981
E. Aner, K. Kersten, Die Funde der Älteren Bronzezeit des Nordischen Kreises in Dänemark, Schleswig-Holstein und Niedersachsen 6. Nordslesvig-Syd. Tønder, Åbenrå und Sønderborg Amter. Kopenhagen, Neumünster 1981.

Aner/Kersten 1991
E. Aner, K. Kersten, Die Funde der Älteren Bronzezeit des Nordischen Kreises in Dänemark, Schleswig-Holstein und Niedersachsen 17. Dithmarschen, Neumünster 1991.

Baudou 1960
E. Baudou, Die regionale und chronologische Einteilung der jüngeren Bronzezeit im Nordischen Kreis. Studies in North-European Archaeology 1. Stockholm 1960.

Beltz 1910
R. Beltz, Die vorgeschichtlichen Altertümer des Grossherzogtums Mecklenburg-Schwerin. Vollständiges Verzeichnis der im Grossherzoglichen Museum zu Schwerin bewahrten Funde. Schwerin 1910.

Beran 1997
J. Beran, Carl Engel (1895–1947). Alteuropäische Forschungen 1, 1997, 133–146.

Bezzenberger 1904
A. Bezzenberger, Analysen vorgeschichtlicher Bronzen Ostpreussens. Königsberg 1904.

von Brunn 1968
W. A. von Brunn, Mitteldeutsche Hortfunde der jüngeren Bronzezeit. Römisch-Germanische Forschungen 29. Berlin 1968.

Cowen 1955
J. D. Cowen, Eine Einführung in die Geschichte der bronzenen Griffzungenschwerter in Süddeutschland und den angrenzenden Gebieten. Bericht der Römisch-Germanischen Kommission 36, 1955, 52–155.

Čivilyte 2005
A. Čivilytė, Zur Seltenheit metallener Waffen der Bronzezeit im Ostbaltikum. Archäologisches Korrespondenzblatt 25:3, 2005, 329–344.

Čivilyte 2007
A. Čivilytė, Archeologija tarp legendos ir tikrovės – Grįžtant prie Šernų statulėlės (Klaipėdos R.) Problemos. Lietuvos archeologija 31, 2007, 91–108.

Dąbrowski 1968
J. Dąbrowski, Zabytki metalowe epoki brązu między dolną Wisłą a Niemnem. Breslau u. a. 1968.

Dąbrowski 2004
J. Dąbrowski, Ältere Bronzezeit in Polen. Warschau 2004.

Dąbrowski/Hensel 2005
J. Dąbrowski, Z. Hensel, Metallgießerei in der älteren Bronzezeit in Polen. Prähistorische Zeitschrift 80, 2005, 5–48.

Engel 1935
C. Engel, Vorgeschichte der altpreußischen Stämme. Untersuchungen über Siedlungstätigkeit und Kulturgruppen im vorgeschichtlichen Ostpreußen. Königsberg 1935.

Engel/Grenz 1962
C. Engel, R. Grenz, Typen ostpreußischer Hügelgräber. Göttinger Schriften zur Vor- und Frühgeschichte 3. Neumünster 1962.

---

83 Šturms 1936, 132.

Essen 1985
R. Essen, Die Nadeln in Polen II (Mittlere Bronzezeit.) Prähistorische Bronzefunde Abt. XIII, 9. München 1985.

Gaerte 1929
W. Gaerte, Urgeschichte Ostpreußens. Ostpreußische Landeskunde in Einzeldarstellungen. Königsberg 1929.

Gedl 1980
M. Gedl, Die Dolche und Stabdolche in Polen. Prähistorische Bronzefunde Abt. VI, 4. München 1980.

Gedl 1983
M. Gedl, Die Nadeln in Polen I (Frühe und ältere Bronzezeit). Prähistorische Bronzefunde Abt. XIII, 7. München 1983.

Gedl 1984
M. Gedl, Die Messer in Polen. Prähistorische Bronzefunde Abt. VII, 4. München 1984.

Gedl 1995
M. Gedl, Die Sicheln in Polen. Prähistorische Bronzefunde Abt. XVIII, 4. Stuttgart 1995.

Gedl 2009
M. Gedl, Die Lanzenspitzen in Polen. Prähistorische Bronzefunde Abt. V, 3. Mainz 2009.

Geisslinger 1984
H. Geißlinger, Depotfund. In: Reallexikon der Germanischen Altertumskunde V, 1984, 320–338.

Gimbutas 1965
M. Gimbutas, Bronze Age cultures in Central and Eastern Europe. Paris u. a. 1965.

Grigalavičienė 1995
E. Grigalavičienė, Žalvario ir ankstyvasis geležies amžius Lietuvoje. Vilnius 1995.

Hachmann 1957
R. Hachmann, Die frühe Bronzezeit im westlichen Ostseegebiet und ihre mittel- und südosteuropäischen Beziehungen. Beiheft zum Atlas der Urgeschichte 6. Hamburg 1957.

Hänsel 1968
B. Hänsel, Beiträge zur Chronologie der mittleren Bronzezeit im Karpatenbecken. Beiträge zur ur- und frühgeschichtlichen Archäologie des Mittelmeer-Kulturraumes 7. Bonn 1968.

Heltzer 1995
M. Heltzer, The „Idol from Šernai" and the question of Bronze Age amber provenance in the Eastern Mediterranean. Archaeologia Baltica 1, 1995, 52–56.

Heske 2008
I. Heske, Die bronze- und früheisenzeitlichen Funde der ehemaligen Prussia-Sammlung – Zur Bestandserfassung und wissenschaftlichen Auswertung. Archäologisches Nachrichtenblatt 13, 2008, 312–319.

Heske 2012
I. Heske, Wiederentdeckt – Der „Carl-Engel-Nachlass" in Göttingen. Acta Praehistorica et Archaeologica 44, 2012, 203–218.

Hollack 1908
E. Hollack, Erläuterungen zur vorgeschichtlichen Übersichtskarte von Ostpreußen. Glogau, Berlin 1908.

Ibsen/Skvorzov 2004
T. Ibsen, K. Skvorzov, Das Gräberfeld von Berezovka, Groß Ottenhagen – Ein wiederentdeckter Bestattungsplatz des 1. Jahrtausends n. Chr. im Kaliningrader Gebiet. Bericht der Römisch-Germanischen Kommission 85, 2004, 379–452.

Ille 1991
P. Ille, Totenbrauchtum in der älteren Bronzezeit auf den dänischen Inseln. Internationale Archäologie 2. Buch am Erlbach 1991.

Jacob-Friesen 1967
G. Jacob-Friesen, Bronzezeitliche Lanzenspitzen Norddeutschlands und Skandinaviens. Veröffentlichungen der urgeschichtlichen Sammlungen des Landesmuseums zu Hannover 17. Hildesheim 1967.

Kemke 1906
H. Kemke, Katalog des Prussia-Museums zu Königsberg i. Pr. Teil I: Steinzeit, Bronzezeit, Eisenzeit I (Latènezeit). Königsberg 1906.

Kersten 1936
K. Kersten, Zur älteren nordischen Bronzezeit. Veröffentlichungen der Schleswig-Holsteinischen Universitätsgesellschaft II:3. Neumünster 1936.

Kersten 1958
K. Kersten, Die Funde der älteren Bronzezeit in Pommern. Beiheft zum Atlas der Urgeschichte 7. Hamburg 1958.

Kibbert 1984
K. Kibbert, Die Äxte und Beile im mittleren Westdeutschland. Prähistorische Bronzefunde Abt. IX, 13. München 1984.

Lissauer 1904
A. Lissauer, Erster Bericht über die Tätigkeit der von der Deutschen anthropologischen Gesellschaft gewählten Kommission für prähistorische Typenkarten. Zeitschrift für Ethnologie 36, 1904, 537–607.

Mertins 1906
O. Mertins, Wegweiser durch die Urgeschichte Schlesiens und der Nachbargebiete. Breslau 1906.

Montelius 1917
O. Montelius, Minnen från vår forntid. I Stenåldern och bronsåldern. Stockholm 1917.

Mödlinger 2010
M. Mödlinger, Zur Dokumentation bronzezeitlicher Waffen und Werkzeuge aus dem ehemaligen Ostpreußen. Acta Praehistorica et Archaeologica 42, 2010, 109–153.

Müller-Karpe 1959
H. Müller-Karpe, Beiträge zur Chronologie der Urnenfelderzeit nördlich und südlich der Alpen. Römisch-Germanische Forschungen 22. Berlin 1959.

Nolte 2004
J. Nolte, Die ehemalige Bernsteinsammlung der Universität Königsberg. Arbeits- und Forschungsberichte zur Sächsischen Bodendenkmalpflege 46, 2004, 63–113.

Ovsjanov 1996
A. Ovsjanov, Die verschollenen Kunstschätze Königsbergs. Schicksale, Probleme, Nachforschungen und Funde. Deutsche Studien 33, 1996, 281–295.

Pászthory/Mayer 1998
K. Pászthory, E. F. Mayer, Die Äxte und Beile in Bayern. Prähistorische Bronzefunde Abt. IX, 20. Stuttgart 1998.

Petrescu-Dîmboviţa 1978
M. Petrescu-Dîmboviţa, Die Sicheln in Rumänien mit

Corpus der jung- und spätbronzezeitlichen Horte Rumäniens. Prähistorische Bronzefunde Abt. XVIII, 1. München 1978.

RANDSBORG 1972
K. Randsborg, From Period III to Period IV. Chronological studies of the Bronze Age in Southern Scandinavia and Northern Germany. Publications of the National Museum. Archaeological-Historical Series I, XV. Kopenhagen 1972.

REICH 2003
C. Reich, Archäologie einer vorgeschichtlichen Sammlung. Die Bestände des ehemaligen Prussia-Museums im Berliner Museum für Vor- und Frühgeschichte. Archäologisches Nachrichtenblatt 8, 2003, 14–23.

RITTERSHOFER 1983
K.-F. Rittershofer, Der Hortfund von Bühl und seine Beziehungen. Bericht der Römisch-Germanischen Kommission 64, 1983, 139–415.

ŘÍHOVSKÝ 1972
J. Říhovský, Die Messer in Mähren und dem Ostalpengebiet. Prähistorische Bronzefunde Abt. VII, 1. München 1972.

ŘÍHOVSKÝ 1979
J. Říhovský, Die Nadeln in Mähren und im Ostalpengebiet. Von der mittleren Bronzezeit bis zur älteren Eisenzeit. Prähistorische Bronzefunde Abt. XIII, 5. München 1979.

SAILE 1998
T. Saile, Untersuchungen zur ur- und frühgeschichtlichen Besiedlung der nördlichen Wetterau. Materialien zur Vor- und Frühgeschichte von Hessen 21. Wiesbaden 1998.

SAPOUNA-SAKELLARAKIS 1995
E. Sapouna-Sakellarakis, Die bronzenen Menschenfiguren auf Kreta und in der Ägäis. Prähistorische Bronzefunde Abt. I, 5. Stuttgart 1995.

SCHIER 1990
W. Schier, Die vorgeschichtliche Besiedlung im südlichen Maindreieck. Materialhefte zur bayerischen Vorgeschichte Reihe A. Fundinventare und Ausgrabungsbefunde 60. Kallmünz/Opf. 1990.

SCHMIDT 1904
H. Schmidt, Der Bronzesichelfund von Oberthau, Kr. Merseburg. Zeitschrift für Ethnologie 36, 1904, 416–452.

SCHUBART 1972
H. Schubart, Die Funde der älteren Bronzezeit in Mecklenburg. Offa-Bücher 26. Neumünster 1972.

SEGER 1909
H. Seger, Zur Chronologie der ostdeutschen Ösennadeln. Prähistorische Zeitschrift 1, 1909, 55–64.

SIDRYS/LUCHTANAS 1999
R. V. Sidrys, A. Luchtanas, Shining axes, spiral pins. Acta Archaeologica 70, 1999, 165–184.

SPROCKHOFF 1931
E. Sprockhoff, Die germanischen Griffzungenschwerter. Römisch-Germanische Forschungen V. Berlin, Leipzig 1931.

SPROCKHOFF 1956
E. Sprockhoff, Jungbronzezeitliche Hortfunde der Südzone des Nordischen Kreises, Periode V. Kataloge des Römisch-Germanischen Zentralmuseums zu Mainz 16. Mainz 1956.

STÖCKMANN im Druck
K. Stöckmann, Die bronzezeitlichen Metallfunde im Gebiet des ehemaligen Ostpreußens. Forschungsgeschichte, Typologie und Chronologie. Berliner Beiträge zur Vor- und Frühgeschichte NF. Im Druck.

ŠTURMS 1931
E. Šturms, Die bronzezeitlichen Funde in Lettland. Congressus Secundus Archaeologorum Balticorum Rigae, 19.–23. VIII. 1930. Acta Universitatis Latviensis Philologorum Et Philosophorum Ordinis Series, Tomus 1:1. Riga 1931, 103–144.

ŠTURMS 1936
E. Šturms, Die Ältere Bronzezeit im Ostbaltikum. Vorgeschichtliche Forschungen 10. Berlin, Leipzig 1936.

SZPUNAR 1987
A. Szpunar, Die Beile in Polen I (Flachbeile, Randleistenbeile, Randleistenmeißel). Prähistorische Bronzefunde Abt. IX, 16. München 1987.

TALLGREN 1926
A. M. Tallgren, La Pondide préscythique après l'introduction des métaux. Eurasia Septentrionalis Antiqua 2, 1926.

VLADÁR 1974
J. Vladár, Die Dolche in der Slowakei. Prähistorische Bronzefunde Abt. VI, 3. München 1974.

WILLROTH 1985
K.-H. Willroth, Aspekte älterbronzezeitlicher Deponierungen im südlichen Skandinavien. Germania 63:2, 1985, 361–400.

WÜSTEMANN 2004
H. Wüstemann, Die Schwerter in Ostdeutschland. Prähistorische Bronzefunde Abt. IV, 15. Stuttgart 2004.

ZICH 1996
B. Zich, Studien zur regionalen und chronologischen Gliederung der nördlichen Aunjetitzer Kultur. Vorgeschichtliche Forschungen 20. Berlin, New York 1996.

Ein „Nebenprodukt" der Siedlungsforschung: Keramische Becken und Gürtelbuckel aus Mecklenburg-Vorpommern

von Jens-Peter Schmidt

Während der letzten zwei Jahrzehnte sind in Mecklenburg-Vorpommern zahlreiche bronzezeitliche Siedlungsplätze neu entdeckt und partiell für die wissenschaftliche Forschung erschlossen worden. Zum weitaus größten Teil fanden diese Untersuchungen im Rahmen von verursacherfinanzierten Ausgrabungen statt, die im Zuge des nach der politischen Wende 1989 einsetzenden Baubooms vielerorts notwendig wurden. Zwar war bei diesen Maßnahmen die Auswahl der Untersuchungsobjekte nicht durch wissenschaftliche Fragestellungen bestimmt, sondern durch die Linienführung und Flächeninanspruchnahme des geplanten Bauvorhabens vorgegeben, dennoch war ihr wissenschaftlicher Nutzen enorm, da sie fast landesweit Einblicke in den untertägig erhaltenen Denkmalbestand vermittelten.

Lange Zeit hatte in Mecklenburg-Vorpommern die Untersuchung von Grabfunden im Mittelpunkt der Bronzezeitforschung gestanden. Zwar waren bereits um 1960 erste Siedlungsgrabungen durchgeführt worden, doch beschränkten sich diese auf bronzezeitliche Befestigungsanlagen ohne auch die zeitgleichen offenen Siedlungen einzubeziehen.[1] Das wissenschaftliche Interesse an offenen Siedlungen - und auch dem aus ihnen geborgenem Keramikmaterial - nimmt erst gegen Ende der 1970er Jahre spürbar zu.[2] Fortan finden sich in den Fachzeitschriften vermehrt auch Beiträge zu bronzezeitlichen Siedlungsgrabungen. Meist handelt es sich dabei jedoch um einzelne oder wenige, im Rahmen von Notbergungen freigelegte Gruben, während Flächengrabungen und vor allem gesicherte Hausgrundrisse auch weiterhin weitgehend fehlen. Dies ändert sich erst in den 1990er Jahren, die insbesondere für die Siedlungsforschung im Land einen enormen Aufschwung bringen.

Besonders die Ausgrabungen im Rahmen infrastruktureller Großbauvorhaben wie dem Bau der Ostseeautobahn A 20, dem Neubau der Autobahn A 14 oder der Verlegung von Erdgasleitungen wie der Nordeuropäischen Erdgasleitung (NEL) und der Ostseepipelineanbindungsleitung (OPAL) führten zur Auffindung und großflächigen Untersuchung vieler gut erhaltener bronzezeitlicher Siedlungsplätze.[3] Doch auch kleinere lineare Projekte oder Erschließungsarbeiten für Flächenbauvorhaben[4] erbrachten immer wieder interessante Ergebnisse zur bronzezeitlichen Besiedlung, so dass mittlerweile erste grundlegende Erkenntnisse zur Siedlungsweise und Wirtschaftsstruktur jener Zeit vorliegen.

Dass bei diesen Untersuchungen auch große Mengen an Fundmaterial zutage kamen, versteht sich fast von selbst. Bronzeobjekte machen dabei den geringsten Anteil aus, wobei insbesondere während der letzten Jahre auffallend häufig Knopfsicheln gefunden wurden, für die teilweise eine intentionelle Niederlegung im Bereich der Siedlungen angenommen wird.[5] Häufiger sind Steingeräte und Tierknochen, bisweilen auch Knochengeräte, überliefert. Auch Nachweise für die Tätigkeit von Metallhandwerkern innerhalb der Siedlungen sind in den letzten Jahren vermehrt ermittelt worden.[6] Den überwiegenden Teil des Fundmaterials machen allerdings Keramikscherben aus, die zumindest für die jüngere Phase der Bronzezeit einen guten Einblick in das Typenspektrum der zeittypischen Keramik vermitteln.[7] Überwiegend handelt es sich dabei um Fragmente einfacher Siedlungsware, nur selten finden sich dazwischen aber auch besser gearbeitete, aufwändiger verzierte Scherben, die zumeist Einflüsse aus dem Bereich der Lausitzer Kultur belegen, oder Keramikfragmente, die zunächst keine eindeutige Typenzuordnung erlauben. Zwei solche Scherben fand man 2004 in Gützkow, Ldkr. Vorpommern-Greifswald, und identifizierte sie als Bruchstücke von Miniaturbecken aus Ton. Es waren seinerzeit die ersten Fundstücke dieser Art in Mecklenburg-Vorpommern, doch liegen mittlerweile weitere Vertreter dieser Fundgattung vor, die nachfolgend vorgestellt werden sollen.

Tönerne Becken aus Mecklenburg-Vorpommern

Bei den Ausgrabungen im Trassenverlauf der Ortsumgehung Gützkow im Ldkr. Vorpommern-Greifswald wurde im Frühjahr 2004 ein jungbronzezeitlicher Siedlungsplatz untersucht,

---

1 Unverzagt 1957.
2 Brandt/Schmidt 1997, 105ff.
3 Zum Beispiel: Autobahn 2005, 49ff. Schmidt 2009; 2013.
4 Anzuführen sind beispielsweise die Hausbefunde von Kaschow, Ldkr. Vorpommern-Rügen (KFB 2010, 304f.; 304 Abb. 45) oder Wismar, Ldkr. Nordwestmecklenburg (KFB 2005, 388f.).
5 Bützow (KFB 2009, 428), Diedrichshagen (KFB 2011, 334 Abb. 40), Ferdinandshof (KFB 2009, 429), Neuhof/Usedom (KFB 1998, 581 Abb. 88), Pelsin (KFB 2009, 435 Abb. 33), alle Ldkr. Vorpommern-Greifswald, Klein Wokern, Ldkr. Rostock (KFB im Druck), Voigdehagen, Ldkr. Vorpommern-Rügen (Klammt 2004).
6 Schmidt 2006a, 35ff. Anm. 96. Jantzen/Kuhlmann 2009.
7 Zum Beispiel Schmidt 2006a, 18ff.

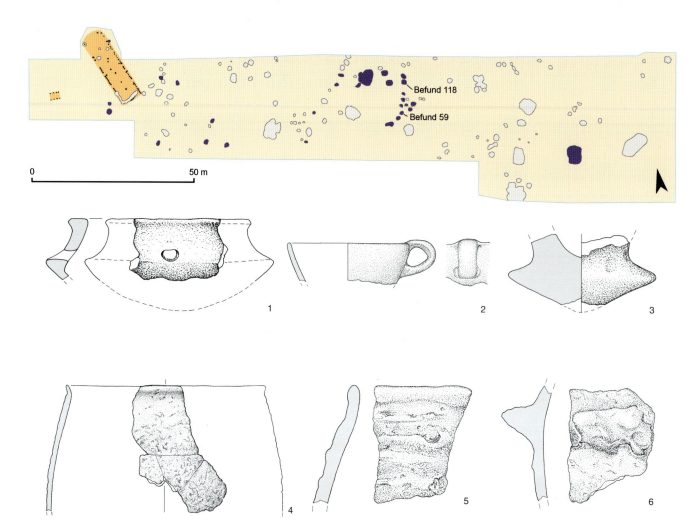

▲ *Abb. 1 (oben): Gützkow, Ldkr. Vorpommern-Greifswald, Fpl. 41. Grabungsplan. Vorratsgruben (blau) und Hausflächen (orange) hervorgehoben.*

▲ *Abb. 2 (unten): Gützkow, Ldkr. Vorpommern-Greifswald, Fpl. 41. Keramikinventare von Befund 59 (1.4) und Befund 118 (2-3.5-6). 2.4 M.1:4; sonst M. 1:2.*

der anhand der Keramikfunde in die entwickelte Periode IV und beginnende Periode V datiert werden konnte.[8] Neben gut erhaltenen Baustrukturen und anderen siedlungstypischen Befunden kam im Mittelfeld der Grabungsfläche ein Speichergrubenareal aus 16 dicht nebeneinander liegenden Einzelgruben zutage, die halbkreisförmig um eine befundfreie Fläche von etwa 15 m Durchmesser angeordnet waren (Abb. 1). Aus den dortigen Gruben sind nicht nur zahlreiche Keramikscherben, sondern auch Hinweise auf lokale Buntmetallverarbeitung, relativ viele Bernsteinabfälle sowie zwei Bruchstücke tönerner Becken überliefert.

Letztere stammen aus den Befunden 59 und 118, die nur 8 m voneinander entfernt aufgedeckt wurden und an weiteren Keramikfunden vornehmlich Bruchstücke von gerauten Tonnen, die teilweise mit groben Grifflappen versehen waren, sowie das Fragment einer Tasse mit bandförmigem Henkel erbrachten (Abb. 2). Das Beckenteil aus Befund 59 ist außen sorgfältig, innen hingegen nur recht grob geglättet (Abb. 2,1).[9] Es hat einen außen verdickten, horizontal abgestrichenen Rand, eine konkav einschwingende Halspartie, die am relativ scharfen, etwa 10,5 cm weiten Bauchumbruch endet, und ein gewölbtes Unterteil. Teile eines Standbodens sind nicht erhalten. Unmittelbar oberhalb des Bauchumbruchs befindet sich eine ovale, 1,1 x 0,8 cm große Lochung. Das Gefäßfragment aus Befund 118 ist dagegen weniger sorgfältig geglättet und auch ansonsten gröber gearbeitet, was nicht zuletzt auch die bis zu 2,6 cm starke Wandung und erkennbare Fingerdruckstellen unterhalb des Umbruches belegen (Abb. 2,3).[10] Es hat einen doppelkonischen, massiv gearbeiteten Gefäßkörper mit scharfem, 8 cm weitem Umbruch und eine ausbiegende, nur in Ansätzen erhaltene Halszone. Der Bodenbereich ist abgeplattet, so dass unklar bleibt, ob dort ein Boden ausgebildet oder eine bodenknopfartige Verdickung vorhanden war. Hinweise auf eine Durchlochung der Wandung waren nicht erhalten.

Kurz darauf wurde im Herbst 2004 bei den Ausgrabungen im Verlauf der Bundesstraße B 96n auf Rügen der Fundplatz Drammendorf 5 untersucht. Auf der 2400 m² großen Untersuchungsfläche kamen fast 100 Befunde zutage, die eine Nutzung des Geländes während der jüngeren Bronzezeit sowie in jungslawischer Zeit er-

---

8 SCHMIDT 2006a.
9 ALM 2004/465,119.
10 ALM 2004/465,216.

Ein „Nebenprodukt" der Siedlungsforschung

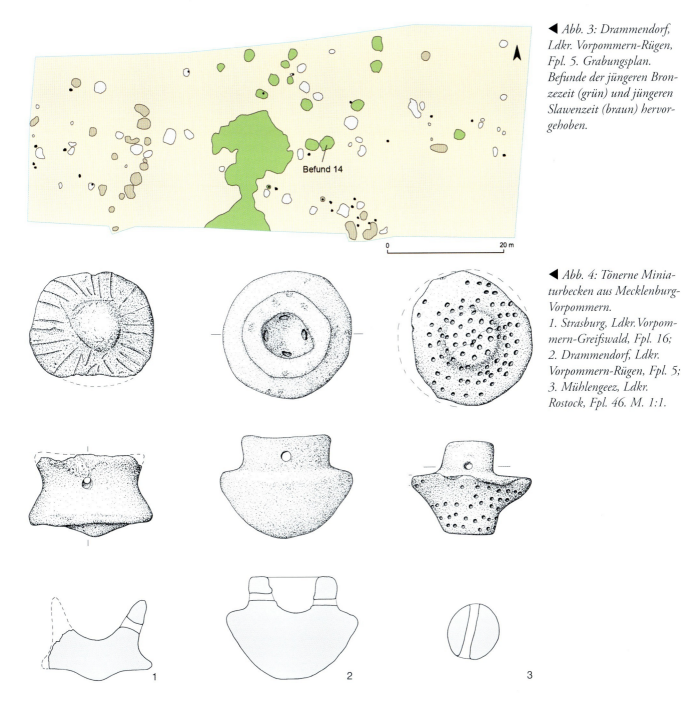

◀ Abb. 3: Drammendorf, Ldkr. Vorpommern-Rügen, Fpl. 5. Grabungsplan. Befunde der jüngeren Bronzezeit (grün) und jüngeren Slawenzeit (braun) hervorgehoben.

◀ Abb. 4: Tönerne Miniaturbecken aus Mecklenburg-Vorpommern.
1. Strasburg, Ldkr. Vorpommern-Greifswald, Fpl. 16;
2. Drammendorf, Ldkr. Vorpommern-Rügen, Fpl. 5;
3. Mühlengeez, Ldkr. Rostock, Fpl. 46. M. 1:1.

kennen lassen (Abb. 3). Die dort aufgedeckten bronzezeitlichen Befunde gehören in die späte Periode V sowie frühe Periode VI und dienten vornehmlich dem Abbau von Geschiebemergel sowie in Zweitnutzung der Entsorgung von Siedlungsabfällen. Dies gilt auch für die im Planum 2,4 x 2,2 m große, 0,58 m tiefe Grube 14, die annähernd mittig auf der Grabungsfläche liegt und abgesehen von einigen unsignifikanten Keramikscherben und einer 11,3 cm langen Flintklinge vom Typ Stenild mit Sichelglanz ein intaktes Miniaturbecken enthielt.[11]

Das Becken ist vollständig erhalten, 3,3 cm hoch und am Umbruch 3,45 cm weit (Abb. 4,2). Die Oberfläche ist relativ sorgfältig geglättet. Das halbkugelige, massive Unterteil besitzt keinen Standboden. Der Umbruch zur Schulter ist relativ scharf, der Übergang zum zylindrischen, mit vier gegenständigen Durchlochungen versehenen Halsbereich etwas weicher gestaltet. Nur bis in eine Tiefe von etwa 1 cm, also bis kurz unterhalb der vier Durchlochungen ist das Gefäß im Halsbereich innen hohl.

Schon 1987 war in Broock, Ldkr. Mecklenburgische Seenplatte, Fpl. 2, bei einer Notbergung ein Tonbeckenfragment geborgen worden, doch war es erst 2011 bei der Neuinventarisierung des Materials als solches erkannt worden.[12] Es stammt

---

11 ALM 2004,1486, 62. Schmidt 2006b. Saalow/Schmidt 2009, 73f.; 74 Abb. 9,11.

12 ALM 2011/1366. Den Hinweis verdanke ich Dr. Ulrich Schoknecht, Waren.

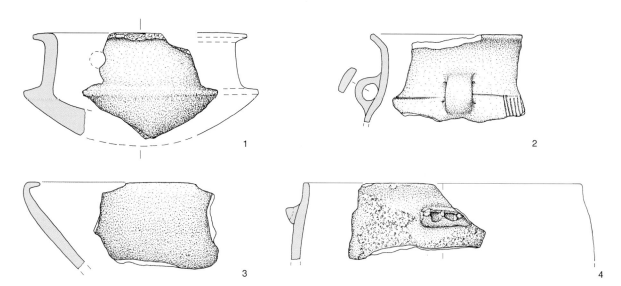

▲ Abb. 5: Broock, Ldkr. Mecklenburgische Seenplatte, Fpl. 2. Keramikinventar der Grube 4. 1 und 3 M. 1:2; 2 und 4 M. 1:4.

aus einer Siedlungsgrube, die durch ehrenamtliche Bodendenkmalpfleger im Bereich eines Kiestagebaus oberhalb der Tollenseniederung untersucht wurde.[13] Bei der Scherbe handelt es sich um das Fragment eines Gefäßes mit flach gewölbtem Unterteil, scharfem Umbruch und konischem Hals mit scharf ausbiegendem Rand (Abb. 5,1). Die Oberfläche ist sorgfältig geglättet, der Ton fein gemagert. Der größte Durchmesser des Gefäßes betrug ehemals etwa 13 cm, die Höhe etwa 6 cm, wobei sich keine Hinweise auf einen Standboden ergaben. Dafür fanden sich in etwa auf halber Halshöhe Reste einer etwa 0,75 cm weiten runden Durchlochung. Aus derselben Grube stammen außerdem Scherben von gerauten Tonnen mit segmentierten Fingertupfenleisten unterhalb des Randes, Schalen mit einbiegendem Rand sowie das Fragment eines Kegelhalsgefäßes mit Bandhenkel am Halsansatz und senkrechten Strichgruppen auf der Schulter (Abb. 5,2).

Ebenfalls seit längerem bekannt ist das 1997 beim Bau der Rohstoffleitung Rostock-Böhlen geborgene Tonobjekt aus Mühlengeez, Ldkr. Rostock, Fpl. 46 (Abb. 4,3).[14] Dort waren durch den Trassenverlauf Teile eines jungbronzezeitlichen Siedlungsareals tangiert und 34 nur noch flach erhaltene Befunde untersucht worden. Eine im Planum 1,7 m große, 28 cm tief erhaltene, runde Abfallgrube enthielt außer einigen Keramikscherben, darunter Fragmente eines geglätteten Kegelhalsgefäßes und einer leicht gerauten Tonne mit geglätteter Randzone, ein massives, stöpselartiges Tonobjekt. Der rückwärtige Zapfen ist 0,8 cm lang, hat einen runden, 1,4 cm starken Querschnitt und ist im oberen Teil einmal durchlocht. Er trägt ein annähernd konisches, 3,5 cm weites Oberteil mit abgeflachtem Mittelbereich und leicht konkav einschwingenden Seitenflächen. Verziert ist das Oberteil nahezu flächendeckend durch sechs konzentrische Kreise aus Einstichen mit einem Durchmesser von 0,1–0,15 cm, die sehr flüchtig aufgebracht sind. Das hellbraune, geglättete Stück hat eine Gesamthöhe von 2,6 cm.

Während es sich bei den bislang genannten Stücken um Funde aus Siedlungsgrabungen handelt, wurde das „spulenförmige Tonobjekt" aus Strasburg, Ldkr. Vorpommern-Greifswald, Fpl. 16, im Jahre 2000 bei einer Feldbegehung aufgelesen (Abb. 4,1).[15] Es stammt aus einem Bereich, der vornehmlich trichterbecherzeitliche Funde, vereinzelt aber auch bronzezeitliche Siedlungskeramik erbracht hatte, so dass auch für dieses Stück ein Siedlungskontext möglich ist. Der 3,3 cm durchmessende Boden hat einen gerundeten Mittelbuckel, ist aber ansonsten annähernd plan. Eine Schulter ist kaum ausgeprägt, sie geht fließend in eine konkav einschwingende Halspartie über. Etwa mittig befindet sich dort eine 0,25 cm weite Durchlochung. Vermutlich hatte das 2,2 cm hohe Stück ehemals zwei gegenständige Löcher, doch ist die gegenüber liegende Seite nicht erhalten. Der Gefäßboden ist durch eine flache, den Mittelbuckel einfassende Kreisrille verziert, von der aus radiale, unsorgfältig aufgebrachte Ritzlinien zum Rand verlaufen. Der Gefäßinnenraum reicht etwa 1,2 cm tief.

Gürtelbuckel in Ton

Nachdem 2004 bei den Untersuchungen in Gützkow die ersten Tonbeckennachweise für Mecklenburg-Vorpommern zutage gekommen waren, wurde im Frühjahr 2005 in Diedrichshagen, Ldkr. Rostock, Fpl. 17, der erste tönerne Gürtelbuckel entdeckt.[16] Geborgen wurde dieser im Rahmen einer archäologischen Rettungsgrabung im Verlauf einer Erdgashochdruckleitung, als auf der 3 m breiten Trasse über eine Strecke von 180 m Abschnitte eines mehrphasigen Siedlungsplatzes freigelegt worden waren. Aus der im Planum run-

---

13 Zum Fundplatz allgemein: HARTMANN 1995.
14 ALM 1997/909,7. KFB 1997, 377 Abb. 90. Zur Gesamtmaßnahme: SCHMIDT 1998, 506f.; 508f. Abb. 8–9.
15 KFB 2000, 417 Abb. 71,2. Den Hinweis auf dieses Fundstück verdanke ich Dr. Michael Schirren, Stralsund.
16 ALM 2005/814,18. KFB 2005, 381 Abb. 26. SCHMIDT 2006b.

den, 1,2 m großen und 0,4 m tiefen Grube 13 barg der Ausgräber außer den Fragmenten eines doppelkonischen Gefäßes (Abb. 6,1) einen nahezu intakt überlieferten tönernen Gürtelbuckel.

Das Fundstück hat ein relativ dünnwandiges, hohles Unterteil mit einem 2,9 cm hohen, 1,7 cm starken, massiven Aufsatz, der von einem kleinen, leicht konischen Endknopf bekrönt wird (Abb. 6,2). Das Stück ist insgesamt 4,65 cm hoch, das Unterteil hat einen Durchmesser von 3,8 cm. Die dunkelbraune Oberfläche ist relativ grob überarbeitet, wobei der Knopfbereich jedoch sorgfältig geglättet ist. Am unteren Rand des kalottenförmigen Unterteils befinden sich zwei 0,5 cm weite Durchlochungen, von denen eine allerdings ausgebrochen ist.

Fragmente eines sehr ähnlichen Tonobjekts wurden 2008 bei Erdarbeiten im Bereich eines Bebauungsgebietes am südlichen Stadtrand von Anklam geborgen, als auf dem Fundplatz Anklam 46 mehrere jungbronzezeitliche Gruben entdeckt und ausgegraben wurden.[17] Die Grube barg außer diversen Scherben jungbronzezeitlicher Siedlungsware, überwiegend Fragmente von grob gerauten Tonnen mit geradem oder konkav einschwingendem Rand, auch mehrere Bruchstücke eines tönernen Gürtelbuckels. Erhalten sind zwei Fragmente des halbkugeligen, relativ dünnwandigen, kalottenförmigen Unterteils sowie der etwa 5 cm hohe, im Durchmesser 2 cm starke, massive Aufsatz (Abb. 6,3). Dieser war durch einen konischen, 1,5 cm hohen, oben 2 cm weiten Knopf bekrönt und kurz unterhalb des Knopfes durch zwei umlaufende Rillen verziert. Ehemals dürfte das nur unsorgfältig geglättete Objekt mindestens 7 cm hoch und am Unterteil 6,5 cm weit gewesen sein.

Ton statt Bronze
Bei den vorgestellten Fundstücken handelt es sich zum einen um Imitationen gegossener Bronzebecken, zum anderen um tönerne Gürtelbuckel, also einer Fundgattung, deren bronzene Vorbilder in den jungbronzezeitlichen Hortfunden garniturartig zusammen mit Bronzebecken vorkommen. Während Tonbecken bereits seit längerem durch Einzelnachweise in der Forschung bekannt sind, konnten keramische Gürtelbuckel erstmals nachgewiesen werden.

In beiden Fällen handelt es sich um Nachbildungen von Bronzeobjekten, die nicht nur zu den Leittypen des nordischen Kreises der jüngeren Bronzezeit, sondern aufgrund ihrer komplizierten Herstellung auch zu den handwerklichen Meisterleistungen ihrer Zeit zählen. Anders als ihre bronzenen Vorbilder, die stets kunstvolle Ziermotive aufweisen, sind die tönernen Nachbildungen

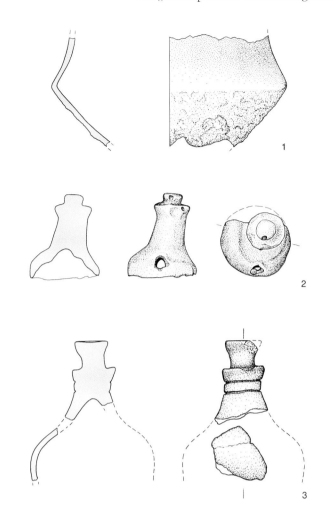

▲ Abb. 6: Tönerne Gürtelbuckel aus Mecklenburg-Vorpommern. 1–2 Diedrichshagen, Ldkr. Rostock, Fpl. 17; 3. Anklam, Ldkr. Vorpommern-Greifswald, Fpl. 46. 1 M. 1:4; 2–3 M. 1:2.

in der Regel unverziert[18] und zudem erheblich kleiner, so dass sie als Miniaturbecken oder Miniaturgürtelbuckel bezeichnet werden können. Während die allgemeine Grundform der Becken den gegossenen Vorbildern nachempfunden ist, gibt es offenbar regionale Besonderheiten bei den Gestaltungsdetails. So weisen die ostniedersächsischen Vertreter meist einen Omphalosboden auf, der bei den anderen Becken fehlt. Dagegen sind die skandinavischen Tonbecken häufig mit Befestigungsschlitzen versehen, während die norddeutschen Becken durchweg runde Löcher aufweisen, was allerdings auch durch chronologische Unterschiede begründet sein könnte.

Der derzeit bekannte Fundbestand an tönernen Becken ist recht überschaubar. Neben den Fundstücken aus Mecklenburg-Vorpommern sind in diesem Zusammenhang vornehmlich niedersächsische Fundplätze anzuführen. Diese konzentrieren sich zum einen im Wesermündungsraum, wo mit Rodenkirchen, Ldkr. Wesermarsch[19], Flögeln[20] und Schiffdorf, beide Ldkr. Cuxha-

---

17 ALM 2008/76 (Grube 7). Für die Bereitstellung des unpublizierten Fundmaterials danke ich Mario Hollnecker, Pasewalk.

18 Eine Ausnahme stellt insbesondere das jüngst vorgestellte Fundstück aus Watenstedt dar (Heske 2011).

19 Strahl 2005, 519 Abb. 11.

20 Zimmermann 1976, 3.

Abb. 7: Vorkommen tönerner Becken und Gürtelbuckel sowie gegossener Bronzebecken in Mecklenburg-Vorpommern. Becken der Periode IV 🟢, Becken der Periode V 🔴, tönerne Becken ★, tönerne Gürtelbuckel ☆. Nummerierung: Liste 1.

ven[21], drei Siedlungsplätze bekannt sind, bei deren Untersuchung meist mehrere Fundstücke zutage kamen, zum anderen im nördlichen Harzvorland, wo für Watenstedt[22] ebenfalls mehrere und für Süpplingen, beide Ldkr. Helmstedt[23], ein tönernes Becken vorliegen. Dieser Gruppe zuzurechnen ist auch das jüngst publizierte Stück aus Haldensleben in Sachsen-Anhalt.[24] Während es sich bei diesen Objekten – genau wie bei den mecklenburg-vorpommerschen Stücken - durchweg um Siedlungsfunde handelt, gibt es aus Niedersachsen zudem ein Urnengrab, dem als Beigefäß ein Tonbecken mitgegeben war. Dieses wurde bei Stederdorf, Ldkr. Uelzen, entdeckt.[25]

Für das Kerngebiet der nordischen Bronzezeit ist das Fundbild deutlich spärlicher. So ist für die jütische Halbinsel derzeit nur ein Nachweis aus Vindum, Viborg amt, bekannt,[26] und auch für Seeland kann mit dem Siedlungsfund aus Ganløse, Københavns amt, nur ein Beleg angeführt werden.[27] Aus Südschweden liegen insgesamt drei Tonbecken vor, doch stammen diese aus einem Grabkomplex, der in Hovgården, Ivö sn., Schonen, ausgegraben wurde.[28] Vergleicht man das derzeit bekannte Vorkommen von Tonbecken mit der Verbreitung gegossener Bronzebecken, so wird deutlich, dass die tönernen Imitationen vornehmlich im Randbereich des Bronzebeckenverbreitungsgebietes vorkommen, die zudem teilweise nur bedingt dem Kulturgebiet der nordischen Bronzezeit zugerechnet werden.[29] Auch die Fundstücke aus Mecklenburg-Vorpommern liegen vornehmlich an der östlichen Peripherie (Abb. 7), wobei aber bemerkenswert ist, dass gerade für diese Region überregionale Kontakte in den nördlichen Harzvorraum wahrscheinlich gemacht werden können.[30]

Datierung

Die genaue Datierung der hier vorgestellten Fundstücke innerhalb der jüngeren Bronzezeit ist schwierig, da die vergesellschaftete Siedlungskeramik zumeist nur eine grobe zeitliche Ansprache erlaubt. Daher wurde versucht, durch Einbeziehung der bronzenen Vorbilder eine zeitliche Zuordnung der tönernen Miniaturausführungen vorzunehmen.

So ergeben sich für das Fundstück aus Strasburg (Abb. 4,1) formale Anknüpfungspunkte zu den älterbronzezeitlichen Gürteldosen, deren plane Schauseite meist durch sternförmige Muster verziert ist.[31] Am nächsten kommt dem Strasburger Ziermotiv die Dose von Weltzin, Ldkr. Mecklenburgische Seenplatte, die ausschließlich einen zentralen Stern mit flachem Mittelknopf

---

21 Dort wurden von einem Siedlungsplatz drei Exemplare geborgen (SCHÖN 1989, 31f.; 31 Abb. 3). Für den Hinweis und ergänzende Informationen danke ich Dr. Hauke Jöns und Dr. Erwin Strahl, beide Niedersächsisches Institut für historische Küstenforschung, Wilhelmshaven.
22 HESKE u. a. 2010, 175 Abb. 16b. HESKE 2011.
23 HESKE 2000.
24 SCHRICKEL 2012.
25 HARCK 1981, 44 Abb. 2.
26 BROHOLM 1953, 42 Abb. 306 a.
27 PEDERSEN 1987, 139 Abb. 74,1 unten links.
28 OLDEBERG 1950.
29 HESKE 2008, 28 Abb. 3. HESKE/WIECKOWSKA 2012, 136 Abb. 3 rechts. SCHRICKEL 2012.
30 HESKE 2008, 35 Abb. 8. Dies gilt insbesondere für Sophienhof, Ldkr. Vorpommern-Greifswald, Nr. 17. auf Abb. 7
31 HUNDT 1997, 14f.

aufweist.³² Der überkragende Rand des Strasburger Tonbeckens ist jedoch ein Merkmal der Großdosen vom Typ Groß-Schwaß, die außerdem vornehmlich im östlichen Mecklenburg und dem nördlichen Vorpommern vorkommen und bereits Periode IV zuzuweisen sind.³³ Eine Datierung des Miniaturbeckens von Strasburg in die jüngere Bronzezeit stützt außerdem das sowohl formal als auch in seinen Abmessungen vergleichbare, allerdings unverzierte Exemplar aus Rodenkirchen, Ldkr. Wesermarsch, das von einem Siedlungsplatz der entwickelten Jungbronzezeit geborgen wurde.³⁴

Etwas jünger als das Strasburger Stück sind die beiden Gützkower Fragmente anzusetzen, denn sie stammen aus einer Siedlung, die während der entwickelten Periode IV und beginnenden Periode V bestand.³⁵ Zu diesem Ergebnis gelangt man auch, wenn man die Tongefäße mit den gegossenen Becken vergleicht. So lässt sich das Beckenbruchstück aus Befund 118 (Abb. 2,3), zu dem es eine enge Parallele aus Schiffdorf, Ldkr. Cuxhaven, gibt, gut mit den geradlinig konturierten, zum Halsbereich einziehenden Becken der Periode IV vergleichen.³⁶ Wie jedoch auch das Stück aus Bentzin, Ldkr. Mecklenburgische Seenplatte³⁷, zeigt, wurde dieser Typ aber bis in die frühe Periode V hinein gefertigt, was verdeutlicht, dass eine exakte Trennung von Becken der späten Periode IV und solchen der älteren Periode V oft nicht möglich ist.³⁸

Das zweite Stück aus Gützkow (Abb. 2,1) besitzt einen gewölbten Boden wie er typisch für die Periode V-zeitlichen Becken ist.³⁹ Außerdem schwingt die Halspartie konkav ein und der Rand ist leicht nach außen verdickt. Die Scherbe dürfte von einem Gefäß stammen, das dem etwas kleineren, nach Periode IV-V datierten keramischen Miniaturbecken aus Stedersdorf, Ldkr. Uelzen, gleicht.⁴⁰ Mit den Objekten von Göhlen, Ldkr. Ludwigslust-Parchim, oder Kluess, Ldkr. Rostock,⁴¹ sind jedoch auch analoge Bronzebecken anzuführen, so dass auch hier eine Einordnung in die späte Periode IV oder frühe Periode V vorzunehmen ist.

Das Tonbecken aus Broock (Abb. 5,1) hat ebenfalls einen gewölbten Boden und einen außen verdickten Rand, doch ist der Halsbereich schärfer konturiert und nicht geschwungen. Es findet unter anderem in Brook, Ldkr. Ludwigslust-Parchim, oder Lübberstorf, Ldkr. Nordwestmecklenburg,⁴² gute metallene Parallelen und ist daher nach Periode V zu setzen. Erst während der entwickelten Periode V wurde auch das Drammendorfer Miniaturbecken (Abb. 4,2) gefertigt, dessen Boden hochgewölbt ist und 2/3 der Gesamthöhe einnimmt. Es entspricht formal den späten Becken wie sie aus Brook, Ldkr. Ludwigslust-Parchim, oder der „Gegend von Neubrandenburg" vorliegen.⁴³

Eine Sonderstellung im Fundmaterial nimmt das Tonobjekt aus Mühlengeez (Abb. 4,3) ein, denn zum einen ist es vollständig massiv gearbeitet, zum anderen flächig verziert, während alle anderen Stücke – abgesehen von Strasburg – keine Ornamentik aufweisen. Betrachtet man zunächst seine Formgebung, so ergeben sich Anknüpfungspunkte zu den Becken der Typen XXII A und XXII B 1 nach Baudou⁴⁴, wobei der Mittelknopf jedoch überproportional dargestellt wäre, was aber möglicherweise der geringen Größe des Objektes geschuldet ist.⁴⁵ Die konzentrischen Einstiche lassen sich am ehesten mit den plastisch profilierten Bronzebecken vergleichen, die mit konzentrischen Kreisen aus Buckeln oder Ringbuckeln verziert sind. Diese finden sich zwar bereits in Periode IV, doch kommen sie vornehmlich während Periode V vor.⁴⁶

Tönerne Gürtelbuckelimitate
Bronzene Gürtelbuckel kommen in den jungbronzezeitlichen Hortfunden häufig zusammen mit gegossenen Bronzebecken vor, doch waren tönerne Gürtelbuckelimitate bislang unbekannt. Die beiden hier vorgestellten Stücke belegen jedoch, dass auch diese Fundgattung in Ton nachgebildet wurde. Während von dem Anklamer Exemplar (Abb. 5,3) nur die massive Spitze und zwei Fragmente der Glocke erhalten sind, liegt der Diedrichshagener Buckel (Abb. 5,2) annähernd vollständig vor und lässt erkennen, dass auch diese Objekte mit runden Durchbrechungen zur Befestigung versehen waren. Bemerkenswert ist, dass sich der obere Abschluss bei beiden Stücken leicht verbreitet und durch einen konischen Endknopf bekrönt wird. Zudem ist der Buckel aus Anklam im Mittelbereich der Spitze durch zwei umlaufende Rillen verziert, was offenbar die Verzierung bronzener Buckel nachahmt.

---

32 Schoknecht 2005.
33 Hundt 1997, 19f. Abb. 4; Taf. 3,2. Zur Datierung vgl. Sprockhoff/Hockmann 1979, 19; 99f.
34 Strahl 2005, 519 Abb. 11.
35 Schmidt 2006a, 46.
36 Baudou 1960, 70 Typ XXII B 1; Taf. XIV.
37 Schoknecht 1984, 98 Abb. 1.
38 Sprockhoff/Hockmann 1979, 25
39 Baudou 1960, 70f.; Typ XXII B 2 a.
40 Harck 1981, 51f.; 47 Abb. 2. Ähnlich datiert auch das gut vergleichbare Fragment aus Ganløse (Pedersen 1987).
41 Sprockhoff/Hockmann 1979, 97 Nr. 328; Taf. 239 (Göhlen); 99 Nr. 340; Taf. 241 (Kluess).

42 Sprockhoff/Hockmann 1979, 95f. Nr. 320; Taf. 235 (Brook); 100 Nr. 346–347; Taf. 245–246 (Lübberstorf).
43 Sprockhoff/Hockmann 1979, 95f. Nr. 319; Taf. 236 (Brook); 102 Nr. 253; Taf. 250 (Neubrandenburg).
44 Baudou 1960, Taf. XIV.
45 Vgl. z.B. Sprockhoff/Hockmann 1979, Taf. 72.
46 Periode IV: Sprockhoff/Hockmann 1979, 114 Nr. 420–421; Taf. 316 (Wacken). Periode V: z.B. Ebd. 79 Nr. 205; Taf. 106 (Nedergård); 88 Nr. 272; Taf. 132 (Vester-Doense); 110 Nr. 395; Taf. 295 (Eutin); 115 Nr. 428; Nr. 319 (Wintershagen).

Die formalen Übereinstimmungen der tönernen Gürtelbuckel mit den bronzenen Vorbildern sind unverkennbar, wobei das Anklamer Stück auch ähnliche Abmessungen aufweist, während das Diedrichshagener Exemplar deutlich kleiner ausgeführt ist. Beide Exemplare lassen sich einem Typ zuordnen, der durch ein geschwungenes, glockenförmiges Profil mit zylindrischer, scheibenbekrönter Spitze gekennzeichnet ist.[47] Vornehmlich kommen diese Buckel während Periode V vor, doch sind einige sehr große Exemplare auch aus Horten der Periode VI überliefert.[48] Für Norddeutschland sind – abgesehen vom östlichen Holstein – nur relativ wenige Vertreter dieses Typs nachgewiesen, doch liegt aus Lübbersdorf, Ldkr. Mecklenburgische Seenplatte, ein Gürtelbuckel vor, der selbst in der Profilierung des Endknopfes mit beiden Tonbuckeln gut vergleichbar ist.[49] Eine Datierung der tönernen Gürtelbuckel nach Periode V ist daher anzunehmen.

Deutung

Über die Verwendung und Funktion der vorgestellten Fundstücke lässt sich derzeit keine allgemeingültige Aussage treffen.[50] Die Nutzungsmöglichkeiten sind ähnlich vielfältig wie bei den gegossenen Bronzebecken, bei denen die Frage der Verwendung ebenfalls noch immer nicht abschließend geklärt ist.[51] Eine Trageweise am Gürtel wäre zwar möglich, angesichts der geringen Größe und der Zerbrechlichkeit aber wohl kaum anzunehmen. Eine „symbolische Gefäßnutzung", wie sie auch für das Gros der Miniaturgefäße vermutet wird, erscheint daher wahrscheinlicher.[52]

Insbesondere für Grabfunde wäre diese Erklärung einleuchtend. Schon A. Oldeberg stellte fest, dass die Tonbecken „sicher als billiger Ersatz für Hängegefäße aus Bronze hergestellt worden [sind], die der Tote im Leben in Gebrauch haben könnte".[53] O. Höckmann mutmaßte, dass „weniger wohlhabende Frauen versucht haben, mit tönernen Beckenmodellen [...] der Statusmode zu folgen" und zog in Betracht, die tönernen Beckenmodelle als Ausdruck des ererbten Statusanspruchs von Elitefamilien zu deuten, die zur fraglichen Zeit über keine Bronzeschätze mehr verfügten, derer man sich in soziologisch wirksamer Weise entäußern konnte.[54]

Bemerkenswert ist jedoch, dass sowohl die Tonbecken als auch die keramischen Gürtelbuckelimitate in Norddeutschland keineswegs nur als Grabbeigaben überliefert sind, sondern fast ausschließlich als Siedlungsfunde der Perioden IV und V überliefert sind. Auch ist zumindest für die aus Mecklenburg-Vorpommern vorliegenden Funde festzustellen, dass sie offenbar achtlos fortgeworfen und nicht bewusst deponiert worden sind. Nur bei einem Becken aus Watenstedt, in dem ein menschlicher Halswirbel gefunden wurde und das sich außerdem durch seine kunstvolle Verzierung von den übrigen Stücken unterscheidet, scheint dies nicht der Fall gewesen zu sein.[55]

Die naheliegende Deutung als Spielzeug wurde bisweilen verworfen, da es sich bei der in Hovgården Bestatteten um eine junge Frau handelte.[56] Insbesondere für die häufig stark fragmentierten tönernen Becken und Gürtelbuckel aus Siedlungsgrabungen muss jedoch auch eine profane Nutzung der Stücke, z.B. als Kinderspielzeug, erwogen werden, wobei nicht zu entscheiden ist, ob es sich dann um das Spielzeug von Kindern der sozialen Oberschicht handelt.[57] Anders als in Watenstedt deuten die Fundumstände der Stücke aus Mecklenburg-Vorpommern nämlich nicht darauf hin, dass die Bewohner der Siedlungen den lokalen Eliten zuzurechnen sind.

Literatur

AUTOBAHN 2005
Die Autobahn A 20 – Norddeutschlands längste Ausgrabung. Archäologie in Mecklenburg-Vorpommern 4. Schwerin 2005.

BAUDOU 1960
E. Baudou, Die regionale und chronologische Einteilung der jüngeren Bronzezeit im Nordischen Kreis. Studies in North-European Archaeology 1. Stockholm 1960.

BROHOLM 1953
H.-C. Broholm, Danske oldsager IV. Yngre bronzealder. København 1953.

BRANDT/SCHMIDT 1997
J. Brandt, J.-P. Schmidt, Zum Stand der bronzezeitlichen Siedlungsforschung in Mecklenburg-Vorpommern. In: J. J. Assendorp (Hrsg.), Forschungen zur bronzezeitlichen Besiedlung in Nord- und Mitteleuropa: internationales Symposium Hitzacker 9.–11. Mai 1996. Internationale Archäologie 38. Espelkamp 1997, 105–113.

HARTMANN 1995
M. Hartmann, Ein jungbronzezeitlicher Siedlungsplatz an der Tollense bei Broock, Kreis Demmin. Archäologische Berichte aus Mecklenburg-Vorpommern 2, 1995, 30–46.

HARCK 1981
O. Harck, Bemerkenswerte Keramik vom jungbronzezeitlichen Friedhof bei Stederdorf, Gde. Wrestedt, Ldkr. Uelzen.

---

47 BAUDOU 1960, 72 Typ XXIII B; Taf. 14.
48 JENSEN 1997, 81 Pl. 54,2–3; 71,2; 76,3.
49 HUNDT 1997, Taf. 23,7. SPROCKHOFF/HÖCKMANN 1979, 100 Taf. 243 [Buckel I]. Vergleichbar sind auch: Lübberstorf, Ldkr. Nordwestmecklenburg (SPROCKHOFF/HÖCKMANN 1979, 100 f.; Taf. 245 [Buckel I]), Lille-Fuglede, Holbæk Amt (SPROCKHOFF/HÖCKMANN 1979, 77; Taf. 201) und Fårdal, Viborg Amt (SPROCKHOFF/HÖCKMANN 1979, 69; Taf. 88).
50 HESKE 2000, 103.
51 Vgl. dazu HÖCKMANN 2012, 9 Anm. 2.
52 HESKE 2000, 103.
53 OLDEBERG 1950, 361.
54 HÖCKMANN 2012, 48 Anm. 113.

55 HESKE 2011, 45f.
56 OLDEBERG 1950, 358; 361.
57 HÖCKMANN 2005, 497.

Nachrichten aus Niedersachsens Urgeschichte 50, 1981, 43–54.

Heske 2000
I. Heske, Ein keramisches Miniaturbecken aus einer jungbronzezeitlichen Siedlung bei Süpplingen, Ldkr. Helmstedt. Nachrichten aus Niedersachsens Urgeschichte 69, 2000, 99–104.

Heske 2008
I. Heske, Identifizierung und Datierung von Bronzefragmenten aus Börssum, Kr. Wolfenbüttel – Zur Fundkonzentration der gegossenen Bronzebecken im Nordharzvorland. Neue Ausgrabungen und Forschungen in Niedersachsen 27, 2008, 25–38.

Heske 2011
I. Heske, Reliquiare der Bronzezeit. Archäologie in Deutschland 2011:2, 2011, 45–46.

Heske u. a. 2010
I. Heske, S. Green-Peters, M. Posselt, J. Wiethold, Die jungbronzezeitliche Außensiedlung der „Hünenburg" bei Watenstedt, Ldkr. Helmstedt. Vorbericht über die Ausgrabungen 2005–2007. Prähistorische Zeitschrift 85, 2010, 159–190.

Heske/Wieckowska 2012
I. Heske, M. Wieckowska, The Bronze Age settlement chamber on the Hill Heeseberg, Lower Saxony – An ecoregion in transition between the Únětice and the House-Urn Culture. In: J. Kneisel, W. Kirleis, M. Dal Corso, N. Taylor, V. Tiedtke (Hrsg.), Collapse or continuity? Environment and development of Bronze Age human landscapes. Proceedings of the International Workshop "Socio-Environmental Dynamics over the Last 12.000 Years: The Creation of Landscapes II (14th -18th March 2011)" in Kiel. Vol. 1. Universitätsforschungen zur prähistorischen Archäologie 205. Bonn 2012, 133–152.

Höckmann 2005
O. Höckmann, Between East and West: Bronze Age beltboxes in Central Germany. In: V. Spinei, C.M. Lazarovici, D. Monah (Hrsg.), Scripta praehistorica. Miscellanea in honorem nonagenarii magistri Mircea Petrescu-Dîmboviţa oblata. Iaşi 2005, 475–504.

Höckmann 2012
O. Höckmann, Ein gegossenes Bronzebecken aus Münster-Gittrup. Ausgrabungen und Funde in Westfalen-Lippe 11, 2012, 5–148.

Hundt 1997
H.-J. Hundt, Die jüngere Bronzezeit in Mecklenburg. Beiträge zur Ur- und Frühgeschichte Mecklenburg-Vorpommerns 31. Lübstorf 1997.

Jantzen 1999
D. Jantzen, Bronzegebrauch und -verarbeitung. Einige bemerkenswerte Neuentdeckungen aus Mecklenburg. Archäologische Berichte aus Mecklenburg-Vorpommern 6, 1999, 10–14.

Jantzen/Kuhlmann 2009
D. Jantzen, N. Kuhlmann, Bauern und Bronzegießer – Die Siedlung am Fährhafen von Mukran. In: Archäologische Entdeckungen in Mecklenburg-Vorpommern. Kulturlandschaft zwischen Recknitz und Oderhaff. Archäologie in Mecklenburg-Vorpommern 5. Schwerin 2009, 81–84.

Jensen 1997
J. Jensen, Fra Bronze – til Jernalder – en kronologisk undersøgelse. Nordiske Fortidsminder Ser. B, 15. København 1997.

KFB 1997
Kurze Fundberichte. Bodendenkmalpflege in Mecklenburg-Vorpommern, Jahrbuch 45, 1997, 321–473.

KFB 1998
Kurze Fundberichte. Bodendenkmalpflege in Mecklenburg-Vorpommern, Jahrbuch 46, 1998, 521–683.

KFB 2000
Kurze Fundberichte. Bodendenkmalpflege in Mecklenburg-Vorpommern, Jahrbuch 48, 2000, 379–561.

KFB 2005
Kurze Fundberichte. Bodendenkmalpflege in Mecklenburg-Vorpommern, Jahrbuch 53, 2005, 359–483.

KFB 2009
Kurze Fundberichte. Bodendenkmalpflege in Mecklenburg-Vorpommern, Jahrbuch 57, 2009, 409–564.

KFB 2010
Kurze Fundberichte. Bodendenkmalpflege in Mecklenburg-Vorpommern, Jahrbuch 58, 2010, 275–496.

KFB 2011
Kurze Fundberichte. Bodendenkmalpflege in Mecklenburg-Vorpommern, Jahrbuch 59, 2011, 305–535.

KFB im Druck
Kurze Fundberichte. Bodendenkmalpflege in Mecklenburg-Vorpommern, Jahrbuch 60, 2012. Im Druck.

Klammt 2004
A. Klammt, Skandinavischer Trichterbecher? Archäologie in Deutschland 2004:6, 2004, 43.

Lampe 1980
W. Lampe, Kurze Fundberichte 1979. Bezirk Rostock. Bodendenkmalpflege in Mecklenburg, Jahrbuch 1980, 231–282.

Oldeberg 1950
A. Oldeberg, Gravfynd från Hovgården, Ivö sn., Skåne. Fornvännen 45, 1950, 353–361.

Pedersen 1987
J. A. Pedersen, En omrejsende håndværker fra bronzealderen. In: Danmarks længste udgravning. Arkæologi på naturgassens vej 1979–86. Herning 1987, 138–141.

Saalow/Schmidt 2009
L. Saalow, J.-P. Schmidt, Mehr als nur Gruben und Scherben – Die bronzezeitlichen Neufunde beim Bau der Bundesstraße B 96n auf Rügen. In: Archäologische Entdeckungen in Mecklenburg-Vorpommern. Kulturlandschaft zwischen Recknitz und Oderhaff. Archäologie in Mecklenburg-Vorpommern 5. Schwerin 2009, 69–80.

Schmidt 1993
J.-P. Schmidt, Studien zur jüngeren Bronzezeit in Schleswig-Holstein und dem nordelbischen Hamburg. Universitätsforschungen zur prähistorischen Archäologie 15. Bonn 1993.

Schmidt 1998
J.-P. Schmidt, Archäologie im Wettlauf mit dem Bagger. „Lineare Projekte" in Mecklenburg-Vorpommern. Bodendenkmalpflege in Mecklenburg-Vorpommern, Jahrbuch 46, 1998, 489–520.

Schmidt 2006a
J.-P. Schmidt, Die jungbronzezeitliche Siedlung von Gütz-

kow, Ldkr. Ostvorpommern – ein Beitrag zu bronzezeitlichen Hausbefunden aus Vorpommern. Bodendenkmalpflege in Mecklenburg-Vorpommern, Jahrbuch 54, 2006, 11–52.

Schmidt 2006b
J.-P. Schmidt, Klein aber fein. Archäologie in Deutschland 2006:4, 2006, 6.

Schmidt 2009
J.-P. Schmidt, Häuser – Urnen – Rindergräber. Die Ausgrabungen auf der A 14 zwischen Wismar und Schwerin/Nord. In: W. Karge, R. Stutz, D. Greßmann (Hrsg.), Vom Knüppeldamm zur Autobahn. Wege von Schwerin nach Wismar. Schwerin 2009, 148–167.

Schmidt 2013
J.-P. Schmidt, Bronzezeitliche Hausbefunde und Siedlungen in Mecklenburg-Vorpommern. In: K.-H. Willroth (Hrsg.), Siedlungen der älteren Bronzezeit. Beiträge zur Siedlungsarchäologie und Paläoökologie des zweiten vorchristlichen Jahrtausends in Südskandinavien, Norddeutschland und den Niederlanden. Workshop vom 7.–9. April 2011 in Sankelmark. Studien zur nordeuropäischen Bronzezeit 1. Neumünster 2013, 119–136.

Schön 1989
M. D. Schön, Archäologische Funde aus Schiffdorf. In: 850 Jahre Schiffdorf. Geschichten und Geschichte eines Dorfes I. Bremerhaven 1989, 29–33.

Schoknecht 1984
U. Schoknecht, Ein gegossenes Bronzebecken aus Bentzin, Kreis Demmin. Bodendenkmalpflege in Mecklenburg, Jahrbuch 32:b, 1984, 97–99.

Schoknecht 2001
U. Schoknecht, Das Bronzebecken von Brudersdorf, Ldkr. Demmin. Archäologische Berichte aus Mecklenburg-Vorpommern 8, 2001, 48–50.

Schoknecht 2005
U. Schoknecht, Die Schmuckdose aus Weltzin, Ldkr. Demmin. Archäologische Berichte aus Mecklenburg-Vorpommern 11, 2005, 10–12.

Schoknecht 2009
U. Schoknecht, Klein aber fein – ein bronzezeitliches Hängebecken aus Lelkendorf, Ldkr. Güstrow. Archäologische Berichte aus Mecklenburg-Vorpommern 16, 2009, 33–37.

Schrickel 2012
M. Schrickel, Miniaturbecken. Ein Imitat aus Ton. In: H. Meller (Hrsg.), Haldensleben – VOR seiner Zeit. Archäologische Ausgrabungen 2008–12. Archäologie in Sachsen-Anhalt, Sonderb.d 17. Halle/S. 2012, 93–94.

Sprockhoff/Höckmann 1979
E. Sprockhoff, O. Höckmann, Die gegossenen Bronzebecken der jüngeren nordischen Bronzezeit. Kataloge vor- und frühgeschichtlicher Altertümer 19. Bonn 1979.

Strahl 2005
E. Strahl, Die ersten Bauern in der Marsch. In: M. Fansa, F. Both, H. Hassmann (Hrsg.), Archäologie Land Niedersachsen. 25 Jahre Denkmalschutzgesetz – 400.000 Jahre Geschichte. Archäologische Mitteilungen aus Nordwestdeutschland, Beiheft 42. Stuttgart 2005, 516–519.

Unverzagt 1957
W. Unverzagt, Ausgrabungen in spätbronze- und früheisenzeitlichen Burgen des unteren Odergebietes. Ausgrabungen und Funde 3, 1957, 64–67.

Zimmermann 1976
W. H. Zimmermann, Ein Hortfund mit goldblechbelegter Plattenfibel und Goldarmreif vom Eekhöltjen bei Flögeln (Niedersachsen). Germania 54, 1976, 1–16.

Liste 1

Kartierung der Bereiche außerhalb von Mecklenburg-Vorpommern nach Schmidt 1993, 174 Liste 47. Sprockhoff/Höckmann 1979, 119f.

Gegossene Becken der Periode IV (⬤)

1. Alt Kenzlin II, Ldkr. Mecklenburgische Seenplatte (Sprockhoff/Höckmann 1979, 94 Nr. 311)
2. Babke, Ldkr. Mecklenburgische Seenplatte, Fpl. 12 (KFB 2011, 331 Abb. 34,1)
3. Barnekow, NWM (Sprockhoff/Höckmann 1979, 94 Nr. 313)
4. Brudersdorf, Ldkr. Vorpommern-Greifswald (Schoknecht 2001)
5. Göhlen, Ldkr. Ludwigslust-Parchim (Sprockhoff/Höckmann 1979, 97 Nr. 328)
6. Goldenbow, Ldkr. Ludwigslust-Parchim (Sprockhoff/Höckmann 1979, 97 Nr. 329–330)
7. Güstrow, Ldkr. Rostock (Sprockhoff/Höckmann 1979, 98 Nr. 332)
8. Güstrow, Ldkr. Rostock (Sprockhoff/Höckmann 1979, 98 Nr. 333)
9. Kluess, Ldkr. Rostock (Sprockhoff/Höckmann 1979, 99 Nr. 339–340 „Klüß, Kr. Perleberg")
10. Kölln, Ldkr. Mecklenburgische Seenplatte (Sprockhoff/Höckmann 1979, 95 Nr. 318 „Bittersberg")
11. Kritzmow, Ldkr. Rostock (Sprockhoff/Höckmann 1979, 99f., Nr. 241)
12. Lelkendorf, Ldkr. Rostock (Schoknecht 2009)
13. Levitzow, Ldkr. Rostock (Hundt 1997, 53 Nr. 42 ; Taf. 11,13)
14. Mellenthin, Ldkr. Vorpommern-Greifswald (Lampe 1980, 261 Abb. 20e)
15. Murchin, Ldkr. Vorpommern-Greifswald (Sprockhoff/Höckmann 1979, 101 Nr. 351)
16. Parchim, Ldkr. Ludwigslust-Parchim (Sprockhoff/Höckmann 1979, 102f. Nr. 359)
17. Rechlin, Ldkr. Mecklenburgische Seenplatte (Sprockhoff/Höckmann 1979, 103 Nr. 363)
18. Ruthen, Ldkr. Ludwigslust-Parchim (Sprockhoff/Höckmann 1979, 104 Nr. 365–366)
19. Suckow, Ldkr. Ludwigslust-Parchim (Sprockhoff/Höckmann 1979, 105 Nr. 371)
20. Vogelsang, Ldkr. Rostock (Sprockhoff/Höckmann 1979, 105 Nr. 372)
21. Vorbeck, Ldkr. Ludwigslust-Parchim (Sprockhoff/Höckmann 1979, 106 Nr. 372)
22. Weisdin, Ldkr. Mecklenburgische Seenplatte (Sprockhoff/Höckmann 1979, 106 Nr. 377)
23. Weisdin, Ldkr. Mecklenburgische Seenplatte (Sprockhoff/Höckmann 1979, 106f. Nr. 377)
24. Zepelin, Ldkr. Rostock (Sprockhoff/Höckmann 1979, 107f. Nr. 380)

Gegossene Becken der Periode V (◡)

1. Altenpleen, Ldkr. Vorpommern-Rügen (Sprockhoff/ Höckmann 1979, 93f. Nr. 309)
2. Alt Kenzlin I, Ldkr. Mecklenburgische Seenplatte (Sprockhoff/Höckmann 1979, 94 Nr. 310)
3. Basedow, Ldkr. Mecklenburgische Seenplatte (Sprockhoff/ Höckmann 1979, 94f. Nr. 314)
4. Bentzin, Ldkr. Vorpommern-Greifswald (Schoknecht 1984)
5. Brook, Ldkr. Ludwigslust-Parchim (Sprockhoff/Höckmann 1979, 95f. Nr. 319–320 „Broock, Kr. Lübz")
6. Düssin, Ldkr. Ludwigslust-Parchim (Sprockhoff/Höckmann 1979, 96 Nr. 325)
7. Garftitz, Ldkr. Vorpommern-Rügen (Sprockhoff/Höckmann 1979, 97 Nr. 327)
8. Kratzeburg, Ldkr. Mecklenburgische Seenplatte (Jantzen 1999, 14 Abb. 4)
9. Lübbersdorf, Ldkr. Mecklenburgische Seenplatte (Sprockhoff/Höckmann 1979, 100 Nr. 345)
10. Lübberstorf, Ldkr. Nordwestmecklenburg (Sprockhoff/Höckmann 1979, 100f. Nr. 346–347)
11. Lübtheen, Ldkr. Ludwigslust-Parchim (Sprockhoff/Höckmann 1979, 101 Nr. 348)
12. Morgenitz, Ldkr. Vorpommern-Greifswald (Sprockhoff/Höckmann 1979, 101 Nr. 350)
13. Neubrandenburg (Umgebung), Ldkr. Mecklenburgische Seenplatte (Sprockhoff/Höckmann 1979, 102 Nr. 353–356)
14. Plate, Ldkr. Ludwigslust-Parchim (Sprockhoff/Höckmann 1979, 103 Nr. 360)
15. Roga, Ldkr. Mecklenburgische Seenplatte (Sprockhoff/Höckmann 1979, 103f. Nr. 364)
16. Schwennenz, Ldkr. Vorpommern-Greifswald (Sprockhoff/Höckmann 1979, 105 Nr. 369)
17. Sophienhof, Ldkr. Vorpommern-Greifswald (Sprockhoff/Höckmann 1979, 105 Nr. 370)
18. Voddow, Ldkr. Vorpommern-Greifswald (KFB 1998, 587 Abb. 95,3)
19. Wendorf, Ldkr. Mecklenburgische Seenplatte (Sprockhoff/Höckmann 1979, 107 Nr. 378)
20. Wesenberg, Ldkr. Mecklenburgische Seenplatte (Sprockhoff/Höckmann 1979, 107 Nr. 379)

Tönerne Becken (★)

1. Broock, Ldkr. Mecklenburgische Seenplatte
2. Drammendorf, Ldkr. Vorpommern-Rügen
3. Gützkow, Ldkr. Vorpommern-Greifswald
4. Mühlengeez, Ldkr. Rostock
5. Strasburg, Ldkr. Vorpommern-Greifswald

Tönerne Gürtelbuckel (☆)

1. Anklam, Ldkr. Vorpommern-Greifswald
2. Diedrichshagen, Ldkr. Rostock

The Iron Age hill-fort/settlement-complex of Opstainis-Vilkyškiai in south-western Lithuania

by Sebastian Messal and Romas Jarockis

Introduction

Ancient settlements are important sources for interdisciplinary studies of the material culture of past human communities and societies. Interdisciplinary investigations of these sites may help to answer numerous questions about the social structures, economy, everyday life and living conditions of ancient populations.

In Lithuania, only a few Iron-Age settlements have been excavated thoroughly. This is mainly caused by the fact that most of these settlements have been destroyed by ploughing, especially the so-called open-type settlements that in many cases have only been partially preserved.[1] In hill-forts and adjacent foot settlements, which emerged next to hill-forts since the Roman Iron Age,[2] the cultural layers have been preserved in better conditions. Moreover, the attention of Lithuanian Iron-Age archaeology has been repeatedly focused on the material from burial monuments.[3] Therefore not only cultural-ethnic-social, but also technological-economic-production issues of individual epochs of the Iron Age are covered by using predominantly material from Iron-Age cemeteries.[4]

Iron-Age hill-fort settlements are among those archaeological monuments in Lithuania that have been excavated the least. Archaeological excavations have been conducted in 81 of more than 350 foot settlements; however, the investigated area is usually very small. Therefore the character of these archaeological sites remains unexplored to the present day. The state of research concerning the settlement structure as well as the types of buildings of Iron-Age settlements is not much better.

The lack of scientific archaeological data from Iron-Age settlements and aspiration to start uesing modern methods and technologies in settlement archaeology were reasons why the Institute of Baltic Sea Region History and Archaeology of Klaipėda University in cooperation with the Roman-Germanic Commission of the German Archaeological Institute initialed small-scale archaeological and geomagnetic investigations at the complex of Opstainis-Vilkyškiai Iron-Age hill-fort and settlement in 2008.

▲ *Fig. 1: Location of Opstainis-Vilkyškiai Iron Age hill-fort/settlement-complex in Lithuania. Graphic: S. Messal.*

The purpose of this article is to present preliminary results of the on-going research and to summarize the data of archaeological and geomagnetic surveys.

The Opstainis-Vilkyškiai hill-fort/settlement-complex

The settlement-complex is situated in western Lithuania, in the present-day Vilkyškiai ward of the Pagėgiai municipality (fig. 1). It is associated with the Iron-Age ethnic and cultural group of the lower part of the Nemunas River and the Skalvian tribes, defined by archaeological material from burial grounds.[5] Since the middle of the 19th century, the hill-fort has been known under the name of Opstainis (Absteinen). For a long time during the post-war years, it was erroneously called Vilkyškiai hill-fort. At present, the name of the hill-fort listed in the Register of Cultural Heritage contains both names; its official name is Opstainis-Vilkyškiai hill-fort with an ancient settlement.

The fortification is erected on the tongue of a hill on the left-hand bank of the Apsta rivulet. The slopes are steep, 17–20 m high, and damaged by soil erosion on the western and the southern side. The hill-fort plateau is trapezium-shaped, 84 m long in the north-south direction, and 40 m wide in the northern part and 18 m wide in the

---

1 Zabiela 2005, 85.
2 Michelbertas 1986, 27; 237.
3 Sidrys 1999, 212; 227. Zabiela 2005, 85.
4 Zabiela 2007.

5 Tautavičius 1996, 81ff.

Fig. 2: Aerial photograph of Opstainis-Vilkyškiai Iron Age hill-fort/settlement-complex from the north-west. Photo: G. Zabiela, 01.03.2009.

southern part of the hilltop. At the northern edge of the plateau is an earthen rampart 40 m long and 4 m high, the width at the basis reaches 39 m. It is believed that a slightly lower rampart primarily had surrounded the entire plateau in the earlier times; remains can be found in the eastern part only, whereas in the western part of the plateau the rampart must have slid down together with the eroded slope. A 9 m wide and 1 m deep moat separates the hill-fort from the neighbouring hill located north from the hill-fort. Most likely, the entrance to the castle was situated at the eastern edge of the large rampart (fig. 2).

The outer settlement of the hill-fort is – according to surface finds, small-scale excavations and geomagnetic data – situated in two places. One part of the settlement – indicated by an intensive cultural layer of "black earth" – is located east of the hill-fort; the inhabited area is approximately 2.5 hectares. The other part of the settlement is situated north and northwest of the hill-fort; the area of this upper settlement occupies an area of approximately 3 hectares.

Geomagnetic data

Geomagnetic surveys are used in archaeological research since the late 1950ies.[6] This non-invasive method enables the detection and investigation of various kinds of anthropogenic structures, geological and even climatic impacts within large areas in a relatively short time frame and without the need to interfere with the ground. In case of archaeological issues, in particular the remains of human activities – traces of settlements, fortifications, cemeteries etc. – are in the focus of investigations. The application of geomagnetic surveys therefore permits the acquisition of data concerning structure, expansion and preservation of archaeological sites which then can be used as a basis for specific archaeological and geological investigations.

Geomagnetic surveys have been conducted in Opstainis-Vilkyškiai since 2010 when the hill-fort plateau (55 x 37.8 m) and parts of the eastern settlement were investigated to gain more information about the dimension, structure, as well as possible a fortification of the site. The preliminary results of this surveys resulted in a large-scale geomagnetic survey in October 2011 when it was intended to measure all accessible areas along the eastern foot of the plateau. In 2012 also larger areas of the upper settlement north of the hill-fort were measured; currently a total area of 3.9 ha is investigated by geomagnetic surveys (fig. 3).

Hill-fort plateau

The measurements on the hill fort plateau revealed a scattered distribution of anomalies (fig. 4). This may be explained by erosional processes, but also by probable log-house constructions which usually do not leave any traces in the subsoil. In addition, the use of the plateau during the 2nd World War could have led to the destruction of numerous archaeological features.

Nevertheless, the geomagnetic survey confirmed several anomalies which may be connected with the habitation of the site. These anomalies are distributed all over the plateau and should be interpreted as archaeological features like pits of various functions as well as hearths. The distribution of the features confirms the habitation of the entire plateau, open spaces between the features may probably indicate the location of former log-houses.

Along the edges of the plateau several larger anomalies were detected. An interpretation of these anomalies in the form of traces of the former fortification of the hill-fort or as trenches of the 2nd World War can currently not be decided and should be verified by further investigations.

The settlement east of the hill-fort (lower settlement)

The measurements within the outer settlement east and northeast of the hill-fort were conducted in 2010 (5-channel-magnetometer) and 2011 (16-channel-magnetometer) and covered a 320 m and long 110 m wide field which is slightly rising from south towards north, the hilltop is located in the northwest of the field. Due to high vegetation the areas close to the hill-fort could not be investigated (fig. 3).

Remarkable within the magnetometer-image is the strong contamination with obviously modern metal scrap which is displayed by numerous contrasty black-white dipoles. These are distributed within the entire plot, but also form small

---

6 AITKEN 1959. NEUBAUER 2001. LUECK 2005. CASTEN 2008.

accumulations along the field borders, especially at the former entrance to the field. The dipoles may mostly be caused by waste disposals or loss of small metal machinery-parts during field work.

Within the geomagnetic image several distinctive anomalies are recognizable, including at least two linear, N-S orientated structures (old paths/erosion channels?) and numerous larger-scale anomalies (diameter > 2 m). The majority of anomalies are displayed as small, usually rounded or oval anomalies with dimensions of up to 1–1.5 m; also detectable are some slightly grey shadows of various shapes and dimensions which seem to be caused by less magnetic or deep buried objects. The anomalies are irregularly distributed within the entire measuring area; certain accumulations – including some of the larger anomalies – can, however, be recognized within the so called "black earth" as well as along the slopes. On the hilltop however only a few anomalies could be detected which may be explained by ongoing erosion processes.

Evidences for human activities on the site are quite difficult to determine because a precise characterization and interpretation of the detected anomalies usually need further investigations. However, it can be suggested that accumulations of anomalies may indicate suspected areas of anthropogenic impact, primarily settlement traces. Especially close spaced anomalies in the southern part of the measured area which are located within or close to the known "black earth" area of the settlement can be interpreted as archaeological features of various types already confirmed by excavations of selected anomalies (semi-pit houses, storage pits; see below). Based on this assumption, similar accumulations of anomalies – especially along the slopes – may also indicate suspected objects of archaeological significance as well as a probable intensive habitation of the site. However, an assumed fortification of the settlement could not be detected.

In few cases also linear arrangements of anomalies can be stated, but clear structures indicating a striking settlement pattern (buildings, fences) could not be identified. Only in the northernmost part of the measurement-plot a rectangular structure consisting of at least 20 small rounded and oval anomalies could be detected. The structure is about 19 m long and 7–9 m wide; the average distance between the single anomalies is about 1.8 and 2 m. The interpretation of this structure remains open but the rectangular plot as well as the size of the structure may indicate the location of a post building.

The settlement north of the hill-fort (upper settlement)

In 2012 also initial surveys within the outer settlement north of the hill-fort were conducted

(fig. 4). The geomagnetic survey revealed numerous anomalies of various kinds which were primarily accumulated in the southern and western parts of the survey plot. Remarkable is a rectangular structure with dimensions of 6 x 4 m which may be interpreted – according to numerous analogies[7] – as remains of a burnt building. Other larger accumulations of anomalies south and east of this structure may therefore indicate similar structures. The eastern part is mainly characterized by numerous smaller and rounded anomalies (up to 75 cm diameter) and few larger anomalies

▲ *Fig. 3 (up): Opstainis-Vilkyškiai. Geomagnetic surveys 2010-2012 (5-/16-channel-magnetometer; -6/+6 nT).*
▲ *Fig. 4 (down): Opstainis-Vilkyškiai. Geomagnetic survey; details hill-fort plateau and northern settlement with probable ditch and burnt houses (5-/16-channel-magnetometer; -6/+6 nT). Graphics: S. Messal.*

7 Bátora u. a. 2009, 9. Burdo u. a. 2012.

▲ Fig. 5: Archaeological excavations of hill-fort foot settlement in 2012, excavation site No. 5: the section of semi-pit house-type building from the west. Photo: D. Balsas.

▼ Fig. 6: Archaeological excavations of hill-fort foot settlement in 2011, excavation site No. 4; handmade coarse-surface pots found in semi-pit house. Photo: R. Jarockis.

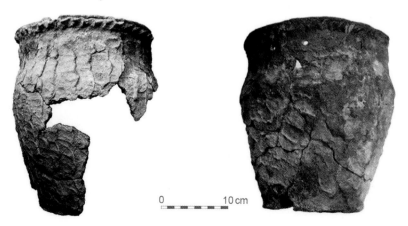

(up to 1.5 m diameter). These anomalies are uniformly distributed without any detectable accumulation and may be interpreted as archaeological features indicating settlement activities like pits, postholes or hearths/fire places. Whether this difference in the distribution of accumulations of anomalies is caused by different conditions of preservation (burnt/not burnt) or by different spatial functions within the settlement must currently remain open and should be verified by further investigations.

In the northern part of the surveyed area only few anomalies could be detected. However, two linear structures stand out in the geomagnetic record. The first structure extends with interruptions roughly from west to east turning off to the south. The recorded length is about 70.5 m; the width about 6 m. Remarkable is the obvious orientation of the structure to the rampart of the hill-fort which may indicate an interpretation as a ditch. It is also noticeable that the detected settlement traces were divided from the course of this possible ditch by a 10 m wide stripe without any significant anomaly. This may also indicate the possibility of a levelled rampart behind the ditch. The buildings were probably constructed immediately behind this assumable fortification structure.

The second linear structure was detected in the north-eastern part of the plot and is extending from north to south; the recorded length is 22.5 m. This structure is also visible in the field and marks the current field boundary to the adjacent field track. An archaeological significance of this structure can be excluded.

Archaeological data

First archaeological investigations took place in Opstainis-Vilkyškiai in 2005, but only since 2008 continuous excavations were conducted by the Institute of Baltic Sea Region History and Archaeology of Klaipėda University.

Hill-fort

Small-scale archaeological investigations on the hill-fort plateau were conducted in 2008 and 2009; a total area of 76 m² was excavated along the southern edge and slopes of the plateau. Remains of a cultural layer containing abundant handmade pottery were uncovered in the areas excavated along the slopes. A 20–25 cm thick black-grey cultural layer containing burnt stones was uncovered in the southern part of the hilltop plateau. In this part also a ditch – 80 cm deep – was detected under the cultural layer. It can be assumed that during the early stage of the hill-fort a moat was located at this place, which was filled up when the settlement on the plateau expanded southwards. The archaeological finds from the hilltop settlement – handmade pottery with a fine-grained, coarse and polished surface, sherds of handmade pots decorated with ornaments of cross-shaped imprints, an iron rivet, an iron spur, a bronze horseshoe fibula with animal-shaped terminals and other finds – are dating to the 1st millennium AD and to the early 2nd millennium.[8]

Outer Settlement

The outer settlement is being excavated since 2005; currently a total area of 358 m² is investigated in both parts of the settlement. The estimated size of the settlement and the thickness of the cultural layer – varying from some tens of centimetres to 1.5 m – were primary located by means of archaeological surveys. The eastern settlement situated at the foot of the hill-fort can be divided into three zones according to the intensity of the cultural layer. In the area of the settlement closest to the foot of the hill-fort, a non-intensive cultural layer up to 45 cm in thickness and containing few sherds of handmade pottery and pieces of burnt clay plaster was detected. According to known analogies from Lithuania, it can be suggested that remote defensive fortifica-

---

8 ZABIELA/JAROCKIS 2009. JAROCKIS 2010.

tions – like moats and earthen ramparts – might have been erected at the foot of the hill-fort.

The so-called central part of the settlement is located farther to the east. In this part an intensive cultural layer ("black earth") up to 1.2 m in thickness and containing abundant handmade pottery, animal bones and burnt stones was explored during the excavations. It is the main part of the hill-foot settlement inhabited throughout the entire existence of the hill-fort. Small moulding boxes and parts of crucibles as well as combustion products formed during the melting process i. e. slag and cinders found during archaeological excavations indicate that bronze was melted and bronze artefacts were manufactured in this part of the settlement.

In the part of the lower settlement, which is situated easternmost of the hill-fort no continuous cultural layer was found. It seems to be destroyed by ploughing; only single pits or other in-ground structures might have been preserved in the subsoil. Remains of an Iron-Age settlement were also found on the right-hand bank of the Apsta rivulet in 2009, where a cultural layer up to 30 cm thick containing handmade pottery was recorded.[9]

In 2011/2012, a 45 m² small plot uncovered by archaeological excavations – based on the geomagnetic record – a building of the semi-pit house type, a well and several storage pits of regular shape. The recorded dimensions of the house are 2.3 x 2.0 m, the depth reaches down to 1.2 m (fig. 5). The interpretation as a building is primarily based on the massive concentration of burnt clay plaster pieces within the structure as well as on the filling which consist of a mixed grey-black and brown cultural layer also containing intermediate layers of burnt clay plaster pieces and charred material; in the pit-house also two upper rubbing stones of manual rotary querns, a large pieces of handmade household pottery (fig. 6) and three loom weights made of clay were found.

Besides this semi-pit house also a well – based on the funnel shape of the structure and the contents of its filling – was located. The outlines of the 1.4 x 1.2 m oval-shaped pit were discovered at a depth of 0.5–0.55 m under the existing ground surface; the upper part of the structure – down to a depth of 0.70 m from its top – was filled with a cultural layer containing intermediate layers of charred material and pieces of burnt clay plaster, numerous archaeological finds were discovered within this layers. The lower part of the well was filled with a brown-grey sandy layer containing inclusions of yellowish sand. No archaeological finds were made in the lower part of the pit. The flat bottom of the pit was reached at a depth of 2.05 m from the existing ground surface (fig. 7). Ground water began oozing at this depth.

Results of geomagnetic and archaeological investigations

The chronology of the site is mainly based on the analysis of the pottery found in the stratigraphic strata of the cultural layer within the lower settlement as well as the small scale investigations on the hill-fort plateau. The hill foot settlement and the hill-fort existed throughout the 1st millennium AD. All main types of Iron-Age household pottery (fine-grained surface pottery, polished-surface handmade pottery, coarse-surface pottery) were found in the cultural layer and indicate settlement continuity. The lack of partially wheel-thrown and early wheel-thrown pottery suggest that the hill-fort and its settlement were abandoned by their inhabitants around the year 1000 AD.

The geomagnetic investigations revealed an intensive habitation of the site; especially within the outer settlements numerous evidences of former human activities – without any chronological dates – could be detected and already partially proved by archaeological excavations. The upper foot settlement in front of the hill-fort was probably fortified as traces of an assumed ditch may indicate; evidences of burnt houses within the circumvallated area point toward a densely inhabited area. The lower settlement was also built up densely as the geomagnetic and archaeological data – a semi-pit house, several oval-shaped flat-bottom pits interpreted as storage pits and a well – suggest. In the central part of the lower foot settlement a working place could be explored where bronze was melted and processed. This fact is attested by metal melting and processing products and waste (slabs, cinders, bronze scrap for

▲ *Fig. 7: Archaeological excavations of hill-fort foot settlement in 2011, excavation site No. 4: the section of pit No. 1 (well) from the west. Photo: D. Balsas.*

---

9   ŠIMĖNAS 2006, 401f. ZABIELA/JAROCKIS 2009. JAROCKIS 2010; 2011.

▲ Fig. 8: Smoothed-surface handmade pottery decorated with an ornament of cross-shaped imprints inside a circle that was found on the hill-fort plateau. Photo: R. Jarockis.

melting, and fragments of small moulding boxes) found during the archaeological excavations. To what extend a probable functional separation between the upper fortified and lower unfortified settlement existed needs further investigations.

In Opstainis-Vilkyškiai hill-fort also handmade pottery with cross-shaped imprints were found (fig. 8). In the territory of Lithuania such kind of pottery is currently only known from one Iron-Age settlement in Palanga. According to V. Žulkus, this pottery originated in the south-western Baltic Sea region and may serve as evidence of contacts of the local population of the lower part of the Nemunas River with Western Slavonic and Germanic tribes in the 9th–10th century AD.[10] In addition, also buildings of a semi-pit house type and storage pits of regular shapes may indicate contacts to the south-western Baltic Sea region in the second half of the 1st millennium AD. Especially semi-pit houses – which are quite common along the south-western Baltic Sea region[11] – are currently unknown from Iron Age settlements in the territory of Lithuania; only in north-eastern Lithuania archaeological excavations at Sokiškis and Reškutėnai hill-forts revealed a few buildings of this type dating, however, to the Roman period.[12]

Conclusion

The ongoing investigations in Opstainis-Vilkyškiai reveal information about structure, chronology and function of the site; furthermore, the geomagnetic surveys detected interesting suspected areas of probable archaeological significance north of the lower foot settlement. If these settlement traces belonged to one complex remains unknown since no dates of the features can be provided; older settlement activities can therefore be assumed, indicating continuous settlement activities on the site. However, currently only preliminary interpretations concerning the settlement history of the Opstainis-Vilkyškiai Iron-Age hill-fort/settlement-complex can be stated. During the next years the site – based on the geomagnetic results – should be subsequently investigated by means of specific small scale archaeological or other non-destructive methods to obtain more knowledge of settlement structure, chronology and function and to draw a much clearer picture of the ancient population along the lower Nemunas River.

References

AITKEN 1959

M. J. Aitken, Magnetic prospecting: An interim assessment. Antiquity 33, 1959, 205–207.

BANYTĖ-ROWELL 2007

R. Banytė-Rowell, Romėnų įtakos ir baltų kultūrų klestėjimo laikotarpis. In: G. Zabiela (Hrsg.), Geležies amžius. Lietuvos istorija II t. Vilnius 2007, 25–172.

BATORA u. a. 2009

J. Batora, B. Eitel, S. Hecht, A. Koch, K. Rassmann, G. Schukraft, K. Winkelmann, Fidvár bei Vráble (Kr. Nitra, Südwestslowakei). Untersuchungen auf einem äneolithisch-frühbronzezeitlichen Siedlungshügel. Germania 87:1, 2009, 1–23.

BURDO u. a. 2012

N. B. Burdo, M. Y. Videiko, V. V. Chabaniuk, K. Rassmann, R. Gauss, F. Lüth, D. Peters, Large-scale geomagnetic prospections at Maydanetskoe. Using of new equipment to understanding the Tripolye Megasite phenomenon. Stratum Plus 2, 2012, 265–285.

CASTEN 2008

U. Casten, Geophysikalische Erkundungsmethoden in der Archäologie. In: A. Hauptmann, V. Pingel (Hrsg.), Archäometrie. Methoden und Anwendungsbeispiele. Stuttgart 2008, 221–235.

GIRININKAS 2001

A.Girininkas,Reškutėnųpiliakalnis.Lietuvosarcheologija26, 2001, 147–158.

GRIGALAVIČIENE 1984

E. Grigalavičiene, Sokiškių piliakalnis. Archeologiniai tyrinėjimai Liettuvoje 1982 ir 1983 metais, 1984, 22–25.

JAROCKIS 2010

R. Jarockis, Opstainių (Vilkyškių) piliakalnis ir papėdės gyvenvietė. Archeologiniai tyrinėjimai Lietuvoje 2009 metais, 2010, 37–38.

LUECK 2005

E. Lueck, Der Einsatz der Geomagnetik in der Archäologie. In: W. de Bruyn (Hrsg.), Georadar und andere zerstörungsfreie Untersuchungsmethoden von Bodenaltertümern. Grenzen und Möglichkeiten. Storkow 2005, 61–79.

---

10 ŽULKUS 1997, 242 Fig. 99,3. See also SCHULDT 1981, 28f.

11 TUMMUSCHEIT 2011.

12 GRIGALAVIČIENE 1984, 23; 2001. BANYTĖ-ROWELL 2007, 152.

MICHELBERTAS 1986

M. Michelbertas, Senasis geležies amžius Lietuvoje. Vilnius 1986.

NEUBAUER 2001

W. Neubauer, Magnetische Prospektion in der Archäologie. Mitteilungen der Prähistorischen Kommission 44. Wien 2001.

SCHULDT 1981

E. Schuldt, Gross Raden. Die Keramik einer slawischen Siedlung des 9./10. Jahrhunderts. Beiträge zur Ur- und Frühgeschichte der Bezirke Rostock, Schwerin und Neubrandenburg 14. Berlin 1981.

SIDRYS 1999

R. Sidrys, Kasinėjimai be teorijos? Kritiškas optimisto žvilgsnis į Lietuvos archeologiją. Lietuvos sovietinė istoriografija. Teoriniai ir ideologiniai kontekstai. Vilnius 1999, 205–238.

ŠIMĖNAS 2006

V. Šimėnas, Vilkyškių, Opstainių ir Šereiklaukio piliakalnių gyvenvietės. Archeologiniai tyrinėjimai Lietuvoje 2005 metais, 2006, 400–404.

TAUTAVIČIUS 1996

A. Tautavičius, Vidurinis geležies amžius Lietuvoje V–IX a. Vilnius 1996.

TUMMUSCHEIT 2011

A. Tummuscheit, Die Baubefunde des frühmittelalterlichen Seehandelsplatzes von Groß Strömkendorf, Lkr. Nordwestmecklenburg. Frühmittelalterliche Archäologie zwischen Ostsee und Mittelmeer 2. Wiesbaden 2011.

ZABIELA 2005

G. Zabiela, Piliakalnių papėdžių gyvenvietės: tyrinėjimų problematika Lietuvoje. Lietuvos archeologija 27, 2005, 85–104.

ZABIELA 2007

G. Zabiela (Hrsg.), Geležies amžius. Lietuvos istorija II t. Vilnius 2007.

ZABIELA/JAROCKIS 2009

G. Zabiela, R. Jarockis, Opstainių (Vilkyškių) piliakalnis ir papėdės gyvenvietė. Archeologiniai tyrinėjimai Lietuvoje 2008 metais, 2009, 89–93.

ŽULKUS 1997

V. Žulkus, Palangos viduramžių gyvenvietės. Acta Historica Universitatis Klaipedensis VI. Klaipėda 1997.

Zur Anwendung von OSL-Datierungen bei Auensedimenten unter Berücksichtigung der mittleren Bodenfeuchte

von Thomas Schatz

In den Jahren 2005 bis 2008 wurden in Zusammenarbeit mit dem Göttinger Seminar für Ur- und Frühgeschichte bodenkundliche bzw. geoarchäologische Untersuchungen an der Unteren Mittelelbe (Ldkr. Lüchow-Dannenberg, Niedersachsen) durchgeführt.[1] Sie fanden im Rahmen des DFG-Projektes „Slawen an der Unteren Mittelelbe" statt, dessen Initiator und Leiter der Jubilar Prof. Willroth war.[2] Mit Dank für die Ermöglichung der Forschungsarbeiten und Lehrtätigkeiten an der Universität Göttingen seien ihm die folgenden methodischen Überlegungen gewidmet.

Einführung

Im Mittelpunkt der Untersuchungen stand die Mensch-Umwelt-Beziehung zur Zeit der slawischen Besiedlung. Es wurden sowohl Profile an archäologischen Grabungsflächen[3] bodenkundlich dokumentiert und stratigraphisch ausgewertet als auch zahlreiche zusätzliche Profile ergraben und Bohrprofile angelegt.

Informationen aus den Boden-Sedimentfolgen und die Verknüpfung mit den archäologischen Befunden und Ergebnissen erlauben es, Aussagen zur Landschaftsentwicklung des Siedlungsraums abzuleiten. Für eine genauere zeitliche Einordnung der Stratigraphie und die Verknüpfung mit den archäologisch gewonnenen Erkenntnissen ist die Datierung der Sedimente bzw. des Zeitpunkts ihrer Ablagerung von großem Wert. Neben der archäologisch-typologischen Datierung von gelegentlich in den Sedimenten aufgefundener Keramik kamen auch ^{14}C-Datierungen von organischen Funden zur Anwendung.[4]

Abgesehen davon, dass oft weder aussagekräftige Keramik noch hinreichend organische Substanz aus den fraglichen Ablagerungen zur Verfügung steht, haben Methoden, die in den Sedimenten enthaltenes Material datieren, den Nachteil, dass man hinsichtlich des Sedimentationszeitpunkts in jedem Fall nur einen *terminus post quem* erhält. Außerdem kann eine Verlagerung des datierten Materials häufig nicht zuverlässig ausgeschlossen werden. In beiden Fällen kann das Ergebnis ein Alter sein, das höher ist als der tatsächliche Sedimentationszeitpunkt.

Eine Methode, mit der direkt der Sedimentationszeitpunkt datiert werden kann, ist das Verfahren der Optisch Stimulierten Lumineszenz (OSL), das die letzte Belichtung mineralischer Partikel vor ihrer abdunkelnden Überdeckung datiert. Zur Anwendung der Methode sind bereits bei der Bergung einer Bodenprobe spezielle Regeln zu beachten. Außerdem müssen zahlreiche weitere Parameter erhoben werden, die Einfluss auf das Ergebnis der Datierung haben. Von diesen ist auch die Kenntnis der nach Deposition des Sediments bis zur Entnahme der zu datierenden Probe herrschenden Bodenfeuchte von Bedeutung.

Für die Anwendung der Methode im Rahmen des Projekts wurde ein einfacher Ansatz zur Abschätzung der mittleren Bodenfeuchte verwendet, der im Folgenden diskutiert werden soll.

Die OSL-Datierungen, die dafür die Grundlage bilden, wurden von Dr. Christian Goedicke (Berlin) vorgenommen.[5]

Methode: Die OSL-Datierung von Sedimenten

Lumineszenzmethoden wie die OSL-Datierungsmethode werden v. a. in der Quartärgeologie und der Archäologie eingesetzt.[6] Dabei kommen sowohl thermisch als auch optisch stimulierte Lumineszenzverfahren zum Einsatz. Das sind erprobte und weltweit eingeführte Standardmethoden zur Datierung von vor allem äolischen, kolluvialen, glazialen, fluviatilen und küstennahen marinen Sedimenten. Datierbare mineralische Bodenbestandteile sind, wie in unserem Fall, Quarze, aber auch Feldspäte und Apatite.[7]

Der zeitabhängige Prozess, der den Lumineszenzverfahren zu Grunde liegt, ist das Anwachsen des latenten Lumineszenzsignals durch die akkumulierende Wirkung ionisierender Strahlung, die sowohl von radioaktiven Zerfällen in der Probe selbst und in ihrer Umgebung, als auch von der kosmischen Höhenstrahlung verursacht wird. Durch Energiezufuhr in Form von Wärme,

---

1 Die Grabungsorganisation und -leitung oblag Dr. J. Schneeweiß.
2 Willroth u. a. 2013.
3 Zu den archäologischen Untersuchungen vgl. Schneeweiss 2011 und jüngst Willroth u. a. 2013, darin besonders die Beiträge von J. Schneeweiß und K.-H. Willroth.
4 Zu den bodenkundlichen Untersuchungen vgl. Schatz 2011.
5 Goedicke u. a. 2006. Für zahlreiche anregende Diskussionen und Hinweise sei Ch. Goedicke an dieser Stelle herzlich gedankt. Die Untersucungen wurden im Lumineszenz-Datierungslabor des Geographischen Instituts der Humboldt-Universität zu Berlin durchgeführt.
6 Lang u. a. 1999. Kadereit u. a. 2006.
7 Geyh 2005, 112.

Abb. 1: Lage der untersuchten Bodenprofile an den Grabungsflächen in der Seegeniederung westlich des Höhbeck.

sichtbarem oder unsichtbarem Licht, kann diese „innere Uhr" auf Null gestellt, d.h. das Signal gebleicht werden.

Der Prozess wird physikalisch mit dem Energiebändermodell beschrieben.[8] Danach besteht in einem kristallin aufgebauten, idealen Isolator zwischen dem inneren Energieband (Valenzband) und dem Leitungsband, in dem die Elektronen frei beweglich sind, eine sogenannte verbotene Zone, in der nur lokal Aufenthaltsmöglichkeiten für Elektronen bestehen. Dies ist an Fehlstellen im Kristallgitter, wie z. B. Leerstellen, Fremdatomen oder Zwischengitteratomen der Fall. Bei Energiezufuhr durch ionisierende Strahlung können Elektronen aus dem Valenzband in das Leitungsband angehoben werden. Dabei können sowohl die Elektronen als auch die gleichzeitig erzeugten Löcher von den Fehlstellen der verbotenen Zone eingefangen und als metastabile Zustände gespeichert werden. Sie werden dann entweder als Ladungsträgerfallen oder als Rekombinationszentren bezeichnet. Bei ausreichender Energiezufuhr (Stimulation) werden die Elektronen aus ihren metastabilen Zuständen ausgetrieben und können unter Freisetzung von Photonen in einem Lumineszenzzentrum rekombinieren.

Dies geschieht auch zur Messung des Lumineszenzsignals. Nach Art der dabei zugeführten Energie unterscheidet man u. a. Thermolumineszenz (TL, Stimulation durch Erhitzen), Optisch Stimulierte Lumineszenz (OSL, Stimulation durch Bestrahlen mit Licht im sichtbaren Wellenlängenbereich) und Infrarot-stimulierte Lumineszenz (IRSL, Stimulation durch Bestrahlen mit Infrarot).[9]

Die Datierung besteht aus zwei Schritten, der Ermittlung der akkumulierten Dosis (P) und der Ermittlung der Dosisleistung (D). P ist definiert als diejenige Labordosis, welche ein Lumineszenzsignal erzeugt, das dem natürlichen Signal äquivalent ist. Die Dosisleistung (D) ist definiert als die ionisierende Strahlung pro Zeiteinheit, der die Probe seit der letztmaligen Erhitzung oder Belichtung ausgesetzt war.[10] Sie wird, sofern radioaktives Gleichgewicht vorhanden ist, aus den heutigen Gehalten an Uran, Thorium und Kalium in der Probe und der Umgebungsstrahlung, die als Ortsdosis am Standort gemessen werden kann, berechnet. Weil die Bodenfeuchte einen Teil der radioaktiven Strahlung absorbiert, geht der mittlere Wassergehalt während des gesamten Probenalters in die Rechnung ein. Das Alter der Probe berechnet sich als Quotient von P und D.

Unter günstigen Bedingungen ist durch die Optisch Stimulierte Lumineszenz (OSL) die Datierung des Sedimentationszeitpunktes möglich. Für eine ausreichende Bleichung des durch die OSL gemessenen Lumineszenzsignals genügt bereits die nur wenige Minuten lange Exposition eines Sedimentkorns am Tageslicht.[11] Transportdistanzen und Korngrößen, wie sie bei Hochflutereignissen eines Gewässers auftreten, können ausreichen, um eine vollständige Bleichung zu erreichen. In diesem Fall wird die „innere Uhr" auf Null gestellt und beginnt mit der abdunkelnden Überdeckung bei Sedimentation erneut zu zählen.

Besonders aussagekräftig ist die Datierung von Sedimenten mit erhaltener fluvialer Schichtung, da hier eine spätere Belichtung des Sediments nach Ablagerung durch Bodeneingriffe wie

---

8   Vgl. Aitken 1990, 146.
9   Geyh 2005, 111.

10 Aitken 1990, 149f.
11 Geyh 2005, 112.

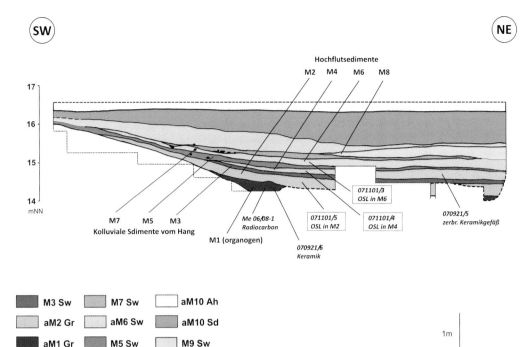

◀ Abb. 2: Schichten-/Horizontfolge in Meetschow, Schnitt 1 (NW-Profil) mit Lage der Probenahmepunkte für die OSL-Datierung. Horizontbezeichnungen in Anlehnung an AD-HOC-AG BODEN 2005.

Ackerbau ausgeschlossen werden kann. Um zuverlässig eine ausreichende Probemenge aus einer Schicht entnehmen zu können, ist eine Schichtmächtigkeit von mindestens 5 cm notwendig. Derartige Schichten repräsentieren an den hier untersuchten Standorten außergewöhnlich starke Hochflutereignisse, weshalb ihr Sedimentationszeitpunkt gleichzeitig Ereignisse mit großer Bedeutung für die Landschaftsentwicklung und die dort lebenden Menschen markiert.

Die Datierung von Sedimenten an den Fundplätzen Meetschow, Brünkendorf und Vietze (Ldkr. Lüchow-Dannenberg)

Die untersuchten Fundplätze liegen alle westlich des Höhbeck im Bereich der Seegemündung in die Elbe (Abb. 1). In Meetschow, Fpl. 1, wurde ein im Grabungsbereich bestehendes archäologisches Profil[12] erweitert, an den slawischen Siedlungsplätzen Brünkendorf, Fpl. 13 und Vietze, Fpl. 63a wurden im Übergang vom Siedlungsbereich in die Aue jeweils etwa 10 m lange Bodenprofile angelegt, bodenkundlich dokumentiert und für physikalisch-chemische Laboranalysen[13] beprobt. Weitere Bodenprofile wurden in elbnah gelegenen, rezenten Lehmentnahmegruben dokumentiert. Die untersuchten Bodenprofile weisen eine Verzahnung von kolluvialen Sedimenten mit Anteilen von Kulturschichten vom Hang sowie Auen- und Hochflutsedimenten aus dem Gewässerbereich auf. Wirkungen des vom Hauptstrom der Elbe gesteuerten Wasserspiegels der heutigen Seege und des Grundwassers prägen die Böden und Sedimente. Sie sind deshalb geeignet, Wirkungen von Umweltveränderungen auf die Lebensbedingungen der früh- und hochmittelalterlichen Siedler abzubilden.

Aus den genannten Profilen wurden für die OSL-Datierungen Proben entnommen. Dazu wurden 10 cm lange und 2 cm starke Rohrstücke in die Profilwand eingeschlagen und deren Enden lichtdicht verschlossen. Die spätere Messung der akkumulierten Dosis erfolgte dann an Sedimentkörnern aus der Mitte der belichtungsfrei entnommenen Probe. Die Lage der Probenentnahmen ist beispielhaft am Profil von Schnitt 1 in Meetschow dargestellt (Abb. 2).[14] Es wurden sandige, teilweise geschichtete und ausreichend mächtige Sedimente ausgewählt.

Für die Altersbestimmung ist außer der aus der Lumineszenz der Probe erhältlichen Information über die aufgenommene Strahlungsdosis (P) die am Standort einwirkende Strahlung (Dosisleistung D) zu ermitteln. Dies geschieht durch Bestimmung der Uran-, Thorium- und Kaliumgehalte in der Probe und die Abschätzung der einwirkenden Höhenstrahlung, kann zusätzlich aber auch über die Messung der Gammadosisleistung am Standort erfolgen.

Es wurden deshalb unmittelbar benachbart zu den Probenentnahmestellen im möglichst ungestörten Boden und in entsprechender Schicht und Tiefe geeichte Gamma-Dosimeter (AL_2O_3:C) ausgebracht, nach einer Verweildauer von etwa einem Jahr entnommen und die aufgenommene Strahlendosis ausgelesen.

---

12 Schnitt 1 2007, NW-Profil. Vgl. SCHNEEWEISS 2011, 59ff. SCHATZ 2011, bes. 139 Abb. 3.

13 Die Analysen wurden im Labor der Hochschule für nachhaltige Entwicklung Eberswalde durchgeführt.

14 Zu Stratigraphie und Genese: SCHATZ, 2011.

Abschätzung des mittleren Bodenwassergehalts zur Korrektur der erhaltenen OSL-Messdaten

Da Wasser im Porenraum des Bodens die Strahlung abschirmt, ist für die Altersberechnung aus akkumulierter Dosis und Dosisleistung neben den anderen Einflussfaktoren ein mittlerer Wassergehalt des Bodens anzunehmen.

Die Verwendung standardisierter Bodenfeuchtekennzahlen brachte für die Altersberechnung keine verwertbaren Ergebnisse[15] und schien für staunasse Böden ungeeignet zu sein. Die Abfolge der erhaltenen Alter passte nicht mit der stratigraphischen Schichtenfolge zusammen. Ausserdem stimmten die Alterswerte nicht mit den Datierungen enthaltener Funde aus den Sedimenten zusammen. So wären der Datierung folgend Brandlehm und Versturzmassen vom Burgwall in einer Schicht zu finden gewesen, die vor der unabhängig datierten Zerstörung der Wallanlage abgelagert wurde. Auch die Feststellung der rezenten Bodenfeuchte an allen untersuchten Standorten wies nach, dass mit Sicherheit zu niedrige Bodenwassergehalte angenommen worden waren.

Da die Bodenfeuchte im Überschwemmungsbereich der Elbe bzw. ihres Nebengewässers auch heute noch räumlich und im Jahresverlauf stark schwankt,[16] und die Sedimentbefunde dies auch für die Vergangenheit belegen, wurde von grundsätzlich vergleichbaren Verhältnissen auch für die Zeitspanne seit der mittelalterlichen Besiedlung ausgegangen. Ausgehend vom den ermittelten Bodenkennwerten und den in den Bodenprofilen ablesbaren Wasserständen wurden mittlere Wassergehalte im Boden für die Verweildauer der Sedimente seit ihrer Ablagerung näherungsweise rekonstruiert. Dazu wurde eine einfache Modellvorstellung entwickelt, die auf der Verwendung weniger Faktoren beruht, die aus den erhobenen Bodeneigenschaften und der Schichtenfolge ableitbar sind.

Als Einflussfaktoren auf die Bodenfeuchte bzw. den Bodenwassergehalt wurden die folgenden Parameter zugrundegelegt:
- Textur des Bodens und Lagerungsdichte (ggf. Humusgehalt) der Probe
- Absolute Höhe ü. NN
- Gewässerabstand
- Grundwasserschwankungsbereich

Aus Textur und Lagerungsdichte bzw. Trockenrohdichte (TRD) des Bodens lassen sich Größen des Bodenwasserhaushalts ableiten.[17] Direkte Wirkungen von Sickerwasser und Evapotranspiration sind für eine einfache Abschätzung von untergeordneter Bedeutung, weil sich alle Probenentnahmepunkte unterhalb der durchwurzelten Zone im Einflussbereich des schwankenden Grundwasserspiegels befinden. Es wurden deshalb nur zwei Zustände berücksichtigt:
- die Lage oberhalb des Grundwasserspiegels
- die Lage im Grundwasser

Befindet sich der Boden unterhalb des Grundwasserspiegels in der gesättigten Zone, sind alle Bodenporen wassergefüllt. Der Wassergehalt entspricht damit dem Gesamtporenvolumen (GPV). Direkt über dem Grundwasserspiegel befindet sich der Kapillarsaum, in dem Wasser aus der gesättigten Zone infolge der in kleinen Poren wirkenden Kapillarkräfte aufsteigt. Sättigung und Steighöhe der Zone sind ebenfalls von Bodeneigenschaften abhängig. Als mittlerer Wassergehalt in den untersuchten Sanden wurde hier die Feldkapazität angenommen. Die Feldkapazität (FK) ist der Wassergehalt des Bodens, der vorliegt, wenn nach voller Sättigung nur das Wasser zurückbleibt, das gegen die Schwerkraft im Porenraum gehalten wird.

Für die Abschätzung des Grundwasserschwankungsbereichs bzw. mittleren Grundwasserniedrigstands und mittleren Grundwasserhochstands seit dem slawischen Mittelalter können Messungen des rezenten Spiegels, Vergleyungsmerkmale in den Profilen und die Grenze der Holzerhaltung slawischer Funde berücksichtigt werden. Die Vorgehensweise kann am Profil Meetschow Schnitt 1 (Abb. 2) beispielhaft gezeigt werden und wurde analog auch an den anderen Profilen (Brünkendorf 13, Vietze 63a, Lehmkuhle) durchgeführt.

Geht man davon aus, dass in den luftdurchlässigen Sanden bereits ein kurzzeitiges Absinken des Grundwasserspiegels und Sauerstoffzutritt eine nachweisbare Zersetzung der Struktur organischer Gewebe (Hölzer) bewirken, sollte im Profil bis etwa 14,50 m ü. NN seit dem Frühmittelalter nahezu ständig Wassersättigung vorgelegen haben. Bis zu dieser Höhe haben sich in dem Sediment M1 Hölzer aus dem 7./8. Jahrhundert AD[18] erhalten (vgl. Abb. 2). Bis 14,80 m ü. NN ist leichter Sauerstoffzutritt nachweisbar, der über die Jahrhunderte zu einer Auflösung der Holzstrukturen, aber nicht zum vollständigen Abbau der organischen Substanz geführt hat.

Die beprobten Hochflutsedimente belegen starke Überschwemmungsereignisse, weisen aber auf kurze heftige Hochwässer hin, zwischen denen die Wasserstände weit niedriger lagen und den Siedlungsrand kaum erreicht haben. Auelehme als Hinweis auf zwischenzeitlich schwächere Überschwemmungsereignisse sind im Profil nicht feststellbar.

Zwischen den Hochfluterereignissen mit Niederschlägen vom Hang abgespülte kolluviale Se-

---

15 Freundliche Mitteilung Dr. Goedicke, Berlin.
16 Schwartz u. a. 2003.
17 Ad-hoc-AG Boden 2005, 344.

18 Radiokarbondatierung von Holz aus M1, Erlangen. Labornummer: Erl-12304, Radiokarbonalter: 1355±44; cal. AD (2σ-Bereich): 606–714, 737–771.

Profil	Probe	Schicht	Höhe NN [m]	Boden-art	GPV [%]	FK [%]	Monate mit Wasser-sättigung	Monate mit FK	mittl. Wassergehalt [%]	OSL-Alter (1 σ) (GOEDICKE 2009)
Brünkendorf	0800829/1	M6	15,67	Ss	43	11	6	6	27	1280-1418 A.D. (1349±69)
Brünkendorf	0800829/2	M4	15,10	St3	44	30	7	5	38	1000-1200 A.D. (1100±100)
Brünkendorf	0800829/3	M7	14,85	Ss	43	11	9	3	35	1217-587 B.C. (902±315 BC)
Vietze 63a	080924/1	M6	15,03	Ss	43	11	7	5	30	62 B.C.-342 A.D. (140 ± 202)
Vietze 63a	080924/2	M8	14,70	Ss	43	11	9	3	35	1031-1703 B.C. (1367 ± 336)
Vietze 63a	080924/3	M3	15,65	Ss	43	11	6	6	27	119 B.C.-271 A.D. (76 ± 195)
Meetschow	071101/3	M6	15,05	St2	42	22	7	5	34	876-1036 A.D. (956 ± 80)
Meetschow	071101/4	M4	14,75	St2	42	22	9	3	37	585-751 A.D. (668 ± 83)
Meetschow	071101/5	M2	14,40	Sl4	42	30	10	2	40	493-695 A.D. (594 ± 101)
Lehmkuhle	081103/1	M6	15,10	Ss	43	11	7	5	30	1498-1604 A.D. (1551±53)

GOF = Geländeoberfläche, GPV = Gesamtporenvolumen, FK = Feldkapazität, TRD = Trockenrohdichte (Erläuterung im Text)
Werte für GPV und FK bei mittlerer TRD (AD-HOC-AG BODEN 2005, 344)

▲ *Tab. 1: Lageparameter und Bodenkennwerte zur Abschätzung der mittleren Bodenfeuchte und Berechnung des OSL-Alters an den Profilen Brünkendorf 13 (WE-Profil), Vietze 63a, Meetschow Schnitt 1 und Lehmkuhle.*

dimente setzten sich am Gewässerrand ab und wurden vom Flusswasser nicht weitergespült, was ebenfalls auf einen über die meiste Zeit niedrigeren Wasserstand mit nur kurzen Hochwasserspitzen deutet. Vom Sedimentbefund ausgehend und orientiert an rezenten Grundwasserstandsschwankungen in der Elbaue scheint die Annahme eines mittleren jährlichen Schwankungsbereiches des Grundwassers von etwa 50 cm am Standort nicht unrealistisch. Über dem Grundwasserspiegel befindet sich ein Kapillarsaum, in dem durch Kapillarität Wasser aufsteigt. Für die angetroffenen Sande wurde, orientiert an Vergleichswerten,[19] in einem Bereich bis 50 cm über dem Grundwasserspiegel von einem Wassergehalt entsprechend der Feldkapazität ausgegangen.

Veränderungen des Grundwasserspiegels während des Betrachtungszeitraums – sowohl saisonale Schwankungen als auch ein feststellbarer leichter genereller Anstieg seit der frühmittelalterlichen Besiedlung[20] – wurden in die Annahme einer mittleren Anzahl von Monaten unter bzw. über der Grundwasserlinie integriert. Für die Probe aus dem Hochflutsediment M2, die 10 cm über der Holzerhaltungsgrenze geborgen wurde, wurden im Jahresverlauf zehn Monate voller Wassersättigung und zwei Monate im Kapillarraum mit Feldkapazität angenommen. Die 35 cm darüber entnommene Probe aus M4 war im Mittel neun Monate im Grundwasser und drei Monate im Kapillarsaum, für die weitere 40 cm darüber entnommene Probe aus M6 ergibt sich ein Verhältnis von sieben zu fünf Monaten (Tab.1).

Aus diesen Annahmen ergeben sich schwach differierende mittlere Wassergehalte zwischen den beprobten Schichten. Die damit berechneten OSL-Alter weisen sinnvolle Übereinstimmung mit der Stratigraphie und den archäologischen Befunden auf, die ihrerseits eine zeitliche Einordnung der kolluvialen Sedimente über enthaltenes Fundmaterial ermöglichen. So kann z. B. die Sedimentation von M2 erst nach der Deposition des datierten Holzes in M1 erfolgt sein;[21] desgleichen sind Bestandteile der Burgbefestigung im Hangsediment (Brandlehm) erst bei oder nach ihrer Zerstörung[22] zu erwarten.

Schlussfolgerung

Die Erfordernis, für eine genaue OSL-Datierung einen mittleren Wassergehalt für den Zeitraum der vergangenen etwa 1000 Jahre anzugeben, kann für verschiedene Bodentiefen im Auenbereich kaum alle wichtigen stark schwankenden Einflussgrößen berücksichtigen. Die Berechnung auf der Grundlage von standardisierten Bodenfeuchtekennzahlen hat sich für den auennahen Bereich als unbrauchbar erwiesen. Eine anwendbare Methode muss also die zur Verfügung stehenden wenigen Daten zusammenführen und versuchen, die bestehende Unsicherheit soweit möglich zu reduzieren. Die vorgenommenen Vereinfachungen sind im Einzelnen sicher noch zu diskutieren, haben aber an den hier untersuchten Standorten zu verwertbaren und plausiblen Ergebnissen geführt, die nachvollziehbar und reproduzierbar sind.

---

19 AD-HOC-AG-BODEN 2005, 353.
20 SCHATZ 2011, 145.
21 *Terminus post quem*: 7./8. Jahrhundert (siehe oben).
22 Der Zeitpunkt der Zerstörung wird durch die OSL-Datierung von Brandlehm aus der Versturzschicht des Walles näherungsweise eingegrenzt. In diesem Falle wurde das Signal durch die Erhitzung beim Brand des Walles auf Null gestellt. Probennummer: 080531/1 (Goedicke Berlin); OSL-Alter (1σ): 933±77 (856–1010 AD).

Literatur

AITKEN 1990
M. J. Aitken, Science based dating in archaeology. London, New York 1990.

AD-HOC-AG BODEN 2005
Ad-hoc-AG BODEN, Bodenkundliche Kartieranleitung. Hannover ^{5}2005.

GEYH 2005
M. Geyh, Handbuch der physikalischen und chemischen Alterbestimmung. Darmstadt 2005.

GOEDICKE u. a. 2006
C. Goedicke, T. Schatz, J. Schneeweiß, OSL – Ein Weg zur „artefaktfreien" Archäologie? In: Archäometrie und Denkmalpflege 2006, Kurzberichte 2006. Stuttgart 2006, 16–18.

KADEREIT u. a. 2006
A. Kadereit, U. Dehner, L. Hansen, C. Pare, G. A. Wagner, Geoarchaeological studies of man-environment interaction at the Glauberg, Wetterau, Germany. In: Zeitschrift für Geomorphologie NF, Supplementum Bd. 142. Berlin, Stuttgart 2006, 109–133.

LANG u. a. 1999
A. Lang, A. Kadereit, R.-H. Behrends, G. A. Wagner, Optical dating of anthropogenic sediments at the archaeological site of Herrenbrunnenbuckel, Bretten-Bauerbach (Germany). In: Archaeometry 41:2, 1999, 397–411.

SCHATZ 2011
T. Schatz, Bodenkundlich-geoarchäologische Untersuchungen zur historischen Gewässerdynamik in der Aue der unteren Mittelelbe (Lkr. Lüchow-Dannenberg). In: K.-H. Willroth, J. Schneeweiß (Hrsg.), Slawen an der Elbe. Göttinger Forschungen zur Ur- und Frühgeschichte 1. Göttingen 2011, 135–146.

SCHNEEWEISS 2011
J. Schneeweiß, Sachsen, Franken, Slawen - zur Geschichte einer Grenzregion an der Elbe. Ein Vorbericht zu den Ausgrabungen des Göttinger Seminars für Ur- und Frühgeschichte am Höhbeck. In: K.-H. Willroth, J. Schneeweiß (Hrsg.): Slawen an der Elbe. Göttinger Forschungen zur Ur- und Frühgeschichte 1. Göttingen 2011, 57–102.

SCHWARTZ u. a. 2003
R. Schwartz, A. Gröngröft, G. Miehlich, Beschreibung und Typisierung des Feuchteregimes von Auenböden der unteren Mittelelbe. In: Mitteilungen der Deutschen Bodenkundlichen Gesellschaft 102:2, 2003, 575–576.

WILLROTH u. a. 2013
K.-H. Willroth, H.-J. Beug, F. Lüth, F. Schopper, S. Messal, J. Schneeweiß (Hrsg.), Slawen an der unteren Mittelelbe. Untersuchungen zur ländlichen Besiedlung, zum Burgenbau, zu Besiedlungsstrukturen und zum Landschaftswandel. Beiträge zum Kolloquium vom 7. bis 9. April 2010 in Frankfurt a. M. Frühmittelalterliche Archäologie zwischen Ostsee und Mittelmeer 4. Wiesbaden 2013.

Russie viking

von Michael Müller-Wille

In Erinnerung an die gemeinsamen Jahre im Institut für Ur- und Frühgeschichte der Christian-Albrechts-Universität zu Kiel (1983–1990) und die bis heute andauernde langjährige Zusammenarbeit im Rahmen von Forschungsprojekten der Akademie der Wissenschaften und der Literatur Mainz seien dem Jubilar die folgenden Zeilen gewidmet. Entsprechend seinem Interesse für die Frühgeschichte slawischer Siedlungsgebiete sei er von der mittleren und unteren Elbe zum mittleren Dnepr sowie zum oberen und unteren Volchov geführt. Diese Flüsse befinden sich in den Kernbereichen der frühmittelalterlichen Rus' zwischen Kiev und Staraja Ladoga, deren archäologische Erforschung in den beiden letzten Jahrzehnten erheblich intensiviert wurde und zu bemerkenswerten Ergebnissen führte. Dabei spielen Fragen der Herrschaftsbildung und Beteiligung verschiedener ethnischer Gruppen an Besiedlung, Herrschaft und Handel sowie der Christianisierung und Urbanisierung eine wichtige Rolle. Das zeigen auch zwei Ausstellungen, die kürzlich in Paris und Caen gezeigt wurden und deren Katalog- und Essaybände einen Überblick über den derzeitigen Stand der Forschung bieten.

Anlässlich der „Année de la Russie en France" fand im Musée du Louvre im Frühjahr 2010 eine Ausstellung unter dem Titel „Sainte Russie: L'art russe des origines à Pierre le Grand" – Heiliges Russland: die russische Kunst von den Ursprüngen bis zu Peter dem Großen – statt, in der zum ersten Mal außerhalb von Russland Zeugnisse der Christianisierung byzantinischer Prägung und der christlichen Kunst umfassend dargestellt wurden. Berücksichtigt wird dabei auch die archäologische Überlieferung, die erheblich zur differenzierten Kenntnis der Bekehrungs- oder Konversionszeit des 10. und frühen 11. Jahrhunderts beiträgt, zugleich für die Zeit des frühen Kirchenbaus seit dem Ende des 10. Jahrhunderts, wie die ersten beiden Hauptkapitel des außerordentlich umfangreichen Essay- und Katalogbandes zeigen.[1]

Ein Jahr nach der Ausstellung im Louvre nahm das Musée de Normandie in Caen die 1100. Wiederkehr der Gründung des Herzogtums Normandie im Jahr 911 zum Anlass, eine Ausstellung zum Thema „Russie viking, vers une autre Normandie? Novgorod et la Russie du Nord. Des migrations scandinaves à la fin du Moyen Âge (VIIIᵉ -XVᵉ s.)" – *Russie viking*, hin zu einer anderen Normandie? Novgorod und das nördliche Russland. Von den skandinavischen Wanderungen bis zum Ende des Mittelalters (8.–15. Jh.) – zu präsentieren. *Russie viking* lasse ich unübersetzt. Skandinavisches, Warägisches, Normannisches Russland oder Russland der Wikinger, Russland zur Wikingerzeit sind unbefriedigende Annäherungen, die wörtliche Übersetzung (wikingisch) ist mit dem Sprachgebrauch des Nationalsozialismus verbunden. Im Mittelpunkt stehen archäologische Zeugnisse aus der Zeit der Entstehung und frühen Entwicklung des Herrschaftsgebietes der Rus'; zugleich kommen Geschichte, Sprach- und Literaturwissenschaften sowie Kunstgeschichte zu Wort.[2]

Die Kurztitel beider Ausstellungen mitsamt zugehörigen Publikationen – Sainte Russie und Russie viking – bringen die unterschiedliche Zielsetzung deutlich zum Ausdruck. In den Vordergrund meines Beitrages sei der von Sandrine Berthelot und Alexandre Musin herausgegebene Begleitband zur Ausstellung in Caen gerückt, da er hauptsächlich auf die archäologischen Quellen Bezug nimmt sowie die frühgeschichtlichen und mittelalterlichen Phasen der Rus' im nördlichen Russland nachzeichnet und in einen größeren kulturellen Kontext stellt. In der Anordnung der Essays sind vier Schwerpunkte gesetzt, welche die derzeitigen Forschungsinteressen und -intentionen hinsichtlich der Vermittlung an die Öffentlichkeit charakterisieren dürften. Sie seien im Folgenden aufgegriffen, mit entsprechenden Inhaltsangaben und Kommentaren zu den thematisch gruppierten Essays.[3]

Der Essayband mit Beiträgen französischer und russischer Autorinnen und Autoren stellt nach meiner Einschätzung eine kompetente, aktuelle und an ein breiteres Publikum sich wendende Übersicht zur frühen Rus' dar. Die Beiträge sind kurz gefasst und reich bebildert. Sie eröffnen einen west-östlichen Dialog, der von der politisch geprägten und bis heute anhaltenden Diskussion über den skandinavischen Anteil an der Herrschaftsbildung im frühen Russland (*la*

---

1 Kat. Paris 2010, 30ff.

2 Kat. Caen 2011.

3 Die Abbildungen im Essayband der Ausstellung in Caen (Kat. Caen 2011) haben keine eigene Nummerierung, daher wird hier jeweils auf die entsprechende Seitenzahl Bezug genommen. Im Folgenden wird nicht die französische Transkription der Namen aus dem Katalog verwendet, sondern die russischen Namen und Bezeichnungen werden entsprechend der Deutschen Bibliothekstransliteration wiedergegeben. Beispiele: Rus' statt Rous, Rjurik statt Riourik, Rjurikovo Gorodišče statt Riourikovo Gorodichtche.

polémique normanniste – antinormanniste / spor o varjagach / Streit um die Waräger oder Warägerfrage) wegführt und neue Denkweisen ermöglicht. Diese Forschungsstrategie kommt auch in dem Thema zum Ausdruck, das für zwei internationale Kolloquien ausgewählt wurde, die bereits 2009 stattfanden. Unter dem Oberthema *Vers l'Orient et vers l'Occident* stand sowohl das erste Kolloquium *les contacts interethniques à l'époque de la formation de la Rus de Novgorod. Culture. Mémoire. Identité.*, das vom 21.–24. Juli 2009 in St. Petersburg und Novgorod stattfand, als auch das zweite, daran anschließende *regards croisés sur les contacts et les dynamiques culturelles à l'âge viking,* das vom 22.–24. September 2009 in Caen durchgeführt wurde. Die Veröffentlichung der Beiträge dieser Kolloquien, deren programmatischer Titel weiträumige Perspektiven und Vergleiche erwarten lässt, ist derzeit in Vorbereitung. Die bilaterale wissenschaftliche Organisation lag wesentlich bei Pierre Bauduin (Caen) und Aleksandr Musin (St. Petersburg), die beide auch maßgeblichen Anteil am Entstehen der Ausstellung im Musée de Normandie hatten.

Die Wikinger zwischen Normandie und Russland

In ihren einleitenden Beiträgen stellen Pierre Bauduin und Elena Melnikova Vergleiche zwischen der frühen Normandie und dem frühen Russland an. Sie erinnern an die Verträge des Jahres 911, die zwischen dem frühen Herzogtum Normandie und dem westfränkischen Königreich auf der einen Seite sowie der frühen Rus' und dem byzantinischen Kaiserreich auf der anderen Seite abgeschlossen wurden. Diese Verträge fügen sich in eine Reihe weiterer Verträge ein, die in der Zeit von der Mitte des 9. bis zum Beginn des 11. Jahrhunderts zwischen Nordmännern/Normannen und Herrschern verschiedener Gebiete geschlossen wurden. Zu den Verträgen, die zu der Besetzung und Besiedlung eines Gebietes führten, gehört derjenige von Saint-Clair-sur Epte im Jahre 911 zwischen Rollo und Karl III. dem Einfältigen, weiterhin diejenigen zwischen dem Waräger Rjurik und den Rus' im Jahre 862 sowie zwischen Alfred, König von Wessex, und Guthrum, dem Anführer der Dänen, in den Jahren 878–890. Die Verträge regelten die Beziehungen zwischen der lokalen Bevölkerung und den Einwanderern. Im fränkischen und angelsächsischen Herrschaftsgebiet schlossen sie die Christianisierung der Skandinavier ein – Rollo nahm bei seiner Taufe im Jahre 912 den Namen seines Paten Robert, *marchio* Neustriens an, seine Nachfolger trugen christliche Namen –, im Osten die Befolgung der paganen Traditionen der einheimischen Bevölkerung. Um Verträge zwischen zwei Herrschaftsgebieten handelt es sich hingegen bei denjenigen der Jahre 911 und 944, welche die ökonomischen, politischen und rechtlichen Beziehungen zwischen der Rus' und dem byzantinischen Kaiserreich regelten.

Das Autorenpaar wendet sich weiterhin der Frage der Akkulturation der Skandinavier in den beiden Untersuchungsgebieten zu. Der Prozess der Akkulturation lässt sich in der archäologischen, schriftlichen und sprachlichen Überlieferung wie auch im Gebrauch der Eigennamen verfolgen. Die Skandinavier in der Rus' übernehmen im 10. und 11. Jahrhundert die altrussische Sprache und die kyrillische Schrift. Runeninschriften und skandinavische Namen, so der Rjurikidendynastie, sind offenbar mit der Einwanderergeneration des 9. und den Nachfolgern des 10. Jahrhunderts verbunden, aus dessen Mitte Bilinguismen überliefert sind. Die Normandie wurde schnell in das christliche *regnum Francorum* integriert. Sie übernahm alsbald die lateinische und die regionale französische Sprache. Abgesehen von einigen Lehnwörtern, vor allem im maritimen Bereich, bezeugen zahlreiche Toponyme die Präsenz einer skandinavischen Bevölkerung. Mit der Anwesenheit von „Nordmännern", wohl dänischer und norwegischer (oder anglo-dänischer und iro-norwegischer) Herkunft, lassen sich bislang nur wenige archäologische Funde verbinden. Grab- und Siedlungsfunde sind selten, häufiger sind Funde ohne Kontext. Das Gegenteil ist in der Rus' der Fall. Zahlreiche Grab- und Siedlungsfunde, weiterhin Hort- und Einzelfunde sind mit Skandinaviern, überwiegend wohl aus dem mittleren Schweden, in Verbindung zu bringen. Die Akkulturation der „Normannen" in der Normandie verläuft schnell, in der Rus' vor der Annahme des byzantinischen Christentums durch die herrschende Dynastie im Jahr 988 hingegen langsamer. Der aufschlussreiche Vergleich zweier weit voneinander gelegener Gebiete bezieht abschließend auch die heutige „Konstruktion der Identität" mit Rückbesinnung auf den skandinavischen Anteil in der Zeit der frühen Herrschaftsbildung ein.

Pierre Gonneau greift den Titel der Ausstellung auf: *La Russie viking?* Das Fragezeichen bezieht sich auf den seit dem frühen 19. Jahrhundert geführten Streit zwischen Normannisten und Antinormannisten, auf den ich zum Schluss zurückkommen werde. Er verweist auf die archäologische Forschung, derzufolge Ladoga und Gorodišče bei Novgorod frühe Zentren skandinavischer Besiedlung in der zweiten Hälfte des 8. bis Mitte des 10. Jahrhunderts darstellen Mit diesen Siedlungsplätzen ist seit dem zweiten Drittel des 9. Jahrhunderts die Dynastie der Rjurikiden verbunden. Bekanntlich bezeugt die historische Überlieferung schon für die dreißiger Jahre des 9. Jahrhunderts die enge Verbindung zwischen den Rus' und den Skandinaviern. In den Annalen von St. Bertin werden für das Jahr 839 im Zusammenhang mit einem Empfang Ludwigs des Frommen in Ingelheim die *Rhos* (griech.) als *Sueones* (Schweden) bezeichnet. Gegenüber dem skandinavisch geprägten nördlichen Teil der Rus' befand sich das zu Ende des 9. Jahrhunderts eroberte Kiev hingegen in einem slawischen Umfeld.

In der vielsprachigen Überlieferung der schriftlichen Quellen – es handelt sich um arabische, griechische, lateinische, altrussische und skandinavische – gibt es nur wenige historische Zeugnisse aus der Zeit vor Mitte des 9. Jahrhunderts. Jean-Pierre Arrignon verweist auf einen Brief des Patriarchen von Konstantinopel Photios aus dem Jahre 867, in dem die Rhos im Zusammenhang mit den ersten Missionsbemühungen der byzantinischen Kirche nördlich des Schwarzen Meeres genannt werden, etwa dreißig Jahre nach der Erwähnung in den Annalen von St. Bertin.[4] Arrignon zufolge waren die Rus' anfänglich als Skandinavier (Waräger) betrachtet worden. Die „Waräger-Rus'" waren hauptsächlich Kaufleute, welche den berühmten „Weg der Waräger zu den Griechen" – den Dnepr und andere Flüsse – benutzten und kontrollierten. Sie waren es auch, die sich zum byzantinischen Christentum bekannten und den neuen Glauben lange vor Vladimirs Taufe verbreiteten.

In seinem Beitrag „Novgorod, zwischen der Rus' und Russland" geht Aleksandr (Alexandre) Musin auf die in den altrussischen Chroniken beschriebenen Ereignisse des Jahres 862 ein[5] – die Berufung der Waräger (*l'appel aux Varègues*) unter Rjurik und die Gründung von Residenzen in Ladoga, Novgorod (Gorodišče), Izborsk und Beloozero. Die Waräger sind seit dem Ende des 9. Jahrhundert als Mitglieder der multiethnischen Gefolgschaft des Fürsten (*družina*) bezeugt, gehören mithin zur Elite des neuen Herrschaftsgebietes. Novgorod entsteht unweit der befestigten Siedlung Gorodišče um die Mitte des 10. Jahrhunderts, also rund hundert Jahre nach der Ankunft Rjuriks und seiner Gefolgschaft. Handel und Kontrolle der aus verschiedenen Richtungen kommenden Güter tragen zum Aufstieg und zur weitgehenden Unabhängigkeit des nördlichen Teils der Rus' bei. Die Präsenz von Warägern ist in Novgorod kaum wahrnehmbar, wenngleich bezeugt ist, dass die Stadt bis 1054 jährlich 300 *Grivnen*, also eine Art östliches Danegeld für den Frieden zahlt. Nur wenige Funde skandinavischer Provenienz sind bei den Grabungen im Stadtgebiet zum Vorschein gekommen.[6] Das Herrschaftsgebiet der Rjurikiden im 10. und 11. Jahrhundert besteht nach Auffassung Musins aus zwei Einheiten: einer föderativen Struktur im Novgoroder Land steht eine zentralistische in der engeren Kiever Rus' gegenüber.

Die Berufung der Waräger unter Rjurik ist in der Nestorchronik – der Erzählung der vergangenen Jahre (*povest' vremennych let*, *Récit des temps passés*) – überliefert, die Kiever Mönche nach verlorenen historischen Kompilationen der 1070er und 1090er Jahre zu Beginn des 12. Jahrhunderts niedergeschrieben haben.[7] Elena Melnikova hat vor einigen Jahren in einer quellenkritischen Studie zur Eingliederung oraler Traditionen in frühe historische Werke die Nestorchronik mit Snorri's Ynglingasaga verglichen. Zur Funktion der beiden Texte stellt sie fest: „The main task for the authors of the first national (,barbarian') histories in Northern and Eastern Europe, who strove to incorporate their own peoples into the family of Christian nations and to present their past as an integral part of world history, was to adapt the oral – and pagan – historical tradition of their nations to the standards of Christian history writing ...".[8] Hinsichtlich der chronologischen Vorstellungen der Nestorchronik schreibt die Autorin zusammenfassend: „The compiler of the chronicle written in the 1090s is believed to have introduced a chronological scale to date the events described in the chronicle. The chronological pattern was borrowed from Byzantium and based on the Byzantine era, starting with the Creation. The first date stated in the chronicle was 852 as the date of the enthronement of Byzantine emperor Michael III (the calculation of the annalist was erroneous, as Michael was enthroned in 842). This date divided the historical sequence of the early history of the Eastern Slavic tribes and Kij and it lacked chronological division. The narration consisted of loosely connected entries deriving from various sources and presenting different traditions – historical (local oral and Byzantine written), Biblical and didactive. This part of the chronicle can be discribed as prehistory, i. e. the narration of the nonstructured, unordered past. Since 852 each entry has a date, although most of the dates before the end of the tenth century are purely the guesswork of the annalist. The dates ensure the continuity of historical sequence and the genealogical succession of Kievan rulers is incorporated into this chronological pattern".[9]

Der in den einführenden Beiträgen gezogene Vergleich wird im Essayband abschließend wieder aufgegriffen. Eine Chronologie der historischen Ereignisse in der Zeit vom 8. bis zum

---

4 Ausführlich MÜLLER 1987, 57 ff.
5 Die 1150-Jahr-Feier dieses Datums im letzten Jahr in Russland bot neben mehreren Tagungen zum Thema, Sondermitteln für Ausgrabungen und Feierlichkeiten auch den Anlass für die Herausgabe eines Bandes, der mit reichem Bildmaterial ausgestattet erstmalig die archäologischen Forschungsergebnisse zur Rus' im 9. und 10. Jh. umfassend darbietet (vgl. MAKAROV 2012). Diesen Band konnte ich nicht mehr berücksichtigen.
6 POKROVSKAJA 2007. RYBINA/CHVOŠČINSKAJA 2010.
7 DONNERT 2012, 13 ff.; 166 ff.
8 MELNIKOVA 2004, 1.
9 MELNIKOVA 2004, 6.

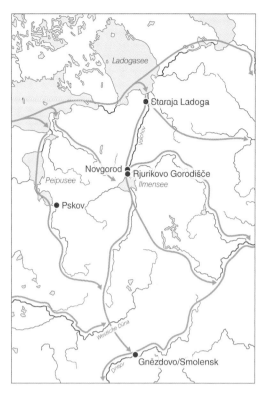

Abb. 1: Frühmittelalterliche Siedlungen und Gräberfelder in der nördlichen Rus', die im Essayband (KAT. CAEN 2011) ausführlicher beschrieben werden. Eingetragen sind weiterhin die im Frühmittelalter benutzten See- und Flusswege (nach KAT. CAEN 2011, Karte S. 16–17).

17. Jahrhundert bezieht sich gleichermaßen auf Russland und Frankreich, begleitet von einer Liste der Fürsten von Novgorod vom 9. bis zum 16. Jahrhundert[10] und einer Aufstellung von im Text verwendeten russischen Begriffen und Bezeichnungen. Die Übersichtskarte zu den skandinavischen Wanderungen während des 8. bis 10. Jahrhunderts[11] geht wohl auf eine Vorlage von Musset[12] zurück, die für den östlichen Teil Europas ergänzt wurde. Es sei auf entsprechende großräumige Karten verwiesen, die in Ausstellungen der letzten Jahre verwendet wurden.[13]

Die skandinavischen Ansiedlungen in Russland

Im Mittelpunkt stehen die Siedlungskomplexe von Staraja Ladoga (Alt Ladoga), Rjurikovo Gorodišče/Novgorod, Gnëzdovo und Pskov – jene strategischen Knotenpunkte im System der Wasserwege, welche die Kommunikationsadern im Norden wie auch in anderen Teilen Russlands und der Ukraine bilden. Diese Plätze sind in größerem Umfang durch Grabungen und Geländeuntersuchungen erschlossen und haben ein umfangreiches Fundmaterial aus Bauspuren und Gräbern erbracht, das auf die Präsenz von slawischen, finno-ugrischen, baltischen und skandinavischen Bevölkerungsgruppen für das 8. bis 11. Jahrhundert hinweist (Abb. 1). Mit Ausnahme von Gnëzdovo/Smolensk setzt die Besiedlung an den genannten Plätzen im Mittelalter und der Neuzeit fort; dementsprechend sind keine großflächigen Grabungen möglich. In die Betrachtung einbezogen werden auch die archäologischen Zeugnisse im Novgoroder Land und angrenzenden Gebieten mit einer überwiegend finno-ugrischen Bevölkerung.

Die genannten Siedlungs- und Gräberfeldkomplexe stellen eine Auswahl dar, die das nördliche Kerngebiet der Rus' repräsentiert. Hinzu kommen Izborsk, Polotsk, Beloozero, Jaroslavl und Rostov im Gebiet zwischen westlicher Düna und oberer Volga im heutigen Russland sowie Kiev, Černigov und weitere Plätze am und unweit des Dnepr in der heutigen Ukraine, die allesamt in dem Beziehungsgeflecht Rus'-Skandinavien eine Rolle spielen.[14] Die entsprechenden Orte in Russland sind unlängst ausführlich beschrieben worden.[15]

Boris Korotkevič und Adrian Selin stellen Staraja Ladoga von den Anfängen im 8. Jahrhundert bis zur „Zeit der Wirren" (*Temps des Troubles*) zu Ende des 16. Jahrhunderts vor, als die Dynastie der Rjurikiden von der der Romanows abgelöst wurde (1598/1613). Die Siedlung am westlichen Ufer des unteren Volchov wurde nach dendrochronologischen Untersuchungen spätestens im Jahre 753 errichtet (Abb. 2,1), etwa eine Generation nach den Anfängen der Handelssiedlungen Ribe an der Westküste des südlichen Jütland und Groß Strömkendorf an der südlichen Ostseeküste.[16] Bemerkenswert ist ein Hort mit Schmiedewerkzeugen und einer figuralen Darstellung des einäugigen Odin aus der Mitte des 8. Jahrhunderts. Handel und Handwerk sind durch Siedlungs-, Hort- und Grabfunde bezeugt. Fragmente von Tatinger Kannen aus der Siedlung und einem Grab von Plakun auf der Gegenseite von Staraja Ladoga belegen Kontakte zum karolingischen Reich. Insgesamt bestätigt das Fundmaterial ein weiträumiges von den arabischen und byzantinischen Gebieten bis hin zum Westen reichendes Netzwerk. Auf den Terrassen der beiden Ufer des Volchov reihen sich Grabhügel aneinander, unter denen die Bestattungen Rjuriks (gestorben im Jahre 879) und seines Verwandten Oleg (gestorben im Jahre 912 oder 922) vermutet werden, während die Brüder Rjuriks Trevor und Sineus ihre letzte Ruhe in Izborsk und Beloozero gefunden haben sollen.[17]

Die jüngere Geschichte im 11. bis 13. Jahrhundert belegt weiterhin die engen Verbindungen von Staraja Ladoga mit Skandinavien, vor allem Schweden. Im 12. Jahrhundert werden nach Nov-

---

10 Zu den in der altrussischen Annalistik überlieferten Lebensstationen und Taten der Fürsten des 9. und 10. Jahrhunderts vgl. MELNIKOVA 2004, Tab. 1.
11 KAT. CAEN 2011, Karte S. 16–17.
12 MUSSET 1965, 116f. Fig. 4.
13 KAT. SPEYER 2008, 20–23. KAT. LEOBEN 2008, 16–19. MAIXNER 2010, 134 Abb. 154.
14 Vgl. KAT. PARIS 2010, 39 Abb. 3. KAT. CAEN 2011, Karte S. 16–17.
15 CARLSSON/SELIN 2011; 2012.
16 CARLSSON/SELIN 2011, 48 Abb. 32. KAT. SPEYER 2008, 48; 154.
17 KAT. CAEN 2011, 52.

goroder Vorbild im Stadtkern sechs steinerne Kirchen errichtet, darunter die St. Georgskirche (1160–1180) mit ihren berühmten Wandmalereien; es folgten einige Klostergründungen außerhalb der Siedlung im 14. und 15. Jahrhundert (Abb. 2,2). Das alte Zentrum verlor an Bedeutung, als Novaja Ladoga an der Mündung des Volchov in den Ladogasee erbaut wurde.

Eine zentrale Stellung nimmt die befestigte Siedlung Rjurikovo Gorodišče ein, deren Geschichte von der Zeit der Wikinger bis zur Fürstenresidenz Evgenij Nosov erläutert. Einleitend beschreibt er prägnant den Platz: „ *Gorodišče* oder Rjurikovo Gorodišče, d. h. «die alte befestigte Siedlung des Rjurik», wie die Historiker und die Spezialisten der regionalen Geschichte seit Beginn des 19. Jahrhunderts den Ort zu nennen pflegten, wurde immer als ein unumstößliches Monument der russischen Geschichte betrachtet. Das Quellgebiet des Volchov am Ausfluss des Ilmensees, dort, wo sich später Novgorod erhob, war ein strategischer Punkt im östlichen Europa, denn er erlaubte die Kontrolle der Hauptflusswege, die von Europa nach Asien führten, und die Sicherung der administrativen Herrschaft über den zentralen Teil des späteren Novgoroder Landes . Im 9.–10. Jahrhundert war Gorodišče der Hauptort der Ilmenseeregion (Priil'men'e), sowohl hinsichtlich von Handwerk und Handel als auch im Bereich von Kriegswesen und Verwaltung: er war damals nicht mehr als ein protourbanes Zentrum. Zwischen dem 11. und 17. Jahrhundert befand sich dort die fürstliche Residenz, mit welcher die Namen etlicher Persönlichkeiten der russischen Politik und zahlreiche wichtige Episoden der nationalen Geschichte verbunden sind".[18]

Gorodišče liegt unmittelbar am östlichen Ufer des Volchov – auf einem länglich-ovalen Höhenrücken, der sich 10–11 m über den Fluss erhebt (Abb. 3,1). Die hochflutfreie Fläche – die Hochfluten können im Frühling bis zu 6 m über Normalpegel erreichen – weist als „Insel" ein Areal von etwa 10 ha (450 x 250 m) auf, von denen vermutlich etwa 4 ha (350 x 100 m) besiedelt waren. Mit dem Bau des Siversov-Kanals in den Jahren 1797–1802 an der Südseite veränderte sich die topographische und hydrographische Situation erheblich.[19] Auf der Südseite des Höhenrückens wurden dabei in erheblichem Maße Kulturschichten zerstört. Eingriffe in die archäologische Substanz erfolgten weiterhin durch die mittelalterliche und neuzeitliche Besiedlung, vor allem in den westlichen und nördlichen Teilen, sowie durch die Zerstörungen im Zweiten Weltkrieg, denen auch die Kirche Mariä Verkündigung zum Opfer fiel.

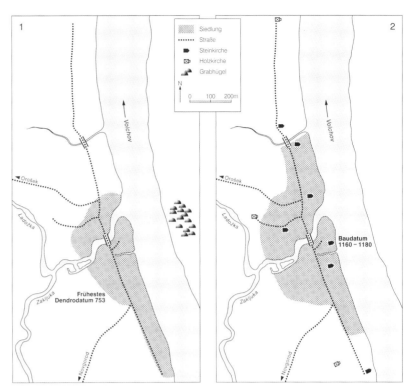

▲ Abb. 2: Staraja Ladoga. 1 Siedlung und Gräberfeld, vor 1000; 2 Kirchengründungen, nach 1000 (nach KAT. CAEN 2011, Abb. S. 59; CARLSSON/SELIN 2011, 48 Abb. 32).

Die ersten archäologischen Grabungen fanden 1901 statt; sie werden, seit 1975 unter der Leitung Nosovs, bis heute fortgesetzt, vor allem in den westlichen und südlichen Teilen des Höhenrückens. In den letzten Jahren gelang der Nachweis einer Wall- und Grabenanlage am südlichen Rand der Erhebung. Die erhaltenen zweireihigen Kastenkonstruktionen erinnern an Befunde in Befestigungen des Stadtkerns von Kiev und des westslawischen Bereiches. Sie wurden in der zweiten Hälfte des 9. Jahrhunderts erbaut und bis in die 880–890er Jahre genutzt.[20] Seit der zweiten Hälfte des 9. Jahrhunderts sind Waffen, Amulette, Fibeln der Frauen- und Männertracht und Ringschmuck skandinavischer Provenienz belegt.[21] Sie weisen nach Nosov auf skandinavische Mitglieder der Gefolgschaft des Fürsten hin.

Etwa fünfzig Jahre nach Entstehung von Novgorod um die Mitte des 10. Jahrhunderts wurde die Residenz offenbar an das östliche Ufer des Volchov verlagert („Handelsseite" von Novgorod, Jaroslavogo dvorišče). Jedoch kehrten die Fürsten Anfang des 12. Jahrhunderts wieder nach Gorodišče zurück. Im Jahre 1103 wurde die steinerne Kirche Mariä Verkündigung an der Westseite des Höhenrückens erbaut, weitere Kirchenbauten aus Stein und Holz folgten (Abb. 3,2). Südlich der ältesten Kirche befanden sich der Palast und Unterkünfte für die Krieger, Handwerker und Verwalter mitsamt ihren Familien. Zur Residenz gehörte auch der Höhenrücken nordöstlich von Gorodišče, auf dem im Jahre 1198 die reich

---

18 KAT. CAEN 2011, 69.
19 KAT. CAEN 2011, Abb. S. 68.
20 KAT. CAEN 2011, Abb. S. 71.
21 Auswahl: NOSOV 2000, 149f. Abb. 5–6; 134 Abb. 9; 2001, 64–66 Abb. 45–47; 2007, 29ff. Abb. 3ff. NOSOV/CHVOŠČINSKAJA 2011, 73 Abb. 3.

Abb. 3: Rjurikovo Gorodišče. 1 Vor 1000. Ausschnitt oben links: Die Hügelrücken von Gorodišče und Spas-Neredicy (nach Topographischer Karte); 2 Kirchengründungen, nach 1000, und Bebauung im frühen 19. Jahrhundert (nach ANKUDINOV 2007, 64 Abb. 4; KAT. CAEN 2011, Abb. S. 68). Der hochwasserfreie Bereich ist auf Abb. 3,1.2 weiß gelassen.

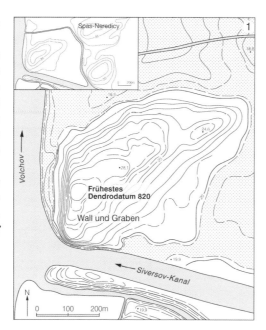
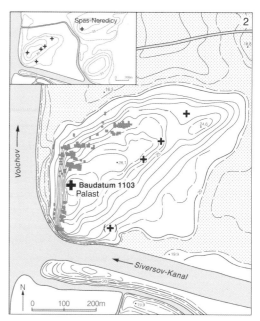

mit byzantinischen Fresken geschmückte Kirche von Neredica errichtet wurde (Abb. 3,2). Im Fundmaterial nehmen die fast 2000 Siegel aus Blei eine Sonderstellung ein. Es ist die größte Ansammlung von Siegeln, die bislang aus dem mittelalterlichen Russland bekannt ist. Der Platz war bis zum 16. Jahrhundert fürstliche Residenz.

In der Novgoroder Chronik wird im Zusammenhang mit dem Bau der Kirche im Jahre 1103 erstmals der Name *Gorodišče* erwähnt. Vermutlich ist der Platz – in sinngemäßer Übersetzung „alte befestigte Siedlung" – mit dem aus skandinavischen Quellen bekannten *Holmgard* (Inselsiedlung) identisch.[22] Diskutiert werden auch *Nemogardas* (Konstantinos Porphyrogennetos) und *Slovensk* (Chroniken des 17./18. Jahrhunderts).

Im Zusammenhang mit dem „Weg der Waräger zu den Griechen" beschäftigt sich Rafaél' Minasjan mit dem umfangreichen Komplex von Siedlungen und Gräberfeldern von Gnëzdovo, etwa 12–15 km westlich von Smolensk am oberen Dnepr gelegen. Allein 4500 Grabhügel, die sich auf sieben Gräberfelder verteilen, sind dokumentiert.[23] Sie wurden in der Zeit vom Ende des 9. bis Anfang des 11. Jahrhunderts angelegt. Bei den Grabungen, die 1874 einsetzten und bis heute fortgeführt werden, konnten mehr als 1200 Gräber untersucht werden. Das Fundgut weist sowohl auf slawische als auch auf skandinavische Bewohner hin. Bemerkenswert ist eine größere Anzahl von Münz- und Edelmetallhorten mit exquisiten Schmuckstücken, darunter solche mit Borre- und Jellingestilzier.[24] Handel und Handwerk mit weitreichenden Beziehungen sind vielfach bezeugt. Die Bedeutung des Ortes liegt in der Kontrolle des von der oberen westlichen Dvina zum mittleren Dnepr verlaufenden Landweges.

Die reichen Ausstattungen in Gräbern, darunter solchen in Kammern, weisen auf Mitglieder der fürstlichen Gefolgschaft skandinavischer Herkunft hin. Möglicherweise herrschte in diesem Gebiet ein von Novgorod wie auch von Kiev unabhängiges Haus. Nach der historischen Überlieferung eroberte Oleg 882 Smolensk, das allerdings zu dieser Zeit offenbar noch gar nicht existierte und erst im 11. Jahrhundert dem protourbanen Zentrum von Gnëzdovo als regionaler Hauptort folgen sollte.[25]

Tatjana Eršova und Elena Jakovleva wenden sich in ihrem kurzen Beitrag „Eine multiethnische Bevölkerung: das Beispiel der Kammergräber des alten Pskov" den Ausgrabungen der Jahre 2003–2009 eines Gräberfeldes zu, das etwa 1,5 km südlich vom befestigten Stadtkern entfernt im Bereich des zu Ende des 14. Jahrhunderts errichteten ehemaligen Himmelfahrtsklosters (Alte Himmelfahrt) östlich der Velikaja entdeckt wurde.[26] Das Beigabengut von acht Kammergräbern mit Körperbestattungen (Frauen, Männer, Kinder) der zweiten Hälfte des 10. Jahrhunderts bezeugt enge Verbindungen mit Skandinavien, dem mittleren Dneprgebiet und Byzanz. Diese Kammergräber reihen sich in eine größere Anzahl von ähnlichen Grabanlagen ein, die überwiegend mit den Zentren des Handels, des Handwerks und der Verwaltung der Rus' verknüpft sind (Abb. 4). Unter den vierhundert bislang geborgenen Grabbeigaben sind besonders Waagen und Gewichte, byzantinische Münzen, Fragmente von Seidenstoffen, Silberschmuck, Kreuzanhänger und Wachskerzen sowie weiterhin ein Anhänger mit dem Vogelzeichen der Rjurikiden zu erwähnen.[27]

---

22 Vgl. dazu CARLSSON/SELIN 2011, 53 Abb. 39; 2012, 48 Abb. 31.
23 CARLSSON/SELIN 2011, 69 Abb. 64; 2012, 73 Abb. 56.
24 KAT. CAEN 2011, Abb. S. 82–83.
25 KAT. CAEN 2011, 81.
26 CARLSSON/SELIN 2011, 62 Abb. 56; 2012, 64 Abb. 47.
27 KAT. CAEN 2011, Abb. S. 87: Beigaben aus den Kammergräbern 1, 3 und 6. Die ausführliche Publikation des Gräberfeldes ist erfreulicherweise derzeit im Druck (freundliche Mitteilung von Dr. E. Jakovleva, Pskov).

Aus Pskov stammt Olga. Sie heiratete im Jahre 907 den Rjurikidensohn Igor, nach dessen Tod (945) sie die Regentschaft übernahm. Vierzig oder fünfzig Jahre nach ihrer Heirat (946/957) empfing sie die Taufe in Konstantinopel. Man wird damit rechnen dürfen, dass sich zu dieser Zeit Mitglieder der Elite, darunter auch Skandinavier, zum Glauben byzantinischer Prägung bekannten, wie die Grabfunde in Pskov und an anderen Plätzen zeigen.[28]

Oleg Boguslavskij und Natalja Chvoščinskaja beschreiben die ethnischen Verhältnisse in der näheren und weiteren Umgebung von Novgorod während des 8. bis 10. Jahrhunderts. Die autochthone finno-ugrische Bevölkerung dieses Gebietes wurde mit skandinavischen und slawischen Einwanderern konfrontiert. Nicht nur der „Weg der Waräger zu den Griechen" nahm hier seinen Ausgang von der Neva über den Volchov nach Süden, sondern auch der „Weg zu den Arabern" über mehrere kleine Flüsse (Pacha-Suda, Sias-Mologa) südöstlich des Ladogasees zur oberen Volga (Abb. 1). Zahlreiche Horte mit arabischen Münzen bezeugen diese Wasserwege. Eine größere Anzahl von Grabfunden weist auf Skandinavier hin; hinzu kommen „Mischinventare" mit Grabbeigaben finno-ugrischer, slawischer und skandinavischer Formgebung oder Herkunft. In größerem Umfang widmet sich der Beitrag den Finno-Ugriern des 11. bis 13. Jahrhunderts im Gebiet zwischen oberem Volchov, Peipussee und Neva (Čuden, Voden, Ischoren/Ingrier) sowie nördlich des Ladogasees (Karelier), weiterhin der schwedisch-russischen Geschichte dieses Gebietes in jüngeren Zeiten. Erst seit dem 11./12. Jahrhundert lässt sich nennenswerte slawische Besiedlung nördlich und westlich von Novgorod nachweisen, umgekehrt wird finno-ugrischer Schmuck im städtischen Milieu von Novgorod und Umgebung angenommen.

Aspekte der Zivilisation

Der dritte Themenbereich ist ausschließlich Novgorod gewidmet. Elena Toropova und Sergej Toropov erörtern die frühurbane Phase, wobei das Umland in die Betrachtung einbezogen wird.[29] Eine größere Anzahl von offenen und befestigten Siedlungen sowie von zahlreichen Grab- und Hortfunden, darunter der 2001 bei Goroškovo entdeckte Hort mit Ring- und Anhängerschmuck in Form von arabischen Münzen und runden bzw. ovalen Scheiben mit Pflanzen- und Borrestilzier,[30] ist in den Gebieten beiderseits des aus dem Ilmensee entspringenden Volchov und im nordwestlichen Ufergebiet des Ilmensees *(poozer'e)* aus dem 9. bis 12. Jahrhundert überliefert. Die Grabhügel

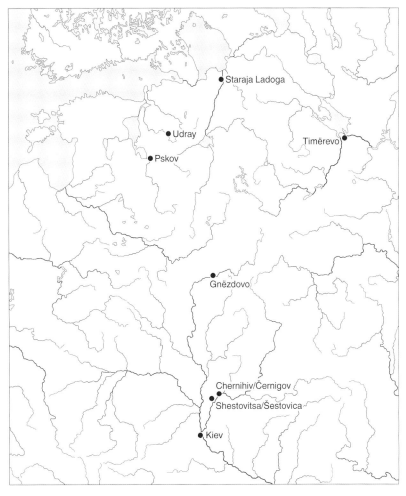

▲ *Abb. 4: Kammergräber des 9.–11. Jahrhunderts in der Rus' (nach Mikhajlov 2011, 206 Abb. 1).*

unterschiedlicher Form, darunter steil aufragende kegelförmige Kurgane *(sopki),* sind bestimmende Landschaftselemente, vor allem im Gebiet der Msta nordöstlich des Ilmensees. Die höher gelegenen Befestigungen in diesem wasserreichen und im Frühling überfluteten Gebiet dürfte zur skandinavischen Bezeichnung der Rus', nämlich *gardariki* = Reich der Befestigungen, geführt haben. Die wassernahen Befestigungen, darunter vor allem Rjurikovo Gorodišče, dienten der militärischen wie auch ökonomischen Kontrolle. Im Laufe des hohen und späten Mittelalters wurden sodann die Grenzgebiete des Novgoroder Landes mit Befestigungen versehen. Neben Novgorod entstand zu Ende des 11. Jahrhunderts als zweites städtisches Zentrum Staraja Russa südlich des Ilmensees, offenbar ohne jegliche Beteiligung von Skandinaviern. Die Kontakte, welche im Mittelalter vor allem durch den Handel mit den Hansestädten zustande gekommen sind, lassen sich im archäologischen Fundniederschlag deutlich erkennen.[31] Das Verhältnis von Zentrum und Peripherie im näheren Umland von Novgorod und im Novgoroder Land wird im Essayband nicht näher erörtert; es steht im Mittelpunkt von Beiträgen, vor allem seitens der Naturwissenschaften, die kürzlich in einem Band der Reihe „The

---

28 Vgl. Kat. Paris 2010, 61–65 Kat. Nr. 9–10 mit Abb.
29 Kat. Caen 2011, Abb. S. 102. Vgl. auch Nosov 2000, 146 Abb. 3; 2001, 28 Abb. 11; 2005, 7 Abb. 2.
30 Kat. Caen 2011, Abb. S. 104.
31 Kat. Berlin 2012, 22–86.

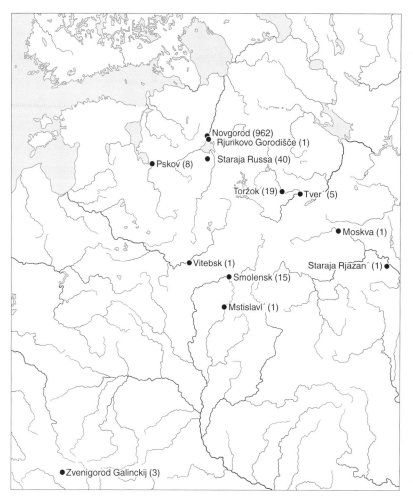

▲ Abb. 5: *Fundorte von Birkenrindentexten im östlichen Europa. In Klammern ist jeweils die Anzahl der Funde angegeben (nach http://gramoty.ru/images/map01.gif [31. 10. 2012]; Ergänzung: Rjurikovo Gorodišče).*

archaeology of medieval Novgorod" erschienen sind.[32]

Pjotr Sorokin beschäftigt sich mit der archäologischen und ikonographischen Überlieferung von Schiffen und Booten, die im Verkehr und Handel eine entscheidende Rolle gespielt haben. Mit klinkergebauten Booten und Schiffen von 12–30 m Länge konnten die Skandinavier Staraja Ladoga erreichen. Hingegen waren die größere Strecke des Volchov wie auch der Dnepr und andere Flüsse mit ihren zahlreichen Stromschnellen nur mit kleineren geklinkerten Booten bis zu 12 m Länge oder Einbäumen (Monoxyle) zu befahren. Reste von Wasserfahrzeugen und Zubehör sowie bildliche Darstellungen wurden in Staraja Ladoga und Novgorod in Kontexten des 8. bis 11. Jahrhunderts angetroffen. Bemerkenswert sind die Darstellungen von mediterranen Schiffen mit dreieckigen Segeln in einer Knochenritzung des 8. Jahrhunderts aus Staraja Ladoga und in einem Graffito auf einem Ziegelstein der Kirche von Volotovo östlich von Novgorod aus dem 14. Jahrhundert.[33] Ziehen und Tragen von Booten (*portage des bateaux*) bei Stromschnellen und auf Landstrecken zwischen den Flüssen ist in den Gravuren der *Historia de gentibus septentrionalibus* (1555) von Olaus Magnus einprägsam wiedergegeben.[34] Die wichtige Rolle der Portagen bei der russischen Kolonisierung des Nordens im 11.–13. Jahrhundert hat N. Makarov[35] herausgearbeitet, mit ihrer Bedeutung in globaler Perspektive hat sich unlängst ein Symposium beschäftigt.[36]

Ljubov Pokrovskaja und Andrej Stepanov wenden sich den in den Grabungen von Novgorod allgegegenwärtigen Zeugnissen der „Rus' in Holz", nämlich den aus Hölzern errichteten Bauten, Wegen, Zäunen und Brunnen sowie dem Mobiliar und den Gegenständen des Alltags, der Spiele und der Feste zu. Nicht zu Unrecht spricht die ‚Erzählung der vergangenen Jahre' von den Novgorodern als den Zimmerleuten. Die ersten Bohlenwege wurden zu Beginn der Besiedlung von Novgorod in der Mitte des 10. Jahrhunderts errichtet. Besonders zu erwähnen sind die zahlreichen Musikinstrumente, die Vladimir Povetkin[37] bis zu seinem Tode im Jahre 2010 erforscht und zum Erklingen gebracht hat.

Sandrine Berthelot bewertet die mehr als tausend Birkenrindentexte (*berestianaja gramota, document sur écorce de bouleau*), die sich im feuchten Untergrund Novgorods erhalten haben, zusammenfassend als Zeugnisse einer alphabetisierten Gesellschaft: Frauen und Männer aller Schichten waren schreibkundig. Die in kyrillischer Schrift geschriebenen und einen Novgoroder Dialekt wiedergebenden Texte stammen aus dem 11. bis zur Mitte des 15. Jahrhunderts.[38] Die Texte umfassen meist weniger als fünfzig Wörter. Schreibwerkzeuge aus Metall und Knochen sind ebenfalls erhalten. In elf weiteren Siedlungsplätzen Russlands, der Ukraine und Weißrusslands sind Birkenrindenfunde, allerdings in kleinerer Anzahl, zum Vorschein gekommen (Abb. 5). Sie bieten einen unschätzbaren Einblick in die damalige Lebenswelt. Einzigartig in Novgorod ist der Fund einer in die Zeit um 1020 datierten Wachstafel mit einem Psalmentext.[39]

Aleksandr Musin beschäftigt sich in seinem Beitrag mit den Zeugnissen des einheimischen Glaubens sowie der Christianisierung und kirchlichen Struktur der Stadt Novgorod. Kurz nach der Taufe Vladimirs in Cherson (Chersones) auf der Krim im Jahre 988 wurde das Bistum von Novgorod in den Jahren 989–992 eingerichtet. Der erste Bischof Joachim (gestorben 1030) soll der Legende nach aus dem Taufort Vladimirs gekommen sein. Die erste Kathedralkirche im Zentrum von Novgorod auf der westlichen Seite des Volchov wurde in Holz erbaut. Es folgte die steinerne, noch heute stehende Kirche im Jahre 1050. Das

---

32 Brisbane u. a. 2012.
33 Kat. Caen 2011, Abb. S. 107; 110f.
34 Kat. Caen 2011, Abb. S. 112.
35 Makarov 1997.
36 Westerdahl 2006.
37 Povetkin 2001.
38 Vgl. http://gramoty.ru.
39 Kat. Caen 2011, Abb. S. 125. Vgl. Janin 2001, 122 Abb. 1.

Bistum Novgorod nahm offenbar eine besondere Stellung ein. Die Metropoliten der „ganzen Rus'" versäumten hinsichtlich ihres Titels nicht, dass auch Novgorod in der äußeren Rus' dazugehörte. Das Schisma von 1054 hatte offenbar keine unmittelbaren Auswirkungen in der Rus'. Ende des 11. Jahrhunderts und im folgenden Jahrhundert wurden in der Stadt die römisch-katholischen Kirchen St. Olaf und St. Peter errichtet. Damals trugen die Novgoroder ihre Neugeborenen zu einem Priester des lateinischen Ritus, den sie den „warägischen Popen" nannten. Das Schisma entfaltete erst im Zusammenhang mit der Eroberung Konstantinopels im Jahre 1204 durch die Kreuzritter und den Beginn der Kreuzzüge des Deutschritterordens in der Mitte des 13. Jahrhunderts seine Wirkung. Novgorod präsentierte sich als Erbin Konstantinopels und der dortigen Sophienkathedrale als „Neues Rom", bevor sich Moskau zu Ende des 15. Jahrhunderts als das „Dritte Rom" ausgab. Zur Identität der Stadt trug die Sophienkathedrale wesentlich bei: Die Floskel „Dort, wo die Heilige Sofia ist, dort ist Novgorod" taucht im 13. Jahrhundert erstmalig in der Novgoroder Chronik auf.

Zahlreiche in den Ausgrabungen geborgene Gegenstände sind mit den religiösen Praktiken des nichtchristlichen, paganen und des neuen, christlichen Glaubens verbunden. Die archäologische und historische Überlieferung bezeugt gleichermaßen nichtchristliche Formen des Glaubens der einheimischen wie auch der skandinavischen Bevölkerung im nördlichen Russland. Es sind vor allem die beigabenführenden Hügel- und Flachgräberfelder des 9. und 10. Jahrhunderts, die überwiegend in einen paganen Kontext zu stellen sind. Allerdings belegen Grabfunde der Mitte und zweiten Hälfte des 10. Jahrhunderts, so die schon erwähnten Kammergräber von Pskov mit ihren christlichen Beigaben, dass sich Mitglieder der Elite schon vor der Taufe Vladimirs dem Christentum zugewandt hatten.[40] Im Jahre 945 wurde in Kiev eine dem Propheten Elias geweihte Kirche errichtet und von Rus' sowie von vielen Chasaren und Warägern aufgesucht, wie die historische Überlieferung zu berichten weiß. Gleichzeitig oder etwa zehn Jahre später wurde, wie schon erwähnt, Olga getauft. Schon mehr als einhundert Jahre zuvor begegnen Waräger bei ihren Raubzügen in Amastris an der Südküste des Schwarzen Meeres (842) und in Konstantinopel (860) der byzantinischen Kirche; zu dieser Zeit dürften die ersten Bekehrungen stattgefunden haben.[41]

Es ist wohlbekannt, dass Fürst Vladimir auf der Suche nach einem zukunftsweisenden Glauben – er hatte die Wahl zwischen byzantinischem und lateinischem Christentum sowie Judentum und Islam – ein paganes Pantheon schaffen wollte, mit Perun als höchster Gottheit, die sowohl in Kiev als auch in Novgorod in offenen Heiligtümern verehrt wurde. Mit paganen Vorstellungen und Praktiken werden Amulette unterschiedlicher Form und nichtchristlichen Inhalts verknüpft, die sowohl aus der Zeit vor als auch nach der Annahme des Christentums durch das Fürstenhaus stammen. Dazu gehören auch hölzerne Figuren anthropomorpher Gestalt, die als Hausgötter/Hausgeister (*domovye*) interpretiert werden. Einen derartigen Fund des 11./12. Jahrhunderts aus der Hafenstadt Schleswig hat kürzlich Radtke[42] mit zeitgleichen Exemplaren aus Novgorod verglichen. In der Berliner Ausstellung „Russen und Deutsche" waren die entsprechenden Exemplare einander gegenübergestellt.[43] Amulettfunde in Staraja Ladoga und Novgorod aus der Mitte des 8. bzw. dem Ende des 10. Jahrhunderts belegen die Verehrung von Odin und Thor.[44] In der Zeit nach 1000 bestimmen dann zahlreiche Kreuz- und Kruzifixanhänger, Pilgerdevotionalien und andere Gegenstände christlicher Symbolik die archäologische Überlieferung.[45]

Abschließend beschreibt Michail Medvedev das Ende der Unabhängigkeit Novgorods in der Zeit der Wirren. Im Jahre 1478 unterwirft Großfürst Iwan III. Novgorod einem autokratischen Regime. Es sollte noch zwei Jahrhunderte dauern, bis die lokale Tradition der Autonomie erloschen war und der moskowitischen Herrschaft Platz machte. Unter Iwan dem Schrecklichen (1533–1584) wurde die Stadt zu großen Teilen zerstört. Es folgen die Auseinandersetzungen zwischen Russland, Polen und Schweden. In den Jahren 1611–1617 wird eine Allianz zwischen Novgorod und Schweden vereinbart. Nach dem Tod des letzten Rjurikiden Feodor (1598) unterstützte Novgorod den Vorschlag, den russsischen Thron einem Repräsentanten des schwedischen Königshauses anzuvertrauen. In den Verhandlungen mit Stockholm wurde der Stammvater der Rjurikiden mehrfach genannt. Gustav Adolf II., 1611–1632 König von Schweden, nahm das Angebot einer „zweiten Berufung" („*deuxième appel aux Varègues*") nicht an. Michael Romanow wurde 1613 der neue Zar, der Russland unter dem Banner der Orthodoxie vereinigen sollte.

Der Wikingermythos
Das abschließende Kapitel ist der Rezeptionsgeschichte in der Kunst, der maritimmilitärischen Kultur und der Historiographie gewidmet. Pavel Klimov führt in die Darstellungen der Wikinger und der alten Rus' in den spätmittelalterlichen

---

40 Musin 2012.
41 Ausführlich Müller 1987, 24ff.; 57ff.

42 Radtke 2010; 2012.
43 Kat. Berlin 2012, Abb. S. 50–51.
44 Kat. Caen 2011, Abb. S. 61; 127.
45 Kat. Caen 2011, Abb. S. 134f.

Miniaturen und der historischen Malerei ein. Die bildliche Wiedergabe der Vergangenheit beginnt mit den Illuminationen des 15. Jahrhunderts in der Radziwiłł-Chronik, die nach der Vorlage der „Erzählung der vergangenen Jahre" in der Zeit um 1100 entstand und zu Beginn des 13. Jahrhunderts komplettiert wurde. Die 618 Miniaturen vereinigen Elemente, die sowohl dem byzantinischen Duktus der Ikonenmalerei als auch der westlichen Miniaturenmalerei der gotischen Zeit verbunden sind. Die im Essayband ausgewählten Bilder geben folgende Szenen wieder: Verehrung der heiligen Maria und des heidnischen Gottes Perun in Form einer antiken Statue zum Jahre 945[46]; Skriptorium in Kiev zu Ende des 11. Jahrhunderts[47]; Gründung Novgorods[48]; Steuerabgabe in Form von Pelzen[49]; Eroberung von Smolensk (Gnězdovo) im Jahre 882[50]; Unterweisung und Taufe Vladimirs im Jahre 988[51]; Gleb – er trägt, wie auch andere dargestellte Fürsten, eine Krone westlicher Form – tötet einen heidnischen Zauberer im Jahre 971[52].

Eine unter Iwan dem Schrecklichen illustrierte Weltgeschichte ist nur unvollständig erhalten. Gerade die Illustrationen zur älteren Geschichte der Rus' fehlen.[53] In Auswahl sind Ereignisse zur mittelalterlichen Geschichte von Novgorod[54], Rjurikovo Gorodišče[55], Staraja Ladoga[56], Staraja Russa[57] und Kiev[58] illustriert.

Seit dem späten 16. Jahrhundert sind im höfischen Milieu bildliche Darstellungen der frühen Ereignisse in der Rus' und Portraits von Mitgliedern der Rjurikidendynastie geläufig. Die Tradition der illuminierten Handschriften setzt sich in der Medaillenkunst fort, beispielsweise mit der Wiedergabe des Treffens der Novgoroder mit den Warägern oder der Taufe Olgas[59]. Unter den Herrscherdarstellungen nehmen diejenigen von Rjurik, seinen nächsten Nachfolgern und Verwandten einen prominenten Platz ein, mit zeittypischer, westlich beeinflusster Ausstattung.[60] Der Audienzsaal im Facettenpalast des Moskauer Kreml wurde unter dem letzten Rjurikiden mit Wandmalereien im Stil der Ikonen ausgeschmückt, welche Rjurik, Igor und Svjatoslav als bewaffnete Wächter der Rus' vor felsigem Hintergrund darstellen; die rekonstruierten Malereien stammen aus dem Jahre 1882.[61] Ist dieses Bildzeugnis in das neue Machtzentrum eingebunden, so erinnert das monumentale Denkmal, das 1862 anlässlich der Eintausendjahrfeier zur Erinnerung an die Ankunft Rjuriks und der Waräger errichtet wurde, mit seinem Standort unweit der Sophienkathedrale von Novgorod an die Ursprünge der Rus' im nördlichen Russland.[62] Dieses von Michail Mikešin und weiteren Künstlern geschaffene Werk fügt sich ein in eine Vielzahl von plastischen und gemalten Darstellungen im akademischen Stil. Die Szenen und Figuren sind sechs Epochen der russischen Geschichte von Rjurik bis Peter dem Großen zugeordnet, wobei die ersten beiden Epochen der Entstehung der Herrschaft und der Christianisierung der Rus' gewidmet sind.

Betrachtet man die im Essayband ausgewählten Historienbilder, die überwiegend aus dem 19. und frühen 20. Jahrhundert stammen, hinsichtlich ihrer Motive, so ergeben sich zwei Gruppierungen. Einerseits sind die Fürsten der frühen Zeit im Zusammenhang mit verschiedenen Ereignissen dargestellt: Berufung der Waräger[63], Rjurik und seine Brüder[64], Oleg[65], Svjatoslav[66] und Vladimir[67]. Andererseits handelt es sich um Szenen aus dem Alltag: Großfürst begegnet dem Volk[68], Handel und Schifffahrt[69], Geselligkeit und Spiel[70], kriegerische Auseinandersetzungen[71], Heidentum und Christentum[72], Bestattung[73].

Unter den zahlreichen russischen Künstlern des 19. und 20. Jahrhunderts, die zur konkreten visuellen Vorstellung der alten Rus' beigetragen haben, nimmt Viktor Vasnecov zweifellos einen prominenten Platz ein. So ist er auch im Essayband gebührend mit sechs Darstellungen vertreten: Die Berufung der Waräger (1909), Bayan (1910), Guslispieler (1901), Taufe der Rus' (1885-1896), Fürst Oleg trifft einen heidnischen Priester (1899), Schlacht der Skythen gegen die Slaven (1881)[74]. Weite Verbreitung fanden seine Bilder, als er 1899 anlässlich des 100. Geburtstages von Alexander Puschkin eine großformatige Buchbroschüre mit Aquarellen zum Lied vom weisen Oleg des Dichters veröffentlicht hat. Die

---

46 Kat. Caen 2011, Abb. S. 18.
47 Kat. Caen 2011, Abb. S. 43.
48 Kat. Caen 2011, Abb. S. 49.
49 Kat. Caen 2011, Abb. S. 55.
50 Kat. Caen 2011, Abb. S. 74.
51 Kat. Caen 2011, Abb. S. 131.
52 Kat. Caen 2011, Abb. S. 131.
53 Frötschner/Hlušička 2012.
54 Kat. Caen 2011, Abb. S. 34; 35; 37; 54; 114; 137.
55 Kat. Caen 2011, Abb. S. 70.
56 Kat. Caen 2011, Abb. S. 58.
57 Kat. Caen 2011, Abb. S. 100; 131.
58 Kat. Caen 2011, Abb. S. 43.
59 Kat. Caen 2011, Abb. S. 22; 46.
60 Kat. Caen 2011, Abb. S. 19; 147; 148; 149.
61 Kat. Caen 2011, Abb. S. 147.
62 Kat. Caen 2011, Abb. S. 51.
63 Kat. Caen 2011, Abb. S. 32f.; 50.
64 Kat. Caen 2011, Abb. S. 51; 158f.; 166.
65 Kat. Caen 2011, Abb. S. 151; 154.
66 Kat. Caen 2011, Abb. S. 20f.
67 Kat. Caen 2011, Abb. S. 126; 131; 149.
68 Kat. Caen 2011, Abb. S. 94f.
69 Kat. Caen 2011, Abb. S. 30; 44f.; 48; 76f.; 89; 146; 152f.
70 Kat. Caen 2011, Abb. S. 65; 119.
71 Kat. Caen 2011, Abb. S. 138; 140; 155; 156.
72 Kat. Caen 2011, Abb. S. 41; 128; 130; 131.
73 Kat. Caen 2011, Abb. S. 65; 167.
74 Kat. Caen 2011, Abb. S. 32f.; 65; 119 oben; 126; 154; 155.

Darstellungen, darunter die oben erwähnte,[75] und Vignetten sowie die Initialen und die Schrift des Gedichtbandes sind prächtige Beispiele der nationalromantischen Form des Jugendstils, der in der Zeit zwischen 1895 und 1905 in Russland seine Blütezeit erlebt hat.[76]

Die Stellung Vasnecovs hat Klimov in seinem Beitrag treffend beschrieben. Vasnecov betonte in seinen Bildern in beeindruckender Weise das russische – oder besser – das „altrussische" Element, welches das „warägische" definitiv verdrängte. Dem Großfürsten Oleg, dem Nachfolger Rjuriks und Vormund Igors, widerfuhr mit Vasnecov – und Puschkin – die Ehre, der berühmteste Waräger der russischen Kultur zu werden.[77]

Vasnecov zur Seite zu stellen ist Nikolai Roerich, der durch seine in den Jahren 1903 bis 1915 gemalten Bilder von Schiffen mit Tierkopfsteven bekannt geworden ist.[78] Das Motiv der Wikingerschiffe haben auch Apollinari Vasnecov, der Bruder Viktors, Genrikh Semiradski und Vassily Kandinsky aufgegriffen.[79] Die Werke dieser Künstler vermitteln bis heute ein einprägsames Bild der frühen Geschichte der Rus' zwischen Staraja Ladoga und Kiev.

Sergej Klimovski weist in seinem Beitrag über den Wikingermythos in der militärmaritimen Kultur Russlands darauf hin, dass im 18. und in der ersten Hälfte des 19. Jahrhunderts russische Kriegsschiffe mit Namen von Erzengeln, orthodoxen Heiligen sowie antiken Gottheiten und Fürsten des 11. bis 13. Jahrhunderts versehen wurden. Mit der Eintausendjahrfeier von 1862 erwachte das nationale Interesse an der frühen Geschichte des Landes und ihrer Protagonisten. Kriegsschiffe erhielten die Namen Varjag, Rjurik, Truvor, Oleg, Olga, Askold und Olav. Mit dem letzten Namen erinnerte man zur Zeit des Krimkrieges an die alten Verbindungen zu Norwegen unter den Königen Olav Tryggvason und Olav Haraldsson. Diese Tradition brach im Gefolge des ersten Weltkriegs und der Revolution ab.

Abschließend nimmt Pierre Bauduin zum Streit zwischen Normannisten und Antinormannisten in der russischen Historiographie Stellung. Dieser Streit über die Bedeutung und den Anteil der Skandinavier (Normannen, Waräger) an der Herrschaftsbildung der Rus' reicht in Russland bis in das 18. Jahrhundert zurück und wurde anfänglich zwischen Gelehrten deutscher bzw. russischer Herkunft geführt. Im Hintergrund spielten dabei die russisch-schwedischen Auseinandersetzungen eine wichtige Rolle. Die antinormannistische Position wurde später vor allem in der Historiographie der Sowjetunion seit den späten dreißiger Jahren propagiert. Seit den sechziger Jahren vermittelte jedoch die Archäologie in der „warägischen Frage" mit wissenschaftlichen Arbeiten der Leningrader Universität sowie den Grabungen in Gnëzdovo, Rjurikovo Gorodišče, Staraja Ladoga, Pskov und Timerevo ein nuanciertes Bild, in dem die Präsenz und die gehobene Stellung von Skandinaviern in der slawischen und finno-ugrischen Umgebung anerkannt und zugleich auch die Komplexität der Assimilationsprozesse hervorgehoben wurden. Der Streit setzt sich jedoch bis heute fort.

Eine zentrale Stellung im „Streit um die Waräger" nehmen die Arbeiten von Klejn[80] ein, der vor einigen Jahren sein 1960 verfasstes Manuskript – es war damals aus politischen Gründen nicht für den Druck freigegeben – mitsamt weiteren Beiträgen aus den folgenden Jahrzehnten in einem Sammelband veröffentlicht hat. Das Buch bezeichnet Schneeweiß[81] in seiner Rezension als ein „umfassendes historiografisches Kompendium zur Geschichte eines Streits, dessen Anfänge mit der Entstehung des russischen Nationalstaats verbunden waren und der auch heute die Verbindung zum neu aufkommenden Nationalismus nicht verloren hat". Dabei handelt es sich letzten Endes um die Konfrontation unterschiedlicher Geschichtsauffassungen. Der Rezensent verweist ausdrücklich auf das im Sammelband gedruckte Nachwort von Evgenij Nosov, der sich entschieden dafür einsetzt, dass die Begriffe Normannismus und Antinormannismus in der modernen wissenschaftlichen Forschung nicht mehr verwendet werden. In diesem Sinne schließt auch Stalsberg[82] ihre Rezension: „... these terms should be excluded from serious scholarly work, since they limit and bind the mind. They reflect terms and thinking and a political situation in 1749".

Genau diesem Forschungsansatz fühlen sich auch die wissenschaftlichen Köpfe und Initiatoren der Ausstellung verpflichtet, wie bereits eingangs angedeutet wurde. Entgegen überholter, nationalistisch gefärbter Fragestellungen werden bewusst neue Perspektiven gesucht, die stärker das Verbindende und Gemeinsame in den Vordergrund rücken als das Trennende. In dieser Hinsicht exemplarisch ist die soeben erschienene Studie von Schneeweiß[83], in deren Mittelpunkt eine vergleichende historisch-archäologische Betrachtung von drei ausgewählten Untersuchungsgebieten steht: Normandie, untere Elbregion und das Ilmenseegebiet während des 8. bis 11. Jahrhunderts.

Die Beiträge im Essayband zur Ausstellung *Russie viking* vermitteln eine gleichermaßen das nördliche Russland und die Normandie einbe-

---

75 Kat. Caen 2011, Abb. S. 154.
76 Kiritchenko 2005. Müller-Wille 2012/13.
77 Kat. Caen 2011, 154f.
78 Kat. Caen 2011, Abb. S. 76f.; 89; 106; 152f.
79 Kat. Caen 2011, Abb. S. 30; 146; 167.
80 Klejn 2009. Vgl. auch Klejn 2010.
81 Schneeweiss 2010, 416.
82 Stalsberg 2011, 224.
83 Schneeweiss 2012.

ziehende Sicht, in welcher vor allem die in den letzten Jahrzehnten gewonnenen Forschungsergebnisse der Archäologie gebührend berücksichtigt werden. In beiden Gebieten spricht man von einem skandinavischen Erbe. Das Musée de Normandie in Caen hat in Zusammenarbeit mit dem Stadtmuseum von Novgorod und der Ermitage St. Petersburg sowie dem Institut für die Geschichte der Materiellen Kultur der Russischen Akademie der Wissenschaften in St. Petersburg und dem Centre Michel de Boüard der Universität Caen zur Konferenz *Vers l'Orient et vers l'Occident* und zur Ausstellung *Russie viking* eingeladen und damit offenbar die Initiative für eine französisch-russische Zusammenarbeit ergriffen. In den Vorworten und der Einführung des Essaybandes wird als Anlass stets die 1100. Wiederkehr der Gründung (*date de naissance*) des Herzogtums Normandie (911–2011) genannt. Etwa fünfzig Jahre zuvor begann die Rjurikidenherrschaft im nördlichen Russland. An die 1150. Wiederkehr der Ankunft Rjuriks (862–2012) erinnerte Russland ein Jahr nach der „Geburtstagsfeier" der Normandie („*Happy Birthday Normandie*").[84]

Beide weit voneinander entfernt liegenden Gebiete wurden zur Heimat von Fremden aus Skandinavien und den skandinavischen Siedlungsgebieten der Britischen Inseln. Mit diesen *implantations scandinaves* werden Fragen der Herrschaftsbildung und -beteiligung sowie der Akkulturation verknüpft, zugleich auch Begriffe wie Erbe, Familienzugehörigkeit, Verwandtschaft (*nos lointains cousins russes*)[85] angeführt, die den Wunsch nach einer gemeinsamen Identität in historischer Dimension, wohl auch einer regionalen Identität in heutiger Zeit erkennen lassen. Mit den Stichworten Wikingermythos und Wikingerabenteuer werden Rezeptionsgeschichte und Erinnerungskultur angesprochen.

Die Ausstellung *Russie viking* ist Teil einer Reihe von musealen Darstellungen des Musée de Normandie, die sich vor allem der „normannischen Welt von der Nordsee bis zum Mittelmeer" widmet. Die Suche nach „anderen Normandien" wird als zukünftiges Arbeitsmodell von Ausstellungen betrachtet, in denen verschiedene Regionen Europas vergleichend präsentiert werden sollen. Mit *Russie viking* ist der Blick erstmals nach Osten gerichtet.

Dank

Für die graphische Gestaltung der Abbildungen danke ich herzlich Herrn Holger Dieterich, Institut für Ur- und Frühgeschichte, Christian-Albrechts-Universität zu Kiel, für Literaturhinweise Herrn Theo Herrlein, Höhenkirchen, für kritische Durchsicht und redaktionelle Bearbeitung Herrn Dr. Jens Schneeweiß, Seminar für Ur- und Frühgeschichte der Georg-August-Universität Göttingen.

Literatur

Ankudinov 2007

И. Ю. Анкудинов, I. Yu. Ankudinov, Новые письменные источники о Новгородском городище/New Documentary Sources on Novgorod Gorodishche. In: Е. Н. Носов, А. Е. Мусин (отв. ред.), У истоков русской государственности. Историко-археологический сборник. Материалы международной научной конференции 4–7 октября 2005 г., Великий Новгород, Россия/The origins of the Russian state. Historical and archaeological collection of articles. Proceedings of International Scientific Conference October 4–7 2005, Veliky Novgorod, Russia. St. Petersburg 2007, 59–73.

Brisbane u. a. 2012

M. A. Brisbane, N. A. Makarov, E. N. Nosov (Hrsg.), The archaeology of medieval Novgorod in context: studies in centre/periphery relations. The archaeology of medieval Novgorod 4. Oxford 2012.

Carlsson/Selin 2011

Д. Карлссон, А. Селин, Исследование объектов наследия Пути викингов в России (A Study on the Viking Route Heritage in Russia). The Northern Dimension Partnership of Culture 2011. Online-Publ. www.ndpculture.org/publications/publications-by-the-ndpc. Letzter Zugriff 31.10. 2012.

Carlsson/Selin 2012

Д. Карлссон, А. Селин, По следам Рюрика. Путеводитель по истории викингов в Северо-Западной России (In the footsteps of Rurik. A guide to the Viking History of Northwest Russia) 2012. Online-Publ. www.ndpculture.org/publications/publications-by-the-ndpc. Letzter Zugriff 31.10. 2012.

Donnert 2012

E. Donnert, Das altostslawische Großreich Kiev. Gesellschaft, Staat, Kultur, Kunst und Literatur vom 9. Jahrhundert bis zur Mitte des 13. Jahrhunderts. Frankfurt 2012.

Frötschner/Hlušička 2012

R. Frötschner, F. Hlušička, Russische Historiographie in der Bayerischen Staatsbibliothek. Bibliotheksmagazin. Mitteilungen aus den Staatsbibliotheken in Berlin und München 2012:2, 2012, 27–31.

Janin 2001

V. L. Janin, »Lobet den Herrn«. Der »Novgoroder Psalter« des 10./11. Jhs. In: M. Müller-Wille, V. L. Janin, E. N. Nosov, E. A. Rybina (Hrsg.), Novgorod. Das mittelalterliche Zentrum und sein Umland im Norden Rußlands. Studien zur Siedlungsgeschichte und Archäologie der Ostseegebiete 1. Neumünster 2001, 121–124.

Kat. Berlin 2012

Russen und Deutsche. 1000 Jahre Kunst, Geschichte und Kultur. Staatliches Historisches Museum Moskau, Neues Museum, Berlin. Katalog. Petersberg 2012.

Kat. Caen 2011

S. Berthelot, A. Musin (Hrsg.), Russie viking, vers une autre Normandie? Novgorod et la Russie du Nord, des migrations scandinaves à la fin du Moyen Âge (VIIIe-XVe s.).

---

84 Kat. Caen 2011, 8.
85 Kat. Caen 2011, 8.

Caen, Musée de Normandie. Caen 2011.

Kat. Leoben 2008

Die Wikinger, Kunsthalle Leoben, Ausstellungskatalog. Leoben 2008.

Kat. Paris 2010

Sainte Russie: l'art russe des origines à Pierre le Grand. Catalogue de l'Exposition, Paris, Musée du Louvre. Paris 2010.

Kat. Speyer 2008

Historisches Museum der Pfalz Speyer (Hrsg.), Die Wikinger. München 2008.

Kiritchenko 2005

E. Kiritchenko, Style russe et néo-russe, 1880–1910. In: L'Art russe dans la seconde moitié du XIXe siècle: en quête d'identité. Musée d'Orsay, Paris. Paris 2005, 129–152.

Klejn 2009

Л. С. Клейн, Спор о варягах. История противостояния и аргументы сторон. Санкт-Петербург 2009.

Klejn 2010

Л. С. Клейн, Из кладов России: Гали Фёдоровна Корзухина. In: A. A. Peskova, O. A. Ščeglova, A. E. Musin (Hrsg.), Славяно-русское ювелирное дело и его истоки. Материалы международной научной конференции посвященной 100-летию со дня рождения Гали Фёдоровны Корзухиной, Санкт-Петербург, 10–16 апреля/Slavic and old Russian art of jewelry and its roots. Materials of the International Scientific Conference dedicated to the 100th anniversary of Gali Korzukhina's birth. St. Petersburg 2010, 14–23; 586.

Maixner 2010

B. Maixner, Haithabu. Fernhandelszentrum zwischen den Welten. Begleitband zur Ausstellung im Wikinger-Museum in Haithabu. Schleswig 2010.

Makarov 1997

Н. А. Макаров, Колонизация северных окраин Древней Руси в XI-XIII веках. По материалам археологических памятников на волоках Белозерья и Поонежья. Москва 1997.

Makarov 2012

Н. А. Макаров (отв. ред.), Русь в IX-X веках. Археологическая панорама. Москва, Вологда 2012.

Melnikova 2004

E. A. Melnikova, The incorporation of oral historical tradition in the early historical texts: Snorri's *Ynglingasaga* and Nestor's *Primary Chronicle*. Online-Publ. http://tobias-lib.uni-tuebingen.de/volltexte/2004/1066/pdf/12_ele~2.pdf. Letzter Zugriff 31. 10. 2012.

Mikhajlov 2011

K. A. Mikhajlov, Chamber-graves as interregional phenomenon of the Viking Age: from Denmark to Old Rus'. In: M. Rębkowski (Hrsg.), Ekskluzywne życie – dostojny pochówek w kręgu kultury elitarnej wieków średnich. Wolińskie spotkania mediewistyczne 1. Wolin 2011, 205–221.

Müller 1987

L. Müller, Die Taufe Rußlands. Die Frühgeschichte des russischen Christentums bis zum Jahr 988. Quellen und Studien zur russischen Geistesgeschichte 6. München 1987.

Müller-Wille 2012/13

M. Müller-Wille, „… wie morgendlicher Schnee auf der ruhmvollen Kuppel eines Kurgans …". In: Von Sylt bis Kastanas. Festschrift für Helmut Johannes Kroll. Offa 69/70, 2012/2013, 389–401.

Musin 2012

A. Musin, The Christianisation of Eastern Europe in the Archaeological Perspective. In: O. Heinrich-Tamáska, N. Krohn, S. Ristow (Hrsg.), Christianisierung, Entwicklung und Konsolidierung im archäologischen Befund–Christianisation of Europe: Archaeological evidence for it's creation, development and consolidation. Internationale Tagung im Dezember 2010 in Bergisch-Gladbach. Regensburg 2012, 497–518.

Musset 1965

L. Musset, Les invasions: Le second assaut contre l'Europe chrétienne (VIIe – XIe siècles). «Nouvelle Clio» L'Histoire et ses problèmes 12:2. Paris 1965.

Nosov 2000

E. Nosov, Rjurikovo Gorodišče et Novgorod. In: M. Kazanski, A. Nercessian, C. Zuckerman (Hrsg.), Les centres proto-urbains russes entre Scandinavie, Byzance et Orient. Réalités byzantines 7. Paris 2000, 143–172.

Nosov 2001

E. N. Nosov, Ein Herrschaftsgebiet entsteht. Die Vorgeschichte der nördlichen Rus' und Novgorods. In: M. Müller-Wille, V. L. Janin, E. N. Nosov, E. A. Rybina (Hrsg.), Novgorod. Das mittelalterliche Zentrum und sein Umland im Norden Rußlands. Studien zur Siedlungsgeschichte und Archäologie der Ostseegebiete 1. Neumünster 2001, 13–74.

Nosov 2005

Е. Н. Носов, Предисловие. Новгородское городище в свете проблемы становления городских центров Поволховья. In: Е. Н. Носов, В. М. Горюнова, А. В. Плохов (отв. ред.), Городище под Новгородом и поселения Северного Приильменья (новые материалы и исследования). РАН ИИМК Труды XVIII. Санкт Петербург 2005, 5–7; 8–32.

Nosov 2007

Е. Н. Носов, E. N. Nosov, Тридцать лет раскопок Городища: итоги и перспективы/Thirty Years of Systematic Excavation of Ryurik Gorodishche: the Results and Prospects. In: Е. Н. Носов, А. Е. Мусин (отв. ред.), У истоков русской государственности. Историко-археологический сборник. Материалы международной научной конференции 4–7 октября 2005 г., Великий Новгород, Россия/The origins of the Russian state. Historical and archaeological collection of articles. Proceedings of International Scientific Conference October 4–7, 2005, Veliky Novgorod, Russia. St. Petersburg 2007, 8–58.

Nosov/Chvoščinskaja 2011

Е. Н. Носов, Н. В. Хвощинская, Новейшие открытия 2006-2007 годов на Рюриковом Городище. In: Е. А. Рыбина (отв. ред.), Новгородские археологические чтения 3. Материалы Международной конференции «Археология средневекового города. К 75-летию археологического изучения Новгорода» Великий Новгород, 25-28 сентября 2007 г./Novgorod Archaeological Conference 3. Materials of The International Conference «Archaeology of medieval town. For the 75th Anniversary of archaeological research of Novgorod» Velikij Novgorod, 25-28 September 2007. Великий Новгород 2011, 68–79.

Pokrovskaja 2007

Л. В. Покровская, L. V. Pokrovskaja, Металлические предметы скандинавского происхождения из раскопок на Троицком раскопе: топография/The Topography of Metal Finds of Scandinavian Provenience from the Troitsky Excavation. In: Е. Н. Носов, А. Е. Мусин (отв. ред.), У истоков русской государственности. Историко-археологический сборник. Материалы международной научной конференции 4–7 октября 2005 г., Великий Новгород, Россия/The Origins of the Russian State. Historical and Archaeological Collection of Articles. Proceedings of International Scientific Conference October 4–7, 2005, Veliky Novgorod, Russia. St. Petersburg 2007, 280–284.

Povetkin 2001

V. I. Povetkin, »Lärmgefäße des Satans« Musikinstrumente im mittelalterlichen Novgorod. In: M. Müller-Wille, V. L. Janin, E. N. Nosov, E. A. Rybina (Hrsg.), Novgorod. Das mittelalterliche Zentrum und sein Umland im Norden Rußlands. Studien zur Siedlungsgeschichte und Archäologie der Ostseegebiete 1, Neumünster 2001, 225–244.

Radtke 2010

C. Radtke, Der Schleswig-Mann – ein „Hausgeist" aus Novgorod? Archäologische Nachrichten aus Schleswig-Holstein 2010, 93–95.

Radtke 2012

Х. Радтке, „Шлезвигский муж" – „Домовой" из Новгорода? Российская археология 2012, № 2, 142–148.

Rybina/Chvoščinskaja 2010

Е. А. Рыбина, Н. В. Хвощинская, E. A. Rybina, N. V. Chvoščinskaja, Еще раз о скандинавских находках из раскопок Новгорода/Once again about the Scandinavian finds from excavations in Novgorod. In: А. Е. Мусин, Н. В. Хвощинская (отв. ред.), Диалог культуры и народов средневековой Европы. К 60-летию со дня рождения Евгения Николаевича Носова/Dialogue of cultures and peoples in medieval Europe. In honour of Evgeniy N. Nosov's 60th Birthday. Санкт-Петербург 2010, 66–78.

Schneeweiss 2010

J. Schneeweiß, Rezension zu L. S. Klejn, Spor o varjagach. Istorija protivostojanija i argumenty storon [Der Streit um die Waräger. Die Geschichte der Konfrontation und die Argumente beider Seiten], Evrazija. Sankt Peterburg 2009. Zeitschrift für Ostmitteleuropa-Forschung 59, 2010:3, 2010, 414–416.

Schneeweiss 2012

J. Schneeweiß, Normannen, Dänen, Wikinger, Waräger. Eine vergleichende historisch-archäologische Betrachtung zwischen Normandie, unterer Elbregion und Novgorod zur Wikingerzeit. Zeitschrift für Archäologie des Mittelalters 40, 2012, 99–125.

Stalsberg 2011

A. Stalsberg, Rezension zu Lev Samuilovičč Klejn, Spor o Varjagah. Istorija protivosostanija [protivostojanija] storon. The controversy about the Varyags. The history of confrontation between the parties. Evrazija, Saint Petersburg, 2009. Norwegian Archaeological Review 44, 2011, 221–224.

Westerdahl 2006

C. Westerdahl (Hrsg.), The significance of portages. Proceedings of the first international conference on the significance of portages, 29th Sept – 2nd Oct 2004, in Lyngdal, Vest-Agder, Norway. Oxford 2006.

Mittelalterliche Essgewohnheiten im Wandel – Am Beispiel Novgorods und anderer Städte an der südlichen Ostseeküste

von Almuth Alsleben

In Zeiten der Globalisierung sieht sich der Mensch, vor allem in der westlichen Welt, einer fast unüberschaubaren Fülle an Kultur- und Nutzpflanzen gegenüber gestellt; einem Angebot, dass ihm unabhängig von der Saison jederzeit zur Verfügung steht. Dies betrifft nicht nur die Gruppen der Gemüse, Gewürze und Kräuter sowie der Früchte (Obst), sondern auch im Bereich der Grundnahrungsmittel die Mehl- und die Hülsenfrüchte. Nicht in Europa angebaute Stärkelieferanten, die in jüngster Zeit auf die Märkte kommen, sind z. B. Schwarzer Reis *Zizania palustris* (Nordamerika), Quinoa *Chenopodium quinoa* und *Ch. pallidicaule* (Andenhochländer) und Süßkartoffel *Ipomoea batates* (Tropen und Subtropen von Amerika, Afrika und Asien). Wichtigster Lieferant von pflanzlichem Eiweiß ist heute die Sojabohne *Glycine max*, ursprünglich in Ostasien beheimatet. Ihre Weltproduktion betrug 1985 ein Mehrfaches der seit Alters her in Europa kultivierten Hülsenfrüchte, wie Erbse *Pisum sativum*, Ackerbohne *Vicea faba* und Linse *Lens culinaris*.[1] Maßgeblich für die zunehmende Verwendung der Sojabohne in der mitteleuropäischen Küche ist die Tatsache, dass Sojaprodukte geeignet sind, als Fleischersatz in einer vegetabilen Ernährung verwendet zu werden. Völlig unüberschaubar ist die Fülle der Nutzpflanzen, die als sogenannte Beikost den Geschmack eines Gerichtes variieren. Dem ambitionierten Koch oder der Köchin sind also hinsichtlich der Zubereitung der Speisen keine Grenzen gesetzt, die Auswahl wird nur vom Geschmack oder dem Geldbeutel bestimmt. So führt ein Internetportal unter dem Stichwort „Linsensuppe" 283 Rezeptvorschläge auf.[2] Das ursprünglich bei uns traditionelle Rezept mit Suppengrün, Salz, Pfeffer und Essig kann abgewandelt werden und kommt so als türkische (mit Koriander, Kreuzkümmel, Basilikum oder Pfefferminze), indische (mit Curry, Sesamöl, Kurkuma oder Ingwer) oder mexikanische (mit Chilischoten oder Knoblauch) Suppenvariante auf den Tisch.

Man beobachtet aber auch eine Gegenbewegung, die versucht, die traditionelle und regionale Küche wieder zu beleben, häufig motiviert durch ökonomische Gründe, aber eben auch als Rückbesinnung auf das Althergebrachte und die Betonung der Regionalität. Im privaten Bereich werden Rezepte mündlich oder gesammelt in Heften von einer Generation auf die andere weiter gegeben. Daneben gab und gibt es, bis zurück ins Mittelalter reichend, ein reiches Schrifttum an Kochbüchern, Rezeptsammlungen, Kräuterbüchern, Nahrungsmittellisten, Speisevorschriften und Abbildungen, die uns heute einen Einblick in Nahrung und Tischsitten früherer Zeiten vermitteln.[3] Die Hansezeit war z. B. eine Epoche starker kaufmännischer aber auch kultureller Expansion in das östliche Baltikum. Ihre kulturelle Bedeutung in Norddeutschland, gerade auch im Bezug auf regionale Nahrungskomplexe, wurde von G. Wiegelmann und R.-E. Mohrmann[4] untersucht und verschiedene Einzelaspekte in einem Tagungsband zusammengestellt. Als ein Beispiel mag die norddeutsche Praxis der Salzkonservierung der Butter dienen, die ein lager- und streichfähiges Produkt mit kräftigem Geschmack ergab. Demgegenüber gewann man im Süddeutschen durch Ausschmelzen und Abklären zähflüssiges Butterschmalz, das sich weniger gut zum Bestreichen eines Brotes eignete.[5] Streichfähige Butter ermöglichte es erst, dass das Butterbrot zu einem ambulanten Imbiss wurde. Zusammen mit Käse und Fleisch/Wurst bot es all denjenigen eine gehaltvolle Mahlzeit, die auf dem Felde oder sonst außer Haus arbeiteten. Die dominierende Konservierung mit Salz – Hering, Butter, Pökelfleisch – bestimmte im Wesentlichen die Geschmacksrichtung in Nordwestdeutschland. „So konnte sich hier wohl keine differenzierte Würzvielfalt auf der Grundlage der feineren, milderen mittelmeerischen und anderer Importgewürze ausbilden."[6]

Frühgeschichtliche Nahrungswirtschaft im Wandel

Aus den Epochen vor der schriftlichen Überlieferung können uns nur fossile und subfossile Pflanzenreste, die aus archäologischen Befunden geborgen wurden, Einblicke in die Nahrungswirtschaft früherer Zeiten geben. Dabei erfassen wir mit dem fossilen, verkohlten Fundgut vor allem solche Pflanzenreste, die mit dem Feuer in Berührung kommen konnten. Es handelt sich hier größtenteils um Kulturpflanzen der Felder

---

1 Franke 1989, 141–145.
2 www.chefkoch.de/rs/s0/Linsensuppe/Rezepte
3 Rezeptesammlung in niederdeutscher Sprache: Wiswe 1956. Eine Kulturgeschichte des Kochens: Wiswe 1970.
4 Wiegelmann/Mohrmann 1996.
5 Wiegelmann 1996, 466.
6 Wiegelmann 1996, 11.

(Getreide, Hülsenfrüchte, Ölpflanzen) sowie ihrer Begleitflora, die bei der Getreideverarbeitung oder beim späteren Kochen im Feuer unvollständig verbrannten, als „Abfall" in die Kulturschichten gelangten und hier die Zeiten überdauerten. Im subfossilen, unverkohlten Zustand erhalten sich pflanzliche Reste nur, wenn sie in anaerobe, dauerfeuchte Bodenschichten gelangen. Ein Sonderfall solcher Verhältnisse sind sekundäre Verfüllungen von Brunnen sowie Kloaken und Latrinen. Letztere Strukturen finden sich vor allem in den hochmittelalterlichen/frühneuzeitlichen Städten. Der organische Reichtum dieser Entsorgungseinrichtungen gibt uns heute Kenntnis von den genutzten Obst-, Gemüse-, Würz- und Heilpflanzen, sowohl der gesammelten als auch der kultivierten und exportierten Arten und Varietäten.[7] Während wir durch das verkohlte pflanzliche Fundgut Wissen über Anbau und Gebrauch der Grundnahrungsmittel erlangen, spiegeln die unverkohlten Pflanzenreste die sogenannte Beikost wider, also alle jene pflanzlichen Produkte, die geeignet sind, Variabilität in die Zubereitung der Speisen und ihre Abfolge zu bringen.

Bereits in früheren Zeiten hatte der Mensch eine kleine Auswahl aus dem Angebot der Kulturpflanzen getroffen, die er entweder großflächig auf dem Felde oder kleinflächig in den Gärten kultivierte. Die Auswahl war zeitlich und regional unterschiedlich; Epochen mit einheitlichem Kulturpflanzeninventar wechselten sich mit solchen mit stark regionalem Bezug ab. So war der Ackerbau der Bronzezeit in ganz Europa gekennzeichnet durch ein breit gefächertes Kulturpflanzeninventar, dessen Zusammensetzung sich zwar regional unterschied, doch in seiner Gesamtheit in Nord und Süd, Ost und West einheitlich war.[8] Ein wesentliches Charakteristikum ist die Ausbreitung des Hirseanbaus *Panicum miliaceum* bis in den Norden während der jüngeren Bronzezeit. Offensichtlich herrschten zu jener Zeit günstige Klimaverhältnisse, welche die Kultivierung dieser an sommerliche Wärme und Trockenheit angepassten Mehlfrucht möglich machten.

Mit dem Vordringen der Römer bis ins Rheinland wurden Kulturobst, Gemüse und Gewürze aus dem Mittelmeergebiet nicht nur importiert, sondern auch in den römischen Provinzen heimisch.[9] Zunächst blieben sie als Luxusgüter den höheren römischen Offizieren vorbehalten, wie die Untersuchungen von C. Bakels und S. Jacomet an 180 Plätzen in den römischen Provinzen Mitteleuropas zeigen, doch fanden sie später Eingang in die Küche der zivilen Stadtbewohner.[10] Sie erreichten allerdings nie die Haushalte der einfachen Landbevölkerung, ausgenommen solche Arten, die in eigenen Gärten angepflanzt werden konnten.

Gut 500 Jahre später findet im nördlichen Mitteleuropa ein vergleichbarer Prozess der Übernahme fremder Nutzpflanzen statt, als sich im Zuge der Entwicklung zu stärker strukturierter Gesellschaften in den spätmittelalterlichen und frühneuzeitlichen Städten eine Gesellschaftsschicht herausbildete, die ihre Stellung auch durch eine variantenreiche Esskultur demonstrieren konnte, sei es durch den üppigen Gebrauch von Luxusprodukten z. B. exotischen Gewürzen, oder durch eine lange Abfolge von verschiedenen Gerichten. In gewissem Maße profitierten die unteren Stände in den Städten ebenfalls von dieser Entwicklung; so wurden Weintrauben und Feigen auch in den Latrinen des Handwerkermilieus nachgewiesen.[11] Einerseits spielten die importierten Exotika eine Rolle, weit wichtiger war aber das Heranziehen von Gemüsepflanzen und Kräutern in den Gärten. Erste Ansätze für Gartenbau sind bereits für die frühstädtischen Siedlungen Haithabu/Schleswig[12] und Starigard/Oldenburg[13] belegt.

Der Wandel einer Nahrungswirtschaft, die im wesentlichen auf die Bereitstellung von Grundnahrungsmitteln ausgerichtet war, hin zu einer städtischen Esskultur, die durchaus auch repräsentativen Charakter hatte, soll im Folgenden durch die Ergebnisse zweier Projekte nachvollzogen werden. Ziel der archäobotanischen Untersuchungen im Projekt „Starigard/Oldenburg-Wolin-Novgorod" (Finanzierung: Akademie der Wissenschaften und der Literatur Mainz) war es, Kulturpflanzenspektren, Ackerbau und Nahrungswirtschaft im slawischen Siedlungsgebiet an der südlichen Ostseeküste zu erforschen.[14] Im Rahmen des HANSA Network Projektes (Finanzierung: Nordic Council of Ministers) wurden die archäobotanischen Quellen aus Skandinavien und den südlichen Ostseeanrainern zusammengetragen mit dem Ziel, einen möglichen Einfluss der Hanse auf die Esskultur in den einzelnen Ländern nachzuweisen.[15]

Nahrungswirtschaft der frühslawischen Zeit

Etwa um das 7. Jahrhundert n. Chr. erreichen westslawische Gruppen die seit der Völkerwanderungszeit menschenarmen Gebiete an der südlichen Ostseeküste. Mecklenburg und Ostholstein werden in der Folge zum Herrschaftsgebiet der Obodriten mit dem Hauptsitz Starigard/Oldenburg, Kr. Ostholstein. Während der über 200 Jahre andauernden Siedlungslücke hatten

---

7 Zusammenfassend für die Hansezeit im Ostseebereich: Karg 2007.
8 Stika/Heiss 2013, 196–197 Abb. 1.
9 Knörzer u. a. 1999.
10 Bakels/Jacomet 2003, 547–552; 544 Tab. 1; 548 Abb. 2.
11 Alsleben 2007, 29 Tab. 6.
12 Kroll 2007.
13 Kroll/Willerding 2004.
14 Alsleben 1995; 1998; 2001; 2008; 2012a,b. Alsleben/Kroll 1998.
15 Karg 2007.

Wälder das kaiserzeitliche Kulturland zurückerobert, so dass die „Neubürger" erst Waldparzellen roden mussten, um dann, nur ihren eigenen Traditionen folgend, die Landwirtschaft im Gebiet neu zu entwickeln. Slawische Kulturpflanzeninventare aus der späteren Burgenphase vermitteln das Bild eines entwickelten Ackerbaus mit einem breiten Angebot an Feldfrüchten, bestehend aus Roggen, Gerste, Hafer, Saatweizen, Emmer, Dinkel und Rispenhirse, sowie Erbse, Ackerbohne, Linse und Lein.[16] Dabei blieb es lange Zeit fraglich, ob eine solche Nahrungswirtschaft zusammen mit der Einwanderung der Slawen in die nördlichen Gebiete an der Ostsee eingeführt wurde oder ob sie sich erst im Zuge der Binnenentwicklung der Siedlungslandschaft herauskristallisierte. Die Beantwortung solcher Fragen setzt ein gut erfasstes und zeitlich differenziertes, archäobotanisches Fundgut voraus. Leider sind frühslawische Siedlungen im Gebiet wenig bekannt und selten ausgegraben worden. Dementsprechend rar sind fossile und subfossile Pflanzenreste. Allerdings zeigen die archäobotanischen Untersuchungen in zwei frühslawischen Siedlungen, dass das eisenzeitliche Getreidespektrum des Nordens (Gerste und Emmer) zunächst wieder aufgegriffen und in der Folge um Roggen, Saatweizen und Hafer erweitert wird. Emmer verliert hier an der Küste schnell an Bedeutung (Abb. 1, 2: Giekau und Groß Strömkendorf).[17] Hülsenfrüchte wurden in diesem Material nur vereinzelt nachgewiesen und sind daher wenig aussagekräftig; es scheint allerdings, dass Erbsen häufiger vertreten waren als Ackerbohnen.

Ebenfalls Mitte des ersten nachchristlichen Jahrtausends dringen ostslawische Bevölkerungsgruppen in die Waldgebiete der nordwestrussischen Tiefebene vor und besiedeln die schwereren, fruchtbaren Böden der Moränenkuppen und der hohen Uferterrassen der Flüsse. Charakteristisch für diese Kultur sind „Sopki", steile bis zu 5 m, seltener bis zu 10 m hohe Grabhügel. Die Menschen der im Gebiet bereits ansässigen Kultur der „Langen Grabhügel"[18] wirtschafteten dagegen auf den leichteren sandigen Böden, die durch Brandrodung urbar gemacht wurden, aber nach einiger Zeit wieder aufgegeben werden mussten, da keine ausreichenden Erträge mehr erwirtschaftet werden konnten. Über ihr Kulturpflanzenspektrum ist wenig bekannt. Gerste bzw. Gerste und Emmer erscheinen als Hauptgetreide des 3.–5. Jahrhunderts in den wenigen Untersuchungen Südwestfinnlands und Nord-

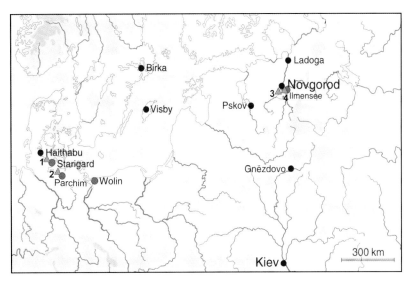

westrusslands.[19] Zur Zeit der späteren slawischen Einwanderung im 8./9. Jahhundert wird der Brandrodungsfeldbau abgelöst durch Ackerbau auf Dauer-Offenland. Die Ergebnisse zweier archäobotanisch untersuchter Siedlungen, Prost' am westlichen und Rjurikovo Gorodišče am östlichen Ufer des Ilmensees gelegen (Abb. 1, 2), zeigen, dass auch im ostslawischen Gebiet die Gerste die dominierende Feldfrucht war. Roggen spielte zunächst keine große Rolle (Prost'), gewinnt aber zunehmend an Bedeutung (Rjurikovo Gorodišče). In der ländlichen Siedlung Prost' mag der auf einer breiten Kulturpflanzenbasis gestützte Ackerbau eine gute Strategie gewesen sein, um Ernteausfälle und Versorgungsengpässe zu minimieren. Im Gegensatz dazu ist die Bedeutung von Rjurikovo Gorodišče vor allem durch seine machtstrategische Lage bestimmt. Sein direktes landwirtschaftlich nutzbares Umland ist begrenzt; die Versorgung musste durch Abgaben aus einem größeren agrarischen Hinterland gesichert werden.[20]

In beiden Gebieten wird also die Nahrungswirtschaft durch die Kultivierung der Gerste bestimmt. Gemeinsam ist weiterhin, dass es keine Hinweise auf Wintergetreideanbau gibt, da entsprechende Indikatorarten wie die Kornrade *Agrostemma githago* oder die Roggentrespe *Bromus secalinus* fehlen.

Nahrungswirtschaft der spätslawischen Zeit

In der spätslawischen Epoche (9./10.–12. Jahrhundert) kommt es in beiden Gebieten zu einer Neuordnung der Nahrungswirtschaft, bedingt durch die Kultivierung von Roggen (Abb. 1, 3). Der Gerstenanbau wird deutlich zurückgedrängt. Roggen etabliert sich als wichtigste Kulturpflanze in fast allen Siedlungen. Parchim/Löddigsee stellt hier eine Ausnahme dar, denn das nachgewiese-

▲ *Abb. 1: Archäobotanisch untersuchte Siedlungen. Frühslawische Siedlungen = graue Dreiecke: 1 Giekau, Kr. Plön; 2 Groß Strömkendorf, Kr. Nordwestmecklenburg; 3 Prost' (südlich von Novgorod); 4 Rjurikovo Gorodišče (östlich von Novgorod). Spätslawische Siedlungen = graue Kreise: Starigard/Oldenburg, Kr. Ostholstein; Parchim/Löddigsee, Lkr. Ludwigslust-Parchim; Wolin (Polen); 4 Rjurikovo Gorodišče (östlich von Novgorod). Grafik: H. Dieterich, verändert.*

---

16 zusammenfassend: ALSLEBEN/KROLL 1998, 101–102.

17 ALSLEBEN: unpublizierte Ergebnisse aus dem Akademie-Projekt „Starigard/Oldenburg-Wolin-Novgorod".

18 Aus den Beziehungen zwischen frühslawischen und verschiedenen baltischen und finno-ugrischen Gruppen entwickelte sich die Kultur der „Langen Grabhügel" (NOSOV 2001, 17–27; 18 Abb. 2).

19 ALSLEBEN 2012b, 340 Tab. 18.6.

20 ALSLEBEN 2012b, 322–341.

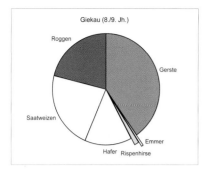
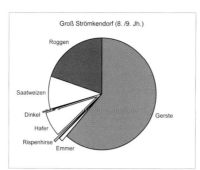
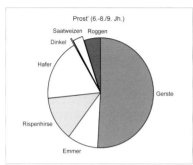
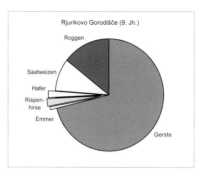

▲ Abb. 2: Getreidespektren einiger frühslawischer Siedlungen (8./9. Jahrhundert) an der südlichen Ostseeküste. Prozentuale Verteilung der wichtigsten Getreide. Giekau, Groß Strömkendorf (ALSLEBEN unpubl.), Prost', Rjurikovo Gorodišče (ALSLEBEN 2001).

ne Spektrum enthält einen auffällig hohen Anteil an Hafer.[21] Zieht man allerdings die Ergebnisse anderer Untersuchungen im nordostdeutschen Raum heran,[22] so zeigt sich die Roggendominanz ganz deutlich. Die Rispenhirse ist eine weitere Kulturpflanze, die einen wesentlichen Anteil an der Nahrungsmittelversorgung im frühen Mittelalter gewinnt. Wiederum spiegelt das abgebildete Getreidespektrum aus Rjurikovo Gorodišče nicht die tatsächlichen Verhältnisse im Gebiet am Ilmensee (Novgorod) wider. Sowohl in der ländlichen Siedlung Georgij (Westufer)[23] als auch in Novgorod selbst[24] sowie weiter nördlich in Staraja Ladoga[25] wurden unzählige unverkohlte Hirsespelzen nachgewiesen.

Andere Getreidepflanzen weisen in ihrem Vorkommen stark regionale Muster auf. Auf die Besonderheit des Haferfundes in Parchim/Löddigsee wurde bereits eingegangen. Die ebenfalls hohen Fundzahlen des Hafers in Prost' (Abb. 2) mögen eine vergleichbare Erklärung finden, denn diese Siedlung liegt unweit des slawischen Kultplatzes Peryn'.[26] Dinkel gilt als typische slawische Kulturpflanze, da sie in Siedlungen im ostdeutschen und polnischen Gebiet regelmäßig nachgewiesen wurde.[27] Tatsächlich tritt diese Art im Ostseeküstengebiet aber nur ganz vereinzelt auf, wie es die Bearbeitungen von pflanzlichen Fundmaterialien, die bei den Ausgrabungen auf der Autobahntrasse A20 geborgen wurden, zeigen.[28] Daher fällt das reiche Dinkelvorkommen in Starigard/Oldenburg (Abb. 3) aus dem Rahmen, denn auch im ländlichen Hinterland der Burg fehlt Dinkel im Getreidespektrum. Dies wird sowohl in Wandelwitz, in Kembs als auch in Plügge, alle auf der Halbinsel Wagrien in Ostholstein gelegen, durch Spelzgerste bzw. Hafer und vor allem Saatweizen bestimmt.[29] Die Dinkelproben aus Starigard/Oldenburg sind kaum verunreinigt durch die Samen der Kornrade *Agrostemma githago*, ein lästiges Wildkraut, deren große schwarze Samen nur schwer aus den Saatweizen- oder Roggenvorräten ausgesiebt werden können.[30]

Auf einigen spätslawischen Siedlungsplätzen in Mecklenburg-Vorpommern wurde eine weitere Hirseart, die Kolbenhirse *Setaria italica* angebaut (Abb. 3).[31] Ursprünglich als Unkraut ins Gebiet eingeschleppt, gibt sie hier ein kurzes Gastspiel als Kulturpflanze. Ihre Fundzahlen in den Rispenhirseproben sind in Parchim/Löddigsee sehr hoch und damit größer als jene der anderen Unkrauthirsen *Setaria pumila*, *S. viridis* und *Echinochloa crusgalli*, ein sicherer Hinweis, dass die Art auf den Rispenhirsefeldern geduldet wurde. Da die Hirsefruchtstände eines Ackers nicht gleichzeitig reifen, erfordert die Ernte mehrere Nachlesen, wobei die beiden Arten leicht voneinander zu trennen sind.

Es bleibt festzuhalten, dass Roggen- und Hirseanbau charakteristisch für diese Zeit ist und zwar im gesamten Gebiet zwischen Ostholstein und dem Ilmensee in Nordwestrussland. In allen Burgen und Siedlungen des 9.–12. Jahrhunderts wurden große Massenfundkomplexe an verkohlten Getreidekörnern und – eher seltener – an Samen von Hülsenfrüchten aus den Kulturschichten geborgen. Große Brände mussten einzelne Häuser oder ganze Hauskomplexe zerstört haben, ein Hinweis auf unruhige Zeiten. Um die Versorgung der Bewohner im Zentrum und Umland sicherzustellen, wurden Vorräte an Roggen und Hirse angelegt. Beide Arten zeichnen sich durch Eigenschaften aus, die sie zu geeigneten Lagergetreiden machen: Einerseits lösen sich reife Roggenkörner leicht aus ihren Ährchen und werden daher beim Drusch nur wenig beschädigt. Andererseits sind sie durch ihre Inhaltsstoffe resistent gegen Ungeziefer und Pilzbefall. Hirsekörner bleiben auch bei der Reife noch fest umhüllt von ihren Spelzen und sind dadurch gegen das Eindringen von Schimmelpilzen geschützt.

Roggen konnte sich auch deshalb sehr schnell auf den Äckern im Norden durchsetzen, weil die

---

21 ALSLEBEN 2012a: Große verkohlte, z. T. ungereinigte Hafervorräte wurden in der Nähe des Tempelgebäudes nachgewiesen. Pferde werden oft in Verbindung gebracht mit dem slawischen Kult. Ein Teil des Hafers mag hier sicherlich als Futter gedient haben.
22 ALSLEBEN 2008: Kohlinsel, Plauer See. ALSLEBEN unpubliziert: Glienke, Ldkr. Mecklenburg-Strelitz.
23 ALSLEBEN 2012b, Abb. 18.4.
24 MONK/JOHNSTON 2012, 295; 304. KIRJANOV 1959. KIRJANOVA 1992.
25 AALTO/HEINÄJOKI-MAJANDER 1997.
26 NOSOV 2001, 34–36.
27 Ostdeutschland zusammenfassend: DONAT/LANGE 1983, 241 Tab. 1. Lubomia in Polen: SZYDŁOWSKI/WASYLIKOWA 1973.
28 ALSLEBEN 2008; 2012a; unpubliziert. Mündliche Mitteilung Kroll.
29 ALSLEBEN 1998; unpubliziert.
30 KROLL/WILLERDING 2004.
31 ALSLEBEN 2008; 2012a.

Pflanze keine besonderen Ansprüche an Klima und Standort stellt. Selbst auf sandigen, nährstoffarmen Böden ist ein guter Anbauerfolg garantiert. Da die jungen Keimlinge unempfindlich gegen nasse Kälte sind, kann im frühen Herbst ausgesät und bereits im frühen Sommer geerntet werden. Die Entwicklung des Wintergetreideanbaus veränderte den bis dahin üblichen Fruchtwechsel und führte letztlich zur Einführung der Dreifelderwirtschaft. Anhand besonders glücklicher Fundverhältnisse verkohlter Getreidekollektionen aus der slawischen Burg Tornow, Kr. Calau konnte K.-D. Jäger[32] diesen Rhythmus nachweisen. Mit Roggen als geeigneter Kulturpflanze war es also möglich, den Ackerbau beträchtlich auszuweiten: einerseits indem Grenzertragsböden bewirtschaftet werden konnten, andererseits indem die jährliche Abfolge von Aussaat und Ernte beschleunigt wurde. Letzteres zog sicherlich Konsequenzen für die gemeinderechtliche Ordnung nach sich, da das Vieh nun ganzjährig von den Feldern ferngehalten und auch der Zugang zu öffentlichem Brachland neu geregelt werden musste.

Bereits in der römischen Kaiserzeit wurde Roggen in einigen Regionen Norddeutschlands und Dänemarks kultiviert, so z. B. auf den sandigen Böden an der Westküste der jütischen Halbinsel[33] und im Elbe-Weser-Dreieck an der niedersächsischen Nordseeküste.[34] In der Völkerwanderungszeit breitet sich der Roggenanbau in Nordwestdeutschland und Südskandinavien aus.[35] Im Nordosten sind für diese Zeit keine Bearbeitungen archäobotanischer Materialien belegt. Palynologische Ergebnisse aus dem Gebiet zeigen allerdings ein deutliches Aussetzen der Roggenkurve, die erst im 9. Jahrhundert wieder einsetzt.[36] Im frühen Mittelalter hat sich dann der Roggenanbau an beiden Küsten etabliert. Die breit angelegten archäobotanischen Untersuchungen im gesamten Siedlungsgebiet an der südlichen Ostseeküste zeigen, dass slawische Bevölkerungsgruppen zunächst keine Innovationen im Ackerbau einführen. Vielmehr liegen sie mit dem Einsetzen der Roggenkultur im allgemeinen nordeuropäischen Trend. Jedoch in Bezug auf die Vielfalt des Kulturpflanzeninventars, jeweils angepasst an die besonderen klimatischen und edaphischen Verhältnisse, nehmen sie eine herausragende Stellung im Norden ein. So ist die Kultivierung der Hirsen aber auch der Linse eine schnelle agrarische Antwort auf sommerwarme Temperaturen. Intensiver Saatweizenanbau im ostholsteinischen Wagrien zeigt, dass die slawischen Bauern das Potential der nährstoff- und basenreichen, schwarzerdeähnlichen Böden im Gebiet wohl zu nutzen verstanden.

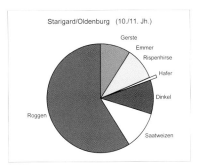
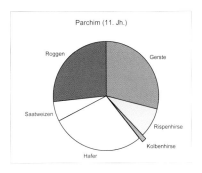
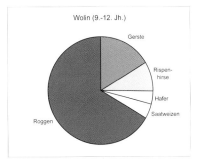
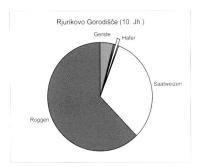

▲ Abb. 3: Getreidespektren ausgewählter spätslawischer Siedlungen (9./10.–12. Jahrhundert) an der südlichen Ostseeküste. Prozentuale Verteilung der wichtigsten Getreide. Starigard/Oldenburg (KROLL/WILLERDING 2004), Parchim (ALSLEBEN 2012a), Wolin (ALSLEBEN 1995) und Rjurikovo Gorodišče (ALSLEBEN 2001).

Die Beikost der frühen urbanen Zentren

Neben den Grundnahrungsmitteln spielen eine ganze Reihe Pflanzenprodukte eine wichtige Rolle in der Ernährung, die den Geschmack einer Speise variieren, ergänzen und darüber hinaus medizinischen Zwecken dienen. Während Obst und Nüsse im allgemeinen gut erhalten bleiben, ist der Nachweis von Gemüse und Kräutern schwieriger zu führen. Der Mensch nutzt die zarten Blätter, Sprosse und Wurzeln bevor das Gemüse in Saat schießt und eben diese vegetativen Pflanzenteile verwesen sehr schnell. Lange Zeit waren gesammelte Pflanzen der heimischen Flora die einzige Quelle, um Abwechslung in das Essen zu bringen. Man kann sicher annehmen, dass alles, was nicht unbekömmlich war, auch gesammelt und gegessen wurde. Der Reichtum der landschaftlichen Strukturen einer Region – Wald, Saumgesellschaften der Wälder, Bäche, Felder und Wege sowie Heiden und Moore – bestimmten die Vielfalt der Früchte, die die Natur dem Menschen bot. Pilze wachsen auf Böden, die stark durchwurzelt sind (Wald) und auf denen viele Pflanzenteile verrotten (Grünland). Geeignete Plätze zum Sammeln von Beerenfrüchten und Früchten von Obstbäumen bzw. -sträuchern waren Waldränder, da diese Arten lichtere Verhältnisse schätzen. Die Rohhumusböden der Moore, Heiden und artenarmen Laubwälder sind Standorte einer Reihe von Zwergsträuchern, die ebenfalls essbare Beeren produzieren.

---

32 JÄGER 1966.
33 Dänemark zusammenfassend: ROBINSON 1994, Katalog: Roman Iron Age.
34 Flögeln-Eckhöltjen (4.–6. Jahrhundert): BEHRE 1992, 146.
35 BEHRE 1992, 148. Roggen in der Völkerwanderungszeit: Archsum auf Sylt: KROLL 1987. Dänemark zusammenfassend: ROBINSON 1994, Katalog: Germanic Iron Age.
36 Vgl. Pollenprofil aus dem Belauer See, Kr. Segeberg: WIETHOLD 1998a.

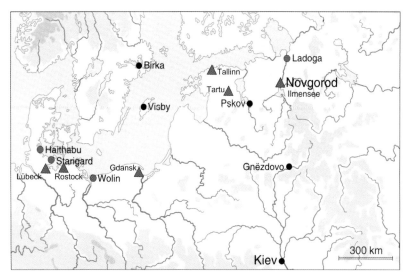

▲ *Abb. 4: Nutzpflanzennachweise aus städtischen Zentren. Frühestädtische Zentren = graue Kreise: Haithabu, Kr. Schleswig-Flensburg; Starigard/ Oldenburg, Kr. Ostholstein; Wolin (Polen); Staraja Ladoga (Nordwestrussland). – Hansestädte = graue Dreiecke: Lübeck; Rostock; Gdansk; Tallinn; Tartu; Novgorod. Grafik: H. Dieterich, verändert.*

Gesammelte pflanzliche Produkte, seien es nun Wurzeln, Blätter oder Früchte, waren und sind bis heute geschätzte Zutaten bei der Zubereitung von Speisen. Aber mit nur wenig Aufwand können heimische Obstbäume (Holzapfel, Wildbirne) in Hofnähe angesiedelt werden, hegt man zunächst die jungen Pflanzen. Später schützen sie verdornende Kurztriebe vor Verbiss und so wachsen sie zu hohen Bäumen heran, die auf offenem Weideland gedeihen, unseren heutigen Streuobstwiesen vergleichbar.[37] Ein weiterer Schritt in Richtung Kultivierung ist die gezielte Verbreitung von Obstbäumen, die sich hauptsächlich vegetativ durch Wurzelbrut vermehren. Von den genetisch heterogenen Pflaumen können auf diese Art leicht Klone mit den gewünschten Eigenschaften gewonnen werden. Anhand der Steinkerne werden mehrere Formenkreise (Typ A–F) unterschieden,[38] die seit dem Mittelalter in archäobotanischen Kollektionen auftreten. Der älteste Typ ist die A-Pflaume, die im Material aus Haithabu fast 100 % der Funde ausmacht (Typ B: 0,2 %).[39] In Starigard/Oldenburg und Wolin kommen weitere Typen dazu.

Mit der Kultivierung in geschützten Bereichen (Gärten) erreicht das Angebot an Nutzpflanzen eine neue Qualität, denn es finden nun auch solche Arten Eingang in die heimische Küche des Nordens, die ursprünglich nur im Mittelmeergebiet verbreitet waren wie Dill, Kümmel oder Petersilie. Das Aufkommen des Gartenbaus ist ab dem 9./10. Jahrhundert in den Pflanzenfunden der frühen urbanen Zentren der südlichen Ostseeküste erkennbar und zeigt sich am ausgeprägtesten in den slawischen Siedlungen Starigard/ Oldenburg und Wolin (Abb. 4, Tab. 1). H. Kroll[40] nimmt an, dass über den „gehobenen Lebensstil einer slawischen Oberschicht" die Kenntnis der Gartenkultur ins Ostseegebiet gelangt ist.

Andererseits hatten die Menschen auf Handelsplätzen wie Haithabu und Wolin schon früh Kontakt zu fernen Märkten und damit zu den importierten Früchten Wein, Pfirsich, Walnuss. Daher erstaunt es nicht, dass solche Produkte zuerst an den Orten überregionalen Warenaustausches bekannt wurden. Obwohl Staraja Ladoga günstig an einem Verkehrsweg gelegen ist, der Skandinavien mit der arabischen Welt am Schwarzen Meer verband, erreichten all die oben beschriebenen Entwicklungen offensichtlich nicht dieses frühe urbane Zentrum im Norden Russlands, da hier kein annähernd reiches Fundgut an Obst, Gemüsepflanzen und Kräutern nachgewiesen werden konnte.[41]

Die Beikost der Hansestädte

In den frühen Hansestädten (13. Jahrhundert) hat sich das Spektrum der im Garten kultivierten Pflanzen beträchtlich erweitert, obwohl Sammelpflanzen nach wie vor wichtig sind (Abb. 4, Tab. 2). Dies betrifft vor allem die Steinobstarten und viele Gewürze aus dem Mittelmeerraum, deren aromatische Früchte hohe Würzkraft haben. Importe wurden in allen mittelalterlichen Städten an der Ostseeküste nachgewiesen. So fehlen Feigen und Wein in keinem Patrizierhaushalt. Diese Früchte wurden selbst in Kulturschichten auf den Grundstücken von Handwerkern nachgewiesen.[42] Es ist nicht anzunehmen, dass sie hier zur Alltagskost gehörten, doch kennt das hohe und späte Mittelalter eine Fülle von Festtagsspeisen, bei denen vielleicht solche besonderen Früchte gereicht wurden. Ebenfalls aus dieser Zeit stammen die ersten Produkte aus Fernost: Pfeffer und Reis. Das reiche archäobotanische Fundgut in den Städten ist den exzellenten Erhaltungsbedingungen in den Latrinen der Bürgerhäuser zu verdanken.

Ab dem 15. Jahrhundert erfährt das Angebot an Nutzpflanzen eine weitere Bereicherung, vor allem in zwei Aspekten (Tab. 3). Zum einen hat sich die Obstbaumkultur weiter entwickelt. Durch Züchtung gelang es, viele Pflaumensorten heranzuziehen, wie Kroll[43] anhand der genetisch stabilen Formenvielfalt der Lübecker Steinkerne beschreiben konnte. Zum anderen nimmt der Gebrauch an exotischen Gewürzen zu, wie Pfeffer, Kardamom, Piment, Muskat und Paradieskorn, einem Pfefferersatz aus Afrika. Exotische Gewürze waren sicher Luxus und der Zugang zu ihnen durch den Preis beschränkt. Luxus, der sich durch eine große Vielfalt an Speisen, an raffinierten Rezepten und durch den großzügigen Gebrauch von exotischen Pflanzenprodukten

---

37 Kroll 2007.
38 Kroll 1980.
39 Kroll 2007, 320.
40 Kroll 2007, 323f.

41 Aalto/Heinäjoki-Majander 1997.
42 Alsleben 2007, 29 Tab. 6.
43 Kroll 1980.

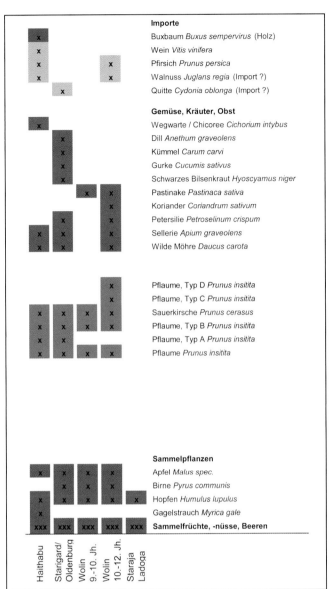
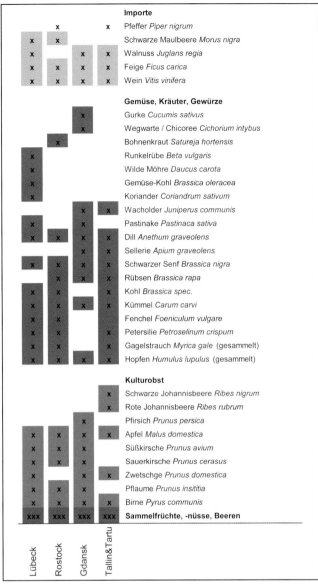

ausdrücken konnte, war besonders gut geeignet, Wohlhabenheit und Selbstbewusstsein des Patriziats zu demonstrieren.

Zusammenfassend kann eine städtische Esskultur wie folgt charakterisiert werden: neben den Grundnahrungsmitteln, die auf dem Acker angebaut werden, gewinnt der Anbau von Produkten in Gärten zunehmend an Bedeutung. Viele Pflanzen aus dem Mediterrangebiet können in geschützten Gärten auch im hohen Norden kultiviert werden und Obst wird in verschiedenen Sorten gezüchtet.

Lässt sich der Hanse ein Einfluss auf die Entwicklung dieser Esskultur zuschreiben? Betrachtet man den südlichen Ostseeraum, so findet man in allen Städten von Norddeutschland bis ins Baltikum eine nahezu synchron verlaufende Entwicklung. In den skandinavischen Ländern setzt sich die Neuerung nur zögerlich durch. Sammelfrüchte überwiegen hier nach wie vor die in Gärten gezogenen Kräuter, Gemüse und Früchte sowie die Importe.[44] Durch weitreichende Kontakte der Kaufleute lernten die Städter neue Produkte kennen, und wie man sie verwendet. Welche Rolle Klöster bei dieser Entwicklung gespielt haben, kann nicht festgestellt werden, weil hierzu nur wenige archäobotanische Daten vorliegen. Die Hansekaufleute werden die urbane Esskultur nicht erfunden haben, da die Wurzeln dieser neuen „Kultur" in den provinzialrömischen Gebieten Mittel- und Westeuropas zu finden sind, aber sie haben sicherlich zu ihrer Verbreitung beigetragen.[45]

Essgewohnheiten in Novgorod

Was können wir über die Nahrungswirtschaft in Novgorod sagen? Obwohl ein früher Fernhandel mit dem Westen belegt ist (Gotenhof)[46] und

▲ Tab. 1 (links): Nutzpflanzenfunde aus frühstädtischen Zentren an der südlichen Ostseeküste. Haithabu (BEHRE 1983. KROLL 2007), Starigard/Oldenburg (KROLL/WILLERDING 2004), Wolin (ALSLEBEN 1995), Staraja Ladoga (AALTO/HEINÄJOKI-MAJANDER 1997).

▲ Tab. 2 (rechts): Nutzpflanzenfunde aus mittelalterlichen Städten (13. Jahrhundert) an der südlichen Ostseeküste. Lübeck (ALSLEBEN 1991. VAN HAASTER 1989), Rostock (WIETHOLD 1998b; 1999), Gdańsk (LATAŁOWA u. a. 2007), Tallinn und Tartu (SILLASOO/HIIE 2007).

---

44 KARG 2007, 181–190.
45 ALSLEBEN 2007, 31.
46 Der Gotenhof, auf der Handelsseite Novgorods gelegen, war im 12. Jahrhundert der Ort, wo gotländische und Novgoroder Kaufleute regen Handel betrieben. RYBINA 2001, 298–304.

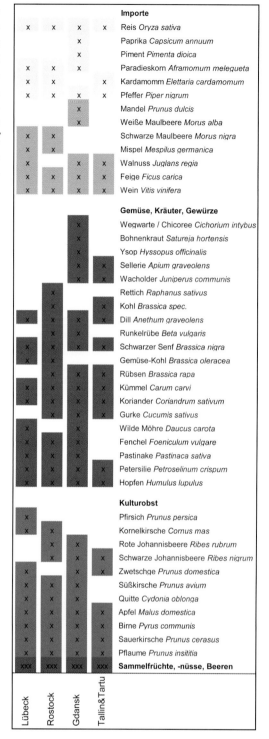

▶ Tab. 3 (links): Nutzpflanzenfunde aus mittelalterlichen/frühneuzeitlichen Städten (15. Jahrhundert) an der südlichen Ostseeküste.
▶ Tab. 4 (rechts): Nutzpflanzenfunde aus dem mittelalterlichen Novgorod (KIRJANOV 1959; 1967. MONK/JOHNSTON 2012).

die Hanse mit dem Deutschen Hof[47] ein Kontor in Novgorod unterhielt, findet in Novgorod keine dem übrigen Hanseraum vergleichbare Entwicklung in den Esstraditionen statt (Tab. 4). Funde von Gurken- und Kürbiskernen sowie Äpfel, Sauerkirsche, Pflaume und Schwarze Johannisbeere weisen auf beginnende Kultivierung in Gärten hin, jedoch sind Importe archäobotanisch nicht belegt.[48] Es gibt einen bisher ungesicherten mündlichen Hinweis auf das Vorkommen von Mandeln, sicher ist bisher nur, dass Walnüsse nach Novgorod importiert wurden. Kulturschichten des 10.–15. Jahrhunderts erreichen auf der Sophienseite Novgorods Mächtigkeiten von bis zu 8 m, die zum großen Teil im Dauerfeuchten liegen. Sie bieten ausgezeichnete Bedingungen für organische Erhaltung und man sollte daher eine große Anzahl subfossiler Früchte und Samen, insbesondere die hartschaligen Früchtchen von Erdbeeren und anderem Beerenobst im Fundgut erwarten. Die für andere städtische Ablagerungen typischen Funde dieser Arten sind hier sehr spärlich vertreten. Weintrauben- und Feigenkerne – üblicherweise sehr zahlreich – sind aus Novgorod nicht bekannt.[49] Ganz offensichtlich haben die Bürger von Novgorod fremde Sitten nicht übernommen. Leider gibt es vom Gotenhof und vom Deutschen Hof keine Daten über fossile Pflanzenreste. Aus der Geschichte des Hansekontors geht klar hervor, dass das Leben der deutschen Hansekaufleute in strenger Abgrenzung von den übrigen Novgorodern verlief.[50] Derzeit lässt sich nicht überprüfen, ob in der Stadt möglicherweise zwei Esskulturen nebeneinander existierten.

In der Frühphase der urbanen Entwicklung folgte die Region um den Ilmensee noch dem allgemeinen Trend im Ackerbau von Gersten- zu Roggendominanz und der Einführung des Wintergetreideanbaus von Roggen. In der folgenden Epoche der Urbanisierung war sie aber von den veränderten Essgewohnheiten abgekoppelt.

---

47 Der Deutsche Hof, auch St. Peterhof genannt, existierte von Mitte des 13. bis Ende des 15. Jahrhunderts ebenfalls auf der Handelsseite. Nur Kaufleute aus den Hansestädten hatten das Recht, hier zu wohnen. Bei Ausgrabungen fand man westeuropäische Gegenstände des täglichen Bedarfs in Schichten des 14./15. Jahrhunderts. RYBINA 2001, 304–307.

48 KIRJANOV 1959; 1967.
49 MONK/JOHNSTON 2012, 299–303.
50 RYBINA 2001, 307. Zur sozialen Gliederung der Stadt: JANIN 2001, 87–91.

Literatur

AALTO/HEINÄJOKI-MAJANDER 1997
M. Aalto, H. Heinäjoki-Majander, Archaeobotany and palaeoenvironment of the Viking Age town of Staraja Ladoga, Russia. PACT 52, Birka Studies 4:I/1, 13–30.

ALSLEBEN 1991
A. Alsleben, Archäobotanische Untersuchungen in der Hansestadt Lübeck. Landschaftsentwicklung im städtischen Umfeld und Nahrungswirtschaft während des Mittelalters bis zur frühen Neuzeit. Offa 48, 1991, 329–362.

ALSLEBEN 1995
A. Alsleben, Nutzpflanzen aus dem mittelalterlichen Wolin. Zwei ausgewählte Gruppen: Getreide und Lein. Offa 52, 1995, 185–217.

ALSLEBEN 1998
A. Alsleben, Ein jungslawischer Vorratsfund in Ostholstein. Saatweizen *Triticum aestivum* s.l. In: A. Wesse (Hrsg.), Studien zur Archäologie des Ostseeraumes: Von der Eisenzeit zum Mittelalter. Neumünster 1998, 187–194.

ALSLEBEN 2001
A. Alsleben, Angebot und Nachfrage. Frühmittelalterliche Nahrungswirtschaft im Umland von Novgorod. In: M. Müller-Wille, V. L. Janin, E. N. Nosov, E. A. Rybina (Hrsg.), Novgorod. Das mittelalterliche Zentrum und sein Umland im Norden Russlands. Neumünster 2001, 359–368.

ALSLEBEN 2007
A. Alsleben, Food consumption in the Hanseatic towns of Germany. In: S. Karg (Hrsg.), Medieval food traditions in Northern Europe. Publications from the National Museum. Studies in Archaeology and History 12. Copenhagen 2007, 13–37.

ALSLEBEN 2008
A. Alsleben, Untersuchungen pflanzlicher Makroreste aus dem Wallprofil einer spätslawischen Inselburg auf der Kohlinsel (Plauer See, Mecklenburg-Vorpommern). Beiträge zur Ur- und Frühgeschichte Mecklenburg-Vorpommerns 48, 2008, 193–208.

ALSLEBEN 2012a
A. Alsleben, Fossile pflanzliche Massenfunde aus dem jungslawischen Handelsplatz Parchim-Löddigsee. In: D. Paddenberg, Die Funde der jungslawischen Feuchtbodensiedlung von Parchim-Löddigsee, Kr. Parchim. Mecklenburg-Vorpommern. Frühmittelalterliche Archäologie zwischen Ostsee und Mittelmeer 3, Römisch-Germanische Kommission des Deutschen Archäologischen Instituts Frankfurt/M. Wiesbaden 2012, 371–386.

ALSLEBEN 2012b
A. Alsleben, The plant economy of Northern Medieval Russia. In: M. A. Brisbane, N. A. Makarov, E. N. Nosov (Hrsg.), The archaeology of medieval Novgorod in context: Studies in centre/periphery relations. Oxford 2012, 321–350.

ALSLEBEN/KROLL 1998
A. Alsleben, H. Kroll, Paläoethnobotanische Untersuchungen als Bestandteil der Erforschung slawischer Siedlungsplätze. In: C. Lübke (Hrsg.), Struktur und Wandel im Früh- und Hochmittelalter. Eine Bestandsaufnahme aktueller Forschungen zur Germania Slavica. Forschungen zur Geschichte und Kultur des östlichen Mitteleuropa 5. Stuttgart 1998, 101–110.

BAKELS/JACOMET 2003
C. Bakels, S. Jacomet, Access to luxury foods in Central Europe during the Roman period: the archaeobotanical evidence. In: M. van der Veen (Hrsg.), Luxury foods. World Archaeology 34:3, 2003, 542–557.

BEHRE 1983
K.-E. Behre, Ernährung und Umwelt der wikingerzeitlichen Siedlung Haithabu. Die Ergebnisse der Untersuchungen der Pflanzenreste. Die Ausgrabungen von Haithabu 8. Neumünster 1983.

BEHRE 1992
K.-E. Behre, The history of rye cultivation in Europe. Vegetation history and archaeobotany 1, 1992, 141–156.

DONAT/LANGE 1983
P. Donat, E. Lange, Botanische Quellen und Probleme der Landwirtschaftsentwicklung im ersten Jahrtausend. Zeitschrift für Archäologie 17, 1983, 223–247.

FRANKE 1989
W. Franke, Nutzpflanzenkunde. Nutzbare Gewächse der gemäßigten Breiten, Subtropen und Tropen. Stuttgart, New York 1989.

JÄGER 1966
K.-D. Jäger, Die pflanzlichen Großreste aus der Burgwallgrabung Tornow, Kr. Calau. In: J. Herrmann (Hrsg.), Tornow und Vorberg: ein Beitrag zur Frühgeschichte der Lausitz. Deutsche Akademie der Wissenschaften Berlin. Schriften der Sektion Vor- und Frühgeschichte 21. Berlin 1966, 164–189.

JANIN 2001
V. L. Janin, Ein mittelalterliches Zentrum im Norden der Rus'. Die Ausgrabungen in Novgorod. In: M. Müller-Wille, V. L. Janin, E. N. Nosov, E. A. Rybina (Hrsg.), Novgorod. Das mittelalterliche Zentrum und sein Umland im Norden Rußlands. Neumünster 2001, 75–97.

KARG 2007
S. Karg, Medieval food traditions in Northern Europe. Publications from the National Museum. Studies in archaeology and history 12. Copenhagen 2007.

KIRJANOV 1959
A. V. Kirjanov, Istorija semledelija nowgorodskoi semli X–XV ww. Materialy i issledowanija po archeologii SSSR. 65. Moskwa 1959, 306–362.

KIRJANOV 1967
A. V. Kirjanov, 6. The finds and studies based on them. Agriculture in the Novgorod Province from the tenth to fifteenth centuries. In: M. W. Thompson (Hrsg.), Novgorod the Great: Excavations at the medieval city 1951–1962 directed by A. V. Artsikhovsky and B. A. Kolchin. London 1967, 87–92.

KIRJANOVA 1992
N. A. Kirjanova, Selskochosjaistwennye kultury i sistemy semledelija w lesnoi sone Ruci XI–XV w.w. Moskwa 1992, 162.

KNÖRZER u.a. 1999
K.-H. Knörzer, R. Gerlach, J. Meurers-Balke, J. Kalies, W.-D. Becker, A. Jürgens, PflanzenSpuren. Archäobotanik im Rheinland: Agrarlandschaft und Nutzpflanzen im Wandel der Zeiten. Materialien zur Bodendenkmalpflege in Rheinland 10. Bonn 1999.

Kroll 1980
H. Kroll, Mittelalterlich/frühneuzeitliches Steinobst aus Lübeck. Lübecker Schriften zur Archäologie und Kulturgeschichte 3, 1980, 167–163.

Kroll 1987
H. Kroll, Vor- und frühgeschichtlicher Ackerbau in Archsum auf Sylt. Eine botanische Großrestanalyse. Berichte Römisch-Germanische Forschungen 44, 1987, 51–158.

Kroll 2007
H. Kroll, Die Dornenhecke, der Kirschgarten und der Hafen von Haithabu. Weiteres zum Steinobst aus Haithabu. Das archäologische Fundmaterial VIII. Berichte über die Ausgrabungen in Haithabu 36, 2007, 313–329.

Kroll/Willerding 2004
H. Kroll, U. Willerding, Die Pflanzenfunde von Starigard/Oldenburg. Starigard/Oldenburg: Hauptburg der Slawen in Wagrien 5, Naturwissenschaftliche Beiträge. Offa-Bücher 82, 2004, 135–184.

Latałowa u.a. 2007
M. Latałowa, M. Badura, J. Jarosińska, J. Święta-Musznicka, Useful plants in medieval and postmedieval archaeobotanical material from the Hanseatic towns of Northern Poland (Kołobrzeg, Gdańsk and Elbląg). In: S. Karg (Hrsg.), Medieval food traditions in northern Europe. Publications from the National Museum. Studies in Archaeology and History 12. Copenhagen 2007, 39–72.

Monk/Johnston 2012
M. Monk, P. Johnston, Perspectives on non-wood plants in the sampled assemblage from the Troitsky excavations in medieval Novgorod. In: M. A. Brisbane, N. A. Makarov, E. N. Nosov (Hrsg.), The Archaeology of Medieval Novgorod in Context: Studies in centre/periphery relations. Oxford 2012, 283–320.

Nosov 2001
E. N. Nosov, Ein Herrschaftsgebiet entsteht. Die Vorgeschichte der nördlichen Rus' und Novgorods. In: M. Müller-Wille, V. L. Janin, E. N. Nosov, E. A. Rybina (Hrsg.), Novgorod. Das mittelalterliche Zentrum und sein Umland im Norden Rußlands. Neumünster 2001, 13–74.

Robinson 1994
D. E. Robinson, Et katalog over rester af dyrkede planter fra Danmarks forhistorie. A catalog of crop plant remains from Danish prehistoric sites. Nationalmuseets Naturvidenskabelige Undersøgelser 13. København 1994.

Rybina 2001
E. A. Rybina, Frühe "Joint-ventures". Die Beziehungen Novgorods im Ostseeraum. In: M. Müller-Wille, V. L. Janin, E. N. Nosov, E. A. Rybina (Hrsg.), Novgorod. Das mittelalterliche Zentrum und sein Umland im Norden Rußlands. Neumünster 2001, 291–308.

Sillasoo/Hiie 2007
Ü. Sillasoo, S. Hiie, An archaeobotanical approach to investigating food of the Hanseatic period in Estonia. In: S. Karg (Hrsg.), Medieval food traditions in Northern Europe. Publications from the National Museum. Studies in Archaeology and History 12. Copenhagen 2007, 73–96.

Stika/Heiss 2013
H.-P. Stika, A. Heiss, Bronzezeitliche Landwirtschaft in Europa – Der Versuch einer Gesamtdarstellung des Forschungsstandes. In: K.-H. Willroth (Hrsg.), Siedlungen der älteren Bronzezeit. Beiträge zur Siedlungsarchäologie und Paläoökologie des zweiten vorchristlichen Jahrtausends in Südskandinavien, Norddeutschland und den Niederlanden. Workshop vom 7. bis 9. April 2011 in Sankelmark. Studien zur nordeuropäischen Bronzezeit 1. Neumünster 2013, 189–222.

Szydłowski/Wasylikowa 1973
J. Szydłowski, K. Wasylikowa, Cereals from the Early Medieval fortified settlement in Lubomia, district Wodzisław Śląski, Southern Poland. Folia Quaternaria 43, 1973, 37–93.

van Haaster 1989
H. van Haaster, Spätmittelalterliche und frühneuzeitliche Pflanzenreste aus der Grabung in der Hundestraße 9–17 in Lübeck. Lübecker Schriften zur Archäologie und Kulturgeschichte 16, 1989, 233–290.

Wiegelmann/Mohrmann 1996
G. Wiegelmann, R.-E. Mohrmann, Nahrung und Tischkultur im Hanseraum. Beiträge zur Volkskultur in Nordwestdeutschland 91. Münster, New York 1996.

Wiegelmann 1996
G. Wiegelmann, Butterbrot und Butterkonservierung im Hanseraum. In: G. Wiegelmann, R.-E. Mohrmann (Hrsg.), Nahrung und Tischkultur im Hanseraum. Beiträge zur Volkskultur in Nordwestdeutschland 91. Münster, New York 1996, 463–499.

Wiegelmann 1996
G. Wiegelmann, Thesen und Fragen zur Prägung von Nahrung und Tischkultur im Hanseraum. In: G. Wiegelmann, R.-E. Mohrmann (Hrsg.), Nahrung und Tischkultur im Hanseraum. Beiträge zur Volkskultur in Nordwestdeutschland 91. Münster, New York 1996, 1–21.

Wiethold 1998a
J. Wiethold, Studien zur jüngeren postglazialen Vegetations- und Siedlungsgeschichte im östlichen Schleswig-Holstein. Universitätsforschungen zur prähistorischen Archäologie 45. Bonn 1998.

Wiethold 1998b
J. Wiethold, Pflanzenreste des Mittelalters und der frühen Neuzeit aus zwei Kloaken in der Hansestadt Rostock. Die Ausgrabungen in der Kröpeliner Straße 55–56/Kleiner Katthagen 4. Bodendenkmalpflege in Mecklenburg-Vorpommern, Jahrbuch 46, 1998, 409–432.

Wiethold 1999
J. Wiethold, Ernährung und Umwelt im spätmittelalterlichen Rostock. Archäobotanische Ergebnisse der Analyse zweier Kloaken in der Kröpeliner Straße 55–56/Kuhstraße. Bodendenkmalpflege in Mecklenburg-Vorpommern, Jahrbuch 47, 1999, 351–378.

Wiswe 1956
H. Wiswe, Ein mittelniederdeutsches Kochbuch des 15. Jahrhunderts. Braunschweigisches Jahrbuch 37, 1956, 19–55.

Wiswe 1970
H. Wiswe, Kulturgeschichte der Kochkunst. Kochbücher und Rezepte aus zwei Jahrtausenden; mit einem lexikalischen Anhang zur Fachsprache von Eva Hepp. München 1970.

Die Bedeutung Poznańs im frühen Piasten-Staat

von Hanna Kóčka-Krenz

Der älteste Stadtteil von Poznań ist Ostrów Tumski – die Dominsel. Der zweiteilige Name verweist auf zwei grundlegende Eigenschaften dieses Stadtteils. Die erste Komponente bezieht sich auf die Topographie, da *ostrów* eine ursprünglich mit dichtem Wald bedeckte Flussinsel bezeichnet. Die zweite Komponente wiederum deutet auf das Vorhandensein einer Kirche, denn die polnische Bezeichnung *tum* wurde nach dem mittelhochdeutschen *tuom* gebildet, das sich wiederum vom lateinischen *domus* mit der Bedeutung Haus, Kirche[1] ableitet. Die Bezeichnung Ostrów Tumski rührt in Poznań daher, dass auf der im Niederungsgebiet der Warthe gelegenen Insel der Dom erbaut wurde, doch sie sagt nichts über die Hauptfunktion dieses Ortes im Frühmittelalter aus. Über diese Funktion gibt jedoch eine Notiz in der *Chronica Polonorum* (auch polnisch-schlesische Chronik genannt) aus dem 13. Jahrhundert Auskunft, die durch die Worte: *in castro Ostrow prope ubi nunc est Pozenania*[2] deutlich werden lässt, dass hier eine Befestigung existierte.

Die Poznaner Burg, deren Ursprünge in das 9. Jahrhundert zurückreichen, findet ihre frühesten Erwähnungen in den Quellen des frühen 11. Jahrhunderts. An erster Stelle ist hier die Chronik des Bischofs Thietmar von Merseburg zu nennen. Der Chronist berichtete unter dem Jahr 968 von Poznań als Sitz des ersten Bischofs im Piasten-Staat.[3] Unter dem Jahr 1000 berichtete er über die Gründung des Erzbistums in Gniezno, wobei er die Radzim-Gaudenty unterstehenden Bischöfe nannte, allerdings „... mit Ausnahme des Bischofs Unger aus Poznań"[4]. Ein anderes Mal erwähnte der Chronist Poznań im Zusammenhang mit dem Kriegsfeldzug Heinrichs II. im Jahr 1005. Während der Kaiser Bolesław Chrobry (dem Tapferen) nachjagte, machte er auf Wunsch seiner Fürsten „zwei Meilen vor dem Poznaner Burgwall"[5] Halt. Die letzte Erwähnung Poznańs bei Thietmar ist mit der Information über den Tod des Poznaner Bischofs Unger im Jahr 1012 verknüpft, der dort dreißig Jahre lang „Hirte"[6] war. Die ein Jahrhundert später verfasste Chronik von Gallus Anonymus enthält zwei Informationen, die sich auf den Burgwall von Poznań beziehen. Die erste betrifft das Heer Bolesławs Chrobrys, des Tapferen: „aus Poznań [hatte] er 1300 Panzerreiter und 4000 Schildritter ..."[7]. Die zweite beschreibt die Folgen des Überfalls des tschechischen Herzogs Břetislav auf polnische Gebiete: „Damals zerstörten die Tschechen Gniezno und Poznań und nahmen die Leiche des Hl. Adalberts mit [...]. Und die erwähnten Städte blieben so lange in Verlassenheit, dass in der Hl. Adalbert Kirche und in der Hl. Petrus Kirche wilde Tiere ihre Lager bildeten"[8]. Ebenjene Quellen berichten auch davon, dass sich in Poznań die Domkirche des Hl. Petrus befand, in der Bischof Unger seinen Priesterdienst leistete. Die Quellen betonen zugleich die militärische Stärke der Burg zur Regierungszeit Bolesławs Chrobrys. Sie liefern aber keine Informationen über die Ausmaße der Burgwallbefestigung und über die Bewirtschaftung des Raumes innerhalb der Anlage. Die Besitzveränderungen auf der Dominsel nach der Gründung der mittelalterlichen Stadt auf dem linken Flussufer führten auch zu einer Umgestaltung ihrer Bebauung. Dies wiederum trug grundsätzlich zum Verblassen der früheren Rolle von Ostrów Tumski in der Geschichte Poznańs bei. Zu Beginn des 20. Jahrhunderts wuchs langsam das Interesse an der ältesten Vergangenheit der Dominsel, doch die ersten planmäßigen Forschungsgrabungen fingen erst 1938 an; damals wurden die unteren Partien der Burgwälle freigelegt.[9]

Die Forschungen am Poznaner Burgwall mussten während des Zweiten Weltkrieges unterbrochen werden, doch gleich nach seinem Ende wurden sie wieder aufgenommen. Durch besonderen Schwung zeichneten sich die in den 1950er und 1960er Jahren durchgeführten Forschungsarbeiten aus, ganz besonders jene in der Domkirche.[10] Ihre Ergebnisse sind in einigen Aspekten bis heute Gegenstand wissenschaftlicher Diskussionen.[11]

---

1   Kopaliński 1991, 809; 1212.
2   Chronica Polonorum, 617.
3   *... Iordan episcopus Posnaniensis I*: Thietmar, II, 22.
4   *... Vungero Posnaniensi excepto*: Thietmar IV, 45.
5   *... duo miliaria ab urbe Posnani*: Thietmar VI, 27.
6   *Eodem die Vungerus Posnaniensis cenobii pastor, consacerdos suus et suffraganeus, XXX. ordinationis suae anno obiit*: Thietmar VI, 65.
7   „*De Poznan namque mille trecenti loricati milites cum quatuor milibus clipeatorum militum,*" Gallus Anonymus I, 8.
8   „*Eo tempore Bohemi Gneznen et Poznanw destruxerunt, sanctique corpus Adalberti abstulerunt. [...] et tam diu civitates praedictae in solitudine permanserunt, quod in ecclesia sancti Adalberti martiris sanctique Petri apostoli sua fere cubilia posuerunt.*" Gallus Anonymus I, 19.
9   Hensel/Hilczer-Kurnatowska 1980, 147–163. Kaczmarek 2008, 187–219.
10 Hensel 1958; 1959; 1960a; 1960b; 1961. Hensel/Žak 1974. Józefowiczówna 1966.
11 Kurnatowska 2001, 503–510. Skibiński 2001. Kurnatowska/Kara 2004, 47–70. Kóčka-Krenz 2005a, 359–375. Besonders die Entdeckung eines Taufbeckens wird kontrovers diskutiert.

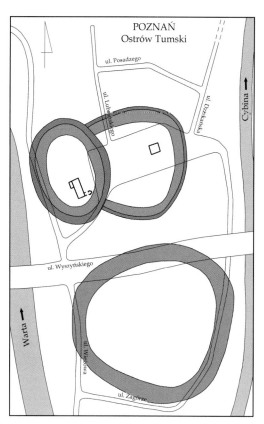

Abb. 1: Lage und Verlauf der Wallanlagen der Poznaner Burg in der Mitte des 10. Jahrhunderts. Grafik: O. Antowska-Gorączniak.

Spätere Untersuchungen im Rahmen von Erdarbeiten, die wegen diverser Bau- oder Instandsetzungsarbeiten durchgeführt wurden, erbrachten weitere Erkenntnisse über die Burg, die Entwicklungsphasen und die Raumorganisation des frühmittelalterlichen Burgwalls sowie über das weitere Schicksal dieses Ortes.[12] Besonders wichtige Informationen lieferten die Ausgrabungen, die das Institut für Urgeschichte der Adam-Mickiewicz-Universität Poznań seit 1999 an der gotischen Marienkirche durchführte.[13] Durch die Ergebnisse dieser Forschungen wurde es nicht nur möglich, den Burgwallverlauf zu rekonstruieren, sondern auch Erkenntnisse über die Bebauung der Befestigung zu erhalten. Die detaillierte Analyse von Form, Funktion und Chronologie der Relikte des Poznaner Burgwalls[14] mit Schwerpunkt auf der vorromanischen Herzogsresidenz und ihrer Umgebung sowie vergleichende Untersuchungen[15] erlauben eine Positionsbestimmung dieser Burg im ersten Piasten-Staat.

Der Poznaner Burgwall wurde auf der größten Insel im Überschwemmungsgebiet der Warthe gegründet.[16] Die Wahl dieses Ortes war sicher nicht zufällig, denn seine natürliche Schutzlage erleichterte den Bewohnern einerseits die Verteidigung vor eventuellen Angreifern und ermöglichte andererseits gleichzeitig den Kontakt zu den benachbarten Gebieten. Der Fluss als sicherer Kommunikationsweg gewährleistete den billigsten Transport diverser Güter; der hier gelegene Flussübergang über die Warthe bestimmte hingegen den Verlauf der Landwege, die in den Zeiten der ersten Piasten benutzt wurden.[17] Diese verkehrsgeographisch wichtige Lage bot die Möglichkeit, den Handel zu kontrollieren und darüber hinaus am geistigen und politischen Ideenaustausch teilzuhaben und daraus Nutzen zu ziehen. Die länglich-ovale Form der Poznaner Dominsel und die auf ihr gelegenen Anhöhen bestimmten die Lage der Ansiedlungen. Die Insel bestand aus zwei Teilen, einem nördlichen und einem südlichen, die durch einen sumpfigen Altarm des Flusses voneinander getrennt waren. Das ursprünglich recht bewegte Relief der Insel war damals mit Urwald und Sümpfen bedeckt,[18] was bereits im Frühmittelalter zu Maßnahmen führte, die der Nutzbarmachung eines möglichst großen Gebietes dienen sollten.

Die Ergebnisse der neuesten archäologischen Erforschungen und dendrochronologischen Analysen belegen, dass die Dominsel spätestens seit der Wende vom 9. zum 10. Jahrhundert bewohnt war. Zuerst wurde auf einer Anhöhe in der westlichen Partie des nördlichen Inselteils ein kleiner Burgwall mit 40 m Innendurchmesser errichtet, der in dieser Form in der ersten Hälfte des 10. Jahrhunderts existierte. Um die Mitte des 10. Jahrhunderts erfolgte ein umfassender Umbau der Befestigung. Auf dem nördlichen Teil der Insel wurde nun eine zweiteilige Anlage errichtet (Abb. 1). Der ursprüngliche kleine Ringwall wurde ausgebaut und erreichte eine Fläche von etwa 80 x 100 m, er war für den herzoglichen Hof bestimmt. Nach Osten wurde eine zweite Befestigung angebaut, die von einem hufeisenförmigen Wall umschlossen war. Ihre Größe wird auf 130 x 100 m geschätzt.[19] In dieser Zeit wurde auch ein dritter Teil der Anlage durch Wälle eingefasst, die entlang der heutigen Straßenzüge Wieżowa und Zagórze verliefen. Hier wohnte eine Gruppe von Menschen, die dem Herzog und den anderen vornehmen Herren Dienste leistete.

Bedeutende Veränderungen erfuhr die Innenbebauung des zweiteiligen Burgwalls im nördlichen Inselteil. Im Teil des Herzogs wurde ein *Palatium* erbaut (Abb. 2). Die steinerne Residenz des Herrschers war ein rechteckiges Gebäude, das Nord-Süd ausgerichtet war. Die Fundamente der Längswände waren ca. 27 m lang, die kürzeren Wände erreichten hingegen ca. 12 m. Das Gesteinsmaterial, mit dem die Wände aufgefüllt waren, war im unteren Bereich der Fundamente mit

---

12 HENSEL/HILCZER-KURNATOWSKA 1980, 147–163. KACZMAREK 2008, 187–219.
13 KÓĆKA-KRENZ 2012a.
14 KÓĆKA-KRENZ 2005b; 2008b; 2012b. KÓĆKA-KRENZ u. a. 2004, 125–166. KARA 2009, 290–293; 353–356.
15 BANASZKIEWICZ 1986, 445–466. DALEWSKI 1996.
16 KANIECKI 2004, 70; 80.
17 KURNATOWSCY 1996, 117–123. GÓRECKI 1998, 236–245.
18 KANIECKI 2004, 69–70; 72; 89.
19 KARA 1998, 26–29.

Erde und Lehm vermischt, in den oberen Lagen war das zur Fundamentierung benutzte Material durch Gipsmörtel gebunden. Die Umfassungsmauern des Bauwerkes erreichten eine Breite von 1,30 m und wurden aus plattigen Steinen errichtet, die dicke Gipsmörtelschichten verbanden. Der unregelmäßige Mauerverband war sowohl innen als auch außen mit Gipsverputz versehen. Die Fußböden in den Räumen des *Palatium* bestanden aus einem Gipsguss über einer Schicht aus Felsenschutt. An der südöstlichen Ecke des *Palatium* befand sich eine 2,20 m vor dessen Baukörper gesetzte Vorhalle. Dort befand sich auch das Treppenhaus für das obere Stockwerk. Der Herzogspalast könnte etwa 11 m hoch gewesen sein. Im Erdgeschoss des Bauwerkes ließen sich mindestens vier Räume unterscheiden. Ihre Anordnung sah von Süd nach Nord wie folgt aus: Im Süden befand sich eine 51 m² große Halle, die in einen doppelt so großen Saal (102 m²) mit repräsentativer Funktion in der Mitte des Gebäudes führte. Dieser Saal hatte einen eigenen Eingang in der Ostwand des *Palatium*. Über Durchgänge in der Nordwand des Saales waren zwei weitere Räume zugänglich, ein enger Korridor von nur 0,9 m Breite, aber 5 m Länge (4,5 m²), bei dem es sich wahrscheinlich um eine Schatzkammer handelte, und ein östlich davon gelegener 34 m² großer Raum. In diesem letzten Saal wurden zwei Siegelstempel gefunden, ein stark abgenutzter Bleistempel mit einer nicht mehr lesbaren Darstellung und ein Bronzestempel, der den Besitz von einem Bruder Jakob aus dem Dominikanerorden darstellte, sowie eine bleierne Bulle des Herzogs Bolesław. Diese Funde deuten darauf hin, dass sich in diesem Raum eine Kanzlei befand. Entsprechend der Raummaße kann die Nutzungsfläche jedes Geschosses auf etwa 190 m² geschätzt werden. Die Räumlichkeiten im Erdgeschoss erfüllten vorwiegend administrative Funktionen, während sich im Obergeschoss die privaten Gemächer des Herrschers befanden. Die Errichtung der Steinresidenz innerhalb des Poznaner Burgwalls fiel in die Zeit kurz nach der Mitte des 10. Jahrhunderts, die dendrochronologische Datierung eines Schwellbalkens ergab einen *terminus post quem* von 941 n. Chr.[20] Somit kann diese Residenz wahrscheinlich als erstes monumentales Bauwerk im Piasten-Staat angesehen werden.[21]

Im Osten wurde in einer Achse mit der vorgerückten Eingangspartie des *Palatium* eine Pfalzkapelle erbaut.[22] Sie ist eine kleine Saalkirche mit einer Apsis im Osten (Abb. 2). Die Mauern der Apsis haben sich bis zu einer Höhe von einem halben Meter erhalten, sodass die Ausmaße des Innenraums auf der Nutzungsebene mit 2,5 x 2,5 m recht zuverlässig rekonstruiert werden können. Die Stärke der Mauern betrug 1 m, die Fundamente waren hingegen nach außen um 10 bis 20 cm verstärkt. Im Verhältnis zum Kirchenschiff waren die Mauern der Apsis um etwa 0,5 m eingerückt. Die nördliche und die südliche Kirchenwand ruhten auf 2 m breiten parallelen Fundamenten, die 0,60 m in die Erde eingetieft waren. Die Westwand besaß dagegen kein ganzes, eigenes Fundament. Aufgrund der Mächtigkeit der Fundamente für die beiden angrenzenden Wände gründeten jedoch nicht nur die Ecken, sondern auch jeweils noch der erste Meter der Westwand auf diesen Fundamenten. An das Schiffinnere schlossen zwei Nischen in der Größe von 1 x 1,70 m an, wodurch die Umfassungsmauern der Kapelle dieselbe Stärke von 1 m erreichten. Durch diese Erweiterung entstand ein Raum von 4,5 m x 1,70 m, der auf einer Seite etwas schmaler wurde. Somit betrug die Grundfläche des kleinen Kirchenschiffes etwa 10 m². Der Innenraum wurde durch Fenster erhellt, die sich auf einer Höhe von etwa 0,55 m über dem Fußboden befanden. Die umgestürzte südliche Kapellenwand war in Sturzlage liegen geblieben, so dass eine vollständige Fensteröffnung erhalten blieb. Demnach handelte es sich bei den Fenstern um etwa 0,75 cm breite und 1,30 m hohe Öffnungen mit Sohlbänken. Der Fußboden wurde von einem Gipsguss auf einer Kieselsteinschicht gebildet. Eine größere Fläche dieses Fußbodens war in der Apsis noch vorhanden. In der Achse der Apsis hatte sich an der

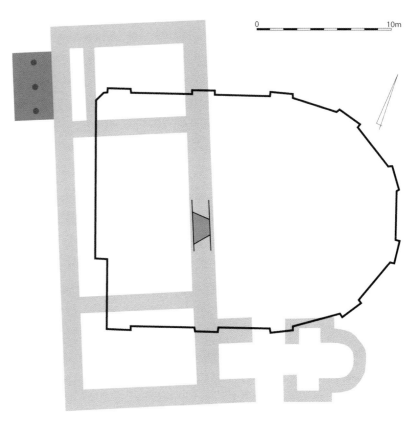

▲ *Abb. 2: Grundriss von Palatium, Kapelle und Goldschmiedewerkstatt im Lageverhältnis zur heutigen Kirche der Hl. Jungfrau Maria. Grafik: O. Antowska-Gorączniak.*

---

20 Dendrochronologische Analyse von M. Krąpiec an der Akademia Górniczo-Hutnicza im. Stanisława Staszica (Wissenschaftlich-Technische Universität), Kraków. Eiche (*Quercus sp.*), 54 Ringe, Fälljahr: nach 941 (d).
21 Kóčka-Krenz 2004, 21–38.
22 Kóčka-Krenz 2010.

Wand ein Altar befunden, dessen *Stipes* aus kleineren plattigen Steinen gemauert und mit Gipsmörtel verbunden waren. Es handelte sich hier um einen zunächst 1 x 0,90 m großen Quader, dessen Grundfläche nach dem Umbau verdoppelt wurde (1 x 1,80 m). Die Oberfläche des Gipsmörtels auf der Westseite des ältesten Altarfundaments deutet darauf hin, dass der Altar hier mit einer Verkleidung versehen gewesen ist.

Im Fundmaterial gibt es auch Hinweise auf die Gestaltung des Innenraums der Kapelle. In den Schichten mit Abbruchmaterial über den Kapellenrelikten, das sich im Wesentlichen aus Gipsmörtelklumpen und plattigen Steinen zusammensetzte, haben sich Putzfragmente erhalten. Die Analysen[23] haben ergeben, dass die Kapellenwände mit drei unmittelbar aufeinander liegenden Schichten creme-weißen Kalkmörtels bedeckt waren, der Pflanzenfasern enthielt und insgesamt 12 bis 16 mm dick war. Einige Putzfragmente weisen Spuren eines Dekors auf, für den die in der Wandmalerei typischen Pigmente benutzt worden waren – Kalkweiß, Eisenrot und Lapis lazuli. Die Farbschicht hat auf allen Fragmenten eine ähnliche Dicke und das Bindemittel enthält Eiweiß, was auf eine einmalige Ausfertigung verweist. Der Malgrund wurde genauestens vorbereitet, indem der Putz zunächst sorgfältig geglättet und danach mit einer dünnen Kalkschicht bedeckt oder mit einem dicken Pinsel genässt wurde. Den nassen Putz bemalte man sodann mit einer Farbe mit eiweißhaltigem organischem Bindemittel und eventuell mit Pflanzenklebstoff. Weiß und Rot konnten aus vor Ort zugänglichen Rohstoffen gewonnen werden. Auf zwei Putzfragmenten haben sich aber auch blaue Farbreste erhalten. Dabei handelt es sich um natürliches Ultramarin, welches aus Lapis lazuli gewonnen wurde. Die bekannteste Lapis lazuli-Lagerstätte befindet sich in Badakhshan.[24] Das blaue Pigment, das daraus gewonnen wurde, war ein sehr teurer Farbstoff, weshalb er in der Regel nur für das Kleid der Mutter Gottes verwendet wurde. Leider sind die erhaltenen Putzfragmente zu klein, um auf die hier dargestellte Thematik des Freskos gesicherte Rückschlüsse ziehen zu können.

Die Pfalzkapelle war darüber hinaus mit Mosaiken ausgestattet. Über 250 Mosaiksteine und Putzfragmente mit ihren Abdrücken haben sich erhalten, darunter auch ein Stein, der noch in einem kleinen Putzstück steckte. Es handelt sich vor allem um durchsichtige Glassteine mit einer Seitenlänge von 0,5 bis 1,2 cm, die vergoldet und mit einer dünnen Glasurschicht versehen sind. Unter den erhaltenen *Tesserae* finden sich auch einige, die aus schwarzem, dunkelgrünem oder ziegelrotem Glas gefertigt wurden. Das Mosaik verzierte die Apsis der Kapelle; zwei Mosaiksteine fand man auf ihrem Fußboden. Mit einiger Wahrscheinlichkeit war die Dekoration der Pfalzkapelle das Werk von Mosaik-Handwerkern, die Bolesław Chrobry aus Russland holte. Dorthin bestanden enge familiäre Bande, seitdem er seine Tochter mit dem Kiever Fürsten Swjatopolk[25] verheiratet hatte.

Es kann davon ausgegangen werden, dass auch liturgische Gegenstände zur Ausstattung der Kapelle gehörten, von denen jedoch nur einige Fragmente der beinernen Zierleisten eines Reliquienschreins erhalten geblieben sind. Vollständig erhaltene Reliquienschreine aus dem nordrheinischen Gebiet bilden anschauliche Beispiele für Kästchen, die mit Applikationen und Zierleisten aus Bein verziert sind. Hinsichtlich des Dekorationstypus steht dem Poznaner Reliquienschrein derjenige aus der St. Andreaskirche in Köln am nächsten, der an das Ende des 11. bzw. ins 12. Jahrhundert datiert wird.[26] Die geringe Anzahl der erhaltenen Zierelemente des Poznaner Kästchens erlaubt leider keine Rekonstruktion seiner ursprünglichen Form. Eine geometrische Gestaltung der Oberfläche mit beinernen Zierleisten in der Art der Kassette aus der St. Andreas-Kirche in Köln ist ebenso denkbar wie eine Verzierung mit figürlichen Motivplättchen, deren Umrahmung die Leisten bildeten. Reliquiare dieser Art gehören wegen ihres dekorativen Charakters und der geringen Größe zu wichtigen Vertretern des frühmittelalterlichen Kunsthandwerks. Die erhaltenen Beispiele deuten darauf hin, dass sie in der zweiten Hälfte des 10. und im 11. Jahrhundert in den westeuropäischen Zentren des Kunsthandwerks gefertigt wurden.[27]

Zu den liturgischen Gegenständen lassen sich sicher auch die beiden gefundenen Gemmen zählen, eine heute leider verlorene aus Glas und eine weitere, spätrömische, aus Karneol mit der Darstellung eines Löwen.[28] Solche Gemmen dienten im frühen Mittelalter zur Verzierung von Reliquiaren, Kreuzen, Kelchen oder Buchdeckeln liturgischer Messbücher. Die Funde belegen, dass die Poznaner Geistlichkeit Zugriff auf Erzeugnisse spezialisierter Goldschmiede-Werkstätten hatte. Nach Ansicht von P. Skubiszewski[29] fanden die christlichen Kultgegenstände ihren Weg in den Piasten-Staat vor allem aus Deutschland in Form fürstlicher Stiftungen oder Gaben an das Bistum. Obwohl diese Kunstwerke nicht erhalten geblieben sind, lassen die Beschreibungen und Informationen in den Chroniken des Thietmar von Merseburg, Cosmas von Prag und Gallus Anony-

---

23 Die Analysen wurden von Anna Michnikowska vom Nationalmuseum in Poznań und Jerzy Langer von der Adam-Mickiewicz-Universität in Poznań durchgeführt.
24 Maślankiewicz 1983, 223; 224.
25 Jasiński 2004, 120–122.
26 Salier-Katalog 1992, 351–353. Elbern 1973, 87–100.
27 Elbern 1973, 96.
28 Kóčka-Krenz 2008a, 189–197.
29 Skubiszewski 2001, 162; 164; 165.

mus die These zu, dass sich die Ausstattung der piastischen Gotteshäuser grundsätzlich nicht von der der Kirchen Westeuropas unterschied.[30]

Der Grundriss der Poznaner Kapelle hat die Form des lateinischen Kreuzes. Dies verleiht ihr eine symbolische Dimension (Abb. 2). Sie knüpft damit an die Kirchen des karolingisch-ottonischen Umfelds an, obwohl es schwer fällt, eine genaue Parallele zu finden. Ihre geringen Ausmaße deuten darauf hin, dass sie in kurzer Zeit errichtet wurde. Sie wurde dem Palas-Eingang gegenüber erbaut, wobei diesem die verwendeten Baumaterialien, Bautechniken und sogar die Tiefe der Fundamente der Kapelle entsprachen. Die unterlassene Fundamentierung ihrer westlichen Wand deutet darauf hin, dass sie mit dem Haus des Herzogs oberhalb der Erde verbunden war. Diese Verbindung muss auf Bögen gestützt gewesen sein, die zwischen den oberen Partien der Kapellenwände und dem Anbau am Palas-Eingang gespannt waren (Abb. 3). Nicht ausgeschlossen werden kann, dass der Raum zwischen der Westwand der Kapelle und der Ostwand der Pfalz zusätzlich liturgischen Zwecken vorbehalten war, ähnlich wie die Empore im Obergeschoss, die sich in das Kapelleninnere öffnete.

Die Kapelle diente offenbar auch als Grablege. Einen indirekten Hinweis darauf gibt das Profil im Innenraum des Kirchenschiffs, denn hier war durch eine tiefe Eingrabung das Fundament freigelegt worden, wodurch die Nordwand der Kapelle abrutschte. Es ist zu vermuten, dass sich in der Kapelle unter dem Fußboden am Altarsockel ursprünglich ein Grab befand, aus dem allerdings, aus schwer nachvollziehbaren Gründen, die Überreste der darin bestatteten Person entfernt wurden. Wahrscheinlich erfolgte dies als die Pfalzkapelle zerstört und nicht wieder auf den alten Fundamenten aufgebaut wurde. Wir verfügen über keinerlei Indizien, die eine Identifizierung der hier vermuteten Bestattung erlauben würden. Gewöhnlich waren Gräber, die in der Mittelachse der Kirche lagen, für Menschen von besonderem Rang vorgesehen. Aus zahlreichen Fällen ist bekannt, dass solche exponierten Plätze für höhere Geistliche oder Mitglieder von Herrschaftshäusern gewählt wurden, die zugleich Kirchenstifter gewesen sein konnten.[31] Die nach 840 errichtete Grabkapelle, die bei Ausgrabungen im Halberstädter Dom entdeckt wurde,[32] weist eine ähnliche Form wie die Poznaner Kapelle auf und kann als Analogie herangezogen werden. Es ist daher nicht ausgeschlossen, dass in der Kapelle in Poznań ihre Stifterin, die Fürstin Dubrawka von Böhmen (gest. 977), beigesetzt worden war - was in der *Chronica Polonorum* verewigt wurde. Eine andere Möglichkeit wäre der Bischof Jordan, der um 984 starb. Es sei in diesem Zusammenhang daran erinnert, dass die großen Domkirchen in Poznań[33] und in Gniezno[34] noch nicht erbaut waren, als Dubrawka und Jordan starben.

▲ *Abb. 3: Rekonstruktion des Palatium mit Kapelle, Ansicht von Nordost. Grafik: A. Gołembnik.*

Die unmittelbare Umgebung des Palas war durch eine Schicht von Kieselsteinen mit Gipsmörtel bedeckt. In der Nähe dürften sich Wirtschaftsgebäude befunden haben, die für das richtige Funktionieren des Hofes unentbehrlich waren, sowie Gästezimmer. In einem dieser hölzernen Gebäude war die Goldschmiedewerkstatt untergebracht. Das Haus war nur 12 m^2 groß und unmittelbar an die Westwand der Pfalz angeschlossen (Abb. 2). In seinem Innenraum hatten sich Fragmente von Schmelztiegeln mit Goldspuren, zahlreiche Goldpartikel, Glas- und Karneolperlen, drei kleine Granatsteine sowie kleine Stücke vergoldeten Holzes erhalten. Dieses Fundensemble lässt den Schluss zu, dass sich die Piasten-Herrscher an ihrem Poznaner Hof hochspezialisierte Goldschmiede hielten.[35]

Nach der Mitte des 10. Jahrhunderts wurde die Bebauung des zweiten Abschnitts der nördlichen Befestigung verändert. Die am östlichen Verlauf der Wallkonstruktionen befindlichen Holzbauten wurden beseitigt und der so gewonnene Raum wurde für kirchliche Gebäude genutzt. Als erster Sakralbau gilt die Missionsstätte Jordans, der 968 zum Bischof für die polnischen Gebiete einberufen wurde.[36] An der Stelle der Missionsstätte wurde im letzten Viertel des 10. Jahrhunderts die Domkirche errichtet, eine dreischiffige Basilika von 49 m Länge. Die Breite des Hauptschiffes betrug 8,5 m und die der Seitenschiffe 4,25 m. Das quadratische Presbyterium schloss mit einer Apsis ab und wurde von zwei Anbauten flankiert. Es war durch den Lettner vom Kirchenschiff getrennt. Das Kirchenschiff schloss mit dem

---

30 Skubiszewski 2001, 150–151.
31 Oswald 1969, 313–326. Schulze-Dörrlamm 1995, 557–621. Kurnatowska 2001, 503–510.
32 Leopold/Schubert 1984, 36–38.
33 Kurnatowska/Kara 2004, 47–70.
34 Janiak 2004, 85–130.
35 Kóčka-Krenz 2006, 257–272.
36 Kurnatowska 2002, 101. Józefowiczówna 1963, 37–98.

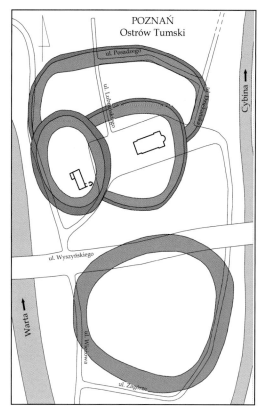

Abb. 4: Lage und Verlauf der Wallanlagen der Poznaner Burg und ihrer rekonstruierbaren Innenbebauung in den 970er und 980er Jahren. Grafik: O. Antowska-Gorączniak.

Westwerk, das an den Seiten je einen Turm mit Treppenaufgang besaß. Im Westwerk befand sich eine auf einen Rundpfeiler gestützte, leicht nach Osten vorgerückte Empore. Im Zentrum des Doms befanden sich zwei rechteckige Grablegen, die ursprünglich über den Fußboden erhöht waren. Die ältere Grablege war mit einem Schein-Gewölbe geschlossen, als Baumaterial wurde Kalkmörtel verwendet und Kieselsteine, die mit Platten aus dunkelgrünem Gabbro belegt wurden. Für die jüngere Grablege wurden mit Kalkmörtel bedeckte Kieselsteine verwendet, sie hatte im Inneren einen Holzfußboden. Sie war von einer niedrigen Mauer eingefasst, deren Eingang im Norden lag. An ihrer Westwand ragte die Platte der älteren Grablege über den Fußboden hervor. Es ist sehr wahrscheinlich, dass darin die ersten Piasten-Herrscher, Mieszko I. und Bolesław I. Chrobry,[37] bestattet waren. Das Bauprogramm des ersten Poznaner Domes und die an ihm enthaltene Symbolik deuten auf Verbindungen mit der westeuropäischen Architektur, insbesondere auf norditalienische und deutsche Gebiete. Die liturgischen Funktionen des Doms erfüllte der Nachfolger Jordans – Bischof Unger (gest. um 1014). Er konnte trotz der Gründung des Erzbistums in Gniezno im Jahre 1000 die juristische Unabhängigkeit des ihm unterstehenden Bistums Poznań beibehalten. Sämtliche übrigen Bauten des Domareals sowie des südlichen Teils der Befestigung waren weiterhin aus Holz. Diese Flächen sind allerdings nur in geringem Umfang erforscht. Die Untersuchungen konzentrierten sich vor allem auf den Platz vor dem Dom und in letzter Zeit auch auf den Bereich entlang seiner Südwand. Die damalige Bebauung bestand aus eng nebeneinander stehenden, ringförmig angeordneten Häusern in einer Entfernung von ca. 10 m von der Südwand des vorromanischen Domes. Zwischen Dom und Häusern verlief ein hölzerner Bohlenweg.

Von der Bedeutung des Poznaner Burgwalls im 10. Jahrhundert zeugen sowohl die monumentale sakrale und profane Bebauung als auch seine Erweiterung gegen Ende desselben Jahrhunderts, als im Norden ein neuer Abschnitt hinzugefügt wurde (Abb. 4). Die bis zu 25 m breite Wallkonstruktion verlief entlang der heutigen Posadzego Straße und entlang der Grundstücke, die an diese Straße nach Norden anschließen. Dendrochronologische Analysen der zum Bau der Befestigung verwendeten Konstruktionshölzer deuten darauf hin, dass ihre Errichtung in die 970er und 980er Jahre datiert werden kann.[38] Diese Daten belegen, dass der Burgwall zur Regierungszeit Mieszkos I. intensiv erweitert und befestigt wurde, und dass Poznań demnach eine besondere Bedeutung für ihn hatte. Letztendlich entstand eine viergliedrige Befestigung, die zum führenden Zentrum des Piasten-Staates wurde (Abb. 5). Berücksichtigt man die Stärke der Befestigungsanlage, die Ausmaße, die Mehrgliedrigkeit sowie die Art der Bebauung, so besteht Grund zu der Annahme, dass die Poznaner Burg nach dem Muster karolingisch-ottonischer Kaiserresidenzen organisiert worden ist.[39] Dem entspricht auch der Charakter der Poznaner Burg, denn in der 2. Hälfte des 10. Jahrhunderts verfügte der Herzog bereits über ein steinernes *Palatium* mit eigenem Empfangssaal, Kanzlei und Schatzkammer sowie über eine steinerne Privatkapelle. Direkt an den Palas angeschlossen war das Holzgebäude der Goldschmiedewerkstatt, eine der spezialisierten Werkstätten, die für den Hof arbeiteten. Im Zentrum des östlichen Teils der Burg befand sich die Domkirche, umgeben von Häusern wohlhabender Amtsträger, die im Auftrag des Herrschers Militär- und Verwaltungsfunktionen ausübten. Der nördliche, dritte Teil erfüllte wahrscheinlich wirtschaftliche Zwecke. In der eigens befestigten Vorburgsiedlung auf Zagórze lebten Menschen, die für die übrigen Bewohner verschiedene Dienste leisteten.[40] In enger Verbindung mit der Poznaner Burg stand die Marktsiedlung in Śródka durch eine Holzbrücke über die Cybina. Der Bau der Brücke kann durch dendrochronologische Analysen in die 970er Jahre datiert werden.[41]

---

37 Kurnatowska 1989–90, 71–84; 2001, 503–510.

38 Wawrzyniak 2005, 91–110.
39 Gauert 1965, 3. Metz 1966, 598–617. Binding 1996, 60.
40 Kara 1998, 26–29.
41 Pawlak 2008, 29–54.

◀ *Abb. 5: Rekonstruktion der Poznaner Burg am Ende des 10. Jahrhunderts, Ansicht von Osten. Zeichnung: J. Antowski.*

Die Ergebnisse der archäologischen Forschungen lassen keinen Zweifel daran, dass Poznań innerhalb des Piasten-Staates eine wesentliche Rolle spielte. Die Burg war das führende Zentrum des frühen Staates, eine mächtige Festung, die das Innere des Staates umwehrte, eine Residenz des Herzogs und seines Hofes, eine Burg mit Verwaltungs-, Wirtschafts- und Sakralfunktionen und ein wichtiges Glied im Verteidigungssystem des gesamten Staates. Im 10. Jahrhundert war Poznań der einzige in diesem Maße ausgebaute, viergliedrige Ort der Machtausübung. Eine vergleichbare Größe und Gestalt erreichte lediglich Gniezno in der Regierungszeit Bolesławs Chrobrys zu Beginn des 11. Jahrhunderts. Poznań hatte besonders für Mieszko I. eine herausragende Bedeutung. Dies veranschaulichen schon die Investitionen, die zu Lebzeiten des Herzogs in dieser Burg gemacht wurden.

Quellen und Literatur

CHRONICA POLONORUM
Chronica Polonorum. In: L. Ćwikliński (Hrsg.), Monumenta Poloniae Historica, Vol. III. Lwów 1878, 578–656.

GALLUS ANONYMUS
Anonim tzw. Gall, Kronika polska. Übersetzt von R. Grodecki, bearb. v. M. Plezia. Wrocław u. a. 1965.

THIETMAR
Thietmari Merseburgensis Episcopi Chronicon. In: A. Bielowski (Hrsg.), Monumenta Poloniae Historica, Vol. I. Lwów, Warszawa 1960.

BANASZKIEWICZ 1986
J. Banaszkiewicz, Jedność porządku przestrzennego, społecznego i tradycji początków ludu. (Uwagi o urządzeniu wspólnoty plemienno-państwowej u Słowian). Przegląd Historyczny, Jhg. 77:3, 1986, 445–466.

BINDING 1996
G. Binding, Deutsche Königspfalzen. Von Karl dem Großen bis Friedrich II. (765–1240). Darmstadt 1996.

DALEWSKI 1996
Z. Dalewski, Władza, przestrzeń, ceremoniał. Miejsce i uroczystość inauguracji władcy w Polsce średniowiecznej do końca XIV w. Warszawa 1996.

ELBERN 1973
V. H. Elbern, Das Beinkästchen im Essener Münsterschatz. Aachener Kunstblätter des Museumsvereins Bd. 44, 1973, 87–100.

GAUERT 1965
A. Gauert, Zur Struktur und Topographie der Königspfalzen. Deutsche Königspfalzen Bd. 2. Göttingen 1965, 1–60.

GÓRECKI 1998
J. Górecki, Ostrów Lednicki – rezydencja na wczesnopiastowskim szlaku od Poznania ku Gnieznu. In: H. Kóčka-Krenz, W. Łosiński (Hrsg.), Kraje słowiańskie we wczesnym średniowieczu. Profanum i sacrum. Poznań 1998, 236–245.

HENSEL 1958
W. Hensel, Poznań w zaraniu dziejów. Wrocław 1958.

HENSEL 1959
W. Hensel (Hrsg.), Poznań we wczesnym średniowieczu Bd. I. Warszawa, Wrocław 1959.

HENSEL 1960a
W. Hensel, Najdawniejsze stolice Polski. Warszawa 1960.

HENSEL 1960b
W. Hensel (Hrsg.), Poznań we wczesnym średniowieczu. Bd. II. Wrocław, Warszawa 1960.

HENSEL 1961
W. Hensel (Hrsg.), Poznań we wczesnym średniowieczu Bd. III. Wrocław, Warszawa 1961.

HENSEL/HILCZER-KURNATOWSKA 1980
W. Hensel, Z. Hilczer-Kurnatowska, Studia i materiały do osadnictwa Wielkopolski wczesnohistorycznej Bd. V. Wrocław u. a. 1980.

HENSEL/ŻAK 1974
W. Hensel, J. Żak (Hrsg.), Poznań we wczesnym średniowieczu Bd. IV. Wrocław u. a. 1974.

JANIAK 2004
T. Janiak, Problematyka wczesnych faz kościoła katedralnego w Gnieźnie. In: T. Janiak, D. Stryniak (Hrsg.), Początki architektury monumentalnej w Polsce. Gniezno 2004, 85–130.

JASIŃSKI 2004
K. Jasiński, Rodowód pierwszych Piastów. Poznań 2004.

JÓZEFOWICZÓWNA 1966
K. Józefowiczówna, Z badań nad architekturą przedro-

mańską i romańską w Poznaniu. Wrocław u. a. 1966.

Kaczmarek 2008
J. Kaczmarek, Archeologia miasta Poznania. Stan badań i materiały Bd. I:1. Poznań 2008.

Kaniecki 2004
A. Kaniecki, Poznań. Dzieje miasta wodą pisane. Poznań 2004.

Kara 1998
M. Kara, Początki i rozwój wczesnośredniowiecznego ośrodka grodowego na Ostrowie Tumskim w Poznaniu. In: T. Janiak i D. Stryniak (Hrsg.), Civitates principales. Wybrane ośrodki władzy w Polsce wczesnośredniowiecznej. Gniezno 1998, 26–29.

Kara 2009
M. Kara, Najstarsze państwo Piastów – rezultat przełomu czy kontynuacji? Studium archeologiczne. Poznań 2009.

Kopaliński 1991
W. Kopaliński, Słownik mitów i tradycji kultury. Kraków 1991.

Kóčka-Krenz 2004
H. Kóčka-Krenz, Początki monumentalnej architektury świeckiej na grodzie poznańskim. In: T. Janiak i D. Stryniak (Hrsg.), Początki architektury monumentalnej w Polsce. Gniezno 2004, 21–38.

Kóčka-Krenz 2005a
H. Kóčka-Krenz, Königsgräber in Dom zu Posen. In: F.-R. Erkens (Hrsg.), Das frühmittelalterliche Königtum. Berlin, New York 2005, 359–375.

Kóčka-Krenz 2005b
H. Kóčka-Krenz (Hrsg.), Poznań we wczesnym średniowieczu Bd. V. Poznań 2005.

Kóčka-Krenz 2006
H. Kóčka-Krenz, Pracownia złotnicza na poznańskim grodzie. In: M. Dworaczyk, A. B. Kowalska, S. Moździoch, M. Rębkowski (Hrsg.), Świat Słowian wczesnego średniowiecza. Szczecin, Wrocław 2006, 257–272.

Kóčka-Krenz 2008a
H. Kóčka-Krenz, Die Gemmen von der Dominsel in Posen als Zeugnisse der Kulturkontakte des Staates der Piasten im Frühmittelalter. In: F. Biermann, U. Müller, Th. Terberger (Hrsg.), „Die Dinge beobachten...". Archäologische und historische Forschungen zur frühen Geschichte Nord- und Mitteleuropas. Festschrift für Günter Mangelsdorf zum 60. Geburtstag. Rahden/Westf. 2008, 189–197.

Kóčka-Krenz 2008b
H. Kóčka-Krenz (Hrsg.), Poznań we wczesnym średniowieczu Bd. VI. Poznań 2008.

Kóčka-Krenz 2010
H. Kóčka-Krenz, Pre-Romanesque Palatial Chapel in Poznań, Quaestiones Medii Aevi Novae Bd. 15, 2010, 221–239.

Kóčka-Krenz 2012a
H. Kóčka-Krenz, On Ostrów Island, nearby which today's Poznań is located… Poznań 2012.

Kóčka-Krenz 2012b
H. Kóčka-Krenz (Hrsg.), Poznań we wczesnym średniowieczu Bd. VII. Poznań 2012.

Kóčka-Krenz u. a. 2004
H. Kóčka-Krenz, M. Kara, D. Makowiecki, The beginnings, development and the character of the early Piast stronghold in Poznań. In: P. Urbańczyk (Hrsg.), Polish Lands at the Turn of the First and the Second Millennia. Warsaw 2004, 125–166.

Kurnatowska 1989–90
Z. Kurnatowska, Archeologiczne świadectwa o najstarszych grobowcach w katedrze poznańskiej. Roczniki Historyczne LV–LVI; 1989–90, 71–84.

Kurnatowska 2001
Z. Kurnatowska, Jeszcze raz o grobowcach poznańskich. In: D. Zydorek (Hrsg.), Scriptura custos memoriae. Poznań 2001, 503–510.

Kurnatowska 2002
Z. Kurnatowska, Początki Polski. Poznań 2002.

Kurnatowska/Kara 2004
Z. Kurnatowska, M. Kara, Początki architektury sakralnej na grodzie poznańskim w świetle nowych ustaleń archeologicznych. In: T. Janiak, D. Stryniak (Hrsg.), Początki architektury monumentalnej w Polsce. Gniezno 2004, 47–70.

Kurnatowscy 1996
Z. und S. Kurnatowscy, Znaczenie komunikacji wodnej dla społeczeństw pradziejowych i wczesnośredniowiecznych. In: Z. Kurnatowska (Hrsg.), Słowiańszczyzna w Europie średniowiecznej. Wrocław 1996, 117–123.

Leopold/Schubert 1984
G. Leopold, E. Schubert, Der Dom zu Halberstadt bis zum gotischen Neubau. Berlin 1984.

Maślankiewicz 1983
K. Maślankiewicz, Kamienie szlachetne. Warszawa 1983.

Metz 1996
W. Metz, Die Königshöfe der *Brevium Exempla*. Deutsches Archiv 22, 1966, 598–617.

Oswald 1969
F. Oswald, In medio Ecclesiae. Die Deutung der literarischen Zeugnisse im Lichte archäologischer Funde. Frühmittelalterliche Studien Bd. 3, 1969, 313–326.

Pawlak 2008
P. Pawlak, Relikty wczesnośredniowiecznej przeprawy mostowej na Cybinie w Poznaniu. In: H. Kóčka-Krenz (Hrsg.), Poznań we wczesnym średniowieczu Bd. VI. Poznań 2008, 29–54.

Salier-Katalog 1992
Das Reich der Salier 1024–1125. Katalog zur Ausstellung des Landes Rheinland-Pfalz. [Ausstellung im Historischen Museum der Pfalz, vom 23. März bis 21. Juni 1992]. Sigmaringen 1992.

Schulze-Dörrlamm 1995
M. Schulze-Dörrlamm, Bestattungen in den Kirchen Grossmährens und Böhmens während des 9. und 10. Jahrhunderts. Jahrbuch des Römisch-Germanischen Zentralmuseums Mainz Bd. 40, 1993 (1995), 557–621.

Skibiński 2001
S. Skibiński, Katedra poznańska. Poznań 2001.

Skubiszewski 2001
P. Skubiszewski, Katedra w Polsce około roku 1000. In: S. Skibiński (Hrsg.), Polska na przełomie I i II tysiąclecia. Poznań 2001, 139–196.

Wawrzyniak 2005
P. Wawrzyniak, Badania wykopaliskowe wczesnośredniowiecznych umocnień wałowych przy ul. ks. Ignacego Posadzego nr 5 na Ostrowie Tumskim w Poznaniu w latach 2001–2004. In: H. Kóčka-Krenz (Hrsg.), Poznań we wczesnym średniowieczu Bd. V. Poznań 2005, 91–110.

Kulturtransfer und Sozialgeschichte

„Eine größere Anhäufung von Hügeln, von denen man oft eine weite Sicht in die Umgebung und auf die Ostssee hat, trifft man südlich von Statene Huse, kleinere Hügelgruppen auf einer Kuppe in Seenähe südwestlich von Hesselbjerg und auf einer Landzunge südlich vom Tryggelev Nor an." (ANER/KERSTEN 1977, 177)

„Tryggelev Nor"
Hans Sperschneider (1928–1995), 1984. 328 x 446 cm

T. GÄDEKE, Hans Sperschneider. Bilder von Nord- und Ostsee 1956-1995. Katalog und Werkverzeichnis der Druckgraphik II. Schleswig-Holsteinisches Landesmuseum 1997. Kat.-Nr. 486. Der Druck erfolgt mit freundlicher Genehmigung des Schleswig-Holsteinischen Landesmuseums, Schloss Gottorf, Schleswig.

Flint in Grab und Siedlung – Die Bedeutung von Feuerstein in Spätneolithikum und älterer Bronzezeit

von Julia Goldhammer

Während des Neolithikums nahm Flint als Rohmaterial für Grabbeigaben einen wichtigen Stellenwert ein. Flintbeile werden in Norddeutschland bzw. Südskandinavien bis ins späte Jungneolithikum regelhaft beigegeben, ebenso Meißel, Klingen, Abschläge oder Pfeilspitzen aus Flint.[1] Ab dem Spätneolithikum ist eine deutliche Begrenzung des Beigabenspektrums festzustellen. Regelmäßig tritt nun der Flintdolch als Leitform im Grab auf. Nur selten sind weitere lithische Beigaben wie Pfeilspitzen oder Klingen überliefert, die gemeinsam mit Bernsteinperlen und unverzierten Bechern auftreten. Selten sind auch Flintbeil oder K-Axt mit dem Dolch assoziiert.[2]

In Periode I der Nordischen Bronzezeit stellt der Flintdolch weiterhin die charakteristische Grabbeigabe dar[3], die zumeist mit steinernen Pfeilspitzen, Schieferanhängern, Bernsteinperlen sowie bronzenen Randleistenbeilen, Dolchen und Lanzenspitzen vergesellschaftet ist.[4] Somit wird in der frühesten Bronzezeit die spätneolithische Tradition der Grabbeigabe „Flintdolch" weitergeführt.[5] Ab Periode II scheinen die Flintbeigaben zusätzlich an Bedeutung zu verlieren und die Bronze erlangt den wichtigsten Stellenwert als Grabbeigabe.

Mit diesem tiefgreifenden Wandel in der Beigabenausstattung sind verschiedene Fragestellungen zur sozialen Bedeutung und dem Zugang zu den neu eingeführten Ressourcen verknüpft. Werden also die lithischen Beigaben durch bronzene Beigaben substituiert? Welche Flintgeräte gelangen überhaupt noch in der Älteren Bronzezeit ins Grab? U. Steffgen[6] spricht den flintführenden Gräbern einen geringeren sozialen Status zu. Gibt es darauf eindeutige Hinweise, beispielsweise in der Vergesellschaftung von Flint mit scheinbar geringerwertigen Rohmaterialien – oder einer generell ärmeren Ausstattung der flintführenden Gräber? Oder besitzen die Flintbeigaben einen „alltäglichen" Charakter? Wie repräsentativ sind die lithischen Grabbeigaben für den Alltagsgebrauch von Flintgeräten? Tauchen diese Funde auch im Siedlungskontext auf?

◀ Abb. 1: Modellregion Nord- und Südschleswig. Grau markiert ist der Bereich, der durch die Grabfunddatenbank auf Basis der Aner-Kersten-Willroth-Bände abgedeckt wird, der schwarze Punkt zeigt die Lage der Siedlung Brødrene Gram (verändert nach Aner u. a. 2005, IX).

Die folgenden statistischen Analysen sollen die Unterschiede zwischen Alltag und Totenbrauchtum in Bezug auf die Steingeräte aufzeigen. Um die skizzierten Fragen zu klären, soll auch der Kontext, in dem Flintgeräte in Gräbern auftreten, untersucht werden.

Als Modellregion dient das Gebiet Nord- und Südschleswig (Abb. 1). Die Grabinventare der schleswig-holsteinischen Kreise Schleswig-Flensburg, Rendsburg-Eckernförde (nördlich des Nord-Ostsee-Kanals), Nordfriesland sowie die süddänischen Ämter Haderslev, Tønder, Åbenrå, Sønderborg (heute Sønderjyllands Amt) wurden aus den Aner-Kersten-Willroth-Bänden Nr. 4, 5, 6 und 7 aufgenommen.[7] Diesen Inventaren werden Siedlungsfunde der Modellregion gegenübergestellt.

Methodik

Um Aussagen zum sozialen Status treffen zu können, wurden nicht nur die Gräber mit lithischem Inventar aufgenommen, sondern alle Grabbefunde mit mindestens einer überlieferten Beigabe. Es wurden weiterhin alle Grabbeigaben berücksichtigt, die sicher einem verortbaren Grabhügel zuweisbar sind. Funde, die aus nicht lokalisierbaren Hügeln stammen, wurden ebenso vernachlässigt wie Einzelfunde, die unter Umständen aus

---

1 Hübner 2005, 726–738.
2 Kühn 1979, 16; 23.
3 Willroth 1997, 469.
4 Johansen u.a. 2004, 34.
5 Lomborg 1973, 70. Johansen u. a. 2004, 43. Skak-Nielsen 2009, 349.
6 Steffgen 1997/98, 188.

7 Aner/Kersten 1978; 1979; 1981; 1984.

▶ *Tab. 1: Prozentuale Anteile von Werkstoffen der Grabbeigaben.*

Werkstoff	Anteil
Bronze	59,60%
Gold	8,30%
Flint	6,60%
Keramik	6,20%
Bernstein	6,10%
Holz	5,00%
Wolle	2,20%
Glas	1,50%
Pyrit	1,20%
sonstiges/unbekannt	3,50%

einem Grabkontext stammen könnten. Inventare von Flachgräbern wurden dagegen einbezogen. Da die Grabfunde den Siedlungsfunden gegenübergestellt werden sollten, fielen auch Hort- und Deponierungsfunde weg. Für zukünftige Untersuchungen würde es sich lohnen, auch bei dieser Befundgattung den Gegensatz zwischen lithischen und bronzenen Funden herauszuarbeiten. Die Datenbasis wurde mithilfe verschiedener statistischer Methoden und Tests ausgewertet.

Im Folgenden werden Werkstoffvergesellschaftungen im Grab untersucht und Beigabenindices berechnet, um Hinweise auf eine soziale Gliederung zu erlangen. Außerdem werden die im Grab beigegebenen Artefakttypen aus Flint vorgestellt und mit denen aus der Siedlung Brødrene Gram (Skrydstrup sogn, Haderslev Kommune, Syddanmark, Lage siehe Abb. 1) verglichen. Anhand des Flintmaterials von Brødrene Gram soll geklärt werden, ob diese innerhalb einer Siedlung soziale Unterschiede anzeigen können. Die Siedlung Brødrene Gram weist unterschiedlich große Häuser auf. Hausgrößen werden von T. Earle und K. Kristiansen als Hinweis auf Unterschiede im sozialen Status der Bewohner gedeutet.[8]

Quellenkritik

Zwischen den Funden aus Gräbern und Siedlungen besteht ein grundlegender Unterschied. Objekte, die als Beigaben in Gräber gelangten, wurden von den Hinterbliebenen aktiv ausgewählt. Bei Funden aus Siedlungen handelt es sich meist um Abfälle, zerstörte oder verlorene Objekte, die als Ausschuss aktiv in Abfallgruben entsorgt wurden oder passiv und zufällig in Befunde gelangten. Die Fundgruppen aus Gräbern und Siedlungen sind somit aus der Sachkultur der damaligen Zeit divergent herausgefiltert, keine der beiden Inventargruppen zeigt ein vollständiges Abbild der verwendeten Geräte.[9] Der Schwerpunkt der Datengrundlage liegt auf den älterbronzezeitlichen Gräbern, da die Aner-Kersten-Willroth-Bände die Funde dieser Zeit summarisch erfas-

sen.[10] Trotzdem sind dort teilweise auch spätneolithische Befunde mit aufgeführt, die in geringerer Anzahl diesen Zeitabschnitt vertreten. Die absoluten Anzahlen an Beigabentypen können somit in Bezug auf eine chronologische Entwicklung vom Spätneolithikum zur älteren Bronzezeit nicht verglichen werden. Hinsichtlich des Beigabenspektrums liefern diese dennoch wichtige Anhaltspunkte.

Darüber hinaus wurden die Grabinventare durch unterschiedliche Grabungsmethoden und Grabungsziele nochmals gefiltert. Siedlungen des Spätneolithikums und der Bronzezeit wurden hauptsächlich in jüngerer Zeit entdeckt und untersucht, daher hat hier eine moderne, genaue Grabungstechnik und Dokumentation Anwendung gefunden. Viele Grabhügel hingegen wurden schon im 19. Jahrhundert oder früher ausgegraben, oft zum Zeitvertreib oder mit der Intention, möglichst viele Schätze zu heben. Der Fokus, Bronze- und Goldobjekte zu finden, führte oft dazu, dass unscheinbare, scheinbar wertlose Funde aus Flint oder Keramik nicht beachtet und/oder nicht dokumentiert und archiviert wurden, wie dies bei dem „Feuerschlagstein aus graubraunem Flint, Kanten stark retuschiert […] (nicht inventarisiert)…".[11] geschah. Diese Missachtung von lithischen Funden zieht sich durch die gesamte Geschichte der Bronzezeitforschung. Auch noch im 20. Jahrhundert wurden oft bei unklarer Befundlage lithische Funde der Hügelerde zugeschrieben, während im gleichen Kontext gefundene Bruchstücke von Bronzen hingegen als Grabbeigaben angesehen werden, wie folgendes Beispiel, Nr. 2319, Grabhügel 36 in Keelbek, Kr. Schleswig-Flensburg zeigt:

„Auf der Grundfläche des abgetragenen […] Grabhügels 36 fanden Dr. Karl Kersten und Kaufmann Max Esch […] verstreut auf der Hügelgrundfläche a) zwei herzförmige, graue Flintpfeilspitzen; b) querschneidige, graue Flintpfeilspitze; c) fragmentarische Fibel mit Kreuzkopf, Spiralen aus flachem Draht zu einer Scheibe gehämmert; d) fragmentarischer, konischer Buckel mit schmalen Rippen, von denen die Gegenstände c–d vermutlich zu einem Grab gehörten, die Flintgeräte aber mutmaßlich aus der fortgewehten Hügelerde stammten".[12]

Das zufällige Vorkommen von Flintgeräten im Grabkontext wird sehr häufig angenommen, wie folgende Zitate beispielhaft belegen:

„Auf dem Bodenpflaster fanden sich […] zwei Rundschaber aus Flint, die vermutlich zufällig in das Grab gelangten".[13] „Einige Flintgeräte […]

---

8 EARLE/KRISTIANSEN 2010, 231–233; 253.
9 EGGERS 1959, 265–266.
10 Mit älterer Bronzezeit werden in diesem Sammelwerk die Perioden I bis III der nordischen Bronzezeit bezeichnet
11 ANER/KERSTEN 1978, 206 Nr. 2538.
12 ANER/KERSTEN 1978, 95 Nr. 2319.
13 ANER/KERSTEN 1979, 71 Nr. 2673.

	Bronze	Flint	Felsgestein	Gold	Zinn	Glas	Bernstein	Keramik	Pyrit	Rötel	Schiefer	Mergel	Versteinerung	Bronze und Gold
Bronze		65	3	103	3	15	35	92	27	1	3	1	3	2
Flint	65		3	14	1	2	16	13	29	0	1	1	0	0
Felsgestein	3	3		2	0	0	1	0	0	1	0	0	0	0
Gold	103	14	2		1	5	10	8	6	0	0	0	0	0
Zinn	3	1	0	1		0	0	0	0	0	1	0	0	0
Glas	15	2	0	5	0		5	4	2	0	0	0	0	0
Bernstein	35	16	1	10	0	5		10	4	0	0	0	2	0
Keramik	92	13	0	8	0	4	10		1	1	1	0	0	0
Pyrit	27	29	0	6	0	2	4	1		0	0	0	0	0
Rötel	1	0	1	0	0	0	0	1	0		0	0	0	0
Schiefer	3	1	0	0	1	0	0	1	0	0		0	0	0
Mergel	1	1	0	0	0	0	0	0	0	0	0		0	0
Versteinerung	3	0	0	0	0	0	2	0	0	0	0	0		0
Bronze und Gold	2	0	0	0	0	0	0	0	0	0	0	0	0	

◄ *Tab. 2: Häufigkeiten der Kombination zweier Werkstoffe (Auftreten in n Gräbern), Analyse nach vorhanden/nicht vorhanden. Dargestellt wurden auch die Häufigkeiten des Auftretens von Kombinationen des gleichen Werkstoffs innerhalb eines Grabes.*

scheinen Zufallsfunde zu sein".[14] „Bei einem Bruchstück einer Flintklinge […], einem Randschaber […] und einem bearbeiteten Flintstück […] handelt es sich wohl um Zufallsfunde".[15] „[…] in derselben Höhe wie die Unterkante des Grabes, 0,25 m von dessen Westrand entfernt, ein fragmentarisches, dicknackiges Flintbeil 2, vermutlich ein Zufallsfund".[16] „Unter den Steinen der Packung fand sich auf der alten Oberfläche eine fragmentarische Pfeilspitze 12 (10873) aus rauchgrauem Flint, nach W. Splieth wahrscheinlich ein Zufallsfund und nicht als Beigabe der Grabes dort deponiert".[17] „Aus der Hügelerde stammt die Hälfte eines Feuerschlagsteins (B 13 722) aus Flint, ein Zufallsfund, […]".[18]

Dieses Forschungsproblem führt zu einer Unterrepräsentanz von Flintartefakten als Grabbeigabe. Weiter gilt es zu bedenken, dass Funde aus Grabhügeln, die nicht bei einer Grabung sondern bei landwirtschaftlichen Arbeiten entdeckt wurden, unter Umständen nicht das vollständige Inventar eines Grabes darstellen. Ebenso wenig sind durch Grabraub gestörte Bestattungen vollständig, und auch bei vollständig erscheinenden Inventaren kann die organische Beigabenkomponente komplett vergangen sein. Trotz dieser Kritik sollen die Inventargruppen aus Siedlung und Grab gegenüber gestellt werden, da sich auch mit dieser schwierigen Datengrundlage Erkenntnisse gewinnen lassen.

Materialanalyse
Grabfunde

In die Datenbank wurden 2399 Grabbefunde aus der oben beschriebenen Region aufgenommen. 2322 davon stammen aus 868 Grabhügeln, 77 aus 57 Flachgräberfeldern. Aus 1271 der Gräber sind insgesamt 3339 Grabbeigaben überliefert. Von Interesse sind nun die Stücke, die von den Verfassern der Aner-Kersten-Willroth-Bände anhand der Lage des Grabes, der Architektur oder bestimmter Beigaben ins Spätneolithikum oder die Ältere Bronzezeit (bis einschließlich Periode III nach Montelius) eingeordnet wurden. Dabei handelt es sich um 2824 Funde aus 1040 Gräbern. Für die Anteile der Rohmaterialien werden diese 2824 Funde unter Berücksichtigung der organischen Materialien ausgewertet. Darauf folgende Analysen lassen die organischen Materialien außen vor, da diese in jedem Grab zu erwarten wären, aber aufgrund der Erhaltungsbedingungen nur aus einem Bruchteil der Bestattungen überliefert wurden.[19] Auch unbekanntes Material bzw. nicht näher ansprechbare Funde entfallen. Somit stehen noch 2516 Funde aus 1040 Grabbefunden zur Verfügung.

Beim Blick auf die Werkstoffe der Grabbeigaben fällt auf, dass über die Hälfte der Objekte, nämlich 59,6 % aus Bronze gefertigt sind, zweithäufigster Werkstoff ist Gold, jedoch nur mit 8,3 % vertreten (Tab. 1). Darauf folgen Flint (6,6 %), Keramik (6,2 %), Bernstein (6,1 %) und Holz (5,0 %). Mit einem Anteil von jeweils unter 2,5 % sind Wolle, Glas und Pyrit vertreten. Seltener, mit Anteilen von weniger als 1 % kommen beispielsweise Fell, Leder, Horn, Felsgestein, Knochen, Zinn und Schiefer vor; auch Versteine-

---

14 ANER/KERSTEN 1979, 128 Nr. 2758.
15 ANER/KERSTEN 1979, 160 Nr. 2831.
16 ANER/KERSTEN 1981, 46 Nr. 2966.
17 ANER/KERSTEN 1981, 87 Nr. 3061.
18 ANER/KERSTEN 1984, 73 Nr. 3522.

19 RASSMANN in Vorb.

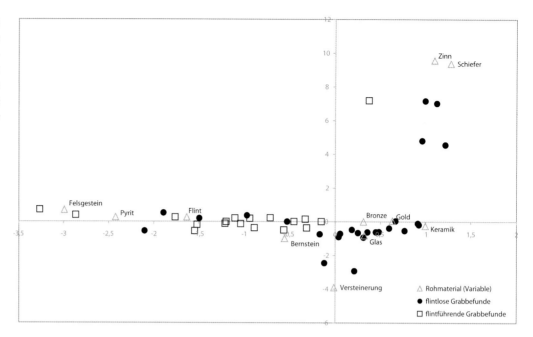

▶ Abb. 2: Streudiagramm einer Korrespondenzanalyse auf der 1. und 2. Hauptachse mit flintführenden (Quadrate) und flintlosen (Punkte) Gräbern. Erstellt mit CAPCA, MADSEN 2007.

rungen, organisches sowie unbekanntes Material fallen darunter. In je zwei Fällen kommen Rötel, die Werkstoffkombinationen Bronze und Gold, Bronze und Holz sowie Zinn und Holz vor, jeweils einmal Pflanzen, Rinde und Mergel.

In den 143 flintführenden Gräbern ist der Werkstoff Flint mit folgenden anderen Werkstoffen kombiniert (Tab. 2, Spalte Flint): 65 mal mit Bronze, 29 mal mit Pyrit. In 16 der Gräber kommt auch Bernstein vor, in 14 Gräbern wurde außer Flint auch Gold, in 13 auch Keramik beigegeben. In 3 Grabbefunden ist Flint mit Felsgestein vergesellschaftet, in 2 Fällen mit Glas. In jeweils einem Grab kommt Flint mit Zinn, Schiefer oder Mergel gemeinsam vor. 59 mal tritt außer Feuerstein kein weiterer Werkstoff auf.

Anhand einer Kombinationstabelle wurden die Werkstoffvergesellschaftungen für alle Bestattungen mit mehr als einer Beigabe dargestellt (Tab. 2). Beigabenlose Gräber spielen so keine Rolle, ebenso fallen Gräber mit nur einer Werkstoffgruppe (756 Bestattungen) aus der Kombinationsanalyse heraus; in die Kombinationsanalyse fließen so 284 Bestattungen ein.

Die Werkstoffe wurden unterteilt in: Flint, Bronze, Felsgestein, Gold, Zinn, Glas, Bernstein, Keramik, Pyrit, Bronze und Gold, Rötel, Schiefer, Mergel, Versteinerung.[20] Analysiert wurden die Werkstoffe nicht nach Häufigkeit in einem Grab, sondern nach Auftreten (vorhanden/nicht vorhanden). Die Kombination Bronze/Gold tritt am häufigsten auf, darauf folgt Bronze/Keramik, danach Bronze/Flint (Tab. 2). Alle übrigen Kombinationen sind sehr viel seltener vorhanden. Flint tritt fast doppelt so häufig mit Bronze auf als Bernstein mit Bronze. Im Untersuchungsgebiet scheint die Materialgattung Flint auf der Grundlage der bisher vorgenommenen Analyse durchaus eine Rolle zu spielen.

In einer Korrespondenzanalyse (CAPCA[21], Abb. 2) der Werkstoffkombinationen von Beigaben wurden die Grabbefunde in flintführende und flintlose Ausstattungen unterteilt. Analysiert wurden die Werkstoffe nach vorhanden/nicht vorhanden im Grab, dabei wurden nur die Gräber mit mindestens zwei Beigaben aus unterschiedlichen Werkstoffen berücksichtigt bzw. Werkstoffe, die in mindestens zwei Gräbern auftreten. Darüber hinaus wurden die Werkstoffe Rötel und Bronze/Gold aus der Analyse ausgeschlossen, da diese als Ausreißer das Diagramm stark verzerrten.[22] Somit standen von 1040 Grabbefunden noch 280 für die Korrespondenzanalyse zur Verfügung.

Die Abbildung der 1. und 2. Hauptachse (Eigenwerte 0,50 und 0,45, Abb. 2) stellt deutliche Unterschiede zwischen den beiden Gruppen dar. Die flintführenden Grabbefunde gruppieren sich um die Variablen Flint, Pyrit und Bernstein, die flintlosen Gräber sind eher bei Bronze, Gold und Keramik zu finden. Flint und Bronze befinden sich in gegenüberliegenden Achsenabschnitten und unterscheiden sich dadurch auffällig. Prüfungen der Punktverteilung, die hier nicht ausführlich dargelegt werden können, ergaben, dass die 1. Hauptachse eine chronologische Komponente enthält, denn: Spätneolithische Befunde liegen lediglich im negativen Bereich der 1. Achse, während sich die bronzezeitlichen Befunde im negativen wie im positiven Bereich gruppieren. Keine der Achsen scheint den Unterschied von Schmuck- und Waffengrab wiederzugeben. Welche weiteren Faktoren außer der Zeitstellung

---

20 Siehe auch MÜLLER 1994, 183–184.

21 MADSEN 2007.

22 Es entfielen Mergel (in nur einem Grab vorhanden), Bronze/Gold, Rötel (in je zwei Gräbern vorhanden).

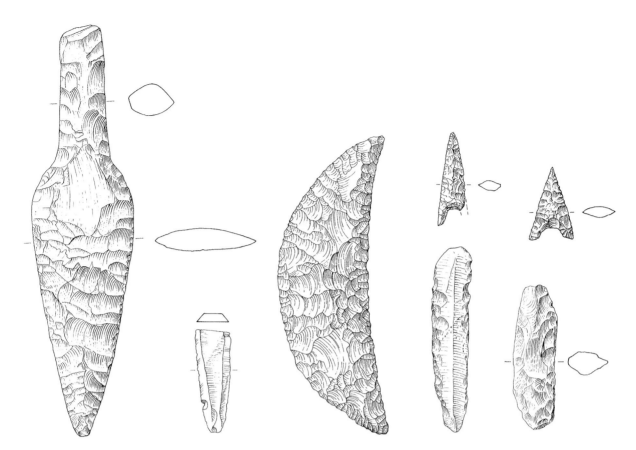

▲ Abb. 3: Beispiele von Grabfunden. Von links nach rechts: Dolch, Nebel (2590 A); Klinge, Archsum (2699); Sichel, Norddorf (2621 I A). Alle nach ANER/KERSTEN 1979; Pfeilspitzen Stursbøl (3501) und Vojensgård (3602 E). Beide nach ANER/KERSTEN 1984; Feuerschlagsteine, Nebel (2592 C) und Kampen (2676 B). Beide nach ANER/KERSTEN 1979. M. 1:1.

des Grabs Einfluss auf die Lage der Punkte hat, bleibt weiteren Analysen vorbehalten, in denen z.B. Funktionsklassen gegeneinander geplottet werden, um der Variationsbreite der Materialien Rechnung zu tragen. Flint als Werkstoff wurde hauptsächlich für die Funktionsklasse Werkzeug, Feuerzeug und Waffe angewandt. Bronze hingegen ist vielseitiger als Werkzeug, Waffe, Körper- und Gewandschmuck, Toilettegerät etc. einsetzbar.

Aufschlussreich ist die Korrespondenzanalyse auf jeden Fall in Bezug auf die Kombinationen der Rohmaterialien. Bronze liegt nahe am Koordinatenursprung – dieser Werkstoff ist im überwiegenden Teil der analysierten Befunde enthalten. Die am weitesten voneinander entfernten Rohmaterialien kommen selten bis gar nicht miteinander vor: Das bedeutet, dass Schiefer und Zinn eher in flintlosen Gräbern auftritt. Nahe beieinander liegende Rohmaterialien treten häufig miteinander auf: z.B. Flint und Pyrit oder Bronze und Gold. Die Korrespondenzanalyse illustriert somit passend die bereits vorgestellte Kombinationstabelle (Tab. 2).

Anders als bei P. Ille dargestellt,[23] kommen durchaus unterschiedliche Flintgerätetypen als Grabbeigabe vor. In seiner Arbeit zum Totenbrauchtum auf den Dänischen Inseln subsumiert er alle Flintartefakte mit Ausnahme der Pfeilspitzen allgemein als „Feuerschlagsteine", da seiner Meinung nach eine „Abgrenzung der Feuerschlagsteine von den anderen Flintbeigaben […] weder vom Material noch von der Form her durchgeführt werden [kann]"[24] betrachtet auch die Flintdolche als „Feuerschlagsteine" und widerspricht einer Nutzung als Dolch, obwohl zahlreiche Stücke bekannt sind, deren Schneide stark genutzt und wiederholt nachgeschärft wurde.[25]

Dieser Beitrag hat nicht den Anspruch, grundlegend zur vieldiskutierten Frage der Funktion von Flintdolchen beizutragen.[26] Die Autorin sieht Dolche jedoch als Mehrzweckwerkzeug[27] und äquivalent zu N. Skak-Nielsen auch als Schlachtgerät mit potentiellem Symbolwert an.[28]

In den Gräbern der Modellregion sind 185 Beigaben aus Flint gefertigt. Dabei handelt es sich hauptsächlich um Dolche (n=80), Feuerschlagsteine (n=48), Pfeilspitzen (n = 22), Klingen (n = 11) und Beile (n = 10). Seltener treten Schaber (n = 5) und Sicheln (n = 4) auf (Abb. 3). Nur als Einzelstücke kommen ein oberflächenretuschiertes Fragment[29], Dicke Spitze[30], Speerspitze[31], Span und Mikrolith (ohne Abbildungen) vor. Beim

---

23 ILLE 1991, 33.
24 ILLE 1991, 33; 34.
25 KÜHN 1979, 40–41. RASSMANN 1993, 19.
26 Zuletzt SKAK-NIELSEN 2009.
27 Verwendet als Schneid- und Trennwerkzeug (was Nachschärfungen, Gebrauchsspurenanalysen (RASSMANN 2003, 119) und Experimente (freundl. mündl. Mitteilung H. Paulsen) belegen sowie Feuerzeug (belegt durch Gebrauchsspuren).
28 SKAK-NIELSEN 2009.
29 ANER/KERSTEN 1981 Taf. 31, 3025 D.
30 ANER/KERSTEN 1984 Taf. 9, 3390.
31 ANER/KERSTEN 1978 Taf. 49, 2412 E.

Span ist die Form unklar, da der Fund nicht korrekt dokumentiert und archiviert wurde, denn „die Funde [des Grabes] gelangten nicht ins Museum"[32]. Ob es sich bei dem Mikrolithen tatsächlich um ein mesolithisches Flintartefakt handelt, kann nicht geklärt werden, da die Beigaben des Grabes verschollen sind.[33]

Die Flintartefakte stammen zum größten Teil aus Grabbefunden, welche in die Ältere Bronzezeit (Periode I–III) eingeordnet werden (140 Objekte), in 30 Fällen stammen die Flintgeräte aus dem Spätneolithikum. 15 Stücke stammen aus Spätneolithikum oder Älterer Bronzezeit.

Für eine Untersuchung der Kombinationen von Flint mit Gerätetypen anderer Rohmaterialien mussten die aufgenommenen Daten gruppiert werden. Um die Anzahl der Gerätetypen überschaubar zu halten, wurden die Beigabenobjekte in 18 Funktionsklassen, angelehnt an Müller und Rassmann[34] wie beispielsweise Gewandschmuck, Toilettegerät, Gefäß etc. zusammengeführt.[35]

In Gräbern mit Flint tritt hauptsächlich Schmuck ohne Lagezuordnung auf (Abb. 4). Hierbei handelt es sich in den meisten Fällen um Bernsteinperlen, aber auch um Bronzeschmuck (z. B. Knöpfe, Draht, Anhänger) und Goldschmuck (z. B. Drahtringe, Spiralröllchen). Darüber hinaus sind zwei Glasperlen und drei Anhänger aus Schiefer und Felsgestein überliefert. Am zweithäufigsten tritt Gewandschmuck auf, der in allen Fällen aus Bronze gefertigt wurde. Danach folgen das Bronzeschwert, Pyritknollen als Bestandteil des Feuerzeugsets, Toilettegeräte aus Bronze, Bronzedolch, Gefäß, Körperschmuck und Messer/Klinge. Seltener kommen Scheidenzubehör, Beil, Werkzeug, Lanze/Speer sowie sonstiges vor. Nur einzeln treten Felsgesteinaxt und Bronzesichel auf. Es sei jedoch darauf hingewiesen, dass selten vorkommende Gerätetypen wie beispielsweise die Bronzesichel aus chronologischen Gründen so spärlich vertreten sind. Bronzesicheln treten erst ab der mittleren Bronzezeit in größeren Mengen auf und sind dann eher in Horten oder als Einzelfunde überliefert.[36]

Die einzelnen Flintgerätetypen sind mit verschiedenen Funktionsklassen vergesellschaftet. Dargestellt werden nun die Kombinationen der drei häufigsten Flintgerätetypen Dolch, Feuerschlagstein und Pfeilspitze mit Funktionsklassen anderer Rohmaterials. Flintdolche treten am häufigsten mit Schmuck ohne Zuordnung auf – dabei handelt es hauptsächlich um Bernsteinperlen (n = 30), in zwei Fällen aber auch um Goldschmuck. Darüber hinaus sind Keramikgefäße (n = 6), Bronzeschwerter (n = 5) und bronzener Gewandschmuck (n = 4) mit Flintdolchen kombiniert. Die Feuerschlagsteine sind mit verschiedensten Funktionsklassen kombiniert, hier sticht wieder als größte Gruppe Schmuck ohne Zuordnung (n = 38) heraus, darauf folgt das Pendant des Feuerzeugsets: die Pyritknolle (n = 27). Fast ebenso häufig tritt Gewandschmuck (n = 24) auf, es folgt Toilettegerät (n = 20), Messer/Klinge aus Bronze (n = 12), Bronzedolch (n = 11) und Körperschmuck (n = 9). Die variantenreichen Kombinationsmöglichkeiten werden durch Beile, Scheidenzubehör, Werkzeug, Lanze und sonstiges ergänzt. Auch Pfeilspitzen (n = 22) sind in den meisten Fällen mit Schmuck ohne Zuordnung (n=10) kombiniert, darauf folgen Gefäße (n = 4) und Toilettegerät (n = 3). Seltener sind Schwert, Feuerzeug, Messer und Dolch.

Im Folgenden soll der Frage nachgegangen werden, ob Flint als Grabbeigabe einem sozial niedrigeren Status zuzuordnen ist oder nicht. Als Grabbeigabe mit hohem Wert wird zumeist Gold[37] oder auch Glas[38] angesehen. Auch Bernstein ist als Anzeiger einer sozialen Stratifizierung nicht ohne Bedeutung.[39] Betrachtet man die Kombinationen mit diesen Beigaben, fällt folgendes auf: Von 143 flintführenden Gräbern enthalten 9,8 % auch Gold, der prozentuale Anteil von flintlosen Gräbern (n = 897), die Gold beinhalten, liegt mit 13,5 % höher. Bei Glas stehen 1,4 % von flintführenden Gräbern den flintlosen Gräbern mit 1,4 % gegenüber. Mit Bernstein kombiniert sind 11,2 % der flintführenden Gräber, deutlich niedriger ist der Anteil bei den flintlosen Gräbern, hier beträgt er lediglich 4,6 %. Eine genauere Aussage zu einer Bedeutung von Flintbeigaben als Indikator für den sozialen Rang lässt sich erst treffen, wenn vorliegende Gräber anhand von Beigabenindices miteinander verglichen werden, wie in einigen Arbeiten zur Sozialstruktur bestimmter

---

32 ANER/KERSTEN 1981, 95–97 Nr. 3079.
33 ANER/KERSTEN 1979, 135–136 Nr. 2770.
34 MÜLLER 1994, 184–185 Anm. 35. RASSMANN in Vorb.
35 1. Schwert (Bronze, Bronze u. Gold), 2. Scheidenzubehör: Ortband, Tüllenband (wird nicht dem Schwert zugeschlagen, kann auch zum Dolch gehören; Bronze), 3. Messer/Klinge (Bronze, Flint), 4. Dolch (Bronze, Flint), 5. Beil (Bronze, Flint), 6. Axt (Bronze, Flint), 7. Sichel (Bronze, Flint), 8. Meißel (Bronze), 9. Lanze/Speer (Bronze, Flint), 10. Pfeilspitze (Flint), 11. Werkzeug: Nähnadel, Pfriemnadel, Säge, Tüllengerät, Schaber, Schleifstein, Glättstein (Bronze, Flint, Felsgestein), 12. Schmuck ohne Zuordnung: Perle, Draht, Buckel, Knopf, Doppelknopf, Anhänger (Bronze, Gold, Bernstein, Glas, Schiefer, Felsgestein), 13. Gewandschmuck: Fibel, Nadel, Gürtelhaken (Bronze, Bronze u. Gold), 14. Körperschmuck: Armring, Halsring, Halskragen, Armband, Fingerring (Bronze, Gold), 15. Feuerzeug: Feuerschlagstein, Pyrit (Flint, Pyrit), 16. Toilettegerät: Pinzette, Rasiermesser, Kamm (Bronze), 17. Gefäß: Gefäß, Becher, Scherbe, Kumpf, Teller (Bronze, Keramik), 18. Sonstiges: Nagel, Niet, Stift, Stab, Pferd (Bronze), Stange (Gold), Span (Flint), Mikrolith (Flint), Spitze (Flint), Webgewicht (Keramik), Klumpen (Mergel), Versteinerung, Rötel, Fragment (Flint, Bronze), Rohbernstein, Schlacke/Schmelzbruchstück (Glas).

36 SOMMERFELD 1994, 177; 299–310; 386–389.
37 PAHLOW 2006, 91–97.
38 JOHANSEN u. a. 2004, 43.
39 RASSMANN in Vorb.

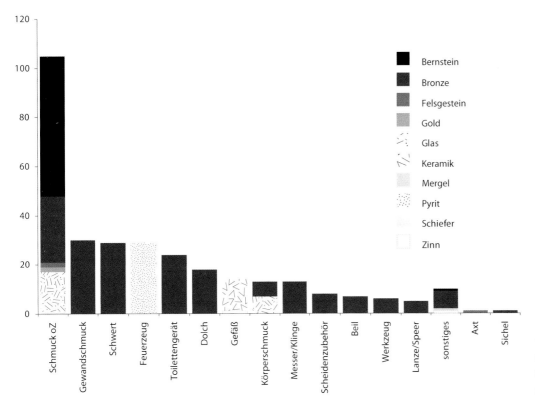

◀ *Abb. 4: Funktionsklassen aus flintführenden Gräbern nach Häufigkeiten und Werkstoff.*

Gesellschaften geschehen.[40] Die hier dargestellte Analyse lehnt sich an die Vorgehensweise von J. Müller[41] an, berücksichtigt jedoch nur die Beigabe an sich. Andere Anhaltspunkte für den sozialen Rang wie beispielsweise der Grabbau[42] wurden nicht einbezogen.

In den hier aufgestellten Beigabenindex fließen folgende Elemente ein: Beigabenanzahl, Typenpluralität, Klassenpluralität und Werkstoffindex. Nicht berücksichtigt werden Wertigkeiten von Werkstoffen sowie ein Seltenheitsindex.[43] Setzt man eine stratifizierte Gesellschaft[44] in der untersuchten Zeit voraus, ist anzunehmen, dass nicht alle Werkstoffe allen gesellschaftlichen Schichten in gleichem Maße zur Verfügung standen. Geht man davon aus, dass Flint im Arbeitsgebiet leicht verfügbar war, würde dieser Rohstoff eine geringe Wertigkeit erhalten, und somit wäre diese Auswertung von vornherein hinfällig, anhand von Beigabenvielfalt und Anzahl Unterschiede zwischen den Bestattungen herauszufiltern. Eine genaue Kenngröße für die Wertigkeiten unterschiedlicher Materialien kann immer nur spekulativ bleiben[45] und wird sich im Laufe der Bronzezeit sicherlich hin und wieder geändert haben. Seltene Beigaben drücken nicht gezwungenermaßen einen hohen Wert aus, daher fällt diese Kategorie weg.

Da die Verwendung der Funktionsklassen für die Berechnung eines Index der Klassenpluralität gut überlegt sein sollte, stellte sich die Frage, ob die Einteilung der oben beschriebenen 18 Klassen nicht zu willkürlich sein könnte. Zum Vergleich wurden 10 neue – gröbere – Klassen gebildet[46] und der Beigabenindex berechnet. Die im Folgenden ausgeführten Analysen und Tests wurden parallel auch für diese 10 Funktionsklassen durchgeführt. Die Ergebnisse unterschieden sich nur marginal von der Berechnung mit 18 Klassen, die somit beibehalten und hier vorgestellt wird.

Die Beigabenzahl ist selbsterklärend. Unter Typenpluralität wird die Anzahl der unterschiedlichen im Grab vorkommenden Typen verstanden, dieser Wert wird durch die Anzahl der Beigaben geteilt. Bei der Klassenpluralität handelt es sich um die Menge der im Grab vorkommenden 18 Funktionsklassen, die weiter oben beschrieben wurden. Der Werkstoffindex beschreibt die Anzahl der unterschiedlichen Werkstoffe, die in einem Grab beigegeben wurden. Für eine vergleichbare Skalierung wurden die erhaltenen Werte auf 100 Einheiten umgerechnet,[47] daraufhin summiert und wiederum auf 100 Einheiten umgerechnet. Somit besitzt das Grab mit der Kombination von höchster Beigabenzahl, variantenreichsten Typen und unterschiedlichsten Werkstoffen den höchsten Indexwert 100 während ein Grab mit wenigen Beigaben, wenigen Typen und wenigen Werkstoffen niedrige Indexwerte erhält. Das Minimum

---

40 GEBÜHR 1986. FREUDENBERG 1989. MÜLLER 1994, 189–191. RASSMANN in Vorb.
41 MÜLLER 1994.
42 Wie bei RASSMANN in Vorb.
43 Anders als FREUDENBERG 1989, 44–45.
44 EARLE/KRISTIANSEN 2010.
45 RASSMANN in Vorb.
46 1. Waffe, 2. Werkzeug, 3. Scheidenzubehör, 4. Schmuck ohne Zuordnung, 5. Gewandschmuck, 6. Körperschmuck, 7. Feuerzeug, 8. Toilettegerät, 9. Gefäß, 10. Sonstiges
47 MÜLLER 1994, 190.

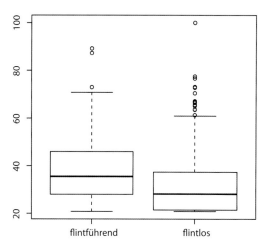

▶ Abb. 5: Boxplot der Beigabenindices flintführender und flintloser Gräber des Spätneolithikums und der älteren Bronzezeit im Arbeitsgebiet (Erstellt mit R DEVELOPMENT CORE TEAM 2011).

▶ Tab. 3: Statistische Werte der Beigabenindices flintführender und flintloser Gräber des Spätneolithikums und der älteren Bronzezeit im Arbeitsgebiet (Erstellt mit R DEVELOPMENT CORE TEAM 2011).

	flintführend	flintlos
Minimum	20,8	20,8
1. Quartil	27,97	21,44
Median	35,52	28,16
Mittelwert	37,53	31,95
3. Quartil	45,94	37,36
Maximum	89,23	100
Standardabw.	14,23	11,25
∑	143	897

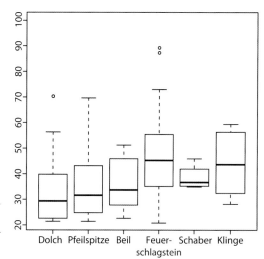

▶ Abb. 6: Boxplots von Beigabenindices flintführender Gräber, nach Flintgerätetypen gruppiert (Erstellt mit R DEVELOPMENT CORE TEAM 2011).

▶ Tab. 4: Prozentuale Anteile der Gruppen Waffen- und Schmuckgrab in flintführenden und flintlosen Gräbern.

	flintlos	flintführend	Summe
Waffengrab	42,5 %	32,9 %	428
Schmuckgrab	31,5 %	16,1 %	306
ohne Zuordnung	26,0 %	51,0 %	306
n	100%= 897	100%=143	1040

ge organische Beigaben, die in der Analyse nicht berücksichtigt wurden.[50]

Die Indexwerte wurden nun in zwei Gruppen (flintführende Gräber und flintlose Gräber) geteilt. Im Boxplot (Abb. 5) und in der Auswertung (Tab. 3) zeigt sich, dass der Beigabenindex bei den flintführenden Gräbern einen höheren Median (35,52) als bei den flintlosen Gräbern (28,16) aufweist.[51] Auch ist die Varianz der Werte bei den flintführenden Gräbern größer, was die Standardabweichung und der Quartilsabstand zeigen. Das Maximum wird allerdings von einem flintlosen Grab erreicht, die Minima sind in beiden Gruppen gleich.

Um zu klären, ob der Unterschied zwischen flintführenden und flintlosen Gräbern signifikant ist, wurde der Mann-Whitney U-Test durchgeführt. Dieser nichtparametrische Test war nötig, da beide Gruppen nicht normalverteilt sind[52] und keine Varianzhomogenität aufweisen. Mit $p = 2{,}02 \cdot 10^{-6}$ müssen die Unterschiede zwischen den Gruppen als signifikant angesehen werden (Tests berechnet mit PAST[53]). Welche Schlüsse sind nun aus diesem Ergebnis zu ziehen? Flint kann nicht, wie von Steffgen[54] angenommen, mit einem geringeren sozialen Status verknüpft werden. Flintbeigaben treten in reich bis arm ausgestatteten Gräbern in einem weiten Spektrum, vergesellschaftet mit den unterschiedlichsten Werkstoffen, auf.

Flint war – besonders in Form von Feuerschlagstein und Dolch ein wichtiger Bestandteil der persönlichen Ausrüstung, auch als Beigabe sozial höherrangiger Personen. Dies wird bei der Betrachtung der Boxplots von Beigabenindices flintführender Gräber deutlich, die nach Flintgerätetypen gruppiert wurden (Abb. 6). Der Median der Feuerschlagsteine liegt mit 45,3 am höchsten, während der Median von Klinge, Schaber, Beil und Pfeilspitze geringer ist. Den geringsten Medianwert weist der Dolch mit 29,4 auf, liegt damit aber noch höher als der Median der flintlosen Gräber (28,2). Der ähnlich hohe Median von Klinge und Feuerschlagstein könnte dahingehend interpretiert werden, dass die beigegebenen Klingen die gleiche Funktion wie der Feuerschlagstein inne hatte. Allerdings sind Klingen nie mit Pyrit vergesellschaftet, hingegen 27 der 48 Feuerschlagsteine. Die Feuerzeugfunktion des Rohmaterials Flint scheint evtl. eine andere Rolle zu spielen als die Funktion „Werkzeug mit scharfer Schneidenkante". Komplexer wird die Situation dadurch, dass Flintdolche für beide Funktionen

liegt bei 20,8, dabei handelt es sich z. B. um ein Grab mit zwei Keramikgefäßen[48] oder ein Grab mit nur einer Bronzenadel[49]. Das einzige Grab mit Indexwert 100 vereint ein Bronzeschwert mit einem Goldarmring, 27 goldenen Spiralröllchen, einer Bronzenadel, zwei Bronzemessern, einer Bronzefibel und einem Keramikgefäß sowie eini-

---

48 Aner/Kersten 1979, 44 Nr. 2617_27-G.
49 Aner/Kersten 1979, 170 Nr. 2851_26a-Q.

50 Aner/Kersten 1984, 56 Nr. 3487_91.
51 R Development Core Team 2011.
52 Die Shapiro-Wilk-Tests für beide Gruppen mit $p = 6{,}19 \cdot 10^{-8}$ und $p = 4{,}53 \cdot 10^{-28}$ zeigten, dass sich die Verteilung der Werte signifikant von der Gauß-Kurve unterscheidet.
53 Hammer u. a. 2001.
54 Steffgen 1997/98, 188.

Flintgeräte	gesamt	SN	N-ÄBZ	SN-ÄBZ	ÄBZ (Periode I bis III)	Periode I	Periode II	Periode III	Summe Perioden I-III
Dolch	80	27	0	2	51	5	2	1	8
Feuerschlagstein	48	0	0	0	48	1	17	15	33
Pfeilspitze	22	2	0	1	19	0	7	1	8
Klinge	11	1	6	0	4	0	0	0	0
Beil	10	0	3	3	4	0	4	0	4
Schaber	5	0	0	0	5	0	1	2	3
Sichel	4	0	0	0	4	1	0	2	3
Dicke Spitze	1	0	0	0	1	0	1	0	1
Speer	1	0	0	0	1	0	0	0	0
Span	1	0	0	0	1	0	0	1	1
Fragment	1	0	0	0	1	0	0	0	0
Mikrolith	1	0	0	0	1	0	0	0	0
	185	30	9	6	140	7	32	28	61

▲ *Tab. 5: Chronologische Verteilung der analysierten Grabfunde aus Flint (Per. I–III sind in der Spalte ÄBZ enthalten).*

genutzt wurden, was nachgeschärfte Dolche mit Feuerzeug-Gebrauchsspuren am Griff zeigen. In der Modellregion treten 3 Flintdolche gemeinsam mit Pyrit im Grab auf.

Zur Ergänzung werden weiterhin noch Verteilungsmuster in den beiden Grabgruppen Waffengrab und Schmuckgrab untersucht. Diese beiden Gruppen weisen deutliche Diskrepanzen auf: die Waffengräber zeichnen sich durch die Beigaben Waffen, etwas Schmuck, Werkzeug und Toilettegeräte aus, die Schmuckgräber dagegen sind fast ausschließlich mit Schmuck ausgestattet. Die Waffengräber werden in der Forschung zumeist männlichen Individuen zugeordnet, Schmuckgräber werden als weiblich angesehen.[55] Kommt Feuerstein in beiden Gräbergruppen gleichermaßen vor oder gibt es unterschiedliche Verknüpfungen des Werkstoffs mit mutmaßlich männlich oder weiblichen Bestatteten?

Zur Unterscheidung von Waffen- und Schmuckgräbern wurden folgende Definitionen festgelegt, die aufgrund der Datenlage leicht von den bisher verwendeten[56] abweichen: Waffengräber beinhalten eine der folgenden Beigaben: Schwert, Beil, Lanze, Pfeilspitze.[57] Dolche werden nicht als Waffe gezählt, da über ihre Nutzung weiterhin diskutiert wird.[58] Schmuckgräber weisen kein Schwert, Beil, Lanze, Pfeilspitze auf, sie beinhalten auch keine Toilettegeräte, die häufig mit Waffen auftreten.[59] Alle übrigen Gräber, die in keine der beiden Kategorien passen, müssen ohne Zuordnung entfallen (Tab. 4). Die flintführenden Gräber sind zur Hälfte keiner Kategorie zuweisbar. Die andere Hälfte teilt sich in 32,9 % Waffengräber und 16,1 % Schmuckgräber auf. Das heißt der Anteil der Waffengräber mit Flint ist doppelt so hoch wie der Anteil an Schmuckgräbern mit Flint.

Die Aussagen zur Verteilung einzelner Flintgerätetypen auf Waffen- oder Schmuckgräber ist jedoch eingeschränkt, da sich von 143 flintführenden Gräbern nur rund die Hälfte (n = 79) einer der beiden Gruppen Waffen- (n = 56) bzw. Schmuckgrab (n = 23) zuordnen lässt. Pfeilspitzen und Beile treten nur in Waffengräbern auf, da diese Artefakttypen ausschlaggebend für die Zuordnung zum Waffengrab sind. Feuerschlagsteine sind in 19 Waffen- aber nur in 10 Schmuckgräbern vertreten, Dolche treten in 11 Waffen- und 9 Schmuckgräbern auf. Hier ist der Anteil an Gräbern, die nicht zugeordnet werden können, mit 49 Stück extrem hoch. Die übrigen Artefakttypen treten nur in Einzelstücken in einer der beiden Grabgruppen auf.

Daraus ist zu folgern, dass zwar der Anteil an Flint in Waffengräbern höher als in Schmuckgräbern ist, allerdings wurden durchaus auch in Schmuckgräbern Feuersteinartefakte beigegeben, wenn auch nur bestimmte Typen wie Dolche und Feuerschlagsteine. Interessant in Bezug auf die Feuerschlagsteine ist, dass die dazu gehörigen Pyritknollen in einem ähnlichen Verhältnis auftreten: 14 Knollen in Waffengräbern, 7 dagegen in Schmuckgräbern. Das Mitgeben eines Feuerzeugsets ist somit in beiden Grabgruppen üblich.

Die Sitte, Flint im Grab beizugeben, besteht bis ans Ende der Periode III der Nordischen Bronzezeit und darüber hinaus, dann jedoch zumeist nur in Form von Feuerschlagsteinen. Eine hochauflösende chronologische Betrachtung stellt sich mittels der gewählten Datengrundlage als schwierig heraus, da von 140 Objekten, die in die Ältere Bronzezeit (Periode I–III) datiert wurden, lediglich 61 Stücke einer bestimmten Periode der Nordischen Bronzezeit zugewiesen sind (Tab. 5). Die Objekte, die auf Periode I, II und III entfallen, können somit aufgrund der geringen Anzahl nicht als repräsentativ angesehen werden. Daher

---

55 Zimmermann 1988, 61. Johansen u. a. 2004, 43.
56 Zimmermann 1988, 61.
57 Wie bei Zimmermann 1988, 61.
58 Skak-Nielsen 2009.
59 Abweichend von Zimmermann 1988, 61.

Tab. 6: Flintartefaktinventar der Siedlung Brødrene Gram.

	Brødrene Gram
Produktionsabfälle - Summe	407
Abschlag	343
Abspliss	29
Artifizieller Trümmer	12
Kerne/Stück mit Abschlagsnegativ	18
Klingenförmiger Abschlag	5
Standardisierte Geräte - Summe	15
Schaber	7
Projektil	2
Bohrer	5
Flintsichel (Bruchstück)	1
Ad-hoc-Geräte - Summe	8
Abschlag mit Lateral- oder/und Terminalretusche	2
Abschlag mit Gebrauchsretusche	6
Gesamtsumme	430

Tab. 7: Artefaktmengen pro Hauskontext in Brødrene Gram.

Kontext	n
Haus I	94
Haus II	101
Haus III	7
Haus IV	87
Haus V	104

soll darauf nicht näher eingegangen werden. Ein Vergleich zwischen den Anteilen der spätneolithischen mit denen der bronzezeitlichen Grabbeigaben ist ebenso schwierig, da nur die spätneolithischen Funde in die Datenbank gelangten, die in den Aner-Kersten-Willroth-Bänden verzeichnet sind. In den Bänden wurden vornehmlich älterbronzezeitliche Funde sowie spätneolithische Metallfunde zusammengestellt, was zu der Annahme führt, dass spätneolithische Flintartefakte, die nicht mit Metallfunden vergesellschaftet waren, unterrepräsentiert sind. Im Spätneolithikum wurden trichterbecherzeitliche Megalithgräber sowie jungneolithische Grabhügel nachgenutzt.[60] Darüber hinaus existierten auch spätneolithische Flachgräber.[61]

Nach K.-H. Willroth[62] tritt in Spätneolithikum und Periode I häufig der Flintdolch als Beigabe auf, allerdings sind die Grabkontexte von 43 Flintdolchen nicht genauer als „Ältere Bronzezeit" datiert. Der Feuerschlagstein wird als charakteristische Beigabe der Periode II angesehen[63], der jedoch auch in Periode III gehäuft auftritt. Diese Beobachtung ist in Tab. 5 wiederzufinden, allerdings sind auch hier 15 Exemplare nicht genauer datierbar als „Ältere Bronzezeit". Die Nutzung der Feuerschlagsteine ist auch noch später für die Römische Kaiserzeit und Völkerwanderungszeit belegt. Feuerschlagsteine aus länglichen, annähernd unbearbeiteten Flintknollen wurden auch in den ersten nachchristlichen Jahrhunderten in Urnen beigegeben.[64]

Als Fazit für die Untersuchung der Grabfunde ist zu konstatieren, dass aufgrund von Materialfiltern einige Probleme für die Datengrundlage bestehen. Diese Filter basieren z. B. auf der Auswahl der Grabbeigaben in prähistorischer Zeit, die nicht das ganze genutzte Gerätespektrum widerspiegeln, auf der Fokussierung auf Metallfunde bei Altgrabungen, auf ungenügende Dokumentation oder auch die Tatsache, dass Flintfunde im Grabkontext in vielen Fällen nicht als Grabbeigabe sondern als „Zufallsfunde" betrachtet wurden.

Wie dargestellt, scheint die Flintbeigabe unabhängig von sozialem Status und Geschlecht niedergelegt zu werden. Keinesfalls kann bestätigt werden, dass Flint nur niedrig gestellten Personen ins Grab gegeben wird, der Medianwert der Beigabenindices flintführender Gräber liegt höher als der flintloser Gräber (Abb. 6). Der geringe Anteil flintführender Gräber (n = 143) gegenüber flintlosen Gräbern (n = 897) spricht für eine besondere Praxis, die bei der Bestattung weniger Personen angewandt wird. Selbst bei Berücksichtigung des Umstands, dass viele Flintbeigaben nicht dokumentiert worden sein mögen, wird der Anteil flintführender Gräber nie die Anzahl der flintlosen erreicht haben. Vermutlich müssen andere Faktoren als Status und Geschlecht bei der Interpretation berücksichtigt werden. Im Falle von Flint wären konservativ contra modern vorstellbar.[65]

Vergleich mit Siedlungsfunden

Unterschiede zwischen Totenbrauchtum und Alltag können nur skizziert werden, wenn Beigaben mit Siedlungsfunden verglichen werden. Wie schon oben angeführt, bestehen jedoch von vornherein durch Quellenfilter Gegensätze in den Inventaren. Während die Grabbeigaben aktiv ausgewählt wurden, gelangten im Siedlungskontext die Funde passiv – also durch Zufall, Defekt oder Ausrangieren - in den Boden.

Anhand der Siedlung Brødrene Gram soll beispielhaft das Spektrum der Flinttypen dargestellt werden, die in Häusern der älteren bis mittleren Bronzezeit und des Spätneolithikums der hier dargestellten Modellregion vorkommen können. Der Fundplatz Brødrene Gram war vom Spätneolithikum bis zur mittleren Bronzezeit besie-

---

60 Kühn 1979, 17–18.
61 Kühn 1979, 19.
62 Willroth 1997, 469.
63 Willroth 1997, 471.

64 Paulsen 1976, 113.
65 Freundl. mündl. Mitteilung A. Zimmermann.

delt. Die Bandbreite der Geräte entspricht der anderer spätneolithischer und bronzezeitlicher Siedlungen im Arbeitsgebiet.[66] Die Siedlung Brødrene Gram liegt im Skrydstrup sogn, im Süden der Stadt Vojens in Süddänemark am Übergang von der Geest zur Jungmoräne. Im Jahr 1993 konnten unter einem Grabhügel Befunde eines dreischiffigen, 30,5 m langen Hauses freigelegt werden. Im Umfeld dieses Hauses wurden bei der folgenden Untersuchung vier weitere Hausgrundrisse aufgefunden.[67] Bei diesen handelt es sich um ein Wandgräbchenhaus sowie zwei weitere dreischiffige Häuser, von denen sich eines mit seiner Länge von 50 m deutlich von den Übrigen abhebt. Direkt südlich dieses langen Hauses wurden Pfosten und eine Grube eines fünften Hauses mit eingetieftem Fußboden beobachtet, welches dem Spätneolithikum zugeordnet wird.[68] Das lithische Inventar Brødrene Grams setzt sich aus 430 Flintartefakten und 46 Felsgesteinartefakten zusammen, die Funde aus der Hügelfüllung wurden hierbei nicht mit einbezogen (Tab. 6). Die Flintartefakte stammen zum größten Teil (n = 393) aus den Hausbefunden, zu einem Viertel (n = 104) aus dem spätneolithischen Haus (Tab. 7).

Den größten Anteil an Artefakten machen die Produktionsabfälle mit 407 Stücken aus, deren mit Abstand größte Gruppe die unmodifizierten Abschläge sind. An Geräten wurden lediglich 23 Exemplare überliefert. Am häufigsten sind Schaber (n = 7) und Abschläge mit Gebrauchsretuschen (n = 6) vertreten. Seltener sind Bohrer (n = 5), Abschläge mit Lateral- und/oder Terminalretusche (n=2) sowie Projektile (n = 2), lediglich als Bruchstück wurde eine einzelne Flintsichel überliefert.

In der ausgewerteten Siedlung fehlen Flintdolch und Feuerschlagstein. Diese beiden Artefakttypen kommen auch in anderen bronzezeitlichen Siedlungen[69] nicht oder nur als Einzelstücke vor. Dies zeigt den deutlichen Unterschied der überlieferten Gerätetypen zwischen Siedlung und Grab. Ins Grab gelangten hauptsächlich nur besondere Stücke bzw. die persönliche Ausrüstung wie Waffen, Allzweckgeräte und Feuerzeuge. Einfach produzierte Objekte oder schnell verbrauchte, alltägliche Stücke wie z. B. Schaber, aber auch Produktionsabfälle gelangten nur in den seltensten Fällen ins Grab.

Geht man davon aus, dass die Größe des Gebäudes IV von Brødrene Gram einen besonderen Status seiner Bewohner ausdrücken soll, wäre gegebenenfalls ein Unterschied im Artefaktspektrum dieses Hauses im Gegensatz zu den anderen, kleineren Häusern zu erwarten. Mengenmäßig entspricht die Anzahl der Flintartefakte denen der übrigen Häuser, wobei hier Haus III etwas zurücktritt und damit eine Ausnahme darstellt (Tab. 7).

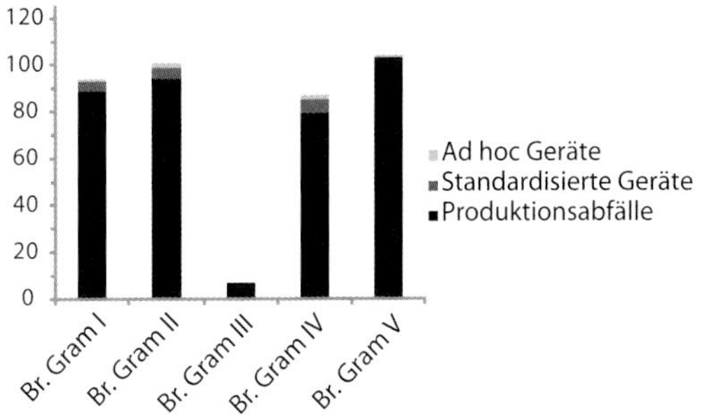

Die Anteile von standardisierten und Ad-hoc-Geräten im Vergleich zu Abfallprodukten (wie unmodifizierte Abschläge, klingenförmige Abschläge, Kerne) sind in allen Hausbefunden extrem niedrig (Abb. 7). In allen Hauskontexten[70] mit mehr als 10 Artefakten liegt der Anteil an Geräten zwischen 1,0 und 9,2 %. Auffallend ist das Fehlen standardisierter Geräte im spätneolithischen Haus V. In den bronzezeitlichen Hauskontexten[71] hingegen liegt der Anteil dieser Gerätegruppe zwischen 4,3 und 6,9 %.

Hinweise auf gut ausgebildete, spezialisierte Flinthandwerker, die an einem Fundplatz produziert haben, können Vorarbeiten oder Abfallprodukte von Geräten nach bifaziellem Herstellungskonzept geben. Auch die Produktion von Klingen erfordert ein gewisses Know-how und kann durch Klingenkerne oder Klingenrohformen angezeigt werden. Aus Brødrene Gram sind nur wenige Artefakte mit Attributen der bifaziellen Herstellungstechnologie überliefert. Es handelt sich je Haus um 0 bis 4 Exemplare. Man muss annehmen, dass die zwei oberflächenretuschierten Pfeilspitzen und das Bruchstück einer Flintsichel aus Brødrene Gram nicht in der Siedlung, sondern an anderer Stelle hergestellt wurden, da sonstige Produktionsabfälle der bifaziellen Produktion nur in äußerst geringer Zahl (8 Abschläge mit Merkmalen bifazieller Produktion) vorhanden sind. Bei einer regelhaften Herstellung solcher Produkte vor Ort müssten mehr Abfälle vorhanden sein.[72]

Interessant ist, dass das Sichelbruchstück sowie eine Pfeilspitze (Abb. 8) aus dem großen Haus IV stammt. Die zweite Pfeilspitze wurde im Haus II geborgen. Ein besonderer Status kann anhand dieser Einzelstücke jedoch nicht festgemacht werden.

Weder in den spätneolithisch noch bronzezeitlich datierten Befunden wurden klare Anzeichen von Klingentechnologie nachgewiesen. Es gibt nur fünf klingenförmige Abschläge, die jedoch

◀ *Abb. 7: Beispiel Brødrene Gram, Anteil an Geräten und Abfallprodukten je Hauskontext. Haus I bis IV datieren in die Ältere Bronzezeit, Haus V ins Spätneolithikum.*

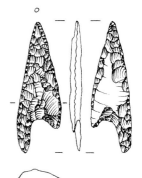

▼ *Abb. 8: Pfeilspitze aus Brødrene Gram, Haus IV. Zeichnung: B. Gehlen, M. 1:1.*

---

66 GOLDHAMMER in Vorb. b.
67 ETHELBERG 1994, 2–3; 2000, 204 Abb. 35.
68 ETHELBERG 2000, 192–194.
69 GOLDHAMMER in Vorb. b.
70 Alle einem Haus zugeordneten Befunde werden zu einem „Hauskontext" zusammengeschlossen.
71 Mit mehr als 10 Artefakten.
72 ARNOLD 1979. MASTALER 1990. ERIKSEN 2008, 304.

nicht mit den Klingen des Mesolithikums oder des Früh- oder Mittelneolithikums vergleichbar und als Zufallsprodukte anzusprechen sind.

Zu resümieren ist, dass sich anhand des lithischen Fundgutes keine Sonderstellung des großen Hauses IV von Brødrene Gram herausarbeiten lässt. Das Fundspektrum entspricht dem, welches in den anderen Häusern sowie anderen älterbronzezeitlichen Siedlungen ebenso vorkommt.[73] Allerdings konnte gezeigt werden, dass sich die Flintartefakttypen, die aus Siedlungsbefunden stammen, eklatant von den in Gräbern niedergelegten Objekten unterscheiden. Dies lässt sich durch die unterschiedlichen Filter erklären, welche zum Spektrum der auf uns gekommenen Funde führten.[74] In den Siedlungen sind Abfälle einfacher Herstellung aufzufinden. Die spezialisierte Herstellung von bifaziellen Geräten wie Dolchen und Sicheln konnte an den untersuchten Fundplätzen nicht nachgewiesen werden. Auch wurden besondere Objekte wie Dolche, Feuerschlagsteine in der Modellregion selten bis nie in der Siedlung entsorgt – auch wenn sie täglich genutzt worden sein mögen.

Zusammenfassung

Aus Gräbern sind andere Flintobjekte als aus den Siedlungen überliefert. Ins Grab gelangten besondere Objekte wie die Flintdolche, welche von Spezialisten hergestellt wurden. Bestandteile der persönlichen Ausrüstung wie Feuerschlagsteine sind ebenfalls zum Großteil nur aus Gräbern überliefert. In den Siedlungsbefunden finden wir lediglich Abfälle von Herstellung und Nutzung einfacher Geräte, unabsichtlich verlorene Stücke oder Bruchstücke besonderer Objekte.

Flintgeräte treten nur in einem Bruchteil der untersuchten Gräber auf. Analysiert wurden Grabbefunde aus den Aner-Kersten-Willroth-Bänden der Region Nord- und Südschleswig. Diese mussten ins Spätneolithikum oder in die Ältere Bronzezeit (Periode I–III) eingeordnet sein. 2516 Funden aus 1040 Gräbern wurden ausgewertet, dabei handelt es sich nur bei 185 Funden um Flintartefakte, die aus 143 Grabbefunden stammen. In diesen Gräbern ist Flint in der Hälfte der Fälle mit Bronze vergesellschaftet, bei 20 % mit Pyrit. Es wird deutlich, dass Flint eine geringere Variationsbreite in der Anwendbarkeit hat als Bronze, die nicht nur in Werkzeuge und Waffen sondern auch zu Schmuckgegenständen verarbeitet wurde, und so den Feuerstein als wichtigste Grabbeigabe verdrängen kann. Flint wird jedoch nicht gänzlich als Rohmaterial aufgegeben, was an einer wichtigen Eigenschaft des Materials liegen mag: in Verbindung mit Pyrit kann Flint als Feuerzeug genutzt werden. Darüber hinaus ist Flint in der Modellregion leicht zugänglich und daher von jedem für einfache Geräte nutzbar. Umgeformt in besondere Objekte erfährt der Feuerstein jedoch auch eine gewisse Wertschätzung von den Personen, die der Tradition verbunden sind und Flint als Werkstoff würdigen.

Auch in den Niederlanden beobachtete A. L. van Gijn[75], dass Flint am Übergang zur Älteren Bronzezeit als Grabbeigabe an Bedeutung verliert. Allerdings wurden in einigen, teilweise reich ausgestatteten Gräbern wiederverwendete, ältere Typen beigegeben, was van Gijn als Hinweis auf den Bezug zu den Vorfahren im Bestattungsritus wertet: „Flint tools were part of […] ancestral technology. In this light, the 'scavenging' of flint tools dating to an earlier period may actually be a purposeful act, aimed at the appropriation of objects that are linked to the ancestors".[76] Obwohl Flint seine Glanzzeit hinter sich hat, spielt der Werkstoff auch in der Älteren Nordischen Bronzezeit in vielen gesellschaftlichen Bereichen eine Rolle, sei es als einfaches Gerät in der Siedlung, Pfeileinsatz für Jagd und Krieg, unverzichtbares Feuerzeug, als ein von Spezialisten gefertigter, qualitätvoller Dolch oder als Grabbeigabe als Ausdruck von Traditionsverbundenheit und Hinwendung zu den Ahnen.

Danksagung

Danke an Georg Schafferer für die Durchsicht und Korrektur des Manuskripts, an Constanze Rassmann für den Einblick in ein unveröffentlichtes Manuskript sowie hilfreiche Anmerkungen, an Prof. Dr. Andreas Zimmermann, Kai Lohbeck, Dr. Ben Krause-Kyora und Dr. Tobias Goldhammer für Hinweise und Kommentare sowie Tim Grünewald für die Hilfe bei der Aufnahme eines Teils der Grabfunde.

Literatur

Aner/Kersten 1978
E. Aner, K. Kersten, Südschleswig-Ost. Die Kreise Schleswig-Flensburg und Rendsburg-Eckernförde (nördlich des Nord-Ostsee-Kanals). Bearbeitet von K. Kersten. Die Funde der älteren Bronzezeit des nordischen Kreises in Dänemark, Schleswig-Holstein und Niedersachsen 4. Neumünster 1978.

Aner/Kersten 1979
E. Aner, K. Kersten, Südschleswig-West. Nordfriesland. Bearbeitet von K. Kersten. Die Funde der älteren Bronzezeit des nordischen Kreises in Dänemark, Schleswig-Holstein und Niedersachsen 5. Neumünster 1979.

Aner/Kersten 1981
E. Aner, K. Kersten, Nordslesvig – Syd. Tønder, Åbenrå und Sønderborg Amter. Bearbeitet von K. Kersten, mit Beiträgen von H. Neumann. Die Funde der älteren Bronzezeit des nordischen Kreises in Dänemark, Schleswig-

---

73 Goldhammer in Vorb. a.
74 Eggers 1959, 265–266.
75 van Gijn 2010a, 210.
76 van Gijn 2010a, 211.

Holstein und Niedersachsen 6. Neumünster 1981.

Aner/Kersten 1984

E. Aner, K. Kersten, Nordslesvig – Nord. Haderslev Amt. Bearbeitet von K. Kersten, mit Beiträgen von H. Neumann. Die Funde der älteren Bronzezeit des nordischen Kreises in Dänemark, Schleswig-Holstein und Niedersachsen 7. Neumünster 1984.

Aner u. a. 2005

E. Aner, K. Kersten, K.-H. Willroth, Kreis Rendsburg-Eckernförde (südlich des Nord-Ostsee-Kanals) und die kreisfreien Städte Kiel und Neumünster. Bearbeitet von K. Kersten und K-H. Willroth, mit einem Beitrag von B. Zich. Die Funde der älteren Bronzezeit des nordischen Kreises in Dänemark, Schleswig-Holstein und Niedersachsen 19. Neumünster 2005.

Arnold 1979

V. Arnold, Tegelbarg, eine spätneolithische Ostsee-Küstenstation und ihre Flinttechnik. Diss. Univ. Köln 1979.

Earle/Kristiansen 2010

T. Earle, K. Kristiansen, Organising Bronze Age societies: Concluding thoughts In: T. Earle, K. Kristiansen (Hrsg.), Organizing Bronze Age societies. The Mediterranean, Central Europe & Scandinavia compared. Cambridge 2010, 218–256.

Eggers 1959

T. Jaeger, C. Krauskopf (Hrsg.), H.-J. Eggers, Einführung in die Vorgeschichte [München 1959]. Berlin 2004.

Eriksen 2008

B. V. Eriksen, Dynamic technological analysis of Bronze Age lithics. A tribute to an unconventional archaeologist. In: Z. Sulgostowska, A. J. Tomaszewski (Hrsg.), Man – millenia – environment, studies in honor of Romuald Schild. Warszawa 2008, 301–306.

Ethelberg 1994

P. Ethelberg, Beretning Brd. Gram sb. 18, Skrydstrup sogn, Jour. nr. 2957, Haderslev Museum 1993/94. Unpublizierter Grabungsbericht. Haderslev 1994.

Ethelberg 2000

P. Ethelberg, Bronzealderen. In: P. Ethelberg, E. Jørgensen, D. Meier, D. Robinson (Hrsg.), Det sønderjyske landbrugs historie - Sten- og Bronzealder. Haderslev 2000, 135–280.

Freudenberg 1989

M. Freudenberg, Studien zu vertikalen sozialen Strukturen - Eine Analyse der Grabfunde der jüngeren Bronzezeit in Dänemark. BAR International Series 524. Oxford 1989.

Gebühr 1986

M. Gebühr, Ursachen für den „Siedlungsabbruch" auf Fünen im 5. Jahrhundert n. Chr. Studien zu Voraussetzungen und Motiven für Wanderbewegungen im westlichen Ostseegebiet. Ungedruckte Habilitationsschrift, Universität Hamburg 1986.

Goldhammer in Vorb. a

J. Goldhammer, Das lithische Inventar des Fundplatzes Brekendorf (Kr. Rendsburg-Eckernförde, Schleswig-Holstein). In: K.-H. Willroth (Hrsg.), Siedlungen der älteren Bronzezeit. Tagungsband des Workshops in Sankelmark, April 2011. In Vorbereitung.

Goldhammer in Vorb. b

J. Goldhammer, Studien zu den Steinartefakten der Bronzezeit - Siedlungsinventare aus Nord- und Südschleswig im Vergleich. Dissertation Univ. Göttingen. In Vorbereitung.

Hammer u. a. 2001

Ø. Hammer, D. A. T. Harper, P. D. Ryan, PAST: Paleontological statistics software package for education and data analysis. Palaeontologia Electronica 4:1, 2001, 1–9. http://palaeo-electronica.org/2001_1/past/issue1_01.htm.

Hübner 2005

E. Hübner, Jungneolithische Gräber auf der Jütischen Halbinsel - Typologische und chronologische Studien zur Einzelgrabkultur. Nordiske Fortidsminder Serie B, Bd. 24. København 2005.

Ille 1991

P. Ille, Totenbrauchtum auf den dänischen Inseln. Internationale Archäologie 2. Buch am Erlbach 1991.

Johansen u. a. 2004

K. L. Johansen, S. T. Laursen, M. K. Holst, Spatial patterns of social organization in the early Bronze Age of South Scandinavia. Journal of Anthropological Archaeology 23, 2004, 33–55.

Kühn 1979

H. Kühn, Das Spätneolithikum in Schleswig-Holstein. Offa Bd. 40. Neumünster 1979.

Lomborg 1973

E. Lomborg, Die Flintdolche Dänemarks - Studien über Chronologie und Kulturbeziehungen des südskandinavischen Spätneolithikums. København 1973.

Madsen 2007

T. Madsen, Multivariate Data Analysis with PCA, CA and MS. http://www.archaeoinfo.dk/2007.

Mastaler 1990

W. Mastaler, Ein Flintschlagplatz der älteren Bronzezeit bei Bellin, Kreis Güstrow. Informationen des Bezirksarbeitskreises für Ur- und Frühgeschichte 30. Schwerin 1990, 11–19.

Müller 1994

J. Müller, Zur sozialen Gliederung der Nachbestattungsgemeinschaft vom Magdalenenberg bei Villingen. Praehistorische Zeitschrift 69, 1994, 175–221.

Pahlow 2006

M. Pahlow, Gold der Bronzezeit in Schleswig-Holstein. Universitätsforschungen zur Prähistorischen Archäologie 137. Bonn 2006.

Paulsen 1976

H. Paulsen, Die vorgeschichtlichen Feuerzeuge in Schleswig-Holstein. Die Heimat 83, 1976, 108–113.

Rassmann 1993

K. Rassmann, Spätneolithikum und frühe Bronzezeit im Flachland zwischen Elbe und Oder. Beiträge zur Ur- und Frühgeschichte Mecklenburg-Vorpommerns 28. Lübstorf 1993.

Rassmann in Vorb.

C. Rassmann, Bernstein in der Älteren Nordischen Bronzezeit. In: K. Fuchs, J. Schroeter, J. Müller (Hrsg.), Soziale Praxis und Prestige. In Vorbereitung.

R Development Core Team 2011

R: A Language and environment for statistical computing. R Foundation for Statistical Computing. Wien 2011.

SKAK-NIELSEN 2009
   N. V. Skak-Nielsen, Flint and metal daggers in Scandinavia and other parts of Europe. A re-interpretation of their function in the late Neolithic and early Copper and Bronze Age. Antiquity 83, 2009, 349–358.

SOMMERFELD 1994
   C. Sommerfeld, Gerätegeld Sichel - Studien zur monetären Struktur bronzezeitlicher Horte im nördlichen Mitteleuropa. Vorgeschichtliche Forschungen 19. Berlin 1994.

STEFFGEN 1997/98
   U. Steffgen, Die Gräber der frühen und älteren Bronzezeit in Schleswig-Holstein und Dänemark - Studien zu Grabbau und Grabeinrichtung. Offa 54/55, 1997/1998, 97–219.

VAN GIJN 2010a
   A. L. van Gijn, Flint in focus: Lithic biographies in the neolithic and bronze age. Leiden 2010.

VAN GIJN 2010b
   A. L. van Gijn, Not at all obsolete! The use of flint in the Bronze Age Netherlands. In: B. V. Eriksen (Hrsg.), Lithic technology in metal using societies - Proceedings of a UISPP Workshop, Lisbon, September 2006. Jutland Archaeological Society Publications 67. Århus 2010, 45–60.

WILLROTH 1997
   K.-H. Willroth, Prunkbeil oder Stoßwaffe, Pfriem oder Tätowierstift, Tüllengerät oder Treibstachel? Anmerkungen zu einigen Metallobjekten der älteren nordischen Bronzezeit. In: C. Becker, M.-L. Dunkelmann, C. Metzner-Nebelsick, H. Peter-Röcher, M. Roeder, B. Teržan (Hrsg.), Χρόνος - Beiträger zur prähistorischen Archäologie zwischen Nord- und Südosteuropa. Festschrift für Bernhard Hänsel. Internationale Archäologie, Studia honoraria Band 1. Espelkamp 1997, 469–495.

ZIMMERMANN 1988
   U. Zimmermann, Nordeuropa während der älteren Bronzezeit. Arbeiten zur Urgeschichte des Menschen 12. Frankfurt/M. 1988.

Häuptlinge oder freie Bauern? – Versuch einer quantitativen Auswertung bronzezeitlicher Schwerter der Perioden II und III in Dänemark und Schleswig-Holstein[1]

von Jan-Heinrich Bunnefeld

Vor einigen Jahren veröffentlichte der Jubilar einen Artikel, in dem er sich kritisch mit gängigen Vorstellungen zur sozialen Gliederung im nordischen Kreis der Bronzezeit auseinandersetzt.[2] Ein holistischer Ansatz mit einer Auswertung von siedlungsarchäologischen Befunden, Grabfunden und demographischen Schätzungen führte dazu, die starke soziale Gliederung, die immer wieder vor dem Hintergrund der zahlreichen Grabbeigaben und sozialanthropologischer Modelle postuliert wird,[3] in Frage zu stellen. Stattdessen wird ein weniger stratifiziertes Bild der Gesellschaft und der bestatteten Männer als freie Bauern und Schwertträger entworfen: „Im Hügel war der Bauer mit seiner Familie bestattet. Er war als freier Mann, als Besitzer eines Hofes auch Schwertträger und ließ sich auch so im Tod darstellen."[4] Dadurch ist gleichzeitig aber nicht auszuschließen, dass es führende gesellschaftliche Kräfte gab, die in weiträumige Kommunikationsnetze eingebunden waren, Ressourcen kontrollierten und Funktionen im Kult übernahmen.

Der vorliegende Artikel soll an diese Überlegungen anknüpfen und dabei speziell die häufig als Statussymbole von „chiefs" interpretierten Schwerter und Dolche ins Blickfeld rücken. Im ersten Teil wird mithilfe einer überregionalen quantitativen Auswertung der Schwerter versucht, einen Anhaltspunkt zu gewinnen, wie viele Menschen ein Schwert getragen haben bzw. eines besessen haben könnten. Sofern nicht anders vermerkt, soll der Begriff „Schwerter" von nun an ebenfalls die Dolche mit einschließen. Dazu müssen die demographischen Verhältnisse der nordischen Bronzezeit nochmal einer kritischen Revision unterzogen werden. Im zweiten Teil werden die Gräber von vier beispielhaften Siedlungskammern (Vamdrup, Ribe Amt; Egtved, Vejle Amt; Flintbek, Kr. Rendsburg-Eckernförde; Gönnebek, Ldkr. Segeberg) ausgewertet, um die gewonnenen Zahlen auf der Mikroebene zu überprüfen und zu bewerten. Anschließend wird diskutiert, wie sich das Ergebnis in gängige Theorien zur sozialen Gliederung einfügen und deuten lässt.

Anzahl der Schwerter im überregionalem Kontext

Um eine Datengrundlage zu schaffen, soll zuerst die Anzahl bronzezeitlicher Schwerter in den Perioden II und III in Dänemark und Schleswig-Holstein ausgewertet werden. Selbstverständlich sind diese Überlegungen nicht als exakte Berechnungen, sondern eher als begründete Schätzungen – abhängig von einer Vielzahl von Parametern – zu verstehen; mögliche regionale und chronologische Differenzierungen können dabei leider nicht ausreichend berücksichtigt werden. Gleichwohl wird versucht, eine Vorstellung des quantitativen Verhältnisses von Menschen und Schwertern zu gewinnen, um eine Diskussionsgrundlage zu schaffen.

Insgesamt sind aus Dänemark und Schleswig-Holstein mindestens 1.057 Schwerter, 491 Dolche und 88 unbestimmte Fragmente der Periode II sowie 1.040 Schwerter, 366 Dolche und 46 unbestimmte Fragmente der Periode III bekannt (Tab. 1).[5]

Bei einer Fläche von zusammen 58.897 km² für Dänemark und Schleswig-Holstein[6] kommt man somit auf 35,6 Schwerter und 14,6 Dolche pro 1.000 km².[7]

Grundlegend für das weitere Vorgehen muss zunächst der Prozentsatz der uns überlieferten an den früher vorhandenen Schwertern (S) geschätzt

---

1 Dieser Artikel beruht auf Arbeiten im Rahmen des großzügigerweise von der Deutschen Forschungsgemeinschaft geförderten Projekts „Technische Untersuchungen an älterbronzezeitlichen Vollgriffschwertern aus Dänemark und Schleswig-Holstein", das von Prof. Dr. K.-H. Willroth geleitet wird. Für die kritische Durchsicht des Manuskripts möchte ich Dr. V. Becker (Münster), S. Kriesch M. A. (Göttingen) und Prof. Dr. D. Mischka (Erlangen) danken.
2 Willroth 1999.
3 U. a. Randsborg 1974. Kristiansen 1984; 2012. Kristiansen/Larsson 2005. Jensen 2006, insb. 220–227.
4 Willroth 1999, 60.
5 Als Schwert wird hier ein Objekt definiert, das ohne integrierten Griff(-teil) mindestens 30 cm, mit integriertem Griff(-teil) mindestens 35 cm lang ist. Die Objektzahlen beruhen auf einer Auswertung der bislang erschienenen Bände der Reihe „Die Funde der älteren Bronzezeit des nordischen Kreises in Dänemark, Schleswig-Holstein und Niedersachsen" begründet von E. Aner und K. Kersten (Neumünster) und Manuskripten zu noch nicht erschienenen Bänden für die Ämter Aarhus, Skanderborg, Randers, Ålborg, Hjørring und die Kreise Herzogtum Lauenburg, Ostholstein, Pinneberg, Plön und Stormarn sowie die Freie und Hansestadt Hamburg. Weiterhin wurden die Arbeiten von H. Ottenjann (1969) und I. von Quillfeldt (1995) berücksichtigt. Hinzu kommen einige unpublizierte Funde und Neufunde von Vollgriffschwertern, die ich während meiner Materialaufnahme im Archäologischen Landesmuseum Schleswig, Moesgård Museum, Roskilde Museum und Nationalmuseum Kopenhagen studieren konnte. Für die großzügige Unterstützung möchte ich mich herzlich bedanken.
6 Flächenangaben auf den offiziellen Webseiten: www.denmark.dk und www.schleswig-holstein.de (Stand 19.02.2012).
7 Vgl. Schwertdichte verschiedener Regionen bei Harding 2000, 280 Tab. 8.1.

Schwert-/Dolchart	Periode II				Periode III			
	Schleswig-Holstein und Hamburg	Dänisches Festland	Dänische Inseln	Summe	Schleswig-Holstein und Hamburg	Dänisches Festland	Dänische Inseln	Summe
„Bronzeschwert"	3	9	5	17	3	11	14	28
Schwerter mit organischem Griff	130	272	140	542	175	528	167	870
Nordische Vollgriffschwerter	81	129	90	300	20	59	19	98
Sonstige Vollgriffschwerter	2	6	1	9	1	1	0	2
Achtkantschwerter	25	62	39	126	-	-	-	-
Schwertklingenfragmente	12	34	17	63	7	25	10	42
„Bronzedolch"	9	8	5	22	6	5	5	16
Dolche mit organischem Griff	73	187	96	356	62	175	83	320
Nordische Vollgriffdolche	23	39	19	81	1	18	4	23
Sonstige Vollgriffdolche	8	5	1	14	0	3	0	3
Dolchklingenfragmente	3	10	5	18	1	1	2	4
Unbestimmte Klingenfragmente	18	20	13	51	7	21	7	35
Knäufe	10	25	2	37	3	7	1	11
Summe	397	806	433	1636	286	854	312	1452

▲ *Tab. 1: Anzahl der Schwerter bzw. Dolche in den einzelnen Regionen und Perioden. Für diese Tabelle wurden die sog. Scheibengriffschwerter und Rahmengriffschwerter zu den nordischen Vollgriffschwertern gezählt.*

werden. Hierfür ist zum einen der Umgang der bronzezeitlichen Menschen mit den Schwertern entscheidend. Insbesondere stellt sich die Frage, ob alle Schwerter in der Regel in Gräbern bzw. als Horte[8] deponiert wurden oder ob eine relevante Anzahl am Ende ihrer Objektbiographie wieder eingeschmolzen wurde. Zum anderen sind diverse Quellenfilter (Grabraub[9], landwirtschaftliche Nutzung usw.), die die Überlieferung der allgemein vor allem in Gräbern gefundenen Schwerter betreffen, zu bedenken. Primär ist aber der Anteil der uns bekannten Grabhügel am früheren Gesamtbestand entscheidend. Eine durchschnittliche Zahl von Bestatteten oder Schwertern pro Hügel zu ermitteln, fällt aufgrund der häufig unsicheren Fundumstände schwer. Oft sind mehrere Bestattete und gelegentlich auch mehrere Schwerter pro Hügel bekannt. K. Kristiansen geht davon aus, dass vor dem Beginn entsprechender Aufzeichnungen an der Wende vom 18. zum 19. Jahrhundert nur in Ausnahmefällen eine systematische Zerstörung von Grabhügeln stattgefunden hat und sie auch nicht regelhaft beraubt wurden.[10] Seitdem wurden aus rund 10 % aller bekannten Grabhügel Funde geborgen.[11] Das wiederum bedeutet, dass wir – vorausgesetzt das Verhältnis von Grabhügeln und Schwertern unterliegt allgemein einer Gleichverteilung – maximal rund 10 % der früher vorhandenen Schwerter kennen können. J. Jensen dagegen schätzt, dass schon zuvor durch eine intensive landwirtschaftliche Nutzung vor allem auf den dänischen Inseln und in Ostjütland viele Grabhügel zerstört wurden.[12] Resümierend und unter Berücksichtigung eingeschmolzener Schwerter kann man die Hypothese aufstellen, dass uns insgesamt zwischen 1 % und 3 %, maximal aber rund 10 % der früher vorhandenen Schwerter (S) bekannt sind.

Die durchschnittliche Nutzungsdauer (N) eines Schwertes wird für die folgende Kalkulation auf eine Spanne zwischen minimal 10 und maximal 50 Jahren festgelegt. Ausschlaggebend ist hierfür die Möglichkeit einer Vererbung der Schwerter.[13]

Für die Periode II kann man nach aktuellen Modellrechnungen anhand von ^{14}C-Datierungen eine Zeitdauer von etwa 170 Jahren und für die Periode III von etwa 230 Jahren annehmen.[14]

Nun soll auf Grundlage der Anzahl von früher vorhandenen Schwertern (S) und ihrer durchschnittlichen Nutzungsdauer (N) ermittelt werden, wie hoch die Anzahl der gleichzeitig genutzten Schwerter und Dolche (A) durchschnittlich während der Periode II bzw. III (t) war:[15]

$$A = \frac{S \times N}{t}$$

Die folgende Tabelle gibt die Ergebnisse unter Berücksichtigung verschiedener Prämissen wieder (Tab. 2), so dass eine Vergleichsmöglichkeit gegeben ist. Die unbestimmten Fragmente werden nicht weiter berücksichtigt. Die Zahlen für die gleichzeitig genutzten Objekte reichen

---

8 Dazu sind auch sichere Einzelfunde, sog. Einstückhorte, zu zählen; vgl. WILLROTH 1985.

9 Siehe zum Beispiel das geplünderte Baumsarggrab aus dem Storehøj bei Barde, Westjütland, das bei der Auffindung eine Schwertscheide, aber kein Schwert mehr enthielt (JENSEN 2006, 190). Zum Grabraub in der älteren Bronzezeit siehe auch RANDSBORG 1998.

10 KRISTIANSEN 1985, 116–119.

11 KRISTIANSEN 1985, 121–124.

12 JENSEN 2006, 145–147.

13 Zur Funktion und Bedeutung siehe BUNNEFELD 2012.

14 OLSEN u. a. 2011, 271–272 insb. Tab. 4. HORNSTRUP u. a. 2012, insb. 48 Tab. 1.

15 Zugrunde liegt die bekannte Formel zur Berechnung der Größe der Lebendpopulation von Gräberfeldern; siehe ACSÁDI/NEMESKÉRI 1970, 65–66. Der dort angeführte Korrekturfaktor als Ausgleich für einen migrationsbedingten Bevölkerungsschwund kann hier ignoriert werden.

Schwerter Per. II					
Durchschnittliche Nutzungsdauer / Prozent uns bekannter Schwerter an der Gesamtzahl		10%	5%	3%	1%
10 Jahre	Anzahl gleichzeitig genutzter Schwerter	622	1244	2071	6218
	% min - max	0,2 - 0,5%	0,4 - 1,1%	0,7 - 1,8%	2,1 - 5,3%
20 Jahre	Anzahl gleichzeitig genutzter Schwerter	1244	2488	4142	12436
	% min - max	0,4 - 1,1%	0,8 - 2,1%	1,4 - 3,5%	4,2 - 10,6%
50 Jahre	Anzahl gleichzeitig genutzter Schwerter	3109	6218	10352	31088
	% min - max	1,1 - 2,6%	2,1 - 5,3%	3,5 - 8,8%	10,6 - 26,4%
Dolche Per. II					
Durchschnittliche Nutzungsdauer / Prozent uns bekannter Dolche an der Gesamtzahl		10%	5%	3%	1%
10 Jahre	Anzahl gleichzeitig genutzter Dolche	289	578	962	2888
	% min - max	0,1 - 0,2%	0,2 - 0,5%	0,3 - 0,8%	1,0 - 2,5%
20 Jahre	Anzahl gleichzeitig genutzter Dolche	578	1156	1924	5777
	% min - max	0,2 - 0,5%	0,4 - 1,0%	0,7 - 1,6%	2,0 - 4,9%
50 Jahre	Anzahl gleichzeitig genutzter Dolche	1444	2888	4809	14441
	% min - max	0,5 - 1,2%	1,0 - 2,5%	1,6 - 4,1%	4,9 - 12,3%
Schwerter Per. III					
Durchschnittliche Nutzungsdauer / Prozent uns bekannter Schwerter an der Gesamtzahl		10%	5%	3%	1%
10 Jahre	Anzahl gleichzeitig genutzter Schwerter	452	904	1506	4522
	% min - max	0,2 - 0,4%	0,3 - 0,8%	0,5 - 1,3%	1,5 - 3,8%
20 Jahre	Anzahl gleichzeitig genutzter Schwerter	904	1808	3012	9044
	% min - max	0,3 - 0,8%	0,6 - 1,5%	1,0 - 2,6%	3,1 - 7,7%
50 Jahre	Anzahl gleichzeitig genutzter Schwerter	2261	4522	7529	22609
	% min - max	0,8 - 1,9%	1,5 - 3,8%	2,6 - 6,4%	7,7 - 19,2%
Dolche Per. III					
Durchschnittliche Nutzungsdauer / Prozent uns bekannter Dolche an der Gesamtzahl		10%	5%	3%	1%
10 Jahre	Anzahl gleichzeitig genutzter Dolche	159	318	530	1591
	% min - max	0,1 - 0,1%	0,1 - 0,3%	0,2 - 0,5%	0,5 - 1,4%
20 Jahre	Anzahl gleichzeitig genutzter Dolche	318	636	1060	3182
	% min - max	0,1 - 0,3%	0,2 - 0,5%	0,4 - 0,9%	1,1 - 2,7%
50 Jahre	Anzahl gleichzeitig genutzter Dolche	796	1592	2650	7957
	% min - max	0,3 - 0,7%	0,5 - 1,4%	0,9 - 2,2%	2,7 - 6,8%

▲ *Tab. 2: Hochgerechnete gleichzeitig genutzte Schwerter bzw. Dolche und Anteil der Bevölkerung mit Schwert bzw. Dolch (% min: bei 294.485 Einwohnern; % max: bei 117.794 Einwohnern) unter Berücksichtigung verschiedener Prämissen.*

von etwa 600 bis 31.000 Schwertern und 290 bis 14.400 Dolchen in Periode II bzw. etwa 450 bis 22.600 Schwertern und 160 bis 8.000 Dolchen in Periode III.

Um die gleichzeitig genutzten Schwerter und Dolche in ein Verhältnis zur bronzezeitlichen Bevölkerung setzen zu können, werden in einem kurzen Exkurs verschiedene Ansätze zu den demographischen Verhältnissen der nordischen Bronzezeit betrachtet.

Kristiansen berechnet von den erhaltenen Grabhügeln ausgehend, dass – vorausgesetzt alle Männer wurden in diesen beigesetzt – die Gesamtbevölkerung von Seeland bei 10.000 bis 14.000 Menschen (je nach geschätztem Anteil der erhaltenen Hügel) gelegen haben wird. Da er aber mutmaßt, dass nur Männer von hohem sozialen Rang in Grabhügeln bestattet wurden, kommt er je nach Einschätzung dieses Anteils auf 26.000 bis 35.000 Menschen bei 40 % bzw. 53.000 bis 70.000 Menschen bei 20 % in Hügeln begrabenen Männern. Dies entspricht bei 40 % Bestatteten einer Bevölkerungsdichte auf Seeland von 4,5 bis 6 Personen pro km².[16]

Einen anderen Ausgangspunkt wählt J. Poulsen, der nicht die Anzahl der Befunde, sondern den Energiebedarf einer sechsköpfigen Durchschnittsfamilie, ihre Ernährungsstrategie und die Tragfähigkeit einer Siedlungskammer betrachtet. Dabei kommt er zu dem Ergebnis, dass diese Familie bei einer angenommenen Gemischtwirtschaft aus Ackerbau und Viehzucht je nach Bodengüte zwischen 49 und 162 ha Land benötigte, was eine Bevölkerungsdichte zwischen 1,9 und 6,4 Personen pro km² ermöglicht. Ein passender Wert scheint ihm für Dänemark eine Bevölkerungszahl von 200.000 Personen, d. h. etwa 5 Personen pro km², zu sein.[17]

---

16 Kristiansen 1985, 125–126. Man kann kritisch einwenden, dass vermeintlich in den Gräbern fehlende Frauen und Kinder (s. u.) recht schematisch hinzugezählt werden; wenn man aber mit Jensen (2006, 145–147) annimmt, dass im Laufe der Zeit doch mehr Hügel zerstört worden sind als Kristiansen vermutet, wird dies kompensiert.

17 Poulsen 1983, insb. 155–157.

Dieses Ergebnis liegt somit in derselben Größenordnung wie Kristiansens Schätzung bei 40 % bestatteter Männer und zeigt gleichzeitig, dass es offenbar keine ausreichende Subsistenzgrundlage für allzu große nicht in den Gräbern repräsentierte Bevölkerungsschichten gegeben hat. Demzufolge sind wohl mindestens 40 % der Männer in den Grabhügeln beigesetzt worden. Wenn man somit eine durchschnittliche Dichte von 5 Personen pro km² annimmt, hatten Schleswig-Holstein und Dänemark in der Bronzezeit zusammen etwa 295.000 Einwohner.

In einer neueren Studie gelangen K. P. Wendt u. a. am Beispiel des westdeutschen Rheinlands zu weitaus niedrigeren Bevölkerungsdichten als häufig für vorstaatliche Gesellschaften angenommen werden. So nennen sie als „globale" Bevölkerungsdichte für das Rheinland in der vorrömischen Eisenzeit 1,2 bis 2,31 Personen pro km², wobei siedlungsleere und -arme Gebiete einberechnet sind.[18] Das Vorhandensein solcher siedlungsleeren Räume auch in günstigen Lagen zu berücksichtigen, sei besonders wichtig.[19] Wenn man, um eine Dänemark und Schleswig-Holstein annähernd vergleichbare Datengrundlage zu erhalten, die besonders ungünstigen Mittelgebirgsräume und günstigen Lössböden ausklammert, kommt man für das Niederrheinische Tiefland auf 0,93 bis 1,87 Personen pro km².[20]

Auch das bronzezeitliche Dänemark war offenbar unregelmäßig dicht und nicht flächendeckend aufgesiedelt; einige Regionen, wie beispielsweise das Innere Seelands, zeigen nur eine sehr dünne Besiedlung.[21] Deshalb ist zu überlegen, ob die von Kristiansen und Poulsen favorisierten Bevölkerungsdichten nicht etwas zu hoch angesetzt sind. Poulsens Schlüsse lassen durchaus die Möglichkeit einer niedrigeren Bevölkerungszahl zu, da er selber andeutet, dass die maximale Tragfähigkeit des Naturraums nicht notwendigerweise ausgereizt wurde.[22] Wenn man Kristiansens erste Schätzung ohne Einbeziehung hypothetischer Bevölkerungsteile von 10.000 bis 14.000 Einwohnern für Seeland umrechnet, kommt man auf etwa 1,5 bis 2 Personen pro km². In diesem Fall ist es außerdem nicht mehr notwendig, eine breite und in den Quellen in keiner Weise fassbare „Unterschicht" zu konstruieren; dies ist nicht zuletzt methodisch fragwürdig. In der Regel werden die Grabhügel unkritisch und wie selbstverständlich als Bestattungsplätze einer herausgehobenen Bevölkerungsschicht interpretiert. Eine mehr oder weniger breite untergeordnete Bevölkerungsschicht soll demnach nicht in den Gräbern vertreten sein.[23] Einzelne Forscher haben diese These aber bereits deutlich kritisiert.[24] Zur Vorsicht hinsichtlich vermeintlich fehlender Frauenbestattungen oder „ärmer" ausgestatteter Gräber mahnen insbesondere neuere Ausgrabungen, die demonstrieren, dass bei den zahlreichen Altgrabungen viele Gräber ohne Metallbeigaben übersehen oder nicht hinreichend datiert wurden (z. B. Flintbek, Ldkr. Rendsburg-Eckernförde, s. u.). Ein „Kinderdefizit" wird in der archäologischen Forschung in verschiedenen Epochen und Regionen beobachtet, ist aber kaum mit schichtspezifischen Bestattungssitten zu erklären.[25] Bei einer „globalen" Bevölkerungsdichte von 2 Personen pro km² hatten Schleswig-Holstein und Dänemark zusammen knapp 120.000 Einwohner.

Abschließend werden nun die gleichzeitig genutzten Schwerter und Dolche in ein Verhältnis zur Bevölkerungszahl gesetzt (Tab. 2). Die Spannbreite dabei liegt zwischen minimal knapp 120.000 Einwohnern (Bevölkerungsdichte von 2 Personen pro km²) und maximal rund 295.000 Einwohnern (Bevölkerungsdichte von 5 Personen pro km²). Wie oben gezeigt, kennen wir *maximal* 10 % der ehemals vorhandenen Schwerter; ein Anteil zwischen 1 % und 3 % ist wahrscheinlicher. Bei einem Anteil von 3 % bekannter Schwerter sowie einer durchschnittlichen Nutzungsdauer von 20 Jahren hätten demnach in Periode II bei rund 120.000 bzw. 295.000 Einwohnern 1–4 % der Bevölkerung – d. h. etwa 5–12 % der erwachsenen Männer[26] – ein Schwert gehabt. Bei einem Anteil von 1 % steigert sich der Anteil auf 4–11 % – d. h. ungefähr 14–35 % der erwachsenen Männer. In Periode III gehen die Anteile etwas zurück. Die nicht geschlechtsspezifischen Dolche sind diesem Modell zufolge seltener. Bei einem Anteil von 3 % bekannter Dolche und einer durchschnittlichen Nutzungsdauer von 20 Jahren hätten 1–3 %, bei einem Anteil von 1 % aber 3–8 % der Bevölkerung einen Dolch gehabt. Die folgenden Beispiele deuten aber etwas anderes an.[27]

Anzahl der Schwerter in ausgewählten Siedlungskammern

Im Folgenden werden die oben erzielten Schätzungen auf der Mikroebene auf ihre Stichhaltigkeit überprüft. Als Beispiel dienen vier ver-

---

18 WENDT u. a. 2010, 228–265; 264 Tab. 18.
19 ZIMMERMANN u. a. 2009.
20 WENDT u. a. 2010, 228–235.
21 JENSEN 2006, 104–109. HOLST/RASMUSSEN 2013, 101–102.
22 POULSEN 1983, 156–157.

23 RANDSBORG 1974, 45–47; 60. KRISTIANSEN 1984; 1985, 125–126; 2012, 381–385. JENSEN 2006, 220–222.
24 WILLROTH 1999, 50–62. GESCHWINDE 2000, 162–163. JOHANSEN u. a. 2004.
25 Siehe KÖLBL (2004, 104–120) mit einer kritischen Sicht auf das Kinderdefizit im Frühmittelalter.
26 Natürlich auch abhängig vom Anteil von Kindern und Jugendlichen an der Gesamtbevölkerung, der hier mit 40 % angenommen wurde.
27 Zur Frage, ob Dolche in der „lebenden Kultur" (EGGERS 2004, 258) tatsächlich seltener vorkamen oder ob es sich um eine Auswirkung von Beigaben- und Deponierungssitten handelt, siehe unten.

gleichsweise gut untersuchte Grabhügelgruppen, die üblicherweise als Bestattungen jeweils einer Siedlungskammer interpretiert werden.[28] Ein Problem – außer im Fall von Flintbek – ist sicherlich, dass die Untersuchungen zumeist im 19. Jahrhundert stattfanden und deshalb wahrscheinlich viele beigabenlose Gräber übersehen wurden oder zumindest ihre Datierung unklar bleibt. Um solche Gräber zu datieren, wurde daher stark vereinfacht zwischen Körperbestattung in Periode II und Brandbestattung in Periode III unterschieden.[29] In Zusammenhang mit dem Anteil der Männergräber mit Schwertbeigabe ist natürlich zu bedenken, dass die Geschlechtsbestimmung mangels erhaltener Skelette hier fast stets archäologisch, d. h. über die Beigaben, erfolgt. Daher ist es durchaus möglich, dass unter den unbestimmten Bestatteten Männer sind, die weder ein Schwert noch eine andere geschlechtsspezifische Beigabe erhalten haben. Ebenso ist nicht auszuschließen, dass vereinzelt Frauen mit einem Schwert bestattet worden sein könnten.

Die bereits im eingangs erwähnten Artikel von Willroth als Beispiel gewählte und in Jütland nördlich von Vamdrup, Ribe Amt, liegende Siedlungskammer wird von Niederungen und Fließgewässern begrenzt. Darin befinden sich zwei Grabhügelgruppen, von denen hier die südliche um den berühmten Guldhøj mit heute noch 24 kartierbaren Hügeln betrachtet werden soll. Aus Periode II fanden sich hier acht Männergräber, drei Kindergräber und zehn Bestattete unbekannten Geschlechts in 13 Hügeln. Willroth interpretiert die gesamte Hügelgruppe als Bestattungsplatz von etwa zwei bis drei Familien. In diesen Gräbern fanden sich zwei nordische Vollgriffschwerter, drei Griffplattenschwerter und vier Griffplattendolche, davon mindestens einer in einem Männergrab. Aus einem weiteren Baumsarggrab soll ein verschollener Schwert- oder Dolchfund stammen. Ein anderes Männergrab ohne Fund wurde offenbar antik geplündert.[30] Das bedeutet, dass bei den bekannten Bestattungen hier zwischen 28 % und 39 % der Erwachsenen ein Schwert und zwischen 22 % und 33 % einen Dolch als Grabbeigabe hatten. Von den Männergräbern enthielt über die Hälfte ein Schwert und fast jedes entweder Schwert oder Dolch.

Die nicht weit davon entfernt gelegene Hügelgruppe von Egtved, Vejle Amt, aus der der bekannte Fund des Mädchens von Egtved stammt, besteht aus 52 bis 55 Grabhügeln. Auch diese Siedlungskammer wird von Niederungen und Wasserläufen begrenzt. Aus sechs untersuchten Hügeln sind zwei Männer-, zwei Frauen- und ein Kindergrab der Periode II bekannt; zwei weitere Gräber können keinem Geschlecht zugewiesen werden. Außerdem ist es möglich, dass vier weitere Bestattungen, darunter zwei Männergräber in die Periode II datieren. Diese Bestattungen enthielten ein nordisches Vollgriffschwert, ein Griffplattenschwert und einen Griffplattendolch. In einem der nicht sicher datierten Gräber wurde ein nicht erhaltenes Bronzeschwert gefunden.[31] Demzufolge hatten rund ein Drittel der nachgewiesenen Erwachsenen ein Schwert und 10 % bis 17 % einen Dolch. Die sicheren Männergräber enthielten (fast) alle ein Schwert.

In diesen beiden alt gegrabenen Hügelgruppen liegt der Anteil der Männer mit Schwert somit noch weitaus höher als in dem Modell mit 1 % bekannter Schwerter.

Bei Flintbek, Ldkr. Rendsburg-Eckernförde, handelt es sich ebenfalls um eine landschaftlich markant abgegrenzte Kleinregion. Hier befanden sich mindestens 48 älterbronzezeitliche Grabhügel, von denen 38 ausgegraben wurden. Die Grabungen fanden bis auf eine Ausnahme zwischen 1977 und 1996 statt, weshalb man davon ausgehen darf, dass auch Gräber ohne Bronzen dokumentiert wurden. Da sich in fast allen Fällen Hakenpflugspuren darunter fanden, wurden die Hügel wohl auf vorherigen Ackerflächen angelegt.[32] Gefunden wurden elf Männer- und vier Frauenbestattungen der Periode II. Von zwanzig weiteren Bestatteten in Körpergräbern war es nicht möglich, das Geschlecht zu bestimmen. Daraus stammen ein nordisches Vollgriffschwert, ein Achtkantschwert, zwei Griffplattendolche und Fragmente eines weiteren Dolchs. Ein Männergrab enthielt neben einer Lanzenspitze ein Klingenfragment von einem Schwert oder Dolch. In einem Frauengrab fand sich ein nordischer Vollgriffdolch, in einem anderen ein Griffplattendolch. Möglicherweise datieren ein Grab mit Griffplattenschwert und eines mit Griffplattendolch ebenfalls in die Periode II. Damit hatten 6 % bis 11 % der Erwachsenen ein Schwert und 14 % bis 19 % einen Dolch als Beigabe.[33] Von den sicheren Männergräbern waren 18 % bis 33 % mit einem Schwert ausgestattet; wenn man die beigabenlosen Gräber auf beide Geschlechter gleich verteilt und demnach 18 oder 19 Männergräber annimmt, beläuft sich der Anteil auf 11 % bis 21 %. Dies stimmt ungefähr mit dem Modell mit 1 % bekannter Schwerter überein.

Für Periode III ist es deutlich schwieriger, ein passendes Beispiel zu finden. Daher muss eine westlich der größeren Hügelgruppe von Gönnebek, Ldkr. Segeberg, liegende verstreute Gruppe

---

28 Zum Beispiel WILLROTH 1999, 56–57. Diese Siedlungskammern stellen natürlich Dichtekonzentrationen dar, siedlungsarme und -leere Räume fehlen.

29 Siehe WILLROTH 1999, 59.

30 ANER/KERSTEN 1986, 24–42 Nr. 3817; 3820–3833. WILLROTH 1999, 57–60.

31 ANER/KERSTEN 1990, 39–43 Nr. 4355, 4356–4358, 4360–4361, 4366–4372.

32 ZICH 2005, 34–35.

33 ANER u. a. 2005, 36–84 Nr. 9593–9608.

▶ *Tab. 3: Zusammenfassung der Eckdaten (für Details und Erläuterungen siehe Text).*

Anzahl Schwerter in Periode II	1057
Anzahl Dolche in Periode II	491
Anzahl Schwerter in Periode III	1040
Anzahl Dolche in Periode III	366
Hochgerechnete gleichzeitig genutzte Schwerter in Per. II	622 - 31088
Hochgerechnete gleichzeitig genutzte Dolche in Per. II	289 - 14441
Hochgerechnete gleichzeitig genutzte Schwerter in Per. III	452 - 22609
Hochgerechnete gleichzeitig genutzte Dolche in Per. III	159 - 7957
Minimale Einwohnerzahl	117794
Maximale Einwohnerzahl	294485
Anteil der Bevölkerung mit Schwert in Per. II (min - max)	0,2 - 26,4 %
Anteil der Bevölkerung mit Dolch in Per. II (min - max)	0,1 - 12,3 %
Anteil der Bevölkerung mit Schwert in Per. III (min - max)	0,2 - 19,2 %
Anteil der Bevölkerung mit Dolch in Per. III (min - max)	0,1 - 6,8 %
Anteil Männer mit Schwert in Grabhügelgruppen	etwa 10 - 20 %
Anteil Männer mit Schwert minimal	4,6 - 14,0 %
Anteil Männer mit Schwert maximal	11,6 - 35,3 %

von rund einem Dutzend Hügel trotz der sehr begrenzten Zahl von Bestattungen genügen. Es fanden sich aus der Periode III in drei Hügeln vier Männergräber und ein Grab, das keinem Geschlecht zuzuordnen ist. Zwei Männergräber enthielten ein Griffzungenschwert, eines ein nordisches Vollgriffschwert.[34]

Abschließend muss nochmals betont werden, dass durch die Altgrabungen, aber auch Datierungsschwierigkeiten und das Problem der archäologischen Geschlechtszuweisung der quantitative Zusammenhang zwischen Männergräbern und Schwertern verschleiert und nicht in der wünschenswerten Schärfe erkennbar wird. Dennoch deutet es sich aus der Mikroperspektive unter besonderer Berücksichtigung des gut dokumentierten Beispiels von Flintbek an, dass rund 10 % bis 20 % der Männer mit einem Schwert bestattet wurden. Unter der Prämisse, dass in den Hügeln mehr oder weniger die Gesamtbevölkerung bestattet wurde, stützt dies das Modell, nach dem wir rund 1 % der früher vorhandenen Schwerter kennen. Hinzu kommen weitere 15 % bis 20 % der Bestatteten mit einem nicht geschlechtsspezifischen Dolch im Grab. In diesem Fall scheitern die Modelle offenbar, da die obigen Beispiele häufig einen (zu) hohen Dolchanteil aufweisen. Vermutlich sind größere lokale Unterschiede bei der Dolchbeigabe verantwortlich.[35]

Überlegungen zur Sozialkultur

Die obigen Schätzungen – deren Abhängigkeit von vielen Prämissen zu beachten ist – zeigen, dass in Periode II bei einer Bevölkerungszahl von knapp 120.000 Einwohnern etwa 12–35 % der erwachsenen Männer über ein Schwert verfügten, bei einer Zahl von rund 295.000 Einwohnern rund 5–14 % (Tab. 3). Wie oben dargelegt, kann die niedrigere Bevölkerungszahl eher überzeugen. Bei Betrachtung einzelner Grabhügelgruppen deutet sich ein Anteil von rund 10 % bis 20 % der dort bestatteten Männer mit Schwertbeigabe an. In Periode III scheint der Anteil von Männern mit Schwert etwas zurückzugehen.[36]

In der Forschung werden die Schwerter häufig als Waffen und Statussymbole einer Elite gedeutet.[37] Vergleicht man diese Interpretation mit der Einschätzung, dass etwa 12–35 % der Männer ein Schwert besaßen, ist die Diskrepanz augenfällig. Ein ausgesprochen elitärer Charakter ist daher zu bezweifeln. Eher erscheinen Schwerter als Waffen und Statussymbole einer recht breiten Schicht, vielleicht von freien Bauern, die so ihren Rang als Hofbesitzer und Familienoberhaupt kennzeichneten.[38] Andererseits waren viele erwachsene Männer anscheinend keine Schwertträger, was Fragen zu ihrer gesellschaftlichen Rolle, ihrem sozialen Status und ihrer eventuellen Bewaffnung aufwirft.[39]

Die von Kristiansen anhand einer Untersuchung zu den dänischen Inseln vorgenommene weitere Unterteilung der „elitären" Schwertträger in „warrior chiefs" und „ritual chiefs" ist nicht haltbar. Politisch-rituelle und militärische Macht seien zum Teil getrennt gewesen, wobei die „ri-

---

34 Aner u. a. 2011, 83–89 Nr. 9893–9897.
35 Siehe Anm. 28.
36 Eventuell könnte dies mit dem oft vermuteten Rohstoffmangel in Periode III zusammenhängen (Jensen 2006, 138).
37 Beispielsweise Randsborg 1974, 51. Kristiansen 1984; 2012. Kristiansen/Larsson 2005, 213–220. Jensen 2006, 224–227. Kritisch zu Eliten und hierarchischen Strukturen in der archäologischen Forschung und Alternativen betonend: Kienlin 2012.
38 Vgl. Willroth 1999, 60.
39 Das Vorkommen von Waffen in Männergräbern und Hortfunden unterscheidet sich regional. Es gibt daher verschiedene Möglichkeiten wie Schwerter und andere Waffen kombiniert oder einzeln auftreten können (vgl. Willroth 1989, 90–93. Steffgen 1997/98, 169–176). Zu Waffen in der nordischen Bronzezeit allgemein siehe Thrane 2006, 493–494.

◀ *Abb. 1: Qualitätsunterschiede bei nordischen Vollgriffschwertern der Periode II: Tensfeld, Ldkr. Segeberg (links) und Norby, Ldkr. Rendsburg-Eckernförde (rechts). Fotos: Bunnefeld; Röntgenaufnahmen: RGZM Mainz (links), Yxlon International (rechts).*

tual chiefs" mit seltener zum Kampf genutzten nordischen Vollgriffschwertern und Griffplattenschwertern mit aufgesetztem Metallknauf den „warrior chiefs" mit Achtkantschwertern, Griffzungenschwertern und einfachen Griffplattenschwertern übergeordnet gewesen seien.[40] Diese Unterteilung spiegle sich zum einen in den unterschiedlichen Gebrauchsmustern der verschiedenen Schwertformen wider und zeige sich zum anderen in den Grabbeigaben. So sind anscheinend gerade Griffzungenschwerter auf den dänischen Inseln viel häufiger nachgeschärft als Vollgriffschwerter.[41] Es bleibt abzuwarten, inwieweit sich diese Unterschiede auf den gesamten südskandinavischen Raum übertragen lassen. Bei einer neuen Materialaufnahme konnten zumindest keine Unterschiede im Gebrauch zwischen Achtkantschwertern und nordischen Vollgriffschwertern festgestellt werden, obwohl sie nach Kristiansens Interpretation zu erwarten wären.[42] Beide Arten von Vollgriffschwertern zeigen fast gleiche Gebrauchsmuster und stammen aus ähnlichen Fundkontexten. Sie wurden damit anscheinend gleichartig verwendet und waren keineswegs reine Statusobjekte.[43] Die angeführten Unterschiede in den Grabausstattungen von „ritual chiefs" und „warrior chiefs" sind als nicht signifikant einzustufen. Vielmehr lässt sich das häufigere Vorkommen von Goldobjekten und nordischen Absatzbeilen in Gräbern mit nordischen Vollgriffschwertern als in solchen mit Achtkantschwertern und Griffzungenschwertern wohl darauf zurückführen, dass erstere im Durchschnitt reicher ausgestattet sind.[44] Dennoch treten Goldobjekte[45], nordische Absatzbeile[46], und die öfter als hochrangige Statusobjekte angeführten Klappschemel[47] in Gräbern auch mit anderen Schwertformen vergesellschaftet auf. Weitere Zweifel an einer simplen Gleichung „ritual chiefs" gleich nordische Vollgriffschwerter nähren einige Grabfunde. In Jægersborg Hegn, Københavns Amt, ist beispielsweise eine sogenannte Sonnenscheibe u. a. mit einem einfachen Griffplattenschwert gefunden worden.[48] Weitere offensichtliche Ritualgegenstände wie der Kesselwagen von Skallerup, Præstø Amt, oder eine Goldschale aus Gönnebek, Ldkr. Segeberg, sind jeweils u. a. mit einem Griffzungenschwert vergesellschaftet. Währenddessen enthalten die außergewöhnlichen Bestattungen von Kivik, Skåne län, und Gyldensgård, Bornholms Amt, überhaupt

---

40 Kristiansen 1984, 203–204. Kristiansen/Larsson 2005, 231–240; 273–280. Earle/Kristiansen 2010, 237–239.

41 Kristiansen 1984, 195–202.

42 Siehe Anm. 5. Generell sind Aussagemöglichkeiten zu Gebrauchsspuren und Nachschärfungen aufgrund der häufig sehr heftigen Korrosion eingeschränkt (vgl. Kristiansen 1984, 188–189 Anm. 7). Das Erkennen von stark abgenutzten Griffen wird neben der Korrosion bei einigen Vollgriffschwertern von ihrer Herkunft aus dem Moor erschwert, die für manche angegriffenen Verzierungen verantwortlich ist. Dies wurde nicht immer ausreichend beachtet (vgl. Kristiansen 1984, 205–206 Liste 1).

43 Vgl. auch die nach Kristiansen (1984, 205–206 Liste 1) nachgeschärften und abgenutzten Vollgriffschwerter. In einem aktuellen Artikel vertritt Kristiansen (2012, 382; 384) die gegensätzliche Meinung.

44 Vgl. Thrane 2006, 500–501. Zu den Unterschieden siehe Kristiansen 1984, 199–202.

45 Siehe Liste 1.

46 Siehe Liste 2.

47 Willroth 1999, 56.

48 Aner/Kersten 1973, 147–148 Nr. 417.

kein Schwert.[49] Anscheinend gibt es keine festen Beigabenmuster, allerdings sind Gräber mit nordischen Vollgriffschwertern im Durchschnitt reicher ausgestattet.[50] Eine hierarchische Abstufung von „ritual chiefs" und „warrior chiefs" erscheint in Periode II auch aufgrund der hohen Anzahl von nordischen Vollgriffschwertern zweifelhaft (Tab. 1).[51] Derartige Versuche, die bronzezeitliche Gesellschaftsstruktur im Detail zu rekonstruieren sind daher mit Vorsicht zu betrachten. Insbesondere müssen die scheinbaren Unterschiede in der Bedeutung unterschiedlicher Schwertformen kritisch hinterfragt werden.

Auch wenn eine klare Trennung zwischen Elite und Bevölkerungsmehrheit zu bezweifeln ist, bedeutet das wiederum nicht, dass es keine sozialen Unterschiede gegeben hat. Seit langem existieren zwei gegensätzliche Positionen bei der Interpretation der nordischen Bronzezeit. Während H. C. Broholm egalitäre Strukturen annimmt, geht J. Brøndsted von einer stark gegliederten Gesellschaft aus.[52] Unterschiedlich reiche Grabausstattungen, verschiedene Größen von Grabhügeln und Langhäusern sowie nicht zuletzt Qualitätsunterschiede beispielsweise bei den Schwertern lassen größere, aber offenbar eher graduelle Statusunterschiede erkennen (Abb. 1).[53] Kristiansen versuchte kürzlich die beiden gegensätzlichen Positionen in seinem „model of decentralised complexity" zu verknüpfen.[54] Demnach gab es eine breite Schicht freier Bauern mit einer entwickelten, aber nicht verfestigten Hierarchie, die vermutlich in ungleichem Ansehen und/oder Wohlstand begründet war.[55] All diese prinzipiell unabhängigen, aber sicher in vielfältigen Beziehungen stehenden Segmente bildeten ein komplexes und instabiles System ohne dauerhafte zentralisierte Macht, das durch ein hohes Maß an sozialem Wettbewerb gekennzeichnet war.[56] Die recht hohe Anzahl von Schwertträgern deutet dabei ebenfalls auf eine Beteiligung breiter Schichten an derartigen gesellschaftlichen Prozessen hin. Insgesamt bietet dieses Modell einen interessanten Ansatz, um zu einem besseren Verständnis des sozialen Gefüges im nordischen Kreis der Bronzezeit zu gelangen.

Literatur

ACSÁDI/NEMESKÉRI 1970
G. Acsádi, G. Nemeskéri, History of human life span and mortality. Budapest 1970.

ANER/KERSTEN 1973
E. Aner, K. Kersten, Frederiksborg und Københavns Amter. Mit einer geologischen Einleitung von S. Hansen. Die Funde der älteren Bronzezeit des nordischen Kreises in Dänemark, Schleswig-Holstein und Niedersachsen 1. Neumünster 1973.

ANER/KERSTEN 1976
E. Aner, K. Kersten, Holbæk, Sorø und Præstø Amter. Die Funde der älteren Bronzezeit des nordischen Kreises in Dänemark, Schleswig-Holstein und Niedersachsen 2. Neumünster 1976.

ANER/KERSTEN 1977
E. Aner, K. Kersten, Bornholms, Maribo, Odense und Svendborg Amter. Die Funde der älteren Bronzezeit des nordischen Kreises in Dänemark, Schleswig-Holstein und Niedersachsen 3. Neumünster 1977.

ANER/KERSTEN 1978
E. Aner, K. Kersten, Südschleswig-Ost. Die Kreise Schleswig-Flensburg und Rendsburg-Eckernförde (nördlich des Nord-Ostsee-Kanals). Die Funde der älteren Bronzezeit des nordischen Kreises in Dänemark, Schleswig-Holstein und Niedersachsen 4. Neumünster 1978.

ANER/KERSTEN 1979
E. Aner, K. Kersten, Südschleswig-West. Nordfriesland. Die Funde der älteren Bronzezeit des nordischen Kreises in Dänemark, Schleswig-Holstein und Niedersachsen 5. Neumünster 1979.

ANER/KERSTEN 1986
E. Aner, K. Kersten, Ribe Amt. Die Funde der älteren Bronzezeit des nordischen Kreises in Dänemark, Schleswig-Holstein und Niedersachsen 8. Neumünster 1986.

ANER/KERSTEN 1990
E. Aner, K. Kersten, Vejle Amt. Die Funde der älteren Bronzezeit des nordischen Kreises in Dänemark, Schleswig-Holstein und Niedersachsen 9. Neumünster 1990.

ANER/KERSTEN 1991
E. Aner, K. Kersten, Dithmarschen. Die Funde der älteren Bronzezeit des nordischen Kreises in Dänemark, Schleswig-Holstein und Niedersachsen 17. Neumünster 1991.

ANER/KERSTEN 1993
E. Aner, K. Kersten, Kreis Steinburg. Die Funde der älteren Bronzezeit des nordischen Kreises in Dänemark, Schleswig-Holstein und Niedersachsen 18. Neumünster 1993.

ANER u. a. 2001
E. Aner, K. Kersten, K.-H. Willroth, Thisted Amt. Die Funde der älteren Bronzezeit des nordischen Kreises in Dänemark, Schleswig-Holstein und Niedersachsen 11. Neumünster 2001.

ANER u. a. 2005
E. Aner, K. Kersten, K.-H. Willroth, Kreis Rendsburg-Eckernförde (südlich des Nord-Ostsee-Kanals) und die

---

49 Skallerup in ANER/KERSTEN 1976, 177–178 Nr. 1269. Gönnebek in ANER u. a. 2011, 87–89 Nr. 9897 B. Gyldensgård in ANER/KERSTEN 1977, 52 Nr. 1548 A. RANDSBORG 2011, 165.
50 STEFFGEN 1997/98, 186–187. WILLROTH 1999, 51–55. THRANE 2006, 500–501. FREUDENBERG 2012, 407–410.
51 Vgl. STEFFGEN 1997/98, 187.
52 BROHOLM 1943–48. BRØNDSTEDT 1958.
53 JENSEN 2006, 220–227. KRISTIANSEN 2007, 67–68. Obwohl die Qualität von beschädigten und korrodierten archäologischen Objekten schwer objektiv messbar ist und wir natürlich auch das bronzezeitliche Qualitätsverständnis nicht kennen, fallen doch klare Unterschiede z. B. hinsichtlich Sorgfalt und Ziermaterialien auf.
54 KRISTIANSEN 2007, 63.
55 KRISTIANSEN 2007, 67–71. Der hier wieder verwendete Begriff „chiefly clans" (KRISTIANSEN 2007, 67) ist meines Erachtens eher unpassend, da er eine kleinere und elitärere Gruppe als gemeint suggeriert. Ebenso ist die angenommene, aber in den Quellen nicht erkennbare Unterschicht zu hinterfragen (s. o.).
56 KRISTIANSEN 2007, 68–73.

Aner u. a. 2005

kreisfreien Städte Kiel und Neumünster. Die Funde der älteren Bronzezeit des nordischen Kreises in Dänemark, Schleswig-Holstein und Niedersachsen 19. Neumünster 2005.

Aner u. a. 2008

E. Aner, K. Kersten, K.-H. Willroth, Viborg Amt. Die Funde der älteren Bronzezeit des nordischen Kreises in Dänemark, Schleswig-Holstein und Niedersachsen 12. Neumünster 2008.

Aner u. a. 2011

E. Aner, K. Kersten, K.-H. Willroth, Der Kreis Segeberg. Die Funde der älteren Bronzezeit des nordischen Kreises in Dänemark, Schleswig-Holstein und Niedersachsen 20. Neumünster 2011.

Broholm 1943–48

H. C. Bornholm, Danmarks Bronzealder. Kopenhagen 1943–1948.

Brøndstedt 1958

J. Brøndstedt, Danmarks Oldtid. II: Bronzealderen. Kopenhagen 1958.

Bunnefeld 2012

J.-H. Bunnefeld, Dinge des täglichen Gebrauchs? – Zur Funktion und Bedeutung älterbronzezeitlicher Schwerter in Niedersachsen. In: I. Heske, B. Horejs (Hrsg.), Bronzezeitliche Identitäten und Objekte. Beiträge aus den Sitzungen der AG Bronzezeit auf der 80. Tagung des West- und Süddeutschen Verbandes für Altertumsforschung in Nürnberg 2010 und dem 7. Deutschen Archäologiekongress in Bremen 2011. Universitätsforschung zur prähistorischen Archäologie 221. Bonn 2012, 135–144.

Earle/Kristiansen 2010

T. Earle, K. Kristiansen, Organising Bronze Age societies. Concluding thoughts. In: T. Earle, K. Kristiansen (Hrsg.), Organising Bronze Age societies. The Mediterranean, Central Europe & Scandinavia compared. Cambridge 2010, 218–256.

Eggers 2004

H. J. Eggers, Einführung in die Vorgeschichte. Berlin ⁴2004.

Freudenberg 2012

M. Freudenberg, Eliten in der Provinz - Überlegungen zu einigen reich ausgestatteten Gräbern der älteren Bronzezeit in Schleswig-Holstein. In: T. L. Kienlin, A. Zimmermann (Hrsg,), Beyond elites. Alternatives to hierarchical systems in modelling social formations. Internationale Konferenz an der Ruhr-Universität Bochum 22.–24. Oktober 2009. Universitätsforschung zur prähistorischen Archäologie 215. Bonn 2012, 403–411.

Geschwinde 2000

M. Geschwinde, Die Hügelgräber auf der Großen Heide bei Ripdorf im Landkreis Uelzen. Archäologische Beobachtungen zu den Bestattungssitten des Spätneolithikums und der Bronzezeit in der Lüneburger Heide. Göttinger Schriften zur Vor- und Frühgeschichte 27. Neumünster 2000.

Harding 2000

A. F. Harding, European societies in the Bronze Age. Cambridge 2000.

Holst/Rasmussen 2013

M. K. Holst, M. Rasmussen, Herder communities: Longhouses, cattle and landscape organization in the nordic early and middle Bronze Age. In: S. Bergerbrant, S. Sabatini (Hrsg.), Counterpoint: Essays in archaeology and heritage studies in honour of Professor Kristian Kristiansen. British Archaeological Reports 2508. Oxford 2013, 99–110.

Hornstrup u. a. 2012

K. M. Hornstrup, J. Olsen, J. Heinemeier, H. Thrane, P. Bennike, A new absolute Danish Bronze Age chronology as based on radiocarbon dating of cremated bone samples from burials. Acta Archaeologica 83, 2012, 9–53.

Jensen 2006

J. Jensen, Danmarks Oldtid. Bronzealder 2000–500 f. Kr. Kopenhagen ²2006.

Johansen u. a. 2004

K. L. Johansen, S. T. Laursen, M. K. Holst, Spatial patterns of social organization in the early Bronze Age of South Scandinavia. Journal of Anthropological Archaeology 23, 2004, 33–55.

Kienlin 2012

T. L. Kienlin, Beyond Elites: An Introduction. In: T. L. Kienlin, A. Zimmermann (Hrsg,), Beyond Elites. Alternatives to hierarchical systems in modelling social formations. Internationale Konferenz an der Ruhr-Universität Bochum 22.–24. Oktober 2009. Universitätsforschung zur prähistorischen Archäologie 215. Bonn 2012, 15–32.

Kölbl 2004

S. Kölbl, Das Kinderdefizit im frühen Mittelalter – Realität oder Hypothese? Zur Deutung demographischer Strukturen in Gräberfeldern. Diss. Universität Tübingen 2004. Online-Publ. http://nbn-resolving.de/urn:nbn:de:bsz:21-opus-11528.

Kristiansen 1984

K. Kristiansen, Krieger und Häuptlinge in der Bronzezeit Dänemarks. Ein Beitrag zur Geschichte des bronzezeitlichen Schwertes. Jahrbuch des Römisch-Germanischen Zentralmuseums 31, 1984, 187–208.

Kristiansen 1985

K. Kristiansen, Early Bronze Age burial finds. In: K. Kristiansen (Hrsg.), Archaeological formation processes. The representativity of archaeological remains from Danish prehistory. Kopenhagen 1985, 116–128.

Kristiansen 2007

K. Kristiansen, The rules of the game. Decentralised complexity and power structures. In: S. Kohring, S. Wynne-Jones (Hrsg.), Socialising complexity: Approaches to power and interaction in the archaeological record. Oxford 2007, 60–75.

Kristiansen 2012

K. Kristiansen, Bronze Age dialectics: Ritual economics and the consolidation of social divisions. In: T. L. Kienlin, A. Zimmermann (Hrsg,), Beyond elites. Alternatives to hierarchical systems in modelling social formations. Internationale Konferenz an der Ruhr-Universität Bochum 22.–24. Oktober 2009. Universitätsforschung zur prähistorischen Archäologie 215. Bonn 2012, 381–392.

Kristiansen/Larsson 2005

K. Kristiansen, T. B. Larsson, The rise of Bronze Age society. Travels, transmissions and transformations. Cambridge 2005.

OLSEN u. a. 2011
J. Olsen, K. M. Hornstrup, J. Heinemeier, P. Bennike, H. Thrane, Chronology of the Danish Bronze Age based on 14C-dating of cremated bone remains. Radiocarbon 53:2, 2011, 261–275.

OTTENJANN 1969
H. Ottenjann, Die nordischen Vollgriffschwerter der älteren und mittleren Bronzezeit. Römisch-Germanische Forschungen 30. Berlin 1969.

POULSEN 1983
J. Poulsen, Landwirtschaft und Bevölkerungsverhältnisse in der dänischen Bronzezeit. Zeitschrift für Archäologie 17, 1983, 145–158.

VON QUILLFELDT 1995
I. von Quillfeldt, Die Vollgriffschwerter in Süddeutschland. Prähistorische Bronzefunde IV, 11. Stuttgart 1995.

RANDSBORG 1974
K. Randsborg, Social stratification in early Bronze Age Denmark: A study in the regulation of cultural systems. Prähistorische Zeitschrift 49, 1974, 38–61.

RANDSBORG 1998
K. Randsborg, Plundered Bronze Age graves. Archaeological and social implications. Acta Archaeologica 69, 1998, 113–138.

RANDSBORG 2011
K. Randsborg, Bronze Age universitas. Kivig/Kivik revisited. In: K. Randsborg (Hrsg.), Archaeology. North Atlantic to the Baltic on to the Mediterranean Sea. Acta Archaeologica 82, Supplement 12. Oxford 2011, 163–180.

STEFFGEN 1997/98
U. Steffgen, Die Gräber der frühen und älteren Bronzezeit in Schleswig-Holstein und Dänemark. Studien zu Grabbau und Grabeinrichtung. Offa 54/55, 1997/98, 97–219.

THRANE 2006
H. Thrane, Swords and other weapons in the Nordic Bronze Age: Technology, treatment and context. In: T. Otto, H. Thrane, H. Vandkilde (Hrsg.), Warfare and society. Archaeological and social anthropological perspectives. Aarhus 2006, 491–504.

WENDT u. a. 2010
K. P. Wendt, J. Hilpert, A. Zimmermann, Landschaftsarchäologie III. Untersuchungen zur Bevölkerungsdichte der vorrömischen Eisenzeit, der Merowingerzeit und der späten vorindustriellen Neuzeit an Mittel- und Niederrhein. Bericht der Römisch-Germanischen Kommission 91, 2010, 217–338.

WILLROTH 1985
K.-H. Willroth, Die Hortfunde der älteren Bronzezeit in Südschweden und auf den dänischen Inseln. Offa-Bücher 55. Neumünster 1985.

WILLROTH 1989
K.-H. Willroth, Nogle betragtninger over de regionale forhold i Slesvig og Holsten i bronzealderens periode II. In: J. Poulsen (Ed.), Regionale forhold i Nordisk Bronzealder. 5. Nordiske Symposium for Bronzealderforskning på Sandbjerg Slot 1987. Højbjerg 1989, 89–100.

WILLROTH 1999
K.-H. Willroth, Krieger, Häuptlinge oder „nur" freie Bauern. Zum Wandel in der Bronzezeitforschung. In: W. Budesheim, H. Keiling (Hrsg.), Zur Bronzezeit in Norddeutschland. Beiträge für Wissenschaft und Kultur 3. Seminar in Schwarzenbek am 16. Sept. 1994. Neumünster 1999, 39–66.

ZIMMERMANN u. a. 2009
A. Zimmermann, K. P. Wendt, T. Frank, J. Hilpert, Landscape archaeology in Central Europe. Proceedings of the prehistoric society 75, 2009, 1–53.

ZICH 2005
B. Zich, Flintbek. In: E. Aner, K. Kersten, K.-H. Willroth (Hrsg.), Kreis Rendsburg-Eckernförde (südlich des Nord-Ostsee-Kanals) und die kreisfreien Städte Kiel und Neumünster. Die Funde der älteren Bronzezeit des nordischen Kreises in Dänemark, Schleswig-Holstein und Niedersachsen 19. Neumünster 2005, 31–84.

Liste 1

Gräber mit Achtkant- oder Griffzungenschwertern und Goldobjekten:

Vasby, Københavns Amt (ANER/KERSTEN 1973, 111 Nr. 338)

Utersum, Altkreis Südtondern (ANER/KERSTEN 1979, 66 Nr. 2658 A)

Holleskov, Ribe Amt (ANER/KERSTEN 1986, 63–64 Nr. 3913)

Torup, Ribe Amt (ANER/KERSTEN 1986, 98–99 Nr. 4038 A)

Tobøl, Ribe Amt (ANER/KERSTEN 1986, 111 Nr. 4069)

Frøstrup, Ribe Amt (ANER/KERSTEN 1986, 137 Nr. 4163)

Harresø, Vejle Amt (ANER/KERSTEN 1990, 64 Nr. 4436)

Årup, Thisted Amt (ANER u. a. 2001, 23 Nr. 5012)

Hövede, Ldkr. Dithmarschen (ANER/KERSTEN 1991, 59–60 Nr. 9158 A)

Schafstedt, Ldkr. Dithmarschen (ANER/KERSTEN 1991, 75 Nr. 9227 A)

Gadeland, Stadt Neumünster (ANER u. a. 2005, 170 Nr. 9766)

Liste 2

Gräber mit Achtkant- oder Griffzungenschwertern und nordischen Absatzbeilen:

Ypnastedgård, Bornholms Amt (ANER/KERSTEN 1977, 54 Nr. 1555)

Harrislee, Kreis Schleswig-Flensburg (ANER/KERSTEN 1978, 58 Nr. 2245 G)

Keelbek, Ldkr. Schleswig-Flensburg (ANER/KERSTEN 1978, 95 Nr. 2317)

Utersum, Altkreis Südtondern (ANER/KERSTEN 1979, 64–65 Nr. 2653 B)

Tobøl, Ribe Amt (ANER/KERSTEN 1986 111 Nr. 4069)

Ullerup, Thisted Amt (ANER u. a. 2001, 147 Nr. 5287)

Thorning, Viborg Amt (ANER/KERSTEN 2008, 194 Nr. 6009 A)

Windbergen, Ldkr. Dithmarschen (ANER/KERSTEN 1991, 89 Nr. 9277)

Vaale, Ldkr. Steinburg (ANER/KERSTEN 1993, 86 Nr. 9505)

Die bronzezeitliche Sintašta-Kultur im Trans-Ural – Impulsgeber in der Eurasischen Steppe

von Rüdiger Krause
unter Mitarbeit von Jochen Fornasier, Ludmila N. Korjakova, Lisa Rühl und Astrid Stobbe

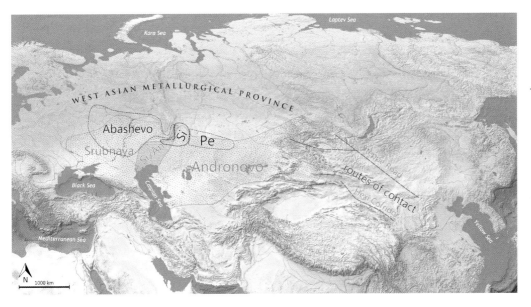

◄ Abb. 1: Thematische Karte Eurasiens mit den wichtigsten Kulturräumen der ersten Hälfte des 2. Jahrtausends v. Chr. mit einer älteren (schwarz) und einer jüngeren (grau) Phase. Im Osten sind die Kontaktrouten nach China nach Mei eingezeichnet (nach Chernykh 2008 und Mei 2003). Abkürzungen: Si – Sintašta Kultur, Pe – Petrovka, Sr-An – Srubnaja-Andronovo. Kartengrundlage: www.naturalearthdata.com, Karte Ural-Projekt, D. Knoll.

Einführung

Die Eurasische Steppe stellt einen herausragenden Forschungsraum für Untersuchungen zu Mobilität und Austausch zwischen Kulturräumen über große Entfernungen dar. Sie weist mit ihren verschiedenen Zonen von der Waldsteppe im Norden bis in die ariden Wüstenregionen im Süden unterschiedliche Naturräume auf, die die Lebens- und Wirtschaftsformen in prähistorischen und frühgeschichtlichen Perioden geprägt und beeinflusst haben. Die traditionelle Wirtschaftsweise ist die nomadische oder halbnomadische Herdenwirtschaft, die im Gegensatz zu periodisch auftauchenden sesshaften Lebensweisen in festen Siedlungen stehen.[1] Die Bedeutung der Eurasischen Steppe, insbesondere auch für die Entwicklung der vor- und frühgeschichtlichen Perioden Europas bis hin zum Karpatenbecken, wurde in unterschiedlichen Zusammenhängen immer wieder herausgestellt und schließlich in der deutschen Forschung durch die Arbeiten von H. Parzinger[2] und der Gründung der Eurasien-Abteilung des Deutschen Archäologischen Instituts (1995) in Berlin nachhaltig verankert.

Unser Projekt zur Bronzezeit im eurasischen Steppenraum unterscheidet sich in grundsätzlichen Fragestellungen nicht wesentlich von anderen in zentral- oder nordeuropäischen Kulturräumen. Es geht dabei ebenso um Fragen der soziokulturellen und wirtschaftlichen Zusammenhänge, den Lebensgrundlagen, aber auch um die Rolle der Metallurgie im kulturellen Gefüge,[3] so dass sich der Jubilar auch weit entfernt von seinen eigenen Forschungsschwerpunkten in der Nordischen Bronzezeit schnell einfinden wird.

Naturraum und Untersuchungsgegenstand

In einem interdisziplinären archäologischen Projekt zur Bronzezeit im Trans-Ural werden die soziokulturellen und wirtschaftlichen Grundlagen sowie die Genese des Sintašta-Petrovka-Kulturkreises untersucht (Abb. 1). Am Übergang von der Waldsteppe zur Steppe tritt hier in der Bronzezeit erstmals eine sesshafte Lebensweise in bemerkenswerten befestigten und systematisch strukturierten Siedlungen auf. Diese befestigten Siedlungen, von denen bislang 21 bekannt sind, existierten nach russischer Terminologie während der mittleren Bronzezeit – nach ^{14}C-Datierungen etwa 2100 bis 1800 v. Chr. – und werden mit dem Kreis der Sintašta- bzw. der Petrovka-Kultur in Verbindung gebracht.[4] Gegenstand heftiger, kontrovers geführter Diskussionen sind die wirtschaftlichen Grundlagen und die Lebensweise ihrer Bewohner, denn neben der Herdenwirtschaft wird auch Ackerbau postuliert, der aufgrund eines relativ feuchten Klimas in der Steppe in der Bronzezeit möglich gewesen sein soll. Ähnlich kontrovers wird die Bedeutung einer aufblühenden und entwickelten Kupfer-

---

1 Zischow 2012
2 Parzinger 2006.
3 Krause u. a. 2010. Krause/Koryakova 2013.
4 Koryakova/Epimakhov 2007.

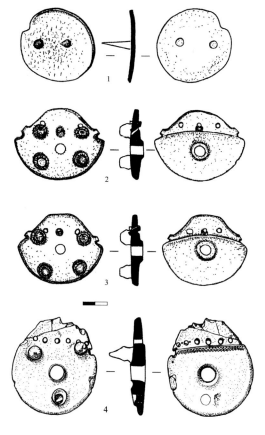

Abb. 2: Kamennyj Ambar-5, Kurgane. Scheibenförmige Trensenknebel mit Dornen aus Kurgan 2, Grab 8 (nach EPIMACHOV 2005, 38 Abb. 31).

und frühen Zinnmetallurgie in der Gesellschaft diskutiert, insbesondere die über einen großen Raum der Waldsteppe verbreiteten Bronzen des sog. Sejma-Turbino Typs.[5] Bei den befestigten Siedlungen liegen regelhaft Grabhügelnekropolen (Kurgane) mit unterschiedlich ausgestatteten Bestattungen in Schachtgräbern, in Einzelgrablegen oder in Kollektivgräbern. Als Ausstattungen einzelner Individuen enthalten sie vielspeichige zweirädrige (Streit)Wagen und Metallartefakte, darunter Lanzenspitzen, Schaftlochäxte und Dolche, die als Kennzeichen des sozialen Rangs verstanden werden. Das Pferd spielt nicht nur im Bestattungsritus eine besondere Rolle.[6] Vollständige Pferde oder auch nur Teile wie Schädel oder Extremitäten werden in unterschiedlicher Form in separaten Grablegen oder als Beigaben in Grabgruben neben den Toten niedergelegt. Die russische Forschung geht davon aus, dass Pferde oder Pferdeteile überwiegend als rituelle Bestandteile des Bestattungskults zu deuten sind.

Neben dem vielspeichigen zweirädrigen Streitwagen zeigt sich noch eine weitere Innovation dieses Kulturraums, die mit den leichten Gefährten in Verbindung steht: eine neue Form der Pferdeschirrung durch scheibenförmige Trensenknebel mit Dornen (Abb. 2), die eine leichtere Führung der Pferde und damit eine höhere Wendigkeit der Streitwagen ermöglicht. Die Scheibenknebel finden sich in unterschiedlichen Varianten in der westlichen Eurasischen Steppe über den nordpontischen Raum hinweg bis zu den bronzezeitlichen Schachtgräbern von Mykene und bis in das Karpatenbecken.[7] Sie dokumentieren durch ihre weite Verbreitung in eindrucksvoller Weise eine hohe Mobilität.

Das Untersuchungsgebiet liegt am Südostende des Urals, der sog. „Steinernen Mauer". Das Gebirge erstreckt sich in Nord-Süd-Richtung vom Nordmeer bis in die Steppenzone mit einer Länge von über 2000 Kilometern. Seine höchste Erhebung ragt knapp 1900 m empor. Der Ural stellt ein bemerkenswertes (Mittel-)Gebirge dar, das die geographische Trennlinie zwischen Europa und Asien bildet.[8] Dreh- und Angelpunkt sind die überaus reichen Mineral- und Erzvorkommen des Urals, die seit der Bronzezeit bis heute von herausragender Bedeutung sind.[9] An seinem südöstlichen Ende ist dem hier flachen, bewaldeten Mittelgebirge ein hügeliges Land vorgelagert, das als Trans-Ural bezeichnet wird und im Osten in die Weiten der sibirischen Tiefebene übergeht. Hier liegt das Untersuchungsgebiet des Projekts (Abb. 3): Zwischen den Wasserläufen von Ural und Tobol, die einmal nach Süden in das Kaspische Meer, der Tobol hingegen nach Norden über den Irtyš und Ob in das Nordmeer entwässern. Das leicht gewellte und flach hügelige Vorland östlich des südlichen Urals scheint ein Gunstraum gewesen zu sein, der durch besondere klimatische und kulturelle Parameter geprägt wurde.

Im Mittelpunkt des seit 2008 in einer Kooperation zwischen der Russischen Akademie der Wissenschaften in Ekaterinburg und der Goethe-Universität in Frankfurt durchgeführten Forschungsvorhabens stehen interdisziplinäre Feldforschungen und Ausgrabungen in drei befestigten Siedlungen, die alle im Tal des Flusslaufes des Karagajly-Ajat in bis zu 10 km Entfernung zueinander liegen.[10] Das von der Deutschen Forschungsgemeinschaft (DFG) sowie der Russischen Stiftung für Geistes- und Sozialwissenschaften (RGNF) unterstützte Vorhaben verfolgt Fragen nach der Wirtschaftsweise und nach dem Umfang des postulierten Ackerbaus im Kontext der befestigten Siedlungen der Sintašta-Kultur. Es geht um das Verhältnis zwischen Mensch und Umwelt, um den Einfluss des Menschen auf die Landschaft und um die gesellschaftliche Entwicklung dieses bemerkenswerten Kulturraumes an einer topographischen Schnittstelle am Südende des Urals zwischen dem nordpontischen Raum im Westen und dem Altai-Sajan-Gebirge im Osten (Abb. 1). Die Bandbreite der Vorstellungen

---

5 z. B. CHERNYKH/KUZMINYCH 1989. CHERNYKH 2008. PARZINGER 1997; 2006. KRAUSE im Druck.

6 ANTHONY 1995. EPIMAKHOV/KORYAKOVA 2004, 221–236. LEVINE 1999.

7 TEUFER 1999.

8 DAHLMANN 2009.

9 ZAYKOV u. a. 1999; 2005.

10 KRAUSE u. a. 2010, 99 Abb. 3.

Die bronzezeitliche Sintašta-Kultur im Trans-Ural

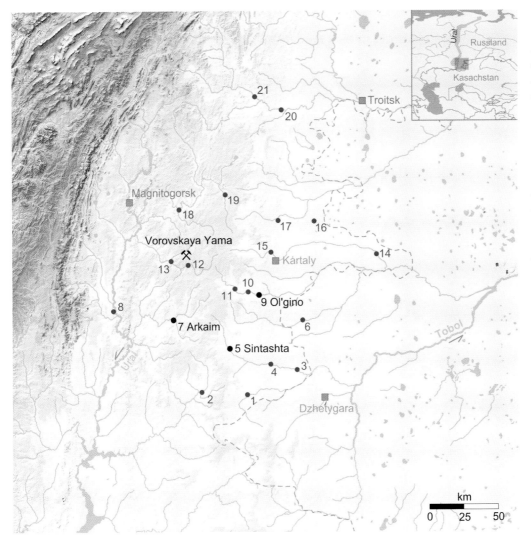

◄ *Abb. 3: Trans-Ural, Westsibirien. Die befestigten Siedlungen der Sintašta-Kultur: 1 Stepnoe; 2 Černoreč'e III; 3 Bachta; 4 Pariz (Astaf'evskoe); 5 Ust'e; 6 Čekataj; 7 Kujsak; 8 Sarym-Sakly; 9 Rodniki; 10 Isinej; 11 Konopljanka; 12 Žurumbaj; 13 Kamennyj Ambar (Ol'gino); 14 Kizil'skoe; 15 Arkaim; 16 Kamysty; 17 Sintašta; 18 Sintašta 2 (Levoberežnoe); 19 Andreevskoe; 20 Alandskoe; 21 Bersuat. Karte Ural-Projekt, D. Knoll.*

und der Modelle bewegt sich – wie eingangs bereits dargelegt – im Spannungsfeld zwischen einer mobilen und einer sesshaften Lebensweise, wobei die Herdenwirtschaft die tragende Rolle gespielt haben dürfte.[11] Die Vieh- und Herdenwirtschaft soll nach Ansicht der gängigen Forschungsmeinung durch Ackerbau und den Anbau von Kulturpflanzen ergänzt worden sein, wobei hierüber aber ebenso kontrovers diskutiert wird.[12] Im Vordergrund steht die Frage, ob und in welchem Umfang der postulierte Ackerbau vorhanden war, der aufgrund eines relativ feuchten Klimas in der Bronzezeit möglich gewesen sein soll.[13] Andererseits wird in jüngster Zeit zunehmend argumentiert, dass erst eine einsetzende Trockenphase das Sesshaftwerden der bronzezeitlichen Kulturen erforderlich machte, um so das Überwintern der Tiere zu gewährleisten.[14] Bis zum Beginn unseres Forschungsprojekts fehlten im Trans-Ural systematische archäobotanische Untersuchungen, sowohl on-site als auch off-site, die als Datengrundlage für eine Umweltrekonstruktion und Klärung der Rolle der Pflanzen im Leben und der Ernährung der Menschen hätten genutzt werden können.

Erste Ergebnisse des deutsch-russischen Kooperationsprojekts

In den folgenden Darstellungen werden erste Ergebnisse unseres Forschungsvorhabens, das zunächst bis 2014 konzipiert ist, erörtert. Sie zeigen das große Potential, das die Forschung in der Eurasischen Steppe für die Bronzezeit birgt[15] und welche weitreichenden Schlüsse sich für die Kulturentwicklung in Ost und West ableiten lassen. Ausführliche Vorberichte zur ersten Projektphase werden in einer ersten Monographie 2013 veröffentlicht.[16]

Siedlungsstrukturen, Häuser und Brunnen

Entgegen der üblichen Entfernung von bis zu 25–35 km liegen in dem von uns ausgewählten Untersuchungsgebiet entlang des kleinen Flüsschens Karagajly-Ajat insgesamt drei Siedlungen

---

11 KRAUSE/FORNASIER 2012. Siehe jetzt auch besonders FRACHETTI 2012.
12 KORYAKOVA/EPIMAKHOV 2007.
13 GAYDUCENKO 2002. LAVRUSHIN/SPRIDINOVA 1999.
14 ANTHONY 2009. KREMENETSKI 2003. KREMENETSKI u. a. 1997.
15 KRAUSE u. a. 2010.
16 KRAUSE/KORYAKOVA 2013.

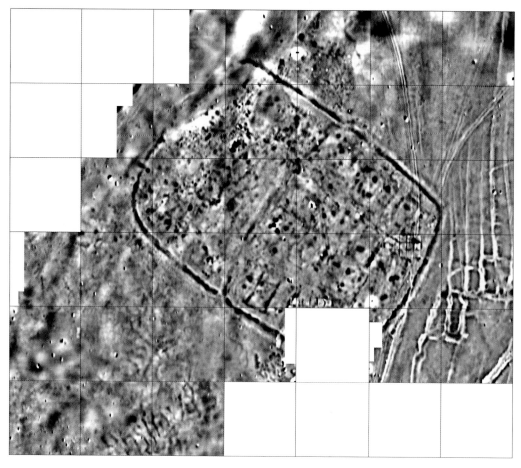

▶ Abb. 4: Kamennyj Ambar/Ol'gino. Hoch auflösendes Magnetogramm der befestigten Siedlung. Deutlich sind die Zweiteilung der Anlage und die Hausgrundrisse im Nordteil der Siedlung zu erkennen. Messung A. Patzelt 2009.

– Kamennyj Ambar/Olgino, Žurumbai und Konopljanka – im Abstand von jeweils nur ca. 10 km (Abb. 3).[17] Forschungen in dieser Region gewähren demzufolge auch einen einzigartigen Einblick in den Umgang des Menschen dieser Zeit mit dem ihm zur Verfügung stehenden Raum.[18] Daraus resultieren etwa so grundsätzliche Fragen, ob diese drei Siedlungen zeitgleich oder ob sie nacheinander existierten und ob sie aufgrund ihrer besonderen Lage möglicherweise sogar eine größere, mitunter wirtschaftspolitische Einheit bildeten.

Die geomagnetischen Prospektionen und die Ausgrabungen in den Siedlungen von Konopljanka und von Kamennyj Ambar ermöglichen detaillierte Einblicke in die Siedlungsstrukturen. Im Falle der rechteckigen Siedlung von Konopljanka sind es zwei parallele Häuserreihen mit jeweils 10 und 11 Häusern, an deren Rückseite an stets derselben Stelle jeweils ein Brunnen liegt. Die befestigte Siedlung Kamennyj Ambar besitzt eine rechteckige, 115 x 155 m große Form mit abgerundeten Enden, wodurch die Fläche innerhalb der Befestigung ungefähr 18.000 m² beträgt. Durch das Magnetogramm konnten nun erstmals die Binnengliederung und die Anzahl der Häuser innerhalb der Siedlung bestimmt und rekonstruiert werden (Abb. 4). In der nördlichen Hälfte von Kamennyj Ambar sind dies 25 oder 26 Häuser, die entlang von zwei schmalen parallelen Erschließungsachsen liegen, die mittleren Häuserreihen sind dabei aneinandergebaut (Abb. 5). Im hinteren Drittel eines jeden Hauses sind eine oder auch mehrere Anomalien sichtbar. Am wahrscheinlichsten handelt es sich dabei um Brunnen, Herdstellen und/oder Ofenstrukturen. Einen aufregenden Befund stellt zudem eine deutliche Zweiteilung der Befestigung der Siedlung dar, die auf eine Bauabfolge hinweisen könnte. Anzeichen für eine vergleichbare Bebauung in der Südhälfte liegen bis jetzt erst in einem Grabungsschnitt vor.

Die Hauseinheiten waren aus einer Lehm-Holzkonstruktion errichtet und konnten bis zu 20 Meter lang und 10 Meter breit sein. Sie verfügten offensichtlich über eine nutzungsbedingte Raumeinteilung. Die Frage, ob sie vollständig überdacht waren, wird derzeit untersucht und es gibt verschiedene Hinweise darauf, dass ein Teil der ummauerten Fläche nicht überdacht war und als Hof diente. Dort scheinen auch die in jeder Hauseinheit vorkommenden Brunnen zu liegen. Die Befundsituation ist im Zuge der Ausgrabungen häufig zunächst verwirrend, weil in einer Hauseinheit oft mehrere Brunnenschächte vorhanden sind, die eine Abfolge in der Nutzung darstellen. Sie liegen überwiegend im hinteren Teil der Häuser und konnten eine Tiefe von bis zu fünf Metern erreichen, wo sie immer das

---
17 Knoll 2012.
18 Krause/Fornasier 2012.

◀ Abb. 5: Kamennyj Ambar/Ol'gino. Rekonstruktion der befestigten Siedlung auf der Grundlage der Grabungsbefunde und der geomagnetischen Messungen. Dabei dürften in der Nordhälfte bis zu 25 Häuser gestanden haben, wogegen die Südhälfte nach ersten Grabungsbefunden wahrscheinlich 16 Häuser rekonstruiert werden können. Graphik ArcTron 3D.

Grundwasser der Talaue bzw. der Niederterrasse erreichten. Die Wände der Brunnenstuben sind entweder mit Flechtwerk oder durch senkrecht gestellte Hölzer ausgekleidet. In den Brunnenverfüllungen fanden sich bearbeitete Hölzer, die Einblicke in die Holzbearbeitungstechniken ermöglichen.

Ernährung und Wirtschaftsweise

Im Rahmen der botanischen Untersuchungen[19] werden zum einen die Umweltbedingungen durch die Analyse von Pollen, Sporen und der Sedimentologie natürlicher Archive (off-site) rekonstruiert und zum anderen durch die Beprobung und Auswertung der botanischen Makroreste (on-site) Hinweise auf die Ernährung und die Lebensweise gewonnen. Es ist daher ein wichtiges Ziel, systematisch Proben aus den Kulturschichten und aus Brunnenverfüllungen zu entnehmen, um sie auf verbrannte pflanzliche Reste (Körner, Samen, Druschreste, etc.) zu untersuchen und auf diese Weise neue Einblicke in die Nutzung von Wild-, Sammel- oder Kulturpflanzen als Ernährungsgrundlage in Ergänzung zur Fleischnutzung zu erhalten.

Einen wichtigen Stellenwert nehmen dabei die pollenanalytischen off-site-Untersuchungen ein. Sie zeigen, dass im Untersuchungsgebiet seit dem Boreal eine Steppenvegetation vorherrschte. *Artemisia*, Chenopodiaceae und Poaceae bestimmten das Bild der Steppe und entlang des Flusslaufs war eine Auensteppe ausgebildet. Birken- und Kiefernwäldchen, wie sie auch heute noch vorkommen, waren vor allem auf den Hochflächen und in feuchten Senken verbreitet. Weder der Waldanteil, noch der Steppentyp scheinen sich entscheidend verändert zu haben. Dennoch weisen die mitunter langen Hiaten auf wechselnde hydrologische Bedingungen hin, deren Charakter – lokal oder regional – bislang noch nicht abschließend geklärt werden kann. Eine deutliche Beeinflussung durch eine möglicherweise starke Beweidung zeichnet sich in der lokalen Vegetation in der Eisenzeit ab und könnte als Folge einer Nutzung der wasserführenden Seen als Tränken interpretiert werden[20]. Für die Bronzezeit konnte dagegen bislang noch keine auffallende anthropogene Beeinflussung der Vegetation festgestellt werden.[21]

Die während der Ausgrabungen durchgeführte systematische Beprobung aller Befundeinheiten und Kulturschichten gewährleistet eine gute Repräsentativität der botanischen Proben. Als Ergebnis kann festgehalten werden, dass im Pflanzenspektrum bislang weder domestizierte Arten nachgewiesen sind noch Hinweise auf eine Kultivierung von Wildpflanzen vorliegen. Anhaltspunkte dafür, dass während der Bronzezeit im Tal des Karagajly-Ajat Ackerbau betrieben wurde, konnten keine gewonnen werden.[22] Dies mit einem besonders ariden Klima in Zusammenhang zu bringen, erscheint nicht sinnvoll, da sowohl die sedimentologischen als auch die palynologischen Befunde dafür sprechen, dass zu dieser Zeit eher ein humides Klima vorherrschte.[23] Die bodenkundlichen Untersuchungen durch die Arbeitsgruppe um H. Thiemeyer[24] ergänzen diese Einschätzung und legen nahe, dass die Hanglagen wegen zu geringer Gründigkeit und vermutlich auch die Niederterrassenbereiche wegen des Salzgehaltes in den Böden als Ackerbauflächen nicht in Frage kommen, so dass potentiell geeignete Areale nur in sehr eingeschränktem Umfang zur Verfügung standen. Thiemeyer geht deshalb auch davon aus, dass aufgrund der Situation der

---

19 STOBBE/KALIS 2012.
20 KALIS/STOBBE 2012; STOBBE 2013, 321f.
21 STOBBE 2013, 322.
22 RUHL 2012. STOBBE. 2013, 322.
23 STOBBE. 2013, 323.
24 THIEMEYER u. a. 2013, 25.

▲ *Abb. 6: Kamennyj Ambar/Ol'gino. Sichel aus Kupfer aus den Siedlungsschichten der Ausgrabungen 2009–2011. Inv. 476/715.*

Böden gegenüber den fruchtbareren Lösssteppen einer möglichen ackerbaulichen Landnutzung wie in der jüngsten Geschichte (Gründung von Kolchosen in der Sowjetzeit) enge Grenzen gesetzt waren.[25]

Die verkohlten und mineralisierten Großreste werden von Lisa Rühl[26] bearbeitet; sie stammen von Pflanzen, die sich gut in die bronzezeitliche Vegetation im Tal des Karagajly-Ajat einfügen. Kiefern und Birken, Federgräser, Arten der flussnahen Wiesen und der Uferbereiche sind vorhanden. In der Frage des pflanzlichen Eiweisses in der Ernährung des Menschen ergeben sich aus den zahlreichen Resten des Weißen Gänsefußes (*Chenopodium album*), aber auch durch die Samen von Federgräsern (*Stipa*), neue Aspekte, die der Rolle von Sammelpflanzen in der Ernährung wahrscheinlich eine wichtige Rolle zukommen lassen. Sie könnten, wie auch verschiedene Sauergräser und Knöterichgewächse als Salat- und Gemüsepflanzen, ohne großen Aufwand in der Umgebung gesammelt und in der Siedlung verarbeitet worden sein. Hinweise auf das Entspelzen von *Stipa*-Körnern könnten die verkohlten Funde von gewundenen Grannenfragmenten geben. Ein großer Teil der verkohlten Reste stammt hingegen von Pflanzen, die sich, wie insbesondere die Klee-Arten, sehr gut als Tierfutter eignen. Auf welchem Wege sie in die Siedlung kamen, ob als frisch geschnittenes Futter, als Heu für den Winter oder gar über den Dung von Tieren kann anhand der Makroreste kaum entschieden werden.

Bemerkenswert sind die zahlreichen, meist kleinen Fischknochen, die erst durch das systematische Schlämmen von Kulturschichtproben erkannt wurden.[27] Die große Menge, die z. T. die Zahl der Pflanzenreste in den Proben übersteigt, lässt vermuten, dass Fisch innerhalb der Ernährung der Bewohner einen großen Stellenwert besaß.[28] Es handelt sich dabei um Arten (Hechte, Flussbarsche, Karpfenfische), die auch heute noch im Karagajly-Ajat vorkommen. Wie auch schon an anderen Stellen vermutet,[29] dürfte Fisch aus den zahlreichen kleinen Gewässern in der Ernährung eine sehr viel größere Rolle zugekommen sein, als dies bislang angenommen wurde. Die zahlreichen Fischreste aus der Siedlung Kamennyj Ambar eröffnen somit eine weitere Facette in der Ernährung der bronzezeitlichen Bewohner.

Im Hinblick auf die Herdenwirtschaft steht die Frage im Vordergrund, wie die Versorgung der Tiere (vornehmlich der Rinder) im Winter gewährleistet werden konnte. So findet man zwar in der Steppe in den flachen und weiten Tälern sowie in den Talauen gutes und ausreichend Weideland. Doch wie konnten die Tiere im Winter versorgt werden? Wenn die Hinweise der archäobotanischen Reste dahingehend gewertet werden können, dass Futtermittel in die Siedlung gebracht und das Steppengras für die Vorratswirtschaft genutzt wurde, dann gewinnt eine Artefaktgruppe an Bedeutung: die Sicheln.[30] Sicheln gehören zu den häufigsten Metallartefakten im Repertoire der Sintašta-Kultur und sie finden sich regelhaft sowohl als Beigaben in den Gräbern[31] als auch in den Siedlungen. So wurden auch in Kamennyj Ambar mehrere vollständige Sicheln (Abb. 6) und deren Fragmente gefunden. Die Sicheln sind meist recht groß und ihre leicht gebogenen, kräftigen Klingen können 20–25 cm Länge erreichen. Durch ihre Größe dürften sie recht gut dazu geeignet sein, Gras in der Steppe für die Heuernte zu schneiden. Wir neigen daher ebenso dazu, die Sicheln als Erntegeräte für die Heuernte zu betrachten, um Winterfutter für die Tiere zu gewinnen. Das Heu wurde möglicherweise in die Siedlungen eingebracht, um die Herden auch im Winter an oder bei den Siedlungen versorgen zu können. Auch die Versorgung der Tiere mit Wasser ist im Winter, wenn die Wasserläufe tief gefroren sind, durch die geschützte Lage der Brunnen in den Häusern oder im Hof gewährleistet. Damit ist eine stabile Lebens- und Ernährungsgrundlage für Mensch und Tier gegeben und die befestigten Siedlungen können als ökonomisch unabhängige Einheiten betrachtet werden.

Erzressourcen und Metallurgie

Der Ural und sein Vorland gelten als eine der mineralogisch reichsten Regionen Eurasiens und sind durch ihre reichen Erzvorkommen, die spätestens seit der Bronzezeit ausgebeutet wurden, von großer Bedeutung. Am bekanntesten sind die umfangreichen Kupferbergbaue der späten Bronzezeit am Südende des Urals in Kargaly (Oblast Orenburg)[32] oder die im östlichen Ural-Vorland im Bereich der befestigten Siedlungen gelegene, große obertägige Grube (Pinge) von Vorovskaja Jama[33]. Die Rolle der Metallurgie im sozioökonomischen Gefüge der befestigten Siedlungen wird kontrovers diskutiert und meist als übergeordnetes wirtschaftliches Element interpretiert, das im Sinne eines Material- und Technologieaustauschs zwischen den befestigten Siedlungen gewertet wird.[34] Bislang ungeklärt sind die Fragen der Herkunft der Erze und des Zinns und inwieweit die Siedlungsgemeinschaften das Erz oder Rohkupfer aus einer oder zwei zentralen Quellen erhalten

---

25 Thiemeyer u. a. 2013, 32.
26 Rühl 2012.
27 Stobbe u. a. 2013, 234.
28 Stobbe u. a. 2013, 235f.
29 Gaydučenko 2002, 408.

30 Dazu auch Koryakova/Epimachov 2007, 89. Anthony u. a. 2005, 396. Boroffka/Mantu-Lazarovici 2011, 153.
31 Z. B. Epimachov 2005, Kurgan 2, Grab 12; 51 Abb. 42,2.
32 Chernykh 2007.
33 Zaykov u. a. 2005.
34 Hanks 2009. Krause 2013, 222f.

haben. Dieser Theorie steht das Modell einer dezentralen Versorgung der befestigten Siedlungen aus verschiedenen Erzlagerstätten entgegen, die von den einzelnen Siedlungseinheiten selbst organisiert wurde.

Bisher geht die russische Forschung mehrheitlich davon aus, dass die befestigten Siedlungen ihr Erz überwiegend nur aus einer Lagerstätte, der großen Grube von Vorovskaja Jama, bezogen und die Rohstoffdistribution mehr oder weniger zentral gesteuert wurde.[35] Die große obertägige Bergbaupinge liegt etwa 60 km nordwestlich der Siedlung von Kamennyj Ambar (Abb. 3). Jedoch gibt es im gesamten östlichen Vorland des Urals zahlreiche Erzvorkommen,[36] die als potentielle Erzlieferanten für die befestigten Siedlungen und für die Metallurgie der Sintašta-Kultur gedient haben können.

Auch die Beurteilung des Umfangs und der Qualität der Kupferverarbeitung in den Siedlungen wird ungleich bewertet. Sie reicht von der Einschätzung einer von Spezialisten durchgeführten Produktion[37] bis hin zu einer in den Haushalten allgemein geübten Praxis der Herstellung von Kupferartefakten.

In der befestigten Siedlung Kamennyj Ambar liegen von den Ausgrabungen seit 2005 zahlreiche Funde von Kupfererzen, Schlacken sowie über 100 Kupferartefakte vor.[38] Einige wenige Befunde wie die Reste von Herdstellen oder Öfen mit starker Hitzeentwicklung weisen auf kleinteilige metallurgische Tätigkeiten hin, die innerhalb der Siedlung und der Hausbauten an verschiedenen Stellen ausgeübt wurden.

Eine Kartierung der Verteilung der Schlacken und Kupferartefakte in Grabungsareal 5 durch Ivan V. Molčanov[39] zeigt, dass diese metallurgischen Reste über die gesamte Fläche streuen und bisher keinen Verbreitungsschwerpunkt zu erkennen geben. Die charakteristischen Metallartefakte sind gebogene Sicheln, Fragmente von Beilklingen, zweischneidige Messerklingen und Pfrieme oder Ahlen. Daneben liegen zahlreiche kleine Fragmente, Gusstropfen sowie größere Gussreste vor. Die Schlacken sind meist klein fragmentiert. Ihre Bearbeitung soll weitere Einblicke in metallurgische Prozesse ergeben.

Bis jetzt wurde eine erste Serie geochemischer Analysen an 39 Kupferobjekten erstellt und die Ergebnisse zeigen, dass es sich überwiegend um reines Kupfer handelt.[40] Einige wenige Artefakte enthalten Beimengungen von Arsen und nur wenige Artefakte enthielten Zinnanteile von bis zu 3,5%. Zinn spielt also in der Metallurgie von Kamennyj Ambar noch keine große Rolle und es scheint vielmehr, dass damit eine Initialphase der Zinnmetallurgie zu fassen ist. In der Frage der Herkunft des Zinns wird der Blick nach Süden nach Mittelasien mit seinen umfangreichen Zinnvorkommen gelenkt.

Die Bleiisotopenverhältnisse der 39 Artefakte zeigen am Beispiel von Pb 207/206 neben einer weiten Streuung gewisse Konzentrationen auf; beides weist darauf hin, dass offenbar verschiedene Erze mit unterschiedlicher Orogenese und Herkunft verwendet wurden.[41] Dies verdeutlichen auch die ersten Ergebnisse der mineralogischen und geochemischen Analysen an zwei Serien von Erzen aus verschiedenen Lagerstätten des Trans-Urals.

Basierend auf diesen ersten Ergebnissen und Befunden gehen wir davon aus, dass die befestigten Siedlungen und ihr Umland jeweils Zugriff auf unterschiedliche eigene Erzquellen hatten und die Herstellung von Kupferartefakten auf lokaler Ebene auf der Grundlage eines gemeinsamen Formenschatzes und gleicher Herstellungsweisen erfolgte. Dies würde zur Folge haben, dass die metallurgischen Prozesse, von der Gewinnung der Erze, ihrer Verhüttung bis zum Guss und der Fertigstellung der Artefakte, im sozioökonomischen Gefüge nach wirtschaftlichen Aspekten nur eine untergeordnete Funktion eingenommen haben dürfte.

Populationsmodelle

Die Ergebnisse der interdisziplinären Untersuchungen machen deutlich, dass das neue Siedlungsmodell der befestigten und strukturierten Siedlungen eine vollkommen neue Form der Lebensweise in der Steppe in der Zeit um 2000 v. Chr. darstellte, die gegenüber der traditionellen nomadischen Lebensweise neuer Formen der sozialen Organisation bedurfte. Die Errichtung der Befestigungen und der Siedlungen stellen eine organisierte und planmäßig durchgeführte Gemeinschaftsleistung dar. Nicht von ungefähr wurde in der Forschung daher auch immer wieder vermutet,[42] dass mit dem Auftauchen dieser Siedlungen eine wachsende territoriale Kontrolle einherging, deren kriegerischer Charakter allein schon durch die hier vorhandenen Befestigungsanlagen und durch die in den Kurganen bestatteten Krieger mit Streitwagen, Waffen und Prestigeobjekten zum Ausdruck kommt.[43]

Auf der Grundlage der neuen archäologischen und naturwissenschaftlichen Daten werden neue Überlegungen zu Populationsmodellen und zur Wirtschaftsform angestellt.[44] So ermöglichen Hochrechnungen aufgrund der Anzahl der Haus-

---

35 ZAYKOV u. a. 2005, 103.
36 ZAYKOV u. a. 2005, 102 Fig.1.
37 KORJAKOVA/EPIMACHOV 2007, 34. HANKS/DOONAN 2009, 337.
38 KRAUSE u. a. 2010, 116 Abb. 23.
39 KRAUSE u. a. 2010, 112 Abb. 16.
40 KRAUSE 2013, 216ff.
41 KRAUSE 2013, 219ff.
42 Z. B. ANTHONY 2009. KORYAKOVA/EPIMAKHOV 2007.
43 ANTHONY 2009.
44 KNOLL 2012.

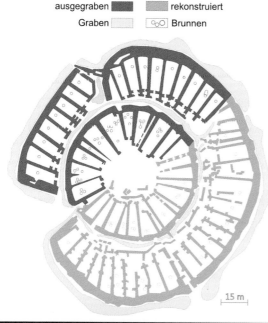

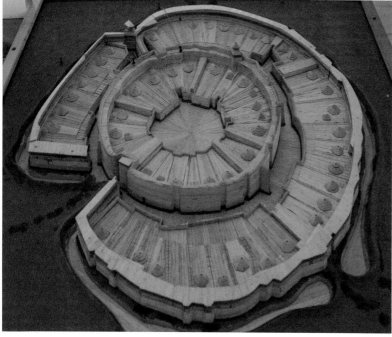

▲ Abb. 7: Arkaim (Nr. 7 in Abb. 3) Oben: Plan nach den Ausgrabungen und den Luftbildbefunden, unten: Holzmodell der Siedlung im Museum in Arkaim.

einheiten pro Siedlung (z. B. in Kamennyj Ambar 25/26 Häuser, in Konopljanka 21 Häuser) die Rekonstruktion von Bevölkerungsgrößen bei angenommenen 8–10 Personen pro Haushalt, die pro Siedlung in einer Größenordnung von rund 200–300 Personen gelegen haben dürfte. Durch die Erweiterung der Siedlung von Kamennyj Ambar im Süden (Abb. 5), könnte die Zahl der gleichzeitig existierenden Häuser sogar 42 und damit eine Bevölkerung von mindestens 300 Personen betragen haben. Die größte Siedlung scheint die runde Siedlung von Arkaim mit zwei Befestigungsringen und bis zu 57 Häuser gewesen zu sein (Abb. 7).[45] Wegen der ausstehenden Grabungspublikation ist allerdings nicht abzuschätzen, inwieweit sich in dem Befund eine bauliche und chronologische Entwicklung verbirgt und wie die innere und die äußere Befestigung chronologisch zueinander stehen. Die 57 Häuser verteilen sich mit 21 Bauten auf das zentrale Rund, während im äußeren Ring 30 und in einem Annex nochmals 7 Bauten vorliegen (Abb. 7). Sollten alle Häuser etwa im Zuge eines Ausbaus der Siedlung zu einem Zeitpunkt gleichzeitig bestanden haben, so könnten dort zwischen 450 und 570 Personen gelebt haben.

Legt man diese Berechnungen für die 21 bekannten befestigten Siedlungen zugrunde, dann dürfte die Population mindestens zwischen 6000 und 7000 Personen betragen haben. Da zu den befestigten Siedlungen kein Siedlungsumfeld in Form von weiteren offenen Siedlungen oder Gehöften bekannt ist, stellt sich die Frage, inwieweit mit den befestigten Siedlungen die gesamte Population erfasst werden kann (Abb. 8). Es ist denkbar, dass ein Teil der Bevölkerung (der Clans und Familieneinheiten) in transhumanter Lebensweise mit den Herden in der Steppe unterwegs war und während dieser Zeit im Sommerhalbjahr nur eine zahlenmäßig geringe Bevölkerung in den Siedlungen verblieb und die lokalen Nahrungsgrundlagen wie Sammelfrüchte und Fisch nutzte (s. o.). Mit der Rückkehr der Herden und der Familienmitglieder wäre dann im Winterhalbjahr die Zahl der Bewohner pro Hauseinheit wieder sehr viel größer. In einem solchen Modell spielt die Frage der Versorgung der Herdentiere im Winter eine entscheidende Rolle, die jedoch durch die archäobotanischen Daten und Ergebnisse (s. o.) positiv beantwortet werden kann.

Resümee - Impulsgeber in der Eurasischen Steppe

Die befestigten Siedlungen der Sintašta-Kultur (Abb. 3) werfen viele Fragen auf. Noch völlig unklar ist die Entstehung der Siedlungen und wie es zu dieser erstmals in der Steppe auftretenden Lebensweise in festen Siedlungen kam.[46] Inwieweit waren Einflüsse von außen, etwa durch die Übernahme der Form und der Architektur, dafür maßgebend? Welche Rolle spielte die lokale, autochthone Entwicklung, die möglicherweise durch die besonderen geeigneten naturräumlichen Gegebenheiten des Trans-Urals, die auf günstigen klimatischen Faktoren, der guten Wasserversorgung durch die zahlreichen Wasserläufe und günstigen Grundlagen für das Wachstum des Steppengrases bedingt, auf sehr guten Grundlagen aufbauen konnte? Neben der Frage der Genese und/oder der Herkunft dieser neuen Lebensform, wird es eine zukünftige Aufgabe sein, die soziokulturelle Organisation und den Grad der wirtschaftlichen Möglichkeiten der befestigten Siedlungen und

---

45 Zdanovič 1995; 1997. Zdanovič/Batanina 2007.

46 Koryakova/Epimakhov 2007. Anthony 2009. Frachetti 2012.

die Frage, inwieweit sie unabhängig voneinander oder durch eine politische „Dachorganisation" miteinander verbunden waren, weiter zu verfolgen. Ein äußeres Zeichen für günstige Rahmenbedingungen sind die kulturellen Ausprägungen und Entwicklungen, die weit in die Eurasische Steppe nach Osten wie nach Westen ausstrahlen. Eine besondere Innovation stellt der leichte und schnelle Streitwagen mit Speichenrädern dar, der zusammen mit der neuen Form der Führung der Pferde durch Scheibenknebel mit Dornen (s. o.) als Bestandteil einer verbesserten Schirrung seinen Ursprung nach mittlerweile gut abgesicherten ^{14}C-Radiokarbondaten in der Zeit um 2000 v. Chr. im Trans-Ural hatte.[47] Von hier aus lassen sich die Ausbreitung der Scheibenknebel und damit die neue Form der Pferdeführung nach Westen über den nordpontischen Raum hinweg bis an die Untere Donau und bis in die Schachtgräber Mykenes verfolgen.[48] Ebenso dürfte sich von hier aus der leichte und wendige Streitwagen ausgebreitet haben, und so ist es heute in der chinesischen Kulturgeschichte kein Tabu mehr, das Erscheinen des Streitwagens in China aus der Eurasischen Steppe abzuleiten (Abb. 1).[49]

Eine neue komplexere Metallurgie mit dem Aufkommen des Zweischalengusses basierend auf der Nutzung von überwiegend reinem Kupfer, aber auch von Arsenkupfer sowie einer Initialphase der Zinnmetallurgie, sind ebenso ein Kennzeichen der Sintašta-Kultur. Der Zweischalenguss und das Arsenkupfer sind schließlich auch Neuerungen, die über Westchina die Entwicklung der chinesischen Bronzezeit beeinflusst haben. Sie wurden übernommen und in lokalen Techniken umgesetzt.[50] Diese Entwicklungen und das weiträumige Wirken sind nur auf einer komplexen Gesellschaftsstruktur denkbar, so wie sie sich in den Bestattungen in den Kurganen und in den strukturierten befestigten Siedlungen zu erkennen gibt. Diese Komplexität und Kommunikation und Austausch in den Weiten der Steppe haben die Mobilität von Ideen und von technologischem *Know How* ermöglicht.

Danksagung

Das Forschungsprojekt ermöglichen durch Finanzierung und Unterstützung die Deutsche Forschungsgemeinschaft in Bonn (DFG), die Russische Stiftung für Geistes- und Sozialwissenschaften in Moskau (RGNF), die Eurasien-Abteilung des Deutschen Archäologischen Instituts in Berlin sowie das Generalkonsulat der Bundesrepublik Deutschland in Ekaterinburg. Besondere Zuwendungen erfährt das Vorhaben durch Herrn Prof. Dr. h. c. Reinhold Würth, Vorsitzender des Stiftungsaufsichtsrats der Würth-Gruppe in Künzelsau.

Es ist mir ein großes Bedürfnis, mich bei den Mit-Autoren und der deutsch-russischen Arbeitsgruppe für die gute Zusammenarbeit sehr herzlich zu bedanken!

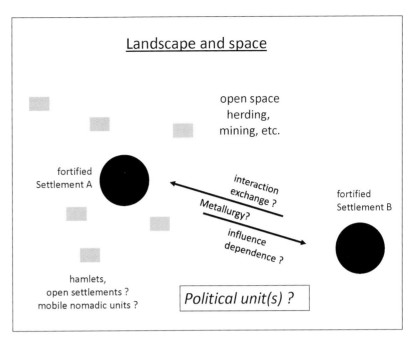

▲ Abb. 8: Modell der Raumnutzung und des Verhältnisses der befestigten Siedlungen untereinander.

Literatur

ANTHONY 1995
  D. W. Anthony, Horse, wagon & chariot: Indo-European languages and archaeology. Antiquity 69, 1995, 554–565.

ANTHONY 2009
  D. W. Anthony, The Sintashta genesis: The role of climate change, warfare, and long-distance trade. In: B. K. Hanks, K. M. Linduff (Hrsg.), Social complexity in prehistoric Eurasia. Monuments, Metal and Mobility. New York 2009, 47–73.

ANTHONY u. a. 2005
  D. W. Anthony, D. Brown, E. Brown, A. Goodman, A. Kochlov, P. A. Kosincev, P. Kuznetsov, O. Mochalov, E. M. Murphy, D. Peterson, A. Pike-Tay, L. Popova, A. Rosen, N. Russel, A. Weisskopf, The Samara Valley Project. Late Bronze Age economy and ritual in the Russian Steppes. Eurasia Antiqua 11, 2005, 395–417.

BOROFFKA/MANTU-LAZAROVICI 2011
  N. Boroffka, C.-M. Mantu-Lazarovici, Zwei Bronzesicheln der Noua-Kultur aus Poienești: Zur Wirtschaft in den bronzezeitlichen Steppen Eurasiens. In: E. Sava, B. Govedarica, B. Hänsel (Hrsg.), Der Schwarzmeerraum vom Äneolithikum bis in die Früheisenzeit (5000–500 v. Chr.). Int. Fachtagung Humboldt-Kolleg in Chișinu, Moldavien (4.–8. Oktober 2010). Prähistorische Archäologie in Südosteuropa 27. Rahden/Westf. 2011, 148–165.

CHERNYKH 1992
  E. N. Chernykh, Ancient metallurgy in the USSR. The early Metal Age. Cambridge 1992.

CHERNYKH 2007
  E. N. Chernykh, Kargaly: Phenomenon and paradoxes of development. Kargaly in the systems of metallurgical

---

47 HANKS u. a. 2007. EPIMAKHOV/KRAUSE 2013.
48 PENNER 1998.
49 MEI 2003.
50 MEI 2003. LINDUFF 2004.

provinces. Hidden (sacral) life of archaic miners and metallurgists. Kargaly V. Moscow 2007.

Chernykh 2008

E. N. Chernykh, The "Steppe Belt" of stockbreeding cultures in Eurasia during the early Metal Ages. Trabajos de Prehistoria 65, 2008, 73–93.

Chernykh/Kuzminych 1989

E. N. Chernykh, S. V. Kuzminych, Drevnjaja metallurgija Severnoj Evrazii (sejminsko-turbinskij fenomen). Moskva 1989.

Dahlmann 2009

D. Dahlmann, Sibirien. Vom 16. Jahrhundert bis zur Gegenwart. Paderborn 2009.

Epimachov 2005

A. V. Epimachov, Rannie kompleksnye obščestva Severa Central'noj Evrazii (po materialam mogil'nika Kamennyj Ambar-5). Čeljabinsk 2005.

Epimakhov/Koryakova 2004

A. Epimakhov, L. Koryakova, Streitwagen der eurasischen Steppe in der Bronzezeit: Das Wolga-Uralgebiet und Kasachstan. In: M. Fansa, S. Burmeister (Hrsg.), Rad und Wagen. Der Ursprung einer Innovation. Wagen im Vorderen Orient und Europa. Mainz 2004, 221–236.

Epimakhov/Krause 2013

A. V. Epimakhov, R. Krause, Relative and absolute chronology of the settlement Kamennyi Ambar. In: R. Krause, L. Koryakova (Hrsg.), Multidisciplinary investigations of the bronze age settlements in the Southern Trans-Urals. Frankfurter Archäologische Schriften 23. Bonn 2013, 129–146.

Frachetti 2012

M. D. Frachetti, Multiregional Emergence of Mobile Pastoralism and Nonuniform Institutional Complexity across Eurasia. Current Anthropology 53, 2012, 2–38.

Frachetti u. a. 2010

M. D. Frachetti, R. Spengler, G. Fritz, A. Mar'yashev, Earliest direct evidence for broomcorn millet and wheat in the Central Eurasian steppe region. Antiquity 84, 2010, 993–1010.

Gayduchenko 2002

L. L. Gayduchenko, Organic remains from fortified settlements and necropoli of the "Country of Towns". In: K. Jones-Bley, D. G. Zdanovich (Hrsg.), Regional specifics in light of global models BC complex societies of Central Eurasia from the 3rd to the 1st Millennium. Vol 2: The Iron Age; archaeoecology, geoarchaeology, and palaeogeography; beyond Central Eurasia. Journal of Indo-European Studies Monograph Series 46. Washington D. C. 2002, 400–416.

Gening u. a. 1992

V. F. Gening, G. B. Zdanovič, V. V. Gening, Sintašta. Archeologičeskie pamjatniki arijskich plemen Uralo-Kazachstanskich stepej. Tom 1. Čeljabinsk 1992.

Hanks 2009

B. K. Hanks, Late prehistoric mining, metallurgy, and social organization in North Central Eurasia. In: B. K. Hanks, K. M. Linduff (Hrsg.), Social complexity in prehistoric Eurasia. Monuments, metals, and mobility. Cambridge, New York 2009, 146–167.

Hanks/Doonan 2009

B. K. Hanks, R. Doonan, From scale to practice: A new agenda for the study of early metallurgy on the Eurasian Steppe. World Prehistory 22, 2009, 329–356.

Hanks u. a. 2007

B. K. Hanks, A. V. Epimachov, A. C. Renfrew, Towards a refined chronology for the Bronze Age of the Southern Urals, Russia. Antiquity 81, 2007, 353–367.

Kalis/Stobbe 2012

A. J. Kalis, A. Stobbe, Archaeopalynological investigations in the Trans-Urals (Siberia). Proceedings of The Northern Archaeological Congress November 8–12, 2010, Khanty-Mansiisk (Russia). Vestnik NGU 11:3, 2012, 130–136.

Knoll 2012

D. Knoll, Siedlungsformen und Siedlungsgefüge der Sintašta-Kultur in landschaftsarchäologischem Bezug. Magisterarbeit Universität Frankfurt 2012.

Koryakova/Epimakhov 2007

L. Koryakova, A. Epimakhov, The Urals and Western Siberia in the Bronze and Iron Ages. Cambridge 2007.

Krause/Fornasier 2012

R. Krause, J. Fornasier, Environmental factors of cultural variability – a case study in the Trans-Urals. Proceedings of The Northern Archaeological Congress November 8–12, 2010, Khanty-Mansiisk (Russia). Vestnik NGU 11:3, 2012, 119–129.

Krause 2013

R. Krause, The metallurgy of Kamennyi Ambar – settlement and cemetery. In: R. Krause, L. Koryakova (Hrsg.), Multidisciplinary Investigations of the Bronze Age settlements in the Southern Trans-Urals. Frankfurter Archäologische Schriften 23. Bonn 2013, 203–225.

Krause im Druck

R. Krause, New horizons: Archaeometallurgy in Eastern Europe and beyond. Int. Tagung Archaeometry, Bochum 29.06–01.07.2011. Im Druck.

Krause/Koryakova 2013

R. Krause, L. Koryakova (Hrsg.), Multidisciplinary Investigations of the Bronze Age settlements in the Southern Trans-Urals. Frankfurter Archäologische Schriften 23. Bonn 2013.

Krause u. a. 2010

R. Krause, L. N. Korjakova, J. Fornasier, S. V. Šarapova, A. V. Epimachov, S. E. Panteleeva, N. A. Berseneva, I. V. Molčanov, A. J. Kalis, A. Stobbe, H. Thiemeyer, R. Wittig, A. König, Befestigte Siedlungen der bronzezeitlichen Sintašta-Kultur im Trans-Ural, Westsibirien (Russische Föderation). Eurasia Antiqua 16, 2010, 97–129.

Kremenetski 2003

C. V. Kremenetski, Steppe and forest-steppe belt of Eurasia: Holocene environmental history. In: M. Levine, C. Renfrew, K. Boyle (Hrsg.), Prehistoric steppe adaption and the horse. Cambridge 2003, 11–28.

Kremenetski u. a. 1997

C. V. Kremenetski, P. E. Tarasov, A. E. Cherkinsky, The Latest Pleistocene in Southwestern Siberia and Kazakhstan. Quaternary International 41/42, 1997, 125–134.

Lavrushin u. a. 1999

Y. Lavrushin, A. Lavrushin, E. A. Spridinova, The main geological–paleoecological events of the Late Pleistocene and Holocene on the Eastern Slope of the Southern Urals. In: L.L. Gaiduchenko (Hrsg.), Native Systems of the Southern Urals. Chelyabinsk 1999, 66–103.

LEVINE 1999

M. Levine, The origins of horse husbandry on the Eurasian Steppe. In: M. Levine, Y. Rassamakin, A. Kslenko, N. Tatarintseva (Hrsg.), Late prehistoric exploitation of the Eurasian Steppe. Cambridge 1999, 5–58.

LINDUFF 2004

K. Linduff, How far does the Eurasian Metallurgical Tradition extend? In: K. Linduff (Hrsg.), Metallurgy in the Ancient Eastern Eurasia from the Urals to the Yellow River. Lewiston 2004, 1–14.

MEI 2003

J. Mei, Cultural interaction between China and Central Asia during the Bronze Age. Proceedings British Academy 121, 2003, 1–39.

PARZINGER 1997

H. Parzinger, Sejma-Turbino und die Anfänge des sibirischen Tierstils. Eurasia Antiqua 3, 1997, 223–247.

PARZINGER 2006

H. Parzinger, Die frühen Völker Eurasiens. Vom Neolithikum bis zum Mittelalter. München 2006.

PENNER 1998

S. Penner, Schliemanns Schachtgräberrund und der europäische Nordosten: Studien zur Herkunft der frühmykenischen Streitwagenausstattung. Saarbrücker Beiträger zur Altertumskunde 60. Bonn 1998.

RÜHL 2012

L. Rühl, Archäobotanische Untersuchung pflanzlicher Großreste in der bronzezeitlichen Siedlung Kamennyj Ambar (Russ. Föd.). Magisterarbeit Univ. Frankfurt 2012.

STOBBE 2013

A. Stobbe, Long-term perspective on Holocene environmental changes in the steppe of the Trans-Urals (Russia): Implications for understanding the human activities in the Bronze Age indicated by palaeoecological studies. In: R. Krause, L. Koryakova (Hrsg.), Multidisciplinary Investigations of the Bronze Age Settlements in the Southern Trans-Urals. Frankfurter Archäologische Schriften 23. Bonn 2013, 305–326.

STOBBE/KALIS 2012

A. Stobbe, A. J. Kalis, Archaeobotanical investigations in the Trans-Urals (Siberia): The vegetation history. eTopoi, Journal for Ancient Studies, Special Vol. 3, 2012, 297–303.

STOBBE u. a. 2013

A. Stobbe, L. Rühl, A. E. Nekrasov, P. A. Kosintsev, Fish – an important dietary component in the settlement of Kamennyi Ambar. In: R. Krause, L. Koryakova (Hrsg.), Multidisciplinary investigations of the Bronze Age settlements in the Southern Trans-Urals. Frankfurter Archäologische Schriften 23. Bonn 2013, 233–237.

TEUFER 1999

M. Teufer, Ein Scheibenknebel aus Džarkutan (Südusbekistan). Archäologische Mitteilungen aus Iran und Turan 31, 1999, 69–142.

THIEMEYER u. a. 2013

H. Thiemeyer, S. Peters, L. Jedmowski, Landscape evolution and soil formation in the Karagajly Ajat region. In: R. Krause, L. Koryakova (Hrsg.), Multidisciplinary investigations of the Bronze Age Settlements in the Southern Trans-Urals. Frankfurter Archäologische Schriften 23. Bonn 2013, 21–36.

ZAYKOV u. a. 1999

V. V. Zaykov, A. P. Bushmakin, A. M. Yuminov, E. V. Zaykova, G. B. Zdanovich, A. D. Tairov, R. J. Herrington, Geoarchaeological research into the historical relics of the South Urals: problems, results, prospects. In: A. M. Pollard (Hrsg.), Geoarchaeology: exploration, environments, resources. London 1999, 165–176.

ZAYKOV u. a. 2005

V. V. Zaykov, A. M. Yuminov, A. Y. Dunaev, G. B. Zdanovich, S. A. Grigoriev, Geologo-mineralogical studies of ancient copper mines in the Southern Urals. Archaeology, Ethnology and Anthropology of Eurasia 4:24, 2005, 101–114.

ZDANOVIČ 1995

G. B. Zdanovič, Arkaim: arii na Urale ili nesostojavšajasja civilizacija. In: Arkaim: Issledovanija. Poiski. Otkrytija. Čeljabinsk 1995, 21–42.

ZDANOVIČ 1997

G. B. Zdanovič, Arkaim – kul'turnyj kompleks épochu srednej bronzy Južnogo Zaural'ja. Rossijskaja Archeologija 1997:2, 1997, 47–62.

ZDANOVIČ/BATANINA 2007

G. B. Zdanovič, I. M. Batanina, Arkaim – Strana gorodov. Prostranstvo i obrazy. Čeljabinsk 2007.

ZISCHOW 2012

A. Zischow, Prähistorische Siedlungsräume in Westsibirien: Kontinuität und Wandel während der Bronze- und Eisenzeit. Internationale Archäologie 118. Rahden/Westf. 2012.

Symbolische Grabbeigaben in der Urnenfelderzeit

von Jan Dąbrowski

In der archäologischen Fachliteratur sind mehrfach Überlegungen zu verschiedenen Arten von Objekten zu finden, denen ein symbolischer Charakter zugesprochen wird; der Brauch hingegen, die Toten lediglich mit Fragmenten verschiedener Gegenstände auszustatten, blieb dabei in der Regel unbeachtet. Und gerade dieser Brauch, der *de facto* Ausdruck eines paneuropäischen Phänomens ist, verbindet die Gebiete, denen unser lieber Jubilar seine wissenschaftliche Tätigkeit gewidmet hat, mit jenen, die Gegenstand meiner Studie sind.[1]

Die Entwicklung der Forschung zu Bestattungssitten und -bräuchen sowie die stetig gewachsenen Anwendungsmöglichkeiten von Analysemethoden der Nachbarwissenschaften haben bereits zu erheblichen Fortschritten in der Analyse von Daten aus Gräberfeldern geführt. Dies betrifft sowohl theoretische Fragestellungen[2] als auch neue Analysemethoden des Fundmaterials.[3] Diese methodischen Fortschritte auf der einen Seite sowie der enorme Zuwachs an Daten auf der anderen Seite lassen erwarten, dass bestimmte Rituale und Praktiken ähnlichen Charakters erkennbar werden, deren Interpretation großräumig Gültigkeit besitzt. Im Folgenden soll versucht werden, solche weiträumigen Erscheinungen aufzuzeigen.

Schon im 3. Buch Mose, Kapitel 6–8, bestimmt Moses, welche Teile der geopferten Tiere tatsächlich als Opfer dargebracht und welche gegessen werden sollen.[4] In Bezug auf die Gebiete Europas bietet die Theogonie des Hesiod eine geeignetere Grundlage für weitere Erwägungen. Die Verse 535–557 dieses Epos beschreiben den Trug des Prometheus, der Zeus zwei Haufen Fleisch anbot, damit er sich einen wähle: der größere Haufen bestand aus Ochsenknochen und Haut bedeckt mit Fett, der kleinere dagegen aus Fleisch, bedeckt mit Eingeweiden.[5] Zeus wählte den größeren Haufen und seither opferten die Menschen den Göttern die Knochen. Schon seit langem überlegte M. Kubasiewicz, der Autor der Abhandlung über die Tierknochen aus den Gräbern in Przeczyce, Kr. Zawiercie, warum sich im untersuchten Fundmaterial ausschließlich Knochen aus den Bereichen des Kopfes und der körperfernen Gliedmaßenenden befanden, also wenig attraktive Esswaren.[6] Mit dem Prometheus-Mythos verknüpfte T. Węgrzynowicz[7] diese Beobachtung.

Im Folgenden soll also besonderes Augenmerk auf die Brand- oder Körpergräber gelegt werden, in denen den Toten Tierknochen beigegeben wurden. Gerade solche Gräber entsprechen gut dem Kriterium eines rituellen Depots.[8] Die innerhalb der Gräberfelder ebenfalls vorhandenen Tierbestattungen oder Bestattungen von Mensch und Tier eignen sich nicht für einen Vergleich des Fundmaterials mit dem Text des Hesiod und können daher nicht einbezogen werden. Die verfügbaren Daten sind leider ziemlich knapp. Nur ein kleiner Teil der zahlreichen Gräberfelder wurde diesbezüglich ausgewertet, und die erhobenen Daten beschränken sich oft nur auf die Ermittlung vorhandener Tierknochen. Hinzu kommt außerdem, dass bei einer archäozoologischen Analyse meist nicht alle Knochen bestimmt werden können, in der Regel bleibt ein Anteil unbestimmbarer Knochen. Daraus ergibt sich insgesamt ein sehr fragmentarischer Charakter der Daten, die überhaupt für die Analyse zur Verfügung stehen. Die Schlussfolgerungen müssen daher mit entsprechender Vorsicht gezogen werden.

Die meisten Daten liegen aus den Gräberfeldern der Lausitzer Kultur in Polen vor, hier ist diese Frage bislang am besten untersucht. Es wurden bereits 786 derartige Gräber registriert,[9] und ihre Anzahl nimmt durch neuere Untersuchungen immer weiter zu.[10] Aus der Untersuchung von R. Abłamowicz und H. Kubiak[11] geht hervor, dass unter den 375 bestimmbaren Haustieren (Schaf/Ziege, Rind, Schwein, Pferd, Hund) 64,8 % des Materials Kopf- und Unterteilknochen der Gliedmaße darstellen, also Teile von schlechter Fleischqualität. Dieser prozentuale Anteil ist *de facto* etwas herabgesetzt, denn wenn sich im Grab nur Fragmente von Langknochen der Tiere finden, ist die Zuordnung zum oberen oder unteren Teil der Extremität nicht immer möglich. Der größte Anteil von Knochen des Kopfes und der distalen Gliedmaßen – sogar 67,9 % – wurde für Schweine festgestellt, direkt gefolgt von Schaf/Ziege. Beim Jagdwild herrschen mit 80,5 % die Vögel vor. Die Zuordnung zum Jagdwild beruht auf der

---

1   Willroth 1985, 382ff. Dąbrowski 1993.
2   Z. B. Brück 1999. Rappaport 2007.
3   Z. B. Coblenz/Nebelsick 1997, 17ff.
4   Vor allem das Fett sollte geopfert werden.
5   Hesiodus, Verse 535–557.
6   Kubasiewicz 1972, 267ff.
7   Węgrzynowicz 1982, 127.
8   Marciniak 1996, 139.
9   Abłamowicz/Kubiak 1999, 47.
10 Z. B. Czopek 2001, 165. Lasak 2002.
11 Abłamowicz/Kubiak 1999, 54ff.

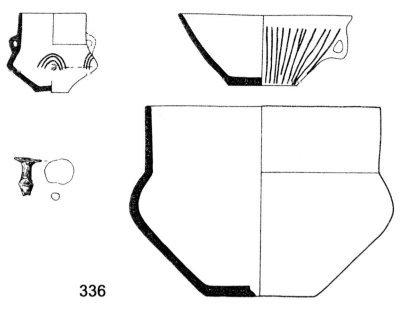
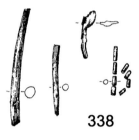

Abb. 1: Moravičany, Kr. Šumperk. Grabinventare der Gräber 336, 338 und 339. Fragmente von Bronzen M. 1:1; Keramik M. 1:4. Nach NEKVASIL 1982, 112ff.; Taf. 103.

Tatsache, dass Zuchtvögel erst in der Hallstattzeit in Mitteleuropa erscheinen.[12] Hinzuzufügen ist, dass vergleichbare Tierknochenspektren auch von den übrigen Gruppen der Lausitzer Kultur außerhalb Polens bekannt sind.[13]

Versuche, eine Relation zwischen Geschlecht und Alter des Toten und der ihn begleitenden Tiergattung zu erkennen, wurden auch unter Einbeziehung des Fundmaterials von Gräberfeldern außerhalb Polens gemacht.[14] Es scheinen sich gewisse Unterschiede zwischen einigen Gruppen der Lausitzer Kultur anzudeuten, aber erst eine umfangreichere Datenbasis wird eine gesicherte Bestätigung dieser Beobachtungen ermöglichen.

Abgesehen von Griechenland und dem Bereich der Lausitzer Kultur ist der Brauch, Kopf- und Extremitätenknochen der Tiere mit ins Grab zu geben, auch aus anderen Gebieten bekannt. Darauf weisen einige Daten aus Skandinavien, Spanien und auch aus Bayern hin.[15] Es darf wohl angenommen werden, dass dieses Ritual wenigstens in der Urnenfelderzeit allgemein bekannt war.

Die relativ große Häufigkeit der Vögel im untersuchten Fundmaterial hängt sicherlich mit der ihnen allgemein zugeschriebenen Verbindung zum Sonnenkult zusammen.[16] Unbedingt erwähnenswert sind hier auch die Vogelfiguren aus Ton, die oft auf den Lausitzer Gräberfeldern gefunden werden, und zwar sowohl in den Gräbern als auch zwischen ihnen, darunter auch in Fundkomplexen mit Opfercharakter.[17] Es wird angenommen, dass sie die Funktion eines Ersatzopfers übernahmen.[18] Für diese Hypothese spricht ge-

wissermaßen die Tatsache, dass sich in den bislang zur Verfügung stehenden Daten Gräber mit Vogelknochen und solche mit einer Vogelfigur ausschließen,[19] obwohl beides auf den entsprechenden Gräberfeldern anzutreffen war.

Tierknochen bilden jedoch nicht das einzige Beispiel von Grabbeigaben ohne praktischen Nutzen, d. h. also von symbolischer Bedeutung. Bronzegegenstände mit Gussfehlern und Fragmente von Metallartefakten sind in den Grabinventaren zahlreich vorhanden (Abb. 1) – die Angaben für größere Lausitzer Gräberfelder schwanken zwischen 53,9 % für Moravičany, Kr. Šumperk und 43,7 % für Sierpów, Kr. Łęczyca.[20] Eine Zusammenstellung der Nadeln aus Periode III der Bronzezeit[21] zeigt, dass 73,1 % der Exemplare aus den Gräbern beschädigt waren, bei den Rasiermessern[22] war es mit 49 % immerhin noch fast die Hälfte. Zur Kontrolle habe ich die Daten für zwei große Gräberfelder aus Nord- (Czarnków) und Südpolen (Kietrz, Kr. Głubczyce) berechnet, indem ich nur ungestörte Gräber der Perioden IV und V der Bronzezeit berücksichtigt habe. Gräber mit ausschließlich beschädigten Gegenständen machten in Kietrz 54,5 % der mit Metallbeigaben ausgestatteten Gräber aus,[23] in Czarnków betrug dieser Anteil 52,6 %[24]. Fragmentarische Objekte sind auch in Gräbern vorhanden, die mit vollständigen Gegenständen ausgestattet sind; es fällt also schwer, sie für Metallrohstoff und nicht als symbolische Beigabe zu deuten. Ein Blick auf die Gräberfelder in Norddeutschland zeigt ein ähnliches Bild, doch die geringe Anzahl der verfügbaren Daten lässt die Angabe prozentualer Anteile nicht zu. Ich kann daher nur auf die Gräberfelder verweisen, bei denen der *pars pro toto*-Brauch etwas häufiger angetroffen wurde: Geesthacht und Schwarzenbek, Kr. Herzogtum Lauenburg sowie Beldorf, Kr. Rendsburg-Eckernförde;[25] Blievenstorf, Kr. Ludwigslust[26]. Bisweilen wird dieser Brauch mit der Verteilung der Opfergaben zwischen Gottheit und Opfergeber verbunden.[27] Im gleichen Kontext symbolischer Gaben sind auch die manchmal in den Gräbern anzutreffenden Miniaturgegenstände aus Metall zu sehen.[28]

Ein weiteres Beispiel für symbolische Grabbeigaben stellen Feuersteine dar (Abb. 2). Über ihre Bedeutung in Grabinventaren wird seit lan-

---

12 LASOTA-MOSKALEWSKA 2005, 243.
13 Z. B. BÖNISCH 1990, 83.
14 ABŁAMOWICZ 1996.
15 GEJVAL 1961, 163ff. STRÖMBERG 1975, 158ff. ARANDA JIMENEZ/MONTON-SUBIAS 2011, 135. MÜLLER-KARPE 2009, 79.
16 PODBORSKÝ 2006, 230ff. MÜLLER-KARPE 2009, 68ff.
17 GEDIGA 1970, 40ff. MOGIELNICKA-URBAN 1993.
18 WĘGRZYNOWICZ 1982, 217.

19 Als Grundlage dient der Katalog von ABŁAMOWICZ/ KUBIAK 1999, vgl. dort insbesondere Tab. 11.
20 DĄBROWSKI 1993, 120.
21 ESSEN 1985.
22 GEDL 1981.
23 GEDL 1982; 1987; 1989.
24 ŁUKA 1950.
25 SCHMIDT 1993, 16ff.
26 KEILING 1964; 1968.
27 NEBELSICK 1997, 40.
28 BAUDOU 1960, 12ff. COBLENZ 1996, 67ff.

gem diskutiert,[29] aber erst die gestiegene Zahl derartiger Funde ließ die Feststellung zu, dass sie meist intendiert dem Toten mitgegeben worden waren. Die Bevölkerung der Lausitzer Kultur gewann das Rohmaterial Feuerstein im Bergbau.[30] In Skandinavien stammen zahlreiche Feuersteinfunde von Siedlungen oder Kultobjekten,[31] während sie in Grabinventaren aus Skandinavien und Norddeutschland selten zu finden sind. Meist handelt es sich nicht um Werkzeuge, sondern um Abschläge und Absplisse.[32] Auf einigen Gräberfeldern innerhalb der Lausitzer Kultur kommen selten Feuersteinfunde vor, in Kietrz wurden sie in den Gräbern der Perioden IV und V der Bronzezeit nur zweimal beobachtet.[33] Je weiter im Osten sich die Gräberfelder allerdings befinden, desto häufiger werden Feuersteinfunde in den Gräbern entdeckt; tatsächliche Geräte stellen jedoch nur einen sehr geringen Prozentsatz davon. In Maciejowice, Kr. Garwolin, wurden 400 Feuersteine in den Gräbern gefunden, darunter waren kaum 1,7 % Werkzeuge.[34] In Gąsawa, Kr. Żnin, bildeten Werkzeuge 6,5 % des Feuersteininventars, selten wurden sie auch in Siedliszcze, Kr. Chełm angetroffen.[35]

Hinweise auf Rituale in der Art der beschriebenen Bräuche sind auch aus früheren Zeiten bekannt. Tierknochen wurden schon früh den Menschen mit in die Gräber gegeben; so wurde bereits in einem Grab der Linienbandkeramik ein Knochen vom distalen Ende eines Hirschlaufs entdeckt.[36] Der Vergleich der Tiergattungen, die einerseits in Tiergräbern bestattet wurden und die andererseits als Beigaben in menschlichen Bestattungen gefunden wurden, zeigt im Rahmen der Lausitzer Kultur und der vorangehenden Kulturen deutliche Unterschiede.[37] Die Bestattungssitten der Gruppen der Hügelgräber- und Trzciniec-Kultur in Polen knüpfen stark an neolithische Traditionen an. Tierknochen sind auch in späteren Zeiten noch in den Gräbern zu finden.[38] Die Niederlegung beschädigter Objekte im Grab kam ebenfalls schon früher vor, im Neolithikum betraf dies auch Menschenfiguren.[39] Die Beigaben anthropomorpher und zoomorpher Kleinplastik werden als Ersatzbeigaben interpretiert,[40] ähnlich wie die schon erwähnten Vogelfiguren auf den Gräberfeldern der Lausitzer Kultur. Auch der Brauch, Metallgegenstände zu zerstören, bevor sie ins Grab gelegt wurden, war bereits vor der Urnenfelderzeit bekannt.[41]

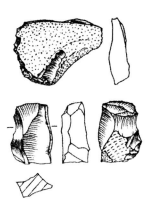

▲ Abb. 2: Siedliszcze, Kr. Chełm, Gr. 21. Flintabschläge. M. 1:1. Nach LIBERA 2006, 295 Abb. 6.

Feuersteinbeigaben sind in steinzeitlichen Gräbern so geläufig, dass von Beispielen abgesehen werden kann. Es ist demnach festzustellen, dass wir es auch in diesem Falle mit der Kontinuität einer Sitte in der Bronzezeit zu tun haben, ungeachtet der Tatsache, dass diese sich mit regional unterschiedlicher Intensität manifestiert. Die ausgeprägte Verbreitung von Feuerstein in Ostpolen lässt sich zum Teil damit erklären, dass der Rohstoff hier besser verfügbar war und Metall seltener in diese Gebiete gelangte.[42] Die oben vorgestellten Daten bestätigen auch in diesem Falle die Regel, dass an nützlichen und brauchbaren Dingen gespart wurde und den Vorfahren – gewissermaßen ersatzweise – symbolische Attrappen geopfert wurden. Das volle Ausmaß dieses Brauches werden wir übrigens nie erfassen, weil nicht zu rekonstruieren ist, welche Gegenstände aus Holz den Toten beigegeben wurden, und welchen Anteil daran symbolische Beigaben hatten. Ebenfalls nahezu unmöglich dürfte es sein, zu ergründen, ob kleine, in Brandgräbern gefundene Gegenstände aus Knochen ursprünglich als vollständige Objekte niedergelegt worden sind oder nicht.

Das Töten von Opfertieren und das Zerbrechen geopferter Gegenstände im Sinne rituellen Tötens werden als Zeichen für Rituale des Übergangs von der Welt der Lebenden zur Totenwelt angesehen.[43] Die Zerstörung von Gegenständen fand jedoch auch in anderen Situationen statt, die zweifellos mit irgendwelchen Bräuchen und Ritualen verbunden waren. Zahlreiche zerbrochene Gefäße wurden beispielsweise um den Schälchenstein von Königshain, Kr. Görlitz, herum entdeckt.[44] In Topolčany wurde ein Kultobjekt untersucht, an dem sich zahlreiche Fragmente von Keramik und Bronzegegenständen sowie Menschen- und Tierknochen fanden.[45]

---

29 WĘGRZYNOWICZ 1968, 240ff.
30 LECH/LECH 1997. MIGAL 1997. BARGIEŁ 2002.
31 JAANUSSON 1981, Taf. 4. MASOJĆ/BECH 2011.
32 HÖGBERG 2009, 256ff. SCHMIDT 1997, 5ff. KEILING 1964, 94ff.
33 GEDL 1982, 85; 1987, 108.
34 MOGIELNICKA-URBAN 1997.
35 PIOTROWSKA 1997. LIBERA 2006, Tab. I.
36 PODBORSKÝ 2006, 121ff. DZIEDUSZYCKA 1959, 33.
37 ABŁAMOWICZ 1997. GÓRSKI 2008.
38 WĘGRZYNOWICZ 1982, 120ff. RUSSEL 2012, 75.
39 CHAPMAN 1999.
40 PODBORSKÝ 2006, 162.

41 Z. B. HORN 2011.
42 DĄBROWSKI 2009, 121 Karte 16.
43 LEACH/GREIMAS 1989, 81.
44 SCHULTZ 1939/40, 28ff.
45 PODBORSKÝ 2006, 290.

Die oben angegebenen Zahlen zeigen, dass das besprochene Ritual symbolischer Beigaben auf den Gräberfeldern der Lausitzer Kultur häufig stattfand oder sogar dominierte, allerdings mit deutlich sichtbaren regionalen Unterschieden. Die in den Gräbern anzutreffenden Tierknochen anderer Körperteile, vollständige Bronzegegenstände oder Werkzeuge und Waffen (darunter auch Flintpfeilspitzen) legen von anderen gleichfalls praktizierten Bräuchen hinsichtlich der Beigabenausstattung der Toten Zeugnis ab. Es gab allerdings keine scharfe Trennung dieser unterschiedlichen Rituale, denn sie können in einigen Gräbern auch zusammen vorkommen; dies betrifft zumeist Bronzen und Feuersteine. Solche Situationen sind nicht überraschend, denn es ist seit langem bekannt, dass die Gräberfelder der Lausitzer Kultur differenzierte Rituale widerspiegeln, die noch weit davon entfernt sind, endgültig geklärt zu sein.

Der aktuelle Forschungstand erlaubt lediglich die Feststellung, dass Rituale symbolischer Grabbeigaben bereits lange vor der Urnenfelderzeit auftauchten und sehr schnell auch Metallgegenstände erfassten (Abb. 1). In den besprochenen Zeiträumen, und mehr noch in den vorangehenden Zeiten, scheint eine Trennung von *Sacrum* und *Profanum* unmöglich.[46] Beide oben angeführten Schriftquellen, das 3. Buch Mose und Hesiod, bieten durch die erzählte Entstehungsgeschichte eine Rechtfertigung bzw. Billigung der Sitte, die sich am besten als „*Sacrofanum*"[47] bezeichnen lässt. Es handelt sich ja hier einerseits um die Erklärung des Rituals als religiöses Gebot (durch Moses übermittelt), das nicht hinterfragt zu werden braucht, oder andererseits um eine Rechtfertigung der Handlungsweise durch Berufung auf den Mythos, der gewissermaßen einen Präzedenzfall darstellt. Hervorzuheben ist, dass beide Versionen eine zutiefst rationale Begründung haben. In heißem Klima ist der Verzehr von fettem Fleisch nicht ratsam und das Risiko des Verderbens großer Fleischmengen war für die ständig von Hungersnot bedrohten Menschen (Rinderpest, Dürre, Überschwemmung) nicht annehmbar. Die häufige Ausstattung der Toten mit nicht zu gebrauchenden oder wenig nützlichen Dingen zeugt davon, dass man mit seinem Hab und Gut möglichst rationell zu wirtschaften trachtete. Darüber hinaus kann die Tatsache, dass ein bestimmtes Objekt im Rahmen von kultisch-religiösen Handlungen am Grab durch ein Symbol ersetzt werden kann, als Hinweis darauf verstanden werden, dass generell eine abstraktere Jenseitsvorstellung herrschte.

Es ist eine bekannte und gut erforschte Tatsache, dass sich Rituale im Laufe der Zeit verändern und abschwächen.[48] Reguläre Tierbestattungen treten verhältnismäßig spät auf und es wird diskutiert, ob sie dieselbe Idee widerspiegeln wie die in menschlichen Gräbern zu findenden Tierknochen.[49] Gefäße, die zwischen den Gräbern niedergelegt waren und einst tierische Substanzen enthielten,[50] scheinen eher darauf hinzuweisen, dass verschiedene Erscheinungsformen ähnlich intendierter Rituale existierten, die wahrscheinlich zu Ehren der Toten durchgeführt wurden. Die Fortführung des älteren Brauchs hingegen, Mensch und Tier gemeinsam zu bestatten, blieb in der Urnenfelderzeit ausgesprochen selten.[51] "In der Entwicklung der Gesellschaften sind derartige Phänomene, bei denen soziales Gefüge bewusst entsteht, zwangsläufig selten."[52] Es darf wohl mit Recht die Vermutung geäußert werden, dass gerade in diesem Fall rationales Denken dem vergleichsweise rationalen Handeln im rituellen Kontext zugrunde lag, durch das letztlich verhindert wurde, dass nützliche und brauchbare Objekte dauerhaft dem Zugriff entzogen wurden – auch wenn diese Handlungsweise sicherlich irgendwie mit Glaubensregeln begründet worden ist.

Die vorstehenden Bemerkungen können in dem hier gegebenen Rahmen notwendigerweise lediglich das Wesen der Sache kurz umreißen. Sie haben keinerlei Anspruch auf eine vollständige Erfassung des Problems, denn dies würde die umfassende Betrachtung mehrerer Erscheinungsformen des Bestattungsritus erfordern unter Einbeziehung von erheblich mehr Daten mit besonderer Berücksichtigung der naturwissenschaftlichen Analysen. Erst dadurch ließen sich die verschiedenen Formen der Bestattungsrituale, und zwar auch der hier unberücksichtigt gebliebenen, zu einem Ganzen verbinden, was uns wiederum einer vollständigeren Rekonstruktion all jener Rituale näher bringen könnte, die vor, während und nach der Grablegung eines Verstorbenen stattfanden.

Literatur

HESIODUS
    Hezjod, Narodziny bogów (Theogonia), Prace i dni, Tarcza. Biblioteka Antyczna, Übersetzung: J. Łanowski. Warszawa 2004.

ABŁAMOWICZ 1996
    R. Abłamowicz, Kości zwierzęce w grobach kultury łużyckiej jako wyznaczniki wieku i płci zmarłego. In: J. Chochorowski (Hrsg.), Problemy epoki brązu i wczesnej epoki żelaza w Europie Środkowej. Księga jubileuszowa

---

46 BUCHOWSKI 1993, 89ff.
47 BUCHOWSKI 1993, 88 Abb. 8.

---

48 KRZYWICKI 1957, 62ff.
49 WĘGRZYNOWICZ 1982, 174ff. PODBORSKÝ 2006, 216ff.
50 MOGIELNICKA-URBAN 1992.
51 PODBORSKÝ 2006, 121ff. BUKOWSKI 1996, 314.
52 MAUSS 1973, 184. Zitiert nach der polnischen Übersetzung. Originalpublikation: M. Mauss avec H. Hubert, Esquisse d'une théorie générale de la magie. L'Année Sociologique 7, 1902–1903, 1–146.

poświęcona Markowi Gedlowi w sześćdziesiątą rocznicę urodzin i czterdziestolecie pracy w Uniwersytecie Jagiellońskim. Kraków 1996, 45–65.

Abłamowicz 1997

R. Abłamowicz, Różnicowanie się wierzeń w II i III okresie epoki brązu w dorzeczu Odry i Wisły na przykładzie szczątków zwierzęcych. In: W. Blajer (Hrsg.), Beiträge zur Deutung der bronzezeitlichen Hort- und Grabfunde in Mitteleuropa. Kraków 1997, 45–54.

Abłamowicz/Kubiak 1999

R. Abłamowicz, H. Kubiak, Analiza osteologiczna szczątków zwierzęcych z cmentarzysk kultury łużyckiej w dorzeczu Odry i Wisły. Katowice 1999.

Aranda Jimenez/Monton-Subias 2011

G. Aranda Jimenez, S. Monton-Subias, Feasting death – funerary rituals in the Bronze Age societies of South-Eastern Iberia. In: G. Aranda Jimenez, S. Monton-Subias, M. Sanchez-Romero (Hrsg.), Guess who`s coming to dinner. Oxford 2011, 130–157.

Bargieł 2002

B. Bargieł, Stan badań nad wykorzystaniem krzemienia świeciechowskiego w późnym neolicie i epoce brązu w Polsce południowo-wschodniej (zarys problematyki). In: B. Matraszek, S. Sałaciński (Hrsg.), Krzemień świeciechowski w pradziejach. Warszawa 2002, 123–140.

Baudou 1960

E. Baudou, Die regionale und chronologische Einteilung der jüngeren Bronzezeit im Nordischen Kreis. Stockholm 1960.

Bönisch 1990

E. Bönisch, Das jungbronzezeitliche Gräberfeld der Lausitzer Kultur Saalhausen 2, Kr. Senftenberg. Veröffentlichungen des Museums für Ur- und Frühgeschichte Potsdam 24. Potsdam 1990, 63–169.

Brück 1999

J. Brück, Ritual and rationality: some problems of interpretation in European archaeology. European Journal of Archaeology 2, 1999, 313–344.

Buchowski 1993

M. Buchowski, Magia i rytuał. Warszawa 1993.

Bukowski 1996

Z. Bukowski, Kult und Opferplätze der Bevölkerung der Lausitzer Kultur im Stromgebiet von Oder und Weichsel. In: P. Schauer (Hrsg), Archäologische Forschungen zum Kultgeschehen in der jüngeren Bronzezeit und frühen Eisenzeit Alteuropas. Bonn 1996, 301–333.

Chapman 1999

J. Chapman, Where are the Missing Parts? A Study of Artifact Fragmentation. Památky Archeologické XC, 1999, 5–22.

Coblenz 1996

W. Coblenz, Besondere Bestattungen und Beigaben in der Lausitzer Kultur und in ihren westlichen Randbezirken. In: K. F. Rittershofer (Hrsg), Sonderbestattungen in der Bronzezeit im östlichen Mitteleuropa. Espelkamp 1996, 65–68.

Coblenz/Nebelsick 1997

W. Coblenz, L. D. Nebelsick, Das prähistorische Gräberfeld von Niederkaina bei Bautzen, Bd. 2. Stuttgart 1997.

Czopek 2001

S. Czopek, Pysznica, pow. Stalowa Wola, stanowisko 1 – cmentarzysko ciałopalne z przełomu epoki brązu i żelaza. Rzeszów 2001.

Dąbrowski 1993

J. Dąbrowski, O fragmentach brązów w grobach łużyckich. Miscellanea archaeologica Thaddeo Malinowski dedicata. Słupsk, Poznań 1993, 119–122.

Dąbrowski 2009

J. Dąbrowski, Polska przed trzema tysiącami lat. Czasy kultury łużyckiej. Warszawa 2009.

Dzieduszycka 1959

A. Dzieduszycka, Cmentarzysko i osada kultury starszej ceramiki wstęgowej w Giebułtowie, pow. Kraków. Materiały Archeologiczne I, 1959, 23–43.

Gediga 1970

B. Gediga, Motywy figuralne w sztuce ludności kultury łużyckiej. Wrocław 1970.

Essen 1985

R. Essen, Die Nadeln in Polen II. Prähistorische Bronzefunde XIII:9. München 1985.

Gedl 1981

M. Gedl, Die Rasiermesser in Polen. Prähistorische Bronzefunde VIII:4. München 1981.

Gedl 1982

M. Gedl, Cmentarzysko ze schyłku epoki brązu w Kietrzu, tom I. Wrocław 1982.

Gedl 1987

M. Gedl, Cmentarzysko ze schyłku epoki brązu w Kietrzu, tom II. Wrocław 1987.

Gedl 1989

M. Gedl, Groby z młodszego okresu epoki brązu na cmentarzysku w Kietrzu. Kraków 1989.

Gejvall 1961

N.-G. Gejvall, Anthropological and osteological analysis of the skeletal material and cremated bones from Simris 2, Simris parish. In: B. Stjernquist (Hrsg.), Simris II. Bronze age problems in the light of the Simris excavation. Bonn, Lund 1961, 157–173.

Górski 2008

J. Górski, Pochówki zwierząt i depozyty zwierzęce w kulturze trzcinieckiej (wstęp do problematyki). Na pograniczu światów. Studia z pradziejów międzymorza bałtycko-pontyjskiego ofiarowane Profesorowi Aleksandrowi Kośko w 60. rocznicę urodzin. Poznań 2008, 105–114.

Horn 2011

C. Horn, Die rituelle Zerstörung von Stabdolchen. Archäologische Information 34:1, 2011, 49–63.

Högberg 2009

A. Högberg, Lithics in the Scandinavian late Bronze Age. Sociotechnical change and persistence. British Archaeological Reports 1932. Oxford 2009.

Jaanusson 1981

H. Jaanusson, Hallunda. A study of pottery from a late Bronze Age settlement in central Sweden. Stockholm 1981.

Keiling 1964

H. Keiling, Der jungbronzezeitliche Bestattungsplatz auf der „Dehms" von Blievenstorf, Kreis Ludwigslust. Bodendenkmalpflege in Mecklenburg, Jahrbuch 1964, 39–151.

Keiling 1968

H. Keiling, Weitere jungbronzezeitliche Grabfunde von der „Dehms" bei Blievenstorf, Kr. Ludwigslust.

Bodendenkmalpflege in Mecklenburg Vorpommern, Jahrbuch 1968, 211–264.

Krzywicki 1957

L. Krzywicki, Pierwociny więzi społecznej. Warszawa 1957.

Kubasiewicz 1972

M. Kubasiewicz, Szczątki zwierzęce z cmentarzyska kultury łużyckiej w Przeczycach, pow. Zawiercie. Rocznik Muzeum Górnośląskiego w Bytomiu – Archeologia z. 9, 1972, 259–274.

Lasak 2002

I. Lasak, Uwagi o szczątkach zwierzęcych w grobach na cmentarzysku kultury łużyckiej w Miłosławicach, pow. Milicz, woj. Dolnośląskie. In: M. Gedl (Hrsg.), Wielkie cmentarzyska z epoki brązu i wczesnej epoki żelaza. Warszawa 2002, 129–137.

Lasota-Moskalewska 2005

A. Lasota-Moskalewska, Zwierzęta udomowione w dziejach ludzkości. Warszawa 2005.

Leach/Greimas 1989

E. Leach, A. J. Greimas, Rytuał i narracja. Warszawa 1989.

Lech/Lech 1997

H. Lech, J. Lech, Górnictwo krzemienia w epoce brązu i wczesnej epoce żelaza. Badania uroczyska „Zele" w Wierzbicy, woj. Radomskie. In: J. Lech, D. Piotrowska (Hrsg.), Z badań nad krzemieniarstwem epoki brązu i wczesnej epoki żelaza. Warszawa 1997, 95–113.

Libera 2006

J. Libera, Analiza inwentarzy krzemiennych uzyskanych w trakcie badań wykopaliskowych stanowiska 2 kultury łużyckiej w Siedliszczu, pow. Chełmski. Archeologia Polski Środkowowschodniej VIII, 2006, 293–306.

Łuka 1950

L. J. Łuka, Cmentarzysko kultury łużyckiej w Czarnkowie z IV-V okr. epoki brązu. Fontes Praehistorici I, 1950, 1–163.

Marciniak 1996

A. Marciniak, Archeologia i jej źródła. Materiały faunistyczne w praktyce badawczej archeologii. Warszawa, Poznań 1996.

Masojć/Bech 2011

M. Masojć, J.-H. Bech, Cult Houses and Flint Knapping in the Scandinavian Late Bronze Age. Acta Archaeologica 82, 2011, 203–226.

Mauss 1973

M. Mauss, Socjologia i antropologia. Warszawa 1973.

Migal 1997

W. Migal, Znaczenie przemysłu nakopalnianego z Rybnik, woj. białostockie, dla poznania krzemieniarstwa epoki brązu w Polsce. In: J. Lech, D. Piotrowska (Hrsg.), Z badań nad krzemieniarstwem epoki brązu i wczesnej epoki żelaza. Warszawa 1997, 129–143.

Mogielnicka-Urban 1992

M. Mogielnicka-Urban, Próba interpretacji naczyń nie zawierających kości z cmentarzyska kultury łużyckiej w Maciejowicach, woj. Siedlce. Przegląd Archeologiczny 39, 1992, 101–120.

Mogielnicka-Urban 1993

M. Mogielnicka-Urban, Figurki zwierzęce z cmentarzyska kultury łużyckiej w Maciejowicach, woj. Siedlce. Miscellanea archaeologica Thaddeo Malinowski dedicata. Słupsk, Poznań 1993, 271–278.

Mogielnicka-Urban 1997

M. Mogielnicka-Urban, Rola krzemienia w obrzędowości ludności kultury łużyckiej na przykładzie cmentarzyska w Maciejowicach, woj. siedleckie. In: J. Lech, D. Piotrowska (Hrsg.), Z badań nad krzemieniarstwem epoki brązu i wczesnej epoki żelaza. Warszawa 1997, 277–287.

Müller-Karpe 2009

H. Müller-Karpe, Religionsarchäologie. Archäologische Beitrage zur Religionsgeschichte. Frankfurt/M. 2009.

Nebelsick 1997

L. D. Nebelsick, Auf Biegen und Brechen. Ekstatische Elemente bronzezeitlicher Materialopfer – Ein Deutungsversuch. In: A. Hänsel, B. Hänsel (Hrsg), Gaben an die Götter. Schätze der Bronzezeit Europas. Berlin 1997, 35–41.

Nekvasil 1982

J. Nekvasil, Pohřebiště lužické kultury v Moravičanech. Fontes Archaeologiae Moravicae, 1982, XIV/1–2.

Piotrowska 1997

D. Piotrowska, Problem występowania materiałów krzemiennych na cmentarzysku kultury łużyckiej w Gąsawie, woj. bydgoskie. In: J. Lech, D. Piotrowska (Hrsg.), Z badań nad krzemieniarstwem epoki brązu i wczesnej epoki żelaza. Warszawa 1997, 259–275.

Podborský 2006

V. Podborský, Náboženství pravěkých Evropanů. Brno 2006.

Rappaport 2007

R. A. Rappaport, Rytuał i religie w rozwoju ludzkości. Kraków 2007.

Russel 2012

N. Russel, Social zooarchaeology. Humans and animals in prehistory. Cambridge 2012.

Schmidt 1993

J.-P. Schmidt, Studien zur jüngeren Bronzezeit in Schleswig-Holstein und dem nordelbischen Hamburg, Teil 2. Bonn 1993.

Schultz 1939/40

H.-A. Schultz, Die vor- und frühgeschichtliche Besiedlung des Kreises Görlitz. Jahreshefte der Gesellschaft für Anthropologie, Urgeschichte und Volkskunde der Preußischen Oberlausitz 6. Görlitz 1939/40.

Strömberg 1975

M. Strömberg, Studien zu einem Gräberfeld in Löderup. Bonn, Lund 1975.

Węgrzynowicz 1968

T. Węgrzynowicz, Cmentarzysko kultury łużyckiej w Kamionce Nadbużnej, pow. Ostrów Mazowiecka. Materiały Starożytne XI, 1968, 209–248.

Węgrzynowicz 1982

T. Węgrzynowicz, Szczątki zwierzęce jako wyraz wierzeń w czasach ciałopalenia zwłok. Warszawa 1982.

Willroth 1985

K.-H. Willroth, Aspekte älterbronzezeitlicher Deponierungen im südlichen Skandinavien. Germania 63, 1985, 361–400.

Scrap metal razors. Late Bronze Age razors made of scrap metal – another source for the study of imported bronze vessels

by Henrik Thrane

Apart from cast containers such as hanging bowls and belt boxes, bronze vessels were rare in the Nordic Bronze Age. That makes every new find interesting. The few bits of sheet bronze from the hoards of Nya Åsle in Västergötland, Voldtofte Mose and from the bog at Fangel Torp both on Funen,[1] are so deformed and small that it seems fair to see them as deposited for re-use of the metal rather than as partes pro toto for the original types in the same way as the bigger sheets from the Mariesminde II hoard, also on Funen.[2] The fragment of a Herzsprung shield from the Skydebjerg hoard – also on Funen – may be seen as part of this group.[3] These pieces were in other words scrap.

In addition to these finds complete bronze vessels from Central Europe are known in small numbers from burials and hoards.[4] As a complementary source to these two groups we have a third, however, which has seen a recent, albeit small increase. I refer to the handfull of bronze razors which we can recognize as bits of foreign bronze vessels made from "Altmetall".

Re-use

It was not uncommon to re-use bits of old tools and ornaments for new purposes especially in the Late Bronze Age. Earlier examples are rare.[5] Rings were made into lancets, pins or awls twezers[6] or cuff like armlets, and the broad ends of certain neck rings were made into razors e.g.[7] Neckrings could also be turned into armrings.[8] We know razors made from hanging bowls,[9] other neck rings,[10] and armrings,[11] so why not from imported bronze vessels? Kurt Tackenberg was actually able to present a map of "Altmetallrasiermesser".[12] A similar form of re-use is known outside the Nordic region.[13] Even in one of the leading centres of bronze production armrings could be converted into razors.[14] These re-shaped objects were not treated in any special way. They were dumped on settlements or went into graves just like the normal razors, and the types were no different from the other normal razors. Of course we have no way of saying how many percent of this special group ended in the burials just as we cannot make any educated guess of this selection for the other types.

Razors

From their introduction in period II razors became an important element in the male personal equipment right through to the end of the Nordic Bronze Age. The razors are among the specific defining types that characterize this European Bronze Age culture and set it off against other comtemporary cultures. Their importance is underlined by the use of special symbolical animals for the razor handles. After the horse in periods II–III the urnfield bird took its place during periods IV–V only to see a revival of horse handles in period VI. During the Late Bronze Age the simple geometric decoration of the blade was frequently substituted by intricate punched patterns with ships and sometimes rather complicated and bizarre scenes involving men in boats wielding axes etc.[15]

The only claim for our special attention that the handfull of razors presented here has, is the fact that they were made of beaten imported bronze vessels. Their aestetic value is negligible. Since Central European bronze vessels are crucial to our studies of the interrelations during the Urnfield period because they are easy to date and can be placed regionally with a certain amount of reliability, the razors extend our data base for these types. Thus the re-used razors may be added to the basic source material for our understanding of the links between the Urnfield cultures and to some degree also the Hallstatt culture on the one hand and the Nordic cultures on the other hand.

Maybe it is no accident that bronze vessels could end up as razors. Sheet bronze was easy

---

1 Oldeberg 1934. Baudou 1960 [Hort 116]. Thrane 1979, 22f., Fig. 20.
2 Thrane in prep.
3 Thrane 1975, Fig. 43.
4 Thrane 1966; 1975; 1979.
5 Repaired: rather like Rooksberg, Aner/Kersten 1977, no. 1466 D & 1477 D. Re-used armring: Aner u. a. 2010, no. 6147 per. III.
6 Thrane 2004, pl. 11,17; 23,12; 69,4; 70,5; 72,16.
7 Drescher 1963, 129 ff. Tackenberg 1972, 149, Karte 32, Liste 77. Schmidt 1993, Taf. 59,2; 80,11.18; 89,17; 94,3; 104,6. Hundt 1997, Taf. 66, 9; 104,7; 105,2.6–7.
8 Thrane 2004, pl. 59,12.
9 HOM B 105 Tvillinghøj, Sæby; RIM 1948 unlocated; NM B 15231, Alhøj, Pedersker parish, Bornholm (cf. Aner/Kersten 1977, no. 4065).
10 Kaul 1998, nos. 109, 168, 292, 337, 364; pl. 3,8; 12,7; 92,10.
11 Aner u. a. 2010, no. 6147.
12 Tackenberg 1972, Karte 32.
13 Jockenhövel 1971, nos. 426a, 445, 473, 486, 493, 517A, 525–6, 540, 543, 561–562. Gedl 1981, nos. 162, 268–70.
14 Rychner 1979, pl. 115.
15 Kaul 1998.

Fig. 1: Bondehøj. Photo: National Museum Copenhagen 1:1.

to work into a sharp edge. We may see a preference for razors to be made of scrap-metal more frequently than other types. There are so many razors of rather amorphous shapes that anything with a sharp edge was usefull.

The Nordic razors constitute one of the more fascinating groups of Bronze Age metalwork and burial equipment because of their great variety and their frequently symbol laden high status decoration and the presumed relation to the sphere of ritual thinking and acting.

Oddly enough the only reason we may recognize the razors as old bronze vessels is that the smiths didn't bother to work the blades so hard that the original decoration disappeared altogether. This may look odd to someone expecting some sort of aesthetic attitude towards tools which after all were not just usefull but in many cases received a great deal of care to make them not simply presentable but full of symbolism.[16]

Which symbols the original vessels may have had presumably got lost during their long journey North. I only know one razor with a carefull attempt to keep the original decoration and even increase its symbolic value by adding a very well executed Nordic ship on what was the original reverse, but now became the averse side. I refer to the wellknown fine razor from Ebberup near Voldtofte.[17] This is one of the finest Nordic razors, anyhow. The decoration keeps the ship on the right keel when the razor is held in the right way when shaving.[18]

The Bondehøj razor kept the primary bosses as a decoration so again the decoration was relevant. Other razors show a complete disregard for the decoration and only traces were left. How often scrap bronze was so completely re-worked that no trace of an original decoration survived is beyond our reach. A fresh conservation of old pieces or a close scrutiny under microscope etc., may yield some new discoveries, but we have to be satisfied with the present evidence. Recent German publications have yielded three new razors of our kind.

The finds

1. The earliest find is the razor from Bondehøj at Høed west of Voldtofte, ca. 700 m south of Lusehøj near Voldtofte on Southwest Funen (fig. 1).[19] It is 7,2 cm long and 0,05 cm thick. The decoration is quite clear on both faces, consisting of two rows of small bosses. One row is flanked by two rows of dots. The top row of bosses has been partly removed when the back was made. The bosses are oval and quite small – 0,3 x 0,25 cm. Bosses and dots were hammered out from the reverse (the inner side of the vessel). The dots follow a punched line in the way we know from other vessels as well as from the Herzsprung shields where the lines marked how the decoration was meant to be arranged.[20] The lower side of one end of the razor is damaged which means that we cannot be certain that it did not have a handle, but I find that unlikely. A. P. Madsen drew it as if there was a proper handle, but now it is largely damaged. There are bits where the edge has been made just as neatly flat as the back of the razor. That sort of rectangular handle would make it part of a type known i. a. from Lusehøj.[21] As the mound also contained period VI types,[22] it is possible, however, that the razor belongs to the symmetrical period VI type.

The vessel which provided the metal must have been so large that the decoration originally formed parallel horizontal lines on the shoulder. Double rows of dots between rows of small bosses appear on some vessels with "Vogelsonnenbarke" decoration. I refer to Hajdu Böszörmeny vessels like the eponymous one, Mezökövesd, Nyiregos and Sényö, also from Hungary, and Granzin.[23] The Unterglauheim bucket is another instance.[24]

The amphora from Gevelingshausen and its counterpart from Przeslawice in Poland are more to the point, I believe, as the guide lines on the inner side are also found on this type e. g. at Rørbæk.[25] On the Rørbæk type amphorae the bosses are much larger, however.[26]

As the rims of the bronze buckets are usually thicker than the corpus, it was a good idea to let

---

16 Sprockhoff 1957. Kaul 1998.
17 Thrane 1975, Fig. 94; 1979, 9f.; 2004, pl. 33,13.
18 Cf. Thrane 1987, 21.

19 Thrane 1979, 21 Fig. 19; 2004, 92.
20 Thrane 1978; 1979, 25.
21 Baudou 1960, type XI C2.
22 Jensen 1968, Fig. 19,17. Thrane 2004, 92.
23 Patay 1990, nos. 57; 60–62; 1979. Martin 2009, no. 134–5.
24 Jacob 1995, no. 312.
25 Jockenhövel 1974. Jacob 1995, no. 357. Gedl 2001, no. 404. Thrane 1979, 25.
26 Jockenhövel 1974.

the rim form the back of the razor – like the Ebberup specimen.

Context: The finds from Bondehøj were dug up by F. C. Langkilde at Frederiksgave and delivered to king Frederik VII. in 1861 without any information about observations or find contexts. Period IV is represented by bronzes as well as period VI. Now the mound is just visible in its ploughed out state.

2. The second razor was found in Ebberup, Kjærum parish, ca. 3,5 km west of Bondehøj (fig. 2).[27] It was delivered to Frederik VII. in 1860 and had been found in an urn on Ebberup Field. It is 10,4 cm long and has a 4,2 cm long rectangular handle, 3 cm wide and 0,1 cm thick. The back is the original rim of the bronze vessel. The original averse has a 2,5 cm wide ornament band below the rim, consisting of two wide grooves at the top above a belt of standing hatched triangles above another band of double grooves. Below them is a band of tentlike triangles with a central vertical line. The lower part of the ornaments is damaged by the re-sharpening of the cutting edge and the wide end of the razor has been hammered over so that the ornaments are damaged.

Context: The urn is lost. There is no mention of a mound. The exact location is unknown.

3. Mound LA 56 in Röst, Ldkr. Dithmarschen, not many hundred meters from the big tumulus Kaisersberge in Albersdorf has yielded a knife now in the museum in Gottorp Castle (fig. 3).[28] It is 9 cm long and 2,15 cm wide, 0,1 cm thick. One end has rounded corners while the cutting edge, inspite of its damaged state, shows resharpening. While one side is plain, the other shows several concentric zones of dots and small bosses. The dots are visible as traces in the green patination. There are traces of two rows of bosses. Between them and inside the inner row of bosses two more rows are seen. The diameter of the bosses is 0,2 cm. The remaining traces are segments of circles, not perfect ones, perhaps because they were deformed when the fragment was hammered into its razor shape. The larger circle of bosses has a diameter of 10–10,6 cm, the smaller is 7 cm in diameter. The diameter of the smallest circle is ca. 4 cm. The rows of dots have diameters of 7–8 cm, while the smaller rows are 4 and 5 cm in diameter.

Context: The mound measured 3 x 8 meters and contained two secondary urns plus a primary urn with clay lid in a stone setting with stone bottom and cover. Apart from the razor the urn contained a lancet with traces of rust on the handle, a toggle, a needle and a strike a light flint plus a lump of resin with fingerprint. The toggle dates the burial to period V.

4. Grab 114 of the large cemetery (144 urn graves) at Börnsen, LA 14, Kreis Herzogtum Lauenburg, has given a razor with a long handle ending in a sort of butt (fig. 4).[29] It is 10 cm long and 1,7 cm wide and 0,1 cm thick. The edge has been sharpened so much that it is askew in relation to the 5,5 cm long handle. On the reverse two rows of small bosses like the Röst razor are just visible. At the lower corner an arch made of six dots is preserved and at the other corner the edges of two more may just be seen. The dots are ca. 1 mm big. The decoration is only visible on the reverse because the averse has been polished in parallel strokes along the cutting edge.

The best preserved row of dots corresponds to a circle with a diameter of ca. 4 cm. Too little is left for a reconstruction of the ornament.

Context: The urnfield extends from a mound.[30] A closer date than period IV–V is hardly possible. The urn stood protected by stones and had a potsherd as lid. It contained burnt bones from a middle adult individual, nothing else.

5. A rather coarsely made razor from another large cemetery at Rooksberg, Ldkr. Verden in Lower Saxony, had been published (fig. 5a).[31] It is 7 cm long, 1,7 cm wide and 1 mm thick.

Here decoration is preserved at one corner. It was damaged when the sheet was bent backwards.

◀ *Fig. 2: Ebberup Mark, both sides. Photo: National Museum Copenhagen 1:1.*

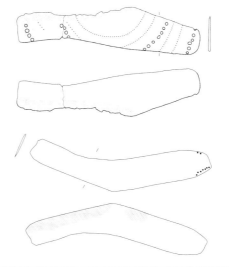

◀ *Fig. 3: Röst. Drawing: L. Hilmar 1:2.*

◀ *Fig. 4: Börnsen, Grab 114. Drawing: L. Hilmar 1:2.*

---

27 Madsen 1872, pl. 25,28. Broholm 1946, grav 1531. Thrane 1975; 1979, 9 Fig. 10; 2004, 115.
28 Schmidt 1993, no. 668; Taf. 101,14.
29 Schmidt 1993, no. 4; Taf. 3,10.
30 Menke 1972, Plan 4; Taf. 62. Schmidt 1993, Karte 52–56.
31 Eibich 1970. Schünemann 1977, 88ff. Thrane 1979, 10 Fig. 11.

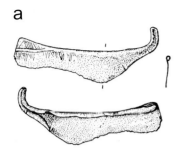
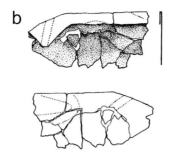
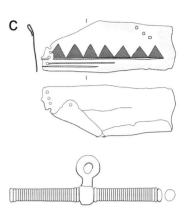

Fig. 5: a) Rooksberg. After EIBICH 1970. b) Dötlingen. After ZOLLER 1977. c) Juhlsminde, grave 2. Drawings: L. Hilmar 1:2.

The decoration consists of two horizontal lines with hanging hatched triangles below the lines and a belt of oblique strokes above the lines. It is impossible to see how the decoration would have ended at the rim.

Context: Unknown.

6. Part of a small mound (mini mound) was excavated in 1976 in Dötlingen, Ldkr. Oldenburg (fig. 5b).[32] An oval pit (1,7 x 0,6 m) had a deeper North end where an urn stood protected by field stones. This burial Nr. 2 contained a small pot, cremated bones, a sandstone polisher and a fragmented sheet bronze with traces of dotted lines.[33] No original edge seems preserved, the length is 6,5 cm, the width 2,8 cm (thickness not indicated). The back has been bent backwards, presumably in order to strengthen it. Traces of three separate groups of dotted lines are visible. One is a simple double row, cut off at the back and without a clear end on the averse. On the reverse a curved row is just visible, indicating a circle with an outer diameter of ca. 4 cm. I assume that the circle was also made of double dot lines. The third part of the decoration is made of a double row of dots curving in a rather abrupt curve. I suggest that the motif may be seen as a sort of sun chariot, albeit a rather miserable one. The curve of the "bird" is too obtuse and suggests a poor quality of workmanship. I know of no sun chariot made solely of double dotted lines.

Whether this fragile piece ever served as a proper razor may seem doubtful and the excavator suggested that it was an "Ersatzstück".

Context: The urn is an ordinary "Kegelhals" pot while the small "Beigefäss" is a double handled cylinder neck pot[34] rather reminiscent of Middle Bronze Age pots e. g. from Danish burials.[35] The polisher is unusual for a burial as are any bronze caster's tools.[36] However, it is not quite rare in Lower Saxony[37] where the type seems to be part mainly of period V equipment. I am not sure that the grave belongs to period VI. Period V would be just as reasonable.

The urn no. 1 at the top of the pit held no bronzes and is not a very helpful dator.[38]

7. The latest find was excavated from a suspected tumulus at Juhlsminde, Holbøl parish, by Haderslev Museum in 1996[39] because of gravel digging with two other ploughed out mounds (fig. 5c).[40] At the top of mound sb 62 a stone setting with two urns was excavated. Two trenches through the mound were dug and the mound turned out to be natural. Parts of a stone kerb made of head-size stones was estimated to be the remainder of a perimeter circle, indicating a diameter for this pseudo-mound at 8–10 m. The oval stone setting appeared just below the ploughing layer and was made of hand- and head-size stones sorrounding and covering the urns.

Urn 1 was biconical, containg cremated bones, sherds from a clay bowl and a large, worn bronze toggle. Urn 2 lay on its side, a pot base served as lid, while the rim was missing. In the urn were cremated bones and an awl and a razor.

The razor was 7,2 cm long, 2,8 cm wide and 0,1 cm thick. One end had been turned round and hammered down on the reverse, thus forming a sort of handle. The rest of the long side had also been bent to form a stronger back. On the averse there are traces of a blunt instrument, presumably the hammer that formed the razor. The cutting edge had been sharpened, thereby removing the decoration. The edge itself is uneven. At the handle end there are five small holes plus traces of two more. Their diameter is 0,15–0,2 cm. They must indicate a repair of the bronze vessel with a similar set of holes in the joining part of the vessel – as we know from other bronze vessels. The decoration consists of thee parallel grooves, the longer nearly reaching the rear end of the blade. Below them seven hatched triangles hang, traces of an eighth are visible. The hatching changes direction for each second triangle.

---

32 ZOLLER 1978.
33 ZOLLER 1978, Abb. 3.
34 ZOLLER 1978, Abb. 3,3–4.
35 Cf. ANER/KERSTEN 1977 passim.
36 THRANE 2009.
37 TACKENBERG 1974, 39ff.

38 ZOLLER 1978, Abb. 2.
39 Excavated by Anne Birgitte Sørensen (HAM 3278. AUD 1996, no. 510).
40 AUD 1966, no. 510. ETHELBERG 1997.

Context: Urn 2 had a conical neck, the lid was an old base with oblique furrows. There can be no doubt that the two urns were inserted at the same time. Thus the date of the toggle in urn 1 applies to urn 2 as well. It is unusually big but belongs to Baudous type XXVI B2.[41] The razor is therefore datable to period V.

The bronze vessels represented by the razors

The Ebberup, Juhlsminde and Rooksberg razors were made from buckets of Gero von Merharts Typ 2b.[42] The new hoard from Vaseholm in Himmerland has now extended its distribution to Jutland.[43] The Bondehøj, Röst and Börnsen razors were made from vessels with Punkt-Buckel decoration which means that their precise attribution to a type is not quite as simple as one would like.

A nearly perfect parallel to Bondehøj was found in grave 17 of the Pfatten-Vadena cemetery (fig. 6) at Caldaro/Keltern in the Etsch valley – apart for its curious edge.[44] Pin and urn date the burial to Ha C. This is interesting and shows that a similar re-use of bronze vessels was practised even in the heartlands of the bronze vessel production areas.

The decoration of the Röst knife is so special that it can hardly belong to any other type of bronze vessel than the famous Hajdu Böszörmeny-type.[45] We only see this particular combination of dots and bosses on this type. I refer to the bucket from the eponymous hoard and the Unterglauheim hoard,[46] the Buza hoard,[47] Pizzughi[48] as well as grave AA1 from the cemetery Quatro Fontanili at Veji in Central Italy,[49] Palestrina Tomba Castellani and Spoleto S. Andolie di Narco. Other Hajdu Böszörmeny vessels like the two Danish from Siem, county Viborg, do not exhibit this special combination.[50] On this background a provenance for the Röst razor in the southeastern corner of Central Europe is likely.

Another type with a similar decoration is the so-called amphora like our local specimen from Rørbæk in Central Jutland.[51] A fine and well studied example is the amphora from Gevelingshausen.[52] More recent is the Herzberg find.[53] The cut lines on the reverse of the Bondehøj razor point to the latter type. We only know such technical details on the Ha B 3 amphorae and from the Herzsprung shields.[54]

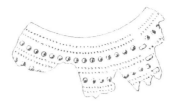

◀ *Fig. 6: Pfatten-Vadena, burial 17 (after* LUNZ *1974). 1:2.*

A priori it is possible that the knives from Röst and Börnesen and even Bondehøj may all have been cut from the same vessel. But is it not too much of a coincidence of one vessel should have been scattered so widely?

Curiously enough, the re-use of the mostly decorated urnfield bronze vessels seems rather casual. The exceptions are the two razors from Bondehøj and Ebberup (nos. 1–2) both from Southwest Funen, Röst (no. 3) and no. 6 from Juhlsminde. They incorporated the original decoration in design of the razors. The geometrical decoration of the Ebberup razor was evidently not enough so the fine Nordic ships were added, making this razor the most heavily decorated of all. An explanation for the sloppy manner of useing or neglecting the original decoration on the other razors could be that there were no options. Only marginal pieces were available which did not allow any incorporation of the lines and bosses from the metal vessels.

Source criticism

The fresh finds increase the number of razors made from re-used bronze vessels with 50 % since the last treatment in 1979. This may be taken as an indication of how accidental our knowledge has been so far. The new finds complement the distribution and we have so many cases that it is no longer possible to regard these razors as accidental (fig. 7).

In a wider context the most interesting fact is that the razors are proxy data for the imported vessels themselves. They show that more vessels reached the North than we would suspect by studying the complete vessels.[55] This is interesting enough in itself but far more interesting is the question whether the razors represent vessels that were cut up here in the North or were cut up elsewhere and imported as fragments. The first alternative means that we may add the razors to the number of bronze vessels from the South which were imported and used up here. One thing seems certain, that the razors were made in the North. They all belong to the wide range of razor types made and used in the Nordic Late Bronze Age.[56]

---

41 BAUDOU 1960, 294f.; Karte 50.
42 VON MERHART 1952, 4ff. THRANE 1975, 1ff.
43 FROST 2003.
44 LUNZ 1974, Taf. 14.5.
45 VON MERHART 1952, 34f. Latest map: SOROCEANU 1981; 2005, Abb. 1.
46 MÜLLER-KARPE 1959, Taf. 169. WIRTH 2010.
47 SOROCEANU 1978.
48 MLADIN 1974, T. XXIV ff.; LXVI f. MIHOVILIC 2000.
49 FRANCO u. a. 1970, Fig. 72. PERONI 1979, no. 771.
50 PATAY 1990. THRANE 1966.
51 THRANE 1979, 23ff.
52 JOCKENHÖVEL 1974.
53 MARTIN 2009, no. 137.

54 THRANE 1978.
55 THRANE 1966; 1979. FROST 2003.
56 BAUDOU 1960. TACKENBERG 1972.

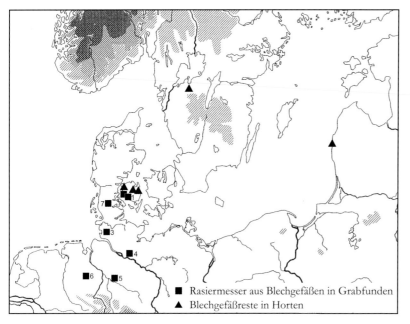

▲ *Fig. 7: The finds of razors made of cut up bronze vessels. The numbers refer to the numbers in the text.*

A circulation and import of scrap metal was a well known phenomenon in antiquity.[57]

If they were imported as scrap metal we may consider whether the original provenance had any relevance at all or whether the bits were simply used as convenient rough-outs for razors.

It is interesting that razors of re-used scrap metal are virtually unknown outside the West Baltic region.[58] The complete disregard of the decoration on the North German razors speaks in favour of a use of fragments of sheet scrap as raw material rather than complete vessels. Surely anyone in his senses would choose a piece of the rim for a razor because it would provide a straight and slightly thicker back for the razor. What we have are haphazard segments of vessels used without any regard for the practical or decorative possibilities offered by an entire vessel. Therefore I prefer to think of the razors as products made from imported scrap.

The more careful preservation and use of the original ornamentation on Bondehøj and Ebberup does not necessarily mean that they were cut from complete vessels available locally. Perhaps they suggest a more carefull selection of the razor material, suggesting that there was more to choose from?

The abundance of razors in the Nordic Bronze Age may to some extent account for the occurrence of the re-used bronze vessels only in this region. After all the razors treated here just make up a tiny part of the number of razors deposited in Nordic burials. Other Bronze Age cultures seem to have had no preference for this kind of re-use. The Nordic razors are easily distinguishable from the razors of other cultures and did not reach far outside the Nordic area.[59] None of the razors are accompagnied by other objects which might indicate a similar import. Razors were used extensively in the Lausitz culture graves[60] and in Italy, where the types are quite different, however.[61] But neither in Central or Western Europe do we see a similar usage.[62] In these regions the material is so extensive that some finds might be expected, if the custom had been common there.

Most of the razors treated above belong to period V which was not the period where bronze was scarce, in contrast to period VI, but re-use was nonetheless of some importance as the scrap metal hoards indicate. They begin in period IV and comprise not only casting refuse but also cut-up weapons and ornaments.[63] Razors seem to have been widely used utensils which could be made without investing much metal. Most of them were made without much aesthetic effort and were not like the handsome or impressive knives that we tend to focus upon.

If more re-used bronze vessel bits are to be found, we should look among the many plain and simple razors. Of course plain razors could also have been cut from bronze vessels. But unless they were taken from the rim or neck there will be no ornamentation to show us that a vessel had provided the raw material. There may be scientific ways of deciding whether a given razor had been made from a hammered vessel. It is an axiom in Nordic Bronze Age studies that hammering of bronze was not applied – apart from the preparation of cutting edges and smaller objects, so ready to be re-worked sheets would have been very useful and welcome.

Is the reason for the razors from Bondehøj and Ebberup that they belong to the Voldtofte centre of wealth, as Jørgen Jensen and I called the concentrations of rich burials, mounds and hoards?[64] The B2b cauldron was used as the urn in the extraordinary 1862 tomb in the great mound Lusehøj which occupies a commanding position above the landscape at Bondehøj. Once again we may note a marked difference between the bronze abounding Voldtofte and Boeslunde on Southwest Zealand where no razors nor bronze vessels have been found and where the gold occurs in other contexts than at Voldtofte.

When the more recent studies of razors are examined one gets the impression that they were all fine specimens with symbolic decoration

---

57 E. g. LUND HANSEN 2001 and HÅRDH 2003.

58 Cf. however the Pfatten razor – if that is what it is (and its parallel from grave 110). LUNZ 1974.

---

59 JOCKENHÖVEL 1971; 1977. GEDL 1981, Karte 23–25, mainly in Pomerania. TACKENBERG 1972.

60 DRESCHER 1963. GEDL 1981.

61 PERONI 1979.

62 GALLUS/HORVATH 1937, Taf. XVIII. JOCKENHÖVEL 1971, Nr. 426 etc.; 1977; 1980.

63 THRANE 1960.

64 JENSEN 1983. THRANE 1983.

with ships and Vogelsonnenbarken etc.[65] As the more complete regional publications show, this is wrong.[66] Most razors are rather amorphous and uninteresting. The simple fact that a plain bit of flat bronze was sufficient to accompany the dead in their graves underlines the significance of the decorated razors. I have not made any systematic search through the large bulk of undecorated razors so I cannot guarantee that further re-used vessel knives do not exist in the museum stores, but the vast majority are certainly generally plain.[67] As late as period VI there are razors with a certain volume and weight, meaning that the trend towards minimal was not general and not simply chronological.[68]

Even within the small sample here analyzed there are differences. The Ebberup razor is certainly one of the finest that we know while the others are more commonplace. Razors like Bondehøj express a certain benefit from the decoration which the other razors like Rooksberg did not exploit. So the attitude towards these razors was complicated, from a certain recognition of the decoration as an additional plus to complete disregard. We may interpret these razors in different ways:

1. Re-use of scrap metal.
2. Re-use of bronze vessels because they had the right thickness and could easily be made into razors.
3. Accidental re-use.

What are the implications for our knowledge of the imported vessels? That more reached the North than hitherto recognized. Numerically the fragments are more numerous than the complete vessels, pointing to a certain unbalance in our knowledge. They all belong to period V, even if the Hajdu Böszörmeny vessels and the early amphorae reached South Scandinavia in period IV/Ha B 1. We may speculate why the chronological and chorological distribution is that which we now see, but the answers are not simple, I am afraid.

While new finds may still surprise, it may be worth noting that this small group of finds raises interesting questions about the distribution and consumption of the fascinating Central European bronze vessels as well as the supply of metal for the Nordic Bronze Age. As usual, more questions are raised than answered.

The latest and most thorough analysis of the Nordic counterpart to the Urnfield vessels – the hanging bowls – demonstrates a multitide of workshops and traditions as a special characteristic of this group.[69] It is the multitude of stylistic, typological and technical elements which is partly a result of the à cire perdue technique which allows these diversifications. The hanging bowls also penetrated far beyond their home range but fragments were never re-used for secondary purposes like the razors examined in this paper.

References

Aner/Kersten 1977
 E. Aner, K. Kersten, Die Funde der älteren Bronzezeit des nordischen Kreises in Dänemark, Schleswig-Holstein und Niedersachsen 3: Bornholm, Maribo, Odense und Svendborg Amt. Neumünster 1977.

Aner u. a. 2010
 E. Aner, K. Kersten, K.-H. Willroth, Die Funde der älteren Bronzezeit des nordischen Kreises in Dänemark, Schleswig-Holstein und Niedersachsen 12: Viborg Amt. Neumünster 2010.

AUD
 Arkæologiske Udgravninger i Danmark. København.

Baudou 1960
 E. Baudou, Regionale und chronologische Einteilung der jüngeren Bronzezeit. Stockholm 1960.

Broholm 1946
 H. C. Broholm, Danmarks Bronzealder III. København 1946.

Drescher 1963
 H. Drescher, Untersuchungen der Technik einiger bronzezeitlicher Rasiermesser und Pinzetten. Die Kunde NF 14, 1963, 125–142.

Eibich 1970
 W. Eibich, Ein Rasiermesser der jüngeren Bronzezit von Rooksberg, Gemarkung Neddenaverbergen, Kr. Verden. Nachrichten aus Niedersachsens Urgeschichte 39, 1970, 249–250.

Franco u. a. 1970
 M. C. Franco, P. Mallett, A. Wacher, Veio, Notitzie delle Scavi 1970, 240–312.

Frost 2003
 L. Frost, Vascholm in Himmerland. Ein Depotfund mit Frauenschmuck und Import aus der Periode V der jüngeren Bronzezeit. Acta Archaeologica 74, 2003, 251–292.

Gallus/Horvath 1939
 S. Gallus, T. Horvath, Un peuple cavalier préscythique en Hongrie. Dissertationes Pannonicae ser. II. 9. Budapest 1939.

Gedl 1981
 M. Gedl, Die Rasiermesser in Polen. Prähistorische Bronzefunde VIII, 4. Stuttgart 1981.

Gedl 1996
 M. Gedl, Jungbronzezeitliche bronzene Trinkhörner aus Nordpolen. In: T. Kovacs (Hrsg.), Studien zur Metallindustrie im Karpatenbecken und den benachbarten Regionen. Budapest 1996, 379–395.

Gedl 2001
 M. Gedl, Die Bronzegefässe in Polen. Prähistorische Bronzefunde II, 15. Stuttgart 2001.

---

65 Sprockhoff 1957. Strömberg 1980. Thrane 1987. Kaul 1998.
66 Baudou 1960. Tackenberg 1972. Jockenhövel 1971. Gedl 1981. Schmidt 1993. Hundt 1997. Thrane 2004.
67 Thrane 2004.
68 E. g. Jensen 1997.

69 Höckmann 2012.

HÖCKMANN 2012
O. Höckmann, Ein gegossenes Bronzebecken aus Münster-Gittrup. Ausgrabungen und Funde in Westfalen-Lippe 11, 2012, 5–148.

HUNDT 1997
H.-J. Hundt, Die jüngere Bronzezeit in Mecklenburg. Ludwigslust 1993.

HÅRDH 2003
B. Hårdh, Uppåkra i folkvandringstiden. In: B. Hårdh (Hrsg.), Fler fynd i centrum. Materialstudier i och kring Uppåkra. Uppåkrastudier 9. Lund 2003, 41–80.

JACOB 1995
C. Jacob, Metallgefässe der Bronze- und Hallstattzeit in Nordwest-, West- und Süddeutschland. Prähistorische Bronzefunde II, 9. Stuttgart 1995.

JANTZEN 2008
D. Jantzen, Quellen zur Metallverarbeitung im Nordischen Kreis der Bronzezeit. Prähistorische Bronzefunde XIX, 2. Stuttgart 2008.

JENSEN 1983
J. Jensen, Et rigdomscenter fra yngre bronzealder på Sjælland. Aarbøger 1983, 48–98.

JENSEN 1997
J. Jensen, Fra bronze- til jernalder. København 1997.

JOCKENHÖVEL 1971
A. Jockenhövel, Die Rasiermesser in Mitteleuropa. Prähistorische Bronzefunde VIII, 1. München 1971.

JOCKENHÖVEL 1974
A. Jockenhövel, Eine Bronzeamphore des 8. Jahrhunderts v. Chr. von Gevelinghausen, Kr. Meschede. Germania 52, 1974, 18–47.

JOCKENHÖVEL 1977
A. Jockenhövel, Ein reich verziertes nordisches Rasiermesser aus dem Limburger Becken, Fundberichte aus Hessen 15, 1977, 171–174.

JOCKENHÖVEL 1980
A. Jockenhövel, Die Rasiermesser in Westeuropa. Prähistorische Bronzefunde VIII, 3. München 1980.

KAUL 1998
F. Kaul, Ships on Bronzes 1–2. Odense 1998.

LUND HANSEN 2001
U. Lund Hansen, The nature of centres. In: B. Storgaard (Hrsg.), Military aspects of the aristocracy in Barbaricum in the Roman and early migration periods. Copenhagen 2001, 113–118.

LUNZ 1974
R. Lunz, Studien zur Endbronzezeit und älteren Eisenzeit im Südalpenraum. Firenze 1974.

MADSEN 1872
A. P. Madsen, Afbildninger af danske Oldsager og Mindesmærker, Broncealderen, Suiter. København 1872.

MARTIN 2009
J. Martin, Die Bronzegefässe in Mecklenburg-Vorpommern, Brandenburg, Berlin, Sachsen-Anhalt, Thüringen und Sachsen. Prähistorische Bronzefunde II, 16. Stuttgart 2009.

MENKE 1972
M. Menke, Die jüngere Bronzezeit in Holstein. Offa-Bücher 25. Neumünster 1972.

VON MERHART 1952
G. von Merhart, Studien über einige Gattungen von Bronzegefässen. Festschrift des Römisch-Germanischen Zentralmuseums in Mainz II. Mainz 1952, 1–71.

MIHOLIVIC 2000
K. Miholivic, The Hajduböszörmeny-type Vessel from Pizzughi. In: A. Giumlia-Mair (Hrsg.), Ancient metallurgy between Oriental Alps and Pannonian Plain. Trieste 2000, 71–75.

MLADIN 1974
J. Mladin, Broncane posude I Sljemovi is Istre. Diadora 7, 1974, 36–158.

OLDEBERG 1934
A. Oldeberg, Två bronsåldersfynd från Åsle socken i Västergötland. Västergötlands fornminnesförenings Tidsskrift 1934, 9–42.

MÜLLER-KARPE 1959
H. Müller-Karpe, Beiträge zur Chronologie der Urnenfelderzeit. Römisch-Germanische Forschungen 22. Berlin 1959.

PATAY 1969
P. Patay, Der Bronzefund von Mezökövesd. Acta Archaeologica Accademiae Scientiarum Hungaricae 21, 1969, 167–216.

PATAY 1990
P. Patay, Die Bronzegefässe in Ungarn. Prähistorische Bronzefunde II, 10. München 1990.

PERONI 1979
V. B. Peroni, I rasoi nell' Italia continentale. Prähistorische Bronzefunde VIII, 2. München 1979.

RUOFF 1983
U. Ruoff, Von der Schärfe bronzezeitlicher Rasiermesser, Archäologisches Korrespondenzblatt 13, 1983, 459.

RYCHNER 1979
V. Rychner, L'Age du Bronze final à Auvernier 1–2. Lausanne 1979.

SCHINDLER 1998
M. P. Schindler, Der Depotfund von Arbedo TI und die Bronzedepotfunde des Alpenraums vom 6. bis zum Beginn des 4. Jahrhundert. v. Chr. Basel 1998.

SCHMIDT 1993
J. P. Schmidt, Studien zur jüngeren Bronzezeit in Schleswig-Holstein und dem nordelbischen Hamburg. Universitätsforschungen zur prähistorischen Archäologie 15. Bonn 1993.

SCHÜNEMANN 1977
D. Schünemann, Die jüngere Bronzezeit im Kreis Verden (Periode IV–VI). Nachrichten aus Niedersachsens Urgeschichte 45, 1977, 45–127.

SOROCEANU 1978
T. Soroceanu, Der Bronzegefässhort von Buza (Kr. Cluj). Dacia N.S. XXII, 1978, 99–106.

SOROCEANU 1981
Depozitul de Bronzuri de la Sig (Jud. Salaj). Acta Musei Porolissensis V, 1981, 145–168.

SOROCEANU 2005
T. Soroceanu, Zu den Fundumständen der europäischen Metallgefässe bis in das 8. Jahrh. v. Chr. Ein Beitrag zu deren religionsgeschichtlichen Deutung. In: T. Soroceanu (Hrsg.), Bronzefunde aus Rumänien II. Beiträge zur Ver-

öffentlichung und Deutung bronze- und älterhallstattzeitlicher Metallfunde in europäischem Zusammenhang. Bistriţa/Cluj-Napoca 2005, 387–428.

Sprockhoff 1956

E. Sprockhoff, Jungbronzezeitliche Hortfunde der Südzone des nordischen Kreises. Mainz 1956.

Sprockhoff 1957

E. Sprockhoff, Das bronzene Zierband von Kronshagen bei Kiel. Offa 14, 1957, 5–120.

Strömberg 1986

M. Strömberg, Rakknivar från bronsåldern. Här östpå 4, 1986, 7–10.

Tackenberg 1963

K. Tackenberg, Die nordischen Rasiermesser der jüngeren Bronzezeit in Nordwestdeutschland. Archaeologia Geographica 10/11, 1963, 7–18.

Tackenberg 1972

K. Tackenberg, Die jüngere Bronzezeit in Nordwestdeutschland. 1. Die Bronzen. Hildesheim 1972.

Tackenberg 1974

K. Tackenberg, Die jüngere Bronzezeit in Nordwestdeutschland. 2. Die Felssteingeräte. Hannover 1974.

Thrane 1960

H. Thrane, Drei dänische Hortfunde der jüngeren Bronzezeit mit einheimischen und fremden Formen. Acta Archaeologica 31, 1960, 1–62.

Thrane 1966

H. Thrane, Dänische Funde fremder Bronzegefässe der jüngeren Bronzezeit. Acta Archaeologica 36, 1966, 157–207.

Thrane 1975

H. Thrane, Europæiske forbindelser. København 1975.

Thrane 1978

H. Thrane, Bagsiden. Fynske Minder 1978, 37–46.

Thrane 1979

H. Thrane, Fremde Bronzegefässe in südskandinavischen Funden aus der jüngeren Bronzezeit (Periode V). Acta Archaeologica 49, 1979, 1–35.

Thrane 1987

H. Thrane, Broncealderbarbering. Fynske Minder 1987, 15–31.

Thrane 2004

H. Thrane, Fynske Yngre Broncealdergrave 1–2. Odense 2004.

Thrane 2005

H. Thrane, Galgehøj endnu en gang. Aarbøger 2005, 87–98.

Thrane in prep.:

H. Thrane, The Mariesminde II hoard. In preparation.

Tiemann 1936

Tiemann, Rasieren. In: H. Bächtold-Stäubli (Hrsg.), Handwörterbuch des deutschen Aberglaubens 7. Berlin 1936, 509–512.

Wirth 2010

S. Wirth, Sonnenbarke und zyklisches Weltbild. In: H. Meller, F. Bertemes (Hrsg.), Der Griff nach den Sternen 1. Halle/S. 2010, 501–515.

Zoller 1977

H. Zoller, Ein spätbronzezeitlicher Grabhügel in Dötlingen, Lkr. Oldenburg. Nachrichten aus Niedersachsens Urgeschichte 46, 1977, 209–214.

Das Uroboros-Motiv im germanischen Altertum und seine Kontexte – Eine Übersicht

von Sigmund Oehrl

Einführung

Das griechische Wort οὐροβόρος oder οὐρηβόρος (οὐρά = „Schwanz", βόρος = „gefräßig"/„verschlingend") bezeichnet das sowohl literarisch als auch ikonografisch überlieferte Motiv der Schlange bzw. des schlangenartigen Wesens (Drache, Ketos, Fisch), das eine geschlossene, meist annähernd kreisförmige Kontur bildet, indem es sich in das eigene Schwanzende beißt. Im weiteren Sinne werden in der Forschungsliteratur häufig auch Schlangen-Konzeptionen unter dem Terminus Uroboros subsumiert, die zwar 1. durch gegenseitige Annährung oder 2. unmittelbare Berührung der Maul- und Schwanzspitzenpartie eine geschlossene, annähernd kreisförmige Kontur bilden, jedoch faktisch keinen Schwanzbiss darstellen.[1] Im engeren Sinne sollten jedoch nur letztere einbezogen und besser als „unechte Uroboroi"[2] benannt werden. Liegt keine Berührung von Schwanzende und Maul vor, so ist – dem in der englischsprachigen Forschung zuweilen verwendeten Terminus „encircled serpent"[3] entsprechend – der Begriff „Kreisschlange" bzw. „einkreisende Schlange" o. ä. vorzuziehen. Die Vorstellung von einer im Ozean liegenden, die Welt einkreisenden Schlange ist überaus weit verbreitet und nicht nur in Europa, sondern beispielsweise auch in Afrika, Indien, Ostasien, Ozeanien und Südamerika anzutreffen.[4] Ihre Entstehung ist – freilich ohne stichhaltiges Ergebnis – aus zoologischer und jüngst aus astronomischer Sicht zu klären versucht worden.[5] Zu den frühesten (echten) Uroboros-Darstellungen zählt ein elamisches Relief mit zwei ineinander verflochtenen schwanzbeißenden Schlangen auf einer Bitumen-Platte aus Susa im heutigen Iran (3000 v. Chr.).[6] Ausgesprochen zahlreich und verblüffend ambivalent sind die Uroboros-Vorstellungen im Alten Ägypten, die als Ursprung der europäischen Uroboros-Traditionen gelten.[7] Von den Ägyptern scheinen zunächst die Phönizier das Motiv übernommen zu haben. Ägyptische Uroboros-Vorstellungen gehen in die jüdische, koptische sowie gnostische Tradition und schließlich in die spätantike griechisch-römische Kunst und Literatur ein. Das Motiv bleibt – nach wie vor verschiedene Sinngehalte transportierend – während des Mittelalters lebendig und spielt auch in der Neuzeit, insbesondere in der Emblematik oder auch in der Sepulkralkunst, eine Rolle, wobei es nun meist als Symbol der Ewigkeit aufgefasst wird. Selbst heute noch ist der Uroboros in Kunst und Literatur anzutreffen.[8] Auch in der germanischen Kunst tritt das Uroboros-Motiv gelegentlich in Erscheinung. Hintergründe und mögliche Sinngehalte dieser Bilddarstellungen sind in der bisherigen Forschung kaum eruiert worden, vereinzelt werden sie mit der altnordischen Mythologie in Zusammenhang gebracht. Eine Zusammenstellung des relevanten Materials, die eine Betrachtung des Motivs im größeren Kontext ermöglichte, liegt nicht vor. Einen derartigen Abriss soll der vorliegende Beitrag liefern. Bevor jedoch die germanischen Uroboroi vorgestellt werden, sind zunächst die älteren Überlieferungen in den Blick zu nehmen.

Der Uroboros in Altägypten, Antike und Frühchristentum

Bereits in den Pyramidentexten begegnet ein Fluch, der mit folgenden Worten eine Schlange bannen soll (689.393): „Thy tail shall be in thy mouth"[9]. Auf dem goldenen Schrein II aus dem Grab des Tutanchamun (gest. 1323 v. Chr.) begegnet die bildliche Darstellung zweier Uroboroi, die kreisförmig den Kopf und die Füße einer mumienartigen Göttergestalt umschließen (Abb. 1). Eine zweimal am Kopf der Gestalt auftretende Inschrift scheint sowohl den Gott als auch die Schlange als „Der die Stunden verbirgt" auszuweisen.[10] Zudem wird der obere Uroboros als

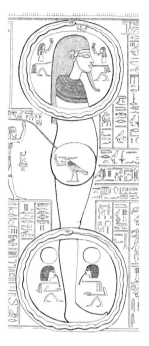

▲ *Abb. 1: Darstellung auf der linken Außenseite von Schrein II aus dem Grab des Tutanchamun (Piankoff 1955, Fig. 41).*

---

1 Jüngst etwa van der Sluijs/Peratt 2009. Vgl. Preisendanz 1940, 199 Anm. 26.
2 Vgl. ähnlich Hornung 1999, 21.
3 Z. B. Howey 1955.
4 Howey 1955. Egli 1982, 146f. Lurker 1991, 783. van der Sluijs/Peratt 2009, 9–13 Fig. 1.
5 van der Sluijs/Peratt 2009, 19–28.
6 Holmqvist 1939, 21; 62. Deonna 1952, 163 mit Abb. 168. Kákosy 1986, 889.
7 Zur Geschichte und Bedeutung des Uroboros im Allgemeinen, insbesondere aber zur ägyptischen Überlieferung: Preisendanz 1933. Hoffmann-Krayer 1936, 1195. Charbonneau-Lassay 1940. Preisendanz 1940. Deonna 1952. Stricker 1953. Merkelbach 1959, 227f. Hornung 1971, 172f.; 1982, 169. Kákosy 1986. Lurker 1991. Haage 1992, 255–259 Anm. 292 mit kommentierter Bibliographie. Haage 1994. Käppel 2002. van der Sluijs/Peratt 2009. Auch das „Rolltier" der skythischen Kunst, das auf keltischen Münzen nachwirkt und dessen Vorläufer bereits früh in Nordchina auftreten, kann mit dem Schwanz im Maul dargestellt sein (Brehm 1926, Taf. 1,10; 3; 4,1).
8 Zu den neuzeitlichen Verwendungen: Preisendanz 1933; 1935. Charbonneau-Lassay 1940. Groot 1969. Biedermann 1986, 333–335.
9 Mercer 1952, 135. Vgl. die entsprechende Stelle in der Übersetzung von Faulkner 1969: „Your tail be *on* your mouth".
10 Piankoff 1955, 120.

▶ Abb. 2: Reliefdarstellung eines Allgottes auf einer ägyptischen Stele im Ryksmuseum van Oudheden in Leiden (STRICKER 1953, 6 Fig. 1).

▶ Abb. 3: Phönizisches Marmor-Wasserbecken aus Sidon (GRESSMANN 1927, Taf. CCVII Abb. 514).

„Mḥn" („Umhüller"/„Umringler") bezeichnet. Nach dem Jenseitsbuch *Amduat*, dessen Vorlagen bis in das Alte Reich zurückgehen, ist „Mḥn" der Name jener Schlange, die den Sonnengott in seiner Barke begleitet und vor Apophis, dem Gott der Finsternis, beschützt.[11] Auf dem Sarkophag Setis I. (gest. 1279 v. Chr.) ist – den Schilderungen im *Pfortenbuch* entsprechend – die Sonne in Gestalt des Skarabäus zu sehen, der auf der Sonnenbarke vom Uroboros umschlossen wird.[12] Andererseits kann der Uroboros auch den überwundenen Apophis, den Feind des Sonnengottes, oder andere dämonische Mächte repräsentieren. So etwa auf der Metternichstele (380–342 v. Chr.), auf der zwei Uroboroi von einem Gott getötet werden[13] oder im Fall einer Stele aus ägyptisch-römischer Zeit im Ryksmuseum van Oudheden in Leiden, auf der ein pantheistischer Gott zu sehen ist, der triumphierend auf die Schlange tritt[14] (Abb. 2). Im *Buch des Apophis* im Bremner-Rhind Papyrus (British Museum 10188; 312/311 v. Chr.) wird ein magisches Ritual zur Vernichtung des Apophis beschrieben, zu dem das Zeichnen einer schwanzbeißenden Schlange gehört.[15] Diese verkörpert den Gott der Finsternis, der sich selbst verzehren soll. Auf diese Weise soll die tatsächliche Überwindung des bösen Gottes durch den Sonnengott im Sinne eines Sympathie- oder Analogiebildzaubers herbeigeführt werden. In diesem Sinne kann der Uroboros auch als Chiffre der Ohnmacht, Bannung und Besiegtheit schlechthin verstanden werden, wie etwa in den Inschriften des Edfu-Tempels (Bauzeit: 237–57 v. Chr.), in denen Kriegs- und Schlachtopfer mit der ägyptischen Bezeichnung für den Uroboros sd-m-r' („Schwanz im Maul") versehen sind.[16] Bereits relativ früh, im 7./8. Jahrhundert v. Chr., wird der Ausdruck auch metaphorisch im Sinne von „fest umgeben" verwendet.[17]

Eine solare Bedeutung des Uroboros-Motivs[18] tritt in der koptisch-gnostischen Schrift *Pistis Sophia* aus dem 2./3. Jahrhundert n. Chr. zu Tage (Kap. 136): „Der Diskus (δίσκος) aber (δέ) der Sonne war ein großer Drache (δράκων), dessen Schwanz in seinem Munde […]."[19] Auch die bereits im *Amduat* anklingende Vorstellung vom Uroboros als „Erdumringler"[20] wird in der *Pistis Sophia* (Kap. 126) bewahrt: „Es antwortete aber (δέ) Jesus und sprach zu Maria: Die äußere Finsternis ist ein großer Drache (δράκων), dessen Schwanz in seinem Munde, indem sie (sc. die Finsternis) außerhalb der ganzen Welt (κόσμος) und die ganze Welt (κόσμος) umgibt."[21] Dieses Reich der Dunkelheit, welches als erdumspannender Uroboros gedacht ist, stellt einen postmortalen Strafort dar. In einem koptischen Papyrus-Text über das Martyrium der Heiligen Julitta und Cyriacus erscheint der (unechte) Uroboros als eine Art Dämon, der von Osten her nach Babylon kommt.[22] Vergleichbare christliche Vorstellungen begegnen in den gnostischen apokryphen *Thomasakten*, die in der ersten Hälfte des 3. Jahrhunderts auf Syrisch verfasst wurden. Hier spricht Satan in Drachengestalt zum Apostel Thomas: „[…] ich bin der Sohn dessen, der die (Welt-) Kugel umgürtet; ich bin ein Verwandter dessen, der außerhalb des Ozeans

---

11 HORNUNG 1963, 130f.; 149; 188 und passim; 1997, 47.
12 HORNUNG 1997, 130 mit Abb. VAN DER SLUIJS/PERATT 2009, 6f.
13 GOLENISCHEFF 1877, Taf. 5,25. ROEDER 1919, 82ff.
14 Vgl. HOPFNER 1921, 519 Abb. 21; 520 Abb. 22; 523 Abb. 24.
15 ROEDER 1915, 114.
16 PREISENDANZ 1940, 198.
17 PREISENDANZ 1940, 197f. KÁKOSY 1986, 887.
18 Die übrigens auch in der persisch-zoroastrischen Ikonografie greifbar zu sein scheint, HOWEY 1955, 3ff. mit Abb.
19 SCHMIDT 1954, 233. Zum Uroboros in der Gnosis: LEISEGANG 1924, 3; 7; 111; 141. RUDOLPH 1977, 76ff.
20 Diese Vorstellung scheint auch ikonografisch belegbar zu sein: STRICKER 1953, 7; 10–12. HORNUNG 1963, 149; 1982, 107. KÁKOSY 1986, 887.
21 SCHMIDT 1954, 207.
22 HUSSELMAN 1965, 82.

ist, dessen Schwanz in seinem Munde liegt [...]."²³ Auch in Horapollos *Hieroglyphica*, entstanden um 400 n. Chr., wird der Uroboros kosmologisch gedeutet. Er repräsentiere den Kosmos und werde um den Namen besonders mächtiger ägyptischer Herrscher gezeichnet. Ferner heißt es: „Wenn sie [die Ägypter] *Welt* schreiben wollen, malen sie eine Schlange, die ihren eigenen Schwanz frißt und die mit mannigfaltigen Schuppen markiert ist; durch diese Schuppen deuten sie die Sterne im Weltall an. [...] Jedes Jahr streift die Schlange ihr Alter ab, so wie sich auch im Universum der Zeitraum eines Jahres, einen Wechsel vornehmend, erneuert. Dass es seinen eigenen Körper als Nahrung gebraucht, bedeutet, dass alles, was durch die göttliche Vorsehung in der Welt hervorgebracht wird, auch wieder in ihr verschwindet."²⁴ Der Uroboros erscheint hier nicht nur als Symbol des Universums, sondern auch als Symbol des Jahreslaufs und der Regeneration. Ähnlich äußern sich etwa die spätantiken Autoren Johannes Lydos und Maurus Servius Honoratius.²⁵

Der Gedanke des Umschließens und die Funktion des Bannens haben schließlich zur apotropäischen und amuletischen Verwendung des Uroboros-Motivs beigetragen. Auf einem phönizischen Marmor-Wasserbecken aus dem 3./4. Jahrhundert v. Chr. im Vorderasiatischen Museum Berlin dürfte dem Uroboros eine Unheil abwehrende, den Inhalt des Gefäßes schützende Macht beigemessen worden sein (Abb. 3).²⁶ Der (unechte) Uroboros liegt auf dem runden Gefäßrand.²⁷ Gleichwohl könnten auch mythisch-kosmologische Vorstellungen einwirken, schreibt doch der römische Philosoph Macrobius Ambrosius Theodosius im frühen 5. Jahrhundert n. Chr. in seinen *Saturnalia* (I, 9), die Phönizier hätten sich das Universum, das sich selbst verzehrt und erneuert, als Uroboros vorgestellt: „Hinc et Phoenices in sacris imaginem eius exprimentes draconem finxerunt in orbem redactum caudamque suam devorantem, ut appareat mundum et ex se ipso ali et in se revolvi."²⁸ Schließlich begegnet das Uroboros-Bild häufig als Apotropaion in den griechisch-ägyptischen Zauberpapyri des 3./4. Jahrhunderts n. Chr. So heißt es etwa in einer Anleitung in der Papyrusrolle gr. CXXI des British Museum aus dem 3. Jahrhundert: „Amulett, das den Körper schützt

◀ Abb. 4: Uroboros-Amulett im Zauberpapyrus P. gr. CXXI Brit. Mus., Kol. XVII (PREISENDANZ 1974, Taf. I,4).

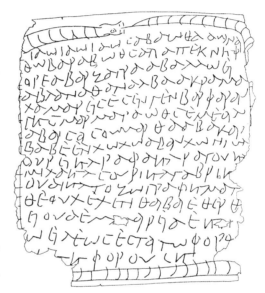

◀ Abb. 5: Griechisches Uroboros-Amulett aus Silberblech B 1952 7/1 im Museum van Oudheden, Leiden (STRICKER 1953, 19 Fig. 7).

gegen Dämonen, gegen Gespenster, gegen jede Krankheit und jedes Leiden. Geschrieben auf ein Plättchen aus Gold oder Silber oder Zinn oder auf ein Stück hiëratischen Papyrus, wirkt es getragen wie ein Siegel. [...] Das Zauberbild aber (zeichne) so: die Schlange soll sich in den Schwanz beißen."²⁹ Zu diesem Rezept ist auch eine Abbildung bewahrt (Abb. 4). Ein aus Syrien stammendes griechisches Silberblechamulett mit einer die Zauberformel umschließenden Uroboros-Darstellung befindet sich in der Vorderasiatischen Sammlung des Museums van Oudheden in Leiden (Abb. 5).³⁰ Auf den magischen Gemmen des 2./3. Jahrhunderts gehört der Uroboros zum festen Motivinventar. Er umschließt die Zauberformel oder erscheint als bezwungener Feind des Allgottes (Pantheos) unter dessen Füßen (Abb. 6-7).³¹

Auch wenn der Uroboros auf den kaiserzeitlichen Amuletten, wie im Fall der Pantheos-Darstellungen, eine unheilvolle Macht repräsentiert, deren bildlich manifestierte Überwundenheit als Apotropaion dienstbar gemacht wird, scheint er bisweilen auch hier die Sonne bzw. den Sonnen-

▼ Abb. 6: Magische Heliotrop-Gemme (MICHEL 2004, Taf. 44,1).

▲ Abb. 7: Als Fingerring eingefasste magische Sardonyx-Gemme (MICHEL 2004, Taf. 106,4).

---

23 HENNECKE/SCHNEEMELCHER 1959–1964, 321.
24 THISSEN 2001, 3.
25 PREISENDANZ 1940, 195f.
26 GRESSMANN 1927, 149f. PREISENDANZ 1940, Taf. 39,1.
27 Im *Setna-Märchenroman*, auf einem Papyrus aus der Zeit um 233 v. Chr., taucht ein Zauberbuch auf, welches in sechs ineinander liegenden Kisten aufbewahrt wird, die zum besonderen Schutz von einer „ewigen Schlange" umschlossen sind (ROEDER 1927, 142f. BRUNNER-TRAUT 1989, 228). Bei dieser „ewigen Schlange" dürfte es sich wohl um eine Form des Uroboros handeln (PREISENDANZ 1940, 199. BRUNNER-TRAUT 1989, 228 Anm. 4).
28 WILLIS 1994, 38.
29 PREISENDANZ 1974, P VII, 26.
30 STRICKER 1953, 17 Fig. 6–7.
31 MICHEL 2002, 5; 15; 26 Abb. 20–23; 2004, Taf. V,5; 6,2; 15,1; 26,3; 44,1; 70,3; 71,1; 98,2; 99,1; 100,1; 106,1–4.

▲ Abb. 8: Goldener Fingerring aus dem Kastell Niederbieber (GRIMM 1969, 179 Abb. 22).

▲ Abb. 9: Goldbrakteat Lyngby-A, Revers (IK 297).

gott verkörpern zu können.³² Davon zeugt z. B. die Anleitung zur Herstellung einer magischen Gemme in der Papyrusrolle Gr. P. J 384 (V) des Ryksmuseum van Oudheden aus der Zeit um 100 n. Chr.: „Eine Sonne wird geschnitten auf Heliotropstein in folgender Weise: da sei eine dickleibige Schlange, die – das Bild eines Kranzes – den Schwanz im Maul hat, und innerhalb der Schlange sei ein heiliger gestrahlter Skarabäus."³³ Ferner zeugen die Zauberpapyri von einer lunaren Bedeutung des Uroboros. In zwei Rezepten umschließt er die Mondgöttin Selene oder bezeichnet diese selbst als „Schwanzbeißerin" (P. gr. CXXI Brit. Mus. und Gr. P. J 384 [V] Leiden).³⁴ In der antiken Ikonografie scheint der Uroboros auch mit Jupiter in Verbindung zu stehen. Auf einem kaiserzeitlichen Schildbeschlag aus Bronze, der in Rom erworben wurde und heute in Brüssel aufbewahrt ist, attackiert ein Adler eine (unechte) Uroboros-Schlange.³⁵ Letztere bildet den Rand des scheibenförmigen Beschlags. Die ausgebreiteten Schwingen des Greifvogels gehen in eine Jupitermaske über. Auch der aus Ägypten stammende Gott Osiris, dessen Mysterienkult im Imperium Romanum weit verbreitet war, ist in der Römischen Kaiserzeit vereinzelt von einer Uroboros-Schlange umgeben dargestellt worden.³⁶

Der Uroboros im germanischen Altertum

Zu den frühesten Uroboros-Zeugnissen in der Germania zählen Fingerringe wie jener aus dem Limeskastell Niederbieber in Rheinland-Pfalz (Abb. 8).³⁷ Er ist im 3. Jahrhundert in die Erde gelangt und dürfte ursprünglich aus Ägypten stammen.³⁸ Zwei weitere Uroboros-Ringe,³⁹ die durch schriftliche Erwähnungen aus dem ausgehenden 19. Jahrhundert bekannt aber inzwischen verschollen sind, stammen aus Koblenz und Öhringen (Baden-Württemberg). Es handelt sich wahrscheinlich um einen goldenen Fingerring und einen ebenfalls goldenen, dünnen hohlen Reif. Auch sie scheinen ägyptischer Herkunft zu sein.⁴⁰ Erwähnenswert ist ferner ein aus Schiefer gefertigter Uroboros-Fingerring aus Köln.⁴¹ Derartige Objekte zeigen, wie das Uroboros-Motiv und damit verbundene Vorstellungen die Germania erreicht haben könnten. Bezüglich der Verbreitung antiker Uroboros-Vorstellungen unter germanischen Gruppen könnte auch an die Lobschriften des Claudius Claudianus auf den vandalisch-stämmigen Heermeister Stilicho gedacht werden (*De Consulatu Stilichonis Liber Secundus*). Hier umgibt der Uroboros die „spelunca aevi": „Complectitur antrum, omnia qui placido consumit numine, serpens perpetuumque viret squamis caudamque reductam ore vorat tacito relegens exordia lapsu."⁴² Die erste germanische Uroboros-Darstellung ist auf einem nordischen Goldbrakteaten zu sehen (Abb. 9). Die Medaillon-Imitation von Lyngby-A (IK 297) aus der späten Römischen Kaiserzeit bzw. der frühen Völkerwanderungszeit⁴³ zeigt auf dem Revers eine den Randbereich einnehmende Uroboros-Schlange, die einen zentralen Vierpassknoten umschließt. Innerhalb des Vierpassknotens befindet sich ein kleines Rondell. Wie die langjährigen Studien von Karl HAUCK⁴⁴ wahrscheinlich machen konnten, handelt es sich bei den völkerwanderungszeitlichen Goldbrakteaten um germanische Götterbildamulette, die auf der Umgestaltung spätantiker Münzbilder beruhen. Ihre Ikonografie ist insbesondere auf Grundlage späterer Schriftdenkmäler zumindest in ihren Grundzügen entschlüsselt.⁴⁵ Die auf Goldmedaillons und Goldsolidi zurückgehende Komposition der C-Brakteaten wird von HAUCK als Heilung eines Pferdes durch den Gott Odin/Wodan interpretiert. Dieser mythische Vorgang ist im *Zweiten Merseburger Zauberspruch* literarisch überliefert. Der Götterfürst, der auf den Amuletten in der Nachfolge des Gott-Kaisers auftritt, wird bisweilen durch Runeninschriften mit Beinamen gekennzeichnet.⁴⁶ Zudem sind etwa der Gott Týr und der Fenriswolf (IK 190) sowie auf den Drei-Götter-Brakteaten sehr wahrscheinlich die Tötung des Gottes Balder mit dem Mistelzweig (insbesondere IK 51,1 und IK 595) zu sehen. Vor diesem Hintergrund ist es naheliegend, im Uroboros von Lyngby eine frühe Darstellung der Midgardschlange zu erblicken, wobei der Vier-

---

32 PREISENDANZ 1940, 200–208.
33 PREISENDANZ 1974, P XII, 76.
34 PREISENDANZ 1974, 39; 62 P VII, 39 und XII, 72.
35 CUMONT 1898, 292 Abb. Kreisförmige Schlangenwesen – die sich jedoch nicht in den Schwanz beißen – sind im Übrigen auch unter den Schildzeichen der Notitia Dignitatum (z. T. für germanische Truppen) anzutreffen.
36 KÁKOSY 1964, Taf. XLI.
37 HENKEL 1913, 6; Taf. II,33.
38 GRIMM 1969, 52; 179.
39 GRIMM 1969, 52; 180; 205.
40 GRIMM 1969, 52.
41 HENKEL 1913, 147; Taf. LX:1618.

42 BIRT 1892, 218.
43 Zur Datierung: AXBOE 2004, 216–223.
44 Eine Liste der über 60 Arbeiten findet sich im Internet (http://www.fruehmittelalter.uni-muenster.de/goldbrakteaten). Jüngst sind im sogenannten „Auswertungsband" zwei weitere Artikel aus Haucks Feder posthum veröffentlicht worden (HAUCK 2011a; 2011b).
45 Einen guten Einblick in Haucks Methode und seine zentralen Ergebnisse liefert Wilhelm HEIZMANN (2007a; 2007b; 2012). Auch BEHR 2011). Haucks Deutungen können nicht immer überzeugen. Dennoch ist sein Modell allen konkurrierenden Ansätzen aus zwei Gründen überlegen: 1.) Hauck berücksichtigt a l l e Brakteaten-Typen und stellt sie plausibel in einen gemeinsamen Kontext 2.) In Zusammenarbeit mit einem interdisziplinären Forscherteam bezieht Hauck den unmittelbaren und mittelbaren materiellen und geistigen Kontext der Brakteaten mit ein. Nur auf dieser Basis können annähernd verlässliche Ergebnisse erzielt werden. Die wichtigsten Ergebnisse dieses „Brakteatenteams" sind jüngst in einem „Auswertungsband" vorgelegt worden: AXBOE/HEIZMANN 2011. Vgl. OEHRL 2012.
46 DÜWEL/NOWAK 2011. BECK 2011.

passknoten mit dem kleinen Rondell die Erde (Midgard) repräsentieren dürfte.⁴⁷

Die Uroboros-Rolle der Midgardschlange ist in der altnordischen Literatur bezeugt. Der isländische Historiker und Mythograph Snorri Sturluson trägt um 1220 in der *Gylfaginning* altes Mythenwissen zusammen. Er berichtet auch ausführlich über die dämonischen Kinder des Gottes Loki und ihre vorübergehende Bannung durch die Asen. Während Hel nach Niflheim verbannt und der Fenriswolf gefesselt wird, wirft Göttervater Odin die Midgardschlange ins Meer, wo sie zu gigantischer Größe heranwächst, bis sie die ganze Welt umschließt und sich selbst in den Schwanz beißt: „Ok er þau kómu til hans þá kastaði hann orminum í inn djúpa sæ er liggr um ǫll lǫnd, ok óx sá ormr svá at hann liggr í miðju hafinu of ǫll lǫnd ok bítr í sporð sér."⁴⁸ Snorris *Gylfaginning* ist allerdings die einzige bewahrte Quelle, die den Schwanzbiss der Midgardschlange expressis verbis bezeugt! Ansonsten kehrt das Uroboros-Motiv lediglich in der Geschichte des dänischen Helden Ragnar loðbrók wieder, wobei der Midgardschlangenmythos eingewirkt haben mag. Im *Ragnarssona þáttr* tritt ein echter Uroboros in Erscheinung: Der Lindwurm der schönen Jarlstochter Thora wächst unaufhörlich, umwindet ihr Haus und beißt in seinen eigenen Schwanz („en þessi ormr varð svá mikill um síðir, at hann lá í kríngum skemmuna, ok beit í sporð sér").⁴⁹ In der *Ragnars saga loðbrókar* wird hingegen ein unechter Uroboros beschrieben, Maul und Schwanzspitze des Ungeheuers berühren sich („nú liggr hann utan um skemmuna, svá at saman tók hǫfuð ok sporðr, […]").⁵⁰ Sowohl der Þáttr als auch die Saga sind wie die *Gylfaginning* im 13. Jahrhundert entstanden, greifen jedoch auf ältere Überlieferungen zurück. Bildhafte Umschreibungen (Kenningar) für die erdumspannende Midgardschlange im Weltmeer sind in Eddaliedern und Skaldenstrophen zahlreich belegt und reichen bis in das 9./10. Jahrhundert zurück: lǫgseimr (Þdr 1) = „Meer-Band", moldþinnur (Vsp 60) = „erdumspannendes Tau", allra landa endiseiðr (Rdr 15) = „Fisch, der die Grenze aller Länder bildet".⁵¹ Ein Biss in den eigenen Schwanz wird jedoch nicht erwähnt. Die Schlussfolgerung, das Schwanzbiss-Motiv sei erst in jüngerer Zeit, unter dem Einfluss christlicher Vorstellungen, dem Midgardschlangen-Mythos hinzugefügt worden⁵², hat man mit Hinweis auf den Lyngby-Brakteaten abgewiesen.⁵³ Ob die frühen skaldischen Kenningar dabei als Zwischenglied zwischen Lyngby und Snorri gewertet werden können⁵⁴, sei dahingestellt. Dass die Kenningar den Biss in den eigenen Schwanz „offensichtlich voraussetzen"⁵⁵ ist m. E. nicht der Fall.

Was Lyngby-A anbelangt, so sei hier auf eine weitere Deutungsperspektive hingewiesen: Spätantike Autoren wie Horapollo sehen im Uroboros nicht nur ein Symbol des Kosmos und der Zeit, sondern auch der zyklischen Verjüngung und der Regeneration (siehe oben). Die Hoffnung auf Regeneration und Beistand einer den Tod überwindenden Gottheit ist, wie die Haucksche Schule hat zeigen können, der Kerngedanke der Brakteatenreligion.⁵⁶ Sie „[…] fügt sich damit nahtlos in entsprechende religiöse Strömungen im spätantiken Imperium: Sie ist in ihrem Wesen eine Auferstehungsreligion […]"⁵⁷ und dürfte ihre Ausprägung ganz wesentlich christlichen Impulsen zu verdanken haben.⁵⁸ Der Uroboros von Lyngby mag in diesem Sinne als weiteres Symbol der Heilsgewissheit, als Sinnbild der übermächtigen Regenerationskraft des Brakteatengottes, welche die kosmische Ordnung gewährleistet, zu verstehen sein. Der Vierpassknoten wäre in diesem Zusammenhang weniger als Chiffre für die Welt der Menschen, sondern vielmehr als dämonische Mächte bindendes Abwehrzeichen zu verstehen. Die apotropäische Bedeutung von Knoten und Schlingenmotiven ist überaus weit verbreitet und auch in der Spätantike, im germanischen Altertum sowie im Mittelalter anzutreffen.⁵⁹ Dem Uroboros von Lyngby kann die Komposition auf dem ebenfalls aus dem 5./6. Jahrhundert stammenden gotländischen Bildstein Sanda kyrka IV zur Seite gestellt werden (Abb. 12).⁶⁰ Hier sind zwei Rondelle mit Wirbelverzierung zu sehen, die von jeweils einer Schlange umwunden werden. Zwar liegt keine Uroboros-Darstellung im eigentlichen Sinne vor, doch dürfte auch dieses Bilddenkmal mit der

▲ Abb. 10: Goldbrakteat Hamburg-B (IK 71).

▲ Abb. 11: Goldbrakteat Madla-D (IK 465).

---

47 ELLMERS 1970, 222f.; 1981, 39; 1986, 344. HAUCK 1983, 551; 2001a, 89; 2001b, 282f. HEIZMANN 1999, 428. OEHRL 2011, 205f. Die Midgardschlange, die ihr Maul nach hinten wendet und gerade im Begriff ist, sich in den eigenen Schwanz zu beißen, vermeinte HAUCK (1977, 173f.) auch auf den Goldbrakteaten Hamburg-B (IK 71) und Heide-B (IK 74) erkennen zu können (Abb. 10. Jüngst ablehnend: OEHRL 2011, 94–97). Anzuführen wären ferner die sechs modelgleichen Exemplare von Madla-D (IK 463), auf denen ein „Klaffmaul"-Dämon seinen eingedrehten Schwanz in das eigene Maul zu führen scheint (Abb. 11). Von Uroboros-Darstellungen kann jedoch keine Rede sein. Eine weitere Uroboros-Darstellung, die im vorliegenden Beitrag noch nicht einbezogen werden konnte, scheint sich jedoch auf dem Goldhalskragen von Färjestaden auf Öland (um 500) zu befinden (siehe dazu PESCH u. a. in Vorbereitung, Katalog F6).
48 FAULKES 1982, 27. Übersetzung: KRAUSE 2005, 41.
49 RAFN 1829, 345.
50 RAFN 1829, 238.
51 Weitere Belege: VON SEE u. a. 1979, 323. HEIZMANN 1999, 428 Anm. 105.
52 DE VRIES 1957, 373. GSCHWANTLER 1968, 160. VON SEE u. a. 1997, 325. Anders jedoch OLRIK 1922, 279. SCHRÖDER 1955, 31.
53 HEIZMANN 1999a, 428. Vgl. PESCH 2006, 510f.
54 HEIZMANN 1999a, 428.
55 HEIZMANN 1999a, 428.
56 Jüngst HEIZMANN 2007a, 22f.; 2007b, 39. HAUCK 2011a, 28; 32; 40.
57 HEIZMANN 2007a, 23.
58 VON PADBERG 2011.
59 Einschlägig: SCHEFTELOWITZ 1912. WEIGERT 1938. Jüngst (mit weiterführender Literatur): GRAF 2010, 29–35. WAMERS 2008b, 52ff.
60 LINDQVIST 1962. ANDERSSON 1968, Taf. 78.

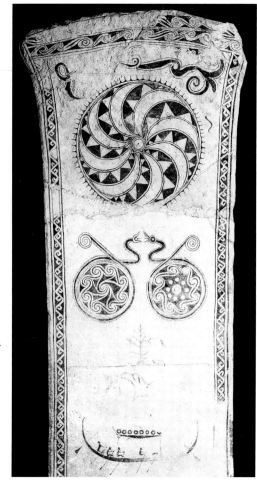

◀ Abb. 12: Bildstein Sanda kyrka IV (Länsmuseet på Gotland).

▲ Abb. 13: Schwertknauf aus Ultuna, Uppland (SALIN 1904, Nr. 588).

▲ Abb. 14: Tierfigur auf der Cuppa des Tassilokelches (WAMERS 2008a, 41 Abb. 5,a).

▲ Abb. 15: Schlangen-Triquetra am Fuß des Tassilokelches (HASELOFF 1951, 8 Abb. 7).

▲ Abb. 16: Tierdarstellung auf der Bügelscheibenfibel von Valla, Klinte auf Gotland (NEISS 2004, 19 Fig. 32).

Vorstellung einer weltumgürtenden Schlange zusammenhängen.[61] Vergleichbare Kreisschlangen-Kompositionen sind auf den gotländischen Bildsteinen Bro kyrka II, Bro kyrka 7, Martebo kyrka I und Västkinde Björkome I zu sehen gewesen.[62] Ein Rondell mit Vierpassknoten, wie es auf Lyngby-A vom Uroboros umschlossen wird, ist auch auf dem etwa zeitgleichen Bildstein Hablingbo Havor II dargestellt.[63]

Schlangenartige bzw. bandförmige Tiere, die sich in den eigenen Leib beißen, sind im germanischen Tierstil häufig anzutreffen, wobei es ganz unsicher bleibt, ob Uroboros-Vorstellungen einwirken. Auf einem im Stil II verzierten Schwertknauf aus Ultuna in Uppland ist eine 8-förmig gewundene Schlange zu erkennen, die in die Endpartie ihres Schwanzes beißt (Abb. 13). Auch im anglo-karolingischen Tierstil des Tassilokelchs[64], der eine Stiftung des Baiernherzogs Tassilo III. und seiner Gemahlin Liutpirc anlässlich der Gründung des Stifts Kremsmünster 777 darstellen dürfte, sind schwanzbeißende Tierfiguren auszumachen. So sind auf dem Fries der Cuppa bandförmige Vierfüßler dargestellt, die ihre Schwanzspitze im Maul halten[65] bzw. in das Schwanzende hineinbeißen (Abb. 14). Als eine Art Uroboros-Variante könnte auch eine Triquetra am Fuß des Kelches angesprochen werden. Sie wird von drei Schlangen gebildet, die sich gegenseitig in die Schwanzspitze beißen (Abb. 15).[66] Aus der späten Wikingerzeit stammt die prachtvolle Bügelscheibenfibel aus Valla in Klinte auf Gotland, die im Jelling- bzw. Mammenstil verziert ist.[67] Hier hat ein 8-förmig gewundenes bandförmiges Tier die Spitze seines eigenen Schwanzes im Maul (Abb. 16).

Auf einer Fibel, die dicht am Körper getragen wird, wäre eine amuletische Funktion des Uroboros-Bildes vorstellbar. Dass der germanische Tierstil der Unheilabwehr dient, indem er zoomorphe Dämonen in Verflechtungen gefangen, sich packend und beißend, überwunden und machtlos vorführt, ist bereits in der älteren Forschung formuliert worden.[68] Vorstellungen von Dämonenbezwingung und -abwehr mögen auch bei Tierdarstellungen auf liturgischem Gerät wie dem von Herzog Tassilo gestifteten Abendmahlskelch zugrunde liegen.

Bereits auf den Amuletten der Kaiserzeit, bezeugt durch die griechisch-ägyptischen Zauberpapyri und Gemmen, verbildlichte der Schwanzbiss die Überwundenheit dämonischer Mächte und war apotropäisch wirksam. So verhält es sich auch mit dem Goldbrakteaten von Lyngby, auf dem der Uroboros als gebannte Midgardschlange aufgefasst worden sein mag. Auf diese Berührungspunkte zwischen der Ikonografie der graeco-ägyptischen Gemmen und der goldenen Götterbildamulette des Nordens hat bereits Karl Hauck aufmerksam gemacht.[69] Verblüffende Übereinstimmungen hat auch ein struktureller Vergleich der Bilderegeln spätantiker Zauberinschriften und nordischer Runenbrakteaten erbracht.[70] Der Uroboros von Lyngby könnte unmittelbar auf spätantike Amulett-Vorbilder zurückzuführen sein.

Aus dem frühen 7. Jahrhundert stammt eine alamannische Phalera aus Seengen im Kanton Aargau (Abb. 17a). Das Silberblech zeigt einen

---

61 OEHRL 2007, 373f.; 2011, 206. ELLMERS (1981, 36ff.; 1986, 345ff.) geht weiter und meint das Kreisschlangenpaar als Midgardschlange und Hel deuten zu können. HAUCK (1983, 546f.) sieht in beiden Rondellen Totenwohnungen. Kritik übt ALTHAUS (1993, 79ff.).
62 LINDQVIST 1941, [o. S.] Fig. 6, 7, 13; 1956, 24 Abb. 2.
63 LINDQVIST 1941, [o. S.] Fig. 23.
64 HASELOFF 1951; 1977. WAMERS 2005 mit weiterer Literatur.
65 HASELOFF 1951, 4 Abb. 2,i.
66 HASELOFF 1951, Taf. 3,B. Übrigens werden im „Lexikon der christlichen Ikonographie" irrtümlicherweise Uroboros-Darstellungen auf der Scheibenfibel von Wittislingen und dem Reliquiar von Chur angeführt (KEMP 1994, 408). Ein Schwanzbiss oder eine Annäherung von Maul und Schwanzspitze ist auf keinem der beiden Denkmäler auszumachen (ELBERN 1962, [o. S.] Abb. 163; 285).
67 THUNMARK-NYLÉN 1998, Taf. 47. WILSON 1995, 144f.; 146 Abb. 130.
68 WEIGERT 1938, 96f. Jüngst GRAF 2010, 29–32. OEHRL 2011, 265–288. Besonders deutlich wird dies im Fall der D-Brakteaten (HAUCK 1988, 31–39).
69 HAUCK 1980a, 576; 1988, 37.
70 DÜWEL 1988, 101–110; 2011, 512–523 (Neudruck mit Nachschrift).

Panzerreiter, der mit einem Schwert gegen eine das Bildrund umschließende Schlange antritt. Das Ungeheuer führt seine Schwanzspitze zum Maul (unechter Uroboros). Da die alamannischen Phalerae und Reitermotive[71] antiken Vorbildern folgen und meist einen christlichen Hintergrund haben,[72] ist auch im Fall von Seengen wahrscheinlich, dass es sich bei dem Krieger zu Pferd um einen Reiterheiligen oder Christus selbst handelt.[73] Vor dem Hintergrund der Phalera von Pliezhausen,[74] die eine Umgestaltung römischer Vorbilder im Sinne germanischer Kriegerideale und Mythen erkennen lässt,[75] ist jedoch auch eine nichtchristliche Interpretation des Untierkämpfers von Seengen zu erwägen.[76] Ob die antik-christliche Dämonologie, pagane Mythen bzw. Sagen[77] oder beide Vorstellungswelten gemeinsam auf die Erscheinungsform des feindlichen Ungeheuers auf der Phalera von Seengen eingewirkt und zur Uroboros-Darstellung geführt haben, muss folglich offen bleiben. Ob die Werkstatt, in der die Scheibe gefertigt wurde überhaupt in der Alamannia oder aber im mediterranen Raum, etwa Italien, zu suchen ist, wird diskutiert.[78] Vor dem Hintergrund der entscheidenden Rolle Ägyptens bei der Genese und Verbreitung der Uroboros-Vorstellungen in Europa sei betont, dass Kult und Ikonografie der Reiterheiligen – auf welche die Bildkonzeption von Seengen zurückzuführen sein dürfte – im östlichen Mittelmeerraum, insbesondere aber im koptischen Ägypten beheimatet sind.[79] Eine weitere Uroboros-Darstellung der Merowingerzeit stammt im Übrigen von einem fränkischen Gräberfeld in Vailly, im nordfranzösischen Département Aisne.[80] Es handelt sich um einen Armreif, der in Form einer schwanzbeißenden Schlange gestaltet ist (Abb. 17b).

Eine zeitlich folgende[81] Uroboros-Darstellung ist im karolingischen (9. Jahrhundert) Psalter MS 18 C der Bibliothèques d'Amiens Métropole aus Corbie zu finden (Abb. 17c).[82] Es handelt sich um eine Schlange mit Raubtierkopf, die eine Q-Initiale bildet und gemeinsam mit einem geflügelten Ketos – einem Mischwesen mit dem Vorderleib eines Wolfes und dem Hinterleib einer Schlange – auftritt. Der Uroboros umschließt eine thronende Menschengestalt, die das Ketos mit Zügeln zu lenken scheint. Im vorliegenden Zusammenhang ist es naheliegend, die Uroboros-Schlange als Leviathan[83] zu identifizieren. Vom Leviathan heißt es in der *Kleinen Apokalypse* im *Buch Jesaja* (27,1), er sei die im Meer liegende, gewundene Schlange: „in die illo visitabit Dominus in gladio suo duro et grandi et forti super Leviathan serpentem vectem et super Leviathan serpentem tortuosum et occidet cetum qui in mari est." (vgl. *Psalm 73*,13–14). Der Schwanzbiss des Leviathan wird nicht nur in den apokryphen *Thomasakten* angedeutet (siehe oben), sondern auch im Werk *De mundi celestis terrestrisque constitutione* eines Pseudo-Beda im 11./12. Jahrhundert erwähnt: „Alii dicunt Leviathan animal terram complecti, tenetque caudam more suo […]."[84] In der jüdischen Literatur des Mittelalters wird der Leviathan mehrfach als Uroboros geschildert.[85] Besonders eindrucksvoll ist die Darstellung des fischgestaltigen Leviathans als (unechter) Uroboros in der hebräischen *Ambrosianischen Bibel* aus Ulm (Abb. 18; entstanden zwischen 1236 und 1238). Noch in der Mitte des 14. Jahrhunderts berichtet Konrad von Megenberg in seinem *Buch der Natur* über einen großen Fisch, der unter der Erde lebe, seinen Schwanz im Mund habe und für Erdbeben verantwortlich sei. Es handele sich jedoch um einen Aberglauben: „dar umb tichtent alteu weip, die sich vil weishait

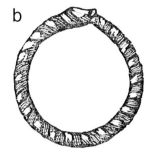

▲ Abb. 17: a) Alamannische Phalera von Seengen im Kanton Aargau (HAUCK 1957, Taf. I Fig. 1). b) Merowingerzeitlicher Armreif aus Vailly in Aisne (CHARBONNEAU-LASSAY 1940, 811 Fig. 13). c) Miniatur in einem Psalter aus Corbie (Cliché CNRS-IRHT, Bibliothèques d'Amiens Métropole, MS 18 C, fol. 46r).

---

71 QUAST 2002, 277 mit Katalog.
72 HOLMQVIST 1939, 110–128. BÖHNER 1982, 103ff. Jüngst FINGERLIN 2010, 32–46.
73 PLOSS 1966, 121. FINGERLIN 2010, 37f.
74 HAUCK 1980b, Taf. 28–31.
75 BECK 1964, 37–45. HAUCK 1954, 41f.; 1957, 6; 1978, 46ff.; 1980b, 237; 1981, 203ff.; 1983a, 453ff.; 1983b, 596ff. Zusammenfassend BÖHNER 1991, 707–717.
76 HAUCK 1957, 10f. BÖHNER 1982, 107.
77 OEHRL 2011, 206.
78 BÖHNER 1982, 107 Anm. 63. Vgl. HOLMQVIST 1939, 119.
79 BÖHNER 1982, 101–106.
80 CHARBONNEAU-LASSAY 1940, 811.
81 Darstellungen sich in den Schwanz beißender Vierfüßler sollten nicht als Uroboroi bezeichnet werden. Schwanzbeißende Löwen – die durchaus mit ähnlichen Ideen von Bannung und Unterwerfung zusammenhängen könnten – sind z. B. auf dem fränkischen Reliquienkasten und Tragaltar von Werden (Essen) und in einem insularen Psalterium aus dem 8. Jahrhundert zu sehen (ELBERN 1962, 448ff.; [o. S.] Abb. 10; 18).
82 KUDER 1977, 235–238. STIEGEMANN/WEMHOFF 1999, 812; Katalog XI.20.
83 BANG 1882. UEHLINGER 1999.
84 MIGNE 1862, 884.
85 VAN DER SLUIJS/PERATT 2009, 10. Mit weiterführender Literatur.

▶ Abb. 18: Illustration in der Ambrosianischen Bibel, Mailand Biblia Ambrosiana, B 32 III-136 (VAN VOOLEN 2006, 47).

▼ Abb. 19: Spätwikingerzeitlicher Runenstein von Frösö in Jämtland (VON FRIESEN 1928, 66).

an nement, ez sei ain grôzer visch, der haiz celebrant, dar auf stê daz ertreich, und hab seinen sterz in dem mund: wenn sich der weg oder umbkêr, sô pidem daz ertreich. Daz ist ain türsenmær und ist niht wâr und geleicht wol der juden mær von dem Vehemot."[86] Hier dürfte eine volkstümliche Form des Leviathan-Mythos vorliegen, wobei nicht auszuschließen ist, dass auch Erinnerungen an pagane Vorstellungen nachwirken.[87] Das Mischwesen von Corbie mag als weitere Erscheinungsform des Leviathan – der in der *Septuaginta* auch als „ketos" bezeichnet wird[88] – aufzufassen sein oder dessen an Land lebendes biblisches Gegenstück, den Behemot (*Hiob*, 40f.; 1. *Henoch* 60, 7ff.) vorstellen. Die thronende Menschengestalt, die das Dämonenpaar kontrolliert, stellt den bösen Herrscher dar, von dem zu Beginn des Psalms die Rede ist: „Quid gloriaris in malitia, qui potens es in iniquitate?"

Auf wenigstens 23 schwedischen Runensteinen der späten Wikingerzeit hält das zoomorphe Inschriftenband seine eigene Schwanzspitze im Maul,[89] wofür der Stein von Frösö ein gutes Beispiel ist (Abb. 19).[90] Auf diesen Gedenksteinen aus der Zeit der Christianisierung scheinen Leviathan- und Midgardschlangen-Mythos zu verschmelzen.[91] Dass beide Dämonen miteinander in Beziehung, ja gleich gesetzt wurden, zeigt eine Interlinearglosse im *Stockholmer Homilienbuch* sowie im Handschriftenfragment AM 686 c 4to.[92] Dort ist über „leviaþan" bzw. „leviatHan" das Wort „miþgarþar ormr" bzw. „Miþgarzormr" gesetzt. In der *Niðrstigningar saga* wird der die Welt umschließende, drachengestaltige Satan als „miþgarþsormr" bezeichnet. Dass christlich-pagane Analogien in der Bildüberlieferung der späten Wikingerzeit eine große Rolle spielen und in den Dienst der Mission gestellt wurden, ist mehrfach belegt.[93] Vor diesem Hintergrund dürften auch die Uroboros-Darstellungen auf dem Steinkreuzsockel von Brigham in Cumbria aus dem 10. Jahrhundert (Abb. 20a)[94] und dem romanischen Taufbecken von Fullösa in Schonen zu interpretieren sein (Abb. 20b).[95] Auf dem Steinkreuzsockel windet sich die Schlange mit dem Schwanz im Maul um die Öffnung, in welcher der Kreuzschaft ruht. Auf der Cuppa des Taufsteins ist sie als bildliche Manifestation des Taufexorzismus anzusehen, wofür es auf romanischen Taufbecken reichliche Parallelen gibt.[96] Der Schwanzbiss dokumentiert die Überwundenheit und Machtlosigkeit des Dämons, der sicher christlich intendiert, jedoch bewusst in einer der paganen Tradition vertrauten Form dargeboten wurde. Ihn schlicht als Midgardschlange zu bezeichnen,[97] greift sicher zu kurz.

Dass auch die mehrfach in der romanischen Bauplastik des Kontinents auftretenden Uroboros-Darstellungen (Abb. 20c–d)[98] mit vorchristlichen Mythen verknüpft sind, ist schwer vorstellbar. Hier dürfte der Mythos vom Leviathan ausschlaggebend sein. Grundsätzlich wären weitere mittelalterliche Uroboros-Vorstellungen in eine Deutung einzubeziehen. So erscheint die schwanzbeißende Schlange – antiken Konventionen folgend – auch in Handschriften und Drucken des 11. (Abb. 20e) bis 16. Jahrhunderts als Attribut des antiken Gottes Kronos/Saturn und ist hier als Symbol der Zeit aufzufassen.[99] Auch Abschriften alchemistischer Texte aus hellenistischer Zeit in Handschriften des 10. (Abb. 20f)[100] bis 15. Jahrhunderts sind mit Uroboros-Darstellungen versehen.[101] Die frühen Alchemisten scheinen das Zeichen von der gnostischen Tradition übernommen[102] und als Symbol verwendet zu haben.[103] Ob in diesem Sinne auch „des trachen umbevart" („die Kreisbewegung des Drachen") bei der Herstellung eines Heilmittels für den Gralskönig Anfortas in Wolframs von Eschenbach *Parzival* (IX 483, 6 ff.) als Uroboros

---

86 PFEIFFER 1962, 107. Vgl. LUFF/STEER 2003.
87 Zu vergleichbaren Phänomenen HULTGÅRD 1990, 351f. DINZELBACHER 1990, 67–99.
88 LEHNARDT 2009, 109. Im äthiopischen *Buch Henoch* (60, 16) wird der Leviathan mit Zügeln gebannt (GUNKEL 1921, 52).
89 OEHRL 2011, 208 Anm. 535.
90 Lokale Sagen aus Frösö, die ab dem 17. Jahrhundert belegt sind, berichten von einem Schlangenungeheuer, das auf dem Grund eines nahegelegenen Sees liegt und sich in den eigenen Schwanz beißt (SNÆDAL u. a. 2004, 43). Das Seeungeheuer sei auf dem Runenstein dargestellt und werde auf diese Weise gebannt. Dass diese Erzählung tatsächlich eine Erinnerung an die ursprüngliche Bedeutung der Uroboros-Darstellung bewahrt, ist zumindest vorstellbar.
91 SNÆDAL u. a. 2004, 254–260.
92 GSCHWANTLER 1968, 158. HEIZMANN 1999a, 426.

93 Jüngst OEHRL 2011a, 261–265; 2011b, 450f.
94 BAILEY/CRAMP 1988, 78, [o. S.] Ill. 168.
95 OEHRL 2011, 206f.
96 OEHRL 2011, 147; 207.
97 ELLMERS 1970, 223; 1981, 38f.; 1986, 343f.
98 BEIGBEDER 1998, 357ff.
99 PANOFSKY 1980, 113; 115; 116f. Anm. 12; [o. S.] Abb. 45; 53. ZIKA 2003, 398; 419f.; 399 Fig. 63. Unklar ist hingegen die Bedeutung einer Uroboros-förmigen D-Initiale in einer Handschrift des Klosters Lichtenthal aus dem Jahr 1456 (Landesbibliothek Karlsruhe, Hs. Licht. 73, 3r; PREISENDANZ 1933, 670; 1935, 144).
100 CHARBONNEAU-LASSAY 1940, 6. STRICKER 1953, 16f. SHEPPARD 1962, 84. RUDOLPH 1977, 78.
101 SHEPPARD 1962, 84ff.
102 SHEPPARD 1957, 95.
103 Weitere Literatur bei HAAGE 1992, 253–255 Anm. 291.

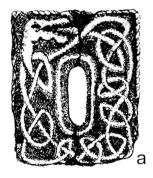 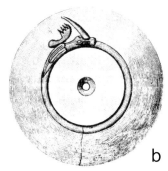  

zu verstehen ist, der den alchemistischen Prozess versinnbildlicht,[104] sei dahingestellt. An dieser Stelle sei auch auf die wahrscheinlich in der Art eines (unechten) Uroboros konzipierten Steigbügel Enites in Hartmanns von Aue *Erec* hingewiesen (7669-7676): „beide guot und gemeit / wâren die stegereife, / breite goltreife, / gebildet nâch zwein trachen. […] die zagele si ze munde bugen, […]".[105]

Fazit

Das Uroboros-Motiv scheint im germanischen Altertum wenig verbreitet gewesen zu sein. Die frühesten Denkmäler zeigen, dass es auf spätantik-ägyptischen Einfluss zurückzuführen ist. Inwiefern dabei auch die hier zusammengetragenen antiken Vorstellungen übernommen wurden bzw. einfließen, bleibt unsicher; kosmologische und mythologisch-dämonologische Sinngehalte sowie apotropäische, amuletische Funktionen kommen in Betracht. Dass der Brakteatenmeister von Lyngby und der Künstler von Seengen in ihren mediterranen Vorlagen die schwanzbeißende Midgardschlange erblickten, deren Mythos zu diesem Zeitpunkt im Norden bereits ausgebildet war, ist denkbar. Angesichts des vorliegenden Materials ist es m. E. jedoch wahrscheinlicher, dass diese Vorstellung erst auf Grundlage spätantiker Bilddarstellungen entstanden ist. Dies wäre eine außerordentlich belangreiche Erkenntnis, die neuartige Impulse für die germanische Religionsgeschichte böte. Der Uroboros könnte auf indigene (Midgard-)Schlangenvorstellungen getroffen sein und diese erweitert haben. Die Kreisschlangen auf den gotländischen Bildsteinen kommen ohne den Biss aus. Repräsentieren sie folglich eine ältere Stufe? Irritierend ist jedoch, dass es im Norden vor Beginn der Spätwikingerzeit keine weiteren eindeutigen Uroboros-Darstellungen zu geben scheint. Auch die frühen Skalden wissen scheinbar nichts vom Schwanzbiss der Midgardschlange, wir finden ihn erst bei Snorri. Wie ist die Lücke zu erklären? Sollten die spätantiken Einflüsse zunächst nicht nachhaltig gewirkt haben? Vermochte das ägyptische Uroboros-Motiv erst über die christliche Mission im Norden in Gestalt des Leviathan Fuß zu fassen? Im Frankenreich ist der Leviathan durch den *Amienspsalter* bezeugt. Hat die Uroboros-Vorstellung erst in der Wikingerzeit auf den Midgardschlangenmythos eingewirkt, wie insbesondere die christlichen Runensteine andeuten? Die Gleichsetzung von Midgardschlange und Leviathan ist in der altnordischen Literatur bezeugt und dürfte auch in der wikingischen Kunst eine Rolle spielen. Insgesamt ist das Belegmaterial jedoch zu gering, als dass eine definitive Aussage gemacht und ein verbindliches Modell angeboten werden könnte. Es bleibt zu hoffen, dass in Zukunft weitere Bilddenkmäler erkannt werden und neue Funde, etwa im Bereich der sich stetig vermehrenden Goldbrakteaten, das hier gezeichnete Bild erweitern.

Literatur

ALTHAUS 1993
S. Althaus, Die gotländischen Bildsteine. Ein Programm. Göppinger Arbeiten zur Germanistik 588. Göppingen 1993.

ANDERSSON 1968
A. Andersson, L'art scandinave 2. La nuit des temps 29. Saint-Léger-Vauban 1968.

AXBOE 2004
M. Axboe, Die Goldbrakteaten der Völkerwanderungszeit. Herstellungsprobleme und Chronologie. Ergänzungsbände zum Reallexikon der Germanischen Altertumskunde 38. Berlin, New York 2004.

▲ *Abb. 20: a) Basis eines Steinkreuzes aus Brigham, Cumbria (ELLMERS 1986, 356 Abb. 4).*
b) Unterseite einer romanischen Taufe aus Fullösa, Schonen (ELLMERS 1986, 356 Abb. 3).
c) Kapitell in der Domkrypta von Freising (SCHMIDT/SCHMIDT 1981, 107 Abb. 36).
d) Fries an der Westempore der Schloßkirche Quedlinburg (BLANKENBURG 1943, 26 Abb. 38).
e) Darstellung der heidnischen Götter der Antike in einer Handschrift der Regensburger Schule, München Staatsbibliothek, Clm. 14271, 11v (PANOFSKY 1980, Abb. 13).
f) Illustration in der Chrysopoeia der Cleopatra, einer byzantinischen Handschrift, Ms. St. Mark 299, fol. 188v (SHEPPARD 1962, 85 Fig. 2).

---
104 HAAGE 1983; 1986, 136ff.; 1992, 69f.; 1994, 160f.
105 HAAGE 1993; 1994, 156f. B. D. HAAGE betrachtet sie als Teil einer Enites Pferd inherenten Kosmossymbolik.

AXBOE/HEIZMANN 2011

M. Axboe, W. Heizmann, Die Goldbrakteaten der Völkerwanderungszeit – Auswertung und Neufunde. Ergänzungsbände zum Reallexikon der Germanischen Altertumskunde 40. Berlin, New York 2011.

BAILEY/CRAMP 1988

R. N. Bailey, R. Cramp, corpus of anglo-saxon stone sculpture 2: Cumberland, Westmorland and Lancashire North-of-the-Sands. Oxford u. a. 1988.

BANG 1882

A. C. Bang, Midgardsormens Prototyper. Historisk Tidsskrift, 2. Række 3, 1882, 222–232.

BECK 1964

H. Beck, Einige vendelzeitliche Bilddenkmäler und die literarische Überlieferung. Bayerische Akademie der Wissenschaften. Philosophisch-Historische Klasse. Sitzungsberichte 1964:6. München 1964.

BECK 2011

H. Beck, Lese- und Deutungsprobleme im Namenschatz des Brakteatencorpus. In: M. Axboe, W. Heizmann (Hrsg.), Die Goldbrakteaten der Völkerwanderungszeit – Auswertung und Neufunde. Ergänzungsbände zum Reallexikon der Germanischen Altertumskunde 40. Berlin, New York 2011, 297–315.

BEHR 2011

C. Behr, Forschungsgeschichte. In: M. Axboe, W. Heizmann (Hrsg.), Die Goldbrakteaten der Völkerwanderungszeit – Auswertung und Neufunde. Ergänzungsbände zum Reallexikon der Germanischen Altertumskunde 40. Berlin, New York 2011, 153–229.

BEIGBEDER 1998

O. Beigbeder, Lexikon der Symbole. Schlüsselbegriffe zur Bilderwelt der romanischen Kunst. Würzburg 1998.

BIEDERMANN 1986

H. Biermann, Handlexikon der magischen Künste von der Spätantike bis zum 19. Jahrhundert. Graz ³1986.

BIRT 1892

T. Birt, Claudii Claudiani carmina. Monumenta Germaniae historica, Auctorum antiquissimorum 10. Berlin 1892.

BLANKENBURG 1943

W. Blankenburg, Heilige und dämonische Tiere. Die Symbolsprache der deutschen Ornamentik im frühen Mittelalter. Leipzig 1943.

BÖHNER 1982

K. Böhner, Die Reliefplatten von Hornhausen. Jahrbuch des Römisch-Germanischen Zentralmuseums Mainz 23-24 (1976/77), 1982, 89–129.

BÖHNER 1991

K. Böhner, Die frühmittelalterlichen Silberphaleren aus Eschwege (Hessen) und die nordischen Pressblech-Bilder. Jahrbuch des Römisch-Germanischen Zentralmuseums Mainz 38:2, 1991 (1995), 681–743.

BREHM 1926

B. Brehm, Vom Ursprung der germanischen Tierornamentik. In: J. Strzygowski (Hrsg.), Heidnisches und Christliches um das Jahr 1000. Der Norden in der Bildenden Kunst Westeuropas. Beiträge zur vergleichenden Kunstforschung 4. Wien 1926, 37–95.

BRUNNER-TRAUT 1989

E. Brunner-Traut, Altägyptische Märchen. Mythen und andere volkstümliche Erzählungen. Wien u. a. ⁸1989.

CHARBONNEAU-LASSAY 1940

L. Charbonneau-Lassay, Le Bestiaire du Christ. La Mystérieuse Emblématique de Jésus-Christ. Bruges 1940.

CUMONT 1898

F. Cumont, Masque de Jupiter sur un aigle éployé, bronze du Musée de Bruxelles. In: Festschrift für Otto Benndorf zu seinem 60. Geburtstage, gewidmet von seinen Schülern, Freunden und Fachgenossen. Wien 1898, 291–295.

DEONNA 1952

W. Deonna, Ouroboros, Artibus Asiae 15, 1952, 163–170.

DINZELBACHER 1990

P. Dinzelbacher, „verba hec tam mistica ex ore tam ydiote glebonis". Selbstaussagen des Volkes über seinen Glauben. Unter besonderer Berücksichtigung der Offenbarungsliteratur und der Vision Gottschalks. In: P. Dinzelbacher, D. R. Bauer (Hrsg.), Volksreligion im hohen und späten Mittelalter. Quellen und Forschungen aus dem Gebiet der Geschichte, NF 13. Paderborn u. a. 1990, 57–99.

DÜWEL 1988

K. Düwel, Buchstabenmagie und Alphabetzauber. Zu den Inschriften der Goldbrakteaten und ihrer Funktion als Amulette. Frühmittelalterliche Studien 22, 1988, 70–110.

DÜWEL 2011

K. Düwel, Buchstabenmagie und Alphabetzauber. Zu den Inschriften der Goldbrakteaten und ihrer Funktion als Amulette, ergänzter Nachdruck. In: M. Axboe, W. Heizmann (Hrsg.), Die Goldbrakteaten der Völkerwanderungszeit – Auswertung und Neufunde. Ergänzungsbände zum Reallexikon der Germanischen Altertumskunde 40. Berlin, New York 2011, 475–523.

DÜWEL/NOWAK 2011

K. Düwel, S. Nowak, Die semantisch lesbaren Inschriften auf Goldbrakteaten. In: M. Axboe, W. Heizmann (Hrsg.), Die Goldbrakteaten der Völkerwanderungszeit – Auswertung und Neufunde. Ergänzungsbände zum Reallexikon der Germanischen Altertumskunde 40. Berlin, New York 2011, 375–473.

EGLI 1982

H. Egli, Das Schlangensymbol. Geschichte, Märchen, Mythos. Olten 1982.

ELBERN 1962

V. H. Elbern, Der fränkische Reliquienkasten und Tragaltar von Werden. In: V. H. Elbern (Hrsg.), Das erste Jahrtausend. Kultur und Kunst im werdenden Abendland an Rhein und Ruhr. Düsseldorf 1962, 436–470.

ELLMERS 1972

D. Ellmers, Zur Ikonographie Nordischer Goldbrakteaten. Jahrbuch des Römisch-Germanischen Zentralmuseums Mainz 17, 1970 (1972), 201–284.

ELLMERS 1981

D. Ellmers, Religiöse Vorstellungen der Germanen im Bildprogramm gotländischer Bildsteine und der Ostkrypta des Bremer Domes. Jahrbuch der Wittheit zu Bremen 25, 1981, 31–54.

ELLMERS 1986

D. Ellmers, Schiffsdarstellungen auf skandinavischen Grabsteinen. In: H. Roth (Hrsg.), Zum Problem der Deutung frühmittelalterlicher Bildinhalte. Akten des 1. Internationalen Kolloquiums in Marburg a. d. Lahn, 15. bis 19.

FAULKES 1982
A. Faulkes, Edda 1. Prologue and Gylfaginning. Oxford 1982.

FAULKNER 1969
R. O. Faulkner, The ancient Egyptian pyramid texts. Oxford 1969.

FINGERLIN 2010
G. Fingerling, Die ältesten christlichen Bilder der Alamannia. Zu Herkunft und Ikonographie der drei silbernen Phalerae aus dem Kammergrab von der „Gierhalde" in Hüfingen, dem Hauptort der frühmittelalterlichen Baar. In: V. Huth, J. Regnath (Hrsg.), Die Baar als Königslandschaft. Veröffentlichungen des Alemannischen Instituts Freiburg i. Br. 77. Sigmaringen 2010, 25–46.

VON FRIESEN 1928
O. von Friesen, Runorna i Sverige. En kortfattad översikt. Föreningen Urds skrifter 4. Uppsala ³1928.

GOLENISCHEFF 1877
W. Golenischeff, Die Metternichstele. Leipzig 1877.

GRAF 2010
M. H. Graf, Paraschriftliche Zeichen in südgermanischen Runeninschriften. Studien zur Schriftkultur des kontinentalgermanischen Runenhorizonts. Veröffentlichungen des Nationalen Forschungsschwerpunkts „Medienwandel – Medienwechsel – Medienwissen. Historische Perspektiven" 12. Zürich 2010.

GRESSMANN 1927
H. Gressmann, Altorientalische Bilder zum Alten Testament. Berlin u. a. ²1927.

GRIMM 1969
G. Grimm, Die Zeugnisse ägyptischer Religion und Kunstelemente im römischen Deutschland. Études préliminaires aux religions orientales dans l'Empire romain. Leiden 1969.

GROOT 1969
H. B. Groot, The Ouroboros and the romantic poets. A renaissance emblem in Blake, Coleridge and Shelley. English Studies 50, 1969, 553–564.

GSCHWANTLER 1968
O. Gschwantler, Christus, Thor und die Midgardschlange. In: H. Birkhan, O. Gschwantler (Hrsg.), Festschrift für Otto Höfler zum 65. Geburtstag 1. Wien 1968, 145–168.

GUNKEL 1921
H. Gunkel, Schöpfung und Chaos in Urzeit und Endzeit. Eine religionsgeschichtliche Untersuchung über Gen. 1 und Ap. Joh. 12. Göttingen ²1921.

HAAGE 1992
B. D. Haage, Studien zur Heilkunde im „Parzival" Wolframs von Eschenbach. Göppinger Arbeiten zur Germanistik 565. Göppingen 1992.

HAAGE 1993
B. D. Haage, Die Heilkunde und der Ouroboros. In: Lambertus Okken, Kommentar zur Artusepik Hartmanns von Aue. Amsterdamer Publikationen zur Sprache und Literatur 103. Amsterdam, Atlanta 1993.

HAAGE 1994
B. D. Haage, Ouroboros und kein Ende. In: J. Domes (Hrsg.), Licht der Natur. Medizin in Fachliteratur und Dichtung. Festschrift für Gundolf Keil zum 60. Geburtstag. Göppinger Arbeiten zur Germanistik 585. Göppingen 1994, 149–169.

HASELOFF 1951
G. Haseloff, Der Tassilokelch. Münchner Beiträge zur Vor- und Frühgeschichte 1. München 1951.

HASELOFF 1977
G. Haseloff, Zum Stand der Forschung zum Tassilokelch. In: G. Dimt (Hrsg.), Baiernzeit in Oberösterreich. Von Severin zu Tassilo. Oberösterreichisches Landesmuseum Linz. Linz 1977, 221–236.

HAUCK 1954
K. Hauck, Herrschaftszeichen eines wodanistischen Königtums. Jahrbuch für Fränkische Landesforschung 14, 1954, 9–66.

HAUCK 1957
K. Hauck, Alemannische Denkmäler der vorchristlichen Adelskultur. Zeitschrift für Württembergische Landesgeschichte 16:1, 1957, 1–40.

HAUCK 1978
K. Hauck, Bildforschung als historische Sachforschung. Zur vorchristlichen Ikonographie der figuralen Helmprogramme aus der Vendelzeit. In: K. Hauck, H. Mordek (Hrsg.), Geschichtsschreibung und geistiges Leben im Mittelalter. Festschrift für Heinz Löwe zum 65. Geburtstag. Köln u. a. 1978, 27–70.

HAUCK 1980a
K. Hauck, Völkerwanderungszeitliche Bildzeugnisse eines Allgottes des Nordens und ihre älteren mediterranen Analogien. Zur Ikonologie der Goldbrakteaten XVII. In: E. Dassmann, K. S. Frank (Hrsg.), Pietas. Festschrift für Bernhard Kötting. Jahrbuch für Antike und Christentum, Ergänzungsband 8. Münster 1980, 566–583.

HAUCK 1980b
K. Hauck, Die Veränderung der Missionsgeschichte durch die Entdeckung der Ikonologie der germanischen Bilddenkmäler, erhellt am Beispiel der Propagierung der Kampfhilfen des Mars-Wodan in Altuppsala im 7. Jahrhundert. Zur Ikonologie der Goldbrakteaten XX, Westfalen. Hefte für Geschichte, Kunst und Volkskunde 57, 1980, 227–307.

HAUCK 1981
K. Hauck, Die bildliche Wiedergabe von Götter- und Heldenwaffen im Norden seit der Völkerwanderungszeit. Zur Ikonologie der Goldbrakteaten XVIII. In: R. Schmidt-Wiegand (Hrsg.), Wörter und Sachen im Lichte der Bezeichnungsforschung. Arbeiten zur Frühmittelalterforschung 1. Berlin, New York 1981, 168–269.

HAUCK 1983a
K. Hauck, Dioskuren in Bildzeugnissen des Nordens vom 5. bis zum 7. Jahrhundert. Zur Ikonologie der Goldbrakteaten XXVIII. Jahrbuch des Römisch-Germanischen Zentralmuseums Mainz 30, 1983, 435–464.

HAUCK 1983b
K. Hauck, Text und Bild in einer oralen Kultur. Antworten auf die zeugniskritische Frage nach der Erreichbarkeit mündlicher Überlieferung im frühen Mittelalter. Zur Ikonologie der Goldbrakteaten XXV. Frühmittelalterliche Studien 17, 1983, 510–599.

HAUCK 1988
> K. Hauck, Zwanzig Jahre Brakteatenforschung in Münster/Westfalen. Zur Ikonologie der Goldbrakteaten XL. Frühmittelalterliche Studien 22, 1988, 17–52.

HAUCK 2001a
> K. Hauck, Balder und Tyr „der einhändige Ase", auf IK 583 Söderby-B. Zur Ikonologie der Goldbrakteaten LIX. Frühmittelalterliche Studien 35, 2001, 83–96.

HAUCK 2001b
> K. Hauck, Zwei Goldbrakteaten von dem Söderby-Fund aus der Kultregion von Altuppsala. Zur Ikonologie der Goldbrakteaten LX. In: M. Stausberg (Hrsg.), Kontinuitäten und Brüche in der Religionsgeschichte. Festschrift für Anders Hultgård zu seinem 65. Geburtstag am 23.12.2001. Ergänzungsbände zum Reallexikon der Germanischen Altertumskunde 31. Berlin, New York 2001, 275–295.

HAUCK 2011a
> K. Hauck, Machttaten Odins. Die Chiffrenwelt der Brakteaten und die Methoden ihrer Auswertung. In: M. Axboe, W. Heizmann (Hrsg.), Die Goldbrakteaten der Völkerwanderungszeit – Auswertung und Neufunde. Ergänzungsbände zum Reallexikon der Germanischen Altertumskunde 40. Berlin, New York 2011, 3–60.

HAUCK 2011b
> K. Hauck, Die Bildformeln der Goldbrakteaten in ihren Leitvarianten. Zur Ikonologie der Goldbrakteaten LV. In: M. Axboe, W. Heizmann (Hrsg.), Die Goldbrakteaten der Völkerwanderungszeit – Auswertung und Neufunde. Ergänzungsbände zum Reallexikon der Germanischen Altertumskunde 40. Berlin, New York 2011, 61–152.

HEIZMANN 1999a
> W. Heizmann, Midgardschlange. In: U. Müller, W. Wunderlich (Hrsg.), Mittelalter Mythen 2. Dämonen, Monster, Fabelwesen. St. Gallen 1999, 413–438.

HEIZMANN 1999b
> W. Heizmann, Fenriswolf. In: U. Müller, W. Wunderlich (Hrsg.), Mittelalter Mythen 2. Dämonen, Monster, Fabelwesen. St. Gallen 1999, 229–255.

HEIZMANN 2007a
> W. Heizmann, Gold, Macht, Kult: Karl Haucks Studien zur Ikonologie der Goldbrakteaten. Frühmittelalterliche Studien 41, 2007, 11–23.

HEIZMANN 2007b
> W. Heizmann, Die Fauna der völkerwanderungszeitlichen Goldbrakteaten. Tiere im Kontext der Regenerationsthematik. In: A. Heitmann, W. Heizmann (Hrsg.), Tiere in skandinavischer Literatur und Kulturgeschichte. Repräsentationsformen und Zeichenfunktionen. Rombach Wissenschaften, Reihe Nordica 13. Freiburg im Breisgau u. a. 2007, 15–40.

HEIZMANN 2012
> W. Heizmann, Die Bilderwelt der völkerwanderungszeitlichen Goldbrakteaten als religionsgeschichtliche Quelle. In: H. Beck, D. Geuenich, H. Steuer, Altertumskunde – Altertumswissenschaft – Kulturwissenschaft. Erträge und Perspektiven nach 40 Jahren Reallexikon der Germanischen Altertumskunde. Ergänzungsbände zum Reallexikon der Germanischen Altertumskunde 77. Berlin, Boston 2012, 689–736.

HENKEL 1913
> F. Henkel, Die römischen Fingerringe der Rheinlande und der benachbarten Gebiete 1–2. Berlin 1913.

HENNECKE/SCHNEEMELCHER 1964
> E. Hennecke, W. Schneemelcher, Neutestamentliche Apokryphen in deutscher Übersetzung 2. Apostolisches, Apokalypsen und Verwandtes. Tübingen ³1964.

HOFFMANN-KRAYER 1936
> E. Hoffmann-Krayer, Schlange. In: H. Bächtold-Stäubli, E. Hoffmann-Krayer (Hrsg.), Handwörterbuch des Deutschen Aberglaubens 7. Berlin u. a. 1936, Sp. 1114–1196.

HOLMQVIST 1939
> W. Holmqvist, Kunstprobleme der Merowingerzeit. Stockholm 1939

HOPFNER 1921
> T. Hopfner, Griechisch-ägyptischer Offenbarungszauber 1. Mit einer eingehenden Darstellung des griechisch-synkretistischen Daemonenglaubens und der Voraussetzungen und Mittel des Zaubers überhaupt und der magischen Divination im Besonderen. Leipzig 1921.

HORNUNG 1963
> E. Hornung, Das Amduat. Die Schrift des verborgenen Raumes 2: Übersetzung und Kommentar. Ägyptologische Abhandlungen 7. Wiesbaden 1963.

HORNUNG 1971
> E. HORNUNG, Der Eine und die Vielen. Ägyptische Gottesvorstellungen. Darmstadt 1971.

HORNUNG 1982
> E. Hornung, Tal der Könige. Die Ruhestätte der Pharaonen. Zürich u. a. 1982.

HORNUNG 1997
> E. Hornung, Altägyptische Jenseitsbücher. Ein einführender Überblick. Darmstadt 1997.

HORNUNG 1999
> E. Hornung, Das esoterische Ägypten. Das geheime Wissen der Ägypter und sein Einfluss auf das Abendland. München 1999.

HOWEY 1955
> M. O. Howey, The encircled serpent. A study of serpent symbolism in all countries and ages. New York 1955.

HULTGÅRD 1990
> A. Hultgård, Old Scandinavian and Christian Eschatology. In: T. Ahlbäck (Hrsg.), Old Norse and Finnish religions and cultic place-names. Based on papers read at the symposium on encounters between religions in old nordic times and on cultic place-names held at Åbo, Finland, on the 19th–21st of August 1987. Scripta Instituti Donneriani Aboensis 13. Stockholm 1990, 344–357.

HUSSELMAN 1965
> E. M. Husselman, The martyrdom of Cyriacus and Julitta in coptic. Journal of the American Research Center in Egypt 4, 1965, 79–86.

IK
> M. Axboe, U. Clavadetscher, K. Düwel, K. Hauck, L. von Padberg, Die Goldbrakteaten der Völkerwanderungszeit. Ikonographischer Katalog, Teil 1–3. Münstersche Mittelalter-Schriften 24. München 1985–89.

KÄPPEL 2002
> L. Käppel, Uroboros. In: H. Cancik (Hrsg.), Der Neue Pauly, Enzyklopädie der Antike 12:1. Stuttgart, Weimar 2002, Sp. 1053.

KÁKOSY 1964
L. Kákosy, Osiris-Aion. Oriens Antiquus 3, 1964, 14–25.

KÁKOSY 1986
L. Kákosy, Uroboros. In: W. Helck, W. Westendorf (Hrsg.), Lexikon der Ägyptologie 6. Wiesbaden 1986, 886–893.

KEMP 1994
W. Kemp, Uroboros. In: W. Braunfels (Hrsg.), Lexikon der christlichen Ikonographie 4. Sonderausgabe. Freiburg im Breisgau 1994, 408–409.

KRAUSE 2005
A. Krause, Die Edda des Snorri Sturluson. Reclams Universal-Bibliothek 782. Stuttgart ²2005.

KUDER 1977
U. Kuder, Die Initialen des Amienspsalters (Amiens, Bibliothèque Municipale Ms. 18). Dissertation der Ludwig-Maximilians-Universität München 1977.

LEHNARDT 2009
A. Lehnardt, Leviathan und Behemoth. Mythische Urwesen in der mittelalterlichen jüdischen Tradition. In: S. Obermaier (Hrsg.), Tiere und Fabelwesen im Mittelalter. Berlin, New York 2009, 105–129.

LEISEGANG 1924
H. Leisegang, Die Gnosis. Kröners Taschenausgabe 32. Leipzig 1924.

LINDQVIST 1941
S. Lindqvist, Gotlands Bildsteine 1. Stockholm 1941.

LINDQVIST 1956
S. Lindqvist, Bildstensfynd vid kyrkorestaureringar. Gotländskt arkiv 28, 1956, 19–30.

LINDQVIST 1962
S. Lindqvist, Jättestenen från Sanda och andra nyfunna bildstenar. Gotländskt arkiv 34, 1962, 7–22.

LUFF/STEER 2003
R. Luff, G. Steer (Hrsg.), Konrad von Megenberg. Das „Buch der Natur" 1–2. Texte und Textgeschichte 54. Tübingen 2003.

LURKER 1991
M. Lurker (Hrsg.), Uroboros. In: Wörterbuch der Symbolik. Stuttgart ⁵1991, 783.

MEAD 1921
G. R. S. Mead, Pistis Sophia. The book of the saviour. London 1921.

MERCER 1952
S. A. B. Mercer, The Pyramid Texts. New York u. a. 1952.

MERKELBACH 1959
R. Merkelbach, Drache. In: T. Klauser (Hrsg.), Reallexikon für Antike und Christentum 4. Stuttgart 1959, 226–250.

MICHEL 2002
S. Michel, Der Pantheos auf Magischen Gemmen. Vorträge aus dem Warburg-Haus 6. Berlin 2002.

MICHEL 2004
S. Michel, Die Magischen Gemmen. Zu den Bildern und Zauberformeln auf geschnittenen Steinen der Antike und Neuzeit. Studien aus dem Warburg-Haus 7. Berlin 2004.

MIGNE 1862
J.-P. Migne (Hrsg.), Venerabilis Bedae, Anglo-Saxonis presbyteri, opera omnia, Tomus 1. Patrologiae cursus completus, series latina 92. Paris 1862.

NEISS 2004
M. Neiß, Midgårdsormen och Fenrisulven. Två grundmotiv i vendeltidens djurornamentik. Kontinuitetsfrågor i germansk djurornamentik 1. Fornvännen 99, 2004, 9–25.

OEHRL 2007
S. Oehrl, Vallstena, Bildsteine. In: H. Beck, D. Geuenich, H. Steuer (Hrsg.), Reallexikon der Germanischen Altertumskunde 35. Berlin, New York 2007, 371–375.

OEHRL 2011a
S. Oehrl, Vierbeinerdarstellungen auf schwedischen Runensteinen. Studien zur nordgermanischen Tier- und Fesselungsikonografie. Ergänzungsbände zum Reallexikon der Germanischen Altertumskunde 72. Berlin, New York 2011.

OEHRL 2011b
S. Oehrl, Der Runenfels von Aspö, die Goldbrakteaten der Völkerwanderungszeit und die Chiffren der Gott-Tier-Kommunikation. Zeitschrift für deutsches Altertum und deutsche Literatur 139:4, 2011, 418–452.

OEHRL 2012
S. Oehrl, Rezension zu M. Axboe, W. Heizmann (Hrsg.), Die Goldbrakteaten der Völkerwanderungszeit – Auswertung und Neufunde. Ergänzungsbände zum Reallexikon der Germanischen Altertumskunde 40. Berlin, New York 2011. Zeitschrift für deutsches Altertum und deutsche Literatur 141, 2012, 233–248.

OLRIK 1922
A. Olrik, Ragnarök. Die Sagen vom Weltuntergang. Berlin 1922.

PANOFSKY 1980
E. Panofsky, Studien zur Ikonologie. Humanistische Themen in der Kunst der Renaissance. Köln 1980.

PESCH 2006
A. Pesch, Untier. In: H. Beck, D. Geuenich, H. Steuer (Hrsg.), Reallexikon der Germanischen Altertumskunde 31. Berlin, New York 2006, 509–512.

PESCH u. a. in Vorbereitung
A. Pesch, J. P. Lamm, Maiken Fecht, Die Macht der Tiere. Völkerwanderungszeitliche Goldhalskragen und die Regeln der Germanischen Kunst. Mainz, Schleswig in Vorbereitung.

PFEIFFER 1962
F. Pfeiffer (Hrsg.), Konrad von Megenberg: Buch der Natur. Nachdruck der Ausgabe von 1862. Stuttgart 1962.

PIANKOFF 1955
A. Piankoff, The shrines of Tut-Ankh-Amon. Bollingen Series 40. Egyptian Religious Texts and Representations 2. New York 1955.

PLOSS 1966
E. Ploss, Siegfried – Sigurd, der Drachenkämpfer. Untersuchungen zur Germanisch-Deutschen Heldensage. Zugleich ein Beitrag zur Entwicklungsgeschichte des alteuropäischen Erzählgutes. Beihefte der Bonner Jahrbücher 17. Köln 1966.

PREISENDANZ 1933
K. Preisendanz, Die Schlange der Ewigkeit, Die Gartenlaube 1933:28, 1933, 669–670.

PREISENDANZ 1935
K. Preisendanz, Ein altes Ewigkeitssymbol als Signet und Druckermarke. Gutenberg-Jahrbuch 10, 1935, 143–149.

PREISENDANZ 1940
K. Preisendanz, Aus der Geschichte des Uroboros. In: F. Herrmann, W. Treutlein (Hrsg.), Brauch und Sinnbild.

Eugen Fehrle zum 60. Geburtstag gewidmet von seinen Schülern und Freunden. Karlsruhe 1940, 194–209.

Preisendanz 1974

K. Preisendanz, Papyri Graecae Magicae. Die Griechischen Zauberpapyri 2. Sammlung Wissenschaftlicher Commentare. Stuttgart ²1974.

Quast 2002

D. Quast, Kriegerdarstellungen der Merowingerzeit aus der Alamannia. Archäologisches Korrespondenzblatt 32, 2002, 267–280.

Rafn 1829

C. C. Rafn (Hrsg.), Fornaldar sögur Norðrlanda 1. Kopenhagen 1829.

Roeder 1915

G. Roeder, Urkunden zur Religion des Alten Ägypten. Übersetzt und eingeleitet von Günther Roeder. Religiöse Stimmen der Völker. Jena 1915.

Roeder 1927

G. Roeder, Altägyptische Erzählungen und Märchen. Die Märchen der Weltliteratur 30. Jena 1927.

Rudolph 1977

K. Rudolph, Die Gnosis. Wesen und Geschichte einer spätantiken Religion. Göttingen 1977.

Salin 1904

B. Salin, Die altgermanische Thierornamentik. Typologische Studie über germanische Metallgegenstände aus dem 4. bis 9. Jahrhundert, nebst einer Studie über irische Ornamentik. Stockholm 1904.

Scheftelowitz 1912

I. Scheftelowitz, Das Schlingen- und Netzmotiv im Glauben und Brauch der Völker. Religionsgeschichtliche Versuche und Vorarbeiten Bd. 12,2. Gießen 1912.

Schmidt 1954

C. Schmidt (Hrsg.), Koptisch-Gnostische Schriften 1. Die Pistis Sophia, die beiden Bücher des Jeû, unbekanntes altgnostisches Werk. Berlin ²1954.

Schmidt/Schmidt 1981

H. Schmidt, M. Schmidt, Die vergessene Bildersprache christlicher Kunst. Ein Führer zum Verständnis der Tier-, Engel- und Mariensymbolik. München 1981.

Schröder 1955

F. R. Schröder, Das Hymirlied. Zur Frage verblasster Mythen in den Götterliedern der Edda, Arkiv för Nordisk Filologi 70, 1955, 1–40.

von See u. a. 1997

K. von See, B. La Farge, E. Picard, I. Priebe, K. Schulz, Kommentar zu den Liedern der Edda 2. Götterlieder: Skírnismál, Hárbarðslióð, Hymiskviða, Lokasenna, Þrymskviða. Heidelberg 1997.

Sheppard 1957

H. J. Sheppard, Gnosticism and alchemy. Ambix 6, 1957, 86–101.

Sheppard 1962

H. J. Sheppard, The Ouroboros and the unity of matter in alchemy. Ambix 10, 1962, 83–96.

Snædal u. a. 2004

T. Snædal, B. A. Lundberg, M. Åhlén, Svenska Runor. Västerås 2004.

Stiegemann/Wemhoff 1999

C. Stiegemann, M. Wemhoff (Hrsg.), 799. Kunst und Kultur der Karolingerzeit. Karl der Große und Papst Leo III. in Paderborn. Ausstellungskatalog 2. Mainz 1999.

Stricker 1953

B. H. Stricker, De grote Zeeslang. Mededelingen en Verhandelingen van het vooraziatisch-egyptisch Genootschap „Ex Oriente Lux" 10. Leiden 1953.

Thissen 2001

H. J. Thissen, Des Niloten Horapollon Hieroglyphenbuch 1: Text and Translation. Archiv für Papyrusforschung und verwandte Gebiete, Beihefte 6:1. München u. a. 2001.

Thunmark-Nylén 1998

L. Thunmark-Nylén, Die Wikingerzeit Gotlands 2: Typentafeln. Stockholm 1998.

Uehlinger 1999

C. Uehlinger, Leviathan. In: K. van der Toorn, B. Becking, P. W. van der Horst (Hrsg.), Dictionary of deities and demons in the Bible – DDD. Leiden ²1999, 511–515.

van der Sluijs/Peratt 2009

M. A. van der Sluijs, A. L. Peratt, The Ouroboros as an auroral phenomenon. Journal of Folklore Research 46:1, 2009, 3–41.

van Voolen 2006

E. van Voolen, Jüdische Kunst und Kultur. München u. a. 2006.

de Vries 1957

J. de Vries, Altgermanische Religionsgeschichte 2. Grundriss der Germanischen Philologie 12. Berlin ²1957.

Wamers 2005

E. Wamers, Tassilokelch. In: H. Beck, D. Geuenich, H. Steuer (Hrsg.), Reallexikon der Germanischen Altertumskunde 30, 2005, 293–294.

Wamers 2008a

E. Wamers, Glaubensboten. „Aristokratische" Kunststile des 8. bis 10. Jahrhunderts n. Chr. In: G. Eggenstein, N. Börste, H. Zöller, E. Zahn-Biemüller (Hrsg.), Eine Welt in Bewegung. Unterwegs zu Zentren des frühen Mittelalters. Begleitbuch der Gemeinschaftsausstellung. Berlin, München 2008, 37–50.

Wamers 2008b

E. Wamers, Salins Stil II auf christlichen Gegenständen. Zur Ikonographie merowingerzeitlicher Kunst im 7. Jahrhundert. Zeitschrift für Archäologie des Mittelalters 36, 2008, 33–72.

Weigert 1938

H. Weigert, Die Bedeutung des germanischen Ornaments. In: Festschrift Wilhelm Pinder zum 60. Geburtstag überreicht von Freunden und Schülern. Leipzig 1938, 81–116.

Willis 1994

J. A. Willis, Ambrosii Theodosii Macrobii Saturnalia. Macrobius Vol. 1. Bibliotheca scriptorum Graecorum et Romanorum Teubneriana. Stuttgart ²1994.

Wilson 1995

D. M. Wilson, Vikingatidens konst. Signums svenska konsthistoria 2. Lund 1995.

Zika 2003

C. Zika, Exorcising our demons. Magic, witchcraft and visual culture in early modern Europe. Studies in Medieval and Reformation Thought XCI. Leiden 2003.

Burg und Raum im Früh- und Hochmittelalter – Burgen und ihre Rolle im Rahmen von Raumerfassung und -erschließung anhand von Fallbeispielen in Bayern

von Peter Ettel

Burgen unterschiedlicher Größe und Bedeutung bilden allein schon unter militärischem Aspekt eine wichtige Gruppe von Zentralorten im Frühmittelalter, die in Kriegen als militärische Standorte, Aufmarschlager oder in Grenzlagen eine wichtige Rolle spielten. Sie konnten aber auch weitere zentralörtliche Funktionen, sei es im kirchlichen, rechtlichen, administrativen oder mit den Suburbien insbesondere im ökonomischen Bereich erfüllen. Burgen waren zweifellos multifunktional und belegen in besonders eindrucksvoller Form die Vielschichtigkeit zentralörtlicher Funktionen auf lokaler, regionaler und überregionaler Netzwerkebene bei der Erschließung, Durchdringung und Sicherung von Räumen unterschiedlicher Art, sei es auf weltlicher wie kirchlicher Ebene. Fünf Fallbeispiele sollen im Folgenden die Rolle von Burgen im Rahmen von Raumerfassung und -erschließung zeigen, wobei die jeweiligen Räume von unterschiedlicher Größe, Wertigkeit und Charakteristik sein können.

Burgen im früh- und hochmittelalterlichen Landesausbau nördlich der Donau

Eine erste Befestigungsphase wird in spätmerowingischer Zeit, im 7. Jahrhundert, vor allem in der 2. Hälfte fassbar (Abb. 1.1). Weidemann[1] und Brachmann[2] haben diesen frühesten Befestigungsbau, der seine Wurzeln in den Zentren des fränkischen Reiches besitzt, überregional behandelt, Wamser[3] hat die frühesten Belege für das mainfränkische Gebiet zusammengestellt. Im süddeutschen Raum sind aus dem 7. Jahrhundert von etwa 30 Anlagen zumeist Lesefunde der jünger- bis spätmerowingischen Zeit bekannt.[4] Bei diesen Fundorten handelt es sich fast durchwegs um mehrphasige, bereits in vorgeschichtlicher Zeit errichtete Anlagen unterschiedlicher Größe von kaum 1 ha bis über 10 ha an strategisch wichtigen Punkten.[5] Die meisten dieser Anlagen gehörten bereits zu den im 4./5. Jahrhundert genutzten Höhenburgen, was ihre strategische Bedeutung und oftmalige Begehung und Nutzung bezeugt. Die Einzelfunde setzen sich aus Waffen- und Reitzubehör sowie Bestandteilen männlicher aber auch weiblicher Tracht zumeist hoher, teilweise exzeptioneller Qualität zusammen, die ihre Parallelen in fränkischen und alamannischen Gräbern haben und auf einen adeligen Besitzerkreis schließen lassen. Wamser deutete diese Anlagen in Mainfranken als befestigte Bergstationen.[6] Festzuhalten bleibt, dass für diese Anlagen eine

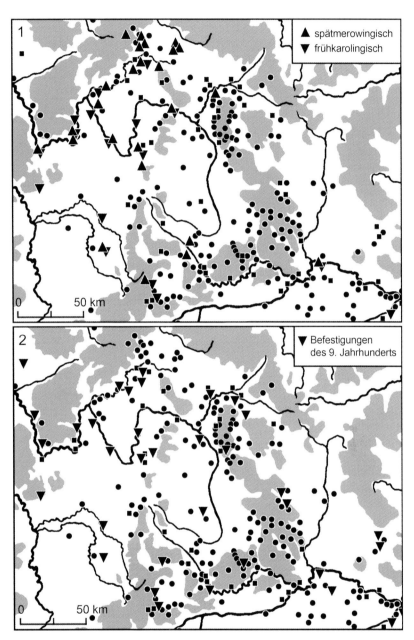

▲ *Abb. 1: 1 Befestigungen der Spätmerowinger- und der frühen Karolingerzeit. 2 Befestigungen des 9. Jahrhunderts (Kreise: auf Grund topographischer Kriterien als frühmittelalterlich erschlossen; Quadrate: gegrabene Burgen).*

---

1 Weidemann 1975, 95ff.
2 Brachmann 1993, 62ff.
3 Wamser 1984, 136ff.
4 Ettel 2001, 195ff.; 2012 mit entsprechenden Belegen.
5 Ettel 2012, 142 ff. Wie den Bullenheimer Berg, den Staffelberg, den Judenhügel, den Iphöfer Knuck auf dem Schwanberg, die beiden Gleichberge, Kreuzwertheim oder den Michelsberg in Münnerstadt, denen sich südlich die Gelbe Bürg, der Goldberg, vielleicht auch die Stöckenburg und der Runde Berg bei Urach anschließen lassen.
6 Wamser 1984, 140: "besonders geschützte Aufenthaltsorte relativ mobiler Adelsfamilien und ihres Gefolges".

Begehung belegt ist, die vielleicht eine zeitweilige, stützpunktartige Nutzung einschließt, der archäologische Nachweis einer in dieser Zeit errichteten Befestigung bislang aber noch aussteht.

An gesicherten Befestigungen des 7. Jahrhunderts kennt man bisher die mit 25 x 25 m sehr kleine Anlage aus Miltenberg in Unterfranken, die vermutlich zur Überwachung und Kontrolle der Land- und Wasserwege diente.[7] Ebenfalls auf römische Grundlagen zurückgehend ist die Befestigung in Regensburg an der Donau, dem Hauptsitz der Agilolfinger.[8] Einzig in Würzburg bestand wohl bereits in spätmerowingischer Zeit eine Befestigung (s. u.). Bei dem augenblicklichen Forschungsstand scheint es verfrüht, von einem umfassenden und ausgreifenden Befestigungsbau des 7. Jahrhunderts in Süddeutschland[9] ausgehen zu können, gesicherte Burgen werden erst um 700 fassbar, insbesondere mit den 686 bzw. 704 und 716 historisch genannten Befestigungen Würzburg und Hammelburg des Herzogs Heden.

In deutlich größerem Umfang tritt uns der Burgenbau dann ab 741/42 und in der 2. Hälfte des 8. Jahrhunderts entgegen (Abb. 1.1). Für Freising und Passau werden 739 anlässlich der Bistumsgründungen Befestigungen genannt. Das 741/42 neugegründete Bistum Würzburg erhält als Ausstattung die Burgen Eltmann, Stöckenburg, Homburg, 10 Jahre später von König Pippin die Karlburg. Hier tritt der König als Burgenbauer deutlich in Erscheinung. Der Marienberg in Würzburg wird als Bischofssitz eingerichtet, in der Markbeschreibung von Hammelburg 777 wird ferner eine Hiltifridesburg genannt, die auf dem Sodenberg zu lokalisieren sein wird.[10] Schließlich können für diesen Zeitraum noch eine Reihe weiterer Burgen archäologisch erschlossen werden.[11]

Am Übergang zum 9. Jahrhundert und in der 1. Hälfte des 9. Jahrhunderts (Abb. 1.2) kann schließlich eine große Zahl von Burgen namhaft gemacht werden.[12] Unterregenbach bestand weiter, ebenso die Karlburg, etwa um 800 wird man die Errichtung der Burgen von Roßtal und Oberammerthal ansetzen können. Im gleichen Zeitraum werden die Burgen von Bamberg, Burgkunstadt, Cham entstanden sein, ebenso vermutlich der Michelsberg bei Neustadt am Main, der Haderstadl bei Cham, Weißenburg und auch der Kappelrangen auf dem Schwanberg wurden wohl spätestens zu dieser Zeit befestigt.

Die frühesten spätmerowingischen Burgen liegen weit gestreut in den durch die merowingischen Gräberfelder umschriebenen Altsiedellandschaften. Auch die aus der frühkarolingischen Zeit und der 2. Hälfte des 8. Jahrhunderts bekannten Burgen halten sich an die Gebiete der Altsiedellandschaften (Abb. 1.1). Eine Grenzbefestigungslinie gegen äußere Gefahren, insbesondere die Slawen, wird nicht erkennbar, eher wird man bei der Funktion der Burgen daran denken, dass sie neben der militärischen Absicherung vor allem zum Aufbau einer organisatorischen und verwaltungsmäßigen Strukturierung des fränkischen Altsiedellandes beitragen sollten. Dies gilt gleichermaßen für die karolingischen Ausbaugebiete, wo der Landesausbau in der Anfangsphase nicht mit gleichzeitig errichteten Burgen einherging, sondern der Burgenbau erst in einer fortgeschrittenen Phase des Landesausbaus, etwa um 800 und danach einsetzte, als die politisch-räumliche Erschließung der neuen Gebiete bereits weitgehend erfolgt und abgeschlossen war. Vergleichbar den Altsiedellandschaften haben die Burgen auch in den Ausbaugebieten neben militärischen Aufgaben vor allem administrative, organisatorische und strukturelle Mittelpunktsfunktionen überörtlicher Bedeutung wahrgenommen.

Im 10. Jahrhundert (Abb.2.1) kommt es zu einem nochmals verstärkten Befestigungsbau, die Burgendichte erhöht sich, auch im östlichen Ausbaugebiet werden zahlreiche Burgen unterschiedlicher Größe fassbar. Gründe für die Errichtung von Burgen im 10. Jahrhundert bildeten einerseits Ungarneinfälle, die sich eventuell in den geschütteten Erdwällen dokumentieren, andererseits erstarkte Adelsgeschlechter, deren Macht sich auf eigens gegründete und usurpierte, vormals in königlicher Hand befindliche Burgen begründete. Das Königtum trat in der Schwächeperiode gegen Ende des 9. Jahrhunderts und in der 1. Hälfte des 10. Jahrhunderts als Burgenbauer wohl weniger in Erscheinung, seine Macht erstarkte erst wieder mit den sich konsolidierenden Ottonen.

Sieht man die zeitliche Entwicklung des frühmittelalterlichen Burgenbaues unter räumlichen Aspekten, so wird im Raum nördlich der Donau deutlich, dass der fränkische Burgenbau der spätmerowingischen Zeit (Abb. 1.1) vor allem in den westlichen Regionen, insbesondere Unterfranken und südliches Mittelfranken bis und entlang der Donau fassbar wird, mit einzelnem Ausgreifen entlang des Mains in die Gebiete östlich des Stei-

---

7 Ettel 2012, Anm. 21.

8 Regensburg: Boos u. a. 1998. Ettel 2001, 395 Nr. 170. – Vergleichbare Anlagen zeigen die Sondersituation der ehemals römischen Gebiete an, wie wir sie aus dem Rheinland in vielfältigen Beispielen kennen.

9 So Weidemann 1975. Brachmann 1993, 62ff.

10 Ettel 2012, 145f. Hammelburg-Morlesau, Sodenberg (Ettel 2001, 393 Nr. 86) = Hiltifridesburg: Rödel 2001, 287.

11 Dazu gehören Unterregenbach (Ettel 2001, 394 Nr. 126), Großeichholzheim (Ettel 2001, 396 Nr. 191), Bad Neustadt, Salzburg (Ettel 2001, 391 Nr. 14) und vielleicht auch Hürnheim (Ettel 2001, 392 Nr. 58).

12 Ettel 2001, 195ff. Bamberg: Ettel 2001, 391 Nr. 17; Burgkunstadt: Ettel 2001, 392 Nr. 37; Cham: Ettel 2001, 392 Nr. 41; Neustadt a. Main, Michelsberg: Ettel 2001, 394 Nr. 147; Chammünster-Haderstadl, Lamberg: Ettel 2001, 392 Nr. 42; Weißenburg: Ettel 2001, 397 Nr. 233; Rödelsee, Schwanberg-Kappelrangen: Ettel 2001, 395 Nr. 177.

gerwaldes insbesondere in die Region im Obermaingebiet um den 742 belegten Königshof Hallstadt bei Bamberg.[13] Dies ändert sich auch in der frühkarolingischen Zeit, in der 2. Hälfte des 8. Jahrhunderts nicht wesentlich, auch wenn sich das Bild verdichtet, neue Burgen gerade in der südwestlichen Region hinzukommen (Abb. 1.1). Eine entscheidende Ausweitung des Burgenbaus nach Osten in die Gebiete Oberfrankens und der Oberpfalz tritt dann sicherlich um 800, vielleicht mit Karl dem Großen ein. Roßtal und Oberammerthal zeugen davon, genauso Bamberg, Nabburg und Cham wohl wenig später. Diese Burgen überziehen, wenn auch vielleicht zahlenmäßig bislang nicht größer fassbar, doch weiträumig und strategisch die neuen Regionen (Abb. 1.2). Sie stecken dabei gebietsmäßig einen Rahmen ab, der im ausgehenden 9. Jahrhundert, genauso aber auch noch im 10. Jahrhundert (Abb. 2.1) weitgehend gleich bleibt, d. h. der Burgenbau weitete sich nicht weiter nach Osten aus und hielt sich an die vorgegebenen Grenzen. Das Bild der Burgen verdichtet sich im 10. Jahrhundert freilich stark, insbesondere in den östlichen Landesteilen verstärkt spürbar. Hier werden Freiräume zwischen den größeren und großen Burgen mit kleineren und sehr kleinen Burgen unter 0,5 ha aufgefüllt, womit sich vermutlich innere Landesausbauvorgänge abzeichnen - Vorgänge, die im 11. und 12. Jahrhundert weit deutlicher zutage treten.

Im Hochmittelalter bekommen Burgen einen anderen Charakter. Burgen kleineren Ausmaßes werden bestimmend, sei es als Ministerialansitz oder als militärischer Stützpunkt der Territorialherrschaft, später als Sitz eines Amtes im Rahmen der Landesverwaltung. Neue Burgentypen kommen auf, seien es kleine Höhenburgen mit Herkunftsnamen oder Turmhügel und ebenerdige Ansitze (Abb. 2.2). In der Verbreitung wird so ersichtlich, dass sie einerseits in zuvor vom frühmittelalterlichen Burgenbau wenig erfassten Regionen erscheinen wie im westlichen Mittelfranken und östlich der Regnitz, andererseits aber nun auch in vom frühmittelalterlichen Burgenbau überhaupt noch nicht erfassten Regionen vorstoßen wie Eger, Saale, Obermaingebiet in Frankenwald, Fichtelgebirge und Oberpfälzer Wald, ferner das obere Naabtal, dazu das obere Vilstal sowie Pegnitztal erschließen.[14] Einen Großteil dieser Burgen wird man dem Typ der sogenannten Rodungsburg zuweisen dürfen, wie er von W. Meyer in der Schweiz herausgestellt wurde.[15] Burgen diesen Typs kennzeichnen in Süddeutsch-

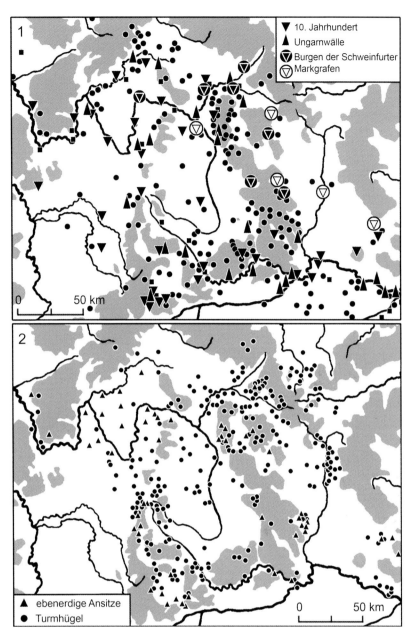

▲ *Abb. 2: 1 Befestigungen des 10. Jahrhunderts (Kreise: auf Grund topographischer Kriterien als frühmittelalterlich erschlossen; Quadrate: gegrabene Burgen). 2 Turmhügel (Kreise) und ebenerdigen Ansitze (Dreiecke).*

land wie auch anderswo eine weitere Phase im Burgenbau, zugleich eine neue Phase in der kultur- und landesgeschichtlichen Entwicklung, erschloss der einhergehende hoch- und spätmittelalterliche innere und äußere Landesausbau doch einerseits in den Altsiedelgebieten neue, auch weniger siedlungsgünstige Regionen wie Höhen- und Tieflagen und nahm andererseits im Osten, dabei weit über die zu vorige Siedlungsgrenze ausgreifend, die Gebiete der östlichen Oberpfalz und des östlichen wie nördlichen Oberfrankens in Besitz.

Der Zentralraum Karlburg vom Früh- bis zum Hochmittelalter

Die Karlburg bildet gleichsam den fortifikatorischen Angelpunkt der Siedlungsentwicklung im Karlburger Raum, war sie doch spätestens seit frühkarolingischer Zeit durchgehend befestigt und bot so den unterschiedlichen Ansiedlungen

---

13 Ettel 2001, 220. Für Bamberg wird eine frühe Bewehrung vor 800 zumindest vermutet: Sage 1996, 180; 207ff. Zeune 1993, 43ff.
14 Emmerich 1957, 93ff. Endres 1976, 303ff. Ettel 2001, 220f. Abb. 85. – Zum Landesausbau allgemein: Hinz 1970, 65ff. Abb. 7 (Befestigungen in Oberfranken) 8c und 8d.
15 Meyer 1979, 43ff.; 1985, 571ff.; 585ff.

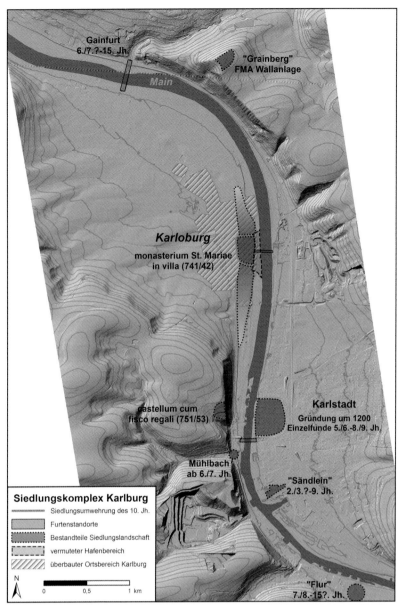

▲ Abb. 3: Siedlungskomplex Karlburg im Früh- und Hochmittelalter. Kartengrundlage Digitales Geländemodell (DGM1) Geobasisdaten © Bayerische Vermessungsverwaltung, kartiert von P. Ettel, R. Obst, L. Werther, A. Wunschel.

im Umfeld vom Früh-, Hoch- bis zum Spätmittelalter jederzeit Schutz und Refugium (Abb. 3). In der spätmerowingischen Zeit hatte vermutlich der Grainberg die Aufgabe inne, die Region um die Talsiedlung mit dem Weg über die Mainfurt rechtsmainisch zu schützen.[16]

Das Zentrum der Besiedlung lag im Frühmittelalter auf der linken Mainseite mit der Burg und der zugeordneten Talsiedlung *villa Karloburg* mit dem Marienkloster. Beide sind, wie auch die historische Überlieferung zu erkennen gibt, als Einheit, als Ensemble zu sehen. Die Burg bildete an einer der wichtigsten Verkehrsadern der damaligen Zeit, dem Main, den machtpolitischen Hintergrund, unter deren Schutz sich die Talsiedlung mit Marienkloster, zunächst in königlicher, ab 741/42 in bischöflicher Hand, entwickeln konnte. Sowohl die schriftliche Überlieferung als auch die Befunde und Funde – Keramik wie Metall – belegen das Eingebundensein Karlburgs in regionale und überregionale Netzwerke politischer, wirtschaftlicher, weltlicher wie kirchlicher Art.

Für die spätmerowingisch-karolingische Zeit zeichnet sich der bereits im 7. Jahrhundert bestehende Ort Karlburg durch überwiegend fränkisch geprägtes Fundgut aus. Neben dem Fundgut lassen die Anwesenheit einer sozial gehobenen, adeligen Personengruppe und auch die Struktur der Talsiedlung mit handwerklichem Bereich, ebenerdigen Bauten, Kernbereich mit Marienkloster und Schiffslände sowie die Burg auf der Anhöhe als militärischer, machtpolitischer Stützpunkt an eine planmäßige Gründung fränkischer Kolonisten denken.[17]

Im näheren Umfeld Karlburgs ist ab der jüngeren Merowingerzeit bis in die frühkarolingische und karolingische Zeit hinein ein massiver Anstieg der Fundstellen – ein Aufsiedlungsvorgang – festzustellen, dazu gehört auch die südlich gelegene Siedlung „Sändlein".[18] Damit wird eine zunehmende Siedlungstätigkeit spürbar, die wohl mit der Gründung der großräumigen Talsiedlung, des grundherrschaftlichen Fiskalortes, Königshofes mit Kloster in Zusammenhang zu sehen sein wird. Der *fiscus regalis* erstreckte sich wohl beiderseits des Mains in der heutigen Karlburger als auch Karlstädter Gemarkung bis nach Eußenheim.

Die Talsiedlung erwies sich mit den Grabungen denn auch als ein bedeutender Zentralort mit Arealen ebenerdiger Pfostenbauten für Wohnhäuser oder Ställe bzw. Scheunen sowie mit inzwischen fast 50 ergrabenen Grubenhäusern für handwerklich-gewerbliche Tätigkeiten, die nachweislich mit Textilherstellung, Landwirtschaft und insbesondere der Metallverarbeitung in den verschiedensten Ausprägungen belegt sind. Viele exzeptionelle Funde belegen die Anwesenheit einer sozialen Oberschicht mit Verbindungen in das Rheingebiet, nach Friesland und weiter, die auch historisch belegt sind mit Immina, der Tochter Herzog Hedens, die im Kloster Karlburg bis zu ihrem Tod 750 lebte. Die Talsiedlung war für die Versorgung der Burg bzw. Burgen wichtig, sei es mit tierischen und pflanzlichen Nahrungsmitteln, Proviant oder mit handwerklichen Produkten wie Textilien, Metallprodukten und mehr, - dies ist umso mehr von Bedeutung, da auf der 1,7 ha großen Karlburg selbst wohl keine Handwerkersiedlung untergebracht war. Sehr

---

16 ETTEL 2011a.

17 Zentralorten solcher Art mit ihrem militärischen, ökonomischen, kulturell-sozialen, politisch-administrativen, kirchlichen Hintergrund kam in dem von karolingischen Herrschern und der Kirche gemeinsam getragenen Aufbau, der Strukturierung und der Gliederung der ostfränkischen Reichsteile eine sicherlich nicht unerhebliche Rolle zu.

18 ETTEL 2001, 80ff; 234ff. – MÜNDEL 2002. OBST 2008; 2012, 174ff.; 228ff.

deutlich sichtbar wird hier der Dualismus von Burg und darunterliegender Siedlung.[19]

Die besitzrechtlichen Änderungen in frühkarolingischer Zeit, der Übergang vom König zum Bistum Würzburg scheinen auf die Struktur wenig oder zumindest archäologisch bislang nicht sichtbar Einfluss gehabt zu haben, erst die politischen Veränderungen im 10. Jahrhundert mit äußeren Bedrohungen des Reiches sowie innenpolitischen Unruhen und Machtkämpfen bleiben dann nicht ohne Auswirkungen und verändern die Struktur nachhaltig. Randbereiche der Zentralsiedlung und Außensiedlungen werden offensichtlich aufgegeben, Obst[20] kann im Umland sogar einen Wüstungsprozess in der 2. Hälfte des ausgehenden 9. Jahrhunderts sowie im 10. Jahrhundert feststellen, der eventuell auch einen Konzentrationsprozess widerspiegelt, wird doch das 6 ha große Zentrum befestigt, die darüber gelegene Karlburg von 1,3 auf 1,7 ha vergrößert und befestigt.

Die Entwicklung zur Stadt wird in Karlburg mit der 1236 überlieferten Rienecker Fehde und der damit verbundenen Zerstörung und Wüstwerdung großer Teile des Siedelplatzes endgültig unter- und abgebrochen. Bereits in ottonischer Zeit setzte der Niedergang der Talsiedlung ein, spürbar in der quantitativ und qualitativ gesunkenen Zahl der Funde, insbesondere der Importkeramik oder auch der Tierknochenfunde als Hinweis auf Schlacht- und Speiseabfälle, die einen Bedeutungs- und möglicherweise Bevölkerungsrückgang widerspiegeln. Ab 1000 wird auch eine arealmäßige Reduktion der Siedelfläche erkennbar, als durch zunehmende Hochwasser wohl eine Vernässung des ehemaligen Seitenarms des Mains eintritt und die hiergelegenen Siedelareale ungünstig und zumindest teilweise aufgegeben wurden. Schließlich fand um 1200 eine nachhaltige Verlagerung des Siedlungsschwerpunktes von der links- auf die rechtsmainische Seite statt, als der Würzburger Bischof Konrad von Querfurt (1198–1202), Kanzler des Königs Philipp, mit Karlstadt eine der ältesten Städte des Hochstifts gründete, die durch Handel, Zoll, Markt und Weinbau schon bald eine führende Bedeutung gewann.

Burgen und ihre Rolle bei der kirchlichen Erschließung der rechtsrheinischen Gebiete

In der frühesten Burgenbauphase rechts des Rheins, in der 2. Hälfte des 7. und zu Beginn des 8. Jahrhunderts, ist das Königtum als Burgenbauer dominierend. Mit der Einrichtung der Bistümer, damit kirchlichen Strukturierung der rechtsrheinischen Gebiete trat die Kirche dann als neuer Burgenbesitzer, weniger noch als Burgenbauer in Erscheinung.[21] Dies wird insbesondere 741/42 deutlich mit der Einrichtung der Bistumssitze Würzburg, Büraburg und Erfurt, die zentralörtliche Funktionen für ganze Siedlungsregionen wie Mainfranken, Hessen und Thüringen (Abb. 4.1) übernehmen.

Die Bistumssitze wurden wohl bewusst auf bestehenden weltlichen Herrschaftssitzen und -mittelpunkten eingerichtet, zumal Gregor III. 732 strenge Kriterien verlangte und nur zentrale, verkehrsgünstige und bevölkerungsreiche Orte für den Wohnsitz eines Bischofs ausgesucht werden sollten, um der Würde des Bischofsamtes gerecht zu werden. Dies war zweifellos in Regensburg 739 gegeben, das 798 dem Erzbistum Salzburg unterstellt wurde. Um 741 (?) wurde Eichstätt gegründet, schließlich kam es durch Bonifatius 741/42 zur Gründung der Bistümer Büraburg, Erfurt und Würzburg vom späteren Erzbistum Mainz aus. 742 ersuchte Bonifatius den Papst um die schriftliche Bestätigung der drei neu eingerichteten Bischofssitze für die Völker Germaniens – Büraburg für Hessen, Würzburg für Mainfranken und Erfurt für Thüringen. Diese Einrichtung der drei Diözesen bildete den Abschluss seines 20 Jahre dauernden Missions- und Organisationswerks.[22] Bei allen drei Orten handelte es sich nicht um Städte im antik-mediterranen Sinne, *civitates* im Sinne der bestehenden kirchlichen Rechtsvorschriften. Würzburg, Büraburg und vermutlich auch Erfurt zeigen, dass Burgen bei der Wahl des Bistumssitzes eine wichtige Rolle spielten.

Nach den Ergebnissen der Ausgrabung wurde die Büraburg über dem Tal der Eder wohl spätestens im ausgehenden 7. Jahrhundert von der fränkischen Reichsgewalt zum Schutz des hessischen Kernlandes und zur Absicherung gegen die Sachsen errichtet (Abb. 4.2). Die Burg bestand bis in das 9. Jahrhundert, vielleicht 10. Jahrhundert.[23] Die Burg, auf einem Bergsporn gelegen, nahm zwei Drittel des Platzes ein und besaß mit 340 x 500 m eine Ausdehnung von 8 ha. Als Befestigung stellte die Büraburg ein gewaltiges Bollwerk dar, das durch wiederholte Verbesserungen auf dem jeweiligen Stand der Militärtechnik gehalten wurde mit zwei- bis dreiperiodiger Befestigung in gemörtelter Schalenbauweise, mit Türmen an den Ecken, dreifach gestaffeltem Spitzgraben und drei Toren.

Dass die Burg nicht nur militärische Aufgaben hatte, wird insbesondere mit der Gründung des Bistums und eines Bischofssitzes 741/42 auf der Büraburg durch den hl. Bonifatius deutlich. Das Bistum erlosch freilich schon 747, als Bonifatius Bischof von Mainz wurde und der Bezirk des

---

19 Vergleichbar der Situation in Neustadt mit dem Veitsberg (Ettel u. a. 2012)

20 Obst 2012, 249; 2008.

21 Ettel 2013.

22 Heinemeyer 1995, 45–66. Flachenecker 1996, 148–181.

23 Sonnemann 2010, 331ff. Zu den Befestigungsperioden auch im Vergleich zu N. Wand auf der Büraburg ebd. (2010, 340ff. Abb. 140; 142). Die abschließende Wertung ebd. (2010, 346).

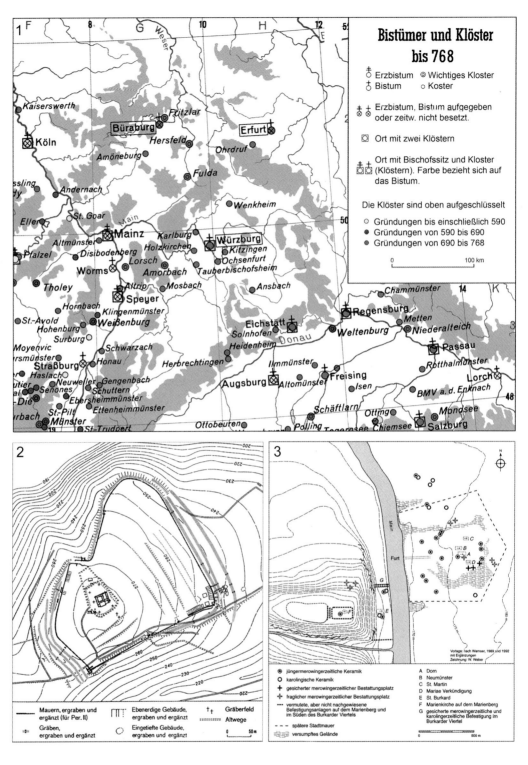

Abb. 4: 1 Bistümer und Klöster bis 768 (SPINDLER/ DIEPOLDER 1969, 9 nachbearbeitet). 2 Büraburg Gesamtplan (Stand 1996) (WAND 1998, 178 Abb. 4). 3 Historische Topographie von Würzburg mit frühmittelalterlicher Höhenbefestigung auf dem Marienberg, befestigter Talsiedlung im Burkarder Viertel mit Kirchen St. Andreas/St. Burkard und rechtsmainischer Siedlung um den Kiliansdom (ROSENSTOCK 2001).

Bistums 755 zum Mainzer Sprengel kam. Im Zentrum der Burg auf der höchsten Stelle stand eine der irischen Nationalheiligen Brigida geweihte, steinerne Saalkirche von 24 x 9 m, deren Standort mit der Brigidenkirche von 741/742 gleichgesetzt wird. Dazu gehörten eventuell ein Klosterbau mit Kreuzgang und einem mehrteiligen Komplex von Konventsbauten und eventuell ein Baptisterium als Nachweis eines frühkarolingischen Missionszentrums östlich des Rheins.[24]

Büraburg wie Würzburg sind schon im Namen durch das Grundwort –burg als Befestigung ausgewiesen und wurden auch in der Überlieferung als oppidum und castellum aufgeführt, offenbar synonym gebraucht. Darüber hinaus wird aber deutlich, dass es sich bei beiden Orten nicht nur um Burgen handelte, sondern um große Siedlungen mit zentralörtlichen Funktionen für die jeweiligen Landschaftsräume. Die Würzburger Bischöfe setzten die Tradition des mainländisch-thüringischen Herzogshauses der Hedene fort. 717/19 erfolgte der Sturz Hedens durch den Hausmeier Karl Martell und 741/42 richtete Bo-

---

24 Anders in Archäologie in Deutschland 2006/3, 45f. SONNEMANN 2010, 341ff.

nifatius *in castello* den Sitz des Bistums ein. Die Burg war demnach seit Ende des 7. Jahrhunderts fränkischer Herzogssitz, danach Bistumssitz. Nach den archäologischen Untersuchungen erschließt sich eine zweiteilige Anlage, eine Höhenburg und eine befestigte Talsiedlung, also mit 6 ha eine sehr große Befestigung (Abb. 4,3), die nach den Funden und auch der Kilianslegende wohl schon 686 bestand.[25] Würzburg gehört so zu den frühesten Burgen in Mainfranken und darüber hinaus im rechtsrheinischen Gebiet insgesamt. Die Höhenburg von etwa 0,9 ha beschränkte sich wohl nur auf den östlichen Teil des Berges, der größere westliche Teil diente vielleicht als Vorburg. Dazugehörig ist eine befestigte Talsiedlung von 5,2 ha der merowingisch-karolingischen Zeit im Burkaderviertel, auf dem Uferstreifen entlang des Mains mit gemauerten Brunnen darin, neben den Kirchen St. Andreas und St. Burkard.[26]

Würzburg, Büraburg und vermutlich auch Erfurt zeigen, dass Burgen bei der Wahl des Bistumssitzes eine wichtige Rolle spielten. Im Rahmen der Gründungsausstattung der Bistümer erfolgte zudem die Schenkung von königlichen Burgen und Übertragung in Kirchenbesitz. Gerade bei der Ausstattung des Bistums Würzburg 741/42–51 wird darüber hinaus die Erschließung und Strukturierung eines neuen kirchlichen Zentralraums sehr gut sichtbar. Hier wird ein System, ein geschlossener Komplex von Königshöfen, wie Karlburg sicherlich oftmals von Burgen geschützt, ersichtlich, der sich fast halbkreisförmig um Würzburg lagert und sich von Nahe und Rhein bis zur *terra Sclavorum* zwischen Main und Regnitz erstreckte.[27]

Burgen am Main – Zur Rolle von Burgen für Verkehr und Handel

Burgen und Königshöfe weisen ebenso wie die Fossa Carolina auf die Bedeutung des Mains für Kommunikation, Handel und Verkehr im Frühmittelalter hin.[28] Der Main eröffnete Wege nach Süden, Norden und Westen zu den Zentren des fränkisch-karolingischen Reiches. Insgesamt sind 35–40 frühmittelalterliche Befestigungsanlagen entlang des Mains direkt am Fluss oder im Abstand von wenigen Kilometern bekannt (Abb. 5,1).

In der ersten Phase, der spätmerowingischen Zeit, etwa 2. Hälfte des 7. und Anfang des 8. Jahrhunderts, erstrecken sich die gesicherten Befestigungen dieser Zeit über Miltenberg, Kreuzwertheim, Neuenburg, Grainberg bei Karlburg, Würzburg bis Eltmann. Die Anlagen weisen dabei unterschiedlichen Umfang und Charakter auf, Miltenberg und Würzburg zeigen die große Spannbreite und erlauben als einzige nähere Einblicke in Struktur und Funktion. In der frühkarolingischen Zeit verdichtet sich das Bild der Burgen, wie in den Mainlanden allgemein, auch am Main. Die spätmerowingischen Befestigungen werden weiter genutzt. Neue Anlagen kommen hinzu, neben der schriftlich überlieferten Homburg vor allem zwei weitere, archäologisch besser bekannte Burgen: der Michelsberg in Neustadt am Main sowie die Karlburg.

Im 9. Jahrhundert wird nochmals eine deutliche Verdichtung der Burgen auch entlang des Mains ersichtlich. Einige Burgen wie Weißenburg und Pappenheim nördlich und südlich der Fossa Carolina müssen allerdings in der Anfangsdatierung unsicher bleiben. Bei Bamberg wird man eine Datierung um 800, eventuell schon 2. Hälfte 8. Jahrhundert annehmen können.[29] Gleiches gilt für die Burg von Roßtal bei Nürnberg am Zufluss der Rezat, also nicht direkt am Main, sondern im Hinterland gelegen.[30] Mit Bamberg und insbesondere Roßtal wird erkennbar, dass wohl gegen Ende des 8. Jahrhunderts die Landschaft am Main zwischen oberem Maingebiet im Norden bei Eltmann/Bamberg und dem Altmühlgebiet im Süden – beide Gebiete waren schon in spätmerowingischer Zeit, also ca. 100 Jahre früher mit Burgen gesichert – nun ebenfalls vom fränkisch geprägten Landesausbau erfasst und mit Befestigungsanlagen gesichert wurde.[31]

Die Verbreitung der frühmittelalterlichen Burgen lässt insgesamt zwei Gruppen (Abb. 1,1–2,1) erkennen, eine südliche in Oberpfalz und Mittelfranken und eine nördliche in Ober-, Unterfranken und Südthüringen.[32] Roßtal lag etwa genau auf der Mitte zwischen der „nördlichen" und „südlichen" Burgengruppe, und stellt, wenn der Forschungsstand nicht trügt, in einem burgenarmen Raum von 70–80 km Durchmesser an einer der wichtigsten Nord-Süd-Verbindungen das einzige machtpolitische Zentrum dar. Für Roßtal

---

25 WAMSER 1992. ROSENSTOCK 2001. Nach den Angaben der älteren Kilianslegende, die in der Mitte des 8. Jahrhunderts entstanden ist, war der aus Irland stammende Heilige um das Jahr 686 in das Gebiet des östlichen Frankens zum "*castellum, quod nominatur Wirciburg*" gewandert, um hier seine Missionstätigkeit zu beginnen. 689 mussten Kilian und seine Begleiter Kolonat und Totnan hier wegen seines Einspruchs gegen die unkanonische Ehe des Herzogs Gozbert mit dessen Schwägerin Geilana das Leben lassen.

26 Befand sich der Bischofssitz zu Anfang auf der Burg, so wurde er bereits Ende des 8. Jahrhunderts auf das andere Mainufer verlegt, das bereits in spätmerowingisch/frühkarolingischer Zeit genutzt und besiedelt war.

27 KATALOG KILIAN 1989, 226ff. Karte. WAGNER 1992a. SODER VON GÜLDENSTUBBE 1990. LINDNER 1972, 74ff.

28 ETTEL 2011b.

29 Bamberg: SAGE 1990. ZEUNE 1993.

30 ETTEL 2001, 100ff.

31 ETTEL 2001, 151ff.; 224ff.

32 Beide Burgengruppen weisen wie übrigens auch die Verbreitung der frühmittelalterlichen Gräberfelder auf die jeweiligen tragenden Kräfte und Richtungen im frühmittelalterlichen Landesausbau hin, die einerseits vom Süden, der Altmühl- und Donauregion um Regensburg, vielleicht auch Ingolstadt, andererseits vom Main/Rheingebiet ausgehen.

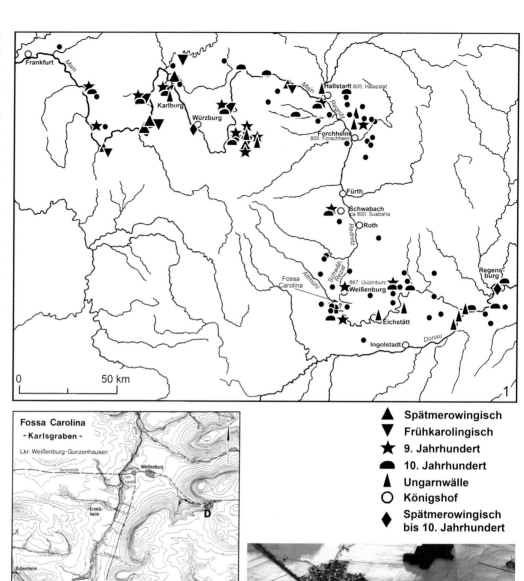

Abb. 5: 1 Lage der Fossa Carolina (Doppelstrich =) im süddeutschen Gewässernetz mit Königshöfen an Main, Regnitz, Rednitz, Altmühl und Donau sowie Burgen und Befestigungen bis ca. 15-20 km Entfernung links und rechts der Flüsse (n. Grundkarte KOCH 2006, 118, ergänzt). 2 Die Umgebung der Fossa Carolina. Rekonstruktion des Landschaftsbildes zur Zeit Karls des Großen mit römischem Fernstraßennetz und frühmittelalterlichen Befestigungen. A Burgstall bei Treuchtlingen, B Weinberg bei Treuchtlingen, C Alte Bürg bei Pappenheim, D Alte Bürg bei Weißenburg (ergänzt nach KOCH 2002, Abb. 3). 3 Karlsgraben: Luftbild von Nordosten, Februar 1985 (KOCH 1993, Abb. 12. Foto: O. Braasch, Archivnr. 7130/027).

westlich der Rednitz trifft so vielleicht in besonderem Maße eine verkehrssichernde Funktion zu. Dieser sicherlich bereits schon in spätmerowingischer Zeit genutzte Mainweg gewann in der karolingischen Zeit noch an Bedeutung, in der Auseinandersetzung zwischen Karl dem Großen und dem bayerischen Herzog Tassilo, in deren Folge es zu einem Heerzug 787 Karls nach Bayern[33] kam und letztendlich zu Tassilos Abdankung und Verbannung in ein Kloster in Frankreich 788. Bayern wurde daraufhin enger an das Reich gebunden und die Verwaltung fränkischen Beamten übertragen. Im Zuge der folgenden militärischen Auseinandersetzungen mit den jetzt direkt angrenzenden Awaren hielt sich Karl der Große 791, 792 und 793 mehrmals in der ehemaligen agilolfingischen Pfalz *Radasbona* auf, er hat die Kriege gegen die Awaren von hier aus vorbereitet und Reichsversammlungen abgehalten.[34]

Die handels- und verkehrsgeographische Bedeutung des Wasserweges Main wird insbesondere auch mit den Königshöfen erkennbar, die sich zwischen Hallstadt in der Nähe der Regnitzmündung in den Main bis nach Weißenburg im

---

33 SCHMALE 1971, 41.

34 REINDEL 1984.

Süden an Regnitz, Rednitz und Rezat im Abstand von 25–30 km (Abb. 5.1) reihen[35] – entsprechend etwa der Tagesstrecke des flussaufwärts gerichteten Treidelverkehrs. Darunter befinden sich die beiden an der Regnitz gelegenen Königshöfe Hallstadt und Forchheim, die beide im Diedenhofener Kapitular von 805[36] aufgeführt werden und den Handel mit den benachbarten Slawen und Awaren kontrollieren sollten. Königshöfe hatten als zentrale Orte wichtige Aufgaben für Handel und Verkehr zu erfüllen. Von beiden Königshöfen, Hallstadt wie Forchheim, ist archäologisch jedoch nur wenig bekannt. Auch in Weißenburg, nahe der Fossa Carolina, deutet sich urkundlich ein karolingischer Königshof an, dessen Lage und Struktur allerdings weder historisch noch archäologisch exakt zu bestimmen sind.[37] Ein Königshof gehört auch zum Siedlungskomplex Karlburg, der die Bedeutung des Mains für Verkehr und Handel zeigt. Importierte Güter aus dem Rheinland und insbesondere Metallfunde wie Fibeln belegen die europaweiten Verbindungen Karlburgs (siehe oben) in Verkehr und Handel.

Die Fossa Carolina ist sicherlich eine der größten, in den Lorscher Annalen beschriebenen Ingenieurleistungen des frühen Mittelalters und stellt ein herausragendes Zeugnis für die Bedeutung des Mains als Kommunikations- und Handelsweg dar (Abb. 5). In den *Annales regni Francorum* wird berichtet, dass Karl der Große nach dem ersten Awarenfeldzug von 791 sich in den zwei folgenden Jahren noch in Regensburg aufhielt. Von dort fuhr er 793 mit dem Schiff flussaufwärts. Die kurze Notiz zum Jahre 793 in den Reichsannalen[38] zeigt die Bedeutung des Projektes „Karlsgraben"[39] im Rahmen des Rhein-Main-Weges.[39] Der Karlsgraben, ein schiffbarer Graben zwischen Rednitz/Rezat und Altmühl sollte die Verbindung zwischen Donau und Rhein herstellen und kann so aus heutiger Sicht als ein Vorläufer des Rhein-Main-Donau-Kanals bezeichnet werden. Er liegt zwischen Nürnberg und Ingolstadt, genauer zwischen den beiden Städten Weißenburg und Treuchtlingen an dem Punkt, wo die nördlichen und südlichen Gewässernetze von Main und Altmühl einander am dichtesten kommen.[40]

Sicherlich besaß der Kanal eine immense Bedeutung für Handel und Verkehr, daneben wird aber auch die militärische Bedeutung dieses historischen und archäologischen Zeugnisses von europäischem Rang ersichtlich. Die Fossa Carolina wurde 793 geplant und erbaut zur Zeit Karls des Großen, als das karolingische Reich nicht nur nach Norden zu den Sachsen, sondern auch nach Osten zu den Slawen hin ausgriff und militärische Aktionen gegen die Awaren in Pannonien führte. Die Bedeutung dieser Rhein-Main-Donau-Achse war damit auch militärstrategisch von eminenter Bedeutung für das Reich, weil sie schnelle Truppenverlegungen ermöglichte. Diesen Weg war man zweifellos bestrebt entsprechend zu sichern. Gerade im Zeitraum um 800 werden aus diesem Grund Burgen vielleicht nicht von ungefähr im Erscheinungsbild sehr bedeutsam, gerade mit den Burgen nördlich der Fossa Carolina in einem Gebiet, das mit dem karolingischen Landesausbau überhaupt erst erfasst wurde, oder mit Befestigungsanlagen im Umfeld der Fossa Carolina, vielleicht zum Schutz dieses wichtigen Bauvorhabens und verkehrstechnischen Bauwerks.[41]

Schweinfurter Burgen – Zeugnis frühterritorialer Landesherrschaft

Burgen bildeten im 10. Jahrhundert zunehmend das Rückgrat der erstarkenden, lokalen Amtsträger und Herrschaftsdynastien, dies wird zunächst mit den älteren Babenbergern, dann schließlich mit den Schweinfurter Markgrafen deutlich, deren Macht, so in den Quellen beschrieben, sich auf mehrere Burgen stützte, von denen aus sie die Herrschaft über das Land kontrollierten. Hier erscheint in Nordostbayern, vor allem in Oberfranken/Oberpfalz zum ersten Mal eine in hochadeliger Hand befindliche Burgengruppe und

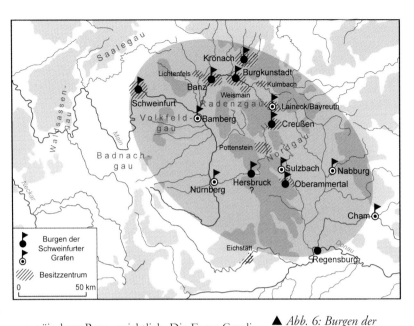

▲ *Abb. 6: Burgen der Grafen von Schweinfurt (gefüllte Signatur = gesichert nach schriftlichen Quellen, ungefüllte Signatur = vielleicht oder zeitweise den Schweinfurter Markgrafen zuzuweisen), schematisierter Herrschaftsbereich der Grafen von Schweinfurt (dunkelgrau).*

---

35 Koch 1993, 3 Abb. 1.
36 Hallstadt: Losert 1981. Forchheim: Sage 1989/90. Diedenhofener Kapitular: Hübener 1989.
37 Bohner 1987, 198ff. Löw 1987, 224f.
38 Koch 1993, 2ff.; 2008.
39 Ellmers 1984, 232; 241.
40 Hier wurden in karolingischer Zeit die heute noch teilweise 10–12 m hoch erhaltenen Erdwälle mit der Grabenspur dazwischen errichtet, die den flachen Geländerücken der Wasserscheide durchschneiden.

41 Ettel 2007, bes. 137–139. Der Karlsgraben und sein Umfeld werden derzeit in einem von der DFG geförderten Projekt im Schwerpunktprogramm „Häfen von der Römischen Kaiserzeit bis zum Mittelalter" vom Institut Jena in Kooperation mit der Universität Leipzig und dem Bayerischen Landesamt für Denkmalpflege untersucht.

-organisation, die 1003 durch den König ihr Ende findet (Abb. 6).

Im Jahre 1003 tritt die Burgengruppe der Schweinfurter Grafen in Nordbayern anlässlich der Auflehnung und des Untergangs der Schweinfurter ins Licht der historischen Überlieferung. Die Burgen werden im Zusammenhang mit dem Feldzug des Markgrafen von Schweinfurt genannt. Die Burgen gehörten den Grafen von Schweinfurt, die in der 2. Hälfte des 10. Jahrhunderts den Bereich des östlichen Frankens und fast der ganzen heutigen Oberpfalz beherrschten und neben der Stammburg in Schweinfurt noch weitere Burgen in Banz, Kronach, Burgkunstadt und Creußen besaßen, die sich gleich einem Kranz um den Schweinfurter Besitz zwischen Maindreieck, Fichtelgebirge und Frankenwald im Volkfeld- und Radenzgau legten.[42] Bedeutende gräfliche Güterkomplexe mit ausgedehnten Grundherrschaften bestanden nach der Zusammenstellung von Seibert insbesondere in Kronach und Markgraitz, Alten- und Burgkunstadt, Banz mit Altenbanz und in Schweinfurt und Umgebung.[43] Streubesitz unterschiedlichen Umfangs befand sich in den Räumen Lichtenfels-Scheßlitz-Staffelstein, Weismain-Kulmbach-Stadtsteinach, Bayreuth, im Grabfeld-, Waldsassen-, Badenach-, Volkfeld- und Radenzgau sowie im späteren Egerland. Die deutlich geringere Zahl an Eigengütern im Nordgau konzentrierte sich auf fünf Regionen, auf Creußen, Pottenstein-Tüchersfeld, den Raum Ammerthal-Illschwang, das Gebiet um Eichstätt und Regensburg.

Der sächsische König Otto I. (936–973) entzog den Luitpoldingern 939 den bayerischen Nordgau und unterstellte ihn der Amtsgewalt des Grafen Berthold von Schweinfurt. Schon zuvor, teils vielleicht noch unter Heinrich I. (919–936) hatte Berthold die Grafschaften im Volkfeldgau und Radenzgau dank königlicher Beauftragung inne. Graf Berthold beherrschte so – aus königlicher Sicht als Gegengewicht zu den Luitpoldingern in Bayern südlich der Donau – ein großes Territorium, das von der Donau im Süden bis zum Frankenwald und Fichtelgebirge reichte, somit das gesamte Nordostbayern bis zur Altmühl im Westen bzw. Kitzingen im Nordwesten umfasste.[44] Neben den Grafschaftsrechten in drei Gauen stützte sich die großgräfliche Herrschaft, quasidukale Adelsherrschaft der Schweinfurter, so Seibert, auf sechs weitere Grundlagen, nämlich Burgen, Besitz- und Forstrechte, auf Eigenkirchen, eine große Gefolgschaft fränkischer, bayerischer und slawischer Adeliger und Bauern sowie Rodung und Landesausbau.[45]

Bischof Thietmar von Merseburg, Zeitgenosse Heinrich II., der über die Beschaffenheit von Burgen, ihren Bau und die bei der Eroberung angewandten Methoden schrieb und vermutlich die Schweinfurter Burgen auf seinen Reisen in Nordbayern anlässlich seiner Bischofsweihe in Neuburg a. d. Donau und seiner Teilnahme an der Domweihe in Bamberg aus eigener Anschauung kannte, berichtet über die Auflehnung des Markgrafen Heinrich in seiner zwischen 1012 und 1018 entstandenen Chronik in Buch V, Kapitel 32–38.[46] Demnach unternahm König Heinrich einen Feldzug, in dessen Folge es zur Einnahme, Belagerung und Zerstörung der Schweinfurter Burgen kam. Die Ausgrabungen in der Burg von Oberammerthal legen davon ein beredtes Zeugnis ab. Im Rahmen des Feldzugs im August/September 1003 wurden die vier Burgen Ammerthal, Creußen, Kronach und schließlich Schweinfurt genannt.

Der militärische, machtpolitische Faktor der Burgen tritt in der Auseinandersetzung zwischen König Heinrich und dem Markgrafen von Schweinfurt deutlich zutage. In der 2. Hälfte des 10. Jahrhunderts bauten die Schweinfurter Grafen, seit 939 mit der Markgrafschaft über den vormals herzoglich-bayerischen Nordgau belehnt und so nun das gesamte nordöstliche Bayern in ihrer Hand vereinigend, ihr Burgennetz aus, das ihre weitläufigen Besitzungen sicherte. Hierzu zählen der spätere, wohl ab 973/76 ausgebaute Herrschaftsmittelpunkt, die Burg Schweinfurt im Volkfeldgau, sowie die Burgen Kronach, Creußen, Banz, Burgkunstadt und Oberammerthal, vielleicht auch Sulzbach-Rosenberg sowie Nabburg, Cham und eventuell Nürnberg.[47] Seibert zählt Sulzbach-Rosenberg zu den vier von den Schweinfurtern für das Reich verwalteten Burgen – neben Sulzbach gehören dazu Bamberg, Nabburg und Cham.[48] Die drei letzteren standen mit Sicherheit im Besitz des Reiches, ihre Übertragung war an die Wahrnehmung königlicher Interessen durch die Grafen geknüpft.

Die Burgen bildeten als militärische, administrative, ökonomische und kirchlich-politische Mittelpunkte das Rückgrat der aufstrebenden, frühterritorialen Landesherrschaft der Schweinfurter Markgrafen, deren Macht mit diesen stand und fiel. Im Jahre 1003, nach der Erhebung des Markgrafen, zerstörte König Heinrich II. sämtliche Schweinfurter Burgen, die damit Großteils

---

42 ETTEL im Druck a.
43 SEIBERT 2002, bes. 856; 2004, 65ff.
44 Eventuell gehörte auch der Saalegau dazu, wenn man der Abstammungsthese von WAGNER (1992b, 67f.) folgt, dazu SEIBERT (2002, 844).

45 SEIBERT 2002, 852.
46 HOLTZMANN 1935, Buch V, Kapitel 32–38.
47 EMMERICH 1957, 67ff. Er rechnet auch Nabburg und Cham zum Einflussbereich der Schweinfurter Markgrafen, neuerdings eventuell auch Nürnberg. ETTEL b im Druck.
48 SEIBERT 2002, bes. 852ff.

ihr Ende fanden. Dies bedeutete letztendlich auch den Untergang der Schweinfurter.

Bei den Schweinfurter Burgen handelt es sich, wie Grabungen in Burgkunstadt, Banz, Oberammerthal sowie Sulzbach-Rosenberg belegen, vielfach nicht um neu errichtete Anlagen, sondern um bereits länger bestehende Burgen, die unter den Schweinfurtern im 10. Jahrhundert ausgebaut, verstärkt und auf den modernsten Stand der Befestigungstechnik gebracht und entsprechend den Vorstellungen der Zeit umgebaut wurden. Dies zeigt die Burg Oberammerthal mit 2 ha Umfang und einer Holz-Erde-Stein-Konstruktion als Befestigung in karolingischer Zeit. Im 10. Jahrhundert, nun in Schweinfurter Besitz, wurde die Anlage zweigeteilt in Haupt- und Vorburg, die beide jeweils mit Mörtelmauer geschützt wurden, die Vorburg zusätzlich mit Türmen. In der Hauptburg standen eine Kirche und wohl weitere repräsentative Gebäude der Schweinfurter.[49] Die Burg Sulzbach-Rosenberg vermittelt mit Burgkirche, Saalbau, beheizbarem Wohngebäude sowie Fragmenten von bemaltem Fensterglas sehr eindrücklich, wie man sich die entsprechenden Repräsentationsgebäude einer adeligen Wohnburg vorstellen darf.[50]

Resumé

Burgen waren im Früh- und Hochmittelalter in unterschiedlicher, multifunktionaler Rolle ein zentrales Herrschaftsinstrument für König, Kirche und Hochadel – dies wird bei jedem der fünf Fallbeispiele ersichtlich. Die Bedeutung der Burgen lag für Königtum und Adel im Frühmittelalter bei der Erschließung von Zentralräumen, vielleicht weniger auf der militärischen Absicherung, sondern vor allem im Aufbau einer organisatorischen und verwaltungsmäßigen Strukturierung der Gebiete nördlich der Donau. Das Beispiel Karlburg zeigt sehr eindrücklich, wie lokale, regionale und überregionale Netzwerke nahtlos ineinander übergehen, einander ergänzen und bedingen, aber dabei auch zeitlichen wie politischen Entwicklungen unterworfen sind, die grundlegende Veränderungen in den Netzwerken und auch Strukturen eines Zentralortes und seinem Umfeld bewirken können. Burgen spielten im Frühmittelalter nicht nur bei König und Adel, also im weltlichen Bereich eine wichtige Rolle bei der Erschließung von Zentralräumen, sondern auch im kirchlichen Bereich, sei es einerseits bei einzelnen Klöstern, Klosterhöfen oder Bistumssitzen, bei denen Burgen meist zum Status quo gehörten, sei es andererseits aber darüber hinaus bei der Erschließung der rechtsrheinischen Gebiete insgesamt. Die Fossa Carolina gibt ein Indiz für die Bedeutung der Integration der Mainlande in das Frankenreich. Hierbei handelte es sich um einen landeshistorischen Vorgang, an dem die zahlreichen Befestigungsanlagen beidseits des Mains sicherlich wichtigen Anteil hatten und im gleichen Zeitraum in den historischen und vor allem den archäologischen Quellen auch deutlich fassbar werden – stellten Burgen doch oftmals eine militärische Absicherung von Königshöfen dar und boten sowohl Handel, Verkehr als auch den zu verlegenden Truppen gleichermaßen Schutz.

Ab dem 10. Jahrhundert und im Hochmittelalter nahmen Burgen für Territorienbildung genauso für Rodung und Landgewinnung im äußeren und inneren Landesausbau eine wichtige Stellung ein. Das Beispiel der Schweinfurter zeigt fallweise, wie im 10. Jahrhundert eine frühterritoriale Landesherrschaft entstehen konnte, in dessen Rahmen es im großen Maßstab zu Raumerfassung, -erschließung und -abgrenzung, damit Ausbildung eines Zentralraumes kam. Die Burgen spielten hier offensichtlich neben Besitz, Eigenkirchen, Gefolgschaft, Rodung und Landesausbau vielleicht die entscheidende Rolle. Die Schweinfurter nahmen damit eine Entwicklung voraus, wie sie dann später oftmals sichtbar wird bei der Entstehung von Territorialstaaten.

Literatur

Böhner 1987

K. Böhner, Hof, Burg und Stadt im frühen Mittelalter. In: K. Spindler (Hrsg.), Landkreis Weißenburg-Gunzenhausen. Archäologie und Geschichte. Führer zu archäologischen Denkmälern in Deutschland 14. Stuttgart 1987, 168–246.

Boos u. a. 1998

A. Boos, S. Codreanu-Windauer, E. Wintergerst, Regensburg zwischen Antike und Mittelalter. In: M. Angerer, H. Wanderwitz (Hrsg.), Regensburg im Mittelalter. Beiträge zur Stadtgeschichte vom frühen Mittelalter bis zum Beginn der Neuzeit². Regensburg im Mittelalter, Bd. 1. Regensburg 1998, 31–44.

Brachmann 1993

H. Brachmann, Der frühmittelalterliche Befestigungsbau in Mitteleuropa. Untersuchungen zu seiner Entwicklung und Funktion im germanisch-deutschen Bereich. Schriften zur Ur- und Frühgeschichte 45. Berlin 1993.

Ellmers 1984

D. Ellmers, Frühmittelalterliche Handelsschiffahrt in Mittel- und Nordeuropa. Studien zur frühmittelalterlichen Handelsschiffahrt in Nord- und Ostsee. Offa-Bücher 28. Neumünster 1984.

Emmerich 1957

W. Emmerich, Landesburgen in ottonischer Zeit. Archiv für Geschichte und Altertumskunde von Oberfranken 37/3, 1957, 50–97.

Endres 1976

R. Enders, Zur Burgenverfassung in Franken. In: H. Patze (Hrsg.), Die Burgen im deutschen Sprachraum, ihre rechts- und verfassungsgeschichtliche Bedeutung.

---

49 Ettel 2001, 154ff.
50 Hensch 2005, 59ff.; 400ff. zuletzt: 2011.

Vorträge und Forschungen 19. Sigmaringen 1976, 293–330.

Ettel 2001

P. Ettel, Karlburg - Rossthal - Oberammthal. Studien zum frühmittelalterlichen Burgenbau in Nordbayern. Frühgeschichtliche und Provinzialrömische Archäologie. Materialien und Forschungen 5. Rahden/Westf. 2001.

Ettel 2007

P. Ettel, Fossa Carolina und Befestigungsanlagen am Main als Indikatoren der Integration der Mainlande in das Frankenreich. Siedlungsforschung. Archäologie – Geschichte –Geographie 25, 2007, 121–152.

Ettel 2011a

P. Ettel, Der frühmittelalterliche Zentralort Karlburg am Main mit Königshof, Marienkloster und zwei Burgen in karolingisch-ottonischer Zeit. In: J. Macháček, Š. Ungerman (Hrsg.), Frühgeschichtliche Zentralorte in Mitteleuropa. Internationale Konferenz und Kolleg der Alexander-von-Humboldt-Stiftung zum 50. Jahrestag des Beginns archäologischer Ausgrabungen in Pohansko bei Břeclav, 5. – 9.10.2009, Břeclav, Tschechische Republik. Studien zur Archäologie Europas 14. Bonn 2011, 459–478.

Ettel 2011b

P. Ettel, Der Main als Kommunikations- und Handelsweg im Frühmittelalter - Fossa Carolina, Burgen, Königshöfe und der überregionale Handelsplatz Karlburg. In: Flüsse als Kommunikations- und Handelswege. Marschenratskolloquium 5.–7. November 2009 Bremerhaven. Siedlungs- und Küstenforschung im südlichen Nordseegebiet. Settlement and coastal research in the Southern North Sea Region 34. Rahden/Westf. 2011, 201–226.

Ettel 2012

P. Ettel, Die Entwicklung des frühmittelalterlichen Burgenbaus in Süddeutschland bis zur Errichtung von Ungarnburgen und Herrschaftszentren im 10. Jahrhundert. In: P. Ettel, A.-M. Flambard Héricher, T. E. McNeill (Hrsg.), Études de castellologie médiévale. L'Origine du château médiéval. Actes du Colloque International de Rindern (Allemagne) 28 août-3 septembre 2010. Château Gaillard 25. Caen 2012, 139–158.

Ettel 2013

P. Ettel, Der kirchliche Burgenbau im frühen Mittelalter (7.–11. Jh.) aus archäologischer Sicht. In: J. Zeune (Hrsg.), Burg und Kirche. Herrschaftsbau im Spannungsfeld zwischen Politik und Religion. Veröffentlichungen der deutschen Burgenvereinigung, R. B, 13. Braubach 2013, 95–113.

Ettel im Druck a

P. Ettel, Zentralorte und Zentralräume des Frühmittelalters in Süddeutschland. Ein Forschungsüberblick. In: P. Ettel, L. Werther (Hrsg.), Zentrale Orte und Zentrale Räume des Frühmittelalters in Süddeutschland. Im Druck.

Ettel im Druck b

P. Ettel, Grundstrukturen adeliger Zentralorte in Süddeutschland. Repräsentationsformen und Raumerschließung. Tagung Mainz März 2011: Das lange 10. Jahrhundert - struktureller Wandel zwischen Zentralisierung und Fragmentierung, äußerem Druck und innerer Krise. Im Druck.

Ettel u. a. 2012

P. Ettel, L. Werther, P. Wolters, Vorbericht zu den Untersuchungen 2009 bis 2012 im Königsgutbezirk und Pfalzgebiet Salz, Lkr. Neustadt a. d. Saale. Beiträge zur Archäologie in Ober- und Unterfranken 8, 2012, 213–248.

Flachenecker 1996

H. Flachenecker, Der Bischof und sein Bischofssitz: Würzburg - Eichstätt - Bamberg im Früh- und Hochmittelalter. Römische Quartalschrift für christliche Altertumskunde und Kirchengeschichte 91, 1996, 148–181.

Heinemeyer 1995

K. Heinemeyer, Erfurt im frühen Mittelalter. In: U. Weiß (Hrsg.), Erfurt. Geschichte und Gegenwart. Schriften des Vereins für die Geschichte und Altertumskunde von Erfurt 2. Weimar 1995, 45–66.

Hensch 2005

M. Hensch, Burg Sulzbach in der Oberpfalz: archäologisch-historische Forschungen zur Entwicklung eines Herrschaftszentrums des 8. bis 14. Jahrhunderts in Nordbayern. Materialien zur Archäologie in der Oberpfalz 3. Büchenbach 2005.

Hensch 2011

M. Hensch, Herrschaft, Wirtschaft und Verkehr. Zur Struktur herrschaftlicher Kernräume zwischen Regensburg und Forchheim in karolingischer und ottonischer Zeit. In: G. K. Stasch (Hrsg.), König Konrad I. - Herrschaft und Alltag. Begleitband zur Ausstellung 911 - Königswahl zwischen Karolingern und Ottonen. König Konrad der Erste - Herrschaft und Alltag, Vonderau-Museum Fulda, 9. November 2011 bis 6. Februar 2012. Kataloge/Vonderau-Museum Fulda 28. Petersberg 2011, 143–167.

Hinz 1970

H. Hinz, Burgenlandschaften und Siedlungskunde. Château Gaillard 5, 1970, 65–73.

Holtzmann 1935

Thietmari Merseburgensis episcopi chronicon. In: R. Holtzmann (Hrsg.), Die Chronik des Bischofs Thietmar von Merseburg und ihre Korveier Überarbeitung. Monumenta Germaniae Historica: Scriptores rerum Germanicarum. Nova series 9. Berlin 1935.

Hübener 1989

W. Hübener, Die Orte des Diedenhofener Capitulars von 805 in archäologischer Sicht. Jahresschrift für mitteldeutsche Vorgeschichte 72, 1989, 251–266.

Katalog Kilian 1989

Kilian, Mönch aus Irland - aller Franken Patron. 689 – 1989. Katalog d. Sonder-Ausstellung zur 1300-Jahr-Feier d. Kiliansmartyrium, 1. Juli – 1. Okt. 1989, Festung Marienberg, Würzburg. Würzburg 1989.

Koch 1993

R. Koch, Fossa Carolina - 1200 Jahre Karlsgraben. Denkmalpflege Informationen Ausgabe D 19. München 1993.

Koch 2002

R. Koch, Fossa Carolina. Neue Erkenntnisse zum Schifffahrtskanal Karls des Großen. In: K. Elmshäuser (Hrsg.), Häfen, Schiffe, Wasserwege. Zur Schifffahrt des Mittelalters. Schriften des Deutschen Schifffahrtsmuseums 58. Hamburg 2002, 54–70.

Koch 2006

R. Koch, Die Fossa Carolina Karls des Großen. In: U. Arauner, G. Riedel (Hrsg.), Vom Werden einer Stadt - Ingolstadt seit 806: zur Ausstellung Vom Werden einer Stadt

Косн 2008

R. Koch, Probleme um den Karlsgraben. In: J. Haberstroh, G. Riedel, B. Schönewald (Hrsg.), Bayern und Ingolstadt in der Karolingerzeit. Beiträge zur Geschichte Ingolstadts 5. Ingolstadt 2008, 266–281.

- Ingolstadt seit 806 im Stadtmuseum Ingolstadt, 7. Mai bis 10. September 2006 im Rahmen des Stadtjubiläums 1200 Jahre Ingolstadt. Ingolstadt 2006, 118–125.

LINDNER 1972

K. Lindner, Untersuchungen zur Frühgeschichte des Bistums Würzburg und des Würzburger Raumes. Veröffentlichungen des Max-Planck-Instituts für Geschichte 35. Göttingen 1972.

LOSERT 1981

H. Losert, Die Ausgrabungen im Pfarrgarten zu Hallstadt. Bericht des Historischen Vereins für die Pflege der Geschichte des Ehemaligen Fürstbistums Bamberg 117, 1981, 21–26.

LÖW 1987

L. Löw, Weißenburg 114. Historischer Stadtkern. In: K. Spindler (Hrsg.), Landkreis Weißenburg-Gunzenhausen. Denkmäler und Fundstätten. Führer zu archäologischen Denkmälern in Deutschland 15. Stuttgart 1987, 224–234.

MEYER 1979

W. Meyer, Rodung, Burg und Herrschaft. Ein burgenkundlicher Beitrag zur mittelalterlichen Siedlungsgeschichte. In: W. Janssen (Hrsg.), Burgen aus Holz und Stein. Burgenkundliches Kolloquium in Basel 1977. Olten 1979.

MEYER 1985

W. Meyer, Frühe Adelsburgen zwischen Alpen und Rhein. In: J. Fleckenstein (Hrsg.), Das ritterliche Turnier im Mittelalter. Göttingen 1985, 571ff.

MÜNDEL 2002

G. Mündel, Frühmittelalterliche Befunde in der Flur „Sändlein", Stadt Karlstadt, Lkr. Main-Spessart. Beiträge zur Archäologie in Unterfranken 69, 2002, 217–304.

OBST 2008

R. Obst, Landnahme und Aufsiedlung im frühmittelalterlichen Mainfranken. In: G. Eggenstein, N. Börste, H. Zöller, E. Zahn-Biemüller (Hrsg.), Eine Welt in Bewegung: unterwegs zu Zentren des frühen Mittelalters. Begleitbuch der Gemeinschaftsausstellung [anlässlich der Gemeinschaftsausstellung Eine Welt in Bewegung - Unterwegs zu Zentren des Frühen Mittelalters]. München 2008, 70–75.

OBST 2012

R. Obst, Die Besiedlungsgeschichte am nordwestlichen Maindreieck vom Neolithikum bis zum Ende des Mittelalters. Würzburger Arbeiten zur Prähistorischen Archäologie 4. Rahden/Westf. 2012.

REINDEL 1984

K. Reindel, Regensburg als Sitz der Herrscher bis zum 10. Jahrhundert. In: S. Rieckhoff-Pauli, W. Torbrügge (Hrsg.), Regensburg, Kelheim, Straubing. Führer zu archäologischen Denkmälern in Deutschland Bd. 5. Stuttgart 1984, 243–254.

RÖDEL 2001

D. Rödel, Analyse der historischen Quellen. In: Karlburg - Rosstal - Oberammthal. Studien zum frühmittelalterlichen Burgenbau in Nordbayern. Frühgeschichtliche und Provinzialrömische Archäologie. Materialien und Forschungen 5. Rahden/Westf. 2001, 279–300.

ROSENSTOCK 2001

D. Rosenstock, Siedlungsgeschichte im Frühmittelalter. In: U. Wagner (Hrsg.), Geschichte der Stadt Würzburg. Stuttgart 2001, 51–61.

SAGE 1989/90

W. Sage, Archäologische Forschungen in Forchheim. Jahresbericht der Bayerischen Bodendenkmalpflege 30/31, 1989/90, 336–351.

SAGE 1990

W. Sage, Zur Bedeutung des Bamberger Domberges für die Geschichte des Obermaingebietes im frühen Mittelalter [Festschrift H. Walther]. Onomastica Slavogermanica 19, 1990, 39ff.

SAGE 1996

W. Sage, Frühgeschichte und Frühmittelalter. In: B.-U. Abels, W. Sage, C. Züchner (Hrsg.), Oberfranken in vor- und frühgeschichtlicher Zeit[2]. Bamberg 1996, 161–280.

SCHMALE 1971

F. J. Schmale, Franken vom Zeitalter der Karolinger bis zum Interregnum. In: M. Spindler (Hrsg.), Handbuch der Bayerischen Geschichte 3.1. München 1971, 29–112.

SEIBERT 2002

H. Seibert, Adlige Herrschaft und Königliche Gefolgschaft. Die Grafen von Schweinfurt im ottonischen Reich. Zeitschrift für bayerische Landesgeschichte 65:3, 2002, 839–882.

SEIBERT 2004

H. Seibert, Adlige Herrschaft um die Jahrtausendwende: Die Grafen von Schweinfurt. In: E. Schneider, B. Schneidmüller (Hrsg.), Vor 1000 Jahren - Die Schweinfurter Fehde und die Landschaft am Obermain 1003. Referate des wissenschaftlichen Kolloquiums am 4. und 5. Juli 2003 in der Bibliothek Otto Schäfer in Schweinfurt. Schweinfurter Museumsschriften 118. Schweinfurt 2004, 65–84.

SODER VON GÜLDENSTUBBE 1990

E. Soder von Güldenstubbe, Christliche Mission und kirchliche Organisation. In: P. Kolb, E.-G. Krenig (Hrsg.), Unterfränkische Geschichte. Von der germanischen Landnahme bis zum hohen Mittelalter[2]. Würzburg 1990, 91–152.

SONNEMANN 2010

T. Sonnemann, Die Büraburg und das Fritzlar-Waberner Becken im frühen Mittelalter. Siedlungsarchäologische Untersuchungen zur Zentralort-Umfeld-Problematik. Studien zur Archäologie Europas 12. Bonn 2010.

SPINDLER/DIEPOLDER 1969

M. Spindler, G. Diepolder (Hrsg.), Bayerischer Geschichtsatlas. München 1969.

WAGNER 1992a

H. Wagner, Die Zehntenschenkung Pippins für Würzburg. In: J. Lenssen, L. Wamser (Hrsg.), 1250 Jahre Bistum Würzburg. Würzburg 1992, 35–38.

WAGNER 1992b

H. Wagner, Mellrichstadt. Historischer Atlas von Bayern, Teil Franken, Reihe 1:29. München 1992.

WAMSER 1984

L. Wamser, Merowingerzeitliche Bergstationen in Mainfranken–Stützpunkte der Machtausübung gentiler Gruppen. Das Archäologische Jahr in Bayern, 1984, 136–140.

WAMSER 1992

L. Wamser, Die Würzburger Siedlungslandschaft im frühen Mittelalter. Spiegelbild der naturgegebenen engen Verknüpfung von Stadt- und Bistumsgeschichte. In: J. Lenssen, L. Wamser (Hrsg.), 1250 Jahre Bistum Würzburg. Würzburg 1992, 39–47.

WAND 1998

N. Wand, Die Büraburg bei Fritzlar - eine fränkische Reichsburg mit Bischofssitz in Hessen. In: J. Henning, A. T. Ruttkay (Hrsg.), Frühmittelalterlicher Burgenbau in Mittel- und Osteuropa. Bonn 1998, 175–188.

WEIDEMANN 1975

K. Weidemann, Archäologische Zeugnisse zur Eingliederung Hessens und Mainfrankens in das Frankenreich vom 7. bis 9. Jh. Althessen im Frankenreich. In: W. Schlesinger (Hrsg.), Althessen im Frankenreich. Nationes 2. Sigmaringen 1975, 95–120.

ZEUNE 1993

J. Zeune, Die Babenburg des 9./10. Jahrhunderts. In: L. Hennig (Hrsg.), Geschichte aus Gruben und Scherben. Archäologische Ausgrabungen auf den Domberg in Bamberg. Schriften des Historischen Museums Bamberg 26. Bamberg 1993, 43–51.

Zur Soziologie hochmittelalterlicher ländlicher Siedlungen nach archäologischen Quellen

von Tobias Gärtner

Einleitung

Der Archäologie bietet sich eine Reihe von Ansatzpunkten, soziale Differenzierungen in ländlichen Siedlungen des Mittelalters zu erkennen. Dabei sind es neben den Bestandteilen der materiellen Kultur auch die Befunde, die Hinweise auf die Anwesenheit einer Oberschicht geben können. Bereits für das frühe Mittelalter ergeben sich bisweilen entsprechende Anhaltspunkte, wobei regionale Unterschiede deutlich werden. So können wir die Wohnsitze der ländlichen Führungsschicht in Süddeutschland in der Merowingerzeit anhand von Baustrukturen noch kaum sicher identifizieren.[1] Die auffälligen Häuser vom Typ Irlbach könnten vielleicht mit einer Oberschicht in Zusammenhang stehen, doch mögen sich hier auch in erster Linie römische Bautraditionen zu erkennen geben.[2] Auf Grund der ungewöhlichen Ausmaße von 9 x 28 m dürfte ein mehrschiffiger Hausgrundriss mit großer, im westlichen Teil in der Längsachse des Baus gelegener Feuerstelle aus dem alamannischen Tengen-Watterdingen (Ldkr. Konstanz) einer sozialen Führungsschicht zuzuordnen sein.[3]

Hingegen lassen im nördlichen Mitteleuropa und in Teilen Skandinaviens vor allem große Hallenbauten, wie sie erstmals auf der Feddersen Wierde auftreten,[4] auf „Herrenhöfe" schließen. Mit diesen Hallen, die bis zum Ende der Wikingerzeit in Holz gebaut wurden und auch in der Folgezeit in Form steinerner Großbauten nachweisbar bleiben, bewegen wir uns aber bereits im höchsten sozialen, häufig offenbar mit dem Königtum zu verbindenen Milieu.[5] In den ländlichen Siedlungen des 8.–10. Jahrhunderts abseits der königlichen und kirchlichen Sphäre sind im Befundbild eindeutig identifizierbare Wohnplätze einer Oberschicht aus dem Raum zwischen Alpen und Nordsee bislang kaum bekannt.[6] Nur selten verweist eine aus dem regionalen Milieu herausstechende Bauweise, insbesondere früher Ständerbau, mitunter gestützt durch besondere Kleinfunde, auf ein gehobenes Sozialniveau.[7]

Im Folgenden soll die soziale Aussagekraft von Baubefunden in ländlichen Siedlungen des hohen Mittelalters geprüft werden. Auch noch für diese Epoche wird bisweilen davon ausgegangen, dass sich soziale Unterschiede auf der Ebene der Baustrukturen nicht festmachen lassen und lediglich die Befestigung des Siedlungsplatzes einen Herrensitz kennzeichnen kann.[8] So hebt sich z. B. die hochmittelalterliche Vorgängeranlage des mit Gräben umwehrten Neuwerker Hofes in Otzenrath (Rhein-Kreis Neuss) durch ihre Pfostenbebauung nicht von durchschnittlichen ländlichen Gehöften ab. Die Umfriedung der zweigeteilten Hofanlage erfolgte durch bescheiden dimensionierte Spitzgräben. Platzkontinuität und spätmittelalterliche Schriftquellen lassen jedoch auf den besonderen Charakter der Hofanlage bereits in der Frühzeit der hochmittelalterlichen Ausbausiedlung schließen.[9] Auch der Haupthof des 9./10.–12. Jahrhunderts von Bernshausen am Seeburger See ist vor allem anhand des Umfassungsgrabens als solcher zu identifizieren. Die für das 12. Jahrhundert beobachtete Ständerbauweise fügt sich in das allgemeine Bild der Hausentwicklung in dieser Region ein; allenfalls die Bruchstücke von Hohlziegeln, die auf eine harte Dachdeckung hinweisen, sind für diesen Zeitraum im bäuerlichen Hausbau nicht zu erwarten.[10] Somit wird häufig dem Fundmaterial für eine Beurteilung die entscheidende Rolle eingeräumt, bei dem für eine Reihe von Objektgruppen der soziale Zeigerwert außer Frage steht. Hierzu zählen Waffen und Rüstungsteile, Reitzubehör, Schmuck aus Bunt- oder Edelmetall, Glasgefäße und als Teile der Raumausstattung Kacheln, Bodenfliesen und Flachglas.[11] Dabei bleibt zu berücksichtigen, dass es sich bei der über diese Funde fassbaren Oberschicht keineswegs um den niederen Adel han-

---

1 Fries-Knoblach 2009, 18–20; 26. Steuer 2010, 21. Im südlich angrenzenden Alpenraum können wir hingegen die Wohnsitze der ländlichen Oberschicht in einigen Fällen erkennen. Ständerbauten auf Steinfundamenten bzw. Gebäude mit massivem Erdgeschoss sind diesem Sozialmilieu zuzuweisen, etwa in Lausen-Bettenach oder Porrentruy (Demarez 2003, 157. Windler u. a. 2005, 107–109).

2 Fries-Knoblach 2009, 18f.

3 Gutekunst/Hald 2010, 211 Abb. 124. Reich ausgestattete Hofgrablegen der Zeit um 700 können Hinweise auf die Existenz von Wohnplätzen der Elite geben. Ein Teil der Hofgrablegen dürfte auch einfachen „Hofbauern" zuzurechnen sein, die keinesfalls die Spitzen der ländlichen Bevölkerung repräsentieren (Christlein 1981, 164). Die zunehmende Beigabenarmut in der späten Merowingerzeit erschwert aber eine soziale Wertung „armer" Grabinventare.

4 Burmeister/Wendowski-Schünemann 2010.

5 Carstens 2011. Croix 2010.

6 Hamerow 2002, 89–93.

7 Bulka 2007. Donat 2005, 50.

8 Schmaedecke 1999, 74.

9 Schuler u. a. 2010.

10 Grote 2003, 56.

11 Biermann 2010, 286–291. Gossler 2005, 146; 148. Schmaedecke 1999, 73. Schmid 2009. Zadora-Rio 1995, 149.

▲ Abb. 1: Hamm-Westhafen. Das Hauptgebäude des Hofes während der Ausgrabung (nach CICHY 2008, 69 Abb. 11).

deln muss, sondern für viele Fundgruppen auch die Existenz im Haushalt eines wohlhabenden Bauern bzw. aufstrebenden Ministerialen denkbar ist. Daneben gibt es Fundgruppen, deren Aussagewert kontrovers diskutiert wird bzw. je nach Fundsituation unterschiedlich ausfallen kann.[12]

Wohnbauten der ländlichen Oberschicht

In der Tat lassen sich Fundplätze anführen, für die anhand des Fundmaterials eine sozial herausgehobene Personengruppe erschlossen werden kann, die sich jedoch nicht über ihre Wohnbauten fassen lässt. In der Wüstung Edingerode bei Hannover wurden vier Sporen des 11.–13. Jahrhunderts gefunden, die neben einem Steigbügel als einzige Fundgruppe auf eine am Ort ansässige Oberschicht, die über Reitpferde verfügte, hindeutet. Unterstützend kommen hier die Schriftquellen hinzu. In der Zeugenliste einer Urkunde des Bischofs von Hildesheim von 1215 begegnet ein *Reinoldus de Etdingerothe*, dessen Familie in der Folgezeit nicht mehr fassbar ist und den Sprung in den niederen Adel offensichtlich verpasste.[13] Die hochmittelalterlichen Hausbauten dieses Fundplatzes bestehen aus gewöhnlichen, z. T. mehrschiffigen Pfostenbauten von rechteckigem oder leicht schiffsförmigem Grundriss, die sich in keiner Weise von den üblichen ländlichen Wohngebäuden unterscheiden. Einschränkend bleibt zu erwägen, ob nicht mit frühen Ständerbauten, die in dem leicht geneigten Siedlungsgelände keine Chance zur Überlieferung gehabt hätten, gerechnet werden muss. Außerhalb der Städte setzte sich diese Bauweise in Norddeutschland im 13./14. Jahrhundert langsam durch, wobei aber gelegentlich Neben- und sogar Hauptgebäude bis in die Neuzeit hinein mit erdfestem Gerüst errichtet worden sind.[14] In Süddeutschland finden Ständerbauten im 13. Jahrhundert verstärkt Eingang in den ländlichen Hausbau.[15] So besaß z. B. das Wohngebäude von Großrinderfeld-Schönfeld, Main-Tauber-Kreis, aus dem 13./14. Jahrhundert bereits eine Schwellmauer von 0,75 m Breite. Es ist dem Fundmaterial zufolge (Ofenkacheln, Reitzubehör) der ländlichen Oberschicht zuzuordnen.[16] Aber auch in diesem Sozialmilieu ist die Pfostenbauweise für Wohnbauten im Spätmittelalter noch belegt.[17] In einer Wüstung bei Adelzhausen, Ldkr. Aichach-Friedberg, wurde ein Teil eines mehrschiffigen Pfostenbaus von 9 m Breite und mindestens 12 m Länge dokumentiert, der in dem Zeitraum vom 12./13. bis zum 14. Jahrhundert dreimal erneuert wurde und einen Holzkeller besaß. Unter den Funden verweisen insbesondere Topfkacheln, Fensterglas, Fragmente von Glasgefäßen und ein keramisches Aquamanile auf ein gehobenes soziales Niveau der Bewohner.[18] Insbesondere Letzteres verweist auf ihr Bestreben, adlige Lebensformen nachzuahmen.[19]

Das Beispiel Adelzhausen zeigt, dass eine unauffällige, der Masse der ländlichen Bauten entsprechende Konstruktionsweise eines Gebäudes allein keine Rückschlüsse auf den sozialen Status des Bauherrn erlaubt. Somit sollte auch das Gebäude eines Einzelhofes aus der ersten Hälfte des 13. Jahrhunderts bei Castrop-Rauxel-Ickern nicht vorschnell einem einfachen Bauern zugeschrieben werden, nur weil Pfosten das Dachgerüst trugen.[20] Der Bau maß 7,8 x 30 m, womit er sich am oberen Ende der Längenskala nordwestdeutsch-niederländischer Wohnstallbauten dieser Zeit positioniert.[21] Für diese Großbauten ist z. T. anhand architektonischer Details oder des Fundmaterials eine Verknüpfung mit der sozialen Führungsschicht möglich. Das Hauptgebäude eines Hofes in Hamm-Westhafen aus dem 12. Jahrhundert war gut 34 m lang und bildete zusammen mit mehreren auffallend großen Nebengebäuden eine Hofstelle von mindestens 70 x 85 m (Abb. 1). Das Fundspektrum macht zum einen deutlich, dass auf diesem Gehöft Ackerbau und Viehzucht betrieben wurde, u. a. fand sich der älteste Nachweis für Spinatanbau in Mitteleuropa, andererseits fallen Sporen, ein Leuchter aus Buntmetall und Spielsteine auf, die bei „gewöhnlichen" Bauern dieser Zeit nicht zu erwarten sind. Die Ausgräberin deutet den Platz mit guten Gründen unter Berücksichtigung des historischen Umfelds als den Hof eines *villicus*, der vermutlich mit den Grafen von Altena verbunden war.[22] Das dreischiffige Haupthaus fällt nicht durch seinen

---

12 Vgl. GÄRTNER im Druck, mit dem Beispiel der Pferdeknochen.
13 GÄRTNER 2004, 37; 56f.
14 ATZBACH 2012, 93. DONAT 2005, 53. STIEWE 2002, 82f.
15 DONAT 2005, 50.
16 Die ursprünglich als Viereckschanze eingeschätzte Grabenanlage, in der sich das Gebäude befand, dürfte die mittelalterliche Hofbefestigung darstellen (vgl. DAUBNER 1941/47. MITTELSTRASS 1996, 32).
17 CODREANU-WINDAUER 2010, 286.
18 BERG-HOBOHM/SCHMID-HECKLAU 2008a; 2008b.
19 Vgl. GOSSLER 2009, 96f.; 103.
20 Anders GRÜNEWALD 2011, 115.
21 GÄRTNER 2004, 90.
22 CICHY 2008, 132f.; 136–140.

Grundriss oder die Konstruktionsweise, sondern lediglich durch seine Größe auf. Die Breite des Kerngerüsts dieses leicht schiffsförmigen Baus beträgt maximal 11,20 m und ist somit außergewöhnlich, da bei vergleichbaren Bauten die Breite des Mittelschiffs üblicherweise bei 6–8 m liegt.[23] Ähnlich dimensioniert ist ein Pfostenhaus des 10./11. Jahrhunderts aus Krefeld-Fischeln, das den gleichen Gebäudetyp repräsentiert und eine 10,5 m breite Diele besaß. Das Haus bildete mit mehreren Nebengebäuden (Webhaus, Räucherhaus, Speicher) eine Hofanlage, die zweifelsohne von Mitgliedern der Elite bewohnt wurde. Hierauf deutet unzweideutig das Vorhandensein einer mehrphasigen Heizanlage im Hauptgebäude hin, die vermutlich eine eingebaute hölzerne Kammer erwärmen konnte und für die Zeit um 1000 im ländlichen Raum außergewöhnlich ist (Abb. 2).[24]

Auch am Ende des hier betrachteten Zeitraums gehörte eine derartige Heizeinrichtung nicht zur üblichen Ausstattung ländlicher Wohnbauten. In der Wüstung Klein-Alberstedt (Saalekreis) befindet sich am Rande der Siedlung eine ca. 15 x 31 m große, von einer Mauer eingefasste Hofstelle, die von um 1200 bis in das ausgehende 13. oder frühe 14. Jahrhundert genutzt wurde. Das Hauptgebäude besaß 1 m starke Mauern und dürfte somit zumindest ein massives Erdgeschoss besessen haben. In den beiden ältesten Bauphasen sorgte hier ein Kachelofen für ein behagliches Wohnen, während in der jüngsten Ausbauphase eine Heißluftheizung eingebaut worden war. Das Gebäude setzt sich durch seine Bauweise von den übrigen Häusern der Siedlung deutlich ab, die als Ständerbauten auf steinernen oder hölzernen Schwellen konstruiert waren. Unter ihnen bildete ein Steinfundamentbau von 7,1 x 9,3 m das zweitgrößte Gebäude in der Siedlung. Der Fund eines hochmittelalterlichen kreuzförmigen Buchbeschlags mit emailverzierter Schaufläche, der sich in einer Brandschicht fand, belegt auch für diesen Hof die Anwesenheit einer in diesem Fall offenbar auch gebildeten Oberschicht; möglicherweise haben wir hier den aus den Schriftquellen bekannten Hof des Zisterzienserklosters Rode vor uns.[25]

Eine ähnliche Heizanlage fand sich auch in einem 4 x 11m großen, mehrräumigen Steingebäude des 13./14. Jahrhunderts in der Wüstung Marsleben bei Quedlinburg. Das Haus gehörte zu einem Herrenhof, der sich bis ins 10. Jahrhundert zurückverfolgen lässt.[26] Bereits in ottonischer Zeit gehörte ein steinerner Saalgeschossbau dazu,[27] der im Hochmittelalter zu einem Turm von 4,5 x 4,5 m lichter Weite umgebaut wurde. Die Anlage war auch im späten Mittelalter lediglich von einer im

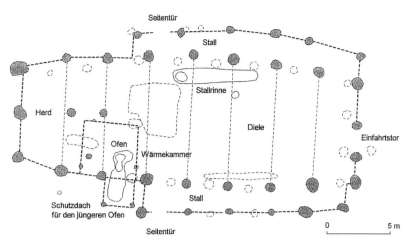

▲ Abb. 2: Krefeld-Fischeln. Grundriss des Wohnstallgebäudes aus dem 10. Jahrhundert (nach REICHMANN 2002, 116 Abb. 5).

Fundament bis zu 1 m breiten Steinmauer umgeben, während ein Graben fehlt. Die architektonischen Elemente des Hofes weisen zusammen mit einigen Kleinfunden auf wohlhabende Besitzer hin. Ein beinerner vergoldeter Klappspiegel hat seine Parallelen vor allem auf Burgen und daneben auch in Städten und Klöstern, was ähnlich auch für einen schildförmigen Pferdegeschirranhänger gilt.[28] Man möchte hier einen Adelssitz annehmen. Sollte sich die frühe Datierung des Saalbaus ins 10./11. Jahrhundert bestätigen, darf man wohl von einem zumindest zeitweilig als Wohnsitz genutzten Anwesen eines Adligen ausgehen. Für den Sitz eines unfreien Hofverwalters (*villicus*) scheint eine derartige Architektur in der Zeit um 1000 noch zu anspruchsvoll zu sein. Die Schriftquellen geben erst für das 12. und 13. Jahrhundert Hinweise auf eine Oberschicht im Dorf. Für 1147 ist die Anwesenheit von *ministeriales* am Ort bezeugt, 1184 werden ein *villicus* und ein *dapifer* genannt. Hierbei handelt es sich um ursprünglich unfreie Dienstmannen, denen unter günstigen Umständen ein Aufstieg in den niederen Adel möglich war. Wichtige Grundherren am Ort, denen sich diese Personen allerdings nicht mit Sicherheit direkt zuordnen lassen, waren mehrere geistliche Institutionen aus Quedlinburg (Damenstift auf dem Schlossberg, Prämonstratenserkonvent St. Wiperti, das Marienkloster auf dem Münzenberg) und die Grafen von Regenstein. 1239 erscheint ein *Hermannus de Marsleve* als *miles et ministerialis ecclesiae Quedlinburgensis*. Wem der ergrabene Herrenhof gehörte und ob Hermann hier seinen Sitz hatte, bleibt letztlich ungewiss, zumal nur ca. 15% der Siedlung archäologisch untersucht sind. Gleichwohl passt die ergrabene Hofanlage gut in das Bild unbefestigter oder nur leicht unwehrter Wohnsitze des niederen Adels, die z. T. über eine eindrucksvolle Steinarchitektur verfügen konnten.[29] Die Grenzen zu kleinen Burganlagen in Ortslage, welche die soziale Differenzierung innerhalb der Siedlungen besonders

---

23 DONAT 2005, 52. SPECKMANN 2010, 89.
24 REICHMANN 2002, 118–120.
25 GROTHE/KOBBE 2008.
26 KÜNTZEL 2008, 126–130. SCHÜRGER/PAPE 2006.
27 Kritisch zur frühen Datierung KÜNTZEL 2008, 141 Anm. 131.
28 GOSSLER 2011, 181; 183. KRUEGER 2000, 42f.
29 HESSE 2003, 125–157. SZCZESIAK 2005, 378–387.

eindrücklich vor Augen führen, sind vor allem bei nur begrenzten archäologischen Aufschlüssen bisweilen schwer zu ziehen.[30] Exemplarisch lässt sich die Entwicklung vom umwehrten Herrenhof mit Pfostenhäusern über eine Anlage mit steinernem Wohnturm von 7,5 x 8,1 m hin zu einer kleinen Burg mit Rundturm, Ringmauer und vermutlich 3 m tiefem Graben in Holzheim bei Fritzlar verfolgen.[31] In Eschelbronn ist die mit einem Zaun umfriedete Hofanlage des 13. Jahrhunderts, die der 1271 gegründeten Burg vorausgeht und vermutlich als Sitz des Dürner Ministerialen Heinrich von Eschelbronn anzusehen ist, leider nur in einem kleinen Ausschnitt erfasst. Das mutmaßliche Hauptgebäude des Hofes zeigt eine Kombination aus pfostengestütztem Dachwerk und auf hölzernen Schwellen ruhenden Außenwänden.[32] Die Entwicklung vom Herrenhof zur Burg ist mit der Geschichte der separiert gelegenen Herrensitze wie Elmendorf, Haus Lützeler, Husterknupp, Schloss Horst oder Jenalöbnitz vergleichbar.[33]

Auch aus dem süddeutschen Raum sind Beispiele hervorstechender ländlicher Architektur des Hochmittelalters bekannt, die auf ein gehobenes soziales Milieu verweisen. Hierbei handelt es sich insbesondere um frühe Steinbauten.[34] In der Wüstung Wülfingen wurde im 11. Jahrhundert am Rande der Siedlung ein separater rechteckiger Hof angelegt. Er bestand aus mehreren Pfostenbauten, die sich um einen annähernd quadratischen, 16–17 m weiten Hofraum mit steinernem Brunnen gruppierten. Auf der Nordseite der Anlage wurde jedoch ein Steinfundamentbau von rund 10 x 10 m mit angeschlossenem Steinkeller errichtet. Die Breite der Fundamente betrug ca. 0,5–1,2 m. Auf der südlichen, zum Hofraum gelegenen Seite fehlten die Fundamente allerdings; Pfostenspuren deuten hier auf eine Wandkonstruktion aus vergänglichem Material. Somit bestand nur die von außerhalb sichtbare Gebäudefront aus einer vermutlich mehrere Meter hohen, repräsentativen Steinmauer. Im Innern deuten zwei Feuerstellen auf Metallverarbeitung hin – vielleicht wurden hier Münzen geschlagen. Die Wohnräume lagen möglicherweise über dem Keller, dessen Mauerstärke von etwa 0,5–0,7 m zumindest an ein steinernes Erdgeschoss denken lässt. Mehrere Sporen des 12. Jahrhunderts unterstützen den Eindruck eines anhand der Baubefunde zu erschließenden hervorgehobenen Charakters der Hofstelle.[35]

Ein besonders prominentes Beispiel stellt das Haus in Oberndorf, Donaustraße 56 (Ldkr. Kelheim) dar. Es bestand bereits um 1150 aus einem hölzernen Ständerbau, in den eine teilweise in Stein erbaute Kammer integriert war, während an einer Gebäudeseite ein Stall in Pfostenbauweise anschloss. Um 1200 wurden zusätzlich Ost- und Südwand des Hauses in Massivbauweise errichtet, wobei der mit einem Kamin ausgestattete Hauptwohnraum mit einem Biforienfenster versehen wurde. Dieses beim derzeitigen Kenntnisstand wohl älteste in Teilen erhaltene Bauernhaus Süddeutschlands gehörte zweifellos einer vermögenden und damit auch sozial herausgehobenen Familie des Dorfes.[36]

Die ländliche Oberschicht des 12./13. Jahrhunderts in den Schriftquellen

Das Haus aus Oberndorf führt noch einmal die Probleme vor Augen, mit denen sich die Archäologie konfrontiert sieht, wenn sie ihren Quellen Aussagen zur Sozialstruktur in ländlichen Siedlungen abzuringen versucht. Haben wir hier das Wohngebäude eines wohlhabenden Bauern oder eines Angehörigen des niederen Adels vor uns? Im Hochmittelalter finden wir in zahlreichen ländlichen Siedlungen Mitglieder niederadliger Familien, deren Aktionsradius häufig kaum über ihren Wohnort, nach dem sie sich benannten, hinausreichte.[37] Die Grenzen zwischen Bauern- und Adelsstand waren keineswegs so starr, wie es normative Schriftquellen zunächst suggerieren.[38] Vom 10.–12./13. Jahrhundert war ein rechtlich weitgehend einheitlicher, aber sozial differenzierter Bauernstand entstanden, dessen wohlhabendsten Vertretern der Weg zum sozialen Aufstieg durchaus offen stand. Auch rechtlich unfreien Personen war die Aufnahme in die Ritterschaft möglich, wenn sie die finanziellen Grundlagen für die Bewaffnung und ein standesgemäßes Leben mitbrachten. Insofern waren im *ordo militaris* unfreie Parvenüs und Mitglieder adliger Familien zusammengefasst, es handelte sich um einen Berufs-, nicht um einen Geburtsstand. Zwar hatte sich seit der zweiten Hälfte des 12. Jahrhunderts die Ritterschaft rechtlich weitgehend nach unten abgeschlossen, doch gelang es auch dann noch vermögenden Bauern bzw. aus der herrschaftlichen *familia* aufgestiegenen, ursprünglich unfreien Ministerialen, in den niederen Adel aufzusteigen. Wenn im 13. Jahrhundert zahlreiche Ministeriale adelsgleiche Lebensgewohnheiten pflegen, aber dennoch als unfrei gelten, wird die ganze Unschärfe der mittelalterlichen Ständegliederung deutlich.[39] Allerdings werden die Aufstiegschancen für Mitglieder aus der bäuerlichen Oberschicht durchaus unterschiedlich beurteilt, nicht zuletzt wegen der schwierigen Quellengrundlage, die vor allem aus literarischen

---

30 SCHOLKMANN 1977, 15f.
31 WAND 2002, 135–143.
32 MITTELSTRASS 1996, 23–36.
33 GOSSLER 2009, 83–87. HEINE 2008, 162f. PEINE/KNEPPE 2006. UNSELT 2010.
34 BUND/GROSS 1989, 272.
35 KOCH/KOCH 1993, Taf. 49,7–10. SCHULZE 1976/77, 167–174.

36 CODREANU-WINDAUER 2010, 286–289.
37 SPIESS 1995, 409.
38 FLECKENSTEIN 1989.
39 BUMKE 1990, 48f.

Werken besteht.⁴⁰ Für den Aufstieg war neben der Erlangung eines vererbbaren Lehens die Aneignung adliger Lebensformen, wie sie z. B. in Adelzhausen archäologisch fassbar werden, ein grundlegender Schritt.⁴¹ Dies wird literarisch etwa in der Versnovelle „Helmbrecht" aus dem dritten Viertel des 13. Jahrhunderts deutlich, wo der junge Meier dem Bauernleben abschwört und eine Zukunft als kämpfender Ritter anstrebt. Dieses *maere* gilt als einer der wichtigsten Texte zur sozialen Mobilität im späten Mittelalter.⁴² Der junge Helmbrecht nimmt sich das Tragen eines Schwerts, Kettenhemds, Waffenrocks, unangemessener Kleidung (verzierte Haube, Schuhe aus spanischem Leder) und langen Haars heraus, gibt sich aber gleichzeitig der Lächerlichkeit preis, da er in Unkenntnis der adligen Umgangsformen „höfische und bäuerliche Kleidungsstücke geschmacklos miteinander kombiniert".⁴³ Hierbei verstößt er gegen die zeitgenössischen Ordnungsvorstellungen und die Bestimmungen der Landfrieden.⁴⁴ Zu beachten bleibt, dass es sich bei Helmbrecht nicht um einen Aufsteiger im eigentlichen Sinne handelt. Er lässt zwar das Bauernleben hinter sich, schafft den Sprung in den Ritterstand aber letztlich nicht. Er schließt sich verbrecherischem Raubgesindel an, das die Lebensformen des Adels (*hovewîse*, V. 1104) zu imitieren versucht und sich bei adligen Herren als Kriegsgefolge verdingt. Dennoch dürfte im Spätmittelalter der Weg über den Kriegsdienst für Personen aus dem Bauernstand besonders vielversprechend gewesen sein.⁴⁵ Im Hinblick auf die hier genannten, archäologisch fassbaren Bestandteile der höfischen Kultur, die Bewaffnung, gilt es im Detail mit Vorsicht zu argumentieren. Erst für das 12. Jahrhundert ist ein Waffenverbot für die Bauern überliefert.⁴⁶ Im Reichslandfrieden von 1152 hatte Friedrich I. ihnen das Tragen von Lanze und Schwert untersagt. Der rheinfränkische Friede von 1179 erlaubt den Bauern jedoch das Führen des Schwertes außerhalb des Dorfes. Zudem sollten sie Waffen vorhalten, um im Falle der Gerichtsfolge Verbrechern nachstellen zu können.⁴⁷ Auch der bayerische Landfriede von 1244, der den Bauern das alltägliche Tragen von Waffen untersagt, gestattet ihnen dies beim Kirchgang, im Falle der Landesverteidigung und bei der Gerichtsfolge.⁴⁸ Das Gros der in einer Schlacht Beteiligten wurde auch im 13. Jahrhundert von berittenen Kämpfern adliger Herkunft gestellt. Doch hatte z. B. in der Schlacht von Worringen 1288 Graf Adolf VIII. von Berg neben seinen 120 Panzerreitern auch geschätzt 500 bewaffnete Bauern im Gefolge, die am Ende sogar entscheidend in die Kämpfe eingreifen konnten.⁴⁹ Somit ist im 13. Jahrhundert allein das Vorkommen von Waffen im archäologischen Fundgut kein hinreichender Hinweis auf das Vorhandensein eines Adels. Zumindest aufwändige Waffen wie Schwerter und Teile der Rüstung sind aber ebenso wie im 11./12. Jahrhundert als Sozialindikator geeignet, denn nur ein Teil der ländlichen Bevölkerung konnte die nötigen finanziellen Mittel aufbringen, um eine derartige Ausrüstung zu erwerben. Gleiches gilt für das qualitativ durchaus schwankende Reitzubehör, ein damit vorauszusetzendes Reitpferd und andere eingangs erwähnte Elemente der Sachkultur.

Ein anschauliches Beispiel für die soziale Mobilität noch im 14. Jahrhundert, für das die Quellenlage deutlich günstiger ist, bietet die Familie des 1302 urkundlich belegten Konrad *civis in Wobeke* (Wobeck, Ldkr. Helmstedt).⁵⁰ Die Kennzeichnung als *civis* verdeutlicht, dass Konrad der breiten Schicht der bäuerlichen Dorfbewohner angehörte. Da er mehrere Höfe mit zugehörigem Ackerland und das Wäldchen *Konekenholt* besaß, war er in wirtschaftlicher und sozialer Hinsicht schon über seine bäuerlichen Zeitgenossen hinausgewachsen. Es gelang ihm, seine Tochter mit dem Edelknecht Konrad von Gevensleben zu verheiraten, womit seiner Familie der Anschluss an den niederen Adel gelungen war. Sein Enkel Johann Knipping bewohnte 1312 eine *kamenata lapidea* im Dorf und führte gemeinsam mit seinen Brüdern ein Wappen, das einen Topfhelm zeigt. Schließlich erscheinen die Knippings als Lehnsleute und Burgmannen der Herren von Dahlum-Wenden. Im Gegensatz zu manch anderer Familie gelang es ihnen, ihren Status bis weit in die Neuzeit zu halten. Nach dem Zeugnis der Schriftquellen kam es nicht selten vor, dass wirtschaftlich in Not geratene ritterliche Dienstmannen bzw. Niederadlige „verbauerten" und ihre Felder selbst bestellen mussten.⁵¹ Hierdurch war die soziale Stellung akut gefährdet, waren doch nach zeitgenössischer Anschauung „*alle die daz ertrîche bûwent*" deutlich von der Herrenschicht geschieden, wie es z. B. Berthold von Regensburg in seiner Predigt von den zehn Chören der Engel und der Christenheit anschaulich darstellt.⁵²

Ausblick

Da in Hinblick auf die materielle Kultur wohlhabende bäuerliche und einfache niederadlige Haushalte im 12./13. Jahrhundert vielfach nicht voneinander zu unterscheiden sind, haben wir von

---

40 Spiess 2001, 2f.
41 Rösener 1984, 669–674; 679f.; 2006, 86f.
42 Honemann 2001, 33.
43 Menke 1993, 32.
44 Lange 2009, 62–68.
45 Spiess 2001, 3.
46 Fehr 1914, 138.
47 Fehr 1914, 139; 153.
48 Epperlein 2003, 170–172. Fehr 1917, 30f.

49 Lehnart 1994, 122; 146f.
50 Fenske 1984, 715–720.
51 Fleckenstein 1989, 311. Rösener 1984, 675.
52 Zitiert nach Bumke 1990, 41.

archäologischer Seite in diesem Überschneidungsbereich der beiden *ordines* kaum Möglichkeiten, eine standesmäßige Zuordnung der Funde zu treffen. Viele niederadlige Familien saßen nicht auf Burgen, sondern nur auf befestigten Höfen oder Anwesen, die den Eindruck einfacher Bauernstellen machten,[53] sodass auch im baulichen Befund ähnliche Schwierigkeiten bestehen. Die von der Archäologie genannten Kriterien für einen Herrenhof, die Bauweise des Wohngebäudes, das gehäufte Auftreten von Speicherbauten, qualitätvolles Fundmaterial, spezialisiertes Handwerk und erhöhte Wildtieranteile bei den Tierknochen,[54] geben zwar deutliche Hinweise auf soziale Differenzierungen, können im fortgeschrittenen Hochmittelalter aber nur eingeschränkt etwas darüber aussagen, ob hier ein reicher Bauer, ein unfreier Ministerialer oder ein Angehöriger aus dem niederen Adel mit bescheidenen finanziellen Möglichkeiten seinen Wohnsitz hatte. Kommen mehrere der genannten Kriterien zusammen vor, wie es etwa in Marsleben der Fall ist, ist man dennoch geneigt, von einem niederadligen Milieu auszugehen. Hier sind noch weiterführende Studien vonnöten, die in einem überregionalen Ansatz die archäologischen Hinterlassenschaften aus adligen und bäuerlichen Fundkomplexen vergleichend analysieren.[55] Hervorzuheben ist aber schon jetzt, dass wir von archäologischer Seite soziale Unterschiede in ländlichen Siedlungen des hohen Mittelalters über statusanzeigende Funde und Baubefunde in deutlich größerem Umfang erfassen können, als dies für das Frühmittelalter der Fall ist.

Literatur

ATZBACH 2012

R. Atzbach, Die ältesten erhaltenen Holzbauten in Dänemark und ihr Bezug zum niederdeutschen Hausbau. Mitteilungen der Deutschen Gesellschaft für Archäologie des Mittelalters und der Neuzeit 24, 2012, 83–110.

BERG-HOBOHM/SCHMID-HECKLAU 2008a

S. Berg-Hobohm, A. Schmid-Hecklau, Hund oder Katz? Ein Aquamanile aus einer bisher unbekannten mittelalterlichen Wüstung bei Adelzhausen. Altbayern in Schwaben 2008, 7–12.

BERG-HOBOHM/SCHMID-HECKLAU 2008b

S. Berg-Hobohm, A. Schmid-Hecklau, Hund oder Katz? Ein Aquamanile aus einer mittelalterlichen Wüstung bei Adelzhausen. Das Archäologische Jahr in Bayern 2007, 2008, 129–131.

BIERMANN 2010

F. Biermann, Archäologische Studien zum Dorf der Ostsiedlungszeit. Forschungen zur Archäologie im Land Brandenburg 12. Wünsdorf 2010.

BULKA 2007

K. Bulka, Gedanken zur sozialen Stellung der Bewohner einer frühmittelalterlichen Siedlung in Westfalen. In: C. Grünewald, T. Capelle (Hrsg.), Innere Strukturen von Siedlungen und Gräberfeldern als Spiegel gesellschaftlicher Wirklichkeit? Akten des 57. Internationalen Sachsensymposions vom 26. bis 30. August in Münster. Veröffentlichungen der Altertumskommission für Westfalen Landschaftsverband Westfalen-Lippe 17. Münster 2007, 33–37.

BUMKE 1990

J. Bumke, Höfische Kultur. Literatur und Gesellschaft im hohen Mittelalter, Bd. 1. München ⁵1990.

BUND/GROSS 1989

G. Bund, U. Gross, Mittelalterliche Siedlungsbefunde in Werbach-Gamburg, Main-Tauber-Kreis. Archäologische Ausgrabungen in Baden-Württemberg 1988, 1989, 272–276.

BURMEISTER/WENDOWSKI-SCHÜNEMANN 2010

S. Burmeister, A. Wendowski-Schünemann, Werner Haarnagel und der „Herrenhof" der Feddersen Wierde – Anmerkungen zu einem sozialtopographischen Konzept. Siedlungs- und Küstenforschung im südlichen Nordseegebiet 33, 2010, 35–52.

CARSTENS 2011

L. Carstensen, Verbrannt und begraben – Neue Forschungen zu eisenzeitlichen Hallen in Nordeuropa. Archäologische Nachrichten aus Schleswig-Holstein 17, 2011, 10–14.

CHRISTLEIN 1981

R. Christlein, Bajuwarischer Ohrringschmuck aus Gräbern von Kirchheim bei München, Oberbayern. Das archäologische Jahr in Bayern 1980, 1981, 164f.

CICHY 2008

E. Cichy, Der Siedlungsplatz Hamm-Westhafen. Bodenaltertümer Westfalens 46. Mainz 2008.

CODREANU-WINDAUER 2010

S. Codreanu-Windauer, Vom Pfostenbau zum Steinbau. Dörfliche Architektur im Umfeld Regensburgs. Fines Transire 19, 2010, 279–290.

CROIX 2011

A. Croix, Status, Gender and space on high status settlement sites from the Viking Age. Archäologie in Schleswig Sonderband "Det 61. Internationale Sachsensymposion 2010" Haderslev, Danmark. Neumünster 2011, 113–122.

DAUBNER 1941/47

A. Daubner, Die Viereckschanze von Schönfeld Ldkrs. Tauberbischofsheim. Badische Fundberichte 17, 1941/47, 176–182.

DEMAREZ 2003

J.-D. Demarez, Un bâtiment en pierre du 7e s. à Porrentruy (JU) Nouvelles données archéologiques dans le Jura mérovingien. Jahrbuch der Schweizerischen Gesellschaft für Ur- und Frühgeschichte 86, 2003, 145–166.

DONAT 2005

P. Donat, Zum städtischen und ländlichen Hausbau des 12. bis 15. Jhs. in Deutschland – Forschungsprobleme regionaler Entwicklung. In: F. Biermann, G. Mangelsdorf (Hrsg.), Die bäuerliche Ostsiedlung des Mittelalters in Nordostdeutschland. Greifswalder Mitteilungen, Beiträge zur Ur- und Frühgeschichte und Mittelalterarchäologie 7. Frankfurt/M. 2005, 39–67.

EPPERLEIN 2003

S. Epperlein, Bäuerliches Leben im Mittelalter. Köln 2003.

---

53 RÖSENER 1984, 675.
54 SCHREG 2006, 302.
55 Vgl. die Arbeit von SVENSSON 2008.

Fehr 1914
H. Fehr, Das Waffenrecht der Bauern im Mittelalter 1. Zeitschrift der Savigny-Stiftung für Rechtsgeschichte, Germanistische Abteilung 35, 1914, 111–211.

Fehr 1917
H. Fehr, Das Waffenrecht der Bauern im Mittelalter 2. Zeitschrift der Savigny-Stiftung für Rechtsgeschichte, Germanistische Abteilung 38, 1917, 1–114.

Fenske 1984
L. Fenske, Soziale Genese und Aufstiegsformen kleiner niederadliger Geschlechter im südöstlichen Niedersachsen. In: L. Fenske, W. Rösener, Th. Zotz (Hrsg.): Institutionen, Kultur und Gesellschaft im Mittelalter. Festschrift für Josef Fleckenstein zu seinem 65. Geburtstag. Sigmaringen 1984, 693–726.

Fleckenstein 1989
J. Fleckenstein, Ordnungen und formende Kräfte des Mittelalters. Ausgewählte Beiträge. Göttingen 1989.

Fries-Knoblach 2009
J. Fries-Knoblach, Hinweise auf soziale Unterschiede in frühmittelalterlichen Siedlungen in Altbayern. Beiträge zur Mittelalterarchäologie in Österreich 25, 2009, 11–34.

Gärtner 2004
T. Gärtner, Die mittelalterliche Wüstung Edingerode. Archäologische Untersuchungen auf dem Expogelände in Hannover. Beiträge zur Archäologie in Niedersachsen 6. Rahden/Westf. 2004.

Gärtner im Druck
T. Gärtner, Pferdehaltung in ländlichen Siedlungen des Mittelalters im sozialhistorischen Kontext. Mitteilungen der Deutschen Gesellschaft für Archäologie des Mittelalters und der Neuzeit 25. Im Druck.

Gossler 2005
N. Goßler, Gedanken zur sozialen Schichtung im Dorf des Mittelalters aus archäologischer Sicht. In: C. Dobiat (Hrsg.), Reliquiae gentium. Festschrift für Horst Wolfgang Böhme. Internationale Archäologie, Studia honoraria 23. Rahden/Westf. 2005, 141–154.

Gossler 2009
N. Goßler, Materielle Kultur und soziale Differenz. Überlegungen zum archäologischen Fundstoff aus einigen mittelalterlichen Burgen des 14. Jahrhunderts östlich der Elbe. In: A. Klammt, S. Rossignol (Hrsg.), Mittelalterliche Eliten und Kulturtransfer östlich der Elbe. Göttingen 2009, 81–104.

Gossler 2011
N. Goßler, Reiter und Ritter. Formenkunde, Chronologie, Verwendung und gesellschaftliche Bedeutung des mittelalterlichen Reitzubehörs aus Deutschland. Beiträge zur Ur- und Frühgeschichte Mecklenburg-Vorpommerns 49. Schwerin 2011.

Grote 2003
K. Grote, Bernshausen. Archäologie und Geschichte eines mittelalterlichen Zentralortes am Seeburger See. Zeitschrift für Archäologie des Mittelalters, Beih. 16. Bonn 2003.

Grothe/Kobbe 2006
A. Grothe, A. Kobbe, Die Wüstung Alverstede – Verschwunden und wieder gefunden. In: H. Meller (Hrsg.), Archäologie auf der Überholspur. Ausgrabungen an der A38. Archäologie in Sachsen-Anhalt Sonderbd. 5. Halle/S. 2006, 210–254.

Grünewald 2011
Ch. Grünewald, Zwischen Holthof und Haus Ickern – mittelalterliche Siedlungsspuren. In: Emscherzeitläufe. 14.000 Jahre Mensch und Umwelt in Castrop-Rauxel. Darmstadt 2011, 114–116.

Gutekunst/Hald 2010
A. Gutekunst, J. Hald, Siedlungsspuren des frühen Mittelalters und der Urnenfelderkultur. Archäologische Ausgrabungen in Baden-Württemberg 2009, 2010, 209–212.

Hamerow 2002
H. Hamerow, Early medieval settlements. The Archaeology of rural communities in Northwest Europe 400–900. Oxford 2002.

Heine 2008
H.-W. Heine, Burgenbau der Salierzeit zwischen Ems und Elbe. Stand der Archäologie. Nachrichten aus Niedersachsens Urgeschichte 77, 2008, 147–169.

Hesse 2003
St. Hesse, Die mittelalterliche Siedlung Vriemeensen im Rahmen der südniedersächsischen Wüstungsforschung. Göttinger Schriften zur Vor- und Frühgeschichte 28. Neumünster 2008.

Honemann 2001
V. Honemann, Gesellschaftliche Mobilität in Dichtungen des deutschen Mittelalters. In: K. Andermann, P. Johanek (Hrsg.), Zwischen Nicht-Adel und Adel. Vorträge und Forschungen 53. Stuttgart 2001, 27–48.

Koch/Koch 1993
R. Koch, U. Koch, Funde aus der Wüstung Wülfingen am Kocher. Materialhefte zur Archäologie in Baden-Württemberg 21. Stuttgart 1993.

Krueger 2000
I. Krueger, Erstmals aus Wien: Fragmente mittelalterlicher Spiegelfassungen. Fundort Wien 3, 2000, 40–46.

Küntzel 2008
T. Künzel, Marsleben um 1200. Ein mittelalterliches Großdorf vor den Toren der Stadt Quedlinburg. In: U. Wendland (Hrsg.), Kunst, Kultur und Geschichte im Harz und Harzvorland um 1200. Halle/S. 2008, 109–143.

Lange 2009
G. Lange, Zeitkritik im Helmbrecht von Wernher dem Gärtner. Baltmannsweiler 2009.

Lehnart 1994
U. Lehnart, Die Schlacht von Worringen 1288. Kriegsführung im Mittelalter. Frankfurt/M. ²1994.

Menke 1993
P. Menke, Recht und Ordo-Gedanke im Helmbrecht. Germanistische Arbeiten zu Sprache und Kulturgeschichte 24. Frankfurt/M. 1993.

Mittelstrass 1996
T. Mittelstrass, Entstehung, Entwicklung und Ende eines Niederadelssitzes im Kraichgau (12.–18. Jahrhundert). Forschungen und Berichte zur Archäologie des Mittelalters in Baden-Württemberg 17. Stuttgart 1996.

Peine/Kneppe 2006
H.-W. Peine, C. Kneppe, Haus Horst im Emscherbruch, Stadt Gelsenkirchen. Frühe Burgen in Westfalen 21. Münster ²2006.

REICHMANN 2002

C. Reichmann, Ein großer Hof des 10. und 11. Jahrhunderts in Krefeld-Fischeln. Die Heimat. Krefelder Jahrbuch 73, 2002, 114–124.

RÖSENER 1984

W. Rösener, Bauer und Ritter im Hochmittelalter. Aspekte ihrer Lebensformen, Standesbildung und sozialen Differenzierung im 12. und 13. Jahrhundert. In: L. Fenske, W. Rösener, Th. Zotz (Hrsg.), Institutionen, Kultur und Gesellschaft im Mittelalter. Festschrift für Josef Fleckenstein zu seinem 65. Geburtstag. Sigmaringen 1984, 665–692.

RÖSENER 2006

W. Rösener, Vom Sklaven zum Bauern. Zur Stellung der Hörigen in der frühmittelalterlichen Grundherrschaft. In: B. Kasten (Hrsg.), Tätigkeitsfelder und Erfahrungshorizonte des ländlichen Menschen in der frühmittelalterlichen Grundherrschaft (bis ca. 1000). Festschrift für Dieter Hägermann zum 65. Geburtstag. Vierteljahresschrift für Sozial- und Wirtschaftsgeschichte Beiheft 184. München 2006, 71–89.

SCHMAEDECKE 1999

M. Schmaedecke, Archäologischer Befund und historische Realität. Bemerkungen zur Interpretation früh- und hochmittelalterlicher ländlicher Siedlungsbefunde. In: S. Brather, Ch. Bücker, M. Hoeper (Hrsg.), Archäologie als Sozialgeschichte. Festschrift für Heiko Steuer zum 60. Geburtstag – Internationale Archäologie, Studia Honoraria 9. Rahden/Westf. 1999, 67–76.

SCHMID 2009

C. Schmid, Leben auf der Burg, Leben im Dorf – (K)ein Vergleich? Beiträge zur Mittelalterarchäologie in Österreich 25, 2009, 215–230.

SCHOLKMANN 1977

B. Scholkmann, Archäologische Untersuchungen in der ehemaligen Stiftskirche St. Martin in Sindelfingen. Forschungen und Berichte der Archäologie des Mittelalters in Baden-Württemberg 4. Stuttgart 1977, 7–66.

SCHREG 2006

R. Schreg, Dorfgenese in Südwestdeutschland – Das Renninger Becken im Mittelalter. Materialhefte zur Archäologie in Baden-Württemberg 76. Stuttgart 2006.

SCHÜRGER/PAPE 2006

A. Schürger, J. Pape, Ein Kleinadelssitz in Marsleben – *ministerialis*, *villicus* oder *dapifer*. In: H. Meller (Hrsg.), Archäologie XXL. Archäologie an der B 6n im Landkreis Quedlinburg. Archäologie in Sachsen-Anhalt, Sonderbd. 4. Halle/S. 2006, 202–209.

SCHULER u. a. 2010

A. Schuler, D. Franzen, J. Franzen, Ausgrabungen am Neuwerker Hof in Otzenrath. Archäologie im Rheinland 2009, 2010, 150–153.

SCHULZE 1976/77

M. Schulze, Die Wüstung Wülfingen am Kocher. Jahrbuch des Römisch-Germanischen Zentralmuseums 23/24, 1976/77, 154–211.

SPIESS 1995

K.-H. Spiess, Bäuerliche Gesellschaft und Dorfentwicklung im Hochmittelalter. In: W. Rösener (Hrsg.), Grundherrschaft und bäuerliche Gesellschaft im Hochmittelalter. Veröffentlichungen des Max-Planck-Instituts für Geschichte 115. Göttingen 1995, 384–412.

SPIESS 2001

K.-H. Spiess, Aufstieg in den Adel und Kriterien der Adelszugehörigkeit im Spätmittelalter. In: K. Andermann, P. Johanek (Hrsg.), Zwischen Nicht-Adel und Adel. Vorträge und Forschungen 53. Stuttgart 2001, 1–26.

STIEWE 2002

H. Stiewe, „Fundamentaler" Wandel? Ländlicher Hausbau des 16. Jahrhunderts in Ostwestfalen und an der mittleren Weser. In: J. Klápště (Hrsg.), The rural house from the migration period to the Oodest still standing buildings. Ruralia 4. Památky archeologické, Supplementum 15. Prag 2002, 76–89.

SVENSSON 2008

E. Svennson, The medieval household. Daily life in castles and farmsteads. The Medieval Countryside 2. Turnhout 2008.

SZCZESIAK 2005

R. Szczesiak, Befestigte und unbefestigte niederadlige Herrensitze im Land Stargard vom 13. bis 16. Jh. – Darstellung an ausgewählten Beispielen. In: F. Biermann, G. Mangelsdorf (Hrsg.), Die bäuerliche Ostsiedlung des Mittelalters in Nordostdeutschland. Greifswalder Mitteilungen, Beiträge zur Ur- und Frühgeschichte und Mittelterarchäologie 7. Frankfurt/M. 2005, 365–390.

UNSELT 2010

M. Unselt, Die mittelalterliche Besiedlung im Umfeld der Niederungsburg „Haus Lützeler" im unteren Indetal. In: J. Kunow (Hrsg.), Braunkohlenarchäologie im Rheinland. Entwicklung von Kultur, Umwelt und Landschaft. Materialien zur Bodendenkmalpflege im Rheinland 21. Weilerswist 2010, 121–124.

WAND 2002

N. Wand, Holzheim bei Fritzlar. Archäologie eines mittelalterlichen Dorfes. Kasseler Beiträge zur Vor- und Frühgeschichte 6. Rahden/Westf. 2002.

WINDLER u. a. 2005

R. Windler, R. Marti, U. Niffeler, L. Steiner (Hrsg.), Die Schweiz vom Paläolithikum bis zum frühen Mittelalter 6. Frühmittelalter. Basel 2005.

ZADORA-RIO 1995

E. Zadora-Rio, Le village des historiens et le village des archéologues. In: E. Mornet (Hrsg.), Campagnes médiévales: L`homme et son espace. Histoire ancienne et médiévale 31. Paris 1995, 145–153.

„Totenfeuer" und andere Brandriten in spätslawischen Körpergräbern Nordostdeutschlands

von Felix Biermann und Bettina Jungklaus

Einleitung

Ab dem späten 10. Jahrhundert wurde das traditionelle Brandgrab im nördlichen westslawischen Raum nach und nach durch die Körperbestattung ersetzt, die seit dem 12. Jahrhundert dann insgesamt vorherrschte. Bei diesem Prozess spielten christliche Vorbilder und Einflüsse eine Rolle, die seit der fortgeschrittenen mittelslawischen Zeit auch auf die teilweise noch heidnischen slawischen Stämme im Gebiet zwischen Elbe und Oder einwirkten. Mit der Christianisierung wurde diese Bestattungsweise dann für das ganze weitere Mittelalter die bestimmende Regel.[1] In spätslawischen Körpergräbern werden bei Ausgrabungen jedoch immer wieder Hinweise auf Verbrennungen und Feuer festgestellt, an der Leiche, dem hölzernen Totenbehältnis oder in der Umgebung der Bestattung. Ihr Charakter und ihre Erklärung beschäftigen die Forschung seit langem: Handelt es sich um Relikte religiös motivierter Brandrituale, um von kultischen Vorstellungen gebotene „Totenfeuer", gar um das Weiterleben heidnischer Traditionen mit Wurzeln in der Brandbestattungssitte? Ist eher an Anti-Vampirismus- oder Schutzmaßnahmen für den Toten zu denken, wie sie in vielerlei Form von der Slawen- bis in die Neuzeit auftraten?[2] Oder gibt es profane Erklärungen für die entsprechenden Befunde, etwa Aufwühlungen von Brandresten aus älteren Siedlungs- oder Brandgrabbefunden, natürliche Zerfallsprozesse ursprünglich unverbrannter organischer Materialien oder zufällige Einstreuungen von Holzkohle? Die religiöse oder magische Deutung ist im frühgeschichtlichen Bestattungskontext grundsätzlich nicht auszuschließen, aber bieten die oft bescheidenen Befunde darauf mehr als vage Hinweise?

Die entsprechenden Grabfunde des späten 10. bis frühen 13. Jahrhunderts im nordostdeutschen Raum[3] werden hier auf Grundlage der Literatur zusammengestellt, nach Möglichkeit abgebildet und für ein exemplarisches Gräberfeld, den Friedhof von Wusterhausen an der Dosse, anthropologisch analysiert, um ein Urteil über ihre Aussagekraft zu ermöglichen. Die Betrachtung konzentriert sich dabei auf die für jene Zeit typischen spätslawischen Körperflachgräber. Die Befunde werden anschließend kritisch analysiert und hinsichtlich ihrer Interpretationsmöglichkeiten geprüft.

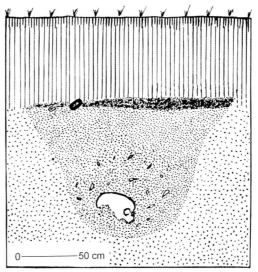
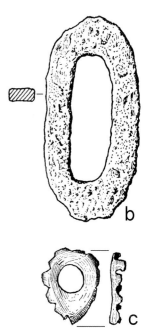

▲ Abb. 1: Gustow auf Rügen, Grab 2/1962 mit Leichenbrand und Schädel (a), Feuerstahl (b) und Messergriffplättchen (c). b und c M. 2:3 (nach Herfert/Leube 1967, 249 Abb. 167).

Brandrelikte in Körpergräbern
Brandspuren an Skeletten

Das äußere Erscheinungsbild von Knochen, die Feuer ausgesetzt waren, variiert stark, ist aber dennoch meist eindeutig auf diese Ursache zurückzuführen. Bei vollständiger Verbrennung, die einer Temperatur von 700 °C bis 900 °C bedarf, verdunstet das Wasser und die organischen Stoffe werden ausgeglüht. Die Oberfläche und Bruchkanten der Knochen zeigen dann eine graue bis blaugrau-schwärzliche Färbung. Die anorganischen Bestandteile verbrennen nicht, sondern wandeln sich chemisch um.[4] Der Grad der Verbrennung am Knochen ist von Höhe und Dauer der einwirkenden Temperatur abhängig. Bei Temperaturen bis 200 °C verändert sich der Knochen nicht; erste Farbveränderungen von Braun bis Schwarz lassen sich ab 300 °C bis um 400 °C beobachten.[5] Hierbei sind die umliegenden Weichgewebe bereits einer Verkohlung erlegen (Verbrennungsgrad 4).[6] Neben Farbveränderungen am Knochen sind auch

---

1 Vgl. zum Überblick: Warnke 1982, 198. Zoll-Adamikowa 1994. Biermann 2009, 105–114. Mit einem neuen, aber nicht gänzlich überzeugenden Modell: Pollex 2010.
2 Vgl. Biermann 2008, 43–49, mit Beispielen und Literatur.
3 Es werden Befunde aus Berlin, Brandenburg, Mecklenburg-Vorpommern, Ostholstein und aus dem Hannoverschen Wendland berücksichtigt.

4 Wahl 1982, 6ff.
5 B. Herrmann u. a. 1990.
6 Zetkin/Schaldach 1999, 2124.

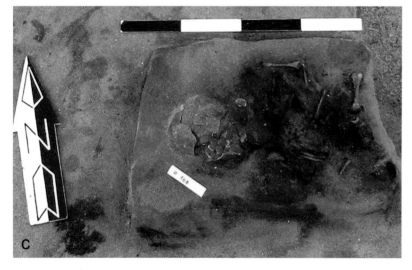

▲ Abb. 2: Wusterhausen/ Dosse. a) Gräber 210 (links) und 212/2006 (rechts), b) Grab 166/2006, c) Grab 152/2006. Fotos: U. Bauer (nach BAUER 2012, 52f. Abb. 42–44).

muschelartige Abplatzungen der Oberfläche ein Indiz auf Feuer- oder Gluteinwirkung.[7]

Verbrennungen an Skeletten in Körpergräbern oder teilweise verbrannte Leichen sind bislang eher selten auf spätslawischen Körpergräberfeldern nachgewiesen worden. In Gustow auf Rügen wurde ein kleinerer Friedhof des späten 11. bis 12. Jahrhunderts untersucht, in dessen Gräbern u. a. Schwertbeigaben dokumentiert wurden und zu dem auch eine knapp 0,9 m tiefe und 1,9 m breite Grube mit Leichenbrandpartikeln gehörte. An der Sohle lag ein zerfalle-

ner, aber unverbrannter menschlicher Schädel (Nr. 2/1962). Über der Grube befand sich eine starke Schicht Holzkohle (Abb. 1a). Ein bügelförmiger Feuerstahl (Abb. 1b) und ein bronzenes Messergriffplättchen (Abb. 1c) aus dem oberen Teil der Grabgrube belegen, dass es sich dabei um einen spätslawischen und nicht um einen der am Ort außerdem nachgewiesenen spätlatène- und frühkaiserzeitlichen Grabfunde oder um eine jüngere Schädelbestattung handelt.[8] Das Objekt wird als „Brandgrubengrab […] mit Teilverbrennung" bezeichnet.[9] D. Warnke verglich es mit dem bekannten Brandgrabtyp Alt Käbelich, besonders mit dem Grab 4 am namengebenden Fundplatz.[10]

Gänzlich andere Indizien für mögliche Verbrennungen der Leichen zeigen vier Körpergräber aus dem zwischen 1050 und 1200 zu datierenden Friedhof an der Stadtkirche von Wusterhausen an der Dosse. Die beiden Bestattungen 210 (adult, männlich) und 212/2006, die zu den seltenen Hockerbestattungen des Grabfeldes gehören, weisen jeweils deutliche schwarze Verfärbungen an den Skeletten und in ihrem Umkreis auf: Bei Grab 210 befinden sich diese im Gesichts- und unteren Kopfbereich, bei Nr. 212 großflächig in der allein erhaltenen Unterkörperzone (Abb. 2a). Insbesondere Grab 212 machte schon im archäologischen Befund den Eindruck einer teilweise vollzogenen Verbrennung des Skelettes, die möglicherweise auch für dessen nur partielle Überlieferung verantwortlich ist.[11] Die dritte Bestattung mit mutmaßlichen Brandspuren ist das Grab eines Neugeborenen in Rückenlage (Nr. 166), dessen Skelett mit schwarz-aschigem Material umgeben war. In der Grube lagen zusätzlich mehrere große Brocken Holzkohle sowie einige Steine (Abb. 2b). Ferner lässt Grab 152/2006 (infans I, männlich) eine ungewöhnliche, schwarze Färbung einiger Knochen erkennen (Abb. 2c). Der Ausgräber, O. Brauer, deutete die Befunde als intentionelle Verbrennungen: „Drei Individuen hat man teilverbrannt beerdigt".[12]

Diese Skelette wurden sorgfältig auf Verbrennungen untersucht. An den beiden kindlichen Individuen (Gräber 152 und 166/2006) konnten keine Hinweise auf thermisch induzierte Veränderungen festgestellt werden (Abb. 3a). Die dunkle Knochenfärbung bei dem älteren Kind aus Grab 152 ist wohl eher durch die Erdlagerung entstanden. An den Knochen des Säuglings (Grab 166) sind desgleichen keinerlei Auffälligkeiten erkennbar (Abb. 3b). Allerdings ist zu bedenken, dass die

---

7 WAHL 1999, 96. Ein beeindruckendes Beispiel für ein teilverbranntes Skelett ist ein Toter aus Blindow (Ldkr. Uckermark) aus der vorrömischen Eisenzeit. Der Mann geriet möglicherweise als Opfer eines Gewaltverbrechens in eine Grube und wies ausgedehnte Brandspuren am Skelett auf (STORCH 2010).

8 Zur Datierung äußerte sich P. Herfert zurückhaltend (HERFERT/ LEUBE 1967, 252f.), doch können die Beigaben als eindeutig spätslawisch gelten.

9 HERFERT/LEUBE 1967, 247–249 Abb. 167; 252f. [Zitat]. Vgl. ferner WARNKE 1979, 251; 1982, 194. BIERMANN 2009, 24.

10 WARNKE 1982, 195. Zu Alt Käbelich vgl. V. SCHMIDT 1996.

11 BAUER u. a. 2009, 331 Abb. 5. BAUER 2012.

12 BRAUER 2007, 65. Anthropologische Bestimmungen: B. Jungklaus.

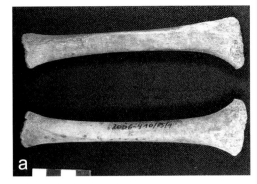

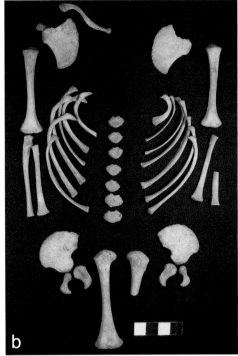
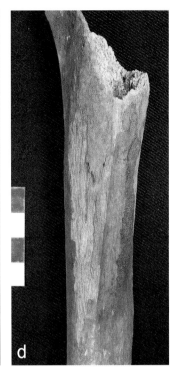

Entfachung eines Feuers im Grab nicht zur totalen Verbrennung des Leichnams geführt und die Knochen nicht unbedingt erreicht haben muss. Dagegen finden sich an den unteren Extremitäten von Individuum 212/2006 bräunliche Verfärbungen mit Bereichen abgeplatzter Oberflächen, die auf eine Hitzeeinwirkung von mindestens 300 °C hindeuten (Abb. 3c, 3d). Die erwachsene Person, deren Geschlecht und genaues Sterbealter nicht bestimmt werden konnten, lag auf der linken Seite mit stark angewinkelten Beinen im Grab, der Kopf wies dabei ehemals nach Osten. Das rechte Bein lag zuoberst und zeigt deutliche Verbrennungsspuren am Oberschenkelknochen an der vorderen Seite des unteren Schaftdrittels und an der lateralen Fläche des Schienbeins im oberen Schaftbereich. Am linken Oberschenkelknochen ist die mediale Seite des unteren Schaftdrittels von Brandspuren betroffen (Abb. 4). Der Kontakt des Leichnams mit einem Feuer, möglicherweise auch Glut oder Holzkohle, wird demnach im Bereich der Knie am stärksten gewesen sein. Der Schädel aus dem Grab 210 konnte nicht auf Verbrennungsspuren untersucht werden, da die Gesichtsknochen nicht erhalten waren.

Ein weiteres interessantes Beispiel liegt vom Friedhof der Burgstadt in Berlin-Spandau vor (Krowelstraße). Die Knochen des Grabes 40 – einer ansonsten unauffälligen Körperbestattung in gestreckter Rückenlage innerhalb eines Baumsarges – zeigten eine dunkle Farbe an der schichtweise abbröckelnden Oberfläche,[13] laut W. Wolska „eine schwarze Verfärbung und einen spezifischen Glanz wie nach einem Kontakt mit Feuer" besonders an der Unterseite der Langknochen. Die Autorin erwägt also Feuereinwirkung, allerdings nicht an Ort und Stelle, da der Leichnam in einem anscheinend unverbrannten Baumsarg niedergelegt worden war.[14]

Wohl nicht in diesen Kontext gehören „menschliche Skelettreste teilweise verbrannt oder unverbrannt in oder bei Brandbestattungen bzw. in Hügeln" von den „Schwarzen Bergen" bei Ralswiek auf Rügen, dem zum slawisch-skandinavischen Seehandelsplatz gehörenden mittel- und spätslawischen Hügelgräberfeld. J. Herrmann will diese Skelettreste eher auf die „Opferung menschlicher Körperteile" bzw. auf „Menschenopfer" beziehen, und tatsächlich scheinen sie nie eigene Bestattungen darzustellen.[15]

Leichenbrand in Körpergräbern

Auf dem Gräberfeld „Am Hain" in Usedom, das vom späten 10. bis in das 12. Jahrhundert belegt wurde, und auf dem neben Körper- auch

▲ Abb. 3: Wusterhausen/Dosse, a) Grab 152/2006. Die Schienbeine des 4-5 Jahre alten Knaben weisen partiell (fleckige) dunkle Verfärbungen auf, die jedoch nicht auf Verbrennungen zurückgehen.
b) Grab 166/2006. Die geborgenen Knochen des Säuglings zeigen keine Feuereinwirkung.
c) Grab 212/2006. Der rechte Oberschenkelknochen und das Schienbein des erwachsenen Individuums weisen vorn und seitlich braune Farbveränderungen auf, die auf eine massive Hitzeeinwirkung hinweisen.
d) Grab 212/2006. Detail des rechten Schienbeins mit Verfärbungen und Bereichen abgeplatzter Oberfläche, die eine Hitzeeinwirkung von mindestens 300 °C anzeigen. Fotos: B. Jungklaus.

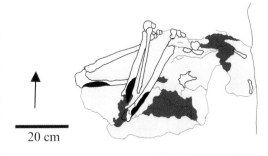

◄ Abb. 4: Wusterhausen/Dosse, Grab 212/2006. In situ-Lage der Knochen mit schwarzer Markierung der Bereiche der stärksten Hitzeeinwirkung (verändert nach BAUER 2012).

---

13 Die Knochen waren schlecht erhalten. „Auffällig an diesen war eine schwärzliche Auflagerung, die nach dem Abtrocknen der Knochen dazu neigte, schichtartig abzublättern" (GEHRKE 1989, 168 Taf. 55). Vgl. auch B. HERRMANN 1989, 180.

14 WOLSKA 1989, 202f.

15 J. HERRMANN/WARNKE 2008, 27.

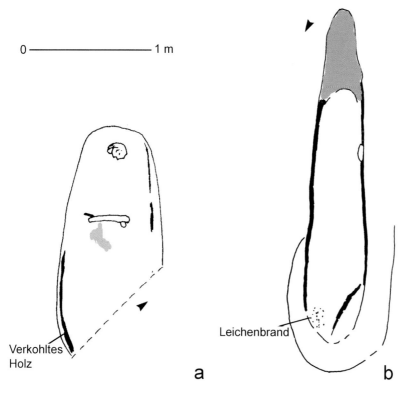

▲ Abb. 5: Usedom, Gräberfeld „am Hain". Gräber 175 mit verkohlten Holzresten (a) und 52 mit Leichenbrand (b). M. 1:30 (nach BIERMANN 2009, 250 Taf. 9 (b); 264 Taf. 23 (a)).

▶ Abb. 6: Fahrland, Grab 4. Verkohltes Brett am rechten Knie (nach GREBE/HOFFMANN 1964, 203 Taf. I,b).

Brandbestattungen auftraten, registrierten die Ausgräber am Fußende eines Körpergrabes eine größere Ballung von Leichenbrand, dessen biologischer Charakter allerdings nicht festgestellt wurde. Für eine Zugehörigkeit zum Grab spricht der Umstand, dass sich die verbrannten Knochensplitter innerhalb des bootsförmigen Totenbehältnisses befanden, wie es für das Usedomer Gräberfeld typisch ist (Abb. 5b).[16] Einen analogen Befund gibt es in Form einer kombinierten Körper- und Brandbestattung in Waren an der Müritz: Dort enthielt ein Körpergrab, das aufgrund eines Messerscheidenbeschlags als spätslawisch einzuordnen ist, eine Leichenbrandschüttung, die sich vom rechten Knie (dort mit Schwerpunkt) bis zum Fuß des Toten verteilte. Der Leichenbrand wurde durch Ch. Müller anthropologisch bestimmt und stammte demnach von zwei wohl adulten Individuen, von denen eines eher männlich, das andere eher weiblich war. In dieser Schüttung lag eine spätslawische Scherbe, welche die Datierung des Leichenbrands ins 11./12. Jahrhundert belegt. Der Ausgräber, U. Schoknecht erkennt darin „ein slawisches Grab […], in dem Skelettbestattung und Leichenbrandbestattung vermischt vorliegen".[17]

Verkohlte Holzeinbauten und Bretter

Viele spätslawische Gräber erhielten Holzeinbauten in der Form von rechteckigen Brettergevierten, die an den Ecken mit Staken fixiert sein konnten und sich in der Größe an den Toten anpassten. Seltener scheinen transportable Bahren bzw. „Totenbretter" und Särge zur Anwendung gekommen zu sein. An diesen Konstruktionen und an Brettern, die auf solche Holzelemente zurückgehen dürften, haben sich des Öfteren Brandspuren nachweisen lassen.

Mehrere derartige Befunde gibt es auf Gräberfeldern im Havelland, die aufgrund ihrer mittel- und spätslawischen Keramikbeigaben oft bereits dem 10. und frühen 11. Jahrhundert zuzuordnen sind. In Fahrland lagen in zwei Gräbern verkohlte Bretter im Beinbereich (Gräber 4, 55), die nach ihrer Position zu „Totenbrettern" oder Särgen gehört haben dürften (Abb. 6).[18] Vermutlich ebenfalls die Reste verbrannter Bretter sind eine „Brandstelle" 10 cm über der linken Hüfte im Grab 12 von Phöben[19] und eine über dem rechten Oberschenkel in Grab 2 in Marquardt dokumentierte Holzkohleballung.[20] Eindeutige und teils ausgedehnte Verbrennungen kamen an sechs Holzkonstruktionen (Abb. 7) in spätslawischen Gräbern von Plaue (Plauer Hof) bei Brandenburg ans Tageslicht.[21] Da die Verbrennung dort auch Bretter über den Toten betraf, scheint man hier Feuer auf den bereits geschlossenen Holzeinbauten entfacht zu haben.

In Vorpommern zeigte das Grab 175 auf dem bereits erwähnten Bestattungsplatz „am Hain" in Usedom eine verkohlte Holzspur neben den Beinen, die aufgrund der gebogenen Form zu einem Baumsarg gehört haben könnte (Abb. 5a).[22] Ein ähnlicher, leicht gebogener Holzkohlestreifen trat neben dem Skelett 27

---

16 BIERMANN 2009, 23 Taf. 9.
17 SCHOKNECHT 1963, 212f.
18 GREBE/HOFFMANN 1964, 110 Taf. Ib.
19 GREBE/HOFFMANN 1964, 110. Vgl. auch V. SCHMIDT 1992, 22.
20 GREBE 1962, 132 Abb. 2. GREBE/HOFFMANN 1964, 110. PLATE 1976, 232.
21 NIEMEYER 2003, 84. NIEMEYER/JUNGKLAUS 2003, 103. JUNGKLAUS 2007, 400 Abb. 3.
22 BIERMANN 2009, 28 Taf. 23.

in Penkun in der Uckermark in Erscheinung.²³ Mehrere der Körpergräber von Güstritz im Hannoverschen Wendland, die – wohl etwas zu früh – in das 9. bis 11. Jahrhundert gesetzt wurden, wiesen ebenfalls Särge mit Verkohlungsspuren auf.²⁴

Feuer- und Brandstellen in den Grabgruben

In einigen Fällen weisen die Befunde auf Feuerstellen in den Grabgruben hin oder wurden zumindest so gedeutet. Im Grab 21 des spätslawischen Gräberfeldes von Damm bei Rostock wurde am linken Unterschenkel sowie an der linken Schulter „ein Haufen Holzkohle" beobachtet, so dass der Ausgräber, W. Kasbohm, vermutet, „daß vor dem Zuschütten der Grube neben dem Toten Feuer (Opfer?) brannten".²⁵

Besonders wichtig sind Befunde, in denen die Feuerstellen über den Skeletten innerhalb der Grabgruben lagen, da sie das Entfachen eines Feuers während des Begräbniszeremoniells vermuten lassen. So fanden sich in Grab 17 von Penkun über der Bestattung Asche- und Holzkohlereste einer Feuerstelle.²⁶ In Wusterhausen an der Dosse wurde bei Ausgrabungen des Jahres 2011 eine ovale Feuerstelle, die Holzkohle, wenig Keramik und Knochen enthielt, unmittelbar auf der Verfüllung einer Kinderbestattung (Grab 33) beobachtet. Die Feuerstelle selbst wurde durch ein jüngeres Hockergrab überlagert, so dass die Zugehörigkeit zum Gräberfeld auch stratigraphisch belegt ist.²⁷

Feuer- und Brandstellen bei den Grabgruben

Mehrfach befanden sich Holzkohlekonzentrationen nicht direkt im Grab, sondern nahebei, so dass ein Bezug möglich, aber nicht sicher ist. Das war bei zwei Brandstellen im Umkreis der Gräber 10 und 19 in Gustävel bei Sternberg der Fall, die der Ausgräber A. Hollnagel als mutmaßlich ältere Siedlungsspuren interpretierte²⁸, ferner in Kuhs-Zehlendorf bei Güstrow.²⁹ Auch im havelländischen Uetz befanden sich zwischen den spätslawischen Gräbern Brandgruben, die nach der Beschreibung – 1–2 m breite flache Eintiefungen mit Steinen, Holzkohle und teilweise mit

◀ Abb. 7: Plaue, Grab 156. Detail des Grabes mit verkohlten Brettern über dem Toten. Foto: B. Jungklaus.

Tierknochen und Scherben – sicherlich ebenfalls ältere oder jüngere Siedlungsreste waren.³⁰ Auf dem bekannten Bestattungsplatz von Usadel bei Neubrandenburg gab es bei vier Gräbern (Nr. 30, 43, 45, 46) steingesetzte Feuerstellen mit Holzkohle von jeweils ca. 1 m Durchmesser, die laut V. Schmidt zu den Grabniederlegungen gehörten (Abb. 8).³¹ Auch im 2011 untersuchten Bereich des Wusterhausener Gräberfeldes traten etliche Feuerstellen zwischen den Körpergräbern auf, deren Bezug – zum Bestattungsplatz oder zu einer älteren und zeitgleichen, am Platze nachgewiesenen mittel- bis spätslawischen Siedlung – meist nicht näher bestimmt werden konnte.³²

Holzkohle in den Grabfüllungen

In vielen Gräbern des hier betrachteten Raums haben sich in den Verfüllungen Holzkohlebrocken in so großer Zahl gefunden, dass sie den jeweiligen Ausgräbern bemerkenswert erschienen. Das war in Damm der Fall³³, in Fahrland³⁴, Bredow³⁵ und Berlin-Spandau³⁶ im Havelland, ebenso in Prenzlau-Sabinenklosterziegelei³⁷ und Usedom

---

23 Pollex 2006, 219, 228 Abb. 19.
24 Jungklaus 2009a, 339. Die betreffenden Gräber dürften im Wesentlichen spätslawisch sein. Vgl. Möller 2012 und den Beitrag Möller in diesem Band.
25 Kasbohm 1954, 115. Vgl. auch Grebe/Hoffmann 1964, 110. V. Schmidt 1992, 22.
26 Pollex 2006, 188, 218 Abb. 17; 2010, 257.
27 Anders 2012.
28 Näher beschrieben wird der Befund bei Grab 19: „An der linken Seite des Skeletts eine große, 20 cm starke Brandstelle von unregelmäßiger Form" (Hollnagel 1962, 138f.). Für eine Verbindung von Grab und Holzkohle plädieren hingegen Grebe/Hoffmann (1964, 110) sowie V. Schmidt (1992, 22).
29 „Am Kopfende Ascheschicht", offenbar neben der Grabgrube. Pollex 2010, 257; 478.

30 Plate 1976, 234; 238.
31 V. Schmidt 1992, 22 Taf. 31; 34. Ferner Pollex 2010, 257.
32 Anders 2012.
33 „Holzkohlegrus" über zwei Bestattungen (Gräber 7 und 15). Kasbohm 1954, 114.
34 Pollex 2010, 257; 609.
35 Jungklaus/Uhl 2006, 92. Jungklaus/Kennecke 2011, 280.
36 Kindergrab 22 in größerer Grube, „das die Knochen umgebende Erdreich enthielt Holzkohleasche" (Gehrke 1989, 164 Taf. 50).
37 „Geringe Holzkohlespuren am Kopfende" von Grab 2 (Schubart 1958, 84f. Hollnagel 1962, 162).

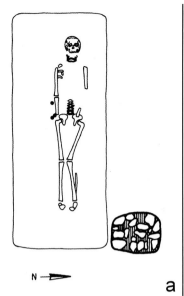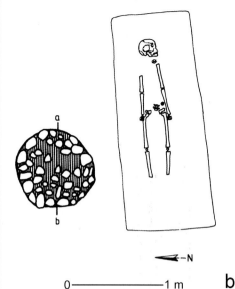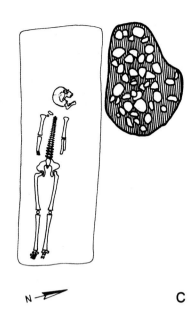

▲ Abb. 8: Usadel, Gräber 45 (a), 46 (b) und 30 (c) mit dabei gelegenen Brandgruben bzw. Feuerstellen. M. 1:40 (nach V. SCHMIDT 1992, Taf. 31,30 (c); Taf. 34,45 (a); Taf. 34,46 (b)).

„Am Hain"[38]. In Marquardt und Leest im Havelland sowie in Lubkow auf Rügen gab es mehrfach Beigefäße, die Holzkohlestücke enthielten, vermutlich als sekundäre Ablagerung.[39] Weitere Beispiele für Holzkohleschichten und -einstreuungen hat A. Pollex zusammengestellt.[40]

Analyse

Die hier zusammengestellten Befunde zu Feuereinwirkungen in spätslawischen Körpergräbern sind nicht isoliert, sondern finden diverse Analogien in anderen slawischen Regionen, so in Polen, Tschechien und bei den Ostslawen, sowie auch in germanischen Gräbern des Westens[41] und im skandinavischen Ostseeraum[42]. Besonders interessant ist das spätslawische Grab 172/173 von Zehden (Cedynia, Fpl. 2a) in der ehemaligen Neumark gleich jenseits der Oder, wo im unteren Teil einer Körperbestattung nachträglich eine umfängliche Grube eingegraben und dort unter Verwendung großer Balken ein Feuer entfacht worden war; das Skelett war infolgedessen von der Hüfte an abwärts zerstört und verbrannt.[43] Nach einer zufälligen Überschneidung sieht die Befundkonstellation nicht aus (Abb. 9). Wie in Nordostdeutschland, so handelt es sich auch in den Nachbargebieten stets um Ausnahmeerscheinungen auf den Bestattungsplätzen.

---

38 In mehreren Gräbern, in der Regel weit verstreut in den Grabgruben (BIERMANN 2009, 28).

39 Marquardt, Leest: PLATE 1976, 229; 232; 238. Ferner GREBE 1999, 466. Lubkow: GROSSNICK 2011, 47.

40 POLLEX 2010, 257.

41 Kurze Zusammenstellung entsprechender Befunde bei PREIDEL 1955, 53f.

42 Vgl. zum Überblick WOLSKA 1989, 203. POLLEX 2010, 257. Jeweils mit weiterer Literatur. Zum mährischen Gräberfeld Uherské Hradiště/Stare Město „na Valach" mit einer Anzahl entsprechender Gräber: HRUBÝ 1955, 99f.; 348. Zu dänischen Gräberfeldern: GRØN u. a. 1994, 153.

43 PORZEZIŃSKI 2006, 151f.; 352 Taf. XXV.

Freilich haben wir es mit sehr unterschiedlichen Beobachtungen zu tun, deren Quellenwert divergiert. Die Brandspuren an und bei den Skeletten lassen im Falle von Gustow auf eine Teilverbrennung der Leiche und anschließende Bestattung der Überreste in einer Grube schließen. Die Annahme eines Versehens ist nicht unbedingt wahrscheinlich angesichts des Umstands, dass ausgerechnet der Kopf nicht verbrannt wurde. So hätten wir hier tatsächlich eine Mischung aus Körper- und Brandbestattung vor uns. Der eindeutig festgestellte Verbrennungsbefund am Grab 212/2006 aus Wusterhausen macht den Eindruck, dass der bereits ins Grab gebettete Verstorbene an Ort und Stelle und während des Begräbnisses Feuereinwirkung ausgesetzt war, wobei man sich zusätzlichen Holzes bediente. Im Falle des Spandauer Grabes mit Brandspuren wäre ggf. auf eine teilweise Verbrennung an einem anderen Ort und anschließende Bestattung im Baumsarg zu folgern. Bei den meisten Beispielen ist der Befund einer Verbrennung jedoch nicht eindeutig. Es bleibt offen, ob die Toten gezielt verbrannt werden sollten, ob auf ihnen oder in den Gräbern Feuer angezündet wurden oder sie nur mit glühender Kohle bedeckt wurden. In Zehden öffnete man die Grabgrube offenbar nachträglich und verbrannte die Leiche zu großen Teilen.

Der Leichenbrand in den Körpergräbern von Usedom und Waren scheint tatsächlich in die Körpergräber eingefüllt worden zu sein, wobei als Unsicherheit in Usedom die fehlende anthropologische Bestimmung der verbrannten Knochen verbleibt. Möglicherweise handelte es sich auch um ein verbranntes Tier. In Waren hingegen wurden nach aller Wahrscheinlichkeit verbrannte Relikte zweier menschlicher Individuen mit in das Körpergrab gegeben, also eine Dreifachbestattung vorgenommen, die unterschiedlichen Riten folgte.

Ohne die Leiche direkt zu verbrennen, wurden Feuer offenkundig auch im offenen Grab entfacht. Das geschah erst nach der Niederlegung des Toten im hölzernen Grabeinbau, der dabei partiell Feuer fangen konnte und dann in verkohlter Form nachweisbar ist. Teilweise hat man solche Feuer anscheinend auch in Gräbern ohne Holzkonstruktionen angezündet, wovon Brandstellen bzw. deutliche Holzkohlekonzentrationen in den Gräbern zurückblieben. Die beiden Befundgattungen künden letztlich also von derselben Prozedur. Dabei war der Tote anscheinend manchmal bereits mit einer dünnen Schicht Erde bedeckt, woraus sich die Position der Brandreste über den Toten ergibt (etwa in Wusterhausen und Penkun). Für diese Praxis gibt es Befunde unterschiedlicher Güte, teilweise aber eindeutiger Aussage.

In der Befunderhebung und Deutung viel problematischer sind die Feuerstellen neben den Grabgruben, die zwar mit jenen zusammenhängen, aber auch auf ältere, gleichzeitige oder jüngere Siedlungstätigkeit zurückgehen können. Diese Befunde haben keine Beweiskraft für Brandriten an Gräbern. Das gilt erst recht für die Holzkohlestreuungen in den Gräbern, die sich ebenso gut als zufällige Verlagerungen aus Siedlungszusammenhängen erklären ließen. Obwohl also einige Unsicherheiten verbleiben, wird man nicht zweifeln, dass es Handlungen mit Feuer bei und in spätslawischen Körpergräbern gegeben hat.

Die Interpretation dieser Befunde dreht sich letztlich immer um kultisch-magische Vorstellungen. Oft denkt man an „Totenfeuer", die aus religiösen Gründen an der Grablege entfacht wurden.[44] Tatsächlich könnte ein Feuer als Teil der Begräbniszeremonie einen eindrucksvollen Übergangsritus und eine symbolhafte Abschiedshandlung vom verstorbenen Menschen bedeutet haben. Vielleicht sollte der Tote bzw. dessen Seele damit symbolisch gereinigt werden.[45] Auch eine Memorialfunktion, „das Totengedenken für ein bestimmtes Individuum"[46], wurde in Erwägung gezogen. Ein solches Totenfeuer bzw. überhaupt jedweder Brandritus am Körpergrab könnte dabei in Beziehung zur traditionellen Brandbestattung stehen und insofern eine pagane Tradition darstellen. So spricht K. Grebe vom „Totenfeuer" als einer „Weiterführung offensichtlich nichtchristlicher Sitten und Bräuche".[47] Laut Z. Váňa wurden an bestimmten Tagen des Jahres die Verstorbenen durch Feuer auf ihren Gräbern geehrt. Die Feuer sollen eine

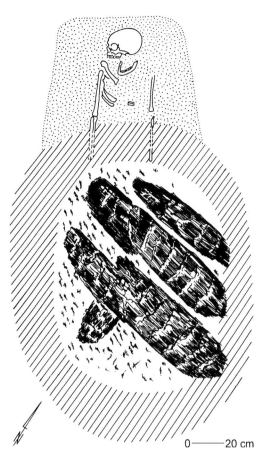

◄ *Abb. 9: Zehden (Cedynia), Grab 171/172 mit Körperbestattung und nachträglich eingebrachter Brandgrube (nach PORZEZIŃSKI 2006, 352 Taf. XXV).*

Reinigungsfunktion für die Seelen übernommen und zugleich ein Andenken an die ursprüngliche Verbrennung der Toten dargestellt haben.[48]

Da die Brandbestattung in fast allen nordwestslawischen Gebieten noch bis in das 12. Jahrhundert Anwendung fand, zum Schluss nur noch vereinzelt, an abgelegenen Orten – etwa alten Hünengräbern – und offenkundig als Ausdruck einer Opposition der Handelnden gegen das neue christliche Zeitalter,[49] kann man davon ausgehen, dass diese Tradition und ihre Bedeutung auch in der spätslawischen Epoche noch allgemein bekannt war. Mehr noch: Wer vor diesem Hintergrund an den Körpergräbern „zündelte", dürfte um die pagane Symbolik des Feuers im Grabzusammenhang gewusst und damit ein mehr oder weniger starkes, jedenfalls aber verständliches Zeichen für die eigene Glaubens- und Bestattungstradition gesetzt haben, das sich aber gerade noch mit der nun vorherrschenden Körpergrabsitte vereinbaren ließ. Tatsächlich fällt auch auf, dass die letzten slawenzeitlichen Gräberfelder, die bereits in das späte 12. und 13. Jahrhundert weisen, keine entsprechenden Indizien mehr liefern.[50] Insbesondere die

---

44 GREBE/HOFFMANN 1964, 110. JUNGKLAUS/UHL 2006, 92. JUNGKLAUS/KENNECKE 2011, 280. Laut V. SCHMIDT (1992, 22) sind die Feuerstellen von Usadel „sicherlich mit kultischen Belangen in Verbindung zu bringen".

45 VÁŇA 1992, 255.

46 POLLEX 2010, 257.

47 GREBE 1999, 463.

48 VÁŇA 1992, 255.

49 Vgl. BIERMANN 2003; 2009, 106f.

50 Ein gutes Beispiel dafür sind die beiden einander zeitlich folgenden Gräberfelder in Usedom, deren jüngeres – bereits ein Kirchfriedhof des 12./13. Jahrhunderts – keine einschlägigen Indizien mehr erbracht hat, wohl aber das ältere (vgl. BIERMANN 2009). Vgl. auch das Fehlen entsprechender Befunde auf dem Mittenwalder „Wendenfriedhof" (BIERMANN/JUNGKLAUS 2006) oder in Neubrandenburg (SCHMIDT 1998).

Teilverbrennungen und die gemeinsamen Anlagen von Körper- und Brandbestattungen passen in diesen Deutungszusammenhang, der die Brandaktivitäten als emblematische Handlungen einer dem Christentum noch teilweise skeptisch gegenüber stehenden oder sogar oppositionellen Bevölkerungsgruppe sieht.

In eine andere Richtung geht die Interpretation der Feuerentfachung als Abwehrzauber oder Anti-Vampirismusmaßnahme. So meint W. Kasbohm zu einem entsprechenden Befund aus Damm, dass „drei Sargnägel und das Totenfeuer bei einer Frau mit rachitischer Rückgratverkrümmung (G. 21) […] auf einen Abwehrkult schließen" lassen.[51] Die Teilverbrennung in Zehden sei laut A. Porzeziński vorgenommen worden, „um den Wiedergänger mit Hilfe der Reinigungskraft des Feuers zu vernichten".[52] M. Rejholcová zieht aus entsprechenden Befunden von Žakajovce in der Slowakei den Schluss „auf ein reinigendes Feuer, mit welchem der Grubenraum ausgeräuchert wurde", um „böse Geister" fernzuhalten.[53] Erst nach dem Übergang zur Bestattung des unverbrannten Körpers konnte die Vorstellung vom „lebendigen Leichnam" überhaupt entstehen, an den die Seele gefesselt blieb.[54] Die körperliche Besonderheit der Dammer Toten würde die Interpretation im Sinne eines Bannritus' unterstützen, wurden solche doch häufig bei auffälligen Personen angewandt.[55]

Man wird die Handlungen mit Feuer in spätslawischen Körpergräbern insofern nicht alle nach dem gleichen Deutungsmuster erfassen können; sie hatten verschiedenen Charakter und dienten daher auch unterschiedlichen Zwecken. Die Zusammenschau und nähere Untersuchung machen jedoch deutlich, dass es tatsächlich solche Riten gab und sie nicht nur die Fiktion einer romantisierenden Wissenschaft sind. Überdies wird erkennbar, dass die Feuerpraktiken teilweise auf die für das 10. bis 12. Jahrhundert prägende Atmosphäre von religiösem Umbruch, Glaubensstreit und Christianisierung zurückzuführen sein dürften und insofern von besonderem Interesse für die Aufhellung dieser Prozesse sind.[56]

Literatur

Anders 2012
J. Anders, Archäologische Untersuchungen des Jahres 2011 in der Sankt-Petri-Straße in Wusterhausen – Vorbericht. In: F. Biermann, F. Schopper (Hrsg.), Ein spätslawischer Friedhof mit Schwertgräbern von Wusterhausen an der Dosse. Arbeitsberichte zur Bodendenkmalpflege in Brandenburg 23. Wünsdorf 2012, 140–144.

Bauer 2012
U. Bauer, Das Gräberfeld: Überblick, Anlageform und Bestattungsweise. In: F. Biermann, F. Schopper (Hrsg.), Ein spätslawischer Friedhof mit Schwertgräbern von Wusterhausen an der Dosse. Arbeitsberichte zur Bodendenkmalpflege in Brandenburg 23. Wünsdorf 2012, 42–55.

Bauer u. a. 2009
U. Bauer, F. Biermann, O. Brauer, T. Kersting, H. Lettow, Slawische Gräber mit Schwertbeigabe von Wusterhausen an der Dosse. In: F. Biermann, T. Kersting, A. Klammt (Hrsg.), Siedlungsstrukturen und Burgen im westslawischen Raum. Beiträge der Sektion zur slawischen Frühgeschichte der 17. Jahrestagung des Mittel- und Ostdeutschen Verbandes für Altertumsforschung in Halle/S., 19.–21. März 2007. Beiträge zur Ur- und Frühgeschichte Mitteleuropas 52. Langenweißbach 2009, 327–337.

Biermann 2003
F. Biermann, „Sie sollten die christlichen Toten nicht unter den Heiden in Wäldern und auf Feldern bestatten..." – Die Entwicklung der Grabsitten vom 7./8. bis zum 12./13. Jahrhundert in Pommern. Baltische Studien NF 89, 2003, 7–24.

Biermann 2008
F. Biermann, Archäologische Zeugnisse magischer Vorstellungen im mittelalterlichen und frühneuzeitlichen Bestattungswesen Vorpommerns und benachbarter Gebiete. In: A. Majewska (Hrsg.), Czary i Czarownictwo na Pomorzu. Materiały z konferencji naukowej, która odbyła się w dniach 17–18 maja 2007 r. w Marianowie. Stargard 2008, 39–57.

Biermann 2009
F. Biermann, Bootsgrab – Brandgrab – Kammergrab. Die slawischen Gräberfelder von Usedom im Kontext der früh- und hochmittelalterlichen Bestattungssitten in Mecklenburg und Pommern. Archäologie und Geschichte im Ostseeraum 7. Rahden/Westf. 2009.

Biermann/Jungklaus 2006
F. Biermann, B. Jungklaus, Der „Wendenfriedhof" von Mittenwalde, Lkr. Dahme-Spreewald. Vorgeschichtliche und slawische Siedlungs- und Grabfunde sowie spätmittelalterliche Flurrelikte. Veröffentlichungen zur brandenburgischen Landesarchäologie 38, 2004 (2006), 83–154.

Brauer 2007
O. Brauer, Slawenfürst unter dem Bürgersteig. Prächtig ausgestattete Kammergräber in Wusterhausen, Lkr. Ostprignitz-Ruppin. Archäologie in Berlin und Brandenburg 2006, 2007, 64–66.

Gehrke 1989
W. Gehrke, Das slawische Gräberfeld am Spandauer Burgwall. In: A. von Müller, K. von Müller-Muči, Ausgrabungen, Funde und naturwissenschaftliche Untersuchungen auf dem Burgwall in Berlin-Spandau. Berliner Beiträge zur Vor- und Frühgeschichte, NF 6. Berlin 1989, 143–174.

Grebe 1962
K. Grebe, Slawische Bestattungen von Marquardt, Kr. Potsdam-Land. Ausgrabungen und Funde 7, 1962, 130–133.

Grebe 1999
K. Grebe, Der Übergang von der Brand- zur Körperbestattung im Hevellergebiet. In: E. Cziesla, T. Kersting,

---

51 Kasbohm 1954, 117.
52 Porzeziński 2006, 151; 2008, 15; 21 [Zitat].
53 15 Gräber erbrachten dort Hinweise auf „Räuchermaßnahmen". Rejholcová 1996, 355. Ähnlich auch Hrubý 1955, 99f.
54 Váňa 1992, 136.
55 Jungklaus 2009b, 206f.
56 Für Hinweise zum Text ist Dr. K. Frey (Prenzlau) und Prof. Dr. B. Biermann (Dülmen) zu danken.

S. Pratsch (Hrsg.), Den Bogen spannen ... [Festschrift B. Gramsch]. Beiträge zur Ur- und Frühgeschichte Mitteleuropas 20. Weißbach 1999, 461–470.

Grebe/Hoffmann 1964

K. Grebe, R. Hoffmann, Slawische Grabfunde von Fahrland, Ketzin und Phöben. Ein Beitrag zur Kenntnis der slawischen Bestattungssitten im Havelland. Veröffentlichungen des Museums für Ur- und Frühgeschichte Potsdam 3, 1964, 102–151.

Grossnick 2011

H. Großnick, Ein bronzezeitliches Hügelgrab mit slawischen Nachbestattungen von Lubkow, Lkr. Rügen. Archäologische Berichte aus Mecklenburg-Vorpommern 18, 2011, 39–61.

Grøn u. a. 1994

O. Grøn, A. Hedrager Krag, P. Bennike, Vikingtidsgravpladser på Langeland. Rudkøbing 1994.

Herfert/Leube 1967

P. Herfert, A. Leube. Der Bestattungsplatz von Gustow, Kreis Rügen. Bodendenkmalpflege in Mecklenburg-Vorpommern, Jahrbuch 1966, 1967, 221–256.

B. Herrmann 1989

B. Herrmann, Anthropologische Untersuchungen am Skeletmaterial der Burgwallbevölkerung. In: A. von Müller, K. von Müller-Muči, Ausgrabungen, Funde und naturwissenschaftliche Untersuchungen auf dem Burgwall in Berlin-Spandau. Berliner Beiträge zur Vor- und Frühgeschichte NF 6. Berlin 1989, 175–198.

B. Herrmann u. a. 1990

B. Herrmann, G. Gruppe, S. Hummel, H. Piepenbrink, H. Schutkowski, Prähistorische Anthropologie. Berlin 1990.

J. Herrmann/Warnke 2008

J. Herrmann, D. Warnke, Ralswiek auf Rügen. Die slawisch-wikingischen Siedlungen und deren Hinterland V – Das Hügelgräberfeld in den „Schwarzen Bergen" bei Ralswiek. Beiträge zur Ur- und Frühgeschichte Mecklenburg-Vorpommerns 46. Schwerin 2008.

Hollnagel 1962

A. Hollnagel, Das slawische Körpergräberfeld von Gustävel, Kreis Sternberg, mit einem Anhang über die slawischen Grabfunde in Mecklenburg. Bodendenkmalpflege in Mecklenburg-Vorpommern, Jahrbuch 1960, 1962, 127–168.

Hrubý 1955

V. Hrubý, Staré Město. Velkomoravske pohrebiště „na Valach". Monumenta Archaeologica 3. Praha 1955.

Jungklaus 2007

B. Jungklaus, Neue anthropologische Forschungen zu slawischen Gräberfeldern in Brandenburg. In: F. Biermann, T. Kersting (Hrsg.), Siedlung, Kommunikation und Wirtschaft im westslawischen Raum. Beiträge der Sektion zur slawischen Frühgeschichte des 5. Deutschen Archäologenkongresses in Frankfurt an der Oder, 4. bis 7. April 2005. Beiträge zur Ur- und Frühgeschichte Mitteleuropas 46. Langenweißbach 2007, 399–408.

Jungklaus 2009a

B. Jungklaus, Das slawische Gräberfeld von Güstritz im Hannoverschen Wendland – Ergebnisse der anthropologischen Untersuchung. In: F. Biermann, T. Kersting, A. Klammt (Hrsg.), Siedlungsstrukturen und Burgen im westslawischen Raum. Beiträge der Sektion zur slawischen Frühgeschichte der 17. Jahrestagung des Mittel- und Ostdeutschen Verbandes für Altertumsforschung in Halle an der Saale, 19.–21. März 2007. Beiträge zur Ur- und Frühgeschichte Mitteleuropas 52. Langenweißbach 2009, 339–348.

Jungklaus 2009b

B. Jungklaus, Sonderbestattungen vom 10.–15. Jahrhundert in Brandenburg aus anthropologischer Sicht. Ethnographisch-Archäologische Zeitschrift 50, 2009, 197–214.

Jungklaus/Kennecke 2011

B. Jungklaus, H. Kennecke, Die slawischen Körpergräber von Bredow und Hohennauen, Lkr. Havelland – archäologische und anthropologische Aspekte. In: F. Biermann, T. Kersting, A. Klammt (Hrsg.), Der Wandel um 1000. Beiträge der Sektion zur slawischen Frühgeschichte der 18. Jahrestagung des Mittel- und Ostdeutschen Verbandes für Altertumsforschung in Greifswald, 23.–27. März 2009. Beiträge zur Ur- und Frühgeschichte Mitteleuropas 60. Langenweißbach 2011, 269–294.

Jungklaus/Uhl 2006

B. Jungklaus, U. Uhl, Die Schläfer an der Brücke. Beigabenreiche slawische Bestattungen bei Bredow, Lkr. Havelland. Archäologie in Berlin und Brandenburg 2005, 2006, 92–94.

Kasbohm 1954

W. Kasbohm, Das slawische Gräberfeld von Damm, Kreis Rostock. Bodendenkmalpflege in Mecklenburg-Vorpommern, Jahrbuch 1953, 1954, 108–125.

Möller 2012

K. Möller, Das Gräberfeld von Güstritz, Landkreis Lüchow-Dannenberg – ein Arbeitsbericht. Hannoversches Wendland 16/17, 1998–2011 (2012), 239–246.

Niemeyer 2003

W. Niemeyer, Ein slawischer Friedhof in Plaue, Brandenburg an der Havel. 12. Jahresbericht des Historischen Vereins Brandenburg (Havel) e.V. Brandenburg an der Havel 2003, 80–91.

Niemeyer/Jungklaus 2003

W. Niemeyer, B. Jungklaus, Gräber zwischen Weg und Wasser. Das slawische Gräberfeld Plauerhof 23 bei Plaue, Brandenburg an der Havel. Archäologie in Berlin und Brandenburg 2002, 2003, 102–104.

Plate 1976

C. Plate, Slawische Gräberfelder im Potsdamer Havelland. Veröffentlichungen des Museums für Ur- und Frühgeschichte Potsdam 10, 1976, 221–240.

Pollex 2006

A. Pollex, Das spätslawische Gräberfeld von Penkun, Fundplatz 28, Lkr. Uecker-Randow. Bodendenkmalpflege in Mecklenburg-Vorpommern 53, Jahrbuch 2005, 2006, 183–239.

Pollex 2010

A. Pollex, Glaubensvorstellungen im Wandel. Eine archäologische Analyse der Körpergräber des 10. bis 13. Jahrhunderts im nordwestslawischen Raum. Berliner Archäologische Forschungen 6. Rahden/Westf. 2010.

Porzeziński 2006

A. Porzeziński, Wczesnośredniowieczne cmentarzysko szkieletowe na stanowisku 2A w Cedyni, województwo

Porzeziński 2008

A. Porzeziński, Wczesnośredniowieczne pochówki antywampiryczne na nekropolach w Cedyni (stan. 2 i 2a). In: A. Majewska (Hrsg.), Czary i Czarownictwo na Pomorzu. Materiały z konferencji naukowej, która odbyła się w dniach 17–18 maja 2007 r. w Marianowie. Stargard 2008, 11–28.

Preidel 1955

H. Preidel, Slawische Altertumskunde des östlichen Mitteleuropas im 9. und 10. Jahrhundert II. Gräfelfing bei München 1955.

Rejholcová 1996

M. Rejholcová, Entwicklung des Bestattungsritus im 9.–11. Jh. im Lichte des Gräberfeldes in Žakajovce. In: D. Bialeková, J. Zábojník (Hrsg.), Ethnische und kulturelle Verhältnisse an der mittleren Donau vom 6. bis zum 11. Jahrhundert. Bratislava 1996, 353–360.

B. Schmidt 1998

B. Schmidt, Mehr Schein als Sein? - Ein Vorbericht zum jungslawischen Gräberfeld in Neubrandenburg. Archäologische Berichte aus Mecklenburg-Vorpommern 5, 1998, 71–77.

V. Schmidt 1992

V. Schmidt, Lieps. Die slawischen Gräberfelder und Kultbauten am Südende des Tollensesees. Beiträge zur Ur- und Frühgeschichte Mecklenburg-Vorpommerns 26, Lübstorf 1992.

V. Schmidt 1996

V. Schmidt, Ein slawisches birituelles Gräberfeld von Alt Käbelich, Lkr. Mecklenburg-Strelitz. Bodendenkmalpflege in Mecklenburg-Vorpommern, Jahrbuch 43, 1995 (1996), 83–113.

Schoknecht 1963

U. Schoknecht, Neue slawische Gräber aus dem Bezirk Neubrandenburg. Ausgrabungen und Funde 8, 1963, 206–213.

Schubart 1958

H. Schubart, Ein münzdatiertes Körpergrab von Prenzlau. Ausgrabungen und Funde 3, 1958, 84–88.

Storch 2010

S. Storch, Eine Sonderbestattung aus der jüngeren vorrömischen Eisenzeit – Opfer eines Gewaltverbrechens? (Blindow, Lkr. Uckermark). Anthropologische Ergebnisse. In: H. Meller, K. W. Alt (Hrsg.), Anthropologie, Isotopie und DNA. Tagungen des Landesmuseums für Vorgeschichte Halle 3. Halle/S. 2010, 115–121.

Váňa 1992

Z. Váňa, Mythologie und Götterwelt der slawischen Völker. Die geistigen Impulse Ost-Europas. Stuttgart 1992.

Wahl 1982

J. Wahl, Leichenbranduntersuchungen. Ein Überblick über die Bearbeitungs- und Aussagemöglichkeiten von Brandgräbern. Prähistorische Zeitschrift 57, 1982, 2–125.

Wahl 1999

J. Wahl, Menschliche Skelettreste aus Erdwerken der Michelsberger Kultur. In: M. Kokabi, E. May (Hrsg.), Beiträge zur Archäozoologie und Prähistorischen Anthropologie II. Langenweißbach 1999, 179–185.

Warnke 1979

D. Warnke, Slawische Bestattungssitten auf der Insel Rügen. Zeitschrift für Archäologie 13, 1979, 251–263.

Warnke 1982

D. Warnke, Bestattungssitten der slawischen Bevölkerung im Norden der DDR. Zeitschrift für Archäologie 16, 1982, 193–202.

Wolska 1989

W. Wolska, Überlegungen zum Bestattungsritual im Gräberfeld von Spandau/Burgwall. In: A. von Müller, K. von Müller-Muči, Ausgrabungen, Funde und naturwissenschaftliche Untersuchungen auf dem Burgwall in Berlin-Spandau. Berliner Beiträge zur Vor- und Frühgeschichte NF 6. Berlin 1989, 199–230.

Zetkin/Schaldach 1999

M. Zetkin, H. Schaldach, Lexikon der Medizin. Wiesbaden 1999.

Zoll-Adamikowa 1994

H. Zoll-Adamikowa, Die Einführung der Körperbestattung bei den Slawen an der Ostsee. Archäologisches Korrespondenzblatt 24, 1994, 81–93.

‚Slawische' und ‚deutsche' Keramik im 12./13. Jahrhundert – Handwerk, Chronologie und Identität

von Sebastian Brather

Einleitung

Die Unterscheidung zwischen ‚slawischer' und ‚deutscher' Keramik scheint für das 12. und 13. Jahrhundert von besonderem Interesse zu sein. Die damals in Gang gekommene Ostsiedlung brachte Siedler – Bauern und Bürger – aus dem Westen nach Ostmitteleuropa. Wie verhielten sie sich zu den einheimischen slawischen Bewohnern? Auf diese und ähnliche Fragen fielen die Antworten lange Zeit einseitig aus. Das 19. und 20. Jahrhundert argumentierten oft allzu sehr durch die jeweilige nationale Brille. Doch inzwischen sind die traditionellen Blickwinkel in der Forschung weithin überwunden und haben neuen, auch vergleichenden Perspektiven Platz gemacht.[1]

Da Schriftquellen nur einen Teil des Geschehens aus bestimmten Blickwinkeln erhellen können, besitzen archäologische Funde und Befunde ihren eigenen Wert. Sie haben zunächst den Vorteil, ‚flächendeckend' vorhanden zu sein und alltägliche Lebensbedingungen zu reflektieren. Von der dominierenden Fundgattung Keramik wird daher erwartet, auch etwas zur Analyse des Verhältnisses der Einheimischen zu den Zugezogenen beitragen zu können. Sie ist überaus zahlreich vorhanden, gut erhalten und leicht einzuordnen. ‚Spätslawisch' und ‚frühdeutsch' sind der archäologischen Keramikterminologie zu vertrauten und seit langem nicht mehr reflektierten Begriffen geworden. Entscheidend für die Debatte dürften drei Aspekte sein: 1. die handwerkliche Produktion, 2. die Chronologie der Warenarten und 3. ihre mögliche Relevanz für das Selbstverständnis der Zeitgenossen.

Technologie, Warenarten, Verzierung

Seit dem mittleren 10. Jahrhundert wurde im nördlichen slawischen Ostmitteleuropa die sogenannte ‚Gurtfurchenware' produziert (Abb. 1).[2] Charakteristisch für sie sind ‚Gurtfurchen' – umlaufende Rillen, die nahezu den gesamten Gefäßkörper bedecken. Diese Keramik wird typologisch auch als ‚jung-' oder ‚spätslawisch' bezeichnet. Gegenüber der älteren, ‚mittelslawischen' ‚Kammstrichware', für die ebenfalls die hauptsächliche Verzierung namengebend ist, hatte ihr Aufkommen einen wesentlichen technologischen Fortschritt bedeutet. Die Gefäßrohlinge wurden nun komplett überdreht, wodurch gleichmäßige Form und dünnere Wandung erreicht werden konnten. Außerdem gelang ein härterer Brand, der die Töpfe insgesamt qualitätvoller machte. Offenkundig waren Technologie und äußere Form einschließlich der Verzierung nicht unabhängig voneinander, sondern aufeinander bezogen,[3] und sie dürften zugleich mit den politischen Entwicklungen des 10. Jahrhunderts – der Etablierung großräumiger Herrschaftsbereiche – zusammenhängen, die sich auf ausreichende wirtschaftliche Grundlagen stützten.

Über Produktionsstätten liegen bislang kaum archäologische Belege vor. Deshalb lässt sich annehmen, dass es auch für die – im Vergleich zur vorangegangenen Kammstrichware – fortgeschrittenere Gurtfurchenware keine aufwändigen Töpferöfen gab. Vermutlich erfolgte das Brennen der getrockneten Gefäßrohlinge weiterhin im Feld- oder Grubenbrand bei mitunter ungeregelter Brennatmosphäre, und in vielen Siedlungen wurden gurtfurchenverzierte Gefäße hergestellt. Interessante Hinweise liefern jedoch Bodenzeichen, die in meist geometrischer Form außen auf vielen, aber längst nicht allen Gefäßböden zu erkennen sind.[4] Sie entstehen, wenn der Gefäßrohling zum Abdrehen auf der Töpferscheibe auf eine Zwischenscheibe gesetzt wird. Diese Zwischenscheiben dienen dazu, den Rohling nach der Formung von der Töpferscheibe abnehmen und zum Trocknen wegstellen zu können.[5] Viele Bodenzeichen verweisen daher nicht direkt auf viele Töpferscheiben und damit Produzenten bzw. Werkstätten[6], sondern unmittelbar lediglich auf eine größere Zahl von Zwischenscheiben – d. h. möglicherweise bloß auf einen umfangreicheren Ausstoß eines Töpfers. Da die Bodenzeichen auf diese Weise in der Töpferwerkstatt entstehen und kaum anzunehmen ist, das für einzelne ‚Besteller' bestimmte Zwischenscheiben verwendet wurden, dürften sie Herstellermarken (‚Töpferzeichen') darstellen. Ihre Bedeutung wird im magischen Bereich zu suchen sein, wobei die Zeichen ebenso geometrisch (Kreuz, Rad, Radkreuz, Ring und deren Kombinationen) wie symbolisch (komplexe Muster) oder selten figürlich ausfallen konnten.

---

1   Piskorski 2002. Piskorski u. a. 2002.
2   Biermann 2002. – In Böhmen und Mähren findet sich Drehscheibenware schon deutlich früher, was hier aber nicht weiter von Belang ist. Vgl. Staňa 1994. Poláček 1995.
3   Vgl. allgemein Kempke 1984; 2002.
4   Grebe 1982.
5   Fiedler 1992, 122.
6   So jedoch Herrmann 1968, 102 Abb. 15.

▶ *Abb. 1: Warenarten im Vergleich: 1–6 graue Irdenware des späten Mittelalters mit Kugeltöpfen und Kannen; 7–12 Gurtfurchenware des hohen Mittelalters mit Töpfen und Deckelgefäß (zusammengestellt nach STOLL/TIMPEL 1972, Taf. Ma3,2–5; Taf. Ma4,1.2. GREBE/SCHOKNECHT 1972, Taf. Ma10,1–3.8–11; o. M.)*

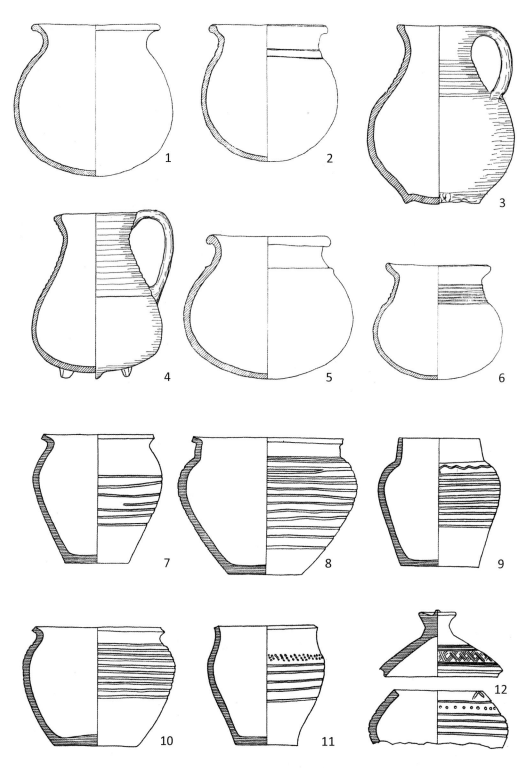

Das Formenspektrum der jungslawischen Keramik fällt recht einheitlich aus. Es überwiegen engmundige, hochschultrige Töpfe unterschiedlicher Größe: von kleinen Bechern bis zu großen Vorratsgefäßen. Letztere konnten bis zu mehreren Dutzend Litern Inhalt fassen, wofür sie dann mit aufgelegten plastischen Leisten stabilisiert worden waren; typologisch wird dies als ‚Weisdiner Typ' gefasst. Zu den häufigeren Formvarianten gehören weiterhin topfartige Gefäße mit einziehender Mündung, die einen passenden und häufig mit einem Passstrich versehenen Deckel besaßen (‚Bobziner Typ'), ähnliche Gefäße ohne zugehörigen Deckel und mit Kragenrand, wie sie der ‚Fresendorfer Typ' repräsentiert, offene schalenförmige Gefäße (‚Garzer Typ')[7] und gelegentlich und eher in Polen flaschenförmige Gefäße zur Aufbewahrung von Flüssigkeiten. Die sehr häufigen Töpfe lassen sich wegen ihrer erstaunlichen Gleichförmigkeit kaum genauer untergliedern; seit langem unterscheidet

---

[7] Diese Typengliederung geht zurück auf SCHULDT 1956; korrigiert 1964.

man lediglich zwischen Gefäßen mit einem abgesetzten Hals ('Teterower Typ') und Gefäßen ohne einen solchen ('Vipperower Typ'). Angesichts des begrenzten Formenspektrums muss davon ausgegangen werden, dass zahlreiche Behältnisse für unterschiedliche Zwecke nicht aus Keramik gefertigt wurden, sondern aus anderen Materialien bestanden.

Mit der seit dem späten 12. Jahrhundert auch in diesem Gebiet aufkommenden und aus dem Westen herzuleitenden, zunächst grauen und später roten Irdenware erweiterte sich das Formenspektrum wesentlich (Abb. 1–2).[8] Zwar blieben Töpfe weiterhin eine wichtige Gefäßgattung, doch wurden nun viele Formen für unterschiedliche Zwecke aus Keramik hergestellt: Kannen und Krüge für Flüssigkeiten, Feldflaschen und Grapen, Schüsseln und Bratpfannen für den Küchengebrauch, Trinkbecher für die Tafel, Aquamanile für die Handwaschung bei Tische, Vorratsbehälter und Ofenkacheln. Henkel, Schneppen und Mündungen in Drei- oder Vierpassform kamen auf. In rascher Folge traten weitere fertigungstechnische Neuerungen hinzu. So konnten irdene Gefäße innen verschiedenfarbig glasiert werden, um sie vollständig wasserundurchlässig zu machen.[9] Um 1300 wurde die Sinterung des Scherbens bei hohen Brenntemperaturen beherrschbar, so dass seitdem Gefäße aus wasserdichtem Steinzeug herzustellen waren, wozu man aber einen geeigneten Ton brauchte und deshalb an diese Rohstoffvorkommen gebunden war.

Der erneute technologische Sprung im 12./13. Jahrhundert, wie ihn die graue Irdenware darstellte, bedeutete aufwändigere Herstellungsverfahren. Die nun direkt auf der Töpferscheibe ‚hochgezogenen' Gefäße waren im Vergleich deutlich dünnwandiger als diejenigen der älteren Gurtfurchenware. Diesen gegenüber besaßen sie auch kaum Verzierungen, wenn man die Gurtfurchen dazurechnet und die breiten Rippen am Hals der grauen Irdenware nicht. Töpferöfen sind in größerer Zahl bekannt, die allein die nun deutlich höheren Brenntemperaturen erreichen konnten, und sie finden sich in Städten ebenso wie auf dem Land.[10] Man beherrschte die Steuerung der Brennatmosphäre, die reduzierend graue Gefäße und oxidierend braune Töpfe ergab. Außer den Öfen selbst sind neben Sumpfgruben zur Vorbereitung des Tons sowohl Fehlbrände als auch anderer Töpfereiabfall in größeren Mengen archäologisch dokumentiert. In Norddeutschland wurden im 12./13. Jahrhundert vor allem Töpfe mit gewölbtem Boden produziert – ‚Kugeltöpfe', die in der Glut einer steinernen Herdstelle einen sicheren Stand erreichten.[11] Der älteren Forschung galten sie als ‚frühdeutsch', womit durchaus eine ethnische Zuschreibung beabsichtigt war.[12] Allerdings hat sich diese Bezeichnung nicht allgemein durchgesetzt; sie konkurriert mit anderen wie ‚blaugraue Keramik', ‚Kugeltopfkeramik', ‚(deutsch-)

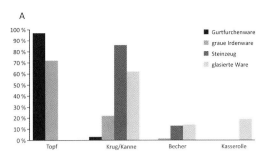

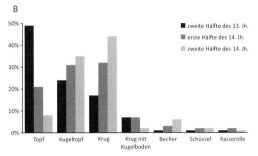

◂ Abb. 2: Kolberg (Kołobrzeg), Gefäßarten. A Anteile nach Warenarten; B Anteile zwischen 1250 und 1400 (verändert nach RĘBKOWSKI 1995, o. S. Abb. 17–22).

▾ Abb. 3: ‚Übergangsformen' zwischen Gurtfurchen- und Irdenware. 1 Rostock, hart gebranntes Gefäß slawischer Form; 2 Rostock, weich gebranntes Gefäß mit einer an Kugeltöpfe erinnernden Randform; 3–5 Böhmen, Keramik des 13. Jahrhunderts ‚älterer Tradition'. M. 1:4 (nach MULSOW 1998, 92 Abb. 4. KLÁPŠTĚ 1998, 141 Abb. 1).

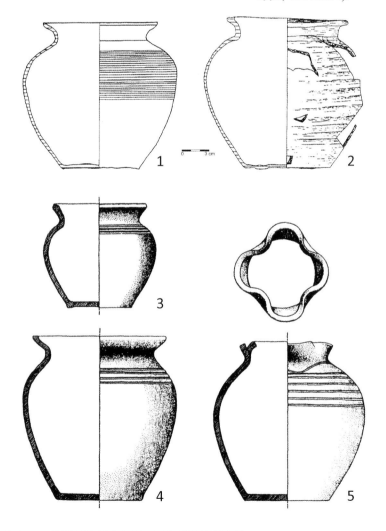

8 KLÁPŠTĚ 1998, 142.
9 Vgl. SCHÄFER 1997.
10 Für Mecklenburg vgl. die Kartierung in JÖNS u. a. 2005, 264 Abb. 3.
11 KIRSCH 1994, 33.
12 Vgl. BRATHER 2004.

▶ *Tab. 1: Idealtypische Gegenüberstellung von Gurtfurchenware, grauer Irdenware und Übergangskeramik zwischen diesen beiden Warenarten.*

	Gurtfurchenware	‚Übergangsware'	graue Irdenware
Herstellung	von Hand aufgebaut und abgedreht	von Hand aufgebaut und abgedreht oder gedreht	gedreht, Kugelboden handgeformt
Brandatmosphäre und Scherbenfarbe	wechselnd – überwiegend reduzierend, braun / grau	reduzierend, braun / grau	reduzierend, grau; später auch oxydierend, rot / helltonig
Brand	mittel	mittel bis hart	hart
Form	Töpfe, Schalen	Töpfe	Töpfe, Kannen, Grapen, Schüsseln, Becher usw.
Verzierung und Applikationen	Gurtfurchen, Wellenlinien, Kreisaugen	Gurtfurchen oder Rippen	Rippen, Henkel, Schneppe
Datierung	10.–13. Jahrhundert	12./13. Jahrhundert	12.–15. Jahrhundert

▶ *Tab. 2: Vermutete zeitliche Schwerpunkte verschiedener ‚Typen' der Gurtfurchenware während des hohen Mittelalters. Die Abweichungen zwischen Roslund und Schmid-Hecklau deuten darauf hin, dass es sich lediglich um chronologische Annäherungen handelt (Gegenüberstellung nach ROSLUND 2007, 220. SCHMID-HECKLAU 2002, 68–82).*

	Roslund 2007	Schmid-Hecklau 2002
ca. 1000–1050	Warder	Warder, Fresendorf, Bobzin, Weisdin
ca. 1050–1100	Vipperow	
ca. 1100–1150		Ringaugentöpfe, Garz, Teterow, Vipperow
ca. 1150–1200	Teterow	

mittelalterliche Ware' oder ‚graue Irdenware', die jeweils unterschiedliche Kennzeichen betonen.

Datierung: kultureller ‚Übergang'

Auch wenn die Gurtfurchenware von der grauen Irdenware abgelöst wurde, so existierten doch beide eine Zeitlang nebeneinander. Dieser Abschnitt lässt sich als ‚Übergang' bezeichnen. Kulturell kann man ihn an Übergangs- oder Mischformen beider Warenarten erkennen.[13] Dabei überlagern sich formale und technologische Merkmale, die jeweils der einen oder der anderen Warenart zuzurechnen sein können. So mögen Randprofilierung und Gefäßform noch Kennzeichen der Gurtfurchenware aufweisen, während Gefäßherstellung oder Brenntemperatur bereits höhere Anforderungen erfüllten. Umgekehrt liegen Gefäße vor, deren Machart noch der Gurtfurchenware verhaftet ist, deren Form aber bereits Einflüsse der grauen Irdenware erkennen lässt (vgl. Tab. 1; Abb. 3). Allerdings gibt es bislang erst archäologische Einzelbeobachtungen dazu; es fehlt noch immer eine systematische Untersuchung zur ‚Übergangskeramik' des späten 12. und des 13. Jahrhunderts. Sie müsste mineralogische Analysen einbeziehen, um diese Warenart formenkundlich und technologisch charakterisieren zu können.[14] Die Schwierigkeiten der Abgrenzung dürften nicht zufällig sein: gerade in Begegnungssituationen verschwimmen scharfe Unterschiede und weichen komplexen Überlagerungen.

Wie lang die Zeit war, in der beide (bzw. alle drei) Waren zugleich existierten, ist nicht leicht zu bestimmen. Zunächst zur Gurtfurchenware: sie war ab der Mitte des 10. Jahrhunderts aufgekommen und hatte die ältere Kammstrichware verdrängt. Dies geschah aber wohl nicht vollständig, denn mancherorts scheinen in Brandenburg kammstrichverzierte Gefäße noch im Hochmittelalter in Gebrauch gewesen zu sein.[15] Es ist allgemein mit regionalen Besonderheiten zu rechnen. Nachdem man lange angenommen hatte, gurtfurchenverzierte Töpfe kämen um 1200 sehr rasch außer Gebrauch, liegen nun zahlreiche Hinweise auf eine länger anhaltende Produktion und Distribution vor. Fundkombinationen mit Brakteaten deuten seit einiger Zeit auf eine Fortexistenz der Gurtfurchenware in Mecklenburg und Vorpommern bis in das späte 13. Jahrhundert.[16] Dendrochronologisch datierte Befunde aus mecklenburgischen und vorpommerschen Städten bestätigen inzwischen das Vorkommen „slawischer" Keramik bis mindestens in die 1280er Jahre.[17] In wieweit es sich um lokale oder um zu verallgemeinernde Befunde handelt, bleibt einstweilen offen, doch ist letzteres nicht unwahrscheinlich. Dessen ungeachtet bleiben Unterschiede etwa zwischen Stadt und Land zu beachten. Das Beispiel Kolberg (Kołobrzeg) zeigt, dass auch in Städten die Gurtfurchenware noch bis in das 14. Jahrhundert von einiger Bedeutung war.[18] In allen Gründungsstädten war allerdings die graue Irdenware von Beginn an vertreten, und zwar in solchen Mengen, dass sie überall lokal produziert worden sein muss. Nach der Mitte des 13. Jahrhunderts wurde sie zur dominierenden Warenart im pommerschen Fürstentum (Tab. 2).[19]

Auf typologischem Weg ließen sich bislang nur wenige Anhaltspunkte zu einer Binnenchronologie der Gurtfurchenware zusammentragen. Eher früh und damit dem 11. Jahrhundert zuzurechnen ist der ‚Typ Warder' mit Halszone, und mög-

---

13 MANGELSDORF 1994, 44 f. Vgl. MULSOW 1998, 92 Abb. 4. KLÁPŠTĚ 1998, 141 Abb. 1,A; 148f. Abb. 4.

14 An anderen slawischen Waren unternommene mineralogischen Analysen unterstützen die formenkundlichen Gliederungen. Vgl. KELM 2000. BRORSSON 2010.

15 KNORR 1937, 171. HERRMANN 1959. CZIESLA/GREBE 1994, 88.

16 SCHOKNECHT 1975; 1984.

17 SCHÄFER 1997, 310–320. Vgl. RUCHHÖFT 2003.

18 RĘBKOWSKI 1995, 21–26.

19 RĘBKOWSKI 2001, 172–176; 257.

licherweise gilt ähnliches für Gefäße der Typen Fresendorf, Bobzin und Weisdin. Eher spät sind wohl Gefäße mit Ringaugenverzierung, Zylinderhalsgefäße und der Typ Teterow anzusetzen, und damit gehören sie überwiegend dem 12. Jahrhundert an.[20] Insgesamt lassen sich mit diesen Angaben keine genauen Datierungen erreichen, sondern allenfalls Jahrhunderte unterscheiden. Erst zusätzliche Informationen – Münzdatierungen und Jahrringdatierung – können eine präzise Einordnung und damit kulturgeschichtliche Interpretation ermöglichen. Für die graue Irdenware gilt das Gleiche. Auch sie entzieht sich einer genaueren formenkundlichen Einordnung und kann nur über den archäologischen Befund präzise eingeordnet werden. Bislang ist die Anzahl dieser Befunde noch nicht sehr groß.

Das gemeinsame Vorkommen von Gurtfurchen- und grauer Irdenware stellt vor diesem Hintergrund einen wichtigen chronologischen Anhaltspunkt dar. Vorausgesetzt, es handelt sich bei dem Fundensemble nicht um sekundäre Vermischungen, lässt sich aus dieser Koexistenz archäologisch eine Datierung in die Jahrzehnte um und nach 1200 ableiten.[21] In Mecklenburg und in Vorpommern – westlich der Oder – verschwand die traditionelle Gurtfurchenware am Ende des 13. Jahrhunderts[22], während sie im östlich gelegenen Hinterpommern noch bis zum mittleren 14. Jahrhundert (so in Kolberg (Kołobrzeg); Abb. 4) oder noch länger (wie in Stettin) produziert und benutzt wurde.[23] Auf diese Weise ist jener hochinteressante Zeitraum charakterisiert, in dem es zu grundlegenden politischen, wirtschaftlichen, sozialen und kulturellen Wandlungen kam, für die sich die Bezeichnungen ‚Ostsiedlung' und ‚Landesausbau' durchgesetzt haben. Im Unterschied zu anderen Situationen kommt es hier nicht auf eine regionale Unterscheidung von Gruppen an, sondern auf eine zeitliche Fixierung kultureller Veränderungen.

Identitäten – Bevölkerungsanteile?

Welche weitergehenden Interpretationen können aus diesen Beobachtungen abgeleitet werden? Wie war das Zahlenverhältnis zwischen einheimischer slawischer Bevölkerung und zuziehenden Neusiedlern, und wie interagierten sie? Was bedeutete ihr jeweiliger Anteil für die weitere historische Entwicklung? Die ältere Forschung hat relativ direkt von der Keramik auf die sie benutzenden Bevölkerungen zurückgeschlossen. Beide

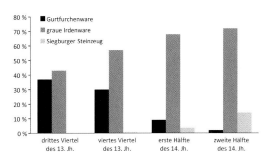

◀ Abb. 4: Kolberg (Kołobrzeg), Anteile von Gurtfurchenware und grauer Irdenware im Spätmittelalter. Veränderungen in allen Ausgrabungsflächen zwischen 1250 und 1400 (verändert nach RĘBKOWSKI 1995, o. S. Abb. 5–6).

Seiten – Slawen ebenso wie Deutsche – hätten, so die selbstverständliche Annahme, ihre kulturellen Traditionen zunächst beibehalten: letztlich bedeutet diese These, Gurtfurchenware mit slawischer und graue Irdenware mit deutscher Bevölkerung zu verbinden und zu erklären. So formuliert, erscheint das Vorhaben recht gewagt, doch blieb die Argumentation meist gewunden und aufwändiger.

Nur dann, wenn Keramik für die Identität der Beteiligten eine Bedeutung besaß, ließe sich in diese Richtung argumentieren. Vorweg gesagt: Hinweise dafür sind nicht leicht zu finden. A-priori-Annahmen scheiden aus, weil sie keine eigenen Argumente beibringen. Archäologisch lässt sich auch nicht mit Grabfunden wie für andere Perioden argumentieren; verantwortlich dafür sind die insgesamt recht bescheidenen Grabbeigaben, die im Hochmittelalter in Gräber bei den Slawen gelangten.[24] Und die Bestattungen des späten Mittelalters weisen ebenfalls kaum Gefäßbeigaben auf, so dass sich diesbezüglich weder ein kultureller Wandel noch eine besondere Beachtung von Keramik beobachten lässt. So bleiben allein Siedlungsfunde, um in der zentralen Frage weiterzukommen. Allerdings liegt darin auch ein methodisches Problem, denn Siedlungsabfall lässt sich einzelnen Gruppen nicht mehr zuordnen; er belegt gewissermaßen den ‚anonymen' Gebrauch der Keramik. Ob traditionelle Kammstrich- oder Gurtfurchenware in einem Dorf[25] oder einer Stadt[26] des späten Mittelalters mit einem slawischen Bevölkerungsanteil oder sogar einer älteren slawischen Besiedlung am Ort zu verbinden ist, ist archäologisch nicht zu unterscheiden, wenn man nicht einem Zirkelschluss unterliegen will.

Plausibel erscheinen zunächst wirtschaftliche Hintergründe. Keramik diente sowohl im Haushalt zum Gebrauch als auch als ‚Verpackung' für bestimmte Güter. Wenn daher, wie oben erwähnt, Töpfe der Gurtfurchenware in Städten wie Rostock oder Kolberg (Kołobrzeg) (Abb. 5) in Kontexten des 13. Jahrhunderts gefunden werden[27], dann belegt das ihren Gebrauch in dieser Zeit. Wie könnten sie auf Slawen als ihre Produzenten oder

---

20 Vgl. KEMPKE 1984; 2001. SCHMID-HECKLAU 2002, 68–82. ROSLUND 2007, 220. BRATHER 2005a.

21 Bei dem Ofenbefund von Daberkow, Ldkr. Vorpommern-Greifswald, ist leider nicht klar, ob die gefundenen Fragmente der Gurtfurchenware zeitgleich mit der Produktion der grauen Irdenware anzusetzen sind: WARNKE 1967.

22 SCHÄFER 1998, 157.

23 RĘBKOWSKI 2001, 172–176; 257.

24 Vgl. POLLEX 2010.

25 BRATHER 2005b. BIERMANN 2010.

26 BRATHER 2000.

27 SCHÄFER 1996, 31 Abb. 1. RĘBKOWSKI 1995, [o. S.] Abb. 5.

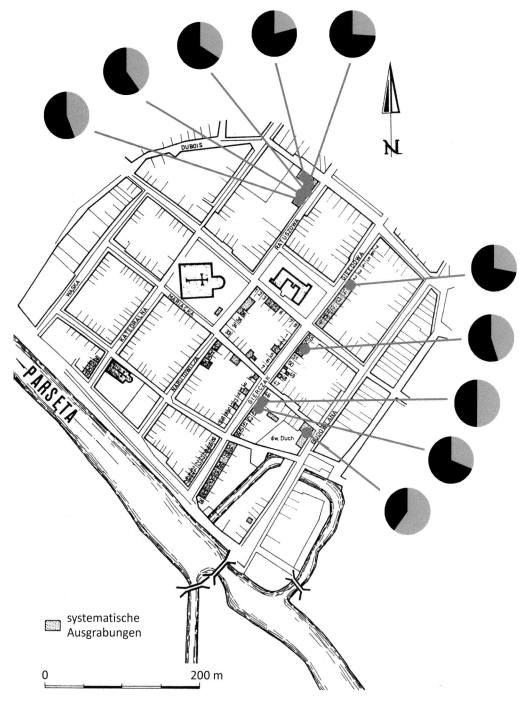

▶ Abb. 5: Kolberg (Kołobrzeg), Anteile von Gurtfurchenware (schwarz) und grauer Irdenware (grau) auf verschiedenen Parzellen in der zweiten Hälfte des 13. Jahrhunderts (verändert nach RĘBKOWSKI 1995, o. S. Abb. 2; 27).

Konsumenten zu beziehen sein? Möglicherweise wurden landwirtschaftliche Erzeugnisse auf dem Nahmarkt aus dem Umland bezogen, und diese packten ihre Waren in gurtfurchenverzierte Gefäße; solche Umlandbeziehungen könnten allerdings nur geringe Anteile ‚slawischer' Keramik erklären, denn die zahlreiche Stadtbevölkerung wäre mit einer dörflichen Keramikproduktion wohl kaum hinreichend zu versorgen. Damit wäre noch nichts darüber gesagt, ob Slawen oder Deutsche die Töpfe produziert hatten, wer von beiden sie als Verpackungen benutzte und ob es eine Rolle für die städtischen Konsumenten spielte. Vielleicht war einfach der Preis entscheidend, der die anspruchslos hergestellten Gurtfurchengefäße als billige Behälter für manche Zwecke ausreichend erscheinen ließ. Und noch pragmatischer: warum sollte man nicht bei der hergebrachten Ware bleiben, solange sie ihre Funktion erfüllte und sie zumindest dafür benutzen?[28]

Für Böhmen lässt sich erkennen, dass die Irdenware im Zug der Ostsiedlung des 13. Jahrhunderts aufkam, doch entstand „zwischen den Keramikkreisen und der ethnischen Landkarte keine direkte Bindung"[29]. Mit anderen Worten: der Anstoß zu den technologischen Veränderungen verdankte sich Zuwanderern, doch die anschließende Verbreitung folgte wirtschaftlichen Mustern. Dennoch ist auffällig, dass einerseits die

---

28 RĘBKOWSKI 2001, 202; 260.
29 KLÁPŠTĚ 1998, 152.

Keramikeinflüsse aus dem südlichen Deutschland kamen, die Stadtrechte andererseits sich aber am Magdeburger Vorbild orientierten. Die böhmische Töpferei blieb regional verschieden – und zugleich in europäische, ‚grenzüberschreitende' Bezüge eingebunden. So ist die Schlussfolgerung Klápštěs eindeutig: „In Anbetracht der Wirkung des Marktmechanismus kann die Erscheinung einer neuen Ware weder als sozialer noch als ethnischer Indikator bewertet werden."[30] Sie bedeutete vielmehr in kultureller Hinsicht eine ungeahnte Erweiterung des Formenspektrums, ein „völlig neues Model[l] der Nutzung der Gefäße […] und damit zusammenhängend eine neue Lebensweise" durch Zuwanderer, „die neue Bedürfnisse in diesem Bereich und neue Standards mitbrachten"[31]. Dass so weitgehende Veränderungen Zeit brauchten und nicht auf einen Schlag erfolgen konnten, ist leicht einzusehen; bereits darin mag ein wesentlicher Grund für die anhaltende Produktion und Nutzung der Gurtfurchenware gelegen haben.

Rechtlich gesehen wurde die große Mehrheit der einheimischen Bevölkerung im brandenburgischen Machtbereich nach recht kurzer Zeit nicht mehr als ‚Slawen' klassifiziert. Allein in einer minderen Rechtsstellung gab es weiterhin Slawen, und diese lebten oft in den sogenannten ‚Kietzen'. ‚Slawe' bedeutet in diesem Zusammenhang offensichtlich eine primär soziale Charakterisierung, die sich einer ethnischen Terminologie bedient. Kietze waren Dienstsiedlungen im Machtbereich der askanischen Markgrafen; umstritten war unter Historikern lange, ob diese Abhängigensiedlungen unter askanischer Herrschaft eingerichtet wurden oder ob sie ältere slawische Siedlungen umstrukturierten. Obgleich es an einer aktuellen Studie fehlt, waren bereits die mehr als 50 Jahre zurückliegenden Untersuchungen Bruno Krügers an brandenburgischen Kietzen eindeutig. Aus vier Fünfteln der untersuchten Kietze liegt allein graue Irdenware vor. Bei den übrigen 20 % wurde außerdem slawische Keramik dokumentiert, doch auch dort war stets graue Irdenware vertreten. Daraus ergibt sich mit hoher Wahrscheinlichkeit zweierlei: 1. war für die Kietzbevölkerungen, die noch bis in das späte Mittelalter Slawen genannt wurden, die Keramik offenbar kein wichtiger materieller Ausdruck ihrer Identität – sie benutzten keine Gurtfurchenware mehr wie noch ihre Vorfahren; 2. das seltene Vorkommen jungslawischer Keramik dürfte außerdem bedeuten, dass die Kietze nicht älter als die Ostsiedlung waren[32] – jedenfalls bestanden an den jeweiligen Plätzen keine älteren Siedlungen, die als unmittelbare Vorgänger in Betracht kä-

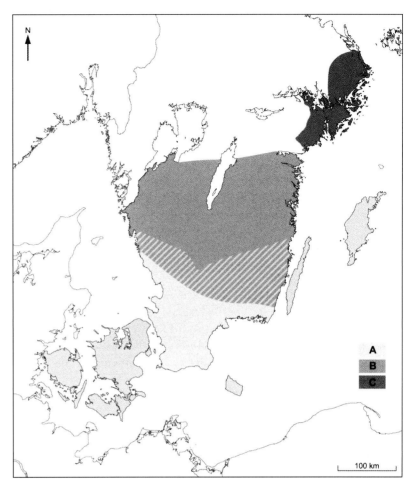

▲ Abb. 6: Vorkommen hochmittelalterlicher Ostseeware im südlichen Skandinavien. Im östlichen Dänemark, in Schonen, auf Öland und auf Gotland (A) setzte sich die Ostseeware in der ersten Hälfte des 11. Jahrhunderts vollständig durch. In den nördlich benachbarten Regionen Schwedens blieb die einheimische Ware nebenher in Gebrauch (B). Im Mälargebiet dominierte weiterhin die einheimische Keramik, und Ostseeware findet sich nur in den Zentren (C) (nach ROSLUND 2007, 492 Abb. 177).

men.[33] Gleiches gilt für die Wieken, die im südlichen Ostseegebiet ein gewisses Pendant zu den brandenburgischen Kietzen darstellten.[34] Rechtliche Sonderbedingungen spiegeln sich des Weiteren in mittelalterlichen Ortskennzeichnungen wie *villa slavicalis* oder Wendisch-.[35] Und schließlich war das *ius Theutonic[or]um* kein ‚deutsches' Recht, sondern das Recht der Ostsiedlung, das in den Herkunftsgebieten ohne Anwendung blieb.[36]

Ungeachtet kultureller und politischer Ausgleichsprozesse war diese Zeit keine friedliche. Verschiedene Texte berichten von Konflikten und deren gewaltsamer Austragung.[37] Doch offenbar spielten sie sich auf anderen Ebenen und Feldern ab, als dass sie anhand der Keramik nachzuvollziehen wären – die damit nur für bestimmte Interpretationen taugt. So konnte die Sprache wichtig werden, was etwa die Lausitz mit ihren bis in die Neuzeit und die Moderne fortlebenden sorbischen Sprachinseln zeigt. Das musste aber nicht schon im 13. Jahrhundert der Fall sein; in Böhmen kam es nicht vor dem „14. und 15. Jahrhundert […] zu den ersten sprachlichen

---

30 KLÁPŠTĚ 1998, 151.
31 RĘBKOWSKI 2001, 194; 258.
32 Darauf deuten ‚Dienstsiedlungen' im Machtbereich von Piasten, Přemysliden und Árpaden hin; vgl. LÜBKE 1991.
33 KRÜGER 1962. PISKORSKI 2008. – Vgl. als Regionalstudie VOLKMANN 2009.
34 WARNKE 1977 mit der unzutreffenden Verbindung von *wîk* und *vicus*.
35 FRITZE 1990. VOGEL 1960.
36 PISKORSKI 1991, 74f.
37 BIERMANN 2008.

Antagonismen und Reibereien innerhalb der Städte", als sich unterschiedliche Interessengruppen und Identitäten formierten.[38] Nicht allein die Keramik, sondern auch weitere Bereiche der Sachkultur scheinen kaum eine Bedeutung für Identitäten erlangt zu haben. So wurden die noch im Hochmittelalter verbreiteten Blockbauten im östlichen Mitteleuropa innerhalb eines Jahrhunderts durch Gebäudekonstruktionen in Pfosten- und moderner Ständerbauweise und schließlich in Mauerwerk ersetzt, die außerdem mehrere Räume unterschiedlicher Funktion bzw. Nutzung besaßen.[39]

Einen interessanten Vergleich zu Mitteleuropa bietet Südskandinavien im 10. bis 13. Jahrhundert. Dort setzte sich von Fünen im Westen bis Gotland im Osten die Gurtfurchenware durch und verdrängte die einheimische Keramik weitgehend. Im nördlich anschließenden Schweden war sie immer noch häufig, während sie um den Mälarsee nur in den Zentren aufkam und die ländlichen, agrarischen Gesellschaften nicht erreichte (Abb. 6).[40] Auch in diesem Fall debattiert man, in wieweit Slawen hinter den – regional verschiedenen – kulturellen Veränderungen stehen. Im Unterschied zum 12./13. Jahrhundert in Mitteleuropa dreht sich die Diskussion überwiegend darum, in welcher Zahl slawische Töpfer und deren Kenntnisse nach Norden gelangten, während eine zahlreiche slawische Bevölkerung von den meisten Wissenschaftlern nicht erwartet wird und auch nicht zu erwarten ist. Deshalb hat sich als Fachbegriff ‚Ostseeware' für die in slawischer ‚Tradition' stehende Gurtfurchenkeramik in Südskandinavien und im Baltikum durchgesetzt. Weshalb erlangte sie regional so große Verbreitung und Beliebtheit? Für die Identität der Dänen scheint die Ostseeware keine Bedeutung besessen zu haben, sonst hätte sie sich nicht so rasch durchgesetzt; für das Baltikum kann man gleiches vermuten. Entscheidend war – auch in diesem Fall, wie ich meine – die technologische Überlegenheit der neuen Keramik. In Südskandinavien war es im späten 10. Jahrhundert die einfache handgemachte und weitgehend unverzierte Keramik, die der deutlich besser und ansehnlicher produzierten jungslawischen Keramik hoffnungslos unterlegen war. Deshalb – und weil auch diese einheimische Ware keine identitätstiftenden Eigenschaften besaß, was bei dieser groben Keramik auch nicht weiter verwundert – konnten die lokalen Gesellschaften sie ohne weiteres übernehmen und zu ihrer eigenen machen.

Fazit und Ausblick

Dass die Gurtfurchenware im 13. Jahrhundert von der grauen Irdenware zunehmend verdrängt wurde, hatte primär technologische, wirtschaftliche und kulturelle Gründe. Die ‚traditionelle' Keramik, wie die Gurtfurchenware in der ostmitteleuropäischen Mittelalterarchäologie oft genannt wird, konnte angesichts zur Verfügung stehender Alternativen nicht mehr bestehen. Die graue Irdenware und weitere, aus dem Westen als Vorbild eingeführte und diesem folgend rasch lokal produzierte Warenarten boten ein weites Formenspektrum und damit breite, spezifische Nutzbarkeit sowie eine deutlich bessere Qualität. Spätmittelalterlicher Lebensstil drückte sich darin aus, und doch wurde auch jetzt nicht alles an Gefäßformen in Keramik hergestellt: aus Irdenware liegen fast keine flachen Gefäße vor, von denen man hätte essen können (statt dessen gedrechselte Holz- und geböttcherte Daubenschalen)[41], und Trinkgefäße wurden im 14. Jahrhundert bald in anderen Materialien wie Glas oder Steinzeug gefertigt.[42]

Schaut man genauer hin, dann standen sich keineswegs zwei großräumig verbreitete, homogene Warenarten gegenüber. Sowohl die Gurtfurchenware als auch die Irdenwaren setzten sich aus einer größeren Zahl regionalen Varianten und lokaler Besonderheiten zusammen, die sich außerdem verschieden entwickelten. Ihre wesentlichen Merkmale waren zeitspezifisch, woraus sich die Ablösung der einen durch die andere Warenart erklärt. Im Bewusstsein der Zeitgenossen spielten ‚Slawen' und ‚Deutsche' nicht die Rolle, die ihnen die moderne Forschung zubilligte; beides waren abstrakte Oberbegriffe, die man in der sozialen Praxis kaum nutzte. Böhmen, Polen und Elbslawen verstand im 12. und 13. Jahrhundert niemand mehr pauschal als ‚Slawen', sondern man differenzierte nach den politischen Gegebenheiten. Ähnlich verhielt es sich mit den westlichen Zuwanderern, die landschaftlich recht verschiedener Herkunft und Zusammensetzung waren und beispielsweise auch Flamen umfassten. Regionale Identitäten wurden durch Herrschaftsverhältnisse und Kommunikationsbeziehungen geformt. ‚Spätslawisch' und ‚frühdeutsch' können daher allenfalls archäologische *Termini technici* darstellen, die die Untersuchung manches Mal auf die falsche Fährte geführt haben, denn die analytische, großräumige Perspektive entspricht keineswegs dem Horizont der Zeitgenossen.

Die deutlichen Unterschiede in Technologie und Form zwischen Gurtfurchen- und Irdenware gelten dann, wenn beide für sich und in ihren zunächst einander ausschließenden Verbreitungsgebieten betrachtet werden. In den Begegnungssituationen des 13. Jahrhunderts kam es über längere Zeit zu einem parallelen Gebrauch, der zu komplexen wechselseitigen Beeinflussungen

---

38 Graus 1980, 87.
39 Rębkowski 2001, 121–157; 255–256. Vgl. Piekalski 2004.
40 Roslund 2007.

---

41 Müller 1996.
42 Klápště 1998, 142–144.

führte. Die anfangs so klaren Unterschiede verschwammen dabei zusehends und regional unterschiedlich, und das dürfte einen wesentlichen Grund für die Schwierigkeiten darstellen, ‚Übergangsformen' archäologisch überzeugend zu identifizieren. Es wird kaum möglich sein, Töpfer, Händler und Nutzer mit bestimmten Warenarten zu verbinden. Statt sich auf die Erfassung scheinbar prinzipieller Unterschiede zu kaprizieren, muss die Forschung sich den kulturellen Verflechtungen (‚Hybridisierungen'), technologischen Verbesserungen und wirtschaftlichen Zusammenhängen widmen. Die komplexe Situation des 13. Jahrhunderts ist das eigentlich Interessante und methodisch Herausfordernde – und sie ist zunächst kleinräumig und regional zu analysieren. Allein mit einem kontextuellen Ansatz besteht die Möglichkeit, archäologisch den Identitäten der Beteiligten näherzukommen.

Literatur

BIERMANN 2002
F. Biermann, Über das erste Auftreten der spätslawischen Keramik in Ostdeutschland und Polen. Ethnographisch-Archäologische Zeitschrift 43, 2002, 61–92.

BIERMANN 2008
F. Biermann, Konfrontation zwischen Einheimischen und Zuwanderer bei der deutschen Ostsiedlung des Mittelalters. In: O. Auge, F. Biermann, M. Müller, D. Schultze (Hrsg.), Bereit zum Konflikt. Strategien und Medien der Konflikterzeugung und Konfliktbewältigung im europäischen Mittelalter. Mittelalter-Forschungen 20, 2008, 131–172.

BIERMANN 2010
F. Biermann, Archäologische Studien zum Dorf der Ostsiedlungszeit: die Wüstungen Miltendorf und Damsdorf in Brandenburg und das ländliche Siedlungswesen des 12. bis 15. Jahrhunderts in Ostmitteleuropa. Forschungen zur Archäologie im Land Brandenburg 12. Wünsdorf 2010.

BRATHER 2000
S. Brather, „Gründungsstädte" oder Ausbau slawischer Siedlungen? Die Aussagekraft der hochmittelalterlichen Bodenfunde zum Verhältnis von Slawen und Deutschen. In: K. Wachowski, J. Piekalski (Hrsg.), Średniowieczny Śląsk i Czechy. Centrum średniowiecznego miasta. Wrocław a Europa środkowa. Wratislavia Antiqua 2. Wrocław 2000, 113–126.

BRATHER 2004
S. Brather, „Frühdeutsch". Ein Begriff der Archäologie des Mittelalters? In: H. Beck, D. Geuenich, H. Steuer, D. Hakelberg (Hrsg.), Zur Geschichte der Gleichung „germanisch – deutsch". Sprache und Namen, Geschichte und Institutionen. Reallexikon der Germanischen Altertumskunde, Ergänzungsbd. 34. Berlin, New York 2004, 285–307.

BRATHER 2005a
S. Brather, s. v. Slawische Keramik § 1. Elbslawen. In: Reallexikon der Germanischen Altertumskunde 29. Berlin, New York 2005, 79–87.

BRATHER 2005b
S. Brather, Hochmittelalterliche Siedlungsentwicklung und ethnische Identitäten. Slawen und Deutsche östlich der Elbe in archäologischer und siedlungsgeographischer Perspektive. In: F. Biermann, G. Mangelsdorf (Hrsg.), Die bäuerliche Ostsiedlung des Mittelalters in Nordostdeutschland. Greifswalder Mitteilungen 7. Frankfurt/M. u. a. 2005, 29–38.

BRORSSON 2010
T. Brorsson, The pottery from the Early Medieval trading site and cemetery at Groß Strömkendorf, Lkr. Nordwestmecklenburg. Forschungen zu Groß Strömkendorf 3. Frühmittelalterliche Archäologie zwischen Ostsee und Mittelmeer 1. Wiesbaden 2010.

CZIESLA/GREBE 1994
E. Cziesla, K. Grebe, Archäologische Untersuchungen in Treuenbrietzen, Kr. Jüterbog. Ausgrabungen und Funde 39, 1994, 79–92.

FIEDLER 1992
U. Fiedler, Studien zu Gräberfeldern des 6. bis 9. Jahrhunderts an der unteren Donau. Universitätsforschungen zur prähistorischen Archäologie 11. Bonn 1992.

FRITZE 1990
W. H. Fritze, Villae slavicae in der Mark Brandenburg. Zur Bedeutung eines urkundlichen Terminus des hohen Mittelalters im Bereich der Germania Slavica. In: E. Henning, W. Neugebauer (Hrsg.), Dona Brandenburgica [Festschrift Werner Vogel]. Jahrbuch für brandenburgische Landesgeschichte 41, 1990, 11–68.

GRAUS 1980
F. Graus, Die Nationenbildung der Westslawen im Mittelalter. Nationes 3. Sigmaringen 1980.

GREBE 1982
K. Grebe, Zur Problematik der Deutung spätslawischer Bodenzeichen. In: J. Herrmann, I. Sellnow (Hrsg.), Produktivkräfte und Gesellschaftsformationen in vorkapitalistischer Zeit. Berlin 1982, 591–605.

GREBE/SCHOKNECHT 1972
K. Grebe, U. Schoknecht, Mittelalter 600–1200 u. Z. Slawen im Norden der DDR. Typentafeln zur Ur- und Frühgeschichte. Weimar 1972.

HERRMANN 1959
J. Herrmann, Der slawische und frühdeutsche Burgwall bei Mörz, Kr. Belzig, und seine Probleme. Ausgrabungen und Funde 4, 1959, 286–293.

HERRMANN 1968
J. Herrmann, Siedlung, Wirtschaft und gesellschaftliche Verhältnisse der slawischen Stämme zwischen Oder/Neiße und Elbe. Studien auf der Grundlage archäologischen Materials. Schriften der Sektion für Vor- und Frühgeschichte 23. Berlin 1968.

JÖNS u. a. 2005
H. Jöns, F. Lüth, H. Schäfer (Hrsg.), Archäologie unter dem Straßenpflaster. 15 Jahre Stadtkernarchäologie in Mecklenburg-Vorpommern. Beiträge zur Ur- und Frühgeschichte Mecklenburg-Vorpommerns 39. Schwerin 2005.

KELM 2000
R. Kelm, Mölleholmen. Eine slawische Inselsiedlung des 11. Jahrhunderts in Schonen, Südschweden. Report series 74. Lund 2000.

KEMPKE 1984
T. Kempke, Starigard/Oldenburg. Hauptburg der Slawen

in Wagrien II. Die Keramik des 8.–12. Jahrhunderts. Offa-Bücher 53. Neumünster 1984.

Kempke 2001

T. Kempke, Slawische Keramik. In: H. Lüdtke, K. Schietzel (Hrsg.), Handbuch zur mittelalterlichen Keramik in Nordeuropa 1. Schriften des Archäologischen Landesmuseums 6:1. Neumünster 2001, 209–256.

Kirsch 1994

E. Kirsche, Die Keramik vom 13. bis zum Anfang des 16. Jahrhunderts in Berlin/Brandenburg. Aus der Sammlung des Märkischen Museums. Berlin 1994.

Klápště 1998

J. Klápště, Die Anfänge der jüngeren mittelalterlichen Keramik in Böhmen als kulturhistorisches Problem. Archeologické rozhledy 50, 1998, 138–158.

Knorr 1937

H. A. Knorr, Die slawische Keramik zwischen Elbe und Oder. Einteilung und Zeitansetzung auf Grund der Münzgefäße. Mit einem kurzen Abriß der frühmittelalterlichen Keramik. Mannus-Bücherei 58. Leipzig 1937.

Krüger 1962

B. Krüger, Die Kietzsiedlungen im nördlichen Mitteleuropa. Beiträge der Archäologie zu ihrer Altersbestimmung und Wesensdeutung. Schriften der Sektion für Vor- und Frühgeschichte 11. Berlin 1962.

Lübke 1991

C. Lübke, Arbeit und Wirtschaft im östlichen Mitteleuropa. Die Spezialisierung menschlicher Tätigkeit im Spiegel der hochmittelalterlichen Toponymie in den Herrschaftsgebieten von Piasten, Přemysliden und Árpaden. Glossar zur frühmittelalterlichen Geschichte des östlichen Europas, Beiheft 7. Stuttgart 1991.

Mangelsdorf 1994

G. Mangelsdorf, Untersuchungen zur Formenkunde spätmittelalterlicher Keramik im westlichen Brandenburg. Europäische Hochschulschriften 38/50. Frankfurt/M. u. a. 1994.

Müller 1996

U. Müller, Holzfunde aus Freiburg, Augustinereremitenkloster und Konstanz. Herstellung und Funktion einer Materialgruppe aus dem späten Mittelalter. Forschungen und Berichte der Archäologie des Mittelalters in Baden-Württemberg 21. Stuttgart 1996.

Mulsow 1998

R. Mulsow, Spätslawische Keramik in mittelalterlichem Kontext aus Rostock. Archäologische Berichte aus Mecklenburg-Vorpommern 5, 1998, 87–93.

Piekalski 2004

J. Piekalski, Wczesne domy mieszczan w Europie Środkowej. Geneza, funkcja, forma. Acta Universitatis Wratislaviensis 2623. Wrocław 2004.

Piskorski 1991

J. M. Piskorski, Die deutsche Ostsiedlung des Mittelalters in der Entwicklung des östlichen Mitteleuropa. Zum Stand der Forschung aus polnischer Sicht. Jahrbuch für die Geschichte Mittel- und Ostdeutschlands 40, 1991, 27–84.

Piskorski 2002

J. M. Piskorski (Hrsg.), Historiographical approaches to Medieval colonization of East Central Europe. A comparative analysis against the background of other European inter-ethnic colonization processes in the Middle Ages. East European monographs 611. Boulder 2002.

Piskorski 2008

J. M. Piskorski, Die brandenburgischen Kietze. Eine Institution slawischen Ursprungs oder ein Produkt askanischer Herrschaft? In: D. Bulach, M. Hardt (Hrsg.), Zentrum und Peripherie in der Germania Slavica. Beiträge zu Ehren von W. Schich. Forschungen zur Geschichte und Kultur des östlichen Mitteleuropa 34. Stuttgart 2008, 181–202.

Piskorski u. a. 2002

J. M. Piskorski, J. Hackmann, R. Jaworski (Hrsg.), Deutsche Ostforschung und polnische Westforschung im Spannungsfeld von Wissenschaft und Politik. Disziplinen im Vergleich. Deutsche Ostforschung und polnische Westforschung 1. Osnabrück, Poznań 2002.

Poláček 1995

L. Poláček (Hrsg.), Slawische Keramik in Mitteleuropa vom 8. bis zum 11. Jahrhundert: Terminologie und Beschreibung. Kolloquium Mikulčice, 24.–26. Mai 1994. Internationale Tagungen in Mikulčice 2. Brno 1995.

Pollex 2010

A. Pollex, Glaubensvorstellungen im Wandel. Eine archäologische Analyse der Körpergräber des 10.–13. Jahrhunderts im nordwestslawischen Raum. Berliner archäologische Forschungen 6. Rahden/Westf. 2010.

Rębkowski 1995

M. Rębkowski, Średniowieczna ceramika miasta lokacyjnego w Kołobrzegu. Kołobrzeg 1995.

Rębkowski 2001

M. Rębkowski, Pierwsze lokacje miast w księstwie zachodniopomorskim. Przemiany przestrzenne i kulturowe. Kołobrzeg 2001.

Roslund 2007

M. Roslund, Guests in the house. Cultural transmission between Slavs and Scandinavians 900 to 1300 A. D. The Northern World 33. Leiden, Boston 2007.

Ruchhöft 2003

F. Ruchhöft, Das Ende der spätslawischen Keramik in Mecklenburg-Vorpommern. Bodendenkmalpflege in Mecklenburg-Vorpommern 50, Jahrbuch 2002, 2003, 339–351.

Schäfer 1996

H. Schäfer, Zur jungslawischen Keramik aus der zweiten Hälfte des 13. Jahrhunderts in Greifswald. Archäologische Berichte aus Mecklenburg-Vorpommern 3, 1996, 30–32.

Schäfer 1997

H. Schäfer, Zur Keramik des 13. bis 15. Jahrhunderts in Mecklenburg-Vorpommern. Bodendenkmalpflege in Mecklenburg-Vorpommern 44, Jahrbuch 1996, 1997, 297–335.

Schäfer 1998

H. Schäfer, Slawische Siedlungsstrukturen auf den Arealen der späteren mittelalterlichen Rechtsstädte in Mecklenburg-Vorpommern. In: C. Lübke (Hrsg.), Struktur und Wandel im Früh- und Hochmittelalter. Eine Bestandsaufnahme aktueller Forschungen zur Germania Slavica. Forschungen zur Geschichte und Kultur des östlichen Mitteleuropas 5. Stuttgart 1998, 153–161.

Schmid-Hecklau 2002

A. Schmid-Hecklau, Slawenzeitliche Funde im Kreis

Herzogtum Lauenburg. Studien zur Siedlungsgeschichte und Archäologie der Ostseegebiete 3. Neumünster 2002.

Schoknecht 1975

U. Schoknecht, Eine münzdatierte jungslawische Grube aus Gielow, Kr. Malchin. Ausgrabungen und Funde 20, 1975, 209–215.

Schoknecht 1984

U. Schoknecht, Münzdatierte jungslawische Gruben aus Malkwitz, Kr. Waren, und Torgelow, Kr. Ueckermünde. Ausgrabungen und Funde 29, 1984, 145–150.

Schuldt 1956

E. Schuldt, Die slawische Keramik in Mecklenburg. Schriften der Sektion für Vor- und Frühgeschichte 5. Berlin 1956.

Schuldt 1964

E. Schuldt, Slawische Töpferei in Mecklenburg. Schwerin 1964.

Staňa 1994

Č. Staňa (Hrsg.), Slawische Keramik in Mitteleuropa vom 8. bis zum 11. Jahrhundert: Terminologie und Beschreibung. Kolloquium Mikulčice, 25.–27. Mai 1993. Internationale Tagungen in Mikulčice 1. Brno 1994.

Stoll/Timpel 1972

H.-J. Stoll, W. Timpel, Mittelalter 1000–1500 u. Z. Hoch- und Spätmittelalter. Typentafeln zur Ur- und Frühgeschichte. Weimar 1972.

Vogel 1960

W. Vogel, Der Verbleib der wendischen Bevölkerung in der Mark Brandenburg. Berlin 1960.

Volkmann 2009

A. Volkmann, Siedlungsgenetisch-archäologische Raumanalyse und Forschungen zum Verbleib der slawischen Bevölkerung in der mittelalterlichen *provincia trans Oderam*. Wie die Mark entstand: 850 Jahre Mark Brandenburg. Forschungen zur Archäologie im Land Brandenburg 11. Wünsdorf 2009, 225–248.

Warnke 1967

D. Warnke, Eine mittelalterliche Töpferei von Daberkow, Kr. Demmin. Bodendenkmalpflege in Mecklenburg, Jahrbuch 1966, 1967, 258–273.

Warnke 1977

D. Warnke, Wieken an der südlichen Ostseeküste. Zur wirtschaftlichen und gesellschaftlichen Rolle der Wieken im mittelalterlichen Feudalstaat. Schriften zur Ur- und Frühgeschichte 31. Berlin 1977.

Zu den Auswirkungen der Pest auf die wirtschaftliche und demografische Entwicklung Paderborns
unter besonderer Berücksichtigung des westfälischen Livlandhandels

von Christoph Kühne

Einführung: Die Pest erreicht Europa

Das 14. Jahrhundert wird in der Geschichtsschreibung als das Jahrhundert der Katastrophen beschrieben. Die Kleine Eiszeit, Missernten und Heuschreckenschwärme waren Vorboten einer noch größeren Plage von apokalyptischen Ausmaßen: der Pest. So unerklärlich dem mittelalterlichen Menschen ihre Herkunft erscheinen musste, so unklar sind 650 Jahre später ihre Folgen. Sicher ist, dass die Seuche 1347 von Kaufleuten aus der belagerten Stadt Kaffa auf der Krim über Messina nach Genua eingeschleppt wurde, von wo aus sie sich ab Januar 1348 mit großer Geschwindigkeit weiter ausbreitete.[1] Die von Ratten- und Menschenflöhen übertragene Krankheit, die als Julianische Pest bereits in der Antike einmal auftrat, erhielt von den Zeitgenossen den Namen „pestilentia maxima" oder „mortalitas magna".[2] Als Beulen- und Lungenpest brachte sie den sicheren Tod. Ein Drittel der Bevölkerung Europas soll nach unterschiedlichsten Schätzungen auf diese Weise umgekommen sein.[3] Genaue Zahlen gibt es so wenig wie ausgegrabene, sicher datierte Pestfriedhöfe.[4] Einer breiten schriftlichen Überlieferung und einer Vielzahl von Aufarbeitungen europäischer Historiker steht ein großes Forschungsdesiderat der Mittelalterarchäologie gegenüber. Dieses wird noch verschärft durch den jüngsten Durchbruch der Paläogenetik in der Pestforschung.[5] Die gesamtgesellschaftlichen Einflüsse der Pandemie sind dabei nur interdisziplinär aufzudecken. Was in einem in großen Teilen entvölkerten Europa geschah, in dem die überlebende Bevölkerung angesichts von „über 100 Opfern", die wie in Mainz und Köln täglich an der Epidemie starben, „zwangsläufig panikartig"[6] reagieren musste, ist ebenso unklar, wie der Grad der Dezimierung selbst.[7] Systematische Studien zur ökonomischen und demografischen Situation innerhalb der Städte nach dem Seuchengeschehen gibt es für das Spätmittelalter bislang kaum.[8] Die folgende Untersuchung soll am Beispiel der ostwestfälischen Binnenhansestadt Paderborn und ihrer Fernhandelsaktivitäten zwischen den Jahren 1300 und 1500 zeigen, welche Indizien die Archäologie der Sachkultur des Spätmittelalters entnehmen kann, um einen signifikanten Beitrag zur Wirtschafts- und Sozialgeschichte dieser Periode zu liefern.

Demografische Folgen der Pest für Paderborn und sein Umland

Die Pest erreichte Paderborn vermutlich im Jahr 1350.[9] Die Stadt war seit spätestens 1295 Mitglied der Hanse[10] und verkehrsgeografisch gut positioniert. Sie lag an der „via regia", der wichtigen Nord-Süd-Verbindung von Bremen nach Frankfurt, sowie am „Hellweg", der von Aachen bis in den Ostseeraum verlief. Über den Hellweg bestanden auch Verbindungen nach Köln und ins Niederrheingebiet.[11] Wie Paderborn lebten viele Städte am Hellweg von den Fernverbindungen in den hansischen und sächsischen Raum.[12] Die gute Verkehrslage begünstigte aber auch die Ausbreitung der Seuche.[13] Der Chronist Gobelinus Person

---

1 Schoppmeyer 1999, 295. Zahlreiche Quellen stützen dieses Datum (Lechner 1884, 152).
2 Meteling 2001, 484: Demnach tritt die Bezeichnung „Schwarzer Tod" erst im 17. Jahrhundert auf (vgl. Bergdolt 2011, 41).
3 Meteling 2001, 484.
4 Der partiell ausgegrabene Pestfriedhof „East Smithfield" in London ist der einzige seiner Art, dessen Belegung gesichert in die ersten Monate des Jahres 1349 datiert werden kann. Bis heute ist in Europa kein anderer Pestfriedhof so umfangreich untersucht worden (Grainger u.a. 2008, 2).
5 Bauer u. a. 2011, 506: Einem Team aus Paläogenetikern der Universität Tübingen und der kanadischen McMaster University gelang es im Herbst 2011 das Genom des Pesterregers Yersinia pestis komplett zu entschlüsseln. Die Untersuchungen zeigen, dass der mittelalterliche Peststamm der unmittelbare Vorläufer der noch heute vorkommenden Pestbakterien ist. Dieses unerwartete Ergebnis hat schwerwiegende Folgen auch für die historische Pestforschung. Die pathogene DNA des Erregers hat sich evolutionär kaum verändert. Die Pest der Gegenwart fordert allerdings weitaus weniger Opfer. Warum der mittelalterliche Erreger eine höhere Virulenz aufwies, bzw. bei gleicher Virulenz so viel mehr Opfer forderte, bleibt unbekannt. Bereits die Ausgräber des Londoner „East Smithfield Cemetery" hegten in Anbetracht der Anzahl der geborgenen Individuen (759) erhebliche Zweifel an den Opferzahlen entsprechender zeitgenössischer Quellen, wie des Robert von Avebury, welcher für diesen Friedhof eine Schätzung von 17.000–18.000 Pestopfern lieferte. Der Londoner Historiker John Stow vermutete gar 50.000–60.000 Tote. Aktuelle Hochrechnungen für „East Smithfield" gehen auf Grund der Grabungsresultate nur noch von einer Gesamtbelegung von 2.400 Individuen aus (Grainger u.a. 2008, 33). Eine generelle Überprüfung der überlieferten Opferzahlen erscheint daher wünschenswert. Aus archäologischer Sicht bestehen vor allem Bedenken gegen die seit Jahrzehnten in der Mediävistik tradierten Entvölkerungstheorien (u. a. Reincke 1954, 90. Homberg 1967, 170f.), zumindest was die Pest als Auslöser anbelangt (dazu Henkel 1973, 148).
6 Jaritz 1986, 130.
7 Jaritz 1986, 130.
8 Höhl 2002, 10f.
9 Jansen 1900, 57f.
10 Schoppmeyer 1999, 373.
11 Schoppmeyer 1999, 200.
12 Schoppmeyer 1999, 200.
13 Bereits im Spätjahr 1348 erreichte die Infektionskrankheit London (Grainger u. a. 2008, 57). Das Seehandelsnetz der Hanse wirkte dabei wie ein Katalysator.

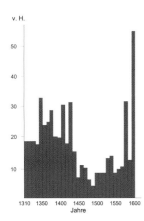

▲ Abb. 1: Nennung von Neubürgern in den Spitzenpositionen Paderborns zwischen 1310 und 1604 (in Prozent). Grafik: O. Heilmann, LWL-Archäologie für Westfalen, nach SCHOPPMEYER 1999, 302 Abb. 65.

(1358–1425) überliefert die einzige Beschreibung der Anbahnung und des Ausbruchs der Seuche in Paderborn.[14] Geißlerzüge erreichten die Stadt demnach bereits 1349.[15] Sie galten in ganz Mitteleuropa als Vorboten der Pest, der sie durch öffentliche Bußübungen, von der Kirche stets mit Misstrauen beobachtet, vorzubeugen versuchten.[16] Auch anhand der Pogrome gegen Juden kann das Auftreten der Seuche datiert werden. Sowohl Dortmund als auch Minden vertrieben bzw. töteten ihre Juden zwischen Mai und Juli 1350.[17] Die Inkubationszeit der Pest betrug nur wenige Tage. Die Lungenpest, mit einer wesentlich höheren Letalität, führte in der Regel nach drei Tagen zum Tod. Nach Gobelinus' Schilderungen[18] mussten die Leichen der gestorbenen Paderborner „mit Wagen und Karren" zu den Kirchhöfen gefahren werden.[19] Aus „Angst", möglicherweise vor Ansteckung oder „Lethargie", wurden selbst noch Lebende mit Erde bedeckt.[20] Bis 1383 soll nach Gobelinus' Bericht die Pest in „jedem siebten Jahr" wiedergekehrt sein und hätte die Stadt demnach in immer wiederkehrenden Wellen getroffen,[21] für die es aber kein detaillierteres Quellenmaterial gibt. Erst die Pest von 1439 wird uns wieder genauer geschildert. Sie soll 2000 Opfer gefordert haben, die auf dem Domfriedhof bestattet wurden.[22] Verlässliche Aussagen über die Höhe der Verluste gibt es aber für Paderborn nicht.[23] Einen indirekten Hinweis bietet ein Vergleich der Namen der Paderborner, die vor bzw. nach der Pest in den Spitzenpositionen der Stadt, den Ämtern der Bürgermeister und Kämmerer, neu Fuß fassen konnten (Abb. 1).[24] Nach 1350 verdoppelte sich ihre Anzahl, allerdings nicht auf einem konstant höheren Niveau, sondern stark schwankend und eventuell den Pestwellen folgend. Die Situation normalisierte sich erst wieder 1450. Ausgehend von diesen Werten liegt eine Interpretation im Sinne einer von der Pest begünstigten sozialen Diffusion für die gesamte Stadtgesellschaft nahe,[25] wenngleich auch andere Faktoren in Betracht gezogen werden müssen.

Für eine Beurteilung der Gesamtsituation der Jahre nach 1350 reichen diese Informationen aber nicht aus. In Anbetracht der unbefriedigenden Quellenlage für Paderborn selbst,[26] bietet die Einbeziehung des Umlandes jedoch wertvolle Hinweise. H. Schoppmeyer stellte für Salzkotten einen Wüstungsquotienten von 80 % fest; um Erwitte/Lippstadt betrug er gar 85 % und um Brakel fielen 12 von 13 Siedlungen wüst.[27]

Das Ausmaß der Wüstungsbildung zeigt auch die historisch-geografische Untersuchung von G. Henkel zu den Siedlungen des Paderborner Sintfeldes.[28] Die südlich der Stadt gelegene, dicht besiedelte Landschaft umfasst weite Teile der Paderborner Hochfläche und erreicht zwischen den Ortschaften Leiberg im Westen und Westheim an der Diemel im Osten eine Ausdehnung von 20 km.[29] In dem ca. 300 km² großen Gebiet waren „nachweisbar 40 von 41 mittelalterlichen Siedlungen" gänzlich oder temporär wüst gefallen (Abb. 2).[30] Einzig die Stadt Wünnenberg konnte sich den Wüstungsvorgängen entziehen. Zehn dieser Dörfer erwiesen sich nach einer kurzzeitigen Räumung als wüstungsresistent.[31] Das Sintfeld war durch die Entvölkerung zu „einer nahezu menschenleeren Einöde" geworden und die Gemarkungen „verwilderten".[32] Eine Wiederbesiedlung fand nicht vor der ersten Hälfte des 15. Jahrhunderts statt.[33] Auch wenn nicht alle Dörfer gleichzeitig betroffen waren, sieht Henkel den Schwerpunkt des spätmittelalterlichen Wüstungsbeginns um 1380, also 30 Jahre nach dem ersten Auftreten

---

14 JANSEN 1900, 57f.
15 JANSEN 1900, 57f.
16 SCHOPPMEYER 1999, 294.
17 SCHOPPMEYER 1999, 295.
18 Vgl. hier und im Folgenden für die Zitate Gobelinus' Anm. 13.
19 Zum Umgang mit der Pest seitens des Magistrats siehe BULST 1985, 255.
20 Als Ursache werden „Normen, die über Bord geworfen werfen", als auch ein allgemeiner „Zusammenbruch bisheriger Einstellungen" angenommen (SCHOPPMEYER 1999, 296).
21 1356, 1360-63, 1371-74, 1383, 1410, 1476, 1483 und 1507 (SCHOPPMEYER 1999, 295).
22 Erstmals publiziert bei DECKER 1977, 75: „*Anno 1439 fuit ingens mortalitas sive pestilentia per dioecesis Paderborn inprimis in civitate Paderborn, ita ut in cimiterio majoris ecclesiae magnae foveae fierent, in quas defunct una mittebantur et tegebantur.*" Und: „*Anno 1439 regnabat grandis pestilential ubique terrarium tam in senibus quam juvenibus et specialiter in Paderborna obierunt a festo Penthecostes* (Pfingsten) *usque ad festum beati Martini* (Martini) *ad duo milia hominum et ultra.*" (Quelle: Archiv des Vereins für Geschichte und Altertumskunde Westfalens, Abteilung Paderborn, Codex 64). Bei der Bewertung ist zu bedenken, dass es sich lediglich um handschriftliche Kopien des 19. Jahrhunderts handelt.
23 „Ein vermuteter Bevölkerungsrückgang von 30–40 % findet in den Quellen keine Stütze" (HENN 1976/77, 263).
24 SCHOPPMEYER 1999, 302.

25 Familien, die sich bislang mit nachgestellten Ämtern begnügen mussten, lösten die ältere Führungsschicht des 13./14. Jahrhunderts ab (DECKER 1977, 75).
26 Paderborn ist heute aus verschiedenen Gründen, nicht zuletzt durch eine schlechte Führung einiger Archive in den vergangenen Jahrhunderten, überaus arm an Schriftquellen für das Mittelalter. „Bürgerbücher, Stadtrechnungen, Steuerlisten, Ratsprotokolle (…) und Zunftbriefe fehlen völlig und sind erst wieder seit der zweiten Hälfte des 16. Jahrhunderts erhalten" (HENN 1976/77, 264f.).
27 SCHOPPMEYER 1999, 299. Der Autor betrachtet diese Zahlen selbst kritisch und zählt neben der Pest noch andere Faktoren als mögliche Ursachen hinzu. Ähnlich wie in Soest sei es demnach wahrscheinlich, dass die Landbevölkerung in die Städte strömte, um die dort gestorbene Bevölkerung zu ersetzen. Diese These wäre wüstungsarchäologisch zu überprüfen.
28 HENKEL 1973, 2.
29 Untersucht wurden die Orte Leiberg, Wünnenberg, Fürstenberg, Essentho, Westheim, Oesdorf, Meerhof, Elisenhof, Helmern und Haaren, sowie Gemarkungsteile von Wewelsburg, Atteln und Niedermarsberg (HENKEL 1973, 5).
30 HENKEL 1973, 139.
31 HENKEL 1973, 140.
32 HENKEL 1991, 185.
33 HENKEL 1991, 185.

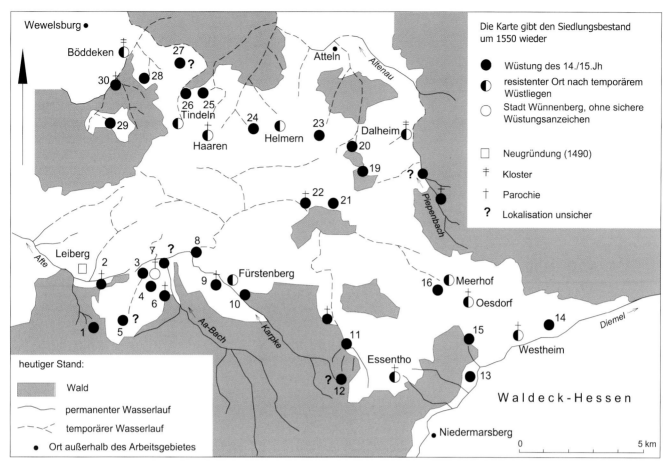

▲ Abb. 2: Auswirkungen der spätmittelalterlichen Wüstungsprozesse auf die Siedlungslandschaft des Paderborner Sintfeldes. Grafik: O. Heilmann, LWL-Archäologie für Westfalen (nach HENKEL 1973, 144).

der Pandemie.[34] Demnach kommen für die großen Menschenverluste neben den Pestwellen auch andere Faktoren in Betracht,[35] seit etwa 1370 im Wesentlichen das Fehdewesen.[36]

Abwanderungen von Westfalen in den Ostseeraum

Wo verifizierbare Nachrichten und konkrete Befunde fehlen, stellt sich die Frage nach dem Verbleib vor allem der Landbevölkerung. Die Entsiedelungsprozesse können nicht einseitig mit den Auswirkungen der Pest erklärt werden.[37] Die Bevölkerungsverluste durch Abwanderungen im Zusammenhang mit der Pest sind aber nur unzureichend bearbeitet worden und weitgehend ungeklärt.[38] Für einige Hausstätten in Paderborn selbst lässt sich ein Prozess des Verfalls und Renovierens feststellen.[39] Da ein dauerhafter Leerstand bzw. regelrecht brachliegende Parzellen weder historisch noch archäologisch belegt sind, wird ein entsprechender Zuzug aus dem ländlichen Umfeld stattgefunden haben, um die Verluste auszugleichen.[40] Die nahen Städte waren aber nicht das alleinige Ziel. Eine Abwanderung, die im besonderen Maße Ostwestfalen und das Münsterland betraf und das gesamte 13. und 14. Jahrhundert hindurch anhielt, also den Zeitraum sowohl vor als auch nach 1350, hatte besonders den Ostseeraum zum Ziel.[41] Neben Lübeck, Rostock, Stralsund, Stettin, Elbing und Danzig war Livland mit seinen Zentren Riga und Reval von massiver Zuwanderung betroffen (Abb. 3).[42] Die Motive waren hauptsächlich wirtschaftlicher Natur. Entsprechende Verbindungen reichten noch in die prä-hansische Zeit zurück,[43]

---

34 HENKEL 1973, 139. Er stützt diese Aussage auf die archäologische Datierung des bei Feldbegehungen aufgelesenen Materials, nach der Keramik des 15. Jahrhunderts fehlt. Eine Revision ist wünschenswert.

35 Für das Sintfeld existiert kein archivalischer Niederschlag zu den Pestwellen.

36 HENKEL 1973, 148. Zur Landflucht siehe auch BERGDOLT 2011, 46.

37 BERGDOLT (2011, 49) spricht von einer regelrechten „Fluchttendenz der ländlichen Tagelöhner und Kleinbauern".

38 BERGDOLT 2011, 44.

39 Durch Ausgrabungen sind auch Parzellenzusammenlegungen belegt (z. B. Rathausplatz 14 Ost und West). Diese Erkenntnisse haben bislang stichprobenartigen Charakter und setzen aufwendige Recherchen in Form von Besitzrückschreibungen voraus (exemplarisch ausgeführt bei DECKER 1999, 21–26).

40 SCHOPPMEYER 1999, 299f. Die Annahme, dass herrenloses Gut in größerem Ausmaß okkupiert worden sei (LÜTGE 1966, 201), ist verschiedentlich auf Kritik gestoßen (u. a. HENN 1976/77, 262. REINCKE 1954, 90). Für die ersten Pestjahre lässt sich in Soest an Hand von Neubürgerlisten ein fast verdoppelter Zuzug feststellen (SCHOPPMEYER 1999, 299). Entsprechende Zahlen sind auch für Dortmund überliefert, stehen aber in keinem Verhältnis zu den regionalen Wüstungsquotienten. Neubürgerlisten aus dem 14. Jahrhundert haben sich für Paderborn nicht erhalten. Für die Mitte des 15. Jahrhunderts gibt es spärliche Belege für die Übersiedlung einiger Sintfeldbewohner in umliegende Ortschaften (HENKEL 1973, 94).

41 SCHOPPMEYER 1999, 207.

42 SCHOPPMEYER 1999, 301.

43 SCHOPPMEYER 1999, 370f. Möglicherweise waren Paderborner Kaufleute gemeinsam mit Berufsgenossen aus Dortmund, Soest und Münster bereits seit 1229 in den Russlandhandel involviert (HEMANN 2005, 18).

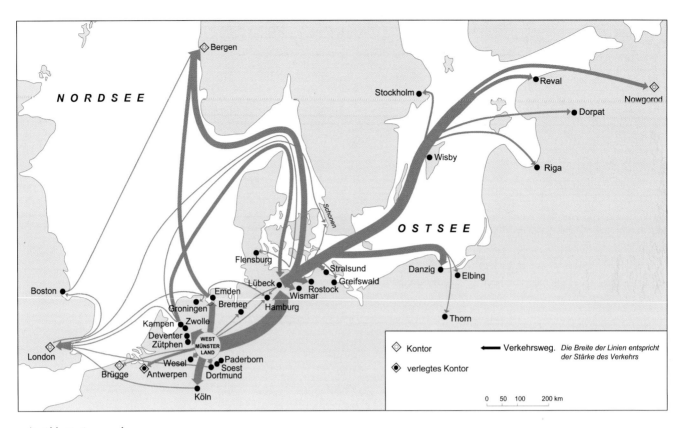

▲ Abb. 3: Auswanderung und Außenhandel aus dem westlichen Münsterland bis zum Ende der Hansezeit. Grafik: O. Heilmann, LWL-Archäologie für Westfalen (nach SCHOPPMEYER 1955, Anlage 1).

erhielten aber mit hansischem Engagement weiteren Auftrieb. Zahlreiche schriftliche Zeugnisse für die Nutzung des Landweges zur Ostsee liegen ab dem 14. Jahrhundert vor.[44] Ein Grund für Abwanderungen schon vor den pestbedingten Krisen mag das Anerbenrecht gewesen sein, welches nachgeborene Söhne von der Erbfolge ausschloss.[45] Der Grad an Zuwanderung in Livland war enorm. Über die Namensforschung ist es möglich, die Herkunft großer Teile der Bevölkerung der beiden größten livländischen Städte, Riga und Reval, zu ermitteln. Die Beinamen werden im Spätmittelalter insbesondere nach Migrationen noch oft von Toponymen gebildet. Bürger mutmaßlich Paderborner Herkunft konnte so ihr Ortsname als Attribut angehängt werden, jedoch in den verschiedensten Varianten.[46] Da bürgerliche Familiennamen noch nicht weit verbreitet waren und sich erst im 15. Jahrhundert zu etablierten begannen, lassen sich diese gut zur Herkunftsbestimmung verwenden.[47] Dabei ist trotzdem zu bedenken, dass nicht alle Bürger Herkunftsnamen trugen und auch nur diejenigen namentlich erfasst sind, die archivrelevante Angelegenheiten zu klären hatten wie Erbschaften, Liegenschaftsübertragungen oder Schuldscheine.[48]

Für Riga ergibt sich demnach im 14./15. Jahrhundert ein Anteil von ca. 17 % westfälisch-stämmiger Einwohnerschaft. In Reval ist dieser Anteil mit 18,5 % im 14. Jahrhundert noch etwas höher (Tab. 1).[49] In beiden Städten stammten jeweils über 50 % (in Reval im 15. Jahrhundert 57,5 %) aus westelbischen Gebieten.[50] Westfalen stellten die größte Bevölkerungsgruppe, gefolgt von Zuwanderern aus den welfisch geprägten Herrschaftsbereichen auf dem Gebiet des heutigen Niedersachsens.[51] Die Kartierung der bekannten Revaler Herkunftsnamen aus den Jahren 1333-1374 zeigt folglich auch eine deutliche Konzentration im rheinisch-westfälischen Raum (Abb. 4). Lediglich 10 % der Rigaer und Revaler Bevölkerung (im 15. Jahrhundert sogar noch deutlich weniger) stammte aus Alt-Livland.[52] Mittel- und Süddeutschland waren in Livland kaum vertreten. Erst im 17. Jahrhundert wandelte sich dieses Verhältnis zu Gunsten von Holstein und Mecklenburg.[53] Mitglieder der in Livland lebenden westfälischen Familien sind auch als Bürger in Lübeck und Stockholm erwähnt und bilden somit ausgedehnte Netz-

---

44 RIERING 1955, 175.

45 RIERING 1955, 176. Dort für das Münsterland beschrieben.

46 Für Riga und Reval sind aus den Jahren 1290–1414 die Varianten „Paleborn, Padelborn, Palborn, Paelborn, Parborne und Parporne" bekannt (FEYERABEND 1985, 87).

47 Zur Legitimität dieses Vorgehens: RIERING 1955, 178. JOHANSEN/VON ZUR MÜHLEN 1973, 95; 98: hier der berechtigte Hinweis, dass die Familiennamen keinen Aufschluss mehr über die Herkunft des Trägers gewähren, wenn ihre Vererbung zur Gewohnheit geworden ist, wie in der Frühen Neuzeit.

48 FEYERABEND 1985, 148f. RIERING 1955, 178.

49 In keiner baltischen Stadt ist im 14./15. Jahrhundert der Anteil an Münsterländern höher (RIERING 1955, 182f.).

50 „Die östlichsten Gegenden des hansischen Interessengebietes sind so weitgehend von Westfalen aus erschlossen worden, dass man etwa von Livland mit Recht behaupten kann, es sei eine westfälische Kolonialgründung. Im Landrittertum, im Klerus, im Orden und im Bürgertum herrschte das westfälische Element durchaus vor" (RIERING 1955, 180f.).

51 FEYERABEND (1985, 150) bezeichnet den Anteil des niederdeutschen Raumes als „überragend".

52 FEYERABEND 1985, 150.

53 JOHANSEN/VON ZUR MÜHLEN 1973, 98.

	Reval		Riga	
	14. Jh.	15. Jh.	14. Jh.	15. Jh.
Westfalen	18½ %	18 %	16½ %	17½ %
Niedersachsen	15 %	17 %	17 %	15½ %
Rheinland	8¼ %	8½ %	6½ %	8¼ %
Niederlande	2½ %	1¾ %	2½ %	1 %
Sachsen-Anhalt	2½ %	2¾ %	2½ %	2 %
Mittel- und Süddeutschland	3 %	4½ %	3¾ %	4¾ %
Westelbien	4 %	5 %	4 ½ %	5 %
Westelbisch insgesamt	53¾ %	57½ %	57¼ %	54 %

◄ *Tab. 1: Verortung der Herkunftsnamen Revaler und Rigaer Bürger im 14. und 15. Jahrhundert für den west- und südelbischen Raum. Die restlichen Prozente sind überwiegend in Ostelbien zu finden (nach FEYERABEND 1985, 149 Tab. 1).*

werke.[54] Die historische Forschung hat bislang lediglich kleine, schlaglichtartige Ausschnitte dieser Beziehungen erfasst. Der tatsächliche Umfang dieser „Ausweitung des westfälischen Raumes"[55], ist angesichts der vorgenannten beeindruckenden Zahlen nur zu erahnen.

Paderborn und die Hanse

Die Folgen der Pest für die Wirtschaft Paderborns lassen sich in Ermangelung eigener Quellen auch am andernorts dokumentierten Hansehandel ablesen, an dem die Stadt seit 1295 belegt partizipierte.[56] Für Paderborn ist die Kaufmannshanse von der Städtehanse zu trennen, wobei erstere ihre Blüte vor allem in frühhansischer Zeit entfaltete. Die Stadt gehörte längst nicht zu den bedeutendsten Umschlagplätzen. An Beitragszahlungen ist abzulesen, dass sie in puncto Wirtschaftskraft und Exportorientierung etwa auf einer Ebene mit Minden und Hameln rangierte, während Münster, Osnabrück, Soest und Dortmund von größerer Bedeutung waren.[57] Die Stadtoberen nahmen nur begrenzt ihre hansischen Verpflichtungen war und blieben weitgehend passiv, wenn es nicht um die Annahme von militärischem Schutz ging.[58] Die Kaufmannschaft war der eigentliche Träger hansischer Aktivitäten in der Stadt. Diese stützten sich nicht selten auf Beziehungen zu ausgewanderten Familienmitgliedern, die, wie bereits in der Heimat, oft in Doppelfunktion öffentliche Ämter innehatten.[59] Kaufleute aus Paderborn lassen sich in zahlreichen Orten im Ostseeraum wiederfinden.[60] Paderborner betätigten sich aber auch als Schiffer.

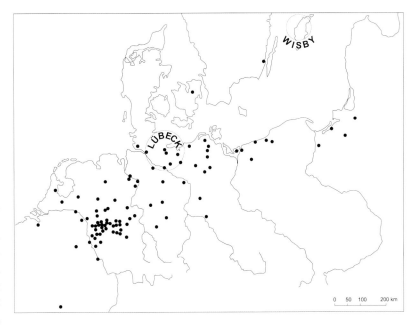

▲ *Abb. 4: Ortsbezeichnungen als Herkunftsangaben in Revaler Bürgernamen von 1333–1374. Grafik: O. Heilmann, LWL-Archäologie für Westfalen (nach JOHANSEN/VON ZUR MÜHLEN 1973, 96 Abb. 5).*

Sie konnten dabei mit ihren meist in Lübeck liegenden Schiffen die Waren fremder Kaufleute, den Befrachtern, genauso transportieren, wie zugleich ihre eigenen Handelsgüter. Regionale Netzwerke spiegeln sich dabei auch in den Herkunftsnamen der Befrachter wider: diese weisen in vielen Fällen nach Westfalen. Fernhandelskaufleute, die über See handelten, sind meist in den Lübecker Pfundzolllisten verzeichnet. Neben den Namen der Schiffer und Befrachter sind dort oft auch die Handelsgüter aufgelistet. Die folgenden Einträge entstammen den Listen des Zeitraums März 1368 bis März 1369[61]:

Reg. Nr.: 342
Schiffer: Paleborne
Route: von Riga nach Lübeck
Befrachter und Waren: Johannes Berkhof, Johannes Korthen, Johannes Warendorp, Johannes Rike (jeweils ohne Warenangaben).

Reg. Nr.: 358
Schiffer: Jan Paleborne
Route: von Lübeck nach Pernau
Befrachter und Waren: Clawus de Kamen (Salz), Ditmar de Rupe (Salz), Borchardus Traveman (Tuch), Albrech Wychmanink (Salz, Tuch, Kupfer), Wulf de Hamme (Tuch), Hinrich de

---

54 RIERING 1955, 184.
55 RIERING 1955, 198.
56 Das Stadtarchiv selbst enthält zur Hansegeschichte kaum Unterlagen (SCHOPPMEYER 1970, 314).
57 HENN 1976/77, 265f. Lübeck wurde nach dem Bedeutungsverlust Wisbys 1361 die wichtigste Drehscheibe für den Transithandel (JOHANSEN/VON ZUR MÜHLEN 1973, 72).
58 SCHOPPMEYER 1999, 373.
59 Familiäre Beziehungen sind neben Lübeck vor allem nach Reval belegt (SCHOPPMEYER 1999, 371). Von 1360–1427 sind hier Paderborner als Bürger, Ratsherren und Bürgermeister erwähnt (SPRENGER 1995, 18). Nur so konnte auch die seit dem 12. Jahrhundert erfolgte sukzessive Verlagerung der Hansehauptroute auf die Strecke Münster-Osnabrück-Bremen-Hamburg-Lübeck kompensiert werden, die zu einer der wichtigsten Handelsstraßen des Spätmittelalters werden sollte (SPRENGER 1995, 29. IGEL 2002, 198f.).
60 SPRENGER 1995, 17–24.
61 LECHNER 1935, 133–372.

Zevene (Tuch), Tideke Ekstede (diversa), Vicce de Essen (Tuch), Georrius de Desbeke (diversa).

Reg. Nr.: 951
Schiffer: Jan Paleborne
Route: Lübeck nach Schonen
Befrachter und Waren: Hans Elvers (Salz), Statius Huvebik (Salz), Ludeke de Heide (Salz), Henneke de Binde (Salz), Merten Parchem (Salz), Henne de Staden (Salz), Johannes Seghelken (Salz), Johannes de Mynden (Salz), Marquart Rutensten (Salz).

Reg. Nr.: 366
Schiffer: Albertus de Telghe
Route: von Stockholm nach Lübeck
Befrachter und Waren: Hinrich Wippervorde (märkisches Schmiedeeisen), Johannes de Anckem (Eisen, Kupfer), Johannes Basthorst (Kupfer), Hans de Linen (diversa), Arnt de Lennepe (diversa), Herman Witteland (Häute), Kurt de Paleborne (Häute), Godeke de Hamme (Kupfer, Eisen), Hintze Weghemunt (Kupfer), Hinrich Bilrebeke (Butter), Alf Grote (eisernes Geschirr), Hildebrant de Huxser (Schmiedeeisen, Butter), Herman Pozewak (Schmiedeeisen), Menershaghen (Schmiedeeisen), Henneke de Mole (Schmiedeeisen), Hans Langherbeyn (Schmiedeeisen).

Reg. Nr.: 850
Schiffer: Dure
Route: von Oldesloe nach Lübeck
Befrachter und Waren: Jan Palborne (Tuch), Hinzue Stolle (Tuch), Hinrich Buxstehude (diversa), Horborgh (Tuch), Thide Stamstorp (Eisen), Henneke Vitdorp (Safran), Henneke Rokswale (Käse), Hinricus Bonstede (4,5 Fässer (Inhalt nicht angegeben)), Sweder (Salz), Berend Sweryn (nicht angegeben), Hans de Walmen (Tuch), Jan de Campe (Taue), Jan Witte (Taue), Peter Stochel (rotes Leder), Herman Kremer (Tuch), Hinrich Vuet (Wolle), Kurt Vort (Tuch).

Reg. Nr.: 950
Schiffer: Berent de Halle
Route: von Schonen nach Lübeck
Befrachter und Waren: Berent de Halle (Salz), Paleborne (Salz), Hintze Botzenborgh (Salz), Kurt Sutor (Salz), Lubertus de Rode (Salz), Betolt Donel (Salz), Johann Balke (Salz).

Reg. Nr.: 1102
Schiffer: Laurentius de Holle
Route: von Lübeck nach Reval
Befrachter und Waren: Kerstian Kremer (diversa), Johannes de Molne (Salz), Johannes Rodewide (Salz), Ludolf de Rentellen (Waid – wohl Färberwaid), Berent Ekhorst (Hering), Werneke de Rode (diversa), Kurt Warberghe (Leinwand), Godscalk de Rostok (Leinwand), Arnt Zuderland (Hering), Kurt Paleborne (Wein), Hintze de Rode (Hering), Albertus Mester (diversa), Johannes Hatdorp (Hering), Wilke Stalbiter (Tuch), Gobel Rosvik (Rauchwaren).

Reg. Nr.: 1297
Schiffer: Godeke Horn
Route: von Lübeck nach Stettin
Befrachter und Waren: Berent Zote (Anker), Herman Pozewalk (Salz), Jacob Paleborne (Häute), Herder de Staden (Salz).

Reg. Nr.: II. SF 11
Schiffer: nicht angegeben
Route: Von Schonen, Flasterbo nach Lübeck
Befrachter und Waren: Jacobus Palborne (Hering)

Reg. Nr.: II. SSK 17
Schiffer: Johannes Rype
Route: von Schonen, Skanör nach Lübeck
Befrachter und Waren: Henneke de Losynghe (Hering), Nicolaus Wytte (Hering), Hermannus Hennekesee (Hering), Arnoldus de Dortmunde (Hering), Wasmut (Hering), Henneke de Sone (Hering), Hermannus Berkhof (Hering), Gherardus de Demmyn (Hering), Hulrykus Nortmeyer (Hering), Brant de Stoven (Hering), Johannes Huveman (Hering), Everhardus Tychte (3 Tonnen), Gherardus de Demmyn (Hering), Johannes Schormbeke (Hering), Radeke Gherlstede (Hering), Henneke de Hasenberghe (Hering), Rotgherus Stokhym (Hering), Cunradus de Palborn (Hering), Albertus Solkow (Hering).

Die Lübecker Pfundzollbücher von 1492 – 1496 nennen ebenfalls Paderborner Schiffer, Befrachter und ihre Handelsaktivitäten:

Schiffer: Thomas Palborn[62]
1492: Import von Gotland und Riga nach Lübeck
1493: Import und Export von Gotland, Schonen und Dänemark nach bzw. von Lübeck
Ein Paderborner Kaufmann verhandelt Hamburger Bier nach Danzig[63]:
Jahr: 1493
Kaufmann: Hans Palborne
Schiffer: Hans Holste
Destination: Lübeck – Danzig
Ladung: 20 tunne hamborger ber

Der westfälische Livlandhandel
Fast 50 % des im späten 15. Jahrhundert über Lübeck laufenden Ostseehandels hatte Livland zum Ziel. Von diesem Handelsvolumen entfielen über 70 % auf Reval und 27 % auf Riga.[64] Begehrte livländische Exportgüter waren vor allem Pelze, aber auch Leder, Wachs, Fettwaren, Talg und Getreide, dazu allerlei Krämerwaren, Tuche[65] und Metallwaren. Rohstoffe wie Kupfer, Eisen, Blei und Schwefel sowie Leder, Pergament, Bier, Wein und vor allem Salz wurden aus dem Westen im-

---
62 VOGTHERR 1996, 1817.
63 VOGTHERR 1996, 1087.
64 VOGTHERR 2001, 234f.
65 Flandrische, englische, deutsche und polnische Leinwand.

portiert.[66] Die Kaufleute bildeten in den Hansestädten eine einheitliche Oberschicht.[67] In Reval stellten Westfalen einen Großteil des Bürgertums und der Kaufmannschaft.[68] Die dortige für eine Hansestadt einmalige Sozialstruktur führte dazu, dass der größte Teil der Sachkultur von diesem homogenen Verband eingeführt wurde. Zahlreiche Paderborner beteiligten sich im ausgehenden 14. Jahrhundert an diesem Geschäft. In den Revaler Zollbüchern stellen sie eine der größten Einzelgruppen dar. Allein der Kaufmann „Conradus Palborne"[69] hat zwischen 1372 und 1384 mindestens 14 dokumentierte Fahrten nach Reval unternommen[70]: 1373 (Eintrag Nr. 1776): Kaufmann Conrat van Palborne. 1378 (Eintrag Nr. 254): Kaufmann Conraed Palborne. 1378 (Eintrag Nr. 268): Kaufmann Conraed Palborne. 1378 (Eintrag Nr. 1078): Kaufmann Conraed Palborne. 1379 (Eintrag Nr. 572): Kaufmann Conradus Palborne. 1379 (Eintrag Nr. 679): Kaufmann Konrat Paborne. 1379 (Eintrag Nr. 701): Kaufmann Konrat Praborne. 1379 (Eintrag Nr. 760): Kaufmann Korrat Parporne. 1382 (Eintrag Nr. 1147): Kaufmann Conrat Palborne. 1383 (Eintrag Nr. 2052): Kaufmann Curd Palborn. 1384 (Eintrag Nr. 2261): Kaufmann Conraed Padelborne. 1384 (Eintrag Nr. 2591): Kaufmann Conraed Palporne. 1384 (Eintrag Nr. 2636): Kaufmann Conraed Palporne.

Wir kennen das Vermögen von Conradus Palborne nicht, aber die Vielzahl seiner Handelsaktivitäten lässt darauf schließen, dass er trotz der schwierigen Zeit, in der er sich bewegte, ein wohlhabender Mann war. Nicht nur Paderborn profitierte vom Handel mit Reval, sondern auch Reval. Ihre Blütezeit erreichte sie im 15. Jahrhundert. Revals reichste Kaufleute konnten ein Vermögen von bis zu 5000 Gulden vorweisen.[71] Der Westfalenhandel trug maßgeblich zu diesem Profit bei. Revals noch erhaltene Kontore zeugen bis heute vom Selbstbewusstsein der Kaufmannschaft und dem Umfang ihrer Unternehmungen (Abb. 5).[72]

Spätmittelalterliche Konjunkturanzeiger für den Fernhandel

Hinweise für die Intensität des Fernhandels einer Stadt in einem bestimmten Zeitraum können zum einen der historischen Überlieferung entnommen werden, zum anderen kann aber auch das archäologische Fundmaterial viel dazu beitragen. Hier

◀ Abb. 5: Gotisches Kontor an der alten Marktstraße Revals (Tallinn, Vanaturu kael 3). Im Hintergrund das einzige in diesem Stil in Nordeuropa erhaltene Rathaus der Stadt aus dem frühen 15. Jahrhundert. Foto: Verfasser.

sei besonders auf die Keramik verwiesen. Auch wenn Keramik zweifellos nicht zu den Haupthandelsgütern wie Salz, Hering oder Bier gehörte, ist sie heute neben Münzen die archäologische Hauptquelle für den Nachweis von Fernhandel, da sich Nahrungs- und Genussmittel nicht oder nur in Spuren erhalten haben. Ähnliches gilt für andere Produkte aus vergänglichen Materialien, wie z. B. Textilien oder Transportfässer. Letztere werden, mit Marken versehen, gelegentlich in Zweitverwendung als Fasskloaken aufgefunden. Zur Beantwortung differenzierterer Fragestellungen muss die Importkeramik, die vermutlich als Statussymbol und Luxusware im Hochpreissegment als Einzelstücke oder in kleineren Serien verhandelt wurde, von der Keramik getrennt betrachtet werden, die als Massenprodukt mit gesicherter Provenienz in großen Mengen verhandelt wurde und die sich am Zielort flächendeckend in nahezu allen sozialen Milieus nachweisen lässt. Letztere kann unter bestimmten Voraussetzungen über das Handelsvolumen als Indikator für die Gesamtwirtschaftslage dienen.[73] Fernhandel kann sich nur dort entwickeln, wo eine Nachfrage besteht, die räumlich weit getrennt ist vom Angebot einer Ware.[74] Je höher diese Nachfrage ist, desto größer ist das Angebot und folglich der Konsum, der gemessen werden soll. Je höher wiederum der Konsum von Massenprodukten aus dem Fernhandel und je breiter die Konsumentenschicht ist, desto größer ist die Kaufkraft

---

66 Stieda 1887, XCIX. Für Paderborn war das einträglichste Handelsgut Salz (Schoppmeyer 1970, 326).
67 Johansen/von zur Mühlen 1973, 95.
68 Lepp 1993, 67; s. o.
69 Der Name taucht in verschiedenen Schreibweisen auf. Es handelt sich aber mit großer Wahrscheinlichkeit um die gleiche Person.
70 Stieda 1887, 61–77.
71 Johansen/von zur Mühlen 1973, 74.
72 Die Altstadt von Tallinn (amtlich bis 1918 „Reval") wurde 1997 zum UNESCO-Weltkulturerbe erklärt.
73 Zur Zulässigkeit dieses Verfahrens siehe Stephan 1996, 95. Gaimster 1997, 65.
74 Scheffer 2001, 81.

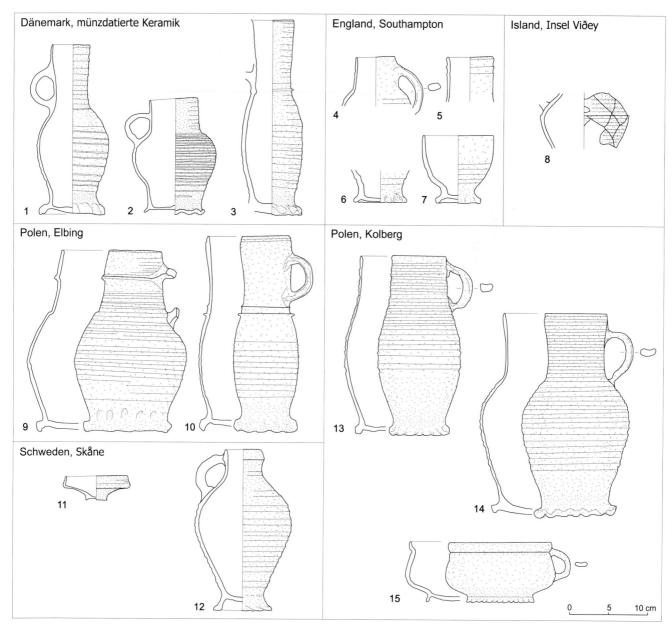

▲ Taf. 1: Vollentwickeltes Siegburger Steinzeug des 14./15. Jahrhunderts in Europa. Die Datierungen folgen den Angaben in der Literatur. Dänemark 1–3: münzdatiert um 1400; England 4–6: um 1400, 7: 1450–1500; Island 8: 14./15. Jh.; Polen (Elbląg/Elbing) 9–10: um 1350; Schweden 11–12: 1475–1550; Polen (Kołobrzeg/Kolberg) 13–15: 2. Hälfte des 14. Jahrhunderts (nach LIEBGOTT 1978, 86 Abb. 102 (1), 88 Abb. 104 (2), 80 Abb. 96 (3); BROWN 2002, 68 Taf. 40,298–301 (4–7); MEHLER 2000, Taf. 9,2. F.Nr. V88-52660 (8); NAWROLSKA 2008, 512 Taf. 4,2–3 (9–10); GAIMSTER 1997, 71 Taf. 3.34,1–2 (11–12); RĘBKOWSKI 1999, 406 Taf. 4,4–6 (13–15)).

der jeweiligen Stadtgesellschaft einzuschätzen.[75] Da sich das keramische Formenspektrum im Mittelalter und in der Frühen Neuzeit oft schnell änderte, lassen sich entsprechende Importstücke in der Regel gut zeitlich einordnen. Für das Spätmittelalter erfüllt allein das Siegburger Steinzeug diese Voraussetzungen, da es weder dem Subsistenzkonsum noch den Luxuswaren zuzurechnen ist.[76] Siegburger Steinzeug weist meist eine rötlich-bräunlich geflammte Oberfläche auf und zeichnet sich zudem durch einen charakteristischen hellen, muschelig brechenden Scherben aus. Produziert wurde es in der gleichnamigen Stadt am Niederrhein[77] von 1300[78] bis in das 17. Jahrhundert, wobei seine Blütezeit in Hinblick auf Verbreitungsraum und -menge um 1550 endete.[79] Weite Teile Mittel- und Nordeuropas wurden von hier aus mit Trink- und Schankgeschirr be-

---

[75] Fernhandel ist dabei immer ein interurbaner Handel (SCHEFFER 2001, 81).

[76] STEPHAN (1982, 106) rechnet Siegburger Steinzeug zum „gängigen Gebrauchsgut" und warnt vor einer nichtangebrachten Nutzung als Luxusindikator (KÖNIG/STEPHAN 1991, 467).

[77] Etwa 25 km südöstlich von Köln. Das Rheinland war im Mittelalter die wichtigste Töpfereiregion im deutschsprachigen Raum (STEPHAN 1982, 99).

[78] Bei ROEHMER (2007, 21) noch vor dem Ende des 13. Jahrhunderts.

[79] STEPHAN 1982, 106.

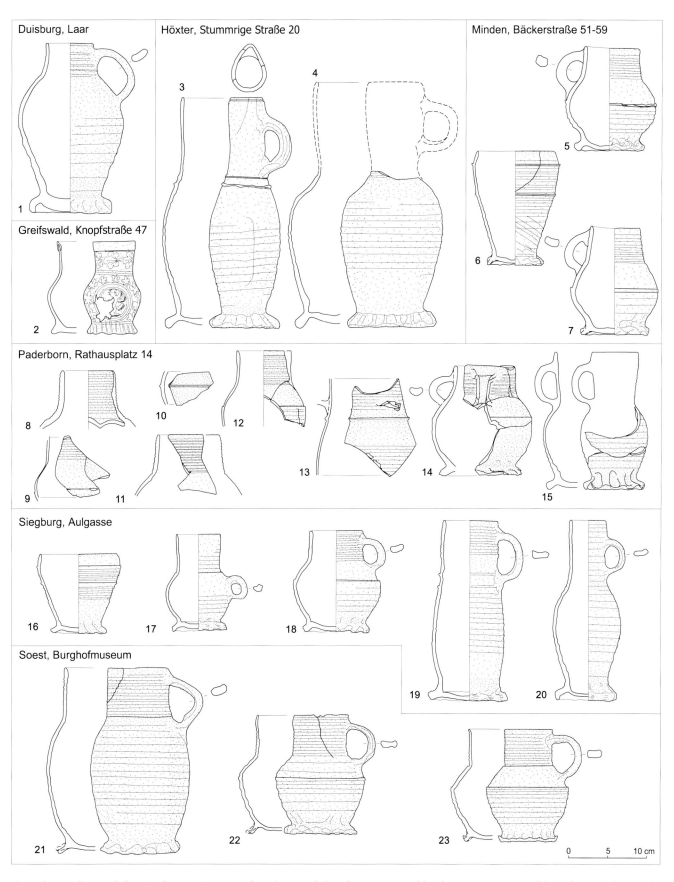

▲ Taf. 2: Vollentwickeltes Siegburger Steinzeug des 14./15. Jahrhunderts in Deutschland. Die Datierungen folgen den Angaben in der Literatur. Duisburg 1: vor 1420; Greifswald 2 (Becher in Lederhülle): 2. Hälfte des 14. Jahrhunderts; Höxter 3–4: Mitte 15. Jahrhundert; Minden 5–7: Spätmittelalter; Paderborn 8–15: münzdatiert 1. Hälfte des 14. Jahrhunderts (Mitteilung P. Ilisch, Münster); Siegburg 16–20: ab 1300; Soest 21–23: 14.–15. Jahrhundert (nach GAIMSTER 1997, 166 Abb. 1 (1); SCHÄFER 2008, 444 Abb. 11 (2); KÖNIG/ STEPHAN 1991, 455 Abb. 10.1–2 (3–4); PEINE 1987, 117 Abb. 52,3–5 (5–7); BECKMANN 1975, Taf. 80,12 (16), Taf. 63,2 (17), Taf. 52,2 (18), Taf. 36,1 (19), Taf. 38,6 (20); MELZER 1995, 239 Abb. 9,4–6 (21–23)). Zeichnung 8–15: Verfasser.

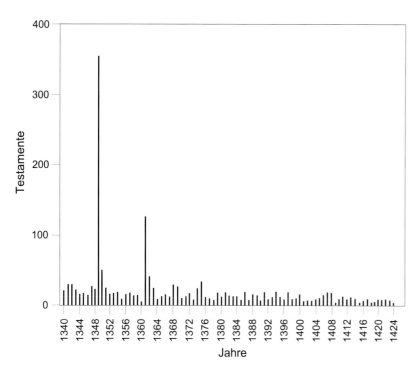

Abb. 6: Testamente der Londoner Bevölkerung, die zwischen 1340 und 1424 im Court of Husting hinterlegt wurden. Dem pestbedingten dramatischen Anstieg des Jahres 1349 folgte eine ebenso plötzliche Phase der Normalisierung. Grafik: O. Heilmann, LWL-Archäologie für Westfalen (nach COHN 2003, 197 Abb. 8.8).

liefert.[80] Die verhandelten Mengen waren so groß, dass die Märkte damit „förmlich überschwemmt"[81] wurden. Keine andere Produktionsstätte vor 1500 erreichte eine vergleichbare Verbreitung ihrer Produkte, die so gut den Kernraum hansischer Aktivitäten abdeckt (Taf. 1).[82]

In Paderborn beträgt der Anteil Rheinischen Importsteinzeugs inklusive Faststeinzeug am keramischen Gesamtfundaufkommen des 14./15. Jahrhunderts durchschnittlich etwa 13 %. Davon entfallen etwa 5 % auf das Siegburger Steinzeug. Für die Region sind diese Werte bereits überdurchschnittlich, obwohl Siegburger Steinzeug „in nahezu jedem spätmittelalterlichen Fundkomplex Westfalens aufzufinden ist"[83] (Taf. 2). Die Mindener Bäckerstraße erbrachte 8 % Stein- und Faststeinzeuganteile, davon entfielen 2 % auf das Siegburger Steinzeug.[84] Im Kloster tom Roden bei Höxter beträgt der Anteil von Stein- und Faststeinzeugen am Gesamtanteil unter 6 %. Siegburger Steinzeug ist daran lediglich mit einem Anteil von unter 1 % vertreten.[85] Für Höxter selbst sind im Vergleich dazu ausgesprochen hohe Steinzeuganteile von 20–30 % publiziert, wobei die Warenarten nicht näher differenziert werden und der Anteil aus dem Rheinland vermutlich deutlich darunter liegt.[86]

Im übrigen Hanseraum ist Siegburger Steinzeug teilweise überproportional vertreten. Dabei ist zu beobachten, dass dieses Vorkommen unmittelbar mit der Bedeutung der jeweiligen Stätte für den Handel zusammenhängt. In Bergen, dem Standort der „Deutschen Brücke", ist Siegburger Steinzeug im 15. Jahrhundert die zweithäufigste Warenart.[87] In Klaipeda (Memel) ist die Keramik des 14./15. Jahrhunderts „weitgehend mit der Töpferei der westeuropäischen Städte verbunden", bis 1540 ein erster lokaler Töpfer nachzuweisen ist, der bezeichnenderweise einen deutschen Namen trägt.[88] E. Russow stellt für Westestland fest, dass im 14./15. Jahrhundert hauptsächlich deutsches Steinzeug[89] importiert wurde, wobei Riga und Reval als Drehscheiben fungierten.[90]

Die Frage nach der Eignung als Transportbehälter für Primärwaren[91] wird durch einen Eintrag im Lübecker Pfundzollbuch von 1493 beantwortet, der Keramik klar als Handelsgut identifiziert: Kaufmann Henningk Wilkens lässt demnach „1 vat mit kannen" von Lübeck nach Fehmarn transportieren, zwei Jahre später enthält das Transportfass zusätzlich Grapen.[92] Eintragungen in den Southampton Portbooks beschreiben wiederholt die Ankunft von „painted pots" in Kisten („cases").[93]

Über- und Neubewertung der Pestfolgen

Der archäologisch nachweisbare intensive Handel mit Töpfereiprodukten aus dem Rheinland setzt ein funktionierendes Netzwerk voraus, welches die Hanse bieten konnte. Die Folgen der Pest können die Wirtschaft folglich nicht in einem Maße getroffen haben, das sie nachhaltig hätte einbrechen lassen. Alles spricht dafür, dass die Alltagsgeschäfte rasch wieder aufgenommen wurden. 1350 lässt sich für Paderborn anhand des Rentenhandels diese Rückkehr zur Normalität klar verfolgen.[94] Der Rat unterstützte dies und versuchte gar, das Ausmaß der Seuche herunterzuspielen.[95] Für die Kurzfristigkeit der ersten Pestwelle spricht auch eine englische Quelle, die uns die Anzahl der Testamente überliefert hat,

---

80 Die Keramik ist damit „eines der wenigen Zeugnisse des intensiven wirtschaftlichen, geistigen und personellen Austausches zwischen den Regionen im Spätmittelalter, der für die Entwicklung und das Wohlergehen der dort lebenden Menschen erhebliche Bedeutung hatte" (DEMUTH 2000, 71).
81 STEPHAN 1996, 96.
82 STEPHAN 1996, 98.
83 Sie ist auch hier ein „geläufiges Gebrauchsgut" (GAI 1995, 83). STEPHAN (1996, 98) sieht einen Zusammenhang zwischen den hohen Vorkommen an Siegburger Steinzeug in Westfalen und den Aktivitäten des Erzbischofs von Köln, weshalb entsprechendes Material in Münden und Göttingen signifikant seltener anzutreffen sei.
84 PEINE 1988, 79.
85 RÖBER 1990, 121. Diese Zahlen sind nicht ohne weiteres miteinander vergleichbar, besonders jene für das Kloster tom Roden. Es liegen jedoch aus dem gesamten Hanseraum kaum veröffentlichte Gesamtzahlen oder Verbreitungskarten vor, was mit der jeweils nur ausschnitthaften Bearbeitung des Materials zusammenhängt.

86 KÖNIG/STEPHAN 1991, 468. Zudem sei auf die Bedeutung des Weserhafens verwiesen.
87 DEMUTH 2000, 67.
88 GENYS 2010, 12.
89 Aus dem Rheinland, Niedersachsen und Sachsen.
90 RUSSOW 2006, 252.
91 STEPHAN 1996, 96.
92 VOGTHERR 1996, 1695.
93 BROWN 2002, 132. Gleiches dürfte für den Fernhandel über Land zutreffen.
94 SCHOPPMEYER 1999, 298. DREWNIOK 1993, 86.
95 SCHOPPMEYER 1999, 295.

die zwischen 1340 und 1424 im Court of Husting in London deponiert wurden (Abb. 6). Ein dramatischer Anstieg um das 10fache im Jahr 1349 steht einer unmittelbar anschließenden Normalisierung im Folgejahr gegenüber.[96] Einen starken Einbruch mit einer deutlich längeren Erholungsphase von mindestens 20 Jahren zeigt hingegen die Entwicklung der englischen Handelsmarine im 14. Jahrhundert. Symptomatisch ist besonders die Dezimierung der Besatzungen, denn die Anzahl der Schiffe, die in See stachen, nimmt nicht in gleichem Maße ab (Abb. 7)[97].

Wirtschaftstheoretischer Strukturwandel
Zusammenfassend lässt sich konstatieren, dass wir es, unabhängig vom tatsächlichen Ausmaß der Pest, mit zwei getrennten, scheinbar gegensätzlichen Entwicklungen für Stadt und Land zu tun haben, die bereits der Wirtschaftshistoriker F. Lütge in seiner „Deutschen Sozial- und Wirtschaftsgeschichte" beschrieben hat:[98] Die Pest hätte demnach ab dem 14. Jahrhundert durch die Verschiebung der Güter für einen tiefen strukturellen Umbruch gesorgt. In den Städten starb zwar eine zurzeit noch nicht näher bestimmbare große Anzahl an Menschen, im Gegensatz zu bewaffneten Konflikten blieben ihre Güter vor Ort aber erhalten. Lütge schließt daraus, dass sich die stark dezimierte Zahl der Stadtbevölkerung diese Güter aneignete und in der Folge Konsumgüter in einem stärkeren Maße zur Verfügung standen.[99] „In den Händen der Überlebenden ballte sich Kaufkraft zusammen".[100] Es stehen nun mehr Zahlungsmittel für weniger Bewohner zur Verfügung. Ein „Aufblühen der Städte"[101] ist ebenso zu beobachten wie „ein goldenes Zeitalter für Handwerker und Lohnarbeiter"[102]. Handwerker und Kaufleute wurden nahezu gleichberechtigt, was in der Produktion dazu führte, dass einfachere Gebrauchsgüter durch aufwendigere Stücke ergänzt bzw. ersetzt wurden. Die daraus resultierende steigende Nachfrage nach entsprechenden Waren belebte den Handel, in besonderem Maße aber den Fernhandel.[103] Die Konzentration von Reichtum und Kaufkraft in den Städten übte eine große Anziehungskraft auf die Landbevölkerung aus, die ihre landwirtschaftlichen Produkte auf

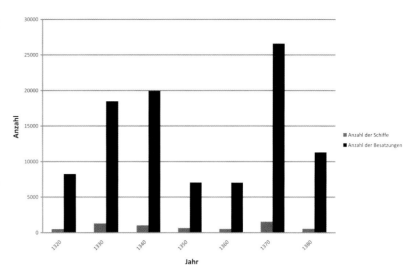

▲ Abb. 7: Anzahl der Schiffe der englischen Handelsmarine in Relation zur Größe ihrer Crews zwischen den Jahren 1320 und 1380. Grafik: Verfasser (nach LAMBERT/AYTON 2012 und Daten, die von C. Lambert und A. Ayton in einem Vortrag („The Merchant Fleet of Fourteenth Century England") auf dem 6. Internationalen Kongress zur Seegeschichte (IMEHA) am 05.07.2012 in Gent/Belgien präsentiert wurden).

den Märkten mangels Käufer ohnehin nicht mehr absetzen konnte. Zudem waren nach Lütge die Städte als Ballungsräume von dem Massensterben weit mehr betroffen als das Land, wo das Infektionsrisiko geringer war.[104] Es kam daher zu einer Überproduktion und schließlich zu einem massiven Preisverfall für Getreide, dem ein Anstieg der Preise für die mittlerweile von Seiten der Stadtbevölkerung stark nachgefragten gewerblichen Produkte gegenüberstand, aber auch ein Anstieg der Arbeiterlöhne. Eine „Agrarkrise"[105] mit starker Landflucht war die Folge, deren Prozess Lütge als „Dynamik der Schrumpfung"[106] bezeichnet. Damit verbunden wären demnach auch die starke Abwanderungsbewegung in die Städte und die bereits beschriebene Wüstungsbildung im ländlichen Bereich.[107] Somit hätte die Pest die Landflucht lediglich indirekt ausgelöst.

Diese modellhaft gezeichnete Entwicklung wäre auf alle von der Pest betroffenen Gebiete anwendbar, also auf ganz Europa, wird aber durch bestehende Wirtschaftsräume mit kanalisierender Wirkung beschränkt, was sich durch die Verbreitung beliebter Gebrauchsgüter, wie dem Trink- und Schankgeschirr aus dem Rheinland, archäologisch gut belegen lässt.[108] Für Paderborn und Westfalen ist dieser Wirtschaftsraum im Wesentlichen der Hanseraum.

Für eine Bevölkerungsverschiebung aus dem direkten Umland nach Paderborn gibt es keine erhaltenen Belege. Den Vorgang auf ein lokales, eng umgrenztes Ereignis zu reduzieren, würde der Mobilität des spätmittelalterlichen Menschen, die durch die Ausbreitungsgeschwindigkeit der Pest eindrucksvoll bewiesen ist, auch nicht gerecht werden. Lütges Modell impliziert dies aber

---

96 COHN 2003, 197.
97 Die Datenbasis wurde dem Vortrag „The Merchant Fleet of Fourteenth Century England", gehalten von Craig Lambert und Andrew Ayton (University of Hull) am 5. Juli 2012 auf dem 6. Internationalen Kongress zur Seegeschichte (IMEHA) vom 2.–6. Juli 2012 in Gent/Belgien, entnommen. Die Daten werden, nach freundlicher Mitteilung von Andrew Ayton, noch ergänzt und sind daher als provisorisch zu betrachten.
98 LÜTGE 1966, 203ff. auf Basis der Ausarbeitungen Wilhelm Abels.
99 LÜTGE 1966, 201.
100 LÜTGE 1966, 204.
101 LÜTGE 1966, 204.
102 HENN 1976/77, 259f.
103 LÜTGE 1966, 205.

104 LÜTGE 1966, 201.
105 LÜTGE 1966, 203.
106 LÜTGE 1966, 202. Vgl. ZINN 1989, 193.
107 Bergmann übernimmt Lütges bzw. Abels Modell für die Wüstungen des Geseker Hellwegraumes (BERGMANN 1989, 190).
108 Es ist ein Desiderat diese flächendeckende Verbreitung in Einzelstudien nachzuweisen.

auch nicht zwangsläufig. Der Massenexodus aus dem ländlichen Raum hatte, wenn er denn so stattgefunden hat, kein einheitliches Ziel, sondern orientierte sich in erster Linie an bestehenden Kontakten.

Zusammenfassung

Die Hanse war auch für ihre Mitgliedsstädte im Binnenland kein einfacher Zweckverband, sie förderte vielmehr das Bilden von Netzwerken, die über den bloßen Warenverkehr weit hinausgingen und gleichermaßen das Umland miteinschlossen. So haben die Bürger Paderborns, wie vermutlich ebenso die Landbevölkerung, auch nach dem Bedeutungsverlust ihrer Stadt im hansischen Bund noch lange von vormaligen, oft persönlichen Verbindungen profitiert.

Auf diese Weise ist der Umstand zu erklären, dass Livland und Westfalen zwar räumlich weit voneinander entfernt liegen, sich die Oberschicht in Reval und Riga aber größtenteils aus rheinischen und westfälischen Zuwanderern zusammensetzte. Keine anderen Städte im Ostseeraum weisen für das Spätmittelalter höhere Immigrationsquoten aus Westfalen auf. Dies hatte zur Folge, dass auch der überwiegende Teil der Sachkultur aus dem Westen importiert wurde. Erhaltungsbedingt ist davon heute die Keramik am besten geeignet, mit ihrem Vorkommen an unterschiedlichen Orten für den Nachweis von Fernhandelsbeziehungen und wirtschaftlicher Prosperität herangezogen zu werden. Die beiden livländischen Handelsstädte fungierten praktisch als Kolonien. Der größte Teil des über Lübeck abgewickelten Ostseehandels hatte diese beiden Orte zum Ziel. Nur hier lassen sich die eingangs erwähnten Umwelteinflüsse auf das Alltagsleben und die urbane Wirtschaft so unverfälscht im archäologischen Fundmaterial nachweisen. Das Spektrum der Sachkultur wird dabei nicht durch übermäßigen Reichtum verzerrt wie etwa im wesentlich größeren und wohlhabenderen Lübeck.[109] Überdies gab es in Riga und Reval verhältnismäßig mehr Endabnehmer, während Lübeck in erster Linie als Drehscheibe für den Ostseehandel fungierte. Feststehende Versorgungslinien über See, die akribische Dokumentation von Ein- und Ausfuhren, umfangreiches Material zu Gilden, Bruderschaften und städtischen Behörden sowie zahlreiche neuere Grabungen machen Reval und Riga zu einer Fundgrube für die historisch-archäologische Hanseforschung. Resultierend aus einer gemeinsamen kulturellen Prägung vereinheitlichte sich die Sachkultur in den meisten Hansestädten ab dem 14. Jahrhundert.[110]

Massengüter wie das nahezu vollständig importierte Trink- und Schankgeschirr, zu dem im Wesentlichen das Siegburger Steinzeug zählt, können uns heute als Wirtschaftsindikatoren dienen, um die lang- oder kurzfristigen Folgen des Großen Sterbens auf das Konsumverhalten der spätmittelalterlichen Stadtgesellschaft näher zu beleuchten.[111]

Auf diese Weise bekommen auch archäologische Sachzeugnisse als Ergänzung zu den spärlichen Schriftquellen und den zunehmend wichtiger werdenden molekularbiologischen Analysenmöglichkeiten eine Aussagekraft in der Seuchenforschung und das Verhalten in historischen Krisensituationen so direkte Bezüge zur Neuzeit. Eine große Rolle spielt dabei das Revaler Rats- bzw. Stadtarchiv, das eines der besterhaltenen und vollständigsten Archive einer Hansestadt überhaupt ist und für die Geschichte ganz Nordeuropas einen unschätzbaren Wert darstellt.[112] Die Wirtschaftsgeschichte Paderborns sowie das vielfach dargestellte Phänomen der Massenabwanderungen aus dem Paderborner Umland lassen sich so für das Spätmittelalter trotz der großen Quellenabgänge in den vergangenen Jahrhunderten historisch und archäologisch in wichtigen Bereichen aufhellen. Der intensive Warenaustausch und das massenhafte Auftreten von Importgütern im archäologischen Befund belegen einen nahezu ungebremsten Konsum und zeigen, dass die Wirtschaft Paderborns und anderer westfälischer Städte trotz der immer wiederkehrenden Pest alles andere als gelähmt war, sondern sich durch ein großes Engagement ihrer Kaufleute besonders im Livlandhandel auszeichnete. Die besonderen grenzüberschreitenden Beziehungen in den Ostseeraum, speziell zum zweifellos bedeutenderen Reval, in dem gerade in den auf die ersten Pestwellen folgenden Jahren zahlreiche Paderborner auch in hohen öffentlichen Ämtern belegt sind,[113] haben dabei möglicherweise geholfen, die Folgen der Epidemien, deren Bewertung sich in einem grundsätzlichen Revisionsprozess befindet, „in Grenzen" zu halten.

Literatur

Abel 1978
  W. Abel, Agrarkrisen und Agrarkonjunktur. Eine Geschichte der Land- und Ernährungswirtschaft Mitteleuropas seit dem hohen Mittelalter. Hamburg 1978.

Beckmann 1975
  B. Beckmann, Der Scherbenhügel in der Siegburger Aulgasse, Bd. 1. Bonn 1975.

---

109 Von Brandt nennt Reval daher auch „eine der echtesten Hansestädte" (von Brandt 1965, V).

110 Russow (2006, 253) spricht von einer „Hanseatischen Kultur".

111 Der Absatz von Nord-, West, und Mitteleuropas meistverbreiteter keramischer Warenart des Spätmittelalters ist bis heute nicht hinreichend aufgearbeitet. „Hier verbleiben mithin weite und ertragreiche Arbeitsfelder für die Zukunft" (Stephan 1996, 96).

112 Bereits Schoppmeyer (1970, 314) weist in seiner bis heute gültigen Ausarbeitung zu „Paderborn als Hansestadt" auf die Bedeutung der auswärtigen Archive und Quellenpublikationen für diese Epoche hin.

113 Sprenger 1995, 18.

BERGDOLT 2011
K. Bergdolt, Die Pest. Geschichte des Schwarzen Todes. München 2011.

BERGMANN 1989
R. Bergmann, Die Wüstungen des Geseker Hellwegraumes. Studien zur mittelalterlichen Siedlungsgenese einer westfälischen Getreidebaulandschaft. Münster 1989.

BAUER u. a. 2011
P. Bauer, K. Bos, H. Burbano, B. Coombes, S. Dewitte, D. Earn, G. Golding, D. Herring, J. Krause, J. McPhee, M. Meyer, H. Poinar, S. Schmedes, V. Schünemann, N. Waglechner, J. Wood, A draft genome of Yersinia pestis from victims of the Black Death. Nature 478, Oct. 2011, 506–510.

VON BRANDT 1965
A. von Brandt, Gedenkschrift für Paul Johansen. Hansische Geschichtsblätter 83. Münster 1965, V–X.

BROWN 2002
D. Brown, Pottery in medieval Southampton c 1066–1510. York 2002.

BULST 1985
N. Bulst, Vier Jahrhunderte Pest in niedersächsischen Städten. Vom Schwarzen Tod (1349–1351) bis in die erste Hälfte des 18. Jahrhunderts. In: C. Meckseper (Hrsg.), Stadt im Wandel – Kunst und Kultur des Bürgertums in Norddeutschland 1150–1650, Bd. 4. Stuttgart 1985, 251–270.

COHN 2003
S. Cohn, The Black Death transformed: disease and culture in early Renaissance Europe, London 2003.

DEMUTH 2000
V. Demuth, Keramik aus dem Weserraum in Bergen – Zeugnis mittelalterlichen Fernhandels zwischen dem Weserbergland und dem westlichen Norwegen. In: N. Humburg, J. Schween, (Hrsg.), Die Weser, ein Fluß in Europa. Leuchtendes Mittelalter. Holzminden 2000, 62–71.

DECKER 1977
R. Decker, Bürgermeister und Ratsherren in Paderborn vom 13. bis zum 17. Jahrhundert. Paderborn 1977.

DECKER 1999
R. Decker, Die Geschichte des Hauses Rathausplatz 14 und seiner Bewohner. Mitteilungen des Vereins für Geschichte an der Universität Paderborn 12. Paderborn 1999, 21–29.

DREWNIOK 1993
M. Drewniok, Das Busdorfstift in Paderborn. Wirtschaftsgeschichte eines westfälischen Kollegiatstiftes im Mittelalter. Münster 1993.

FEYERABEND 1985
L. Feyerabend, Die Rigaer und Revaler Familiennamen im 14. und 15. Jahrhundert, unter besonderer Berücksichtigung der Herkunft der Bürger. Köln 1985.

GAI 1995
A. S. Gai, Bruchstücke bürgerlichen Lebens. In: B. Trier (Hrsg.), Grabungskampagne Paderborn 1994. Archäologische und historische Forschungen zur Siedlungsgeschichte am Kamp. Münster 1995, 79–143.

GAIMSTER 1997
D. Gaimster, German Stoneware 1200–1900. London 1997.

GENYS 2010
J. Genys, Klaipėdos pilies ir senamiesčio buitinė keramika XIV a. vid – XIX a. Klaipeda 2010.

GRAINGER u. a. 2008
I. Grainger, D. Hawkins, L. Cowal, R. Mikulski, The Black Death cemetery, East Smithfield London. London 2008.

HEMANN 2005
F.-W. Hemann, Westmünsterländische Städte im hansischen Verband. Westfälische Zeitschrift 155. Paderborn 2005, 9–35.

HENN 1976/77
V. Henn, Handwerk und Gewerbe im Spätmittelalterlichen Paderborn. Westfälische Zeitschrift, Zeitschrift für Vaterländische Geschichte und Altertumskunde 126/127. Münster 1976/77, 259–288.

HENKEL 1973
G. Henkel, Die Wüstungen des Sintfeldes. Eine historisch-geografische Untersuchung zur Genese einer alten westfälischen Kulturlandschaft. Paderborn 1973.

HENKEL 1991
G. Henkel, Zur Verdichtung des dörflichen Siedlungsraumes der Paderborner Hochfläche vom 18. bis zum 20. Jahrhundert. In: A. Mayr, K. Temlitz (Hrsg.), Spieker, Nr. 35. Münster 1991, 183–200.

HÖHL 2002
M. Höhl, Die Pest in Hildesheim. Krankheit als Krisenfaktor im städtischen Leben des Mittelalters und der Frühen Neuzeit (1350–1750). Hildesheim 2002.

HÖMBERG 1967
A. K. Hömberg, Westfälische Landesgeschichte. Münster 1967.

IGEL 2002
K. Igel, Von Wachs und Wein zum Leinen – Gedanken zum Osnabrücker Handel im Mittelalter. In: W. Schlüter (Hrsg.), Mercatorum et Monetam – 1000 Jahre Markt-, Münz- und Zollrecht in Osnabrück. Schriften zur Archäologie des Osnabrücker Landes Bd. III. Osnabrück 2002, 197–216.

JANSEN 1900
M. Jansen (Hrsg.), Cosmidromius Gobelini Person. Münster 1900, Cap. 69; 57–58.

JARITZ 1986
G. Jaritz, Leben um zu Sterben. In: H. Kühnel (Hrsg.), Alltag im Spätmittelalter. Graz 1986, 121–148.

LIEBGOTT 1978
N.-K. Liebgott, Danske Fund af møntdateret Keramik, ca. 950–1450. Kopenhagen 1978.

JOHANSEN/VON ZUR MÜHLEN 1973
P. Johansen, H. von zur Mühlen, Deutsch und Undeutsch im mittelalterlichen und frühneuzeitlichen Reval. Marburg 1973.

KÖNIG/STEPHAN 1991
A. König, H.-G. Stephan, Untersuchungen einer spätmittelalterlichen Kloake in Höxter. Interdisziplinäre Beiträge zur archäologischen Erforschung von Sachgütern, Ernährung, Entsorgung und Umwelt des ausgehenden Mittelalters im Weserbergland. In: B. Trier (Hrsg.), Ausgrabungen und Funde in Westfalen-Lippe 6/B. Münster 1991, 445–523.

LAMBERT/AYTON 2012
C. Lambert, A. Ayton, The Mariner in Fourteenth-Century England. In: W. Ormrod (Hrsg.), Fourteenth Century England VII. New York 2012.

LECHNER 1884
K. Lechner, Das Große Sterben in Deutschland in den Jahren 1348 bis 1351. Innsbruck 1884.

LECHNER 1935
G. Lechner, Die Hansischen Pfundzolllisten des Jahres 1368 (18. März 1368 bis 10. März 1369). Quellen und Darstellungen zur Hansischen Geschichte Bd. X. Lübeck 1935.

LEPP 1993
A. Lepp, Tallinna Keskaegsest Materiaalsest Kultuurist Arheoloogiliste Leidude Põhjal. Tallinna Linnamuuseumi Aastaraamat II. Tallinn 1993, 45–69.

LÜTGE 1966
F. Lütge, Deutsche Sozial- und Wirtschaftsgeschichte, ein Überblick. Berlin 1966.

MEHLER 2000
N. Mehler, Die mittelalterliche Keramik Islands. Unpublizierte Magisterarbeit der Otto-Friedrich-Universität Bamberg 2000.

MELZER 1995
W. Melzer, Mittelalterliche und frühneuzeitliche Keramik im Burghofmuseum von Soest. In: B. Trier (Hrsg.), Zur Regionalität der Keramik des Mittelalters und der Neuzeit. Beiträge des 26. Internationalen Hafnerei-Symposiums, Soest 5.10.–9.10.1993. Bonn 1995, 229–226.

METELING 2001
W. Meteling, Gesundheitsfürsorge. In: S. Lorenz, T. Zotz (Hrsg.), Spätmittelalter am Oberrhein. Alltag, Handwerk und Handel 1350 – 1525. Stuttgart 2001, 481–489.

NAWROLSKA 2008
G. Nawrolska, A way of life. Luxury in a medieval town. In: M. Gläser (Hrsg.), Lübecker Kolloquium zur Stadtarchäologie im Hanseraum VI: Luxus und Lifestyle. Lübeck 2008, 509–527.

PEINE 1987
H.-W. Peine, Das Haushaltsgeschirr im Mittelalter – Eine Darstellung anhand Mindener Bodenfunde. In: B. Trier (Hrsg.), Ausgrabungen in Minden – Bürgerliche Stadtkultur des Mittelalters und der Neuzeit. Münster 1987, 109–130.

PEINE 1988
H.-W. Peine, Untersuchungen zur mittelalterlichen Keramik Mindens. Bonn 1988.

PETRI 1955
F. Petri, Westfalen, Hanse, Ostseeraum. Münster 1955.

REBKOWSKI 1999
M. Rebkowski, Archäologische Erkenntnisse zum Handel in Kolberg vom 13. bis zum 15. Jahrhundert. In: M. Gläser (Hrsg.), Lubecker Kolloquium zur Stadtarchäologie im Hanseraum II: Der Handel. Lübeck 1999, 403–414.

REINCKE 1954
H. Reincke, Bevölkerungsverluste der Hansestädte durch den Schwarzen Tod 1349/50. Hansische Geschichtsblätter 72. Münster 1954, 88–90.

RIERING 1955
B. Riering, Das westliche Münsterland im hansischen Raum. In: F. Petri (Hrsg.), Westfalen, Hanse, Ostseeraum. Münster 1955, 170–208.

ROEHMER 2007
M. Roehmer, Siegburger Steinzeug. Die Sammlung Schulte in Meschede. Münster 2007.

RÖBER 1990
R. Röber, Hoch- und spätmittelalterliche Keramik aus der Klosteranlage tom Roden. Bonn 1990.

RUSSOW 2006
E. Russow, Importkeraamika Lääne-Eesti linnades 13.–17. Sajandil. Tallinn 2006.

SCHÄFER 2008
H. Schäfer, Zur Lebensweise Greifswalder Bürger im späten Mittelalter aus archäologischer Sicht. In: M. Gläser (Hrsg.), Lübecker Kolloquium zur Stadtarchäologie im Hanseraum VI: Luxus und Lifestyle. Lübeck 2008, 437–447.

SCHEFFER 2001
M. Scheffer, Fernhandel. In: S. Lorenz, T. Zotz (Hrsg.), Spätmittelalter am Oberrhein. Alltag, Handwerk und Handel 1350 – 1525. Stuttgart 2001, 81–88.

SCHOPPMEYER 1970
H. Schoppmeyer, Paderborn als Hansestadt. Westfälische Zeitschrift 120. Münster 1970, 313–376.

SCHOPPMEYER 1999
H. Schoppmeyer, Die Spätmittelalterliche Bürgerstadt (1200 – 1600). In: F. Göttmann, K. Hüser, J. Jarnut (Hrsg.), Paderborn, Geschichte der Stadt in ihrer Region. Paderborn 1999, 199–473.

SPRENGER 1995
R. Sprenger, Paderborner Handel zur Zeit der Hanse, 11. bis 17. Jahrhundert. Paderborn 1995.

STEPHAN 1982
H.-G. Stephan, Die mittelalterliche Keramik in Norddeutschland (1200–1500). In: R. Pohl-Weber (Hrsg.), Aus dem Alltag der mittelalterlichen Stadt. Bremen 1982, 65–122.

STEPHAN 1996
H.-G. Stephan, Deutsche Keramik im Handelsraum der Hanse. Überlegungen zur mittelalterlichen Exportkeramik, zur Nachwirkung von Wirtschaftsverbindungen in der Neuzeit und zur kulturellen Prägung. In: G. Wiegelmann, R. Mohrmann (Hrsg.), Nahrung und Tischkultur im Hanseraum. Beiträge zur Volkskultur in Nordwestdeutschland Bd. 91. Münster 1996, 95–123.

STIEDA 1887
W. Stieda, Revaler Zollbücher und –quittungen des 14. Jahrhunderts, Halle/S. 1887.

VOGTHERR 1996
H.-J. Vogtherr, Die Lübecker Pfundzollbücher 1492 – 1496. Teil 3, 4. Köln 1996.

VOGTHERR 2001
H.-J. Vogtherr, Livlandhandel und Livlandverkehr Lübecks am Ende des 15. Jahrhunderts. In: N. Angermann, P. Kaegbein (Hrsg.), Fernhandel und Handelspolitik der baltischen Städte in der Hansezeit. Beiträge zur Erforschung mittelalterlicher und frühneuzeitlicher Handelsbeziehungen und -wege im europäischen Rahmen. Lüneburg 2001, 201–237.

ZINN 1989
K.-G. Zinn, Kanonen und Pest. Über die Ursprünge der Neuzeit im 14. und 15. Jahrhundert. Opladen 1989.

Autorenverzeichnis

Almuth Alsleben
Akademie der Wissenschaften und der Literatur
Mainz
Projekt Siedlungen der Bronzezeit
Arbeitsstelle Schleswig
Haddebyer Chaussee 14
24866 Busdorf/Schleswig
alsleben@schloss-gottorf.de

Jan Joost Assendorp
Niedersächsisches Landesamt für Denkmalpflege /
Stützpunkt Lüneburg
Auf der Hude 2
21339 Lüneburg
jan-joost.assendorp@nld.niedersachsen.de

Florian Baack
Zimmermannstr. 64, App. 103
37075 Göttingen
Florian.Baack@gmx.de

Ivonne Baier
Freie Universität Berlin
Institut für Prähistorische Archäologie
Altensteinstraße 15
14195 Berlin
ivon@sblogic.de

Ines Beilke-Voigt
Freie Universität Berlin
Exzellenzcluster Topoi
Hittorfstr. 18
14195 Berlin
ibvoigt@julio.de

Hans-Jürgen Beug
Walther-Nernst-Weg 9
37073 Göttingen
hj.beug@arcor.de

Jan Bock
Georg-August-Universität Göttingen
Seminar für Ur- und Frühgeschichte
Nikolausberger Weg 15
37073 Göttingen
Jan.Bock@gmx.de

Felix Biermann
Georg-August-Universität Göttingen
Seminar für Ur- und Frühgeschichte
Nikolausberger Weg 15
37073 Göttingen
felix.biermann@phil.uni-goettingen.de

Sebastian Brather
Albert-Ludwigs-Universität Freiburg
Institut für Archäologische Wissenschaften
Abteilung für Frühgeschichtliche Archäologie und
Archäologie des Mittelalters
Belfortstrasse 22
79098 Freiburg i. Br.
brather@ufg.uni-freiburg.de

Jan-Heinrich Bunnefeld
Georg-August-Universität Göttingen
Seminar für Ur- und Frühgeschichte
Nikolausberger Weg 15
37073 Göttingen
jan-heinrich.bunnefeld@gmx.de

Sandra Busch-Hellwig
Georg-August-Universität Göttingen
Seminar für Ur- und Frühgeschichte
Nikolausberger Weg 15
37073 Göttingen
sandra.busch-hellwig@gmx.de

Jörg Christiansen
Georg-August-Universität Göttingen
Albrecht-v.-Haller-Institut für Pflanzenwissenschaften
Abteilung für Palynologie
Wilhelm-Weber-Str. 2a
37073 Göttingen
J.Christiansen@biologie.uni-goettingen.de

Jan Dąbrowski
ul. Marsylska 5 m. 18
02-763 Warszawa, Polen
jotde1@wp.pl

Peter Ettel
Friedrich-Schiller-Universität Jena
Bereich für Ur- und Frühgeschichte
Löbdergraben 24a
07743 Jena
P.Ettel@uni-jena.de

Jochen Fahr
Fichtestr. 27
04275 Leipzig
jfahr@archlsa.de

Dorothea Feiner
Angerstraße 1
37073 Göttingen
d.feiner@web.de

Tobias Gärtner
Universität Regensburg
Lehrstuhl für Vor- und Frühgeschichte
Universitätsstraße 31
93053 Regensburg
tobias.gaertner@geschichte.uni-regensburg.de

Michael Geschwinde
Niedersächsisches Landesamt für Denkmalpflege /
Stützpunkt Braunschweig
Husarenstraße 75
38102 Braunschweig
Michael.Geschwinde@nld.niedersachsen.de

Julia Goldhammer
Niedersächsisches Institut für historische
Küstenforschung
Viktoriastr. 26/28
26382 Wilhelmshaven
julia.goldhammer@nihk.de

Immo Heske
Georg-August-Universität Göttingen
Seminar für Ur- und Frühgeschichte
Nikolausberger Weg 15
37073 Göttingen
iheske@gwdg.de

Robert Hintz
Braunschweigisches Landesmuseum
Burgplatz 1
38100 Braunschweig
robert-hintz@gmx.de

Susanne Jahns
Brandenburgisches Landesamt für Denkmalpflege
und Archäologisches Landesmuseum
Wünsdorfer Platz 4-5
15806 Zossen OT Wünsdorf
susanne.jahns@bldam-brandenburg.de

Romas Jarockis
Klaipėda University
Institute of Baltic Region and History
Tilzes Str. 13
LT – 91251 Klaipėda
romasjarockis@yahoo.com

Bettina Jungklaus
Anthropologie-Büro Jungklaus
Weißwasserweg 4
12205 Berlin
info@anthropologie-jungklaus.de

Andreas Kieseler
Georg-August-Universität Göttingen
Graduiertenkolleg „Interdisziplinäre
Umweltgeschichte"
Bürgerstraße 50
37073 Göttingen
andik80@gmx.de

Wiebke Kirleis
Christian-Albrechts-Universität Kiel
Institut für Ur- und Frühgeschichte
Archäobotanik / Environmental Archaeology
Johanna-Mestorf-Strasse 2-6
24118 Kiel
wiebke.kirleis@ufg.uni-kiel.de

Hanna Kóčka-Krenz
Instytut Prahistorii UAM
Sw. Marcin 78
61-809 Poznań, Polen
kockrenz@amu.edu.pl

Rüdiger Krause
Goethe-Universität Frankfurt am Main
Institut für Archäologische Wissenschaften
Vor- und Frühgeschichte
Grüneburgplatz 1
60323 Frankfurt (Main)
R.Krause@em.uni-frankfurt.de

Sebastian Kriesch
Georg-August-Universität Göttingen
Seminar für Ur- und Frühgeschichte
Nikolausberger Weg 15
37073 Göttingen
skriesc@gwdg.de

Christoph Kühne
LWL-Archäologie für Westfalen
Stadtarchäologie Paderborn
Busdorfwall 2
33098 Paderborn
christoph.kuehne@paderborn.com

Achim Leube
Fichtelbergstr. 30
12685 Berlin
aui.leube@t-online.de

Dietrich Meier
Projekt Siedlungen der Bronzezeit
Schloss Gottorf
24837 Schleswig
meier@schloss-gottorf.de

Sebastian Messal
Abteilung Kulturgüterschutz / SPP 1630 - Ostseehäfen
Deutsches Archäologisches Institut
Podbielskieallee 69-71
D-14195 Berlin
Sebastian.Messal@dainst.de

Doris Mischka
Friedrich-Alexander Universität Erlangen-Nürnberg
Institut für Ur- und Frühgeschichte
Kochstr. 4/18
91054 Erlangen
doris.mischka@fau.de

Katharina Möller
Bangor University
School of History, Welsh History & Archaeology
College Road
Bangor
Gwynedd LL57 2DG
United Kingdom
katharina_moeller@yahoo.de

Michael Müller-Wille
Holtenauer Str. 178
24105 Kiel
mmw.kiel@t-online.de

Hans-Jörg Nüsse
Freie Universität Berlin
Institut für Prähistorische Archäologie
Altensteinstraße 15
14195 Berlin
hjnuesse@fu-berlin.de

Sigmund Oehrl
Akademie der Wissenschaften zu Göttingen
„Runische Schriftlichkeit in den germanischen Sprachen"
Skandinavisches Seminar
Georg-August-Universität Göttingen
Käte-Hamburger-Weg 3
37073 Göttingen
sigmund.oehrl@zentr.uni-goettingen.de

Julia Opitz
Glenetalstraße 9
31061 Alfeld
opitz.juli@gmail.com

Mario Pahlow
Niedersächsisches Landesamt für Denkmalpflege
Referat Archäologie
Scharnhorststr. 1
30175 Hannover
Mario.Pahlow@nld.niedersachsen.de

Gwendolyn Peters
Christian-Albrechts-Universität Kiel
Institut für Ur- und Frühgeschichte
Archäobotanik / Environmental Archaeology
Johanna-Mestorf-Strasse 2-6
24118 Kiel

Martin Posselt
Posselt & Zickgraf Prospektionen GbR
Büro Traisa
Fürthweg 9
64367 Mühltal
Posselt@pzp.de

Anja Schaffernicht
Georg-August-Universität Göttingen
Seminar für Ur- und Frühgeschichte
Nikolausberger Weg 15
37073 Göttingen
schaffernichta@aol.com

Thomas Schatz
Boden & Geoarchäologie
Wissenschaftliche Beratung und Projektmanagment
Zerndorfer Weg 75
13465 Berlin-Frohnau
thschatz@gmx.net

Jens Peter Schmidt
Landesamt für Kultur und Denkmalpflege
Mecklenburg-Vorpommern
Landesarchäologie und Landesdenkmalpflege
Domhof 4/5
19055 Schwerin
j.p.schmidt@kulturerbe-mv.de

Jens Schneeweiß
Georg-August-Universität Göttingen
Seminar für Ur- und Frühgeschichte
Nikolausberger Weg 15
37073 Göttingen
jschnee@gwdg.de

Lothar Schulte
Georg-August-Universität Göttingen
Seminar für Ur- und Frühgeschichte
Nikolausberger Weg 15
37073 Göttingen
lothar_schulte@yahoo.de

Frank Sirocko
Johannes-Gutenberg-Universität Mainz
Institut für Geowissenschaften
J.-J.-Becher-Weg 21
55128 Mainz
sirocko@uni-mainz.de

Kirsti Stöckmann
Archäologisches Museum Frankfurt
Karmelitergasse 1
60311 Frankfurt am Main
Kirsti.Stoeckmann@stadt-frankfurt.de

Hans-Georg Stephan
Martin-Luther-Universität Halle-Wittenberg
Institut für Kunstgeschichte und Archäologien Europas
Standort Prähistorische Archäologie und Archäologie des Mittelalters und der Neuzeit
Brandbergweg 23c
06120 Halle/Saale
hans.stephan@praehist.uni-halle.de

Stefan Teuber
Stadt Einbeck
Archäologische Denkmalpflege
Teichenweg 1
37574 Einbeck
steuber@einbeck.de

Henrik Thrane
Duevej 16
DK 2000 Frederiksberg
henrikthrane2@hotmail.com

Daniela Wittorf
Riedstraße 9
63225 Langen
daniela@wittorf.org